MW00861521

Linguistics

From the earliest surviving glossaries and translations to nineteenth century academic philology and the growth of linguistics during the twentieth century, language has been the subject both of scholarly investigation and of practical handbooks produced for the upwardly mobile, as well as for travellers, traders, soldiers, missionaries and explorers. This collection will reissue a wide range of texts pertaining to language, including the work of Latin grammarians, groundbreaking early publications in Indo-European studies, accounts of indigenous languages, many of them now extinct, and texts by pioneering figures such as Jacob Grimm, Wilhelm von Humboldt and Ferdinand de Saussure.

Etymologisches Wörterbuch der slavischen Sprachen

A Slovenian citizen of the Austro-Hungarian Empire, Franz Miklosich (1813–91) studied at the University of Graz before moving to Vienna in 1838. Indo-European philology was a growing area of research, and in 1844 Miklosich reviewed Bopp's *Comparative Grammar* (also reissued in this series) and embarked upon extending the comparative method across the whole Slavonic language family. Miklosich's work marked a watershed in Slavonic studies; in 1849 he became Austria's first professor of Slavonic philology. His publications included editions of historical sources; work on loan words, place names, and Romany dialects; a dictionary of Old Church Slavonic; and a four-volume comparative grammar of the Slavonic languages (1852–74, also available). This etymological dictionary of the Slavonic languages was published in 1886, the year of Miklosich's retirement. It encompasses Old Slavonic forms (where attested), the whole range of modern Slavonic languages, and loan words, and includes an index for 'difficult to find' words.

Cambridge University Press has long been a pioneer in the reissuing of out-of-print titles from its own backlist, producing digital reprints of books that are still sought after by scholars and students but could not be reprinted economically using traditional technology. The Cambridge Library Collection extends this activity to a wider range of books which are still of importance to researchers and professionals, either for the source material they contain, or as landmarks in the history of their academic discipline.

Drawing from the world-renowned collections in the Cambridge University Library and other partner libraries, and guided by the advice of experts in each subject area, Cambridge University Press is using state-of-the-art scanning machines in its own Printing House to capture the content of each book selected for inclusion. The files are processed to give a consistently clear, crisp image, and the books finished to the high quality standard for which the Press is recognised around the world. The latest print-on-demand technology ensures that the books will remain available indefinitely, and that orders for single or multiple copies can quickly be supplied.

The Cambridge Library Collection brings back to life books of enduring scholarly value (including out-of-copyright works originally issued by other publishers) across a wide range of disciplines in the humanities and social sciences and in science and technology.

Etymologisches Wörterbuch der slavischen Sprachen

Franz Miklosich

CAMBRIDGE
UNIVERSITY PRESS

CAMBRIDGE
UNIVERSITY PRESS

University Printing House, Cambridge, CB2 8BS, United Kingdom

Cambridge University Press is part of the University of Cambridge.

It furthers the University's mission by disseminating knowledge in the pursuit of
education, learning and research at the highest international levels of excellence.

www.cambridge.org
Information on this title: www.cambridge.org/9781108080545

This edition first published 1886
This digitally printed version 2015

ISBN 978-1-108-08054-5 Paperback

ETYMOLOGISCHES

WÖRTERBUCH

DER

SLAVISCHEN SPRACHEN

VON

FRANZ MIKLOSICH

WIEN

WILHELM BRAUMÜLLER

1886

Vorwort.

Bei der anordnung des stoffes wird von jener form ausgegangen, die allen wörtern derselben sippe zu grunde liegt, daher steht vert- *an der spitze von asl.* vrъtêti, *nsl.* vrtêti, *s.* vrtjeti, *p.* wiercieć, *r.* vertêtъ, *d. i.* verťeť, *ebenso von* vortŭ, *woraus asl.* vratъ, *p.* wrot, *r.* vorotъ; *unter* melz- *erscheinen zusammengestellt asl.* mlъza, *nsl.* molzem (mouzem *aus* mlzem), *s.* muzem (*aus* mlzem), *r. abweichend* melьzju, *das als kirchenslavisch angesehen wird: das verbum fehlt dem r., ferners* molzŭ, *woraus s.* mlaz *usw.; unter* gordŭ *fasse ich zusammen asl.* gradъ, *č.* hrad, *p.* grod, *r.* gorodъ: *in demselben verhältnisse steht* cholpŭ *zu asl.* hlapъ, *p.* chłop, *r.* cholopъ; *so steht* enz- *an der spitze einer wortreihe, in welcher asl.* vęza-, *nsl.* vēza-, *č.* váza-, *p.* wiąza-, *r.* vjaza- *auftreten;* gond- *ist der ausgangspunkt für asl.* gąda, *nsl.* gôdem, *č.* hudu, *p.* gędę, *r.* gudu. *Die gründe für diese aufstellungen sind im ersten bande meiner Vergleichenden Grammatik der slavischen sprachen dargelegt.*

Ich weiss nicht, ob diese lehren bei den sprachforschern auf zustimmung zu rechnen haben: dass jedoch jener theil der in diesem buche vorgetragenen sätze, welcher sich auf die vocalsteigerung bezieht, anfechtungen begegnen wird, ist vorauszusehen. Ich werde daher hier in aller kürze die gründe darlegen, die mich hindern mich der neuen lehre anzuschliessen.

Wenn verlangt wird, dass die ursprünglichen wurzelgestalten überall aus den gleichen formen genommen werden, entweder alle aus wurzelbetonten oder alle aus suffixbetonten, dass daher derjenige, der das i *von* imás *als wurzel ansieht, auch* s *von* smás *als solche gelten lassen müsse, nicht im ersten falle* i, *im letztern* as (es) *in* ásmi, *so kann man die forderung nur dann als berechtigt ansehen, wenn man* ēmi *und* ásmi *auf dieselbe weise entstehen lässt, d. i. wenn man voraussetzt,* ásmi *sei aus* s *ebenso entstanden wie* ē (ai) *aus* i, *d. i. durch vorsetzung eines* a, *nicht aber dann, wenn man dafür hält,* as *sei ursprünglich und habe in der form, die das suffix betont, sein* a *eingebüsst. Der verlust des* a *in* smás *und die erhaltung der wurzelgestalt* i *in* imás *hat beide formen in gewissem sinne einander nahe gebracht. Die wurzel für „gehen“* i *oder* ē *und die wurzel für „sein“* as (es) *sind lautlich zu verschieden, als dass sie gleichen gesetzen folgen könnten. Durch formen wie* σπέσθαι *und* πέφνε *wird man nicht zu stammformen wie* σπ, φν gedrängt, man wird vielmehr von σεπ, φεν ausgehend sich den möglicherweise einer späteren zeit angehörenden ausfall des e aus dessen accentlosigkeit erklären, wie den abfall des a (e) in smás. Wenn die gegner der gunatheorie meinen, λιπών sei aus λείπων durch die wirkung des auf die stammsilbe folgenden accentes entstanden, so ist es den vertheidigern jener theorie gestattet zu sagen, die entstehung des ει in λείπων aus ι in λιπών sei der wirkung des auf die stammsilbe fallenden accentes zuzuschreiben. Wer auch nur die möglichkeit zugibt, i und as seien gleich ursprünglich, ē und s daraus hervorgegangen, dem erscheint die proportion ē : as = i : s als unrichtig; selbstverständlich gilt dasselbe von der proportion bŏdhati : pátati = bubudhús : paptús. Formen wie pi-pr-más von par (per) sollen uns berechtigen, die liquiden consonanten — und das gleiche soll von den nasalen gelten — auf dieselbe stufe zu stellen wie i und u, obgleich r, l so wie n, m ihre silbebildende eigenschaft dem ausfall eines a (e) verdanken, die dem i, u ursprünglich zukommt. Der für diese laute erfundene ausdruck „sonant" gewährt die möglichkeit einer bequemen, weil mechanischen regel, nach welcher aus ursprünglichem ar (er) und ai (ei), au (eu) durch ausstossung des a (e) die sonanten r, i, u hervorgegangen seien, während nach der älteren, von mir festgehaltenen lehre von ar (er), i, u auszugehen ist, wornach ádrçam von darç (derç) ein a, e eingebüsst, bubudhús von budh keines aufgenommen hat. Auf diese erwägung kommt es an, alles andere ist bei diesem streite nebensächlich.

Man sagt, vom präsens auszugehen sei das natürlichste, daher von λείπω, denn das starke präsens sei nicht blos ein tempus unter den tempora, sondern der haupt- und kernpunkt des verbs selbst, bei dem jeder sofort an das präsens denke, da der mensch doch zunächst nicht in vergangenheit und zukunft, sondern in der gegenwart lebe: dieser bemerkung darf vielleicht entgegengestellt werden, vom nom. kavi-s, dhēnu-s auszugehen sei natürlich, nicht etwa vom gen. kavēs, dhēnōs, dat. kavajē, dhēnavē, denn der nominativ spielt unter den casus mindestens die rolle, die dem präsens unter den tempora zukommt.

Man meint ferner, dem kürzesten stamm zu lieb sei die gunatheorie erdacht worden, wornach vor i und u ein e „einspringen" soll, ein vorgang, der sich auf dem papiere sehr hübsch ausnehme, der aber dadurch nicht in sich wahrscheinlicher werde, dass man sich daran gewöhnt hat, ihn als möglich, ja als wirklich zu denken. Man stösst sich an dem „einspringen" eines a (e), das jedoch in vielen fällen nachgewiesen werden kann: man beachte vorgänge im germanischen: got. bau-an aus bū-an; nhd. haus, ahd. hūs; weib, ahd. wīp und merke č. saud, soud aus súd, cejtit aus cītiti, bejt aus bȳti. In allen diesen formen hat sich der diphthong aus einem langen vocal durch „einspringen" eines vocals entwickelt, eine erscheinung, die auf die vermuthung führte, steigerung beruhe auf dehnung, guna setze einen langen vocal voraus: vēda würde demnach mit vid durch vīda vermittelt. Diese ansicht hat wenig für sich, viel eher wird man sagen dürfen, dass das „einspringen" eines vocals nicht nur durch die länge, sondern auch durch den accent hervorgerufen werden kann, wie in den romanischen sprachen betontes ŏ, ŏ vor einfacher consonanz diphthongiert wird: it. tiene, cuore, fz. il tient, coeur usw. Diese anführungen zeigen, dass das „einspringen" eines vocals nichts ungewöhnliches ist: dass haus, soud, tiene *nicht etwa als steigerungen anzusehen sind, versteht sich von selbst.*

Eine bestätigung der ansicht von der aufsteigenden lautbewegung in ĕmi, *d. i. der entstehung des* ĕ *aus* i *bietet die vocaldehnung im slavischen, namentlich bei der bildung der iterativen verba, denn dass* svitati (svītati) *auf* svĭt (svĭtêti, svьtêti), ai. çvit, lit. švit, *dass* -bydati *auf* bŭd (bŭdêti, bъdêti), ai. budh, lit. bud *beruht, wird wohl nicht bezweifelt werden:* i *und* y *sind die längen won* ĭ, ь *und von* ŭ, ъ; *ebenso entsteht* têkati *aus* tek (tešti), ai. tak *aus älterem* tek, lit. tek. *Zu den fällen der dehnung, die die grammatik aufzählt, ist noch die dehnung des* i *vieler verba hinzuzufügen: sie tritt ein in* vid-ją *d. i.* vīd-ją (asl. viždą) *aus* vĭd, lit. veizd *aus* veid, gr. εἶδ *neben* ai. vĭd, lat. vĭd; stig-ną *d. i.* stīg-ną *aus* stĭg *in* stĭza *aus* stĭgja, gr. στείχω *neben* ἔστιχον, got. steigan, ahd. stīgan *neben* ai. stĭgh *usw. Der in vielen fällen gemeinsam-europäische übergang des* ĭ *in* ei *wird als steigerung angesehen, die jedoch von* vĭd asl. vêd, preuss. vaid, gr. οἶδ, ai. vêd, *von* stĭg gr. στοίχ, lit. staig, got. staig *lautet.* ĭ *wird, wie man sieht, in einigen sprachen zu* ei, *im slavischen zu* i *gedehnt. Dass dieses* i *nicht auf* ei (ai), *sondern auf* ī *beruht, zeigt, wie mir scheint, das dem slavischen* i *entsprechende,· durch dehnung des* ŭ *entstandene und wohl allgemein als stellvertreter des* ū *angesehene* y. *Die sache ist schwierig: es kommt dabei vornehmlich auf die wortclassen an, von denen die einen dehnung, die andern steigerung aufweisen. Diese lautlichen processe der dehnung und der steigerung sind sorgfältig auseinander zu halten.*

Auch die ansicht, die veränderung des e *in* o *in wörtern wie* φόρος, borŭ *aus* φέρω, berą *sei als steigerung aufzufassen, wird selbst bei den wenig zahlreichen anhängern der gunatheorie schwerlich beifall finden. Die erklärungen dieser erscheinung sind sehr verschieden. Manche meinen,* e *sei gleich* o, *da beide vocale* ai. a *gegenüberstehen: diese ansicht wird von denjenigen nicht gebilligt werden, die ein ursprachliches* e *als erwiesen ansehen. Andere behaupten, hochtoniges* a *sei zu* e, *tieftoniges hingegen zu* o *geworden: dieser ansicht steht der umstand im wege, dass die anzahl der nach derselben erklärbaren formen keine sehr bedeutende ist. Andere endlich sagen,* o *sei ablaut des* e: *diese deutung möchte ich aus dem grunde zurückweisen, dass dieser Grimm'sche ausdruck wohl nichts anderes besagt als eine lautänderung überhaupt, wir aber in jedem einzelnen falle erfahren wollen, welcher art die lautänderung ist. Die veränderungen der vocale sind dreierlei: 1. schwächung:* zĭrêti, zъrêti schauen *von* zer; *2. verstärkung, die entweder steigerung oder dehnung ist: steigerung in* svêtŭ licht *von* svĭt; duhŭ geist *von* dŭch; *dehnung in* svitati *von* svĭt, dyhati *von* dŭch; *3. lautfärbung, die, von benachbarten lauten abhängig, weder schwächung noch verstärkung zu sein braucht:* asl. jego *aus* jogo, ai. dīrgha lang *aus* dergha, zend. daregha, asl. dlŭgŭ, dlъgъ *aus* delgŭ; ai. pūrṇa voll *aus* perna, zend. perena, asl. plŭnŭ, plъnъ *aus* pelnŭ. *Ich halte nun dafür, dass die veränderung des* e *in* o *zur zweiten kategorie, speciell zur steigerung gehört. Die gründe für diese ansicht sind: 1.* o *ist gewichtiger, schwerer als* e; *2. die veränderung des* e *in* o *geht parallel mit der veränderung des* i *in* ē, ai *und des* u *in* ō, au, *d. i. vor suffixen, vor denen* i *und* u *gesteigert werden, geht auch* e *in* o *über.*

Hinsichtlich des gewichtes der vocale e *und* o *bemerkt Bopp 3. 282. folgendes: „Da* o *ein schwererer vocal als* ε *ist, so erinnert die wahl dieses vocals für das sonst in den betreffenden wurzeln vorherrschende* ε *an die in den entsprechenden griechischen abstracten sich zeigende vocalsteigerung, wenngleich* o *ebenso wie* ε *nur eine entartung eines ursprünglichen* a *ist."* *Wenn Bopp an derselben stelle meint, im lit.* už-mata-s *vorwurf sei das alte* a *bewahrt, während es sich beim verbum* (metu) *und den meisten andern bildungen dieser wurzel zu* e *entartet habe; wenn er ferners sagt,* metu *verhalte sich zu* už-mata-s *wie im gr.* τρέπω *zu* ἔτραπον; *wenn er endlich 1. 14. im got.* bar *ich trug den wahren wurzelvocal erblickt, so wird diese anschauung heutzutage mit recht als irrig angesehen. Was den parallelismus der veränderung des* e *in* o *und der vocale* i *und* u *in* ē, ai *und* ō, au *anlangt, so hat Bopp denselben in der angeführten stelle anerkannt.*

Die steigerung des e *zu* o *ist im slavischen die allerhäufigste, was man leicht begreift, wenn man erkannt hat, dass die* e *enthaltenden wurzeln die allerzahlreichsten sind:* brodŭ: bred; dorŭ: der; gonŭ: gen; grobŭ: greb; gromŭ: grem; hodŭ: ched; konŭ: ken; molŭ: mel; plotŭ: plet; rokŭ: rek; vorŭ: ver; zorŭ: zer *usw. Man vergleiche mit diesen bildungen* cvêtŭ: kvĭt, kvьt; lêpŭ: lĭp, lьp; svêtŭ: svĭt, svьt *und* duhŭ: dŭch, dъch; rudŭ: rŭd, rъd; sluhŭ: slŭch, slъch *usw.*

Im lit. entspricht dem slav. o *der vocal* a: išmana-s *verstand:* (men); mar- *(slav.* morŭ) *in* marinti *eig. tödten:* mer (mirti); taka-s *fusssteig:* tek (tekėti) *usw. Wie im lit., so ist auch im got.* a *die steigerung des* e: *dem asl.* logŭ *steht* laga *aus* lig (leg) *im causale* lagjan *gegenüber; dem asl.* vozŭ vaga *aus* vig (veg) *in* vagjan: *die angeführten causalia sind auch im got. denominativa. Ein dem got.* satjan *entsprechendes causale fehlt im slav.:* a *in* saditi *ist nicht got.* a. *Im gr. finden wir* βρέμ.ο-ς: βρέμω; δόμο-ς: δέμω; δορ-ά: δερ; στόλο-ς: στελ *usw. Wenn man im ai.* bhar *ein ursprachliches* bher *(daher* bhṛtás) *erkennt, so wird man in* bhara *tragend, das tragen, last eine steigerung sehen, wie sie im slav.* borŭ, *im gr.* φόρος *eintritt. Man vergleiche ai.* gara *verschlingend: slav.* ger, žer; ai. prastara *streu: slav.* storŭ, stolŭ *von* ster, stel; ai. vara *hemmend: slav.* vorŭ *in* zavorŭ *von* ver; ai. vara *wahl: slav.* volŭ *in* dovolŭ *von* vel *usw.*

Die steigerung des e *zu* o *findet auch vor der doppelconsonanz* rt, lt, nt *statt, wobei* t *durch jeden andern consonanten vertreten sein kann, daher* morzŭ *von* merz, smordŭ *von* smerd, vorzŭ *von* verz; molzŭ *von* melz, polzŭ *von* pelz, vold- *von* veld *usw.: diese formen werden nach der regel* tort, trat, trot, torot *behandelt, daher asl.* mrazŭ, smradŭ, vrazŭ; mlazŭ, plazŭ, vlad- *usw.;* zolto *(got.* gultha *aus* galtha) *von* zel *(W.* gher) *wird asl.* zlato. *Ferners* blondŭ *von* blend, lonkŭ *von* lenk, svondŭ *von* svend *usw., woraus asl.* blądŭ, ląkŭ, svądŭ *usw. Durch diese veränderungen unterscheidet sich das slavische von den verwandten sprachen, so bietet lit.* malža- *in* pamalži karvė *und in* apmalžīti *für asl.* mlazŭ; valdīti *für asl.* vlad-; *gr.* ὁλκός *zug für asl.* vlakŭ *aus* volkŭ *von* velk, ἕλκ; στοργή, μολπή, σπονδή, πομπή. *Im ai. verhalten sich* gardha *gier zu* gerdh (grdhjati) *verlangen und* vardha *das fördern zu* verdh (vrdhati) *verstärken wie* bhara *zu* bher: *jenes ist verwandt mit* goldŭ, *woraus asl.* gladŭ *hunger, ein* geld *voraussetzend; dieses hängt zusammen mit* vold-, *woraus* asl. vlad-, *dem ein* veld, *lit.* veld, vild, *zu grunde liegt.*

Neben dem o als erster steigerung des e nehme ich a als zweite steigerung desselben vocals an. Dieselbe tritt ein in ges (*lit.* ges): gas- *in* gasiti *löschen;* kez *in* čeznąti: kaz- *in* kaziti *verderben;* sed: sadŭ, saditi *stellen;* skver: skvarŭ *hitze;* vel: valŭ *welle;* ver: varŭ *hitze usw.*

Die gleiche steigerung erkenne ich im lit. men: išmona *einsicht:* met: išmota *auswurf, und im ai.* bher: bhāra *last;* mer: pra-māra *das sterben;* sperh (sprhajati: *vergl.* pelz, spelz) *begehren:* spārha *begehrenswerth.*

Manches wort erscheint in meinem buche unter zwei schlagwörtern; dies dürfte bei den composita als zweckmässig erkannt werden: so finden sich kozoder, kozodoj, kozoprsk *nicht nur unter* koza, *sondern das erste auch unter* der-, *das zweite auch unter* dê- 2, *das dritte auch unter* persk- *erklärt. Das gleiche tritt bei einigen schallnachahmenden wörtern ein: so ist* blebetati *nicht nur unter* belbŭ, *sondern auch unter* berbota- (*besser* berbŭ) *gestellt. In gar vielen fällen beruht das schwanken darauf, dass es mir nicht gelingen wollte das einzig richtige zu finden:* p. dziarstwo *steht unter* ders- *und, vielleicht mit weniger recht, unter* žerstva; b. guber *unter* guba *und unter* kovĭrŭ; č. haniti *unter* gani- *und unter* poganŭ; paprica *und* perprica *sind als zwei schlagwörter aufgeführt;* čudo *erscheint unter* čudes *und unter* tjudo (tjudes) *gestellt: manche von den unter* čudes *und* tjudes *vereinigten formen dürfen nach den lautregeln unter beide schlagwörter, manche müssen entweder unter* čudes *oder unter* tjudes *gestellt werden. Die in so vielen fällen hervortretende unsicherheit in der deutung wird niemand überraschen, der bedenkt, dass hier zum ersten male der versuch gemacht wird den wortschatz der slavischen sprachen etymologisch zu erklären; man wird es wohl begreiflich finden, dass so häufig nur das wahrscheinliche gefunden, in vielen fällen nur auf formen verwiesen werden konnte, welche zur erklärung führen zu können schienen. Ich hoffe, es werde ein leichtes sein zu sehen, was ich für sicher, was ich für wahrscheinlich halte und wo ich nur den weg zeige, der zur deutung führen kann. Was ich bei wiederholter durchsicht der schrift als verfehlt erkannte, erscheint in den nachträgen und berichtigungen seite 414 verbessert. Dem dort gesagten kann noch folgendes hinzugefügt werden:* alkati, alъkati *liegt dem* lakati 159 *zu grunde, letzteres bietet die slavische lautfolge: ein* olkati *besteht nicht; dasselbe gilt von asl.* alъnъ *für* alnъ *und* lanъ, *lit.* lonė *ist entlehnt, ein* olnъ *gibt es nicht: anders verhält es sich mit asl.* lakъtъ, *das auf* olkŭtŭ *beruht.* bred-: č. brydnúć *dial., slk.* brdnúť, p. brnąć *setzen einen stamm* brŭd- *voraus: vergl.* drŭga-, drŭvi-, krŭch-. bŭd- 2: nsl. zabednoti *steht vielleicht für* za-dъbni-ti: *vergl.* dŭno. čerljuštĭ *ist mit* skorlupa *zu vergleichen, beide wörter sind composita: das zweite glied des ersten hängt mit* luska, *das des zweiten mit* lupi- *zusammen. Das erste glied von* čerljuštĭ *kann ich mit* kora, skora *nicht vermitteln.* čudos, čudes: *richtiger ist es von* čudes *auszugehen, da wohl e in o, nicht aber o in e übergeht: dasselbe gilt von allen ähnlichen wörtern, wie* kolo, nebo *usw., daher auch* okes (*nicht* očes), iges (*nicht* ižes), uches (*nicht* ušes) *usw.* čuda, čudu *usw. beruhen auf dem als thema fungierenden nominativ* čudo: *man vergleiche* kamen *und* kamon, *woraus* kamy.   dlŭbokŭ: *man beachte kr.* dumbok *und* gumbok *in Istrien durch anlehnung an* glombokŭ, *das jedoch im kr. befremdet. Man kann vermuthen, das wort sei wie* dumbrava *durch Rumunen aus dem bulgarischen sprachgebiete nach dem norden gebracht worden oder sei slovenischen ursprungs.*   grem-: gromula, *r.* ogrómъ *riesengrösse usw. sind nicht unter* grem- *zu stellen.*   jad- 1: *bei č.* jícen, pojicný, *p.* obiecy *macht der ausfall des d schwierigkeit. Für* ljub- *soll* ljŭb- *stehen: im adj.* ljubъ *ist steigerung eingetreten.   Neben* oresica *findet sich und zwar häufiger* orisnica.   pês- 1. *und* pês- 2. *vergleiche man mit* pĭch-, pĭs-. pê-stunŭ: tunŭ *ist suffix wie in r.* pêtunъ *von* pê-: pêstunŭ *hängt vielleicht mit* pit- *zusammen.*   plŭ-: *p.* płatwa *ist d.* platte, plätte *aus mlat.* plata, platta.   psalŭtyrĭ: *die mit* ž *anlautenden wörter beruhen auf dem d. worte: das nsl.* žoltar *stammt unmittelbar aus dem magy.*   rŭd-: *im nsl.* ridži *ist das dem nsl. unbekannte s.* dj *durch* dž *ersetzt.* ridži *findet sich nur im osten des nsl. sprachgebietes.*   sêrŭ: *klr.* širochmaneć: ołći širochmanći *graue wölfe volkslied.*   sondŭ: *bei č.* cuda terrae judicium *kraj k soudu* náležíci *ist d.* zaudner *anzumerken: die gegebene erklärung bedarf genauerer prüfung.* skverk-: *asl.* svrъčьkъ *und nsl.* svrček *sind unter* sverk- *zu stellen, nicht unter* skverk-. telk- 1: *r.* tolokno *soll türk.* talkan *von* tal *zerreiben sein.*   tjut-: *man vergleiche s.* dok se poljem tatar oćutio *volkslied.*   vitŭ: *(Slavi) cum saluti diffiderent, sancti Viti se quondam tributarios confessi pro ejus honore a duce vitae sunt relicti. Monumenta corbejensia, ed. Jaffé 42.*   volosŭ: *man vergleiche auch klr.* sołota *für und neben* słota, *jenes befremdet gerade so wie* volosъ *aus* vlasъ *für* Βλάσιος: ὁ ἅγιος Βλάσιος ὁ βου-χόλος. *Nestors* skotij bogъ *ist zu vergleichen mit dem hl. Leonhard, dem viehpatron der deutschen alpenländer.*

Was den umfang des werkes anlangt, so ist keine von den slavischen sprachen ausgeschlossen worden, selbst das kašubische und das polabische haben berücksichtigung gefunden. Die dem slavischen von fremdher zugekommenen wörter wird man beachtet finden; ebenso jene slavischen wörter, welche in fremde sprachen eingedrungen sind. Welche sprache als die entlehnende, welche als die gebende anzusehen sei, lehrt der zusammenhang: hinsichtlich des verhältnisses des slavischen und des litauischen verweise ich auf A. Brückner's vortreffliches buch.

Buchstabenfolge.

a b c č d e ê f g h ch i j k l m n o p r s š t u v z
ž ŭ (ъ) y (ы) ĭ (ь)

A.

a asl. sed; si: a by bylъ sьde *si hic fuisset.* a cê *quamquam.* **nsl.** a. a li *oder.* b. a *sondern, und. Verstärkend:* toja *hic.* tija *hi.* onja *ille.* č. a. as, a si. at̄. a le. až *aus* a že. a ni. a no *aus* a ono. a ne bo *denn.* a by. ač *obschon: vergl.* asl. a cê. p. a. a le. albo *aus* a li bo. a ni. a wo, a wa. a za. a že, až. albowiem. a by. acz. **klr.** a. a łe. abo. až. a by. **wr.** abo. a by. a vož. až. **r.** a. a vo sь *vielleicht.* — *lit.* o *ein mittelding zwischen „und" und „aber".* ale. arba. ai. ā. āt *(vom pron.* a*) dann, da, ferner.*

aba b. s. nsl. r. *grober wollenstoff.* — *türk.* aba.

abije, tu abije asl. *sogleich.*

abolko: asl. ablъko, jablъko *apfel.* ablanь, jablanь *apfelbaum (aus* abolnь). **nsl.** jabelko, jabolko, jabolka. jablan. **b.** ablъka, jablъka. **kr.** jabelko. **s.** jabuka. jablan *populus pyramidalis.* č. jablo, jablko. jabloň. **p.** jabłko. jabłoń. **polab.** joblün. **os. ns.** jabłuko. jabłoń. **klr.** jabłoko. jabłóń, jabłońa. **wr.** jabko. **r.** jabloko. jablonь. — *preuss.* woble. wobalne. *lit.* obůlas, obelis. *lett.* ābols. *ahd.* apful. *ir.* abull. *Das wort ist fremden ursprungs. Man denkt an Abella in Campanien und meint aus malum abellanum habe ir.* abull *usw. ebenso hervorgehen können wie pfirsich aus malum persicum.*

abota nsl. *fatuus marc.* — *Vergl. ahd.* apah *verkehrt, das dem slav.* opakъ *urverwandt ist.*

abrotica, aborat nsl. *aberraute, abraute.* č. brotan. — *magy.* abrut, abruta,

das jedoch unmittelbar aus dem d. entlehnt sein kann. *ahd.* avarūzā.

ada, anda nsl. *igitur habd.* s. ada kako? *freilich.*

aderfatŭ: as. adrьfatь. — *gr.* ἀδελφάτον.

adŭ: asl. adъ *hölle.* **b. klr.** ad. **r.** adъ. — *gr.* ᾅδης. *Dafür asl. auch* pьklъ, *nsl.* pekel *usw.*

afedronŭ: asl. afedronъ, apendronъ *latrina.* afredomь *sg. i.* — *gr.* ἀφεδρών. *Dafür asl. auch* prohodъ.

afeny *plur. f.* **klr.** *vaccinia nigra.* — *rm.* afinę. *magy.* afonya.

afionŭ: **b.** afion, ofion. **s.** afijun *opium.* — *türk.* afjun *aus dem ar. gr.* ὄπιον.

afurisa-: asl. afurisati, aforesovati *excommunicare.* **b.** aforesvam. — *rm.* afurisi *vb.* *gr.* ἀφορίζειν.

agarêninŭ: asl. agarêninъ ἀγαρηνός.

agnendŭ: asl. jagnędъ *populus nigra.* **nsl.** jagned, jagnjed, jaganica. **s.** jagned, jagnjed, jagneda. **č.** jehněda *populus alba.* **slk.** jehněd *kätzchen an bäumen.* — *magy.* jegenye *espe.*

agnŭ: asl. agnьcь, jagnьcъ *agnus,* ἀμνός. agnę, jagnę. agnica. **nsl.** jagnje. jančič *somm.* **b.** agne, jagne. agnit, bagnit se *lammt.* **s.** jagnje. **č.** jehně. jehniti se *lammen.* **p.** jagnię: ahnec *aus dem klr.* **ns.** jagńe. **klr.** ahneć.

agrestŭ: č. p. klr. agrest *stachelbeere.* **nsl.** agres. **s.** ogresta, greš. **p.** agrest. **klr.** agrest, agrus. **wr.** agristnik. **r.** agrusъ. — *magy.* egres. *rm.* agriši̯. *alb.* grestę. *mlat.* agresta. *nhd. österr.* agras.

1

agurida b. *unreife traube.* — *rm.* aguridę. *ngr.* ἀγουρίδα *von* ἄγουρος *aus* ἄωρος. *Vergl.* türk. engur, pers. angor.

agŭlŭ: b. agъl *hürde.* r. aulъ *dorf.* — *türk.* agęl.

achĕija: b. s. ahčija, aščija *koch.* — *türk.* ašdžę.

ach: r. achnutь, achatь *seufzen.* klr. achkaty.

achŭrŭ: b. ahъr *stall.* s. ahar, har. — *türk.* achęr *aus dem pers.*

airŭ 1.: r. airъ, irъ *kalmus.* klr. ajer, ir. wr. jaer, javor. — *lit.* ajerai. *türk.* ager. *gr.* ἄχορον.

airŭ 2.: asl. airъ, ajerъ *aër.* s. ajer mik. — *gr.* ἀήρ.

aistŭ: r. aistъ *ciconia,* rodъ caplej. p. hajstra *art fischreiger.* klr. hajster, aster *schwarzer storch.*

ajgŭrŭ: b. ajgъr *hengst.* s. ajgir. p. ogier. klr. oger; evir, voŕ, vuŕ. wr. voher. — *türk.* ajgęr.

ajva: s. avajlija *art apfel.* r. klr. ajva *quitte.* — *türk.* ajva.

akovŭ: s. akov *eimer.* — *magy.* akó, *wovon* s. akov *und* rm. akęŭ. *Das magy.* akó *ist slav.* okov.

akrida asl. *locusta.* klr. okryda. — *gr.* ἀκρίς.

akrovistija, akrovъstvije asl. *praeputium.* — *gr.* ἀκροβυστία.

aksagŭ: asl. aksagъ *exagium.* — *gr.* ἐξάγιον. *ngr.* ἀξαί. *it.* saggio *usw.*

aksamitŭ: asl. aksamitъ *sammt.* č. aksamít. p. wr. aksamit. kr. oksamet. — *lit.* aksomitas. *gr.* ἐξάμιτος. *mlat.* xamitum, samitum. *nhd.* sammt. *Aus dem d.:* nsl. žamet. os. somot. *lit.* samata. *lett.* samts.

aladĭja: r. aladьja, oladьja *art kuchen.* — *lit.* aladžios. *gr.* ἐλάδια *von* ἔλαιον.

alaj b. s. *gefolge, gepränge.* — *türk.* alaj.

alamaninŭ: asl. alamaninъ *alamanus* ἀλαμανός. alamaninъ orьlъ. s. alamanka *art flinte, wohl eine deutsche. Wohl Kumanen:* kao alamani (pojedoše). — *alb.* alaman. *türk.* alaman.

alasŭ: s. alas *fischer.* — *magy.* halász, *nicht gr.* ἁλιεύς.

alavastrŭ: asl. alavastrъ *alabaster.* — *gr.* ἀλάβαστρος.

aldovŭ: nsl. aldov *opfer.* aldovati. — *rm.* aldaš. aldui *vb. Aus dem magy.:* *áldó:* áldani *segnen.* áldoz *opfern.* áldomás *kauftrunk, daher* nsl. aldomaš *honorarium.* klr. odomaš *bewirthung ung.* rm. aldęmaš.

alilugija asl. *alleluja,* ἀλληλούϊα. alilugijarъ. — *Aus dem gr.*

alkati, alъkati, alčą, alъčą asl. *hungern.* alъčь *m.* alča *hunger.* alčьnъ *hungrig.* alčьba. *Aus einem vorauszusetzenden* olkati *ergibt sich* lakati, lačą zogr. *und sonst.* nsl. laknoti. lakom. b. lakom. č. laknouti. lakom. p. łaknąć. łaczny. łakomy. łakomъ. (os. łakać *ist lauern.*) r. alkatь. alčnyj. laknutь, lakomyj. — *preuss.* alkins *nüchtern.* *lit.* alkanas. alkti. *lett.* alkt. *rm.* lakom. *alb.* lachemus. *Vergl. magy.* lakoma *gastmahl.*

almazŭ: r. almazъ *diamant.* klr. almaz, halmaz. b. s. almaz. — *türk. pers.* ar. almas, élmas *aus dem gr.* ἀδάμας. asl. adamasъ.

almuzĭno: asl. almužьno *eleemosyna* glag. nsl. almožna. almoštvo. č. almužna. p. jałmużna *für älteres* miłosierdzie. ns. volomužna *usw.* — *magy.* alamizsna. *lit.* jalmužnas. *ahd.* alamuosan *aus lat.* eleemosyna. *gr.* ἐλεημοσύνη. asl. *dafür* milostynja. b. pomana (*aus* pomêna), *das auch* rm. *und* zig. *kennen.*

alnĭ: asl. alъnь *hirsch.* alnija, alъnija *hirschkuh.* alništь. *Daneben* lanija. laništь. č. lanĕ, laň. p. łani, łań. r. lanь. — *preuss.* alne. *lit.* elnis *hirsch,* elenthier. elnēnė *hirschkuh: daneben* lonė *hirschkuh.* *lett.* alnis *elenthier.*

altŭnŭ: b. altъn *gold.* s. aldum. r. altynъ *art rechenmünze.* — *türk.* altęn.

alunŭ: nsl. alun *alaun.* p. ałun. klr. hałun. r. galunъ. — *lit.* alunas. *Aus dem d.:* mhd. ālūn, lat. alumen.

alŭ 1.: asl. alъ *nequitia.* alьnъ *glag.* nsl. jal *neid.* jalen.

alŭ 2.: b. s. al *roth.* r. alyj. — *türk.* al.

alŭguj: asl. alъguj, alguj *aloë.* — *gr.* ἀλόη.

ama b. s. *sondern.* — *türk.* amma.

ama-: nsl. amati *ein fass visieren.* — *Aus dem d.:* ūma, ōma. *mlat.* ama.

amanetŭ : b. s. amanet *anvertrautes gut.* r. amanatъ. — *türk.* amanét *aus dem ar.*

ambarŭ: b. s. ambar *scheune, speicher.* nsl. hambar. klr. ambar, vinbar. r. ambarъ. — *magy.* hambár. *alb.* ambar. *türk.* ambar. *ngr.* ἀμπάρι.

ambisŭ: s. ambis *abyssus. Vergl.* ambisati se *bersten.* — *gr.* ἄβυσσος.

ambolês-: b. ambolêsam, ambolêsuvam *neben* bolêsam *usw.* *pfropfen.* — *ngr.* μπόλι *pfropfreis.* μπολιάζω.

aminŭ: asl. aminъ *amen.* wr. amin. klr. amiń. r. aminь. — *gr.* ἀμήν. *Dagegen* č. p. *usw.* amen: *lat.* amen.

amira asl. *admiral.* — *gr.* ἀμυρᾶς. *Aus dem ar.*

amŭbonŭ : asl. amъbonъ *ambo.* p. klr. ambona. — *gr.* ἄμβων.

ana-: nsl. anati se *meiden lex. marc.* — *Aus dem d.:* mhd. ānen *entbehren.*

anafora, nafora asl. *hostia.* s. napora, navora. — *gr.* ἀναφορά. *alb.* nafor.

analogŭ: asl. analogъ, nalogij *pult.* b. analogij. klr. anałoj. r. analogij, naloj. — *gr.* ἀναλόγιον.

anasonŭ: b. s. anason *anis.* r. anisъ. — *türk.* anisun *aus dem gr.:* ἄνισον, ἄνηθον. s. aniž, anež *mik.* nsl. janež *usw. stammen unmittelbar aus dem d.*

anatema asl. anathema. anatematisati. b. natema. natemisam *vb.* klr. anatema, anachtema, anaftema. — *gr.* ἀνάθεμα.

andraksŭ: asl. andraksъ, anъfraksъ *anthrax.* — *gr.* ἄνθραξ.

anepsij asl. *consobrinus.* — *gr.* ἀνεψιός.

angarija, garija b. *frohne.* — *gr.* ἀγγαρεία *von* ἄγγαρος, *das pers. ursprungs ist.* *türk.* angarié.

angšterŭ : nsl. angšter *bombylius meg.* — *Aus dem d.:* nhd. angster. *mlat.* angustrum.

ankerŭ: r. ankerъ *art maass.* — *Aus dem d.:* nhd. anker. *mlat.* ancheria.

anterija b. s. *unterkleid.* wr. andarak *ist d.* — *türk.* 'antéri.

antvila nsl. *trub.* hantvela meg. *sudarium.* vantilica. os. tvjela. ns. hantvaľ. — *Aus dem d.:* mhd. hanttwehele. ahd. hantilla. nhd. handzwehl. *Vergl.* tuvalija.

anŭgelŭ: asl. anъgelъ, angelъ, agelъ *engel.* č. anděl. p. angioł, anioł. ns. janžeľ. klr. anheł. r. angelъ. — *gr.* ἄγγελος. asl. *auch* sълъ, šestokrilatьcь, nsl. krilatec *fris.*

anŭkjura: asl. anъkjura, anъkira *ancora.* r. jakorъ. — *lit.* inkoras. *lett.* enkuris. *gr.* ἄγκυρα. *alb.* ankurę. p. ankier *stammt unmittelbar aus dem d.*

anŭtalŭ: p. klr. antał *fässchen.* p. antałek. — *magy.* antalag *art fass.*

anŭtimisŭ: asl. anъtimisъ *antimensium.* p. antymis *aus dem r.* — *gr.* ἀντιμίνσιον.

aprilĭ: asl. aprilь *aprilis.* r. aprêlь *usw.* — *gr.* ἀπρίλιος.

apta, avta s. attich *sambucus ebulus.* aptik. — *gr.* ἀκτῆ, ἀκτέα, *woraus auch d. attich. Hieher gehört* nsl. habat, hbat *attich.* kr. habat. s. habat. č. chebdí, chebz. slk. chabzda. p. chebd, hebd. ns. chabźe *reisig.*

araba b. *wagen.* r. arba. — *türk.* 'araba.

arasŭ: nsl. aras *cilicium marc.* č. haras. p. aras, haras. — *Vergl.* nhd. arreis, rasch *bair.* it. rascia. p. rasza. *engl.* arras *von der stadt Arras in den Niederlanden.*

aratosŭ: s. aratos ga bilo! *verflucht!* aratosiljati. — *gr.* ἀρατός.

aravica nsl. *leuconium meg.* pavola ali aravica. p. klr. harus. r. garusъ. — *magy.* hara.

aravona klr. *arrha.* as. aravunъ. s. ravna *mik.* klr. aravona. — *rm.* arvunę. *alb.* arravonias *verloben.* *gr.* ἀρραβών, ἀρραβωνιάζω, *daher* b. armasam, armasvam *verloben.* armasnik, armasnica.

1*

arbanasinŭ: asl. arbanasinъ *albanus*, ἀρβανίτης. arъbanasinъ bebrъ. b. s. arbanas. — *magy.* arbonas. *Vergl.* arъnautinъ.

arburŭ: s. arbur, arbun, arbuo, jarbuo *mastbaum.* nsl. arbelo, jarbolo, jambora *usw.* — *magy.* árbotzfa. *it.* albero.

ardovŭ: s. ardov *dolium.* nsl. hordov. b.˙ vordov. klr. ordôv. — *Aus dem magy.* hordó. *Vergl. gr.* ἀρδάνιον.

arenda p. klr. r. *pacht.* — *rm.* arîndę. *magy.* árenda. *mlat.* arenda *praedium in censum seu rendam datum.* arendare.

aresa-: b. aresam, aresvam, resam *gefallen.* — *gr.* ἀρέσκω: ἄρεσα (ἤρεσα).

arganŭ: s. argan *machina scansoria mik.* — *it.* argano. *gr.* ἄργανον.

argatinŭ: s. argatin *taglöhner.* b. argat. klr. argat. argatar *arbeitgeber.* — *rm.* alb. argat. *gr.* ἐργάτης. *türk.* ęrgad.

argosa-: b. argosvam *von einem kirchlichen amte suspendiren.* — *gr.* *ἀργώνω *von* ἀργός.

argutla, argitla s. *clavus.* — *Vergl. it.* rigola.

archimanŭdritŭ: asl. arhimanъdritъ, arhimądritъ, archimandrita. as. arъhimudritъ. — *gr.* ἀρχιμανδρίτης.

arište s. *arrest.* — *Aus dem nhd.*

arkanŭ: b. p. klr. arkan *tau, strick, schlinge zum pferdefangen.* — *türk.* arkan.

armada nsl. *heer.* as. armata. p. armata. klr. harmata *flotte, kanone usw.* — *it.* armata.

armaganŭ: b. s. armagan, s. *auch* ormagan, *geschenk.* — *türk.* armagan.

armara, almara č. *schrank.* p. almaryja, olmaryja. kr. ormar. s. ormar, orman. nsl. almara, almarica, ormar, omara, vomara *usw.* — *nhd.* almer. *lat.* armarium.

armêninŭ: asl. armêninъ, armeninъ *neben* ramêninъ *armenus.* p. ormian. s. jermenin. — *gr.* ἀρμένιος.

arnautinŭ: b. arnautin *arnaut.* s. arnaut, arnautin. klr. arnaut. arnautka *art heidekorn.* — *türk.* arnaut, arnavut. *gr.* ἀρναβίτης *aus* ἀρβανίτης. *Vergl.* arbanasinŭ.

arnožĭ: nsl. arnož *brustlatz marc. cilicium gutsm.* — *it.* arnese.

arslanŭ: b. arslan, *daneben* raslan, *löwe.* s. arslan *neben* lav. — *magy.* arszlán, oroszlán. nsl. s. oroslan. *türk.* arslan.

aršinŭ: b. aršin, rъšin *elle.* s. alb. aršin. r. aršinъ. — *türk.* aršęn.

aržetŭ: nsl. aržet, aržat *saccus marc. gutsm.* varžet. — *Vergl. mhd.* eser, nhd. aser *sack zum anhängen.* *Hieher gehört auch* hajžer *steierm.*

asinŭkritŭ: asl. asinъkritъ *a secretis.* asigъgritъ. — *gr.* ἀσηκρῆτις.

askŭ: r. askъ *arca.* jaščikъ. klr. jaščyk. p. jaszcz. — *ahd.* ask *esche, boot, schüssel.* *and.* askr. askja *vas ligneum. Das and. wort ist durch das r. in das p. eingedrungen.*

asla nsl. *brand bei wunden, in anderen gegenden* drav. — *nhd.* assl.

asnačĭ: klr. wr. asnač *arbeiter auf schiffen.* — *Vergl. got.* asneis *miethling.* ahd. asni, asneri *tagelöhner.* arnari *messor.* finn. ansio *meritum.*

aspalitŭ: asl. aspalitъ *bitumen glag.* — *gr.* ἄσφαλτος.

aspida, aspidŭ: asl. aspida, aspidъ *serpens.* r. aspidъ. klr. hasped, jasped *schlange, teufel.* — *gr.* ἀσπίς. mhd. aspis.

aspra, *meist* aspri *plur. f:* b. s. *geld.* kr. jaspra. — *gr.* ἄσπρον (νόμισμα), *eig. weiss, daher silbergeld.* alb. asprę. *gr.* δηνάριον λευκόν. *mlat.* numus albus. *nsl.* belič. *fz.* un blanc.

astalŭ: s. astal *tisch.* — *Aus dem magy.:* asztal, *das slav.* stolъ.

astrychŭ: p. astrych, jastrych *pavimentum.* s. jastrik *mik.* — *ahd.* asterich. *mlat.* astracum. *gr.* ὄστρακον. *Das p. stammt aus dem d., das s. aus dem it.*

asunŭhitŭ: asl. asunъhitъ, asynъkitъ, asinъgitъ. — *gr.* ἀσύγχυτον.

ašovŭ: s. ašov *eiserne schaufel.* — *magy.* ásó.

ašte: asl. si. nsl. če. *eche, eccę fris.* klr. ašč. *Wahrscheinlich aus* atja: *dann ist jedoch p.* acz *davon zu trennen.*

ašutĭ: **asl.** ašutь, ošutь, ošuti, ješuti *frustra*. **č.** ješut, ješit. ješutný, ješitný. **p.** jeszutność. — *lit.* ensus. *Dafür asl. auch* bezuma, ispyti.

ata-: **s.** atati *acht geben*. — *Vergl. nhd.* achten.

atamanŭ: **r.** atamanъ *kosakenoberhaupt*. **klr.** ataman, otaman, vataman, hetman. **p.** ataman, hetman. — *d. hauptmann, woraus zunächst* hetman.

athinganinŭ: **asl.** athinganinъ, aciganinъ *athinganus (zingarus)*. — *gr.* ἀθίγγανος.

atŭ: **b. s.** at *pferd*. — *türk.* at.

avarinŭ: **asl.** avarinъ *avarus*. turci i avari. *Bei Nestor* obrinъ. — *gr.* ἄβαρ, ἄβαρος.

avlija b. s. *hof*. — *gr.* αὐλή. *alb.* avli.

avŭva: **asl.** avъva, avatъ *abbas. Daneben* **as.** apatь. **nsl. č. p.** opat. **klr.**

abbat, opat. **r.** abbatъ. — *ahd.* abbāt. *lit.* abatas.

azimĭstvo: **asl.** azimьstvo *usus panis non fermentati*. **klr.** adzymka. — *gr.* ἄζυμον.

azŭ: **asl.** azъ, jazъ *ich*. **nsl.** ja, jaz. **b.** az, azi (az zi), jaz *usw.* — *lit.* až, *daraus* aš. *lett.* ez, *daraus* es. *ai.* aham *aus* agham *mit palat.* gh; *dagegen gr.* ἐγώ *usw. Man geht von* ezъ *aus*: êzъ, jazъ, azъ.

azŭbuka: **asl.** azъbuka *alphabetum*. azъbukovьnikъ *alphabetarium*. **b.** azbuki. **klr.** azbuka. — *rm.* azbuke. *Dafür* **p.** abecadło, *daher* **r.** abecadlo.

azĭno: **asl.** azьno, azno, jazno *corium detractum*. jaznarъ, vjursisъ *op. 2. 3. 26*. — *ai.* ajas *bock*. ajina *fell*. *lit.* ožīs *geissbock*. *lett.* āzis. z *aus palat.* g.

ažderŭ: **b. s.** ažder *schlange*. **s.** aždaha, oždaha. — *türk.* ažder *aus dem pers*.

ažula s. *fibula mik*. — *it.* asola.

B.

ba 1. b. *sondern*. **č. p.** *traun*. **klr.** *freilich*.

ba 2.: **asl.** bajati, bają *fabulari, incantare, mederi*. bają̑šte nadъ bolę̑štiimi. bajej i divy tvorej. bajalьnikъ. obavati. balij. balovanije *medicina*. **nsl.** bajati *fabulari lex. incantare bel*. bajavec *ung*. bajilo *incantatio dain*. balij. balovanije *fris. Vergl*. balusati *plaudern*. **b.** baja *zaubersprüche hersagen, dadurch heilen*. bajilka *zauberspruch*. bajačka *zauberin*. **s.** bajati *zaubern*. bajač. bajalica. **č.** báti *reden*. baje *fabel*. **p.** bajać *fabuliren*. baja *fabel*. bajka. **os.** bać *märchen erzählen*. **klr.** bajaty *erzählen, zaubern*. baj *erzähler*. bajka. **wr.** bajić *reden*. baj. **r.** bajatь *reden neben dial*. baitь, batь. baennikъ *unreiner geist. Hieher gehört* **asl.** basnь *fabula, incantatio*. **s.** basma *zauberspruch*. **č.** báseň *fabel*. **p.** baśń. **ns.** basnica. **klr.** basńa *klatsch*. **r.** basnь, basnja. *rm.* basnę. *Ferners* **asl.** balija *zauberer*. balьstvo *heilmittel*. balovati *curare*, θεραπεύειν. **r.** balovatь *verzärteln. Vergl. wr.* balъ *lügner. Ebenso* **nsl.** baho-

riti *zaubern*. bahorica *bel*. **s.** bahoriti. **č.** bachořiti. báchorka *aberglaube*. **r.** bachoritь *reden*. bachorja. bacharъ *schwätzer*. bacharь, znacharъ *arzt dial. Die worte beruhen auf einer durch h erweiterten w.* ba: φημί *fari. Daher auch* **nsl.** bahati, bahati se *prahlen*. *ns.* bachtaś se. *Man beachte auch* **r.** basitь *loqui, mederi*. bačitь *loqui*. balakatъ. *klr.* bałakaty. *r.* bajukatъ *ist onomatop*. — *magy.* báj *magia*. bájolni *incantare*.

baba asl. *altes weib, grossmutter*. **nsl.** baba. **b.** baba. babiški *von* babica. babja, babuvam *vb*. baba-šarka *pocken*. babici *magendrücken, daher* babičêsuvam *vb*. **č.** baba. babinec *vorlaube bei der kirche*. **p.** baba. babiniec. **klr.** baba. babnja *collect*. babineć. **wr.** baba. baba-jaga *hexe*. babinec *für* **r.** papertь. babzno *feigling*. **r.** baba. baby *für* plejady. — *magy.* bába. *rm.* babę. *ngr.* βαβά. **nsl.** babučka *und magy*. babócs *kellerwurm. Verschieden s.* babka *alte münze*. *č.* *ungrischer pfennig*.

babá b. *vater.* s. baba. r. ba- baj *usw.* — *türk.* baba.

babra-: klr. babraty *kriebeln.* p. ba- brać, babłać *wühlen.* — *magy.* babrálni.

babunŭ: asl. babuni *aberglaube:* ba- buni *hiessen die bogomilen.* zaboboni. as. babuna. (č. poboněk.) p. zabobon *götze, aberglaube.* klr. bobona, zabobony. wr. zababony. r. zabobony *unsinn.* — *magy.* babona. *rm.* boboane *plur. verzauberung. Man darf nicht an babja vêra, sondern vielleicht an das gebirge Babuna zwischen Prilip und Veles denken:* bogomili vъ Babunê.

baburŭ: s. babur *baier.* — *Aus dem d.*

baca-: b. bacam *küssen.*

baci-: s. baciti *werfen. Daraus* b. baca *vb. für* hvrъlja. *Vergl.* č. baciti *puffen.* r. bacnutъ *schlagen onomatop.*

bači-: p. baczyć *schauen.* ubaczyć uszyma *flor.* klr. bačyty. wr. bačić.

bačilĭ: as. bačilь *pelvis.* bačio *mik.* — *it.* bacile.

bačĭ 1.: s. bač *senner, stanar.* bača. bačija *sennerei.* b. bačilo *ovile.* č. bača *oberschäfer.* slk. *schäfer.* p. baca *schäfer.* — *magy.* bács, bacsó. bácsi. *rm.* bač *älterer bruder, käsemacher.* alb. bač *älterer bruder. Alb. oder rm. ursprungs.*

bačĭ 2.: b. bač *art steuer.* baždar *zoll- einnehmer.* s. baždar *aicher.* — *türk.* badž *gabe, zoll.*

bada-: č. badati *nachforschen.* slk. *ahnen.* p. badać.

bademŭ: b. s. badem *mandel usw.* — *türk.* badém.

bag-: č. bahnouti *lust bekommen.* ba- žiti. klr. baha *begierde.* bažyty, bažaty. zabah. wr. bažać. r. bažonyj *geliebt.* zabažitъ.

bagašĭ: as. bagašь *art maass. Das wort stammt aus Montenegro und könnte alb. sein.*

bagno p. *sumpf.* č. os. bahno. ns. bagńe. klr. bahno. bahryna. wr. bahna. r. bagno. bagunъ. — *lit.* bognas *fichtenbruch.*

bagra s. *art meerfisch.* — *Vergl. gr.* φάγρος.

bagrŭ: asl. bagrъ *purpur.* bagrênъ. bagriti. klr. bahor. wr. bahra. r. bagrъ. bagritь.

bagŭrŭ: r. bagorъ *harpune.* klr. bahor.

baji-: s. bajiti *säugen.* — *rm.* bęi *vb.*

bajrakŭ: b. bajrak *fahne.* s. barjak. — *türk.* bajrak.

bajstrukŭ: klr. bajstruk *bastard.* wr. bajstruk. bastrja. — *Wohl aus dem lit.:* bostras, *das vielleicht mit dem aus dem kelt. erklärten d.* bastard *zusammenhängt.*

bajta nsl. *hütte.* slk. magy. bojtár *schäfer.* klr. bojtar *ung.*— *it.* baita. *Vergl. magy.* pajta *hütte.*

bakča, bachča, bakša r. *garten.* s. b. bahča, bašča. *alb.* bahče. — *türk.* bagča.

baklja nsl. *fackel jambr.* s. faklja, vaklja. p. wachla. — *magy.* fáklya. *rm.* fęklie. *ahd.* facchula *aus lat.* facula.

bakŭrŭ 1.: p. bakier *in* na bakier *czapka die mütze auf ein ohr.* klr. na bakir *schief.* wr. na bakir. r. na be- krenъ.

bakŭrŭ 2.: b. bakъr *kupfer.* s. ba- kar *usw.* — *türk.* bakęr.

bala: s. bale *plur. f. rotz.* balav. — *rm.* bale *geifer.*

balabanŭ: s. balaban *dick, busshart.* klr. bałaban *art jagdfalke.* r. balabanъ *wolliger falke. Vergl.* wr. bołoban *grosser topf.* — *türk.* balaban *dick, busshart.*

balalajka r. *art laute. Vergl.* klr. bałabajka *schellen.*

balamutŭ: č. balamutiti *faseln.* p. bałamucić. klr. bałamut *betrüger.* wr. bałomut *für* r. zabavnikъ. r. balamutъ *schwätzer.* balamutnyj. — *rm.* balamut *dumm. lit.* balamutas. *lett.* balamute.

balandja nsl. *capulus:* balandja sa- blje *jambr.* — *Vergl. it.* pendagli.

balčakŭ: b. s. balčak *degengriff usw.* — *türk.* balčęk. *Vergl. s.* zbaoč.

balda: os. bałda, fałda *falte.* r. falda. p. falda. — *Aus dem d.:* falte.

balega s. *viehmist.* klr. bałoh *und* bałyga, belega. — *rm.* balegę.

balma: ns. bałma *maiwuchs an bäu-*
men. — *Aus dem d. palme.*

balta nsl. *beil der Čičen.* b. bal-
tija. s. balta. klr. wr. bałta. r. balta
dial. — türk. balta. magy. balta. rm.
baltę. ngr. μπαλτᾶς.

balŭvanŭ: asl. balъvanъ, bolъvanъ
klotz, säule. Abweichend balvohvalьstvo *in*
einer r. quelle. nsl. bolvan *idolum.* bolva-
nin *ethnicus habd.* s. balvan *balken.* č. balvan *block.* p. bałwan *grosse masse, götze.*
bałwochwalstwo. klr. bołvan *klumpen.*
wr. bołvan *hölzerne säule neben* bałvan
dummkopf. r. bolvanъ *säule.* — magy.
bálvány. lit. balvonas *götze.* lett. bul-
vāns *ausgestopfter vogel.*

bambarkova-: b. bambarkuvam
girren.

bandera nsl. b. *fahne.* s. bandi-
jera usw. — it. bandiera. türk. bandira.

bandura p. klr. wr. r. *laute.* —
it. pandora. lat. pandura. gr. πανδούρα.

bangavŭ: s. bangav *lahm.* — zig.
pango.

banja asl. *bad.* banьčija. b. banja.
banjam vb. s. banja. klr. r. banja. *Vergl.*
č. báně *wanne, kanne.* p. bania *bauchiges*
gefäss, kürbiss. os. ns. baňa. klr. baňa
kuppel, saline. — magy. bánya. rm. bae.
alb. banję. lit. bonka *krug.*

banova-: klr. banovaty *sich sehnen.*
bana *sehnsucht.* myńi banno *mir ist bange.*
b. banuvam vb. kr. banovati se. — rm.
bęnui vb. magy. bánni.

bantiža-: nsl. bantižati *verbannen.*
kr. bandižati, bantiti. s. bandižan, ban-
djen. — it. bandire. venet. bandizar.

bantova-: nsl. bantovati *verletzen.*
b. bantuvam vb. klr. bantuvaty. — magy.
bántani. rm. bęntui vb.

banŭ: kr. ban *ban.* b. ban. bano-
vica *mil.* 116. 258. *Das wort, ursprünglich*
wohl kr., mag von diesem volke zu den Bul-
garen und Serben gedrungen sein. Wenn es
pers. ist, so ist es durch vermittlung der
Türken den Slaven mitgetheilt worden. —
magy. ban. *Hieher gehört wohl auch* p. ban
pfennig. rm. ban *art münze.*

bara *neben* vada b. *bach, flussbett.*
s. bara *pfütze, wiese.* č. bařina. — gr.
μπάρα. it. baro.

bara-: b. baram *tasten, berühren,*
suchen.

baranŭ: asl. baranъ *widder.* č. be-
ran. slk. p. ns. klr. wr. baran. os. boran. r. baranъ. barašekъ. — magy. bá-
rány. lit. baronas: *daneben* baranka
mütze von lammsfell. lett. bareniń. *Vergl.*
mordw. boran *hammel.*

barata-: nsl. barațati, barantati *ein ge-*
schäft machen. s. baratati. — *Aus dem*
·it.: barattare. mhd. pārāt *tausch.*

barbunŭ: s. barbun, *auch* brada-
tica. — gr. μπαρμπούνι. it. ven. barbon.
d. barbe. *Vergl.* barvena.

bardakŭ: b. s. bardak *krug.* — türk.
bardak.

bare, bar, barem b. *wenigstens.*
s. bare, bari, bar, barem. nsl. bar, barem *tantum habd.* — türk. bari. rm.
barem. magy. bár.

barchatŭ: klr. barchat, barchan, barakan *art stoff.* p. barchan, barakan usw.
— türk. barrakan.

barikŭ: nsl. barik, barek *indeclin.*
lüstern: so ga barik Jarnik. — *Wohl*
aus dem d.: begierig.

barilo asl. *fass.* nsl. baril *jambr.*
kr. barilica. s. barilo. bario. p. baryła.
klr. baryło. wr. bariła. r. barilo. ba-
riłokъ. — mlat. barillus. it. barile. ngr.
βαρέλι. rm. barelkę. nhd. barël. kurd.
baril, varil. *Damit verbinde ich* b. burija,
burilka *fass.* s. bure. burad *collect.* —
alb. buril.

barka nsl. s. r. *schiff.* — ngr. βάρκα.
alb. varkę. türk. barča. mlat. barca.

barna klr. *dunkelbrauner ochs.* bar-
nastyj. slk. barnavý. — rm. bęrnač. magy.
barna.

barsŭkŭ: b. barsъk *dachs.* r. barsukъ. p. klr. borsuk. — türk. porsuk.
lit. borsukas. *Vergl.* magy. borz.

barva č. *farbe.* nsl. farba. p. barwa,
farba. os. barba. ns. klr. barva. klr.
farba. wr. chvarba, farba. — *Aus dem*

d. farbe. ahd. varawa. *lit.* parvas, parbas, kvarbas.

barvena: *p.* barwena *barbe, cyprinus barbus. os.* barma. **klr.** *r.* barvena. — *ahd.* barbo. *nhd.* barbe, barme. *Vergl.* barbunŭ.

barvinŭkŭ: *č.* barvínek *bärwinkel. p.* barwinek. **klr.** bervinok. *r.* barvinokъ. — *Das wort beruht auf* pervinca. *magy.* bervéng, börvény. *lit.* barvinkos.

barzavŭ: *b.* barzav, barziv *und* bozav *für* siv, sur, što ima bêly i črъny vlakna razmêseni *ger.* — *Vergl. alb.* barth, bardhi *weiss, daher rm.* barzę *storch.*

baskakŭ: *r.* baskakъ *abgaben.* **klr.** baskak *steuereinnehmer.* **p.** baskak *vorgesetzter.* — *türk.* basgak.

basma *b. s. druck, bedruckte leinwand usw.* — *türk.* basma.

bastahŭ: *s.* bastah *bajulus.* **as.** bastakъ. — *Vergl. gr.* βασταγάρης. *it.* bastagio.

bašmakŭ: *r.* bašmakъ *schuh.* **klr.** *b.* bašmak. *Vergl.* **wr.** bachmači, bachiły. — *türk.* bašmak.

bašnja *r. turm.* — *Wohl aus dem d.:* bastei, bastion, *und nicht türk.*

bašta, *daher* **asl.** baština *das erbe.* **nsl.** baćenik *heres jambr.* *b.* bašta *vater.* baština. batjo. *s.* ikonomь i bašta *im kloster.* baština *fundus.* bato. **klr.** baťko. **wr.** batčina. bacja. *r.* batja. batъko. — *magy.* bátya. *rm. alb.* baštinę. *Der stamm* batja *ist türk.*

baši: *b.* baš *erster.* baš-delija. *s.* baš *vordertheil des schiffes.* baš-knez *usw.* — *türk.* baš *kopf, oberhaupt.*

batmanŭ: *r.* batmanъ *neben* bezmênъ *ein bestimmtes gewicht: daneben* bezmenъ. **klr.** bezmin. **p.** bezmian *usw.* — *nordtürk.* batman. *and.* besman, bisman *usw.*

batogŭ: **asl.** batogъ *stock, knüttel.* *č.* batoh. **p.** batog. **klr.** batôh, batuch *peitsche.* *r.* batogъ *stock.* — *lit.* botagas, votagas. *lett.* pātaga *peitsche.* *rm.* batog *stockfisch. Dunkel. Vergl.* batŭ.

batŭ 1.: **nsl.** *b. s. p.* bat. *r.* botъ *stock.* — *Vergl. magy.* bot. *rm.* bęt, bętę.

batŭ 2.: *r.* botъ *boot dial.* **p.** bat. — *and.* bátr.

bauka-: **nsl.** baukati *bellen bel.* **s.** bauknuti *schrecken.* bauk *baubau onomatop.*

bavlŭna: *č.* bavlna *baumwolle.* **p.** bawełna. **os.** bavłma. **klr. wr.** bavołna. **klr.** bavuna *ung.* **nsl.** pavola. — *Aus dem d.:* baumwolle, dessen zweiter theil meist durch das slav. wort ersetzt ist. *lit.* bavilna *neben* bumbulė.

bazarŭ: *b.* bazar, pazar *markt in mehreren slav. sprachen.* — *türk.* bazar.

baža **nsl.** *art.* — *Vergl. ahd.* fasel *proles.*

bažantŭ: *č. p.* **klr.** bažant *fasan.* **os.** bažan. *r.* bažantъ *neben* fazanъ. **nsl.** bezjan *jambr.* — *magy.* fátzán. *ahd. mhd.* fasān, fasant. *lat.* phasianus. *gr.* φασιανός. *lit.* pazonas.

bažulĭ: **nsl.** bažulj, bažilek, fažolj *phaseolus.* *b.* fasul. *s.* pasulj, fasul, fasuo. *č.* fasol, fazol. **p.** fasola. **klr.** pasulja, fasulja *ung.* — *magy.* faszuly, fuszulyka. *alb.* fasul. *Die wörter mit* ž *stammen aus dem d.* *mhd.* phasol. *lat.* phaseolus. *ngr.* φασούλι.

bebe *b. kleines kind.* — *türk.* bébék.

bebrŭ: **asl.** bebrъ, bьbrъ, bobrъ *biber.* **nsl.** beber *meg.* breber. *b.* bъbъr. *s.* dabar. bobar *mik.* *č. p.* bobr. **os.** bobr, bjebr, bibor. **ns.** bobr. **klr.** bôbr. *r.* bobrъ. — *rm.* breb. *lit.* bêbrus, bêbras, debras, dabras. *lett.* bebrs. *lat.* fiber. *ahd.* bibar.

bečeva *r. strick zum schiffziehen.* **klr.** bečivka. *Fremd.*

beči-: *s.* bečiti *stieren.* **as.** bečiti se *scheint „widerstreben" zu bezeichnen.*

bečĭ 1.: **nsl.** beč *art kleine münze.* **kr.** po pet bečih *in Poljica.* — *rm.* beč *istr. it.* bezzo *geld.*

bečĭ 2.: *b. s.* ostnsl. *usw. Wien, wofür andere Slaven andere namen haben:* **nsl.** *neben* beč dunaj, *č.* vídeň, *p.* wiedeń. — *Vergl. türk.* bédž.

bedro **asl.** *schenkel.* **nsl. s. č.** bedro. **as.** nabedrъnica. **p.** biodro : *vergl.* biedrzeniec *pimpinelle.* **os.** bjedro. **klr.**

bedro: *vergl.* nabedrahy *art kleid.* r. bedro, bedra.

begŭ: b. s. beg, bej *fürst, herr usw.*
— *türk.* beg.

bejendisa-: b. bejendisuvam *vb.* s.
begenisati *billigen usw.* — *türk.* bégénmék.

beka-: nsl. bekati *meg.* beketati
blöken. s. beknuti. č. bečeti. p. bekać,
beczeć *statt des erwarteten* biekać. os.
bječeć. klr. bekaty. r. bekatь. *Man
merke* p. odbeczeć *abbüssen.*

bekjarŭ: b. bekjar *junggeselle.* s. bećar *usw.* — *türk.* békar.

belbŭ: č. blb *tölpel.* blblati, brblati,
brbrati. p. bołbotać. klr. bołbotaty.
r. bormotatь. — *rm.* bęlbęi *stammeln. Vergl.*
b. blъtaja *schwätzen.* brъborja *vb.* s. blebetati. č. bleptati, breptati. — *lit.* ble-
benti. *onomatop. Vergl.* berbota-.

belnŭ: b. blên *f. phantasie.* blênu-
vam, blъnuvam *phantasieren.* blъnuvam
bulg.-lab. kr. blen. s. bun, bunika *nach*
tert, trt. bunovan *adj.* buncati *wie aus dem
schlafe reden.* č. blén, blín *bilsenkraut, tollkraut.* os. blin. klr. bełena. r. belena
bilsenkraut. — *magy.* bilin, bilind, belénd.
lett. blēńas *possen.* b. bleno bilje *mil. 449.
509. ist mir dunkel, es dürfte jedoch hieher
gehören:* magija sa moj te crъni oči, bleno
bilje moje bêlo grъlo. p. bielun *bezeichnet
gleichfalls das tollkraut: vergl.* klr. biłun
stechapfel. os. blek *ist bilsenkraut. Man
vergl. noch* nsl. blancovati *phantasieren.
Der genuss der pflanze bewirkt schwindel,
kopfweh, raserei und sogar den tod. Man
beachte in Shakespeare's Hamlet die erzählung vom tod des königs, wenn* henbane
„bilsenkraut" *gelesen wird.*

bendima nsl. vandima *meg.* mendiba,
bendiba *weinlese.* — *it.* vendemmia. *ahd.*
vindemōn *vb.*

benetki *plur.* nsl. *Venedig.* as.
bьnetькь, *daneben* mneci *plur.* s. mletak, mletci. č. benátky *nach čech. orts-
namen.* — *Aus* venetiae.

benevreke s. *plur. beinkleider.* b. benevreci *plur.* — *rm.* bernevečĭ *plur.* alb.
brendevek.

beno ns. *magen eines rindes.*

ber: asl. berą, bьrati, brati *legere.
Durch steig.* borъ, *durch dehn. iter.* birati
aus bêrati, nsl. -bêrati, -birati, p. bierać.
nsl. berem, brati. b. bera *vb.* grozdober. vinoberma. ober. obernik. kr. zibrati *ung.* s. berem, brati. berba. berač.
č. beru, bráti. beráč. bernĕ. p. biorę,
brać. zbior. ubior *anzug.* biernia *steuer.*
os. bjeru, brać. bjeŕna. ns. bjeru, braś.
klr. beru, braty. wr. beru, berci: *dieses
entspräche einem* asl. brъti *für* bьrati: *dem*
asl. dьrati *steht* dzerci *gegenüber.* bradze-
nyj *ist* asl. branъ. r. beru, bratь. branь,
uzorčataja tkanь. *Auf* borъ *beruht* asl.
sъborъ *versammlung.* b. otbor. otbor-
momci. razbor *verstand.* obor obrah. zbor
versammlung, rede. zborja, zborjuvam,
zborvam *reden.* (*Vergl.* s. divaniti; *gr.*
ὁμιλῶ; *rm.* kuvînt *conventus, rede.* kuvînta
reden). zborište. s. sabor. saborisati. bora,
nabor *falte.* saborit *gefaltet.* č. sbor. pobor *steuer.* p. pobor. klr. bory *falten.*
nabôr. vybôr, izbôr *wahl.* r. borъ *steuer.*
bory *falten.* borina. pereborka. oboryšъ.
uborъ *putz. Auf* birati *sind zurückzuführen*
asl. pabirъkъ *racemus relictus.* nsl. paberek, paperek (*aus* pabêrek). b. ba-
berki. birač *neben* berač. beračka. birka
kerbholz (rabisch). obir *beute.* č. sbírka.
naběry *falten.* oběrek. paběrek. paběro-
vati. p. bieracz. pobierki. wr. dobirki.
r. birka *kerbholz.* nabirka, nabirucha, na-
berucha *körbchen* dlja sobiranija gribovъ
i jagodъ. *Hieher gehört* bermen: asl. brême̜
bürde. obrêmeniti. nsl. b. brême. s. breme.
č. břémĕ. p. brzemię. os. bŕemjo.
ns. bŕemje. klr. bremja *neben* oberemok.
wr. beremo. r. beremja, bremja. bremen-
nyj *dial.* — *rm.* zbor *wort.* zburi *reden beruht
auf* b. *ausdrücken*, pobirči, pogirči, pogîrči
ähren lesen auf pobirati. sobor *synode.*
ai. bhar. bharman. *Daneben* arm. berem
trage. gr. φέρω. φόροϛ. φέρμα (brêmen).
lat. fero. *got.* bairan. *air.* berim *fero.*

berbenica: klr. berbenyća *fass, besonders für käse.* — *magy.* berbence. *rm.*
berbincę.

berbota-: nsl. brbotati, brbotiti *plappern.* brbljati. brbrati. b. bъblja *vb.* s. brbljati. brgljati, brboljiti, brbolati, brbosati, brbukati *und* blebetati. r. bormotatь *murmeln.* — lit. burbuloti. *Lauter onomatop. wörter ohne geschichte. Vergl.* belbŭ.

berc-: nsl. brcnoti *stossen.* s. brcnuti *berühren. Vergl.* probrcnuti se *coagulari.*

berdi-: nsl. brditi *schärfen.* brdit *scharf.*

berdja: asl. brêžda *trächtig.* orąžije svoje kalętъ vъ brêždiihъ ženahъ. obrêžditi. nsl. brêja. s. bredja. č. březí. klr. bereža. r. berežaja. berd *scheint mit* ber, *fordus mit* fer *zusammenzuhangen:* nsl. noseča, d. trächtig, lett. nêščia.

berdo: asl. brъdo *hügel.* nsl. brdo *promontorium, licium.* b. brъdo *hügel, weberkamm.* s. č. brdo. p. bardo. ns. bardo. klr. berdo *steile, weberkamm.* r. bërdo *weberkamm.* — magy. borda. *Vergl.* rm. bęrglę, bîrglę, bręglę *schaft des weberblattes. Man denkt an* got. baurd *brett.*

berdunŭ: asl. brъdunъ *gladius; daneben* r. berdunъ, bordunъ. — *Vergl. mlat.* bordonus.

berdyšĭ: p. berdysz, bardysz *hellebarde, streitaxt.* klr. berdeš. r. berdyšъ *partisane.* — lit. bardišius.

bereketŭ: b. bereket *überfluss.* s. berićet *usw.* — türk. béréḱét.

berg-: asl. brêgą, brêšti *pflegen.* brъgъše *sup.* nach tert, trъt. nebrêšti *vernachlässigen:* nebrêšti zapovêdij. nebrêžblivъ. klr. berečy, berehčy, berehty *hüten.* nezaberežka *unvorsichtigkeit.* r. berečь. uberëga. berežь *erhaltung.* berežatyj, brežatyj *hüter.* berežlivyj. brežnyj. nebrežъ *dial. Man beachte* borozno *vorsichtig dial.* — got. bairgan. ahd. bërgan. *lit. wird* birginti *von Mikucki angeführt.* brêgъ *ufer scheint mit* brêgą, *etwa „schützen", zusammenzugehören.*

bergŭ: asl. brêgъ *ufer.* nsl. brêg. b. brêg. kr. brig. s. brijeg: *vergl.* bregunica *mauerschwalbe.* č. břeh. p. brzeg.

pobrzeže: pobereže *aus dem klr.* os. bŕoh. pobŕoh. ns. bŕog. klr. bereh, berêh: *vergl.* berehulja *bachstelze.* r. beregъ. — magy. bereg. alb. breg. got. bairgahei *gebirge.* ahd. bërg.

bergŭlĭ: nsl. brglez. (s. brzelj *art vogel.*) č. brhel *pirol.* p. bargiel *bergmeise.* r. berglezъ *stieglitz dial. Die wörter bezeichnen verschiedene vögel.*

berka-: asl. zabrъkati (iskypênije) *wohl „impedire".* brъčьhъ *cincinni.* brъčьkъ *indumentum, erumena.* brъčьkati (udove) *heisst* ταριχεύειν *einbalsamiren.* b. brъkam *einstecken, greifen, mischen, wühlen, verwirren, in unordnung bringen, beunruhigen, runzeln.* brъčka *runzel.* s. brkati *in unordnung bringen. Im* p. *usw. fehlt der stamm, daher ist die lautfolge unsicher. Vergl.* nsl. zburkati se.

berkŭ: č. brk *schwungfeder.* brkati *fliegen.* s. brčje pero *schwungfeder. Vergl.* p. bark *oberarm, achsel.* barczyć. klr. bork *rohr, federkiel.* barki *schultern, wohl* p., *und* borki. *Vergl.* s. brk *knebelbart.* — magy. barkó.

berkynja: b. brêkinja *pok.* 1. 64. s. brekinja *sperberbaum.* č. břek *arlesbaum.* slk. brekyňa, brak. klr. bereka *elsbeerbaum: derselbe baum heisst* klr. brjakinja. — magy. berekenye, berkenye: *vergl.* barkócza.

berli-: nsl. brliti *limis oculis aspicere meg.* brliv *limus.* brlez *kurzsichtiger mensch; art vogel (leicht zu fangen).* brlêti. s. brljav *stumpfsinnig.* brljak *sturnus.* č. brlooký, brýlavý *plärräugig.* p. brlok *übersichtig.*

berlo: p., klr. berło *stock.* č. berla.

berlogŭ: asl. brъlogъ *wildlager.* nsl. brlog *schlechtes lager.* s. brlog *lager der schweine.* č. brloh. p. barłog *lager von wirrstroh.* os. borło *elendes lager.* klr. berłoha *und nach dem* p. barłôh. wr. merłoha. r. berloga, merlogъ, merloga. — magy. barlang. alb. borlok. rm. bîrlog, bęrlog, bręlog.

bernestra: asl. brъnestra *myrica glag.* s. brnistra *genster. Vielleicht aus* genster *entstellt.*

berskletŭ: klr. beresklet *evonymus verrucosus*. r. bereskledъ, bereskletъ *evonymus: daneben* beresbrekъ, beresdrenь; *ferners* brusklenъ, burusklenъ *und* mereskletъ. *Dunkel. Vergl.* č. brslen *spindelbaum*. klr. bruslyna.

bersky: nsl. breskev, breskva *pfirsich aus* brêskev. kr. briska *ung*. s. breskva. č. břeskev, broskev. p. brzoskiew, broskiew. os. bŕeska. klr. breskyńa, broskva. r. broskvina, bruskvina. asl. b. kr. s. praskva. — *magy*. baraszk, baraczk, *woher* klr. borockva. *gr*. μῆλον περσικόν *oder* μηδικόν. *Die slav. wörter stammen aus dem d.: die ahd. form fehlt. Diese lautete mit* pf *an, dem slav.* b *und* p *gegenübersteht*. r. *neu* persikъ.

berstŭ: asl. brêstъ *ulmus*. nsl. brêst. b. brêst, *das auch für „birke“ vorkommt*. brêstalъk *birkenhain*. kr. brest. s. brijest. p. brzost. klr. berest *ulmus effusa: daneben* beresto *birkenrinde*. wr. beresceń *mit birkenrinde bedeckter topf*: r. berestenь. r. berestъ *ulmus campestris*. beresta, berêsto *birkenrinde*.

berštĭ: č. bršt *bärwurz, bärenklau*. p. barszcz. os. baršć. klr. boršč *art säuerliche suppe von rothen rüben usw*.: *vergl*. borčevka *bärenkraut*. wr. baršč *und* boršč, *jenes* p., *dieses* r. r. borščъ *heracleum sphondylium*. — *lit*. barščiai *plur*.: *auch der sing.* barštis *wird angeführt*. *lett*. bārkšķes. *magy*. barcs. *rm*. borš. *nhd*. borst.

bertĭ: č. brť *f.*, brt *m. waldbienenstock*. brtiti *für* oul dělati. p. barć *f.* bartnik. klr. borť *f.* bort *m*. r. bortь *f.* bortnikъ. bortenь *für* ulej *dial*. — *lit*. bartininkas. *rm*. bortę.

berza: asl. brêza *birke*. brêzokъ *april*. nsl. breza. brêza *scheckige kuh. Mit* brêza *verbinde ich* b. brêz *maskirt, eig. scheckig, und* brêzaja *maske*. s. breza. č. bříza. p. brzoza. os. bŕeza. ns. bŕaza. klr. wr. r. bereza. wr. berezovik *märz*. r. berezozolъ *april, birkengrün*. — *rm*. brêz *scheckig, weissgefleckt. preuss.* berse (*d. i.* berže). *lit*. beržas. *lett*. bērzs *m*. bėrze *f*.

osset. barse (barze). *ai*. bhūrja *art birke aus* barja. *ahd*. piricha. *nhd*. birke. *and*. björk. z *ist palat*. g.

berzŭ: asl. brъzъ *schnell*. brъžij *comp*. brъzati *schnell laufen*. brъzêja *syrtis: daneben* brъžaj *fluentum aus* bergŭ. nsl. brz. brže *comp*. b. brъz. brъže *comp*. brъzam *eilen*. brъzina. brъzij *stromschnelle. Neben* brъzo *findet sich* brъgo. s. brz. brzica, brzdica *stromschnelle*. brgo *neben* brzo. č. brz; brzký *neben* bruský *schnell*. nébrž ja *sogar ist* asl. nъ brъže *sondern eher*. p. barzy *schnell*. barzo *neben* bardzo *sehr*. os. borzy *bald*. klr. borzy *schnell*. barz *für* duže *sehr ist* p. wr. borzo *für* šibko. barzyj *höflich ist dunkel*. barždžėj *schneller ist hinsichtlich des a* p. r. borzyj. z *deutet auf palat*., g (brъgo, brgo) *auf velar*. g *oder* gh.

berŭkŭ: s. berak *hain*. — *magy*. berek.

besêda asl. *wort, rede*. židovьska besêda. besêdlivъ. besêdy dějati. nsl. besêda. s. besjeda. č. beseda. p. biesiada *gastmahl*. klr. bešida *sprache*. beseda *hochzeitsgefolge*. r. beseda *gespräch*. — *magy*. beszéd. beszélni. *alb*. besedue *discorrere*. besedim *colloquio*.

beskydy klr. *die Karpaten*. p. beskid *neben* bešćiad, beszkid, bieszczad.

bestvi-: p. bestwić *reizen*. s. bestiluk *dummheit*. — *Auf lat*. bestia *zurückzuführen*.

besŭkŭ: nsl. besek *vogelleim*. — *it*. vischio.

bešikŭ: b. bešik *wiege*. s. bešika *usw*. — *türk*. béšik.

bešterŭ: nsl. bešter *schön*: bešter dan, beštra punca. *In der gleichen bedeutung* dešter, *auf dem* bešter *beruht*. — *it*. destro.

betegŭ: nsl. kr. s. beteg *krankheit*. klr. beteha. betežnyj. zabetehaty. — *rm*. betêg. *magy*. beteg *krank*.

bezgavka, bizgavka nsl. *drüse*: okoli srama na dimlah *lex. Auch jetzt in Steiermark bekannt*.

bezjakŭ: nsl. s. bezjak *tölpel*: *so wird ein theil der Slovenen genannt*.

bezŭ: asl. bezъ *ohne.* nsl. brez.
b. bez. **os.** bjez *usw.* — lett. bez. *Dem
preuss.* bhe, *lit.* be, *ai.* bahis, *liegt* bež
zu grunde. Slav. z *ist palat.* gh.

bêčĭva: s. bječva *strumpf.* **kr.** bičva
verant. Dunkel. — *rm.* bičva *kniestrumpf istr.*

bêgŭ: asl. bêgъ *flucht.* prêbêgъ *über-
läufer.* bêgunъ *flüchtling.* podъbêžište. bêstvo *flucht aus* bêžьstvo. -bêgnąti. bêžati.
-bêgati. nsl. -bêgnoti. bêžati. **b.** bêg.
bêgam *vb.* bêgač. **s.** bježati. **č.** -běhnouti.
běžeti. -bíhati. **p.** biec, biegę. biegnąć.
biežeć. biegać. **klr.** bičy (bihty, bihčy).
bihaty. bigłyj. bihavka, bihanka *ruhr.*
r. bêgъ. bêžatь, bêgu, bêžišь; *dial.* bjagu,
bjagišь. bêgatь. bêglyj. — *rm.* bêženi *vb.*
pribeag. *magy.* izbég. pribég. *lit.* bêgu,
bêgmi, bêgti. bêgunas. *lett.* bêgt.

bêlêgŭ: asl. bêlêgъ *zeichen.* **s.**
biljeg. **kr.** bilig. biljeg *zweikampf. Alte
entlehnung.* — *magy.* bélyeg, bílyog
usw. **alb.** beleg *zeichen, zweikampf.* **türk.**
bilgü.

bêlŭ: asl. bêlъ *weiss.* bêlьсь. bêlu-
zlivъ *weisslich.* bêliti. bêlьčij. bêlьmo.
nsl. bêl. bêliti. bêlman *staar.* podbêl *huflattich.* polbelič *heller.* zabel *speisenfett.*
b. bêl. bêla drob *lunge.* bêlêst *weisslich.*
bêlokosten *elfenbeinern.* bêlja *weissen.* bê-
lêja *weiss werden.* bêltъk *eiweiss.* **s.** bijel.
bjelaš *schimmel.* bjelasati *weisslich sein.*
č. bílý. bíliti. bělasý *wasserblau.* bělmo
splint. podběl. *Vergl.* **slk.** beleš *art kuchen.*
p. biały. podbiał *huflattich.* **os.** bjely.
ns. bjely. bjelman *staar.* bjelizń *splint.*
klr. biłyj. bił *splintholz.* biłmo *der graue
staar.* zabil *womit man einer speise eine
weisse farbe gibt.* biłka *eichhörnchen.* **wr.**
bjełoglova *frauenzimmer.* **r.** bêlyj. bêlesovatyj *weisslich.* bêlь *splint.* bêlka *eichhörnchen.* bêluga. bêlьmo. bêla, bêlka *art
alte münze.* — *magy.* bél *splint.* béles.
rm. bêlan. bêli *vb.* bilealę *weisse schminke.*
podbeal. *alb.* baljoš. *lit.* balti *weiss
werden.* baltas *weiss.* *lett.* bāls *blass.* balts.
ai. bhala *glanz.* *gr.* φαλος *licht, weiss.*

bêrma-: nsl. bêrmati, firmati *firmen.*
kr. bermati. berma. **č.** biřmovati. **p.** bierzmować. **os.** bjermovać, fyrmovać. —
magy. bérmálni. *ahd.* firmōn.

bêsŭ: asl. bêsъ *daemon.* nsl. bês.
b. bês *teufel, wuth, ausgelassener mensch.*
s. bijes *wuth.* bijest, obijest *übermuth.* **č.** bês
böser geist. **p.** bies *der böse.* **klr.** bis
teufel. **r.** bêsъ *daemon.* — *lit.* bêsas *teufel.*
*Das wort beruht wohl auf der w. bi, daher
auf* bê-sъ: *vergl.* poją, pêti *aus* pi. *Das
gleiche gilt vom lit.* baisus *fürchterlich.* baisa
schrecken.

bi-: asl. biti, biją *schlagen.* bilo *glocke.*
bivьlivъ. bič *peitsche. Durch steig.* boj
peitsche. podъboj. razboj *raub.* razbojnikъ.
uboj *todschlag. iter.* -bivati, -bijati. **nsl.**
biti. bič. bitva. boj. podboj *thürpfosten:
pri podbojih mojih dveri: daneben* podvoj.
naboj. razboj. **b.** bija *vb.* bilo *balken,
stange.* bič. boj *krieg.* razboj. razbojnik.
ubija, ubivam *vb.* **s.** biti. bilo *puls.* bitka.
bič. bičalje. boj. uboj. **č.** bíti. bitva.
bitec *schläger.* bidlo *stange.* bič. podvoj
für podboj. **p.** bič. boj. bojewisko, bo-
jowisko, bojisko. podwoj. **os.** bić. bič
schlägel. bidmo *stange aus* bidło. **ns.** biś.
bijař *schläger.* **klr.** byty. było *stengel.*
byč *peitsche.* bôj. zbôj. bojisko, bojišče
dreschtenne. rozboj. **wr.** biło. **r.** jazykъ
u kolokola. **r.** bitь. bilo *läutebrett.* bitva.
pobitecъ *sieger.* bitь *platte.* bičъ. boj. bojkij *kräftig.* — *lit.* razbajus. razbajninkas.
magy. baj. bajnok. *rm.* bilę, đilę *balken.* bič.
izbi *schlagen.* ręzbi *dissolvere.* ręzboj *krieg.*
ręzboište *schlachtfeld.* batžokuri *spotten hat
ein pendant am* **wr.** bajdy bić. *rm.* baj
und **klr.** baj *plage stammen zunächst aus
dem magy.*

bibicĭ: **slk.** bíbic *neben* **nsl.** gibec
kiebitz. — *magy.* bíbicz. *Vergl. rm.* libuc.

bicĭ: nsl. bičje, bičovje *juncus collect.*
meg. *lex.* — *Aus dem d.:* *ahd.* binuz,
mhd. binez, binz (*dieses liegt dem* bicь
zu grunde). *nhd.* binse.

bičkija b. *messer.* **s.** *schusterkneif
usw.* — *türk.* bičkę.

bidê-: asl. obidêti *verletzen, verachten.* prêobidovati: *zu* obidêti III. 2.
passt nicht das partic. obidąšti. obidivъ.

obida *unrecht.* obidǫ sьtvoriti. č. obida. *Daher durch steig.* bêda *necessitas, periculum.* bêditi *zwingen.* pobêditi *besiegen.* nsl. bbgeni, *d. i.* bêjeni, asl. bêždeni. b. bêda *unglück.* bêdja *verleumden.* s. bijeda *verleumdung,* as. bêdьba *frohne.* č. bída, bĕda *elend.* p. bieda *elend.* biada! *wehe!* os. ns. bjeda! *wĕhe!* klr. obyda. bida *elend.* wr. obiždać. r. obidêtь, obižatь. obida, obižda, zabida. bêda. zabêda. pobêda *siey.* nabêditь. — *rm.* obidę. pobedi *vb.* *lit.* bêda *noth.* abīda *unrecht.* *lett.* bēda *ungemach.* *Vergl.* *got.* ᛫ beidan *ertragen, dessen bedeutung nicht passt.* baidjan *zwingen.*

bigosŭ: p. bigos *art ragout.* — *lett.* biguse. *Man denkt an das d. beguss.*

bile *plur. f.* nsl. *officium mortuorum.* — *lat.* vigiliae.

bilezikŭ: b. bilezik *fessel.* s. belenzuka *usw. Ältere entlehnungen sind:* asl. bêlьčugъ *ring.* s. biočug. — *rm.* bęlčug *usw. türk.* bilézik *armband.*

binkušti nsl. *pfingsten.* — *magy.* pünköst. *Auf ein ahd. zi pfingustin pentecoste zurückzuführen.*

bire ns. *pfingsten.* — *Aus dem d.:* ahd. fīra *feria.*

biritjŭ: asl. birištь *praeco, lictor.* nsl. birič *trub. apparitor, lictor meg. lex. lictor habd.* birro, zaffo *somm.* č. biřic, *alt* biřuc. os. bjerc. ns. bjeric. klr. biryč *aufrufer.* r. biričъ, birjučъ. — *Vergl. it.* birro, sbirro *apparitor. lett.* bērice.

birova-: klr. biruvaty *können (bei den Huzulen).* — *magy.* bírni *können, besitzen. rm.* birui *vb.* biruincę *macht.*

birŭ: asl. birъ *census.* birъčij *steuereinnehmer.* nsl. bir *dos.* biršag *mulcta jambr.* b. bir, birija *steuer.* s. bir *collecta parochi.* klr. bir, byr *f.* byrčyj. birovik *für* vojt *ung.* r. birčij *scherge.* — *rm.* bir. *lett.* beri *kornabgabe. Das wort ist fremden ursprungs: vergl. magy.* bér *lohn.*

bisaga: s. bisage *plur. quersack.* nsl. besaga. b. bisagi, disagi. p. biesaga.

klr. besahy. — *lat.* bisaccium. *fz.* besace *usw. Daneben ngr.* βισάχι, δισάχι. *rm.* desadži.

biserŭ: asl. biserъ, bisrъ *neben* bisьrъ, bisъrъ *perle und perlen.* biserije, bisro *collect.* bisьrênъ. nsl. b. s. ač. biser. klr. byser. wr. bisjurki. r. biserъ *glasperlen.* alb. bišer. *Das p.* bisior, bison *ist byssus.*

biskupŭ: asl. biskupъ *bischof.* nsl. škof. s. č. p. wr. biskup. os. biskop. ns. biškup. — *Aus dem d.:* ahd. biskof. alb. upešk. magy. püspök. nsl. pušpek. lit. viskupas. lett. biskaps. *Diese formen sind römisch; byzantinisch* jepiskopъ, jepiskupъ, piskupъ.

bisterĭna: asl. bisterьna *neben* vistijarija *vestiarium.* — *gr.* βιστιάριον.

bitisa-: b. bitisam *zu grunde richten.* s. bitisati *zu grunde gehen.* — *türk.* bitmék.

bitova-: č. bitovati *beute machen.* bituňk *beute.* — *Aus dem d.:* mhd. biute.

bitva s. *rothe rübe, daneben* blitva. nsl. blitva *marc.* klr. błytva *runkelrübe, erdbeerspinat.* s. blitva *und* klr. błytva *beruhen auf* bleta, *woraus it.* bieta, *ahd.* bieza, pieza *aus lat.* bēta: *dieses liegt dem* s. bitva *zu grunde.* nsl. pesa *stammt aus dem d. Die sache ist mir nicht ganz klar.*

blagŭ: wr. błagij *dumm.* r. blagoj. nablagovatь sja. blažь *albernheit.* blažitъ *possen reissen.* blažêtь *von sinnen kommen.* p. błahość *schlechtigkeit setzt ein* klr. błahyj *voraus.* — *lit.* blogas *schwach. lett.* blāgs. *magy.* balga *albern.* blagŭ *hat velar.,* blaznъ *palat. g oder gh.*

blankytŭ: č. blankyt *blǎue.* p. błękit. klr. blakyť. wr. błakitnyj. — *Aus dem d.:* ahd. blanch. *nhd.* blank.

blavatŭ: p. bławat *kornblume.* bławy. klr. blavat. r. blavatka *dial.* — *Aus dem d.:* ahd. blāo. *mhd.* blā, blāwes. *lett.* blāvs *bläulich.*

blavorŭ: s. blavor, blor, bloruša *art schlange.* — *rm.* balaur.

blaznŭ: asl. blaznъ, blaznь *error, scandalum.* blazniti *decipere, scandalum praebere.* blazniti sę *errare.* nsl. blazen

stultus habd. blazniti *adulari meg. ärgern;*
impedire lex. blasphemare *habd.* proti bogi
blazniti *ung.* zblazniti *offendere meg.* blaz
niti se *sich ärgern trub.* preblazniti se *errare.*
zblazniti *somm.* **b.** blaznja *täuschen, ärgern.*
blaznja se *sich einbilden.* **s.** blazniti *lieb-*
kosen. sablazan. **č.** blázen *narr.* blázniti.
p. błazen. błaznić. **os.** błazn. **ns.** błazan *dummstolz.* **klr. wr.** błazen. **r.** bla-
zenь *dial. für* neučъ. blaznь, soblaznъ *ärger-*
niss. blaznitь *dial.* — *lit.* bloznas *schelm.*
rm. blaznę. sęblęzni *vb. Vergl.* blagŭ.

blechŭčij: *asl.* blehъčij, blъhъčij
faber in russ. quellen. **č.** blecha. **p.** blach.
błacha. **r.** bljacha *platte.* — *Aus dem d.:*
ahd. blëh.

bleki *nsl. variolae.* **p.** flak *feist-*
darm. **klr.** flaky, chlaky. — *nhd.* fleck,
flecken.

blend-: *asl.* blędą, blęsti *errare, nugari,*
scortari. blędь *fraus.* blędivъ λῆρος. blędь-
nikъ. *Durch steig.* blondŭ= blądъ *(error), le-*
nocinium. blądъ *dêjati.* bląditi *errare.* blą-
dьnъ. blądivъ. blądьnikъ. **nsl.** bledem,
blesti *blaterare meg. lex. delirare.* (blôd).
blud *error habd. libidine somm.* bluditi
täuschen, sich täuschen: ki dva draga bludi.
zablôda *error trub. Dem* zablôja (s čim
se svinjam jêd zabloji: oblôditi, vblôditi)
liegt die vorstellung „vermischen" zu grunde.
b. bljudno *schamlos lat.,* bludnost *Vinga*
aus dem s. **s.** bludni sin. bluditi *hätscheln.*
č. bledu, blésti *faseln.* blud *irrthum.* blou-
diti *irre gehen.* bloud *ein irrender.* **p.** błąd,
błędu. błądzić, *dial.* błędziesz *deliras. Auf*
błęd *beruht wohl auch* pletliwy, *wie č.* pletu
in einer verwandten bedeutung. **os.** ble-
džić *faseln.* błud. bludžić *irre machen.*
ns. błud *irrlicht.* **klr.** błud *herumirren,*
unzucht. zabłud. **r.** bljadь *hure.* bljado-
vatь. bludъ. bluditь *unzucht treiben. Vergl.*
ubljudokъ *blendling.* — *rm.* blendę, blîndę.
bolînzi *von sinnen kommen und* bolunda-
ricę *datura stramonium, welche pflanze auch*
turbarie heisst, beruhen zunächst auf magy.
bolond *narr. lit.* blįsti *dunkel werden.* prī-
blindë *abenddämmerung.* blanditi *mit den*
augen blinken. Entlehnt: bludas *schalk.*

blusti, blustu *liederlich werden.* bludīti. *lett.*
blenst *nicht recht sehen.* blinda *unstäter.*
blanditēs *umherschweifen. Entlehnt:* bludīt
irren. zablōdīt *verwirren. got.* blandan
sik *misceri. d.* blind *steht dem slav.* blend,
blandjan *(blenden) dem* blond - (blądъ)
gegenüber.

blesastŭ: **s.** blesast *dumm. Vergl.* za-
blehnuti se, zablešiti se *sich vergaffen.*

blê-: *asl.* blêjati, blêją *blöken.* **b.** blêja
vb. **s.** blejati. **klr.** błejaty, blijaty. **r.** ble-
jatь, blejandatь *dial.* — *lett.* blēt. *Vergl.*
lit. bliauti. *lett.* bliaut. *gr.* βληχή. *mhd.*
blæjen. *Damit hängt zusammen* **asl.** blekati. blekotati. **nsl.** blekati. blekaš, kozel
ki rad blekeče. blekotati. **s.** blek. blekati. bleknuti. **č.** blekati. **os.** blekać,
bjekać, blekotać *stammeln.* **r.** blekotatь.

blêdŭ: *asl.* blêdъ *blass.* **nsl.** blêd.
oblêdnoti. **b.** blêden. **s.** blijed. **č.** bledý.
p. blady. bladnąć. **os. ns.** bledy. **klr.**
blidyj. **wr.** bładyj, blêdyj. **r.** blêdnyj.
blêdoj *dial.* — *Vergl. ags.* blāt. *ahd.* pleiza
livor.

blêkŭ: **p.** blak *erbleichen.* poblaknąć
sich entfärben. **os.** blak. **klr.** błeknuty.
wr. blaknuć. **r.** blëknutь. blëklyj *blass dial.*

bli-: **s.** blijati *den durchfall haben.*
Vergl. **b.** bliknuva *aus den ufern treten.*

blicŭ: **r.** blicъ *pilz dial.* — *nhd.* pilz.
ahd. puliz *aus lat.* boletus.

blizna *asl. narbe.* **s.** blizna: kad
se u tkanju prekine jedna žica. **č. p.**
blizna *narbe.* **os.** błuzna: ł *wohl falsch.* **ns.**
błuzńa. **klr.** błyzna *narbe.* **wr.** błuzna
fehlwurf im weben. **r.** blizna *dünne stelle*
in der leinwand. — *magy.* bilizna, belezna.
Vergl. lat. -flīgere. *got.* bliggvan *schlagen.*
asl. blizъ bêhъ προσώχθισα *offensus fui.*
č. ublížiti *offendere und* **p.** ubližyć.

bliznica *s. chalybs mik.*

blizŭ: *asl.* blizъ, blizь *nahe. comp.*
bližaj. bližьnь *adj.* blizъkъ: blizъčьstvo
nähe. -bližiti, *richtig* -bliziti *nähern, wenn*
nicht jenem der compar. bliže *zu grunde*
liegt. bližika *verwandter. Hieher gehört*
auch blizньсь *zwilling.* **nsl.** blizo. bližnji.
bližati. **b.** blizo. blizičko. blizъk. blizo-

sêd *nachbar.* približa *vb. neben* nablizu-
vam se: *jenes vom comp., dieses vom posit.*
bliznak *zwilling.* bliznja *zwillinge gebären.*
s. blizu. -bližiti. blizne. blizanac. č. blízo.
blízký. blížní. bližiti. blíz, blíza *nähe.* bliž-
nec. p. blizu. blizki. bliźni. bliž, bliža
nähe. -bližyć. bliźniak. bliźnię. klr̆. błyź.
błyznja. wr. blizić sja *neben* bližić. bliznja. r. blizъ. blizitь. bliznecъ. z *beruht
auf palat.* g *oder* gh. *Vergl.* blizna.

bljud-: asl. bljudą, bljusti *beobachten.*
bljusti sę *sich hüten.* bljustelь, nabljudi-
telь. wr. bljuść. r. bljusti.

bljudo *neben* bljudъ, bljuda, bljudva
asl. *patina.* b. bljudo. s. bljudo *irdene
schüssel.* bljud to jest plitica *živ.* p. bluda.
os.ns. blido *tisch.* klr.r. bljudo. — *alb.* bludę.
rm. blid. *lit.* bliudas. *lett.* bljōda. *got.*
biuds. *ahd.* biet, piot. *nhd.* beute *dial.
Die entlehnung des wortes aus dem d. geschah
in der ersten periode: es setzt den stamm
biuda voraus.*

bljustjŭ : asl. bljuštь *hedera helix.*
nsl. bljušč *rib.* s. bljušt *art gewächs.*
p. bluszcz. ns. błyšc. klr. bljušč: *daneben* bljuš *solanum dulcamara.* r. bljuščъ,
pljuščъ.

bljutŭkavŭ : b. blutkav, blitkav *un-
schmackhaft.* s. bljutav: *daneben* bljutiti
unpassend reden.

bljuzni-: p. bluźnić *lästern.* klr.
bljuznyća *lästerndes weib.* wr. bljuznić
schwätzen. — *lit.* bluznīti.

bljŭ : asl. blъvati. bljuvati, bljują
vomere. bljuvotina. nsl. bljevati. bjuvat *res.*
b. blъvam, blъvna *vb.* blъvoč *das erbrechen.*
s. bljuvati, bljujem. č. blíti, bliji. blvati.
p. bluć, bluję. blwać. os. bleć. ns. bluvaš. klr. blʼuvaty. r. blevatь.

blokŭ : r. blokъ *kloben.* p. blok,
bloch. — *lit.* blukas. *Aus dem d.: block.*

blonka- : p. błąkać *herumschweifen.*
wr. błukać sja. blukuńać sja. *Vergl.* blend-.

bloska: klr. bloščyća *wanze.* — *Vergl.*
lit. blakė. *lett.* blakts *und* p. pluskwa.

blŭcha: asl. blъha *floh.* blъšica *art
schädliches thier.* nsl. bouha (bolha: *bei
meg.* bulha). b. blъha. blъhorka *nacht-*

hemd. kr. belha *für* blha *Veglia.* s. buha.
č. blecha, *alt und* slk. blcha. p. pchła
aus płcha, *plur. gen.* płech. płeszka. os.
pcha, bka, tka. ns. pcha. klr. r. błocha. klr. *plur. gen.* błych. — *magy.*
bolha. *lit. lett.* blusa. *Vergl. alb.* plešt.

blĭsk- : asl. blъsnąti *aus* blъsknąti
glänzen. blъstêti, blъštati *aus* blъskêti.
Durch steig. blêskъ, oblêskъ *glanz. Durch
dehn. it.* bliskati, bliscati (blistati.) nsl.
bliskati se, *im westen* buskati se: asl.
*blъsknąti, b. blъska se. b. blъsne,
blъšti, blъska se *glänzt, blitzt.* blêsъk
blitz, daher blêsne, blêšti, blêštêje se.
blêska. blêskavica *blitz.* s. blijeska, bli-
ješnjak *das blinken vor den augen.* č. blesk
für asl. blêskъ. ač. blštêti. blsket, *jetzt*
bleskot. slk. čo sä bliští. p. blask,
oblask. klr. blesk. wr. bliskać. bliščeć.
r. blesnutь, *wenn aus* blesknutь. bleskъ.
— *Vergl. rm.* bleask *thierseele. lit.* blizgu,
blizgêti. *Vergl.* blīkštu, blīškau, blīkšti
erblassen. bleščoti *ist entlehnt. Von* blъsk-
kann wohl kaum getrennt werden blъst-:
asl. blъstêti, blъstêti. s. blistati. r. blestêtь. blistatь. blêstka *flitter. Verwandtschaft mit* brêzg *ist nicht unwahrscheinlich. Durch den vocal unterschieden ist*
blъsk *aus* blŭsk-. č. blýštěti *schimmern.*
blýskati. os. zabłyšćić. p. błysk. bły-
nąć. błyszczeć. błyskać. os. błysk. błyskać. ns. błysk. klr. błysk. błyščaty.
błyskaty.

bo asl. γάρ *enim.* ibo, ibono καὶ γάρ.
In nebonъ *ist* bo *mit dem pron.* na *verbunden.* s. č. bo. r. bo. ibo.

bobota-: nsl. bobotati *schwatzen. Dasselbe wort ist* s. bobotati *beben.*

bobŭ : asl. bobъ. nsl. b. *usw. bohne.*
— *Vergl. lat.* faba. *rm.* bob. *magy.* bab.
*Die frucht stammt von den südwestlichen
ufern des kaspischen meeres.*

boca nsl. b. s. *flasche.* — *alb.* bocę.
gr. μπότζα.

bod-: asl. bodą, bosti *stechen.* bodь
dorn; σκόλοψ. nsl. bodem, bosti. b. boda *vb.*
bod. bodež *stechen.* bodil *stachel.* bodilec.
bodilka. bodliv. s. bodem, bosti. bod *art*

stickerei. bodalj *art kraut*. bodač. bodlja *stacheln an gewächsen*. bodva *dreizack der fischer*. bocnuti *einen stich geben*. bacati *leise stechen*. bâdalj *art pflanze und* bàdalj *stachel zum antreiben eines thieres beruhen wohl auf dem iter*. badati. *č*. bodu, bůsti. bod. bodlák. *p*. bodę, bość. bodak. bodłak. bodziak. bodliwy. badel *ist pflanzenstengel: man merke* bodło *schreckbild*. *os*. bodu, bosć. **klr**. bodu, bosty. **r**. bodu, bosti. bodlakъ. — *preuss*. badd *in* embaddu-sisi. *lit*. badau, badīti. *lett*. badīt. *magy*. bodács. bodak. *alb*. ẹmbodets *stachel*.

boga b. *stier*. *r*. bugaj *usw*. — *türk*. buga.

boga-: **nsl**. bogati *gehorchen ist, wie schon Popovič meinte, das d. „folgen", trotz der verbindung mit dem accus*. prebogati *nicht gehorchen*: moj sin me nikdar prebogal ni *volksl*. *meg*. schreibt folgati. **p**. folgować, folžeć *nachgeben*. folga. **klr**. fołga. fołgovaty. *č*. folkovati.

bogatyrĭ: **r**. bogatyrь *held*, **ar**. *anführer einer heeresabtheilung bei den Tataren*. **klr**. bohatyr *held: falsch „reich"*. **wr**. bogatyrь *falsch „reich"*. **p**. bohatyr *aus dem klr*. — *mong*. bagatur, batur, *türk*. bahadẹr *tapfer aus dem pers*. behadur. *Das wort findet sich in der form* bátor *tapfer im magy., aus welcher sprache es in das kr. s*. (batriti) *usw. eindrang*. **nsl**. pagadur *quaestor habd. scheint ein it*. pagatore *vorauszusetzen*.

bogŭ: **asl**. bogъ *gott*. bogynja *göttin*. božiti sę. bogatъ *reich*. ubogъ, nebogъ *arm*. **nsl**. bog. bogat. nebore. bogajme *almosen*. božič *weihnachten, eig. der kleine gott, gottessohn somm*. **b**. bog. bogat. božjak *bettler*. bogomil *fromm lat*. boguvam *glücklich sein*. *Man merke* vъzbogo *in die höhe*: ta se izdiga vъzbogo. **s**. bog. bogat. nebog, ubog. božjak *bettler*. bogac. bogalj *krüppel*. bogomolja. *č*. bůh. bohatý. zboži *vermögen*. nábožný. ubohý, nebohý. nebožtík *elender, seliger*. **p**. bog. nieboszczyk *der selige beruht auf* *nebožьcь, *eig. der arme*. **os**. boh. ńeboh. zbože *habe, vieh: vergl*. subožny *trächtig*. **ns**. bog. bogi *arm*.

zbožo *vieh, eig. habe*. zbožny *selig*. ńabogi. **klr**. bôh. ubohyj. zbôže. božyty śa, bôhmaty śa. božba *schwur*. nebôžka *die verstorbene (die arme)*. nebôr *neben* neboh. **wr**. ubohij. neborak. zbože *getreide*. nebôščik *der selige*. **r**. bogъ. bogatyj. ubogij. božitь *gott anbeten*. božitь sja *schwören*. božba. — *lit*. bagotas. ubagas. neburakas *ein armer*. nabagas. nobažnas *fromm*. bažiti s *schwören*. bažnīčia. *Entstellt ist* nabaštininkas *der selige*. *lett*. nabags. ubags. baznica. *rm*. bogat. bogęcie. bogętaš. *alb*. bugat. voběk. — **asl**. bogati *servire ist nicht hinreichend beglaubigt*. **nsl**. zbogati se *an brauchbarkeit verlieren ist dunkel*: sême se zboga, če ga kmet dolgo ne premêri. zboga se vsaka rêč, tudi dušne moči. *Man beachte* **nsl**. zbog. zboga *wegen*. **s**. zbog. *Andere trennen* bogŭ *gott* (*ai*. bhaga) *von* bogŭ (*ai*. bhaga) *wohlstand, reichthum*.

bochŭ: **nsl**. boh *speckseite marc*. **p**. boch *rumpf*. — *ahd*. bahho.

bochŭnŭ: **p**. bochen *brotwecken*. **ns**. bochen. **klr**. bochon, buchan, bochonec *laib brot*. **wr**. bochon. *č*. bucheň.

boja b. *farbe*. bojadisam *vb*. **s**. boja *usw*. — *türk*. boja.

boja-: **asl**. bojati sę *fürchten*. bojaznь *furcht*. bojaznivъ. **nsl**. bojati se, bati se. **b**. boja se *vb*. **s**. bojati se. *č*. báti se, bojím se. obávati se. bázeň. bázlivý. **p**. bać się, boję się. **os**. bojeć so. **klr**. bojaty sja. bôj *furcht*. bojasť. bojazń. obava. **r**. bojatь sja. bojaznь. — *preuss*. biātwei. biāsnan *furcht*. *lit*. bijoti s, bijau s. bajus *furchtbar*. baimė *furcht*. baidīti *scheuchen*. *lett*. bītē s. baida *schreckniss*. baidīt *ängstigen*. *ai*. bhī, bhajatē. *In* bojati, boją *erscheint das i zu* oj *gesteigert*: boj-ati, boj-ą: *dasselbe tritt bei* stoj-ati, stoj-ą *ein: w*. sti. pi *hat im praes*. poj-ą, *im inf*. pê-ti: *vergl. asl*. doją *mit ai*. dhā, dhajati *und gr*. θη: ἔθησα.

bojŭ: **b**. boj *statur*. bojlija *usw*. — *türk*. boj.

bokalĭ: **s**. bokalj *becher*: bokar *ist eine kanne von faïence*. *č*. pokál. **r**. bo-

kalъ *neben* pokalъ. **nsl.** bokal. — *nhd.*
pokal. *it.* boccale. *gr.* βαυκάλιον.

bokorŭ: s. bokor *büschel.* — *Aus dem
magy.:* bokor.

bokva s. *wegerich, plantago.*

bokŭ: **asl.** bokъ *latus.* bočiti sę: bo-
čitъ sę i pritъ sę. **nsl.** bok *habd.* **s.** bok.
č. bok. bočiti *seitwärts gehen.* **p. os. ns.**
bok. **klr.** bôk. pravobôč *rechts.* obok,
oboč *bei.* **wr.** bok. **r.** bokъ. bočitь
sja, bočenitь sja.

bolboli-: b. blabolja, blъbolja *schwätzen
bog. mit der zunge anstossen.* **klr.** bala-
boľka *trommel.* **r.** balabolitь *schwätzen.* balabola, boljabola *schwätzer dial.* *Vergl. lat.*
balbus.

boldyrĭ: **r.** boldyrъ *wasserblase.* **klr.**
bołdyŕ. **wr.** bułdyŕ.

bolê-: **asl.** bolêti *schmerzen leiden.*
bolь *m. krank:* bolь bądą. bolь *f. krankheit:*
vъ bolь vъpasti. bolьnica. bolêždь *krank.*
(*Vergl.* zъlêdь *f. malum*). bolêdovati. bolêznь. srъdobolьstvo *verwandtschaft.* **nsl.**
bolêti *schmerzen.* bolêhav. bolêhost *lex.*
b. bolêja, bolêduvam, boluvam *krank sein.*
bolnav. bolka *schmerz.* bolest. bolež. bo-
lêva. **s.** boleti. bolja. bolest. **č.** boleti.
bolesť. **p.** boleć. boleść. **klr.** boľity.
bolizń. bołešči. bołyhołov *wasserschierling.*
r. bolêtъ. bolь. bolêznь. bolestь *(nicht bo-
lêstь).* boljačka. — *rm.* bolnav, boalę. mę ręz-
bolesk *werde krank.* *Vergl. got.* balvjan *quälen.*

bolgŭ: **asl.** blagъ *gut.* blagosloviti
εὐφημεῖν *benedicere: das wort ist wohl nach
dem lat. gebildet.* blažiti. blaženъ. blagynja. **nsl.** blag. blago *hab' und gut.*
b. blag: blago srъce. blagatki *selig lat.*
blaža *preisen.* zablažvam *glück wünschen.*
blaguvam *essen.* blago *fleischessen.* blagden
fleischtag. blaža *fleisch essen.* blag. **kr.** blago
vieh. blagovit *reich mar.* **s.** blago *geld,
vieh.* blažen. blagovati *schmausen.* blagdan
grosser feiertag. **č.** blahý. blažiti. bla-
žený. — *rm.* blagoslovi *vb.* blažin. *In den
nun folgenden sprachen wird die regel tort,
trot, torot nur theilweise eingehalten. Die
regel tritt ein* **p.** błogi *glückselig.* pobłogę
dać *dial. für* pobłażać. błogosławić *preisen.*

błožcnie *segnen.* **ns.** błožko *heil.* **klr.**
ne z boloha *nicht aus übermuth.* **wr.** bałazê *adv. gut aus* bołozê. **r.** bólogo *und
daraus* bologo *adv. gut.* bóloze. *Die regel
tritt nicht ein, indem tort wie im asl. in
trat übergeht.* **p.** błagać *besänftigen.* pobłażać. **os.** blahovać *lieben.* **klr.** błahyj.
błahaty *flehen.* **r.** blagij. blaze *dial.* po-
błažitь *nachsichtig sein. Man vergleicht ai.
barh mit praep. „stärken".*

bolij, bolьši **asl.** *major.* bolje. bolьma,
bolьmi; bolьšimi, bolьšьmi. bolьstvo. **nsl.**
boljši. bolje *melius.* **s.** bolji. boljma. boljinak. **č. und p.** *in PN.* **r.** bolšój *gross.*
bólьšij *comp.* bolьšina. bolьšucha *älteste
tochter.* *Vergl. ai.* bala.

boljarinŭ: **asl.** boljarinъ *in verschiedenen quellen „unus e magnatibus".* **s.** silьni
boljare mali i velici. *Das wort, meist mit*
bolij *zusammengestellt, hängt wahrscheinlich mit dem mgr.* βοϊλάδαι *proceres bulgari
und* βολιάδων *zusammen. Damit ist zu vergleichen* bylь: ubijenъ bystъ bylii svoimi
er ward von seinen grossen getödtet. b. bo-
lêrin, bojarin. bolêruvam *vb.* **s.** boljar.
p. bojar, bojarz, bojarzyn *krieger, vornehmer herr.* **klr.** bojaryn, baryn. **wr.**
bojare. **r.** bojarinъ, barinъ. *Vergl.* bojaryšnikъ *für* glogъ. — *alb.* buľar. *rm.* bojer.
magy. bojár. *lit.* bajoras. *lett.* bajārs.
Vergl. türk. bojlu *hoch.*

. **bolna** 1.: **nsl.** blana *häutchen,
pergament.* (blanja *brett ist verschieden.*)
č. blána *haut, splint.* oblana. *Vergl.* brá-
nice *netz, netzhaut.* **p.** błona *fellchen.*
błoniarz *glaser.* **klr.** bołona, obołona *haut,
daneben* błana *pergament.* bołonkar *glaser,
daneben* błanar. bołoń, zabołoń *bast, splint.*
wr. bołona *fensterglas, daneben* błon, brjuš-
naja pleva. **r.** bolona *auswuchs an bäumen.* obolonka *neben* blona *häutchen.* bolonь, zabolonь *alburnum, splint.* bolonka
fensterglas. — *rm.* blanę *pelzfutter beruht
wohl auf der vorstellung „haut".* *lit.* balana
splintholz. balanka *fensterscheibe. Bei der
bedeutung „fensterglas usw." erinnere man
sich, dass sich dieselbe auf die zeit vor ein-
führung der glasfenster bezieht.*

bolna 2.: **b.** blana *rasen.* **č.** blana
au. **p.** błonie *au, gemeindetrift.* **os.** błońk
wiesenplatz: vergl. **ns.** błomje *n.* **klr.** bołone, obołone *blachfeld, daneben* błonja.
obołoń *stück acker.* **wr.** bołona *offenes
feld, daneben* obłona. **r.** bolonь, mostъ
vъ gumnê *dial.* bolonьe *glacis, daneben*
blonьe.

bolta nsl. *fornix jambr.* **b.** bolta.
s. bota *camera mik.* — *rm.* boltę. *magy.*
bólt. *it.* volta *gewölbe.* *ahd.* gwalter *bair.*

bolta-: **r.** boltatь *bewegen, schütteln,
schwätzen.* boltunъ *schwätzer.* **wr.** boltać.
Ein **asl.** blъtati *aufzustellen geht nicht an,
weil* **nsl.** **b.** *usw. formen fehlen.*

bolto: **asl.** blato *sumpf.* **nsl.** **b.** **s.**
blato. **č.** bláto. **p. os. ns.** błoto. **klr.**
boloto: balta *stammt aus dem rm.* **r.** boloto, *dial. auch* bolyto. — *rm.* baltę, *plur.*
bęltsy. *alb.* baltę. *ngr.* βάλτη. βάλτος.
Vergl. lit. bāla *torfmoor. Auf demselben
worte beruhen magy.* balaton tó, tava, *s.* balatin *und plattensee:* **asl.** blatьno, *woher*
blatьnьskъ : κοσьlъ knęzь blatьnьskъ :
d. moseburch *urbs paludarum.*

bolz-: **nsl.** blazina *federbett.* **kr.** bla-
zinica *glag.* **s.** blazina. blazinja *kopfkissen, polster.* **p. r.** *fehlt das wort, daher
kein* błoz-, bołoz-. — *preuss.* po-balso *pfühl.*
balsinis *kissen, d. i.* pobalžo. balžinis. *ai.*
barhis *opferstreu.* upa-barha *kissen.* upa-
barhana *decke, polster.* *zd.* barezíš *decke,
matte.* *arm.* barj. *kurd.* balghi *kissen.*
r. *dial. ist* bolozno tolstaja doska.

bombüli: **p.** bąbel *wasserblase.* **klr.**
bombeľ *aus dem p.* **č.** boubel. bublina.
Vergl. **b.** nabъbnuvam *anschwellen.* **s.** bobuk, klobuk na vodi.

bombĭnŭ: **asl.** bąbьnъ *trommel.* bąb-
nąti. **nsl.** bôben. bubati *habd.* **s.** bubanj. bubnuti. **č.** buben. **p.** bęben.
os. ns. bubon. **klr.** bubon: *vergl.* bubnyk
wiedehopf. **wr.** bubnić *undeutlich reden,*
barabanić. **r.** bubenъ. — *rm.* bombçi *vb.*
lit. bubnas: *vergl.* bambéti. bubenti. *lett.*
bambēt *und* bambuls, bambals *käfer.*

bonka-: **p.** bąkać, bączyć *brüllen wie
eine rohrdommel.* bąk. **b.** bъča *schnarchen.*

bor-: **asl.** brati, borją *neben* brati sę,
borją sę *kämpfen.* zabralo *aus* zaborlo *pro-
pugnaculum. Daher* borъ *kampf* (borъnъ
naz.) und bornь: branь *kampf.* **b.** borja
se *kämpfen.* **klr.** boroty. *Hieher gehört
auch* borsaty *sich herumschlagen.* **r.** borotь, borotь sja. *Auf* borъ *beruhen* **asl.**
borište *kampfplatz.* boriti, boriti sę. borьcь.
ikonoborica. borьba. poboriti. pobarjati
mit dem dat. helfen: bogъ pobarajetъ jej.
poborьnikъ *helfer.* **nsl.** boriti se. borba.
b. borja se *vb.* borba. boričkam se *vb.*
s. boriti se. borba. **č.** zábradlo *geländer.*
zbradlo *schanzen.* **p.** bruć się, brúł się,
zbroć, zbarać *überwältigen.* **kaš.** brac sę.
os. vobroć, vobarać *wehren.* **ns.** hoba-
raś, baraś *wehren.* **klr.** borba. bory-
katy ś. zaboroło *bollwerk.* **r.** borьba. za-
borolo. zaborъ. *Auf* branь *sind zurückzuführen* **asl.** braniti *kämpfen.* **nsl.** braniti *vertheidigen.* **b.** branja *schützen, ab-
wehren, verbieten.* zabrana *schutz.* svetec
branitel. **s.** braniti *wehren.* brana *mühl-
wehr.* **č.** braň *waffe.* brániti *vertheidigen.*
braně *wehr am teich.* **p.** broń *waffe.* bronić. **os. ns.** broń. **klr.** bronja *waffe.*
boronyty *beschützen: daneben* brań. oborona. **wr.** broń *waffe.* bronić *vertheidigen
neben* branić *beschimpfen.* **r.** boronь. bo-
ronitь: *daneben* branь *kampf: schimpf.*
branitь *hindern; schimpfen.* pobranka *kleiner
streit.* — *rm.* pędure saŭ branište. zębrea,
plur. zębrele, *gitter, geländer.* *lit.* baru,
barti *schellen.* barnis *f. zank.* branīti *rauben,
entlehnt.* *lett.* bārte s *zanken.* *ai.* bhara
kampf. *and.* berja. *Hieher werden wohl
die ausdrücke für „eggе" gehören: das fried-
liche werkzeug mag ursprünglich dem kampfe
gedient haben.* **nsl. s.** brana. **kr.** brano-
vlaki *wage (am wagen).* **č.** brána. **p. os.**
ns. brona. **klr.** borona. boronyty *eggen.*
r. borona. boronovolokъ *knabe von sieben
bis vierzehn jahren, eig. der die egge nicht
zieht, sondern regiert.* *magy.* borona, borna.
Man beachte auch **č.** brána *thor.* **p.** brona
neben broma *und* brana, brama. **klr.** brana,
brama. **wr.** brama. — *lit.* bromas *schlagbaum.*

boraža nsl. *buglossum marc.* s. boražina *art gemüse.* č. borák. p. borak. klr. burak *rothe rübe.* r. burakъ. — lit. burokas, barokas. *it.* borraggine. *lat.* borrago. *nhd.* borretsch. *rm.* borantsę.

borda: asl. brada *bart.* bradatъ. nsl. brada. b. brada. bradica *beim hahn.* zabradka *weibermütze.* zabraždam *vb.* podbradnik. bradavica (bradovica) *warze, das andere von* brada *trennen.* s. brada. bradavica. č. brada. bradýř *barbier.* bradavice. p. broda. brodavka. polab. brŭda. os. broda. brodavka. ns. broda. brodajca. klr. r. boroda. borodavka. — *preuss.* bordus. *lit.* barzda, barza. *lett.* bārda, barda. *lat.* barba. *ahd. nhd.* bart. *urf.* bardhā.

bordy: asl. brady, bradъvь *axt.* nsl. bradlja. bradel, *gen.* bradla, *krumme spitze der zimmeraxt rib.* b. bradva. s. bradva. os. brodacica. *Daneben besteht eine entlehnung aus dem d.:* nsl. parta *bartbeil.* p. barta *breitbeil.* klr. bartka. — *ahd.* barta: *nsl.* barda *ung., klr.* barda, *rm.* bardę *beruhen auf magy.* bárd.

borgŭ: č. brah *neben* brh *schober.* p. brog. os. brožeń *scheune.* ns. brožńa. klr. oborôh *schober.* wr. oboroh. — *lit.* baragas *aus dem r. Vergl.* berg-.

borjačĭ: nsl. borjač *eingefriedeter raum beim hause, im Westen.*

boršĭno: asl. brašьno *speise:* brašьno i pivo. nsl. brašno *cibus meg. viaticum.* b. brašno *mehl.* brašnik *mehlkasten.* kr. brašno *cibus.* s. brašno *mehl.* brašančevo *frohnleichnamsfest von* brašance *eucharistia: vergl. lit.* kristaus kunas *Christi leib und lett.* kūnas dēna *und* maizes dēna (maize *brot, nahrung) nach dem d., dem auch* brašančevo *seine entstehung verdankt.* brašančevo *ist auch den bulg. katholiken bekannt.* os. ns. brošma *frohnleichnamsfest.* klr. borošno *mehl.* r. borošno *für* ržanaja muka *dial.*

borvŭ: asl. bravъ *animal.* nsl. brav *schafvieh, schöps.* s. brav. č. brav *schmalvieh. dial.* brovek. r. borovъ *geschnittener eber.* — alb. bravę. *ahd.* pēr, paruc.

borzda: asl. brazda *furche.* brazdьna. nsl. brazda. b. brazda, brêzda. s. brazda. č. brázda. p. os. ns. brozda. polab. bordźa. bórdza *er eggt.* klr. borozda *neben* brazda. wr. borozna. r. borozda; *dial. für* borona. — *rm.* brazdę. *magy.* borázda, borozda.

borŭ: asl. borъ, *wie es scheint, pinus.* borije *collect.* nsl. bor. borovec *pinus silvestris; juniperus habd.* borovnica *heidelbeere:* barunica *valv.* b. bor *tanne.* borika *fichte* πεύχη. borina *kienspan.* kr. bor *larix.* borovica *tanne.* s. bor *föhre (kiefer).* borovica *wachholder.* č. bor *kieferwald.* borovice *pechbaum.* borůvka. p. bor *fichtenwald.* borowiec *waldbewohner.* borowka *heidelbeere.* klr. bôr *wald, besonders nadelwald.* r. borъ *nadelwald.* borovikъ *art pilz.* borovika *vaccinium.* — *magy.* boroka *wachholder. lett.* baravīka *grosser brauner pilz. alb.* borigę.

bosilĭkŭ: s. bosiljak *basilienkraut.* nsl. božiljka, požiljka. b. bosilek. p. bazylik. — *rm.* busiok. *magy.* bisziók *neben* bazsalyikom. *alb.* bozęľok. *. lat.* basilicum, *gr.* βασιλιχόν. *Das slav.* s *bestimmt den ursprung des wortes. Dem griech. entstammt* klr. vasyľok. r. vasilekъ. — *rm.* bašelok *istr.* türk. féslékén, *woraus* s. velsagenj *usw.*

bosŭ: asl. bosъ *barfuss.* nsl. b. s. *usw.* bos. — *lit.* basas. *lett.* bass. *rm.* obosi *ermüden. ahd.* bar.

botê-: asl. botêti *pinguescere:* tučьni sirêčь razbotêvъše. klr. boťity. wr. razbucêč. r. botêtь, butêtь.

boti-: r. zabotitь *beunruhigen.* zabota *unruhe.* zabotlivyj. bezzabotnyj. klr. zabota *mühe. Vergl.* nsl. obotava *zögerung.*

botijanŭ: p. bocian *storch.* os. bacon. ns. bošon. polab. büfan. wr. bućan. r. bocanъ *aus dem p.* č. bočan, slk. *auch* bokán, *gehen nicht direct auf* botijanŭ *zurück.*

botva, botvyna klr. *mangold.* p. boćwina, botwina *weisse beete, beisskohl.* wr. botva, botvina, bocvinka *beta cicla.* r. botva, botovъ *für* svekla. botvinъe. bo-

2*

tovь *stengel dial.* — *lit.* bačviniai. *lett.*
bačvińš *kohl von beetenblättern.* *ahd.*
pioza, pieza. *nhd.* beete. *lat.* beta.
it. bieta : *vergl.* bitva.

botvê-: p. botwieć *modern.* — *Vergl.*
nhd. butt, verbutten.

botŭ: č. p. wr. bot *stiefel.* **nsl.** bote
somm. **b.** botuš. **p.** bot. **r.** boty *art*
fussbekleidung. botaly. — *fz.* botte. *lit.*
batas. *schwed.* bota. *mhd.* boʒ.

boza-: b. bozaja *saugen.* boska *weib-*
liche brust. boskam: suka boska prêz sički
tė dni *bulg.-lab.* **klr.** bużivok, perezymo-
vane teľa. — *Wahrscheinlich türk.ursprungs:*
vergl. bozav, buzagę *kalb.*

bozduganŭ: b. bozdugan *streitkolben.*
s. buzdohan *usw. Vergl.* **klr.** oždygan. —
türk. bozdogan.

božurŭ: asl. božurъ *crocus.* **b. s.** božur *paeonia officinalis.* — *rm.* bužor. *alb.*
božur. *magy.* bazsarózsa.

bračę: s. brače *plur. weintreber.* —
Aus dem d.: *mhd.* bratsche *grüne schale*
der nüsse und hülsenfrüchte.

bračina, bračinъ **asl.** *seidene kleider :*
vъ bračinê i vъ grivnahъ zlatahъ. bra-
činь *adj.:* zavêsivъ sę bračinemь zavê-
somь. **r.** braki *hosen.* — *Vergl. lat.* brāca,
bracca. *gr.* βράκαι. *ngr.* βρακί. *alb.* brekę.
Vergl. benevreci: *s.* benevreke. *ahd.* bruoh.
nsl. breguše *im osten,* bregeše *calzoni somm.*
im westen. **kr.** brageše : *it.* brachesse.
r. brjuki *ist d.*

braga: p. braha *aus dem klr.,* braja
brantweinmaische. **ns.** bražka. **klr.** braha
schlempe, brantwein, art dünnbier. **wr.**
braha, *r.* barda, gušča. **r.** braga *art*
getränk von gerste und hirse. bražnikъ
schwelger. — *lit.* brogas. *lett.* brāga. *Man*
denkt an ein mit „brühe" verwandtes d. wort.

brajda nsl. kr. *rebenlaube.* — *mlat.*
braida, bradia, bragida *campus vel ager*
suburbanus, in Gallia cisalpina, ubi breda
vulgo appellatur. Das wort soll deutschen
ursprungs sein: breite.

braklenŭ: klr. braklen *neben* čornokłen *feldahorn.* ʼra *ist dunkel: vergl.* maklenŭ.

brakŭ 1.: asl. brakъ *ehe.* bračiti sę.
kr. brak *verant.* **klr.** brak. **r.** brakъ.

brakŭ 2. : č. p. klr. brak *brack.*
p. brakować. **os. ns.** brach. **wr.** brakować. **r.** brakъ. — *lit.* brokas. *lett.*
brākis. *nhd.* brack *ausschuss.*

brančę : s. brančе *branchiae mik.*
brenci. — *it.* branchie.

branjovĭcĭ : nsl. branjovec *fragner.*
— *Aus dem d.*

braštolêvi-: b. braštolêvja *plaudern.*

bratrŭ: asl. bratrъ, bratъ *bruder.*
bratrija, bratija *collect.* pobratimъ. brato-
tvorjenije ἀδελφοποιΐα. **nsl.** brat. bratr.
bratrija *fris.* bratre *res.* **b. s.** brat.
č. bratr. **p.** brat. bratr. braterski. **polab.**
brot. **os.** bratr. **klr.** brat. braterstvo.
r. bratъ. — *magy.* barát. *got.* brōthar.
ahd. bruodar. *preuss.* brātis. bratrīkai.
lit. brātis. brolis. broterėlis. *lett.* brālis.

brava b. s. *thürschloss.* — *türk.*
pęrava.

bred-: asl. bredą, bresti *waten.* ne-
prêbrъdomъ. *Steig.* brodъ *furt. Iter.*
durch dehn. fehlt: vergl. broditi *mit* voditi. *Einem slav.* brêdati *entspräche lit.*
braidīti *fortwährend umher waten.* **nsl.**
bredem, bresti. zabresti *sich verirren.*
b. brod. **s.** brod. broditi. **č.** bředu, břísti.
břednouti. brydnúć *dial.* **slk.** brdnúti. brod.
p. brnąć, *wohl für* brznąć. brod. brodzić.
os. brod. **klr.** bresty. brôd. **r.** bredu,
bresti. brodъ. — *rm.* brod. brudinę *furt.*
lit. bredu, bristi. brada. bradīti. *lett.*
brist. braslis *furt.* bradāt. *Damit steht*
wahrscheinlich in zusammenhang **nsl.** broditi *blaterare, delirare.* **č.** břed *fallende*
sucht. **p.** bredzić *schwätzen.* pobredzić
fehlen. brednia *märchen.* ubrdać sobie *sich*
etwas wunderliches einfallen lassen. **klr.**
brêdńa, durnyća. broďaha. **wr.** bredzić
schwätzen. bredzeń. brodńa *vagabundiren.*
r. bredъ *irrereden.* breditь. breda *schwätzer*
dial. bredni. sumasbrodъ. bresti *herum-*
irren. brodjaga *vagabund.*

bredina r. *eibe dial.*

bredokva: asl. brъdokva *lactuca.*
b. brъdokvi *plur.* **r.** brêdovka, brêdov-

nja *kohlrübe*. *Das wort scheint das gr.* θρῖδαξ *lattich zu sein.*

brecha-: asl. brehati *latrare*. **nsl.** brehati *keuchen*. **s.** brektati *schnauben.* **č.** břechati *bellen.* **p.** brzechać, brzechotać, brzechtać. **klr.** brechaty. **wr.** brechać. **r.** brechatь.

brechŭkŭ: nsl. brhek *prächtig.* — *Aus dem d.: mhd.* brëhen *glänzen.*

bremburŭ: b. brъmbъr *käfer: wohl* „der summende". *Vergl.* s. bumbar. bumbarati. **klr.** bombar *maikäfer.*

bremê-: p. brzmieć *tönen.* b. brъmča *summen.* — *Vergl. gr.* βρέμω.

brenê-: nsl. brnêti *summen:* bčela, muha. p. brzmieć. — *Vergl. ai.* bhraṇ.

brenije: asl. brъnije *lutum.* têlo brenьno *in einer nichtrass. quelle.* r. brenie, *und abweichend.* bernie, *lehm.* bernьje *ev. dobrilovo von 1164.* nsl. brn *flussschlamm.*

brenk-: p. nabrzękły *angeschwollen.* r. nabrjaknutь *anschwellen: vergl.* s. nabrenditi. p. nabrzmieć *anschwellen.* — *lit.* brinkti, burgėti *schwellen.*

brenka-: nsl. brnkati *klirren: vergl.* brincati, brnêti, brndati. asl. bręknąti. bręcati. bręčati: *vergl.* bręzdati. b. brъnča, brъmča *vb.* kr. brunčati. s. brečati. č. brnčeti. břinčeti *neben* bručeti. p. brzęk *geklirre, art fliege.* brzękać. brzęczyć: *vergl.* zbyrzeć. brzdąkać, brzdęczyć. polab. brăci. klr. brjak. breńkaty. wr. brjaknuć. brinkać. brjazkać. r. brjakatь. brjačatь: *vergl.* brenčatь, brjančatь.

brenta nsl. *art gefäss.* — *it.* brenta. *rm.* brenta *istr. mhd. nhd. dial.* brente.

bresa: nsl. živa bresa *donnerstag vor dem faschingdienstag* debeli četrtek, *an dem viel gegessen wird.* — *Aus dem d.:* fressen.

brešljanŭ: asl. brъšljanъ *epheu:* listije brъšljanovo. **nsl.** bršlên, bršlan, bršiljek. **b.** brъšlên. **s.** bršljan *neben* brštan, brštran. **č.** brslen, bršlen. *Die lautfolge und* e *ergibt sich aus č.* břečtan, p. brzestan. — *magy.* boroszlán, borostyán. *rm.* borošlan, broštên. *ngr.* προυσλιάνη, κισσός. *Ein botaniker wird die bedeutungen* „hedera, euonymus, sambucus" *auseinanderwirren.*

brevĭno: asl. brъvъno *balken.* **nsl.** brv, brvno, bruno. b. (brъvno). s. brv, brvina. č. břevno. p. bierwiono, bierzwiono. bierzmo. **klr.** berva, berveno. **wr.** berveno, berno. r. berveno, bervno, berno *neben* brevno. — *magy.* berena. *rm.* bęrnę, bręnę. *Für* p. *erwartet man* brzw-, *für* č. břev-; *im* r. *findet sich* brevno *neben* bervno. *and.* brū *pons.*

brezga r. *schwätzer.* brezžatь *vb.*

brezga-: klr. brezhaty *verachten.* r. brezgatь *ekel empfinden.*

brêda: asl. obrêda *locusta: daneben* abrêdъmi *pl. instr.,* abrêdije *und* jabrêdije. *Dagegen* p. kaš. brzod, obrzad *frucht.* brzadza *obstbaum.* — *Vergl. lit.* brėdelis. abrėdėlis *art pilz.* *lett.* brēdene. a *ist vorgesetzt wie in* apony; *dasselbe gilt von* o. *Form und bedeutung dunkel.*

brêzg- 1.: asl. probrêzgnąti *dämmern, licht werden.* brêzgъ, pobrêzgъ. probrêzgъ *morgendämmerung: falsch* proprazgъ. **nsl.** brezêti, brezdêti: solnce za goro brezi, brezdi. č. břeždditi; *daneben* zabřesknouti se. břesk *dämmerung,* ač. zabřeždenie. zábřežček. p. obrzasknąć. brzask. brzeszczyć się. brzeždženie *diluculum flor.* **polab.** brezgoje. **klr.** brjask *glanz, aus dem* p. r. brezgъ, razsvêtъ utra. brezžitъ, brezžitъ sja *es dämmert.* — *lit.* brėkšta *der tag bricht an.* brėško. apibrėškis. *Vergl. mhd.* brëhen. *ai.* brāj. bhrājatē *es glänzt.* *zd.* barāzaiti. *W. ist* brêg, *dessen* ê *dem ai.* ā *entspricht; für* g *ist* zg *und für dieses hie und da* sk *eingetreten.*

brêzg- 2.: asl. obrêzgnąti, obrъzgnąti *acescere.* č. břesk *herber geschmack.* p. brzazg, brzask, obrzazg, obrzask. zbrzazgnąć *für* skisać. **klr.** nabrezhnuty, nabrjasknuty *sauer werden.* nabrezhłe mołoko. r. obrezgnutь.

bri-: asl. briti, briją *tondere.* britva, bričь *rasiermesser.* **nsl.** briti: burja brije. b. briča *vb. mil.* 243. 244. bričač 519. s. brijati. britva. britva *schlechter barbier.* č. břitva. p. brzytwa. os. britej. ns. britvej. r. britъ. britva. — *magy.* beretva, borotva. *lit.* britva. *Vergl. rm.* brič, bričêg *rasiermesser.* *Als w. gilt* bhar, zend. bar *schneiden.*

briďŭ: č. břid *das hässliche, ekelhafte.* břidký *hässlich.* p. brzyd. przebrzydły. klr. bryd, obryd *ekel.* **wr.** brid *neben* bryd *wie klr. unflat.* brida, obrida *das ekelhafte.*

bridŭkŭ: asl. briďъkъ *acerbus:* ne sladъkъ, nъ i ješte bridъkъ. jadь briďъka ili kračinъna. bridostь *acrimonia.* **nsl.** bridek *asper, amarus; acutus lex. habd.* bridkost *afflictio, eig. bitterkeit.* **s.** bridjeti *jucken,* britka sablja *im volksliede.* č. břitký *scharf.* **klr.** bryťkyj. **r.** bridkoj *dial. für* rêzvyj *und* cholodnyj. obridnutь *für* nadoêstь.

brig-: nsl. zbrignoti *amarum fieri* ung. **asl.** briziti *affligere.* **s.** briga *sorge.* b. briga *aus dem* s. brižoven *Vinga.* *Hieher rechne ich auch* brinuti se *sorge haben, woher* b. brina se *sorgen Vinga.*

brilĭ: klr. bryľ *hut.* -- *lit.* brilus. *lett.* brĭle.

brižolica s. *braten.* — *nhd.* brisolen *bair.*

brjuchŭ: č. břich *bauch.* **slk.** bruch. p. brzuch. **os. ns.** brjuch. **r.** brjucho: *vergl.* razbrjuchnutь *mollem fieri.* **nsl.** brjuhati, bruhati *vomere rib.*

brjuzga r. *der schilt.* brjuzžatь *vb.*

broj asl. *zahl.* **nsl.** broj *habd.* b. broj. broja *zählen.* brojnici, hrojenici *plur. rosenkranz.* s. broj. brojiti. brojenice *plur.*

broji-: č. brojiti *ungestüm sein, unruhe stiften.* rozbroj *zwietracht.* p. brojić *böses thun.* **os.** brojić *verstreuen.* **ns.** brojiš *vergeuden.* **klr.** brojity *böses thun.* **wr.** brojić. zbroj *muthwilliger mensch.* **nsl.** zbroji *verwirrung.*

bronza b. s. **klr. r.** *bronze.* **nsl.** brenec, brunec, brunc. p. bronc. *alb* brunze. *nhd.* bronze. *fz.* bronze. *it.* bronzo. bronzino *erzfarben.* *ngr.* μπρούντζος, προύτζινος. *Vergl.* **asl.** brozenъ, *wie es scheint,* fuscus, *und* nsl. bron *aes meg.*

bronŭ: asl. bronъ *weiss.* *Man vergleicht* ai. bradhna *falb.*

brosi-: klr. hrosyty *wegwerfen.* **r.** brositь.

brosky: nsl. breskva *kohlrübe.* **s. kr.** broskva *kohlrübe unter der erde.* **p.** broskiew *neben unhistorischem* brzoskiew. — *Aus dem lat.:* brassica, *it.* brasca, *nhd.* barsche, pforschen.

brosnĭ: wr. brosň *schimmel.*

brotjŭ: asl. broštь *purpura.* **b.** brošt *färberröthe.* **s.** broć. **p.** brocz: tak lud małopolski nazywa marzanę. **klr.** brôč, broča, krapp. bročyty. **r.** *vergl. das unverwandte* bruskъ; bruskovyj *roth.* — *rm.* broč *aus dem klr.*

brotŭ: ar. brotъ *brot azbuk.* brotijanica, *wie es scheint,* cella penaria. bretьjanikъ. bretьjanica. — *Aus dem d.*

brovarŭ: p. browar *brauhaus.* **klr. wr.** brovar. **ns.** bruvať *brauer.* — *Aus dem d.:* brauer.

brudĭ *plur.* ar. bart, *wie es scheint:* vlasy imêja zlaty i brudi. brudьmi.

brudŭ: p. os. **klr.** brud *unflat.*

bruj wr. *die unfähigkeit den harn zu halten.* brujić *harnen.* bruli *plur. harn.*

bruka s. *schande und spott.* brukati se.

brukŭ 1.: č. brouk *käfer.* **os. ns.** bruk. *Vergl. it.* bruco *raupe; dagegen* **asl. r.** vruhъ. — *lat.* bruchus. *gr.* βροῦχος. *rm.* vruh.

brukŭ 2.: p. wr. bruk *steinpflaster.* — *lit.* brukas. *lett.* bruge. *Aus dem d.:* brücke, steinbrücke.

bruky: p. brukiew *brassica napobrassica.* **klr.** brukva. **wr.** bručka. **r.** brjukva. — *lit.* brukas. *Aus dem d.:* bruke, wruke *kohlrübe.*

bruli-: b. brulja, brusja *obst herunterschlagen.*

brumĭnŭ: nsl. brumen *fromm.* **os.** bruma *nutzen.* fromny *fromm.* — *Aus dem d.: ahd.* fruma *nutzen. nhd.* vrum *tüchtig, gut.* *Vergl.* prêmŭ.

brunŭ: os. ns. bruny *braun.* **asl.** brunatьnъ. č. brůna. brunát. brunátný. p. brunatny. brunak *braunschimmel.* — *Aus dem d.: ahd.* brūn.

brusi-: nsl. brusiti *auswerfen:* morje vankaje brusi blato *crell.* b. brusja *poma decidere.* — *rm.* bruśi *jacidari.*

brusina, bruslina *č. preiselbeere. Vergl.*
r. brusnica, brusnika *vaccinium vitis idaea.*
p. brusznica *für* bruśnica.

brusna *asl. quaedam pars corporis.*

brutŭ: asl. brutъ *clavus.*

brŭnja: asl. brъnja *panzer.* **č.** brň
aus brne **os.** brončka. **klr. r.** bronja.
Vergl. r. bronь, bronja, kolosъ na ovsê *dial.*
preuss. brunjos. *lett.* bruńas. bruńurupu-
cis *schildkröte.* *ahd.* brunja. *got.* brunjo.

brŭs-: asl. brъsnąti *radere, corrum-*
pere. sъbrysati *abradere.* obrъsnąti *neben*
obrusnąti. *Durch steig.* obrusъ, ubrusъ
sudarium, durch dehnung brysati. **nsl.**
obrsnoti *streifen.* brysati *war ursprünglich*
iterativ. obrsača *abwischtuch.* **b.** brъsnja
rasieren. brъsnač, brъsnič. brъša *wischen.*
prêbrъsalka *serviette.* ubrus. **kr.** pribrsnuti
corrumpi mar. obrus. **s.** ubrisati. ubrus.
č. obrus, ubrus. **p.klr.wr.**obrus. **r.**obrusъ,
ubrusъ. *lit.* abrusas. *magy.* abrosz.
Hieher gehört wohl auch brusŭ. **nsl. b.**
s. č. p. os. ns. brus *wetz-, schleifstein:*
vergl. **s.** brus *petra.* **č.** brousiti. **p.** bru-
sić. **klr.** brus *schleifstein und balken.* **wr.**
brusse *coll.* r. brusъ *schleifstein, balken.*

brŭselŭ: asl. brъselъ, brъselь *testa.*
brъselônъ *aus ziegel gemacht: W. wohl* brŭs
in brъsnąti *streichen, wischen.*

brŭstĭ: nsl. brst *f. knospe.* brstêti
knospen. **s.** brst *junge sprossen.* brstiti
abfressen. **klr.** brost. brostaty *ś knospen.*
vybrost *sprossen der blätter* broska *spröss-*
ling. **č. slk.** brost.

brŭvĭ: asl. brъvь, obrъvь, brъvьno
braue. **nsl.** obrva. **b.** brъvi *fühlhörner:*
vêžda *braue.* **s.** brv, obrva *neben* vjedja.
č. brv, brva. **p.** brew, *gen.* brwi. **klr.**
brova *neben* byrva, obervo, obyrvy. čornobryvyj. r. brovъ: *vergl.* bêlobrysyj *lit.*
bruvis. *ags.* brū. *ahd.* brāwa. *gr.*
ὀφρύς. *ai.* bhrū. *npers.* abrū.

brŭzda: asl. brъzda *frenum.* brъzditi.
Daneben brъsta. **nsl.** brzda. brzdati.
brozda *ung.* **klr. r.** brozda. — *lit.* bruz-
duklas, *asl.* *brъzdalo, brizgilas *zaum.*
ahd. brittil: *vergl. wr.* britač *ein pferd*
zäumen.

bryk-: p. wybryk *aufsprung.* **klr.**
vybrykom.

bryla: p. bryła *klumpen.* **klr.** bryła,
bryľ: ocej bryľ poven srêbła.

bryndza p. brinse, *art käse.* **č.**
brynza. **slk.** bryndza. **klr.** bryndźa.
— *Aus dem rm.:* brînzę. *magy.* brondza.

bryzga-: p. bryzgać *spritzen.* **klr.**
bryzgaty, bryskaty, bryznuty. **wr.** brys-
kač. r. bryzgatь *neben* pryskatь. *Vergl.*
s. brizgati *milch absondern.*

buba b. *seidenwurm.* **s.** buba *unge-*
ziefer; krebs (krankheit). — *ālb.* bubę.
Man vergleicht gr. βόμβυξ.

bubrêgŭ: asl. bubrêgъ *niere.* **b. s.**
bubrek. *b. auch* bъbrêg *usw* **nsl.** bubreki.
bumbrek *jambr.* **kr.** bubrig. — *türk.*
bübrék.

buca b. *auswuchs.*

buča nsl. *kürbiss.* — *Vergl. d. gotsch.*
bietschen.

buda: č. bouda *bude.* **p.** buda. budować. budynek. **os. ns. klr.** buda. **wr.**
buda *für* kibitka. budować. r. budka.
— *lit.* buda. *lett.* būda. *Aus dem d.:*
mhd. buode. *nhd.* bude. *Das wort wird*
von germanisten für slav. gehalten.

budala b. s. *dumm usw.* — *türk.* budala.

budĭcĭ: s. budac *truthahn.* budija *f.*

bugaj r. *stier.* **klr.** buhaj. **p.** buhaj,
bugaj. — *türk.* buga.

bugŭ: asl. bugъ *armband in glag.*
quellen. — *Aus dem d.:* ahd. buog *ober-*
gelenk des armes. and. baugr *spange.*
Vergl. pobugъčij *art amt, würde.*

buch-: nsl. buhnoti *anschwellen.* **s.** na-
buhnuti. **č.** buchati. buchnouti *platzen.*
p. buchnąć. r. buchnutь.

bucha- 1.: klr. buchaty *stossen.* **č.** bu-
šiti *schlagen.* **b.** bušnica *faust. Vergl.*
s. probušiti *durchbohren.* — *rm.* prъbuši
conculcare.

bucha- 2.: b. buham *wie ein uhu*
schreien. buhal *uhu.* — *rm.* bufnicę. *Ono-*
matop.

buj asl. *thöricht, wild:* konj divii i buj.
bujavъ. bujakъ. bujstvo. bujati *III. 1.* **nsl.**
bujica *torrens.* **b.** bujen *gewalttätig.* **s.** bu-

jan *heftig.* bujati *anschwellen.* č. bůjný *wild.*
bujeti. buják *für* býk. p. bujny *üppig
wachsend.* bujać *schwärmen:* gdzie buja myśl
człowiecza. wybuj *emporschiessen.* **ns.** bejny.
klr. buj, bujij *thöricht; wild, tapfer* · buj
hołova. bujnyj *üppig wachsend.* bujak *stier.*
bujtur *wilder stier, auerochs.* **r.** buj, bujij
thöricht. bujnyj *gewaltthätig; üppig wachsend.* bujanъ. bujatъ *emporschiessen.* — **lit.**
bujnus *geil.* **rm.** bujak *ausschweifend.*
magy. buja *geil.* bujaság. bujálkodik. **türk.**
bujumak *gross werden. Die entlehnung fällt
in die erste periode.*

bujur-: b. bujurdisam *befehlen.* **s.** bu-
jur *usw.* — **türk.** bujurmak.

buka asl. *turba.* bučati *mugire.* **nsl.**
buka *lärm.* bučati. **b.** bukam, buča *brüllen,
summen.* **s.** buka· *gebrülle.* buk *das tosen
des wasserfalls.* buknuti, bučati, bukati.
bukavac *rohrdommel.* **č.** bučeti. **klr.**
bukaty. **r.** bučatь. bučenь *apis terrestris.*
bunčatь. — **lit.** bukti. **ai.** bukk. *Vergl.*
bŭk. **p.** *ist* buczeć *morsch werden.*

bukata klr. *stück.* **r.** bukatka· *dial.*
— **rm.** bukatę.

buklerї: p. buklerz *schild.* — **mhd.**
buckelære. *fz.* ·bouclier.

buky, bukъve **asl.** *buche.* bukva *büchse.*
nsl. bukev, bukva. **b.** buk. **s.** bukva.
bukvica *buchecker.* **č.** buk. bučina *buch-
wald.* bukvice *bucheichel.* **p.** buk. bukiew
bucheichel. bukwica *betonie.* **os. ns.** buk.
klr. buk. bukovyna. bukva *buchecker.* buk-
vyća *betonie.* **r.** bukъ. — *lit.* buka. **magy.**
bük, bik *steht dem d.* büche *nahe. Daneben*
asl. buky, *gen.* bukъve, *buchstabe, im plur.
schrift, buch.* bukvarъ *abecedarium.* **nsl.**
bukev, bukva, *im plur. buch: so im westen,
im osten* knjiga. bukovski jezik *latein* meg.
b. bukva. bukvar. **s.** bukvar. **polab.** bükvái.
klr. bukva. **r.** bukva. bukvarь. — *rm.* buke.
bukvar. *Das wort ist in beiden bedeutungen
deutschen ursprungs:* *buka : *ahd.* buohha
buche; buoh *n. buch.* *got.* bōka *buche fehlt:
dagegen* bōka *f. und* bōk *n. buchstabe, im
plur. schrift, buch.*

bulatŭ: r. bulatъ *stahl.* **klr.** bułat.
türk. pulad *aus dem p.*

bulga p. uter *flor.* — *ahd.* bulga
lederner sack.

bulja, bula: **č.** boule *beule am körper.*
bulka *aufgeblasener körper.* **p.** buła *grosses
rundes brot.* **klr.** bułka *semmel.* — *Aus
dem d.: ahd.* būlla (*bulja) *blatter.* *lett.*
bulka.

bulva: p. bułwa *erdapfel.* — *lit.* bulbê.

bunište, bunjište **s.** *kehrichthaufen.* —
Aus dem ngr. βουνόν *berg (haufen) mit
slav. suffix.*

buntŭ: nsl. punt *aufruhr.* zbuntati se.
puntar. **b.** buntuvam *aufwiegeln.* **s.** bun-
tovnik *empörer; daher auch* bunà. buniti
aufwiegeln. uzbuna. **b.** buna. **č.** punt
verschwörung. **p.** bunt. **klr.** bunt *aufruhr.* buntovaty. **wr.** bunt. **r.** buntъ.
— *lit.* buntas. *Aus dem d.:* bunà.

buravŭ: r. buravъ, buravlь *bohrer.*
buravitь *bohren.* — *Aus dem d.: ahd.* bo-
rōn: avъ *macht schwierigkeiten.*

buri-: č. bouřiti *aufregen.* bouřivý
bouřlivý *ungestüm.* buřič *friedensstörer.*
p. burzyć. **klr.** buryty *verwirren.* **wr.**
burić. *Vergl.* **r.** burkatь *werfen.*

burijanŭ: r. burьjanъ *steppengras.*
b. burên, buren. **slk.** burian. **p.** burzan.
klr. burjan. — *magy.* burján. *rm.* buru-
jan, burijan *unkraut.*

burja asl. *sturm:* burja vêtrъ jestь
zъlъ. **nsl.** burja. **b. s.** bura. **p.** burza.
klr. burja: *vergl.* borva *nordwind.* **r.** burja.
— *lit.* būrїs *schauer.*

burka-: nsl. burkati *lärmen* habd.
p. burknąć, burczeć *murmeln.* **klr.** bur-
čaty. **r.** burknutь, burčatь.

burlakŭ: r. burlakъ *arbeiter auf den
Wolgabarken.* **klr.** burłak. — *lit.* bur-
lokas *russischer oder polnischer herr.* *lett.*
burlaks *gemeiner Russe, strusenzieher.*

burma b. s. *ring usw. Vergl.* **b.** brъnka
masche. — *türk.* burma.

burštynŭ: klr. burštyn. **p.** bursztyn.
wr. bruštyn *bernstein.* — *Aus dem d.*

burta b. *bauch.*

burŭ: r. buryj *fuchsroth:* burъ volъ.
klr. buryj *graubraun.* **p.** bury *dunkelgrau.* — *lit.* buras *grau.* *türk.* bur.

burĭ: os. ns. buŕ *bauer.* s. paor.
p. gbur. — *Aus dem d.:* bauer. *ahd.*
gipŭr.

busija s. *hinterhalt.* — *türk.* pusu.

busŭ 1.: kr. bus *buchs.* busovje *stauden.*
— *it.* bosso.

busŭ 2.: s. bus, busen *rasen.*

busŭ 3.: r. busyj *grau dial.* buselъ
(busla), buselь *storch.* klr. buśok, buśko;
buźok *ung.* wr. buselь. *Vergl.* barzavŭ.

busy *plur.* r. *falsche perlen.*

butĭ-: nsl. butiti *stossen.* b. butam,
butna *anrühren; in Vinga bewegen. Vergl.*
p. bucić się *prahlen.*

butora, butara nsl. *last meg. gepäck.*
klr. butora. r. butorъ *dial.* — *magy.*
bútor *einrichtung.*

buza 1. b. s. *art getränk usw.* —
türk. buza.

buza 2. b. *wange.*

bŭba-: asl. bъbati, bъbljǫ *stammeln.*
b. bъblja *vb. Vergl.* bъbrja *vb.*

bŭčela: asl. bъčela *biene.* nsl. včela,
čela, čmela, čebela, žbcla. b. bčela.
s. pčela, čela. č. včela. p. pczoła,
pszczoła. polab. céla. os. pčoła. ns. coła.
klr. pčoła, bdžoła. r. pčela. *Onomatop.:*
bŭk-, *die summende.*

bŭčĭva: asl. bъčьva, bъčьvь *fass.*
nsl. boč *hölzerner kasten um eine quelle.*
b. bъčva. bъčka: *vergl.* bъkel, bъklica,
bъklija. kr. bačva *krautfass.* s. bačva.
bakvica: *vergl.* bečka *bierfass, aus dem č.*
č. bečva *bottich.* bečka *fass.* p. beczwa.
beczka. klr. bočka. r. bočka. boče-
nokъ. bočarь *fassbinder.* — *magy.* bocska.
rm. boškę. *lit.* bačka. *lett.* buca. *Wahrscheinlich aus dem d.:* ahd. botahha. *mhd.*
boteche. *nhd.* bottich.

bŭd- 1.: asl. bъděti, bъždǫ *wachen.*
vъzbъnǫti *erwachen.* bъdrъ, bъždrъ *wach-
sam. Durch steig.* bud, *daher* buditi *wecken.*
Durch dehn. iter. -bydati. nsl. bděti.
buditi. b. bъdnêja *wachen.* bъdni večer,
bъdnik *vorabend eines festes.* budja *wecken.*
buden *wach.* bъdnik *christabend, eig. vigi-
lie.* s. badar *lebhaft.* badnji dan *christabend.* badnjak. č. bdíti. bedlivý. buditi.

snabděti. *Vergl.* obouzeti *anfeinden.* obuza
verleumdung. p. budzić. klr. bodryj.
budyty. izbudžaty. wr. bodzer: asl.
bъdrъ. *Vergl.* buduražić *wecken.* r. bdětь.
bodryj. bodritь. bodërъ *kräftig dial.* —
preuss. budê *vigilant. lit* budéti *wachen.*
busti, bundu *erwachen.* budrus. budinti
wecken. Vergl. bausti *züchtigen. lett.*
bust *erwachen.* budīt *wecken.* ai. budh
scire. zd. bud *videre. Vergl.* bljud .

bŭd- 2.: nsl. zabednoti *zustopfen.*

bŭdŭnĭ: nsl. bedenj *grosse kufe.*
cadus *jambr.* habd. bdenj *hohler baum für
bienen rib.* kr. badanj. č. bednář. slk.
bodnár. p. bednarz. os. bjetnaŕ. klr.
bodńa *fass.* bodnar, bondar *böttcher.* wr.
bondaŕ. r. bondarь, bondyrъ. — *magy.*
bödöny. bodnár. *Aus dem d.:* ahd. bu-
tinna, *mhd.* büte, büten, *nhd.* bütte, *daher*
büttner.

bŭch-: s. bahnuti *unverhofft kommen.*
udariti bahom *schrecken.* nabahnuti *an-
fahren.* nsl. nabehniti. — *rm.* zępsi *in-
opinate deprehendere.*

bŭchŭ 1.: b. bъh *das läugnen.* činja,
hvaštam bъh, struvam, činja inkjar *läugnen.*
asl. zabъšiti *celare, eig. „in abrede stellen".*
s. bah *das läugnen.* udriti u bah *negar
con giuramento Stulli, wohl falsch.* zabašiti
läugnen. zabašuriti *tajne.* — *alb.* me ram
ęmboh *läugnen.*

bŭchŭ 2.: asl. na bъhъ ὅλως, *omnino,
penitus.* sъ bъhъ. bъhъmь. bъhъma. bъěь.
bъšijǫ. s. u bah *omnino Stulli.* prem da
je u bah mao. baš *gerade.* — *alb.* baš.

bŭchŭtŭ: asl. bъhъtъ *wohl „getrappe":*
bъhъtъ i tatьnъ. s. bahat, bahta; bakat,
bakta *trappen.* bahtati, baktati.

bŭk-, *durch steig.* buk: asl. vъzbučati
clangere. Vergl. buka.

bŭkŭ: asl. bъкъ *calx. Zweimal nachgewiesen: in den lebenden sprachen unbekannt.*

bŭlgarinŭ: asl. blъgarinъ *bulgar.*
b. blъgarin. s. bugarin. r. bolgarinъ.
— *türk.* bulgar. *magy.* bolgár. *Man denkt
an die Wolga, schwerlich mit recht.*

bŭrŭ: asl. bъrъ *milii genus.* nsl.
ber. s. bar. č. bér, bru *und* béru

fench. **p.** ber. **os.** bor. **ns.** ber. **klr.**
bor, bru. — *magy.* bor *in* borköles, bormohar. *Man vergleicht got.* baris *gerste.*

bŭtarĭ: asl. bъtarъ *fass.* **r.** une mi
imêti kaplju vazni neželi bъtarъ ima.

bŭzika-: **č.** bzikati, bzičeti *summen,*
daneben bziti, bzím. **p.** bzikać. *Vergl.*
nsl. bziknoti *anspritzen und* **klr.** bžuk *rosskäfer. Onomatop.*

bŭzŭ: b. bъz *hollunder.* bъze *coll.*
bъzovica. **nsl.** bez, bezg; bezovec, bezgovec. **s.** baz, bazag *und* zova: *dieses*
vielleicht für bzova. **č.** bez, bzu *und*
bozu. bzový. **p.** bez, bzu, bzowy. **polab.**
bâz. **os.** boz. **ns.** bez, baz. **klr.** boz. bozyna, bzyna. **wr.** beza. bzovyj. **r.** bozъ.
buzina. — *lit.* bezas. *magy.* bodza, bozza.
rm. boz.

bŭzykŭ: r. bzykъ *das biessen des rindviehs, wenn es bei grosser hitze von bremsen*
gestochen hin und her rennt. pošli byzy na
skotinu *dial.* **klr.** bydžóvka, bydžkavka,
rinderbremse. **nsl.** bezgati. — *lit.* biznoti.
lett. bizōt *biesen. Vergl. nhd.* biesen. *ahd.*
pisōn *und* bŭzika-.

by-: 1. **asl.** byti *wachsen, werden, sein.*
bylije *das sein.* bylъ, bylije *pflanze.* bylije
arznei: bylije piti, vračevъno bylije. bytije
γένεσις. byšę, byšąšti *futurus. iter.* byvati.
dobyti, dobyvati *erhalten.* dobytъкъ. izbyti,
izbyvati *befreit werden.* iznebyti *interire.*
pobytь *victoria.* prêbyti, prêbyvati *bleiben.*
prêbytь, prêbytъкъ μονή. pribytъкъ. ubyti
deficere. ubytъкъ. zabytь *oblivio.* raznebyti,
unebyti. *Das imperfect* bêhъ *beruht auf*
bvêhъ. bêję *qui erat,* bêšę *qui erit scheinen*
nach bêhъ *gebildet.* **nsl.** biti. buiti *fris.*
bil *f.* bilo *halm.* bilje *collect.* bitvo *neben*
betve, betva *eine kleinigkeit.* dobitel *victor*
habd. prebiti *ertragen.* zabiti, *meist* pozabiti, *vergessen usw.* **b.** bil *partic.* bile
gift, ursprünglich pflanze. bilka *kraut.* biljarin *apotheker.* dobija *erhalten.* dobivka.
dobiča *beute.* dobitъk *vieh.* **kr.** batvo
halm. **s.** biti. bilje *kräuter.* biljka *halm.*
biće *vermögen.* zbilja *wirklichkeit.* **č.** býti.
být *stengel.* býli *pflanze.* bydlo *wohnung.*
bydliti. byt *wesen.* zbyt *überfluss.* nazbyt.

bytelný, bytedlný *dauerhaft* dobytek *hausvieh.* příbytek *oubyt schwindsucht.* zabyly
toll. **p.** być. byle *holziger strauch.* byl.
bylica *artemisia.* bylina *kraut.* bydło *vieh-*
vermögen. bydlić *wohnen.* dobytek, obora,
chudoba *hausvieh.* byle *wenn nur ist* by
und le: byle poczciwie, choć mało. niebylica *ist* **r.** nazbyt. **os.** być. þydło
wohnung. **ns.** byś. bydlica, bulica *beifus.*
bydliś, budliś *wohnen.* dobytek. **klr.** byty.
nebyłýća *unding.* byłynka. byt *stand.* dobyč *beute.* bydłyna, bydľa *hornvieh aus*
dem p. **wr.** być. bydło *hornvieh.* nazbyt
gar sehr. **r.** bytь. bylь *das geschehene.*
bylie *kräuter.* bylińa *halm; märchen.* byvalь, byvalьščina *das geschehene.* nebylь
chimäre. bytъ *stand.* dobyčь *beute.* zabolь
für vbylь *in der that.* **asl.** bije, bъje, οὐσία,
ὑπόστασις: *eine dunkle bildung, da* ije *kein*
primäres suffix ist. — **alb.** dobitun. dobii *f. sieg. rm.* dobitok *vieh.* 2. *Aus*
by (bhū) *entsteht durch die zweite steig.*
baviti *machen, dass etwas werde, sei; aufhalten.* **asl.** izbaviti, izbavljati *befreien.*
izbavьnikъ. izbavitelь. **nsl.** zabaviti (dête).
zabava *retardatio habd.* **b.** bavja *unterhalten:* bavja dêtca. baven *langsam.* dobavja *verschaffen.* izbavja *befreien.* **p.** bawić *weilen, zaudern.* zbawić *salvare.* pobawa. zabawa. **os.** zabavić. **klr.** bavyty
unterhalten. Vergl. zabaryty *aufhalten.*
wr. bavić. bavila *zauderer.* bavidło *spielzeug.* **r.** bavitь *zurückhalten.* dobavitь *hinzufügen.* izbavitь *befreien.* otbavitь *wegnehmen.*
zabava *unterhaltung. Vergl.* baritь sja
zögern dial. Hieher dürfte gehören s. boraviti *leben.* zaboraviti *vergessen.* **b.** boravja (trъgovina). zaboravja *vb.: etwa*
bv-or-av-. — *rm.* izъevi *vb.* zębavę. *zeuit*
vergessen. alb. zbaviscem *genesen.* 3. bądą
ist wahrscheinlich by-n-dą: *de ist zu beurtheilen wie in* i-de; *der stamm erhält nasale*
verstärkung wie lega, sęda, obręšta *von* leg,
sed, rêt. *Andere denken an einen accus.*
bą *aus* bvą (bvām) *und* de. **asl.** bądą *ero.*
bądêhъ. bądy *futurus.* **nsl.** bôdem, bôm.
kr. zadobene *er erhält ung.* **b.** bъda *ero.*
bъdêh *eram.* izbъdna *genesen.* bъdvit (bidvit

mil. 519) aus bъdnuvat. zbъdne se, zbъdva se *(aus* zbъdnuva se). **s.** budem. bidem *für* budem *aus dem b.:* bidoše. **č.** budu. zbedný *müssig, bescheiden.* **p.** będę. zbędę zbędny *was man loswerden kann: vergl.* niezbedny *hässlich.* **wr.** dobudki. *Hieher ziehe ich* **klr.** budden, **r.** buddenь *werkeltag, eig.* „*was immer für ein tag*". **rm.** dobîndi. izbîndi *vb.* **preuss.** boū. **lit.** buti: *vergl.* bunu *bleibe.* buitis *wesen: slav.* bytь. bukla *heimat: slav.* bydlo. butas *haus: slav.* bytъ. bovīti *s sich aufhalten: slav.* baviti. **lett.** bavitē *s.* **ahd.** būvan. **ai.** bhū.

byků: asl. bykъ *taurus.* **nsl. b. s.** bik. **č.** býk. **p. os. ns. klr.** byk. **r.** bykъ. *Onomatop.* — **mrm.** bik. *magy.* bika.

byra-: asl. byrati *herumirren. Nicht sicher beglaubigt.*

bystrŭ: asl. bystrъ *schnell:* bystrъ nogama. *hell, klar:* očima bystrъ. bystrina. **nsl.** bister. **b.** bistъr *hell, klar:* bistri kladenci. **s.** bistar. **č.** bystrý. **p. os.** bystry. **ns.** bytšy. **klr. r.** bystryj.

byvolŭ: asl. byvolъ *büffel.* **nsl. b.** bivol. **s.** bivo. **č.** buvol. **slk.** byvol. **p.** bujwoł, bawoł. **os.** buvol. **klr.** bajvol, bujvoł, bujło. **wr.** bavoł. **r.** bujvolъ, bujlo. — *magy.* bival. *rm.* bivol. *alb.* bual. *Das aus Indien stammende thier soll um 600 durch die Awaren nach Europa gebracht worden sein. Es erhielt seinen europäischen namen von den Griechen:* βούβαλος.

C.

cafŭ: nsl. s. caf *scherge.* **p.** caff. — *mlat.* zaffo.

cagalja s. *framea mik.* — *it.* zagaglia *wurfspeer der Mauren.*

cachŭ: č. cach, cachy *Achen.* — *Aus dem d.:* ze Achen.

cajna, canja **nsl.** *korb lex.* — *ahd.* (zeinjā), zeinā. *nhd.* zane *kärnt. usw.* *got.* tainjō. *it.* zaino, zana. *finn.* tiinu.

cakoninŭ: asl. cakoninъ *tzaco:* cakoninъ ježь jestъ. cakonьskyj, cakovьskyj językъ *tichonr.* 2. 441. 447. — *gr.* τζάκων.

calonŭ: p. całon, całun *art decke.* **kr.** čalun. **č.** čaloun. — *nhd.* schalūne. *it.* celone.

calta, calda **č.** *art kuchen.* **os.** całta. — *nhd.* zelte. *ahd.* zelto. *it.* cialda.

capa 1. nsl. *fetzen.*

capa 2. os. *pfote.*

capa 3. s. *ligo.* capun *rallum.* **nsl.** cepin, cempin *art hacke.* šapa. — *nhd.* zappin *dial.* *türk.* ćapa. *it.* zappa. *ngr.* τζαπί. *Vergl.* **klr.** sapa. sapanie kukuruzov. obsapaty *mit der* sapa *behauen.* **č.** sápě *art waffe.* rozsapati *zerfleischen.*

capŭ: nsl. cap. **č.** cáp *bock, widder aus dem r.* **p. klr.** cap. — *magy.* czáp. *rm. alb.* cap.

carina: klr. caryna *schlagbaum im dorfe, daher* carynnyj. — *alb.* carinę *art steuer: wohl von* carь *aus* cêsarъ. *Dagegen* **klr.** cara. caryna *feld.* — *rm.* carinę *aus lat.* terra.

ceb-: nsl. cebnoti, cebati *fusstritte geben. Vergl.* becnoti.

cebulja: č. cebule, cibule *zwiebel.* **p.** cebula, cybula. **os.** cybla. **ns.** cybula. **klr.** cybuľa. **r.** cibulja *dial.* **nsl.** čebula, čbula, čebul, žbul. — *lit.* cibulé. *lat.* caepulla. *it.* cipolla. *mhd.* zibolle, zwibolle. *Daneben das unmittelbar aus dem lat. stammende* **s.** kapula *neben* čipula. *alb.* kjepę.

cedulja s. *zettel: daneben* čitula. **č.** cedule. **os.** cedla. **r.** cedulka. — *nhd.* zettel. *mhd.* zêdele. *it.* cedola.

cechŭ: č. cech, cecha *zunft.* **r.** cechъ. — *nhd.* zeche.

cembra, cebra **p.** *brunnenkasten.* cembry *baumstämme.* **klr.** cymbryny. — *nhd.* zimmer. *ahd.* zimbar *bauholz.*

cempêrŭ: nsl. cempêr *atom, stäubchen:* tako je vêter lan vzel, da ga ni cempêra ostalo. — *Vergl.* *nhd.* zimperlich, *das vielleicht eig.* „*kleinlich*" *bedeutet.*

centa: asl. cęta *münze.* **č.** ceta *geldstück.* **p.** cętka *flitter.* **klr.** ćatka *tüpfel,*

r. cata *geldstück.* — *lit.* ceta *goldener oder silberner buckel auf dem gürtel.* *rm.* cęntę *bractea.* cintui *vb. Vergl.* got. kintus *heller.*

cera *p.* klr. wr. *gesichtsfarbe.* — *it.* ciera.

cerk-: nsl. crčati *zwitschern.* b. cръča *vb.* č. crkati *zirpen: vergl.* asl. cръкъ-tênije *stridor.* b. cръkam *spritzen.* č. crčeti *rieseln.* ˙ *Auch der ausdruck für „verrecken" ist onomatop.:* nsl. crknoti, crkati. b. cръka se. s. crknuti, crći.

cerky: asl. cръky, cръкъvь, *gen.* cръ-kъve, *kirche; daneben* cirkovь *sin.* nsl. cêrkev, cirkev, cirkva. b. cърkva *mil.* 72, *daher auch* cръkva; *daneben* čръkva, čer-kva. kr. crikva. s. crkva. č. cír-kev; *daneben in ON.* cerekve (kostel). p. cerkiew *griechische kirche,* cerekiew˙ *flor.* (kościoł). kaš. cerki, cerkev *neben* koscel. polab. cârküv, cârḱâi. os. cyr-kej. ns. cerkvjej, cerkvja. klr. cerkov, cerkva. r. cerkovь: kirka *protestantische kirche.* — *rm.* cerkovnik. *Das wort ist d. ursprungs:* kirka: ahd. chirihha. *and.* kyrkja. *Das d. wort wird mit* κυριακόν *kirche in zusammenhang gebracht.*

cerŭ: asl. cerъ *terebinthus, richtig* cerrus. nsl. b. s. č. cer. — *magy.* cser. alb. čer. *lat.* cerrus.

cetvarŭ: klr. cetvar, cytvar. r. cy-tvarь. b. citvar. p. cytwar. — *magy.* czitvar. *nhd.* zitwer. *ahd.* zitwar. *mlat.* zedoaria, zeduarium. *it.* zettovario. *ar.* zedwâr.

cêdi-: asl. cêditi *seihen, colare.* nsl. cêditi. cêja. b. cêdja *vb.* s. cijediti. cijedj. č. cediti. p. cedzić, cadzić. os. cydzić. ns. cejžiš. klr. ćidyty. wr. vycudzić. r. cêditь, *dial.* caditь. cêžъ. — *rm.* procidi *vb. lit.* skëdžiu, skësti *verdünnen.* skīstas *dünn.* *lett.* škidrs, škīsts *dünnflüssig.* skaidīt *dünn machen.* got. skai-dan. *W.* skid. *ai.* čhid. cêditi *aus* scê-diti *durch steigerung.*

cêlŭ: asl. cêlъ *ganz. Auf der vor-stellung „integer" beruhen die vorstellungen „heil, gesund" und „küssen", urspr. etwa „einem heil zurufen, grüssen"* got. hails!

I. integer: asl. cêlizna *ungepflügtes land.* nsl. cêl. b. cêl (cal). cêlina *brachfeld.* kr. cil. cilina. s. cijel. č. celý. celistvý. celina. p. cały. clić *heilen.* wyclić się *genesen.* celc, calec *hartes erdreich.* os. cyły. ns. cely, cyły. klr. ćiłyj. ćiłkyj. wr. całkom, vcalik *aus dem p.* r. cêlyj: čelyj *dial.* cêlizna. *II. heil, gesund:* asl. cêli kъ boleštumu. cêliti θεραπεύειν. cêlьba, cêly, cêlъvь *sanatio.* cêljati. cêlêti *sanari.* iscêliti, icêliti, isêliti *zog.* b. r *für* l: cêrja *vb.* cêr *arzenei.* klr. isćiłyty. r. cêlitь. cêlьba. *III. küssen:* asl. cêlovati, cêlyvati ἀσπάζεσθα. cêlovъ, cêlyvъ *kuss.* nsl. celovati *habd.* b. cêluvam (cъluvam, caluvam), cêluna *vb.* cêluvka *kuss.* s. celiv. č. celovati. p. ca-łować. klr. ćiłovaty. r. cêlovatь. — *preuss.* kailūstiskan *acc. gesundheit.* *lit.* čėlas *neben* cėlas *und lett.* cėls, cāls *entlehnt.* *rm.* cêlinę. got. hails. *ahd.* heil. *Man ver-gleicht ai.* kalja *und nimmt epenthese an.*

cêna asl. b. *preis.* nsl. cêna. pocê-niti se *wohlfeil werden.* s. cijena *neben* scijena *im Westen.* cijeniti, *daneben* scije-niti *schätzen, meinen, impf.* č. p. cena. klr. ćina. r. cêna. — *lit.* kaina *Mikuckij.* cėnė *antheil.* cėnavoti, čėnavoti *schätzen.* *lett.* cena: *entlehnt.* *rm.* precelui *schätzen.* *zd.* kaēna. *gr.* ποινή. *lat.* poena. cêna *vielleicht doch aus* scêna.

cêsarĭ: asl. cêsarь *kaiser.* cêsarica. cêsariti *glag. kiev. In einer* b. *quelle* ca-sarь, *in einer* s. cьsarь. kesarь *ist Caesar; doch auch* kesarьstvo *mladên.* nsl. cêsar. kr. cesar. s. ćesar (ć *für* c *befremdet*). č. cisař. p. cesarz. klr. ćisař. — *lit.* cėsorus, cėcorius. *magy.* császár *durch* č *für* c, *wie sonst: daraus* türk. časar *der kaiser von Oesterreich. Auf* cьsarь *beruht* carь *der kaiser von Russland und der sul-tan.* b. car. caruvam *vb.* carština: *vergl.* carevica *mais.* s. car. carigrad. č. car. carohrad, carhrad. p. car. r. cьsarь *tichonr.* 2. 29. carь. — *rm.* cerigrad. os. khêžor, ns. kejžor, *lett.* kjejzars *sind d.* kaiser. *Das d.* kaiser, *ahd.* keisar, got. kaisara *wird auf lat.* caesar *zurück-geführt, nicht auf gr.* χαῖσαρ. *In 'das d.*

*soll der name um den beginn unserer zeit-
rechnung eingedrungen sein.* cêsarь *kann
mit* keisar *nur unter der voraussetzung
identificirt werden, dass urspr.* s *wie im
lat. so auch im d. tonlos war: dagegen gonez.
Die entlehnung aus dem d. ist natürlicher als
die aus dem gr. Das wort wird in das slav.
aufgenommen worden sein, als es schon „im-
perator" bedeutete.*

cêsta asl. *platea.* nsl. cêsta *strasse.*
rimska cêsta. s. č. cesta *weg.* č. scestný
irrend. p. pocestny *reisender zof.*

cêtja: asl. cêšta *wegen gratia.* s. cijeć.

cêvĭ: asl. cêvь, cêvьca *röhre.* nsl.
cêv. b. cêva. s. cijev. č. cev. p. cew,
cewa. os. cyva. ns. ceva. klr. ćivka.
r. cêvka. — rm. cêvę. magy. csév, cséve,
cső. lit. šeiva, šaiva. lett. saiva.

cibara nsl. *art pflaume.* — nhd. zeiber
in Tirol.

cica b. *zitze.* cicam *vb.* p. os. cyc.
ns. cic. klr. cycka. wr. cyca. r. titьka.
— rm. cicę. alb. cicę, thithę, sisę. magy.
csecs. *Daneben* nsl. cecati, cecki. č. cec,
womit asl. sъsati *zu vergleichen.* nsl. cu-
zati *saugen, daher* cuzek *füllen.*

ciganinŭ: asl. ciganinъ, aciganinъ
zigeuner. nsl. cigan. b. s. ciganin. s. ciganisati, ciganiti. č. cikán, cigán. p. os. ns.
cygan. klr. cyhan. cyhančuk. wr. cyhan.
r. cyganъ. — lit. cigonas. gr ἀθίγγανος.

cigulka b. *violine neben* gъdulka. cigular, cigularin.

cigŭlŭ: nsl. cigel *ziegel.* s. cigla *neben*
opeka. č. cihla, tihlъ. p. cegła. os. cyhel.
ns. cygel. klr. cehła, cyhła. wr. cehła.
r. cigelь, cigelьnja, cagelьnja *dial., sonst*
čerepica, kirpič, *das türk. ist.* — lit. cīge-
lis. rm. ciglę. ahd. ziagal *aus* tegula.
magy. tégla, *woher* klr. tehła, *ist wohl* rm.
teglę. alb. tjegulę.

cik- 1.: nsl. cičati *winseln prip. 18.*
b. cikna *einen laut von sich geben.* s. cik-
nuti zi *rufen.* cĭknuti *krachen: vergl.* u
cĭk *od zore prima luce.* r. cykatь.

cik- 2.: nsl. ciknoti, cikati *sauer
werden lex., nach etwas schmecken. Vergl.*
cvič *sauerdorn.* cviček *saurer wein.*

cikuta b. *schierling.* — lat. cicuta.
rm. kukutę.

cilĭ: nsl. s. cilj *ziel.* č. cil. p. cel,
cyl. celować. klr. cil. r. cêlь. — lit.
cëlius. magy. czél. nhd. ziel. ahd. zil.

cima nsl. *keim.* cime gnati, cimêti
keimen. scimiti. — ahd. chīm, chīmo *keim.
Verschieden ist* drevesa se čimijo *krell;
ebenso* s. cima, perje do glavice *und* magy.
csima *strunk: vergl. lat.* cima, *summitas
olerum vel arborum. it.* le cime dell' erbe.
rm. kimę *keim kann von dem d. worte nicht
getrennt werden, obgleich deutsches im rm.
sonst kaum zu finden ist.*

cimbalŭ: p. cymbał *zimbel.* klr.
cymbały. — *Aus dem d.:* zimbel. lat.
cymbalum. gr. κύμβαλον.

cimerŭ: nsl. cimer *insigne jambr.*
s. cimer *aushängschild; ein bestandtheil des
pfluges.* slk. címer. p. cąbr *rückenbraten.*
klr. cymer *wappen ung.* — rm. cimiriŭ
zeichen. magy. czímer *kennzeichen, wappen,
geweih, viertel von einem lamm.* mhd.
zimere, zimber *ziemer, rückenstück des
hirsches.* zimier *helmschmuck.*

cinŭ: nsl. cin *zinn neben* kositer.
(b. olovo *blei, zinn.*) s. cin *neben* kalaj, kositer. č. cín. p. cyna. os. ns. cyn. klr.
cyn. wr. cyn *blei.* — lit. cinas. d. zinn.

cip-: r. cypka, cyplokъ, ciplёnokъ
huhn. klr. cypľa. *Onomatop.* — *Vergl.*
pisk- *und* nsl. ciba *im westen.*

cipa b. *haut.* — alb. cipę. ngr. τζίπα
häutchen. zig. cipa.

cipela s. *schuh.* nsl. cipeliš, cepeliš. b. čipica *pantoffel.* kr. cipalj *schienbein ung.* — magy. czipő, czipellő. lett.
cebules. mlat. zipellus.

cirulikŭ: p. cyrulik *chirurgus.* klr.
cyrułyk, cyrjulnyk. — lit. cierulnikas.
lett. cirulnēks. *Aus dem lat.*

cize *plur. f.* nsl. *kleiner wagen mit
zwei rädern.* s. čeze. — magy. cseza. lat.
cisium. *Vergl.* nhd. zeiselwagen *dial.*

clo č. *zoll.* p. os. ns. wr. cło. —
Aus dem d.

cofa-: p. cofać, cofnać *zurückziehen.*
kaš. copac. na copel *zurück.* os. cofać.

ns. cofaś, copas. **č.** coufati, couvati. — **mhd.** zofen. **nhd.** zaufen *bair.*

coklja, cokla, cokol **nsl.** *holzschuh.* **kr.** cokula. **s.** cokla *radschuh.* cokule. — **mhd.** zockel. **nhd.** tschoggl *dial.* **it.** zoccolo.

congy: p. cęgi, cążki, obcęgi *plur. f kneipzange.* — *Aus dem d.*

copŭrŭ: nsl. côper *zauber.* — *Aus dem d.*

cuca, kuca **nsl.** *weibliche scham.* — *magy.* czucza *geliebte.* *alb.* cucę *mädchen. Vergl. s. cura.*

cukŭrŭ: nsl. cuker *zucker.* **b.** zahar. **s.** cukar *neben* cakara, zahara *und* šećer. **č.** cukr. **p.** cukier. **os.** cokor. **ns.** cukor. **klr.** cukor, cukur. **wr.** cuker. **r.** sacharъ. — *Alle diese wörter haben den*

gleichen ursprung: die mit cu- *stammen aus dem* d.

curŭ: nsl. curêti *rinnen:* iz sôda, sôd curi. **kr.** curiti. z curom teći. **s.** curiti. *Vergl.* **p.** ciurknąć. **klr.** vyčurity *ausrieseln.* — *lett.* čurēt. *rm.* cęręi *vb.*

cvalŭ: č. cval *galopp.* **p.** cwał, czwał, szczwał.

cvekŭ: nsl. cvek *zweck.* **č.** cvek, cvok. **slk.** cvik. **p.** ćwiek. **klr.** cvjak. — *magy.* czövek. *mhd.* zwëc.

cvičí- č. cvičiti *üben.* **p.** ćwiczyć oćwiczyć *durchpeitschen.* **wr.** cvičić *stäupen.*

cĭk-: nsl. ceket *gezwitscher.* **č.** ceknouti, ckáti *mucksen.*

cĭpa-: č. cpáti *stopfen.* **p.** zaćpać. **os.** cpić.

Č.

ča-: asl. čajati *warten, erwarten, hoffen.* čajaznь *hoffnung.* otъčajati *desperare.* **s.** čajati. **p.** czaić się *lauern.* **r.** čajatь. čaj. čajati *aus* čêjati.

čadŭ: asl. čadъ, čadь *rauch.* očaditi sę. očadêlъ *lividus.* **nsl.** čad *dampf.* čada, zakajena, dimasta krava. čadin *schwarzer ochs.* **s.** čaditi *russig werden.* čadja, čadj *f.* **č.** čad. očadnouti. očadlý. **p.** czad. **polab.** codit *räuchern.* **ns.** caza *russflecken.* **klr.** čad, čaď. učaďity *für* **r.** ugorêtъ. **wr.** čadzić. **r.** čadъ. čaditь. — *rm.* čacę *nebel.* *alb.* čagję *russ. Vergl.* kadi.

čadŭrŭ: b. čadъr, šatъr, šatra, šator *zelt.* **s.** čador, čator, šator, šatra. **č.** šatr. **p.** szatra. **klr.** šator. **r.** šatёrъ, čadra. **nsl.** šator *habd.* šoter *meg.* **asl.** šatыrъ *in jungen quellen.* — *magy.* sátor. *lit.* šetra. *türk.* čadъr.

čach-: wr. cachnuć *auszehren.* **r.** čachnutь. čachotka. **klr.** vyčachnuty. čachotka.

čajka asl. *monedula.* **č.** čejka *kibitz* (od hlasu čej). **p.** czajka. **klr. r.** čajka. *Vergl.* čavka.

čaka- asl. čakati *neben* čekati *warten* (in jungen quellen). **nsl.** čakati. **b.** čakam

vb. **s.** čekati. **č.** čáka *hoffnung.* čakati, čekati. **p.** czakać, czekać. **os.** čakać. **ns.** cakaś. **klr.** čckaty. **wr.** čekać. *Vergl.* ča-.

čaklja s. *haken.* — *magy.* csáklya.

čalerŭ: nsl. čaler *betrüger.* čalaren *ung.* **s.** čalovati *betrügen.* čalovno. **klr.** čałovaty *ung.* — *rm.* čelui *vb.* *magy.* csalni. csalárd. *Man bringt ein džag.* čalim *list bei.*

čamara: p. czamara *art kleid.* — *Vergl. it.* zimarra.

čaplja asl. nsl. s. *storch.* **č.** čáp. **p. os.** czapla. **klr.** čapľa, capľa. **r.** čaplja, caplja. *dial.* capura.

čaprakŭ: p. czaprak *schabracke.* **r.** čaprakъ. **nsl.** čaprag. — *lit.* šabrakas. *lett.* šabraka. *magy.* csáprág. *türk.* čaprak.

čapĭčí: s. čapči *krullen.*

čara 1.: r. wr. *schale.* **p.** czara. **klr.** čaročka. — *lit.* čёrka *trinkbecher. Man vergleicht and.* ker.

čara 2.: č. čára *strich.* čárati. **os.** čara.

čarŭ: asl. čarъ, čara *zauber.* čarove *art buch op.* 2. 3. 736. čarovati *zaubern.* čarodêicь. **kr.** čaranje. **s.** čarati. **č.** čáry. čarodějník. **p.** czary. czarować. **kaš.** ča-

rzyc, čarzec. **klr. wr.** čary. **r.** čarъ. čaro-
děj. — *lit.* **kĩru,** kirti; keriu, keréti *ver-*
zaubern: slav. čarъ *beruht wohl nicht auf*
čer-, *wie* žarъ *auf* žer : *eher auf dehnung.*
lit. čěrai *ist slav.*

časŭ: **asl.** čas ῶρα *stunde, augen-*
blick, zeit. **nsl.** čas *zeit.* **b.** čas *augen-*
blick, stunde, zeit. **s.** čas *augenblick.* **č.** čas
zeit. **p.** czas. **os.** čas. **ns.** cas. **klr.**
čas. **r.** časъ; *dial.* časitь *warten.* — **rm.**
alb. čas. *lit.* čěsas.

čaša asl. nsl. **b.** **s.** *poculum.* **č.** číše.
p. czasza. cześnik *mundschenk.* **klr. r.**
čaša. — **rm.** čaškę. *magy.* csése. *Vergl.*
preuss. kiosi *becher.* *lit.* kiaušė *schädel.*
lett. kausis *schädel, schale: man denke an*
becher aus schädeln oder in schädelform.

čatŭrnja: s. čatrnja *cisterne.* — *magy.*
csatorna. *Aus dem it.* *Daneben* **kr.** gusturna, bišterna. **asl.** isterna.

čavŭka: s. čavka *dohle.* čava. **klr.**
čovka *ung.* (kavka) (**nsl.** kavka). —
magy. csóka. *rm.* čokę, čeŭkę. (*lit.* kova).
Vergl. **čajka.**

čavŭlŭ: **nsl.** čavel *nagel.* **s.** čavao.
— *Wohl nicht von it.* caviglia, *sondern von*
chiavo.

čechlŭ: asl. čehlъ *velamen.* **b.** čehъl
schuh. čehlärin *schuster.* **č.** čechel *schweiss-*
tuch: vergl. kzlo, kuzlo. **p.** czecheł, cze-
chło, gzło, giezłko *hemd, leinwandkittel.*
zgło, ždzgło *leichentuch.* **kaš.** ždzgło,
žgło, zagło. **ns.** zgło, zgełko *hemd.* **klr.**
čochła. **r.** čecholъ *decke. dial.* čechlikъ.
čecholokъ. *Man vergleicht preuss.* ke-
kulis *badelaken, got.* hakuls *pallium. Ob*
č. kzlo *und* p. gzło *usw. mit* čechlŭ, čьchlъ
zusammenhangen, ist zweifelhaft.

čechŭ: č. čech *Čeche.* **nsl.** čch.
os. čech. **ns.** cech. **r.** čechъ. — *magy.*
cseh. *Man dachte mit unrecht an* ken (čęti).

ček-: čočctka, čečatka *art vogel.* **slk.**
čečka. **p.** czeczotka. **r.** čečetъ. — *lit.*
kekutis *weidenzeisig.*

čelada nsl. *helm.* — *alb.* čelatę. *it.*
celata *aus* caelata.

čeljadĭ: **asl.** čeljadь *familia.* čelja-
dinъ. **b.** **s.** čeljad. **č.** čeleď. **p.** cze-

ladź. poczeladnik *zof.* **ns.** čeljaž. **klr.**
čeľаď. čeľiď *huz.* **wr.** čeljadzin. **r.** čeljadь. — *magy.* család, cseléd. *lit.* čelė-
dininkas. *Vergl. lit.* keltis *genus.* **lett.**
cilts *geschlecht: daher* čel *mit dem collectiv-*
suffix jadь.

čeljustĭ: asl. čeljustь *maxilla.* **nsl.**
b. s. čeljust. **č.** čelisť. **p.** czeluść *fauces,*
ostium fornacis. polab. céľeust *unterkinn.*
os. čelesno. **klr.** čeľusť *fauces, ostium*
fornacis. **r.** čeljustь. *Man beachte* **č.** če-
lesten, čelesen, čelistník *praefurnium.* **slk.**
čeľustnik *und vergl.* **kr.** čeljupine *fauces.*
Vergl. **čelo.**

čelnŭ 1.: **asl.** člěnъ *neben* članъ,
člънъ (člъnovnihъ) *tichonr.* 2. 360. *glied.*
nsl. člěn, člěnek, členek, članek. **s.** član. **č.** člen,
član. **p.** człon. **os.** člonk. **ns.** člonk.
klr. člen. **wr.** člonki. **r.** členъ. — *rm.*
člen *socius.*

čelnŭ 2.: **asl.** člънъ *kahn.* **nsl.** čoln.
s. čun. **č.** clun. **slk.** čln. **p.** czołn,
czołno. **os.** čołm. **ns.** coln. **klr.** čołen,
čołno. **wr.** čołen. **r.** čelnъ. — *rm.* čin.
magy. csolnak. *Man vergleicht ahd.* scalm
navis.

čelo, *einst auch* čelos, čeles, **asl.** *stirn.*
čelьnikъ *praefectus (verschieden ist* načelь-
nikъ, **r.** načalьnikъ). čelesъnъ *praecipuus.*
čelesьnaja τὰ ἀκροθίνια *mladěn.* **nsl.** čelo. načelnik *stirnblatt.* **b.** čelo. čelbinka. **s.** čelo.
sučeliti se, sačeliti se. **č.** čelo. čeliti oučel.
p. czoło. naczelnik (na czele). **os.** čoło. **ns.**
coło. **klr.** čoło. **r.** čelo *stirn, die vollen ge-*
treidekörner, die beim worfeln vor den andern
niederfallen. čelo, očelokъ *os fornacis.* —
mrm. čelnik, τζέλνικος. *lett.* kēljis, *wahr-*
scheinlich von kel: kīlu, kilti *sich erheben.*
Man füge hinzu r. čelesnikъ *die öffnung*
des ofens: čelo *der obere theil der öffnung*
des ofens. **nsl.** čelêsnik, čelêšnjek *span-*
leuchter. čelešnjek *ofen-, fenstergitter, sitz*
am ofen. Vergl. **čeljustĭ.**

čemerĭ: asl. čemerь *gift.* čemeritъ.
čemerica *helleborus.* **nsl.** čemer *gift, zorn.*
čemeren *afflictus.* čemerika *helleborus.* črna
čemerika *veratrum nigrum.* **b.** bilki cemer-
livki *mil. 154.* **kr.** čemer *nausea.* **s.** čemer

gift: grko kao čemer. čemerika. **č.** čemer *die ungrische krankheit.* čemeřice *nieswurz.* **p.** czemierzyca, ciemierzyca. **os.** čemjerica. **klr.** čemeř *helleborus.* **wr.** čemer, konskaja bolêznь. **r.** čemerъ *art krankheit, gift, womit einst die Russen pfeile vergifteten.* čemerica. — *lit.* čemerei, čemerĭčos. *magy.* csemer, csömör. *ahd.* hemera. *Man vergleicht auch gr.* χάμαρος, *ai.* kamala *lotus.*

čenda *as. art stoff.* — *it.* cenda, cendal *venet.*

čendo: **asl.** čędo *kind.* (čendo *prol. rad. 18*). čędь *leute.* ištędije, štędije *progenies.* jedinočędъ, inočędъ μονογενής. domočędьсь. bratučędъ. **nsl.** čedo *prip. 73.* **b. s.** čedo. **č.** ščedí *kind.* **klr.** čado. **wr.** čado *für* **r.** zloe ditja, uprjamecъ. **r.** čado. *Wenn man* čędo *mit d.* kind *als verwandt ansähe, würde man jenes für entlehnt halten.*

čenstŭ: **asl.** čęstъ *dicht.* čęšta *fruticetum.* **nsl.** čęsto. čęšče. **dsl.** čensto. **b. s.** čęsto *oft.* **p.** częsty *häufig.* **ns.** cesty. **klr. r.** čąstyj.

čenstĭ: **asl.** čęstь *theil.* pričęstiti *communicare.* pričęstije *communio.* **nsl.** pričestiti se *petret.* pričeščati. prečiščavati *für* pričeščavati. **b.** čest *theil, glück.* čestit *glücklich.* čestitja *gratuliren.* zločestija *unglück.* sveto pričestene *für* kоmka *communio.* **s.** od česti *zum theil.* zločes *unglücklich.* čest, čim se pričešćuje. čestit *glücklich.* čestitati. **č.** čest, *alt* čiest, *theil.* oučasť *schicksal.* částka. štěstí *glück.* šťastný. **p.** część. szczęście (sъčęstie). uczestwo. uczastek. **os.** časć. **klr.** časť. učasť. ščastje; šestja *ung.* **wr.** časć. ščasce *glück.* pričasć *communio.* **r.** častь. učastь *schicksal.* pričastitь. sčastie, ščastie. nesčastie. — *rm.* pričestanĭe *communio.* *lit.* ščeste *glück.* nečestis *unglück. Urform* kend-ti. *W.* skind: *ai.* čhind, čhid. *lat.* scindo. *gr.* σχίζω. čęstь *urspr. theil.*

čep-: **nsl.** čepêti *hocken.* počepnoti, počenoti. **č.** čapěti. **os.** čapać *so.*

čeprĭ: **asl.** čeprь *deliciae.* **klr.** čepuryty *verschönern.* nečepurnyj. **wr.** če-

---

purnyj. ćepurić śa. **r.** čopornyj *geziert.* čepuritь sja, ščepuritь sja. čepyžitь sja.

čepurŭ: **s.** čepur *strunk.* **b.** čepor *knoten.* (čekor *zweig*). čepesti rogove *geweihe des hirsches.* **asl.** cepогъ *zweig.* čepurije. čepuratъ *nodosus.* **wr.** čep, *derevo* sukovatoe.

čepŭ: **nsl. b. s. č.** čep *zapfen.* **p.** czop: *vergl.* czep *zweiter magen der wiederkäuer.* **os.** čop. **ns.** cop. **klr.** čôp. — *rm.* čep. *lit.* capas. *magy.* csap. *Die ableitung der slav. wörter vom nhd.* zapfen *wird bezweifelt.*

čepĭ: **r.** čepь, cêpь *kette: das erstere* **asl. klr.** čipy. **wr.** čep. *Vergl.* **p.** przyczepić *anknüpfen.*

čepĭcĭ: **asl.** čepьсь *haube (spät).* **nsl.** čepa, čepica. **s.** čepac. **č.** čepec. **p.** czep, czepiec. **os.** čêpс. **klr. wr.** čepeć. **r.** čepесъ. — *lit.* čiapčius, šepšis. *magy.* csepesz. *Die wörter sind verwandte des mlat.* capa, *woher auch* čapka, šapka.

čerda 1.: **r.** *dial. die reinlichkeit liebend.* **nsl.** čeda *sauberkeit.* čeden *reinlich, im osten verständig.* čednost *modestia meg.* čediti *putzen.* počediti. nečediti *beschmutzen aus* črêda *usw.* čriditi *reinigen in* Rožna Dolina, Kärnten. čriediti koruzo *mais jäten in* Belje. *Doch bemerke man, dass im Westen, im Görzischen,* čêden, *nicht* črêden, *gesprochen wird, wo man doch* črêda *herde,* črêšnja *sagt. Daraus scheint sich zu ergeben, dass man im nsl. zwischen* črêditi *und* čediti *aus* čenditi *zu unterscheiden hat. Das letztere steckt im asl.* nečędьскъ, **č.** čadský *pulcher, venustus, eximius. Zu* čenditi *ist vielleicht das* **nsl.** čeden *in der bedeutung „reinlich" zu ziehen.*

čerda 2.: **asl.** črêda *vices, grex, herde.* črêdьnikъ *hebdomadarius.* črêditi *bewirthen ist vielleicht „nach der reihe zu trinken, zu essen geben".* **nsl.** črêda, čêda *series, ordo, grex: daneben* krdêlo *aus* kerdêlo. črêditi *einander in der arbeit ablösen.* **b.** črъda *herde.* **kr.** creda *ung.* črid *ordo.* **s.** krd *herde:* creda *reihe ist asl.* **č.** střída, tředa, třída *wechsel, ordnung.* **slk.** crieda, krdeľ *herde.* **p.** czrzoda, *alt,* trzoda *herde.* czve-

.reda *gesindel ist* r. oczrzedź, otrzedż *vices*
zof. os. čřoda. klr. ŏereda. čeredať *hirt.*
oŏcreď. wr. čeredź *der reihe nach.* r. čereda, čeredъ *series.* očeredь. čereda *herde*
dial. — *preuss.* kĕrda *zeit.* *lit.* kĕrdžius
hirt. *got.* hairda. *ahd.* herta *wechsel.*
nhd. herde: *d für t durch ndd. einfluss.*
Vergl. zend karedha *herde.* *magy.* csorda,
das auch in das s. eingedrungen. *rm.*
kъrd. čireadę. čirezar *viehhändler. Formen*
wie krdêlo *beruhen auf dem älteren kerd-.*
Das wort, dem d., lit. und slav. gemein-
sam, hat, wie ç *zeigt, mit* ai. çardhas *schar*
nichts zu thun. Die ursprüngliche bedeu-
tung von črĕda *ist wechsel, reihe. Man*
beachte r. čereda *in der bedeutung „zeit“*
und os. ředomňa, *ns.* ředovňa *herde von*
jungvieh: rędъ *ordnung.*

čèrdŭ: asl. črêdъ *firmus: ein zweifel-*
haftes wort, nur einmahl asl. vorkommend.
Man vergleicht got. hardus.

čerên-: s. čerenac *art netz.* č. čeřen, čeřŭ. p. cierzepiec *für czerzeniec.*
— magy. csereny.

čerênŭ: s. čerjen *art korb oberhalb*
des feuers.

čerga 1.: b. s. *zelt, teppich.* klr. džerha.
— rm. čergę. alb. čĕrgę *wolldecke.* magy.
cserge. zig. cserga. kurd. džerge. türk.
čérgé.

čerga 2.: klr. wr. čerha *reihe.* r. čerga
dial. — lit. čerga. *Fremd, man meint türk.*

čerk- 1.: r. čerkatь *ausstreichen.* klr.
čerknuty.

čerk- 2.: nsl. črčati *zirpen,* črček *grille.*
črč *gezirpe.* • b. crъča *vb.*

čerljuštĭ: asl. črêljustьnъ *branchia-*
rum. crêljuštьnja *branchia.* s. krljušt, kreljušt, kraljušt *schuppe scheint* ljuska *zu ent-*
halten. Vergl. s. krelje *plur. f.* č. skřele.
p. skrzele. ns. kśele, skśele.

čermiga: asl. črěmiga *dolium.* —
Man denkt an gr. χέραμος.

čermŭ: asl. črêmъ *zelt.* — ahd. skirm,
skĕrm *schirm, daher* čermŭ *aus* skermŭ:
Man vergleicht ai. čarman.

čermŭcha 1.: nsl. črêsа, crênsa
prunus padus: daneben sremša, sramsa,

srjamsa. s. sremza. č. střemcha *neben*
dem abweichenden čermucha. p. trzemcha;
czeremcha *ist* r. klr. čeremcha, očeremcha.
wr. čeremcha. r. čeremcha, čeremucha.
— *Vergl.* lit. šermukšlė, šermukšnė *sorbus*
aucuparia.

čermŭcha 2.: nsl. čremož *bären-*
lauch für čremoš. s. *vergl.* srijemuša,
srijemuža *art wildwachsendes zugemüse.*
p. trzemucha, trzemcha. r. čeremša, čere-
mica, čeremučka. — lit. kermušė. *Vergl.*
ags. hramsa. ir. creamh. gr. χρόμυον.
türk. sarmusak.

čermĭ *und mit* v *für* m **červĭ**: asl.
črьm-. črьvь *wurm. I.* čerm-: *die bedeutung*
„roth“ beruht darauf, dass einst in allen län-
dern mit gewissen würmern roth gefärbt wurde:
scharlachschildlaus. črьmьnъ *roth:* črьmь-
noje more. počrьmьnêti. črьmьnovati sę.
nsl. črmljak, čmrljak *eidotter.* klr. čerm-
nyj: *daneben* kermeń *für* červeć *potentilla*
argentea. č. čermák *rothkehlchen.* r. čerm-
nyj, *dial.* čerëmnyj. čerm- *ist nicht selten*
in ON. — lit. kirmis *wurm.* lett. kirmis
neben cêrms. lat. vermis. ai. krmi. zd.
kerema. *II.* červь: asl. črьvь, črьvij.
črьvenъ, črьvljenъ *roth.* črьvasьnъ. črьviti
röthen. črьvlьnъ *julius.* nsl. črv. črljen.
b. črьvij, črvij, cъrvij. črьven. črьvenêja
se *vb.* črьvja, črьvisvam *röthen.* s. crv.
crva *wurmloch.* crven, crljen. č. červ, *alt*
črv. červený, *alt* črvený. červec *scharlach-*
laus. p. czerw. czerwiec *polnische schild-*
laus, junius. czerwony, *alt* czyrzwony.
czerwotocz. polab. cárveny. os. čeŕv.
čeŕvjeny. ns. cerv. cervjeny. klr. červ.
čyrva *collect.* červeć *coccus polonicus,*
junius. červenyj, červlenyj, červonyj. wr.
červeć *junius.* červonyj. r. червь, *dial.*
čerevъ. červa *collect.* червецъ *kermes,*
Zusammenhang durch die rothe farbe. —
magy. cscrebogár.

čern- 1.: asl. črênovьnъ (ząbъ), črê-
novitьcь, člênovьnъ *backenzahn.* č. třeno-
vec: *vergl.* třenov *mühlstein.* p. trzon.
trzony, trzonowe zęby. os. čronovc *für*
čřonovc. ns. cŕonak. klr. čerennyj (čer-
viunyj) zub. *Vergl.* černŭ 2.

čern- 2.: r. čerenokъ *pfropfreis.* —
Vergl. preuss. kirno *strauch.* *lit.* kirnas
weidenruthe. kéras *strauch.*

černŭ 1.: asl. črънъ, *selten* сгъиъ,
schwarz. nsl. črn. črnob *beifuss.* b. črън
neben сгъп. črъnica *morus.* črъnobor. s. crn.
č. černy. černobyl *beifuss.* p. czarny. czerń.
polab. čárny. os. čorny. ns. carny. klr.
čornyj, černyj. černyća. černobyľ. čornokłyn. r. čёrnyj. černedь. černoklёnъ. černo-
talь. — rm. černi *vb.* mrm. cericę *morbus
oculorum,* συχάμνος, *daher asl.* črъnica. *Man
vergleicht preuss.* kirsnan. *ai.* krśṇa.

černŭ 2.: slk. čren *maxilla.* — *Vergl.*
skranja *aus* skornja *und* čern- 1.

černŭ 3.: r. čerenъ, črenъ, crenъ
art pfanne. p. trzon *focus.* asl. čerenь,
crěnъ *pfanne.* p. czeryn *unterlage des
feuerherdes ist wohl* r. *Mehrere von diesen
formen sind problematisch.*

černŭ 4.: asl. črěnъ *manubrium.* nsl.
črné *plur.* messerheft, *durch die wirkung
des accentes für* črěne. b. čerên *für* črěn.
s. člen *für* čren *griff.* č. střen, střenka
neben črenka, třenka! p. trzon. os. črony
für črony. ns. cłonki. klr. čeren, če-
reno. wr. čerenki. r. čerenъ. — *Im
lit.* kriauna *wird metathesis und ein secun-
däres* au *angenommen.*

čerp-: črъpą, črěti, črъti *aus* čerpti,
wofür später črъpsti; črъpati *neben* črě-
pati *haurire.* črъrьčij *pincerna. iter.* po-
crъpati, počripati *neben* počrěpati. nsl.
crpati, črepati. b. črъpja *mit trank bewirthen.* kr. začrite *haurite.* s. crpsti,
crpati. č. čerpati *aus* črp- črěti. *iter.* na-
čirati. p. czerpać. czerp *schöpfkelle.* czer-
pąk. os. črěć. čerpać. ns. pocŕeś. po-
ceraś. klr. čerpaty: *daneben* čerety, čerty.
čyraty. wr. čerepać. r. čerpatь. čerpčij.
čerpychnutь. *magy.* cserpa. *lett.* cerpaks.

čerpŭ; asl. črěpъ *scherbe.* nsl. črěp.
crěpina, črěpinja: *vergl.* crěmina. b. čerъp
aus črěp. črъmpka *muschelschale für* črъpka.
kr. crip. črip *ung.* s. crijep *scherbe, dachziegel.* č. střep, třep, čerepy *dial.* p. trzop.
czerep *hirnschädel,* čerepacha *schildkröte
sind* r. os. čŕop. ns. cŕop. klr. čerep.

čerepucha *kröte.* čerepacha. r. čerepъ.
auch dachziegel, cranium. čerepacha. — *ahd.*
skirpi, skirbi *f. n. lit.* čiarpė *dachziegel.*
čerepakas. *magy.* cserép. alb. čerep.
rm. čerep *hirnschale.* mrm. cereap, cireap,
cirap *für furnŭ.* friaul. creppe, crep.
Vergl. p. skorupa *scherbe, schale für* čerepy *und* klr. čebrja *ung. preuss.* kerpetis *schädel. lit.* kerpu, kirpti *schneiden
liegt abseits. ai.* karparas *schale, topf.*
Vergl. skerb-.

čeršja: asl. črěšьnja *cerasus aus* črě-
ša-ьnja. nsl. črěšnja, čěšnja. čerešnja *venet.*
b. čerěša *neben* čerešja. kr. črišnja. s. trešnja. trijesla *wilde weichsel.* č. střešně,
třešnč. čerešńa *dial.* slk. čerešňa. p. trze-
nia: czereśnia *ist* r. os. tješńa, tješeń.
klr. r. čerešnja. — *Magy.* cseresznye. črěšnja *ist deutschen ursprungs: ahd.* chirsa *aus*
chersa. *mhd.* kёrse: *roman.* kerésia *mit
deutscher betonung. kr.* čersa. s. kriješva,
kriješa *beruht auf* kersia *aus* keréaia. *Im
alb.* kjerši *hat das suffix* i *aus* ia *den ton
an sich gezogen. lit.* čeresna. rm. či-
rasę. türk. kirés, kiras.

čersli-: asl. črěsliti *purpura tingere, nur
bei Alexěevъ. Man vergleicht lit.* keršas *bunt.*

čerslo: asl. črěsla *plur. lumbi:* ištędije črěslъ tvoihъ. č. třísla *inquina.*
p. trzosla *lumbi, genitalia.* r. črěslo *aus
dem asl.* — *Vergl. ahd.* hёrdar. *got. plur.*
hairthra *eingeweide: demnach wäre* čerslo
aus kert-tlo *hervorgegangen.*

čerstvŭ: asl. črъstvъ *solidus: daneben*
čvrъstъ. nsl. črstev. b. čevrъst. s. čvrst.
č. čerstvý, *alt* črstvý p. czerstwy *alt
und hart (vom brote)* os. čerstvy *frisch.*
klr. čerstvyj. wr. čirstvyj *für* čistyj,
svěžij. r. čerstvyj *neben* čverstyj. *Man
vergleicht got.* hardus, *daher* čerd-tvъ *wie
mer-, mer-tvъ.*

čersŭ: klr. čeres, čeresło *gürtel.*
r. čeresъ, čerezъ. p. trzos. — *lit.* čia-
riaslas: *ar.* čresъ *tichonr. 1. 260. setzt
ein asl.* črěsъ *voraus.*

čeršta: asl. črěšta *tentorium.* ar.
čerěšča. *Daneben* ocrъšta. *Man darf vielleicht an ai.* krtti *haus denken.*

čert-: asl. črêsti, očrъsti *aus* čersti (črъtašti *naz. 98*). črъtati *incidere.* črъta *strich.* nsl. črtati: *vergl.* črka *buchstabe.* s. crtarnuti *einen strich machen.* č. čertati. klr. občersti *abschälen: daneben* občerty, občyraty. čerta. čertéž. r. čerta. čertitь *ausstreichen.* čertežъ *plan.* — rm. čirtę. lit. kertu, kirsti. karta *schicht.* lett. certu, cirst. ai. krt *finden. Hieher gehört auch I.* čertatlo: nsl. črtalo *culter aratri.* b. črъtalo. s. črtalo, crtalo. č. čertadlo. *Abweichend* ns. čerstadlo, čerstalo, čerstava. *II.* čert-tlo: b. čeraslo *für und neben* čerêslo *aus* črêslo: čerêslo *bedeutet auch mörserstössel.* č. čeřislo. slk. čereslo *aus* črêslo. p. trzosło. os. črosło *für* črôsło. ns. cŕoslo, sŕozlo. klr. čeresło. r. čirjaslo *dial.* — *Mit* čertalo *stimmt überein lit.* kartoklė *pflugsech, während preuss.* kersle *haue zu* čert-tlo *passt. magy.* csoroszlya.

čertogъ: asl. črъtogъ *cubiculum.* klr. čertoh. *Entlehnung der dritten periode:* b. čъrdak. s. čardak. r. čerdakъ. — *türk.* čardak *aus dem pers. gr.* τζαρδάκι.

čertъ 1.: nsl. črêt *sumpfige waldung.* klr. očeret, očaret *schilf im wasser.* wr. čerot. r. čeretъ. očeretъ *schoenus. Häufig in ON.:* č. střítež *usw.*

čertъ 2.: č. čert, *alt* črt *teufel.* p. czart. os. čert. ns. cart. klr. čort, čert. wr. čort, čorty *neben* čerci, čerčik. r. čёrtъ, čortъ. — *lit.* čiartas. *Dunkel: mit* černъ *besteht kein zusammenhang, man kann* nsl. črtiti *hassen vergleichen.*

červjъ: asl. črêvij *calceus.* črъvarь *sutor.* nsl. črêvelj, čêvelj. čerêvelj *im Westen.* čriuje *res.* s. crevlja, creva. č. střeví, třeví *m.* střevic, třevic. slk. črieva, črevík, črevíc. p. trzewik. polab. criv. os. črij *aus* čriv. ns. cŕej. klr. čerevyk. wr. čerevik. r. čerevikъ, *dial.* čeverikъ, čerikъ, *alt* čerevi. — *lit.* čerevika, čiaverīkas. *rm.* čereviči *plur.* b. črъvul *kamasche, ngr.* τζερβούλια, σερβούλια, σέρβουλα, *woher* τζερβουλιανοί *bei Constantinus Porphyrog. zakon.* červulc *schuh,* alb. crulc *lappen, scheinen arab. ursprungs zu sein: serbul schuh.*

červo *intestinum:* asl. črêvos. črêves: črêvo. črêvьce *chorda.* nsl. črêvo, čerêvo, čêvo. b. črъvo. kr. crivo. s. crijevo. č. třevo, střevo. čereva *dial.* slk. črevo. p. czrzewa, trzowo, trzewo, strzewo. czerevo *ist r.* polab. crêvü. os. čŕevo. ns. cŕovo, čŕevo. klr. wr. čerevo. r. črevo. *Dial. ist* čerevo *auch izgibъ rêki.* — *Vergl. lit.* skilvis. *lett.* škilva.

čes-: asl. česati *kämmen.* glavą teslojądъ otčesnetъ. česlъ *kamm.* česnovitъ lukъ, česnъkъ *knoblauch.* češuja *schuppen* λεπίδες. *Vergl.* češmъnije *sarmenta für* čes-. nsl. česati. česen, česnek *knoblauch.* česlo *scepter dain.* b. češa *striegeln.* česalka. česъn, česnov lùk. češulka. kr. česrati (vunu). s. česati. ččalj. češljati. česno. očenuti *herabreissen beruht auf* čeh *aus* čes. *Vergl.* češljuga *distelfink.* č. česati. česlc *mühlrechen.* česnek. pačes *werg.* čechrati *carminare.* p. czesać. czosnek. pačeš *j. hede.* czechać się, czochać się. czechrać, czochrać. os. česać. pačosy *werg.* ns. cesaś. ceslina *schuppe.* klr. česaty. pačosy *hede.* česnok. češuja. rozčechnuty: *vergl.* rozčachnuty. čychraty, čuchraty, čystryty, čersaty. r. česatь *kratzen.* čосъ, česota. česnokъ. češuja. — *rm.* cêsel, cesêlę *striegel.* cesęla *vb. lit.* česnagas. čiasnakas. *Mit* čes- *hängt wohl* kosa *haar zusammen.*

česmina asl. *prinus.* nsl. česmina. češmika, češmigovec *berberis vulgaris.* s. česvina *art baum.* r. česmina *steineiche. Man vergleicht* asl. črêsmina *für ilex, das jedoch schlecht beglaubigt ist. Das akademische lexicon bietet* crêsmina. dc revo. čerešnja.

češpa, češplja nsl. *zwetschke: im Osten unbekannt.* — *Aus dem nhd.* zwetsche, *dial.* zweschpe. č. švestka, *das mit* sebasta, *pruna sebastica zusammengestellt wird.*

četa asl. *agmen.* četati sę. sъčetati. s. četa *truppe.* četedžija. č. čet *für* hromada. klr. četa. r. četa. rm. čêtę. alb četę. türk. čété. *magy.* csata *pugna, daher* nsl. čata *insidiae.* p. czata *lauer.* klr. čata.

četina s. *nadel (an bäumen).* č. četina. p. cetyna, *drobniutkie gałązki z jo-*
dły. klr. čatyna *zweig* (lemk). — rm.
čêtinę *juniperus communis.* magy. csetina
junger tannenzweig. Der wahre anlaut scheint
sk *zu sein.*

četyri: asl. četyri n. *f.* četyrije *m.*
(wie tri, trije nach kosti f. gostije m.). čet-
vrêdьnevьnъ, četvrêgubъ, četvrênogъ. čet-
vrъgъ *dies jovis.* četvrъtъ. p. ćwierć *viertel.*
ćwierzyć. os. štvorty. ns. stvorty. stvjerš.
r. četvertь, četveretь, četь. četvergъ. —
magy. csötörtök. csötör *viertel.* tertinyák.
lit. čiatvertis. čvertis. čiatvergas. *rm.* čes-
vert. *nhd.* startin *dial. lit.* keturi. ketvir-
tas. *lett.* četri *m. aus* četuri. čverte. *got.*
fidvor. *gr.* τέσσαρες. *lat.* quattuor. *air.*
cethir. *ai.* čatvāras. čaturtha.

čcz-: asl. čeznąti *deficere:* otъ straha.
ištezovati. *iter.* ištazati, *unrichtig* ištezati.
b. čezna *vb.* iščezvam *vb.* s. čeznuti *sich*
sehnen. klr. sčeznuty. **wr.** čeznuć *schwin-*
den. r. čeznutь.

čibisŭ: r. čibisъ *kibitz.* os. kibita,
kibut. — *mhd.* gībitz.

čibukŭ: b. s. čibuk *pfeife.* klr.
cubuk. r. čubukъ. p. cybuch. — *türk.*
čubuk *stab, pfeifenrohr, pfeife.*

čigotŭ: asl. čigotъ *lictor.*

čikčiry r. *art hosen.* s. čakšire. —
türk. čakšęr.

čikŭ: s. čik, čikov *cobitis fossilis.*
slk. čik. klr. čyk. — *magy.* csík

činŭ: asl. činъ *ordo.* bečinovati. nsl.
činiti *facere.* bobovi občinki *rejectamenta*
habd. b. činja *thun.* s. čin *gestalt.* na-
čin *art und weise.* činiti *machen.* čini *hexe-*
reien. činj *ziel gehört nicht hieher.* č činiti
thätig sein. oučinek *that.* p. czyn *arma*
flor. czynić. naczynie *geschirr.* ns. cyniś.
klr. čynyty. **wr.** načinne *gefäss.* r. činъ
rang, ar. *zeit.* činitь. — *rm.* čin. činov-
nik. pričinę. *magy.* csin. csinálni. *alb.* po-
čing *vagliatura: vergl. nsl.* občinki. *Man ver-*
gleicht preuss. er-kīnina *er erledige, befreie.*

čipo b. *ohne ohren.*

čir-: č. čirek *kriekente.* p. czyranka.
wr. čirka. r. čirokъ. *onomatop.* čirkatь *vb.*

čirika-: r. čirikatь, čilikatь *zwitschern.*

čirŭ: asl. čirъ *geschwür.* nsl. čiraj,
čirjak *ulcus meg.* b. čirej. s. čir. p. czyrek, czerak. klr. čyrjak, čyrka. r. čirej.
čirьjakъ.

čista asl. *uterus.* — *Man vergleicht*
mlat. cista *vagina. gr.* κύσθος *cunnus, vulva.*

čistŭ: asl. čistъ *rein.* čistiti *reinigen.*
čistilište σέβασμα. čistьcь *zinn. Neben* čistiti
findet sich häufig cêstiti. nsl. čist. čistiti.
b. čist. čistja *vb.* s. čist. č. čistý. očistec *fegefeuer.* p. czysty. onieczyścić *ver-*
unreinigen. czyszczec *fegefeuer.* polab.
caist. os. čisty. ns. cysty. klr. čystyj.
r. čistyj. nečistыk *der böse.* — *magy.* tiszta
rein. rm. prêčesta. *lit.* skīstas, kīstas,
skaistas *klar. Entlehnt* čīstas. čīsčius *fege-*
feuer. lett. šķīsts *rein, klar. Auszugehen*
ist von einer w. skid, *woraus* (ščistъ), čistъ
und (scêstъ), cêstъ.

čistici: s. čistac *zist stachys.* č. čistec,
cist. *Vergl.* ns. cysć *buschkraut.* nsl. počist
cataputia. — *lat.* cistus. *nhd.* zist.

čiži: nsl. čižek. č. čīž *zeisig.* p. czyž.
os. čižik. ns. cyž. klr. čyž. r. čižъ.
— *rm.* čiž. *magy.* cziz. *preuss.* czilix
vielleicht für czisix. *Daraus mhd.* zīsc *f.*
zīsec. *schwed.* siska.

človêkŭ: asl. člověkъ *mensch.* člo-
vêcica *ancilla danič.* nsl. človek. b. če-
lêk, čjolêk. s. čovjek. č. člověk. člo-
věcice. p. człowiek, człek. człowieczyca.
polab. člåvak. os. človjek. ns. clovjek.
člojek. klr. čolovik. r. čelovêkъ; *dial.*
čelêkъ, čclъekъ, čilykъ, culьekъ. — *leti.*
cilveks: *demin.* cilveciňš, kilvekelis.

čobotŭ: r. čobotŭ, čebotъ *stiefel.* klr.
čobôt. p. čobot. — *ntürk.* čabat *aus*
dem pers.

čolga-: p. czołgać się *kriechen.*

čombrŭ: asl. cąbrъ *satureja darf*
vorausgesetzt werden. b. čomber mil. 385:
čubrica *münze ist wohl s.* s. čubar. č. čubr.
p. cząbr. r. čubrъ. — *magy.* csombor.
rm. čimbru. *Ein altes* štębrъ *liegt folgenden*
formen zu grunde: č. čábr, cibr. p. cąbr.
klr. ščabryk. čabryk, čebryk, čebreć. **wr.**
čabor. r. čaberъ. ščebrecъ. — *lit.* čobras,

čiobras, cěbres. *Alle diese wörter beruhen auf* tjumbrъ, štumbrъ, ćumbrъ *aus gr.* θύμβρος.

čopli-: b. čoplja *meisseln.* — *rm.* čopli *vb.*

čoporŭ: nsl. **s.** *herde.* — *magy.* csoport.

čorba nsl. b. **s.** *usw. suppe. Vergl.* r. ščerba. — *türk.* čorba.

čot-: nsl. čotast *hinkend.* **s.** cotav. — *it.* zotto.

ču-: asl. čuti *noscere.* čuvьnъ. čuvь-stvo. čuvitvo *sensorium.* nsl. čuti *hören, wachen.* b. čuja, čuvam *hören.* pročut, rasčut *berühmt.* **s.** čuti, čujati *hören, fühlen.* čuvati *hüten.* čuvar, čuvadar *hüter.* č. číti, čilý *fühlend, munter.* čich *gefühl.* dial. počuť. p.czuć *fühlen.* czuwać *wachen.* czuch *wittern.* kaš. čuc *hören.* os. čuć. čuchać *schnüffeln.* ns. cuś *fühlen, riechen.* klr. čuty. čuvaty. wr. čuć *hören.* čułyj. r. čujatь *fühlen,* dial. čutь *hören.* čuchatь.

čuba, šuba 1. č. *schaube.* p. czuba. — *nhd.* schaube *aus* schūbe. *it.* giubba. *fz.* jupe.

čuba, čoba, šoba 2. nsl. *lippe.*

čudos, čudes: asl. čudo *wunder.* čuditi sę. nsl. čudo. čudež. čuditi se. b. čudo, *plur.* čuda, čudesa. čudja se *vb.* **s.** čudo, *plur.* čuda, čudesa. slk. čud. os. čvodo. klr. čudo. wr. čudo, čud, *plur.* čudesy. r. čudo. čudakъ. — *lit.* čiudas. čiudīti s. *magy.* csoda, csuda. *alb.* čudę, čudij. *rm.* čudat. *mrm.* čudę. se čudisi *vb.* čudios. *Neben* čudo *besteht* študo. p. cudo, *daher* lit. cudas. r. ščudo. *Wie* divъ *mit* diviti sę, so hängt čudo *mit* čuti *zusammen.*

čuga-: č. čihati *lauern.* čižba. p. czy-hać, czuhać *ist* r. klr. čyhaty.

čuk-: **s.** čučati *hocken, kauern.* nsl. čučeti *prip.* 255. č. čučeti. *Vergl.* p. ku-czeć, czupić.

čuka-: b. čukam *hämmern, klopfen.*

čukunŭ: **s.** čukundjed *urgrossvater.*

čukŭ: nsl. čuk *nachteule neben* **s.** ćuk. — *alb.* čuki *cucco. Vergl.* č. čuvík dial. *rm.* čuvik, čovikę.

"čup-: **s.** čupav *struppig.* čupati *rupfen.* čupa, čuperak *büschel.* ćuba *schopf der* henne. č. čup. čupryna *schopf.* p.czupryna. wyczubić. klr. čup. čupryna. čupryndij *haubenlerche.* vyčubyty *beim schopf nehmen.* wr. čuprina. r. čuprunъ *stirnhaare.* ču-pryna: dial. vergl. ar. čuprina *art rüstung.* — *lit.* čiuprīnas. *lett.* čupra. čupis *ist wohl d.* zopf. *alb.* čupę. *Mit* čup- *ver-binde ich* čub-: č. čub *schopf.* p. czub. czubaty. klr. čub. čubatyj. wr. čub. čubka. čuban. r. čubъ *dial.* čubatyj. — *Man vergleicht* got. skuft *haupthaar.* ahd. hūba *haube. Man beachte wegen des* č s. ćuba *schopf.* ćubast *behaubt.* ćubača *schopfhenne.*

čupi-: b. čupja *brechen.*

čupni klr. *peitsche.* — *zig.* čupni.

čurilo: r. čurilko, kozodoj *capri-mulgus.* — *Der PN.* κύριλλος.

čurma s. *remigium mik.* — *it.* ciurma, *fz.* chiourme *aus* κέλευσμα.

čurŭ: r. čurъ *grenze.* čerezčurъ *über die maassen.*

čvanŭ: r. čvanъ *prahlen.* čvanitь sja. klr. čvannyj *stolz.* načvanyty śa.

čvara: klr. čvarnyj *grässlich.* p. po-czwara *fratze, gespenst.* czwarzyć się *um-stände machen. Man meint in* poczwara *seien* potwora, č. potvora *und* oćwiara, *unter anderem* „hexe", *vermengt.* — *lit.* počvora. *magy. ist* patvar *zwist, das auch* kuman. *ist* 233.

čverka-: nsl. čvrčati. **s.** čvrčati, cvrčati *zirpen.* čvrčak, cvrčak *art insekt.* č. cvrknuti. cvrčeti. cvrkati. — *Vergl. magy.* trücsök, prücsök, ptrücsök *grille.*

čĭbanŭ: asl. čьbanъ *sextarius. Daneben* čbanъ, čvanъ, čьvanъ čvanovati. čvanъčij *pincerna.* žbanьсь *lecythus.* s. džban, žban, žbanj. č. čbán, dzbán, žbán. p. dzban, zban. klr. žban, zban. čvaneć. wr. žban. r. žbanъ. žbanuška. — *magy.* csobán, czobány. *rm.* zbankę *ventosa.* lit. zbonas, izbonas, uzbonas.

čĭbrŭ: asl. čьbrъ *labrum.* nsl. če-ber. čebrica. b. čьбъr: čabъr *mil.* 148. s. čabar. č. čber, dčber, džber, žber. p. džber, ceber. os. čvor *aus* čbor. čvje-řen *zuberstange.* klr. ceber. wr. ceber.

ar. cebrъ. r. cebarь, cebarka *dial.* — *rm.* čubęr, čibęr. *magy.* cseber, csöbör, csoborló. *lit.* coberis *neben dem dunklen* kibiras. *ahd.* zubar, zwibar *gefäss mit zwei handhaben, andere meinen „ein von zweien getragenes gefäss".*

čĭk-: r. pročknutъ sja *aufbrechen (von knospen).* počka *knospe. Vergl.* s. čkati, čačkati *stochern.*

čĭmelĭ: nsl. čmelj, šmelj *hummel.* č. čmel, štmel, smel *schmele.* p. czmiel; trzmiel, ščmiel, ćmiel *waldbiene.* os. čmjeła. ns. tsmjel, tsmjeń *mooshummel.* klr. čmiľ. džmiľ, žmiľ. wr. ščemeľ, smeľ. r. ščemelъ *dial.* čmelь, šmelь. *Daneben* nsl. čmrlj. s. strmelj *crabro. Ein dunkles wort.*

čĭmê-: nsl. čmêti (čmije) *schmerz empfinden. Vergl.* r. skomitъ *in gleicher bedeutung.* W. skem-, *daher* nsl. čьm- *aus* ščьm- r. pri ščemitь *einklemmen.*

čĭpagŭ: asl. čьpagъ *pectorale.* s. čpag, špag *tasche.*

čĭparogŭ: asl. čьparogъ *ungula.* č. čpár, špár. *Vergl.* s. čaporci *krallen.*

čĭt-: asl. čьta, čisti, *selten* čьsti. *Die* w. čьt- *kommt vor in den bedeutungen* „zählen, lesen, ehren". *iter. durch dehnung* čitati. čьtenije. počьtenije *neben* poštenije. pričьtenije ψῆφος. čьtъ: ročьtъ, pričьtъ. zvêzdočьtъ. čьtivъ. čьtij: kniga čьtija. čьtьcь *lector.* idoločьtьcь. čistь *zogr.,* čьstь *veneratio.* čьstivъ. čьstiti *colere.* čьstьnъ. čismę *numerus.* čislo *numerus aus* čьt-tlo. nsl. poštenje. štêti, štêjem *zählen, lesen, bei* habd. štêm. štivenije *zahl* meg. število. čast. častiti. čislo *zahl* lex. *rosenkranz* habd. v čislih imêti, čislati *achten.* b. četa *zählen, lesen.* počьten *geehrt.* poštъvane *verehrung.* počitam *für etwas halten.* čot *zahl.* počet *ehre.* počest *ehrfurcht.* čьstit *ehrwürdig.* čosten. s. štiti, čatiti, čitati *lesen.* čast *ehre, gastmahl.* čazbina. časni. nečastivi *teufel.* opoštiti *ehre machen.* č. čtu, čisti

zählen, lesen. čitati. počet *zahl.* oučet *abrechnung.* česť, *gen.* cti, *ehre.* ctiti *aus* čstiti. pocta. úcta. ctný, *alt* čestný. ctnota, cnota. čislo. p. cztę, czyść *lesen.* czcionka *buchstabe:* asl. *čьtenka.* czytać. poczet. cześć, *gen.* części, czci, *ehre.* czta, uczta *schmaus.* czcić *ehren.* nieczcić. poczta. czestować *und, durch anlehnung an* čenstъ, częstować *bechren, bewirthen.* cny *ehrwürdig.* zacny. cnota *tugend.* ap. czstny. czsnota. czysło. kaš. tčec *ehren.* čestovac. polab. câtĕ *er zählt.* os. sćenjo: asl. čьtenije. čitać. čeść. čislo. ns. ceść. pociś *ehren:* asl. *počьstiti.* pocny. klr. čytaty. česť. cnota *aus dem* p. čysło. čotky *korallen.* ščety *art rechenmaschine.* čytavyj *achtbar.* wr. česć, *gen.* česci, tsci, *ehre.* česćić *bewirthen.* poččivyj *ehrlich.* nčta *schmaus.* bezccnyj *für* r. bezčestnyj, cnota *sind* p. uččivo. r. čtu, čestь *lesen, ehren.* čitatь. sčëtъ, sčëtъ *rechnung.* čëtki *rosenkranz.* čestь *ehre.* čtitь *ehren neben* čestitь. čestovatь *bewirthen.* počestь *gastmahl.* potčevatь, potčuju, poštovatь *ist* asl. počьtovati. čismjanka *dial.* čislo. počti *dial.* počitaj *fast ist ein imperat.* — lit. čiastis *ehre.* čiastavoti *bewirthen.* Daneben čiasnis *gastmahl.* pačesnis. česnavoti, čiasnavoti. cnata, cnatlīvas *aus dem* p. Urverwandt skaitīti *zählen.* lett. častīt *bewirthen.* rm. četi *vb.* činstę *aus* čьstь. činsti *vb.* bečisnik: asl. *bečьstьnikъ.* čislui *vb.* počitanie. *magy.* tiszt *amt: vergl. magy.* tiszta *und* asl. čistъ. ai. čit. *Mit* čьt *stehen vielleicht in zusammenhang* b. čitav *integer.* s. čitav *neben* čiti. kr. čitovat. *rm.* čitov. čitav *würde darnach etwa „gezählt" bedeuten: man vergleicht* lit. kĕtas durus, *sanus. Die gerade zahl wird* r. *durch* čëtъ *ausgedrückt, dial.* četka, *das gegentheil ist* nečetъ, *wörter die mit* čĭt *in verbindung gebracht werden können: doch ist dagegen anzuführen* p. cetno (licho), *daher* lit. cĕtas. klr. cet či liška. ćataty śa. wr. ci cot či liška.

D.

da asl. ut ἵνα. *Manchmahl* do: do i učenici tvoi vidętъ zogr. nsl. da. b. da. dano *utinam*. koj da je *wer immer es ist*. klr. dakto *aus* dekto *usw.* p. niedaktory, lada ktory. *Wahrscheinlich von einem pronominalstamm* da. *Man füge hinzu das hervorhebende* da: r. pokida, pokidova, poki *quousque*. potyda, potydova, poty *eousque*. os. štoda, što *quid*. džeda *ubi*.

da-: asl. dati, damь *aus* dadmъ *geben*. *iter.* dajati. davati. dažda *dativ*. danь *vectigal*. darъ *donum*. daroviti, dariti, darovati *schenken*. nsl. dati, dam. davati. udaja *vermählung*. dača *tribut habd*. dar. darmo. darovati. darežljiv *freigebig*. zadavek *arrha*. b. dam, dadna, davam *vb. ptc.* prêdaden. dažba. dan *steuer*. dar. darom *ohne entgelt*. darja *vb.* darba. kr. daća *ung.* s. dati, dam, dadem. davati, dajem, davam. na udadbu. nadodadba *zugabe*. odaja. daća *todtenmahl*. dar. č. dáti, dám. dávati. daň. dar. darmo. dácný. p. dać, dam. dawać. dań. dar. zadar *umsonst*. darmo. kaš. zdavanie *trauung*. os. dać, dam. davać. daň. dar. darmo. ns. daś, dam. davaś. daň. dar. darmo. klr. daty, dam. davaty. danie *gift (in Podolien)*. daň. dar. darom, daroma, darmo. darunok. wr. dać. *ptc.* datyj, dadzenyj. dar. darunok. otdarunok. darma, darmo. r. datь, damъ. davatь. dača. daždьbogъ *gottheit der Russen: wohl „geber des reichthums"*. danь. darъ. daromъ. daritь. — rm. danie. dęždie. daždie. dar. indar, zadar. dęrui *vb.* preda *vb.* trędanie. alb. darovit *schenken*. lit. dúti, dúmi, dúdu. dúnis. dútis *gabe*. pardúmi *verkaufe*. lett. dòt, dòmu, dòdu ai. dā, dadāti. gr. δω, δίδωσι. lat. dā, dat.

dada b. *kindermagd*. s. dadilja. — türk. dada.

dadosŭ: klr. dados *haupt einer zigeunerbande*. — zig. dados *vater*.

daga p. *dolch*. *Vergl.* nsl. deglin habd. č. déka, dýka. — magy. dákos. it. daga. *Manches ist dunkel*.

dachŭ: slk. p. klr. dach *dach*. *Deutsch*.

dajakŭ: s. odajačiti, odalačiti *prügeln*. — türk. dajak.

dajíca, daidža s. *onkel*. — türk. daję.

dakle, daklem, daklen, dake, dak s. *igitur, itaque*. — *Man vergleicht* rm. dakę si, *postquam*.

dal-: asl. dalja *entfernung*. daljeje *comp*. daljaje *comp. naz*. 225. dalьnъ, dalekъ, dalečь *entfernt*. udaliti *entfernen*. dalьstvo. dalьnъ *der in der ferne ist. comp*. dalьnjaje *naz*. 273. dalina *länge:* dalina i širina *bus*. 662. nsl. dalje *comp*. daleč. dalja *entfernung*. b. dalek, daleč. s. daleko. č. dál *die weite*. daleký. p. dal *m*. dala *f*. dalszy *comp*. daleki. polab. dolék. nadolěj. os. ns. daloki. klr. dalekyj. wr. daleko. r. dalь *f*. dalьše *comp*. dalitь. dalьnij. dalekij.

dalakŭ: b. s. dalak *milzverhärtung*. — türk. dalak.

damga b. *zeichen*. s. danga, dagma. r. tamožnja. ar. tamga; *daher auch* r. denьgi *geld*. — türk. damga, tamga. lit. tamožna.

dara: ns. ńedara *ungesundheit, schädlichkeit*. p. niezdara, niedołęga.

darda nsl. kr. s. č. p. *verutum, wurfspiess*. — magy. dárda. rm. darde. *Vergl.* ahd. tart. it. dardo.

dava b. s. *process*. → türk. da'va.

·davê asl. *olim*. davьnъ *antiquus* nsl. dave, davi *kurz zuvor, heute früh*. davešnji. davno. b. odevê *in der früh*. ot duvna, ot damna. s. davno. č. davný. p. dawny. klr. davi, davida, daviky *heute früh, einst*. daviča. r. davê, davja, davéča, daviča *vorher*. davnij. davno. davničnij.

davi-: asl. nsl. s. daviti *würgen.*
b. davja *vb.* č. dáviti. p. dawić. os.
dajić. ns. daviš. klr. davyty. r. da-
vitъ. — *lit.* dovīti *quälen, antreiben.* got.
af-daujan *abmatten.* ahd. touwen. daviti
ist verwandt mit nhd. tod, todt.

davori asl. davori muhe o stêfani
dьni što patihь otь vasь. *Es scheint eine
interjection zu sein.* s. davori!

de *r. partikel zur bezeichnung der rede
eines andern:* onъ govoritъ, ja de ne pojdu
de, chotь de chošь dělaj. *Daher* deskatь,
das de-skazatь *sein soll.* de *wird mit* dê-
jatь *in verbindung gebracht.* Vergl. molъ.

debelŭ: asl. debelъ *dick. Daneben*
dobelъ. dobelьstvo. nsl. b. debel. s. debeo. klr. debelyj *stark, fest.* r. debelyj. *Vergl.* dobrъ *und* udobelêti *tichonr.*
2. 97.

deblo nsl. s. *stamm. Vergl.* steblo.

degŭtı: č. dehet, *gen.* dehtu, *harz;
wagenschmiere.* p. dziegieć *birkentheer.*
klr. dehoť, dohoť; dechеć *ung.* wr. dzeh-
cić *betheeren.* r. degotь. — *lit.* degutas,
dagutas. *magy.* deget, dohot. *rm.* degot,
dohot. *lit.* degti *brennen.* ai. dah.

dekanŭ: č. dékan *decanus.* p. dziekan.

delb-: asl. dlъbą (dlъbsti) *scalpere.*
izdlъbati. nsl. dolbem, dolbsti. izdoben
boh. zdubavati. b. dlъba, dlъbaja *vb.*
dlъbêj *einschnitt.* kr. delbem, dlist *aus*
dlêbsti. s. dubsti. dubenica. č. dloubati
(podlubati, podlabati). výdlab *aus* dolb-,
durch steig. dlubna. slk. dlbsť. p. dłubać. klr. dołbaty. dołbało, dołbač *specht.*
wr. dłubać, dołbić. r. dolbitь. *Auf* delb
beruhen nomina durch to, *das an* delb
und an das gesteigerte dolb *antreten kann.*
I. delbto, *daraus* nsl. dlêto, dlêtvo. glêtva
steier. izdlôtiti. b. dlêto, delto *bog. für*
dlъto. glêto. blêto, klêto. s. dlijeto, glijeto.
II. dolbto, *daraus* asl. dlato *meissel.* b. dlato.
č. dláto. p. dłoto. os. błocko. ns. błodko.
r. doloto. dolotitь. — *rm.* daltę. *alb.* dalt.
ags. delfan. *ahd.* telpan. *preuss.* dalp-
tan, *entsprechend dem slav.* dolbto.

delgŭ 1.: asl. dlъgъ *lang.* podlъgu,
podlъgъ *secundum: fz.* au long, le long,

selon. *rm.* de lîngę. *Darauf beruht* polъgъ.
nsl. dolg. dlg *rib.* poleg, polgi. b. dlъg. na
dlъž. kr. polag, poleg: *vergl.* odlag *ausser:*
nimamo kralja odlag cesara *ung.* izlag.
s. dug: *alt* polъgъ. č. dlouhý. -dloužiti
verlängern neben -dlužiti *verschulden.* dĺhý
dial. p. długi. podlug. wedlug. wzdłuž.
polab. dåugy. os. dołhi. dołž. ns. dłujki,
dłejki. pšedłejžyš. klr. dołhyj. vzdolž,
upodolž. wr. dołhij. vodľuh. r. dolgij.
— *magy.* podluska. *ai.* dīrghas: gh *velar.*
zd. daregha. *gr.* δολιχός. *Man vergleicht*
lit. ilgas. valug *aus dem* p.

delgŭ 2.: asl. dlъgъ *schuld.* dlъžь
schuldig. dlъgovati. nsl. dolg. dolžen. dul-
govanje *meg.* dugovanje *hrbd. negotium.*
b. dlъg. dlъžen. dlъžnêja *schulden.* dlъž
schuldig bulg. lab. s. dug. č. dluh.
p. dług. kaš. dargac *schuldig sein.* polab.
dåug. os. dołh. ns. dług. klr. wr.
dołh. r. dolgъ. zadolžatь. — *magy.* do-
log *sache.* got. dulgs.

delija b. s. *krieger.* s. deli *kühn.*
— *türk.* déli.

delmno: as. dlьmno, *woraus* dumno,
duvno. — *gr.* Δελμίνιον. *lat.* Delminium.

delpinŭ: s. kr. dupin. — *lat.* del-
phinus.

dely, delъvь, *gen.* dlъve, asl. *fass.*
dlъve *pat.-mih.* 160. dьlevi, dьlъvi *naz.*
57. 143. b. delva *grosser irdener topf.*
— *Vergl. lat.* dolium. *In* prinositь kame-
nije delъvi *hom.-šaf.* 9. *scheint verwechslung von* πίθος *mit* πυθμήν *stattgefunden zu
haben.*

demirŭ: s. demir' *eisen.* demirli. —
türk. démir.

denglica: b. deglica. p. dzięgiel
angelica, daraus klr. dzengeľ. os. džchel.
klr. djahyľ. wr. dźahiľ. r. djagilь.
djaglica.

dengna: p. dzięgna *f. plur. n. mundfäule.*

denkŭ: č. děk, díka *dank.* slk. djak.
p. dzięk, dzięka. os. džak. ns. žjek.
klr. djaka. wr. dzjaki. vdzjačnyj, *aus
dem* p. vdzenčnyj. — *preuss.* dinckun *acc.*
lit. dêka. *nhd.* dank. ač. dieč *f. delibs-*

ratio vergl. *mit mhd.* dinc(g). **klr.** d'ickyj ełwa „schiodsrichter" *ist* **r.** dêtskij.

dentela: nsl. detela *klee.* **b.** detelina. **s.** djetelina. **č.** dětel, jetel, jetelina. **p.** dzięcielina. **os.** džećel. **ns.** žichelina: *zweifelhaft.* **r.** djatlina.

dentlŭ: asl. dętlъ, dętelъ *picus.* **nsl.** detel, *gen.* detla, detela. **s.** djetao. **č.** datel. **p.** dzięcioł. dzięgiel. **kaš.** dzecoł. **os.** džećelc. **ns.** žećelc. **klr.** djateľ, djakłyk, jeteľ. **r.** djatelъ. — *Vergl.* lett. dimt *dröhnen.*

der-: asl. derą, dъrati *scindere.* drêti *aus* derti *rauben. Durch erste steig.* razdorъ *schisma; durch zweite steig.* udarъ *impetus.* udariti *schlagen; durch dehnung* razdirati *aus* razdêrati: *daraus* dira, dirja, dêra *scissura loch.* dračъ *saliunca.* **nsl.** drêti, derem. kozoder. voloder. drtje *colica lex.* predor *durchbruch.* udar *schlag.* udariti *neben* udriti. udrihati *prügeln.* razdirati, *daneben* razdêrati. podirki *fetzen. Man beachte* oderati se *durat.:* kaj se tako nad dêtctom izderješ? dêra *loch ung.* draka *rauferei.* **b.** dera *schinden.* dcrač. udar. udrja, udarja *vb.* razdiram: *vergl.* dirjam *berühren Vinga.* draka *gestrüpp.* **kr.** udorac, uderac *schlag ung.* udriti. **s.** drijeti, derati *reissen.* razadrti *juk. 59.* prodrše *493.* dera *riss im zaune.* izder. *Alt* živoderъ. razdor *zwietracht.* odora *beute, gewand.* udorac *angriff.* dernuti. udar. udariti, udriti. dirati, darnuti *berühren.* dira *loch.* odor, odir *plünderer.* drnuti *ein wenig essen.* drljati *eggen.* drača *dornstrauch.* **č.** deru, dráti *reissen.* dru, dřiti *schinden.* drt *feilstaub.* padrt. drtina. draň *dünnes brett.* udeřiti. nádor *knollen am körper.* rozdirati. díra. děravec *art pflanze.* dráč *räuber.* dravý: dráti *und* dřič: dřiti. odra *morbilli.* koňdra. **p.** drzeć, drę. darnąć. zadrał, zadarł. wydartek. obdartus. odartki *raub.* na udry. ždzier. zadzier *anriss.* zadra *schieferchen.* odra *maser.* dzior, dzier *gröbster abgang von flachs oder hanf.* zderzyć. draň, dranica *dünnes brett.* wydranina *raub.* rozdzierać. dziora, dziura. dracz, ždzierca. draka *rauferei.* **polab.**

dâra *loch.* **os.** dŕeć. zadora *hader.* dyrić *schlagen.* vudyr. drač *schinder.* **ns.** dŕeś. rozdora *ausgespreizte sache.* deriš *schlagen.* žjera *loch.* **klr.** derety, derty, draty. nadra *wundgerissene stelle.* zador *zwist.* dranyća, dernyća. nadyraty. obdyrstvo *schinderei.* ďira, ďura, ďara *loch.* draka *schlägerei.* drała daty *reissaus nehmen.* derť *grobes mehl.* **wr.** dzerć, drać, dzeru. nadzêrtyj. zdzerca. zadzêra. dzeruha *grobes gewebe.* dor *bretter coll.* zador *zank.* vzdzirać. vydzirstvo *raub.* dźura *aus* ďira. dziravyj. **r.** dratъ, deru. sdêrъ, sdêrši *dial.* derjuga. dranъ. dranica. dertica. oderъ, odranъ *schindmähre.* obděra. razdorъ. zaďorъ, žizdorъ *dial.* dorъ, derъ *für* rospašъ, počinokъ. derba *für* nova pašija. dermo *für* kalъ, pometъ. dernutь *dial.* udarъ. udaritь. udyritь *dial.* diratь. dira, dyra. izdirka. obdiŗa. — *magy.* odor. zádor *stänker.* dránicza. derécze: *vergl.* darócz *sackleinwand, daher* s. doroc. *rm.* odor *kleinod: vergl. it.* roba *aus* raub. dračinę. *lit.* diriu, dirti. derna, *zu dem* **p.** draň *in keiner nähern beziehung steht.* *lett.* dīrāt. *got.* tairan. *ahd.* ziru *destruo.* *gr.* δερ: δέρω, δείρω, δορά. *ai.* dar (drṇāmi). dara. *zd.* dar. *Aus dem poz, paz für* po, pa *und der entsteht.* **asl.** pozderъ, pozderije, pazderъ *stipula, stupa.* **nsl.** pazdêr, pozdêr; pezdêr *f. age.* **b.** pazder, pъzder *m.* **s.** pozder. **č.** pazdero. pazdeř *f.: vergl.* padrt *abfälle des flachses.* **p.** paździor *m.* paździerz *f.* **os.** pazdžeř. **ns.** pazdźeŕe. **klr.** pazdžirja. **r.** pazdira. — *magy.* pazdorja. *rm.* pozdęrçe. *Ebenso* **č.** padĕra *schinder.* **r.** padara, podara *stürmisches wetter: daher* **p.** październik *october.* **wr.** pazdzernik.

dera nsl. *lohn ohne kost:* pri deri dêlati. — *nhd.* dar *f. bair. Vergl. lit.* derêti *dingen.*

derba-: č. drbati *kratzen. Lautfolge unsicher.* — *magy.* durboncza *fricatio.*

derbi-: č. drbi *debeo.* **os.** dyrbjeć. **ns.** derbiš. — *ahd.* durfan. *mhd.* dürfen *Hinsichtlich der bedeutung ist* d. müssen *und* nsl. morati *zu vergleichen.*

dere ns. *gut.* **os.** dŕe. *Vergl. mhd.* dære *passend.*

derg- 1.: asl. deržati *aus* dergêti *halten.* drъžava κρηπίς; *reich.* nsl. držati. dežela *neben* držela *ung.* zadrga *schlinge.* b. drъža *vb.* drъžanka *concubine.* s. držati. država *besitz.* nadržkati *hetzen.* č. držeti. nádrž *wasserhälter.* zadrhel *schlinge.* p. dzierżeć. dzierżawa *besitz.* os. džeržeć. ns. žaržaš. klr. deržaty. deržava. r. deržatь. zaderёžka *dial. für* zaderžka, *ebenso•*zadoržatь *für* zaderžatь. asl. podragъ *fimbria, imitatio;* podražati *imitari gehören vielleicht hieher:* os. podrohi *saum. Man vergleicht* ai. darh, drṇhati *festmachen. Mit* asl. derzъ *und mit lit.* diržas *riemen,* padiržis, diržnas *stark ist* deržati *unverwandt.* gh *von* darh *festhalten ist velar, wenn es mit* drъžati *zusammenhängt. Hieher ziehe ich auch* asl. sъdrъgnąti *retinere.* r. dergatь, dergnutь, dernutь *zerren.* sudoroga *krampf aus* -dorga *(ein* asl. -draga *gibt es nicht).* dergota *krampf.* wr. dzerhanuć. dorhać. p. dziergać *knoten schürzen.* dzierg, zadzierzg. zadziergnąć, zadzierzgnąć *zuknüpfen.* kaš. zadzerzgnanc. zadzerzga. polab. dêrzol. derg *halten ist vielleicht von* derg *zerren zu trennen. —* ndl. tergen. nhd. zergen.

derg- 2.: nsl. drgnoti *reiben.* drgajšati *stark reiben.* zdrgnoti *corradere lex.* drgljati *krabbeln.* sôdrga *das zusammengeschaŕŕte.* b. drъgljo *kratzer.* drъgna se *krätzig werden.* klr. derhaty *hecheln, raufen.* č. drhati *räufeln.* drhlen *raufe.*

derkačĭ: klr. derkač *rallus crex.* p. derkacz, *nicht p.* wr. dzerhač *neben* drač. r. dergačъ.

derkolĭ: asl. drъkolъ *prügel.* drъkolije. č. drkolí. *Ursprung und lautfolge unsicher.*

derl-: asl. drъlênije τῦφος, ἀλαζονεία *jactatio.* derl- *hängt vielleicht mit* derą *zusammen. Vergl. formell* s. drljančiti *vb. beharrlich betteln.*

dernekŭ: s. dernek *markt, messe. —* türk. dérnék.

dernka-: nsl. drnkati *klirren.* b. drъnkam *wolle schlagen, schwätzen.*

dernŭ 1.: asl. drъnъ *rasen.* nsl. drn. č. drn. p darn. kaš. dzarna, daruia.

os. dorn. ns. dern. derno. klr. derne. odernyty. r. dernъ. dernina. — *lit.* dirti *rasen abstechen. Vergl.* der-.

dernŭ 2.: nsl. drên *cornus mascula.* b. drên. drênka. s. drijen. č. dřín. p. dereń. derenia *aus dem* r.: krzew ruski albo podolski. os. dřen. klr. deren. derenky *die frucht davon.* r. derenъ. — *ahd.* tirnpauma. *nhd. dial.* dernlein, dierlein, terling.

derpa-: b. drъpam, drъpna *ziehen, schleppen, reissen.* drъpnъt *lunatique.* s.drpnuti, drpati, drpiti *reissen.* nsl. drpati, drpkati *bröckeln.*

ders-: nsl. drstev, drsten, drstelj *kies, sand zum kesselreiben. Vergl.* č. drsnatý *rauh, grob aus* drst-. p. dziarstwo, zdziarstwo: *daneben* drząstwo *kies.* nsl. č. *und* p. dziarstwo *können mit* ders- *vereinigt werden. Abweichend ist* r. dresva.

dersa-: nsl. drsa *streifen.* drsavnica *schleifbahn.* drsnoti. spodrsnoti se *labare lex. Dasselbe bedeutet* drčati. dričavnica. s. drsati se, drsikati se.

dersti-: b. drъstja *walken.* drъšta *walke, walkerei. —* rm. dęrstę, dîrstę *walke.* dęrsti *vb.* drestelĭaru. τριστάλą *dan. 31. alb.* drstil. *ngr.* drsteli *pu. Vergl.* nsl. drstiti *streichen (von fischen).*

derstrŭ: asl. drъstrъ. — *gr.* δορόστολον.

derstĭnŭ: č. drsen *rauh.* drsnatý, drstnatý *holperig.*

dertŭ: s. dert *sorge. —* türk. dérd.

dervo: asl. nsl. drêvo *baum.* s. drijevo. č. dřevo. dřevce *spiess.* p. drzewo. drzewce. os. dřevo *holz.* ns. dŕovo. klr. derevo, drevo. dervodžubka *neben* džubdcrevo *specht.* derevnja. derevity, dereveńity *erstarren.* wr. drevo. r. derevo, drêvo. drevolazъ *dendrocolaptes.* drevó *fuhrzeug. — lit.* derva *kienholz. and.* tyrvi *kienholz. Neben* dervo *besteht der stamm* drŭvo: asl. drъva *holz.* nsl. drva. b. drъvo *baum.* drъva *holz.* s. drvo *baum.* drva *holz.* č. drva. p. drwa, *gen.* drew. drewno *neben* drzewno *stück holz.* drewnja *neben dem* r. derevnja *holzplatz.* drewutnia, drwałnia. **polab.** dråva. **klr.** drova, dryva, dyrva. **wr.** drovy. **r.** drova. *Ursprünglich ist* dervo *baum,* drŭvo, *meist plur., holz.* — *Dem* dervo *steht* ai. dåru, zd. dåuru, gr. δόρυ *aus* δέρυ, *and.* tyrr *föhre,* air. daur; *dem* drŭvo, ai. zd. dru, gr. δρῦς, *got.* triu *gegenüber.* r. derevnja *dorf erinnert an* lit. dirva *acker.* **klr.** dyvderevo, *daraus* dyndera *stechapfel. Vergl.* p. dziędzierawa, *wofür andere* dzieńdzierzawa *bieten.* **klr.** bôžderko *götterbaum.*

derzga: s. drijezga *art pflanze. Man vergleicht* r. dereza *robinia frutescens.*

derzŭ: asl. drъzъ, drъzъkъ *kühn.* drъznąti, drъzati. **nsl.** drz. drzen. **b.** drъznuvam *vb.* **č.** drzý. drznouti. **p.** darzki *neben* dziarski *rasch, muthig.* **kaš.** dzirzi. **klr.** derzkyj. **r.** derzkij. — *lit.* drįsti *sich erkühnen.* drąsus *kühn zeigt* s *und eine andere lautfolge.* rm. dęrz, dîrz. în-dręzni *vb.*

desen: asl. desętъ *zehnter.* desętь *f. subst. zehn.* dva desęti, desęte *zwanzig.* tri desęti, desęte *dreissig.* pętъ desętъ *fünfzig.* **nsl.** deseti, deset. **č.** desátý. deset. desítka. **p.** dziesiąty. dziesięć. dziesiątka. **polab.** desöty. desåt. **os.** džesaty *usw.* — *lit.* dešimt, *indecl.: älter und hie und da noch jetzt* dešimtis *f. wie* desętь. desétkas *ist entlehnt.* lett. desmit *aus* desmit(i)s *m., zuweilen* f. arm. tasn *aus* tesn, zd. dasa. gr. δέκα. lat. decem. air. deich(n-). cymr. dec. *Man beachte, dass in* deve-tъ *und* dese-tъ *das suffix* tъ *an* en (em) *antritt: vergl.* pętъ, sedmъ *und* osmъ *aus* penk, sebd *und* ost.

desna asl. *zahnfleisch: wohl* dęsna. **nsl.** desne *neben* dlasna. **kr.** desna *mandibula.* **s.** dęsni *plur. f.* desna *Stulli.* **č.** dásné, dáseň, dásno; *alt* dásně *fauces.* **p.** dziąsła *plur. fauces.* **os.** džasna: *daneben* džasno *gaumen.* **ns.** żesno. **klr.** jasny. **r.** desna *für* b. vęnci. — *Man vergleicht mit unrecht* ai. daç, danç *beissen.*

desïnŭ: asl. desnъ, dosnъ *recht dexter.* **b.** desni. **s.** desni. — *lit.* dešinė. *got.* thaihsva. *ai.* dakšiņa. *zd.* dašina. *lat.* dexter. *gr.* δεξιός. *Damit hängt vielleicht* **asl.** desiti, dositi *finden.* s. desiti *treffen.* udes *unglück zusammen.*

deševŭ: klr. r. deševyj *wohlfeil.*

deva s. *kameel.* č. fava. — *türk.* dĕvĕ.

deven: asl. devętъ *neunter.* devętь *neun.* **nsl.** deveti, devet *usw.* **dsl.** deventi. **b.** devet. **s.** dĕvêti, dĕvêt. **č.** devátý, devěť. **p.** dziewiąty, dziewięć. **polab.** dévöty. dévăt. **klr.** devjatyj. devjanosto *neunzig.* **r.** devjatyj. *Man beachte* tri devjatь bogatyrej *volksl.* — *lit.* devíni *m.* lett. deviń *m. Dem* d *steht* n *gegenüber:* preuss. nevints. ai. zd. nava. gr. ἐννέα. lat. novem. air. nói(n). got. niun. arm. inn. *Man merke* s. devesilj *art pflanze.* p. dziewięcsił. dziewiosł *eberwurz, daneben* dziewięsił, dziewięcsioł, dziewięcsił *riese mit neunfältiger manneskraft.* r. devesilъ inula helenium: *wohl unrichtig.* klr. dyvosył *echter alant.* b. babini devetini *alter weiberschwatz. Vergl.* s. nevesilj *art pflanze.* lit. debesīla *königskerze.* devīnmacis, devinspieke *neunkraft.*

dĕ- 1.: asl. dĕti *ponere.* kamo sę dĕlъ jesi? dĕjati *agere. Den praesensformen liegt* dĕ *oder* ded *zu grunde:* dĕją, deždą *aus* dedja: lit. dedu. odežденъ *vestitus ist singulär. iter.* dĕvati. *In den ableitungen durch* ъ *kann* dĕ *seinen vocal verlieren:* obъdo thesaurus. prinada additamentum. Die W. *hat ausserdem die bedeutung* „dicere": dĕješi li? ain'? quid ais? dĕj li? wie ain'? *auch für den plur.* ne dĕjte *ist* „sinite, lasset": ne dĕjte dĕtij prihoditi. dobrodĕja *f.* dĕtъ *that.* dĕtělь *actio.* dodĕjati *molestum esse.* nadĕjati se *sperare.* nadęžda *spes.* odĕti *vestire.* odežda *vestis.* pridĕti *afferre.* pridĕvъkъ *cognomen.* **nsl.** dĕti, djati (dĕjati), dĕnem *ponere.* po zlu dĕti *pessumdare.* djati, dĕm *facere, dicere:* težko mi dĕ (*für* dĕje). dĕven (diven), djan. nedĕl *feiertag.* nedĕlec *abgeschaffter feiertag.* dĕvati. pridĕvek *zuname.* nadjati se, nadĕjati se *hoffen.* nada *erwartung.* iz nenade, iz nenada. nado *stahl.* naditi. odĕtel *f. decke.* odĕtev, odĕtva, odĕvka. zdĕlo *incantatio.* prid *commodum: daneben* prud. nič prida človek. priditi, pruditi *prodesse.*

priden. sodl *impar. meg. ist wohl* sôdêv. lib,
liš ali sôda? *paar unpaar?* **dsl.** ne dc krada
noli furari. nadezen *spes.* **b.** dêna, dê-
vam *legen.* ne dêjte bi slêpi *seid nicht
blind.* dodêja, dodêvam *hindern.* nadêja
se, nadêvam se *hoffen.* nadežba. nadja *an-
stücken.* odežda *mil.* 65. prid *mitgift.* ne
dêj *lass mich in ruh.* nedêlja *sonntag,
woche.* **kr.** dim *dico.* dir, nudir (dêj *že*).
s. djesti, djenem, djedem *(nicht* **asl.** deždą)
aufschobern. dede, ded *fac, fac:* dêj dêj.
nadjeti, nadjesti, nadjevati *figere.* nadev
füllsel. nad, nada *hoffnung.* nadati se *hoffen.*
nado *stahl.* naditi *stählen.* odjeti, odjesti,
odjenuti, odijevati *bekleiden.* odjeća. odijelo.
pridjeti, pridjesti, pridijevati. pridjevak.
sadjeti, sadjesti, sadijevati *aufschobern.*
nedjelja *sonntag:* **č.** díti, dêji *thun.* díti,
dím *sagen.* naditi, nadêji *füllen, reflexiv
hoffen.* nádêje *hoffnung.* nenadálý *unver.
muthet.* nazdati se *hoffen.* obnaditi *ködern.*
odíti, odêji *bedecken.* odêv. zdíti, zdêji *thun.*
p. dziać (dêjati). kołodziej. dzieje *geschichte.*
dzienica *gewirke der bienen.* dzianica *für*
tkanina, opona, płachta *zof.* nadzieja.
nadžba z nienadzka. odziedza. odzież. od-
ziew. odziewać. **polab.** sâdat *thun.* vâzdët
sâ *sich anziehen.* **os.** džeć *sagen, nur im
impf.* džach, džeše. nadžeć so, nadžijeć so.
nadžija. zdać so *scheinen.* **ns.** žaś, žeju,
žejom *sagen.* złožej. naźeś se. zdaś se
scheinen. **klr.** díty *thun, stellen.* odíty,
odijaty *ankleiden.* nadija. z nenadijky.
nenaćka *pisk.* ponadyty śa *hoffen.* nadyty
ködern. odjahaty *anziehen.* odjah, odeža,
odija *kleid.* de *partikel für* **r.** molъ. **wr.**
dzêjka *für* **r.** molva. prinada *köder.* nadzeža,
nadzêja *hoffnung.* nenacki. nedzêła. **r.** dêtь.
dêvatь. dêj *that.* nadežda, nadêja. zlodêj.
de *in der bedeutung* „*inquit*“. nadêjatь sja.
nadežda. odêža, odêva *neben* **asl.** odežda.
Hieher gehört zadêžitь *für* zadêtь. vzdy-
nutь, vzdytь *erheben.* Vergl. **asl.** sądъ *vas,
judicium.* **r.** sudêja *flacon.* — *lit.* dêti,
dêmi, dedu. dêvėti *kleider tragen.* dêdinêti
legen. abdas *kleid.* iždas *schatz.* indas
gefäss. uždas *ausgabe.* priėdai *darangabe
beim kauf sind zu beurtheilen wie* **asl.** obъdo,

nsl. prid. *lett.* dêt. *Ein im lit. ausgestor-
benes wort ist* *dêklas, *das ursl.* dê-tlo *lauten
und etwa das* „*hinzugefügte*“ *bedeuten würde,
man bezeichnet damit eine aushilfssteuer:* to
co nazywało się w Polszcze pomocne, miało
w Litwie imię dziakła. **klr.** djakło. *sudas
vas ist entlehnt.* nodéjė *hoffnung.* nedêlė.
lett. dēt, dēju. *magy.* nádol *stählen.* *rm.*
nadę *appendix.* nędi *vb.* nędêžde. nędęi *vb.*
zadię, zagię *praeligamen.* odęždie. dodijalę
belästigung. nędęždui *vb.* odealę *decke.*
alb. uzdaje *fiducia.* **got.** dē-. dêths. *ahd.*
tā-. *ai.* dhā.

dê- 2., *eigentliche W.* di, *erscheint in
dieser form vor consonanten, in der form*
doj *vor vocalen: I.* dê. **asl.** dêtę *kind,
eig. säugling von* *dêtъ. dêtь *coll. kinder.*
dêtьca *deminut.* dêtištь. **nsl.** dête. deca.
detič. dekla. **dsl.** deten to. **b.** dête. dê-
tence. dêca. dêčina, dêčurlija *coll.* **s.** dijete. djetence. djetešce. djeca. **č.** dítě.
dětina děcko *aus* dětisko. **p.** dziecię.
dzieci. dzieciuch, dzieciuk. **polab.** dětã.
dêva. dêvka. **os.** džećo. **ns.** žeśe. **klr.**
dytja. dytyna. ďity *plur.* ďitva, ďitvaha,
ďitvora *coll.* **wr.** dzêtva *coll.* **r.** ditja.
dêti *plur. Mit* dê *scheint verwandt zu
sein* **asl.** dêva, *urspr. das kind, der säugling weiblichen geschlechtes.* dêvaja. **nsl.**
devica. dêjčla *meg.* **b.** devojka. **s.** djeva.
djevojka. **č.** děvice. **p.** dziewica. dziew-
stwo. **os.** džovka. **ns.** žovka, ževka. **klr.**
ďivka. ďivča. ďivosnub *brautwerber.*
ďivosljuby *brautwerbung.* **wr.** dzêva.
r. dêva. — *lett.* dēt *saugen.* dēlas *sohn.*
got. daddjan *aus* dajan. *ahd.* tājan. tila
zitze. **gr.** θη: ἔθησα. θηλή. *ai.* dhā, dha-
jami. *II.* doj. dojiti: **asl.** doiti *säugen.*
nsl. kozodoj *caprimulgus habd.* dojiti
melken. **b.** doja *säugen.* dojka. **č.** dojiti
säugen, saugen. dojka. **č.** dojiti *säugen,
melken.* **p.** dojić. **kaš.** dojnica. **polab.**
düji. **os.** dejić *melken.* podoj. **ns.** dojiś.
dojka. **klr.** doity *melken.* dôjnyk. dôjka
zitze. vydôj. **r.** doitь. doivo *alt.* — *rm.*
dojkę. *magy.* dajka. dajna.

dêdŭ: **asl.** dêdъ *avus.* dêdьnь *avi.*
nsl. ded. dêdina *erbschaft meg.* **b.** dêdo,

dêda. s. djed. č. děd. dědina. dědic erbe. p. dziad. dziedzina. dziedzić. polab. dědån des erben. os. džed. ns. žed. klr. did, gid. didyč. dedina dorf, selo. dede vater. difko teufel, Vergl. djadko onkel. wr. dzêd. dzedy die ahnen (p. dziady). dziedziniec platz in der kirche für die armen (alten). r. dêdъ. ditka teufel. djadja oheim. — lit. dêdas greis. dêdê onkel. Vergl. gr. θεῖος. τήθη. magy. déd.

dêlo, plur. dêla, dêlesa, werk. dêlati laborare, lapides caedere. drêvodêlja zimmermann. nsl. dêlati. drêvodêlja habd. b. dêlo. dêlati mit der axt behauen. s. djelo. djeljati schnitzeln. č. dilo, dêlo. dêlati machen. p. działo arbeit. działo geschützstück. działać bauen. dzieło. polab. dolü ns. želo werk und werg. klr. dílo. r. dêlo. Die ableitung des wortes dêlo von dê scheint falsch zu sein: ein dêdlo kömmt nicht vor. dêlati hatte ursprünglich die bedeutung „eine künstliche arbeit verrichten, steine, bäume behauen". Dies führt auf lit. dailus zierlich, woher dailinti glätten: darauf deuten auch einige von den angeführten bedeutungen. Damit stimmt rum. dêlnik elegans überein. Allerdings hat die wortfamilie nach und nach eine allgemeinere bedeutung „arbeit, arbeiten" erhalten. Daher asl. nedêlь ἄεργος. nedêlja sonntag, der nichtarbeittag. nsl. b. nedêlja. s. nedjelja. č. nedêle. p. niedziela. polab. néděľa. os. nédžela. klr. nedila. r. nedêlja. — lit. nedêlê, nedêl děné. lett. nedeľa. Der name für sonntag bezeichnet zugleich die woche. im asl. nsl. b. č. os. r. lit.; ebenso im lett.

dêlŭ 1.: asl. dêlъ theil. dêliti theilen. nsl. dêl dêliti. prêdel, prêdal. b. dêl. dêlja vb. dêlba. s. dijel. č. dil. dêliti. p. dział. os. džeł. ns. žeł. klr. dílyty. wr. dzêł. r. dêlъ. dêlitъ. Der vocal ê soll durch assimilirende einwirkung eines i oder j der folgenden silbe entstanden sein. Das dem ê zu grunde liegende e ergibt in der steig. o: asl. dola theil: tri doly zlata. p. dola schicksal. niedola. klr. doľa theil. r. dolja. — Mit dêlъ hängt zusammen got.

dails. ahd. teil. Mit dola sind verbunden lit. dala, dalis. daliti. W. del. iter. dêla. dêlъ: dagegen got.

dêlŭ 2.: as. dêlь hügel. klr. dił. rm. dêl.

dêlja, dêlьmi, dêlьma praep. asl. wegen. nsl. za naših pregrêhov dêlo propter nostra peccata rês. Daneben dêli: za tega dêli. dêla venet. kr. dilj. klr. dîľa. wr. dzele. r. dêlja. — lit. dêl. dêlei. dêlja wird mit dêlъ verglichen: da slav. dêlja und dlja denselben sinn haben, so ist vielleicht an dъl- zu denken.

dêsi-: č. děsiti schrecken.

dêverĭ: asl. dêverь levir. nsl. devêr, gen. devêrja, bruder des mannes. diver affinis lex. b. dêver. s. djever. č. deveř. slk. dever. p. dziewierz. klr. diver, dívyr. wr. dzever. r. deverъ. — lit. dêveris, gen. dêvers. ahd. zeihhur. gr. δαήρ. lat. lēvir. ai. dēvar (dēvr).

dêža nsl. situla meg. kübel. kr. diža verant. dižva ung. č. diže, diž backdöse. p. dzieža. kaš. deza. os. džeža. ns. žeža. klr. diža. wr. dzêža. ar. dêža. — magy. dézsa. lit. dêžê. nhd. döse. österr. desn f. dunkel. os. tyza. ns. tejza.

diba s. art stoff. — türk. diba.

dijakonŭ: asl. dijakonъ diaconus. dijakъ. dijačьskъ. nsl. dijak litteratus. dijački jezik die lateinische sprache. djačiti singen, jodeln. b. dijakon. kr. žakan. jačiti singen. jačka lied. s. djakon. djak. č. jahen. žák. p. diak, dziak, žak. kaš. žak. klr. dak. wr. dyjakon. dzjak. r. dьjakъ, dijakъ, diakъ. — magy. diák, deák. rm. diak. türk. dijak diacon, lateiner. diakča lateinisch. mhd. diāke. č. jahen stammt von ahd. jaguno, jachono. gr. διάκονος. ngr. διάκος. lit. žēkas.

dijavolŭ: asl. dijavolъ, dьjavolъ teufel. kr. djaval, gen. djavla. b. dijavol. s. djavo. djavolisati. č. ďábel. ďas dämon. p. djabeł, dyabeł, dyaboł. dyasek, dyaszek. os. ns. djaboł. klr. dyjavoł, ďavoł und ďaboł. wr. dyjavoł und djabeł, džabeł: jenes byzantinisch, dieses *römisch.* r. diävolъ, dïjavolъ, dьjavolъ. — *ahd.* tiufal. **asl.** neprijaznь *ist ahd.* unholda, *got.* unhultho *f. Man beachte, dass den Slovenen* dijavolъ *fehlt: sie gebrauchen* vrag, zlodi, hudič.

dika **nsl.** *glanz.* dičiti. **s.** dika *stolz.* — *Vergl. magy.* dicső, dicsér *löblich. Dunkel.*

dikela, dikelь **asl.** *ligo.* **b.** dikeli *plur.* — *türk.* dikel. *gr.* δίκελλα. *ngr.* δικέλα, δικέλι.

dikica **b.** *hausgeräth.* — *gr.* διοικία.

dila **nsl.** *brett.* **slk.** dil̃. **p.** dyl. dyle, podłoga. **ns.** dela. **klr.** dyłe *coll.* dełyna. — *lit.* tilė. *ahd.* dilla. *Verwandt mit* asl. tьlo *boden. ai.* tala.

dilberŭ: **s.** dilber *schön.* **b.** dulber. — *türk.* dilbér.

dimije: **s.** dimije *art hosen von gefärbtem zeug.* — *türk.* dimi *barchent.*

dina: **asl.** dina. къ dinê πρὸς τὸν δεῖνα. idête vъ gradъ къ dinê *ant.-hom.* 143. ton dina azbuk. *So konnte wohl kein gelehrter grieche übersetzen.*

dinarĭ: **asl.** dinarь, dinarij *denarius.* **nsl.** denar, dnar *geld.* **s.** dinar *kleine münze.* — *rm.* denariŭ. *Theils lat.* denarius, *theils gr.* δηνάριον.

dipla **asl.** *pallium, fistula.* **b.** dipla *falte.* diplja *vb.* **s.** diple, dipli *art dudelsack. Vergl.* nsl. dibla *blaserohr.* — *rm.* diplę. *gr.* διπλοῦς, διπλοῖς.

direkŭ: **b.** **s.** direk *säule.* — *türk.* dirék.

dirja *spur.* dira. diri *untersuchung.* dirja *die spur verfolgen.* izdirja *vb.* podir *nach:* podir neje *nach ihr* čol. 220. 221. podirê *nach, nachher:* podirja mi *nach mir.* naj na podirja. podiren *der letzte.* dirnik *queue* bog. *Vergl.*, **s.** dira *durchzug eines heeres.* — *rm.* dîrç *spur, zug, anfang.*

dirjati, dêrjati **nsl.** *traben.* dirja *trabfahrt.* dir. v der. direk.

div-: **asl.** divij *wild.* divija *stultitia.* divijati *wild sein.* divijakъ *ein wilder. Auf* dikъ *beruht* dičina. **nsl.** divji *neben* dovji. divjak. **b.** div *wild.* divêč, divič *wildpret.* **s.** divlji. divljak. divljač *wildheit,* wildpret. **č.** diví. divoký. **p.** dziwi,

dziki. dzik *wildschwein.* dzicz *wildheit.* **polab.** daivi. **os.** džiky. **ns.** živy. **klr.** dyvyj, dykyj. dyk, dykun, dykyj kaban *wildschwein.* **wr.** dzikij. dzik. **r.** dikij. *Hieher gehören vielleicht die pflanzennamen* **č.** divizna *königskerze: dagegen spricht* **klr.** divenna. **klr.** dyvderevo, dynderevo. **r.** divala *scleranthus.*

divanŭ: **b.** **s.** divan *rathsversammlung.* **s.** divaniti *reden.* — *türk.* divan.

divŭ 1.: **asl.** divъ, divo *wunder:* *divos, *dives. divьnъ *wunderbar.* diviti se *sich wundern.* **b.** divja se *vb.* **s.** divan diviti se. **č.** div. roztodivný. **p.** dziw. dziwny. **os.** dživ. **ns.** živ. **klr.** dyvyj. dyvo. dyvesa *grillen.* dyvnyj. dyvyvaty se *sich wundern.* **wr.** dziv, dzivosy *wunder.* dzivnyj. dzivić. dzivić sja. **r.** divъ. divo. divitь. — *lit.* dīvai. dīvīti s. *Man vergleicht* dhī *wahrnehmen. Die ursprüngliche bedeutung ist „schauen": **č.** dívati se. **os.** dživać. **klr.** dyvyty sja.

divŭ 2.: **b.** div. **s.** div *riese.* — *türk.* div *teufel, riese.* *pers.* dēv.

dizginŭ: **b.** **s.** dizgin *zügel.* — *türk.* dizgin.

diže **nsl.** *menstrua.*

dižma **asl.** *zehend.* **nsl.** dežma. dežmati. **s.** **č.** dežma. **klr.** dyžma. — *magy.* dézsma. *ahd.* dezemo. *lat.* decima. *lit.* decmonas. *Vergl.* kaležь, križь.

djadja **r.** *des vaters oder der mutter bruder.* djadьka *für* pêstunъ.

dje: **asl.** žde: tъžde *idem.* sikožde *eodem modo.* togdažde. *Falsch* ždo: togoždo *ejusdem.* **nsl.** tulikaj. **s.** takodjer: **asl.** takožde že. **p.** tožstwo *ist* r. *Verschieden ist* že *in* tenže.

dječorma **s.** *art weste.* — *türk.* kečérmé.

djoldjŭ: **nsl.** djoldj *sindon jambr.* **klr.** džundžovyj, djundjovyj *leinwanden.* — *rm.* žolž. *magy.* gyolcs.

djulgerinŭ: **b.** djulgerin, djulger. **s.** dundjerin, dundjer *zimmermann.* — *türk.* dülgér.

djumenŭ: **b.** djumen *steuerruder.* **s.** dumen. — *türk.* dümén. *it.* timone.

djušekŭ: b. djušek *matratze*. s. dušek.
— *türk.* düšek.

dlabi-: č. dlábiti *drücken*. sdlabati.
p. dłabić, dławić.

dlaga: č. dláha *schiene*. dlažba *pflaster*.
dlážiti. os. dłožić *pflastern*. p. dłažyć
mit füssen treten.

dlaka asl. nsl. **s.** *haar*.

dlaskŭ: č. dlasek, dleska, kléštka
junge schotě. p. klesk *aus* dlesk.

dleskŭ: nsl. dleskati. dlesk *schnalz-
laut, kernbeisser*. podlesk *schnepfe*. č. dlesk,
dlask. slk. dlask, glask, glezg. p. klesk
aus dlesk. *Vergl.* p. klaskać.

dlŭbokŭ: asl. dlъbokъ *tief.* b. dlъbok.
dlъbina. dlъbočina. kr. dibok. dibina *ung.*
s. dubok. ns. dłym *tiefe.* dłymoki, głu-
moki, dłumoki *tief.* os. *hat dafür* hłuboki, asl. głąbokъ.

dlŭga: b. dlъga *welle.* — *türk.* dalga.

do asl. *bis.* dože,. dože i *und daraus*
doži, dori. daže. nsl. do. dardu *bis res.*
b. do. dori. dor. .doru. deri. dorde *usw.*
— *ahd.* zuo (*got.* du), *lit.* da, *air.* do,
zend´-da, *gr.* -δε, *lat.* ·do.

doba asl. *opportunitas.* bezdobь *zur
unzeit.* dobrъ *gut.* ·*comp.* dobrêje, debrêje.
doblь *tapfer.* podoba *decor.* podobije *simili-
tudo.* podobьnъ *similis.* podobati *decere.*
podobiti *similem ostendere.* udobь *facile.*
udobьnъ, udobiznъ *facilis.* udobizna. udo-
bliti *sufficere:* udobljati *III. 1.* udabljati
vincere beruht auf doblь. nsl. doba *zeit,
alter.* prevdobi *metl.* dober. podoba. nepodoba *verzerrtes bild.* pre v dobi *zu früh.*
b. doba. dobъr. podoben. s. doba *indeclin.*
dob *f. alter.* dobar. č. doba. dobrý. nadoba
gefüss. podoba. podobizna. podobný. ozdoba
schmuck. p. doba. doб. dobry. wydobrzeć
dobroć. nadoba. podoba. podobać. po-
dobny. zdoba *verzierung.* ozdoba. os. dobry. nadoba *geräthe.* podoba. podobný.
vozdebić, zdebić *verzieren.*vozdoba,vuzdoba,
vudoba *verzierung.* ns. doba. dobry. do-
broš *f.* spodobaš se. klr. doba. dobryj.
vdobruchaty *gütig machen.* ne bezdób *nicht
umsonst.* ozdoba *gestalt.* zdoba *schmuck.*
wr. doba. dobry. r. doba. dobryj. na-

doba. nadobnyj. nadobêtь, nadotь, natь *für*
nadobê. podoba. podobnyj. sdoba. udob-
nyj. uzdobitь, usodobitь, usodomitь, pripra-
vitь. usudobitь *ermüden.* — *rm.* podoabę.
alb. udob *leicht.* dobi *möglichkeit.* *lit.*
dabšnus *zierlich.* dabinti *ornare.* azdaba
schmuck, entlehnt. *lett.* daba *natura.* got.
daban *passen.* *Verwandt mit lat.* faber.
fabre, *Man vergleicht mhd. nhd.* tapfer.

doboŠĭ: s. doboš. klr. dobuš. p. do-
bosz *tambur.* — *magy.* dobos. dob. *rm.*
dobę.

dochŭtorŭ: asl. dohъtorъ προσχεφά-
λειον *kissen.*

dolama b. s. *art kleid.* r. dolomanъ,
dolmanъ. — *türk.* dolama.

dolê-: asl. odolêti, udolêti, prêdolêti,
sъdolêti, odolovati *überwinden mit dem dat.*
neudolьnъ. odalati. *Mit e für* o: odelêti,
udelêti, sъdelêti. *Daneben* udъlêti. *Verschieden ist* udoblêti. nsl. odolati *Ukrain.*
b. nadolja: vojska me nadoli *mil.* 87. na-
delêja *Vinga.* prêdelêja. kr. odoliti (srcu).
č. odolati. odol *widerstand* kat. zdoliti *dial.*
p. dołać *gewachsen sein.* zdołać, zdałać,
zdoływać. zdolić co. udolny *fähig.* klr.
odolity, odoľivaty. nedoľa *ungemach.* wr.
zdołać. vzdolêć, uzdolić *gesund sein.* nedoľa *misslingen.* r. odolêtь, odolitь. razdolêtь *stark werden.* nevzdolitь *nicht gewachsen sein.* *Die wahre bedeutung von*
dolêti *ist* „*gewachsen sein parem esse*", *daher
der dat. Hieher ziehe ich* nsl. nadłoga,
nadłega *drangsal.* č. nedoluha *krankheit.*
p. dołęka *gewalt aus* dołęga. niedołęga,
niedołęka *schwäche.* klr. nedołuha *gebrech-
lichkeit.* nadołuha *ersatz.*

dolija s. *zutrinkbecher.* — *türk.* dolu *voll.*

dolnĭ: asl. dlanь *flache hand.* nsl.
b. dlan *f.* s. dlan *m.* č. dlaň, dlaně.
p. os. ns. dłoń. polab. dlân. klr. dołońa,
ładońa. wr. dłoń *aus dem* p. r. dolonь
und daraus ladonь, *auch* tokъ na gumně,
ravnina. — *lit.* delna.

dolŭ: asl. dolъ *loch, grube,* dolu, dolê.
podolъkъ *fimbria.* nsl. dolina. dol. zdolê.
ozdolaj. b. dol. dolina. dolu, dolê. s. dô.
dolina. dolje. č. důl. podolek *saum* p. dol.

padoł. podole. podołek. **polab.** dül. os.
doł. ns. doł. dołoj. klr. dôł *boden.* doli.
wr. dołov *hinunter.* r. dolъ. dolu, doloj.
— *got.* dal. *ai.* dharuna *stütze, grund.*
gr. θόλος *grube.*

dombŭ, *urspr.* dombrъ: asl. dąbъ
arbor δρῦς; ξύλον: dąbъ amigdalъskъ. dąbrava *arbores.* **nsl.** dôb. **b.** dъb. **s.** dub.
č. dub. duben *april.* **p.** dąb, *gen.* dębu.
dębien. zadębić. **polab.** dôb. **os. ns.** dub.
klr. dub. dubynka *gallapfel.* dubyty *gerben.*
wr.dubec *prügel.* dubêč *starr werden, frieren.*
r. dub *eiche, gerberlohe.* dubitь *gerben.* —
rm. dîmb, dîmbova, dîmbovitsę *flussnamen.*
dubi *gerben.* *lit.* dubai *gerberlohe.* *Auf*
älterem dąbrъ *beruhen* **s.** dubrovnik *ON.*
b. dъbrovka *germandrée.* **os.** dubrovka
darrgras. Mit dąbъ *hängt zusammen das*
schwer erklärbare dąborva, *woraus* asl. dąbrava *bäume, wald.* **nsl.** dôbrava; dubrava
habd. dombrava *ON.* **b.** dъbrava. **s.** dubrava: *daneben* zeleni dumbrov *pjesn.*
kač. 159. **č.** doubrava. **p.** dąbrowa: **os.**
dubrava. **ns.** dubrava *ON.: beide formen*
weichen von der regel ab: ebenso **polab.** dô-
bŕanka *gallapfel.* klr.dubrova. r. dubróva,
ersteres wie das klr. wort vielleicht für du-
boróva, *letzteres wohl* asl. — *rm.* dumbravę.
dumbravnik *art pflanze:* **č.** doubravnik.
— dîmb *hügel ist magy.* domb. *preuss.*
dumpbis *gerberlohe. Vergl.* **got.** timbrjan,
timrjan, *as.* timbar. *ahd.* zimbar *brenn-*
holz. Mit dąbъ *verbinde ich* **s.** dubiti *auf-*
recht stehen: vergl. nhd. sich bäumen. dubak
gängelwagen. dupke *aufrecht.* dubilo *hohler*
aufrechter stamm als wasserbehälter. Formell
entfernt sich klr. dybky *in na* dybky spjasty
sja *sich bäumen.* r. vъ dubki, dybomъ
statь *und* p. klr. r. dyby *fussfesseln.* p. dyba
pranger. — *rm.* dîba duba *klotz. lit.* dîba
pranger.

domŭ: asl. domъ *haus, heim.* **nsl.**
dom. domov *heim.* **b.** dom. **kr.** dom.
vdomoviti. **s.** dom. udomiti. domazluk
was bei hause bleibt, nicht feil ist: domaz
ist dunkel. Vergl. klr. domaz *zu hause*
gemästeter ochs. **č.** dům. **p. os. ns.** dom.
klr. dôm. doma, domaki *daheim.* **r.** domъ.

Aus dem adverbialen doma *stammen* asl.
domaštь, woraus domaštьnь, domašьnь *häus-*
lich. **nsl.** domač, domači. **b.** domakin
hausherr ist s. **s.** domaći. domaćin. **č.** do-
máći. **p.** domaczy *für* domacy. **os.**
domjacy. **ns.** damacny. **klr.** domašnyj.
r. domašnij. — *alb.* domakjin *reicher mann.*
Ein fremdes suffix ist an domъ *angetreten*
in **s.** domadar *hausherr.* **p.** domator *stuben-*
hocker. **klr.** domatar, domontar. **wr.** do-
matur.

donê-: **nsl.** donêti, doni *hallen.*

donga: asl. dąga *arcus, iris.* dągatъ
bunt (das man mit lit. dažas *tunke, farbe*
vergleicht). **nsl.** duga *iris habd. meg.* doga
daube. **b.** dъga *daube, regenbogen.* **s.** dúga
regenbogen. düga *daube.* **č.** duha *bogen,*
regenbogen, daube. **p.** dęga *schramme.*
dąga *brett im boden eines fasses, auch*
daube. duga, *genauer* duha, *bügel über*
dem kummet ist r. **klr.** duha *regenbogen.*
r. duga *bogen,* **ar.** *regenbogen.* — *rm.* doagę
daube. *alb.* dogę. *magy.* donga, duga.
gr. ντόγα, ντούγα, ντοΐα. *nhd.* dauge, daube.
mhd. düge. dąga *und die verwandten wörter*
bedeuten ursprünglich bogen, regenbogen: die-
sem dąga *assimilirte sich das — schwerlich*
aus dem d. — entlehnte wort für „daube".
Dies geschah im b. s. č. p., *während im*
nsl. klr. „daube" durch doga *bezeichnet wird.*

dongŭ: asl. dągъ *stärke in* nedągъ
krankheit. nedągovati. nedąžьnъ. **nsl.** nedôžje. nedôžen *unpässlich.* **b.** nedugov *für*
nedъgav: što zagina ot nedugova žena *von*
einem schwachen weibe mil. 160. nedugav
verk. 369. **č.** duh *gedeihen.* dužný *kräftig.*
dužiti. dužeti *stark werden.* neduh *krank-*
heit. neduživý. znedužnêti *vit.* **p.** nadą-
žač *gleichen schritt halten* duży *gross,*
dużeć, zdużać *aus dem* r. **klr.** dužyj
rüstig. neduha. nedužyj *krank.* nezduha
altersschwäche. duže *sehr.* zdužaty *stark*
werden. zadužaty *überwältigen.* vydužaty
genesen. **wr.** duž *kräftig.* dužêč. v duži *bei*
kräften. nedužij. r. dužij. neduga *krank-*
heit. nedugatь *krank sein.* nedužno. izne-
duga. razneduga. zaneduga. *Mit* dj *für* d:
djužij. vydjužitь *ertragen.* odjužêtь *genesen.*

nadjužatь , *beschweren.* — *lit.* daug *viel.* daugis. *Entlehnt* dužas *dick.* got. dugan. *saugen. Der wurzelvocal hat sich in* dęgъ *strick erhalten:* dęgъ voluj. nsl. dega *jochriemen. Die veränderung der bedeutung ist dieselbe wie bei* sila.

donica p. *reibenapf.* ns. donica *bei* Linde.

donži-: p. dążyć *streben. Vergl.* dongъ.

dora asl. klr. r. *antidorum,* τὰ δῶρα.

doratŭ s. dorat *braun (von pferden).* b. dorjan. — *türk.* doru.

dorbŭ: wr. dorob *korb :* dorobь *für* r. korobь *biegen.* — *lit.* darbis *höhlung eines baumes Nosovič. Damit vergleiche man* klr. dorobajło, odorobajło, odorobło *schachtel.* r. udorobъ *f.:* vъ udorobъ utьlu (vodu) lêjątь *izborn.* 1073 (asl. *ądorobъ). *dial.* udoroba *schlechter topf.*

dorg-: č. drážiti *aushöhlen.* draž. drážka. p. drožyć: *in* drążyć *hat anlehnung an* drongŭ *stattgefunden.* r. dorožka.

dorga: asl. draga *thal.* nsl. draga *furche in wiesen, thal, engpass, art fischnetz.* s. draga *thal. Dagegen* č. dráha, draha *weg.* p. droga *weg.* os. droha *spur, strasse.* ns. droga. klr. wr. doroha. r. doroga. bakêeva doroga *milchstrasse.*

dorgŭ: asl. drag *kostbar.* nsl. drag. draginja *theuerung.* b. drag. dragičьk. s. drag. č. drahý. dráž *f.* p. drogi. os. drohi. ns. drogi. klr. dorohyj. wr. dorohov *theuerung.* r. dorogij. — *magy.* drága. *rm.* drag. *lett.* dārgs. dārdzināt.

dorvŭ: asl. sъ-dravъ *gesund.* sъdravije. nsl. zdrav. zdravje. b. zdrav. zdrave. zdravec *art pflanze.* ozdravja *vb.* ozdravêja *vb.* pozdravja *grüssen.* zdravica. nazdravja *vb. Vinga.* zdravisam *grüssen.* s. zdrav. zdravac. č. zdráv. slk. pozdravek *schmaus.* p. zdrow. os. ns. strovy. strovje. klr. zdorovyj. zdorovlje. r. zdorovъ *kräftig,* zdorovyj *gesund, gross neben* zdravyj. — *magy.* puzdarék, puzdrék *geburtsschmaus. rm.* zdravęn *gesund. gr.* σθραβίτζα *scyphus mero plenus. W. ist wahrscheinlich der,* ai. dhar *halten, befestigen,*

woher dharma *vertrag, festsetzung.* dor-vъ, *eig. fest, wäre so mit lat. firmus verwandt.*

dota nsl. *mitgift.* — *it.* dote.

drabantŭ: nsl. drabant, grabant *satelles* jambr. kr. grabant *ung.* slk. p. drabant. — *magy.* darabant. *Daneben* č. dráb *kriegsknecht.* p. drab. os. drab *reiter.* klr. drab *lump. Bei diesen wörtern denkt man an* nhd. traben: *man beachte jedoch hinsichtlich des* drabant *auch* rm. dęręban, dorobants *vom* türk. dérban *ursprünglich „thorwart".*

drabĭ: p. drab *grosse wagenleiter.* drabina *leiter.* kaš. drabka. klr. drabyna. wr. draby *art wagen ; rippen, knochen.* drabina. *Man denkt an* nhd. „treppe". *Verschieden ist* č. drábec *deichsel am pfluge.* — *lit.* drobīna.

drag-: asl. nsl. s. dražiti *reizen.* č. dražiti, drážniti, drážditi. klr. dražnyty. wr. dražnić. *Daneben* b. draznja *vb.* p. draźnić. ns. drazniś. r. draznitь *neben* razdražitь. *Die slav. urform festzustellen will mir nicht gelingen. Dazu kommt* nsl. drastiti *meg.* draždžiti, draščiti. — *Vergl.* rm. indęrži *aus* indręži *reizen.*

draga: č. draha *menge.* drahný *ansehnlich.* drahně času. p. dragnie.

draga-: p. wzdragać się *sich weigern.* Linde *bietet auch* wzdręgać się, *ohne es zu belegen.* č. zdráhati se. •

drakunu: asl. drakunъ *drache.* nsl. drakon *meg.* drak *trub.* s. drakun *mik.* č. drak. klr. drak. r. drakonъ. — *gr.* δράκων. *ahd.* tracho. *nhd.* drache. *bair.* drack.

dralĭ : klr. draľ *drillbohrer.* — *Aus dem* nhd.

drami: nsl. dramiti *wecken. Vergl.* s. drmnuti *schütteln.*

drapa-: nsl. s. drapati *kratzen.* č. drápati. drápkati *demin.* p. drapać. os. drapać. drępa *kratze.* ns. drapaś. klr. drapaty *kratzen, reissen, nehmen.* wr. drapać. *Hieher gehört* p. drapież *raub.* klr. drapižnyk *räuber.* wr. drapežestvo.

drasa-: č. drásati, drásnouti *aufritzen.* Vergl. der-, drask-.

4

drask-: nsl. draska *ritz.* b. drašta, drasna *schinden, kratzen.* draskanica. draskolja *vb.* p. drasnąć *aus* drasknąć. — *lett.* draskāt. *Vergl.* drasa-.

dravŭ: nsl. drav *entzündung (bei einer wunde).*

drecha s. b. *kleid. Vergl.* os. drasta. ns. drasta, drastva.

drek-: s. drečati *plärren.* dreka.

drenselŭ: asl. dreselъ *traurig.* drezъkъ. drehlъ. nsl. dreselen *traurig.* zdresljiv *mürrisch. Vergl.* klr. drjachłyj *zitternd.* r. drjachlyj *altersschwach.*

drenzga: asl. drezga ἄλσος *wald: loc.* drezdě. druždьnъ *für gleichfalls nachweisbare* dreždьnъ ἀλσώδης *mladên:* luzi vъdruždnii ὄρυμοι ἀλσώδεις *mladên. Vergl.* klr. drjahovyna *morast und den s. ON.* drezga. *Von* drezga *stammt vielleicht der ON.* os. draždźany, drježdźany. č. dráždany *Dresden.*

dretva s. *bindfaden:* nsl. dreta. č. dratev, drát *draht.* p. dratwa *pechdraht.* ns. drjetva, drot. klr. dratva. wr. drot. r. dratva. drotъ. — *lit.* drota, driota. *magy.* dratva. *rm.* drot. *nhd.* draht.

drev-: asl. drevije, drevlje *comp. einst, vorher.* drevьnь, drevlьnь *pristinus.* č. dříve, dříveji *vorher.* dřívni, dřevní. p. drzewie, drzewiej. nsl. drêvi *ist heute abends.* drêvešnji.

drezg-: s. dreždati *III. stehen und warten.*

drěkŭ: č. dřík *rumpf.* nsl. drêčen *gedrungen.* — *Vergl. magy.* derék.

drěm-: asl. drêmati, dremlją *schlummern.* nsl. drêmati. b. drêmja *vb.* s. drijemati. č. dřímati. p. drzymać *aus* drzemać. os. dřemać. ns. dřemaś. klr. drimaty. r. drematь. — *ahd.* troum. *ai.* drā. *alb.* drimis, dɔrmis.

drěze: nsl. dreze, dereze *fusseisen.*

drězgavŭ: b. drêzgav *rauh, heiser; nach bog.* crépusculaire.

dripa, dripel b. *fetzen.* dripav *adj.* č. dřípa. *Das wort ist mit der (*derą*) verwandt.*

drist-, drisk-: nsl. drista, driska *flüssiger stuhlgang.* drist *foria lex.* struska

meg. b. driskam, drisna *vb.* drisъk. driska *diarrhöe.* drisliv. s. drićati. č. dřístati, střískati. tříska, dřizga. p. dryzdać. dryzdaczka; *daraus* trztaczka. trzuskać. *Vergl.* drzyst *hahnenfuss und* trznąć *vielleicht aus* dryzdnąć. os. drisnyć: *vergl.* dřest *laichkraut.* ·klr. drystaty. kožodryst *schneeglöckchen.* drysłyvći *art pflaumen.* wr. drystać. dryslivyj. *Vergl.* dřost *art pflanze.* r. dristatъ. drisnja. — *lit.* trīsti, trīdžiu *am durchfall leiden.* tridé, tričia *durchfall. lett.* dirzt.

drjagylĭ: wr. drjahiľ *träger.* — *Aus dem d.: ahd.* tragil.

drob-: asl. drobьnъ *minutus.* drobiti *centerere.* iter. -drabljati. nsl. drob, drobec *exta.* droben. drobtinja. drobnjak *art pflanze.* ɯrobelj, dromelj, *gen.* -eljna, *stück.* b. drob *leber.* drobove *eingeweide.* drobja *vb. iter.* -drobêvam. drobnik *leberkraut. Mit* e: dreb *scherhaare.* dreben. drebolijă. kr. drobnjahan. s. drob *eingeweide.* droban. č. drob *gänsegekröse.* drobný. drobet *bisschen.* drůbež. p. droby *eingeweide.* drobka, podrob *geschlinge.* drobny. drobiazg, drobiozg. os. drob *das klein, die eingeweide.* drobjaz. dřebić. ns. drobiš. klr. drôb, *gen.* drobu, *hausgeflügel.* drôbnyj. drôbjazok. odrôb *herz, magen, leber beim geflügel.* darab *aus dem magy.* r. drobъ. drobь. drobina. drobnyj. drobitь. drebezgъ. — *rm.* drob *neben* darab. zdrobi *vb.* zdrumek *vb. magy.* darab. *Vergl. lett.* drupu, drupt *bröckeln. got.* gadraban *aushauen.*

droči-: asl. dročiti sę σοβεῖν *insolentem esse. Vergl.* r. dročitь *verweichlichen.* drokuška *verweichlichung dial.*

droga: drogi r. *art wagen; daher* drožki *droschke.* klr. drožky. — *rm.* droška. p. dorožka *lehnt sich an* r. dóroga *an.*

dronči-: asl. drąčiti *quälen:* drąčiti tělo. p. dręczyć. wr. drenčić *aus dem p.*

drongarĭ: asl. drągarь, drungarь *drungarius, qui drungo seu turmae militari praeest.* gr. δοῦγγος. *lat.* drungus. *Das wort ist deutsch: ags.* drunga. *Vergl. air.* droṇg *coetus.*

drongŭ: asl. drągъ *stange*. nsl.
drôg. b. drъg. č. drouh. p. kaš. drąg.
klr. druk *stange*. dručok od spysy *neben*
druhal *querbalken*. — magy. dorong. *Vergl.*
nsl. dregati *stossen, stechen, wenn es aus*
dreng *entstanden:* predregnoti, *wohl* -dręg-.
Damit ist verwandt asl. prodrążiti *durchbohren. Dagegen ist davon* p. drążyć, dru-
żyć *eingraben, zu trennen.*

drontvi-: p. drętwić, trętwić *starr
machen.* drętwik, trętwa, strętwa *krampffisch.*

droplja nsl. s. *trappe.* č. drop. p. drop.
ns. gropyń. klr. drop; drofa, drafa, drochva.
wr. drop. r. drachva. drahva *ist wohl
nicht* b. — rm. drop. *Die slav. wörter sind
ebenso dunkel wie* d. drappe, trappe.

dropŭ: s. drop, tròp, tropine *treber.*
nsl. tropine. *Vergl. ahd.* trebir.

drotŭ: ar. drotъ *wurfspiess.*

drozdŭ: s. drozd *neben* drozak *aus*
drozg *drossel.* asl. drozgъ. nsl. drozg,
drozd. dršč *turdus viscivorus.* drščica *turdus pilaris.* b. drozen. č. p. drozd. os.
drozn, drozna. ns. drozn, drozyn, drozyna.
klr. drozd, druzd, *gen.* drozda. r. drozdъ.
— *lit.* strazdas. *lett.* strazds. *ahd.* drosca,
droscela. *mhd.* drostel. *nhd.* drossel. *lat.*
turdus.

droždiję *plur. f.* asl. *faex. Daneben*
droštija *plur. n.* nsl. droždže, drože, droži
neben troska, troskev; drošče *habd.* s.
drožda; drožd *m. mik.* č. droždí *n.* slk.
droždě *plur. f.* p. droždža, *meist plur.* droždže. os. droždže. ns. droždžeje. klr.
drôždži *neben* drôšči. wr. droždža. r. droždi.
— *rm.* droždij. *preuss.* dragios. *lit.* drum-
stas. *uhd.* trestir. *Aus* drozg-, drosk-.

drugŭ: asl. drugъ *amicus, alius.*
družьba. družька. podrugъ. podružije. dru-
gojde *alio loco.* drugojci, drugoišti, dru-
govišti *alio tempore.* nsl. drugi. drugóč,
drgóč *alio tempore.* sôdrug. b. drug. drugъdê.
drugojače. s. drug. drugi. družba. drugda.
drugde, drugdje, drugovdje. drugoć. č. druh.
druhý. družba. p. druh, druch *brautführer
aus dem* r. družba. polab. dreugý. os.
druhi. družka. družba. ns. drugi. družka.
družba. klr. druh. druhyj. družka. družba.

wr. drúhij *der zweite.* druhíj *ein anderer.*
r. drugъ. drugij. — *lit.* sudrugti *sich gesellen.* draugas. *magy.* druzsa *namens-
vetter.* dorozsba, druzsba. *W. wohl* drŭg,
woraus durch steig. drugъ.

drumboj b. *brummeisen, mauldrommel.*
nsl. dromlja. s. drombulja. č. drumbla.
p. drumla, dromla, dremla. klr. drymba;
doromba *ung.* — *magy.* doromb. *nhd.*
drommel, trommel.

drumŭ asl. *strasse, weg.* b. s. rm.
drum. — gr. δρόμος.

drnsa-: b. drusam, drosam *schütteln.*
drusalka. drusъk. druskam *vb.* drusliv.

druzga-: nsl. druzgati, drozgati *zer-
drücken.* s. zdrozgati. p. druzgać.

drŭga-: nsl. drgetati, drhtati. zdrhniti
se *erzittern.* s. drhat. drhtati, drščem *beben,
schaudern.* drhtalice *plur. gallerte.* č. drhati.
(drkati. drkotati). p. držeć. držączka.
drgać, drgnąć *neben* drygać, drygnąć. po-
drygać. drygotać. dresz, dreszcz, dreść,
droszcz, drocz *f. kalter schauder: man
erwartet* dreż, *gen:* drży. wezdrga, wez-
drgnienie, wezdryganie się *schauder.* za-
drgnąć, zadrżeć. os. ržeć *zittern.* ns. džaś.
klr. drožaty. zdrohnuty śa. vzdrohaty. drož,
drošč, droždž. *Neben* o *findet sich* e *und
durch dehn.* y: drehot *zuckung.* dryhaty.
dryžaty, zdryhnuty śa. dryhota. dryž,
dryži. dryhli *gallertartige lake.* dryžyfôst
wippsterz. drhʰlity. *Singulär* drahlyj *zitternd.*
wr. drohkij *zitternd.* dryhi, vzdryhi *zittern.*
dryhać, dryhnuć. dryžać. r. drognutь.
drožatь. drožь. drygatь. prodrožьe. pridry-
givatь. vzdragivatь. — *preuss.* drogis *rohr.*
lit. drugīs *fieber:* r. drožь *f.* asl. съdrъgnąti
sę *horrere:* sę *befremdet; so auch* nsl.

drŭvi-: p. drwić *albern reden.* wr.
drvić, drivić.

dryjakŭvi: p. dryjakiew *theriak.* —
nhd. theriak. gr. θηριακόν. *türk.* tęrjak.
Befremdend ist r. drijakva *cyclamen.* p. dryjakiew *scabiosa.*

du-: asl. dunąti *blasen.* nsl. diti. na-
dut *tumidus habd.* dulec *mundstück.* b. duja:
vetъr duje, duva. s. dúti. dulac *dudelsack-
röhre.* dulo. zadnica č. douti. duji. os.

duć. ns. duš. klr. duty. duło *schmiede-*
balg. r. dutь, dunutь. — *got.* dauns *odor.*
ai. dhu *agitare.* *gr.* θύω *brausen.*

dučaja: č. dučěje *catarractes. Vergl.*
p. duczaja *röhre,* duczajka *scrobs, grube.*

duda, dude **nsl.** *dudelsack.* dudanje
lex. **s.** duduk. č. duda. dudy. **p.** dudy.
duda, gajdi, multanki. dudarz. **os.** duda.
klr. r. duda *schalmei.* — *magy.* duda. *lit.*
dūda. *lett.* dudŭt. *Vergl. türk.* duduk.

dudva klr. *schierling.*

dudŭ 1.: **s.** dud *maulbeere.* **r.** tutъ.
tjutina. — *türk.* dud.

dudŭ 2.: č. dud *wiedehopf.* **p.** dudek.
— *magy.* dutkă. *lit.* dudutis. *Vergl.* vŭdodŭ.

ducha: **asl.** pazuha *sinus.* pazušьnica
χιτών. **nsl.** pazuha *habd.* pazduha *ala meg.*
pazdiha, paziha. **b.** pazuha, pazuva, pazva.
s. pazuho.- č. pazucha. *Vergl.* paže *bra-
chium.* pаždi *achsel.* paže. podpaždník.
pazouch *nebenzweig.* **p.** pazucha. **os.
ns.** paža. **ns.** podpaža *achselhöhle.* —
lett. paduse. *lit.* pažastė *achselhöhle soll
pa und ai.* hasta *sein. Das wort scheint
aus* paz *(vergl.* po) *und* ducha, *ai.* dōšā,
došan *vorderarm, arm, zu bestehen. Urform
daher* paz-ducha. *Dunkel ist* paže *usw.*

duchanŭ: **s.** duhan *tabak.* **klr.**
duchan. — *türk.* duχan.

duka as. *dux.* **klr.** duka, duk, dukar
angesehener mann. dukačy. — *rm.* dukę.
ngr. δούκας. *it.* duca.

dukjanŭ: **b.** dukjan *laden.* **s.** du-
ćan. — *türk.* dukkan.

duma asl. *consilium.* dumati: *in
r. quellen.* **dsl.** duma *wort.* **b.** duma.
dumam *sagen.* produmam, produmvam *vb.*
p. duma *nachdenken, dünkel, klaggesang.*
dumać *denken.* przydumek: *aus dem r.*
klr. duma *gedanke.* dumća *rath.* zadumaty.
wr. duma *denken, hochmuth.* **r.** duma *gedanke, rath.* dumatь *denkèn.* dumu dumatь
volksl. dumecъ, dumca, dumnikъ, dumačъ
rath. zadumčivъ *nachsinnend.* — *lit.* duma
meinung. dumčius *rath.* padūma. *lett.* pa-
dōms *rath.* dōmāt *denken.* duma *ist fremd:*
got. dōm *sinn, urtheil.* *ahd.* tuom *that.*
urtheil, gericht. *and.* dōmari *richter.* *finn.*

tuomari. tuomita. *Da den wörtern ai.* dhāman *zu grunde liegt, so muss* duma *ein
fremdwort sein, denn* dhāman *würde slav.*
dêm- *ergeben. Trotz seiner geringen verbreitung — es ist nur* b. *und* r. *— ist das
wort in der ersten periode entlehnt worden.*

dumŭ: **as.** dumь *dominus, sacerdos.*
dumna, duvna *nonne.* — *Aus dem mlat.*
domnus.

dunavŭ: **asl.** dunavъ, dunaj δανούβιος,
δάνουβις *danubius.* **nsl.** dunava; dunaj *im
Westen Wien.* **b.** dunav. **s.** dunav; dunavo,
dunaj. č. **p. klr. r.** dunaj. — *ahd.* tuo-
nuowa, tuonaha. *magy.* duna. *Fremd,
wahrscheinlich keltisch.*

dunja nsl. *bett, tuchet.* **s.** dunja. —
magy. dunha, dunyha. *nhd.* dune, daune.

dup-: **asl.** dupina *cavitas.* dupьnъ *cavus:*
dąbъ dupьnъ. dupъka *loch.* duplь, duplь
hohl: duplo drêvo. duplja *höhle.* dupljenъ
cavus. duplina. sъdupъčiti *infigere.* izdupъčalъ *rimosus.* **nsl.** duplo, duplja *loch im
baume:* daneben deplo, depla. **b.** dupka
loch. dupčast. produpčuvam *durchbohren.*
s. dupe *after.* duplja *baumhöhle.* č. doupa
höhlung. **p.** duṕ *neben* dub, dziuṕ *höhlung
in einem baume.* duṕ, dupka, duṕ *der hintere.* dupel, dziupel, dziupla *baumhöhlung.*
dupniasty *hohl.* poddupny. wydupnieć, wy-
dubnieć *innerlich hohl werden.* **os.** dupa
loch. **klr.** dupa *steiss.* duplo *baumhöhle,
grotte,* jaskyńa. biłodupeć *todtenvogel.* **wr.**
kurdupyj *für* r. kurguzyj. **r.** duplo. *Vergl.*
nsl. v misli zadubljen. — *lit.* dubti, dumbu
hohl werden. dauba *schlucht.* dŭbě *grube.*
dŭbti, dŭbiu *aushöhlen.* dubus *tief und
hohl.* *lett.* dubu *hohl werden. Ein dem
lit.* dub- *entsprechèndes* dŭb- *kennt das slav.
nicht. Verwandt ist got.* diups *tief.*

dupelŭ: **nsl.** trojdupel *dreifach habd.*
s. dupli. **klr.** dupłovyj *ung.* dubelt,
dypłyk *doppelschnepfe.* **wr.** dupľastyj.
r. duplovatyj. — *magy.* dupla. *Alles unmittelbar oder mittelbar romanisch:* duplus.
Hieher sind zu stellen **asl.** dipla *art mantel.*
s. diple *art musikinstrument.* **b.** diple-
nica *art schwert:* što se diplit. — *rm.*
diplę. *ar.* dupljatica *lampe.* **nsl.** duplir

windlicht. **s.** dublijer, duplir *wachskerze.*
Dieses ist mit it. doppiere *zusammenzustellen.*
dupl- 1.: **s.** dupiti *schlagen, stossen.*
b. dupna *vb.* (kon).
dupl-2.: **ns.**dupiš*taufen.* **polab.**dõpa.
— *Aus dem nd.* doopen. *got.* daupjan.
dur-: **nsl.** oduriti se *sich entfremden*
Ukrain. odurjavati *abominari ung.* **kr.**
oduriti *hassen.* **s.** durnuti se, drnuti se
toll werden. duriti *aufbrausen.* **p.** dur
eigensinn. durak, dureń *thor.* durny, dumny.
zadurzyć *dumm machen.* **klr.** dur, odur
betäubung, thorheit. durnyj. durman, dur-
žiłe. **wr.** durnyj. z duru *aus thorheit.*
r. durnyj. durmanъ *datura stramonium.* —
lit. durnas. durnrope *tollrübe.* durnžołe *toll-*
kirsche. Ob das nsl. kr. wort zu dem s.
p. usw. zu stellen, ist zweifelhaft.
dura-: **kr.** durati *dauern ung.* **s.** durati. durača. durašan *dauernd.* — *mhd.*
düren, türen. *lat.* durare.
durgelĭ: **nsl.** durgelj, *gen.* durgelna,
drillbohrer. — *ahd.* durihhil, durchil *durch-*
löchert. **nsl.** *auch* frugelj.
dušmaninŭ: **b. s.** dušmanin, dušman
feind. — *türk.* düšmén.
dva asl. *zwei.* **nsl. b. s.** *usw.* dva.
polab. dåvo. **asl.** dvašьdy, dvašti, dvaštь
zweimahl. **b.** dvažd, dvaš. **kr.** dvojdupno
ung. **s.** dvažde. **klr.** dvaždy, dvôjčy,
dvôjky. **wr.** dvoždy, dvojči. **r.** dvaždy.
dvašči. — *lit.* dvokti *bis nach Nosovič.*
dveka asl. *ruminatio.* dvekovati. **nsl.**
dvečiti. **b.**dъvka *kauen.* dъvčav*b.* dъvkljo.
Vergl. gvača *vb.*
dvig-: **asl.** dvignąti *heben.* dvigati,
dvizati. podvigъ *kampf.* **nsl.** vzdignoti,
vzdigati, vzdigavati. podvizati se. **b.** digna,
digam *vb.* **s.** dići, dizati. **č.**dvihnouti, dvi-
hati. **p.** dźwignąć, dźwigać. **ns.** zvinuś.
klr. dvyhnuty, dvyhaty. **r.** dvignutь, dvi-
gatь. — *rm.* podvig *negotium, in älteren*
quellen.
dvĭrĭ: **asl.** dvьrь *thür.* dvьrьnica
pförtnerin. **nsl.** dveri *im Osten,* duri, do-
vri, davri *im Westen.* davre *aus dvъre rib.*
s. dveri *altarthür aus dem r.* **č.** dvéře:
dřvi *aus* dvři. odřví. **p.** dźwierze. drzwi.

polab. dvår. dvårnaića *stube.* **os.** durje
aus dvjerje *durch ausfall des* je. **ns.** źurja
aus dzvjerje. **klr.** dveri. **wr.** dzverki.
r. dverь. — *lit.* durīs. *got.* dauro *f., nur im*
plur. daurōns. *ahd.* turi. *gr.* θύρα. *lat.*
fores. *magy.* verőcze *ostiolum aus* dvьrьca.
Wer von einer w. dver *ausgeht, wird in*
dvьrь *schwächung des e, in* dvorъ *steige-*
rung desselben erkennen. **asl.** dvorъ *haus.*
nsl. b. s. dvor. **č.** dvůr. **p.** dwor. **klr.**
dvôr. **wr.** dvor. **r.** dvorъ. — *lit.* dva-
ras; dvarånis *gutsbesitzer, entlehnt.* **rm.**
dvornik, zvornik, vornik. *magy.* udvar.
udvarnok. *Vergl.* zd. dvara *n.* *ai.* dur,
dvär *f.* dvāra *n.*
dzema, dzjama **klr.** *fleischbrühe.*
— *rm.* zeamę *aus gr.* ζέμα.
dzerŭ: **klr.** dzer *molke.* — *rm.* zer.
džamadanŭ: **b. s.** džamadan *art*
kleid. — *türk.* džam'adan.
džamîja b. s. *moschee.* — *türk.* džami'.
džamŭ: **b. s.** džam *glas.* — *türk.*
džam.
dželatinŭ: **b.** dželatiń *henker.* **s.** dže-
lat. — *türk.* džéllad.
džepŭ: b. s. džep *tasche.* — *türk.* džéb.
džida s. p. *wurfspiess.* — *türk.* džida.
džigerŭ: **b.** džiger *lunge.* **s.** bijela
džigerica. — *türk.* džijér *lunge, leber, herz.*
džilitŭ: **s.** džilit *wurfstab.* **p.** dziryt. — *türk.* džilit, džirit.
džindžura klr. *enzian.* gindzura, gen-
zura. — *rm.* intsurę; *daneben* džentsianę.
džube b. *art oberkleid.* **s.** džupa. —
türk. džübbé. *Ein weitverbreitetes wort*
dunkler herkunft: it. giubba, giuppa *usw.*
dŭb-: **asl.** dybati. **b.** debja *be-*
schleichen. debliv *lauernd.* **č.** dbáti *achten.*
dba *sorge.* nedbalý. **p.**dbać. dybać *auf den*
zehen schleichen. nadybać *ertappen.* **ns.**
dybnuś *treffen.* **klr.** dbaty. nedbałyj. dy-
baty *gehen.* **wr.** dbać *sorgen.* dybać *auf*
den zehen schleichen. **r.** nedbatь. — *lit.*
daboti. atboti *lauern, sich lauernd herbei-*
schleichen, acht geben. boti.
dŭgna: **asl.** dъgna, dъgnja *cicatrix.*
dŭch-: *die w.* dŭh- *tritt auf I. als*
dŭh-, *II.* durch *steig. des* ŭ *als* dŭhъ,

III. durch dehnung des ŭ *als* dyha-. *I.* dъhnąti
athmen. dъhorь, tъhorь *iltis. II.* duhъ *athem,
geist.* duhati, dušą *athmen.* produhъ. vъzduhъ
luft. duša *atkem, seele. III.* dyhati, dyhają,
dyšą *iter.* -dyhnąti *neben* -dъhnąti. nsl.
I. dahnoti, dehnoti. thor, dihŭr *iltis. II.* duh.
duha *geruch ung.* dušek *zug.* naduha *asthma:
dasselbe wort ist* natiha, nediha, neduha
und nahod *schnupfen. III.* dihati. pridih-
tiniti. dih. dišati *riechen.* b. *I.* -dъhna
vb.; dъham *durat.* dъh *athem. II.* duh. du-
hove *pfingsten.* duhlo *luftloch.* duham, dubna
vb. duhnuvam *vb.* duša. duša *vb. riechen,
würgen.* dušav *asthmatisch. III.* vъzdišêm
seufzen. diham, diša *vb.* dihna, izdihvam *vb.*
kr. *II.* duha *geruch.* s. *I.* dahnuti. dahtati
schnauben. tvor *aus* thor. *II.* duh. vazduh.
duhati. zaduha. duša. dušiti. *III.* disati,
dihati, dihnuti. dihtati. č. *I.* dech *athem.*
nadcha. dechnouti, dchnouti, tchnouti. tchoř.
II. duch.. dusati *schnauben.* dusiti *würgen.*
duše. rdousiţi *würgen. III.* dýchati, dych-
nouti. dychtěti. p. *I.* dech, *gen.* dechu,
tchu. tchnąć. tchorz. *II.* duch. wozduch
ist r. dusić. dusza. *III.* dychać, dychnąć.
dych. dysza *luftrohr.* polab. *II.* deusa
seele. os. *I.* tkhoř. *II.* duch. *III.* dychać, dychnyć. ns. *I.* tvoř. *II.* duch.
dušyś. *III.* dychaś, dychnuś. dych. klr.
I. nadoch, nadcha *katarrh.* chôr. *II.* duch.
dusyty, dušyty. duša. *III.* dychaty. dych.
natychaty *einhauchen.* wr. *I.* tchnuć, tych-
nuć, tchać. dochlja *athmen.* pritchłyj. ža-
tcha. natcha. *II.* duch. producha. dusić.
III. dychać, dychnuć. tychać. r. *I.* vъzdochъ.
dchnutь, dochnutь. zadchlyj. chorь. *II.*
duchъ. duchota. naducha *schnupfen.* voz-
duchъ. duša. dušitь. *III.* dychatь. dy-
šatь. otdychъ. — rm. *I.* dihor *aus* dъhorь.
II. duh. neduh. vęzduh. *III.* odihni, ho-
dini *vb.* magy. *I.* doh *geruch.* nátha *schnupfen.*
II. ʼdusnok. duska. lit. *I.* dusti. dusa *dunst.*
dusauti. duséti. *II.* dausos *f. plur. obere
luft. Hieher ziehe ich* dvesiu (dvъrь, durīs).
dvasė. *Entlehnt* dukas. ḍusia. lett. *I.* dusu,
dust *keuchen. In der 2. und 3. classe der
verba erhält sich der W.-vocal; dasselbe gilt
von den formen wie* dъhtati: *alles von die-*

*ser regel abweichende ist analog gebildet.
Formen wie* dusiti *beruhen auf* dus-, *während*
dušiti *die form* duh- *voraussetzt. Wie* dusiti *ist* č. dusati *schnauben zu erklären.*

dŭm-: asl. dъmą, dąti *blasen. iter.
durch dehnung* -dymati. kr. dimati. s. nadam *blähung.* nadimati se. č. dmu, dmouti.
dýmati. p. dmę, dąć. dma. -dymać. polab.
dåmė *blåst.* klr. dmu, duty. vzdymaty śa.
wr. dmać. r. dmitь. nadmennyj. poddy-
myšъ, *was* dymatь *voraussetzt. Hieher sind
zu stellen* č. dmechnouti, dmuchnouti, dmý-
chati. p. dmuch *wehen.* dąsać *schnauben.*
dąs *zorn.* klr. dmuchaty. wr. dmuchać.
— lit. dumpti *feuer anblasen.* ahd. damph.
ai. dham, dhmā.

dŭna: asl. dъna, dьna *art krankheit.*
nsl. dna *colica meg.* č. p. dna *gicht.* klr.
ist dna *gebärmutter.*

dŭnastrŭ: r. dъnastrъ, dnêstrъ *Da-
naster, Dniester.*

dŭnêprĭ: r. dъnêprь *Danapris Dnieper.*
asl. dêneprьь *in einer s. quelle.* dьnaprь.

dŭno 1.: asl. dъno *boden.* bezdъna,
bezdъnaja *abgrund.* nsl. dno. b. dъno.
dъnzeme *abgrund.* dъnište *stamm.* izdanka
neberschooss, wenn für izdъnka. s. dno.
izdan *scatebra.* izdanak *knüttel.* bezdana.
č. p. os. ns. dno. č. odděnek *erdstamm.*
polab. dånü *grund.* dånåv, dåneu *hinein.*
os. zdonk *baumstamm.* vozdonk *stammende.*
klr. dno. dnuka, dńi, u dnu *innen.* r. dno.
pridosta dnu. — lit. dugnas *für* dubnas.
bedugnis *abgrund.* lett. dibens, dubens.
bezdibens.

dŭno 2.: b. dъnjak *neben* gъzno *leerdarm.* os. ns. deno *buchmagen. Vor* n
*wird ein consonant ausgefallen sein, da sonst
das wort* dno *lauten würde. Vergl.* beno.

dŭska: asl. dъska *brett.* nsl. deska,
daska. b. dъska. s. daska; cka *aus*
dska *mik.* štica. č. p. os. deska. polab.
büza daisko *das heilige abendmahl, eig. der
göttliche tisch.* klr. doska. doška. wr. doska.
doška. r. doska, dska. dščica. čanъ *kufe
für* ščanъ, dščanъ. skatertь *aus* dskatertь.
— magy. deszka. gr. δίσχος. lat. discus.
Uralte entlehnung: doch auf welchem wege?

ahd. disk, tisk *tisch.*   *rm.* disk *scheibe, teller. Vergl.* misa.

düšter-: **asl.** dъšti *tochter.* dъšterьša. **nsl.** hči, hki, šči.   **b.** dъšterja, kerka.   **s.** šči, kći, ćer.   **č.** dci, cera.   **p.** cora.   **klr.** dočka. dońa, dońka, donьa, donća.   **wr.** dočka. **r.** dščerъ, dočь. — *lit.* duktė; dukra *aus* duktra, duktera.   *got.* dauhtar. düšti *aus* dukter.   *ai.* duhitar. *Hieher gehört* **asl.** pastorъka, pastorъky, pastorъkyni *stieftochter. Dieselben ausdrücke finden sich* **nsl.** pasterek, pastorek; pasterka, pastorka. **s.** pastorak.   **č.** pastorek.   **klr.** pastorok. *Sie sind gleichen ursprungs mit* **asl.** padъšterica. **wr.** padčeř, padčerka, **r.** padčerica, *und mit lit.* podukrě, podukra. pastorъka *entstand, bevor* kt *in* št č ć *und* c *übergieng: es muss daher auf* pa dakter padkter *zurückgeführt werden. Der mittlere consonant ist, nachdem* ъ *geschwunden war, ausgefallen, daher* padter, *woraus* paster: *man vergleiche* šla *aus* šdla *von* šьd. *Daraus ergibt sich, dass* padčerica *und das von Jungmann angeführte* pacorek *jüngeren ursprungs sind. Aus dem f.* pastorъka *ist das m.* pastorъkъ *entstanden, neben dem sich* **r.** *usw.* pasynokъ *findet. Abweichend ist* **b.** pastrok *stiefvater.*

düždĭ: **asl.** dъždь *regen.* **nsl.** deždž, dež.   **b.** dъžd.   **s.** dažd.   **č.** déšť. **p.** deždž, deszcz.   **polab.** dâzd.   **os.** dešč.   **ns.** dejšć. **klr.** doždž, došč, dož.   **r.** doždь, *gen.* doždja. — *Aus* düzg-, düsk-.

dymija: **asl.** dymiję *inguina:* pobolitъ dimijami *misc.-šaf.* 141. prilagaj na dimije 159. dimje *aus einem glag. brevier.* **nsl.** dimle, *richtig* dimlje. • **p.** dymię, dymionka *schambug, leisten.* dymienica *beule: dieses wohl von* düm: wydęcie i napuchnienie. *Vergl.* odymać się.   **klr.** nadymy *leistenbruch, eig. anschwellung.* dymynyća *geschwür unter der haut. Vergl.* düm-.

dymŭ: **asl.** dymъ *rauch.* **nsl. b. s.** dim.   **č.** dým.   **p. os. ns. klr.** dym.   **polab.** dâim.   **r.** dymъ. — *lit.* dumas. podumė. *lett.* dūmi.   *ahd.* toum.   *gr.* θυμός.   *lat.* fumus.

dynja **asl.** *pepo.*   **nsl. b. s.** dinja. **č.** dýň *kürbiss.*   **p.** dynia *melone.*   **klr.**

dyńa.   **r.** dynja *kürbiss.* ' — *lit.* dīnis *f.,* *entlehnt.*   *magy.* dinnyė *melone.*

dyšelĭ: **p.** dyszel *deichsel.*   **klr.** dyšeľ. **r.** dyšlo *für* oje. — *lit.* dīselīs.   *ahd.* dīhsala.

dĭbrĭ: **asl.** dьbrь *thal:* dьbrь ognьna. **nsl.** deвer *in ON.*   **č.** débř.   **p.** debrza. **klr.** debr.   **wr.** dzebra. — *magy.* debre *graben. Man vergleicht gr.* τάφρος.

dĭl-: **asl.** prodъliti *wie* prodъlžiti *producere.* **č.** dliti *zögern.* prodléti *zögern neben* prodliti *verlängern.* **p.** prodlić.   **os.** dlić *verlängern.* vudlějić.   **klr.** prodłyty. vydľaty. zadľaty śa. **r.** dlitь. dlina. udlinjatь. dĭl- *berührt sich vielfach mit* dlъgъ, *daraus erklären sich die „längs, neben" bezeichnenden praepositionen: vergl.* po dlъgu *usw.* **asl.** podlje *aus* podъlije *neben:* podlje *nach der länge im gegensatze von* prěky. podъlь *neben* **nsl.** dle (dlje) *länger. Vergl.* vadle, vъdle, vedle, valje, velje, vale, vъle *sogleich, eig. daneben.* vadlje *bis.* vse v dilj, vse v en dilj *in einem fort.* **kr.** vadljen *statim.* valjek, veljek *statim, continuo.* vsedilje *frank..* udilj *subito Stulli.* poli *neben; daraus* pu: pu njega.   **s.** valje *allsogleich.* **č.** dlé, podlé, vedlé. obdélný *länglich.* **slk.** podla. **p.** dla; wedle, wedla; podle, podla.   **kaš.** pol. **os.** dla. pola.   **ns.** podla, pola, pla. bogajla.   **klr.** dľa. dľi. hľa. gľi. vedľa. vôdľa. pôdľa. peľa, pôľa *ung.* byľa. bľa. kôľa. vozľi. vôzľa. vôdľi. na vôdľi, na vôgľi *mit der oberfläche der hand.*   **wr.** dli. podlê, podli. vodlê. dli. dlja. vodli.   **r.** podolьnyj. dlja, glja, zlja, zli, vozlê, podlê, podolê, vodli, vodlivъ. vozli, vozlivъ. podlinnyj. *Vergl. dial.* zali *für* točno, podlinno. *Hieher gehört* **s.** diljka *langes feuergewehr. Auf* **s.** dulj, dugulj *länge hat* dugi *einfluss geübt.* dug *hat im comp.* duži *und* dulji, duglji. — *lit.* palig. *gemäss ist entlehnt:* **p.** podług. *Wenn* ь *aus* e *entstanden, dann kann damit* dalja *ferne und* dělja *wegen verbunden werden.*

dĭmê-: **asl.** odъmêti sę *resonare.* **nsl.** odmêvati *mit und ohne* se *wiederhallen.* odmêti *antworten.* odmêv *wiederhall, im Westen.* **s.** odmêlo *cognomen* mon.-serb. 30. 2. — *lett.* dimt, demu *dröhnen.*

dĭnĭ: asl. dьnь *tag.* dьnьsь *heute.* nsl.
den, dan. dnes, dans. b. den. dnes, dneska.
s. dan. danas. č. den, deň. p. dzień.
dziś, dzisia, dzisiaj. polab. dån. os. džeń.
ns. źeń. klr. deń. dneś, dneśka. wr. dzeń.
r. denь. — *preuss.* deinan *acc.* *lit.* dëna.

ai. dina. *Der name für woche ist* nedêlja,
im č. p. os. ns. jedoch eine verbindung des
pron. tъ *und* dьnь, *die, wie es scheint, die*
wiederkehr desselben tages bezeichnet: č. týden. slk. tyždeń. p. tydzień. os. tydžeń.
ns. tyźeń.

E.

e, je *kommt meist in ableitungen und*
mit andern pronomina verbunden vor. asl.
jese, jevo *ecce.* nsl. eto *ung.* b. e, eto,
evo, eve *sieh da.* *Vergl.* edikoj *talis.* kr.
evo; oto *ung.* s. evo. eto, ete. eno, ene.
Vergl. č. hyn *dort.* hen, hén. henka. hevka.
p. hen *sieh.* hajn. hajwo *usw.* kaš. hevo.
ns. hav, hov. klr. ot. cej *hic ist* ot sej. otak.
ose ozero. oś, oś *da.* hen, hen *dort, weit.*
hendeka, hendeky. hentova *dort.* hento,
henanto *jüngst.* het, het *weg, fort.* hev *hie-*
her. hede, hezde, hezdečka *neben* ozde.
wr. jetyj. jeto. jetudy. ede. henyj, hetyj
dieser. pohetudy. othetudy. odhetuľ. r. эva,
эvotъ *ecce.* эkose. эtuda. эtulь. эdakoj *talis.*
ekij, ekoj. entotъ. eto. evo, eva *dial.* эvto.
vose, voto, votъ, votačka *sieh da.* vosej,
vosetъ *jüngst.* e *ist vielleicht der ai. pro-*
nominalstamm a in ajam, ēna, ajā, āt, ajōs,
atas, atra *usw.*

ebehtnica nsl. *annunciatio B. Mariae*
Virginis. ebehtnik *martius.* — *Vergl. mhd.*
ebennaht *tag- und nachtgleiche, daher zu-*
nächst der name des monats.

ebriků: b. ebrik, ibrik *krug.* s. ibrik.
slk. ibryk. p. imbryk. — *magy.* ibrik.
türk. ębręk.

eglenŭ: s. eglen *gespräch.* jegleni-
sati. — *türk.* éjlénmék.

elčija b. s. *gesandter.* — *türk.* élči.

enged-: nsl. engedovati *concedere.* —
rm. îngędui *vb.* *magy.* engedni.

enz-: asl. vęzati *binden.* uvęsti, uvęz-
nǫti *krönen.* uvęstъ *gekrönt.* vęzêti *haerere.*
Vergl. gnêzdo pъtica vęzetъ *und* vęzenъ
acu pictus. vęslo *band aus* vęz-tlo. uvęslo
kranz. sъvęzьnь, sъvęzьnъ *gefangener. Durch*
steig. des en zu on: vǫzъ *band.* naǫzъ *amu-*

letum. vъzъ, sъvǫzъ. ǫza, vǫza, sъvǫza *band.*
ǫzlъ, vǫzlъ *knoten.* ǫže, vǫže *strick.* ǫžika
consanguineus. ǫzъkъ *enge.* ǫzina, ǫzota
enge. ǫziti *einengen.* *Hieher rechne ich auch*
gǫžvica *vimen.* nsl. vezati. veznôti *stecken*
bleiben. vez *band.* povęslo *garbenband*
(vergl. verz*).* vezel *umgestürzt ist dunkel.*
vôz *povôz,* povôza *band.* vôza *kerker.* preôza,
prevôza *überhand.* vôznik *gefangener.* ôzel
knoten, knorren. sužen *sklave.* vôže *seil.*
ôzek, vôzek *enge.* vožina *enge (mit unhisto-*
rischem ž*).* gôž *riemen, der den* rôčnik *und*
cêpec *zusammenhält.* gôžka. b. veža *bin-*
den. veza *sticken* mil. 23. 339. veslo *bund*
obst. vezlo *band* bogor. vъzel *knoten.* vъže
seil. gъžva *gerte, turban.* kr. sužanj.
s. vezati *binden.* vesti, vezem *sticken.* vez
stickerei. vezilja *stickerin.* uzao *knoten.*
uzica *strick.* uže *seil.* uzak, uzan *eng.* užina
enge für uzina. sužanj *gefangener.* gužba
flechte aus reisern. č. vázati *binden.* vaz
band, ilme: majicí jméno *od* vázání. obáslo.
svízel *band.* vězeti *stecken.* váznouti *stecken*
bleiben. vęziti *festhalten.* vězeň *gefangener.*
pavuz *wiesbaum.* přivuzný, příbuzný *ver-*
wandt. uzel. ouzký. oužina *enge.* soužiti
einengen für ouzina, souziti. houž, houžev
wiede. p. wiązać. więzić *geschlungene arbeit*
machen. więznąć *stecken bleiben.* wiąz *band*
und, nach dem bast, rüster. powiąsło *stroh-*
band. więzień. węzeł *knoten.* *Vergl.* wąza
honigwabe. wązki *eng.* wężyć *einengen.* po-
wąz, pawąz. przybuzeństwo *ist č.* gążwa
lederne kappe am dreschflegel. kaš. vian-
zac. vežešče *für r.* privjazь, svora. polab.
vjõzat *binden.* võzü, võže *strick.* võzăl.
os. vjazać. vjaznyć. vjaz *ulme.* vuzoł *bündel.*
vuzki. ns. vjezaś. vjez *ulme.* huzki. huvjazk.

schleife. **klr.** vjazaty; jazaty *ung.* vjaznuty. vjaz *band, rüster.* vjazeń *gefangener.* vjaznyća *kerker.* pavuz. uzoł, vuzoł. uza, juza *fessel.* uzkyj. uzyna, vuzyna. obuza *bürde.* pauzyna *stange.* vužva *kettenring an der taž.* huž *seil.* hužov, hužva. hužovka, uževka, užyvka. **wr.** vjaž, *das auch „sumpf", „worin man stecken bleibt" bedeutet.* vjasło, perevjasło. vjazeń. vjaźmo. perevuzić *einengen.* huz *knoten.* huzać *zuschnüren.* zvuzić, zvužać *einengen.* **r.** vjazatъ. vjazti, veztъ *stricken.* vjazlo *art amulet.* vjasło, perevjasło. vjaznutь. vjazъ *sumpf.* vjazъ *rüster.* vjazkij *klebend. Vergl.* vjaziga. vjazenь. venzelъ *ist p.* węzeł. uza, juza. nauza *amulet.* nauznikъ *für* koldunъ. uznikъ. uzelъ. užišče. priuzъ, privuzdъ, priguzъ. *ar.* uzmenь *fretum.* uzkij. uzь, uzina *enge.* uzitь. zauzovato. gužъ

strick. Hieher gehört auch **č.** vaz *das band der knochen,* vaz (šíje), **slk.** vazy *plur. genick.* **klr.** vjazy, poperek, chrebet. *— Vergl. preuss.* winsus *hals, d. i.* vinžus. *lit.* vížti vížinas *bundschuhe flechten.* víža. apvižtas *umwunden.* víž *aus* vinž. ankštas *enge beruht auf* anž-tas: enž-, anž-. *lett.* gužas *riemen, entlehnt. rm.* vęnzok. vęnži *sich biegen.* genž *flechtruthe.* vęndž *biegsamkeit.* kužbę *kesselhaken. magy.* pózna *aus* **klr.** pauzyna. gúzs *wiedenband.* guzsba. *gr.* ἄγχω. *lat.* ango. *got.* aggvus. *ai.* âh-u *eng. IV.* engh *mit* palat. gh *und mit* c *für* a *anderer sprachen. Von* enz *ist trotz des* g *nicht zu trennen* ongorï, *wo* gh *velar ist.*

ergenŭ: **b.** ergen, jergen *ledig. — türk.* érgén.

espapŭ: **s.** espap *waaren. — türk.* ésvab.

F.

faca **s.** *gesicht. — it.* faccia.

facoletŭ: **p.** facolet *schnupftuch.* **nsl.** faconetel. facaleg. **č.** faculik. **klr.** facełyk *ung. — it.* fazzoletto, fazzuolo.

fajda **b.** *nutzen.* **s.** fajda. fajdisati. **nsl.** fajda *wucher. — türk.* fajda. *alb.* fajdę.

fajdati: **p.** fajdać *cacare.* zafajdać. **wr.** fendać, zafendać, zachvendrić *beschmutzen. — d.* feuchten.

fajka **p.** *pfeife.* **nsl.** fajfa. — *nhd.* pfeife. *Vergl.* pipa.

fakulja: **č.** fakule, fakle *fackel.* **nsl.** baklja. **s.** vaklja. — *d.* fackel. *ahd.* facchala. *lat.* facula. *magy.* faklya. *Vergl.* baklja.

falatŭ: **nsl.** **s.** falat *stück.* **klr.** fałat. — *magy.* falat.

fali-: **nsl.** faliti *fehlen.* **s.** faliti, valiti. falinka, valinka *fehler.* **os.** fal *mangel. — mhd.* vēlen *aus fz.* faillir. *nhd. bair.* fālen.

falja: **p.** fala *welle.* **klr.** chvyľa. — *Man denkt an das d. wort.*

falŭ: **nsl.** fal *wohlfeil. — ahd.* feile *neben* fali.

fališī: **č.** faleš, falše *falschheit.* **nsl.** folš. fošeн *invidus.* **p.** fałsz. **os.** balš *bei Linde.* **ns.** falšny. **klr.** faľšyvyj. **wr.** fałš. **r.** falъšъ. falьša. — *d.* falsch. *lit.* palšas.

fantŭ: **nsl.** fant *bursche. — nhd. bair.* fant. *it.* fante *knabe, sóldat zu fuss. Abseits liegt* **nsl. kr.** fantiti se *sich rächen.*

fara **b.** *rasse, verwandte. — alb.* farę. *rm.* fęrę γενεά. *langob.* fara *nachkommenschaft, familie.*

farforŭ **r.** *porcellan.* **b.** farfor. farforija. **p.** farfury. — *ngr.* φαρφουρί. *türk.* fagfur *porcellan, titel des kaisers von China bei den Arabern.*

farižī: **ab.** fariž *pferd.* **kr.** fariz. **as.** farisъ, parižь. *ar.* farъ. — *ngr.* φάρης. *türk.* férés.

farŭ 1.: **nsl.** far *priester.* fara *pfarre.* farman *pfarrkind.* **č. p. os. ns.** fara. **os.** faraŕ. **klr. wr.** fara. — *ahd.* pfarra. *lat.* parochia. *gr.* παροιχία. *rm.* paroch. **s.** parok. **klr.** parachvyja.

farŭ 2.: **p.** far *leuchtthurm.* **r.** farosъ. — *it.* faro. *gr.* φάρος. *Auf* φάνος (φανάριον)

beruht s. panos *feuersignal.* r. fonarъ. **wr.**
chvonar. *türk.* fénér. **b.** fener. **s.** fenjer.

febra p. *fieber.* **wr.** chvebra. — *it.*
febbre.

fela 1. **nsl.** *species.* **s.** fela, vela.
— *rm.* feliŭ. *magy.* fél *die hälfte,* sokféle
vielerlei.

fela- 2.: **b.** felam *vb. nützen.* nefelen. — *mrm.* felisi *vb.* *gr.* ὄφελος.

felčerŭ: **klr.** felčer *chirurg.* **wr.**
chveršał. — *d.* feldscher.

ferbega-: **nsl.** ferbegati se *verzichten.*
ferbežen *audax.* — *mhd.* sih verwëgen.

feredže **b.** *art kleid.* **s.** feredža.
r. fereza, ferezъ. — *türk.* féradžé.

ferkada **asl.** *navicula.* — *gr.* φερχάδα,
φεργάδα. *it.* fregata.

ferzĭ: **r.** ferzь *königin im schachspiel.*
b. ferz. — *türk.* férzi.

fezirŭ: **nsl.** fezir *stirnband der frauen*
jambr. — *d.* visier. *it.* visiera.

figa **nsl.** *feige.* **č.** fik. **p. os. ns.**
figa. **klr.** chvyga *neben* smokva. **r.** figa.
— *ahd.* fīga. *lit.* pīga.

figlĭ: **č.** figl, figel *schabernak.* **p.** figiel.
klr. fygľa. **wr.** figľa. **r.** figlja.

fiinŭ: **klr.** fijin *der neugetaufte.* fin
ung. **nsl.** pilun *firmling Ukrain.* — *rm.* fin.

filarŭ: **p.** filar *pfeiler.* **č.** piléř. —
ahd. phīlări *aus dem lat.* pilare.

fildžanŭ: **s.** fildžan, findžan *tasse.*
p. filižanka. **klr.** fynža, fyłyžanka. —
türk. fildžan, findžan. *magy.* findža.

filinŭ: **r.** filinъ *strix bubo.* *Nicht auf*
kviliti *zurückführbar: andere denken an*
ahd. ūwila.

filŭ: **b.** fil *laufer im schachspiel.* fildiš *elfenbein.* **s.** fildiš. viljev, filjev zub.
— *türk.* fil. fildiš *(elefantenzahn).*

finŭ: **as.** finь *fein.* **s.** fini, vini. vino-
ves. **nsl.** fajn. **klr.** fajnyj. **p.** fejn. —
ahd. fīn. *nhd.* fein. *magy.* finom. *fz.* fin.

fiola, fiala **č.** *veilchen.* **p.** fiołek, fia-
łek. **os.** fijała. **klr.** fyjałka. **r.** fialka.
— *Aus dem d.* veil, *mhd.* vīel, vīol. *lat.*
viola.

fitilŭ: **b.** fitil, fetil. **s.** fitilj, vitilj
docht. vitiljača. **klr.** fytyľ. **r.** fitilь *lunte.*

— *rm.* fitil. *mrm.* φιτύλε. *alb.* fitil. *gr.*
φυτήλι, φιτίλλι. *türk.* fétil *docht, lunte,*
charpie, dünner aus palmenfasern gedrehter
strick. , *rm.* besteht neben fitil *das aus dem*
asl. svêštilo, **s.** svještilo, *entstandene* feštilę.

flêtĭnŭ: **nsl.** flêten, blêten *sauber.* flet-
noba. **ns.** ńeplek. — *mhd.* vlât *sauberkeit.*

fodulŭ: **b.** fodul *stolz.* **klr.** fudu-
łyja. — *türk.* fodul.

fortuna **b.** *sturm.* **s.** fortuna, frtuna,
vrtuna. — *it.* fortuna. *türk.* fęrtęna.

fota **klr.** *art gürtel,* obpynka. **p.**
fota. — *türk.* fota *badeschürze.* *rm.* fotę.
magy. futa.

fotivŭ: **nsl.** fotiv *bastard: daneben*
fačuk. **klr.** fatuv, fatüv *bastard, knecht.*
— *magy.* fattyú.

frajirŭ: **klr.** frajir *geliebter.* frajirka.
č. frejíř. **p.** frajerz. — *d.* freier.

frantŭ: **r.** frantъ *stutzer.* **p.** frant
schlauer schalk.

frasŭ: **p.** fras, frasunek *kummer.*
frasować się. **klr.** prasunok. **č.** freso-
vati sc. — *Aus dem d.*

friga-: **nsl. kr.** frigati *frigere.* **s.** prigati. — *it.* friggere.

fromentĭnŭ: **nsl.** fromentin *mais.*
kr. varment. **s.** frmentin, furmetin, ur-
metin, rumetin. — *it.* frumento, fermento
weizen, dagegen formentone *mais.*

frongŭ: **asl.** fręgъ *francus* φράγγος:
daneben fręgъ. fręgъ lьvъ. *italii* naričętъ
sę frazi. **b.** fruški *aus dem s.* **as.** frugъ.
s. fruška gora φραγγοχώριον. **r.** frjagъ *bei*
Nestor. — *rm.* frînk. *Neuere entlehnungen:*
b. frenski. **s.** frenga. **r.** frenъcuga
op. 2. 3. 725. — *mlat.* francus. *gr.* φράγγος.

frula **s.** *pfeife.* **p.** fujara. **klr.**
freła, fłojara, fujara. — *magy.* furulya.
mrm. flujarę. fluerę. *rm.* fluer, fluerę.
alb. flojere: früj, frij *blasen.*

frŭka-: **č.** frkati, frčeti *knistern,*
schnurren. **s.** frka. **r.** fyrkatъ. *Ono-*
matop.

ftasa-: **b.** ftasam *ankommen.* **s.** stasati *aus* ftasati. — *gr.* φθάνειν, *aor.* ἔφθασα.

fuk-: **nsl.** fuknoti, fučkati *pfeifen.*
č. fučeti, foukati.

funikŭ: asl. funikъ *palma.* — *gr.* φοῖνιξ.

furdyga klr. *kerker.*

furka, hurka b. *spinnrocken.* — *mrm.* *alb.* furkę. *mhd.* furke. *nhd. bair.* furkel *gabelstecken.* *lat.* furca.

furunŭ: b. furuna, furna *ofen.* s. furuna, vuruna. — *türk.* furun. *ngr.* φοῦρνος. *lat.* furnus. *Vergl.* nsl. frnača *hütte zum dörren des malzes.*

fuštanŭ: b. fuštan. s. fuštan, fištan *art frauenrock.* — *alb.* ·fustan. *it.* fustagno *nach der stadt Fostat.*

fužina nsl. *schmiede.* — *it.* fucina von *lat.* focus.

fŭfa-: asl. fъfati *blaesum esse.* b. fъfliv *stotternd.* fъflja *vb.* klr. foflavyj *lispelnd.* nsl. fefljati *schnattern.* *Vergl.* asl. flъkavъ *blaesus.*

G.

ga ns. *hervorhebende partikel:* komuga šyjoš? *für wen nähst du?* os. ha: komuha? *wem?* *Daneben* dga, dha.

gaba-: p. gabać *reizen.* nagaba *anfechtung.* klr. vyhabaty *misshandeln.* wr. habać.

gabanŭ: nsl. gaban *mantel.* s. kakanica. — *türk.* kapaniča *aus dem slav.* *Europ.: it.* gabbano *usw.*

gabela s. *zoll.* p. gabela. — *it.* gabella *steuer.* *mlat.* gabella. *ags.* gaful von gifan.

gada-: asl. gadati *conjicere.* nsl. uganoti. b. gadaja *mutmassen.* gadač *wahrsager.* č. hádati *rathen, sagen.* p. gadać. gadka. gadacz, gaduła *schwätzer.* na dohad *auf gut glück aus dem klr.* ns. godaś. klr. hadaty *wahrsagen, denken.* hanuty, uhanuty. uhad. hadka. wr. hadać. hadka. othanuć. r. gadatь *rathen.* dogadъ. dogadka. zagadka. — *lett.* gādāt *sorgen.* *lit.* godīti *errathen.* *Neben* gadati *besteht* asl. gatati *conjicere.* b. gatam *vb. Vinga.* gatkam *vb.* gatanka *räthsel.* s. gatati *wahrsagen, hexen.* gatnja *erzählung.* — *rm.* gętęi *und* îngiči *vb.* *Neben* gadati *und* gatati *existirt* ganati, *das wohl aus* gad-nati *entstanden ist.* asl. ganati *rathen.* nsl. vganka *meg.* vganjka. zaganka *habd.* *räthsel.* klr. nahanka *andeutung.* *Verwandt ist* asl. ugoniti. nsl. ugoniti. vonka *räthsel.* gonetanje *habd.* zagonati *räthsel* **aufgeben.** s. gonetati, gonenuti *räthsel* **aufgeben.** *Vergl.* nenuti se. p. zgodł *decrevit zof.* r. ugonutь. otgoni, otgadaj.

ugonka *dial.* *Verbindung dieser wörter mit* ged- *ist zu suchen.*

gadi-: asl. gaditi *tadeln.* gadьnъ *foedus.* nsl. gaditi. gaden *ekelhaft.* b. gadja *ermahnen bulg.·lab. 100.* s. gaditi *ekelhaft machen.* gad, zgad *ekel.* č. háditi *tadeln.* klr. hadyty sja, hydyty sja *ekel empfinden.* wr. hadzić *verunreinigen.* prehadkij *neben* prehidkij. hadość *schmutz.* r. gaditь *beschmutzen.* gadkij *ekelhaft.* *Diese wörter hangen zusammen mit benennungen für gewürm, kriechenden thieren, schlangen, benennungen, die nicht selten auf thiere übertragen werden, denen nichts ekelhaftes anhaftet.* asl. gadъ *kriechendes thier.* nsl. gad *viper.* gadina *vipernloch.* b. gad *kriechende thiere, insecten.* gad, gadina *geflügel.* č. had *viper.* p. gad. gady, węźe. gadzina *kriechendes thier, gewürm, federvieh.* hadyna *aus dem r.* polab. god. os. had *schlange.* ns. gad *gift, giftiges gewürm.* klr. had, hadyna, hadjuk, hadjuha. wr. had, hadzina, hadziuka. r. gadъ *reptile.* *Vergl.* gyd-. — *rm.* gadinę. *lit.* godas *natter.* *magy.* gádócz *erinnert an* lat. gadus.

gaga-: nsl. gagati *habd.* gaglati *lex. gingrire.* gagatati *mutire lex.* kr. gagati. s. gagalica *art vogel.* wr. hahać. r. gaga. gagaknutь. *Vergl.* r. gogotatь *und* gaknutь. s. gaknuti. — *rm.* gęgęi *vb.* lett. gāgāt. *Man füge hinzu* s. gagula *art wasservogel.* r. gagara *silbertaucher.* gagka, gavka *art ente.* *Onomatop.*

gaj asl. *hain.* nsl. s. gaj. č. háj. hájiti *hegen.* p. gaj. gajić. os. haj. ns.

gaj. **klr.** haj. *Vergl.* hajity *aufhalten.* hajiłka, hajivka *frühlingsspiel und frühlingslied der mädchen in den ostertagen.* **wr.** haj. **r.** gaj. — *lit.* gojus. *Vergl.* **r.** zagatъ *claudere dial., daher gaj vielleicht* „gehege".

gaja-: **ar.** gajati *krähen trigl.* **s.** gakati. gačac *art krühe.* — *ai.* gā.

gajba **nsl.** *käfig neben* kobača. **kr.** gajba *ung.* **s.** gajba, kajba. kebati *aucupari.* — *it.* gabbia *aus lat.* cavea. *ngr.* γάρπιχ *mastkorb.*

gajda **b.** *dudelsack.* **s.** gajde, gadlje. **slk.** gajdy. **p. klr.** gajda. — *türk.* gajda.

gajtanŭ: **b. s.** gajtan *schnur.* **r.** gajtanъ. — *türk.* gajtan.

gajtikostĭ: **nsl.** gajtikost *aviditas lex.* — *ahd.* gīt *gierigkeit, geiz.* gītag.

gakŭ: **r.** gakъ *haken.* **č. p. wr.** hak. — *ahd.* hāke.

gal-: **asl.** progalina, *etwa* „loch". **r.** *eisfreie stelle im flusse; waldlichtung.* **klr.** hałyty *für* rozjasnyty. prohałyna.

gali- 1.: **asl.** galiti *exsilire, dem* igrati *nahe stehend.* **b.** galja *liebkosen, anlocken.* galen, prêgalen *verzärtelt.* **s.** galiti *sich sehnen.* **wr.** halić *lust machen.* **r.** izgaljatъ sja *die zühne zeigen, spotten.* — *Man dachte an it.* gallare *sich freuen.*

gali- 2.: **č.** haliti *einhüllen.* **nsl.** razgaliti se *sich entblössen.*

galica **asl.** *dohle.* **klr.** hałyća, hałka. **wr.** halica. **r.** galka. — *rm.* gaitsę. *Vergl.* galŭ.

galija **asl. nsl. kr. s. p.** galea. — *it.* galea. *mlat.* galea. *mgr.* γαλέα.

galja: **p.** hala *alpenweide.*

galka: **č.** hálka *kugel, galle.* haluška. **p.** gałka. **klr.** hałuška. **wr.** hałka. **r.** galuša. — *magy.* galuska, haluska. *rm.* galkę *drüse. Aus einem d.* galle „geschwulst" *in der bedeutung* „kugel".

galŭ: **s.** gao *schmutzig.* galiti se *schwarz werden.* galin *rappe.* galonja *schwarzer ochs.* galić *rabe.* galičast *schwarz.* **klr.** halyč *corvi. Man beachte* galica. *Man vergleicht trotz des r* **s.** gar *russ, russige farbe.* gariti *russig machen.* garov *schwarzer hund.*

ganĭ-: **č.** haniti *tadeln.* hanba **p.** ganić. ganiba, gańba, gamba. ganiebność. hańba, pohańbić *sind* **klr.** **kaš.** gunic. **os.** hanić. haniba, hańba, hamba. **klr.** hanyty. hanyba, hańba. hańmo. **wr.** hanić. han. hańba. hambić.—*lett.* gānīt *beschmutzen. Vergl. magy.* gáncs *mendum. Ich habe ehedem bei* ganiti *an* poganъ *gedacht, in welchem falle* ganiti *beschmutzen bedeuten würde; vielleicht besteht verwandtschaft mit* gaditi: *vergl.* gadati.

gantarŭ: **nsl.** gantar *lagerbaum im keller.* **č.** kantnéř. **p.** kętnary. — *nhd. bair.* ganter. *it.* cantiere. *magy.* gantár.

gapĭ: **p.** gap *maulaffe.* — *mhd. nhd.* gaffen.

garbinŭ: **nsl.** grbin *südwestwind.* **s.** garbin. — *türk.* garb *sonnenuntergang.*

gardunŭ: **s.** gardun, kardun *carduus.* gardaševica *carminatrix.* gardati, gardašati *neben* gargati. **nsl.** krtača *bürste.* **č.** kartáč *kehrbürste.* **r.** kardatъ *dial.* — *ahd.* karta. kardetsche. *bair.* kardel. *rm.* kard. *lat.* cardus, *alt* carduus.

garc *plur.* **nsl.** *karren, leiter.* — *Wohl aus dem lat.*

garje **nsl.** *krätze.* garjav *räudig meg.*

garka-: **r.** garkatъ. **klr.** harkaty *knurren.* — *lett.* gārkt.

gaslo **r.** *parole.* **p. klr.** hasło. **č.** heslo *name: vergl.* **č.** hesnouti *verlauten.* **p.** godło *verabredetes zeichen, losungswort.* **kaš.** godło, *für* **r.** zovъ, klikъ, *leitet auf den stamm* god: *hinsichtlich des* **č.** heslo *vergl.* hezký *aus* *goždьskъ.

gatja: **asl.** gašti, *wohl dual., tibialia.* **nsl.** gače *plur.* **b.** gašti *hose.* gaštat *adj.* **s.** gaće. **č.** hace *badetuch.* gatě *aus dem magy.* **p.** gacie *entlehnt.* **klr.** hači. **r.** gači *neben dem entlehnten* gašči: *dial. auch* gati *kleidung plur. f.* — *magy.* gatya *aus dem s. lit.* gacês *aus dem p.:* *gace.

gatunŭkŭ: **p.** gatunek *gattung.* **klr.** gatunok. — *Aus dem d.*

gatĭ: **asl.** gatь *damm.* **s.** gat. **č.** hať. hatiti *dämmen.* **p.** gać. **os.** hat. hаćić. **ns.** gat. **klr.** hať. hatka. **wr.** hać. **r.** gatь. *Vergl.* zagatъ *claudere dial.* — *magy.* gát.

gav-: asl. ogavije *moléstia*. ogaviti *nexare* nsl. ogaven *herb*. č. ohava *greuel*. ohaviti *verunstalten*. ohavný *ekelhaft*. — *Man vergleicht ai.* gu, gavatē *schreien;* gu, guvati *cacare und lit.* apgauti, -gaunu, -gawiu *decipere*.

gava klr. *nebelkrähe*.

gavenda: p. gawęda *schwätzer*. gawędzić.

gavenzŭ: nsl. gabez *wallwurz symphytum tuberosum*. s. gavez. klr. havjaz.

gavêdǐ: p. gawiedź *gesindel;* drob. č. havěď: *das wort bedeutet auch „geflügel"*. dial. havět. klr. havednja. — *lit.* gověda *menge: dasselbe bedeutet* r. *dial.* gavezъ.

gavka-: klr. havkaty *bellen*. wr. havkać. r. gavkatь, gamkatь.

gazda nsl. *hauswirth*. s. gazda. gazdaluk, gazdašag *vermögen*. č. klr. gazda. p. gazda. gaździna. — *magy.* gazda.

gazŭ-: nsl. gaz, gaža *schneebahn*. gaziti *waten*. gazi mi *es stösst mir auf Ukrain* b. gazja *vb*. s. gaz. gaziti. asl. izgaziti *perdere, eig. conculcare.* — *magy.* gáz.

gburŭ: p. gbur *bauer*. kaš. gbur, bur. — *Aus dem d.*

gdunije, kidonije asl. *als PN.* gdunja. nsl. tunja. b. dunja, dulja, djula. kr. tkunja, kunja. s. tkunja, kunja, tunja, dunja, gunja. mrkatunja *aus malum cydonium (kudonium):* sp. melocoton. č. gdoule. p. gdula. klr. hduľa, duľa. r. gutej. dulja. gunь. nsl. kutina, kita. č. kutna. p. koktan. os. kvić, kvjetna. ns. kvjada. klr. guteja. — *alb.* ftua. *Die wörter beruhen auf gr.* χυδώνιον, *auf lat.* cotonea *und* coctanum, *it.* cotogna, *ahd.* chutina *und auf nhd.* quitte. *Dafür* r. *auch* ajva *und* armud, *p.* pigwa. *Vergl.* klr. dulja *art birne.* r. dulja *birne.* lit. dula.

ged-: *die bedeutung dieser W. ist „warten", „erwarten", „wünschen" und dient dem ausdrucke der vorstellungen „zeit", „bestimmte zeit", „sich ereignen". Vergl.* ča (čajati) *und* časъ. *Durch steig.* god-: asl. goditi, godě byti *genehm sein.* godьnъ, prigožḍь *genehm.* negodovati *unwillig sein*

prigoditi sę *sich ereignen.* godъ *zeit* ὥρα. bezgodьnъ *zur unzeit eintretend.* godina *zeit, stunde.* na godê *mediocriter.* nsl. goditi se. kaj se haja? *was geschieht?* venet. godi mi *habd.* pogodu mi je. kaj godi, kaj goder *quidlibet.* pogajati *conjectare habd.* confabulari lex. vgajati *zu gefallen sein.* pogodba *contractus habd.* god zeit meg. *festtag:* prazniki in godovi. negod *unzeit.* godêti *reifen.* goden *flügge.* u zgodo *früh* trub. za godi, zgoda, zgodaj *früh.* przgoda *zu früh.* b. dogodi se, zgodi *es ereignet sich.* godja, ugodêvam *gefallen.* pogaždane *aussöhnung.* godja, zgodja, godêvam, zgodêvam *verloben.* godež, godêvki *verlobung.* godenik, godenica. godina *jahr.* kr. zgodati se *sich ereignen.* godno *früh.* godina *regen.* godinati *regnen ung.* s. goditi *beschliessen.* god: koji god *wer immer.* iz zagodja *bei gelegenheit.* gadjati *zielen.* god *festtag, jahr.* godina *jahr.* odgoditi *aufschub geben.* č. hoditi, házeti *hat die bedeutung „werfen", daher* vyhoz *auswurf: die bedeutungen der übrigen* č. *wörter weichen von denen der wörter der andern sprachen nicht ab.* nehoda *übel.* náhoda *zufall.* pohoda *usw.* hodný *tauglich.* hod *zeit, fest.* hodovati *gasterei halten.* hodina *stunde.* hezký, *dial.* herský, *hübsch:* asl. *gożdьskъ: man denkt an ahd.* hasan *venustus. Vergl.* hodlati *zurichten.* p. godzić *auflauern, streben, aussöhnen.* przygoda. wygoda. godny. gody *fest, hochzeit, weihnachten.* hodować *schmausen ist* č. *oder* klr., hoży, choży *klr.* goda *zufall.* godzina *stunde.* godziny *uhr.* os. hodžić *sich geziemen.* hodž *anständig.* hod, hody, *weihnachten.* hodžina *stunde.* ns. zgod, zgoź *zu danke.* godny *günstig.* gody *weihnachten.* gožba *gelegenheit, witterung.* klr. hodyty *aussöhnen.* hodjaščyj *zweckmässig.* hoḍi *es ist genug davon:* asl. godê. vyhoda, vyhôd. hôdnyj *würdig;* hoden *werth.* pohodžu *exspectabo.* nehôd. nezhoda *uneinigkeit.* vhôdḍja (ugodije) *günstiger platz.* hožyj *anmuthig. Vergl.* hožma *in einem fort.* hôd, hod *jahr.* vtohôd *im vorigen jahr.* hodyna *stunde, schönes wetter.* hodovaty *schmausen: vergl. daraus* p. hodować *und* chodować. hoḍôvľa *ernährung, zucht.*

wr. hodze *genug*: asl. godê. hodzina. zhož
passend. hožij, zhožij, vhožij *tauglich.*
zahodze *zu früh.* r. goditь *zielen, zögern.*
goždatь sja *passen dial.* godnyj *tauglich.*
negodъ *unglück.* pogoda. nepogoda. vygoda
vortheil. negodovatь. gožij *tauglich.* godъ
zeit, jahr. peregoditь, perečasitь. vygoditь
erwarten. godi- *und* gada- *berühren sich in
der bedeutung „rathen"* b. dogaždam se,
dogovеždam se *rathen.* pogodja *ein räthsel
auflösen.* č. pohodnouti, pohádati *rathen.*
r. otgonutь, ugonutь *errathen aus* otgod-
nutь. otgonetь zagadku *tichonr. 1. 269.*
Vergl. jedoch gada-. Ob č. heslo, haslo,
hláslo, p. godło, hasło *parole hieher gehört,
ist dunkel: vergl.* gaslo. ns. godłaś *beschimpfen kann mit* p. godło *zusammenhangen.*
Aus vъ *to goda will man* togda *erklären.*
nsl. nagajiv *lästig ist dunkel.* — magy. gagy
gastmahl. alb. godit *treffen.* godij *accordo.*
rm. ogod *ruhe.* lit. gadīti s *sich ereignen.*
pagada. gadas *vereinigung.* gadīti *berathschlagen.* gadnus *tauglich.* adnas *werth ist*
wr. hodnyj. gadīnē *zeit.* lett. gaditē s *sich
ereignen.* gads *jahr.* niezgada *uneinigkeit.*
Aus ged *entsteht durch schwächung des* e
žьd: asl. žьdati, židą, *daneben* žьdą *naz. 109.
274. cunctari, exspectare, speculari. iter.*
žadati *dial. ant. aus* žêdati. židati. nsl.
ždêti, ždim *brütend hocken.* oždêvati *morari.* č. ždáti, ždu *warten.* p. ždać
flor. zof. -žydać. kaš. ždac. klr. ždaty,
iždaty, ždu. -žydaty. wr. ždać. žedać,
židać. r. ždatь, ždu. vyžda *erwartung.*
-židatь. — *preuss.* gēide *exspectant.* lit.
geisti, geidu *desiderare.* geida *verlangen.*
geidus, gaidus *desideratus.* lett. gaida. gai-
dīt. ahd. gīt *gierigkeit.* W. ghidh. *Hieher
ziehe ich* asl. žьde, žьdo: kъžьdo, kyjžde,
kyjždo, kotoryjžde *quilibet.* nsl. chisto
(kyjžьdo), comusdo *fris. Auf* kъžьde,
kъžьdo *beruht* č. každý *jeder.* p. každy.
os. každy. ns. kuždy. klr. koždyj,
každyj; kožnyj, kažnyj. r. každyj. —
lit. kožnas.

gejena, geona asl. gehenna, γέεννα.
as. djeona. asl. rodъstvo *beruht auf der
verwechslung von* γέεννα *mit* γενεά. *Ein*

*ursprünglich hebräisches wort, das in der
fz. form* gêne *in die deutsche sprache gedrungen ist.*

gel: b. gel, jela, ela *komme.* s. gela,
ela. klr. hyła. — *türk.* gélmék *kommen,*
impt. gel. ngr. ἔλα.

geld-: asl. žlъdêti *aus* želdêti *begehren.* žlъdь *das gewünschte.* s. žudjeti.
požuda. žudan *durstig. Aus* geld *durch*
steig. goldъ: asl. gladъ *hunger.* gladovati.
gladostь *gier.* nsl. glad. b. glad. gla-
duvam *vb.* gladen. s. glad. č. hlad.
p. głod. polab. glåd. os. hłod. ns.
głod. głoźiᵃ *begehren.* klr. hołod. goło-
dzy *preisselbeeren ist dieser sippe fremd.*
wr. hlodzi *für* r. golodno. r. golodъ.
— *lit.* gardus *wohlschmeckend.* ai. grdh,
grdhjati. gardha *gier.* got. grēdus *wird
auf* gardus *zurückgeführt.*

geleta č. slk. *melkkübel.* nsl. golida
melkschaff. p. gieleta. klr. gełeta *fass.*
gełeta *milchgefäss.* giłetka, diłetka *ari
mass.* — *magy.* galéta *milchgelte.* rm. gę-
lêtę *ahd.* gellita. mhd. gelte. nhd. dial.
gelten *(für öhl).* mlat. galēta. *Ursprung
dunkel.*

gelevo: klr. gełevo *bauch.* gełevač
dickwanst. Vielleicht auf gelvo *beruhend.*

gelü: nsl. gel *gelb trub. lex.* — *zkd.*
gêlo, *gen.* gêlwes. *lit.* gêlė. *Mit diesem
wort stehen in verbindung* č. hýl *dompfaff.*
p. gil *gimpel.* klr. hyľ. r. gilь, gêlь *roth-
sterze.*

gemü: s. gem *pelikan.* — *magy.* gém
reiher.

gen-: asl. ženą, gnati *(durch ausfall
des* ь *aus* e*),* gъnati, gъnati *treiben. Durch
steig.* -gonъ, *woher das iter.* goniti. gonьcь,
nsl. ženem, renem, grenem, gnati. ogon
ackerbeet. razgon *furche zwischen acker-
beeten.* gonič *treiber.* b. gonja *vb. Vergl.*
zgan *troupe.* kr. zrenimo ovce *frank.*
s. ženem, (gnam), gnati. dorenuti *für do-
gnati.* gon. prijegon *pugna.* nagon *antrieb.*
goniti, ganjati. gonjati *herc. 128.* č. ženu,
hnáti. hon *jagd.* náhon. ohon, oháňka
schwanz. úhon. prъhon. honiti. pohonič
treiber. p. żonę, gnać. przegnać *neben*

dem unhistorischen ženić, przežonąć. gon. wygon *viehtrift.* zagon *ackerbeet.* gonić. gońba. zgon *der letzte athemzug steht für* skon: ken-   **polab.** zinê *er jagt.* vâzzinat *aufjagen.* ·os. hnać. hon *jagd.* vohon *schwanz.* vuhon *viehtrieb.* zahon *gewende, flur.* honić. **ns.** gnaś gon *feldweg.* hugon *trift.* zagon. vogon, hogon *schwanz.*   **klr.** ženu, hnaty. hôn *lauf.* hony *gewende, art maass.* vyhôn *trift.* zhôn. zahôn. honyty. hanjaty. honytу śa : *nsl.* goniti se.   **r.** gnatь, ženu. gony *stadium.* dogonъ. pogonъ. gonjatь. gonecъ. gončaja sobaka. — *rm.* goni *vb.* pogon. pogęnič. prigoni *vb.* goanę. gonitsę. prigoanę *streit.   magy.* pagony *revier.   lit.* genu, ginti *treiben für slav.* ženą, gnati, *nicht* žęti. ganīti *hüten ist* goniti. gančiakas *ist r.:* gončij. paguniks *hirtenjunge.   lett.* dzenu, dzīt *ist lit.* genu, ginti. gans *hirt.* gani *weide.* ganīt *hin und her treiben, hüten ist slav.* goniti.   *zd.* jan, *mit* aipi *verjagen. Vergl. ai.* han *schlagen, tödten.*

ger-: asl. žrêti, žьrą *vorare. itər.* -žirati. **nsl.** žrêti, žrem. požirati. požir *schluck.* požirak. požrêšen *gefrässig.*   **kr.** požerati. požeruh.   **s.** ždrijeti, žderem. žderati. žderalo. ždrkljaj *schluck.*   **č.** žeru, žříti, žráti. pažera. pažerak. žrádlo. žravý. žrout. žirati. žiravý.   **p.** žrzeć, žreć, žre. požer *futter.* žrawy. žarłok. obžarca, obžerca. -žerać.   **os.** žeru, žrać *fressen.* žŕeć, žŕeju *saufen.*   **ns.** žraś, žeru. žŕeś, žŕeju. požeraś.   **klr.** žerety, žerty, žraty, žru, žeru. nenažera *nimmersatt.* obžora.   **wr.** žerć, žru. žerło. žerľać. žratva.   **r.** žratь, žru. žora. prožoŕlivyj. -žiratь. žerychatь, žirychatь. — *rm.* žder *marder.   lit.* gerti *trinken.* gira, girklas *trunk. Hieher gehört* opъrus *dachs.   lett.* dzert.   *ai.* gar (girati, gilati) *verschlingen. Hieher gehören* gerdêli, gerdla, gerdlo, gertanі *neben* gerklanŭ. 1) ger- dêlі: **p.** gardziel *schlund.* 2) gerdla: **asl.** grъlica *turteltaube.* grъličištь; kagrъličištь. **nsl.** grlica. **b.** grъlica : *daneben* grъgъlica. grъlъbica, gurguvica. **r.** grlica. **č.** hrdlice. **p.** gardlica, garlica.   **klr.** horłyća, orłyća.   **r.** gorlikъ. gorlica. gorlja *tichonr.* 1. 42. — *magy.* gerlicze.   3) gerdlo *galt in*

ältester zeit; in einer späteren periode wurde daraus žrêlo; *noch jünger ist* žrъlo. *a)* ger- dlo : **asl.** grъlo *kehle.* ogrъlь *monile.* **nsl.** grlo. harlo, horlo *res. kehle, schreier.* ogrlje. na- grlinc ženske *habd.* zagrljen *heiser.* **b.** grъlo. ogrъlica, ogrъle *halsband.* grъlan.   **s.** grlo *gurgel, hals, stimme, mündung.* ogrlje. **č.** hrdlo *kehle, hals.*   **p.** gardło, garło. **os.** hordło, horło *kropf der vögel.*   **ns.** gjardło, gjarło.   **klr.** horło *kehle.* hôrła *erdspalte.* hôrło *mündung.*   **wr.** horło. hor- łać. horłan *schreier.*   **r.** gorlo *kehle.* hirlo *mündung, eig. klr.* ogorlie *halsband.* — *rm.* gęrlę.   *lit.* gerklê *aus* gertlê *gurgel neben* gurklīs *kropf. lett.* gerkle. gurklis. pa- dzirkle *gurgel.* *b)* **asl.** žrêlo, ždrêlo *stimme.* ožrêlije, oždrêlije.   **nsl.** žrêlo *neben* že- relo *schlund, flugloch.* ožrêlje *lappen am hals des rindviehes.* žrêlec *quelle.*   **s.** ždri- jelo *engpass fauces.* oždrijelje.   **č.** žřídlo *quelle.* hřídlo. řiedlo.   **slk.** žrielo.   **p.** žrzo- dło *quelle.*   **ns.** žŕedlo *quelle.*   **klr.** žereło, džereło *neben* žorło. ožerełe.   **w̃r.** žereło.   **r.** *alt und dial.* žerelo *neben* žerło. ože- relьe. žerelokъ *halstuch. dial.* žirjalo.   **č.** hří- dlo *beruht auf* herdlo.   *c)* **asl.** žrъlo **s.** ždrlo.   **č.** ožidlí *halskrause.*   **os.** žorło *quelle.*   **klr.** žerło, žorło *flussbett.*   **r.** žerlo. 4) gertanї : **asl.** grъtanь, krъtanь *kehle.* **nsl.** grtanec (goltanec)   **č.** hrtán *neben den unhistorischen formen* chřtán, křtán, hyr- tuň.   **p.** krtań. krtunić się, krztusić się. krztoń *adamsapfel.*   **klr.** hortań.   **r.** gor- tanь.   5) **b.** grъklan, grъklun, grclun. **s.** grkljan. — *rm.* gęrgęlan.

gera: č. nádhera *stolz, pracht.*

gerbŭ: asl. grъbъ *rücken.* grъbežь gorъskyj. pogrъbljenъ.   **nsl.** grb. grbav. zgrbljen *corrugatus lex.* grbanec *runzel Ukrain.*   **b.** grъb *rücken.* grъbnêk *rück- grat.* grъba, grъbuška *buckel.* grъbją se *sich bücken.* grъbiškom.   **s.** grba *höcker.* grbati se *sich bücken.*   **č.** hrb.   **p.** garb. garbaty. pogarbić.   **os.** horb. vuhorbić. **ns.** gjarb.   **klr.** horb *hügel.* horbun *bucke- liger mensch.*   **r.** gorbъ, *auch hügel.* gorbylь. gorbuša *buckellachs.* gorbitь sja. — *Vergl. preuss.* garbis *berg. rm.* gęrb. gęrbę. ger-

bov. gęrbovinę. gęrbač. grębç. alb. gçrbç.
magy. görbe. Vergl. ahd. chramph gekrümmt.

gerdanŭ: b. gerdan halsband. s. djer-
dan. klr. gardy, namysto s monet ɛ· b-
nych. — türk. gérdan.

gerdekŭ: b. gerdek. s. djerdek
lagerstätte. — türk. gérdék.

gerdŭ: asl. grъdъ superbus. grъdê-
livъ. grъdьnikъ. grъdêti. grъditi. grъdynja.
b. grъdêliv stolz. grъdomazen schmutzig.
s. grdan hässlich. grdji schlechter. č. hrdý
stolz. hrdina held. vzhrdêti, zhrdati, hrzeti
verachten, eig. stolz sein. dial. zgarda.
p. gardzić, wzgardzać verachten. hardy
stolz, hardzić stolz machen sind fremd.
os. hordy stolz. ns. gjardy. klr. hor-
dyj. pohorduvaty. gardyj ist fremd. wr.
vzhordzêč stolz werden. hardyj stolz,
pogardzić verachten, vzharda verachtung
stammen aus dem p. hordynja. r. gordyj.
Daneben nsl. grd hässlick, ogrdnoti anekeln
volkm. 39. grdêt˙ se (meni se grdi) ɛkel
empfinden und alb. gerdij nausea, u gerdit
ekel empfinden. Die bedeutungen des wortes
sind schwer zu vermitteln.

gerekinŭ: b. gerekin sperber. — ngr.
ἱεράκι.

gergevŭ: b. gergev stickrahmen. s.
djerdjef. — türk. gérgéf.

germekŭ: p. giermek waffenträger.
— magy. gyermek knabe. lit. jermékas
ist ein unterkleid.

gernŭ: asl. grъnъ, grъnьcь lebes.
grъnilo, grъnilъ, grъnilь fornax. b. grъnec
topf. grъne. grъnence. grъnčarin. s. grnac.
as. grъnьčarъ. č. hrnec. hrnčíř. p. garniec. garnczarz. horno töpferofen ist klr.
polab. gârnåk. cs. hornc, hornyk. ns.
gjarnc, gjarnik, gjanc. klr. horn esse,
herd. horon schlund des blasebalgs. horneć.
hornja n. horšča n. hončar. hornyło esse
der schmiede. r. gornъ herd. gornecъ:
garnecъ ist p. goršěkъ. gončarь. gor-
nilo ofen. — lit. gorčius. magy. görön-
csér. rm. chornu. chornêtsę. chornêlę:
ch aus klr. h. alb. girčak.

gerobŭ: nsl. gerob vormund lex. —
bair. d. gerhab.

gert- fassen: asl. grъstь δράξ pugillus
aus gert-tь. obigrъstiti. prêgrъšta. prigrъšta.
nsl. pogrnoti (mizo). razgrnoti aus -grtnoti.
iter. -grinjati. prgišče faustvoll und daraus
priše, porišče n. prijišča: suffix a: das
fem. ist die älteste form. b. prigrъna vb.
prigrštam vb. aus -grъsti. s. grst die hohle
hand. pregrъšt f. aus -grъsta. grnuti, grtati.
ogrtač umhängekleid. č. brnouti zusammenscharren. úhrnek summe. hrsť. prohršti,
prohrštlí n., prohršle f. p. garnąć. garść
aus gjarść. przygarść, przygaršnie n. przy-
garnąć und przygrzonąć sind nicht identisch:
jenes beruht auf gert, dieses auf greb. (gar-
tać), przygartywać und przygarniać. os.
horść. horstka. pšihoršla. ns. gjarść. gar-
nuś gerben ist das d. gerben. klr. hor-
nuty. -hortaty. borsť. wr. hornúć. hor-
tać, daneben -harnyvać,- hartyvać. prigoršči.
r. gorstь. sgorstatь dial. prigoršnja. — alb.
grušt faust. rm. gîršt.

ges-: asl. gasnąti exstingui. gasiti
exstinguere. neugasimъ, neugasaję, ne-
gašę inexstinguibilis. nsl. gasnoti. gasiti.
b. gasna vb. gasja vb. s. gasnuti. gasiti.
č. hasiti. p. gasić. polab. gos impt.
klr. hasyty. r. gasitь. — W. ges (lit.
gosti intrans., gesîti, gesinti trans.), woraus
durch steig. gas-. lett. dzist intrans., dzêst
trans. Vergl. ai. jas, jasatê erschöpft sein,
jāsajati erschöpfen. zd. zah erlöschen. Slav.
g ist velares g.

gi-: daraus durch steig. goj-. goilo se-
datio. goinъ abundans. izgoj exlex. nsl.
gojiti ernähren. b. goja mästen. σε κώιετ
παχύνουν. Vergl. ugojnica λειχήν. s. goj
pax. gojiti mästen mik. pflegen. ogoja pflege.
gojan. č. hoj abundantia. hojný. hojiti
mehren, heilen. p. gojić heilen. hojny freigebig. polab. güjik heiland. os. hojić. ns.
žyś heil werden. gojiš heilen. klr. hôj arzenei.
hojnyj freigebig. hojity. wr. hojić. r. goitь
bewirthen dial. zagoitь heilen. izgojstvo.
Die bedeutungen der hier angeführten wörter
sind schwer zu vermitteln. — lit. gíti, lett.
dzīt heil werden. dzidêt. Die W. gi ist
identisch mit der W. živ. ai. gaja haus-
stand. zd. gaja leben.

gĭdija b. *bursche.* s. djidija *spitz-
bube.* — *türk.* gidi.

gĭld':a r. *kaufmannsgilde.* p. giełda,
gałda. — *Aus dem d.:* nhd. gilde. *and.*
gilde *ursprünglich opfer, opferschmaus.*

gingavŭ: nsl. gingav *tener, deses,
lautus* habd. jambr. lex. s. gingav *träge.*
slk. děnglavý. klr. džengłyvyj. — *magy.*
gyenge. *rm.* džingaš.

gjeisija: s. djeisija *kleidung.* — *türk.*
géjsi.

gjemija b. *schiff.* s. djemija. —
türk. gémi.

gjemŭ: s. djem *zaum, gebiss.* —
türk. gém.

gjoga: s. djoga, djogat *schimmel.* —
türk. gög *himmelblau, bleifarbig.*

gjonŭ: s. djon *sohle.* — *türk.* gön
leder.

gjozumŭ: b. gjozum, giozum, gio-
zom *dill, balsamite, sarriette usw.* bog.
— *gr.* ἡδύοσμος *münze.*

gjule b. *kugel.* s. djule. — *türk.* gülé.

gjulŭ: b. gjul *rose.* s. djul. —
türk. gül.

gjumrukŭ: b. gjumruk *zoll.* s. djum-
ruk. — *türk.* gümrük, *aus gr.* χομμέρχιον.
lat. commercium.

gjuvegija: s. djuvegija *bräutigam.*
— *türk.* göjégü.

glaba-: s. glabati *nagen.*

glad-: asl. gladiti *glätten.* gladъkъ
glatt: pątь gladъkъ. nsl. gladiti. gladek.
b. gladja *vb.* gladъk. s. gladiti. gladak.
glacnuti *glatt werden.* č. hladiti. hladký.
p. gładzić. gładki. głaskać *streicheln.* os.
hładžić. hładki. ns. głažiś. gładki. klr.
hładyty. hładkyj. r. gladitь. gladь *glatter
weg.* gladkij. gladyšъ. — *lit.* glodus *neben*
glitus. glostīti. glådåt *glatt machen.* ahd.
glat. *lat.* glaber. *urf.* ghladh-. *Man vergleicht auch* ags. glīdan *gleiten und* asl.
usw. glista *spulwurm, regenwurm.*

glamĭskŭ: as. glamsko srebro, *wie
man meint, das reinste silber.*

glanda s. *kropf.* — *it.* ghionda *aus*
glonda, *lat.* glans.

glazŭ 1.: p. głaz *kieselstein.*

glazŭ 2.: r. glazъ *auge.* glazêtь.
wr. hłazić *schauen.* p. głaz *bei Linde.*
Vergl. niegłaźny *plump.*

gleba p. *erdscholle.* klr. hłyba.
r. głyba. — *Aus dem lat.* gleba.

glečĭ: b. gleč *email (auf porzellan),
firniss.* glečosvam *vb.* s. gleta, gledja
silberglätte, glasur. — *Aus dem d.*

glekŭ: klr. hłek *topf.*

glemyždĭ: č. hlemýžď *landschnecke.*
— *lit.* glimė. glimejžd *bei Nosovič.* *lett.*
glēms, glēme. glēmezis.

glend-: asl. głędêti, głędati *schauen.*
pogłędъ. nsl. gledati, gledam, gledim.
gled. pogled. krivogled *paetus* habd. gle-
dalo. iti v ôgledi *auf brautschau gehen.* le,
po¹e *ecce* ars glej, gledi. sêm le *huc.* tam
le *ibi usw.:* vergl. fz. voilà. dsl. glenda.
b. gledam *schauen, pflegen curare.* gledi
mil. 115. gled. ogledalo *spiegel.* s. gledati. č. hledêti, hlédati. úhled. uhledčí:
ú *aus* on. p. glądać. os hladac. ns.
gledaš. klr. hľadity ohlad. ohlady brautschau. wr. hljadzêc. suhljady. r. gljadêtь. usugljady *brautschau.* *rm.* oglindę
spiegel. mhd. glinzen, glanz. ahd. glīzan.

glenŭ: p. glon *knollen brot neben*
gleń. — *Man denkt an das d.* knollen.

gleštĭ: nsl. glešt, gleštvo *vermögen.*
gleštati *haben.* *Vergl.* gleštati se *sich be-
tragen.*

glez-: b. glezja *verziehen.* razgleza
verderbtheit.

gleznŭ: asl. gleznъ, glezьnь, gležnь
talus. nsl. gleženj, gležen, dležen. b. gle-
zen. s. gležanj. č. hlezen. p. glozna.
ns. głozonk. klr. hlezna. *Vergl.* r. po-
gleznutь sja *ausgleiten.* — *rm.* glêznę,
glêznę.

glênŭ: asl. glênъ φλέγμα, φλεγμόνη,
χυμός *pituita, suppuratio, succus.* glêni,
rekъše gnêvьnoje. nsl. glên *schleim, art
rinderkrankheit* rib. *schlamm, wasserfaden.*
dlên *ung. für* glên. kr. dlen *ung.* č. hlen
schlamm slk. p. glan *bodensatz.* glon
lehm entspräche einem asl. *glenъ; glom
schleimiges wesen:* asl. *glemъ.* os. hlen
schleim, schlamm. r. glênъ *saft. Mit*

glênъ *verwandt scheinen* **klr.** hłej *boden-schlamm.* hłevkyj *lettig.* **wr.** hlej *für r.* ilъ na dně vody. **r.** glevъ, gleva *schleim der fische dial.* — *lit.* glīvas, gleives, gleimas. *lett.* glēvs *zäh.* glīve *schleim, schlamm.* gleimas *schleim.*

glêvi-: **nsl.** glêviti *kauen.*

glichŭ: **nsl.** glih, lih *gleich, eben, gerade.* **ns.** glich. — *ahd.* gilīh.

glina **asl.** *argilla.* glinênъ. **nsl. b.** glina. **č.** hlína. **p.** glina. **kaš.** glinca. **polab.** glaino. **os.** hlina. **ns.** glina. **klr.** hłyna. **r.** glina. — *Vergl. ngr.* γλήνη *und slav.* gnila.

glīp⁃ **asl.** glipati, *wohl nur in r. quellen, schauen.* **klr.** hłypaty. **r.** glipatь.

glista **asl.** *taenia.* **nsl.** glista. **b.** glista, glistja, glistija. **s.** glista. **č.** hlísta. **p.** glista. **os.** hlista. **ns.** glistva. **klr.** hłysta. **r.** glista. — *magy.* giliszta, geleszte. *Vergl.* glad-, *lett.* glidēt *schleimig werden.*

gliva **nsl.** *baumschwamm.* **s.** gljiva. **č.** hliva. **klr.** hłyva. — *magy.* gelyva, golyva *eichenschwamm, kropf.* **klr.** hołva *kropf. Vergl.* gołva.

gljagŭ: **klr.** głag *Lab.* głagaty, gła-džyty *neben* kłaga, kłagati, kładžyty *und* kłah, kłahaty. **r.** gljakъ. głaganyj syrъ. **p.** kłag *lab.* skłagać się. **slk.** kłag. — *Aus dem rm.* kiag *aus coagulum und zwar in der älteren form* kljag.

globa **asl.** *mulcta.* **b.** globa. globja *vb.* **s.** globa. globiti. *Vergl.* **klr.** hłoba *zank, gram.* — *rm.* gloabę. globi *vb. alb.* giobę *vermögen, busse.*

globŭ: **b.** glob *höhle (augenhöhle), grube mil. 5.* kako riba vo globina *489.* iz-globvam *aushöhlen: s.*dubiti. razglobja *trennen:* se razglobi glava *mil. 245.* **kr.** zglob *articulus verant.* **s.** zglob *gelenk, wofür sonst* zglavak. zglob *ehepaar.* ugłobiti *ein-fügen.* zglobiti *zusammenlegen.* razglobiti *trennen. Vergl.* ogłobłje *am webestuhle das, worin das brdo steht.* **č.** hlobiti *firmare, verzwecken. Vergl.* klúb *gelenk.* **slk. klb.** **p.** głobić *zusammendrücken.* zgłobić, zgła-biać. zagłobić *vernieten.* rozgłobić, rozgła-

biać *trennen.* wygłobić *aushöhlen.* — *Vergl. preuss.* poglabū *er umarmte. lit.* globti, globoti *umfassen.* glēbīs *armvoll. ays.* clyppan.

gloda-: **asl. nsl.** glodati *nagen.* **nsl.** poglodki *octavschmaus nach der hochzeit.* **b.** głožda *vb.* **s.** glodati. glockati. glocnuti. **č.** hlodati. **p.** głodać. **ns.** głodaš *kratzen.* **klr.** hłodaty. **r.** glodatь.

glogŭ: **asl.** glogъ *crataegus.* **nsl. b.** **s.** glog. **č.** bloh. **p.** głog. **os.** hło-honc, hłovonc. **ns.** glog. **klr.** hłôh. **r.** glogъ, glochъ.

glombokŭ: **asl.** gląbokъ *neben* glъ-bokъ *tief. compt.* gląbłij. **nsl.** globok. (**b.** dlъbok. **s.** dubok). **č.** hluboký. hloubě, bloub. *Vergl.* ohluben *brunnen-schrank.* **slk.** hlbka. **p.** głęboki. głę-lna, głąb, głęb. **polab.** glöbüky. **klr.** hłubokyj, hłybokyj. hłyb *tiefe.* **r.** glu-bokij. *dial.* glybokij, glybkij. preglubyj. glubъ. glomb- *durch steig. aus* glemb: jrmbhatē *gähnt aus* jrambh (jrembh). — *rm.* głęmboaka. głębočeni. hliboka. holboka *ON. Man vergleicht gr.* γλύφω. *lat.* glubo. *as.* klioban *bersten.*

glombŭ: **č.** hloub *m. strunk, kohl-strunk.* **p.** głąb *m. gen.* głąba, głęba. **ns.** głub.

głomozŭ: **č.** hlomoz *getöse. Vergl.* hlomoziti *abnützen.* **wr.** hłomozd *bedeutet r.* chlamъ, chlamostь *schutt.* chlamostitь *aufschichten.*

glota **asl.** *turba.* **s.** głota *die armen, familie.* **klr.** hłota *gedränge.* — *rm.* gloatę. **nsl.** *soll* głota *für eine art unkraut vor-kommen.*

glumŭ: **asl.** glumъ *scena.* gluma *im-pudicitia.* glumiti sę. glumьcь, rekъšе na-rodьnyj igrьcь. glumьnikъ. **nsl.** glumiti se *scherzen.* glumač *histrio habd.* **kr.** glu-man *garrulus mar.* **s.** glumac *schauspieler.* **klr.** hłum *scherz.* hłumno *spöttisch.* hłu-myty *plagen.* **wr.** hłum *für r.* durъ. chto kažeć na hłum, a ty beri sobê na um *sprichw.* hłumić *für r.* portitь. **r.** glu-mitь *scherzen.* oglumětь *für* odurětь. — *rm.* glumę *scherz.*

glupŭ: **asl.** glupъ *dumm*. **nsl.** glup *taub*. oglupiti *betäuben* **ung.** gljumpast *stupidus* **habd.** **b.** glupec. glupav.. glupavina. **č.** hloupý. **p.** głupi. **polab.** gleupy *jung:* *vergl.* **s.** lud *thöricht:* ludo dijete; *unreif:* **s.** ludo, mlado zelje. **os.** hłupy. **ns.** głupy. **klr.** hłupyj ohłup, jołup *tölpel.* hłupa, hłucha pôłnôč. nêhłup, néholop *erzdumm (nicht einfach dumm).* **wr.** razъëłup *dummkopf:* raz *und* **klr.** jołup. **r.** glupyj. — *lit.* glupas. *lett.* glupis.

gluzdŭ: **klr.** hłuzd *sinn.* *Vergl.* hłuz *spott.* **wr.** bezhluzdze *wahnsinn.*

glŭch-: **asl.** oglъhnąti *taub werden.* *Durch steig.* gluhъ *taub.* **nsl.** gluh. **b.** gluh: gluha ta gora. gluhar *auerhahn.* **s.** gluh. gluhnuti. **č.** hlechnouti *neben* hluchnouti. hluchý. **p.** głuchy. głuchoń, głuszec. *dial.* zagałusyć. **polab.** gleuclíy. **os.** hłuchi. **ns.** głuchy. **klr.** hłuchyj. hłuchman. hłuš *einöde.* hłuchan *auerhahn.* **wr.** hłuš. **r.** glochnutь. gluchoj. glušь. glucharъ, glu; šakъ *auerhahn.* — *lit.* glušokas, glužokas *auerhahn, entlehnt.*

glŭt-: **asl.** -glъnąti, -glъtiti, -glъtati *verschlingen.* glъtъ *schlund.* *iter.* -glitati, *wie von* glet-. **nsl.** -golnoti, -goltnoti. goltati *deglutire* **rib.** gutnuti **prip.** golt *schlund.* dugogut *gutturosus* **habd.** goltanec *guttur* **meg.** *faux lex.* golturja *ingluvies* **lex.** samogolten *avarus* **meg.** **b.** -glъna *vb. bulg.-lab.* glъtna, -glъnuvam, -glъštam, glъtam *vb.* glъtъk *schluck.* **s.** gunuti *aus* glъnąti. gutati. gucati. gucnuti. **č.** hltati. hltiti. hlt. **p.** *vergl.* głytus, pijak *dial.* **klr.** hłotaty. *iter.* hłytaty. hłot *schluck.* **os.** hiltać. **wr.** hłynuć, hłytać. hłykać, hłyknuć, hłokać. **r.** -głonutь. glotatь. glotychatь. goltъ. — *rm.* gęt *aus* glęt. gętitsę.

glĭb- *W.* **asl.** uglъnąti, *iter.* uglъbati *infigi.* glъbêti *im kothe stecken.* *Durch steig.* glêb-, *daher* (uglêbiti), uglêbljevati *infigere.* **nsl.** zagelbniti, zagulbniti *trub. für* zaglnoti. **s.** glib *koth für* **asl.** *glêbъ. uglobiti *einfügen gehört nicht zu* glĭb. **p.** uglnąć.

gmahŭ: **nsl.** gmah *ruhe.* **p.** gmach *gemach.* **wr.** gmach. — **ahd.** gimah *bequemlichkeit, ruhe, zimmer, wo man ruht.*

gmata-: **č.** hmatati *tasten.* *Vergl.* hmot *materie und* **p.** macać.

gmatva-: **p.** gmatwać, matwać *durch einander mischen.*

gmêtĭnŭ: **nsl.** gmêten *hübsch, froh.* — **mhd.** gemeit *freudig, schön.*

gmĭl-: **s.** gmiljeti, miljeti *kriechen.*

gmĭnŭ: **p.** gmin *gemeine, menge, geschlecht.* — **ahd.** gimeini *mit befremdendem slav.* i *für d.* ei.

gmozg-: **č.** hmožditi *schütteln, zerbrechen.* zmožditi *aus* hmožditi. *Vergl.* **nsl.** gnježdžiti *zusammendrücken.* **s.** gmežditi *kneten.* — *magy.* mozdit *bewegen ist dieser sippe fremd.*

gnada **nsl.** gnadę. **os.** hnada. — *Aus dem d. der kirchensprache.*

gnedŭ: **č.** hned, inhed, hneď, hnedky *gleich, stracks.* **p.** hnet, hnetki, wnet, wnetki, chnet. **os.** ned. **klr.** hneť, hnetka. **r.** vnetъ, nedavno. **nsl.** hnado, *im Westen.* *Dunkel.* g *ist zweifelhaft.*

gnet-: **asl.** gnetą, gnesti *drücken;* *ungenau* gnêtą. *iter. durch dehnung* gnêtati *und daraus* gnitati. **nsl.** gnetem, gnesti *kneten.* gnetalo *knetscheit.* *Man merke* **s.** gnječiti *kneten in der gleichen bedeutung.* **č.** hnetu, hnísti. **p.** gniotę, gnieść. **ns.** gńeśiś. **klr.** hnetu, hnesty. hnêt *druck.* húityty *nach dem iter.* **wr.** hneść. **r.** gnetu, gnestь, gnesti. gnëtъ. — *preuss.* gnode *backtrog für* gnote. **ahd.** chnëtan *ist wohl verwandt trotz des* t.

gnêdŭ: **nsl.** gnêd *art trauben mit bräunlich rothen beeren.* **č.** hnědý *braun.* **p.** gniady. **klr.** húidyj. húidan *subst.* **r.** gnêdoj.

gnêti-: **asl.** gnêtiti *anzünden, anfachen:* ognь. podъgnêtъ *fomes.* podъgnêta: učiteli bądatъ imъ podъgnêta. **nsl.** nêtiti (ogenj) *fovere* **rib.** **habd.** nêtilo *fomentum* **habd.** znêtiti *ung.* podnêt, podnêtek. podničevati *lex.* **kr.** unititi *luč.* nitilo *verant.* **č.** podnět. zánět. nítiti *feuer schüren.* **p.** niecić. **klr.** húityty *das brot durch anfachung der flamme bräunen.* zahúit *bräunen des brotes.* húičenyj *gedörrt.* zahnítka *dürres reisig.* **wr.** zahnêt *herd.* *Vergl.* **r.** zagnêta *neben*

zagnivka. podgnêtъ. ognetьe *für* ogarki
dial. — *Man vergleicht preuss.* knaistis
brand; ferners ahd. gneista *funke, das
jedoch auf das dunkle* ganehaista *zurückgeführt wird.* nêtiti *wird als die urform,
g als ein unerklärbarer zusatz anzusehen
sein: vergl. s.* gnjurac *taucher;* gnjiriti
neben njiriti oculos defigere; *klr.* hnuzdati
zügeln. gmata-, gmatva-. gmil-, mil-. gnêzdo.
Man beachte doch auch klr. pokmityty
unter kŭ.

gnêvŭ: *asl.* gnêvь zorn. gnêviti. gnê-
vati sę. *nsl.* gnêv. gnjivati se *habd.*
b. gnêv. gnêvam se *vb.* *s.* gnjev. *č.* hnêv.
p. gniew. *os.* hńev. *ns.* gńiv. *klr.* hńiv.
r. gnêvъ. *Das wort scheint, trotz der be-
deutungsverschiedenheiten, mit* gni *zusammenzuhangen: dafür spricht* gnêvъ σαπρία parem.
1271.

gnêzdo *asl.* nest. gnêzditi sę. **nsl.**
b. gnêzdo *s.* gnijezdo. *č.* hnízdo. *p.*
gniazdo. *polab.* gńozda *plur.* *os.* hńezdo.
ns. gńezdo. *klr.* hńizdo: *daneben* hńizno.
r. gnêzdo. — *ai.* nîḍa *aus* nisda. *Vergl.*
lit. lizdas. *lett.* ligzda. *Schwierigkeiten
macht ê für ai.* ī.

gni-: *asl.* gniti *faulen.* gnilъ. *Durch
steig.* gnoj *pus.* gnojutъzoimenitъ κοπρώνυ-
μος. *iter.* -gnivati. *nsl.* gniti. gnoj. *b.*
gnija *vb.* gnil. gnoj. *s.* gnjio. gnjiliti.
gnoj, gnjoj. *č.* hníti. hnůj. *p.* gnić.
gnoj. *polab.* gnüj. gnåly. *os.* hńić.
hńiły. hnoj. *ns.* gńiś. gńiły. gnoj. *klr.*
hnyty. hnyły. hnôj. *r.* gnitь. gniłoj. gnoj
pus, schmutz. — *rm.* gunoj. *magy.* ganaj.
gnila *findet sich für* glina argilla: *asl.*
въsądъ gnilênъ. *s.* gnjila *töpfererde.*
r. gnila *dial.* *Dagegen auch b.* izglinêja
putresco Vinga. *Dieses beruht wohl nicht
auf einer verwechslung.*

gnida *nsl.* *b.* *s.* niss. *č.* hnida. *p.*
gnida. *polab.* gnaidåi *plur.* *os.* hńida.
ns. gńida. *klr.* hnyda. *r.* gnida. —
lit. glinda *aus* gninda. *lett.* gnīdas. *ahd.*
niz *für* hniz. *ags.* hnitu. *Die anlaute
stimmen nicht.*

gnjatŭ: *nsl.* gnjat, gnat *schinke.* *kr.*
gnat. *s.* gnjat *schienbein.* *č.* hnát *glied,*

knöchlein, schenkel. *p.* gnat, kości wielkie,
knochen ohne fleisch.

gnjavi-: *nsl.* *s.* gnjaviti *würgen.*

gnonbi-: *p.* gnąbić, gnębić *drücken.*

gnusŭ: *asl.* gnusъ *schmutz.* *Daneben*
gnusь; *ferners* gnesь, gnьsь *und in mass-
gebenden quellen auch* gnąsъ. *nsl.* gnus,
gnjus *ekel.* *b.* gnusja se *ekel empfinden.*
gnusen. gnusota. *s.* gnusan. *č.* hnus *und*
hnis. hnusiti, hňusiti *ekel erregen.* hniseti
eitern. *slk.* hnus *fäulniss.* *p.* gnuśny *faul,
träge.* *wr.* hńus. *r.* gnusnyj. gnjusъ *ist
torpille, art fisch.* — *lit.* gniusas *ungeziefer.*
rm. gunos, agunos. *magy.* gonosz *malum.*
*Form und bedeutung einiger wörter lässen
zusammenhang mit* gni (gniti) *vermuthen.
Verschieden ist r.* gnusitь *näseln.*

go, že *verstärken die comparativpartikel*
ne: *neben* nego *findet man* neli *und* negoli.
negoli *wird zu* negъli, negli, nekli. negъže,
negželi *aus* negože. *Meine ansicht,* go, ga
in jego, jega *usw.* *sei mit dem hier behan-
delten* go *identisch und* jego *kein casus von*
jъ, *sondern hervorgehobenes* jъ, *hat keinen
anklang gefunden.* *nsl.* prêjner (prêjmer)
bevor. poprêj neli je nebesa videl *bevor er
den himmel sah* spang. nego, neg. *s.* nego,
no, negoli. *wr.* neůho *für r.* neužъto.
asl. neže, neže li *quam.* *kr.* ner *aus* neže:
pri ner gusa dojde *bevor der räuber kommt.*
jъ *wird mit* že *ein relativum:* *asl.* iže *qui.*
jamože *quo.* jelьmaže. že *tritt an inter-
rogativa und an negative partikeln an:* čьto
že. niže. nikoliže. ničьto že. ni otъ kogo
že. uže *jam:* ne u *nondum.* dože, dože i;
doži *bis.* blago že, *nsl.* blagor, *ist gr.* εὖγε.
In diesen fällen dient že *dem vorhergehenden wort: dasselbe hat jedoch auch eine
selbstständige bedeutung:* čьto že .vidiši sę-
čьcь vъ očese bratu svojemu τί δὲ βλέ-
πεις *usw.* tvoriti že i učiti ποιεῖν τε καὶ
διδάσκειν. *nsl.* kdor *qui* (kdo *quis*). ništar,
ništer *nihil.* že *neben* vre *jam:* uže. blagor. dejder, deder *wohlan.* *b.* dori, dor,
dur *bis:* *asl.* dože i. *kr.* jure, jur, jurve
jam: uže. kudgodre *frank.* *s.* jer, jera:
asl. ježe. tadar. *č.* nejen mladí než i ti
starci. větší než (nežli) *os.* vím, žes tu

byl: *asl.* ježe. kdože? *quis?* již *jam.* až
bis *(ai.* ǎ gha). týž *idem.* tamže *ibidem.*
dejže mu, dej. niže, niž, niželi, nižli *quam:*
asl. neže. juž *jam.* až. tenže *idem.* daj
že *gib doch.* **os.** ńež *als.* **klr.** že: *asl.*
ježe. až. pôjdu ž bo ja *aber da werde
ich gehen.* roby ž *mache doch.* **wr.** nižli.
r. neželi. že, žъ. — *lit.* negi *nicht doch.*
neigi: *asl.* niže. gi, *weniger gebräuchlich
als* gu. kasgi? *wer?* iš kurgi? iš gi kur?
woher? taigi *also.* ingi, ing *durch* gi *ver-
stärktes* į *aus* in *in.* nŭgi, nŭg, nu *de.*
prëg, prë *bei.* jaugi, jau *schon.* nu gi!
nun denn! ogi *und aus* o *und* gi. **lett.**
jaug' *jam. Hieher ziehe ich auch* zi. *Diese
partikel wird im* **b. kr.** *und* **s.** *den pronomina personalia und demonstrativa und den
von diesen abgeleiteten adverbia angefügt,
ursprünglich wohl um dieselben zu verstärken: die fest gewordene verbindung
erhielt sich ohne die ursprüngliche bedeutung, und griff weiter um sich.* **b.** azi *aus*
az zi; jazi. nazi *aus* nas zi. tize, tizeka
tu. vazi *aus* vas zi. onъzi. ovъzi. tъzi.
takъvzi. togizi. tolkoz. tъdêz, tъdêva *hac.*
kr. ondazi. ovzi. *Ebenso* nikojzí *luč.* **s.**
njojzi *ei f.* njezin *neben* njen *ejus f. Ebenso*
svojizih junaka. kojizi su lakomni na blago.
jedni zi ljudi. u jadnoj zi Crnoj gori. ja
sam zi vidio tu zemlju. *Das im ai. den
praepositionen* ā, ād, upa, anu *usw. angehängte*
gha *führt zur vermuthung, dass slav.* nizъ
aus ni *und* zi *entstanden sei: man vergleiche
auch slav.* izъ *mit lit.* iš (iž). *So mögen
auch noch andere slav. partikeln erklärt
werden:* naz *im* **nsl.** nazoči *anwesend, wenn
nicht* na vzoči *die ursprüngliche form ist.*
asl. paz *aus* pa *in* paznogъtь *ungula.* pazduha, pazuha *sinus.* poz *in* pozderije *stupa:
vergl.* **p.** pozwolić *einwilligen.* prêzъ *aus*
perzu: prêzъ *praeter.* proz: **s.** proz raj i
pakao. **klr.** pruz okno. *Man vergleiche asl.*
vъzъ *und* vъ; oz *aus* o. **p.** ozdoba, zdoba
zierde. **os.** vozdebić, zdebić *verzieren.* vozdoba. *Man beachte* vuzdoba, *das auf ein* vy-
zdoba *zurückgeht: daneben* vudoba, *d.* ì. vy-
doba. **klr.** ozdoba, zdoba. **p.** ozdoba. ozdobić. **kaš.** ozgamba (chleba). — *lit. möge*

so entstanden sein: prëš (prëž) *aus* prë *bei.*
s. nagovijesti *erinnern ist vielleicht* nago
und vijestiti *zu theilen und* nago *als aus*
na *und* go *bestehend zu erklären.* razgovijetan *deutlich.* **nsl.** zagovêditi se, zdo-
govêditi se *für* zavêditi se. **b.** dogovêž-
dam se *neben* dogaždam se *vermuthen. Mit*
ghā *mag* **č.** aza, azda, zda, zdali *verwandt
sein.* **p.** aza, azaž, azali, izali *nonne.* je,
ję *im* **nsl.** nejevolja *unwille,* **asl.** nejęsytь
*vultur, pelecanus sind mir dunkel: sie hängen
nicht mit* go *zusammen. Vergl. gr.* γέ.
ai. gha *dient zur hervorhebung des vorhergehenden wortes.* zd. zī. *Wenn* gha *wirklich mit* go, že; *lit.* gu, gi *verwandt ist, dann
ist* gh *velar: damit stimmt* γέ *nicht überein.
Dazu kommt ai.* ha, hi, zd. zi *und slav.*
zi, *wörter, die auf palat.* gh *deuten. Man
vergleiche* χι *in* ναίχι, οὐχί. *Die sache ist
dunkel, daher hypothesen gestattet.*

gobino, gobina **asl.** *fruges.* **kr.**
gobino *far verant.* **ar.** gobina *ubertas.*
gobino. — *magy.* gabona *getreide. Man
darf weder an* **lit.** gabenti *befördern,
bringen, noch an Mielcke's* gabiauja *göttin
des reichthums denken.*

gobĭdzŭ: **asl.** gobьdzъ, gobъzъ *adj.
abundans, fertilis:* vrêmena gobъza. *subst.*
ubertas. ugobъziti *ferax reddere.* gobiznъ *dives.* gobъzina *abundantia.* gobъzovati *abundare.* gobъdzjuję *sin.* **č.** hobezný *vit.*
klr. hobzuvaty *reich sein.* hobzyty *vermehren.* — *Mir scheint das wort deutschen
ursprungs zu sein: got.* gabigs, gabeigs
reich zu giban. gobъzъ *hat urspr.* gobъdzъ,
gobъzь *aus* gobъgjъ *gelautet: vergl.* kü-
nengü.

godlja nsl. *wurstsuppe.* pogodelj.

godovablĭ: **asl.** godovablь *seide.* **č.**
hedváb *m. f.* hedbav. hydbov. herbábi *dial.*
slk. hodbáb. **p.** jedwab *m.* (jako by jed
na se táhlo.) **klr.** jedvab. **wr.** jedvaб. —
ahd. gotawebbi *n.* gottуebe *gewebe zu
gottesdienstlichen zwecken: andere denken beim
ersten theil an das urspr ar. it.* cotone *usw.*
isl. godhvefr.

gogota-: **asl.** gogotati *gracillare:* gogotati kurьsky *uti galli.* **nsl.** gogotati *glo-*

cire lex. **wr.** hohot. **r.** gogotatъ *schnattern.*
Hieher gehört **klr.** hohol *klangente.* **r.** go-
golъ. — *lit.* gagu, gagěti. gagenti. gago-
nas. *Vergl.* chochota-.

goch·: **asl.** gošiti *parare. Vergl.* **klr.**
hošyty *lauern.*

golavlĭ, gololъ·**r.** *cyprinus orphus (art
fisch).*

golb- 1.: **nsl.** golbati *nagen. Vergl.*
s. glabati.

golb- 2.: **klr.** hołobła, zahołoba *keil.*
hłabći *art schlitten.* ohołobla, ohłobła, ohła-
bli *femerstange.* **r.** ogloblja *deichsel.* **p.**
hołoble, ohłoble *galbeldeichsel ist klr. Alles
dunkel, nur der form·nach zusammengestellt.*

golêmŭ: **asl.** golêmъ *gross.* golêmьnъ.
b. golêmъ. golêmec. **s.** golem. **č.** holemý.
ar. golêmyj. *Dunkel ist* **r.** *dial.* galjama
viel. golomja *hohe see.* **s.** galama *menge.*

golênĭ: **asl.** golênь *crus.* **nsl.** go-
lên *unterschenkel.* **s.** golijen. **č.** holeň.
p. goleń. nagolenok, nagolenica. **klr.**
holinka. **r.** golenь. *Man denkt an* golъ.

golgolŭ: **asl.** glagolъ. glagolati *reden.*
glagolivъ. oglagolovati, oglagolovają. **nsl.**
glagol. glagolati *fris.* **č.** hlahol *schall,
rede.* **wr.** hłahołać *für* **r.** rôzko govoritь.
r. głagolъ *wort neben dem dial.* gologo-
litь *scherzen. Vergl.* nagalъ *parole.* golgol-
ist das ai. intensivum *galgal von* gar
schlingen. ghargharas *geknister. Vergl.* ger-.

golija 1. **asl.** *art schiff.* **nsl.** galija.
s. galija, golica; *alt* golija. **p.** galija.
— *magy.* gállya. *it.* galea. *gr.* γαλέα.
mlat. galea. *mhd.* galīe. *Identisch* galija.

golija 2. **b.** *kohl.*

goljadĭ: **ar.** goljadь, oljadь, ljadь *art
schiff.* — *gr.* χελάνδιον. *fz.* chaland.

golnĭ: **klr.** oholony, oblony *geschwulst
des zahnfleisches bei pferden.*

golombĭ: **asl.** gołąbь, *gen.* gołąbi,
taube. gołąbinъ *adj.* **nsl.** golôb. **b.** gъlъbъ.
gъlъbarnik. **s.** golub. **č.** holub. **p.** go-
łąb holubek *herzchen ist fremd.* **polab.**
gülôb. **os.** hołb. **ns.** gołb, gołub. **klr.**
hołub. hołubyj *himmelblau.* **r.** golubь.
goluboj. prigolubitь *liebkosen.* — *preuss.*
golimban *blau. Vergl.* gulbis. *lit.* gulbė.

lett. gulbis *schwan. lat.* columba. *Man
beachte* **klr.** hołubeł *döbel (art fisch);
ferners* **b.** gъlabi, mamuli *mais, der* **s.** go-
lokud *heisst: alles dunkel.*

golomen: **r.** golomja *entfernung, baumstamm und* ogolomja *ohnmacht sind verschiedene stämme.*

golotĭ: **asl.** golotь *eis.* glъtênъ *cry-
stalli, nur einmal nachgewiesen.*

golsŭ: **asl.** glasъ *stimme: gen.* glasu
sin. und glasa. glasiti *rufen.* glasovati. **nsl.**
b. s. glas. **č.** hlas. **p.** głos. hałas *lärm
ist klr. oder* **wr.** **os.** hłos. **ns.** głos.
klr. holos. oholosyty, ohłasyty. (nevihołos,
nevihłas *der unwissende:* **asl.** nevêglasъ).
hałas *lärm.* **wr.** hałas. **r.** golosъ *neben*
glasitь. — *rm.* glas. glęsui *vb. lit.* gar-
sas *schall.* atgarsis, **p.** odgłos. garsauti
berühmt sein. alasas *ist klr. oder* **wr.** *W wahrscheinlich gels. Vergl.* **nsl.** naglasnica *ein
brot, das die hebamme dem pathen und der
pathin bringt.*

golva: **asl.** glava *kopf.* glavotężь. vъzgla-
vije, vъzglavьnica, vъzglavica. oglavъ *ca-
pistrum.* glavizna *capitel.* **nsl.** glava. po-
glavar, poglavnik *oberhaupt.* paglavec
eigensinniger knabe, zwerg. preglavica, črna
žena brez glave. **b.** glava. glavina *weinstock.* poglavarin, glavatar. glavulek. glavja
miethen, dingen, besolden. oglav. **s.** glava.
glavatica *tructa.* oglav. oglavak *hügel.* **č.**
hlava. ohlav. **p.** głowa. ogłow. wezgło-
wie. zagłowek *kopfkissen.* słotogłow *gold-
stoff.* śrebrogłow. **polab.** glåva. **os.** hłova.
ns. głova. zagłovk. **klr.** hołova. hłava
ung. ohłav. hłavyća. hłava *capitel.* hołov-
nyctvo *mord hucul.* alt hołovščyna *mord.*
zahołovok, zahłavok *kopfkissen.* **r.** golova.
glava *kopf, capitel.* — *magy.* galócza. *rm.*
galvatine *cranium. preuss.* gallū, galwo,
glawo. pergalwis *genick. lit.* galva. ap-
galvis *halfter. lett.* galva *kopf.* galava
ältester, entlehnt. Man vergleicht and. kollr
kopf.

golvĭnja: **asl.** glavinja *titio.* **nsl.**
glavnja, glovnja, oglovna. **b.** glavnja,
glamnja. **s.** glavnja *balken brennholz.*
glavnjica od žita *uredo mik.* **č.** hlavně.

slk. hlaveň *kohle.* **p. ns.** głownia. **klr.**
hołovńa. **r.** golovnja *titio, lolium təmu-*
lentum, ustilago. Man vergleicht ahd. cholo,
nhd. kohle *und denkt an* ai. jūrv *versengen.*

golŭ 1.: asl. golъ *nackt, bloss.* nsl.
gol. golehen, golahrni *ganz nackt.* golazen,
golo mêsto v gozdu. *Vergl.* golun *weihe.*
b. gol. golíčьk. golota. *Vergl.* golec *schmerle*
(fisch). s. go. č. holý. hole *baumloser*
berg. holota *armer teufel.* **p.** goły. gola
offener ort. ogoł *kahler ort.* zgoła *gänzlich.*
os. hoły. ns. goły. **klr.** hołyj holь *blösse.*
holota. hoľura. zhoła *ganz.* holomšiti *nackt*
machen. hołobôŝ *in stiefeln ohne socken.*
hołołedy *glatteis.* holomoroža *trockner frost.*
hołomozyj *kahlköpfig. Vergl.* haľava *wald-*
blösse mit galja, ns. goľ. **wr.** hołotva
arme leute. holita *armuth.* hołopuzyj. zhoła
vollkommen. **r.** golъ. golь *nacktheit.* golo-
ledica. golyšъ. — rm. gol *leer.* goli *vb.*
magy. gulács. *Hieher ziehe ich* **kr.** golica *mädchen neven* 1850. 159. č. holec.
holek. holka *mädchen.* holomek *lediger*
mensch. os. holc *bursche.* **ns.** golc. goľe
kind. Bei diesen wörtern wird an bart-
losigkeit gedacht: die ausdrücke für „mäd-
chen" beruhen auf denen für „knaben".

golŭ 2.: **p.** ogoł *allgemeinheit.* ogo-
łem, ogolnie *im allgemeinen, überhaupt.*
klr. vohuł *erntearbeit für einige schock*
getreide. ohułom. navhuł. hał. zahałom.
v zahali. zahaľnyj *allgemein.* **wr.** ohuł,
r. obtъ, gurtъ. **r.** ogulьnyj, optovyj. —
lit. aglu, aglumi *in bausch und bogen adv.*

golŭfŭ: nsl. golъf, *gen.* golúfa, go-
ljuf, goljъf *betrüger.* golufija, goljfija *betrug.*
golfati, golufati, goljfati *betrügen.* **kr.** galuf.
s. golufanje *insidiae* mik. — *Vergl.* ahd.
gelf *fraus:* ŭ *ist eingeschaltet. Von* it. ga-
glioffo, *sp.* gallofo *schelm,* ngr. γαλίφος
schmeichler sind die ersten unmittelbar, das
letzte mittelbar dem d. entlehnt.

golĭ: asl. golь *ast.* nsl. gol *f. abge-*
hauener junger baum. č. hůl *gehölz. Vergl.*
holička *obstknöspchen.* **p.** golanka *baum-*
knospe. os. hoľa *wald.* ns. goľa. **klr.** hôľa
starker zweig. hôľka *zweiglein.* **wr.** hoľľe *coll.*
äste. holina *ast.* holeń *für* r. suchoj i obbi-

tyj *vênikъ.* **r.** goľьja *zweig.* — magy.
galy, gaj. *Damit verbinde ich* galonzʼ:
č. haluz *f. ast.* **p.** gałąž. **os.** hałoza,
bałza, hałožka. **ns.** gałuz. **klr.** hałuž.
hołuza, hołuzьja *ung.* **r.** galjuka *dial.*

goliva: klr. hoľva *kropf.* č. halva.
— magy. golyva, gelyva. *Vergl.* gliva.

gomba 1.: nsl. gôbec *maul.* s. gubac
spitze des vordertheiles des schiffes. gubica
theil des thiergesichtes. č. huba *maul.* na-
hubec *kopftuch.* *dial.* gemba *aus dem* p.
hubička *mündchen, kuss, osculum.* **p.** gęba
maul. gębunia. gamba *kinnbacken.* **kaš.**
gamba. ozgamba (chleba) *stück: vielleicht*
oz *aus* o, *wie* prêz *aus* prê. os. huba.
ns. guba. **klr.** huba *lippe.* **r.** guba. —
magy. slk. gamba *flabbe, wurstmaul.* lett.
gembas *mund.*

gomba 2.: asl. gąba *schwamm, pilz.*
nsl. gôba. guba *habd.* gobanja *neben* glo-
banja; glubanja *habd.* b. gъba. č. houba.
p. hubka *feuerschwamm ist fremd.* **klr.**
huba. *Damit hangen einige „aussatz" be-*
deutende wörter zusammen: asl. gąbavъ
leprosus. (b. gъbav *soll „fleischig" be-*
deuten). s. guba. gubavilo. — *lit.* gumbas
geschwulst, pilz. magy. gubó *gallapfel.*
gubacs, gubics *knopper.* gubás *aussätzig.*

gomilica nsl. *art heilkraut, wohl „ka-*
mille" Ukrain. kamilica. — mlat. cama-
milla. *gr.* χαμαίμηλον.

gomolja asl. *maza.* č. hamulc *mehl-*
brei. homolka, homůlka. **p.** gomołka *quark,*
käse in form eines butterstückes. os. homola,
homula *klumpen.* (ns. gomola *hirsekolben*).
klr. homôłka *käselaibchen.* **r.** gomola *masse.*
— magy. gomolya.

gomolŭ: **p.** gomoły *ohne spitze.* č.
homolý, komolý. — *lit.* gumulis *das ge-*
stutzte. Man merke glumis *rind ohne hörner.*
Vergl. komolъ.

gomonŭ: **p.** gomon *lärm, hader.* go-
monić się. č. homon. homoniti se. **klr.**
homôn *schall.* bezhomône *stille.* homońity
schallen. udhomon *echo.* **r.** gomonъ. gomo-
nitь. ugomonitь *beruhigen.* ugomonъ *stille.*
— ags. gamen *fröhlichkeit.* and. gaman.
got. gaman *genoss; gemeinschaft.*

gomota: č. homota, hmota, hmot materia, corpus. hmotný. — Man denkt an gr. γέμω impletum esse.

gond-: asl. gądą, gąsti cïthara canere. gąslь aus gąd-tlь cithara. gądьcь. gądьba. nsl. gôdem, gôsti. gôsli geige. Vergl. gondrati, gôdrnati murren. gostolêti zwitschern. s. gъduvam die violine spielen. gъdular, gъdularin. gъdulka violine. Vergl. gundelj maikäfer. s. gudalo fidelbogen. gudjeti geigen. gusle. as. poguslo cognomen. č. hudu, housti. hudec. hudba. housle. p. gędę, gąść. gędziec. gądek. gędźba. gęśl. Lit. scheint gusła hexerei. guślić zaubern. wieszczy albo guślny zof. guślnik. os. hudaŕ wahrsager. hudźba musik. husła geige. ns. hudok wahrsager als ungebräuchlich bezeichnet. guslovaš zaubern scheint fremd. klr. hudu, husty musiciren. hudity hallen. ohudyty tadeln. pohudka. hudak. husľ. husľar. Vergl. huty girren. Vergl. huduk junikäfer. gudžułaj mistkäfer. wr. busci, huść, hudzêć. r. alt. gudu, gusti. dial. gustь für vytь. gudêtь. guditь. gudokъ. gusli. — rm. gîndak scarabaeus. lit. goslus gauklerisch. goslîbė. lett. gaudu, gaust* klagen.

gondelĭ: p. gądziel f. günsel. — Aus dem nhd. günsel, das man mit consolida zusammenstellt.

gonez-: asl. gonesti, gonьsti, goneznąti, gonьznąti servari. Durch steig. *gonozъ, daher gonoziti, gonažati servare, daneben goneziti. iter. durch dehnung gonêzati. — got. ganisan, ganas errettet werden. ahd. ginësan. Das der regel der slavischen primären verba folgende verbum ist in der ersten periode entlehnt worden.

gonč-: asl. gonêti genügen. — Vergl. lit. gana genug. ganêti. lit. gana. lett. gan.

gong-: asl. gągnąti, gągnąti murmeln. gągnivъ, daneben hъhnati. nsl. gôgnjati. b. gъgnja vb. (Verschieden ist s. govnjati widersprechen.) č. huhňati. p. gęgać, gęgnąć, gągnąć schnattern. gęga. kaš. gęgotac, gangotac näseln. klr. huhnati, vuhnaty, huhňavity näseln. wr. huhnuć. huhna. r. gugnivyj stammelnd. — rm.

gęngav. gr. γογγύζω. ai. guńj summen, brummen. g palat. g.

gonoba nsl. schade. ugonobiti verderben meg. erwürgen, zu grunde richten. č. hanobiti misshandeln. klr. honoba plage. honobyty neben hnobyty bedrücken. uhonobyty beschwichtigen. r. dial. findet sich gonobitь sammeln.

gonstŭ: asl. gąstъ dicht. ogąstêti. nsl. gôst. gošča dickicht. Vergl. gostosêvci, gostožerci das siebengestirn. b. gъst. gъstak dickicht. s. gust. č. hustý húšť. p. gęsty. gęstwa. gęstwina. gąszcz. husto reichlich, huściawy dicht sind klr. os. husty. ns. gusty. klr. hustyj. hustvyna. hušča. r. gustoj. gušča.

gonsĭ: asl. gąsь gans. gąska. gąštij adj. nsl. gôs. gôska. b. gъska. gъsčen krak. s. guska. č. hus. houser. p. gęś. gąsior, gęsior. polab. gôs. os. hus. huso: asl. *gąsę. husor. ganzor ist d. ns. gus. klr. huś. r. gusь. — rm. gęnskę, gęskę, gînskę, gîskę, gînsak. alb. gusę. lit. žasis, žansis. lett. zôss, zûss. finn. hanhi. gr. χήν. lat. anser. ahd. gans. ai. hąsas. arm. sag aus gas. Der anlaut ist gh, das für das lit. als palat., für das slav. als velar anzunehmen ist. An entlehnung des slav. wortes aus dem d. möchte ich nicht denken. Vergl. gordŭ.

gontŭ: p. gont, gonta schindel. klr. gonta. r. gontъ, dial. gonotъ, gonotь. gontatь finders. nsl. gontar.

gor-: asl. gorêti brennen. iter. durch dehnung -garati. nsl. gorêti. úgar brache (dem erwärmen ausgesetztes feld). b. gorja vb. gorešt heiss. goreština hitze. goricvêt lichtrose. ogarka, ogarêk kerzenstumpf. ugar brache. s. gorjeti. ugar. gorocvijet. č. hořeti. úhor. kořalka brantwein dial. p. gorzeć, gorać, gorący heiss. gorączka fieber. gorz kehlsucht, begierde. gorzałka brantwein. ugor. os. hořeć. vuhor brandfleck auf dem felde. ns. goreś. klr. hority brennen. goraľňa. brantweinbrennerei. har fettdampf, schlacke. zhar das angebrannte. vyhar, vyharysko brandstätte: har- beruht auf der iter.-form. r. gorêtь. gorjačka.

gorêlka *brantwein*. goricvêtъ. gorichvostka
rothschwanz. garь *brandgeruch*. ogara *dial*.
peregarъ. ugarъ. — *magy*. ugar *brachacker*. *rm*. ogor, pęmîntul lukrat. *Mit
gorêti verbinde ich wörter, die die vorstellung „bitter, unglücklich" bezeichnen*.
asl. gorij *pejor*. gorje *malum : kein com-
parativ.*: gorje *wird mit got*. kara *sorge
verglichen*. gorjestь *amarities*. gorьkъ *amarus*. ogorьčiti sę *neben* prêgrьčiti. gorьčica
herba amara. gorjuha *sinapi*. **nsl**. gorši
*mit der befremdenden bedeutung „optatius";
besser*. gorje! *weh!* gorek *amarus, miser
habd*. gorčica. gorjup. gorup *amarus somm*.
*Hieher gehört das in seiner bildung dunkle
grenek bitter*. ogreniti *acerbare lex*. **b**. gorьk
böse: gorka rana *Vinga*. gorki *elend : daneben*
gorki bašta *lieber vater*. gorki slъzi. gorko!
weh! gorči *es ist bitter*. gorčina. gorčiv *bitter*.
gorčivina. **s**. gori *schlechter*. gorak *neben*
grk *bitter*. goraknuti *neben* grknuti : goraknuti *und* grknuti *beruhen auf* gorknuti,
das im r. geduldet wird. grk *ist auf* grknuti *zurückzuführen*. **č**. hoře *gram*. hoře-
kovati. hořec *bitterwurz*. hořký *heiss, bitter
neben* horký *heiss*. **p**. gorzej. rozgorzyč
exacerbare. gorszy *ärger*. gorszeć. gorzki.
gorzkawy. gorczyca *senf*. gorycz *bitterkeit*. goryczka *enzian*. **polab**. görky. **os**.
gorjo *trübsal*. hoŕki. horčić. horlivy. hierko
bitter, hierknyć *bitter werden sind mit s*. grk
zu vergleichen. **ns**. gorej, goršy *ärger*. go-
riś *ärgern*. gorki *bitter*. **klr**. horyj. hore!
wehe! hôršyj. hôršaty. hôrkyj *bitter*. horeč
bitterkeit. **wr**. horšyj. **r**. gore *gram*. go-
revatь *sich grämen*. gorestь. gorькij. gorčica *senf*. gorčanka *enzian*. gorьknutь *bitter
werden*. gorьklyj. — *preuss. vergl*. garre-
wingi *brünstig*. *lit*. garas *vapor*. gorme
hitze. garkity *senf*. *lett*. gars *calor*. *lit*.
arêlka, orielkas, vârelkas *brantwein*. gar-
stičios, garstičei *senf*. *rm*. hurêlkę. do-
gori *vb*. *Mit der W* gor *verbinde ich auch*
b. graniv *ranzig*, *r*. progorklyj. granêsva
ranzig werden. *Die wörter beruhen auf
einer form* gran- *aus* gorn-. **b**. prêgrak-
nuvam *heiser werden ist vielleicht auf* prê-
gorknuvam *zurückzuführen und bezeichnet*

*nicht eine beschaffenheit der stimme, sondern
das gefühl des brennens in der kehle*.

gora asl. *berg*. gorê *oben*. gorьnь *der
oben ist*. gorьnica. **nsl**. gora *berg*. gor
hinauf. gori *oben*. **b**. gora *wald*. gorski
bergig, bewaldet. gornica *sommerzimmer*.
s. gora *berg*. gore. **č**. hora, hůra *berg*.
dial. hora *wald*. **p**. gora. pagorek *hügel*.
polab. göra. **os**. hora. pahork. **ns**. gora.
klr. hora. buhôr *hügel*. **wr**. uzhorok. *r*. bu-
gorъ. *r*. gora. gornij. gornyj. gornica.
ugorokъ. prigorokъ. — *preuss*. garian
baum. *lit*. girê *wald*. *Vergl. magy*. gor-
nyik *und* *rm*. gornik *adparitor*. *rm*. po-
gorî *dejicere*. *ai*. giri. *zd*. gairi.

gorazdŭ: **asl**. gorazdъ *peritus*. *PN*.
γοράσδος *in der vita Clementis*. **č**. horaz-
diti *schelten, reptati : magy*. garázda *jur-
giosus*. **klr**. harazd *glück ; gut adv*. haraz
glücklich. **wr**. horazdyj, hrazd *schnell*.
hrazdo *sehr*. *r*. gorazdъ *geschickt* : knižьnici
gorazdi *alt*. onъ gorazdъ na vse. goraz-
ditь *machen*. ugorazditь *ausdenken dial*.
gorazdo, gorazdъ *sehr dial*. ɣorazno *sehr*.
gorazže, goražac *stärker*. nεgorazdokъ
schwachsinniger mensch. — *mgr*. γορασδοει-
δής. *magy*. gorázda *zänkisch*. **klr**. horazd
bus. 809. gorazno *pam. 174*. *Die verschiedenen bedeutungen dieser wörter kann ich
auf eine grundbedeutung nicht zurückführen*.
*Ebenso wenig will mir die etymologische
erklärung gelingen : ehedem dachte ich an
got*. ga *und* razda *sprache*.

gordŭ: **asl**. gradъ *murus*. graždь *stabulum*. gradarь *hortulanus*. ogradъ. ograda.
prêgrada. vinogradъ. **nsl**. grad *schloss*.
graditi. graja *baumaterial*. **b**. grad *stadt*.
gradina *garten*. gradja *bauen*. graždanec,
graždanin. **s**. grad *festung*. gradja. garda
zaunwerk ist aus dem rm. zurückentlehnt.
č. hrad *burg*. ohrada. hradba. **p**. grod
burg. grodzanin, *ungenau* grodzianin, *schloss-
bewohner*. ogrod. horod *ist klr*. **kaš**. ogard
vągarda : *ągrada. vągard *garten*. gar-
dzeć : **p**. grodzić **polab**. gord. **os**. hrod.
hrodź *stall*. zahroda. **ns**. grod. grožiś
flechten. groź *stall*. **klr**. horód *garten*.
hórod *stadt*. zahoroda : *daneben* zahrada

friedhof, zahradyty, zahradnyk *und* gražda *käfig und* grežda (orežda) *gebäude.* gard *wasserwehr ist fremd.* gradyna: *jetzt unbekannt.* r. gorodъ. ogorodъ *gemüsegarten.* goroditь. goroža *zaun: daneben* ograda, dvor. graždaninъ. zagrada, skotnyj dvorъ. *Trotz der abweichenden bedeutung mögen hier platz finden:* kr. nagraditi *erstatten* ung. č. náhrada *entschädigung.* nahraditi. p. nagroda, nadgroda nagrodzić, nadgrodzić. klr. nahoroda, vynahoroda, nadhoroda. wr. nahoroda. r. nagraditь. — *lit.* nagrada *lohn.* magy. garád. gárgya. rm. ograd. garda. grędinę. grędinariŭ. gražd. grędište, gęrdešti *neben* horodište *in ON.* alb. gerd *zaun.* gražd *krippe.* ograje *feld. lit.* gardas *hürde.* gardis *bucht des pferdes.* apɪgardas. *got.* gards. *Das wort ist schwierig. Aus* ghardha *lässt sich* gordъ *erklären, wenn* gh *velar ist, wofür* zd. geredha *spricht. Das lit. bietet jedoch neben* gardas *die form* žardis, žardene *rossgarten, eingezäunter weideplatz,* preuss. sardis (*wohl* žardis), *das zu* gordъ *nicht passt, vielmehr ein slav.* zordъ *erwarten lässt. Es ist ein zweifaches* ghardha *anzunehmen, das eine mit palatalem, das andere mit velarem* gh. *Vergl.* gonsɪ.

goreli *plur. eiter in den augen, aus einer r. quelle tichonr. 2. 406.* b. gurelči *mil. 534.* gurelko *der triefäugige, für* gor-.

gorehŭ: asl. grahъ *faba.* nsl. grah *erbse.* grahor, grašica *wicke.* b. grah. grahol *graupenhagel.* s. grah *fasole.* grahor *wicke.* č. hrách. p. groch. polab. gorch. os. hroch. ns. groch. klr. horoch. oroch. r. gorochъ. *Verschieden ist* gorošitь *tadeln.* — alb. grošę. ngr. γρίχος. türk. graχ, gęraχ. *lit.* garšva, *lett.* gãršas *ist giersch aegopodium podagraria.*

gramada asl. *haufe.* sъgramaditi. nsl. gramada *trub. boh. habd. congeries meg.; kaum richtig* gromada. b. gramada *neben* grъmada. gramadja *vb.* s. gramada *ON.* č. hromada. hromážditi *häufen.* p. gromada. os. hromada. ns. gromada *gemeindeversammlung.* klr. hromada. hromozditi se. wr. hromada hromozda. za-

hromadzić. r. gromada. gromozdъ. gromazditь. — magy. garmáda. rm. gręmadę. lit. grumadas, grumodas. gramozdai: wr hromozda. lett. grumada *zusammenkunft.* gottsch. grumade *grenzstein.* gra *steht dort, wo* raz, gro *dort, wo* roz. *Das wort ist dunkel.*

gornica: b granica. grъnica *art eiche,* bêl dъb. s. granica. — rm. granitsę, gręnitsę, gîrnitsę. *Vergl.* b. gorun *art buche.* rm. goron, gorun, gorunište. *Die urform* gornica *beruht auf dem leider unerweislichen gedanken,* rm. goron *sei r. ursprungs.*

gornostaj: č. hranostaj *hermelin, daneben* chramostýl. slk. hranostaj. p. gronostaj: hronostaj, hornostaj *aus dem klr.* klr. hornostaj. r. gornostaj, *vielleicht für* goronostaj. *Ein dunkles wort.*

gospodɪ: asl. gospodь *dominus (deus).* gospodinъ. gospodarъ. gospoda *gasthaus.* gospožda *domina.* nsl. gospod. gospon *aus* gospodin *habd.* gospodar. gospoja, gospa. b. gospoď (*gott*). gospodin. gospodar, gospodarin. gospodarka. s. gospod (*gott*). gospodin. gospodar. gospoda *collect.* gospodja, gospoja, gospa. č. hospodin. hospoda *herr, frau, herberge, alt* hospota. p. gospodzin, *gen.* gospodzina, gospodna. gospodarz. gospodza. gospodyni. hospodar *ist fremd.* os. hospodař. hospoda *herberge.* hospoza *wirthin.* ns. gospodař. gospoda. klr. hospoď (*gott*). hospodyn. hospoža, hospa. gospodar *fremd.* wr. hospodař. spoža. spožynky *mit abfall von* ho. r. gospodь (*gott*). vospodь. gospodinъ. gospodarъ, gosudarъ, sudarъ. gospožinъ denь *marienfest.* gospožinki, spožinki. spaža (asl. gospožda) *für* bogorodica. — rm. hospodar. magy. gazda *gehört nicht hieher. lit.* gaspada *herberge.* gaspadorius. *lett.* gaspaža *frau. Der zweite theil des wortes ist trotz* d *für* t *ai.* pati, *lit.* pati, *gr.* πόσις: *der erste theil* jas *in* jaspati *ist dunkel.*

gostɪ: asl. gostь *gast.* gostinьcь *platea.* gostinьnica *cauponium.* gostiti *gast sein.* gostьba. nsl. gost. gosti držati *lex.* gostovati se *lex.* gostij *inwohner.* b. gost. vika

na gosti. gostênin. gostênka. gostja, gošta-
vam *vb.* gozba *gericht.* s. gost. gošća *f.*
gozba *gasterei.* č. host. hostinec *herberge.*
p. gość *fremdling, gast.* gościniec *herberge,*
landstrasse, reisegeschenk. polab. güst. os.
hosć. hostny *adj.* ns. gosć. klr. hôsť.
hostyty. hostyneć. r. gostь. gostinecъ
geschenk. gostьba *visite. Damit hängt auch*
pogostъ *kirchdorf, bezirk,* lett. pagasts,
zusammen. Ebenso pogostьja *friedhof dial.,*
in der bedeutung „kirchdorf" ursprünglich
wohl „der ort, wo fremde, gäste zusammen-
kamen". — alb. gošt *gastmahl.* lett. goste
schmaus.

gotinŭ: asl. gotinъ, gotъthinъ. —
Aus dem gr. γότθος. *Man beachte, dass lit.*
gudas *in Preussen die* pol. *Litauer, bei*
den Žemaiten hingegen die südlicheren Weiss-
russen, und dass lett. gudi *die Weissrussen*
bezeichnet, ein volk, das nun die ehemaligen
wohnsitze der Goten inne hat: gut- (gotti,
guttones) *gote.*

gotovŭ: asl. gotovъ *bereit.* gotoviti,
gotovati, gotovaja, *nicht* gotują. gotovizna
nahrung. nsl. gotov. b. gotov. gotovja
kochen. gotvač. gotvarnica. s. gotov.
č. hotový. p. gotowy. os. hotovy. ns.
gotovy. klr. hotovyj. r. gotovyj. —
preuss. pogattawint. *lit.* gatavas. *lett.*
gatavs. *alb.* gati, gadi. *rm.* gata. *Vergl.*
got. gataujan.

govendo: asl. gevędo *ochs.* govęždь
adj. nsl. b. s. govedo. č. hovado. os.
hovjado. ns. govjedo. govježina. klr.
hovjado. hovjadyna. r. govjado. — *lett.*
gôvs *kuh.* *ahd.* chuo. *gr.* (βοῦς) βcF. *ai.*
gâv (*nom.* gâus). asl. gov-ędo.

govê-: asl. govêti, govêja, govlją *reli-*
giose vereri. govêznь *reverentia.* govênije,
govêjanije. govênьnъ. govêinъ. b. govêja
fasten. govêne, govêjane. zagovêzni *anfang*
der faste. kr. boga hvaleći govit njegovu
slast mar   s. ugoveti *befriedigen.* ugoveti
marcescere scheint aus dem adj. ugoveo
erschlossen zu sein, das auf go *und* veo
(vęd-lъ) *beruht.* č. hověti *pflegen.* sho-
věti *nachsicht haben.* pohověti. os. hović
günstig, dienlich sein. klr hovity *fasten.*

hovija *faste.* zahovity *zu fasten anfangen.*
zahoviny *fastenabend.* r. govêtь *verehren;*
fasten neben postitь sja. zagovêtь sja. raz-
govêtь sja. govêjny *die grosse faste —*
lit. gavéti *fasten neben* pastininkas. užga-
vénios *fastnacht.* lett. gavēt. *Das wort*
beruht auf ahd. gawîhjan, *dessen* I *schon*
im neunten jahrhundert ei *gelautet haben*
mag. govêti *fehlt* nsl. *und* s., *es findet sich*
in anderer bedeutung im č. *Das eigent-*
liche wort für „fasten" ist postiti; govêti
hat ursprünglich wohl „heiligen, heilig halten"
bedeutet. Die Litauer haben gavêti *von*
den Russen, postiti *von den Polen erhalten.*

govorŭ: asl. govorъ *lärm.* govoriti.
govorьlivъ. *Vergl.* gvorъ *aquae bulla.* nsl.
govor. govoriti *sprechen.* b. govorja *vb.*
vorja *vb.* mil. 74. 465. otgorja 37. zgo-
vorna družina *einträchtige genossen.* raz-
govarêm *trösten.* razgovornik. s. govor.
govoriti. govorkati. č. hovor. p. gowor,
gawor. gwar *gemurmel, geschwätz.* gwara
schwätzer. gwara, hwara *rede.* wygwarny,
strojny. gaworzyć *stammeln, lärmen dial.*
os. hovrić *dumpf tönen.* klr. hovoryty,
hvaryty, ohvarjaty *verleumden.* wr. hovo-
rnja. r. govoritь. *W. scheint* gver *zu*
sein, daher auch asl. gvorъ *bulla aquae,*
r. govor *dial. in derselben bedeutung.*

govĭno: asl. govьno *stercus.* nsl.
govno. govnjač, govnač *mistkäfer.* b. s.
govno. č. hovno. p. gowno. kaš. govńol,
r. žukъ. os. hovno. ns. govno. klr. hôvno.
hôvňaha *mistkäfer.* r. govno. *Vergl.* nsl.
govne, oveji pašnik.

graba nsl. *graben. —* mhd. grabe,
ahd. grabo *m.*

grabi-: asl. grabiti *rapere.* grablja,
grabežъ *rapina.* grabežьnikъ. nsl. grabiti. grablje *plur. rechen.* b. grabja, grabna,
grabnuvam, grabvam *rauben.* zgrabča *er-*
greifen. grabež. grabljo. grebulka *rechen.*
s. grabiti *greifen, raffen, rechen.* grablje.
č. hrabati *scharren.* hrábě, slk. hrable
harke. p. grabić *raffen.* grabie *rechen.*
polab. groble *harke.* os. hrabać, hrabje.
ns. grabaś. klr. hrabyty *plündern.* hra-
bêž *pfand.* hrabaty *harken.* hrablї r. gra-

bitъ *plündern*. grabli. grabazdatъ. — *rm.*
grabę *eile.* *alb.* grabit *rauben.* *magy.*
gereblye. *lit.* grėbti. grabas *das zusammen-*
geraffte. grebėja *harkerin.* grabinėti: *da-*
neben graibīti. apgreibt *fassen.* *lett.* grābt
greifen. grābāt *greifen, harken.* grabi- *ist*
wohl auf greb- *zurückzuführen.*

grabja: *č.* hrabě *graf.* *p.* grabia,
nach dem č. hrabia. burgrabia, margrabia.
os. hrabia. *ns.* groba. *klr.* hrap *graf,*
hrablja, hrabja. *wr.* grap. — *lit.* gro-
vas. *lett.* grāvs, grāps. *Die ältesten slav.*
entlehnungen beruhen auf ahd. grāvjo.

grabrŭ: nsl. gaber *weissbuche.* gra-
ber, grabrovec *ON.* *b.* gabъr. *s.* gra-
bar, grab. *č.* habr, hrab. *p.* grab. *os.*
hrab. *ns.* grab. *klr.* hrab. *r.* grabъ.
grabina. — *Vergl. preuss.* wosi-grabis. *lit.*
skroblus *hainbuche.*

gradŭ : asl. gražda, gradъ *hagel.*
b. s. grad. *č.* hrád. *p.* grad. *polab.*
grod. *klr.* hrad. *r.* gradъ. (*nsl. hat für*
gradŭ *toča.* *os.* krupa. *ns.* kšupa.) —
Man vergleicht lat. grando, *gr.* χάλαζα,
ai. hrāduni.

graja, zgraja *p. haufe.*

graja-: asl. grajati *krächzen.* graj *can-*
tus. vranograj *titel eines buches.* *nsl.* grajati *tadeln.* graja *tadel.* *s.* grajati *kräch-*
zen, sprechen. graja *gekrächze, rede.* *č.*
hrana *trauergeläute.* *r.* grajatъ. gratъ, graju
scherzen dial. gračъ. — *rm.* graj *rede.*
gręji *vb.* *lit.* groti, groju *krächzen.* *ahd.*
chrāan. *W.* gra *aus ai.* gar *rufen.* *Damit*
sind verwandt asl. grakati, gracati *krächzen.*
b. grača *vb.* *s.* grakati, graktati *und* grok-
tati. *ns.* grakaś *zanken.* *wr.* grak. *r.*
grakatъ.

grali : klr. grali *mistgabel.* *Vergl.*
č. hrále *pieke.*

gramata asl. *schrift.* *p.* ramota *aus*
hramota, *das klr. ist.* *klr.* hramota.
r. gramota, gramata. — *lit.* gromata. *lett.*
grāmata. *gr.* γράμματα.

gramŭ: asl. gramъ *caupona.* *Vergl.*
gromъnica.

grana 1. *nsl. zweig.* *klr.* hranok.
s. grana. puška granalija, po kojoj
su grane izvezenе. budući se razgra-
nalo koljeno Judino. *Man vergleicht and.*
grein *f.*

grana 2. *nsl.* *purpurkleid meg.* —
mhd. grān *f.* *scharlachrother fürbestoff.*
mlat. grana.

grano, granъ, granesь *m.* *asl.* στίχος,
versus. *Urspr.* granos, granes.

granĭ : asl. granь *ecke:* na četyri
grani. četvorêgranъ *viereckig für* četvrê-.
sъgrànovati knigy. *č.* hrana *kante.* hraň
grenze. rozhrani, rozcestí *kat.* *p.* graň
scharfe ecke: vergl. groů, wyniosły brzeg
łożyska. *os.* hrana, hrań. *klr.* hrań
ecke, zeile, grenze. *r.* granь. *Mit* granь
ist zu verbinden asl. nsl. s. granica *grenze.*
č. hranice. *p.* granica. *klr.* hranyća.
r. granica. — *magy.* gránicz, *unmittelbar*
aus dem d. *rm.* granitsę. *spätmhd.* gre-
nize, greniz. *Der einheimische d. ausdruck*
ist mark, *woraus os. ns.* mroka.

grapa *b. blatternarbe.* grapav. grapa-
vina. *klr.* rapavyj *blatternarbig.*

grata, krata *s. crates.* *nsl.* gretune
korb zum mistführen. *p.* kraty *plur.,* za-
krata *gittergefängniss.* *klr.* grata, krata
gitter. *wr.* krata. — *lit.* kratai. *it.* grada
geflochtener fischbehälter. *lat.* crates.

grata-: *nsl.* gratati, ratati *werden.* —
mhd. gerāten *von erwünschtem fortgange*
sein, daraus nsl. werden, geschehen.

greb-: asl. grebą, gresti *schaben,*
kratzen, kämmen: vlasy gresti. prigrenąti
corripere. grebenь, grebenьcь *kamm.* izgrebъ
trama. pogrebъ. sъgrebije. grebьcь *ruderer.*
greblja *ruder.* *Durch steig.* grobъ *grube,*
grab. groblja. *iter. durch dehnung* grêbati
und daraus gribati. *nsl.* grebsti. grenoti:
vkup greni *ung.* zagrenoti *vergraben.* po-
grêbati. greben *hahnenkamm.* pogreb. za-
greb *bollwerk, Agram.* greblja, ogreblja *ofen-*
krücke. grob. groblja *steinhaufe.* voda se je
razgrêbala, zagrêbala. *b.* greba *rechen.* greblo. greben. ogribъka *kratzschaufel.* grob.
grobište. *s.* grebsti *kratzen.* sugreb. greben. ogreblje *flachsraufe:* grob *neben* greb.
kr. zagribati *mar.* griblja *sulcus.* *č.* hřebu
hřesti, hřebsti. hřběti *begraben liegen.*

hřeblo. hřeben. shrnouti, *dial.* shrbnouti. pohřbiti. pohřeb. hrob. **p.** grześć *graben.* odgrzonąć *neben* odgrześć. podgrzonąć: **asl.** grenąti. grzebło. grzebień. zgrzebie *hede.* grob. **polab.** pügribst. grébin. **os.** hřebać. hřebja. hřebło *krücke.* **ns.** gřebaś. gřebeú. grobľa. **klr.** hrebsty. hrebêń. hrebľa. ohrybky, ohrabky *das abgeharkte.* hrôb. **r.** gresti, grestь. vygrebatь *aus* vygrêbatь. pogrebъ. izgrebi. ogrestьe *dial.,* ogrebliny. grebecъ *der recht, rudert.* grebenь. greblo. greblja. grobъ. groblja. sugrobъ. — *magy.* gereb. gereben. *rm.* greblę *rechen.* gropnitsę. *alb.* grevis *scharren.* gropę *grube.* *rm.* groapę. *ngr.* γρέμπανος *steile.* *lit.* grêbiu, grêbti *harken.* grêblis *kamm.* grabas *sarg.* pagrabas. *lett.* grebt *aushöhlen.* pagrabs *keller.* *got.* graban. *Hieher gehört nicht* **asl.** grebąse, greti sę, ogrenąti se *naz. 244.* ogrêbati sę *abstinere.* **r.** grebovatь *aversari dial.* *Hier möge erwähnt werden* **č.** hřbitov, řbitov *durch verquickung mit* hřeb- *dial.* hřibitov, břitov *friedhof.* **slk.** *mit anlehnung an* hrob hrobitov. **nsl.** britof. — *nhd.* friedhof. *mhd.* vrīthof *eingefriedigter raum um eine kirche.*

grekŭ: **asl.** grъkъ, grъčinъ *grieche.* grъkynja. **nsl.** grk. **b.** grъk. **s.** grk *grieche, kaufmann.* **č.** hřek, řek. **p.** grek, greczyn. gryka, greczycha *buchweizen.* gryczak *griesbrot.* hreczka *ist* klr. **os.** gricha *grieche.* **klr.** hrek. hrečka *buchweizen.* **r.** grekъ, grečinъ. greča, grečicha, grečucha *buchweizen.* — *magy.* görög. haricska. *rm.* grek. hriškę, hiriškę *buchweizen, aus dem* klr. *alb.* gęrk, grek. gęrkińę *griechin.* *lit.* grīkas *grieche.* grikai *buchweizen.* *lett.* grēkis. griki. *got.* krēks. *ahd.* chriach, chriech.

grem-: **asl.** grmêti, grъmlją *donnern. Durch* steig. gromъ *donner.* gromovьnikъ. *iter. durch dehnung* grêmati, *daraus* grimati. **nsl.** grmêti. grimati *poltern.* grom. harш *res.* **b.** grъmi *es donnert.* grmja *schiessen.* grъm. grъmel. grъmež. grom *blitz Vinga.* **s.** grmljeti. grom. *Vergl.* gromila *neben* gomila *aus* mogila *haufe.* gromula *sehr*

grosser mensch. gromoradan *ingens: schall und raum.* **č.** hřmêti. hřmot. hrom. hřímati. hromnice *sing. donnerkerze, gegen ungewitter geweihte kerze; plur. lichtmesse, da an diesem tage dergleichen kerzen geweiht werden.* **p.** grzmieć. grzmotać. grom. gromnica *sing.* gromnice *plur. Vergl.* gromnieć *grösser und stärker werden.* dogromić *vollends schlagen.* pogrom. rozgrom *zerstreuung des feindes.* **kaš.** grzem *donner.* **polab.** grâmat. grâm. **os.** hrimać. hrom. **ns.** grimaś *schleudern.* **klr.** hremity. hrymaty. hrymnuty. hrôm. ohroma *gewaltige grösse.* ohrômkyj *ungeheuer.* hromnyća; *im plur. lichtmesse festum candelarum.* **wr.** hrimêć, hrjanuć *aus* *grenąti, *gremnąti. hrinuć, hrimnuć *aus dem iter.* **r.** gremêtь. grjanutь. gromъ. gromitь *niederdonnern.* gromychatь *donnern.* ogromъ *riesengrösse.* — *preuss.* grumins. *lit.* grumena. *Mit* šventgraudulinė (graudulis *donner*), gramīčes *lichtmess ist* p. gromnice *zusammenzustellen. Man vergleicht* gr. χρεμίζω. χρόμος. *slav.* g *ist velares* gh.

grend-: **asl.** grędą, gręsti *kommen.* **nsl.** gredem, grem *gehen.* **kr.** grem *ung.* **s.** gresti, gredem *mik.* grede *part.* uzgred *im vorbeigehen. Vergl.* r. nagrjanutь *irruere.* p. gręda *pferdegetrapp setzt ein* asl. grąda *voraus, ist daher von* grend- *fern zu halten. Man vergleicht* got. grids f. *gressus.* lat. gradior.

grenda: **asl.** gręda *balken.* **nsl.** greda *balken, beet.* gred *hühnersteige.* **b.** greda *balken.* χρέτα. grendi *pul. 2. 45.* **s.** greda. **č.** hřada *balken, beet.* **p.** grzęda *stange, hühnerstange, beet.* **polab.** gřôda. **os.** hřada *balken.* **ns.** gředa *hühnersteige.* **klr.** hrjada *beet.* hrydy (hrjady) *gerüst.* grynda *für* połyčka *und für* grendel *ist aus dem* rm., gerenda *aus dem* magy. *entlehnt.* **r.** grjada. — *magy.* gerenda. *rm.* grindę. *ngr.* γρέντα *Hahn 2. 187.* γρεντιά. *preuss.* grandico *bohle.* *lit.* granda, grindis *diele.* grįsti, grindžu *mit planken belegen.* pagrindas. grēda *stange.* *lett.* grīde *diele.* grāda *beet. Man vergleicht* and. grind *gitter.* **nsl.** gredelj; gredelj, *gen.* gredeljna, *pflugbalken,* grendel, *gründel.* gridelnica *wagkloben.* **kr.** gredalj. **s.** gredelj. **č.** hřídel. **p.** grządziel. **os.** kředžeľ. **klr.** hŕaďil. **r.** grjadilь, gradilь, gredilь *ist furche.* — *magy.* gerendély *rm.* grindej. *ahd.* grindel, grintil, crintil *obex.* *ags* grindel. *nhd. dial.* grintl, *in Kärnten.* *Ob* gredelj *slav. oder d. ursprungs ist, kann ich nicht entscheiden.*

grenz-: **asl.** gręznąti *einsinken.* grezěti. gręza *koth. Durch steig.* gronz-: pogręzъ *immersio; daher* gręziti *einsinken machen.* **nsl.** pogreznoti. grez *f. morast:* v blatu ili v zagrezi *habd.* pogrôziti *versenken.* **s.** greznuti. **č.** hřeznouti *neben* hříznouti *infigi.* hrouziti, pohrouziti *versenken:* hřížiti *tauchen ist unhistorisch.* **slk.** brúzť. *Hieher gehört wohl* hřiz, hřiž, hrouz *cyprinus gobio.* **p.** grzęznąć *neben* grząznąć: *unhistorisch* gręznąć, grąznąć. grzęski, grząski *sumpfig.* hrazisty *ist* **klr.** grązić, *minder genau* grążyć, *tauchen.* grędzidło *gesenke am grundgarn: die gleiche bedeutung haben die unklaren formen* grązel, gręży, grzeży. grąż *schlamm ist wohl* grązjŭ. hrusky *sumpfig ist* **klr.** **os.** hŕuz. **ns.** gŕeznuś. **klr.** brjaz-nuty. hrjaž *koth.* hrjazjuka. hruzyty *kneten.* hruzyło *senkblei.* hruznuty *versinken, nach* hruzyty. hruž *schlamm.* hruzkyj. **r.** grjaz-nutь. grjazь. gruzilo *senkblei, alt baptiste-rium.* gruznutь *einsinken.* gruzitь *tauchen, belasten.* gruzъ *last.* gruzkij, gruznyj *belastet, schwer.* — *lit.* grimzdau, grimsti *sinken* (grenz-). gramzdīti *sinken machen* (gronzi-). *lett.* grimt, grimstu *sinken.* gremdēt *senken.*

grê-: **asl.** grêti, grêjati *wärmen. iter.* grêvati. **nsl.** grêti. grivenje *lex. Vergl.* greti se *es lenzt und* grancti: luč skozi špranje grani. **b.** grêja *vb. wärmen, leuchten:* slъnce bôše izgrêlo, izgrêva *die sonne war aufgegangen, geht auf.* zvêzda grêje. mêsečina ogrêja. **s.** grijati. gra-nuti *effulgere.* **kr.** sunce je grijnulo *ung.* **č.** hřáti, hříti, hřeji. **p.** grzać. grzać się, pocić się. grzanka. *iter.* -grzewać. **os.** hŕéć. **ns.** gŕeš. **klr.** hrity. hrinka *ge-röstete brotscheibe: p.* grzanka. *Vergl.* hra-

njak *glühende kohle.* ohraška *fieber.* **wr.** uhrivo *von der sonne erwärmte stelle.* **r.** grêtь. — *Vergl.* gor-.

grêchŭ: **asl.** grêhъ *sünde.* grahъ *naz. aus* grêhъ. grêšiti. **nsl.** grêh. grêšiti. **b.** grêh. grêhuvam *vb.* grêšba. grêhota. **s.** grijeh. **č.** hřích. **p.** grzech. polab. grëch. **os.** hŕech. **ns.** gŕech. **klr.** hrich. vzhrich *ausgelassene ackerstelle.* **r** grêchъ. — *preuss.* grikan. grīkenix. grikaut *beichten. lit.* grēkas. grēšiti. *lett.* grēks. *rm.* greš. greši, agręši, agęrši *vb.* grešeale.

grêvu-: **nsl.** grêvati *reuen:* grêva me, griva me. grêvinga, grivinga *reue:* *reuung. Daneben* kъsati se, *das an* **asl.** kajati se *erinnert.* — *ahd.* hriuwa, riuwa. *Jünger ist* **nsl.** rêva *elend.* rêven *elend adj.*

grêza, greza 1. **r.** *traum.* grezitь *träumen, faseln.*

grêza, grêzъ 2. **asl.** ὕλη *materia,* σύγχυσις. grêzъnъ θολερός. *Man füge hinzu* vъzgrêziti *turbare.* sъgrêza. sъgrêziti se *commisceri.* sъgrêžati dušą συγχεῖν τὴν ψυχήν *antch.; daneben* sъgrêždati. *Die sippe scheint mit grenz- nicht zusammenzuhangen: naz. schreibt consequent grêz-.*

grêzdêj **b.** *pfropf.*

gribŭ: **č.** hřib *pilz.* **p.** grzyb. **os.** hrib. **ns.** grib. **klr.** hryb. **wr.** hrib. **r.** gribъ. — *lit.* grības, grībuka. *lett.* grība. *rm.* hrib, hribę, hiribę. *magy.* hirip.

grič̌: **nsl.** grič *hügel.* **s.** grič *steile.* — *Vergl. alb.* gęrč *spitze.*

gridĭ: **r.** gridь, gridinъ, gridenь, gri-danъ *leibwächter.* griditi. gridьba *collect.* gridnja, gridьnica, gridnica *wohnung der leibwüchter, audienzsaal.* gridnja *speise-zimmer dial.* **p.** hrydnia *rauchstube zum trocknen des getreides: aus dem* **klr.** **klr.** hrydnyća *stube chrest.* 134. — *and.* gridh. *lit.* grīničė *gesindestube.*

grindžola: **klr.** gryndžoła *schlitten. Vergl. lit.* grežulė, grižulė *deichsel.*

gringlinŭ: **nsl.** gringlin *chloris jambr.* grendelc *lex.* — *nhd.* grünling.

gripŭ: **kr.** grip *netz.* **b.** **s.** grib. — *mrm.* grep. *alb.* grep *hamus.* *gr.* γρῖπος, εἶδος διχτύου *Atacta* V. 1. 44.

griva asl. nsl. b. s. *mähne*. č. hřiva.
p. grzywa. os. hriva. ns. griva. klr.
hryva. wr. hriva. r. griva. — ai. grīvā
nacken. zd. grīva. *Mit* griva *ist zu verbinden*
asl. grivъna, *urspr. halsband, woraus sich
die ältere bedeutung von* griva *ergibt: armband.* mêsęci grivъbni μηνίσκοι. b. grivna
armband: viti grivni na rъka. s. grivna
armband, sensenring. Vergl. grinja *schnur.*
č. hřivna *mark.* p. grzywna. os. hrivna.
klr. hryvna *zehn kopeken.* wr. hrivňa.
r. grivna *hals-, armband, art gewicht, alt
münze*: po šestь rêzanъ na grivnu emlite
op. 2. 3. 74. — *rm.* grivnę. *lit.* grīvenka
lisering. grīvina *zwanzig groschen. Also
halsband, armband, zahlungsmittel*: utun-
tur (Britanni) aut aere aut annulis fer-
reis ad certum pondus examinatis pro numo
Caesar.

grobĭ: asl. *sing. instr.* grobiją ἄρδην
omnino.

groch-: asl. grohotъ *schall.* grohotati.
nsl. grohati, grohotati se. s. gronuti *aus*
grohnuti. grohot. grohotati, grohitati. č. hro-
chati, chrochati. hrochotati, chrochotati.
klr. hrochnuty śa. r. grochъ *dial.* gro-
chatъ *dial.* grochotъ. — *rm.* grohot.

grombŭ: asl. grąbъ *roh. Der nasal
ist den andern sprachen meist durch den
einfluss des d. verloren gegangen: auch
die bedeutung änderte sich.* nsl. grub, *eig.
wohl dick; doch im Osten* gruba ženska
ein hübsches frauenzimmer b. grubja *verunstalten*: lice grubit mil. 346. s. grub
grob, hässlich. č. hrubý *gross.* obhroublý
grob. p. gruby, hruby *grob.* os. hruby
Vergl. ns. gropny. klr. hrubyj *dick, grob.*
hrubodźub *kernbeisser (der einen dicken
schnabel hat).* r. grubyj *dick, grob.* gru-
bitь *barsch begegnen.* grubnutь se *steif sein.*
— *lit.* grumbu, grubti *holprig werden neben*
grubus *grob. lett.* grumbu, grumbt *runzlig
werden. magy.* goromba *dick, roh. Man
vergleicht mhd. nhd.* grob, *das die slavischen
wörter beeinflusst hat.*

grondĭ: asl. grądь *brust.* nsl. grudi
habd. b. grъd *zitze.* grъdi *brust.* γρᾶτη,
χράτη. s. grudi. č. hrud'. p. grędzi *zof.*

klr. hrud'. hrudy. žołtohrudka *goldammer.*
wr. hrudzi. r. hrudь. *Vergl.* slk. hrud
erhöhung.

grongŭ: asl. grągъ *art werkzeug.*

groni-: ns. groniś *sagen.* polab. gor-
nit *sprechen.*

gronstokŭ: asl. grąstokъ *grausam.*

grošĭ: nsl. b. s. groš *groschen.* p.
grosz. os. kroš. klr. hrôš. r. grošъ.
— *magy.* garas. *rm.* grošitsę. *lit.* gra-
šis. *alb.* groš. *ngr.* γροσί. *Romanisch.*

grotŭ 1.: asl. grotъ κόνδυ, *calyx.* nsl.
grot *infundibulum molare habd.* nekaka
posôda v mlinu *art trichter.* s. grot. grotlo
schlund. klr. hrot *art korb in der mühle.
Man merke* č. hrota, hrotek *melkgelte.* —
Vergl. ahd. grant, krant *gefäss für flüssig-
keiten. magy.* garat, garad *gosse.*

grotŭ 2.: p. grot *pfeilspitze.* č. hrot.
r. grotъ *wurfspiess.*

groza asl. *horror, graus, schauder.* groziti *drohen.* nsl. groza. groziti se *drohen.*
b. groza. grozen *hässlich.* s. groza. groznica
fieber. č. hrůza. hroziti. p. groza. os.
hroza. ns. grozyś. grozba. klr. hroza.
hrozyty *neben dial.* horozyty. r. groza
drohung. grozitь. — *Vergl. lit.* gražoti *winken.*
grastis *f. drohung. rm.* groazę.

grozdŭ: asl. grozdъ *neben* grezdъ,
groznъ *neben* greznъ *weintraube.* nsl. b. s.
grozd. nsl. grozdovlje, grzdovlje. č. hro-
zen. *Vergl.* p. grono. klr. hrozno, hrozło,
hrono. r. grozdъ, greznъ. — *magy.* gerezd.

gruca: wr. hruca *geschrotets gerste.*
— *ahd.* grutzi. *nhd.* grütze.

gruda asl. *erdscholle.* grudije *neben*
gruzdije. nsl. gruda. gruden *december.*
b. grutka *mil. 513.* kr. gruda. grudan
december. Vergl. grumonje *collect.* s. gruda,
grudva. č. hruda. hruden. p. gruda.
grudzień. klr. hruda. hruden̂. wr. hruda.
r. gruda *haufe; dial. gefrorner strassen-
koth.* grudenь. — *lit.* grûdas. grodas. gro-
dinis *november, december.* groudis. uzgrau-
denti *hart machen. lett.* grûdīt *stampfen.*
and. grjôt. *ahd.* grioz, *sandkorn, kies. alb.*
grudę. *Hieher ziehe ich auch* s. grumen
klumpen aus grudmen. r. grum *scholle.*

grucha-: s. gruhati *krachen.* gruvati. p. gruchać *girren.* gruchotać *rasseln.* gruch. klr. gruchnuty *poltern.* r. gruchnutь sja *dial.* — *Vergl. lett.* grūt *einstürzen.*

grunĭ: klr. hruń, hrunok, hrunyk *hügel.* č. gruň, grun *dial.*

grusti-: asl. sъgrustiti sę *sich grü-men.* gruštenije. nsl. grustiti se *taedio capi ung.* se mi ni grustilo *spang.* jêd se mu grusti. uzgruščen *pertaesus habd. Vergl.* grezi se mu delati. gresti mi se *es grauset mir.* kr. grušća *taedium verant.* s. grusti mi se *taedet me Stulli.* grsti mi se. klr. hrusť *trauer.* r. grustь *gram.* grustitь, grustovatь. *Vergl.* nsl. grudem *nage.* — *lit.* grudžiu, grusti *stampfen, durch ermahnung zu rühren suchen.*

gruša, hruša, krušьka asl. *birne.* nsl. gruška, hruška. b. kruša. s. kruška. č. hruška. p. grusza. polab. greusva *birne.* greuk *birnbaum.* os. krušej, krušva. ns. kruša, kšuša. klr. hruša. r. gruša. — *preuss.* krausy. *lit.* grušė, kraušė, kriaušė.

gruščĭ: nsl. grušč *schutt, schotter.*

grŭča: nsl. grča *knoten im holze.* č. hrče *auswuchs. Die lautfolge zweifelhaft.*

grŭda-: p. grdać *schlagen wie der wachtelkönig.*

grŭmêždĭ: asl. grъmêždь · *gramia. In r.* quellen gremêždь, gromêždь. *Damit scheint verwandt* nsl. krmelj, krmeljiv; krmeželj, krmežljiv. s. krmelj *augenbutter Vergl.* os. kšemjeľ *baumsaft.*

grŭmŭ: asl. grъmъ *gebüsch, in einer r. quelle* vъ gromu savêkovê. nsl. grm. s. grm, grmen; grm *auch art eiche.* — *Vergl. lit.* krumas. *lett.* krūms.

gryz-: asl. gryzą, grysti *beissen.* gryža *torsio stomachi. iter.* gryzati. nsl. griz *biss. meg. habd. cholera lex.* pizdogriz *ranunculus.* hudičev griz *teufels abbiss.* griža *ruhr.* b. griza *vb.* grižja *sorge.* grižja se *vb.* s. grizem, gristi. griskati *demin.* griz, griža *bauchgrimmen.* č. hryzu, hrýzti. p. gryzę, gryźć. gryźba *nagen, leibschneiden.* gryzota, zgryzota *kummer.* os. hryzać. ns. gryzaš. klr. hryzu, hryzty. hryza,

hryža *gram.* hryz, hryza *bauchschmerz.* zhryza *kummer.* wr. hryzu, hryzć. hryź *bauchschmerz.* hryža *zank,* daneben zhrizota *schelten.* r. gryzu, gryztь. gryza *bauch-schmerz.* — *magy.* gerizd, gerézd. *rm.* ogrinžĭ *foenum a pecore relictum.* grižę *sorge. preuss.* grēnzings *bissig. lit.* graužti, graužiu *nagen. Unverwandt ist* grēžti *mit den zähnen knirschen.* grižas *darminde ist entlehnt. lett.* grauzt, grauzu. *Vergl.* grēzt *schneiden.* graize *reissen im leibe.* W. grugh *mit* palat. gh.

guba kr. guba *lodix verant.* s. guba. r. guba *pelz.* — *magy.* guba. *Man füge hinzu* b. guber *teppich.* guberka *packnadel.* s. guber *art bettdecke.* klr. huba, hubaňa, huńa.

gudi-: b. gudja, guždam *legen, stellen. Daneben* gaždam. gvaždam *Vinga.*

guga-: nsl. gugati *schaukeln.* gugavnica. r. gugatь sja. gugala.

guglja: klr. gugľa *art kleid bei den Huculen.* b. s. gugla. — *türk.* kokola. *ngr.* χουχλί.

guguta-: s. gugutati *girren.*

guja s. *schlange.*

guka-: b. gukam *girren.* kr. s. gukati. p. huknąć, hukać, huczeć *aus dem klr.* huk *lärm.* klr. huk, zhuk. hukaty. hučaty. r. gukъ.

guli-: nsl. s. guliti *schinden, schälen. Vergl. klr.* hułyj *hornlos.*

gulja-: p. -hulać *müssig gehen.* hultaj. č. slk. hultaj. klr. huľaty. huľtaj, holtaj, hôľtaj *landstreicher.* wr. huľtaj. r. guljatь. gulьba. guljakъ. gulьtjaj. — *rm.* holtej *coelebs.*

gulozĭnŭ: s. gulozan *gefrässig.* — *Aus dem it.* guloso.

gumbŭ: nsl. gumb *knopf.* gumbašnica *stecknadel.* kr. gumb. s. gombar. klr. gomba *ung.* gombyčka. — *magy.* gomb. *alb.* komb. *gr.* χομπί, χουμπί. *Vergl. rm.* bumb.

gumŭ: nsl. pogum, pogom *muth.* pogomen, pogumen *muthig.* zagomec komu biti *einem gewachsen sein.* — *Vergl. ahd.* gomo *mann.*

gumïno: asl. gumьno *area; auch*
ἀποθήκη. nsl. gumno, gubno: *dunkel ist*
jegno. b. s. gumno. č. humno. p.
gumno. os. huno. ns. gumno *garten*.
klr. wr. humno. r. gumno. guvno *dial.*
Man führt ein lit. gubenis *an.*

gunï: nsl. gunj, gunja. s. gunj
art oberkleid. č. houně *kotze.* p. gunia.
klr. huna. r. gunja *lumpen.* — *lit.* guně.
magy. gúnya *kleid.* rm. gunę. alb. gunę.
ngr. γοῦνα. *it.* gonna. mlat. gunna.

gura, gula: nsl. *schlechtes pferd.* —
nhd. gurr *f. bair.*

gura-: s. gurati *stossen.*

gurka-: b. gurkam *knurren.*

guša b. *hals, unterkinn, kropf.* gušna,
pregušna *umarmen.* Vergl. gušle *neu-*
gebornes kind. s. guša *kropf. Vergl.* klr.
guši *beulen.* — *magy.* gusa *kropf* rm.
gušę. alb. gušę *hals. Vergl. lit.* gužas
beule und lett. guza *kropf eines vogels.*

gušterŭ: asl. gušterъ *lacerta.* nsl.
guščar, kuščar. kuščarji *halsdrüsen,* vratne
žleze. b. guštêr. s. gušter. kaš. guš-
čer *stör. Man vergleicht* asl. jašterъ,
č. ještér, klr. jaščérko, r. jaščerica. —
ngr. γουστερίτζα *soll talpa sein.* βόστερος,
βοστερίτζα *eidechse.*

guta nsl. *apoplexia jambr.* kr. guta
ung. s. guta *art krankheit.* klr. guta *ung.*
— *magy.* guta. rm. gutę. lat. gutta.
it. gotta. Vergl. nsl. s. kaplja *apoplexia,*
s. gučula, *it.* goccia *und nhd.* tropf, tropfen.

guz-: s. guz *clunis, hinterbacken.* guzica *after.* guzat *adj.* guziti se. naguzljez
rückgänger (krebs). crnoguz, crnorep *art*
fisch. p. guz *beule, knorren.* guzica *neben*
kustrzyca, gastrzyca *steiss der vögel.* gu-
zik *knopf:* huzyca, kustryca *sind fremd.*
klr. huzyća, huzno *gesäss.* huzer *boden,*
grund. nazadhuž *rückwärts.* bojahuz *feig-*
ling. trjasohuzka *bachstelze.* biłohuzeć,
biłodupeć *steinpicker. Daneben* gudz, gon-
dzołak *beule.* guž *knöpfe.* gudzavyj *knotig.*
wr. podhuza *hintergeschirr.* guzno *der*
hintere. r. guzka *bürzel.* oguzokъ, ugu-
zokъ. podguzokъ. gologuza *dial.* trjasoguzka *neben* trjasiguzica *bachstelze.* bêlo-

guzka *pygargus.* kurguzyj *kurzgeschwänzt.*
Vergl. guzikъ *knopf dial. Das b. bietet*
ъ *für* u, *lässt daher auf eine form* gązъ
schliessen: gъz *anus.* gъzno *leerdarm.* gъziš-
kom *auf dem hintern rutschend.* trъsigъ-
zica *bachstelze* kač. 588. Dara*f führt*
auch nsl. gozec, *ženske spodnje krilo.* goza
hinterbacken. Anders zguzane *sare.* —
Vergl. *lit.* gužas *knorren.*

gvaltŭ: p. gwałt *gewalt.* č. kvalt.
klr. gvalt. wr. hvalt. r. gvalьdъ, *dial.*
gvaltъ. — *lit.* gvoltas. *Aus dem d.*

gverokŭ: s. gverok *strabo.* gvirati
caecutiendo quaerere, oculos defigere. — *it.*
guercio. ahd. twer, quer.

gvêzda: asl. zvêzda *stern.* dzvêzda
sin. nsl. b. zvêzda. b. *auch* dzvêzda.
s. zvijezda. č. hvêzda. p. gwiazda.
kaš. gviazda. polab. gjozda. os. hvjezda.
ns. gvjezda. klr. zvizda, źvizda. r.
zvêzda: *daneben dial.* ogvêzditь *so schlagen,*
dass es dem geschlagenen vor den augen
flimmert. — rm. zęveazdę. *lit.* žvaigzdě,
žvaigždě, žvaïzdě. *leit.* zvaigne. zvaigzne.
Aus slav. z *und lit.* ž *ergäbe sich pal.*
ǧ, gh *als anlaut des wortes, wenn nicht*
das g des p. usw. entgegenstünde.

gvintŭ: klr. gvint *schraubengewinde.*
— *lit.* ginta. rm. gint. *Aus dem d.*

gvizda-: asl. zvizdati *pfeifen.* nsl.
zvizdati. zvižgati, žvižgati. zviščati. s.
zvizga. zviždati. zviznuti. zvižduk, *daneben*
zvijuk. č. hvízdati *neben* hvížděti. p. gwiz-
dać *neben* gwiżdžeć. gwizdnąć, gwiznąć.
os. hvizdać *neben* hviždźić. klr. zyzhaty.
wr. zvizd. r. zvizdatь. *Neben* gvizd- *findet*
sich gvizg-; svistati, svistъ. W. zvizd, zvizg.

gvozdij, gvozdь (*plur. nom.* gvozdi,
gvozdije) *nagel, eig. keil.* gvozdija, gvoz-
dvija *f. (nom.* gvozdij, gvozdvij). prigvoz-
diti, prigvaždati. prigvožgii (-ždii) *lam. 1. 5.*
nsl. gojzditi *verkeilen.* zagvozda *habd.* za-
glozda, zagozda *lex. keil.* b. gozdij *nagel:*
bei andern gvozd, gvozdej. s. gvozd,
gvozdij *nagel, in urkunden.* gvozd *aus der*
erde hervorragender stein. gvožđje *eisen, eig.*
eiserne nägel. gvozden, *alt* gvozděnь, *eisern.*
č. hvožděj *durchschlagholz.* p. gwoźdź, goźdź

nagel. gwoździk, goździk, *auch gewürznelke.*
polab. güzd. os. hoźdź *nagel.* **ns.** gozdž.
klr. hvôzd. hvozdyk *nelke.* **wr.** hvozd.
r. gvozdь. zagvozdka. gvozdika *gewürz-*
nelke. — *lit.* gvazdikai, gazdikai. *lett.*
vaizdiks *nelke.* *rm.* gęvozdi *vb.* *alb.*
gоždę *nagel.*

gvozdĭ: nsl. gozd, gojzd, *venet.* host,
wald. **s.** gvozd, *in urkunden.* **č.** hvozd
berg (vergl. gora *berg, wald).*

gŭb- **asl.** gъnąti *aus* gъbnąti *biegen,*
neigen, falten, bewegen. gъbеžь. *Durch*
steig. gubъ: dvogubъ, sugubъ *duplex. iter*
durch dehnung: gybati *bewegen.* sъgy-
bati *falten.* gybъkъ *biegsam.* **nsl.** ganoti,
genoti *bewegen.* nagnoti *neigen.* ognoti se
ausweichen. guba *falte.* nagubati *falten.*
triguben *dreifaltig.* gibati. ogibati se. gib
biegung. gibek *gelenkig.* zagiba *dain.* zgi-
bica *junctura habd.* gibičen *lex.* gibanica
neben gubanica *art kuchen.* devetogub
blättermagen. **b.** gъna *falten.* prêgvam
se *aus* prêgъnvam se. gъnka, zgъnka
falte. zgibam *krümmen.* **s.** nagnuti. sagoh
(sъgъboh) se sagom (sъgъbomъ) do zemlje
lied. gibati. gib *ruga mik.* zgib. gibak.
gibanica. nagibati, naginjati *neigen.* **č.**
hnouti *biegen.* hbitý *regsam.* přiheb *gelenk.*
hebký. hýbati *bewegen.* pohyb. záhyb *ein-*
bug. **p.** giąć *aus* gnąć. giętki *biegsam*
aus *gnatъk. gibać *beugen.* gibnąć *Linde.*
os. hnuć. hibać. **ns.** gnuś. gibaś. **klr.**
hnuty. uhnuty. hnutkyj (*p.* giętki). hybaty.
hybkyj. zhyb *bug.* zahynati *biegen.* zahyn,
vyhyn *bug. Durch metathese erklärt sich*
bhaty *aus* hbaty, hybaty: korovaj bhaty.
ophaty *biegen aus* ohbaty. rozôbhaty *aus*
rozôhbaty. **wr.** nahnuć, nahinać. vyhibać.
bhać *aus* hbać, hibać. **r.** gnutь. nagi-
batь, naginatь. guba *kleiner golf.* sugubyj.
gibatь. sgibъ, zagibъ *falte.* ogibъ. gibkij.—
lit. dvigubas. *lett.* gubt *sich bücken.* magy.
goboncza *art mehlspeise.* *rm.* gibui *krümmen.*

gŭd-: b. gъdel *kitzel.* gъdeličkam,
gъdelična *kitzeln.* — *rm.* gîdil. gîdela *vb.*
alb. guaulis *vb.*

gŭgra: asl. gъgrica *kornwurm misc.-*
šaf. 162. **s.** gagrica. — *magy.* gerge-
ricze. *rm.* gęgeritsę, gęrgęlitsę, *daraus*
klr. gurgułyća *gräberwurm.* gergełyća *korn-*
wurm.

gŭlkŭ: asl. glъkъ, glъka *schall, lärm.*
glukъ *ist das* č. hluk. **nsl.** golčati *reden.*
golč *rede.* **b.** glъča *lärmen.* glъč. glъčka
bulg.-lab. 26. glъčliv. **č.** hlučeti. hluk
schall. **p.** giełk, zgiełk. **r.** golkъ. golčatь.
— *rm.* gęlčavę *zank.* *lit.* gulkščoja *es*
verlautet. Vergl. magy. gercsáva *zank.*

gŭmŭz-: asl. gъmъzati *kriechen. iter.*
gъmyzati; *daher* gъmyžь *insekt.* **nsl.**
gomzêti *wimmeln.* gomaziti *trub. lex.* gomaz
insekt lex. Vergl. golazen *kriechendes un-*
geziefer; schade an getreide durch mäuse.
b. gъmžja *wimmeln.* **s.** gamziti, gamizati,
gmizati *kriechen. Vergl.* gmiza *glasperlen.*
č. hemzeti, hemzati, hemžiti, hmyzeti.
hemzot *gewimmel.* hmyz *insekt.* **p.** giem-
zić *jucken.* **os.** hemzać *krabbeln.* **klr.**
hymźity *wimmeln.* homzyty. *Vergl.* nemza
ungeziefer. **r.** gomozitь *unruhig sein,*
wimmeln. gomoza. gimzitь.

gŭrdŭ: r. gordъ *schlingbaum.*

gŭrgečĭ: s. grgeč *flussbörs.* — *magy.*
görgicse. *Die lautfolge ungewiss.*

gŭrka-: asl. grъkati *sonum edere.*
č. hrk. hrčeti. hrkati. **wr.** harkać. *Vergl.*
nsl. grgati. grgrati, grgotati *kakor* golôbi
lex. **b.** gurguvica, gurgutka *turteltaube.*
grъgъrane *geklingel.*

gŭz: p. giez, gzik *art bremse.* gzić
stechen. zegzić *mit brunst erhitzen.* zagzić
anspornen. **kaš.** gzika *wespe.* **klr.** gedz,
gedzeľ, gedzeń, gedzýk *bremse.* gzyty śa,
gedzaty, gedzełyty śa οἰστρᾶν. gyžełyća
rosskäfer. gydzaty śa *unruhig werden ung.*
kedzeń *juni.* **wr.** hiž. *Vergl.* **r.** zgi nêtъ.
— *rm.* gîzę *neben* bîzę.

gyb-, *kein* gŭb-: **asl.** hybnąti, *seltener*
gynąti, *zu grunde gehen. iter.* gybati,
gyblją, gybają. gybêlь. *Durch steig.*
von gŭb: gubiti *zu grunde richten.* paguba. **nsl.** ginoti. pogibati. zginjati *ver-*
schwinden. pogibel *f. gefahr.* zguba *verlust.*
gubiti. **b.** zagina, zaginuvam, zagin-
vam *vb. (dagegen* zagъnuvam *biegen).* za-
guba. gubja *zu grunde richten.* **kr.** zgu-

bitak *verlust ung. nach* dobitak *gewinn.*
s. ginuti. gubiti. **č.** hynouti. hubiti. hu-
bený *mager.* **p.** gibnąć, ginąć. *iter.* ginać
ist unhistorisch. gibiel, gibiela *abgrund.*
pohxbiel *ist fremd.* gubić. **kaš.** ginanc.
zaginąc, zadziňanc. **polab.** püzgȧinė·
asl. pogynetъ, *vielleicht mit* poz *für* po.
os. hinyć. hubić. **ns.** ginuś. -gubiś.
klr. hybnuty, hynuty. hybity *wohl durat.*
hybeł. zahyn *tod.* hubyty. **wr.** hybeł.
zahina. hubić. **r.** ginutъ. poginъ *verlust*
dial. gubitъ. paguba. — *rm.* pagubę. pę-
gubi *vb.* *lett.* gubīt *wegschaffen, entlehnt.*

gyd-: **č.** hyzditi *ekel verursachen.*
ohyzda. zohyzditi *verunstalten.* zbyzditi
besudeln. **p.** hyd, ohyda, ochyda *ab-*
scheu; ohydny *schimpflich;* hydzić, chydzić,
entlehnt. **os.** hida *hass.* hydžić. **klr.**
hyd, ohyda *ekel.* hydyty śa. ostohyďity
langweilig werden. **wr.** ohida. hidzić.
hidkij. hidlivyj. ohidnuć. **r.** gidkij *dial.*
Laut und bedeutung erinnert an gad-. —

rm. hîd *garstig, was man mit fz.* hideux
in verbindung bringen will.

gyka-: **klr.** hykaty śa *schluchzen.*
r. gikъ *clamor.* gika *qui clamat.*

gyma-: *asl.* gymati *belasten, mit* o
und po.

gyri-: **č.** hýřiti *schwärmen, schwelgen.*
ohýralý *frech.*

gyrica: **kr.** girica *art fisch.* — *Vergl.*
lit. guirė, guiris.

gyzda *asl. apparatus.* gyzdavъ *super-*
bus, nur in jüngeren südslav. quellen. **nsl.**
gizda *hoffart.* gizdati se *superbire habd.*
b. gizdja *schmücken.* gizdav *prächtig.* gizda-
vina. **s.** gizda *schmuck.* gizdati *schmücken.*
— *rm.* gizdav.

gyža 1.: **č.** hyže, hyza, hýždě *kopf*
am knochen des schienbeins, oberschenkel;
vergl. kyčel *hüfte.* **p.** giža, gižela; *da-*
neben giezek, giczel. **ns.** gižła *schienbein.*
Vergl. guz-.

gyža 2.: *asl. uva immatura.*

H.

haba. klr. *welle.* — *magy.* hab.

haharu: **nsl.** hahar *carnifex.* hagar
meg. — *mhd.* hahære.

hajdamaku: **klr.** hajdamak *krieger*
in den steppen, räuber. **p.** hajdamak.
— *türk.* ȟajdamak *eine herde vieh treiben.*
Vergl. chajde.

hajdŭ: **nsl.** hajd, ajd *heide.* — *mhd.*
heiden.

hajka **s.** *jagd.* hajkati. — *Man ver-*
gleicht türk. haik-armak *incitare und ver-*
bindet damit auch r. nagajka *peitsche,* **klr.**
nahajka, *p.* nahaj: *dagegen ist klr.* hajtova
jagd, hajtovaty *magy.* hajtani.

hajnalŭ: **p.** hajnał, hejnał, ejnał
morgengesang. — *magy.* hajnal *morgen.*

hakŭ: **č.** hák *haken.* **p.** hak. —
ahd. hāke.

haleri: **p.** halerz *heller.* **č.** haléř,
halíř. **ns.** halaŕ. **klr.** hariľ. — *nhd.*
heller, *mhd.* hallære, *zu Schwäbisch Hall*
geprägter pfennig.

hamišija **kr.** *bosheit.* **nsl.** hamičen.
hamičija *ung.* **klr.** hamyšnyj. — *magy.*
hamis *falsch, böse.* *nhd.* hämisch.

hartova-: **p. wr.** hartovać. **klr.** har-
tuvaty *für r.* kalits *eisen härten.* **p.** har-
cić. — *Aus dem d.*

harici: **nsl.** harec, harc *kampf.* **kr.**
harac. **č.** harc. **p.** harc. **klr.** herc
scharmützel. harcuvaty. **r.** garcovatъ
ein pferd tummeln. — *mhd.* harz *aus*
harze, *d. i.* hërze, herzu *daher eig.*
eine interj. *magy.* harcz. *rm.* harc.
hęrceli *vb.* *Man vergleicht mit unrecht*
nhd. hetze.

hasini: **nsl.** hasen *f.* hasno, hasek
nutzen. **kr.** hasan *f.* **s.** hasna. hasniti.
p. hasen *gewinn.* **klr.** chosen, *gen.* chôsna.
— *magy.* haszon.

haveri: **č.** havéř *bergmann.* **p.**
hawiarz. — *d.* hauer.

hazuka **č.** *art kleid.* — *magy.* ha
czuka. *mlat.* cazac.

hebla. heble č. *art kleine münze.* — mhd. helbelinc, helblinc.

hegede: s. egede *die deutsche geige.* — magy. hegedü.

helce nsl. *messerheft.* č. jilce, jilec. p. jelca, jedlca *griff am schwerte.* — ahd. hëlza.

helja: os. hela. ns. heľa *hölle.* — *Aus dem d.*

helïda: s. heljda *buchweizen.* — türk. héldé. *nsl.* hajdina *ist d.*

herbata p. *thee.* — *lit.* erbata. *Vom lat.* herba.

herbŭ: č. herb, erb *wappen, erbe.* p. klr. herb. — *lit.* erbas. *Es ist das d.* erbe.

hetka p. *equa vilis.* — *Man vergleicht it.* ette *kleinigkeit.* *lat.* hetta.

hetmanŭ: p. hetman *feldherr.* **klr.** hetman, ataman, vataman, otaman. č. os. hejtman *hauptmann.* — *d.* hauptmann. *lit.* etmonas, atmonas.

hevarŭ: p. hewar *heber.* č. hever. — nhd. heber. *p.* lewar *und* *r.* ǂiverъ *sind wohl roman.:* mlat. levarius.

hičľ: b. hič, ič *nichts.* **klr.** hyč, ńi hyč. — türk. hič, hidž *etwas, mit der negation „nichts".*

hintovŭ: nsl. hintov *wagen.* b. s. intov. č. hyntov. **klr.** hinťuv, chynťüv. — magy. hintó. türk. hintov.

hirŭ: nsl. hir *lärm.* **klr.** hyr *ruf, kunde.* hyrešnyj *berühmt.* — magy. hír. híres.

hoferŭ: č. hofer *inwohner,* podruh. nsl. ofer *inquilinus.* — nhd. hofer *der zum gesinde des hofes gehört.*

hu-: klr. zahuty *den laut „hu" von sich geben.*

huculŭ: klr. hucuł *Huzule.* — *Wahrscheinlich* rm. hoc, hocul *dieb, räuber, ursprünglich schimpfwort.*

hufŭ: p. huf, chuf, uf, ufiec, hufiec *schaar.* — ahd. hūfo, houf *haufe, schaar.*

hurmŭ: p. hurmem, churmem, hurmą *schaarweise.* Vergl. klr. hurba. r. gurъba *schaar.* v hurman, hurmanom *auf einmal, haufenweise.* — Vergl. hurtŭ.

hurtŭ: p. hurt, hort, urt *hürde.* hurtem *in bausch und bogen.* hurtownik *grosshändler* **klr.** hurt *herde schweine (von schafen* turma, *von rindvieh* čereda), *gesammtheit.* hurtom *im grossen.* zahurt *insgesammt.* **wr.** hurtom *in einem.* hurtovščik. r. gurtъ *herde, rinderherde; grosshandel.* gurtomъ. — lit. urtas *hürde. Diesen wörtern scheint* türk. jurt *zelt zu grunde zu liegen: die bedeutung des p.* hurtem *usw. würde sich daraus erklären.* b. r. jurta. *Weniger wahrscheinlich ist die vergleichung mit dem d.* hürde, ahd. hurt, plur. hurdi, *trotz des p.* hurt *hürde.*

husašï: klr. husaš *zwanziger.* — magy. huszás.

hyceľï: p. hycel, hecel, chycel *henker, schinder.* klr. hyceľ. wr. hicel. č. hycel. — *Aus dem nhd.* hitzel, hützel *dial. schles.*

hyjaba, hľaba **klr.** *vergeblich.* — magy. hiába.

CH (X)

chaba-: nsl. habati se *abstinere.*

chaberŭ: b. s. haber *meldung.* — türk. χabér.

chabi-: asl. habiti *pessumdare. Vergl.* pohabъ *crudus, stultus.* pohabьstvo. ohabljenyj *židovine.* nsl. habiti, shabiti *beschädigen.* b. habja *vb.* s. habati *pannum deterere.* haba *mъca.* č. ochabiti *kraftlos machen.* chábnouti *schlaff werden.* pochablý *schwach.* scháblý *schlaff. Daneben* háb *alte kleider. Vergl.* pochabý *wahnwitzig.* klr. ochabyty *verderben.* ochab *unbrauchbarer bodenstrich.* wr. nachaba. r. pochabitь *verwöhnen.* pochabnyj *für chudoj dial. schamlos.* ochabenь *art kleid.* — alb. habit *verderben.*

chabi-: asl. habiti, ohabiti sę *abstinere.* č. ochabiti se. nsl. habati *schonen.*

Hieher gehört ohabънъ *frei:* da ste otъ kъbli ohabni *gram.* 26. ohaba *volles eigenthum* 18. 19. 26. *usw. Daher rm.* akaret ohabnik *zinsfreies gut.* r. *bedeutet* chabitь *fassen.*

chabina č. p. *ruthe.*

chadži s. *pilger.* — *türk.* ḱadžę.

chaja-: asl. hajati *curare.* ohajati *non curare, mittere.* s. hajati *curare.* r. ne chaj *mitte, eig. noli curare. Verschieden sind* klr. ochajaty *reinigen,* r. chajatь *tadeln.*

chajde: b. s. hajde! *auf!* — *türk.* hajdé.

chajdina, hajda, heda, jeda nsl. *buchweizen.* kr. ajda. os. hejda. — *nhd.* heidekorn, heiden: *die frucht kam aus mohammedanischen ländern, von den heiden, d. i. nichtchristen.* s. heljda *ist türkischen ursprungs. magy.* hajdina *neben* pohánka *und* tatárka.

chajdukŭ: s. hajduk *räuber.* b. hajdut, hajdutin. p. hajduk, sługa dworski. klr. hajduk *hajduke, scherge.* r. gajdukъ. — *türk.* ḱajdud *räuber, ungrischer soldat zu fuss.*

chak-: s. zahaknuti *anblasen živ.* hak *hauch.*

chakŭ: b. hak *recht, sold.* s. hak, ak. klr. hak *der dreissigste theil, als erwerb des* łyčman *das dreissigste schaf.* — *türk.* hakk.

chal-: r. nachalъ *frecher mensch.*

chala s. *schmutz, abort.* halav. b. hale. — *türk.* χala.

chalalŭ: b. halal *erlaubt (gegensatz von* haram). s. halal *segen.* — *türk.* ḱalal.

chaleva, chaljava r. *stiefelschaft.* p. cholewa. os. kholovy *hosen.* ns. chołovy. klr. choľava. wr. choľava. — *zig.* holav

chalja: nsl. halja, haljica *kleid.* b. halina. kr. halja. s. halja, haljina. č. halena, halina. — *rm.* hainę.

chalka: b. s. halka *ring.* — *türk.* ḱalka.

chalonga: asl. haląga *saepes.* halągъ: plemena i halązi naplъnišę sę hristijanъ

lam. 1. 28. nsl. haluga *seegras guts.* kr. haluga *frankop. unkraut ung.* s. haluga *herba; caverna.* klr. chałuha, r. zaulokъ *chrest.* 405. *Die urspr. bedeutung ist unbekannt.* wr. chaluha *ist hütte.*

chamalinŭ: b. hamalin *träger.* s. hamal. — *türk.* ḱammal.

chamŭ: nsl. ham *kummet* (homôt). klr. chamy. — *magy.* hám *pferdegeschirr.* rm. ham. ahd. chāmo. mlat. chamus. gr. χημός.

chandra r. *hypochondrie.* — *Wohl aus dem d.* hypochondrie.

chandžarŭ: b. s. handžar *art dolch.* — *türk.* χančér.

chanŭ: b. s. han *haus, gasthaus.* — *türk.* χan.

char-: p. wycharzeć *ausräuspern.* wcharzeć *einschlürfen.*

chara-: s. harati *spoliare, devastare.* nsl. harati *prügeln.* kr. har *depopulatio.* — ahd. harjön, herjön *mit heeresmacht überziehen, verheeren.*

charačŭ: b. s. harač *kopfgeld.* klr. charač. — *türk.* χaradž.

charalugŭ: r. charalugъ *stahl.* — džag. karaluk.

charamija b. s. *räuber, dieb.* — *türk.* ḱarami.

charamŭ: b. haram *verboten, verflucht.* s. haram *fluch.* — *türk.* ḱaram *verboten.*

charaša-: klr. charašaty *verschneiden (schweine).* — *Man vergleicht* gr. χαράσσειν.

charba: b. s. harbija *spiess.* kr. harba. — *türk.* ḱarba *hellebarde.*

chardžŭ: b. hardž, harč *auslage.* s. harač. klr. charč f. *lebensmittel.* charčevńa *speisehaus.* r. charčъ. — *türk.* χardž.

charŭtija: asl. harъtija *charta.* s. hartija. r. karta, *dial.* chartьja. — *rm.* hęrtie. gr. χαρτίον.

charı: asl. harь *gratia.* b. haren *werth, schön.* nehar *unthätigkeit.* neharen *träge.* kr. har *lob, nutzen.* s. haran *dankbar.* klr. charnyj *schön ung. reinlich, tüchtig.* necharnôsť *schmutz. Vergl.* r. garnyj *zur hochzeit gehörig.* — gr.

χάρις. *Man vergleiche* klr. haren *fähig.* harnyj *hübsch.* nezharnyj *garstig.* bezhar *übermass.* wr. harnyj. harnuć *anhänglich sein.*

chasa č. p. *pöbel.* ns. chasa *schaar. Man vergleicht* ahd. hansa *schaar.*

chasŭrŭ: b. hasŭr *strohmatte.* s. hasŭra. — türk. ḱaser.

haštri-: kr. haštriti *bäume beschneiden.* — *Vergl.* lat. castrare.

chata klr. wr. r. *hütte, zimmer.* p. chać „słowo ruskie" Linde.

chatarŭ: s. hatar *territorium, fines.* hatarь mon.-serb. hotarь *ambitus.* klr. hotar *grenzraum, bei den Huculen und Verchovinci* chôtar, *gen.* -rja, *grenze für* kopanka „ot vykopanoho tut lisa" *nauk.-sbor. 1870. 63.* — magy. határ, *das als slav. gilt.* d. *dial.* hoter, hattert. *Hieher gehört* nsl. kotar *territorium habd.* kr. kotar *territorium verant.* s. kotar *zaun um den heuschober.* č. kotár. — *Man vergleicht* ahd. kataro (gataro) *gatter, gitter, als thor oder zaun, während andere an* ahd. huntari *abtheilung eines gaues denken.*

chazna: b. s. hazna *schatz.* — türk. χaziné.

chazurŭ: s. hazur! *bereit!* — türk. ḱazer.

ched-: *daraus I.* šьd *und durch steigerung II.* hodъ. *I.* šьd: asl. šьdъ. šьlъ. sъšьlьсь παρεπίδημιος. šьstъ *part. praet. pass. Mit vorgeschlagenem i:* vъzišьdъ, prêvъzišьdъ. *anders* obišьdъ. ošьlьnikъ. prišьlьсь *advena.* prišьlьstvije. prišьstije, prišьstvije. prišьstvovati. *Man merke* ušьdъ, ušidъ, ušidь *flüchtling.* nsl. šel, *im Süden* išel. prišelec. našestje *inventio.* prišestje, prišestek *adventus.* prišesten *künftig.* pošast *f. miasma, gespenst: „was umgeht";* schnupfen. *Hieher gehört* prešustvo, prêštvo, šuštvo *ehebruch, eig. transgressio.* prešustvati. prešesten *ehebrecherisch.* b. šъl. došъste *ankunft.* kr. uzašъstje gospodinovo. obnašašće. odšastak. s. išao. č. šel *für* šedl; šla *für* šdla. išel. pošti. příští *ankunft.* asl. prišьstije. příští *künftig aus* prišьd-tja. vešti. výští. zášti. zešti: asl. -šьstije. p.

szedł. szła *aus* szdła. doszły. weszczła, wstąpiła *anec. 5:* vъzšьla, vъššьla. áćie, szcie, iśćie: asl. šьstije. obejście. uście. ujście. poszcie, pojćie. weście. wyście. przed-iśca *vorgänger:* prêdъ-šьdьca, *mit vorgeschlagenem i.* os. šoł, šła. klr. išoł, išła. pošesť *miasma.* wr. pošesć *epidemie unter pferden.* r. šelъ, *dial. auch* išolъ. otšelьnikъ. šestvie. *II.* hodъ: asl. hodъ *gang:* brъzohodъ konь. *iter.* hoditi, haždati. hodati *procurare.* hodataj *legatus,* nsl. hod. hoditi. obhajati *communicare.* obhajilo *festum, communio. Vergl.* prihaj *erste spur von krätzen. Vergl.* hodnik *grobe leinwand.* b. hod. zahod αφεδρών. hodja. othaždam, otvaždam, othodêm, othadêm *vb.* s. hod. hoditi. hodati. hodulje *stelzen.* obodnja *reihe.* uhoda *spion.* č. chod. úchod *flucht.* choditi. pochodně *fackel.* chůze *gehen.* ochoz, ochoze *procession.* výchoz *ausgang.* příchozí *fremdling:* prihodjъ. p. chod. chodzić. chadzać. chodziwać, chodzować. chodza *gang.* pochoży *fremdling ist* r., *obgleich* r. pochožij *in der bedeutung abweicht;* zachoży *ankömmling.* polab. chüdit. os. khod. khodźić. *Vergl.* khodota *hexe, alp.* ns. chod. chojžiś. pochorńa *fackel aus* pochodńa. klr. chodyty. vchožaj *nachstellung.* wr. vyjsce. zajsce. r. chodъ. choditь. -chaživatь. chodataj. inochodъ *pass.* chodьba. prochožij *vorübergehend. Vergl.* pošova *epidemie dial.* — rm. nęskódi *ausdenken.* iskoadę *kundschafter.* lit. dakadas: p. dochod. zokadas. *Ursprachlich* sed. ai. sad. gr. ἐδ: ὁδός.

chero: s. nahero, naherce *schief.*

chêri-: r. chêritь *ausstreichen. Fremd.*

chilijada: asl. hilijada *tausend.* b. hiljada. s. hiljada. — gr. χιλιάς *neben* tysąšta, jezero, taužent.

chira: s. hira *käsewasser.* — alb. χirrę.

chlača: nsl. hlače *hosen.* hlačice *lange strümpfe der frauen.* s. hlača *strumpf.* hlače *beinkleider.* — mlat. calcia *tibiale.* mhd. kolzo, golze *eine fuss- und beinbekleidung.*

chlamŭ: r. chlamъ *schutt dial. schlechte kleider.* — *Man vergleicht* lett. slānas *haufe.*

chłapa-: č. chlapati.   p. chłapać
schlappern.   s. hlaptati.   *Vergl.* č. slopati.
slk. chlopať.   **asl.** hlepъtati.   č. chleptati.   **os.** šlapać.   p. chłeptać, łeptać.
klr. chłebaty, chłeptaty.   s. hlapiti, lapiti
schnappen.   **wr.** chlebać *essen*.   r. chle-
batь *schlürfen*. pochlebka *dial.* chlëbovo
suppe.   p. chlipać, chłypać.   **slk.** chlepať.
hlaptati, laptati *schlampampen*.   *Onomatop.*
   chlapŭ: **nsl.** hlap *dampf*.   s. izla-
piti *verriechen*.
   chlasta-: **asl.** vъshlastati, vъshlastiti,
ohlastati, ohlastiti *frenare*.   **nsl.** *ist* hlastiti
schnappen.
   chlembĭ: **asl.** hlębь *f. catarrhacta,*
χαταρράχτης, *fores:* hlębi nebesьnyję.   **klr.**
chľaby, otvôr.   r. chljabь *damm. Vʹrgl.*
wr. chłaba *regenguss.*
   chlend-: **asl.** ohlędanije *negligentia.*
ohlęnąti *debilem fieri.*   **klr.** chľanuty. za-
chľaty.   *Vergl.* uchľabnuty, uchľanuty *ermüden.* ochľasty, ochľanuty.   *Durch steigerung* hlond-: č. chlouditi *debilitare.*
   chlest-: r. chlesnutъ *neben* chlysnutь
einen hieb versetzen. chlystъ.   p. chłosta.
chłostać *neben* chlustać.   **wr.** chłoscić.
   chlêbŭ: **asl.** hlêbъ *panis:* hlêbьnъ
ukruhъ. uhlêbiti *cibare, in cibum distri-
buere.*   **nsl.** hlêb.   **b.** lêb.   **s.** hljeb
brot, laib.   č. chléb: *vergl.* pochlebiti
schmeicheln.   p. chleb: *vergl.* pochlebiać
schmeicheln.   **os.** khleb.   **ns.** kleb.   **klr.**
chľib.   r. chlêbъ. — *lit.* klëpas. paglë-
bininkas *schmeichler. lett.* klaips.   *got.*
hlaifs (hlaiba-). *(Hinsichtlich des ch vergl.
asl.* horongy, *got.* hrugga).   *and.* hleifr.
finn. leipä. hlêbъ *stammt aus dem germ.:
es ist eine entlehnung der ersten periode.*
   chlêvŭ: **asl.** hlêvъ *stall.* hlêvina *haus.*
nsl. b. hlêv.   č. chlév.   p. chlew.   **polab.**
chlëv.   **os.** klev.   **ns.** chlev.   **klr.** chľiv.
r. chlêvъ. — *rm.* hiliv.   *lett.* klëvs, kláva.
got. hlija σχηνή. *Wahrscheinlich germanisch.*
   chlĭpa-: **asl.** hlipati *schluchzen.*   **nsl.**
hlipati *keuchen.* hliplje se mi *es stösst mir
auf.* **kr.** pohlipno *sehnsuchtsvoll.* p. chlipać,
chłypać *schlürfen.*   **os.** slipać *schluchzen.*
wr. chlipać.   r. chlipatь.   **nsl.** hliptati

nach luft schnappen. Vergl. **b.** hlihtja *vb.*
kr. kliktati (klikčem).   *Man merke* chlapa-.
   chlompa-: **asl.** hląpati *mendicare:
daneben* hlępati. hlepiti. hlêpiti. hlipati.
hląbati. hlupati. hljupati. hlъpati. hąpati.
hupati.   *Die richtige form festzustellen ist
zur zeit unmöglich, da die quellen von einander abweichen (der zogr. und der Ma-
rianus haben* hląpati: *der letztere daneben*
hląbati) *und die lebenden sprachen den
forscher im stiche lassen. Vergl.* chlipa-.
   chlondŭ: **asl.** hlądъ *ruthe.* hlądije.
nsl. hlôd.   č. chloud *stock.* chloudí *grünes
tannenreisig.* **polab.** chlõd.   **wr.** chłud.
r. chludъ *dial.*
   chlop-: **asl.** hlopotъ *strepitus.*   **nsl.**
zahlopiti.   **b.** hlopam *klopfen.*   r. chlo-
patь. chlopъ. chlopota. zachlopka *klappe.
Damit vergleiche man* b. zahlupka, zahlipka
deckel. zahlupja, zahlipja *zudecken, eigentlich wohl „mit geräusch schliessen".*
   chlu-: **asl.** hlujati *fliessen.* b. hlujna *vb.*
r. chlynutь.   *Abseits steht* p. niechluj, niech-
luja *schweinischer mensch.*
   chluba: č. chlouba *prahlerei. Vergl.*
p. chełpa, chluba.
   chlŭca-: **b.** hlъcam *schluchzen.*
   chlŭp-: r. chlopьe, ochlopьe *flocken
von wolle oder werg.* č. chlup.   **slk.** chlp.
p. chłupaty *haarig.*
   chmelĭ: **asl.** hmelь *hopfen.*   **nsl. s.**
hmelj.   **b.** hmel.   č. chmel.   p. chmiel.
pochmiel *rausch.* **polab.** chmil.   **os.** khmjel.
ns. chmeľ.   **klr.** chmiľ, chmeľ.   r. chmêlь.
pochmêlьe. — *rm.* hemej.   *Das slav. wort
scheint finnisch zu sein:* finn. humala.   *and.*
humall, humli.   *magy.* komló.   *nordtürk.*
χomlak.   *türk.* kumlak.
   choberŭ: s. hober, ober, uhor *berg-
kuppe, kamm des hahnes.*
   chobotŭ: **asl.** hobotъ *schwanz.* ho-
botьnica *polyp.*   **nsl.** hobotnica *meerspinne.*   **s.** hobot. hobotnica.   č. chobot
ende eines dinges.   r. chobotъ *elephanten-
rüssel.* — *magy.* habarnicza, habarcz *polyp.*
   choch-: **asl.** hohotati *cachinnare*
nsl. hohotati.   č. chech. chechot. chechtati.
chochtati.   p. chech. chychot.   **os.** kha-

chot. khachotać. ns. chachaś. r. cho-
chotъ. chochotatь. — magy. hahota. rm.
hohot. Vergl. gogota-.

chochŭlŭ: č. chochol, šošole busch.
os. khochoł. ns. chochol haube der vögel.
wr. chochoł. r. chocholъ. chochlatyj
dial. vochly, vochljakъ, vochljukъ.

chol- 1.: b. oholno stolz per.-sp. 1. 174.
kr. ćhol ung. s. ohol. r. cholja nettig-
keit. cholitь putzen.

chol- 2.: p. chłonąć, ochłonąć, ochła-
nąć verschlingen. pochłon vielfrass. chłań-
sko, odchłań grundloser schlund. wychło-
nąć von sich geben. kaš. vodchłanje.
Vor n kann ein consonant ausgefallen sein.

chołdŭ: asl. hladъ kühle. nsl. b.
s. blad. č. chlad. p. chłod. chołodziec
gericht von mangoldblättern ist r. cholo-
decъ. polab. chlåd. os. khłod. ns.
chlodk. klr. chołod. chładnyj ung. wr.
otchłan, r. prochlada. r. cholodъ. cholo-
decъ keller: b. zimnik. ocholodъ etwas kühl.
dial. chladъ. prochladъ. ochladêtъ. — alb.
fladit. Vergl. got. kalds.

chołchoł-: č. chláchol adulatio. chlá-
choliti besänftigen.

chołpŭ: asl. hlapъ diener. nsl. hla-
pec knecht. b. hlape knabe. č. chlap
leibeigener. chłop a roba, muž a žena dial.
p. chłop bauer. klr. chołop chrest. 44.
chłop, chłopčuk aus dem p. wr. chłop
sclave neben chołop unwissender mensch.
r. cholopъ sclave. chlapъ bube (in den
karten). — lit. klapas bursche. lett. kalps
knecht. magy. kolop ober in den karten.

chołstŭ: asl. hlastъ caelebs in r.
quellen. Gleichbedeutend ist hlakъ, daher
hlačьba caelibatus. nehlaka findet sich in
der bedeutung „gravida". r. cholostoj.
cholokъ. Man vergleiche chlastiti trigl.
cholostitь castriren. klr. chołostyty. — rm.
flękęu bursche ist asl. hlakъ. Vergl. got.
halks arm. Die zusammenstellung unsicher.

cholŭ: č. pachole knabe. p. os. pachoł. p. pachołek, pacholik, parobek
służący. ns. pachoł, pacholo. klr. pa-
chołyk, pachołok. Wahrscheinlich pa-cholŭ.

chomjakŭ: r. chomjakъ ratte mus
cricetus. p. chomik hamster, wohl aus
dem r. klr. chomyk. Dasselbe thier wird
homêstarъ sein, das in einer r. quelle vorkommt: ahd. hamastro ist kornwurm, urspr.
wohl hamster. ns. semstaf ist junge entlehnung. Die ratte und der hamster kamen
mit den Hunnen aus dem fernen Nordosten.

chomontŭ: asl. homątъ joch, kummet.
nsl. homôt neben dem d. komat. b. homot,
homut (mit dem art. homote-t). (s. homut
handvoll). č. chomout. p. chomąt, cho-
mąto. os. khomot. ns. chomot. klr.
chomut. r. chomutъ. — lit. kamantai.
Das wort scheint slavisch zu sein.

chompi-: asl. ohąpiti amplecti. hąpati
fassen δράσσεσθαι slêpč. Vergl. ochapiti sę
in r. quellen.

chondogŭ: asl. hądogъ(hodogъ slêpč.)
peritus. hъžavъ und hъždavъ sind wohl
hądožavъ. p. chędogi sauber. Daraus
wr. chandoga der reinliche. nechandožnyj.
vychandožyć reinigen. r. chudogij klug,
geschickt. — Das wort ist d.: got. handugs
weise.

chonchna-: asl. hąhnati murmurare.
nsl. hôhnjati schnüffeln. huhnjavica schnupfen
habd. Vergl. s. hunkati, unjkati näseln.
klr. chuchnaty.

chont-: die W. erscheint in der
form I. hont, II. hъt, III. hot. ъ ist
schwächung des on, ą; o scheint nach dem
verstummen des ъ eingeschaltet worden zu
sein: wr. choć, gen. choci und chci.
I. hont. č. chut lust. choutka. chutný.
pochutnati kosten. p. chęć: chuć ist
č. oder klr. chętny. chutný, chutność. za-
chęcić. przychęta. przychutniwać. os.
khutny. klr. chutkyj hurtig. wr. chuć obgleich. II. hъt: asl. hъtêti (selten). nsl.
htêti, hčem neben čo aus hъštą. 3. pl. hčejo,
čejo, čedo. ćon; ćem aus hъštą venet.
b. štъ aus hъštą. štene voluntas. poštênka
appetit. ftêl aus hъtêlъ. s. htjeti, ćeti,
kteti, teti. ću für hću. nećati ausschlagen.
č. chtiti. chcu, chci. chtič begierde. p. chcieć.
chcenie. chciwy. chcączka: *hъštąštъka.
polab. cà volo. os. chćeć, chcu. ns. kśeś,

cu. **wr.** chcêć. **r.** chtêtь *dial. Selten sind formen wie* **asl.** byštetъ *mladên.* **klr.** chyta *für* ochota. **r.** chytja *dial. für* chotja. — *rm.* poftę *gier.* pofti *vb. III.* hot: **asl.** hotêti. hotъ *desiderium, meretrix,* ἐραστής. pohotь. **nsl.** hotêti, bočem. notêti. če hoč si *vis.* oti ali ne oti *du magst wollen oder nicht.* hot, hotnica *kebsweib.* hotiv, hotivec *bastard.* hočljiv *begierig.* **kr.** hoš li, neš li *du magst wollen oder nicht:* š *für* hoš. **s.** hoću. hoćak. **č.** chot *bräutigam, braut.* ochota *lust.* **p.** pochoć. ochota *lust.* **klr.** chôt *begierde.* ochoc *begierig.* chočaj-chočaj *sive-sive* chrest. 388. **wr.** choči *vis.* choć *lust.* choć, choč, choš *obgleich.* **r.** chotêtь. pochotь. choča *laune dial.* chotь *obgleich ist wohl die alte 2. sing. impt.; in* chotja *ist a angetreten.* ochota, ochvota. ochočij, ochvočij.

chop-: b. podhopkvane *springen.* **p.** chopnać.

chopi- 1.: **asl.** chopiti, hapljati, hapati *beissen.* **b.** hapja, hapna *vb.* hapka.

chopi- 2.: **č.** chopiti, chapati *fassen.* **p.** pochopić *zof.* chopać, chapać. **ns.** chopiš *anfangen.* **wr.** chopać. **r.** chapatь, chapnutь. *Vergl.* chompi-.

chora: asl. hora *regio.* **b.** hora *land, leute.* horênin *landmann.* **kr.** hora. — *gr.* χώρα.

chorata: b. horata, horta *wort.* choratja *vb.* — *türk.* χορατα *scherz.*

chorbrŭ: asl. hrabrъ *tapfer, kämpfer.* **nsl.** hraber. **b.** rabъr *verk.* 225. **s.** hrabar *tapfer; für* vojno *maritus.* **č.** chrabrý. **p.** chrobry. **os.** khrobły *dreist.* zakhroblić, skhroblić *kühn machen.* **klr.** chorobryj *neben* chrabryj *ung.; letzteres auch bei pisk.* **r.** chrabryj, *ar.* chorobrъ. *dial.* chorobryj. chorobrostь *grobheit.* chraboritь sja. — *rm.* hęlębor *alacer.*

chorch-: r. chorochoritь sja *bramarbasiren.*

chormŭ: asl. hramъ, hramina *domus.* **nsl.** hram *steinhaus.* **b. s.** hram *kirche.* **č.** chrám. **p.** chromina. **ns.** chrom *gebäude.* **klr.** chorom. chram *kirche ung.* **r.** choromy, choromina. chramъ *kirche.*

chorna: asl. hrana *cibus.* hraniti *bewahren.* **ns.** hrana. hraniti. **b.** hrana. hranja *nähren.* othranja *erziehen.* **s.** hrana. hraniti *bewahren, nähren.* **č.** chrániti. **p.** chronić. pochrona. **kaš.** charna *nahrung.* **polab.** chorna *nahrung.* chornit. **klr.** ochorona, ochrana. chranyty *ung.* pochorony *begräbniss.* **wr.** ochorona. chronić *aus dem p.* sochrana *aus dem asl.* **r.** choronitь *begraben.* chranitь *bewahren.* koronitь *dial.* *rm.* hranę, hęranę. hreni *vb.* *zd.* har *beschützen.* hareta *genährt.* hor *in* hor-na: *vielleicht durch steigerung aus* her.

chorongy: asl. horągy *fahne.* **nsl.** karogla, cêrkvena zastava. **b.** horugvi *bezs.* 1. 159. horъgva. frugličar *fähnrich* mil. 518. **kr.** horugva, korugva. **as.** korugva. **č.** koruhev. korouhle, choruba *dial.* **p.** chorągiew. chorąžy. **os.** khorhoj. **klr.** korohva. choruhov *ung.* **r.** chorugvъ. korogva *dial.* chorunžij *fähnrich aus dem p.* — *lett.* karõgs. *lit.* karūna. *Man hat an* **türk.** kurjuk, kujruk *schwanz und an die rossschweife als fahnen gedacht: Richtig ist in dem worte das* **got.** hrunga *stange erkannt worden.*

choroši: r. chorošъ *geliebter.* chorošij *schön.* **klr.** vychorošuvaty śa. **p.** chorosz *ist r.* charasïnū: **p.** charaśny *gut dial.*

chorp-: s. hrape *plur. f. unebenheiten.* hrapav *uneben.* **p.** chropawy *holprig, uneben.* chropieć *uneben werden.*

chorŭ: asl. horъ *chor.* **klr.** korovod *reigen.* **wr.** korohodzić. **r.** chorovodъ. *dial.* karagodъ. — *türk.* χora. *gr.* χορός.

chorŭsŭ, chŭrŭsŭ: **r.** chorsъ, *gen.* chorsa, chъrsa. chъrosa, *eine gottheit der Russen. Man führt ein osset.* chorsu *gut an, womit man auch r.* chorošij *in verbindung bringt.*

chosta: nsl. hosta *gehölz.* hostnik *für meg.* **kr.** husta *karnarut.*

chova-: č. chovati *verwahren.* **p.** chow *zucht.* chować. **os.** khovać. **ns.** chovaś. **klr.** chovaty. **wr.** chovać. **r.** *dial.* chovatь. — *lit.* kavově *verwahrung.* *lett.* kavāt *bewahren.* kavēt *aufhalten.*

chozjainŭ: r. chozjainъ *hausherr.* — *Vergl.* türk. χodža *greis, herr, meister.* b. s. hodža *türkischer geistlicher.*

chraka-: asl. hrakati *screare.* ohrakъ *sputum.* nsl. hrakati. hraček *screatus* habd. hrakelj. hrčati, hrkati *schnarchen, sich räuspern.* b. hrača *vb.* hrački. hrkam *schnarchen.* kr. hrkati *tussire, jetzt* krhati. s. hrakati. rkati. č. chrkati. slk. chrakať. p. charkać. chrachać, charchać. ns. charknuš. klr. charkaty. wr. nakarchać. r. charkatь. chorkatь. chrakъ. ochrakъ.—*alb.* gerkhas, gerkhis *schnarchen.* rm. herki, herkei, horkei *usw. vb.* magy. harák. harákolni. *Vergl.* hortyogni. *Onomatop. Hieher gehört* s. hrčak *hamster.* slk. chrček. — *magy.* hörcsök, hörcsög. *rm.* herčog.

chralupŭ: asl. hralupъ *hohl (von bäumen).* hraluplь. b. hralupat.

chrapa-: slk. chrápať. p. chrapać *schnarchen dial. Vergl.* klr. chrapy *nares* chrest. 284.

chrebŭ: s. hreb, hrek *stamm.* kr. hrev *verant.*

chrebitŭ: asl. hrъbъtъ *rücken: daneben* hribъtъ *und* hribъ. nsl. hrbet. hrib *hügel.* s. hrbat. č. chřbet, hřbet. řbet, hřibet, řibet *dial.* p. chrzybiet, chrzypt, chrzept, grzbiet. grzeb. kaš. krzebt. polab. gribât. os. khribjet. ns. kśebjať. klr. chrebet, chrybet, hyrbet. wr. chribit. chrebcina. r. chrebetъ.

chrend-: asl. hręnati *esurire.* č. chřadnouti *languescere, tabescere.*

chrendŭ: asl. hrędъ *neben* hrądъ *crispus. Zweifelhaft.*

chrenst-: asl. hręstъkъ, hręstavьсь *knorpel.* nsl. hrustavec. hrustanec. hrstljanec *Ukrain. Vergl.* hrustati *dentibus conterere.* b. bruštělka: *vergl.* bruskam, hrušta *vb.* kr. hrust *ung.* s. hrustavica, hrskavac *knorpelkirsche.* č. chrust, chrustka, chrustavec, chřtál *knorpel.* chroustati. chrust *das knorpeln.* slk. chrustačka, chrustadlo. p. chrząstka, chrzęstka, chrzęslka. os. krymst. klr. chrjašč. christky *chrest.* 283. r. chrjaščъ, chruščokъ, chrustokъ. *Vergl.*

chrustětь. — *lit.* kremslė. *lett.* krimslis, krumslis, skrumslis. *ahd.* chrustula, crustula. *Die wörter beruhen auf* hrenst (asl. p. r.) *und* hronst (s. č.): nsl. b. weichen ab. Der os. ausdruck erinnert an č. chremstati, slk. chrumka, und ist als eine junge onomatopoetische bildung anzusehen, was auch vom lit. und lett. gilt. Der hier auftretende wechsel von on (ą) und en (ę) findet sich auch sonst: tysąšta *und* tysęšta.

chrep-: asl. hrepetati *hinnire.* hrapati *stertere.* nsl. hrepetati *raucum esse.* hropsti *lärmen, röcheln, keuchen, heiser sein.* hropot *getöse.* s. hropiti, hropati. č. chropěti, chroptěti, chrápati, chraptěti. chrupati. p. chrapieć, chrapać. chropotać, chrobotać. os. krapać, rapać *krächzen.* ns. chrapaś. klr. chrapyty. wr. chropot. r. chrepotatь. chrapětь. — *rm.* hropot. *Vergl.* chrapa-.

chrepenė-: nsl. hrepenėti *sich sehnen.*

chreti-: nsl. hretiti se *ekeln:* hreti se mi *es ekelt mir.*

chrenŭ: asl. hrěnъ *cochlearia armoracia.* nsl. hren. b. hrén. s. hren\ č. chřen. p. chrzan. polab. chŕon. os. krjen *aus dem d.* ns. kśen. klr. chrin. wr. chrěn. r. chrěnъ, *dial.* chrěnъ. — *lit.* krěnas. *rm.* hrěn. *mhd.* krěn, chrěne.

chridŭ: asl. hridъ *rupes.* kr. hrid, stijena *syrtis.* s. hrid, hrida.

chrip-: asl. hriplivъ *heiser.* nsl. hripa *heiserkeit.* hripav. hriplec *raucus meg.* hripati, hlipati *keuchen.* s. hripati. č. chřipěti *quietschen.* chřípě *nasenlöcher:* os. khŕapy. slk. chrypka. p. chrzypieć, chrypieć. ochrypły. chrapieć. chrypka, chrapka, ochrapły. krzypota *dial.* klr. chrypłyvyj. wr. chripka. r. chripětь. chripota. — *Vergl. nhd.* grippe. *Vergl.* chrapa-.

chrizma: asl. hrizma *unguentum,* μύρον. pohrizmiti μυρίζειν. nsl. krizma. b. krizmja *vb.* kr. s. krizma. krizmati. č. křižmo. p. chrzyżmo, krzyżmo. — *ahd.* chrismo. *lat.* chrisma. *gr.* χρῖσμα. hrizma *steht als römisch dem* muro, miro μύρον *als griechisch gegenüber.*

chrobakŭ: klr. chrobak, chorbak *neben* chrob, hrobak, hrabek, robak *regenwurm, käfer.* č. chrobák, robák. p. chrobak, robak. **kaš**. robak. — *lit.* rubokas.

chromŭ: asl. hromъ *hinkend.* hromьсь. hramati. ohrъmnęti *hinkend werden.* nsl. b. hrom. s. hŕom. hramati. č. chromý. p. chromy. chramać. polab. chrümy. os. khromy. ns. chromy. klr. chromyj. chromaty, chramaty (chmaraty), chromyty *ung.* chromnuty. **wr.** chromyj. r. chromoj. — *Man vergleiche ai.* sräma *lahm.*

chronštĭ: asl. hręštь *scarabaeus.* hręstъ *bruchus.* nsl. hrôšč *maikäfer.* (b. hruštak *schlupfkäfer*). č. chroust *käfer, bruchus.* p. chrzęszcz *neben* chrzabąszcz. chrąst *bruchus flor.* polab. chrāst *käfer.* klr. chrušč. r. chruščъ *mehlkäfer,* berezovyj žukъ. *Das wort beruht auf der W.* hrenst, hrensk *und bedeutet urspr.* „den summenden": p. chrzęstać, chrząstać; chrzęszczeć. č. chřestati. chrustěti. nsl. hrestati. hreščati. hruščati. r. chrjastětь. chrustětь.

chruk-: nsl. hrukati *clamare habd.* cr. hrjuknutь.

chrup-: nsl. hrupěti *vugire.* hrup *tumultus meg.* r. chrupnutь *rumpi.*

chrŭče: slk. hrъče *für* č. sum *wels.* — *magy.* harcsa. *klr.* harča *ung.*

chrŭvat-: asl. hrъvatinъ *croata.* hrъvatinъ sova, spida *tichonr. 2. 441. 448.* nsl. hrvat. b. hrъvatin *räuber.* p. karwat. r. chrovate *nest.* — *magy.* horvát. alb. hęrvat. *Daher soll auch das wort cravatte, fr.* cravate, *it.* croatta, cravatta, *stammen: man nimmt an, die Deutschen hätten diese halsbekleidung von den Kroaten entlehnt.*

chrŭzanŭ, **chŭrzanŭ**: asl. hrъzanъ *flagellum.* — *mgr.* χαρζάνιον.

chudŭ: asl. hudъ *parvus.* huditi *minuere.* nsl. hud *schlecht, böse:* huda oblêka, obutev. hudič *teufel.* hudobnica *fieber meg.* s. hud *schlecht.* č. chudý *schlecht, schlimm.* p. chudy *mager.* chudak *armer mensch.* chuderlawy. chudoba, bydło. polab. chĕudy. os. khudy *mager, arm.* ns.

chudy. klr. chudyj *mager.* chudoba *vermögen, hornvieh, eig. armuih, geringes vermögen.* wr. chud *der arme.* r. chudoj *schlecht; dial. teufel.* chudoba *geringes vermögen.* — *lit.* kudas *mager.* kusti *abmagern.* lett. kûds, kôds. *Man vergleicht unrichtig lit.* šudas *merda.*

chuch-: č. chuchati *hauchen.* p. chuchać.

chuk-: nsl. s. hukati *lärmen.*

chula: asl. hula *blasphemia.* huliti. b. hula. hulja *tadeln.* s. hula *tadel.* huliti. klr. chuła *verleumdung.* r. chula *tadel.* chulitь. — *rm.* hulę.

chuma: b. huma *art seifenerde, argile.* — *ngr.* χῶμα, σαπουνόχωμα.

chunavŭ, kunavŭ: asl. hunavъ *bewohner von* Χουναβία *in Albanien.* hunavъ zajęcь jestь *tichonr. 2. 441. 448.*

chup-: nsl. hupati *clamare.* s. hupnuti. *Vergl. ar.* chupsti sja *sich rühmen.*

churma: s. urma *dattelbaum aus* hurma. b. furma. r, kurma. — *türk.* χurma.

chusta p. *tuch, tüchel, kleidung.* klr. chusty *wäsche.* chustka, fustka. **wr.** chusta. r. chusta. chvustka *dial.* — *lit.* kuska.

chuta p. *hütte.* č. hut-. — *ahd.* hutta.

chutorŭ: klr. chutôr *meierei.* r. chutorъ, *dial.* futorъ, kutorъ *landhaus.* p. futor. klr. futor. — *Man denkt an türk. (arab).* kutr, *gegend, grundstück, acker.*

chva: č. pochva, pošva *scheide.* p. pochwa, pochew, poszwa. klr. pôchva. *Daneben* č. pochva *pferdezeug.* p. pochwa *schwanzriemen. Bei mik. findet man* s. pohve, pofe *in beiden bedeutungen.*

chvala: asl. hvala *lob.* hvaliti. nsl. hvala. hvaliti. zahvaliti *danken.* zahvala. ohvalen, ki svojo hvalo rad sliši. b. hvala, fala. hvalja, falja *vb.* falba. zafalja, zafalêm *danken.* s. hvala, fala, vala *lob, dank.* hvaliti, faliti. zahvaliti. *Man vergleiche* navalice, návol, navô, naval *geflissentlich und* u nefalj, u fal, nehotice *ohne zu wollen* č. chvála. naschvál *geflissentlich.* p. chwała.

os. khvala. ns. chvališ. chvaľba. klr. chvala. chvałyty. wr. chvała. r. chvala. chvaliť. — magy. hála dank. rm. falę. lit. kvola. kvolīti, čvoliti. Vergl. ai. svar tönen, besingen. Aus einer urform sver ergibt sich svar wie aus ver-var.

chvasta-: s. hvastati nugari mik. r. chvastať prahlen.

chvatŭ: r. chvatъ muthiger mensch. p. chwat aus dem r — Man vergleicht and. hvatr scharf.

chvê-: č. chvěti, chvíti schwanken. p. chwiać, chwiejać, ochwiewać bewegen. Vergl. chwierutać rütteln. ns. chvjaš wehen. r. chvějatь azbuk Vergl. p. fujawica.

chvilja: č. chvíle weile, zeit. ne-chvíle üble witterung. p. chwila. os. khvila. ns. chyľa. klr. chvyľa. (chvyľa welle). wr. chviľa sturm. — ahd. wīla (hwīl). got. hveila.

chvoja: nsl. hoja nadelholzäste, weiss-tunne. kr. s. hvoja zweig. č. chvůj, chvoje nadel der kiefer. chvůje neb sosna, borovice. p. choja kienbaum. os. khojna kiefer. ns. chojna reisig von der kiefer. klr. chvoja, foja tangel. wr. chvojovyj tangel-. r. chvoja tangel. dial. äste. chvoj nadelwald. Vergl. lit. skuja tannennadel, fichte. Die W. ist viel-leicht hvi.

chvorova-: asl. hvorovati δαπανᾶν impendere. — Man vergleicht lit. sverti ponderare, svarus gravis.

chvorstŭ: asl. hvrastъ sarmentum, gebüsch, eiche. hvrastije, hrastije φρύγανα. nsl. hrast eiche. b. hrast. hrastalęk ge-büsch. hraste gebüsch. fraste zweige. s. hrast. č. chrast, chvrast gesträuch. chrast geräusch. p. chrost geräusch, gesträuch, reisig. chrościna. Vergl. chwar-stać rasseln. kaš. chłost. os. khrost geräusch, gebüsch. khrościć rauschen. klr. forost, chvorostyna dürre äste: vergl. ne-chvorošč artemisia. wr. chvorost, chrust. r. chvorostъ reisig, gebüsch. chvorostьe. — magy. haraszt eichwald. rm. hrêst gebüsch. Ursprünglich geräusch, dann ge-

sträuch wie nsl. s. usw. šuma: befremdend ist die bedeutung „eiche". Die W. ist wohl hverst (p. chwarstać), woraus hvorstъ usw. Neben chwarstać besteht chwarszczeć aus hversk-, daher os. khroskot geräusch. — Man vergleicht ahd. hurst rubus, horst silva und hrīs zweig, reis.

chvostŭ: asl. hvostъ cauda. kr. hvost verant. č. chvost. chvostnouti sanft schlagen. p. chwost. chwostać. chwoszczka pferdeschwanz (pflanze). polab. cliüst ofen-wisch. ns. chošć katzensturz (pflanze). klr. chvost. dryžyfôst, tripofostyk bach-stelze. wr. chvost. r. chvostъ. chvoščъ pferdeschwanz. Mit hvostъ stehen wahr-scheinlich in zusammenhang 1) p. chwast, fast unkraut: vergl. chvoszczka. 2) nsl. hvoš strohwisch dain. č. chvoště, jetzt koště besen. os. khošćo besen. — Vergl. nhd. quast laubbüschel.

chvrŭka-: b. hvrъkam, frъkam fliegen. nsl. frkati, frknoti, frčati. s. vrknuti. — rm. sfęrk schwungfeder. Vergl. nsl. frfetati.

chvrŭli-: b. hvrъlja, frъlja, vrъlja werfen. s. vrljiti, vrljati. č. chrleti. — rm. svęrli, zvęrli vb. Ob chvrŭliti oder chvŭrliti, ist unsicher.

chŭlb-: p. chełbać rütteln. Vergl. chełbać, chłupić.

chŭlinŭ: asl. hlъmъ hügel. nsl. hol-mec hügel meg. holm (houm im Westen, hum im Osten) ON. (b. hlъm thal). s. hum, um. alt hlъmьcь, jetzt humac ON. č. chlum, slk. chlm ON. p. chełm ON. os. kholm, ns. cholm, chlum. klr. cholm. Vergl. das verdächtige šelom hügel, berg, im Igorliede. r. cholmъ. cholmikъ. chol-misty dial. cholomokъ. — Das wort ist wahrscheinlich germanisch: and. hōlms kleine insel in einer bucht oder in einem flusse. agsch. engl. holm. schwed. kolm. finn. kalma. magy. halom. rm. hęlm. hęlmui vb. gr ON. χέλμος. χλουμούτζι.

chŭlst-: p. chełścić sausen, sprudeln.

hŭlstŭ: r. cholstъ leinwand. p. chu-sta ist diesem worte fremd.

chŭlz-: p. ochełznąć, okiełznąć, ochel-stać zäumen. rozchelznąć.

chŭrsŭzŭ: b. hъrsъzin *räuber.* s. rsuz, rsuzin. **klr.** charcyz. — *türk.* χẹrsẹz *dieb, schurke.*

chŭrtŭ: **asl.** hrъtъ *vertagus.* **nsl.** s. hrt. **b.** hrъt. **č.** chrt. **p.** chart. **os.** khort. **ns.** chart. **klr.** chort. **r.** chortъ. — *preuss.* curtis. *lit.* kurtas.

chŭt-: *die W.* hŭt *erscheint in einer zweifachen form: iter.* hytati *durch dehnung, woraus auch* hytiti; *und in der* /*gesteigerten* hvatъ: *vergl.* kvasъ *aus* kŭs. *Die bedeutung ist rapere, jacere, festinare: auf der vorstellung „rapere“ beruht die bedeutung „schnell“ und „listig“.* I. hyt: **asl.** hytiti *rapere.* hytrъ *listig.* prêhytriti. *iter.* -hytati, hyštati. hyštъnъ *rapax von einem subst.* hyštъ *aus* hyti-ъ. **nsl.** vhitati *rapere:* Alenčico vhitali *volksl.* hititi, hitati *werfen.* hitêti *eilen.* ·hiter *schnell.* **b.** hitъr *klug.* hitrina. **s.** hitati *ergreifen, werfen, eilen.* hitar *schnell.* **č.** chytiti, chytati *ergreifen.* chytrý *flink, listig.* **p.** chycić, chytać *neben* chwycić, *durch den einfluss von* chwatać, chwytać *ergreifen.* pofacić *zof.* chytry *listig; auch für* szybki. *Vergl.* chyży *hurtig, nicht aus* *chyščy. chysko *für* chyżo *aus* *hyžъsko. **os.** khićić *ergreifen.* khjetry, *alt* chitry, *hurtig.* **ns.** chyśiś *werfen.* chytšy *rechtschaffen.* **klr.** pochyt *bewegung pisk.* chytryj *listig.* chyžyj *rapax.* chyžyty *rapere.* chyžak *latro.* **wr.** chižij *flink.* **r.** chititъ *rapere.* pochiščatъ. chitryj *listig.* chiščnyj *räuberisch* — *lit.* kītras *klug.* *lett.* kjītrs *karg, reinlich.* II. hvat-: **asl.** hvatiti *ergreifen.* *iter.* bvatati. **nsl.** hvatati *betasten.* **b.** fat *faust.* fatja, *iter.* hvatam, fatam, hvaštam, faštam *aus* hvati-, fati-. hvana, fana *für* hvatna, fatna *vb.* **s.** hvat *klafter.* hvatiti, hvatati. **č.** chvat *anfall.* chvatiti, chvátati. **p.** chwatać *neben* chwytać. ufacić. **os.** khvat *eile.* khvatać *eilen.* **ns.** chvat *gliederreissen.* chvataś. **klr.** chvatyty, chvatati.

chy-: **asl.** pohylъ *gebeugt:* pohylъ licemъ. *krumm:* nosomъ pohylъ: *hynǫti. **nsl.** hilja, krava z nazaj zavitími rogi. hula *bug.* podhuliti se *sich ducken.* prihuljen *vorwärts gebeugt.* **b.** uhilen *curvus verk.* 6.

kr. uhiliti *deflectere.* prihil *humilis.* **č.** chylý. náchylný. chýliti *beugen, neigen.* chouliti *neigen.* **p.** chynąć *neigen.* ochynąć się *untertauchen.* chylać *beugen.* przychylić. schyl *neige.* pochył *abhang.* **os.** khileć *neigen.* skhilić *niederbiegen.* **klr.** chyłyty *beugen.* nachyľcem *aus neigung.* pochyłyj *abschüssig.* **wr.** chiłyj *bieasam.* chilić. podchilić. nachinuć, nachinác. vychinuć, vychinać. **r.** chilitь. pochilitь sja *sich biegen.* chinutь sja *für* naklonitь sja. *In* chilyj *neben* chvilyj *schwach;* chiłь *krankheit ist* l *für* r *eingetreten:* chilêtь, chirêtь *krank sein.* *Neben* **p.** chynąć *besteht* szynąć, **č.** šinouti. *Vergl.* chyra.

chyb-: **p.** chybać się *sich hin und her bewegen.* chybki *neben* szybki *schnell.* **č.** chybati *nutare.* *Man vergleicht lit.* suboju, suboti *neben* supu, supti *schaukeln.*

chyba: **asl.** pоdhybьnъ *adulatorius.* **nsl.** hiba *tadel.* hibati. **kr.** podhiban *dolosus.* **č.** chyba *fehlschlagen, schade.* chyba toho *praeterquam.* chybiti *verfehlen.* pоchyba *zweifel.* šibal *schalksnarr.* **slk.** chyba *ausser.* **p.** chyba *fehlschlagen, schade; es sei denn, ausser.* chybić. pochybny. **os.** khiba *ausser.* khibić. **ns.** šybaly *verschmitzt.* **klr.** chyba *fehler, mangel; ausser.* chybyty *das ziel verfehlen.* **wr.** chiba *ausser.* podšibci, podšibić, podšibać *täuschen.* chibić *sich irren.* bezchibno *unfehlbar.* **r.** chiba *dial. ausser.* ošibatь sja *irren.* pošibêlъ *irrthum.* — *magy.* hiba *fehler, das als magy. angesehen wird* *rm.* pohibę *praetextus.*

chyl-: **nsl.** na hilje gledati *schielen.* **s.** hiljak. hiljav. nahiljivati *halbblind sein.* *Daneben* **nsl.** škilec, **č.** šilhati. *Diese zwei wörter beruhen auf ahd.* scëleh, scëlch, scileh: *dasselbe gilt wahrscheinlich von na hilje usw.*

chyli-: **b.** hilja se *lächeln.* ohilivane *čol.* 138.

chyni-: **nsl.** hiniti, prehiniti *betrügen.* hiniti se, hliniti se *sich verstellen.* hinavec. hinavščina *trub.* hinavšina *meg.* himba, hlimba *gleissnerei, list.* svetohlinec *scheinheiliger.* **kr.** hina *list.* hiniti, hinjiti. hin ben *falsch*. s. hina. himba *ziv. 50.* obinja *heuchelei*. *Vergl.* r. *dial.* chinitь *für* chulitь.

chypŭ: nsl. hip *augenblick*.

chyra: asl. hyra *debilitas*. chyravêti. prochyrêlъ *vilis*. nsl. hirati *dahinsiechen*. č. chvorý, chorý *krank, mager*. p. cherleć *kränkeln*. chyrlak, słabowity. chory *krank*. choroba *krankheit, auch für* djabeł, kat. **polab.** chŏry *hässlich*. chŏrâc teufel. (*Vergl.* hudŭ.) **os.** khory. **ns.** chory. choŕeś. **klr.** chyryj. chyŕa *krankheit.* chyrłyj. zachyrity, zachorovaty. chvorota. choroba. raschvority. **wr.** chira *krankheit.* chiryj. schiŕêč. chvoryj. chvorać. r. chiryj. chirja *krankheit.* prichiretьe *sich krank stellen dial.* zachirêtъ sja. chvoryj, choryj. chvorъ *krankheit.* chvoroba. prichvornutь sja. — **rm.** hirav *bleich.* Wer *von* hŭr (sŭr) *ausgeht, wird in* hirati *ein iter. erblicken,* hvorъ *als eine steigerung*

ansehen, analog der in hvat-, kvasъ *aus* hŭt, kŭs *eintretenden:* hurъ *wäre allerdings die regelmässige steigerung von* hŭr.

chyrŭ: slk. chýr *kunde.* — magy. hír.

chyzinŭ: asl. hyzinъ: hyzinъ (zyhъ) vêverica *šaf.* tichonr. 2. 441.

chyzŭ: asl. hyzъ *haus. Daneben* hyzina. hyža, hyžda, hyžьnica. nsl. hiža, hiša. pohištvo. his (hъs), *gen.* hisa, *weinkeller von holz.* **kr.** hiža, hiša. hižiti *wirthschaften.*. hištvo *ehe: magy.* házasság. s. hiža mik. hižina. č. chyše. slk. chyža. p. chyž, hyž. chyžyk. chyža. **polab.** viza. **os.** khježa. **klr.** chyža *hütte* ung. r. chiža, chižina *strohhütte. dial.* chižka *küche.* — *magy.* hiska. *Aus dem germ.: ahd.* hūs; *got.* hūs *in* gudhūs, *daher auch magy.* ház. *Die entlehnung fällt in die erste periode: dafür scheint das tonlose* s *. in einigen sprachen zu zeugen.*

I.

i 1.: nsl. *verstärkende partikel:* asl. v toj že vrême. nsl. torej: *asl.* tože i. tedaj. zdaj. ondaj. kaj. včeraj. **b.** tъj *ita.* **kr.** onudaj. **s.** onaj. ovaj. *Vergl.* č. potomaj, potom. tedovaj, tehdy *dial.* p. tutaj, tuta *hic.* onegdaj. dziesiaj: *asl.* dьnь sъ a i. **klr.** tuj *hier.* — *ai.* id, îm: *beide partikeln dienen zur hervorhebung des vorhergehenden wortes;* id *ward später durch* êva *verdrängt.*

i 2.: asl. i *et.* nsl. i. ino, no. **b.** i *usw. Daneben* **asl.** ja, *nur einmal nachweisbar.*

i 3.: asl. iti *ire;* idą *das sich zu* i *verhält wie* jadą *zu* ja. vъniti. dъždь idetъ *pluit.* nsl. iti, idem. nêdem, nejdem *non eo.* vziduva *ascendit res.* **b.** ida *durat. kommen; perf. gehen.* idъšte to lêto. otija *abeo Vinga. Das b. bietet viel singuläres:* iduvam. najduvam. otivam *vb.* obidilo sedumdeset grada *peragravit, obiit mil.* 266. **s.** iti, isti, *idem.* doći, dodjem *aus* dojti, dojdem, *durch metathesis, daher auch* ići, idjem. otići, otisti *abire.* č. jíti, jdu. slk. isť. p. iść, *alt* ić, idę. obejć, obejść. odjić. uć, ujść. wejć, wnić, wejść. wzić,

wznić. wynić. najda *fund.* **polab.** ait *gehen.* aidâl : *idlъ. nait *finden.* vånait *ingredi.* vâinait *egredi.* **os.** hić, jdu. du. dońć, dońdu. nańć. **nadeńć.** voteńć. vuńć *entgehen.* **ns.** hyś, jdu, du. dojś, dojdu. **klr.** ity, idu. **wr.** ići, isći, idu. pojći, pojsći. uvojći. rozyjd *das weggehen.* r. iti, *falsch* itti, idti, idu. — *lit:* eimi, einu, eiti. *lett.* ēmu, eimu, ēt. *ai. gr. lat. got.* i. *slav. scheint von* ĭ, ĭd, *woraus* jь, jьd, *d. i.* i, id *ausgegangen werden zu sollen, trotz des lit. Es sei mir gestattet, hier eine bemerkung einzufügen: wenn* i *gesteigert wird, so tritt ein* ă *vor dasselbe:* W. i *gehen:* *aimi, êmi *ich gehe, neben* imás *wir gehen. Der gesteigerte vocal ist betont, der ungesteigerte tonlos. Wenn wir von der* W. as *sein,* ásmi *ich bin neben* smas *wir sind haben, so hat sich* a *in der betonten silbe erhalten, während es in der unbetonten abgefallen ist. Der fall* êmi *ist von dem fall* ásmi *verschieden. Im ersten* (aimi) *ist a ange-*
treten; im zweiten (asmi) *ist es ursprünglich; im ersten ist* i (imás) *der ursprüng-*

liche vocal, im zweiten (smas) _ist der ursprüngliche vocal abgefallen._ _Das resultat ist dasselbe._ smas _halte ich für eine bildung nach der analogie von_ imás. _Wie_ ásmi _zu_ smas, _verhält sich_ pátati _zu_ paptús: _man vergleiche_ bŏdhati (baudhati) _zu_ bubudhús. _Der schluss von_ ásmi, smas _auf wurzelhaftes ai, ē in_ êmi _ist nur unter der voraussetzung richtig, dass beide gleich ursprünglich seien, was nicht bewiesen ist: aus diesem grunde halte ich an der theorie vom_ guna _fest._

ica : **klr.** yća _halbe (art mass)._ — _magy._ itce.

idolŭ: **asl.** idolъ _idolum._ **wr.** idoł _teufel._ **r.** odolišče _ryb._ 1. 85. _dial._ — _gr._ εἴδωλον.

igalo s. _meeresufer._ — _gr._ αἰγιαλός, _das auch ngr. ist._

igla **asl.** **nsl.** **b.** **s.** _nadel._ **kr.** igla, jagla _karnarut._ **s.** iglica ili jaglica _art fisch._ **č.** jehla. **p.** igła. **polab.** jȧgla. **os.** jehła, johła. **ns.** gla. **klr.** hołka; _an bäumen_ ihłyća. **r.** igla. — _preuss._ ayculo _nadel._ _magy._ igle _regilops._ iglicze _hauhechel._ igla _ist_ jьgla.

igos, ižes: **asl.** igo _joch._ **nsl.** podiž _jochpolster._ igev, igve _art jochholz, im Westen._ igo, _gen._ igesa, kravji jarem. igeserica, verižica, ki veže igo na oje. **č.** jho. **kaš.** jigo, vjigo. **r.** igo. — _magy._ iga. _lit._ jungas _joch beim pfluge._ jungti, jungiu. _lett._ jūgs. jūgt, judzu. _ai._ juga. juĵ _vb._ _gr._ ζυγόν. _lat._ jugum. jungere. _got._ juk. igo _ist_ jŭgo.

igodija **asl.** _mörser._ **r.** igotь. — _gr._ ἴγδη.

igra, igrъ **asl.** _spiel._ igrati. igrъcь. igrъnikъ. **nsl.** igra. igrati. igrc: gercam _plur. dat._ _Vergl._ gurati se. **b.** igra. igraja _vb._ igračka. **s.** igra _spiel, tanz._ igrati. igrač. **č.** hra. hráti, _auch_ na housle hráti. **p.** igra, gra. grać. gracz. **polab.** jaigrojã _ich spiele._ **os.** jhra. hrać. herc. **ns.** gra. graš. gerc. **klr.** ihraty, hraty. hryšče _unterhaltung._ **wr.** hrać. **r.** igra. igratь. grať, grajatь _dial._ igratь, pêtь _dial.:_ igraetъ pêsni. — _magy. alt_ igrecz _tibicen._ igricz: ugrál _hüpfen,_ ugrócz _hanswurst ist finn._ _lit._ žem. graiti,

grainu, graju. gročius _ist p._ _Die W. des wortes ist wahrscheinlich identisch mit der W._ gra _einen laut von sich geben, daher „singen, tanzen, spielen“._

ik- : **s.** ikavka _rülps._ icati: iče mi se _rülpsen._ **os.** hikać. **ns.** hykaś. hykava. **klr.** jikaty. jikôvka. zaika _stammler._ **r.** ikatь. ikota. — _rm._ ikni _vb._ **č.** jíkati _stottern,_ íkavec _dial.,_ **slk.** jakati _gehören zu_ jenk-.

ikona **asl.** **r.** _bild._ — _rm._ ikoanę. _gr._ εἰκών.

ikra 1.: **r.** **p.** _wade._ **slk.** ikro. — _preuss._ iccroy. yttroy. _lit._ ikras. _lett._ ikrs. _magy._ ikra, láb-ikra.

ikra 2.: **asl.** **nsl.** **p.** **klr.** **s.** _rogen._ **č.** jikra. **os.** jerk. **ns.** jerk, jerch, nerch. **r.** ikra _dial._ ikro _collect._ — _lit._ ikrai. _lett._ ikra. _magy._ ikra. _rm._ ikre.

ilidža s. _warmes bad._ — _türk._ ęlędža.

ilŭ : **asl.** ilъ _lutum._ **nsl.** il, jil. **b.** jelovica. **č.** jíl _limus._ **p.** ił. (**os.** jił.) **klr.** ił. **r.** ilъ. — _Man vergleicht gr._ ἰλύς.

ilĭmŭ : **r.** ilemъ, ilimъ _ulmus._ _dial._ ilьma. **nsl.** lim. **č.** jilem, jilm. **p.** ilm, ilma. **ns.** lom.ˈ **klr.** yłem, łom. — _ahd._ ëlmboum _neben_ ulmboum : ëlm- _gilt als germ._

imela **asl.** imela _viscum, wahrscheinlich aus_ emela. imelьnikъ. **nsl.** imela, omela. **b.** imela _(wohl falsch für epheu)._ **s.** imela, mela _mistel._ imelaš. **č.** jemela, jemelo. jmél, jmélí. **slk.** omela. **p.** jemioła, jemioło, jemiel. jemiołucha _mistler._ **ns.** jemjelina, jemjelica. **klr.** imeła, omeła, namełyna. _Verdächtig ist_ ivyłha _für mistel._ **r.** omela. — _magy._ imolya. _preuss._ emelno _f._ _lit._ amalas, amalis _(falsch mispel)._ _lett._ āmuls.

imen : **asl.** imę _name._ **nsl.** ime. namreč _aus_ na ime reči, namuč _nämlich._ **b.** **s.** ime. **č.** jmě, _jetzt_ jméno. **slk.** najme, najmɐ. **p.** imię: miano _aus_ imiono. **polab.** jajmã, jajmü. **os.** mjeno. **ns.** mje, mjeńo. minaš _nennen._ **klr.** imja, imńa, imeno, imenńa, mene, menńa, mne, myno, nameno. **wr.** **r.** imja. imen _aus_ inmen, anaman. _ai._ nāman. _gr._ ὄνομα.

inderakŭ : **p.** inderak _unterrock._ — _lit._ underjaks. _Aus dem d._

indri nsl. *alio loco ung.* nindri *nir-gends ung.* indri *kann auf asl.* inъde be-ruhen: *aus diesem ist jedoch* nindri *uner-klärbar. Vergl. d.* nirgend.

inij, inije asl. νιφετός, *richtig wohl* pruina. **nsl.** imje, ivje, jevje, imec. **b.** inej. **s.** inje. **č.** jíní. **klr.** inej. **r.** inej. zainitь sja. *Hieher gehört* indivêtь *von* inej. — **rm.** inie *das erste eis.* **lit.** īnis *reif.*

inkoustŭ: **č.** inkoust, ingoust *tinte.* **p.** inkaust. — *mlat.* encaustum. *gr.* ἔγκαυ-στον, *woraus auch it.* inchiostro. *fz.* encre. *engl.* ink.

ino- asl. *in* inodьskъ. inodalьnъ *lon-ginquus. Ein dunkles wort.*

inŭ 1.: asl. 1) inъ *unus in* vъ inǫ continuo. vъinъnъ ἐκτενής. inače, jedinače adhuc. inъgdojǫ simul. inočędъ, jedino-čędъ μονογενής. inodušьno, jedinoдušьno. inorogъ monoceros. inoplošь continuo: nsl. sploh. inotęžь continuo. inokъ solus. inokъ, jedinokъ monachus. inokъ divij μονιός, ὄνα-γρος. inogъ, inegъ γρύψ, μονιός, nach dem leben ausser aller gesellschaft: č. noh, p. nog, r. nogъ bei Linde. 2) quidam matth. 27. 47.-sav. ženy iny luc. 8. 2. nsl. veno, preveno neben vedno, daher viel-leicht alles auf jedinŭ beruhend. b. sejno in einem fort, sejino neben sejidno. Vergl. vinagi immer: vielleicht vъ inǫ-gi: go. s. inokupno simul. p. ino neben jeno, jedno nur. Vergl. klr. inochodecъ passgänger. inochod chrest. 177. r. inokъ. — preuss. ains. lit. vênas. lett. vêns. aizven fort und fort. got. ains. lat. oenus, unus.

inŭ 2.: asl. inъ alius. inorodьcь ἀλλο-γενής. inoslavьnъ ἑτερόδοξος. Hieher gehört inoča neben inošta, inoštima aemula: s. inoča nebenfrau. s. ini. č. jiný. p. iny flor. inny und mit dem comparativsuffix inšy. klr. ynčyj. wr. inšyj. r. inoj. dial. inšij. idnoj für inoj. inъka Nichtrussin. inъ aus jьnъ. Ableitungen von inъ: 1) asl. inъde alio loco, daneben inъžde. s.indje. p.indzie, indziej. klr. inde. 2) asl. inadê, inadu. č. jinudy, jinud; jinady, jinad. p. inędy. r. inudy dial. 3) asl. inъgda, inogda aliquando. nsl. mit da: inda. p. inegdy,

inedy. klr. inohďi, inoďi. wr. inohdy. r. inogda, dial. inoldy; inda, inoždy. 4) asl. inakъ anders beschaffen. inakъvъ. nsl. inako. inače, nače. b. inak. č. jinaký. p. inak. inaczej. klr. inakyj. nače gleich-sam. wr. inakšij. r. inakij. inakovyj. inače, dial. nača. vynupory. inogda 5) klr. inkoły, .inkoł für r. inogda. 6) asl. r. inamo.

inŭdikŭ: klr. indyk, hyndyk trut-hahn. r. indykъ, indjukъ, indjuška. slk. indyk. p. indyk, jędyk, jędor. s. indiot, indiota, intusa. — lett. indiks, induks. Vergl. indicus. Von india: r. anъdijaninъ (go-lubь) tichonr.' 2. 448. aus asl. jędijaninъ.

îrej, vyrej, vyraj klr. ein fabelhaftes land, das irdische paradies.

ircha: nsl. irha, irh, jerh, jerih weiss-leder. s. ira. č. jircha. p. ircha, irzcha, giercha. os. jircha. klr. ircha. r. ircha, irga. — magy. irha. rm. erhę. Aus dem d.: ahd. irah. mhd. irch, ĕrch bock, bocksleder, weissgegerbtes leder: lat. hircus.

iska-: asl. iskati suchen. sъniskati erwerben. nsl. iskati. b. išta vb. s. iskati. biskati. č. jískati. Vergl. viskati lausen. slk. iskať. p. iskać. klr. iskaty, iśkaty, śkaty. r. iskatь. iščikъ neben istecъ kläger. iščeja spürhund. — lit. jěškoti. lett. ěskāt. ahd. eiscōn. ai. iččhati: praesensbildung durch sk.

iskra asl. nsl. b. s. funke. č. jiskra. p. iskra, skra. zaiskrzyć, zaskrzyć. polab. jåskra. os. ns. škra. klr. iskra: vergl. jaskravyj. wr. skra: vergl. jaskorka. r. iskra, dial. zra aus zgra. — magy. szikra.

isteje: nsl. istje ofenmündung. steje plur. f. innere ofenwand. Vergl. isnjek mauer über der ofenthür. os. jêsće n. nêsć. ns. jesće plur. f. ofenloch. č. níštěj herd, feuerstätte.

istos, istes: asl. isto, jesto, gen. istese, jestese, ren, testiculus. obistije renes. nsl. obist f. kr. ista für bubrezi in einigen gegenden. — preuss. inxcze niere. lit. ink-stas. inkstis, inščia. lett. īkste. īksts: vergl. ěkšas das innere, eingeweide. and. eista testiculus. *Man vergleicht auch lat.* exta *aus* encsta, *gr.* ἔγκατα, ἐγκάς.

istŭba: *asl.* istъba, izba *tentorium.* **nsl.** izba, jezba, jispa, jespica *zimmer.* **b.** izba *hütte, keller.* **s.** izba *zimmer;* pećina *höhle.* **č.** izba, jizba *stube.* jizdebný. jistebka. náizbí, pŭda *boden.* **p.** izba, izdebka, izdbica, izbica. **polab.** jåzåba (jåzba). **os.** jspa, spa, jstvá, stva. najstva *platz über der wohnstube.* **ns.** špa. **klr.** istopka, izdba, jezdebka. **r.** istъba, izba *hütte, dial. küche.* istёbka, istopka, istobokъ, izobka. pristъba, prizba. — *alb.* isbẹ *keller.* *rm.* izbẹ *ofen. kuman.* yxba *camera. türk.* izbe *keller, grube, versteck. Das wort ist wohl d. ursprungs: ahd.* stuba *heizbares gemach, stube, badezimmer. and.* stofa. *preuss.* stubo. *Das wort ist auch im roman. bekannt: it.* stufa, *daraus ngr.* στοῦφα. *sp.* estufa. *fz.* étuve. *Es findet sich auch lit.* stuba, *daraus vielleicht finn.* tupa. *lett.* istaba. *Aus* stuba *entstand das magy.* szoba, *das b. s. und türk. vorkommt.*

išakŭ: *r.* išakъ *maulthier.* — *türk.* éšék *esel.*

ito-: *asl. in* itorodьnъ ἰθαγενής *legitimus. Vergl.* itozemьcь αὐθιγενής *indigena.*

itogŭ: *r.* itogъ *überschlag, ẹndsumme einer seite.* — *Man vergleicht schwed.* intaga *recipere; richtig denkt man an* r i togo *„und dessen“ d. i. der betrag dessen macht.*

iva *asl.* salix. **nsl.** igovina *für* ivovina. **s.** iva *bachweide.* **č.** jíva *erdkiefer.* **p.** iwa *sahlweide.* **kaš.** vjiva. **os.** jiva. **ns.** viva. **klr. r.** iva. — *preuss.* inwis *eibe. lit.* īva, jёva. *lett.* īve, ēva. *ahd.* īwa. *ir.* éo. *mlat.* īvus. *fz.* if *aus dem d.*

iverŭ: *nsl.* ivêr *assula, segmen ligni.* **s.** iver *holzspan.* **č.** ivera, jivera. **slk.** very. **p.** wior. wierzysko, kupa wior.

kaš. vier. **klr.** iver, iveŕ *span: daneben* vôr, *gen.* voru: *vergl.* vernyna. **wr.** iverьe. **r.** iverenь, verenь *splitter.* i *ist wahrscheinlich ein vorschlag.*

ivêrinŭ: *asl.* ivêrinъ *Georgier.* ivêrinъ ovъnъ *tichonr.* 2. 440.

ivica **b.** *band, gürtel.* **s.** ivica *das ende (am tuch).*

izjumŭ: *r.* izjumъ *rosinen.* **klr.** ożum *art frucht, gewürz.* — *türk.* üzüm.

izokŭ: *asl. r.* izokъ *cicada, junius.* **r.** *auch* vysokъ, *das mit* izokъ *zusammengestellt wird.*

izvistǐ: *asl.* izvistъ *calx viva.* **r.** izvestь. — *gr.* ἄσβεστος.

izŭ: *asl.* izъ *aus.* **nsl. b. č.** *usw.* iz. *Man beachte* ižde koni *neben* iskoni *ab initio.* — *lit.* iš *aus* iž. *lett.* iz. izъ *wird aus* jьzъ *erklärt: vergl.* go. *So wie einst das praefix* vy *auch dem asl. usw. bekannt war, so ist auch das praefix* izъ *im č. usw. in einzelnen spuren neben* vy *nachweisbar.* **č.** zbyt *überfluss: asl.* izbytъkъ. zbýti, *pozbyti verlieren: asl.* izbyti *liberari.* zpovídání. zouti *exuere. Vergl. auch* zhyzditi, zohyzditi. zotaviti se. zpolévati. **p.** nazbyt *zu stark.* zbawić *salvare: asl.* izbaviti *liberare.* pozbyć. *Vergl.* zdrada *dolus.* zdradzić, wyzdradzić *verrathen: lit.* išdrodīti. zostać. przyzwolić *neben* powolić. wyzwolenie. zdan, wydany. zobrębać *der reihe nach abhauen.* zubożeć. pozwierać. **os.** vuzuć: *vyizuti. **klr.** zbavyty, pozbavyty. izbuty *liberari.* dozvołyty. pozvołyty. izňaty *eximere.* ispuh *schreck.* **wr.** zdrada, izrada. **r.** pozvolitь *für* poizvolitь *usw. Manches kann bezweifelt werden, da z auf* izъ, sъ *und* vъzъ *beruhen kann:* p. śpiewać.

ižica *asl. stamen, name eines buchstabens.* — *Vergl.* žica *faden.*

J.

ja: *das in manchen nomina, wie es scheint, deminuirend vorgesetzte* ja *ist wohl das ai.* ā: ālauhita *röthlich,* lauhita *roth.* āpīta *bis zum gelben angelangt, gelblich.* ānīla *bläulich.* āghṛṇi *gluthstrahlend. Dasselbe* ā *glaubt man im ai.* āçajānas, *gr.*

ὠχεανός, *ferners in* ὠχρός *erkannt zu haben.*
Vergl. lett. dzēris *betrunken mit* ēdzēris
angetrunken. ja *in ON.* perejaslavьcь, pere-
jaslavlь *neben* prêslava *ist dunkel.* asl.
brada japrodymena *prol.-rad. 105.* ja-
gągnivъ. klr. jaducha. jaduchlyvyj *keu-*
chend. Vergl. r. javodь, struja, bystrina.
jabulonь, bolonь vъ derevê. wr. jakorić
für r. ukorjatь. ja *et:* asl. igo ja remykъ
ζυγὸς καὶ ὑμᾶς. ję *in* nejęvêrъ *incredulus ist*
mit jem *identisch: vergl.* asl. imą vêrą,
nsl. verjeti.

jabedĭnikŭ: r. jabednikъ *art beamter,*
verleumder: poklepca i jabednikъ. jabedni-
čestvovatь. jabeda *chicane.* klr. jabeda
verleumdung. jabedy *verdrehungen.* jabe-
dyty. jabednyk. — *and.* ambæti. *aschw.*
æmbiti. *finn.* ammatti *amt.* *got.* and-
bahti. *ahd.* ambahti.

jačaica asl. *haustrum, in einer* r. *quelle:*
aus jačaja.

jačaja asl. ἀφή *junctura, so coloss. 2.*
19. šiš., *während* slêpč. ję̌čьja (ę̌čьêmi)
bietet.

jačeja, večeja r. *kleine runde öffnung.*

jad- 1.: *die W.* ĕd *wird im silben-*
anlaut asl. jad-, *daher* jamь, jasti *neben*
izêmь, izêsti; sъnêmь, sъnêsti. *Neben* obêdъ
prandium, obêdati *prandere besteht* obъja-
dati sę *gulosum esse.* jadь, jažda, jastva,
jastije, jasto, *einmal* jato, *cibus.* jadьca.
jasli *krippe:* jad-tlь. nsl. jêm. jêd, jêlo
rib., jêstva, jêstvina, jêliš *essen.* obed,
obêdo *und* objêsten. jê̌šč *vielfrass:* jêd-tja.
nejê̌ščen *ungeniessbar.* ujêd *kolik.* b. jam,
jedeš. jastije (jestije). jasla (jesli). kr.
jisti, jim. jilo, jistvina. s. jem, ijem *neben*
jedem; jesti, jisti. jclo. naijedati *anbeissen.*
iziješan *essgierig.* jestiva *plur.* jasle, jasli.
č. jísti, snísti. jídati. jídlo. jízlivý *gefrässig.*
jestojska *esca vit.* jícen *schlund: vielleicht*
auf ja(d)-tja *beruhend.* pojicný *vielfrass.*
jesle. pajeď *um sich fressendes geschwür.*
p. jeść, jem, jadł. jadać. obiccy *fresser:*
vergl. č. jícen. jedza. jadło, jedło. jedzy-
sko. jasła: jad-tlo. śnieść: sъnêsti. polab.
jest *inf.* vübod *morgenbrot.* os. jêść, jêm.
jêdło. jasla. ns. jêść, jêm. jêza, jêź, jê-

dlo. hobed *und* se hobjeść. klr. jisty.
obid. zjiđ *raubanfall der bienen.* jida, jiža,
jidło, jistvo. jidkyj *beissend.* jistovnyj.
Daneben jasty, jastva *ung.* jasłi. wr.
jeść. jeda. jedž. *Daneben* jadź *futter-*
gras. r. êstь. êda. êža. êstь. êstva, jastva. obêdъ *mittagmahl.* obъêdki *über-*
bleibsel. obъêducha *gefrässigkeit.* — *rm.*
jasle, jesle. *magy.* ebéd. jászol, jászló.
pajót *phagedaena.* *lit.* êsti, êdmi, êdu.
êdis *frass. Vergl.* êskus *gefrässig.* lett.
êst. êdas. azaids *mittagmahlzeit.* *ai. ad.*
gr. ἐδ. *lat.* ed. *got. it. ahd.* ĕẓẓ. *Das e*
der W ed *ist im slav., lit., lett. gedehnt.*
Dasselbe tritt im slav. ein bei lez (*woher*
lazъ), sed (*woher* sadъ), sek: sêką. *Mit*
der W. jad- *verbinde ich* asl. jadъ *gift.*
otъjadъ *gegengift.* jadovitь *giftig; ebenso*
jadъno καυτήρ. jažđati sę *cautere uti.* nsl.
jad *habd.* razjaditi se *sich erzürnen.* b.
jad *zorn, kummer.* jadovo drъvo *mil. 475.*
jadna pêsma *176.* jadovit. jaduvam se *vb.*
jadosuvam *vergällen.* kr. jaď *zorn.* jadovit *giftig.* s. jad *kummer.* jadovati *sich*
grämen. jadikovati *wehklagen.* jed, ijed, jid
galle, gift, zorn. ijedak *zornig.* jedovit *giftig.*
jediti, naijediti *erzürnen.* č. jed *gift.* p.
jad *gift der thiere.* rozjad *ingrimm.* zajadły
ergrimmt. jadzić: rana się jadzi, nie chcie
się goić. os. jêd *gift. Vergl.* zajêdmić
so *sich vereitern.* klr. jad *gift neben* jid.
jidovytyj. r. jadъ *gift.* jadovytyj *giftig,*
dial. schmackhaft. *Vergl.* jadno *wunde.*
Man stellt jadъ *mit* ahd. eiẓ *geschwür, eiter-*
beule, gift zusammen.

jad- 2.: asl. jadą *vehor:* êdą *ist wohl*
jadą *zu lesen; daneben* vъzêdi ἐπανάγγε. jadą
ist durativ. In mehreren sprachen tritt das
intensivum jahati *aus* jasati *ein. Das subst.*
lautet jazdъ, jazda, *daher* jazditi *vehi, das*
wie nositi *aus* nos- *iter. ist, daher* jažda
τὸ *vehi.* nsl. jahati, *daneben* jêzditi. po-
jêzda (pojesda) *bewirthung des gerichts-*
herrn beim umritt. b. jaham *vehi, daher*
vjaham, jahna, javna, vjahna *ein pferd*
besteigen. jazdi *vehitur bulg.-lab.* jezdja *vb.*
s. jahati. jezditi. č. jedu, *inf.* jeti. je-
chati, slk. jachať, jechať, *urspr. und dial.*

silně jeti. jezd *ritt, fahrt.* jízda. jezditi.
p. jadę, jedziesz. wyjeli, wyjechali. wzjaw,
wzjechaw *zof.* jachać, jechać. przyjał,
przyjechał *zof.* -jazd, jazda, jezda *ritt,
fahrt.* jeżdzić, jeżdżać, jeżdżować. polab.
jëzdi *reitet.* os. jěć, jědu. jěchać. -jêzd.
jêzdžič. ns. jěš, jêdu. hujêsk *ausfahrt.*
jêzdžiš. klr. jichaty. vôdjizd *abfahrt.* jizda
fahrt. jizdyty. jiždžaty. jizdëč, jizdok *reiter.*
wr. jedu. jechać. jezda. r. êdu (jedu).
êchatь ězdъ. ězda. ězditь. ězdunъ. — *W.* jā.
ai. zd. jā. *lit.* joti. joditi, *asl.* jazditi. *lett.*
jāt. jādīt, jādināt *iter.* jadą *verhält sich zu*
jā *wie* idą *zu* i. ja *ist slav.* erhalten *im*
asl. prêjavъše, prêjavъšumu *matth. 14. 34.
marc. 5. 31. und im* č. jeti. ja *aus* jā *erhält
sich* asl., *nur theilweise* b. s. č. p., *sonst
wechselt es mit dem reflex von* jě *ab.*

jada-: č. jadati *scrutari.* — *Man vergleicht lit.* ŭd (ŭsti) *odorari.*

jadro 1.: asl. velum: *unrichtig malus,
gubernaculum.* jadrilo. jadrina. nsl. jadro
trub. meg. habd. lex. art vorhang. jadrati.
(b. pod solunska jadrina *mil. 410. ist dunkel.*)
kr. jidro. s. jedro. napeti jedro (jêdro).

jadro 2.: asl. sinus. vъ nêdra. nsl.
nêdra, nadra *plur.* nadrije. nader *unter-
hals des ochsen.* nadrinjak. b. nêdro.
kr. nidra. njidra *mik.* nadra *ung.* s. nje-
dra. č. ňádru. p. nadro. zanadra, za-
nadrze *busen eines kleides.* kaš. jadro
grosses netz. os. ns. nadra *brüste.* klr.
ńidro, nadro. wr. zanadra. r. nêdro.
vnêdrjatь *insinuare.* jadro *beruht auf* jêdro
— *Vergl. magy.* nádra *neben* mádra *gebärmutter.*

jaga baba, baba jaga r. *alte hexe.*
wr. baba jaha iha *böses weib, hexe.* klr.
jahyj *böse.* jehera *für* r. jaga. *Urform* jêga.

jagma: s. na jagmu *reissend.* jagmiti
erraffen. nsl. silum jagmiti *rauben.* jagmiti se *sich um etwas reissen.* na jagmo
um die wette. jagmiti *wetteifern.* — *türk.*
jagma *raub.*

jagoda asl. beere; *glag. gena.* jago-
dičije *mori.* nsl. b. s. jagoda. s. ja-
godica *gena.* č. jahoda. p. jagoda.
os. jahoda. ns. jagoda. klr. jahoda.

r. jagoda. — *lit.* ŭga *beere.* *lett.* ŏga:
suff. da. *Vergl. nsl.* jagla *breikern.* kr.
jagal *ung.* s. jagla. č. jáhla. p. ja-
gły. os. jahła. ns. jagla.

jaje asl. ovum. ns. b. jajce *deminut.*
s. jaje. č. vejce; *dial.* vajce *demin.* vajko.
p. jaje. polab. jojŭ. os. jejo. ns.
jajo. klr. jajce. r. jajcě, *dial.* icó.
Man lässt jaje *aus* āvje *entstěhen, ohne
den ausfall des* v *rechtfertigen zu können.*

jakorĭ: r. jakorь *anker.* — *lit.* inka-
ras, inkoras. *lett.* enkurs. *aschwed.* ak-
kari. *rm.* angirę. d. anker *aus dem lat.*
s. lenger *ist türk.* léngér, *it.* l'ancora.

jal-: asl. jalovъ *unfruchtbar, gelt.* jalovica. nsl. jal, jalov. jalovec *böcklein.*
b. jalov. jalovica. s. jalov. č. jalový.
jalovice. p. jałowy. jałowieć. jałowica,
jałowka. polab. jọlüva. os. jałovy.
ns. jalovy. wr. jałovka. r. jałaja, ne-
telь *dial.* jałovaja. — *Vergl. ahd.* galt,
nhd. gelt. *lit.* olaus m. olava f. *ledig.* *lett.*
jěls *unreif.* *lett.* ālava *ist slavisch, ebenso
lit.* olava, olans.

jalovĭcĭ: č. jalovec *wachholder.* p.
jałowiec. jałowaty. os. jałorc *aus* jałovc.
ns. jalovenć. klr. jałoveć. jałyća *fichte
ung.* wr. jelenec. r. jalovecъ. *dial.*
elenecъ, elovecъ. — *Man vergleicht ein lit.*
jalus *subamarus.*

jalŭ nsl. jál *neid.* jaliti se *simulare.*
jalen *dolosus ung.* — *Vergl. türk.* āl *fraus.*

jama asl. nsl. b. s. p. os. ns. klr.
grube. č. jáma. polab. jomc. r. jama.
dial. njama.

jandova, endova r. *krug.* wr. jan-
dóvka. — *lit.* indauje, *das bei Kurschat
fehlt, von* indas.

janičarinŭ: b. janičarin *janitschar.*
s. janjičarin. klr. janyčar, jančar, nečar.
— *türk.* jéničéri.

jantarĭ: r. jantarъ *bernstein.* (klr.
burštyn. wr. bruštyn). — *Man beachte
magy.* gyantár *electrum, resina neben* gyanta
resind. *Das* r. *wort ist lit.* jentaras,
jintaras, gentaras. *lett.* dzintars. *Man
kennt auch ein mlat.* gentarum *und ein*
d. kentner.

janŭ: nsl. jan *reihe arbeitender weingartenhauer.* — mhd. jān *reihe, strich, reihe gɛmähten grases.*

japa-: č. japati *contemplari.* Man vergleicht d. gaffen, *wofür dial.* jappen *vorkommen soll.*

japa nsl. s. *vater.* — magy. apa.

japundže b. s. *art mantel.* p. opończa. **klr.** oponča, opanča. r. japanča. — türk. japundža. *lit.* japanča.

jaričĭ: klr. jaryč, jarej *igel.* — rm. arič.

jarigŭ: asl. jarigъ σάκκος *cilicium.*

jarina asl. *lana.* b. jarina *ziegenwolle.* s. jarina *wolle von lämmern.* r. jarina *weisse wolle.* — preuss. eristian *lamm. lit.* ėras, *bei* Szyrwid gieras, *lamm.* ėrėna *lammfleisch.* lett. jĕrs. *lat.* aries. *Die scheidung zwischen* jarŭ *und* jarina *ist bei den thiernamen schwierig.*

jarmulka: p. jarmułka, jamułka *mützchen.*

jaru *interj.* εἴθε *utinam.*

jarusŭ: r. jarusъ *stockwerk.* Man *denkt an* nhd. erker *aus* arcus: p. alkierz, nsl. jaker.

jarŭ 1.: nsl. jar *frühlings-.* Mit anwendung auf thiere und getreidearten, in jenem falle im frühjahr geworfen, in diesem im frühjahr gesäet. jara rž *meg.* jarina *sommerfrucht.* jarica *ador, far leχ.* gallina annotina. jarik *hahn* Ukrain. jarɔ, jarše, jerše *agnus annotinus.* b. jare. jarec *caper.* **kr.** jarac *hordeum.* jarčeni jagal *gerstenkorn ung.* s. jar, jari *sommer-.* jarica *sommerweizen.* jare *junges stück ziegenvieh.* jarac *bock.* jarad *collect.* č. jar *frühling.* jarý. jařina. p. jar *frühjahr:* od jaru. jary: jare zboże, ktore się sieje na wiosnę. jarki. jarka, owca drugoroczna niedojona. jarzyca. jarzyna *gemüse.* jarzec *gerste.* jarłyk *einjähriges lamm ist das d.* jährling. os. jerica. ns. jarica. **klr.** jař *frühjahr.* v jary *im frühjahr.* jaryj. jare pole. jarnyj. jareč *gerste.* jaryna *frühlingssaat, gemüse.* **wr.** jar, jarovye chlêba. jarina. r. jarъ, jarovoj chlêbъ. jarъ. jarecъ *einjähriger biber.* jarka: *vergl. jedoch ehstn.* jär *schafbock.* --- magy. jércze, gércze,

éřcze. jerke. zend. jāre. got. jĕr. ahd. jār. gr. ὥρα.

jarŭ 2.: asl. jarъ *amarus, iratus:* jarymь okotь. jarostь. jariti sę. razъjariti. nsl. jarati *lamentari leχ.* jara kača. meg. b. razjarja se *vb.* s. jara *hitze (vom ofen).* jariti se. sjariti *schüren.* č. jařiti. p. zajarzyč *hell leuchten.* os. jara *sehr.* ns. jery *spröde.* klr. jaryj *grimmig.* jarovaty. jarkyj *licht.* jarup, łutyj: *vergl. nsl.* gorjup. *Man beachte* vôdjaryty *sja sich erholen.* r. jaryj *zornig.* jarkij *hell, licht.* jarnyj, gorjačij. jarovyj, bystryj. jarъ, bystrina rêki. jarizna, zlostь. jaritь sja. *Man vergleicht lat.* ira; *ai.* irasjati, *während andere auf türk. wörter hinweisen:* jaruk *hell.*

jarŭkŭ: nsl. jarek *graben.* b. jar. s. jarak, jalak. jaruga. č. slk. járok. p. jaruga. klr. jar, jarok, arok. jaruha *chrest. 172.* r. jarъ *steiles ufer.* jaruga *schlucht.* erikъ *bach.* — türk. aręk. jaruk. nordtürk. jar. kuman. or. magy. árok. rm. jerugę *wassergraben.*

jaryga r. *scherge, säufer.* **klr.** jaryha. jaryžnyk.

jarĭmŭ: asl. jarьmъ *joch.* nsl. jarem. b. jarъm, jarmo. s. jaram. č. jařmo. p. jarzmo. klr. r. jarmo. — magy. járom. *Man denkt an gr.* αρ: ἀραρίσκω *und vergleicht p.* ko-jarzyč *verbinden.* (igo).

jas-: asl. pojasъ *gürtel.* pojasati. nsl. pojas, pas. svete marije pasec *regenbogen.* b. pojas. s. pojas, pas. č. pás. za pasy šli *sie rangen.* p. pas. zapas, zapasy *das ringen.* os. ns. pas. klr. pojas. r. pojasъ. — *lit.* jůsti, jůsmi. pajůsti *cingi.* jůsta *gürtel. lett.* jōst, jůst. jōsta. *gr.* ζωσ-: ζώννυμι. zd. jāoůh. jāçtō *gegürtet.*

jasenŭ: nsl. jasen, jesen *esche.* b. jasen *mil. 346.* s. jasen. č. jasen, jesen. p. jasień, jesion. kaš. jason. polab. josin. os. jaseń. ns. jasen. klr. jaseń. r. jasenь. — preuss. woasis. *lit.* ůsis. lett. ōsis. *Vergl. ahd.* asc. *slav.* ja *ist* jā.

jasika b. s. *espe, populus tremula.* nsl. jasika. jesika. s. jasika. č. osika.

os. vosa, vosyna.   ns. vosa.   p. osa,
osika, osina.   klr. osyka, osyna (trepeta).
osove, osykove kôĺje.   Vergl. jasokôr.
wr. jasokor, erklärt durch jasnyj koroju.
r. osina. — preuss. abse. lit. apušė, apu-
šis. lett. apsa. ahd. aspa.

jasinŭ: asl. jasinъ alanus.   r. asinъ,
asetinecъ. jasinъ vêverica jestь, in andern
quellen jasinъ jelenь jestь.   s. jasi i tatari
danil. — magy. jász.

jasiri: r. jasirь gefangener.   p. klr.
jasyr. — türk. ésir.

jaskola: p. jaskołka schwalbe. jast-
kołczyn flor.   ns. jaskolica, vjaskolica.
Dagegen os. łastojčka.

jaskrŭ: p. jaskry blendend. jaskrawy
funkelnd. Vergl. skrzawy, skrzący, iskrzący
się und iskra.   slk. jastriti scharf sehen.

jaskŭ: r. jaskъ, askъ kasten: sitjanъ
jaskъ. jaščikъ.   klr. jaščyk.   p. jaszcz,
jaszczyk aus dem r. — and. askr. aschwed.
æskja.

jaskynja: č. jeskyně höhle.   p. ja-
skinia.

jastogŭ: s. jastog astacus. Daneben
falsch zastog. — alb. stako.   türk. istakos.
gr. ἀστακός.

jastrembŭ: asl. jastrębъ accipiter.
nsł. jastreb, jastrob, jastran.   s. jastrijeb.
č. jestřáb.   p. jastrząb.   os. jatšob.   ns.
jašćeb, jaćeb.   klr. jastrjab, jestrub. Vergl.
rastrub art falke.   r. jastrjabъ, jastrebъ.
Vergl. slk. jastriti scharf sehen.

jasinŭ: asl. jasьnъ licht, klar.   nsl.
jasen. izjasniti.   b. jasen.   s. jasan.   č.
jasný.   p. jasny. jasnia.   os. jasny.   klr.
r. jasnyj. — Vergl. lit. aiškus deutlich.

jašterŭ: asl. jašterъ lacerta.   nsl.
jaščerica (jaščarica meisterwurz).   s. jašterica hitzpustel auf der zunge.   č. ještěr,
ještěrka eidechse. ješčer draco vit.   slk.
jaščerka.   p. jaszczur, jaszczura, jasz-
czurka aus jaszczor.   kaš. jaščerzeca,
vješčerzeca.   os. ješćel eidechse. ješćer
otter.   ns. jašćeŕ.   klr. jaščirka, jaščurka,
jaščołka.   wr. jaščerka. jaščeŕ, žaba, bolêznь vъ gorlê.   r. jaščerica. jaščerъ. —
Vergl. preuss. estureyto. Vergl. jašturŭ.

jašturŭ: r. jaščurъ haselmaus. Vergl.
szczur mus rattus. łapka na szczury.

jata č. p. hütte: daneben chata. —
Man vergleicht nsl. pojata hütte.

jato asl. agmen.   nsl. jato habd.
s. jato trupp vögel; art bratstvo.   p.
jato grex.

jatvengŭ: r. jatvjagъ Jazwingus: die
Jazwingi sind ein den Preussen, Litauern
und Letten verwandtes volk.   p. jaćwiž,
jadźwing, jazwing.   klr. jatvjazy chrest.
188. jatvyhy ON.

jatŭhulĭnica: asl. jatъhulьnica locus,
ubi monachi dêlajъtъ na utêhą. Vergl. č.
jatky.   p. jatka fleischwaarenhandlung.
klr. jatka.   jatka soll das d. hütte sein.

javê, avê, vъ javê asl. manifeste.
javiti, aviti zeigen.   nsl. javiti bezeugen.
javljati se habd.   b. javja vb. javêvaш
se vb. javen offenbar.   s. na javi wachend.
javiti. javan.   č. jav, jev offenbarkeit. na
jev, v jev. jeviti. jevný.   p. jaw, na jaw,
jawią, na jawie offenbar. jawa wachen.
jawić. jawny.   os. zjević.   ns. zjaviś.
klr. na javi in wirklichkeit.   wr. java
erscheinung.   r. na javu wachend. na javi,
na vidu. vъ javь. vъ javê. vnavê. unavê.
javnyj. - rm. ivi vb. aus jęvi. lit. ovis
wachen. ovíti s sich sehen lassen. ai. zend.
âvis offenbar.

javka-: nsl. javkati ächzen.   s. jau-
kati. Onomatop.

javorŭ: asl. javorъ platanus.   nsl.
b. javor ahorn.   s. javor, jahor.   č. javor.
p. jawor.   os. ns. javor.   klr. javôr. (čornokłyn).   wr. javor, jaer.   r. javorъ. —
lit. javoras, âvoras: aornas aus dem d.
magy. javor, juhar, ihor, ihar. Vergl. d.
ahorn, das mit lat. acer verwandt scheint.

jazg-: p. jażdž, jaszcz, jazgarz kaulbars.   kaš. jażdž.   č. ježdík. — lit.
ežgīs, ežegīs, egžlīs, jegžlīs, ekšlīs.

jazva asl. foramen, fovea, vulnus. jaz-
viti vulnerare. jazvina latibulum.   nsl.
jazba höhle. jazbina dachsloch.   s. jazbina
dachsloch.   č. jízva wunde, narbe. zjízviti
vergiften.   klr. jazva.   wr. jazva.   r.
jazva spalt, wunde. dial. jazvo. jazvina.

jazba. *Vergl.* ězva, neotvjazčivyj *dial.* —
rm. ję̄zuinę̆, vizonie. *Vergl. preuss.* eyswo
vulnus. lit. aiža *rima. lett.* aiza. aižāt.
Einige wörter hangen wohl mit jazvŭ *zu-*
sammen. z *von* jazva *vulnus ist* palat. g
oder gh.

jazvŭ: asl. jazvъ, jazvьcь *crinaceus,*
richtig dachs. jevrêj jazvьcь (*unrichtig* ja-
zovêrъ) jestь *tichonr.* 2. 441. 448. nsl.
jazvec, jazbec; jazbac *venet.* (b. barsъk.)
s. jazavac. č. jezvec. p. jaźwiec. kaš.
jops. r. jazvecъ. jazvo *für* barsukъ. —
rm. . ezine, ezune, ezure, vezure. *Vergl.*
jazva *fovea: der dachs lebt in höhlen unter*
der erde.

jazŭ: asl. jazъ *canalis, stomachus.*
nsl. jêz *wehre.* jêziti. b. jaz. s. jaz,
jaža *ableitcanal.* vodojaža. zajaziti *ver-*
wehren. č. jez. p. jaz. klr. jiz. zajiz
schleuse. wr. jaz *aus dem p.* r. êzъ,
ezъ *fischzaun.* — *rm.* jaz *agger.*

jazĭ: p. jaž *rothauge (fisch).* s. jaz
cyprinus ballerus. klr. jazyca, vjaz *giesen.*
Vergl. č. jes, jesen *cyprinus jeses.* — *lit.*
ešč *escher, blei.* *magy.* jász, jász keszeg.

jeb-: nsl. jebati *futuere.* prijebiš
(otrok) *adj. indecl. uneheliches kind.* s.
jebsti, jebem. p. jebać. jebur. r. etь
aus ebtь. *Dagegen* č. jebati *schlagen, riffeln.*
os. jebać *betrügen.* ns. jebaś *schlagen.* —
ai. jabh, džabh *futuere.*

jedá asl. si. — *Man vergleicht ai.* jadi.

jedinŭ: asl. jedinъ, jedьnъ *unus.* jedinъ
kъžьdo *unusquisque.* na jedinê. jediną, jedi-
noją, jedьnoją, jedinošti, jedinašti, jedinъštь
semel. jedinъde. jedinakъ. jedinače, jedьnače
ětr. nsl. eden, en. edini. edinost *elend meg.*
venomêr, vedno, veno, preveno *continuo.*
nijeden: neen *ist* *neben, noben, nobeden,*
nibeden, oben *geworden.* enak. jednoč *semel*
habd. ednok, enok *semel. In* pasja para
nijedna *ist* nijedna *verstärkend.* b. edin.
vednъžt *bulg lab.,* jednъš, vednъš *einmal.*
vinъgi *ist* asl. vъ inъ *mit* gi: *danebsen* vednъga, vednъg *einmal.* edin *sehe ich auch*
n *alt* jede kyj, *jünger* edi koj *irgend einer.*
r. jednuč *ung.* s. jedan *unus.* jedin *uni-*
us. jednom, jednoć, jednoš *semel.* č. jeden.

jediný. jednaký. jednati. p. jeden. jedziny.
jedzinak *flor.* jedyny. jedynak. jedurny.
jednać. kaš. vjedno *continuo.* os. jen.
jenak. ns. jaden. klr. eden, odyn, oden.
edynyj. odynak. odynyctvo *einsamkeit.*
odnakyj. wr. odzin. r. odinъ. *dial.* ednyj.
edinoždy. odinecъ, *alt* jedinecъ, *wildschwein:*
vergl. gr. μονιός, *it.* cinghiale *und* fz. san-
glier *von* singuli. — *lit.* jednoti.

jedla: asl. jela *abies:* jelь *soll popu-*
lus sein. nsl. jela, jelva, jel *tanne.* jedla
meg. jelovina *nadelholz.* b. s. jela. kr.
jalva *ung.* č. jedla. p. jodła, jedla.
polab. jådla. os. jedła. ns. jedla. klr. jaľ,
jałyna, jałyća. jiľ *ung.* r. elь. — *preuss.*
addle. *lit.* eglė, *lett.* egle *aus* edlē, edle.

jedva asl. *vix.* nsl. jedvaj *habd.*
odvo *venet.* b. jedvam, idvam, odvaj.
kr. jedva *ung.* s. jedva. č. jedva. p.
jedwa, *jetzt* ledwo. r. edva, odva. —
lit. advos, vos *kaum. Hieher scheinen auch*
folgende wörter zu gehören: č. ledva *kaum,*
mit mühe. p. ledwo, ledwie. os. ledy,
ledym, ledma. ns. ledba, ľebda, ľebdym.
klr. ledva, ledve, ledvy, ledvo, poledva,
załedvy. wr. ledve, ledvi, ledva, na ledvi.
r. ledva, ledvê. — *lit.* ledvai.

jefimokŭ: r. efimokъ *joachimsthaler.*
p. joachymik. — *Aus dem nhd.*

jechidĭna: asl. jehidьna ἔχιδνα *vipera.*
jehinъda. — *Aus dem gr.*

jelenĭ: asl. jelenь *hirsch.* nsl. jelen.
(b. rogač.) s. jelen, ljeljen. č. jelen.
p. jeleń. jelatko. os. jeleń. jeleńatko.
ns. jeleń, heleń. klr. oleń, olenok. oleńa.
r. olenь. — *lit.* elnis.

jelêj, jelej, olêj asl. *oleum.* nsl. olej,
olje, ulje, oli, *gen.* olja. kr. ulje. s. olaj,
ulje. č. p. olej. os. volij. ns. voľej.
klr. oľij, ołoj, ołyvo. wr. olej. r. elej,
olej. — *magy.* olaj. *rm.* olej. *alb.* uli.
lit. alėjus. *lett.* elje. *got.* alēv. *ahd.*
olei, oli. *asl.* jelej, *r.* elej *sind gr.* ἔλαιον,
mehreres ist d.

jelinŭ: asl. jelinъ, elinъ *paganus.*
s. jelin. — *alb.* elin. *gr.* Ἕλλην.

jelito č. p. *darm.* os. jelto *eingeweide.*
ns. jelito *der grosse magen beim rindvish.*

wr. jality *testiculi. Vergl.* **r.** litonja *der zweite magen der wiederkäuer.*

jelŭkŭ: wr. jełkij *bitter.* jełknuć *bitter werden.* jełoč. *Man denkt an den geschmack des tannenpechs.* — *Es wird lit.* jālus, *lett.* ēls *bitterlich angeführt.*

jelĭcĭ: p. jelec, mała · rybka rzeczna.

jelĭcha: asl. jelьha *erle.* **nsl.** jolha, joha. jelša, jolša, olša. jošje, jalšje. **b.** jelha. jelhak *erlenwald.* **s.** joha, jova. jelša. jošje, jelašje. **č.** jelše, olše. **slk.** jolša, lejša. **p.** olcha, olsza. **polab.** vülsa. **os. ns.** volša. **klr.** ôľcha, vôľcha, vuľcha, ľuľcha. **r.** olьcha, volьcha. *dial.* ëlcha, ëlocha. — *preuss.* alskande. *lit.* elkśnis, alksnis. *lett.* elksnis. alksnis *aus* alsnis. *Slav. urform* elsa: *vergl. lat.* alnus. *ahd.* elira, *wofür* got. aliza *angesetzt wird.*

jem-: *die W.* jem *ergreifen erscheint in der form* jьm, *woraus im anlaut von silben* im *oder* jem *wird, während im inlaut* jь *sich meist erhält: daher* imą, *inf.* jeti *aus* jemti; zaimъ, zajemъ; vъnьmą *aus* vъnjьmą. jьm *ist perfectiv; das durative verbum lautet* imēti *mit ungeschwächtem i* habere, *das iter.* imati *aus* jêmati, *im praes.* imają *oder* jemlją. prijetovati. najemъ. najma. najmitь. zajemъ, zajma. neobinьnъ *unfassbar für* neobъjetъ. jetva *capitivitas.* primъka *laqueus.* imovitъ *reich.* imovitьсь. sъnьmъ *versammlung.* sъnьmište. rąkojetь, rąkovetь *manipulus.* obujeti. imъže uimetъ sę umъ. izęstьnъ ἐξαίρετος: izem-tjъ. vêrą jeti, vêrą jemljetъ, jęsę jemu vêrą. nejê-vêrъ *incredulus.* jetovêrьnъ *qui fidem habet.* razemьnica μάχελλον: raz-ьm-ьnъ, *etwa „der theilt, zerschneidet" slêpč.* **nsl.** jamem *ist asl.* *jьmą. izmem. zajmem. primem. vzamem, vzemem, vzeti *sumere.* dur. imêti. imêtek *habe. iter.* -jêmati, -jimati. najem *miethe, lohn.* senjem *neben* sejmen, semenj *markt.* zanjka *schlinge:* za-imъka. posneti *imitari.* ječa *gefängniss:* jem tja. verjeti, verjamem *steht für* vêro jeti, vêro jamem; *daher* nejevêra, nejovêra *unglaube;* nejê-vêren *ungläubig,* nejevêrec, *neben* neovêren *lex.:* *nejęvêrьnъ. rôkovad *f* dain. obinoti, obinem *umarmen beruht auf* obimą.

otevati *aus* oteti *für asl.* otimati. *Vergl.* podjamnost *list.* **b.** imam. imane *vermögen, vieh.* imot *habe.* imoten. zema, zemna *sumere, iter.* zemam, zimam, zevam, zemvam. otnema, otnemam *wegnehmen.* primka, prinka *schlinge.* najem. zajem. nêmovêr, nêmovêren. jemča se *wagen.* **kr.** jati *anfangen.* obujati *complecti. Vergl.* podjamnik *insidiator.* **s.** jeti. imati *mit* ne: nemati. jemati. najam *miethe.* sajam *markt.* ujam *müllergebühr.* rukovet, rukoved. jemac *bürge.* **č.** jmu, jíti. jmám, jmíti. jímati. nájem. sněm. sňátek *verbindung:* *sъnętьkъ. majetek. majetný. movitý. ujma *verringerung.* rukovět *griff.* vemu *soll nicht durch den ausfall von z entstanden sein.* vzácný *ist wohl* vъz-em-tjъ. **slk.** jať *ergreifen.* **p.** imę, jąć. imieć, mam. imać. sejm. majątek. majętny. jętca, jęciec *der gefangene:* *unhistorisch* jeniec. jeńctwo: *asl.* *je-nъ statt* jętъ. jęcy *angenehm zu essen (zu nehmen):* jem-tja. odjąć, odjimać *schützen.* zdjąć (odjąć). ujma, ujątek *abbruch.* **kaš.** zdjic: *asl.* sъnęti. vzantk: *asl.* *vъzętьkъ. **polab.** mët. jaimat: *asl.* imati. vâzt: *asl.* vъzęti. **os.** jmu, jeć. mjeć, mam. jimać. sejm. rukvać *griff.* **ns.** ześ (vześ), zeju: *asl.* vъzęti, vъzьmą. mjeś. najam *miethe.* humeńk *ausgedinge.* **klr.** jmu, jaty, ńaty. imńaty. imity, maty, maju. imaty. vyńaty. objaty, obńaty. vzjaty. roznymaty. podymaty. pôdôjmaty. najem. najmyt. ne jme viry *non habet fidem.* imovira *vertrauen.* virutno *glaublich.* nemovir *ungläubiger:* *nsl.* nejevêren. imošči *habe.* rukojatka. **wr.** ńać. imać. vzjadzeno *für asl.* vъzęto. jomkij, lovkij. imu vêru. ujma. majontok *habe aus dem* p. **r.** jatь, njatь, imu, mu. imatь, emlju *dial.* emь *kralle.* emecъ *feiler mensch.* jatvo *fang.* izjaščnyj. *alt* vêru jati. imovêrьe. vêrojatnyj *glaublich.* vêroimnyj *leichtgläubig.* imovêrnyj *wahrscheinlich.* priёmsy *plur.: neubildung.* vynjatь, vynutь, vynimatь, vymatь. naimъ, naemъ. najmitъ *miethling.* neimъ, neimkaja skotina. vujma, divo. vzdymatь. maetnostь *istp.* — *rm.* nęjem *miethe.* nęjemi *miethen.* primi *vb.* ujnire ἔκστασις. a se ujmi *vb. preuss.* imma, imtwei.

lit. imu, imti, jimti, émiau. imčius *der gern nimmt.* saimas *ist p., ebenso* išvezmenti *eximere.* *lett.* jemu, jemt; ńemu, ńemt. ēńemt. pārńemt. ńemejs *nehmer.* *ai.* jam *halten.*

jendê: asl. jędê *prope.* jędêčędinъ *verna.* — *lat.* endo, indu, indigena. *got.* inna: innakunds *hausgenosse.*

jendro: asl. jędro *nucleus, testiculus.* nsl. jedro *kern.* b. jedro. jedъr *vollkörnig, kräftig, tüchtig:* jedra pšenica. *Vergl.* jadka, jedka *kern, beere.* s. jedar *dicht und fest.* jedrati *fest werden.* jezgra *kern steht wohl für jezdra, dieses für* jedra. č. jádro. jadrný *kernig, derb.* jádra, ledvinkový hrách *fisole.* p. jądro *der essbare kern.* jędrny, jędrzny *kernig, kräftig.* polab. jödrü. os. jadro *kern,* hode. ns. jedro *kern.* klr. jadro *hode, kanonenkugel.* wr. jadry *hoden.* jadricy, jadrěnki. r. jadro *kern, kugel, hode.* jadry, očiščennyja zerna. jadrěnyj *hart, kräftig, saftig.* jadrětь *hart werden.* najadritь sja (o chlêbê). — *ai.* anḍa *ei, hode.*

jendrŭ: asl. jędrъ, jęzdrъ *citus.* ujędriti *eilen mladên.* jędropisьcь *sin.* nsl. jadern *schnell.* kr. djedjerno *munter ung. Vergl.* jendro. p. *Hieher gehört auch* jendr-: jędrzyć, jędrnić, *erfrischen.* klr. jadernyj *lebhaft ung.* wr. jadrenyj *frisch, kühl.* r. jadrětь, ukisatь. godъ jadrenъ tichonr. 2. 393. zajadrenêlo, sdêlalo sь svêžo. ujadrětь, okrêpnutь. *Vergl.* b. jedъr grah *für nahut.* — *Man vergleicht ahd.* atar *acer, celer.*

jenk- 1.: asl. jęčьmy, jęčьmenь *gerste.* jęcьmykъ. jęčьnъ, jęčanъ, jęčьmênъ *hordeaceus.* nsl. ječmen. b. ečemik, ečjumik. s. ječam, ječmen, jačmen. č. ječmen. slk. jačmen. p. jęczmień, jęczmyk. kaš. jičmc, *gen.* jičmenia. polab. jãcmén. os. ječmjeń. ns. jacmeń. jacmušk. klr. jačmeń. r. jačmenь.

jenk- 2.: asl. jęčati *gemere.* jęklivъ *aegre loquens.* nsl. ječati *seufzen.* jecati *stammeln.* jecav; jecavec *balbus meg.* jecljati. jecljajiv. *Durch steigerung* jôk *weinen.* jôkati, jôkaţi se. b. jekna *vb.* ječa: je-

zero ječi. jek *mil. 528.* jektja *seufzen: vergl.* jehtja *erschallen.* s. jeknuti *ächzen.* jecati *hallen.* jeka. odjeknuti *widerhallen.* č. jek *schall.* ječeti. jekot *gebrause.* zajíkati, zajekati, zajakati *aufseufzen.* zajíkati se *balbutire.* p. jęknąć. jęczeć. jękać się, jąkać się *stammeln.* zająkać się *stottern.* odjęk. kaš. jičec. os. jakotać *stammeln.* ns. jekać *rufen.* klr. jačaty *schreien wie der schwan.* wr. jenkać *stöhnen, aus dem p.* — *Man beachte lit.* inzgěti. *lett.* ingt, īgt. *Vergl.* ik-.

jentro 1.: asl. jętro *leber.* nsl. s. jetra. b. (drob, žiger). č. játra. p. (wątroba, *das mit* jentro *verwandt ist), doch* jętrznica *leberwurst.* polab. jõtra. os. jatra *leber, daneben* bjełe jatra, płuca *lunge.* ns. jetša *leber, daneben* mjeke, ljaške jetša *lunge.* jetšnica. **(klr.** pečinka.) **(r.** pečenь.) — *gr.* ἔντερον *das innere.* *ai.* antara. *Vergl.* on.

jentro 2.: os. jetro *blatter, pocke.* asl. obъjętriti *ardere facere.* obъjętriti sę φλεγμαίνειν *ardere,* richtig πυοῦσθαι *eitern.* jazva obъjętrjająšti sę. *Vergl.* slova radi nutritь se srъdьce naše. č. objítřiti *eitern machen.* rozjítřiti. p. jątrzyć, objątrzyć *schwären.* najątrzyć *erbittern.* os. jetšić so. ns. jetśiś se *eitern.* wr. zajatrjać, r. razъjaratь. — *Man vergleicht nhd.* eiter, *ahd.* eiz. *Das nomen* jętro *bildet wahrscheinlich den ersten theil von* č. jitrocél, jatrocel, *auch* ranocel, *slk.* skorocel. — *magy.* atraczél. *rm.* otręcel, atracel *stammen aus dem slav.*

jentry: asl. jętry *fratria. Ein m.* jętrъ *findet sich nicht:* svekrъ, svekry. nsl. jetrva. b. jetrъva. s. jetrva. p. jątreẃ. klr. jatrôvka, jatrocha. wr. jatrov, jatrovka. r. jatrovь. — *lit.* gentě, gentere, *gen.* gentěs, genters; intě (*vergl.* duktě, motě). *lett.* jentere, *gr.* εἰνάτερες. *lat.* janitrices: *nach* jętry *erwartet man* ἐντ-, jant-. — *ai.* jātar *die frau des bruders des gatten, vielleicht aus* jantar.

jenza: asl. jęza, *gen.* jоzę, *morbus.* jęzêstivъ. nsl. jeza *zorn.* s. ježnja *schauder.* jeziv *gefährlich.* p. jędza *furia.*

wr. jenza *aus dem p.* *Man vergleicht* **r.** jaga. **klr.** jaha.

jenzykŭ: **asl.** językъ *zunge.* **nsl.** jezik: *vergl.* jezlati *garrire.* **b. s.** jezik. **kr.** jazik. **č.** jazyk. **p.** język *lingua, populus:* *vergl.* język *(verächtlich) und* ozor. **kaš.** jezek, janzek. **polab.** jŏzyk. **os.** jazyk. **ns.** jezyk. **klr.** jazyk *zunge, spion.* **r.** jazykъ. — *preuss.* insuwis. *zend.* hizva *f.* hizu *m.* *lit.* lëžuvis, *arm.* lezu *und air.* ligur *sind an* ligh *lecken angelehnt: das gleiche gilt vom* **r.** *dial.* ljazykъ. językъ *scheint wie lat.* lingua *auf einem ursprachlichen* denghva *(mit palat.* gh) *zu beruhen.*

jeralaši: **r.** jeralašъ *art kartenspiel.* — *türk.* aralašdurmak *mischen.* *Man denkt an sp.* guerrilla, *an fz.* guerre à l'as, de guerre lasse.

jerbasŭ: **nsl.** jerbas, verbas *körbchen.*

jeretĭkŭ: **asl.** jeretikъ, jeretigъ *haereticus.* jeretižica. — *magy.* eretnek. *Aus dem gr.* αἱρετιχός.

jergevanŭ: **s.** jergovan *spanischer holunder.* **slk.** orgován, bez vlaský. — *türk.* érgévan. *magy.* orgonafa.

jeršŭ: **r.** eršъ, ëršъ, jarš, *dial.* erešъ *kaulbars.* **klr.** jorš, joršyk, jorčyk. — *schwed.* gers. *Vergl. lit.* ešéris.

jertŭ: **nsl.** jert, irt *nusshäher.*

jerŭdanŭ: **asl.** jerъdanъ *jordanes: daneben* ijerъdanъ, iorъdanъ. **klr.** ordań *ort, wo das wasser geweiht wird.* — *gr.* Ἰορδάνης. *Vergl.* ijerъganъ ὄργανον.

jes-: **asl.** jesmi, jesmь *sum.* jestъ, je *est;* nêstъ, nê *non est aus* nejstъ, nej. *part. praes.* sę (są), sy, *gen.* sąšta. sąštije, sąštъstvo οὐσία *essentia.* **nsl.** sem *sum;* nejsem, nêsem *non sum.* **b.** sъm. sъšti *derselbe, echt.* **s.** sušti *ipsissimus:* šusti djavo, *aus dem asl.* **č.** jsem *usw.* — *lit.* es: esmi. *got.* im. *lat.* es. *gr.* ἐς. *Von* jes *stammen ab* istъ *und* prisьnъ: *I.* **asl.** istъ, istovъ, istovьnъ *qui vere est, verus:* istaja vêra. istina *veritas.* *Hieher gehört auch* istьcь *reus, debitor.* istъ *beruht auf* jes-tъ, jьs-tъ, *das auch in* jestъstvo οὐσία *auftritt.* **nsl.** isti: k istomu zdencu. do ista. ta isti *der*

selbe. tisti *jener.* zister *zwar :* za isto žе. istina. istinga *capital, mit d. suffix.* **b.** isti. za isto *fürwahr.* istina. vistinski *mil. 28.32.* **s.** isti *selbst.* za isto. istina. **č.** jistý, istý. jistina. jistota. jistec *der wahre eigenthümer, der eigentliche schuldner.* (*Vergl.* iska-). **p.** ist, isty. za iste. ten isty. iścizna *eigenthum.* jestestwo, jestenstwo, jestwo *aus dem* **r.** istota *wesen.* istność, jestność *dasein.* *Vergl.* niestota *eine unglückliche person.* **klr.** iste *capital.* istnyj. istyna. naisti *wirklich.* isteć *kläger chrest. 45.* **r.** istyj. isno *genau.* istina. istichonnyj *ganz so wie er ist.* êstьe (jestьe) *vermögen, aus* jes-tъ. — *rm.* istit *gerade, just.* *lett.* ĭsts, ĭstens *wirklich.* *II.* **asl.** prisьnъ *genuinus, cognatus, wahrscheinlich aus* pri-jes-tъ-ьnъ, priistьnъ, pristьnъ. prisьniti. prisьnь *verwandtschaft.* prisьno *semper.* **nsl.** pristen *echt, leiblich.* nepristen oča *stiefvater.* spristen *passend.* spristovati *passen.*

jesenĭ: **asl.** jesenь *herbst.* **nsl. b. s.** jesen. **č.** jeseň. **p.** jesień. (**os.** nazyma, **ns.** nazymje.) **klr.** ośéń. **r.** osenь. — *preuss.* assanis. *got.* asans *sommer, ernte.*

jesetrŭ: **s.** jesetra *stör.* **p.** jesiotr. **klr.** osetr. **r.** osëtrъ. ostrjača *kleiner stör.* — *rm.* isetru. *preuss.* esketres. *lit.* erškétras, asétras. *Vielleicht verwandt mit ahd.* sturo, sturjo.

ješa 1. **asl.** *utinam.*

ješa 2. **nsl.** *esse.* — *Aus dem nhd.*

ješte **asl.** *adhuc.* **nsl.** ješče, jošče, ešče, išče *ung.* iše, še. este *fris.* **b.** ošte, jošte. **s.** jošte, jošt, još. **č.** ještě. **p.** jeszcze. **polab.** ist. **os.** hišće, hišćen, hišćer. **ns.** hyšć, hyšći, hyšćer. **klr.** ešče, išče, šče, išy. **r.** ešče, išča, ešto, išto, iša, oššo, ošě. *Dunkel.*

jetĭka **nsl.** *schwindsucht.* **b.** ohtik. — *lat.* hectica. *gr.* ἐχτιχή.

jevtĭnŭ: **s. b.** jevtin *wohlfeil.* — *rm.* eftin. *gr.* εὐθηνός.

jezero 1. **asl. nsl. b. s. č.** *see.* **p.** jezioro. **os.** jezor. **ns.** jazor. **r.** ozero. — *rm.* jazęr. *preuss.* wyzere. assaran. *lit.* ežaras. *lett.* ezars.

jezero 2. nsl. kr. *tausend.* — *magy.* ezer. *pers.* hezār. *Das pers. wort ist den Magyaren durch Türken mitgetheilt worden. Vergl.* tysąšta.

ježĭ: asl. ježь *igel.* cakoninъ ježь. nsl. b. s. č. p. os. ns. jež. polab. jiz. klr. již, jižo, jižak. jižyty śa *sich sträuben.* r. ёžъ. ežitь sja. — *lit.* ežīs. *ahd.* igil. *arm.* ozni. *Slav.* ježь *erklärt sich aus* jezjъ, *dessen* z *für lit.* ž *palat.* gh *voraussetzt. gr.* ἐχῖνος. *č.* jehlák *und klr.* ihlán *art seeigel hängen wohl mit* jehla *und* ihła *zusammen. Mit* ježь *verwandt sind* nsl. ježica *stachlige schale der kastanie.* p. ježyna *brombeere:* ožyna *ist* r. ježowiec *stachelschwein.* klr. ježyna, ožyna *acker-, brombeere.* užyna. r. ožinъ, ožina, eževika.

jiljí, jiljího *č.* aegidius. — *mhd. nhd.* gilge. p. *dagegen* idzi, idziego; idzy, idzego, *wie von* gidius.

jonzva, jenzva: p. jążwica *stichling.*

juftĭ: r. juftь, juchtь *jucht.* č. juchta. p. jucht, juchta. — *nhd.* juchten: *die stücke werden paarweise* (r. juftь *paar*) *gegerbt Grimm.*

juga-: nsl. jugati, juhati *schaukeln.* jugalica *schaukel. Vergl.* guga-.

jugŭ: asl. jugъ *südwind, süd.* nsl. b. s. jug. č. jih *thauwetter.* rozjiženi. klr. juh. juha. r. jugъ. — *nhd.* jaug *dial., aus dem slav. Wie* d. mittag *für Süden gebraucht wird, so wird* nsl. *eine ableitung von* jugъ, južina, *für „mittagmahl, vesperbrot, jause"* angewandt. b. s. užina. polab. jeuzaińa. klr. užin. wr. vužin. z. užinъ. paužina. — *magy.* uzsonna, ozsonna. *Daher nhd. dial.* jause. *Vergl. lit.* pêtus *süd, mittag, mittagmahl.*

jucha: asl. juha *jusculum.* nsl. s. juha. č. jícha. p. ns. jucha. klr. wr. jucha. r. ucha; ucho. — *preuss.* juse. *lit.* jušė; *entlehnt* juka. *lat.* jus. *ai.* jūšan. *nhd.* jauche, *aus dem slav.*

jukŭ: b. juk *last.* p. juki *packsattel.* objuczyć. wyjuczyć. klr. vjuky. vjučyty. r. vьjukъ najukatь. — *türk.* jük.

junŭ 1 : asl. junъ *jung.* junakъ, junota, junoša *jüngling.* *junaky: junakvica *puella.* junьcь *taurus.* junьčь. junica *puella, juvenca, junix.* juniti sę. nsl. junak *held.* junec (gůnec, gjůnec) *ochs.* b. junak, junastvo. junaština. s. junak. junac. č. jonák, jinoch *junger mann.* junec. p. junak. junoszka. delijunak *tollkühner mensch.* juniec. kaš. junc. polab. jeunâc. klr. junaka. r. junyj. junoša, *dial.* junъčъ. junecъ. — *lit.* jaunas. jautis *ochs.-* jaunikis. *lett.* jauns. *ai.* juvan, *gen.* jūnas.

junŭ 2.: klr. jun *schlammbeisser.* r. vьjunъ.

jupa: r. jupa, jupka *art kleid.* p. os. jupa nsl. jopica. ns. jopa. — *lit.* jupa. č. župice. *mlat.* jupa. *it.* giubba. *ar.* aldžuba. *Vergl.* županъ.

jurgelĭtŭ: wr. jurgeľt *bezahlung.* p. jurgielt. — *d.* jahrgeld.

jurŭ: wr. jur *muthwille.* klr. najuryty śa *böse werden.* r. juritь *eilen machen.* b. najurevam *angreifen.* s. odjuriti *davonjagen.* p. jurzyć się *sich entrüsten.* wyjurzyć, parkot z siebie wypuścić *einen bocksgestank von sich geben.* rozjurzyć, do jurności pobudzić *geil machen.* jurny, jurliwy, jurzny *geil. Dass diese wörter wirklich zusammengehören, ist nicht sicher. Beim b. worte denkt man an entlehnung aus dem türk.* jürüjüš. b. jurjuš. s. juriš.

jurŭkŭ: klr. jurok, vjurok *bergfink.*

jutry os. *ostern.* ns. jatšy, vjatšy. kaš. jastre. — *Vergl. ahd.* ōstara *ostern.*

jutŭ: r. jutъ *campanie (auf dem schiff).* prijutitь *aufnehmen.* prijutъ *asyl.* ujutъ.

jŭ, ja, je *asl. Anlautendes* jъ *wird* i: iže; *nach consonanten erhält es sich:* na ńь *aus* na njъ, *wie* końь *aus* konjъ. *Die bedeutung ist demonstrativ und relativ: im letzteren falle wird* jъ *meist mit* že *verbunden:* p. jen, jenže. *Der interrogative gebrauch beruht auf dem relativen. Man merke* r. *dial.* imja *für* imi; b. *und* s. gi *für* ihъ, je; č. p. *usw.;* jen *für* jъ *wie* ten *für* tъ *usw. Das neutr.* je *wird adverbial gebraucht:* s. jer, jera *warum.* nsl. ar *weil* habd. *aus* jer. p. iže *für* ježe. č. po-

něvadž, p. poniewaž. *Die possessiva aus*
jъ *sind:* asl. jegovъ *(selten).* nsl. njegov
und njen *aus* jego *und* ję, jeję. b. negov,
nejen: njein *bulg.-lab.,* nejzin. nivni *eorum.*
s. njegov. njen, njezin; *im Westen auch*
njej: k njejemu mužu *ad ejus maritum.*
klr. ichńij *eorum.* wr. ichnyj. r. evo-
nyj. ejnyj, einъ; ichъ (icha, icho), ichij,
ichnij, *alles dial.* 1) r. doi *hucusque*
dial. ist dunkel. 2) asl. ide *ubi,* quoniam *aus* jъde. doñьdeže *donec aus* do
njъdeže, *selten* do ideže. *Neben* ide *findet*
sich ižde, iždenъ, iždeže, doñьždeže. r.
idê *ubi dial.* 3) asl. jądu *qua aus* jo-ndu.
č. doňudž, doňuž, doniž *quamdiu, donec.*
Daneben mit kurzem ą: doňadž, doňědž,
doňěvadž. p. dojąd. odjąd. os. doniž
aus doňuž. ar. donjudažь. 4) asl. iga
aus jъga *quando: daneben* jega, jegy.
5) asl. jegda. 6) asl. jakъ, jakovъ *qualis.*
jaky *neben* oky *uti adv.* akъ. aky. acê.
jačь *in* jače *quo.* nsl. ako *si.* s. *Man*
merke jako *jetzi:* jakorodče *volksl.* č. jaký
ist interrogativ für kaký. *Dasselbe ist im* p.
(jaki), wr. (jakij, ikovó) *und in* r. *dia-*
lekten (jakovyj) *eingetreten.* lit. lett. joks.

7) asl. jelê, jeli *quando.* jeli ὅσα *luc. 9. 10.*
zogr. jelъ, jelьma, jelьmi *quantum.* jeliždy.
p. ile *wie viel: vergl.* tyle. 8) asl. jelikъ
quantus. jelikašti *quot modis.* č. jelikož.
p. ilko. jakokolwiek. jelko. jeľe, jeli. 9) asl.
jamo *quo.* č. jam, jamže. 10) asl. jeterъ
quidam. (ederъ *assem.): das wort wird*
nominal, selten zusammengesetzt declinirt
1. tim. 5. 24. 2. cor. 10. 12. slêpč. šiš.
č. něterý *ist wohl* některý. *Dagegen mag*
ns. votery *mancher,* voterga *manchmal mit*
jeterъ *zusammenhangen. Mit* jъ *möchte ich*
jakъ *potens verbinden,* jačaj *potior.* nsl.
jak. jačiti *fortificare habd.* b. jak. na-
jakna *vb.* jakost. s. jak. *Es liegt ein*
bedeutungsübergang vor wie im gr. οἷός τε.
Man vergleicht lit. jėgti *vermögen.* — jъ
entspricht dem ai. zend. ja. gr. ὅς. got.
ja (jabai). lit. jis. juog, *häufig* jok, *dass,*
in declarativen sätzen: juog, jok *für* asl.
ježe, p. že, *dem es im gebrauche gleich*
steht: žinau, juog žmogus tur dvejes ausis.
p. wiem, že człowiek ma dwoje uszy. juokgi,
jukgi *tamen,* p. przecie, wszakže, *gehört*
hieher: in diesem worte ist verdoppelung
der angehängten partikel anzunehmen.

K.

ka-: asl. kajati sę *bereuen.* okajati *de-*
flere. okajanikъ *unglücklich.* kajaznь, po-
kajaznь *reue.* kaznь, pokaznь *strafe: die*
worte sind nicht von einander zu trennen.
kazniti *strafen.* nsl. kajati se *fris. habd.*
kajati *tadeln, verunstalten.* pokazen *poena*
fris. b. okaja, okajuvam *bedauern.* oka-
jan. kaja se. kajen *reumüthig.* kr. kajati
se *streiten verant.* s. kajati *ulcisci.* kajati se *bereuen.* č. káti *ausschelten.* káti
se *bereuen.* kázeň *strafe.* p. kajać sie.
pokajanie *für* pokuta *zof.* pokajić się. kaźń.
kaźnić *corripere. dial.* kajać się *für* bać
się. os. kać so. klr. kajaty. kajaty śa.
wr. kajić *strafen.* kajin *verwünscht.* kaznić
züchtigen. r. kajatь *tadeln.* kajatь sja
bereuen, beichten. kaznь. kaznitь. — rm.
kęi. pokęi *vb.* kęintsę. kaznę. kęzni *vb.*

magy. kaják *increpare, schelten.* alb. kaiit.
lit. kozniti *tadeln.*

kabala r. *schuldbrief.* klr. zakaba-
łyty *zu seinem unterthanen machen.* — *Vergl.*
mlat. caballa *steuer.*

.kabanŭ: p. kaban. kabanina, chaba-
nina. r. kabanъ *eber.* — ntürk. kaban.

kabatŭ: č. kabát *wamms.* b. ka-
vada. s. kavad. p. os. ns. klr. kabat.
r. kabatъ. — magy. kabát. gr. καβάδι
und lett. kabata *schubsack.*

kabelja: č. kabele *schacht, tasche.*
slk. kobela. p. kobiel *f.* kobiałka *kober.*
os. kobjel *f.* kobjelka *bügelkorb, kober.*
ns. kobjeľa *kober.* klr. kobelja *kober,*
lüschke. *Vergl. das deutsche* kobel m. *art*
fass. Abseits liegen p. kobiel *bogenkrüm-*
mung. klr. kobłyća *bogen.*

kabulŭ: b. s. kabul *annahme, empfang.* — *türk.* kabul.

kaca-: nsl. prekacati kaj *eine übertretung begehen. Im Osten.*

kacida s. *helm Vuk.* kacita *mik.: vergl.* kačiga *mik.* — *Ein vielleicht mit lat.* cassis, cassidis *zusammenzustellendes wort.*

kača nsl. *schlange.* kača ljutica *vipera.*

kači-: b. kačja *hängen.* otkačja *loshaken.* zakačja *anfangen.* kačja *erheben;* kačja se *steigen. Vergl.* kacam, kacna *sich setzen:* ptici kacali. s. kačati *sich auf die oberfläche des wassers werfen (von fischen).*

kačulka b. *art mütze.* — *rm.* kęčjulę.

kačika: č. kačka *ente.* kačer *enterich.* kače *entlein. Daneben* kachna, *das auch Käthchen bedeutet.* p. kaczka. kachna *Käthchen.* os. kačka. ns. kaca. kaše *entlein.* kaša *Käthe aus* kat-. klr. kačka. kačor. wr. kačka. — *magy.* kácsér. s. kačka *art kinderspiel. rm.* kačkę *ein spiel der mädchen. Die namen besagen eig. Käthchen: vergl. d.* mieze, hinz *usw.*

kadelbŭ: č. kadlub *hölzernes geschirr, baumrinde zu erdbeeren.* p. kadłub *ein aus éinem stück ausgehöhltes hölzernes geschirr, baumrinde zu erdbeeren.* klr. kadołb, kadub *scheuerfach, altes fass,. aschenbehälter.* wr. kadołba, derevo vydolblennoe i vstavlennoe vъ rodê kadi vъ zemlju dlja stoka vody. r. kaldoba *aus* kadolba *Mikuckij. Der zweite theil ist* delb-; *den ersten wird man geneigt sein mit dem pronominalstamm* kъ *zusammenzustellen.*

kadifa: b. kadife. s. kadifa *sammt.* — *türk.* kadifé.

kadija b. s. *richter.* — *türk.* kadę.

kadukŭ: p. kaduk *fallende sucht,* padaczka, paduch; *teufel, im ausruf.* klr. kaduk. wr. kaduk *unglück, der böse geist.* na kaduk, *r.* pakostno. r. kadukъ *der böse geist.* — *lit.* kadukas *epilepsie. lat.* caducus.

kadŭ-: asl. kaditi *räuchern.* kadilo. kadilьnica. nsl. kaditi. kadilo. kadilnica. b. kadja *vb.* s. kad. kaditi. č. kaditi. p. kadzić. kadzidło. os. kad. kadžić.

r. kaditь. — *alb.* katnitsę. *rm.* kędi *vb. lit.* kodilas. *Vergl.* čadi.

kadŭna: b. kadъna. s. kaduna *türkische frau.* — *türk.* kadęn.

kadŭrŭ: b. kъdar. s. kadar *vermögend.* — *türk.* kadir.

kadykŭ: r. kadykъ *larynx.* zakadyčnyj.

kadi: asl. kadь *cadus.* nsl. kad. s. kada. č. káď. p. kadź. os. kadž. klr. kaď. kadka. wr. kadka. r. kadь. kadovъ. — *lit.* kodis. *alb.* katsę. *rm.* kadę. *magy.* kád. kádár. *Aus dem lat.* cadus, *gr.* χάδος, *wohl durch ein germ. medium:* nhd. kad *selten. Die allgemeine verbreitung des wortes bei den Slaven beweist nicht, dass es urslavisch ist.*

kafarŭ: .p. kafar *ramme, rammblock.* r. kapёrъ. — *Vergl. rm.* kęprior *rehbock, sparren.*

kafezŭ: b. s. kafez *käfig.* — *türk.* kafés.

kaftanŭ: b. s. č. p. kaftan. r. kaftanъ *oberkleid.* — *türk.* kaftan.

kaganŭ 1.: r. kaganъ *fürst: auch von* Vladimirъ *gebraucht. Vergl.* b. Borita-kan. — *gr.* χαγάνος, χάνης, χάνης. *lat.* chacanus, chaganus, caganus. *ntürk.* kayan. *pers.* khan. *Zuerst bei den Avaren im VII. jahrhundert.*

kaganŭ 2.: r. kaganecъ *lampe.* klr. kahaneć. č. kahan. kahanec. p. kaganiec, *auch maulkorb.* kaganek. kagan.

kachva: b. kahve. s. kava *kaffee.* p. kawa. č. káva. — *türk.* kahvé.

kaiši: b. s. kaiš *riemen.* — *türk.* kaješ.

kajba nsl. *käfig.* čajba. kobača. — *it.* gabbia *aus* cavea.

kajdisa-: b. kajdisam *(perfectiv) tödten.* — *türk.* kęjmak.

kajetŭ: p. kajet *heft.* s. ćage. — *türk.* kageд.

kajha nsl. *kerker.* — *nhd.* keiche *bair.*

kajikŭ: b. s. kaik. klr. kajuk. r. kajukъ. — *türk.* kajęk.

kajmakŭ: b. s. kajmak *sahne.* r. kajmakъ. — *türk.* kajmak.

kajsija b. s. *aprikose.* slk. kajsa.
— gr. ϰαϊσία. *magy.* kajszi-baraczk. *türk.*
kajsę.

kajstra klr. *grosse tasche.* p. wr. r.
tajstra. č. tanystra. — *lat.* canistrum.
Vergl. rm. trast πήρα.

kaka-: r. kakatь *cacare.* s. kaknuti
okekati se *usw.*

kakŭ: p. kak *pranger.* — *preuss.-d.* kāk.

kalaj b. s. *zinn.* — *türk.* kalaj.

kalamŭ: s. kalam, kalem *pfropfreis.*
kalamiti *pfropfen.* — *gr.* ϰάλαμος.

kalamita s. *magnet.* — *it.* calamita
von *lat.* calamus. *gr.* ϰαλαμίτα.

kalamjauka r. *art stoff.* — nhd. ka-
lamank. *mlat.* calamancus.

kalandŭrŭ: č. kalander, kalandra.
p. kalander. s. kalandra *bei Linde haubenlerche.* — *it.* calandra. *Vergl. lat.* calan-
drius. *gr.* ϰάλανδρα. *agr.* χαραδριός.

kalauzŭ: b. s. kalauz *wegweiser.*
p. kałauz. kałauzować. — *türk.* kęłaguz.

kalavatŭ: s. kalavat. b. kalafat
das kalfatern. r. konopatitь. — *türk.* kalafat, kalfat.

kalavre s. *art kurze hosen.* b. ka-
levra *schuh.* — *türk.* kalura.

kalci, kalčine b. *schuhe.* s. kalčine.
— *it.* calzo. *lat.* calceus. *ngr.* ϰαλτζού-
νιον. ϰάρτζα. *rm.* kęltsun.

kaldarŭmŭ: b. kaldarьm *steinpflaster.*
s. kaldrma. — *türk.* kaldęręm.

kalduni kr. *lunge.* č. kaldoun *eingeweide.* p. kałdun *wanst.* os. khałdona.
ns. kalduna. klr. kałdun. — nhd. kal-
daunen, kaldunen. *mlat.* calduna.

kale b. s. *schloss.* — *türk.* kal'a.

kaleži: asl. kaležь *kelch.* nsl. kelih.
b. kalež *Vinga.* kalič. kr. s. kalež. č.
kalich. p. kielich. os. khelich, khe-
luch. ns. keluch. klr. kełych, kełich.
wr. kelich. r. keljachъ, keljuchъ *dial.*
— ahd. chelich *aus* calicem. *preuss.*
kelks. *lit.* kīlikas. *Die älteste form ist*
kaležь, *dessen ž wie das von* križь *auf*
ahd. z *beruht:* križь, ahd. chrūzi, *genauer*
chriuzi.

kalfa b. s. *geselle.* — *türk.* kalfa.

kali-: asl. kaliti *härten.* b. kalja *vb.*
s. kaliti *kühlen* (gvoždje). klr. kałyty.
wr. kaljanyj *hart.* zakalać *härten (eisen).*
r. kalitь. raskalitь *glühend machen.* — *rm.*
kęli *vb.*

kaliga asl. *solea:* dьnьsь sapozi, a ju-
trêj ušitьci i kalige (kaligy). bêlьcь vъ
kaligahъ. r. kaligva *schuh dial. Vergl.*
kaliga *tasche.* č. kalhota, kalihota. — *Aus
dem lat.*

kalika, kalêka r. *elend, fremd.* klr.
kalika *krüppel.* kaličene. p. kaleka. —
türk. kalak. *Aus dem pers.*

kalina asl. *op. 2. 3. 596.* b. ka-
lina. s. kalina *rainweide.* č. kalina *schnee-
ball.* p. kalina *hirschholunder.* os. ka-
lena. ns. kalina. klr. kałyna. r. kalina.

kalkanŭ: b. kalkan *schirm.* p. kał-
kan *runder schild.* — *türk.* kalkan. gr
χαλχάν:.

kaloperŭ: s. kaloper *frauenblatt bal-
samita vulgaris.* r. kaluferъ. — *rm.* ka-
lapęr. *Vergl. klr.* kanupêr, kanufer, *das
rainfarn, nach andern frauenkraut bedeutet.*
kałupêr *plantago ung.*

kalosŭ: klr. kałos *gut.* — *gr.* ϰαλός.

kalugerŭ: asl. kalugerь *mönch.* b.
kaloger. s. kaludjer. kalugjerica, kalu-
drica, koludrica. klr. kałuher. r. kalo-
gerъ. — *ngr.* ϰαλόγερος. *rm.* kęlugęr.
alb. kalojer.

kalŭ: asl. kalъ *koth.* kaljati *beschmutzen.*
nsl. kal *lacuna habd.* kaliti *trüben.* poka-
ljati *beschmutzen.* b. kal. kalilo. kalen.
okalêm *vb.* kalenica *schüssel, wohl „aus
lehm gemacht“.* s. kao. č. kal. kaliti.
okal *mehltrank.* kalište. p. kał. žakał
macula. zakalać. ns. kališ. kališćo *pfütze.*
klr. kał. kałaty. r. kalъ. *Vergl. p.* zakał,
zakała *kothklumpen.* zakalec *unausgebacke-
nes stück teig.* č. zákal. — *magy.* zákla,
záklás *schlief. Man vergleicht* kalŭ *mit lat.*
caligo. ai. kāla *schwarz. Hieher zieht man*
fz. galoche, *woraus* č. kaloš.

kalŭpŭ: b. kalup *modell.* s. kalup.
r. kalypь *dial.* — *türk.* kałęb. č. kadlub
gussform verdankt sein d dem unter kadelbŭ *angeführten worte.*

kamata kr. s. *zinsen.* klr. kamata *provision.* ar. kamato. — *gr.* χάματος *labor, quaestus.* rm. kamętę. *magy.* kamat.

kamba nsl. *art klammer am joche.* s. kambe *compedes equorum mik.* zakambati konja. — *Vergl. gr.* χάμβη *res curva.*

kamdžija b. s. *peitsche.* r. kamčukъ. č. kančuch. slk. kančuha. p. kańczuk, kańczug. klr. kančuk. — *türk.* kamdžę, kamčę. *magy.* kancsuka. *nhd.* kantschu. *schwed.* kantschu, kantschuk.

kamedi: r. kamedь *gummi.* — *gr.* χόμμι, χομμίδιον.

kamila asl. *camelus.* nsl. kumila *ung.* gamila. b. s. kamila. — rm. kęmilę. *mrm.* gęmilę. *mhd.* kemmel. *lat.* camelus. *ngr.* χαμήλα, χαμήλι.

kamilavka b. s. r. *cuculus monachi.* — *ngr.* χαμηλαύκη, χαμηλαύκιον. *rm.* kamilavkę.

kamina asl. *ofen.* nsl. komen *herd.* komin *jambr.* b. komin. s. komin *herd,* *küche, rauchfang.* č. kamna *ofen.* komín. p. komin *rauchfang.* kaš kumin. kominik. polab. komnâi. klr. komyn. wr. komin. r. kominъ, kaminъ. *dial.* komenъ *rauchfang.* kamelêkъ, ugolъ dlja soru. — *preuss.* kamenis. *lit.* kaminas. *magy.* kemencze. kémény *schornstein.* rm. kamenitsę *ofen.* *ngr.* χαμίνι *herd.* *mhd.* kamin. *lat.* caminus. *Vergl.* kamnata.

kamnata, čumnata nsl. *kammer.* č. komnata, komňata. p. komnata. klr. komnata, kômnata, kôvnata *zimmer.* r. komnata, *aus dem p.* — *mlat.* caminata *mit einer feuerstätte, caminus, versehenes, heizbares gemach.* ahd. chaminata. *Vergl.* kamina.

kamon: asl. kamy, kamenь *stein.* kamykъ: kamykъ gorę *schwefel.* kamênъ *adj.* nsl. kamen. b. kamik, kamъk. kamên. s. kami, kamen, kam. kamičak, kamenčić. kamikati, kamkati *jammern:* kami majci! č. kámen. kamýk. p. kamień. kamyk. kamieć *vb.* polab. komåi. komêněny. os. kamjeń. ns. kameń. kamušk. klr. kamêń. r. kamenь. kamykъ.

— *lit.* akmů, *gen.* akmens. *gr.* ἄχμων. ai. açman. kamon *mit bewahrung des urspr.* k.

kampŭ: nsl. kamp *theil:* jabolko na tri kampe razrêzati. kampišče *lager lex.* č. zákampí *abseitiger ort.* — *nhd.* kamp *feldstück.* lat. campus.

kamucha: b. kamuha *damast.* r. kamka. p. kamcha. — *türk.* kémχa.

kamŭšĭ: b. kamъš *schilf.* s. kamiš. r. kamyšъ. p. komysz. — *türk.* kamęš.

kanakŭ: p. kanak *halsband.* — *nttürk.* kanak.

kanatŭ: b. kanat na zdane. s. kanet *art balken.* — *gr.* χανάτι. *türk.* kanad: r. kanatъ *bedeutet seil, tau.*

kanava 1. s. *gebrochener hanf.* — *ngr.* χαννάβιον. *Junge entlehnung.*

kanava 2. klr. kanal, *gosse,* rôv.

kanave n. s. *flaschenkorb.* — *it.* canava.

kandali b. *fesseln.* p. kajdan. klr. kandały. p. r. kajdany. — *türk.* kajd, kajda.

kandecha-: ab. kandehati *cantare.* s. kanjerisati *praecinere.* *Vergl.* as. kanerъbanije. wr. kanarchać *für* r. na raspêvъ prositь. *Man denkt an lat.* canere.

kandelora s. *lichtmesse.* vodokršte, što u Bosni reku marina a u Ercegovini kandelora. — *it.* candelora.

kandykŭ: r. kandykъ *hundszahn.* č. kandík. — *Man vergleicht gr.* σχάνδυξ.

kani-: asl. kaniti *treiben, ermuntern:* dušo na blagovêrije kanitъ. nsl. kaniti *im sinne haben habd. Vergl.* prekaniti, vkaniti *betrügen.* kr. vkaniti *betrügen.* b. kanja *einladen, auffordern.* kanja se *sich rüsten.* s. kaniti *monere mik.* kaniti se *sich anschicken.* okaniti se *sich einer sache entschlagen.* č. kaniti *geifern gehört nicht hieher.*

kanja nsl. *geier.* kanjec. s. škanjac. kobac. nakanjiti se *die stirne runzeln, sich umwölken: vergl.* sompŭ. č. káně. p. kania. kaniuk. os. ns. kaňa. klr. kaňuk. kaňuka. *(Man merke* kaňa *regenbogen.)* r. kanjukъ. kanjučitъ. — *rm.* kaje, gaje. *magy.* kanya.

kanta b. kr. s. *art krug, daher türk.* kanta. — *Aus dem d.:* kante. *Vergl. r.* kandeja, *asl.* kanatica, *mlat.* cannata, *ngr.* χανάτα.

kantarŭ 1.: **s. p.** kantar *leitseil.* — *magy.* kántár. *türk.* kantar.

kantarŭ 2.: **b.** kantar, kentar. **s.** kantar. — *türk.* kantar *zentner, wage.* *it.* cantàro. *gr.* κεντηνάριον.

kantore **s.** *quattuor tempora mik.* **slk.** kantry. **p.** kentopory *aus quattuor tempora.* — *Aus dem lat. magy.* kántor: kántornap *quatember.*

kanža b. *haken.* **s.** kandža. — *türk.* kandža. *ngr.* χάντζα.

kanŭ 1.: **r.** kanъ, kanyšъ *truthahn.* kanja *hühnchen.*

kanŭ 2.: **nsl.** kan *kahn, kahm.* kanast. — *mhd.* kān.

kanŭdilo: **asl.** kanъdilo *lampas.* **b.** kъndilo. **s.** kandilo. **as.** kanьdêlo. **r.** kandilo. kandelь *f.* — *gr.* χανδήλι. *rm.* kandelę, kandilę.

kapa **asl.** *cappa.* **nsl. b.** kapa. **s.** kapa. kaporka *schopflerche.* kaporast. **č.** kápě. **p.** kapa. **os. ns. klr. r.** kapa. — *lat.* cappa. *ahd.* chappa. *magy.* kápa. *Mit* cappa *verwandt sind* **č.** kaptour. **p.** kaptur. **wr.** koptur. **r.** kaparъ. kaporъ. kaptura; *ferners* **p.** czapka. **r.** šapka. **s.** čepac. **p.** czepiec. **nsl.** šapel *ist mhd.* schapel, tschapel. **klr.** kapeľuch. **p.** kapelusz *usw.*

kapa-: **asl.** kapati. kanąti *triefen.* kaplja *tropfen.* **nsl.** kapati. kanoti. kaplja. *Vergl.* kapnik: drêvo kap pobija, da rasti ne more. **b.** kapja, kapna *vb.* kapčug *stillicidium.* okapanik, *s.* koji je skapao *periit.* **s.** kapati. kanuti. kap, kapljà. kackati *demin.* **č.** kapati. kapnouti, kanouti. **p.** kapać. kanąć. okap *dachtraufe.* kapia, kapla. kapka. kapieć *vergehen.* kaprawy *triefäugig von einem subst.* kapr-. **polab.** kopk *tropfen.* **cs.** kapać. kapka. **ns.** kapaš. kapnuš. **klr.** kapaty. kapnuty, kanuty. kaplja. kapravyj. kaprovokyj. **r.** kapatъ. kapa, kaplja.

kapakŭ: **b. s.** kapak *deckel.* — *türk.* kapak. *Man vergl. s.* kaptar *art schutz der bienenkörbe. magy.* kaptár *bienenkorb.*

kapama **klr.** *art speise,* fistočka. — *rm.* kapama *eingemachtes. türk.* kapama *gedämpftes fleisch.*

kapara **nsl.** *angeld.* **s.** kapara. kaparisati. — *alb.* kaparr. kaparros *vb.* *it.* caparra.

kapcunŭ: **r.** kapcunъ, kapcukъ *kappzaum.* **p.** kawecon, kawecan. — *Aus dem d. fz.* cavesson. *it.* cavezzone.

kapestra **klr.** *halfter.* — *rm.* kępęstru.

kapija **b. s.** *thor.* — *türk.* kapu.

kaplanŭ 1.: **nsl.** kaplan *capellanus;* auch jupitrov kaplan *trub.* **č.** kaplan. **p.** kapłan *priester.* — *Aus dem d. lit.* kaplionas.

kaplanŭ 2.: **kr.** kaplan *leopard.* — *türk.* kaplan. *gr.* χαπλάνιον.

kapsa **č. p. os. ns.** *tasche.* **klr.** kabza *geldbeutel.* — *lat.* capsa *behältniss, woher nhd.* kasse, *it.* cassa.

kapula **s.** *zwiebel, crni luk, kromid.* — *lat.* *caepulla, *it.* cipolla. *Vergl. alb.* kjepę.

kapusta **asl.** *gabusia.* **nsl.** kapusta. **s.** kombost. **č.** kapusta *kohlrübe.* **p.** kapusta *kohl, sauerkraut.* **klr.** kapusta *sauerkraut.* kapust *kohlrübe.* **r.** kapusta *kohl.* — *ahd.* kumpost. *nhd.* kompest, komst *aus lat.* composita. *lit.* kopustas. *lett.* kāposts. *magy.* káposzta.

kapusŭ: **nsl.** kapus *kohlkraut.* **s.** kupus *mik.* — *ahd.* chapuz. *Vergl. nsl.* glavatica *kopfkohl.*

kapŭ: **nsl.** kap, kapel, *gen.* kapelna, *gobius.* — *nhd.* kobe. *lat.* gobio.

kapĭ: **asl.** kapь *idolum.* kapište *götzenbild, götzentempel* ἀνδριάς, ξόανα, ξόανον, βωμός, σέβασμα. — *rm.* kapište.

kapĭcĭ: **p.** kapiec *hausschuh.* **klr.** kapeć.

kara 1. **asl.** *streit.* karati *strafen.* karati sę *streiten.* **nsl.** karati *tadeln.* karati se. karliv *zänkisch.* **b.** karam se. **s.** kar. karati *ausschelten.* **č.** kára. ká-

rati. p. kara, karza. karać. klr. ka-
raty. wr. kara. karać. r. kara. karatь.
— lit. kora. Vergl. preuss. karya heer,
krieg. lit. koras krieg. lett. karš hader.
Man beachte got. harjis heer. apers.
kăra heer.

kara 2.: ŏ. kára karren. p. os. ns.
kara. — ahd. charra, charro. lat. carrus.
Mit carrus hangen zusammen p. r. kareta.
klr. karyta. os. khorejta. ns. karejta.
lit. kareta. nhd. karrete bair. s. karuce.
klr. karuca. ngr. χαρότζα. alb. karrotsẹ.
Vergl. karŭ.

kara 3. im b. karavlah. s. kara-
košа. karavlah. p. kary. klr. karyj.
karohńidyj. r. karij schwarz (von pferden).
karagušь falco chrysaëtos. — türk. kara
schwarz.

kara-: b. karam treiben, jagen, führen,
fahren, bringen. dokarva se es ereignet sich.

karamfilŭ: b. karamfil nelke. s. ka-
ranfil usw. — türk. karanfẹl aus gr. χα-
ρυόφυλλον.

karandašĭ: r. karandašь bleistift.
b. čer karandaš. — türk. karataš.

karašĭ: s. karaš karausche. č. karas. p. karaś. os. kharas. ns. karas.
klr. karaś. wr. korostь. r. karasь. —
magy. kárász. lit. karosas. lett. karūse.
nhd. karausche, älter karaz. lat. carassius.

karavulŭ: b. karavul wache. s.
karaula. klr. kаłavur wachmann.. karau-
łyty wachen. r. karaulъ. — türk. karavul.

karbŭ: ŏ. p. karb kerbe. klr. karb.
karbuvaty kerben. karbovaneć silberrubel.
r. karbovatь. — nhd. kerbe. Vergl. lit. iškar-
bīti zerschneiden. sukarpīti verschneiden.

karčofŭ: p. karczof, karczoch, kar-
ciof artischoke. č. artičok (s. kardun
pitomi bei Linde). — it. articiocco, car-
cioffo. arab. ardhi šauki: šauk distel.
alcharšŭfah fehlt in den besten arab. wörter-
bŭchern.

kardašĭ: b. s. kardaš bruder. p. kar-
dasz, kordasz, kierdasz. kordasztwo. —
türk. kardaš.

karga, korga r. krähe. b. garga
rabe. — türk. karga. gr. χάργα.

kari-: ar. kariti trauern. s. raska-
riti se. korot, korota trauer. as. karьba
cura. r. karitь vorwürfe machen. — Vergl.
got. kara. ahd. chara. Andere ziehen and.
kæra klagen herbei: der ersten erklärung
steht slav. a für got. a entgegen; für die
letztere spricht slav. a für and. æ: vergl.
varengŭ.

karika s. reif, ring an der flinte. ka-
rikača, kariklija runde mütze. alk. karyka. klr. karyka ring. — magy. karika.

karkašĭ: kr. karkaš köcher. — türk.
tarkaš, dem im it. carcasso neben tarcasso
entspricht.

karlukŭ: r. karlukъ hausenblase. p.
ŏ. karuk. — Man leitet das wort vom engl.
carlock ab; man möchte eher vom slav.
wort ausgehen.

karmanŭ: r. karmanъ tasche. wr.
kormannik dieb. — nttürk. karman. Nicht
lat. crumena.

karmina nsl. s. todtenmahl; s. auch
daća. — Aus dem lat.: carmina diabo-
lica, quae super mortuos nocturnis horis
vulgus cantare solet.

karnarĭ: nsl. karnar ossuarium. —
ahd. charnare. mlat. carnarium.

karnerŭ: nsl. karner trub. krnir,
kanjer kleiner sack. ŏ. karnéř. — nhd.
bair. karnier. it. carniere.

karpuzŭ: s. karpuza melone, kürbis.
r. arbuzъ. klr. harbuz. p. karpuz,
garbuz, harbuz, arbuz. — türk. karpuz.

kartina r. bild. — Man vergleicht
ngr. χαρτί papier, richtiger it. carta.

kartoplja: r. kartoflja, kartochlja, kar-
tocha usw. klr. kartoflï, gartochlï. p.
kartofel. s. krtola. — nhd. kartoffel,
älter tartuffel. it. tartuïolo. alb. kartolẹ.

karunŭ: nsl. karun feldkümmel marc.
— lat. carum. gr. χάρον. nhd. karve.

karŭ: klr. kary, taŏky. — rm. kar
wagen. Vergl. kara.

karīlŭ: p. karzeł, karlẹ zwerg. polab.
karl mann. č. karle zwerg. karlík. kar-
látko. klr. karłyk. r. karlo, karla. —
ahd. karal mann. lit. karla zwerg. Man
vergleicht engl. churl bauer, kerl, tölpel.

kas-: asl. kašlь, kašьlь *husten*. kašь-
ljati. nsl. kašelj. kašljati. **b**. kašlica
kašlja *vb*. **s**. kašalj. **č**. kašel. **p**. ka-
szel. **polab**. kosål *husten*. kosli *hustet*.
os.kašcl. ns.kašeľ. klr.kašeľ. r.kašelь.—
lit. kosiu, koseti. kosulis. *lett*. küset.
kăsa. *ahd*. huosto. *ai*. kās.

kasa- 1.: **č**. kasati *aufschürzen*. ka-
sanka *schürze*. **p. os**. kasać. **ns**. kasaś. —
magy. kászolód *sich aufschürzen, sich rüsten*.

kasa- 2.: **s**. kasati *traben*. kas *trab*.
os. kejsać.

kasapŭ: **b**. kasap, kasapin *fleischer*.
s. kasapin. — *türk*. kassab.

kastenŭ: **b. s**. kasten, kastile *absichtlich*. **s**. nakastiti *beabsichtigen*. —
türk. kast.

kastri-: **b**. kastrja *büume beschneiden*
s. haštriti *amputare*. — *Vergl. it*. castrare.

kaša: **asl**. kašica *brei*. **nsl. b. s**.
kaša. **č**. kaše. **p**. kasza. **klr. r**. kaša.
klr. odnokašnyk. — *magy*. kása. *rm*.
riškaše. *lit*. koše.

kašika **s**. *holzlöffel*. — *türk*. kašęk.

kaštiga-: **nsl**. kaštigati *strafen*. kaštiga. **s**. kaštiga. — *ahd*. chastigōn. *lat*.
castigare. *mrm*. kęštigę.

kaštŭrŭ: **s**. kaštar *herb, sauer*. —
Man vergleicht gr. χέστρος, *etwa „spitzig".*

kata: **asl**. kata dьnь *täglich*, καθ'ἡμέ-
ραν. **dsl**. katadnešni. kata godina *usw*.
b. kata den. кata nedêlja. kata godina
Vinga **s**. kata godinu. — *gr*. κατά. καθ`ἕνα.
κάθε. *it*. cadauno *erklärt man aus usque
ad unum*.

katana **s**. *soldat zu pferde*. — *magy*.
katona, *das nicht slav. ist*.

katanĭcĭ: **s**. katanac *anhängeschloss*.
— *it*. catenaccio.

katarka **s**. *mast; älter* katarta. —
gr. χατάρτι. *rm*. katarg. *Vergl. s*. kata-
rište *fahnenstange*.

katavasija r. χατάβασις. — *Aus dem gr*.

katerga: **ab**. katrьga *art schiff*. **as**.
ķatrьga. **r**. katerga, katorga, katerъ. —
gr. χάτεργον. *türk*. kadęrga.

katranŭ 1.: **klr**. katran *vortuch*. —
magy. katrinka, katrincza.

katranŭ 2.: **b. s**. katran *schiffspech*.
— *türk*. katran.

katrida, katriga **kr**. *cathedra*. — *Aus
dem lat*.

katunŭ: **asl**. katunъ *castra*. **b**. ka-
tunin *nomade*. **s**. katun *regio pastoria*.
— *türk*. katan, kutan *schafhürde*. *Die
zusammenstellung ist zweifelhaft*.

katŭ 1.: **č**. kat *henker*. **p**. kat: *vergl*.
katusz *marterstube*. **os. klr. wr**. kat. —
rm. kętušę *handfessel*. *lit*. kotas.

katŭ 2.: **b. s**. kat *stockwerk*. —
türk. kat.

katŭrŭ: **b**. katъr *maulesel*. **s**. ka-
tura. — *türk*. katęr.

kaurŭ: **b. s**. kaur, kaurin *nicht-moslem*
— *türk*. kafir, gavür.

kava: **nsl**. kavka *dohle*. kavkati. ' **č**.
kavka. **p**. kawa. **os**. kavka. **klr**.
kavka. **wr**. kavka. kavkać. — *lit*. ko-
vas, kova, kåva *saatkrähe*. naktikova *nachteule*. **asl**. čavъka. 's. čavka. *Vergl. ahd*.
chaha, chā. *Man merke* **r**. kavka *frosch*.
Alles onomatop. **asl**. kavъka *concubina*
ist gr. καϋκα *amasia*.

kavakŭ: **b**. kavak *pappel*. — *türk*.
kavak.

kavalŭ 1.: **č**. kaval *stück*. *dial*. gaval.
p. kawał. **wr**. kavałok. — *lett*. gabals.
Vergl. preuss.-d. kābel *loos, loostheil*.

kavalŭ 2.: **b. s**. kaval *schalmei*. —
türk. kaval. *Vergl. gr*. χαυλός *stengel, stiel,
federkiel*.

kavazŭ: **b. s**. kavaz *polizeidiener*. —
türk. kavvas.

kaverzy **r**. *ränke*. — *Man vergleicht
mhd*. kawerzīn *kaufmann*. *mlat*. caver-
cinus.

kavga **b. s**. *streit*. — *türk*. kavga.

kaviarŭ: **p**. kawiar. **klr**. kavjar.
b. hajvar. **s**. hajver. — *türk*. χavjar.

kavkalŭ: **ar**. kavkalъ, kovkalъ *becher*.
— *gr*. χαυχάλιον.

kavunŭ: **r**. kavunъ *zuckermelone*.
p. kawon *kürbis*. — *türk*. kavun.

kaza-: **asl**. ḱazati *zeigen*. kazanije
παιδαγωγία. nakazъ *institutio*. nenakazanъ
ἀπαίδευτος. prikazъ, prikaznь *fabula*. **nsl**.

kazati *zeigen.* prikazen *f. visio.* kazen *schein* Ukrain. b. kaža, kazuvam *sagen.* s. kazati *sagen.* č. kázati *zeigen, befehlen.* p. kazać *befehlen.* skaźń *urtheil.* os. kazać. ns. kazaś. pśikazń. klr. kazaty *sagen, befehlen, zeigen.* kazka *sage.* wr. kazać *sprechen.* kaže *für r.* molъ, de. r. kazatь *zeigen.* skazka. ukazъ. kazovyj *konecъ schauende.* — rm. kęzanie *predigt.* prikaz. prikęži *affligere.* *lit.* kozelnĭcia *ist p.*

kazakŭ: b. kazak. r. kazakъ *lediger mensch, kosak.* p. kozak. — *türk.* kazak *leicht gerüsteter soldat, freiwilliger, lediger bursche džag.*

kazanŭ: b. s. kazan *kessel.* klr. kazan. r. kazanъ. — *türk.* kazan.

kazi-: asl. kaziti *delere, perdere.* iskaziti. raskaziti. kažonikъ, *minder richtig* kažnikъ, *eunuchus.* kaznьсь *eunuchus, tribunus.* prokaza *lepra.* prokazivъ *leprae:* prokazivъ *nedągъ, improbus.* iskaza *detrimentum.* nsl. kaziti. skaziti *adulterare meg.* nakaznost *spang.* nákazen *der ein gebrechen hat.* nekazen *arg meg.* b. nъkaz *unglück.* s. nakaziti *mik.* nakaz *missgeburt.* č. kaziti. kaz *fehler.* překaziti *hindern.* p. kazić. nakaza *beschädigung.* przekaz *hinderniss.* skaza *verderbniss.* kazić *für reprobare flor. isi wohl falsch.* os. kazyć. skaza. ns. kazyś. klr. kazyty kazybrôd *februar.* wr. kazić. r. kazitь *verstümmeln, verderben.* prokaza. — rm. nękaz *tribulatio.* *W. von* kaz- *kann* kez- (čeznęti) *sein.*

kazukŭ: s. kazuk *pfahl.* — *türk.* kazęk.

kebabŭ: klr. kebab *braten.* r. kabavъ. b. kebab, čebab. s. ćebap. — *türk.* kěbab.

kebz-: nsl. kebzuvati *aufmerken ung.* klr. ne kebzuvaty *nicht wissen.*

keča: p. kiecza *art rock.* s. ćeča *filz.* — *magy.* kecse *art mantel.* *türk.* kěčé.

kečiga, kečika, čiga s. *stör.* nsl. kečiga, keča. — *magy.* köcsöge, kecsege. rm. kęčugę, čegę, čigę. *ngr.* κέτζιγα. p. czeczuga.

kedmenŭ: nsl. kedmen *art kleid.* — *magy.* ködmön.

kedŭrŭ: p. keder, kieder *art lärchenbaum.* klr. kedryna *zirbelkiefer.* kedruša *nusshäher.* — rm. kedru *ceder, aus dem gr.*

kefa slk. klr. *bürste.* — *türk.* kéfé. *magy.* kefe.

kefalija, ćefalija as. *praefectus.* — *Aus dem gr.*

kefali: klr. kefaľ, łoban *mugil cephalus.* — *ngr.* κέφαλος.

kefŭ: b. kef, keif *gute stimmung.* s. ćef, ćeif. — *türk.* kéjf.

kelepŭ: klr. kełep *streitkolben.* — *lit.* kelepas. *magy.* kelep *klapper gehört nicht hieher.*

kelija, kela asl. *cella.* kelarъ. b. kelar. s. ćelija. klr. kełeja. r. kelъja. — *türk.* kilar. *gr.* χελλίον. χελλάριος. χελλάριον. b. ćiler *tagzimmer.* nsl. kelder, čeudar *stammt aus dem d.:* keller.

kelnja: p. kielnia *kelle.* — *Aus dem d.*

kelŭ: ь. kel *grind.* s. ćela *glatze.* — *türk.* kél.

kelit-: klr. keľtuvaty *verbrauchen.* keľčyg, keľčyk *auslagen ung.* — *magy.* költ. koltség.

kemerŭ 1.: b. kemer *gewölbe.* s. ćemer. — *türk.* kémér. *gr.* χαμάρα.

kemerŭ 2.: b. kemer *gürtel.* s. ćemer. — *türk.* kémér. zend. kamara.

ken-: *l.* asl. *durch steigerung* kon-; čen *durch schwächung des* e: čьną, čęti, *mit praefixen, anfangen.* načętъкъ. načęlo; *durch dehnung* načinati *für* načęnati. nsl. začnem, začęti. začęnjati, počinjati. b. počena, aor. načnъh, načeh, *iter.* počnuvam, počьnvam, počvam *neben* načevam *und* začinam. početъk. počelo. kr. počati, početi. s. početi. počinjati. početak. č. počíti, počnouti, počnu. počátek. počnati. počinek. p. począć. wszcząć. początek. poczynać. os. spoćeć. ns. naceś. nacynaś. klr. počaty. počatok. počynaty. počyn. vščał śa, nastał. wr. uščać. uščinać. začoveł *ist p.* r. počatь. *dial.* čanutь. učnutь. початokъ. починать. po-

činъ. začinъ.   p. szcząt *in* oszczątek (co
sę oszczedziło), w szcząt, do szczętu, ze
szczętem *gänzlich, völlig, ist wahrscheinlich*
asl. sъ-čę-tъ *ende, rest:* twych nieprzyja-
cioł szcząt nie zostanie: *vergl.* kon-ьсь.
klr. do naščadu *gänzlich.*   **wr.** ščent *für*
konecь: do ščentu *ist p.*   *II.* **asl.** konь:
iskoni *ab initio.* iskonьnъ, iž(d)ekonьnъ
tichonr. 1. 22. konъ *in* nяpokonьnъ.
sъkonati se. zakonъ. konьcь *ende.* konь-
čьnь. konьčati.   **nsl.** na pokon *endlich*
trub. dokonati *trub.* konica *spitze.* zakon
ehe (ahd. ēwa *gesetz, ehe).* zakonica *meg.*
zakonska žena *eheweib.* zakončič *ehelicher*
sohn lex.   **b.** na pokon. konec *ende, faden.*
zakon.   **kr.** konci *zwirn.* kon *bei.* doko-
njati *perficere.*   **s.** od kona do kona *vom*
anfang bis zum ende. iskon *anfang.* dokonati. konac. kon *post, apud, später* kod:
vergl. ngr. κοντά. zakon. na pokon *zu-*
letzt.   **č.** pokon. na pokon. skon *lebensende.*
konati. konec. zákon. *dial.* do kna nic,
do konce nic.   **p.** konać. koniec. zakon.
zgon *verscheiden für* skon.   **polab.** künåc.
os. konc. zakoń. vukon *verrichtung.*   **ns.**
kon *schein, frist.* końc. zakon.   **klr.** (kôn
ecke). konaty. koneć. zakon *brauch.*   **wr.**
kon *reihe.* pokon *bis zu ende.* konać *sterben.*
r. iskoni. konъ *reihe.* spokonъ. konatь.
pokonъ *sitte.* konecъ. zakonъ. konovodъ
parteiführer. — **rm.** končeni *vertilgen.* po-
činok.   *lit.* zokanas.   *alb.* zakon *sitte.*
ngr. ζακόνιον. zakana *bei den Pečenegen*
und Chazaren.

keni̇̆gy : **r.** kenьgi *winterüberschuhe.*
— *schwed.* kängor *schnürstiefel.*

kepeni̇̆ki̇̆ : **b.** kepenêg *art mantel.*
slk. kepeň.   **klr.** kepeń.   **p.** kopieniak.
— *türk.* képénék.   *magy.* köpöny.

keptari̇̆ : **klr.** kyptar *kurzer ärmel-*
loser pelz. — *rm.* pieptar *brustjacke von*
piept *aus lat.* pectus.

kera-: **s.** zakerati *häkelig sein.*

keramida asl. *ziegel.*   **b.** keremida,
kjeremit.   **r.** keramida. — *ngr.* κεραμίδα.
türk. kérémit.

kerati̇̆ : **asl.** keratъ· *siliqua, numus*
quidam. — *gr.* κεράτιον. *fz.* carat. *d.* karat.

kerbi̇̆ : **r.** kerbь *f. bündel flachs, kanf.*
— *schwed.* kärfve.   *and.* kerf, kjarf.   *finn.*
kerpo.

kerepi̇̆ : **s.** kerep *überfuhr, plätte.*
— *magy.* keréb, kerép.

kerchovi̇̆ : **č.** krchov *kirchhof.*   **ns.**
kjarchob. — *Aus nhd.* kirchhof.

kermuši̇̆ : **os.** kermuš *kirmes.*   **ns.**
kermuša.   **č.** karmeš.   **p.** kiermasz.   **klr.**
kermeš.   **wr.** kermaš.   **r.** *dial.* kirmašъ.
— *nhd.* kirmes, *lit.* kermošius *kirchmesse.*

kerova-: **p.** kierować *lenken.* kie-
runek.   **klr.** kyrovaty poromom. — *d.* kehren.   *ahd.* kērunga.

kerpiči̇̆ : **b.** kerpič.   **s.** ćerpič.   **r.** kir-
pičъ *ungebrannter ziegel.* — *türk.* ḱérpič.

kersi̇̆ : **asl.** črêsъ, *daneben* črêzъ, *ur-*
sprünglich subst. krozê. prêčrêsa *latitudo.*
nsl. krez. črêz, čras *im Westen,* črez, *ung.*
čerêz *mit eingeschobenem e,* čez. počrêznica,
vrv ki se dene pod brême.   **b.** krъz.   **kr.**
skroz *ung.* čriz.   **s.** črez: *vergl.* kroz.
skroz, *alt* krozê, skrozê, skrozъ.   **č.** skrze,
skrz, skroz.   **slk.** krez, cez.   **p.** skroś,
wskroś, wskłoś *durch und durch.*   **kaš.**
cez.   **klr.** čerez, črez. kerez *Metlinskyj*
selten: daneben krôž. kruž. skruž. skrôž.
skrôš *und* skłež, oskłež.   **wr.** čerez, skroż.
na skroz.   **r.** čerezъ. črêzъ. skrozъ. skrczъ.
skrostь. srosь, srezь. čerelêzatь *für* pere-
lêzatь. — *preuss.* kirsa.   *lit.* skersas *adj.*
quer. skerszakis *quersack.* skersaj *adv.*
lett. skjērs.   *gr.* κάρσιος. *Das wort ist*
schwierig. Vielleicht hängt skroz- *mit* skvoz-
zusammen: darauf deutet r. vskroznoj *neben*
skvoznoj *hin.*

kervani̇̆ : **b.** kervan, karvan *kara-*
vane.   **s.** karvan.   **r.** karavanъ. — *türk.*
ḱérvan.

keri̇̆leši̇̆ : **ar.** kersleš, kereleš *art*
kirchenlied.   **r.** kurelesъ *ungereimtheiten.*
kurolesitь *possen treiben.*   **s.** krliješi *rosen-*
kranz.   **č.** krleš *kirchenlied.*   **os.** khjerluš.
ns. kjarliž *aus* kerliž.   **klr.** kerełejsa. keḟleš
chrest. 240. eine fabelhafte stadt. — *mhd.*
kyrleyse κύριε ἐλέησον, *nicht* χοραύλης.

kesi-: **s.** kesiti *die zähne weisen.* kesi-
zub, kestozub *neben* pestozub *der lach-*

lustige. — *Fremd: man denkt mit unrecht an ein türk.* kesinti *spott.*

kesija b. *beutel.* s. kesa, ćesa. p. kiesa. r. kisa. — *türk.* ḱésé. *lit.* kieska.

ketenŭ: s. keten *flachs.* — *türk.* ḱétén.

ketina nsl. *kette.* — *ahd.* chetina. *lat.* catena.

ki: asl. *durch steig.* koj: pokoj *ruhe.* pokoište. pokoiti *beruhigen. Durch dehnung von* koj prêpokajati.. počiti, počinąti, počivati *ruhen.* počьvenije *ruhe.* nsl. pokoj. kojiti *erziehen* habd. trub., *nicht für* gojiti, *sondern eig. stillen: vergl.* č. p. počinoti, počivлti. počinek. čil, ščit *ausgerastet.* b. počina, počivam, počinuvam *vb.* s. pokoj, počinuti, počivaṭ. čil *kräftig.* č. pokoj. kojiti *ruhig machen.* počinouti, počivati. p. odpoczynąć, *später* odpoczać, odpoczywać. pokoj *ruhe, zimmer.* kojić *besänftigen, säugen, stillen.* uspokojać, uspokajać, uspakajać. os. čiły *rüstig.* pokoj, pokojić. ns. pokoj. klr. poḱôj. supoḱôj. spočyvaty spočyvok. wr. supokoj. r. pokoj *ruhe, zimmer.* počitь, počivatь. — *lit.* pakajus. *rm.* ogoi *sedare. Man vergleicht* ai. či *schichten, sammeln.* kāja *wohnung, menge, falls es in dieser nicht drunter und drüber geht*

kibita os. *kiebitz.* klr. kybл. — *Wohl nicht slavisch.*

kibitka r. *art wagen, zelt.* — *Vergl. türk.* kibit *kaufladen.*

kibritŭ: b. kibrit. s. ćibrit *schwefelfaden.* — *türk.* kibrit.

kichra: nsl. kihra, čičerka, čiček, cizara *kicher, zieser.* č. cizrna. p. cieciorka, ciecierzyca. — *ahd.* chihhura. *mhd.* kicher. *alb.* kjiḱęrę. *it.* cece, cicerchia.

kijametŭ: s. kijamet *sturm der welt, das weltende.* — *türk.* kęjamét.

kilimŭ: r. kilimъ *teppich.* b. kilim. s. ćilim. p. kilim. klr. kyłymok *wollene bettdecke.* — *türk.* kilim.

kilo b. *art getreidemass.* s. kiła. p. kiliata. — *ngr.* χιλές. *magy.* kila.

kimakŭ: s. kimak, kimka *wanze neben* čimavica *mik.* — *magy.* csimaz. *it.* cimice. *lat.* cimex.

kinčĭ: kinč nsl. *schatz* habd. — *magy.* kincs.

kinji-: s. kinjiti *martern.* — *Vergl. magy.* kín *qual und türk.* kęnamak *quälen.*

kinŭsŭ: asl. kinъsъ *census.* r. kinsonъ. — *gr.* χῆνσος *aus lat.* census, *daher auch d.* zins, nsl. činž, č. činž, p. czyńsz, klr. čynš, *lit.* čĭžė.

kĭpa r. *bündel.* — *schwed.* kippa. *lit.* kīpa.

kipŭ: nsl. kip *bild.* b. s. kip *bildsäule.* — *rm.* kip *bild.* *magy.* kép *gesicht, bild, form. Das wort ist wahrscheinlich türk. ursprungs: vergl. uigur.* kep, keb *forma, imago usw.*

kirija b. s. *miethe.* kiridžija. — *türk.* kira.

kirŭ: p. kir *schlechtes tuch, trauerflor.* — *Vergl. türk.* kęr *grau.*

kistenĭ: r. kistenь *eiserne kugel an einem riemen, deren sich strassenräuber bedienen.* p. kiścień *keule.* — *lit.* kėstėnus.

kitovrasŭ: r. kitovrasъ *centaurus.* — *gr.* κένταυρος.

kitŭ: asl. kitъ *cetos.* s. kit. klr. kyt. r. kitъ. kitъ-ryba. — *gr.* χῆτος.

kiverŭ: s. kiver *mütze.* b. kivur. p. kiwior. r. kiverъ. — *Dunkel.* *rm.* kivęrę.

kivorŭ: asl. kivorъ *ciborium.* — *gr.* χιβώριον.

kivotŭ: r. kivotъ *bundeslade.* klr. kyvot, kyot. r. kivotъ, kiëta. — *gr.* χιβωτός.

kizilĭ r. *mispel, richtig herlitze, hornkirsche.* — *türk.* kęzęl *roth.* kęzęlbaš *Perser. Vergl. magy.* kazul *Perser.*

kjarŭ: b. kjar. s. ćar *gewinn.* — *türk.* kar.

kjebe: s. ćebe *decke.* — *türk.* ḱébé.

kjemane: s. ćemane *geige.* — *türk.* ḱéman.

kjilitŭ: s. ćilit *anhängeschloss.* — *türk.* kilit *aus dem gr.*

kjoravŭ: b. kjorav *blind.* s. ćor. — *türk.* ḱor.

kjose b. *dünnbart, bartlos.* s. ćosa. — *türk.* ḱösé.

kjoše b. *winkel.* s. ćoše. — *türk.* köšé.

kjufteta: s. ćufteta *plur. fleischknödel.* — *türk.* küfté.

kjuminŭ: *ar.* kjuminъ *cuminum,* nsl. kumin, kumič, čimin, kmin, tmin, kum, kumna, čumna; komin *jambr.* s. komin; čemin, čimin, mčin *mik.* č. kmín. p. kmin. **klr.** kmyn. **wr.** kmin. r. kiminъ, kminъ, tminъ, timonъ. — *ahd.* chumin, chumil. *rm.* kimin. *alb.* kjimino. *gr.* χύμινον. *lit.* kmīnai, kvīnai. *magy.* kömény.

kjuprija b. *brücke.* s. ćuprija. — *türk.* köprü.

kjuskija: s. ćuskija *hebel.* — *türk.* küski.

klabadanŭ: b. klabadan *rauschgold.* s. klobodan. — *türk.* kęlabdan.

klad- 1.: r. kladu, klastь *verschneiden, entmannen, kastriren für* skopitь, cholostitь. klastь žerebca. kladenecъ *eunuch für* skopecъ; *das zum verschneiden dienende messer: so auch* mečъ kladenecъ. **klr.** neklan *in* neklan kaban *ist ein altes partic. für* -kładen.

klad- 2.: asl. kladą, klasti *legen, stellen.* prikladъ *beispiel.* nakladъ *zinsen in r. quellen.* nsl. klasti *dem vieh futter vorlegen.* klaja *viehfutter.* naklasti. skladati se *übereinstimmen.* sklada *fuge.* priklad. b. klada *legen:* klada ogъn. *iter.* klavam, podklaždam *vb.* s. klasti. neskladan *unverträglich.* kladiti se *wetten denom. Vergl.* klasti *langsam und dick fliessen.* č. klásti. úklad *ordnung.* p. kłaść. kładować. kład *ein stück holz.* polab. klodé *legt.* os. kłaść. ns. klasć. poklad *schatz. Vergl.* huklady *die drei hohen feste der Christen.* **klr.** kłasty. pokład *schicht.* pokłaža *schatz.* kładbyšče *friedhof.* **wr.** kłasć. kładka. klanné *stellung vom partic.* kłan. skłannyj. r. klastь *stellen, begraben.* kladъ *schatz.* kladь *last.* klaža *legen.* kladbišče *friedhof.* ukladъ *steuer.* — *rm.* kledi *häufen.* poklad. *lit.* klod: išklostimas *erklärung,* p. wykład.

kladivo asl. nsl. č. *hammer.* — *Man vergleicht lit.* kaldinti, *lett.* kaldīt *hämmern. Leider fehlt das wort im p. und r.*

klakŭ: asl. klakъ *kalk.* s. klak. klačiti *mit kalk weissen. Dagegen mit unveränderter lautfolge* os. ns. kalk. — *ahd.* chalch, *aus dem lat.* calcem. *lit.* kalkis. *lett.* kaľkis.

klamŭ: č. klam *lüge.* klamati. p. kłam *lüge, spott.* kłamać. **klr.** kłamaty. *Vergl. nsl.* klama *verworrener traum.*

klaničĭ: nsl. klanec *hohlweg.* s. klanac *engpass. Das wort fehlt p. usw.* — *Man vergleiche lit.* kalnas, *lett.* kalns *berg.*

klapa-: s. klapati *strepere.* os. kłapać. **klr.** kłapaty. — *Vergl.* klepa-.

klapi-: s. klapiti *traben.* — *Man vergleicht gr.* καλπάζω.

klašnję asl. *tibialia.* b. klašnik. s. klašnja *art strumpf.* — *Man vergleicht mlat.* calcia *tibiale.* *it.* calza.

klečĭka: b. klečka *pflöckchen, reisholz.* klič *art baum pok.* 64. s. kleka *wachholderstaude.* č. kleč *knieholz.* **klr.** kłeč *für* kłen. kłečane *maienlaub am pfingstfeste.* - r. klečъ *für* tolstoj obrubokъ *und* stebelь lьna. klečanье. — *magy.* klecska *sicca ligna dial.*

klek-: asl. *klappern:* klъčetŭ zęby *cuchol. sin.* 81. *Daneben* klečъtati: tręsaviciju klečъštjaštją zęby *sin.*

klekŭta-: asl. klekъtati *clamare.* klegъtati *clangere.* klegota *convicium.* klečъtanije *geschrei des adlers.* nsl. klikčati *(wohl* kliktati) *schreien (vom adler).* s. kliktati. č. klektati. p. klekotać, glekotać. **klr.** kłekotaty. r. klegtatь. — *lit.* klėgti. *lett.* klēgt. klēgāt. *Onomatop.*

klen-: asl. klęti, klьną *fluchen, reflexiv schwören.* klętva. *iter.* -klinati *aus* klênati. nsl. kleti, kolnem. kletva. b. klъna *vb. iter.* -klevam. prokletija. s. kleti, kunem. kletav, kletva. zaklin. č. kléti, klnouti, klnu *und* kleji. klnuć *dial. (einsilbig). iter.* -klínati, klívati. klátba. p. kłąć, klnąć. klnę. klątwa. polab. kłåné *flucht.* os. kleć, kliju. klatba. ns. kleś, kleju. **klr.** kľasty, klenu. **wr.** kljatva. r.

kljastъ, kljanu. *iter.* klinatъ. kljatva. kljatba *dial.* — *rm.* proklet. *preuss.* klantīt, *das ein denom. ist.*

klenk-: **asl.** klęknąti *niederknieen.* poklęcati *sich biegen, hinken.* klęčati *knieen.* **nsl.** kleknoti. klekati. klečati *knieen.* klecati,. naklecêvati *hinken.* drevo se je rasklecalo. **b.** klekna, klêkam *vb.* **s.** kleći. klecati *wanken.* klečati *knieen.* **č.** kleknouti. klekati. klečeti. klecati *hinken.* **p.** klęknąć. klękać. klęczeć. **kaš.** kleknanc. **os.** klaknyć. klakać. klacać *hinken.* **ns.** kľeknuś. skľekaś. kľecaś *hinken.* **klr.** kľaknuty. kľakaty. kľačaty. **wr.** klênkać *aus dem p. neben* kľakać. — *lett.* klencêt *humpeln.*

klenkŭ: **p.** klękъ *pflugsterze.* **č.** kleče, kleč. *Vergl.* klenk-.

klensa-: **č.** klesati, klesnouti *hinken, stolpern.* **p.** klęsnąć. klęska *niederlage.* — *lit.* klemêoti *ungeschickt gehen.*

klenŭ: **asl.** klenъ *acer ahorn.* **nsl.** klen. **s.** klen, klijen *und* kun: *dieses aus* klъnъ. **p.** klon. **os.** klon, klen. **ns.** kľon. **klr.** kľen, kľeń. nekľen *acer tataricum.* kľej *weissbuche.* **r.** klёnъ. neklenъ, naklenъ *wie klr.* — *lit.* klevas. *nhd.* lehne. *ahd.* lin-, līmboum. *and.* hlynr.

kľep-: **b.** klepnъli uši *hangende ohren.* **nsl.** klapêti: komur ušesa klapijo. klapouh *mit herabhangenden ohren (schimpfwort).* *Daneben* hlapêti. *Vergl.* klapati *gradi ad passus quasi singulos declinando caput.* **b.** uklepvam *(von den ohren) vb.* **č.** klapati, co klapí *dial.* klepu se *herabhangen.* klepouchý. **klr.** kłopouchyj, vysłouchyj *klappohrig.* kłapouchyj. kapłouchyj, ·s korotkymy uchamy. *Vergl.* **r.** pokljapyj. kapluchij *der kleine ohren hat.*

klepa-: **asl.** klepati *tundere, pulsare,* σημαίνειν. klepalo *läutebrett,* σήμαντρον: klepalo kleplješ. zaklenⱬti *(aor.* zaklepohъ*) claudere: das verbum bezeichnet urspr. nur den mit dem schliessen verbundenen schall. iter.* -klêpati. zaklepъ *claustrum. Hieher gehört auch* klepьca *schlinge, eig. das schliessende (magy.* kelepcze*). Durch steig.* klop-, *daher* klopotъ *strepitus.* klopotati.

poklopъ *operculum.* zaklopъ *claustrum.* oklopъ *ligamen.* zaklopiti *claudere.* klopьca *schlinge.* **nsl.** klepati *dengeln.* sklenoti. odklenoti *reserare habd.* sklopiti *compingere.* zaklenọti. zaklêpati. klepetati. poklop. poklopiti. oklop *kürass.* klopotec. klopotati. **b.** klepjʌ *dengeln.* klepe crъkva. klepka *augenlid, nicht augenwimper.* klepač *augenlid.* klepalo *(vergl. rm.* klipi *blinzeln.* klipêlę *augenblick).* klopam *verleumden mil. 187.* poklopja *schliessen:* oči. **kr.** sklopiti *claudere.* **s.** klepati, klepnuti *schlagen.* klepalo. klepet *getöse.* klepetati. klop *zusammenstoss.* sklopiti. klopac *wasserblase (vom geräusch beim platzen); calceus ligneus mar.* oklop *kürass.* poklopac. klopotati. klopka. (klonja *art falle).* zaklop *schloss und riegel.* **č.** klepati *klopfen.* oklep *abgedroschene garbe.* sklenouti *wölben, urspr. schliessen.* příklop *klappe.* sklop *fallthür.* klopiti *umstürzen.* sklonka *schlinge, wohl demin. von* *sklop-na. klepce *avicapa.* **p.** klepać, kuć. sklep *gewölbe.* paklepy, paklepie. kłopot *unruhe, urspr. lärm.* oklepca, żelazo do łowienia zwierząt. **polab.** vüklüp *bund stroh.* **os.** klepać. klepač. (sklipnyć *zusammenknicken).* **ns.** kľepaś. kľapaś. **klr.** kłepaty. kłepało. kłopôt *kummer.* pokłep *anklage.* kľapca *fangekäfig.* **wr.** klepać. kłopot *kummer.* kłopotać. **r.** klepatъ *schlagen, schmieden, verleumden.* sklёpъ *gewölbe bei den öfen; dial. das zusammennieten.* (kljapcy. klepečъ *dial.)* zaklёpa *nietnagel.* sklepъ *verleumdung.* kropotъ *kummer.* kropotatъ *verbindet man mit got.* hropjan *rufen. Man füge hinzu* zachlopnutъ. chlopotatъ. — *magy.* kelep *klapper.* kalapál *hämmern.* kalapács *hammer.* kelepcze *ratsche, falle.* *rm.* klopot. *lit.* sklepas *gewölbe, daher* sklepti *wölben.* klepoti *verleumden.* klapata *mühe.* *lett.* klapata. *Andere verbinden* poklopъ *operculum mit* *preuss.* au-klipts *verborgen. Mit* klepati *verwandt sind* **asl.** kleveta *calumnia.* klevetati. klevetlivъ. **b.** kleveta. klevetja· *vb.* **č.** kleveta *geschwätz.* klevetati. **klr.** kłeveta *verleumdung.* kłevetaty. **r.** kleveta. klevetatъ. — *rm.* klevetę. *Vergl.* kljapŭ.

klevertŭ: asl. klevrětъ ὁμόδουλος, σύνδουλος, σύντροφος *conservus*. r. kleveretъ *gesellschafter*. — *Aus dem lat.* collibertus: colliberti nec inter omnino liberos nec inter omnino servos accensebantur, sed mediam quandam inter utrosque conditionem tenebant. klevertŭ *setzt ein gr.* κολλίβερτος *voraus*.

kleverŭ: r. kleverъ *klee*. klr. klever *neben* komanyća. — *schwed.* klöfver.

klez-: klr. kłeznuty *eine ohrfeige geben*.

klê: s. oklijevati *zaudern*.

klěj asl. *leim*. nsl. klej *theer*. b. klej *harz*. naklejevam *ankleben*. č. klej, klé, klí *leim*. klí *gummi*. slk. kľut *leimen*. klia, glia, kľuh, klív; č. klih, *daher* kližiti *leimen*. p. klej. klejić *(vergl.* naklecić *kleben)*. os. klij. klijić. klr. kłyj. vôdkłejity. r. klej. kleitь. *Aus nsl.* kelje, prikeliti *soll hervorgehen, dass zwischen* k *und* l *ein vocal (wohl* ъ*) ausgefallen:* man beachte r. podreberъe *neben* podrebrie. — *rm.* klej. *magy.* kilih. *lit.* klejai. klejůti. *Vergl. nhd.* klai *der zäheste thon*. *mniederl.* klicken. r. klejmo *marque faite avec une matière gluante, timbre*. klr. kłejmyty. r. klejmo *stammt aus dem schwed.:* man vergleicht schwed. and. kleima.

klěnŭ: s. klijen *squalius dobula*. č. kleně *weissfisch*. p. kleń. — *rm.* klean.

klěska-: p. klaskać *neben* kleskać *und* kļeskać, kļaskać *klatschen*. klesk *kernbeisser*. os. kleskać *schlagen*. ns. kľaskaś. klr. kljasnuty. wr. kľjask. *Vergl.* č. tleskati. r. kleščynecъ.

klěsti-: nsl. klěstiti *abästen*. oklěstiti *castrare arbores lex*. č. klest m. klest f. *zweig, reis*. klestiti *behauen; verschneiden*, entmannen. p. kleścić *verschneiden, wallachen; daher* kleśnieć *hodenzehrer (eine pflanze)*.

klěšta asl. *zange*. klěštiti. nsl. klěšče *plur*. b. klěšti *plur*. sklěštevam *vb*. s. kliješte *plur*. f. kliješta *plur. n*. č. klěšť. p. kleszcze. polab. klěsta. os. kljěšće. ns. kľešće. klr. klišči. r. klešči. — *rm.* kleašte. *lit.* klišě *krebsschere*. *Mit diesem worte mag verwandt sein* nsl. klěšč

klošč *zecke neben* klop. č. klíšť. p. kleszcz. os. kljěšć. ns. kľešć. klr. kľišč. r. kleščь. — *Vergl. magy.* kollács *milbe*.

klěštra nsl. *kummetholz, kummethorn*. — *nhd. bair.* klöster. *Man verbindet* klěštra *mit* klěšta: os. kljěšće.

klětĭ: asl. klěts *domus*. klěta *cavea*. klětъka *cella*. nsl. klět *keller*. klětka, krletka *käfig*. priklet *m. vorhaus*. b. klětka. kr. krletka *frankop*. s. klijet *kammer*. k. etka, škrljetka. č. kletka, klece *käfig*. příklet *m*. p. kleć *leimhaus*. klecić *elend bauen*. klatka *käfig*. kleta, klita *schlechtes bauwerk*. os. kletka. ns. pokľet *meisekasten*. klr. kľit *kammer*. kľitka. wr. klěć. r. klětь. priklětъ. *dial.* klětka. — *preuss.* clenan *hütte, nebengebäude*. *lit.* klětis. priklětis. klětka. *lett.* klēts. *magy.* kalit, kalitka *käfig*. *nhd. dial.* klete. *Vergl. got.* hlēthra *zelt, hütte*.

klima-: s. klimati *nicken, wackeln*. b. klimam, klimna *vb*.

klinŭ: asl. klinъ *keil*. nsl. b. s. klin. č. klín. p. os. ns. klin. klr. kłyn. r. klinъ. — *lit.* klīnas. *rm.* klin. *magy.* kölöncz *aus* klinьcь. *Fremd ist dieser sippe* wr. klinec *treber vom hanföhl, das auch mit* preuss. clines, *lit.* klīnai *kleien nicht zusammenhängt*.

klipŭ: s. klip *maisähre*. *Vergl.* klipak *holzprügel*.

klirosŭ: asl. klirosъ *clerus*. as. klirosь. klr. kryłos. kryłošanynъ. r. klirosъ. klirъ. krilosъ. — *gr.* κλῆρος.

klisura asl. s. *engpass*. — *ngr.* κλεισούρα. *lat.* clausura.

klisŭ: s. na oklis *am ende schmäler*.

kljača: p. klacza, klacz *stute*. klr. kľača. r. kljača.

kljakavŭ: b. klěkav *verstümmelt*. s. kljakav. *Vergl.* s. kljast, kļijen, klijenit.

kljapŭ: r. kļapъ *knebel*. kljapyšъ *schlinge*. 'pokljapyj nosъ *plattnase*. — *Für eine W*. klemp *fehlen sichere daten*. *Vergl.* klepa-.

kljub-: nsl. u kljub *adv. trotz*. kljubovati *trotzen*. os. klubu činić *zum possen thun*.

kljudi-: č. kliditi *räumen, reinigen.*
odkliditi. pokliditi. nakliditi *bestellen, ver-*
pflegen. klid *ruhe.* neklida *unruhestifter.*
Vergl. klouditi *sauber machen.* kloudný.
p. kludzić się *für* wyłazić Zarysy 61. wy-
kludzić *fortschaffen.* os. kludžić *räumen.*
skludžić *bändigen.* ńeskludny *wild.* ns.
kľud *winkel.* hukľudny *niedlich.* klr. ne-
kľužyj *plump.* nevkľužyj. r. kljudь *ord-*
nung. kljužij *gut.* kljuže *besser.* ukljuditь
suadere azbuk. ukljužij *behende.* nekljužij.
Im asl. liest man kljuditi *deridere und*
sъkljuditi *scortari;* im č. (že) sie o něm
zle kludí *für* radí se.

kljuk-: asl. ključь *haken, schlüssel.*
ključarь. zaključiti *schliessen. Damit hängt*
kljuka, okljuka *dolus zusammen ; daher*
ar. perekljukatь *betrügen.* nsl. ključ.
sključiti *krümmen.* kljuka *klinke.* naklju-
čiti se *sich ereignen vergl. mit* lučiti. b.
ključ, klič. otklič. zakliča, otkliča *vb.* s.
ključ *haken, schlüssel.* kljuka *und* kuka
haken. č. klíč. přiklíčiti. klika *kaken.*
p. klucz. kluka. polab. kľeuc. os. kluč.
kluka. sklučić *krümmen.* ns. kľuc. klr.
kľuč. kľučyty. kľuka. r. ključъ. ključa
tichonr. 2. 131. kljuka *bâton à bec recourbé*
für kočerga. — *mayy.* kulcs. kůlcsár.
rm. klučariŭ. *Mit* kljuk- *verbinde ich*
einige wörter, bei denen die vorstellung
„passen, sich ereignen" eintritt. asl. klju-
čiti sę, priključiti sę *convenire.* ključimъ *con-*
gruus. priključaj *zufall.* klr. ključyty sja.

kljuka- 1.: asl. kljukati *strepitare.*
nsl. kljukati *pochen.* b. kljukam *vb.* s.
ključati *wallen.* ključao *siedend.* r. ključь
quelle, eig. die lautsprudelnde. voda ključi
vъshodjašči tichonr. 2. 146.

kljuka- 2.: s. kljukati *farcire.*

kljukva r. *moosbeere.* klr. kljukva.

kljusent: asl. kljusę *jumentum.* nsl.
kljuse. *Vergl.* klevsa *schlechtes pferd.*
klisati *galoppiren.* b. kljuska *il amble.*
s. kljuse *pferd.* č. klíse *jumentum neben*
klus *trať.* klusati *traben. Vergl.* klisa *stute.*
p. klusię *caballus vilis neben* kłus. kłusać.
kaš. klusa. os. kłusać. klr. kłusuvaty.
kljus- *und* klus- *sind wohl zu trennen.*

kljuska: p. kluska, klusek *kloss, art*
speise. — *Aus dem d.*

kljŭ-: asl. klъvati *picken.* kljunъ
schnabel: klъvati *beruht auf* kliŭ, *in* kljunъ
ist ŭ *gesteigert.* nsl. kljuvati. kljunoti.
kljun. b. klъva, klъveš *vb.* klъval.
klъvač, *wohl „specht".* klъvun *schnabel.*
s. kljuvati. kljuj *specht.* kljun. kljucati
picken. č. klvati, klvu, klvám. kluvati *aus*
kliuvati, klívati. klouti, kluji *aus* kliuji,
kliji. *klunouti aus* kliunouti, klinouti.
klubati, klíbati. p. kluć, klwać. os.
kluvać so *sich necken.* ns. kľuvaś se.
klr. kľuvaty. kľunuty. kľun *schnabel.* kłe-
vak *hauer. Vergl.* kleveć *hauer.* wr. kľu-
vać. kľuv. kľukać *picken.* kleveć *hammer.*
r. klevatь, kľuju. kljunutь. kljuvъ *schnabel.*
klëvъ *das anbeissen.* — *lit.* kliūti *haken*
bleiben.

klobukŭ: asl. klobukъ *pileus.* nsl.
s. klobuk. č. klobúk *neben* koblúk.
p. kłobuk *neben* kobłuk. kaš. kłobuk.
polab. klübük. klr. kłobuk *mönchskappe:*
r. klobukъ. — *türk.* kalpak. *Spätere ent-*
lehnung: b. s. kalpak. p. kołpak. klr.
kołpak. r. kolpakъ. *lit.* kalpokas.

klokotŭ: asl. klokotъ *sprudeln.* klokotati καχλάζειν. s. klokotati. č. klokotati. klokati. klokoč. r. klokotatь.
Vergl. p. głogotać. r. klektatь *vom wasser.*
— *rm.* klokoti *vb.*

klokŭ: os. kłok *pfeil.* ns. klek.
Vergl. č. kluk *stumpfer pfeil mit einer*
kuppe.

klombo: asl. kląbo *knäuel.* nsl.
klóbko. b. klъbo. s. klupko. č. kloub
kloben flachs. klubko. p. kłąb. kłębek.
os. kłubk. ns. kłub. klr. kłub : *vergl.*
kłub *hüftbein.* r. klubъ.

klompĭ: asl. kląpь *bank.* nsl. klôp.
s. klupa.

kloni-: asl. kloniti *neigen.* iter. klanjati. nsl. klóniti. b. klonja se. klanjam
se. s. kloniti se *meiden.* klanjati *für*
klanjati se. poklanjati *neben* poklonjati.
zaklon *zuflucht.* klonuti *sinken.* č. kloniti.
klaněti. p. kłonić. kłaniać. os. kłonić.
kłońeć *für* kłańeć. ns. kloniś se. klr.

kłonyty. kłaúaty śa.   **wr.** kłonić śa. kła-
ńać śa.   **r.** klonitь. klanjatь sja. usklonъ
abschüssigkeit. — **rm.** poklon. pokloni *vb.*
lit. klonioti s.   *lett.* klanīt. klanitē s *sich
verbergen.   Man denkt an eine verwandtschaft mit* sloniti, *lett.* slīt', slīnu *anlehnen,
wogegen schon die verschiedenheit der bedeutungen eingewendet werden` kann.*

klonica nsl. *wagenremise. Vergl.* koles.

klonŭ: b. klon *zweig.* klonče. —
ngr. κλόνος.

klopŭ: r. klopъ *bettwanze.*   **nsl.** *ist*
klop *zecke.*

klos-: asl. klosьnъ *claudus, laesus:*
klosьnъ okotь. oklosьniti *claudum reddere.*
ḣ. klosen.   **r.** klosnyj.

klošterŭ: nsl. klošter *kloster.*   **kr.**
koluštar, *vielleicht durch einfluss von* koludrica.   **č.** klášter.   **p.** klasztor.   **wr. r.**
kljaštor *aus dem p.* — **ahd.** chlōstar.   *lat.*
claustrum.

klovže nsl. *abschluss.* — **ahd.** chlūsa.
mlat. clusa.   *it.* chiusa.

klumba r. *klumpen.*   **p.** kłąb. —
Aus dem d.

klunja: klr. kłuńa *scheune.*   **wr.**
kłuńa.   **r.** klunja.

klunŭkŭ: klr. kłuṇok *ränzel.* paku-
nok *ist d.* pack.

kluša r. *dohle, gluckhenne.* — *Vergl.*
lett. kluksēt *glocire.*

kluvija asl. *vogelbauer.* — *ngr.* κλουβί.
agr. κλωβός.

klŭk- 1.: r. kluknutь sja *den schluchzer
haben.*   **nsl.** kolcati se.   **b.** hlъcam *vb.*
— *lett.* klukucēt.

klŭk- 2.: b. klъcam *stossen.*   **s.** ku-
cati *klopfen.* — *Vergl. lett.* kluksēt *palpitare.*

klŭk- 3.: asl. klъcati *pusillanimem
esse.* klъcaaše, *sirěčь ne domyšljaše se
mladēn. Die lautfolge zweifelhaft.*

klŭkŭ: asl. klъkъ *trama.* sъklъčiti
crispar͏.   **b.** klъčišta *plur.* werg.   **s.** ku-
čine *plur.*   **as.** klькь.   **č.** kluk *flocke,
wery: daneben* klček, kłoček.   **p.** kłaki
haarzotten.   **klr.** kłoky. kłoče, *asl.* *klъčije.
kłak.   **wr.** kłočče. kłyčić *verwirren, für*

kłočić.   **r.** klokъ *büschel.* kločitь. — *rm.*
kęlcĭ *werg.*

klŭta-: p. kłtać *verschlingen zof.*   **klr.**
kołtaty.   **č.** klutati *glutire. Vergl.* glŭt-.

kmentŭ: nsl. č. p. kment *feine leinwand.* — *Vielleicht doch mhd.* gewant.

kmenŭ č. kmen *stamm.*   **ns.** kmeń.

kmetĭ: asl. kmetь *magnat, richter.*
nsl. kmet *bauer.*   **b.** kmet *ortsältester
mil.* 86. 144. 185. 313.   **s.** kmet *vorneh-
merer bauer, schiedsrichter, bauer auf frem-
dem grund.* **as.** kmetь *subjectus, vasallus.*
č. kmet *grundbesitzer; senex.*   **p.** kmieć
haupthüfner; vetulus zof. kmiotek *bauer.*
klr. kmet *freibauer,* muž znamenytyj.
ar. kmetь *magnat.* — *rm.* kumet. *preuss.*
kumetis *bauer.*   *lit.* kumetis *instmann.
Man vergleicht* comes: *dagegen spricht jedoch,
abgesehen von der form und der bedeutung
in den meisten slav. sprachen, die allgemeine
verbreitung eines lat. wortes; noch unwahr-
scheinlicher ist die ableitung des wortes vom
gr.* κωμήτης.

kneja: p. knieja *forst.*

knjastŭ: kr. knjast *claudus ung.*   **s.**
kljast.

knotŭ č. p. wr. knot *docht.*   **klr.**
gnôt. — *Aus dem d.:* **ahd.** chnoto.   *magy.*
kanót.   *lit.* knatas.

knova-: p. knować *einen baum behauen,
ersinnen.* **klr.** knuvaty *schmieden, anzetteln.*

knutŭ: r. knutь *knute.*   **p. klr.**
knut. — **and.** knūtr *nodus, urspr. etwa
peitschenknoten, knotenstrick, geflochtene
peitsche;* **and.** knyta *bedeutet manchmal
flagellare. lett.* kńuta *knüttel liegt abseits.*

knyšĭ: p. knysz *mehlkloss.*   **klr.**
knyš.   **r.** knyšъ, knišъ. — *Dunkel, wohl
fremd.*

kobaca-: nsl. kobaciti se, kobêcati
se *burzelbäume machen Ukrain.*

kobača nsl. **s.** *hühnersteige.* — *it.*
gabbia *aus* cavea. *Vergl.* gajba.

kobalo: nsl. o kobalo sedêti *rittlings
sitzen.* — *Vergl. it.* a cavallo.

kobelja-: s. kobeljati *rollen.*

kobelĭ: r. kobelь *männlicher hund.*
p. kobel.

łobeta: p. kobieta *weib.* **klr.** kobita. **wr.** kobeta.

kobuzŭ: **r.** kobuzъ, kobezъ *art falke.* **klr.** kobuz, kebuz. p. kobuz, kobus. — *Man vergleicht mlat.* capus *falke.*

kobyła asl. *stute.* **nsl.** kobila. *Vergl.* kobilar *goldamsel.* **b.** kobila. *Vergl.* kobilica *tragholz.* **s.** kobila. **č.** kobyla. kobylka *heuschrecke, heupferd.* **p.** kobyła. kobyłka. **połab.** k̓ubǎła, k̓ubǎl. **os.** kobła. **ns.** kobula. **klr.** kobyła. kobyłyća. kobyłka *locusta.* **r.** kobyla. — *lit.* kumelė. *lett.* kumeľš *füllen.* **rm.** kobilę. *magy.* kabala. kabócza *heuschrecke aus* kobylica.

kobza r. klr. p. kobza *pandora.* — *türk.* kopuz.

kobĭ: asl. kobь *augurium:* nêstь dostojno namênjati kobij i zvêzdъ *tichonr.* 2. *301.* kobljenija tvoręšte. **nsl.** kobnoti *überfallen:* sôdni dan če na nje kobniti *crell.* **b.** ke mi bidit nêšto koba (sproti glava) *mil. 327.* prokobêvam *vorhersagen bog.* **s.** kob *begegnung.* ukobce *entgegen.* čovjek lijepe kobi. kobiti *den untergang ahnen.* skobiti *für* sristi *mik.* **č.** pokobiti se *gelingen.* **r.** kobь *nest. dial. für* chudoe dêlo, zlo. prikobitь *für* vorožitь *lavr.-op. 86.* kobenitь *zuckungen haben.* — *rm.* kobę *omen.* kobi *praesagire.*

kobĭcĭ: nsl. kobec, skobec *geier.* **s.** kobac *sperber.* **p.** kobiec *lerchenfalke.* **klr.** kôbeć. **r.** kobecъ. kobčikъ. *Vergl.* **č.** koba *rabe.* — *magy.* koba *art habicht.*

kocênŭ: nsl. kocên *krautstengel.* **s.** skocati se *hart werden.* kočiti se *steif, starr werden.* **p.** kocanki, kocenki *ruhrkraut. Verwandt mit diesem worte mögen sein* **asl.** kočani *membrum virile.* **s.** kočan, kočanj *krautstengel. Vergl.* kočet *ziegenwolle.* **klr.** kočan, kačan *strunk. Vergl.* kočerega *steckrübe.* **r.** kočenь *kohlkopf mit dem strunk.* kočenêtь *steif werden.* — *lett.* kacens, kacans *kohlstrunk.* **rm.** kočên *strunk.* *magy.* koczon, kocsán, kocsány, kocsony *Vergl.* gacsály *stengel.* *ngr.* κοτζάνι. *Man citirt ein türk.* kočan.

kočerga: **p.** koczarga *ofenkrücke.* **klr.** kočerha *neben* kućurha *und* koćuba, p. kociuba. **wr.** kočerha. **r.** kočerga. — *lit.* kočerga, kačarga. *rm.* kočorbę. *Vergl.* kočuba.

kočeva-: **r.** kočevatь *ein nomadenleben führen.* **p.** koczować. — *ntürk.* kjuč.

kočĭ-: s. kočiti *hemmen.* kočiti se *steif thun.* kočenje *rigor. Man vergleiche* kočenina *gallerte.* **nsl.** uskočiti se *sich zusammenziehen.* — *magy.* kocsonya.

kočija nsl. b. *kutsche.* **s.** kočije *plur.* **č.** koč. **p.** kocz. koczysz. **klr.** kočyja *ung.* — *rm.* kočie. *magy.* kocsi. *alb.* koči. *it.* cocchio. *nhd.* kutsche *soll aus slav. lande stammen.*

kočuba: **p.** koczuba, kučaba, kurczaba, kurcaba *neben* šufla. — *nhd.* kothschaufel an der radlehne. *Vergl.* kočerga.

k̓odlo: klr. kodło *geschlecht, geziicht.*

kofanŭ: nsl. kr. kofan *truhe ung.* — *it.* cofano. *fz.* coffre.

koga p. *art fahrzeug.*

koch-: asl. raskošь *voluptas.* **s.** raskoš *wonne.* raskošit *schwelgerisch.* **č.** kochati *delectare, amare.* rozkoš. **p.** kochać. rozkosz. **ns.** košyś *liebkosen.* **klr.** kochaty *lieben.* rozkôš *pompa.* **wr.** kochać *küssen.* rozkoš. **r.** roskošь *luxus.*

kochta klr. *art frauenkleid.* **wr.** kopta. **p.** kofta, koftyr. **r.** kofta. — *schwed.* kofta. *Wenn das r. wort aus dem p. stammt, dann dürfte es türk. ursprungs und aus dem r. in das schwed. eingedrungen sein.*

kok-: b. kokučka *neben* kostilka *kern.* **s.** kokica *geröstete maiskörner.* kukinja *schlehe, art schrott.* — *magy.* kökény *schlehe.* kukojcza *sandbeere.* *gr.* κόχκος.

kokma asl. *art gefäss.* **as.** kukuma. — *ahd.* chuhmo, chuhma. *lat.* cucuma.

kokoravŭ: asl. kokoravъ *kraus.* **s.** kokorav *struppig. Vergl.* **b.** kokorko *stutzer.* kokorka.

kokotŭ: asl. kokotъ *hahn.* kokošь *henne.* **nsl.** kokot. kokoš. kokotati *krähen.* **b.** kokoška. **s.** kokot *gegacker, hahn.* kokoš. **č.** kohout, *älter* kokot. kokoš *m.*

p. kogut. kokosz. kohut, cietrzeẃ. **os.
ns.** kokot. kokoš. **klr.** kohut. kokoš *m.
hahn bei der flinte.* **r.** kokotъ *das krähen.*
kočetъ *hahn.* kokošь *bruthenne.* kokotatь.
Vergl. koka *ei.* — *magy.* kakas *hahn.*
rm. kukot. kokoš. **ngr.** κόκοτος. **ai.**
kukkuṭas. *finn.* kukko, *and.* kokr *sind
wohl parallele lautnachahmungen.*

kokŭtɪ: klr. kokoť, kohoť, kohť, *gen.*
kôhťa, *plur.* kôhťi, *kralle.* ѵkohtyty. *Vergl.*
kykôť *verkümmerter finger, daumen.* **wr.**
kokoć. **r.** kogotь, kogtь. *dial.* kokotokъ.
Man vergleicht schwed. käft-ar *die fänge
der bienen.*

kol-: asl. klati, kolją *stechen, schlachten,
tödten.* raskolъ, raskola, *daher* raskoliti.
iter. -kalati. **nsl.** klati, koljem. kalati
spalten. zakiljati *iter.* zakol *geschlachtetes
thier.* kalanka, platenica, platnica, breskva,
ki se da rasklati. **b.** kolja *vb.* klane
das schlachten. **s.** klati. koljem. kalati.
prokola *theil eines gespaltenen ganzen, daher*
prokolati *(imperf.).* zakolj *das schlachten.*
č. kláti, koli. kolouch *spiesser* kálati. klá-
vati. rozkol *spalt.* **p.** kłoć. -kolnąc. -koli-
wać. kolka *fischgräte.* kłotnia *streit aus*
kołtnia. kłotliwy. **os.** kłoć, kłoju. kałać.
ns. klojš. kałaś, *unhistorisch.* **klr.** kołoty,
kolju. kołot *streit. Vergl.* przykołona *fischköder.* **wr.** kołoć, kolju. **r.** kolotь, kolju.
-kalyvatь. kolotie, kolonьe (kol-n-ije), kolotь (kol-tь) *stechen.* kolkij. *Wenn* kolty
schwierigkeiten hieher gehört, steht es für
koloty. — *lit.* kalti, kalu *schmieden.* kal-
vis *schmied. lett.* kalti, kalu. *rm.* ręskoalę *aufruhr.*

kolajna s. *medaillon.* **nsl.** kolanja.
— *it.* collana.

kolanŭ: b. s. kolan *sattelriemen.* —
türk. kolan. *magy.* kollang *band vergleiche man mit türk.* kolań.

kolastra: klr. koľastra *biestmilch: daneben* kuľastra, kurastra, kuvastra. **slk.**
kurastva. *Aus der sprache rumunischer
hirten.* — *magy.* gulasztra, gulaszta. *rm.*
korastę. *lat.* colostra. **nsl.** koľada *lex.*
ist zweifelhaft.

kolb-: r. kolbjagъ : varjagъ ili kolo-
bjagъ *ein skandinavischer stamm.*

kolbosi-: č. klabositi *plaudern.* —
lit. kalbu, kalbėti *reden.*

kolčakŭ: b. s. kolčak. **r.** kolčakъ.
— *türk.* kolčak *armschiene.*

kolčanŭ: r. kolčanъ *köcher.* **klr.**
kołčan *chrest.* 404. **p.** kołczan. — *türk.*
kolčan.

kold-: nsl. koldovati, koditi *betteln.*
kodež *aus* koldež. koldiški *des bettlers.*
klr. kołduš *reisender : daneben* kołdun
zauberer. kołdovaty *zaubern.* kołdovstvo.
r. koldovatь *zaubern.* koldunъ *zauberer :
dial. der murmelt.* — *magy.* koldúl *betteln.*
koldus *bettler.* kódorog *herumirren. Das
wort ist fremd. Die bedeutungen sind schwer
zu vereinigen.*

kolda: asl. klada *block, balken.* **nsl.**
klada *block ; bis 1848 eine art volksgericht
bei den Slovenen Steiermarks.* **s.** klada.
č. kláda. **p. os.** kłoda. **ns.** kloda. **p.**
kłotka, kłoteczka *vorhängeschloss ist von*
kolda *fern zu halten.* **klr. wr.** kołoda.
r. koloda : *überraschend* kalda *dial.* —
magy. kaloda. *rm.* kęlędĕu. nęklad *sti-
pes. lit.* kalada. *lett.* kalatka. *Vergl.
ags.* holt, *d.* holz, *wofür got.* hulta *vorausgesetzt wird.*

koldenzɪ: asl. kladęzь *quelle : daneben*
kladenьcь. kladjazna voda *in einem r. denk-
mahl : asl.* kladęžьnъ. **b.** kladenec *mil.*
4. 103. 251. 354. **kr.** kladenac *mar.
mik.* **s.** kladenac, studenac. **klr.** koło-
daź. **wr.** kołodzeż. **r.** kolodjazь *neben*
kladjazь *Nestor.* kolodezь, kolodezъ *neben*
kladenecъ. — koldenzɪ, koldendzɪ *scheint
germ.* kaldinga- *vorauszusetzen. and.* keld
puteus von kaldr *frigidus. finn.* kaltio.
Vergl. studenъ.

kolenda: asl. kolęda *neujahrstag :* kolęda enuarja. kolędьnikъ : *so hiess ein buch
op.* 2. 3. 736. *Neben* kolęda *findet man* ka-
landъ, kalanъdi, kalendy. *Das wort bezeichnete einst auch das christfest.* **nsl.** koleda.
koledo *habd.* koledovaty *weihnachtslieder
singen.* kolednik, kolednjak, ki v koledo
hodi : *eine indo-slovanska božica ist unnach-*

weisbar. b. kolede, kolende, kolada. s. koleda. kolendati. č. koleda. koledovati. p. kolęda *neujahrsgeschenk.* kolędować. **klr.** koljada *weihnachtsfest, -lied.* **wr.** koljada *collectur.* koljady *weihnachtsfest.* r. koljada *neujahrsgeschenk.* koleda *dial. für* sočelьnikъ. ašče kto vъ pervyj denь genъvarja na koledu idetъ, jakože pervii poganii tvorjachu *tichonr.* 2. *305.* — *magy.* koleda *collectur.* rm. kolindę. *alb.* kolęndrę. *lit.* kalêda, kalêdos. kalêdininkas. kalêdúti. *Alle diese wörter beruhen entweder auf dem gr.* χαλάνδαι *oder auf dem lat.* calendae: *an eine slavische gottheit ist nicht zu denken.*

kolendra: p. kolędra *coriandrum.* r. koriandrъ. — *d.* koriander, kalander.

koles, kolos: **asl.** kolo *rad, kreis.* kola *plur.,* kolesьnica *currus.* okolъ *umkreis.* okolo *adv.* okolьnъ *adj.* **nsl.** kólo. kola, kolesa *plur. wagen meg.* kolobar *umkreis: bar ist dunkel: vergl.* kolobŭ. koleja, kolovoz *wagengeleise.* kolovrat *spinnrad.* kolêhati *rund ausschneiden.* okol *eingefriedeter weideplatz, caula.* b. kolelo *rad.* kola *plur.* obikolja, obikalêm *umzingeln.* okolčast *rund.* okol. **kr.** kolesa *plur. verant.* kolovoja *auriga.* kolobar (sunčeni). s. kolo. kola *plur.* kolalija *mit türk. suffix.* kolomija, kolovoz *geleise.* kolovoz *august.* kolovrat *wasserwirbel.* kolut *scheibe.* kolnica *schuppen.* oko *aus* okol *lager.* č. kolo, koleso. kolesa *plur. n.; sing. f. calesse.* koleje. koloděj. kolomaz *wagenschmiere.* kolovrat *spindel.* úkol *bestimmte arbeit. Vergl.* oklik *umweg.* p. koło. kolasa *kalesche sing. wie von* *kolêsa. kolnia, szopa. kołomaź. kołowrot kolce (*kolьce) *ring: daher* kolcza *ringrennen,* kolczuga *ringelpanzer.* okoł *umkreis. Vergl.* kołstka *ohrring.* **polab.** külü. os. koło. kołodźej. kołmaz. ns. kolo, koľaso *rad.* koľej. kolożej. kolorot. koľńa. **klr.** koło, kołeso. koľasa: *vergl. p.* kolija. kołodij. kołomyja. kołovorot *drehbaum.* kołyvorot *spinnrad.* kołtky, kotľićky, kuľčyky *ohringe.* okôł *hürde, vieh.* **wr.** koło. koło, *ohne accent, ringsherum.* kolësy *plur.* koleja. kôłdobina *für* r. vvboina kolesa. ole-

sica *für* r. okolesica *umschweife.* r. kolo, koleso. koljaska. koleja. kolomazь. kolovorotъ, kolovratъ *wirbel.* kolovorotъ *bohrer dial.* okolъ, okolyšъ. okolica. kolьco. kolьčuga. kolontarъ. — *preuss.* kelan *rad.* calene *scheune ist wohl* kolьnja. *lit.* kalesa. kalvarats. *magy.* kollár. kalamáz. kolya. akol. *rm.* kolnę. okol. okoliš. *alb.* okol. **nhd.** kalesche. kolitzsch *Haltaus. fz.* calêche. *Von der form asl.* kolačь *art kuchen.* **nsl. s.** kolač. č. koláč. p. os. kołacz. **ns.** kolac. **klr.** kołač. r. kolačъ. — *magy.* kalács. *alb.* kaljač. *Abweichend. türk.* b. rm. kolak. *lett.* kalači. *Vergl.* r. kuliôъ *mit gr.* κόλλιξ *panis rotundus.*

koles-: **asl.** kolesnąti sę *mit* pri *berühren. iter.* -kolêsati sę. *Gleichbedeutend ist* kosnąti sę. r. prikolesiti *dial. ist advehere von* koles, kolos.

kolê-: **klr.** koľity *erstarren.* okoľity *bersten.* **wr.** kolêć. r. okolêtь. *Vergl.* kolŭ.

kolêb-: **asl.** kolêbati, kolêbiti *schaukeln, schütteln.* **kr.** kolibka *wiege frankop.* **s.** kolebati se *schwanken.* kolijevka *wiege.* č. kolébati. kolébka. p. kolebać, cholebać. kolebka. **ns.** kolebaś. r. kolebatь. *Daneben* **klr.** kołybaty. r. kolybelь, *dial.* kolomelь. *Damit ist zu verbinden* č. kolísati, *richtig* kolýsati. p. kołysać, kołychać. **klr.** kołysaty, kołychaty. kołyska. **wr.** kołysa *schaukel.* kołyska. r. kolysatь, kolychatь. kolyska. *W. ist* kol.

kolêno asl. *knie.* kolênьnikъ, *wie es scheint, verwandter.* podъkolênьnyję žily παιδογόνα μόρια. **nsl.** kolêno. b. kolêno. pokolênce *knieend.* s. koljeno. č. koleno. pokoleni *geschlecht.* p. kolano. **polab.** küľon. **os.** koleno. **ns.** koľeno. **klr.** koľino. pokľine *geschlecht.* r. kolêno. kolêno *ist* kol-êno. — *lit.* kelis. *magy.* koloncz *knoten am halme.*

kolêrŭ: **nsl.** kolêr *kragen.* s. kolijer. p. kołnierz *koller.* **klr.** kołńir. r. kolnerъ (kovnerъ) *dial.* b. koril. — *nhd.* kollier: *dieses liegt den slav. wörtern zu grunde. fz.* collier. *lat.* collare. *Damit verbinde man auch as.* kolarinъ *halsband*

koliba b. s. č. p. koliba *hütte.* **klr.** kołyba *usw.* — *türk.* kaliba *aus gr.* καλύβη : *die Türken sind die verbreiter des gr. wortes.* č. chalupa. p. koliba. chałupa. **ns.** chalupa.

kolimogŭ: asl. kolimogъ *zelt.* **as.** kolimogъ. č. kolimaha, kolmaha *kleiner gedeckter wagen.* p. kolimaga. **klr.** kołymaha *grosser lastwagen.* kołymah *zelt.* **wr.** kołomažka. **r.** kolymagъ. kolymaga *wagen; im plur. lager:* vo kolymagy, rekše vo stany. — *lit.* kalmogas. *Man denkt mit unrecht an* koles- *und* lett. małja *haus, zelt.*

kolina nsl. *blutwurst, plur. sautanz. Das wort ist nicht von* kol-, kolti *ableitbar.* — *Man vergleicht it.* colone *intestinum crassum.*

kolivo asl. κόλυβον, σῖτος ἑψητός. **s.** koljivo *gekochter weizen (beim todtenmahle und am patrontage).* **klr.** kołyvo *geweihter weizen.* **wr.** kalivo. **r.** kolivo. — *gr.* κόλυβον. *rm.* kolivę.

kolkolŭ: asl. klakolъ *glocke.* **polab.** klåkül. **klr.** kołokôł *kuhglocke.* **r.** kolokolъ *glocke.* kolokolitь *läuten, laut reden.* — *lit.* kankalas *aus* kalkalas. kankalica *glockenblume. Vergl. ai.* karkari *art laute. gr.* κιρκαίρω. golgolŭ, plapolŭ *usw.*

kolnica: č. klanice *runge.* **p. os.** kłonica. **ns.** klonica. **klr.** kłonyća, *wohl aus dem* p., *dafür* r. stremjanka.

kolobŭ: r. kolobъ *etwas rundes.*

kolomatŭ: s. kolomat *einfassung.* — *ngr.* καλαμωτή *rohrgeflecht.*

kolota-: č. kolotati *bewegen: vergl.* koláceti *rollen.* p. kołatać *schleudern, pochen.* **klr.** kalatyty *plappern.*

kolperĭ: p. kolperz *kaulbars.* — *Aus dem d. Derselbe fisch heisst auch* jaždž, jaszcz, jazgarz.

kolsŭ: asl. klasъ *ähre.* **nsl.** klas. stoklas, steklas *trespe.* klasen *ein bestimmter monat petret.* **b. s. č.** klas. **p. os.** kłos. **polab.** klås. **p.** wskłoś *gegen das haar.* **ns.** klos. **klr.** kołos. **r.** kolosъ. — *magy.* kalász. *W. vielleicht* kol, *daher* kol-sъ, *das stechende.*

kolterŭ: nsl. kolter *culcitra lex. tapes rib. bettdecke.* č. koltra, koutra. p. kołdra, czołdro. **klr. wr.** kołdra. — *mhd.* kolter, kulter. *bair* golter, gulter. *it.* coltra, cultra. *lat.* culcitra.

kolti-: asl. klatiti *schütteln.* **nsl.** klatiti. klatiti se *vagari.* **b.** klatja *bewegen.* **s.** klatariti se *vagari.* č. klatiti. p. kłócić. *Vergl.* przykłota *ausgedroschene garbe.* **os.** kłóćić. **ns.** kłošiś. **klr.** kołotyty *verwirren.* kołot *gekrach.* kołotôvka *quirl.* prykołotok. *Vergl.* skołotyny *buttermilch.* **wr.** kołocić. **r.** kolotitь. — *rm.* klęti vb. klętina *bewegen.* klatiti *steht vielleicht durch ein nomen* klat- *aus* kolt- *mit* kol (kolti) *in zusammenhang. lit.* kratiti, *lett.* kratīt *schütteln passen nicht zu* koltiti. p. kłócić się *streiten,* **klr.** kołotyty, r. kolotlivyj *hangen wahrscheinlich mit lit.* kaltinti *beschuldigen zusammen.*

kolŭ: asl. kolъ *pfahl: vergl.* kolъsoha *vallus.* **nsl.** kol. nakol, nakolje *pfahl, pfähle für gewächse. Vergl.* prakol. **b.** kol. nakolja *vb.* **s.** kolac. č. kůl. **p. os.** koł. **ns.** kol. **klr.** kôł. **r.** kolъ. zakolъ *art fischzaun.* — *lit.* kolas. *Man vergleicht ai.* kīla. *ahd.* chīl.

kom-: s. komati, komnuti *stossen.*

komaj b. *beinahe, fast Morse. Von einem Armenier wurde mir türk.* komaki *in der bedeutung „vielleicht" mitgetheilt.*

komara, kamara **asl.** *camera.* **nsl.** komora. **s.** komora, kamara. komordžija *packknecht.* č. komora. p. komora *neben dem jüngern* kamera. **ns.** komora. **klr.** komora, kamera. **wr.** komora. **r.** komora, kamora, kamera. — *lit.* kamara. *magy.* kamora, kamara. komorną. komornok. *rm.* kęmarę, komoarę. *ahd.* chamara. *gr.* καμάρα. *alb.* kamare. *türk.* kamara. *lat.* camera *gewölbe, wölbung eines zimmers.*

komarča s. *art fisch.* ovrata, *it.* orada.

komarda s. *fleischbank.* — *mgr.* καμάρδα *art zelt.* *mlat.* camaradum.

komarĭ: asl. komarъ *stechmücke.* **nsl. b. s.** komar. č. komár. p. komar, komor. **os.** komor. **kl** komar. **r.** komarъ.

komatŭ: asl. komatъ *stück*. b. komad. s. komat, komad. — *gr.* χομμάτιον.

kombła-: č. kublati *zart behandeln.* p. kębłać: trzeba je (jagnięta) kębłač i z nimi się pieścić. os. kůbłać *mit dem nöthigen versehen.* Vergl. kubło *bauerngut.* ns. kublaś *zeugen, nähren.* Vergl. klr. kubło *nest.* r. kublo *nest, wirthschaft.*

kombostŭ: s. kombost *gekochtes sauerkraut.* — nhd. kompost, *aus dem lat.*

komenga: p. komięga, komiega *blockschiff.* klr. **wr.** r. komjaga. — *preuss.-d.* komegge, komēge.

komolŭ: klr. komołyj *ohne hörner.* r. komolyj, komêlyj, komlatyj. č. komolý. *dial.* komọłá. — *magy.* komoly. *Man vergleicht ahd.* hamalōn *verstümmeln.*

komolïcï: nsl. komolec *ellbogen. Man denkt an kom-*: komati.

komonï: č. komoň *pferd.* **p.** komonnik, komonik *zu pferde.* komunny, r. dobrokonnyj. klr. komoń *pferd.* komenne *reitpferdesteuer.* komonnyk *reiter* chrest. *169.* r. komonъ *alt und dial. Damit scheinen einige pflanzennamen in verbindung zu stehen:* nsl. **s.** komonika *beifuss.* p. komanica *steinklee.* klr. komana, komanyća, końušyna *klee.* Vergl. p. koniczyna *steinklee.*

komoračï: **kr.** komorač, morač *foeniculum. Man leitet das wort von* ἱππομάραθρον *ab.*

komorgŭ: asl. komorogъ, komorgъ κεράμιον, ὑδρία: *so wohl nur in r. quellen für* asl. *komragъ.

komostra kr. veriga, o kojoj visi lopiža vrh ognjišta *mar.*

kompa: p. kępa *flussinsel.* **os. ns.** kupa. klr. kempa, kumpyna, *aus dem p.* Vergl. kupyna *maulwurfshügel.* — *lit.* kampas. *preuss.-d.* kampe, kämpe.

kompa-: asl. kąpati *baden.* kąpati sę *getauft werden.* kąpělъ *bad.* **nsl.** kôpati. kôpel *f.* b. kъpja *vb.* **s.** kupati. č. koupati. koupel *f.* **p.** kąpać. kąpiel *f.* polab. kôpat. os. kupać. kupjel *f.* **ns.** kupaś, kumpaś. klr. kupaty. kupiľ *f.* r. kupatъ. kupêlъ *f. taufbecken.*

kompina: asl. kąpina *rubus.* **nsl.** kopina *brombeerstaude.* b. kъpina. **s.** č. kupina. (p. kępina, kępa *zusammengewachsene. büsche, zweige usw.*) r. kupina *grosse weissschminkwurz.*

kompona: asl. kąpona, kąponъ *wage.* b. kъponi *plur.* — *rm.* kumpęnę. *alb.* kumbonę, kambanę. *magy.* kompona. *ngr.* χαμπάνα. *lat.* campana, statera unius lancis.

kompï: p. kąṕ, komṕ, kumṕ *m. schinken.* — *lit.* kumpis *m.*

komšïja b. **s.** *nachbar.* — *türk.* komšu.

komusŭ: kr. komus, divlji pas *karnarut.*

komža p. *chorhemd.* č. komže. — *mlat.* camisia. *ngr.* χάμιζα. *magy.* kámzsa.

komŭ 1.: **s.** kom, komina *nussschale, treber.* komušina. okomak. komiti, komišati, komušati *schälen (kukuruz).* kr. suze bi joj 'zpale kot grah iz komoške *jačke 104.* — *lett.* kamīns, kaminis *tannen-, eichenborke.* b. komina *dan.* *alb.* komine *vinaccia.*

komŭ 2.: klr. kôm *schneeklumpen.* r. komъ *kugelförmige sache.* komelъ. — *lett.* kams *kloss von erbsenmuss.* kamolis. *lit.* kamūlīs *globus.*

komŭka-: asl. komъkati *communicare.* komъka *communio.* **b.** komkam se *vb.* komka. konkam se *vb.* konka *communion, hostie. Abseits steht* r. komkatъ *essen.* — *alb.* kungim *communion. Das wort beruht auf lat.* communicare *und muss unmittelbar aus dem lat. stammen, wenn nicht ein entsprechender ahd. terminus verloren gegangen ist.*

kon-: b. kondisam *kommen.* konak *herberge.* s. konak. — *türk.* konmak *wohnen.* konak *herberge.*

konarŭ: č. konár *ast, knorren,* velka haluz. p. klr. konar.

kondakŭ: asl. kondakъ *contacium.* p. kondak, *aus dem r.* klr. kondak. r. kondakъ. — *gr.* χοντάκιον.

kondêrŭ: as. kondêrъ. s. kondijer *trinkglas.* b. kondir. krondil. krondir. kr. kundir. slk. kondvjer. — *magy.* konder, kongyér. *Man vergleicht lat.* cantharus.

kondj nsl. *congius* habd. — *it.* cogno.

kondja s. *art haube.* slk. kont. — *magy.* konty.

kondrĭ: asl. kondrjavъ *kraus.* nsl. kôder *haarlocke.* kôdrav, kundrav *kraus.* kodrajk *meg.* **b.** kъdrjav. kъdrica. kъdrja *kräuseln.* **s.** kudrav *neben* kundrov, kudrov. kundrac. *Vergl.* kunadra *flocke.* **č.** kadeř *krauses haar.* kadeřavý *kraus.* **p.** kędzior. kędzierzawy. **os.** kudžeř. kudžerjavy. **ns.** kuźeř. **klr.** kuder, kudry. kudraveć *neben* kyndzeravyj, *aus dem* p. pokundosyty *zausen. Vergl.* konty *haarbund der ungrischen frauen.* **wr.** kudzerki. **r.** kudrь, kuderъ; kudri. kudrjavyj. — *magy.* kondor. kender *hanf gehört nicht hieher. Mit* kondrĭ *verwandt sind zunächst* **asl.** kądelь *trama.* **nsl.** kôdelja *werg.* **b.** kъdêlja. **s.** kudjelja *rupfe.* **č.** koudel *werg,* srsť zvířecí. **p.** kądziel *kunkel.* **os.** kudžel. **ns.** kuźeľ. **klr.** kundeľ, kudľatyj *pes.* **wr.** kudzelja **r.** kudelь, kudelja. — *lit.* kodėlis. **lett.** kôdelš *kunkel.* kôdalja *tocke (flachs). Ich verzeichne hier noch einige mit* kond- *verwandte wörter:* **č.** kudla *zotte.* kudliti *zausen.* **p.** kudła. kudlić. **klr.** kudło. **wr.** kudła. bezkudłyj *haarlos.* **r.** kudlo. kudlatitь. — *lit.* kudla. *Auch bei den folgenden wörtern ist die verwandtschaft mit* kondrĭ *kaum abzuleugnen:* 1) nsl. koželj *spinnrocken.* **č.** kužel. **p.** kuželny, *aus dem r.* **klr.** kužêľ. **r.** kuželь. *Vergl.* kuženь *gehechelter flachs.* kužljavyj *kraus.* — *magy.* guzsaly. 2) **nsl.** kôštrav, kuštrav, raskôdran *ungekämmt neben* kušter. **s.** kuždrav, kuštrav *kraus.* kušljo. kušljav. kušljati. **č. klr.** kuštra. **klr.** kuštratyj. 3) **č.** kučera *haarlocke.* **klr.** kučer. kučeravyj, kučerjavyj *neben* kurčavyj *kraus.* **r.** kučeri *und* kurčavyj. — *Wohin* rm. kajer *pensum lini gehört, ist dunkel.*

konkolĭ: asl. kąkolь, kąkolica *rade.* **nsl.** kôkolj. **b.** kankal *verk. 367. neben* kъkal, kъklica. **s.** kukolj. **č.** koukol. **p.** kąkol *trespe.* **os.** kukel. **ns.** kukeľ,

kukoľ. **klr.** kukôľ. **r.** kukolь. — *preuss.* cunclis. *lit.* kūkule, kūkalas. kôkulei. *magy.* konkoly.

konoba nsl. *keller meg.* **s.** konoba. **asl.** konobarь *pincerna šáf.-glag.* **p.** kanaparz *kellermeister.* — *mlat.* canaba, canava *keller.* **gr.** χάναβα.

konobŭ: asl. konobъ, konoba, konobь, konoblь *pelvis.* konobъ jestъ sъsądъ, vъ njemьže voda drъžitъ sę. **r.** konobъ *irdener topf, waschbecken.* — *mlat.* conabus *für* pelvis. *Man vergleicht ahd.* napf *für älteres* hnapf.

konoplja asl. nsl. *hanf.* **s.** konoplje. **č.** konopě. konopka *hänfling.* **p.** konoṕ. konopie. **os.** konoṕ. **ns.** konoṕ, konopje. **klr.** konopľa. **wr.** konoṕ. **r.** konoplja, konopelь, konoṕ. — *rm.* kęnєpє. *preuss.* konapios. *lit.* kanapės. *lett.* kańepe. **gr.** χάνναβις. *lat.* cannabis. *ahd.* hanaf. *Die Slaven mögen die sache und das wort in ihrer urheimat, Osteuropa, kennen gelernt haben, daselbst auch die Deutschen, die nach einer neueren ansicht das wort demselben volke verdanken können, von dem es die Griechen unmittelbar oder mittelbar erhalten haben.* konoṕ *kann weder aus* hanaf, *noch aus* χάνναβις *entstehen.*

konopŭ: asl. konopьсь. **b.** konop. **s.** konop, kanab *hanfstrick.* — *türk.* kęnneb *oder mlat.* canapus: *s.* kanab *ist sicher türk.*

kons-: asl. kąsati *beissen.* kąsъ *stück, bisschen.* kąsiti *pat.-mih. 72. scheint „abbrechen" zu bedeuten.* **nsl.** kôs, *bei* habd. kus. skôsiti, razdrobiti. *Hieher gehören wohl auch* kositi *mittagmahlen,* kosilo *frühstück,* predkosilnica. **b.** kъsam, otkъsna *reissen, abbrechen.* kъs *stück.* **kr.** kus *ung.* **s.** kusati *mit vollem löffel, urspr. wohl „ganze stücke" essen.* **č.** kousati. kus: kousek. **p.** kąsać. kęs. kąsek. kus *ist r.* **os. ns.** kus. **klr.** kusaty. kus. **wr.** kusnuć. kus. **r.** kusitь, kusatь. kusъ. kusmenь *stück dial.* kuskij *dial. von den fliegen.* — *magy.* koncz *stück.* *lit.* kąsnis *bissen.* *Vergl.* kandu, *lett.* kôdu *beisse, daher vielleicht* kond-sŭ.

konsŭ: asl. kąsъ *cauda mutilatus.*
nsl. kôsorepka *kurzschwänzig.* s. kus. kusiti. kusov *stutzhund.* č. kusý. kuska
dial. polab. kôs. os. kuši. klr. kucyj *gestutzt.* kocofôst *schwanzmeise.* kusokryłći
kurzflügler. Vergl. kucan *teufel.* wr. kucyj
gestutzt; teufel. kucołapyj *kurzhand.* r.
kuskij. — *magy.* kusza.

konšta: asl. kąšta *zelt.* nsl. kôča
hütte. b. kъšta *haus.* pokъštnina. s.
kuća *haus.* kućer *hirtenhütte.* p. kucza
hütte, aus dem r. klr. kučky *laubhütten-
fest:* kušča *ist fremd. — Vergl. nhd. dial.*
keusche.

konta-: asl. sъkątati *sepelire, componere.* b. kъtam *aufbewahren.* skъtam
sparen. skъtnik *sparer.* skъtvam *nisten.*
č. skutiti *zusammenscharren. Vergl.* p.
kutwa *knicker.* klr. kutaty *verhüllen.*
wr. kutać *verbergen.* r. kutatь. — *Vergl.
preuss.* kūnst (kunt) *hüten. Ein schwieriger
stamm. Verschieden ist b.* dokъtna, dokъt-
nuvam *leicht berühren. Mit einem stamm*
konta- *bringt man* č. p. pokuta *in verbindung. Ist die ansicht richtig, so ist* p. pokuta *wie so mancher andere christliche terminus* č. *ursprungs; dann darf vielleicht
auch an* lit. kent *leiden gedacht und in*
-konta, -kąta *eine steig. gefunden werden.*

kontošĭ: nsl. kantuš. b. kontoš *art
kleid.* kr. kontuš. s. kuntoš. p. kon-
tusz. r. kuntošъ. — *türk.* kontoš. *magy.*
köntös.

kontŭ: asl. kątъ *winkel.* nsl. kôt.
kôtnik, kôčnik *stockzahn.* b. kъt. s. kut.
kutnjak. č. kout. p. kąt. os. klr. wr.
kut. *Vergl.* klr. pokuť *hausgott.* r. kutъ.
— *Vergl. magy.* kuczik, kuczkó *ofen-
winkel.*

konŭvĭ: č. konev *kanne.* p. konew.
konewka. polab. künåi. künvaića. klr.
kônva. konovka. wr. konovka. r. ko-
novь *dial. — preuss.* kanowe. *ahd.* channa,
das für d. gehalten wird: daher os. ns.
kana, *lett.* kana. asl. konatica, kanatica, s. konata *ist mit ngr.* χανάτα *zusammenzustellen;* nsl. s. kanta, *magy.* kanta, *rm.*
kantę *mit d.* kante *dial.*

konĭ: asl. konь *pferd.* nsl. konj.
konjederec. polkonj *ein mythisches wesen.*
b. kon. konar. konušnica. kr. konjic
cicada ung. s. konj. konjušar. konjo-
barka. č. kůň. p. koń. koniuszy. kon-
nica *reiterei.* konik, konicz *klee.* конował
rossarzt: wał *ist mir dunkel.* polab. kün.
klr. kôń. końuch. końušńa. konovał. wr.
końuch. r. konь. konjuchъ. konovalъ. —
magy. kancza: č. konice. *lit.* kuinas
wallach. lett. konevalgs.

kop- 1.: asl. kopati, kopysati *graben,
rudern.* kopačь *für* vinarъ. pokopati *öe-
graben.* rebra raskopana. kopije, kopište
lanze. Vergl. kopyto *(ahd.* huof). korytьce
calceamenti genus. kopytьnikъ *art pflanze.*
kopanja *art mass. iter.* -kopavati. nsl. kopati: oči iskopati. kopač. kopača *haue.
iter.* -kapati. kopito. kopanja *trog.* b. ko-
paja *vb.* prokop. kr. kopitca *soccus verant.*
s. kopati. koplje *lanze.* kopito. kopanja
hölzerne schüssel. č. kopati. příkop. kopa-
nice *brunnen.* kopí. kopyto. kopisť (ko-
pysť) *spatha lignea knetscheit.* p. kopać.
kopije *zof.* kopijnik. kopyto. kopyść. os.
kopać. kopyto. ns. kopaś. kopyto. klr.
kopaty. kopeń *august.* kopie. kopyto. ko-
pysť *keilförmiger haken des* rało. kopystka
spatel, wurfstab der weife. wr. kopišče
für r. kladbišče *kirchhof.* kopša *für r.* mo-
gilъšćikъ, mogilьnyj *duchъ.* kopyt *huf.*
r. kopatь. perekopъ. kopkij. kopьë. ko-
pejka. kopyto. — *lit.* kapoklé *haue.* kapas
grabhügel. kapinė. kapočius *todtengräber.*
kopcika. *lett.* kapāt. kaps *grab. magy.*
kapa *haue, daraus* kapál *vb.* kapács *grab-
meissel.* kopja *lanze.* kapta (kopyto) *leisten.*
kopotnyak. kapcza (kopitca) *soccus. Vergl.*
kopótó *krebsschere. rm.* kopie. kopitę.
türk. kopia.

kop- 2.: č. kop, kopet *rauch, dampf.*
koptiti *berussen.* p. kopieć, *gen.* kopcia.
kopcić. ns. kopś: asl. *kopъtь. klr. ko-
poť, kypť (kôpť) *russ.* koptyty *räuchern.*
kopťity *rauchen.* wr. kopoć, kopot. r.
kopь *rauch.* kopotь *russ; dial. für* pylь.
koptitь *räuchern.* kopťětъ *russig werden.* —
lett. kūpēt *rauchen. Vergl.* koprŭ.

kop- 3.: asl. kopьno *terra.* nsl. prekopa *schneeloser fleck.* prekopen *schneelos.* kopno *terra exsiccata habd.* kopnoti *liquefieri (de nive).* kopnêti *thauen.* skopnêti kakor snêg *meg.* **b.** ot sьnce ke skopneše (grudka snêžovica) *mil. 363. schmachten:* kopni sêno noseno, kak kopnêjet devojka za junaka.· **s.** kopno. kopnjeti. **č.** kopno *fester boden.* **klr.** kôpno *thauwetter.* kopêń *schneelose stelle.* kôpúity *thauen.*

kopa 1. r. *homo piger.* kopotkij *languidus.*

kopa 2. *I.* nsl. *schober.* **b.** kopni *plur.* **č.** kopa *haufe.* kopec *erdhaufe.* **p.** kopa (siana). kopić *schobern.* kopiec, kopisko *erdhügel.* kopowisko *versammlungsort der gemeinde.* **polab.** küpa. **os.** kopić *häufen.* kopica *haufe.* skopjeń *kleiner heuschober.* **ns.** kopic *aufgeworfener hügel.* skopc *grenzhügel.* kopeń, skopeń *heuhaufe.* **klr.** kopyty *aufhäufen.* kopeć *erdhügel.* kopyća *schober.* skopaty sja, zôbraty sja. **r.** kopъ *haufe.* kopitь. skopitь *sparen.* skopidomъ *sparer.* kopica *grenzzeichen.* — *lit.* kapej *hügel.* kapčius *grenzhügel.* *rm.* kopitsę *heuschober.* *II.* kopa **p. os. ns. klr. r.** *schock.* — *lit.* kapa. *lett.* kaps. kopa *ist ursprünglich „haufe".*

kopanŭ: **b.** kopan *waschbläuel.* — *gr.* κόπανος *stössel.*

kopča nsl. *hefte.* kupčica in dedek. **b. s.** kopče. -- *türk.* kopča. *magy.* kapocs.

kopilŭ: asl. kopilъ *bastard.* **b.** kopile, kopele. **kr.** kopilo *verant.* **s.** kopile *bastard, tüchtiger kerl.* **klr.** kopyl *bastard.* **r.** kopelъ *alt.* — *ngr.* κοπέλι *knabe.* *rm.* kopil *knabe bis zum zwölften,* kopilandru *jüngling bis zum zwanzigsten jahr.* *alb.* kopilj *arbeitsknecht, bastard. Das wort ist alb. ursprungs.*

koporanŭ: s. koporan *art kleid.* — *Vergl. mlat.* capero.

kopota-: klr. kopotaty, tupkaty *stampfen:* kopočeť nohoju *chrest. 285.*

koprŭ: asl. koprъ *anethum dill. Damit scheint verwandt* kopriva *nessel.* nsl. koper.

kopriva, kropivá. **b.** kopъr. kopriva. **s.** kopar. kopriva. **č.** kopr. kopřiva, pokřiva. **p.** kopr. pokrzywa. *ON.* koprzywnica. **polab.** küpraiva. **os.** kopšik. kopšiva. **ns.** kopśina. **klr.** krôp, okrôp *neben* koprij. kopryva, kropyva. **r.** kropъ. kropiva. — *magy.* kapor. *lit.* krapas. *Die W. mag „riechen, ausdünsten" bedeuten: vergl.* nsl. gnoj se kopi, da se dim vidi; *ferners lit.* kvepéti; kvapas *geruch; lett.* kūpēt, kvēpt, kvēpēt *qualmen.* kvēpes. *Zu* koprъ *möchte ich auch stellen* asl. **b.** koprina *seide,* **s.** koprena *für* mahrama *tüchel, eig. seidenes tüchel. Hier seien Nestors* kropijnyja *vêtrila erwähnt.* — *rm.* koprinę. koprъ *mag urspr. eine pflanze bedeutet haben, die gesponnen wurde, wie das bei der nessel* kopriva *der fall ist. Andere denken beim* s. koprena *an mlat.* capero.

kopsa, kopsica s. *coxa.* — *rm.* koapsę. *alb.* kofšę.

kopunŭ: nsl. **s.** kopun *kapaun.* **b.** kapon. **č.** kapoun. *Dagegen* **p.** kapłon, kapłun. **klr.** kapłun. **r.** kaplunъ. — *lit.* koplunas. *rm.* kapon. *magy.* kappan. *ahd.* chappho. *mhd.* kappūn. *lat.* capo (capōnem). *gr.* κάπων. ł *in* kapłon *ist dunkel: man denkt an* p. kapłan, capellanus.

kora asl. *rinde.* koricę *cinnamum.* nsl. kora *habd.* okornost *durities lex.* **b.** kora. korav *steif, hart.* ukoravja *vb.* **kr.** okoran. **s.** kora. kore *scheide. Vergl.* kornjača *schildkröte.* **č.** kora; koráb *soll auch „rinde" bedeuten.* **p.** kora. **klr.** kora. koryća *zimmt.* **wr.** korêč *trocken werden.* **r.** korá. korica. korêtь *hart werden.* — *alb.* kore *mscr.* *ngr.* κόρα. *Vergl. lit.* karna *lindenbast. W. vielleicht* ker, *gr.* κείρω.

korabĭ: asl. korabь, korablь *schiff.* korabicь, korablьcь. korablьčij. **b.** korab. **kr.** korablja. **s.** korab, korabalj. **č.** koráb. **p.** korab. **klr.** korab, korabeľ, korobeľ. **r.** korablь. — *rm.* korabie. *lit.* karablius, karoblis. *d.* karabke. *Das wort ist entlehnt: gr.* κάραβος. *ngr.* καράβι.

alb. karav. *mlat.* carabůs *bei Isidorus aus dem siebenten jahrhundert.* *sp.* caraba. *and.* karfi.

koralja *as. coralium.* **nsl.** grola *kugel, kügelchen.* **ns.** klariš. **s.** kraliješ. krališ. krliješi *rosarium.* koralja *mik.* **p.** koral. **klr.** koraľ. **wr.** kraľa. krali *halsschmuck.* **r.** koralьki. krali *dial.* (korallъ). — *lit.* koralus, karelkis. *lett.* krele. *magy.* koláris, kláris. *lat.* coralium. *gr.* κοράλλιον.’ *nhd.* koralle.

korbači : **s.** korbač *art peitsche.* **p.** karbacz. **č.** karabač. — *türk.* kẹrbač. *nhd.* karbatsche, *seit dem siebzehnten jahrhundert bekannt. Daraus fz.* cravache. *schwed.* karbas.

korbi-: **r.** korobitь *krümmen.* skorbnutь *sich krümmen, werfen, wird zwischen r und b ein o verloren haben.* skorblyj *ist jedoch steif, dürr.* **klr.** korobyty śa.

korbija: **asl.** krabij, krabica *aus krabijica korb.* **nsl.** škrablja *schachtel.* krahulja *ung.* **s.** škrabija *schublade.* **č.** krabice, krabka *büchse.* krabušc *behältniss.* **p.** krobia, krobka *schachtel.* **klr.** korob *korb*, korobka *schachtel aus rinde.* karabuška *wachszelle.* Vergl. krabyn *glasschrank.* **wr.** koroba *körbchen aus rinde.* **r.** korobъ *korb*, jaščikъ na telêgê. korobija. korobka. korobica. korobulja. *Daneben* krabija, *bei Nestor* krabica. — *lit.* karabas *düte.* *lett.* kārba. *Vergl. magy.* karabó, garabó. *ahd.* chorb. *lat.* corbis. *Jünger sind die entlehnungen mit krb oder korb:* **s.** krbulja. krbanj, **č.** krb; **s.** korpa, **nsl.** korbača. korbulo; **č.** korba; **p.** korb; **ns.** korbik. — *lit.* karbas. karbija. *lett.* kārba- *kästchen neben* kurwis.

korčunů: **b.** kračun. **slk.** kračún *weihnachten.* **s.** kračuníšte *ON.* **klr.** kerešun, kerečuń večer *weihnachten.* **r.** koročunъ *christabend.* — *magy.* karácson. *rm.* krečun. *Dagegen bedeutet* **wr.** koročun *krampf und vorzeitigen tod, so wie der daemon, der das leben verkürzt: vergl.* kortů. *Vielleicht war* kračunъ *urspr. eine todtenfeier*

koremů: **b.** korem *magen, bauch.* iskormušvam *ausweiden.* — *Die bedeutung lässt an türk.* karẹn *bauch denken.* *alb.* kurm *körper und gr.* κορμί *rumpf, leib* κορμος ἐπὶ ἀνθρώπου *truncus Duc. Atacta IV.* 1. 243. *liegen abseits.*

koren: **asl.** korę, korenь *wurzel.* korenije *zauber.* korenitьcь *zauberer.* **nsl.** **b.** koren. **s.** korijen. **č.** kořen. **p.** korzeń. **polab.** ’korin. **os.** korjeń. korušk, *das auf ein älteres* kory *deutet.* **ns.** koreń. **klr.** koreń. **r.** korenь; *dial. auch* korь. *Die mittel des zaubers waren* bylije *und* korenije: *man denke demnach nicht an lit.* keréti.

korguj: **asl. s.** kraguj *sperber.* **nsl.** kragulj. **s.** kraguljac. **č.** krahuj. **p.** krogulec. *Abweichend* **r.** kraguj. **os.** škraholc. — *türk.* karagu, kẹrgu.

kori-: **asl.** koriti *demüthigen.* korьba. pokorь. pokorivъ. ukorъ. ukorizna. *iter.* -karjati. **nsl.** koriti *züchtigen.* pokora *busse.* pokoren. neokoren *ungehorsam.* **b.** korja *tadeln.* pokora *busse.* pokornik. nepokoren prêkor *zunahme.* ukor *vorwurf.* **s.** kórba. ukor. **č.** kořiti *demüthigen.* pokora. příkor *injuria.* příkora *widerstand.* **p.** korzyć. ukor. pokora. przekor *streit.* **os.** korić. **klr.** koryty. koryty śa, svaryty śa. **wr.** korić. **r.** koritь. ukorъ, ukora, ukorizna. — *lit.* pakarnus. *rm.* okarę *probrum.* okęrî *vb.* *alb.* korit *vb. Mit* korii *ist vielleicht zu verbinden* **asl.** koristь *beute.* koristiti sę. **nsl. s.** korist *nutzen.* **č.** kořisť. *Mit* y *für* i: **p.** koryść *beute.* **klr.** korysť *nutzen.* **wr.** koryść. **r.** korystь *beute, gewinn; dial. interessen: dial. steht* korystь *auch für* zavistь.

korizma **nsl. s.** *quadragesima.* — *alb.* krešmę. *lat.* quadragesima.

kork-: **klr.** korokuľa *knorren.* korokuľuvatyj *knorrig.*

korkobici: **klr.** korkobeć *regenbogen.* — *rm.* kurkubeů.

korkoj **b.** *truthahn.* **s.** ćurak. ćura, ćurka. — *rm.* kurkoj, kurkan *m.* kurkẹ *f.* *alb.* čurkę. *lit.* kurkinas. kurka. *ngr.* κουρκάνος, κούρκος. *Nicht vom slav.* kurů.

korkora-: č. krákorati *gackern.* p.
krekorać. **klr.** kerekority, hraty sja,
homońity.

korkŭ: asl. krakъ *in* pokračilo *schritt.*
dlъgokrakъ *art insekt.* nsl. krača *waden-
bein, schinken.* okrak *pes suillus habḍ. Daneben* korak *lex.* korakati *Ukrain,* koračiti
meg. korač *meg. res.* koračaj *habd.* ras-
krečati. **dsl.** krak. **b.** krak *fuss.* kračja
se *ausschreiten.* kračul. raskrač. **kr.** korak
ung. **s.** krak *langes bein.* krakati kora-
čati. **p.·** krok *schritt.* kroczyć. krocz
kleiner trab. okraczyć *umfassen.* **os.**
krok. kročić. kročel. **klr.** čoboty s
koročkamy *buk.* 194. **wr.** korok. raz-
kireka *krummbeinig.* **r.** okorokъ *geräu-
cherter schinken. Man füge hinzu* okara-
čitь. okáračь. korokática, karakática *tintenfisch.* karačka *weiter schritt. Von der regel
entfernen sich* asl. okročiti *cingere.* **s.** kro-
čiti. škrok *schritt.* **č.** krok. rozkrok. kro-
čiti, *daher iter.* kráčeti. okračka. kročej.
p. okrak. okraczyć. rozkraczyć. kraczaj *zof.*
kaš. kračaj. (os. rozkračeć *ist iter.).* **ns.** kšac-
caš. **klr.** krok. karjačyty sja. **wr.** krok. kro-
ćič. kireka. **r.** raskarjaka *krummbeinig. —
rm.* krak. krakatitsę *meerspinne.* kręči *vb.
Vergl. lit.* karka *vorderfuss des schweines.*

korljŭ: asl. kralь *könig:* kralь nêmьčь-
skymъ ljudemъ *svetk.* 32. **b.** kral *verk.*
213. 230. kralče *mil.* 52. 183. **s.** kralj.
č. král. králík. **p.** krol. krolik. *Daneben*
kralka *die zehne in den karten.* **os.** kral.
ns. kraľ. **klr.** koroľ. korołyk. *Daneben*
kraľ. kraľyja *reich.* kraľčyk. kraľa *königin
und* krôľ. krôlyk. **wr.** korolevać *neben*
krulewać. **r.** korolь. korolica. korljazi
Frankreich, eig. carolingi, *ahd.* karlinge,
bei Nestor aus koroljazi *von* korljagъ *oder*
korljazъ *karling. Daneben* kralja *dame (in
den karten) und* krolь. krolikъ *kaninchen.
—* rm. kraj. kręjasę. kręjitsę. kręji *vb.
magy.* király. *alb.* kralj. *türk.* kęral,
kral. *gr.* κράλης. *lit.* karalius. karalé-
lis *zaunkönig.* karalikas *kaninchen neben*
kralius. *lett.* kralīts. korljŭ *aus Karl,
dem namen des gewaltigen Karls des Grossen,
wie schon Dobrovský erkannt hat. Andere*

erblicken in dem dem slav. korljŭ *zu grunde
liegenden Karl den „pater familias“. Die*
č. form král *drang in das os. und ns.:* kral,
kraľ, *die p.* krol *in das klr. und r.:* krol,
krôl; krolь. *Hier sei auch č.* králík, *p.* krolik
*kaninchen erwähnt, das sich an mhḍ. küni-
clīn aus cuniculus, it. coniglio, anschliesst.*

kormola: asl. kramola *lärm, aufruhr*
ὄχλος, στάσις. kramoliti, kramolovati. *Vergl.*
nsl. kremelj *sermo.* kramljati *loqui.* **b.**
kramola *lärm.* **as.** kramola. **klr.** koromoły *ränke.* **r.** kramola *aufstand. —
mlat.* carmula mitigata. seditionem exci-
tare, quod Bojarii carmulum dicunt. carmulum levavit.

kormyslo: p. kormysła *plur. diąl.*
koromyśl, koroniosło *(W. nes) schulterjoch:
aus dem r:* man *erwartet p.* kromysło.
klr. koromysło. **wr.** koromiseł. **r.** koromyslo. koromyselъ *schulterjoch.* koromyslo
auch flegel, fléau. koromyslo, koromyslikъ
libellula. koromyslъ *bär (sternbild). —
An gr.* κρεμαστήρ *ist nicht zu denken.*

kornuta klr. *gehörnt* (vôvča). **č.**
kurnota. **p.** kurnuty, kurnasisty. — *rm.*
kornut. *Aus der sprache wandernder rumunischer hirten.*

kornĭ: nsl. kranj *Krain, Krainburg.*
kranjec. — *lat.* carnia; carni, *ein von
Aquileja bis nach Kärnten hinein wohnender
Keltenstamm.* magy. kránicz.

korontŭ: magy. koront *Kärnten aus*
korątъ, *das in dem ein celtisches volk bezeichnenden* carantani *steckt. Der name
lautet bei Nestor* chorutane (horątane):
davon stammt korošec *Kärntner, vielleicht
für* korôčьcь, *asl.* *horąštaninъ.

korotŭ: s. korot, korota *trauer.* koro-
tovati. **klr.** korotaty, karataty. **r.** koro-
tatь: molodoj vêkъ svoj korotati *kir.* 2. 32.

korovŭ: s. korov *unkraut. —* magy. koró.

korpavŭ: klr. koropavyj *asper.* koro-
pavka *kröte,* pohanka. **nsl.** krapavica.
— *lit.* karpa, *lett.* kãrpa *warze. Das thier
wird auch r.* korostavaja ljaguška, **nsl.**
krastavica, krastača *genannt.*

korpŭ: nsl. krap, karp *cyprinus car-
pio.* **s.** krap *neben* śaran; korp *mik. ist*

falsch. **č.** kapr. **p.** karṕ *neben dem*
klr. korop. **os.** kharp, karp. **ns.** karpa.
klr. korop, koropeľ, korap *neben* karp,
šaran. **r.** koropъ, karpъ. — *lit.* karpa.
lett. kārpa. *rm.* krap. *lat.* carpo. *ahd.*
charpho. *Ein europäisches wort dunklen*
ursprungs. Das fremde wort folgt nur
theilweise der slav. lautregel: korop, krop
und kapr; *daneben* karp.

kors-: **klr.** korosńa *fischhamen. Vergl.*
r. korošnja, krošni *art tragkorb.*

korsta 1.: **asl.** krasta *scabies.* **nsl.**
b. krasta *krätze.* **s.** krasta. krastavac
gurke. **č.** krásta, chrásta. krastavý, chra-
stavý. **slk.** krasta, chrasta. **p.** krosta.
klr. korosta. korostavka *kröte.* **r.** korosta. *dial.* korostva. — *rm.* krastavets.
alb. kastravets. *lit.* karšti *striegeln.* *mhd.*
kratz. *nhd.* harsch *rauh.*

korsta 2. *arca, sarg, nur in r. quel-*
len karamzin *1. 488. dial.* kersta *für*
mogila. kovčežьcь, rekše koristica *lam.*
1. 21. — Das wort ist finn.: kirstu *arca,*
aber auch carcer.

korstêlǐ: **asl.** krastêlь *f. (suff. -êlь),*
krastalь, hrastêlь *coturnix.* krastêla *collect.*
Hieher gehört wohl auch **s.** rastelj. **č.** chřastel, křástel, chřastal, křástal, chřístel,
křístel *schnarrwachtel, rallus, ortygometra.*
chřastati. **p.** chróściel, chruściel: *anleh-*
nung an chvorstŭ. **klr.** korostǐľ. **r.** ko-
rostelь. — *rm.* kęrstej, kristej. *Der vogel*
ist nach dem laute benannt, den er von sich
gibt: **č.** chřast, chřest, chrast *ein schall*
diesem worte ähnlich; **p.** chrząstnąć. *Bei*
diesem ursprunge ist k *neben* h *begreiflich,*
befremdend allerdings korst-, horst-.

koršunŭ: **r.** koršunъ *falco milvus.*
Vergl. **slk.** kršák.

kortŭ: **asl.** kratъkъ *kurz.* -kratiti.
nsl. kratek. **s.** kratak. **č.** krátký. **p.**
krotki. krotkochvila, krotofila. krocić. **os.**
ns. krotki. **klr.** korotkyj. **wr.** korotok
neben kracić. **r.** korotkij. korotitь. vkratcê.
— *lat.* curtus, *daraus* ahd. churz. *Vergl.*
lit. kert *in* kirsti, kertu *hauen: vielleicht*
aus kert *durch steig.* kortŭ.

kartŭ: **asl.** kratъ: dva kraty *zwei-*
mal. **nsl.** krat. **č.** krát; *dial.* krát.
p. **os.** kroć. **ns.** krot. **klr.** krot, kroť.
vo stokrot. **wr.** kroć. **r.** kratъ, krata.
— *lit.* kart, kartas *mahl.* karta *schicht.*
lett. kārt *mahl.* kārta *schicht.*

koŕuba-: **s.** korubati *den kukuruz*
auslösen. — *rm.* karîmb, kęrimb *stengel.*
b. *soll* koruba *hohl bedeuten und türk.*
sein. grъdna koruba *brustkasten. Vergl.*
klr. zakorubłyj *neben* zakoruzłyj *starr,*
steif. zaskoruzlyj *verschroben.*

koruna, kruna **asl.** *krone.* **nsl.** krona.
s. koruna, kruna. krunisati. **č.** koruna.
p. korona. **klr.** korona, koruna. — *magy.*
koronka. *ahd.* korōna. *lat.* coŕona.

korv-: **b.** nakravja se *kräftig werden,*
r. razdobrêtь. kraven *dick, fett.* **s.** kra-
viti *aufthauen machen.* kravi se *es thaut*
auf. **r.** otkorovêtь, otkrovêtь *aufthauen.*

korva: **asl.** krava *kuh.* **nsl.** **b.** **s.**
krava. **s.** kravosica, kraosica *art schlange.*
č. kráva. **p.** krowa. **polab.** korvo. **os.**
kruva. **ns.** krova. **klr.** korova. **r.** korova, krava. — *preuss.* curwis *ochse.* *lit.*
karvê. *Man merke* **p.** karw *fauler ochse.*
kaš. karva. *Man vergleicht zend.* çrva.

korvaj: **asl.** kravaj *art kuchen. Vergl.*
nsl. kravajec *kleien für den sauerteig.* kra-
vajček. **b.** kravaj. **s.** kravalj. **p.** ko-
rowaj, *aus dem* r. **klr.** korovaj *grosses*
hochzeitsbrot. bezkorovajnyj synъ, bezkoro-
vajčuk *bastard.* **wr.** karavajnica. **r.** korovaj, karavaj. — *lit.* karavojas, karvojas.

korzina **r.** *körbchen aus baumrinde.*
klr. korzyna. — *Man denkt an schwed.*
korg, *wohl mit unrecht.*

korž-: **r.** koržavêtь *durescere.* **klr.**
korž *art trocken gebackener kuchen.*

korŭda: **asl.** korъda *gladius.* **s.** korda
neben ćorda. naćordisati *mit säbel versehen.*
r. korda. **č.** **p.** kord. **ns.** korda. —
türk. kard. *pers.* kärd. *Nicht unmittel-*
bar vom zend. kareta. *Wohl entlehnung*
der ersten periode. *lit.* kardas. *magy.*
kard. *Vergl.* **r.** kortikъ.

korŭkŭ: **p.** korek *kork.* — *Aus*
dem nhd.

koryto asl. *trog.* nsl. b. s. korito.
č. p. ns. klr. r. koryto. polab. körâitŭ.
os. korto. — *magy.* korittó *dial. alb.* ko-
ritę. *Man denkt an die W.* ry. *Vergl.*
preuss. pracartis *trog.*

korĭ: r. korъ *masern.* korjavyj. klr.
kôr, kur, *gen.* koru. p. kur *für* kór,
doch auch plur. kury. — *lit.* karas, *plur.*
karai.

korĭcĭ: asl. korьcь *art gefäss.* korъ
luc. 16. 7.*-zogr.* nsl. korec *hydria meg.*
napf; art getreidemass. č. korec *scheffel.*
slk. *körbchen aus baumrinde zu erdbeeren.*
p. korzec. korczyk, koruszek. polab.
körâc. os. ns. korc. klr. koreć *art*
schüttmass. wr. korec *hölzerne schöpfkelle.*
r. korecъ *art schöpfgefäss.* ar. *modius.*
— *magy.* korecz *art mass.* lit. korčius.
korъ, č. korec *sind entlehnt:* gr. χόρος.
slk. korec *deutet auf* kora: *man vergleiche*
koryto.

kos-: asl. kosnąti, kosnąti se *berühren.*
iter. durch dehnung kasati sę. pokosъnъ,
prikosъnъ *aptus: daneben* pokošъnъ, *dessen*
š *für* koch- *spricht.* klr. kosnuty śa, ka-
saty śa. r. kosnutь sja, kasatь sja. *Da-*
neben ein dunkles prikolesnąti sę. klr.
pokosen, vitr pokosen, viter odvitnyj,
dohôdnyj *chrest.* 108. 481. *Vergl.* koles-.

kosa 1. asl. *haar.* kosmъ *capillus*
kosmatъ. nsl. kosem *flachsbund.* b.
kosa. dlъgokos. kosъm. kosmam *scheren*
vb. s. kosa. kosmov *hundsname.* kosmat.
č. kosm *zotte.* p. kosa włosow. kosm.
kosmaty. os. kosa. kosm. kosmaty. ns.
kosmaty. klr. kosa. kosm. kosmač.
wr. kosmocce. r. kosa. kosma. — *rm.*
kositsę. *magy.* köszméte, pöszméte *stachel-*
beere: č. kosmatka *rauhbeere.* lit. kasa.
W. wahrscheinlich kes, *woher* česati *kämmen*
und durch steig. kosa. *Vergl.* lit. kasti
graben, scharren. kasīti *kratzen.* lett. kast
harken. kasīt *schaben.*

kosa 2. kosorъ asl. *sense.* kositi *tichonr.*
1. 270. nsl. kosa. kositi. kosci *name eines*
sternbildes. b. kosa. kosja *vb.* kr. po-
kositi, pokašati *ung.* s. kosa. kositi. koz-
baša. kosijer, kosor *art messer.* č. kosa.

kositi. kosíř. p. koša. kosić. kaš. ko-
seščo *sensenstiel.* polab. küsa. os. ns.
kosa. klr. kosa. koseń *juli.* kosateń
schwertlilie. r. kosa. *Vergl.* kosatikъ
schwalbenstein. — *magy.* kasza. kaczor.
kaszás, *slk.* kosa, *Orion.* rm. koasę.
kosi *vb.* kosaš. *alb.* kosę. *ngr.* κοσιά,
κοσά, κοσσία *Crusius.*

kosĭterŭ: asl. kositerъ, kasiterъ *zinn.*
nsl. s. kositer. kr. kositar, *gen.* kositra.
— rm. kositorju. kostori *vb.* gr. κασσίτερος.

kostanĭ: asl. kastanь, kastanъ
kastanie. nsl. kostanj. b. kosten, kesten.
s. kostanj, kesten. č. kaštan. p. kasztan.
klr. kaštan. r. kaštanъ. — *lit.* kaštanas,
kastanija. *magy.* gesztenye, *das man aus*
it. castagna *ableiten will. alb.* keštenję.
rm. kastan. kęstanę. *ahd.* chestinna.
mhd. kestene, kastānie. *lat.* castanea.
gr. καστανέα. türk. késtané, *woher das* b.
und das s. kesten.

kostelŭ: asl. kostelъ, kastelь *castel-*
lum, turris. b. kastel. s. kaštel, ka-
štio *schloss.* kostolac ON. č. kostel
kirche, jünger kaštel *citadelle.* p. kościoł
kirche, jünger kasztel *citadelle.* klr.
kostôł. wr. kośćeł *katholische kirche.*
r. kostelъ. — *ahd.* chastel. *lat.* castellum.
kostelъ *in der bedeutung „kirche" hat sich*
von Böhmen nach Polen und so weiter
verbreitet.

kostrubŭ: č. kostrba. kostrbatý *zottig.*
p. kostrubaty. klr. kostrub. kostrubatyj.
r. kostrubyj. kostrubatyj.

kostrulĭja: klr. kostrulьja *kasserolle.*

kostrĭcĭ: č. kostřec *steissbein.* r.
kostrecъ *kruppe.*

kostŭrŭ: r. kosterъ, *gen.* kostra, *holz-*
haufe. nsl. koster *scheiterhaufe: zweifel-*
haft. Man denkt an and. köstr. *Vergl.*
klr. koster *schober.* č. kostroun *gestell*
zum trocknen von klee; ferners klr. kostur
knüttel. kostył *krücke.* r. kostylь *krücke.*

kostĭ: asl. kostь *knochen.* kostênъ.
kostьka *weinbeerkern.* finikova kostьca.
Vergl. koštь: têlomь koštь *gracilis.* nsl.
kost. kostên. kocka *würfel aus* kostka.
koščajiv *knochig Ukrain.* b. kost *neben*

kokal. kostên: kopje kostenovo *mil. 270.*
kosteliv orêh *steinnuss.* **kr.** kocka. koc-
kati se. **s.** kost. kostolom. koštunj (orah).
koštunjav *hart.* košljiv. koplje koštanica
volksl. okošt *stark von knochen. Vergl.*
kostilo. košćela *art baum und frucht.*
č. kosť. kosten *spiess.* kostka *beinchen,*
kern, würfel. kostěnice, kostnice *beinhaus.*
p. kość. kostka. kościan, kościen, kostur
elfenbeinerner stab. kostnąć. kostera, kos-
tyra *würfelspieler.* **polab.** küst. **os.**
kość. kostka *knöchel, würfel.* **ns.** kość.
kostlaŕ *beschwörer.* **klr.** kôsť *knochen,*
kern, würfel. koščij *mager, skelett.* košča
vyj *knochig, hager.* **wr.** koscerńa *bein-*
haus. kostyrnik *kartenspieler.* **r.** kostь.
kostka *würfel.* koščej *skelett.* — *magy.*
koczka *würfel. Man vergleicht lat.* costa.

kostĭrŭ: **nsl.** kostrêba *art pflanze,*
borstenhirse. **b.** koštrêva. **s.** kostrika,
koštrika. kostriž *sonchus mik.* **č.** kostřava
trespe. **p.** kostrzewa. **os.** kosćerva,
kostŕava. **ns.** kostŕova *trespe.* kostŕovka
anis. **klr.** kosterva, kusteryva, kustryća
festuca ovina. **wr.** koscer *bromus secali-*
nus. **r.** kosterь *trespe.* kostёrъ *gras dial.*
kostra *trespe.* kostryka *brennnessel.* — *lett.*
kasters *trespe.* **rm.** kostrej *wilder haber.*
Diese pflanzennamen beruhen theilweise auf
einer form kostĭrŭ, kostĭrva. *Damit mögen*
einige namen für „achel, schebe" zusammen-
hangen: **klr.** kostryća. **wr.** kostra.
r. kostra, kosterja, kostrika. *Man ver-*
gleiche **s.** koštrijet *ziegenwolle.* **klr.** kos-
tryk *kaulbarsch.* — **rm.** kostręş *pärsing*
(art fisch).

kosŭ 1.: **asl.** kosvenъ *schief.* **s.** koso
adv. Vergl. kosa *montis genus.* okositi *an-*
fahren. uskos, usprkos *zum, trotz.* **č.** kos
schräge lage. napokosу, šikmý *dial.* **p.**
kosу, kosaty *sichelförmig gekrümmt.* ko-
śla, koślavyj *krummbeinig.* ukos *schräge*
lage. wskos, na ukos *überzwerch. Vergl.*
kosierka *schürschaufel.* **os.** kosa *schräge.*
Vergl. kosydło *dohne.* **klr.** kosyj. kosohor *abhang.* **wr.** kosovać kosomordyj
schiefmäulig. **r.** kosvennyj. kosoj *schief,*
feindselig, teufel. kosobenja *krumm.* koso-

lapyj *krummbeinig.* kosorogъ *bergabhang.*
kosь. kositь *krümmen. Vergl.* kosica *schläfe*
und ⌐s. kosijer *wange živ. 74.* — **rm.** ko-
stiš *schief.* kosŭ *ist wahrscheinlich mit* kosa
sense verwandt.

kosŭ 2.: **asl.** kosъ *amsel; falsch psit-*
tacus. **nsl. b. s. č. p. os. ns.** kos. **klr.**
kôs. **r.** kosъ.

košeglavĭcĭ: **b.** košoglavec *ungehört.*
košĭja b. s. *wettrennen.* — *türk.* košę.
košmak *vb.* *ngr.* κοσή, κοσίον.

košta-: **nsl.** koštati *kosten constare.*
(In beiden bedeutungen des d. kosten.) **č.**
košt. koštovati. **p.** koszt. kosztować. ko-
štunek **klr.** košt. koštovaty. **wr.** košt.
r. koštъ. koštovatь *aus dem p.* — *mhd.*
kosten. *and.* kosta. *lit.* kaštůti. ka-
štunkas. *ngr.* κοστίζω. *Aus dem lat.*

koštêj: **klr.** koščij *diener chrest. 477.*

koštrunŭ: **nsl.** koštrun, kaštrun, ka-
štron *hammel.* — *it.* castrone. *bair. d.*
kastraun.

koštuna asl. *fabula.* haldêjskyja ko-
štuny *op. 2. 3. 726.* koštunьstvo, koštu-
niti. **b.** koštun *schlaukopf,* koštunka. ko-
štunja *intrigiren.* **klr.** koščun *spötter.* **r.**
koščunъ *possenreisser. Beziehung zu* kostь
ist möglich. Vergl. ngr. κοτζούνα *puppe,*
marionette.

koštĭ r. nekoščnoj *teufel.* nekošnoj
unmenschlich.

košulja asl. *hemd.* **nsl. b. s.** košulja
neben nsl. robača *im Osten.* **č.** košile.
p. koszula. **os.** košula, košla. **ns.** košuľa.
klr. košuľa, košeľa. **wr.** košuľa *hemd.*
r. košulja *art pelz, dial. hemd.* — *alb.* kę-
sulję. *Man vergleicht lat.* casula.

košuta asl. *hirschkuh.* **nsl. b. s. r.**
košuta. **č.** košut *bock.* — *rm.* čjutę.
alb. sutę.

košĭ 1.: **asl.** košь *korb.* košara, ko-
šarja, košьnica σπυρίς. **nsl.** koš. košulja
soll im Westen in der bedeutung „gefloch-
tener behälter für haselnüsse" vorkommen.
b. koš. košara *schafstall.* košnica. koše-
rište *bienenkorb.* **s.** koš *art scheune von*
flechtwerk. košar. **č.** koš, kůš *korb.* **p.**
kosz. kosznica *dial.* koszałka. koszara,

zagroda za bydło lub owce. klr. kôš.
košara *pferch*. košêl *lindenbastkorb, binsen-
korb*. wr. koš. košara *pferch*. r. koš.
koša. košelь. košara. košela, košulja *korb*.
— lit. kašius, kašus. kašelė *bastkörbchen*.
lett. kašelis. kõsuls *bienenstock von borke*.
magy. kas. kosár. kasornya, kosornya *stall
von flechtwerk*. kosolya *ländliche wiege*.
rm. koš alb. koš.

koši 2.: r. košь *gepäck, nomadenlager*. klr. koš. — türk. koš.

kota-: nsl. kotati *rollen*. prekotnoti
umwälzen. kotač *rad*. kotač na zibki *Ukrain*.
koturati, koturnoti: *daneben* kataliti, ka-
taljati: krôgla se katalja. s. kotač, točak *rad*. kotur, kolut *scheibe*. koturati
rollen. kotrlj *trochus* mik. kotrljati mik.
Vergl. kotalac *höhlung des schlüsselbeines*.
č. kotiti, kaceti *umwerfen*. kotouč *ring*.
kotaliti *wälzen*. p. katulać się *dial*. klr.
kôt *rollen*. kotyty, kačaty *rollen*. pokot
seitenabhang. okačnyj, zaokruhłenyj. *Vergl.*
kataty *niederschlagen*. wr. koeić, kačać
rollen. kotka *rollen*. r. katitь, katatь
rollen. kačatь *schaukeln*. kačь, kačalka
wiege. kačelь. kačeja *seekrankheit*. katkij
rollend. pokatь, skatь *abhang*. kъ bugru,
ko razkatistu *volksl*. — lit. kočioti *wäsche
rollen*. Als *urspr*. *vocal sehe ich* o *an*, a
scheint aus dem iter. zu stammen.

kotarica s. *korb*.

kotjuga: slk. klr. *(huc)*. kotuha *hund*.
— magy. kutya. *Vergl*. kučǐka.

kotopanŭ: ar. kotopanъ *vorsteher*.
as. kotopanь. — mlat. catapanus. gr.
κατέπανος.

kotora, kotera asl. *streit*. koterati
coarguere. kotorati sę *streiten*. klr. r.
kotora.

kotorna nsl. *lagopus*, bêla jerebica.
katorna *steinhuhn, im Westen*. — *Man vergleicht* it. cotornice.

kotrigŭ: nsl. kotrig *articulus* habd.
kr. kotrig *ung*.

kotŭ 1.: asl. kotьcь *cella*. nsl. kotec
hara, hühnerhaus, schweinestall. kočak. s.
kot, kotac *kleiner stall*. kočina. kotobanja
hühnerkorb. č. kot *geringes haus*. kotec

behältniss. p. kociec, *daraus* kojec, *steige,
käfig*. *Vergl*. kotara, kotarha *tatarische
hütte von filz*. klr. kojeć *aus dem* p.
kuča *schweinestall gehört nicht zu* kotŭ.
wr. kotuch *umzäumter ort für hühner*. r.
kotcy, zagoroda izъ tyčinъ. kotuchъ *hütte*.
— magy. kotecz *hütte*. rm. kotets. alb.
kotets, kutets, kočak, kučak *gallinajo*.
lit. kutīs. ahd. chuti. *Das wort ist im
d. sehr verbreitet*.

kotŭ 2.: asl. kotelь *kater*. kotъka
katze: vlahъ kotъka. koška. kotva *anker*.
koturь *art thier*. nsl. kotiti *junge werfen*.
kotva *anker*. *Vergl*. mačka *katze, anker*.
b. kotak. kotarak. kote. kotka. kotja *junge
werfen*. s. kotiti *junge werfen, daher* kot
brut. č. kot, kocour *kater*. kotě. kočka
katze. kotva *anker*. p. kot, koczur. kotna *f.
trächtig*. kocić się. wykot *ausbrüten*. ko-
tew, kotwia. polab. kütâi, kütva. küto.
os. kocor. kočka. kotvica. ns. kot. koše.
klr. kôt, kocur. kotva. kôtka, kôška. ob-
kôt *zeit des lämmerwerfens*. r. kotъ. koška.
kotitь sja. kotva. — *preuss*. catto. lit.
katas *anker*. katė. katvǐčia. lett. kakjis.
ahd. chazza. rm. kotok. magy. kaczér.
and. köttr. finn. katti. ngr. κάτα, γατα,
κάτης. *Ein gemeineuropäisches wort unbekannten ursprungs. An der zusammengehörigkeit dieser wörter ist nicht zu zweifeln,
wenn auch* kocur, kočka *aus* kotŭ *schwer
zu deuten sind*.

kotyga, kotuga asl. *tunica:* kožьna
kotyga. — *Vergl*. mlat. it. cotta. mlat.
cotuca. ahd. chozza. *Wohl aus einer
unnachweisbaren germ. form. Suffix* yga
wie in krъkyga. klr. *ist* kotyha *art
fuhrwerk*.

kotǐlŭ: asl. kotьlъ *kessel*. nsl. b.
č. kotel. s. kotao. kotluša *irdenes geschirr*.
p. kocieł, kocioł. kotliczek. polab. kü-
tâl. skütal *gefäss*. os. kotoł. ns. kotl,
košel. klr. koteł. r. kotёlъ. — *preuss*.
catils. lit. katilas. lett. katls. *Das wort
ist germanisch:* got. katils. ahd. chezzil,
chezzi. and. kati. magy. katlan. rm.
kotlon. *Die entlehnung fällt in die erste
periode*.

kova b. *art. gefäss verk. 34.* **klr.** kofa. — *türk.* kuva, kofa, koga *eimer.*

kovriga r. *kreis, art rundes brot.* **wr.** kovriha. — *rm.* kovrig *bretzel.* kovriga *krümmen. Man vergleicht türk.* gévrék. *Abseits liegt s.* kvrga *gibber.*

kovšŭ: r. kovšъ, kuvšinъ *becher.* **klr.** kôvš, kuvšyn. **wr.** kovš, kukšin. **p.** kousz, kusz, kauszyk. — *lit.* kaušas. *lett.* kauss. *Man führt ein ind.* kowse *an. Dieses mag den angeführten wörtern zu grunde liegen: nordt.* kupšin *ist dann r ursprungs.*

kovŭčegu: asl. kovъčegъ *arca.* b. s. kovčeg. **klr.** kovčeh. r. kovčegъ. — *Man vergleicht gr.* καυχίον παρ' ἡμῖν, κύλιξ δὲ παρὰ τοῖς σοφοῖς. *lat.* caucus. *rm.* kauk, *daher ein suffix* egъ *anzunehmen. Vergl. asl.* kovъkalъ *poculum.*

kovylĭ: r. kovylь *pfriemengras.* **klr.** kovyľ, kovyła. s. kovilje. r. kovyljatь *ist hinken.*

kovĭrŭ: ar. kovьrъ, kovrъ. r. koverъ *teppich.* **klr.** kovereć. **p.** kobierzec. **č.** koberec. — *rm.* kovor, *wr.* kobelec. *lit.* kauras. *Vergl. b.* guber *grobes tuch, teppich.* s. guber *bettdecke. Das wort ist im r. so alt, dass engl.* cover *fern zu halten ist.*

koza asl. *ziege.* kozьlъ *ziegenbock.* kozij, kozьlь *adj.* kozij rogъ. kozičina. **nsl.** koza. kozel. kozoprsk *october (brunft der ziegen). Vergl.* kozlati *sich erbrechen.* b. koza. kozij. kozina. s. koza. kozji. kozar. kozina. koziti se *junge werfen (von der ziege).* kozoder, kozomor *schlechtes wetter.* č. koza. kozcl. kozák *ziegenhirt.* p. koza. kozioł, kozieł *bock, holzbock, bockpfeife (dudelsack).* kozły *bock, kutschersitz.* kozodoj, lelek *caprimulgus europaeus. Vergl.* kozula *doppelter angelhaken.* **polab.** küza. **os.** koza. kozoł. kozlo *zicklein, dudelsack.* **ns.** koza. **klr.** koza. kozeł. kôzly, kôzłyky *dachsparren. rm.* kęprior. kozodôj *ziegenmelker.* **wr.** koza. **r.** koza *ziege, dudelsack* kozëľ. kozły *bock, kutschersitz.* kozodoj. — *magy.* kozák *art pilz.* *lett.* kaza.

kozarinŭ: r. kozarinъ *chazarus* χαζαρος. — *magy.* kozár.

kozarĭcĭ: nsl. kozarec *becher.*

kozolŭ: nsl. kozol (*wohl* kozov), kozulj, kozlec *körbchen aus baumrinde.* (**slk.** kozub, krb *kamin).* **p.** kažub, kožub. **klr.** kozub, kozubeńka. **r.** kuzovъ. — *lit.* kūzavas, kūzabas. *magy.* kazup.

kozyrĭ: r. kozyrь *trumpf.* vykozyrjatь. **p.** kozyra. wykozerować. — *türk.* koz. *gr.* κόζιον.

kozilĭcĭ: nsl. kozol *gedeckte harpfe.* kozlec (kozuc) *ungedeckte harpfe, schutzbau auf dem felde für getreidegarben:* v stogu ali kozolci. kozolci *stuhlgestell.* **klr.** kozełeć *gestell.* — *magy.* kazal *heuschober.*

koža asl. *haut.* kožuhъ *pelz.* **nsl.** koža. kožuh. kožuhati *schälen.* b. koža. kožuh. s. koža. kožuh. kožoder *schlechtes wetter.* č. kože. kožich. kožnik *uter.* p. koža. kožuch. kažemiak *aus dem r.* **polab.** küza. **os. ns.** koža. kožuch. **klr.** koža. kožuch. kožan *fledermaus.* kožemjaka *gerber.* **wr.** koža. kožuch. kožan *fledermaus.* **r.** koža. koželupъ *dial. kožedёrъ böser mensch.* — *lit.* kažiamėkas. *lett.* kuza *haut (ungewöhnlich).* koza *hülse von nüssen.* kažoks. *rm.* koažę *rinds, hülse.* *magy.* kozsók. zösnik *kürschner aus* kožušьnikъ. *ngr.* κοζόκα.

kra č. *masse, stück, klumpen.* křenice. kra ledu, *dial.* krenec. **p.** kra *eisscholle.* **klr.** ikra *grundeis.* **r.** kra ili ikra ledjanaja na vodê. *Vergl. nsl.* kora, srêž *bei Linde.* kra *ist dasselbe wort wie r.* **klr.** ikra: *vergl.* igra, gra. *Andere ausdrücke für* „eisscholle" *sind* **klr.** kryha, kreľa, **r.** *dial.* kryga.

krad-: asl. kradą, krasti *stehlen.* kražda *diebstahl.* kradьba. kradežьnikъ. **nsl.** krasti. kraja *furtum meg.* b. krada *vb.* kražba. **kr.** kradomce *clam.* s. krasti. kradom *heimlich.* kradja. č. krásti. krádež. **p.** kraść. kradmo *furtim.* kradzież. **polab.** krodnė. **os.** *kraść (kradžech), kradnyć. s kradźu *clam.* **ns.** kšadnuś. kšajžu *heimlich.* **klr.** krasty. kraděž. kraža.

kraľko *dieb pisk.* **wr.** kradźba. kradzeža. **r.** krastъ. kradьba. kraža.

krada asl. *rogus, fornax, altare.* nsl. *holzstoss.* **klr.** krada *scheiterhaufen chrest. 101. 477. Vergl.* **klr.** koroda *niedriger baumklotz mit* kolda.

kraj asl. *rand. Hieher gehört* iskrъ, iskry, priiskrъ *nahe adv.* iskrъnь, skrъnь *nahe adj.* krajnêšьnь ἀκρότατος *prol. rad. 86.* nsl. kraj. isker *proxime habd.* skradnji *aus und neben* skrajnji *letzter.* **b.** kraj. kraj Dunava *an der Donau.* na kradni meani *kač.* **kr.** iskr *istr.* skradnji. **s.** kraj *rand.* kraj *(ohne accent),* ukraj *neben.* iskraj *vom rande.* krajina: *dieses wort ist auch in der bedeutung „krieg" nicht von* kraj *zu trennen: vergl.* **b.** premežde *gefahr.* okrajati, okrajčiti *um etwas herumgehen statt daran zu gehen, zaudern.* **č.** kraj. **p.** kraj. krajina. **os.** kraj. **ns.** kraj, kšaj. **klr.** kraj. kraj sela *am ende des dorfes.* krajnyj. **wr.** kraj. kraj *neben.* **r.** kraj *rand; dial. wald. Als praep. dial.* krej, kri. iskrennyj *nahe liegend.* ukraj, ukraina *grenzland.* — *magy.* kraj *rand.* *rm.* kraj. *Vielleicht von* krajati, *das durch dehnung aus* krojiti *entstanden, daher urspr. schnitt, anschnitt.*

krampŭ: nsl. kramp *karst.* — *nhd.* krampe.

kramŭ: **č.** krám *kram.* **p.** kram. **os.** klamař *krämer.* **ns.** kšamař. **klr.** kram. **wr.** krama. **r.** kramъ. kramarь. — *lit.* kromas. *magy.* karám. kalmár: *daher slk.* kalimar. *mhd.* krām *zeltdecke, krambude.*

krap-: nsl. krapi, krapci *art mehlspeise.* — *nhd.* krapfen. *mhd.* kräpfe *art backwerk.* *ahd.* chrapfo.

krapakŭ: **p.** krapak, karpak, krępak *Karpaten.*

krasa asl. *schönheit.* krasiti *schmücken.* krasьnъ. **s.** (krasa). krasiti. krasan. krasnik. **č.** krása. *Mit* krásiti *schmalzen vergl. man* nsl. zabêliti. **p.** krasa. *Vergl.* wieprz niekraszony. **os.** krasa. **ns.** kšasa. **klr.** krasa. krasyty *schmücken, färben.* krasjuk *schöner jüngling.* krasuľa *bärenspinner.* **r.**

krasa. krasitь *schmücken, färben.* krasucha *scharlachfieber.* krasuľa *scheckige kuh.* krasnoguzka *harlekinspecht.* — *lit.* krosas *farbe.* *lett.* krāsa *schönheit, schöne farbe.* *Überraschend ist* rm. krastenik *für mondkalb, missgeburt. Man hat mit* krasa *and.* hrōs *lob, ruhm verglichen.*

krasovolij as. *bestimmtes mass.* krasovolь. **p.** krasowola *weinschale.* **klr.** krasovuľa. **r.** krosovulь, krasoulja *becher.* — *ngr.* κρασογυάλι. *Vergl. mlat.* crusibulus.

krasŭ: nsl. kras *Karst. Urkundlich* carstum.

krebulĭcĭ: nsl. krebulec, krebulica, krefulica, krofulica *kerbelkraut.* **klr.** kerveľ. **r.** kervelь. — *lit.* kervelis. *lett.* kjĕrveles. *ahd.* kĕrvela. *mhd.* kĕrvele. *lat.* caerifolium, chaerefolium. *gr.* χαιρέφυλλον. *Hieher gehört* s. trbulja. **č.** třebuľe. **p.** trzebula, trebulka. **klr.** terebuľa. *magy.* turbulya.

krecavŭ: **s.** krecav *kraus.* — *rm.* krets.

krečĭ: **s.** kreč *kalk.* — *türk.* ḱiréč.

kreda, krajda nsl. *kreide.* **s.** kreda. **č.** křída. **p.** kreda. **os.** kryda. **klr. wr.** krejda. — *lit.* kreida. *ahd.* crīda. *lat.* creta.

kremen: asl. kremy *silex.* nsl. kremen. **b.** kremъk. **s.** krem, kremen. **č.** křem, křemen, křemel. **p.** krzemień. **polab.** krémâi. **os.** kšem. **ns.** kśemeń. **klr.** kremeń. *Vergl.* kremêzkyj *rüstig.* **r.** kremenь. *Vergl.* kremlь. — *rm.* krêmene. *lit.* krams. *lett.* krams.

krempelŭ: nsl. krempel *klaue.* — *nhd.* krampeln *österr. von* krampe *haken.*

krems-: nsl. kremsača *schlechtes beil.* **r.** kromsatь, kromšitь *schneiden.* krymsalo *für* kresalo *dial.*

kreng-: **p.** kręgi, kręgiel, krąglik *kegel.* kręžel *rockenstock, wocken.* **polab.** krągile *kringel, krengel.* **ns.** kružeľ. **klr.** kruhľi. kružěľ. **wr.** krehľa *kegel.* **r.** krendelь *für* krengelь. — *Die wörter sind d.:* kegel, *haben sich jedoch an* krongъ *angelehnt.*

krengelĭ: r. krengelь, krendelь*kringel,*
bretzel. p. kręgiel. ns. kryngeľ. — *nhd.*
kringel *von* kring, krang.

kreni-: asl. kreniti sę *inniti.*

krent-: krǫnǫti *deflectere, bewegen,*
eig. drehen. Durch steig. krątъ *gedreht,*
daher fest gedreht, straff, hart, grausam.
prikrątъ *strenge.* krątiti *drehen:* ramê
krątiti; korenь iskrątivъ. nsl. krenoti,
krêtati *ein schiff lenken; modice movere*
habd. nevkreten *ungelenk.* krɛto *sehr.*
krôtovica *zusammengedrehtes, verwickeltes*
garn rib., schlinge. krôtica na preji. kroti-
čiti se *Ukrain.* krecati, ravnati oje *gehört,*
wie c zeigt, nicht zu krent-. b. krena,
krêvam *heben.* iskrъtja *herausreissen.* kr.
z glavum kretanje *ung.* k bogu da skru-
tiš od svojih nogu hod *budin. 61.* s. krenuti, kretati *bewegen.* skretanj *in einander*
gedrehte tabakblätter. krut *dick; nach Stulli*
fortis, saevus. č. krut *drehung.* vykrut.
krutý *gedreht, drall.* ukrutný *streng.* krou-
titi *drehen.* vykruta *vorwand.* p. krzą-
tać się *sich tummeln.* krzęt *drehung, wen-*
dung. skrzęt *emsigkeit.* zakrzęt. kręt *drehung.*
kręty *gedreht.* krącić, kręcić *krümmen.*
kruty *stark zof. und* skrutny *grausam*
sind r. os. kruty *(gedreht), fest, hart,*
streng. krucić *befestigen.* skrutny *ernst.*
vukrutny *streng.* ns. kšuty *fest, steif.*
votkšusiš *abdrehen.* klr. vykrjataty śa
sich herauswinden. kritaty śa *sich unruhig*
hin- und herwerfen. vykrut. krutarstvo
ausflucht. krutyj *gewunden, steil.* okrutnyj
ungeheuer. krutyty *drehen* krutyhołova
wendehals. krućyna *steiler pfad.* wr.
krjatać, pokrjanuć *bewegen.* kruč, kruč
absturz: jenes vom adj., dieses vom verbum
auf -ti durch ъ. krucić. r. krjanutь,
krenutь, krjatatь, kretatь *bewegen. Abwei-*
chend: krjačitь *drehen.* krutoj *zu fest gedreht,*
steif. krutaja gora. krutь, kručь *steifheit.*
krutitь. krutigolovka *jynx torquilla.* kru-
tojar *steilheit.* krutenь *wirbel.* okrutnyj
flink. — *lit.* krántas *steiles ufer: slav.*
krątъ. pakrutė *ufer. lett.* krasts *steiles*
ufer. kruti *steil abhangend. Vergl. rm.*
kęrni *vb. drehen.* krînčen *grausam. Man*

merke krąta : pokruta: asl. pokrutarьskъ
panificis in s. und r. quellen. č. pokruta
brötchen. pokroutka *rundes brötchen.* p.
pokręta *für* placek *kuchen, eierplatz zof.*
os. pokruta. ns. pokšuta. *Wahrscheinlich*
krąta, *eig. also gerundetes, gewundenes.*

krentĭna: p. krzęcinka *ginster: da-*
neben krzecina *katzenminze. Vergl.* č. kručina *ginster.*

krepa-: nsl. s. krepati *verrecken.* klr.
krepnuty. — *it.* crepare

krepêlo, krepêl nsl. *prügel.* krepeliti. kropelka *rib. neben* krpelj. s. krpele,
krčele *verbindungswerk der jochpaare ochsen.*

kres-: asl. krъsnǫti *erscheinen.* vъskrъ-
nǫti *von den todten auferstehen.* iter. vъskrъ-
sati, *d. i. wohl* vrskrêsati. b. vъskrъsna,
vъskrъsnuvam *vb.* kr. skrsnuti *evanes-*
cere. kót tinja skrsne. uskrsnuti *črnč. 49.*
skrisati *mar. aus* -krêsati. s. vaskrsnuti,
uskrsnuti. vaskrs, uskrs. vaskrsenije,
uskrsenije. p. wskrzesnąć. klr. voskres-
nuty. voskres *lebensfrische.* r. voskres-
nutь. voskrêsъ. asl. krêsiti *auferwecken:*
das wort beruht auf einem nomen *krês-*
(vъskrêsьnyj dьnь *naz.) aus einem iter.*
*krêsati. b. vъskrêsi go, vъskrêsêvam
vb. bulg. lab. s. krese se varnice *soll*
bedeuten „die funken verschwinden". č.
křisiti *auferwecken, laben.* kři̇sati se *sich*
erholen. p. krzesić *wecken, laben.* klr.
voskresyty. *Mit* kres- *sind wahrschein-*
lich folgende wörter verwandt: asl. krêsъ
τροπή, *vielleicht „sonnenwende".* nsl. krês
ignis festivus habd. lex. *johannisfeuer rib.*
gori kakor krês. krêsovati. krêsiti *scintil-*
lare habd. krêsnica *lichtschnake meg.* kre-
savka *noctiluca habd.* s. krijes *johannis-*
feuer. cicada *mik.* kresovi, krijesi *zeit der*
sonnenwende. krijesnica *für* svitac *johannis-*
würmchen. Verschieden *ist r.* kresъ *leben*
dial. Man beachte ne bytь na kresu *das*
gewünschte nicht erreichen, ne toržestvo-
vatь. *Vergl.* kresŭ.

kresa-: nsl. kresati *feuer schlagen.*
s. kresati. samokres. *Vergl.* okresati, skre-
sati *zweige abhauen.* č. křesati. křes.
p. krzosać, krzesać. krzos *feuerschloss.* za-

kres *kerbe ist wohl klr.* os. kšesać.
ns. kśasaś, tśasaś. klr. kresaty. kre-
syło, kresyvo. kris *flinte,* striľba. wr.
kresać. kres. r. kresitь. kresalo *dial.*
Die scheidung von kresa- und kres- (kres-
nąti) ist nothwendig.

kresnica b. *art fisch, s.* kumica.

kresta s. *kamm (des hahnes).* — *rm.*
kreastę. *lat.* crista.

kresŭ: č. kres *kreis.* okres. okršlek.
p. kres. okres. — *ahd.* chreiz. *nhd.*
kreis.

kreši-: s. krešiti, krešivati *gedeihen.*
— *it.* crescere.

krešŭ: nsl. kreš *cardamum.* kreša
kresse. — *ahd.* chresso, chressa. *nhd.*
kresse.

krezombŭ: s. krezub *zahnlückig.*
·Vergl. r. karzubyj *dlal.*

krezy, kryski p. *gekröse; krause.*
os. krjoz. klr. kryza *krause.* krusky,
krušky *gekröse.* — *mhd.* krœse. *ahd.*
chrōsi; krause.

krêga-: nsl. krêgati *ausschelten, zanken.*
krêg. — *lit.* kregêti *grunzen.*

krêgŭkŭ: b. krêhъk *brüchig, zart,*
fein. krêhkav *zart.* č. ·křehký *brüchig,*
mürbe. (p. krechkość). (klr. krichkyj,
kruchkyj, krychyj *mürbe).* wr. krevkość.
— *rm.* krehtu *zart.* *Ob* krêg- *oder* krêh-
(krêch-) *die W. ist, ist mir nicht klar.*
Vergl. asl. krъždevati *mollescere.* č. křeh-
nouti *bedeutet „starr werden".*

krêk-: asl. krêknąti *rigescere.* —
Vergl. lit. krêkti *coagulari.*

krêkŭ: s. okrijek, žabokrek, žabokrečina *wassermoos, zannichellia palustris.*
nsl. krak, krek, žabje jajca. žabokrečina
froschlaich. okrak *froschlaich, wassermoos.*
č. okřehek *wasserlinse.* p. krzek, skrzek
froschlaich. os. kšek *wasserlinse.* ns.
kśek *entengries.* klr. zabokryč. wr.
kvok *für* kłok. r. krjakъ, ukrjak, klëkъ,
klëvъ *froschlaich.* — *lit.* kurkolai. kurkla.
lett. kurkulis *froschlaich.* *Die wörter*
scheinen trotz der so sehr abweichenden be-
deutungen verwandt. Vergl. č. žabinec
conferva und žabiny *sperma ranarum.*

Man nimmt eine verwandtschaft von krêkъ
mit d. laich (*hleih) *an.*

krêpŭ: asl. krêpъ, krêpъkъ *fest.*
krêpiti. iskrêpnąti *erstarren.* nsl. krêpek.
krêpost *tugend, auch bei den katholischen*
Bulgaren. okrêpnoti, okrênoti *hart werden.*
krêpen *erstarrt.* skrepeniti *erstarren (vor*
kälte). b. krêpja *befestigen.* klr. noge
okrepehu *jačke* 277. s. krepak. č.
křepký. p. krzepić, krzepczyć. krzep-
nąć *erstarren, gerinnen.* (os. skšepnyć
vorfallen, von widerwärtigem). klr. krip-
kyj. r. krêpkij. krêpostь *festung.* krêpь
härte. krêpnutь *steif werden* krêpyšь *geiz-*
hals. Die urspr. bedeutung des wortes krêpъ
ist starr, fest. Man vergleicht d. kraft.

krêska-: b. krêštja *schreien.* krêsъk
geschrei. s. kreštalica *häher. Vergl.* kreja.

krêslo: č. křeslo *armstuhl.* slk.
krieslo. p. krzesło. klr. ·krisło. wr.
kresło. r. kreslo; *dial. rahmen.* — *preuss.*
creslan. *lit.* krêslas: *vergl.* krasti s *sich*
auf einen stuhl setzen. krasė, kresie *stuhl.*
lett. krêsls.

kri-: *durch steig.* -kroj: okroj χειρία.
prokroj. ukroj *fascia.* kroiti *schneiden.* okroj
vestis. okrojnica. *Durch dehnung von* kroj *kra-*
jati. nsl. krojiti *zuschneiden.* krajati *habd.*
krajač *schneider habd.* krojač. b. kroja *vb.*
iter. skrojavam. s. kroj. krojiti. krojač.
as. okroj. č. kroj. krojiti. krajeti. p.
kroj. krojić. krajać. wykrawać *aus* -kra-
jawać (*vergl.* r. probaivatь sja). krawiec.
krawacz. skrawek. os. krać *aus* krajać.
kravc. ns. kšajaś. kšajc *PN.* klr. krôj.
pokrôj *schnitt.* krojity. krajaty. kraveć.
kravaľnyk *zuschneidemesser.* wr. krojić.
kravec. r. pokroj. ukroj. kroitь. kra-
vecъ. kravčij, krajčij. — *rm.* kroi *vb.*
lit. kraučius. *lett.* kraucs.

krica r. *kritze.* klr. kryća *stahl,*
kritzeisen. — *Aus dem d.*

krija-: as. okrijati *wieder zu sich*
kommen. krêvati *fovere (lijati, lêvati).* č.
křeji, křáti *genesen.* okřáti, okřivati. os.
vokšeć, vokševać *erquickt werden.* vokševič
erquicken. klr. krijaty *genesen.* wr. kri-
jać, okrijać *genesen.* r. vskrivitь sja *con-*

valescere dial. vielleicht für vskrêvitь sja.
Fremd dieser sippe ist wohl s. okarjati se
recreari. Ich füge hier noch an krêvati
quiescere. nsl. okrêmati *convalescere.* b.
krêvam *heben* (krent-) *mil. 448:* krevaet
dête to na rьcê *518.* kъrtali ke te kre-
vaat *335. machen:* ne nakrevaj mi jadovi
450. krevam se *sich erheben.* kravja *stärken
verk. 368. čol. 131. 144. 151.* kraven *fett:*
kraveni lica *bulg.-lab. 26. Vergl.* korv-.
Bedeutung und form machen schwierlgkeiten.

krik-: asl. krikъ *clamor.* kričati *clamare.* nsl. kriknoti. krik. krič. kričati.
s. kriknuti. kričati. č. křik. křikati. kři-
četi. p. krzyknąć. krzyczeć. krzyk.
krzykać. os. kšičeć. ns. kśik. klr.
kryknuty. kryk. kryčaty: *daneben* kyrčaty,
kyrkaty. wr. kriksa. r. kriknutь. krikъ.
kričь. kričatь. krikivatь. — *lit.* kriklė
kriekente. Gleichbedeutend ist klik-: asl.
kliknąti *schreien.* klicati, klikati. kličati.
klikъ. kličь. nsl. klicati *rufen.* b. kli-
kam *vb.* s. kliċi *rufen wie die Vila.* klr.
kłyknuty. kłykaty. kłyk. kłyč. r. klik-
nutь. klikatь. klikъ. kličь. — *lit.* klīkti.
rm. klikui *vb. An* krik- *und* klik- *reihe ich
jene wörter an, die, einen schall bezeich-
nend, dieselben consonanten und in wenig
zahlreichen ausnahmen dieselbe lautfolge
bieten.* 1) krak-: asl. krakati *krächzen.*
nsl. krakati. krokati. č. krákati. slk.
kráka. p. os. krakać. kaš. krak *corvus.* klr. krakaty, karkaty. krakun *rabe.*
krakva *stockente.* wr. krakać, karkać,
karchać, kyrkać. krakva *wilde ente.* r. kra-
katь, karkatь, kurkatь, krjakatь. krakva.
karkunъ *rabe dial.* krjakva, krjakuša. —
lit. krokti. krakti, karkti. *lett.* krākt,
kārkt. kērkt. *ahd.* hruoh *krähe. and.*
krākr *rabe. lat.* crocire. 2) krek: asl.
krekati *coaxare.* krekъtati. krečetъ *cicada.*
nsl. krečati *habd.* s. krečati. kreknati.
kreka. kreketati. č. křečeti, škřečeti.
křeček *hamster. Vergl.* křehotati. kře-
chář *taucher.* p. krzekać *ranzen, brünf-
tig sein.* krzekotać. *Vergl.* grzechotać.
krzeczek *hamster.* krzeczot *gerfalk.* klr.
krektaty. krečet *weisser edelfalke.* wr.

krektać. r. krečetъ. krochalь *mergus.* —
magy. kerecset *art falke. preuss.* kerko
taucher. gr. κρέκω. 3) krenk: p. krzę-
czeć, krząkać, chrząchać *knurren.* klr.
krjak *heerschnepfe.* krjaka *laubfrosch.* r.
krjakatь. krjachtêtь. 4) krok: nsl. krokati *krächzen.* krokar *rabe.* krokot. č.
krokati. 5) krukŭ: asl. krukъ *corvus.* p.
kruk. krukać. klr. krukaty *krächzen.*
kruk. *Vergl.* krjukaty *quaken.* wr. kruk.
r. krukъ. — *lit.* krukti. kraukti. krauklis
krähe. lett. kraukls. *got.* hrukjan. *Man
vergleicht ai.* krõça *geschrei.* krõçati *schreit.
Mit anderer lautfolge:* ns. kurcaś. klr.
kurčaty. — *lett.* kurkt. 6) kŭrk-: asl.
krъknati *krächzen.* nsl. krketati. s. krk-
nuti. krčati. krkljati. krkoriti. č. krkati.
ns. kyrcaś: *vergl.* cerka *wilde ente, kriekente.* r. kerkatь. ●karkatь. čirkatь. —
lit. kirkti, karkti. kurkti. *rm.* krękni,
karkni *vb.*

krilŭ: asl. okrilъ *chlamys,* χαταπέ-
τασμα. *Vergl.* kri-.

krinica: asl. kniga glagoljemaja vrê-
menьnikъ sirêčь krinica. nsl. krnica
(karnica) *gurges meg. lacus lex. Vergl.*
krnica *presskufe, backtrog.* p. krynica
cisterna aus dem r. klr. krynyća *neben*
kyrnyća *brunnen.* wr. krinica *quelle.*
r. krinica *dial.*

krinŭ 1.: asl. krinъ, krina *modius:*
krina zlata. krinica *olla, hydria, catinus.*
okrinъ *pelvis.* b. krina *getreidemass.* s.
krina *labellum.* krinca *scutella nik.* krinčica
kleine schale. as. u krinê '.kd. kъbli.
č. okřin *napf.* p. krzynow *vas ligneum.*
os. kšina, kšińa, kšinca. ns. hokśin *mulde.*
kśinica *reibenapf.* klr. krynovka *brat-
pfanne.* r. krinka *topf.* okrinъ *schale.*
Vergl. skrinja.

krinŭ 2.: asl. krinъ *lilium.* b. krem:
div krem *wilde lilie.* s. krin. klr. kryn.
r. krinъ. — *gr.* κρίνον

kripevĭcĭ: nsl. kripevec *filzlaus vip.*
krpêlj. s. krpelj, krpijelj *und* kršijelj.

krišlŭ: asl. okrišlъ *tabernaculum.*
č. okršel, okršlek. okrsl *orbis vit. circui-
tus.* nsl. okrešel *ON.*

krišpa-: nsl. krišpati *crispare*. s.
nakrešpati *mik.* — *mhd.* krispen. *lat.*
crispare.

krivištĭ: r. krivičъ. — *lett.* krēvs
krîvs *Russe*. krēvini *ehstnische kolonisten*.
Nicht vom lit. kirba *sumpf abzuleiten*.

krivŭ: asl. krivъ *schief, krumm*.
krivъda. krivina. nsl. kriv *krumm. schuldig reus*. krivica. krivkati *spähen*. krvina
pri saneh *seitenkrümmung*. krevljati *hinken*.
kravolja *hirtenstab*. b. kriv. krivja
krümmen, beschuldigen. okrivêja *krumm
werden*. krivica. krivina. krivdina. krivak
krummer hirtenstab. krivulak *čol. 134*. raz-
kriva *fratze*. s. kriv *krumm, schuldig*.
krivda. krivudati *sich schlängeln*. krivak
art münze. krivošija. č. křiv. křivda.
křivolaký *schräge*. křivolačiti. p. krzywy.
krzywda. krzywulec, krzywuła *von natur
krummes holz*. kaš. krzyv. polab. kraivy.
os. kšivy. kšivda. ns. kśivy. klr. kry-
vyj. kryvda. wr. krivyj. krivda. r.
krivoj. krivda. krivota. krivulja. krivitь.
— rm. krivec. *lit.* kreivas *schief*. krivda,
krivida *entlehnt*.

krizma, križma, hrizma asl. *chrisma*.
nsl. križma, krizma, hrizma. hrizmanik
*stück leinwand, das die pathen dem täuf-
ling geben*. s. krizma *firmung*. krizmati.
č. křižmo *chrisam*. p. krzyžmo, chrzyžmo.
klr. kryžma *weisses leinwandstück bei der
taufe, pathengeschenk*. — magy. korosma,
kolosma *pathengeschenk*. ahd. chrisamo,
chrizmo. *lat.* chrisma. *gr.* χρίσμα.

križa-: s. križati *zerschneiden*. križka.
č. křížala *apfelspalte. Vergl.* klr. počykry-
žyty *zerstückeln, wie reduplicirend. Vielleicht
doch mit* križь *verwandt*.

križĭ: asl. križь *kreuz*. nsl. križ.
b. križna nedêlja. s. križ, *nicht im theologischen sinne. Vergl.* kriškar *art mütze*.
č. kříž. p. krzyž. os. kšiž. ns. kśica.
klr. kryž *kreuz am rücken*. kryž, krest
für r. chorugvъ. zakryžyty śa *schwören*.
na okryž. wr. kryž. r. kryžъ, *aus
dem p.* — *Daraus preuss.* scrīsin *sing. acc.
und lit.* križius *kreuz. Aus* križь *rm.*
kîržę *hirten-, bischofstab, krücke, und*

auf diesem klr. kyrža *hirtenstab. Das
wort beruht auf* ahd. chrūzi *n., das im
achten oder neunten jahrhundert aus* lat.
crūci *entstanden ist. Man erwartet* asl.
krjužь: *auch ž für z, tz ist befremdend.
(Vergl. jedoch* dužь, kaležь). križь *ist im
neunten jahrhundert von den pannonischen
Slovenen angenommen worden.* križь *findet
sich gegenwärtig nur bei den katholischen
Slaven als erinnerung an den deutschen
ursprung ihres christenthums. Die griechischen Slaven gebrauchen das auf* χριστός
zurückgehende krъstъ: *dieses wenden auch
die Letten an:* krusts; *auch* lit. krikštas
ist darauf zurückzuführen. Vergl. krъstъ.

krjudŭ: os. kšud *peitsche*. ns. kśud.

krjukŭ: klr. krjuk, kruk, hak *haken*.
wr. krjuk. r. krjukъ. krjučitь *neben kor-
jučitь*. p. kruk. — *lit.* krukė. *Vergl.*
anord. krōkr. *schwed.* krok. *fz.* croc.

krochalĭ: r. krochalъ *tauchergans.
Vergl.* č. křekař, křehař. — *lett.* kroka
taucher.

krochmalĭ: p. krochmal *stärke*. klr.
krochmaľ. r. krachmalъ, kruchmalъ, *aus
dem p.* — *Aus dem d.:* kraftmehl.

kroka r. *eintrag, einschlag*. — *gr.*
χρόκη.

krokva č. klr. *dachsparren*. p.
krokwa, krokiew. wr. krēkva. — *lit.*
kraikas *dachförste. lett.* krakjis *die hörner
am dachgiebel*.

kroma, pokromъ asl. *rand*. kromê
procul, absque: kromê idi. kromêštьпъ
(r. kromêčьпъ), kromêšьпъ ἐξώτερος. ukromŭ
res insolita. ukromь *singulatim*. ukromъпъ
abgesondert. s. okrom *ausser*. č. kromě,
krom. soukromý *abgesondert*. slk. kreme,
krema, krem, okrem. p. kromia, kro-
mie, krom, okrom *ausser*. kromka *brot-
krume*. os. kroma *rand*. zkromny *am
rande befindlich*. ns. kšoma. klr. krôm
das abgesonderte. kroma *scheidewand*. kromi,
krôm, okrôm, krem *ausser*. okromja. z
okrema. okremyj, okremnyj, okremišnyj
abgesondert. sukromyj. kromyty *trennen*.
prykromyty *bändigen*. ukroma. zakrom
speicherraum. wr. krom, okrom. r.

kroma *rand, abgeschnittenes stück brot.*
kromê, okromê, okromja. pokromъ *tuch-*
ende. zakromъ. sukromъ. okromêsьnêj adъ
var. 74. ukoromъ *weide. — Vergl. lett.*
křěma *kleine schicht. oberhalb des gekochten.*

kromidï: asl. kromidь *zwiebel.* kro-
midije *personificirt.* b. kromit. s. kromid. kromiti luk. — *ngr.* κρομύδι.

krompiř: nsl. krompir, krampêr.
kartoffel. č. krumpír. klr. krompeľ. -
nhd. grundbirne, *dial.* grumbire.

krompŭ: asl. krąpъ *klein.* krąpěti
contrahi. sъkrąpiti *abbreviare.* nakrąpьnъ
ὑποκόλοβος: *zum theil verstümmelt prol.-rad.*
krąpodušьnъ. č. krupý *rudis gehört nicht*
hieher. p. krępy *kurz und dick.* krępo-
wać *zusammenbinden. — rm.* krępmitsę
fehler liegt abseits. Man vergleicht lett.
krumpēt *verschrumpfen.*

krončina: asl. krąčina *cholera, bilis,*
ira, epilepsia. naglokrąčinьstvo. klr. kru-
čynyty śa. r. kručina *kummer.* kručenitь
sja. — *rm.* kręnčen *grausam.*

krongŭ: asl. krągъ *kreis.* okrągъ *cir-*
cum. krąglъ, okrąglъ *rund.* krągovatъ, krą-
glovatъ, krągnovastъ. krąžilija *plur. n.,* kraži-
licę *plur. f. orion: der zusammenhang dieser*
wörter mit ihrer bedeutung ist mir dunkel.
nsl. krôg. okrôgel. krôžica *becher.* krugla
kugel d. mit anlehnung an krôg. s. krug
scheibe. okrugao. č. kruh. okruh. okrou-
hlý. p. krąg. okrąg. krążyć. krąž. krą-
žec. okrągły. kraglić. os. kružić. klr.
kruh. kruhlyj. kružaty *rund abhauen.* kru-
žało. kruževo *spitzen.* wr. kružać. r.
krugъ. kruglyj, okruglyj. kruglyšъ. kru-
žitь. *Vergl.* kruževo *spitzen. — rm.* krîng.
krug *aus dem* r. *magy.* korong. kuruzsló.
kereng *kreisen will man von* korong *wegen*
seiner hellen vocale trennen: man weist auch
auf magy. kerit *hin, trotz der verschieden-*
heit der bedeutungen. ahd. hring *ring. Dem*
asl. worte liegt eine W. kreng *zu grunde.*

krontŭ: p. okręt *schiff.*

krontŭky: p. pokrątki *nieren.*

kropi-: asl. kropiti *besprengen.* kro-
plja, kropa *tropfen. iter.* -krapljati. *Da-*
neben skrop-: poskrapati *lam. 1. 33.* nsl.

kropiti, škropiti, škrofiti. s. kropiti, škropiti. č. kropiti. kropě, krápě *tropfen.*
krápati, krapěti. p. kropić *tropfen.* kro-
pia, kropla. okrop *bespritzen.* os. *Vergl.*
krjepa *grosser, dicker tropfen.* krjepić. ns.
chrapa. klr. kropyty. kropľa, krapľa. kra-
paty *träufeln.* wr. kropľa, kropka. r.
kropitь. krapatь *träufeln.* kraplja *tropfen.*
krapъ *tüpfel. — rm.* stropi *vb. lit.* kra-
pinti. krapīklě *sprengwedel: slav.* kropidlo.
Man vergleicht ai. krpiţa *wasser.*

kropŭ 1.: asl. ukropъ *siedendes wasser.*
nsl. os. krop. č. úkrop. p. ukrop. ns.
hukšop. klr. ukrôp. wr. ukrop. r.
ukropъ. *Man merke asl.* toplъ ukropъ *und*
ukropъ *für* ὕδατα. *Vergl.* kropi-.

kropŭ 2.: p. okrop *gräuel.* okropny
terribilis flor. — Man vergleicht skand.
hrappr *violentus.*

krosno asl. *weberstuhl.* s. krosna *f.*
neben razboj. p. os. krosna. klr. krosna
rahmen. wr. krosny *weberstuhl.* r. krosny
krosno *dial.*

krošnja: asl. krošnica *korb.* nsl. s.
krošnja. b. krosna *wiege.* č. krosna
korb. klr. krošnja, korošnja *art fischnetz.*
r. krošnja, korošnja *körbchen aus weiden-*
ruthen. Vergl. krošni *der obere theil des*
rückens. — alb. krošnję. *Vergl. nhd.*
krächse. *bair.* krachse, kraxe.

krotŭ: asl. krotъkъ *zahm, kirre.* krotiti. nsl. krotek. b. krotъk. krotkina.
s. krotak. č. krotký. krotiti. p. krotki.
krocić. klr. krotkyj. r. krotkij. kro-
titь. *Vergl.* ukroticha *damasonium.*

krovatï: asl. krovatь *bett.* b. s. kre-
vet. klr. krovať *neben* korovať. r. kra-
vatь, klêtь, vъ kotoroj spjatъ baby *dial.*
— *gr.* κράββατος. *ngr.* κρεβάτι. *lat.* gra-
batus. *türk.* kérévét.

krugla asl. *becher.* nsl. krugľa *trub.*
meg. dain. kruglica *lex.* as. krugla. č.
okrouhlík *milchnapf gehört zu* krongŭ. —
magy. koroglya *büchse. ahd.* crugela.
Damit ist zu verbinden: p. kruž. polab.
kreuz. ns. kružk. r. kružka. — *lit.* kru-
žas. *Dabei möchte man an mhd.* krūse
denken. preuss.-d. krūs.

kruchta č. p. *emporkirche, gruft.* — *ahd.* cruft. *mlat.* grupta. *gr.* χρύπτη.

krukla nsl. *grallae meg.* — *magy.* kuruglya *ofenkrücke.* *ahd.* chruccha.

kruli- 1.: nsl. kruliti, okruliti *truncare meg.* kruljav *hinkend.* kruljavec.

kruli- 2.: nsl. kruliti, kroliti *grunzen.*

krupa asl. *mica.* krupica. krupa pьšeničьna. s. krupa *hagel, eig. korn, hagelkorn.* č. kroupa *graupe, hagel.* krupobiti. p. krupa *graupe.* krupić *schroten.* krupi się *es gräupelt.* os. krupa. ns. kšupa. klr. krupa *grützkorn.* wr. krupa. r. krupa. — *lit.* krupa, kropa. *magy.* korpa *kleie, schuppen (auf dem kopfe).* egy korpányi só. *rm.* krupĭ *grütze. Vergl. nhd.* graupe, *alt:* ïsgrüpe *hagelkorn.*

krupŭ: s. krupan *grob.* r. krupnyj *grob, grobkörnig.* ač. krupý *rudis.*

kruta r. *beschlag an heiligenbildern.* pokruta *kleid.* ukruta *anzug, putz, schmuck.* ukrutь *art weiblicher kopfputz.* krutitь sja *sich ankleiden, putzen.* prikručatь *ankleiden (die braut).* prikruta, skruta *mitgift, urspr. kleider. Aus der vorstellung „mitgift" entwickelte sich bei* pokrutь *die vorstellung loos, theil,* dolja. okrutitь sja *heirathen.* krutitь sja *für* taskatь sja *lässt an* krąt- *von* krent- *denken.*

krŭ-: asl. *mit gedehntem vocal* kryti, *manchmahl* kriti, *decken, verbergen. partic.* krъvenъ. *Durch steig.* pokrovъ. nsl.-kriti. *partic.* pokriven *lex.* kriv *dach.* b. krija *vb.* zadskrija *verhüllen.* otskrija *enthüllen: für* kry *trat* sъkry *ein.* pokriv *dach, decke.* skritom, skrišem, skrišema *heimlich.* skrišen *adj.* pokrov. s. kriti. krišom, kridimice, krimice *heimlich.* krov. č. krýti. kryt *dach.* skryt, skrýš *verbergungsort.* krov. p. kryć. kryjomy. pokryva. polab. krǎije *deckt.* pükrit *inf.* os. kryć. kryv, krov. ns. kšyś. klr. kryty. kryša *dach.* kryška *deckel.* wr. kryć, kroju. r. krytь. kryša. krovъ. — *rm.* pokrovicę *magy.* pokrócz.

krŭčulja: slk. krčuľa. — *magy.* korcsolya *schlittschuh, weinbock. rm.* korčie

hintere wagenleiter, schragen. nsl. s. krčalo *haben eine andere bedeutung.*

krŭčĭ: asl. krъčь, krъčij *faber.*

krŭga: s. krga *schöpfgefäss von kürbis. Vergl.* č. krhanice *topf.* — *Man vergleicht lit.* kragas *krug*

krŭch-: asl. krъha, krъhotъka *mica.* krъhъkъ *fragilis.* krъhъtъ *maza.* krъšiti *frangere.* nsl. krhati, krhnoti: *man führt auch* krêhnoti *an.* krhek *fragilis meg.* krhet *fragmen meg.* krhelj, *gen.* krhlja. b. krъša *abreissen: rъcê te si* krъšit *mil. 76.* kr. prekrъšiti *übertreten infringere.* s. krhati. kršiti. krhat *frustum.* krhti *adj.* krhtiti *mik.* p. krszyć *zerbröckeln.* krocha *alt, aus dem* r. klr. kryška *brocken.* krychkyj *brüchig.* kryšyty *zermalmen.* krochot, krychta *fragmentum.* wr. krochi *wenig.* krośka. krohkij *(für* krochkij*).* kryšić. r. krocha *stückchen.* krochotina. krochkoj *für* čerstvyj *hart.* krošitь. kroševo. — *lit.* krušti. *Vergl. rm.* tęršitsę *sarculum, wenn aus* kęršitsę. *Durch steig.* kruhъ, ukruhъ *frustum.* krušьcь *metallum.* -krušiti *brechen.* nsl. kruh *brot.* s. kruh. č. kruch *stück.* krušec *knollen salz.* skrucha *zerknirschung.* krušiti *zerbröckeln.* skrušiti, skroušiti. p. kruch. kruszec *erz.* skrucha *zerknirschung.* kruchy, kruchki *mürbe.* kruszyć. kszyć. os. kruch. skrušić. klr. kruch. krušeć. krušyty. kruchyj, kruchkyj *mürbe.* wr. kruch. ukruch. kruš *f.* kruchij, kruchkij. r. kruchъ. krušecъ. krušitь. — *lit.* krušti. kruša, *lett.* krusa *hagel. W.* krŭs. *Man beachte* č. kršňák, kršňavý *linkhand.* kršňavice *linke hand, als die weniger brauchbare: it.* manca, stanca; *sp.* zurda *die taube; fz.* gauche *die welke.*

krŭnja: s. krnja *scheide. Vergl.* č. krně *klinge.*

krŭpa: asl. krъpa *lappen.* krъpati (krъpanije), krъpiti (iskrъpljenъ) *flicken.* nsl. krpa. krpati: oči se mi krpajo, drêmlje mi se. b. krъpa. krъpja *vb.* s. krpa. krpiti. (klr. kyrpa *ist haarflechte).* wr. karpać *langsam arbeiten ist vielleicht* p., *wo es jedoch nicht nachgewiesen ist.* r. kropatь, *dial.* krêpatь *sudeln, pfuschen.* —

rm. kęrpę *fleck.* kęrpi *vb.* kęrpač. *alb*
kęrpę. *Ob r.* kropatь *zu dem asl.* krъpati
gehört, macht die verschiedenheit der bedeu-
tung zweifelhaft: fällt dieser zusammen-
hang, dann ist auch die urform krŭpa.
beseitigt. lit. kirpti *scheren liegt abseits.*

krŭpelĭ 1.: *nsl.* krpelj *filzlaus. Laut-*
folge unbestimmbar.

krŭpelĭ 2.: *p.* karpiel, brukiew *art*
kohlrübe.

krŭpŭkŭ: *r.* kropkij *zerbrechlich. —*
Man vergleicht lett. krŭpis *ein gebrechlicher.*

krŭsma-: *asl.* krъsmati. *s.* krsmati
tardare. Lautfolge hypothetisch.

krŭšelĭ: *nsl.* kršelj *filzlaus neben*
krpelj. *s.* kršijelj. — *rm.* kęrčel *schaf-*
laus. Lautfolge unsicher.

krŭšĭ: *s.* krš *fels, stein. — Man ver-*
gleicht lit. pakriušis *steiler bergabhang: bei*
Stulli ist kršiv *fragilis, praeruptus.*

krŭtŭ: *asl.* krъtъ *maulwurf.* cakoninъ krъtъ. krъtoryja *in r. quellen.* **nsl.**
krt. **b.** krъtica. krъtičina. **s.** krtica.
č. kret, *dial.* krt. **p.** kret. **os.** knot
aus krot. **ns.** kšet, škret. **klr.** krot,
kret, krut. kertyća, kyrtyća. kertyna.
kerktyna *ung.* nakretyty *neben* nakertyty.
Vergl. čertoryja *ON.* **r.** krotъ. kroto̧-
ryja. — *lit.* kertus *neben lett.* kurmis.
rm. kĭrtitsę.

krŭvĭ: *asl.* krъvь *blut.* krъvavъ.
krъvavica. **nsl.** krv, kri. krvav. krva-
vica. krvolok *blutdürstiger mensch.* sô-
krvica *mit blut gemischter eiter.* **b.** krъv.
krъvav. krъvnik *mörder.* krъvnina *geld-*
strafe für mord. **s.** krv. krvnik, krvnov.
krvolok. krvosalija *schwere arbeit.* **č.** krev,
gen. krve. krvavý. soukrvice *blutiger eiter.*
p. krew, *gen.* krwi. krewny. krwawy. sukrwica. **polab.** krôi, kârâi *aus* kry. **os.**
krej, *gen.* kreje, krvje. **ns.** kšej, kšev, *gen.*
kšvje. **klr.** krov, krôv, kerva. krovavyj.
zakervavyty, zakrovavyty. kervań *blut-*
kraut. **wr.** krov́, *gen.* krivi. krevnyj,
krovnyj. krvavyj, krivavyj. **r.** krovь.
sukrovica. krovososъ *vampyr. — preuss.*
crauyo. krawia. *lit.* kraujas. kruvinas
blutig. kruvinti.

krŭž-: **klr.** kryžna utka, kryžanka
stockente. **s.** krža, kržulja *wilde ente.*
Vergl. s. krdža.

krygŭ: **p.** kryg *brechzaum, lupata.*
Man denkt, kaum mit recht, an d. krieg
tendicula, uti habetur in balistis.

krysa *r.* **klr.** *ratte.*

krĭ-: *ar.* krьnuti, krenuti *emere.* kri-:
otъ ukrijenaago svjaščenija, *d. i.* kuple-
nago, *krэmč.-pav.* 84. — *Man denkt an*
ai. krī.

krĭstijanŭ: *asl.* krъstijanъ, krъstija-
ninъ, hristijaninъ, hrъstijaninъ *christ.* **nsl.**
kristjan, *daraus* kriščan *und* krščan. **b.**
krъstjanin. **s.** krščanin *Serbe der römi-*
schen, hrišćanin *der griechischen kirche.*
č. křesťan. **p.** chrześcianin, krześcianin.
os. khšesćijan. **ns.** kšešćijan *christ, mensch*
klr. chrystyjanin. chrysťinyn *in der be-*
deutung „man" (sagt), auch im munde des
juden. krestjanyn *unterthan.* **r.** krestьja-
ninъ *landmann. — preuss.* crixtiänai. *lit.*
krikščonis. *magy.* keresztyén, keresztény.
ahd. christan. *Diese ausdrücke beruhen*
auf christianus, χριστιανός. *Daneben findet*
man **nsl.** krščenik *christ:* krščenica *be-*
deutet „magd", womit der r. ausdruck für
„landmann" zu vergleichen ist. **s.** krščenik *ist selten. — lett.* kristīts cilveks.

krĭstŭ 1.: *asl.* krъstъ *kreuz neben*
krestъ, kristъ, hrъstъ, hristъ *Christus.*
lъžii hrъsti *ostrom.* krъstiti, krъštati, hri-
stiti, hrъstiti, hrštati *taufen, bekreuzen.*
nsl. krst *taufe.* krstiti. krstnica *charsamstag*
bei Linde. In fris. krest *taufe.* krisken *ge-*
tauft. krist *Christus:* cruz *Christus ist wohl*
ein fehler. **b.** krъst *kreuz.* krъstja, krъšta-
vam *taufen.* prêkrъstja *bekreuzen.* krъsnik
gevatter. krъštenik. krъstat *gekreuzt.* **s.**
isukrst. krst *kreuz.* krstiti. krstiti se.
krstača. **č.** křest, *gen.* křestu, křtu, *slk.*
krst, *taufe.* křtíti. **p.** krzest, chrzest, *gen.*
krztu, chrztu. krzcić, chrzcić. krzesnak,
chrzesnak. **kaš.** krzcec. **os.** khšest,
gen. chštu, *jetzt* khšćenica, kšćenica, khšći-
zna, sćizna *taufe: daneben* dupić *taufen.*
ns. kšćiś *neben* dupiš. **klr.** krest, chrest,
chryst *kreuz, taufe.* krestyty, chrestyty,

kstyty, rstyty. na ochrest, na okrest *kreuz-weg.* krestom, kryžem łežaty vodochrešči, vodoršči *wasserweihe.* ščenyj *getauft.* ščyńa *taufschmaus.* chrestyny, iršyný. wr. chrest, krest, *gen.* chrestu, kstu, *kreuz, taufe.* chrescić, chriscić *bekreuzen, taufen.* ksciny, chrisciny, chrezbiny. r. krestъ, chrestъ. krestecъ. krestitь, kreščenyj, *dafür dial.* kstitь, ščěnyj. kstiny. vodokrešča, vodokša, vodokšina. — *magy.* kereszt *kreuz, daraus* keresztelni. *rm.* kręsnik *küster für* kręstnik. kęrstinkę *fischergabel. preuss.* crixtitwi. crixtisna. crixtnix *täufer. lit.* krikštas *taufe.* krikštīti. *lett.* krusts *kreuz.* krusṭīt, kristīt *taufen.* krustiba, kristiba. krustděna *himmelfahrtstag: die Letten sind von Osten her bekehrt worden. ehst.* rišt *taufe. finn.* ristiä *bekreuzen. and.* kristna. *mhd.* kristenen, kristen. *Ein entsprechender ahd. ausdruck fehlt: dessenungeachtet muss das wort als pannonisch aufgefasst werden.*

krĭstŭ 2.: asl. okrъstъ *adv. praep. circum.* okrъstьnъ *adj.* **polab.** våkårst *umkreis, um herum.* r. okrestъ. — *Das wort ist von dem aus dem deutschen stammenden* kres, okres *zu trennen. Vergl. preuss.* scritayle *curvatura, rota. lit.* skritas *orbis. lett.* kärt *circum.*

krĭt-: p. krzta, krta, krztyna, krzyna *brocken, bisschen.* do krzty *vollständig.* č. skřita. *Mit der W.* krǔch- (krszyć) *ist das wort unverwandt, wie* ř *zeigt: doch auch* krta, *ferner dial.* do skretesu, do jizna, zupełnie.

ksyk-: p. ksyknąć *zischen.* ksyk, kszyk.

kštałtŭ: p. kształt *gestalt.* **wr.** kštałt. č. křtalt. **nsl.** štavt. **ns.** štalt. — *d.* gestalt.

ktitorŭ: asl. ktitorъ, htitorъ *fundator.* — *gr.* κτίτωρ *von* κτίζω, *woher auch* sъhtisati *condere.*

ktyrĭ: r. ktyrъ *asilus.* — *Vergl. gr.* φθείρ *laus.*

kubara ar. *navis longa.* r. gabara. — *gr.* κομβάριον. *mlat.* gombaria.

kube b. s. *kuppel.* — *türk.* kubbé. ngr. κουμπές.

kuburŭ: b. kubur *futteral.* s. kubure. r. kubura. — *ngr.* κουμπούριον. *türk.* kubur.

kucŭ: b. kuc *hinkend.* okuceja *vb.* — *ngr.* κουτζός.

kuča r. *haufe, heuschober.* kuče *masse.* p. kuczek. **nsl.** kuča *garbe.* — *lett.* kūce *haufe.*

kuča-: p. kuczeć, kucznąć *hocken.* siedzieć w kučki. — *Vergl. lett.* kuknjōt.

küči-: s. dokučiti *erreichen, verstehen.*

kučopirŭ: klr. kučopyr *fledermaus.*

kučĭka asl. *canis,* *spät.* **nsl.** kučka, kujsa. b. kučka. kučina. kuče. **kr.** kucak *ung.* s. kučak. kučka. *Vergl.* kucov. p. kucziuk *hundename.* r. kučki *plejaden. Vergl.* **nsl.** cucek, cucič. s. cucak. **klr.** cucyk. cuceńa. r. kutja *und magy.* kutya. — *alb.* kuč. *Vergl.* kotjuga.

kučĭma: as. kučьma *pileus.* **kr. klr.** wr. kučma *art mütze, pelzmütze.* **kr.** auch kičma. p. kuczma. r. košma *dünner filz.* — *magy.* kucsma. *rm.* kučmę, kušmę. *Vergl.* s. kukmarka *gehaubter vogel.*

kudesŭ: r. kudesъ, kudesnikъ *zauberer.* kudesitь *hexen.* kudesitь sja *sich maskiren.* kudъ *zauberei, teufel.* asl. kudešьnъ, kudešьnikъ *mimicus.* klr. kudešьskaja bładenija *chrest. 243.* r. *dial.* okudnikъ *für* kudesnikъ *deutet auf einen zusammenhang mit* kud- *in* kuditi.

kudi-: asl. kuditi, prokuditi *tadeln, beschimpfen.* prokuda. prokudьnikъ. prokudьlivъ. prokuž(d)a *tichonr. 1. 184.* **nsl.** kuditi. s. kuditi. r. prokuda *schelmischer, muthwilliger mensch.*

kufa, kuchva klr. *kufe.* p. kufa. — *ahd.* chuofa. *mlat.* cōpa *aus* cūpa. as. kupa *fass.* *rm.* kofę. *Vergl.* kupa *poculum.*

kuga nsl. s. *pest.* — *nhd.* koge *dial.*

kugla s. *kugel.* kuglana. č. kula, koule. p. kula. kulać *rollen.* os. kula. ns. kuľa. klr. wr. kuľa. r. *dial.* kulja. — *mhd.* kūle, *nebenform von* kugele. *lit.* kulė. kulka. *schwed.* kula.

kuglja: p. kugla *gaukelei.* kuglarz. — *ahd.* goukal. *mhd.* goukel, gougel.

kucharĭ: asl. kuharь *koch*, *spät.* nsl. kuhati. kuhinja, kuhnja. (b. gotvja *kochen*). s. kuhaṭi *neben* variti. kuhar, kuhač. kužina *aus dem it.* č. kuchati *ausweiden*, vařiti *kochen*. kuchař. kuchyně. kuchta *sudelkoch*. p. kucharz. kuchnia. kuchta *küchenjunge*. (warzyć, gotować *kochen*). os. kuchař. (varić). kucheń. ns. kuchaŕ. (variś). klr. kuchar. kucharyty. kuchńa. kuchta. (varyty). wr. kuchaŕ. kucharicha. kuchta. r. kucharъ *dial. für* poⱴarь. (strjapatь, gotovitь kušanьe) kuchnja *aus dem p.* — *magy.* kohnya, konyha. *rm.* kuhnie, kuhne, keknę. *preuss.* kukore. *lit.* kukarka. kuknė. *lett.* kukńa. *ahd.* chohhōn *aus coquere (kokere).* chúhhina. *Das fremde kuhati hat das einheimische variti usw. nur theilweise verdrängt.*

kuja-: asl. kujati *murmurare.* kyjba ζηλοτυπία. nsl. kujati se *schmollen*, ostinarsi, *im Westen.* jezljati ali kujati se. skujati se *schmollend werden.*

kujumdžija b. *goldschmied.* s. kujundžija. — *türk.* kujumdžę.

kuka 1.: p. dokuka *belästigung.* dokuczyć *lästig werden.* dokuczać, dokurczać *mit anlehnung an* kurczyć. klr. kučyty (komu). mńi skučno. wr. dokuka. r. kučitь sja *mit bitten belästigen.* dokuka. skuka *lange weile. Vergl.* s. skučiti *in die enge treiben.* r. kučno *für* têsno *dial.*

kuka 2.: asl. kukonosъ *krummnasig.* b. kuka *haken.* kr. kučica *fibula.* s. kuka. kukac. okuka *windung eines flusses.* ns. kokuľa *haken.* — *got.* hōha *pflug. lit.* kukis *misthaken. Man füge hinzu* s. kvaka, os. kvačka *haken.*

kuka-: asl. kukavica *kuckuck.* nsl. kukati. b. kukam *vb.* kukavica. *Vergl.* kukumêvka. s. kukati. kukavica. kukavni *traurig.* č. kukati. (koukati *gucken*). p. kukułka. kaš. kukučka. os. kokula. ns. kukava. klr. kukaty. wr. kukovać. r. kukovatь (kukatь *murmeln*). kukuška. — *lit.* kaukti *heulen.* kukóti. *lett.* kaukt *heulen.* kūkōt. *alb.* kukavitsę. *ngr.* κούκος.

kukla 1. b. č. *puppe.* — *türk.* kukla. *gr.* κούχλα.

kukla 2.: b. kuklička *art kopfbedeckung*, *kappe.* gugla. s. kukulj, kukuljica. gugla. č. p. kukla. r. kukolь *dial. Vergl.* kalugerъ bezъ kuklara. — *ahd.* cucula, cugula *aus mlat.* *nhd.* kugel, gugel. *magy.* kuklya, csuklya. *gr.* κουκούλα. *türk.* kokola.

kuklja-: s. kukljati, kuljati *hervorwallen.*

kukumarŭ: s. kukumar *neben* krastavac *gurke.* nsl. kumara. — *alb.* kokomare. *nhd. dial.* gugkumer. *lat.* cucumis, *sing. acc.* cucumerem.

kukumarĭ: asl. kukumarъ *poculum.* — *gr.* κουκουμάριον.

kukurêčĭ: asl. kukurêčь *art pflanze.* nsl. kukuvjek (*wohl* kukurjek) *helleborus niger lex.* b. kukurêk. s. kukurijek *nieswurz.*

kukuriga-: b. kukurigam *krähen.* s. kukurijekati. p. kokorykać. klr. kukurikaty. r. kukorekatь. kokoreku *tichonr. 2. 3. 50.* — *lat.* cucurio. *magy.* kukurékol. *ngr.* κουκουρίζω. *Onomatop.*

kukuruzŭ: b. s. kukuruz *mais.* klr. kukurudzy. r. kukuruzъ. nsl. kuruza. — *magy.* kukoricza. *türk.* kokoros.

kukuta, guguta *neben* čikuta s. *conium maculatum.* — *lat.* cicuta. *rm.* kukutę. *Dagegen* p. cykuta.

kukĭcĭ: nsl. kukec *wurm.* — *magy.* kukacz *made.*

kula b. s. *thurm.* — *türk.* kullé.

kulakŭ: r. kulakъ *faust.* p. kułak. — *magy.* kulyak *faust.* ehst. kulak *faustschlag.*

kulašĭ: b. s. kulaš *fahles pferd.* — *türk.* kula *fahl.*

kulebjaka r. *art kuchen mit fisch.* — *Man denkt an finn.* kula *fisch.*

kulêšĭ: s. kuliješ *art gericht.* klr. kuľiš *dünne mehlspeise.* wr. kuleš.

kuličĭ: r. kuličь *art rundes brot.* — *Vergl. gr.* κόλλιξ.

kulika-: r. kulikatь *säufer sein. Wohl onomatop.: vergl. d.* glu glu.

kulikŭ 1.: r. kulikъ *schnepfe.* p. kulik, kulig *möve.* č. kulik, kulich.

klr. kuľyk *strandläufer.* — *Vergl. lit.*
kaulīti *winseln.* *lett.* kulains *blaubeer-schnepfe.*

kuliků 2.: p. kulik *fastnachtschwär-merei.* — *Vergl. lett.* kulōs lēkt *fastnacht laufen.* kulnêks *fastnachtsbruder.*

kulje *s. bauch.* kuljav *schwanger.*
Vergl. kuljer *magenwurst.* kulenica. **kr.**
kulin. — *Man darf an ngr.* κῶλον *denken.*

kuluků: s. kuluk *frohne.* — *türk.*
kul *sclave.* kullęk.

kulĭ: r. kulь *suck.* **klr.** kuľ. **p.** kul.
s. kuljar. — *Vergl. gr.* κουλεός, κολεός.

kulĭbaka: p. kulbaka *sattel.* — *lit.*
kulbokas *in anderer bedeutung. Man ver-gleicht türk.* kaltak.

kulĭga-: č. kulhati *hinken.* (**p.** kula
der auf krücken geht. kuleć, kulawić).
kulchać. **kaš.** kulzac. **klr.** kuľhaty.
(kuľity). **wr.** kuľbać, kuľać. kuľha. *Vergl.*
kuldyvać *hinken.* *r.* kulьgatь. kuljavyj.

kulĭša: p. kulsza *hüftbein.* — *Aus
dem lit.:* kulšė, kulšis.

kuma-: č. koumati *erfahren.* **wr.**
skumać, uskumać *ergründen.* **r.** rasku-mekatь *ist mit r.* nameknutь, smeknutь
zu vergleichen: mek-.

kumaj, komaj **nsl.** *kaum.* **s.** ku-maj: a ja sam se kumaj maknul *bogiš.*
46. 371. — *ahd.* chumo. *mhd.* kůme.

kumaninů: asl. kumaninъ *kumane.*
kumaninъ parьdusь. **as.** języka tatarьska
i kumany *danil. 115.*

kumaši: b. s. kumaš. **r.** kumačъ
art stoff. — *türk.* kumaš.

kumbara **s.** *bombe.* **b.** kombara.
— *türk.* kumbara.

kumesů: nsl. kumes *in die höhe:* ku-mes gledajôči *hebr. 12. 2.* kumes se držati
sich gerade halten ung. Ein dunkles wort.

kumirů: asl. kumirъ, kumirь *idolum.*
kumirьnica. kumirište. **r.** kumirъ *aus
dem asl. Man vermuthet finnischen ursprung:*
kumarsaa *verehren, schwerlich mit recht,
da es so alte entlehnungen aus dem finn.
nicht gibt.*

kumitira asl. *friedhof* **nsl.** cintor,
cintorom. **kr.** cimiter, cintor   **slk.**

cintor.   **p.** cmentarz.   **klr.** cmyntar,
cvyntar. — *Aus gr.* κοιμητήριον, *lat.* coe-meterium. *magy..*czintcrem. *rm.* cintirim,
čintirim.

kumka r. *art schale.* — *Man vergleicht*
d. kumme. *schwed.* kum *in* spil-kum.

kumnatů: klr. kumnat *schwager.* —
Aus dem rm.

kumysů: r. kumysъ *stutenmilch.* **klr.**
kumyz. **p.** komiz, *jetzt* kumys. — *nordt.*
kumiz.

kuna asl. *felis (falsch).* **nsl.** kuna
marder. (*Nicht hieher gehörig* kunec *ka-ninchen*). *Vergl. b.* kunadečji, *od* kune.
s. kuna *marder.* **p.** kuna. kunica *die
steuer, die in Russland ein in ein anderes
dorf heirathendes mädchen dem hofe zahlt,
eig. geld.* **os. ns.** kuna. **klr.** kuna. ku-nyća *geld.* **wr.** kuna *marderfell.* kunica
wie im p. **r.** kuna *marder.* kunica, kun-nyja *dengi, wie im p.* — *preuss.* caune
marder. *lit.* kiaunė. *lett.* cauna. *Marder-felle waren sehr geschätzt und vertraten die
stelle des geldes:* ad marturinam vestem
anhelamus *Helmold.* marturinarum pensio
inducta a Colomanno rege *1111.*

kundaků: b. s. kundak *schaft der
flinte.* — *türk.* kundak. *ngr.* κοντάκι.

kunja- 1.: s. kunjati *schlummern.*
klr. kuńaty, kujaty. **r.** kunjatь *dial.*
č. okouněti se *cunctari liegt abseits.*

kunja- 2.: slk. okúnjať sa *sich schä-men.* — *Vergl. lett.* kaunēt *beschämen.*
kaunētē s *sich schämen.* *got.* haunjan *er-niedrigen.* *ahd.* hōnjan.

kupa asl. *poculum.* **nsl.** kupa. ku-pica. **kr. s. č.** kupa. — *magy.* kupa.
köpücze. *rm. alb.* kupę. *ahd.* chuofa.
mlat. cōpa, cūpa. *ngr.* κούπα. *Hicher ge-hören wohl auch* **p.** kubek *becher.* kubak.
ns. kub. kubk. **klr.** kubok. **r.** kubokъ.
magy. kopa *und* kobak *will man aus dem
džag.* kopa, kabak *erklären.* *Vergl.* kufa.

kupalo: klr. kupało, kupajło *das
fest der geburt Johannis des täufers: daher*
kupavka *johanniswürmchen.* kupało *chrest*
382. Vergl. krěsъ: kres . **wr.** kupała *f*
Johannes der täufer (24. juni): ..sam boh

kupał śa" *vŭlksl.* r. kupalo *ranunculus acris.* vesna otъ blagovêsčenьja do kupalnici *op. 2. 3. 587. Man merke* kokkuj, kupalo, selьskaja igra 23. iulija. *Vergl. finn.* kokko.

kupi-: asl. kupiti *kaufen.* kupъ, kupija, kuplja *kauf, handel.* kupišťe *markt.* kupilo. iskupati, kupovati. nsl. kúpiti. kup. **b.** kupja, kupuvam *vb.* iskupitel *erlöser.* s. kúpiti. kupnja. č. koupiti. koupě. p. kupić. kupia, kupla. kupidło* *kaufpreis.* os. kupić. ns. kupiś. klr. kupyty. kupla. vykup. **wr.** kupla, kupovła. r. kupitь. kuplja. — *magy.* kupecz. *rm.* otkup. prekupec. prekupi *vb.* *lit.* kopčius. *lett.* kupča. *got.* koupōn. *ahd.* choufōn. *and.* kaupa. *finn.* kauppata *handel treiben. Das slav. wort ist aus dem d. in der ersten periode entlehnt.*

kupŭ: asl. kupъ *haufe.* sъkupiti. kupljati. nsl. kup, *im Westen* kъp, *gen.* kupa. v kup *beisammen.* skúpiti. **b.** kup. s. kup. kúpiti. č. kupa *schober.* p. kupa *haufe.* kupić *häufen. dial.* kupa *viele.* (os. ns. kupa *erhöhung*). klr. wr. kupa *haufe.* r. kupa. sovokupitь. — *magy.* kúp *kegel gehört wohl nicht hieher. lit.* kupti *auf einen haufen legen.* kaupas. kaupti *häufeln.* kúpa. *lett.* kōpa. *Vergl. ahd.* hūfo, houf *haufe.*

kupiči: s. kupac *art getreidemass.* — *nhd.* kumpf.

kurdisa-: b. kurdisvam, kurdisam *errichten.* — *türk.* kurmak.

kurentŭ: nsl. kurent, korent, korant *fastnacht.* kore, *gen.* koreta. *Vergl. klr.* kurent *fröhliche hochzeitsarie.*

kurenĭ: r. kurenь *gesellschaft.* klr. kureń *strohhütte, heeresabtheilung bei den Zaporogern.* kuriń, šalaš, šater. — *džag.* kurén *geschlossener kreis, wagenburg.*

kurganŭ: r. kurganъ *grabhügel.* p. kurhan. — *pers.* kurkhané *aus dem nordt. kuman.* kurgan *burg.*

kuri- asl. kuriti, kuriti sę *fumare.* vъzkurь *vapor.* nsl. kuriti *heizen.* č. kouř *staub.* kouřiti *dompfen.* slk. kurit pec. p. kurz *staub.* kurzyc *staub machen.*

kurzawa. kurzyć się *rauchen,* palić tytoń, padać (o śniegu). os. kur *rauch, staub.* kurić *rauchen, stäuben.* ns. kuř. klr. kuryty *räuchern.* kurity *rauchen.* kurava *chrest. 396.* kurevo. pêčkur *ofenheizer.* vynokur *branntweinbrenner.* kuračyty *kohlen brennen. Vergl.* kur *geruch.* kureń *gestöber.* r. kurъ, kurevo *rauch.* kuritь *rauchen.* — *lit.* kurti. *lett.* kurt, kurēt *heizen.* kūrēns.

kurigŭ: asl. kurigъ *pronubus.*

kurilŭ: asl. kurilъ *typus τύπος.* kurêlъkъ *habitus σχῆμα, typus τύπος, inago* εἰχών prъvyj kurêlъkъ πρωτότυπον. korélъkъ *maske.* — *Man vergleicht ein mit gr.* κόρη, *in der bedeutung „puppe" verwandtes* κοράλιον.

kurka b. *pelz.* s. kurjak, ćurak. — *türk.* kürk *wolf, pelz.*

kursarĭ: asl. kurъsarъ *räuber: daneben* hurъsarъ, husarъ, gusarъ. *Vergl.* husa *insidiae.* gusa *praedones.* husovati *plündern.* husiti προνομεύειν. b. korser. **kr.** kursar. gusar, gusarin. gusa *latro.* s. kursar. gursar. gulsar. usar. gusar. gusa. — *Damit hängt zusammen magy.* húszár *(vergl.* chajdukŭ): č. husar. p. husar; huzar. husarz, usarz *polnischer husar.* klr. husaryn, husar, huzar. *nhd.* husar. *Das wort hängt weder mit dem germ.* hansa *noch mit* chazaron *zusammen: es ist gr.* κουρσάρης. *türk.* kursan. *it* corsare.

kuršumŭ: b. s. kuršum *blsi, bleikugel.* — *türk.* kuršun.

kurta, kurtka r. p. *art kleid.* č. kurtka. — *Nicht vom lat.* curtus, *sondern vom türk.* kürtè *kurze jacke.* magy. kurtka. *lit.* kurta. *Aus dem lat. stammen slk.* p. kurta *kurzschwänziger hund.* klr. kurtyj *kurz.* pokurtyty *abkürzen.*

kurtalisa-: s. kurtalisati *befreien.* b. kurtulisam *vb.* — *türk.* kurtarmak.

kurŭ: asl. kurъ *hahn.* kurica; kurę. nsl. kur. b. kurnik *hühnerhaus.* č. koura, kura. kuře. p. kur. kura. kuras. kurczak. kurczę. polab. keura. keurüpotka. os. ns. kura. klr. kur. kury. kurochvat *hühnerhabicht.* wr. kurka. r. kurъ. kura. kurolapyj *kurzsichtig.* kuranъ *truthahn. Vergl.* kuroalêpъ *anagallis.* — *rm.* kurkę.

lit. kurens, kurkins *truthahn.* kurka *truthenne.* *lett.* kurkje. *Mit* kurъ *hangen,
wie es scheint, benennungen verschiedener
vögel zusammen:* asl. koropъtina *caro atta-
ginis von* kuropъta. č. kuroptva *rebhuhn,
wachtel.* koroptva, korotev *rebhuhn.* p.
kuropatwa, *wie man meint, aus* kuro-
pardwa: r. pardva *scolopax gallinago.*
polab. keurüpotka. os. kurotva *rebhuhn.*
ns. kurvota. klr. kuropatva, kuropatka
rebhuhn. kurôpka *schnepfe.* wr. kuropatva *rebhuhn.* r. kuropatva, kuropatь,
kuropatka, kuropaška, kurochtъ. — *lit.*
kurapka. *lett.* kurata *feldhuhn. Dass
der erste theil des wortes* kurъ *ist, ist
wahrscheinlich, der zweite ist dunkel. Man
möchte an* pъt *denken und annehmen, diese
vögel seien nach ihrem kurzen, dem der
henne ähnlichen fluge so benannt worden:
a im p.* -patwa *usw. wäre in diesem falle
aus irgend einer analogie zu erklären.*

kurŭva: asl. kurъva *hure.* nsl. s.
č. kurva. b. kurva, prêkurvuvam *vb.*
p. kurwa. os. klr. kurva. wr. kurva.
kurvjaga. kurveľ. r. kurva. — *magy.*
kurva, kura. *rm.* kurvę. kurvie. *alb.*
kurvę. *ngr.* κούρβα. *ahd.* huora.

kusi- asl. kusiti γεύεσθαι *gustare.* kušati, iskusiti, iskušati *versuchen tentare.*
iskusъnъ. kusiti *beruht auf* kusъ: vъskusъ.
nsl. vkus *geschmack.* kušati *verkosten.* iskusiti *versuchen.* b. kusna *kosten.* kušam
versuchen. ukusjuvam *essen bulg. lab.* 105.
s. okusiti *kosten.* kušati. iskušati. okušati
essen. č. kusiti. okusiti. p. kusić. po-
kusa. klr. kusyty *versuchen.* kušaty
kosten, essen. r. iskusitь. iskusъ. kušatь
essen, trinken. — *lit.* kusiti, kusti *tentare:
die vocale stimmen nicht. Dagegen preuss.*
enkausint. *ahd.* chiosan. *got.* kiusan,
das dem slav. kŭs *entspräche: slav.* kus-
würde got. kaus- *lauten.* *gr.* γεύω. *ai.* juš
*erwählen. Man erwartet gusiti und denkt
bei kusiti an entlehnung aus dem d.*

kuskunŭ: b. s. kuskun *schwanzriemen.*
— *türk.* kuskun.

kustura s. *schlechtes messer.* — *rm.*
kusturę. *magy.* kusztora *taschenmesser.*

kustŭ: r. kustъ *strauch* klr
kust. kušč.

kusurŭ: b. s. kusur *mangel.* — *türk.*
kusur.

kusŭ: b. kus *gestutzt, kurzgeschwänzt.*
kusi vrabec *mil.* 21. kuso petlä 370. p.
kusy. *Dagegen* nsl. kosorep *der kurze,
schlechte kleidung anhat.* b. kus *ist verschieden von* kъs. klr. kosopyr, kučopyr *fledermaus gehört nicht hieher.*

kuša: č. kuše *armbrust.* p. kusza.

kušakŭ: r. kušakъ *gürtel.* s. kušak.
b. košak. — *türk.* kušak.

kušlja- s. kušljati *neben* krěljati *mit
za im wachsthum zurückbleiben.* — *Vergl.
lit.* kušlus *schwächlich (von pflanzen) und
č.* krsati *tabescere.*

kuta: č. p. os. ns. klr. wr. pokuta
strafe, busse. Vergl. kontá-.

kuta-: r. kutatь *einhüllen. Vergl.*
konta-. alk. *ist* kutaŕ č. hrabati, eruere.
magy. kutat, *wofür auch* kutat, *wird als
ugrisch angesehen.*

kutasŭ: r. kutasъ *quaste.* klr. p.
kutas. — *Vergl. lit.* kuta. *türk.* kutas.

kuti-: asl. kutiti *machinari.* prêkutiti
ornare lum. 1. 95. *athan.* 44. 10; 44. 14.
ukutiti κατασκευάζειν. ukuštenije καταστολή
slěpč. 1. *timoth.* 2. 9. č. p. skutek *that,
wirkung.* polab. keutait *machen.*

kutija 1. *neben* kucija, kučija asl.
triticum coctum cum melle, auch für kolivo κόλυβον. nsl. kuc-kruh: pekô ga na
večer pred božičem; na božič ga jedô na
tešče, da bi žene imêlo srečen porod, da bi
krave in svinje se obrêjile itd. *Eine noch
sehr der bestätigung bedürfende nachricht.*
p. kucyja *weihnacht.* klr. kutja *weihnachts-
gericht aus gekochtem weizen.* wr. kuccja
für r. sočeľnikъ, kolivo, kutja. r. kutija, kutьja *art kuchen aus weizenmehl und
honig, der nach einem begräbniss gegessen
wird, daher auch* pochorony; *dial. dicke
grütze.* — *lit.* kočios, kucos *plur. art
abendessen in der weihnacht aus honigwasser
und gekochten erbsen. Unerklärt.*

kutija 2. s. *büchse.* — *gr.* κουτίον.
türk. kutu, kutę. *rm.* kutie. *alb.* kutija.

kutkudeka-: b. kutkudeča *gacksen.*
klr. kukudakaty. r. kudachtatь, kuda-
katь. *Ich füge hinzu* s. kakotati. č. kdákati. p. gdakać. ns. dakaś. klr. kuko-
taty. — *Vergl. magy.* kodács. *Onomatop.*

kutlŭ: s. kutao, *gen.* kutla, *grosser
schöpflöffel.* — *Vergl. gr.* κουτάλα *und*
b. kutel *kleine schaufel.*

kuzlo: č. kouzlo, kouzl *hexerei.* kuzlíř
zauberer. kouzelný, kouzedlný. kouzliti
hexen. os. kuzło. kuzłaŕ. kuzłać. *Wahrscheinlich vom ahd.* koukal, gougal, *woher
nhd.* gaukler. *Vergl.* kuglja. *Verschieden
ist* p. gusła, *lit.* goslius.

kvaka-: nsl. kvakati *quaken.* č. kvá-
k.· i *krächzen.* p. kwakać *quaken.* klr.
kvakaty. r. kvakatь. — *lit.* kvakéti.
Onomatop.

kvapĭ-: č. kvapiti *eilen.* p. kwapić
się. klr. kvapyty sja. kvapno *eilfertig.*
skvapłyvôsť. pokvap *eile. Dagegen* wr.
kvapić sja *mit scheelen augen ansehen;* r.
pokvapitь *stillare:* pokvapitь ložkoju izъ
potira; *und* p. kwaṕ *flaum.*

kvarŭ: nsl. kvar *schade.* kvariti *beschädigen.* b. pokvarja *vb. Vinga.* s.
kvar. klr. kvaryty. — *magy.* kár, *das
aus* kvar *entstehen konnte. Man vergleicht
mit unrecht* p. poczwara *monstrum.*

kvik-: nsl. cvičati *fritinnire, ejulare
lex. habd.* b. kviča *winseln.* č. kvik.
kvičeti *quieken.* kvičala *krammetsvogel.*
Vergl. kovíkati. slk. kuvíkati, čuvíkati.
kuvik, čuvik *käuzchen.* p. kwiknąć, kwi-
kać, kwiczeć. kwiczoł. *Hieher gehört auch*
kuwiek *vogelpfeife.* kuwiekać. os. kvi-
čeć. klr. kvyčaty. kvyčýća. kvyčola.
kuvikaty. r. kvičatь *alt.* kvikva *neben*
kvakva *rohrdommel. Daneben* cvikatь. —
lit. kvīkti. *lett.* kvēkt. *magy.* kuvik, csu-
vik *eule. Vergl.* nsl. kvekati, kvečati.

kvil-: asl. cvilêti *plangere; daneben*
cviliti. *Durch steig.* cvêl- *in* cvêliti *affligere.* nsl. cviliti. b. cvilja *klagen mil.
208. hinnire 193.* kr. zacviliti (sirotu):
wohl cvêliti. s. cviljeti *weinen.* cvijeliti
weinen machen. cvelati se *brühnen.* č. kviliti *jammern.* kvěliti. p. kwilić kogo.

kwilić, kwielić *wimmern.* rozkwielić, roz-
kwilić *zärtlich rühren.* os. čvilić *quälen.*
klr. kvyľity *weinen.* zakvyľity. kvil. kvy-
łyty. ćviłyty. r. kvêlitь, kjalitь *reizen.*
raskvilitь *rühren.* kvilitь sja, kvêlitь sja
wimmern.

kvoka-: nsl. kvokati, klokati *glucken.*
kvočka, kloka. b. kloča *vb.* kloka, kvačka,
kovačka. s. kvocati, klocati. kvočka.
č. kvokati. koktati.· p. kwokać. kwoka.
klr. kvokaty. kłočka *ung.* wr. kvoktać.
r. kvokatь. kvočka. kvoktatь. klochtatь.
Vergl. klyša. -- *magy.* kovákol. *rm.* kloči,
klokęi *vb.* klokę. *Onomatop.*

kvonka-: p. kwękać *kränkeln. Man
vergleicht* nsl. pokvečiti *verkrüppeln.*

kvĭrk-: s. kvrknuti, kvrčati *knurren.*
cvrknuti, cvrčati. nsl. cvrkati, cvrčati.
p. ćwierknąć, ćwierkać, ćwierczeć. *Die
p. formen zeigen, dass auch im* p. kvĭ *in*
ćvĭ *übergeht.*

kvĭt-: asl. cvьtą, cvisti; cvьtêti *blühen.*
cvьtъ *flos. Durch steig.* cvêtъ. cvêtьnъ *ein
monat, etwa april. iter. durch dehnung*
·cvitati. nsl. cvesti, cvetem. pocvitovati.
cvêt. razcvêtati se. b. cъftja (*richtiger
cъftа*), cъfna, *daneben* cuta, *dessen* u *aus
nv entstanden ist.* cut *entspricht dem* asl.
cvьtъ. cvêt. cvêtja *färben.* s. cvasti,
cvatem; cvatjeti *neben* cavtjeti. cvat. cvi-
jet. č. kvísti, květu. květati, kvítati.
květ. *Auf altem* kvьtą *beruht* ktvu, tkvu,
kstu. stkvíti se *hängt mit* kvьt *nicht zusammen.* p. kwitnąć, *alt* kwiść, kwtę, kwcie
(cvьtetъ). kwtło; *daneben* -ktwie *statt*
-kćwie. kstą *aus* kwtą *durch einschub eines*
s. kwiat. kwiatło. kcieć *ist* asl. cvьtêti.
kaš. kvitnanc. polab. kjot *aus* kvjot.
os. kćeć, ktu *aus* kvtu. kvjetk. ns. kvisć.
kvjet. klr. cvysty. -cvytaty. vycvysty,
vyćvisty. zacvysty, zaćvisty, zacvytaty,
zaćvitaty. ćvit *neben* kvit. zakvičaty *mit
blumen schmücken.* wr. kvisć, kvitu. kvêt.
kvêceń: *daneben* cvisć. r. cvêsti. cvê-
titь. cvêtъ; *dial.* kvêsti. kvêtъ. kvitokъ
und tvêtъ. *In viele formen ist* ê *für* i
und ь *aus* cvêtъ *eingedrungen.* — *lit.*
kvêtka.

kŭ 1. *urspr. frage-, später auch relativ-pronomen. nom.* kъto, *gen.* kogo *usw.* **slk.** volakdo: *vergl. magy.* vala (*slav.*) ki. 1) **b.** ka *wann, wenn.* ot ka *seit wann.* dok *bis,* či *dass.* **s.** doku, doka, dok *bis.* kova *wann.* **č.** či *fragend.* **p.** doki, poki. **klr.** zak, zaky *bis.* zakym, zakyń *während.* vkoču-vtoču *dann-wann.* čy, cy *fragend.* doky. vôdky *woher.* ko by *auf dass.* koj *wie, wenn.* **wr.** poki. **r.** poka. ci *fragend.* 2) **asl.** koteryj, kotoryj, *urspr. uter, dann quis.* **nsl.** kteri, kateri, keri, šteri. nêšterôč *manchmahl.* **kr.** koteri *ung.* **č.** který. **p.** ktory. **os.** kotry. **ns.** kotary. **klr.** kotoryj, kotryj. **r.** kotoryj. — *lit.* katras. *lett.* katrs *jeder von zweien.* *gr.* χότερος. *ai.* kataras. 3) **asl.** nikъda. **nsl.** gda. **s.** kada. **č.** kda, kdy. **p.** kiedy (*kъdy), gdy. choćki, choćkiedy. nigdy. **os.** hdy, dy. **ns.** gdy, dy, gdyga, dyga. **klr.** nyhda, nyhdy. ńigda *ung.* **wr.** nêhdy. **r.** pokida, pokidova *bis wann dial.* — *lett.* kad. 4) **asl.** kъde. **nsl.** gde. nekje; nikir *nuspiam ist* ni kъ de že. **b.** de. dode, dodeto. dorde *bis ist* dože do. *Man merke* kaj *wo.* **kr.** kadi, kdi *ung.* **č.** kde. **p.** gdzie. *dial.* kaj, kiej *wo.* kaž *aus* kajže. kany, kansi, kęsi *wo.* **os.** hdže. **ns.** žjo. **klr.** de. ńihde. **r.** gdê, *dial.* kade. 5) **asl.** kądê, kądu. **nsl.** kôd, kôdi. kôder. nekôd, nekôdik. odked. **b.** kъdê to. do kъd. nikъdê. **s.** kudije, kuda, kud. *Vergl.* drukuda. **č.** kudy. dokud *neben* dokad *und* dokavad. **p.** kędy, kąd. **klr.** kudy, kuda *neben* kady. pokudova *für* poky. *Man merke* kudoju *mit der instrumentalform.* keď *ist wenn.* **wr.** dokudy. **r.** kuda. *Man füge hinzu* kojdy, pokêdъ. otkedova *dial.* — *preuss.* isquendau. 6) **asl.** nikoga, nikogy nie. **b.** koga, kogava, ga *wann.* nêkoga, nêkogi, nêkogaž. 7) **asl.** kъgda, kogda *wann:* ъgda, togda. **č.** kehdy. **p.** nigdy. niegdy. **r.** kogda, *dial.* kagdy *und* koldy. 8) **asl.** kakъ, kakovъ *qualis.* **nsl.** kak kakši. nêkšen. nekakšen. **b.** kak, kakъv. nikakъv *gemein.* **č.** jaký, *älter* kak, kako. **p.** jaki, jakowy, *älter* kaki.

os. kajki. **ns.** kaki. **klr.** jak. ńijakyj. **r.** kakoj. — *lit.* koks. 9) **asl.** koli. koližъdo: jamože koližъdo *quocunque. Vergl.* kolь kratъ *quoties.* (*lit.* keli). nedokolъstvo. **nsl.** koli, dokoli. dokelič, dokĭič, doklej *usw.* doklam. **b.** otkolê. ⁢oklê; otkolešen. **s.** doklen, donekle: *hieher gehört* kolje, dokolica *musse, zeit,* dokolan *zeit wozu habend. Schwierig ist* dakle, daklem *daher.* **č.** -koli, -kolivêk *für* -cunque. kdokoliv. dokel, dokud. **p.** -koli. kolwiek. kiele, kiela, *jetzt* ile *aus* jile, kile *ist wahrscheinlich dem* wiele? *wie viel? nachgebildet:* kielo, kilka. *Dasselbe gilt von* tyle. **ns.** dokuľ, nikuľ, nikuľa: votkuľ *ist woher.* **klr.** koły, kołyś. dokôľ, dokôľa *und* dokaľ. odnykaľ. vôdkyľ, vôdkyľa *woher.* zakyľ *während.* zakľa *wie lange.* **wr.** koli? *wann?* pokuľ. ne otkuľ. **r.** dokolê, dokolъ. pokuleva *dial.* pokaliča. *für* poka. pokulъ *für* pokuda. kolъ *ist wie viel.* **kaš.** kule. **r.** nêskolъko. — *lit.* pakoľ *so lange als.* 10) **asl.** kolikъ *quantus.* **nsl.** koliko, *im Osten* kelko. **b.** kolko. **s.** kolik. **č.** kolik. **p.** kielko, kilko, *daneben* kilo, kila. **klr.** kołyko, kôľko. kôčkyj *wie gross.* **r.** kolъko, skolъko. 11) **asl.** kamo. **nsl.** kam. **s.** kamo. **č.** kam. **p.** kamoś. 12) **asl.** kolъmi *quanto.* 13) kŭ *wird* **asl.** *mit* žъde *aus* žъdetъ (*vergl. lat.* libet), *woraus* žъdo, *verbunden.* kъžъde, kъžъdo *quivis. Darauf beruhen* **č.** každý *jeder.* **p.** każdy, kożdy, kużdy. **kaš.** kazki. kazdulny. kaliždego *für* p. każdego. **os.** kożdy. **ns.** kożdy, kużdy. **klr.** każdyj, kożdyj, kažnyj, kożnyj, kuždyj. **wr.** kożdyj, kożen, kažen, kažnyj, kažinyj. **r.** každyj, kažnyj, kažinyj, kadožnyj. *Vergl.* ged-. — *lit.* kožnas. 14) *Mit dem dat.* si: **p.** ktoś, ktosiś *irgendwer.* gdzieś. kamoś. **ns.** kamsy. 15) *Mit* že *im sinne eines relativs:* **nsl.** kdor. nikomur. ničesar. ničemur, *daher* ničemuren *vanus habd.: vergl.* **ns.** comny *brauchbar. Ohne relative bedeutung* **ns.** kenž *usw.* 16) *Mit* to: **asl.** kъto. **nsl.** kdo, venet. kaduó, *im Osten* što. ńihče, nišče. **b.** *Zur relativirung:* koj *quis,* koj to *qui.* **č.**

nikto, nikte. **p.** nikto, nikt. **os.** što. **klr.**
ńichto *usw.* 17) **asl.** cê i *neben* ča i *quamquam. Man beachte* **lit.** kai-po, kai-p, kai-
po-gi *.wie,* **p.** jak-že: p *soll aus* k *ent-
sprungen sein. Vergl.* č. ač. **p.** acz. **asl.**
či *neben* ci. **ð.** či *usw.* **klr.** čy, cy
fragepartikel. 18) **asl.** kъj, kyj, *gen.* ko-
jego, *plur. nom.* cii. nikyj. **b.** koj. edikoj *irgend einer.* **kr.** ki. **s.** koj. **č.** ký,
ká, ké. **p.** ki *dial.* **r.** kij, koj. okoe
für koe čto. 19) **asl.** čij *cujus.* **nsl.**
čij. **os.** čeji *usw.* 20) kŭ *wird in mannig-
faltigen formen anderen wörtern, meist pronomina und imperativen, angefügt:* **asl.** sejci.
tojci *illico.* tojdonьca *quoniam.* nicju *neque.*
nynêču, nynê *nunc.* **nsl.** povsôdik *allent-
halben.* precek *neben* prec. sêmkaj *hieher.*
vunkaj. tukaj, tukaje *hier.* tamkaj. snočka-
nji *von* snočka *gestern abends.* zdajci *statim.* pojdočki, pojdôč. **b.** jazeka *ich.* deka
wo. seganak *jetzt.* tuka *bulg.-lab.* tuk. ot
tatak *jenseits.* vъnka. tamkašen. **kr.**
ovdeka. sinoćke. danaska. vanka *hinaus.*
dokljek *bis ung.* **s.** od toleka, od tolek.
večeraske. menika, tebika *mihi, tibi.* vanka.
p. tamok. **č.** tedka *jetzt.* **slk.** prvejka.
tutoka, tuto. **p.** owszejki *wirklich.* preczki,
precz. znowuk, znowu. **os.** hač *bis.* **ns.**
vence. teke, teker, tek *auch.* **klr.** da-
viкy, daviča *heute früh, vorher.* po-
skorjejča, skorijše. dajko, pôjdyko. vonka.
tutka, tut, tuj. **wr.** tamoka, tamoćka. ni-
čehuseńka. **r.** posmotrika. spatenьki *inf.*
daveča. nynče, nynečko, nynê. očenьko.
teperenьko. teperiča. teperetko. tudaka.
tudakasъ. nêtuka. tamka, tamoka. tuliča
hier. ču. mnêčinьki *mihi.* mnêko. gdêka.
gljadi . tko. *Dass* **lit.** *imperativformen wie*
buki, buk *esto die partikel* ki *enthalten,
darf als richtig gelten: dass der ursprung dieser partikel im pronomen* kŭ *zu
suchen ist, ist höchst wahrscheinlich. Das*
*lett. kennt eine solche form nicht; ebenso-
wenig das preuss. Das ältere lit. bietet
einzelne impt. ohne* ki, *das heutige, wie es
scheint, nur* eime, civa, *daher* duok *gib,*
eji *geh,* imk *nimm; ejkiem lasst uns gehen
mit der partikel vor der personalendung,*

ebenso duokiet *gebet usw.* 21) *Aus* ki
entsteht čĭ, *das dem neutrum dient.* **asl.**
čьto, *selten* što, ničь *naz.: gen.* čьso, česo,
česogo. ničьto *nichts. Auf* ničьže *beruht*
uničьžiti, uničižiti ἐξουθενοῦν. **nsl.** nič:
ništar *nichts habd. ist* ničьtože. ništer *trub.*
ničemuren *nichtig.* zaništrovati *verachten.
quid ist* kaj, nihil *im Süden* nikaj, *daher*
zanikaren *nichtswürdig.* **b.** što. **kr.**
ča, *daraus* ca. nač *ung.* **s.** što, šta (oda
šta). **č.** če. niče *ist* ničĭ, ničeso, ničьso.
proč *cur.* co *ist* čьso *für* t[š]so. nic *aus*
ničso, ničse. zničiti. **p.** co, czso. nic,
nico, niczse, niczs. **ocz.** zacz. ni na cz.
wniwecz. nikczemny. niszczeć, niszczyć.
niszczotny. nizcość. **polab.** nic. **os.** što
(*wer*). *was.* nic. **ns.** co, nico, nic. nac
worauf. **klr.** ščo. ńičo. nyč. na·nyč, nańi-
vič, nańiščo, vńiveč. zńivečyty. nyčyty. ny-
čoman. ńičtožnyj. **wr.** vniwič. nikčemnyj.
r. što, ščo, čo, šo, ča. čevo: *vergl.* č. co. —
zig. ništa. *lit.* kas. kasdën *für* p. co-
dzień. *lett.* kas. kadēl *weshalb. Mit dem
pronomen* kŭ *ist man geneigt einige wörtern
vorgesetzte silben in zusammenhang zu bringen: die mit* kŭ *verbundenen wörter „schliessen eine staunende frage in sich als ausdruck der verwunderung, sei es nun nach
der guten seite hin als lob oder um etwas
nach abwärts ungewöhnlich gering oder gar
verächtlich darzustellen".* **asl.** kagrъli-
čištъ *neben* grъličistъ *pullus turturis.* **klr.**
kavoron *saatkrähe,* **nsl.** kъvran, gavran;
kovran *ung.,* **s.** gavran, **č.** havran, **p.**
gawron, **os.** havron, **ns.** karvona, karona,
klr. hajvoron *neben* vranъ. *Hieher zieht
man auch* **s.** kuveo *überreif, bei dem man
an* veo, *asl.* vęlъ, *w.* vend, *denkt.* **s.**
naknada *ersatz,* naknaditi *ersetzen,* na-
doknaditi: *vergl.* dê-. naдŭ. **s.** kovrčica
haarlocke, das mit p. warkocz *vergleichbar
ist.* **s.** kovrtanj *runde,* kovrtač *krapfenradl.*
klr. kovertaty, kovernuty *lenken.* kovorot,
skovorot *leitung.* kovorotnyj, kovorotłyvyj
lenksam. **s.** kovrcan *wohl „zusammen-
gerollt":* vrcati *aus* vrt, *wie* bocati *aus*
bod. **klr.** kovorot *feldthor,* **r.** kóvo-
rotъ; kovróty *aus* kovoroty *für* vorota.

r. koleducha *glatteis.* **p.** kabłąk, **klr.**
kabłuk *bogenförmige krümmung:* obłąk.
nsl. s. kaluža, luža *pfütze,* **č.** kaluže, kaluha, **p. klr.** kałuža, **kaš.** kalesko *pfütze,*
r. kaluga, kaljuža *neben* luža. **r.** kanura *höhle:* sobačьja kanura, *neben* nora,
p. nora, nura. **os.** koŕebło *starke rippe,*
ns. korabja: rebro. **r.** kaulokъ, zakau-
lokъ, zakoulokъ, zakovulokъ *enge gasse:*
r. zaulokъ. *In einigen verben tritt* kŭ
nach art eines praefixes ein: **s.** nakostriješiti *das haar sträuben.* **č.** nakomítati
se *in wurf kommen:* daneben nahomítati
se, nachomitati se *und* kmítati se, hmítati
se *sich schnell hin und her bewegen.* **klr.**
komêt *kopfüber.* **č.** skodlučiti, vykodlučiti *und* rozloučiti. **os.** zakomdžić; za-
komda *verzögerung;* votkomdžić. **klr.** pokmityty, prykmityty *neben* zamityty. pry-
kmitnyj *neben* zamitnyj. kmit braty *wahrnehmen.* kmituvaty. prykmeta *merkmahl.*
Vergl. mêta-. **r.** zakumžitь *für* zaoblačitь
sja: mĭg. *Vergl.* nakumeki *für* dogadki:
mek. kaverzy *ränke darf mit* verzti (plesti
lapti) *verbunden werden; ebenso* kovyrzitь:
man vergleiche jedoch kaverzy. **klr.** skoviryty śa *sich werfen (von holz):* zviryty
śa. **klr.** kovjaznuty *starren;* kovjaza *der
leicht friert.* **nsl.** kostruži *grobe kleien.*

kŭ 2.: **asl.** kъ *ad:* **nsl.** *usw.* k. **p.** ku
niemu, ku mnie, *dial. für* do niego *usw.*
polab. kâ. **klr.** k, ky *für* k: ky Petru.
ik: ik praznyku. id: id chaty *ad casam.*
d myńi *ad me.* **b.** k *und* kъk *wie* sъs
für vъ: kъk boga *bulg.-lab.* 88. k *wird
ersetzt durch* deto (kъde to): deto Avraama
zu Abraham 45; durch kъde (kądê): kadê
orel *čol. 105;* kam, kamto, kanto (ҟamo):
kam têh *zu ihnen* kanto brъdo. *Man
lässt* kъ *aus* kam *entstehen.*

kŭ- 1.: **asl.** kovą, kują, kovati *schmieden.* okovъ *compes. iter.* pokavati, *nicht* po-
kyvati. kovъ *das geschmiedete.* kovьnikъ
συστασιαστής. kovalь *schmied.* kovalьnica.
kovalьnja, nakovalьnja *amboss.* kovačь.
kuznь *geschmiedetes.* kuznьcь *schmied. Vergl.*
kuvьcь *art gefäss. Mit* kŭ *wird, wie mit
dem* d. schmieden, *daher* ränkeschmied

(*dem Franzosen dient* trame), *die vorstellung der hinterlist verbunden, daher* kujetъ
zъlaja, lьstь, kovъ zъlyj, *daher* kovarьnъ,
kovarьnikъ πανοῦργος, kovarьstvo *astutia;
daher auch* kъznь *list:* kъzni sъplêtati.
kъznikъ lъžamъ. kъznovati. **nsl.** kujem,
kovati. prikavati *ung.* nakov, nakovalo,
daraus naklo, kovalnik *amboss meg.* kovač.
b. kova *beschlagen.* kovavam. podkova. kovač. kovačnica *schmiede.* nakovalnja. **s.**
kujem, kovem, kovati. kov. nakov *amboss
mar.* nakovanj. kova *schöpfeimer.* kovač.
kovaran *falsch.* **č.** kuji, kouti; kovám,
kovati. kov. kovář. kovárna. nakov, ko-
vadlo, kovadlina, nakovadlo. okov *eimer.*
okuj *schlacken.* podkova. *dial.* koval, kuźňa.
p. kuć, kować. przykuć, przykuwać. ko-
wadło. podkowa. kuźnia *schmiede.* **polab.**
püdkü *hufeisen.* **os.** kovać. kovaŕ. ko-
vaŕňa. nakov. podkova. **ns.** nakova
amboss. kovaś. kovaľ. kovaľňa. podkova.
klr. kuty, kuju; kovaty. okuty, okuvaty.
kovaľ. kovało. kovaľňa *schmiede.* kovač.
kovarnyj *ränkesüchtig.* kuzňa *schmiede.*
kuzneč. kojity *schmieden, anzetteln.* **wr.**
kuć, kuvać. kovaľ. kuvadło. *Vergl.* kutńa
lärm. **r.** kovatь. kovyvatь. okovъ *art
mass.* okovy *fesseln.* kovanь. kovnja. kovalь
schmied, hexenmeister. kovalьnja. nakovalь.
nakovalьnja. kuznь. kuznecъ. kuznečikъ
gryllus. kovecь. kovъ *complot.* kovarnyj.
koznь *hinterlist. Vergl. ar.* kujaki *art
kürass. Hieher gehört wohl auch* č. p. skutek *wirkung: vergl.* **klr.** kutaty *bewirken
und in der form* **asl.** načętъkъ. — *magy.*
kovács, kács. akó *vas aquarium.* patkó.
rm. potkoavę, koval, kovač. nokovanę, ni-
kovanę, nikovalę. *alb.* kovač. patakoje,
potkua, poktua. *lit.* kauti *schmieden;
kämpfen.* kuznė. padkava. *lett.* kaut,
kauju *schlagen. ahd.* houwan.

kŭ- 2.: **asl.** kyti, kvati, kyvati *movere
caput.* kъjąšte (kyjąšte) glavami. **b.**
kivam *vb.* **č.** kyvati. **p.** kinąć. kiwać.
kiwnąć. skin *wink.* **os.** kivać. **ns.** kivaś,
kivnuś. kivkaś. **klr.** kyvaty. kyveń, majik
august. **wr.** kiv. kivać. **r.** kivatь. *Vergl.*
nsl. kimati. **b.** kimna *vb.*

kŭ- 3.: klr. kovaty *schreien wie der kuckuck :* zozuľa kuje,˙ kovała. — ahd. hüwo *eule.* ai. ku.

kŭblŭ: asl. kъblъ *modius.* nsl. kebel, kabel, kobel *schaff.* keblica *habd.* b. kъbъl. kr. kabav *ung.* s. kabao: *vergl.* koba *kübel.* as. kъblъ : u krinê .kd. kъbli. č. kbel, gbel, bel. p. kubeł, *jünger* kubel, kufel, kibel. klr. kybeľ, gboł. wr. kubeł. r. kobelъ, kubelъ, koblъ. — mhd. kübel, *das für germanisch gilt.* lit. kubilas. lett. kubls, kubuls. magy. ˙köböl.

kŭdmanŭ: ar. kъdmanъ.. r. kodmanъ *art kleid.* kr. kadmen *verant.* — magy. ködmen *pelz.*

kŭch 1.: asl. kъhnąti, *durch dehnung* kyhati *niesen.* kyhavica. vъ kъhnoveni vlъhvujetъ. čьhъ *sternutatio in* r. *quellen.* nsl. kehnoti. kihati, kihnoti. vičihati, *im Westen.* b. kiham, kihna *vb.* s. kihati, kihnuti. č. kýchati, kýchnouti. *Daneben wird* ksiti *angeführt.* p. kichać. os. khichać. ns. kichaś. klr. kychaty, čchnuty, čychaty. kychavyća. wr. kichać *neben* čchać. čoch *niesen.* r. čichatь, čchatь, čichnutь. čichota. čišatь. — *Man vergleicht mit unrecht* lit. čud.

kŭch- 2.: asl. *loosen (wie es scheint):* prêkъšiti *durch das loos gewinnen* pat.-mih. 129. 142. kъšь. kъšenije *sors. Vergl.* kŭch- 1.

kŭkŭ: asl. kъkъ, kъknja, kykъ, kyka *haupthaar.* nsl. kečka. b. s. kika *zopf.* č. kyka. kečka. kštice, *dial.* kšica *aus* kъčьčica. *Daraus vielleicht auch* p. krczyce, kryczyca *zof.* r. kika. — rm. kikę. *Vergl.* lett. kauka *crista.*

kŭkŭnĭ: asl. kъkъnь *tibia, crus. Vergl.* č. kyčel *coxa unter* gyža.

kŭl- 1.: asl. proklêti, prokliti *keimen für* prokъlêti. prokъliti. nsl. kal *f.* klica *keim.* kliti, kaliti *keimen.* s. klica. klilo *mistbeet.* klijati, klijem *keimen.* kalac *junges gras.* č. kel, kli; kel, kle, kla *keim.* klíč. kléti, klíti, kleji, klím; klíti se, kliji *so keimen.* p. kieł. kiełek. os. kołoch *keim.* ns. kľeś se *keimen.* klr. koleć keim. kôľče *keime. Vergl.* wr. klëk, r. žiznennaja sila vъ zernê.

kŭl- 2.: s. kaljac *der zahn des pferdes, nach dem das alter des thieres erkannt wird.* č. kel, klu *hauer.* p. kieł, kła. kielec *hakenzahn.* klr. koł, kła. ikły. kło, *plur.* kła, kłova, kłovaky. kłovyj zub *eckzahn. Vergl.* kłanći *wolfszähne.* wr. keł, kła. r. kly *plur.,* dial. ikly. klykъ. — rm. kolts. *Das Wort ist nicht mit* kolją *verwandt; noch scheint es identisch mit* kъl- *keim.*

kŭlb-: p. kiełb *m. gründling.* klr. kołbeľ, kołbłyk. r. kolba. — alb. kulb *art süsswasserfisch.*

kŭlbasa: asl. klъbasa *wurst.* nsl. klobasa. kr. kobasa. s. kobasica. č. klobasa: *für* nsl. *erwartet man* kolbasa, *für* s. kubasa, *für* č. klbasa. p. kiełbasa. os. kołbasa. ns. kalbas. klr. kołbasa. wr. kełbasa. r. kolbasa. — lit. kilbasas. magy. kolbász.

kŭlka: asl. klъka *poples.* nsl. kolk *hüfte.* kuk *perna habd.* coxa *posterior bel.* kučet. skolčiti se *sich das hüftbein verrenken.* b. klъk *mil.* 374. 534. isklъčevam *verrenken.* kr. s. kuk *hüftbein.* p. kulsze *aus dem* lit. — *preuss.* kulczi *hüfte.* lit. kulšis, kulšé. *Vergl.* kulŭšĭ.

kŭlp-: kaš. kełp. os. kołp *m. schwan.* klr. kołpeć *fischadler.* r. kolpikъ *platalea leucorodia.* — *Vergl. preuss.* lit. lett. gulbis *schwan.*

kŭltja: r. kolča *lahm.* koltynogij *neben* kolčenogij. kaldyka *hinkender mensch.* kaldychatь, koldychatь. koldyba. *Man vergleicht* got. halts. *schwed.* halta.

kŭltunŭ: p. kołtun *weichselzopf, aus dem* r. č. koltun, *spletenina dial.* klr. kołtun. r. koltunъ. — lett. kaltons. lit. kaltun. kaldunai. kaš. klatan *ist das* nd. klatte.

kŭlz-: p. kiełzać, kiełznąć, chełznąć *bändigen.* kiełzno. klr. kołznuty, chołznuty. *Vergl.* nacholstaty. chołztało, chołzto *gebiss.* wr. kelzać *ziumen. Vergl.* chŭlz-.

kŭmotrŭ: asl. kъmotrъ *pathe.* kъmotra, kupetra, *wohl aus* kąpetra, *pathin.* nsl. boter. botra *neben* koter, kotrej *meg.*

č. kmotr. kmotra, kmotřenka. kmoch,
kmucháček. p. kmotr. kmotra. kmocha,
kmosia, kmochna. os. kmotr. kmotra.
ns. kmotš. ar. kmotrъ. *Vergl.* koka *dial.*
— rm. kumętru. kumętrę. *alb.* kumptęr.
preuss. komaters. kъmotrъ *ist lat.* compater. *Das wort verdanken die Slaven
deutschen glaubenspredigern, die sich des lat.*
compater *statt des diesem nachgebildeten*
ahd. gevatero *bedient haben mögen.* kъmotrъ
ist ein pannonisches wort. Mit kъmotrъ
ist zu verbinden **asl.** kumъ. kuma. **nsl.**
s. kum. kuma. **b.** kum. kumašina. **p.**
kum. pokum. **klr.** kum. **wr.** kumić
sja. **r.** kumъ. kuma, kumocha *wird dial.
das fieber genannt.* — *magy.* koma. *lit.*
kumas. *lett.* kūms. *Man merke türk.*
kuma *pellex,* kuman. amasia.

kŭna: **s.** kъna *art färbepulver.* —
türk. kęna *hennakraut.* *gr.* κνᾶς.

kŭnengŭ: **asl.** kъnęgъ *und, mit dem
suffix* jŭ, kъnędzь, kъnǫzь *fürst.* kъnę-
gyńi. **nsl.** knez. kneginja. **s.** knez.
kneginja. **č.** kněz *fürst, priester.* kníně
fürstin. kníže *prinz.* **p.** ksiądz *priester.*
księski. ksiąžę *fürst. Befremdend* księžyc *mond, monat.* kń *wird* kś. kniaž
fürst aus dem r. **kaš.** ksądz, ksąndz
priester. **polab.** kńāz *fürst.* kńāǵåińa
fürstin. **os.** kńez *herr, pfarrer.* kńeni
herrin. **ns.** kńez *herr.* kńeni. **klr.** kńaž
fürst, ortsältester, bräutigam. kńahyńa *fürstin, braut.* **wr.** kńaž *bräutigam.* ksenz
katholischer priester, aus dem p. **r.** knjazь
fürst. knjaginja. — *Aus dem slav. stammen
magy.* kenéz, kinéz, knezus. *rm.* knêz
*ehedem der regierende fürst der Moldau
und Walachei.* *alb.* knez. *gr.* κνέζης
Mich. — kŭnengŭ *beruht auf einem germanischen worte:* *kuninga, *ahd.* chuning,
and. konungr, *aus einem alten* kuni *in der
bedeutung „könig“. Die erklärungen aus
dem slav. „konj, konati“ sind falsch. Aus
dem germ. unmittelbar fliessen preuss.* ko-
nagis; *lit.* kuningas *priester, ehedem herr,*
kunigĕ, kuningĕnĕ, kunigajkštis *fürst, für-
menŭ* mond *bei szyr.* 149. *nach dem p.*
księžyc; *lett.* kungs *herr,* kundze *herrin,*

kēn-inš *könig,* kēninene; *ehst.* kuninǵas;
lapp. gonagas. *Dem satze, dass das suffix*
ondzї, enzї *germanisch ist, werden lit.
formen wie* klivingis, šlivingis *varus mit
unrecht entgegen gestellt.*

kŭnjiga: **asl.** kъńiga *littera, plur.
liber (vergl.* buky, *got.* bōka, *lat.* littera,
gr. γράμμα). kъńigъěij γραμματεύς. **nsl.**
knjige *plur.* buch. **s.** knjiga *brief.* **č.**
kniha, *ehedem* knihy, *buch.* ksenec *magen
ist p.* **p.** księga. ksieniec *magen, buch:
die bildung ist nicht klar.* kś *aus* kń. **os.**
kniha. **ns.** knigvy. **klr.** knyha. **r.**
kniga. — *lit.* kninga, knīga, *in preuss.
Litauen nur im plur. Die urform ist*
kъninga, kъningva, kninga, kningva.
magy. könyv. *Das wort ist wohl wie* buky
fremd, doch woher? chines. king *ist abzuweisen. Eher wäre and.* kennīng *nota heran-
zuziehen.*

kŭpŭ: **č.** kep, kpa *hundsfott.* **p.** kiep,
kpa *vulva.* kpać *aushunzen.* kpić. **os.** *vergl.*
zacpić *verschmähen.* **klr.** kep *dummkopf.*
wr. kep, kpa, kepa *dummkopf.* kpić *scherzen.* na kpi *zum spott.*

kŭrca-: **s.** krcati *neben* tovariti *be-
frachten.* krcat *genug.* — *it.* carcare, cari-
care. *rm.* ęnkęrka *vb.* c *überrascht.*

kŭrč-: **nsl.** krčiti *roden.* krč (krč
krampf), krčevina *rodeland.* **s.** krčiti. **č.**
krč *strunk.* krčiti. **p.** karcz. karczować
roden. **klr.** korč *strauch.* vykorčuvaty.
wr. korčevьe. korčiga. **r.** korči. korče-
vina *strunk dial.*

kŭrd-: **nsl.** krdêlo *herde trub.* **s.** krd.
slk. krdel. **klr.** kyrď, kyrďiľ, kerdeľ *rudel.*
— *rm.* kęrd. *Vergl.* čerda. *Man denkt an
das ahd.* chortar, kortar *herde.*

kŭrchŭ 1.: **č.** krch *link.* **slk.** krch-
ńák, kršňák *linkhand.* krchňavý, kršňavý.
os. korch *linke hand. Vergl. č.* krsati *deficere,* krs *pumilio und* krŭch-.

kŭrchŭ 2.: **klr.** na korch *vier finger
tief.* **wr.** korch *faust.* korchać. **r.** korchъ
handbreite. **asl.** krъšьnja *faust.*

kŭrk- 1.: **asl.** krъčiti *contrahere.* sъgrъ-
čiti sę *contrahi.* **nsl.** krč. **b.** grča *vb.*
grъča *runzel.* zgrъčen *zusammengeschrumpft.*

s. grč *krampf*. grčiti *einziehen*. skvrčiti. č. křeč, slk. krč. krčiti *krümmen*. skrčiti *zusammenziehen*. pokrčiti *runzeln*. p. kurcz. klr. korč. zakorčyty *krümmen*. wr. korečić. korčakom, korčikom. r. korčь, korča, korkota *krampf*. korčitь. — *magy.* görcs. *rm.* kęrčej, zgęrčej: *vergl.* zgîrk, zgîrč *knorpel.* *alb.* gerč. *Vergl.* asl. sъgrъzditi.

kŭrk- 2.: asl. krъčьma *schenke, berauschender trank.* krъčьmьnikъ, krъčьbьnikъ. nsl. krčma. krčmar. b. krъčma *schenke, geschenk.* pijat krъčma *čol. 145.* s. krčma. č. krčma: kerzma (kercma) *in einem denkmal des vierzehnten jahrhunderts* „cyphus" p. karczma. os. korčma. ns. kjarcma, kjacma. klr. korčma. wr. korčma *neben* karčma. r. korčma: *alt* korčmy variti i piti. korčmitъ *säufer.* — *lit. preuss.* karczemo *krug, schenke.* *lit.* karčjama. *rm.* kęrčmę, kęrčumę, kręčmę, kręšmę. *magy.* korcsma. *nhd.* kre_scham. *Die verbindung mit türk.* γardž *auslagen ist trotz des* r. charčevnja *speisehaus zurückzuweisen. Mit* krъčьma *mag zusammenhangen* asl. krъčagъ, krъčaga (*suff.* êgъ, êga) κεράμιον, πίθος. ъ. krčag: koršov *aus dem magy.* č. krčah. korčák *ist zunächst* p. p. korczak *aus dem* r. klr. koršóv *ung. aus dem magy.* r. korčagъ, korčaga. — *magy.* korsó. *Man führt ein türk.* kolčag *an.*

kŭrklama: s. krklama *von pelzen abgeschorene wolle.* — *türk.* kęrkmak *scheren.*

kŭrkŭ: asl. krъkъ *hals.* s. nositi na krkače *huckepack tragen.* č. krk. p. kark, krczyca *genick.* nosi karkuszu. *dial.* kirkak. klr. na korkoši vzjaty; kark, karok *aus dem* p. wr. karok *aus dem* p. — *rm.* kęrk, kęrkę. *ai.* krka *kehlkopf.* *Vergl. lit.* karka *oberarm.*

kŭrkyga: asl. krъkyga *currus, lectica.* — *Vergl. lat.* carruca. *ahd.* carruch. *Suffix* yga *wie in* kotyga.

kŭrlygŭ: klr. kyrłyh, gyrłyha *schäferstab.*

kŭrma: asl. krъma πρύμνη (*falsch* πρώςα) *steuerruder.* krъmiti *steuern.* krъmilo. krъmьčij *steuermann.* nsl. krma *puppis*

habd. krmilo; *aus dem magy.* korman, koromaniti, koromanež, *im Osten.* s. krma. krmar. krmiti; *aus dem magy.* korman, kormanoš. č. korma, *aus dem magy.* klr. korm, korma, kerma *ruder.* kermuvaty *steuern.* kormnyk, kermanyč. r. korma. — *magy.* kormány. kormányoz *steuern, regieren.* kormányos. *rm.* kęrmę, kormę. kormęni *steuern.* kęrmui *herrschen.* klr. keruvaty, wr. kirovać *lenken,* kirunok *lenken sind d:* kehren.

kŭrmezŭ: b. kъrmъz, hrimiz *scharlachroth.* p. karmazyn. r. karmazinъ. — *türk.* kęrmęs. *kurd.* krmez. *d.* karmesin. *ai.* krmidža. *Vergl.* čermi.

kŭrmŭ: asl. krъmъ, krъma, krmlja *futter, nahrung.* krъmiti *füttern, nähren.* nsl. krma. krmiti. b. krъma *muttermilch.* krъmja *säugen.* krъmače *säugling.* s. krma *futter.* krmača *sau.* krmiti. č. krm. krmě. krmiti. p. karm. karmia. karmić. os. korm. kormić. ns. kjarmiš. klr. korm. kormyty. kormnyk: karmnyk *maststall ist* p. r. kormъ, *dial.* koromъ. kormlja. kormnikъ, *dial.* koromnikъ. kormitь. — *lett.* karms *wohlgenährt.*

kŭrnišī: nsl. krniš *gesims, im Westen.* — *nhd.* karnies. *it.* cornice.

kŭrnŭ: asl. krъnъ *cui aures amputatae sunt.* serebro kornoje *in einer* r. *quelle.* krъnonosъ ρινότμητος. okrъniti *amputare.* nsl. krnja *vacca mutila Ukrain.* krnjast *schartig.* krnjak, prasec skopljen *bei Linde.* *Vergl.* b. otkorna *vb.* okrъnъlo *mil. 81. 86.* s. krnj, krnjav *splitterig.* krnjiti. krnjadak *stummel.* *Vergl.* rnjo *der eine aufgeschlitzte lippe hat.* č. krniti *verschneiden.* klr. kurnosyj *stumpfnasig aus* krъnonosъ. kornouchyj *mit sehr kleinen ohren.* kurdupyj, kurguzyj *schwanzlos.* kornadka *baumstrunk.* kornaz *eber ung.* wr. kornač. kornatyj. kornacić. *Vergl.* karpanosyj. r. kornyj *für nizkij.* kornatь *kürzen.* kurguzyj *mit kurzem schwanze.* kurnosyj, korkonosyj, karpanosyj. kornouchij. *Vergl.* kurbatyj *gedrungen.* — *ai.* kirna *aus* karna. *Man vergleicht* karn *findere, dessen n jedoch dem partic. angehört, und denkt an* čr-nāti

zerbricht, çĭr-ņa *zerbrochen neben dem unbe-*
legten kr-ņáti *tödtet*, kīrņa *getödtet.* *rm.*
kęrn *stumpfnasig. Wenn schon in den an-*
geführten wörtern kŭrnŭ *grosse verände-*
rungen erlitten hat, so dass man die erklä-
rung einiger der angeführten wörter be-
streiten kann, so sind die veränderungen
der ausdrücke für „eber, verschnittenes
männliches schwein" noch viel grösser und
daher die erklärung noch anfechtbarer. **slk.**
kurnaz. **p.** kiernos, kiernoz, (kierda *ist*
wieprz niekraszony), knur. **kaš.** knors.
os. kundroz *neben* kjabor *und* kunč. **ns.**
kjandros. **klr.** korņaz, kornos, knoroz,
knur. **wr.** *soll* knur *„nicht verschnittener*
eber", knorêzъ, **r.** nutrecъ. *bedeuten; das-*
selbe soll vom **r.** knorosъ *gelten.* **dial.** knurъ
ist borovъ.

kŭrp-: **nsl.** krplje *schneeschuhe.* **s.**
krplje *plur. f.* **č.** krpě *schneereifen.* krpec,
krbec *bastschuh.* kraple *schneeschuhe.* **p.**
kierpce *art beschuhung.* kurp m. *bastschuh.*
klr. kerpeć. *Vergl.* kurbany *für* postoły.
r. kurpy *schuhe* **dial.** *Daneben* krapoški
beschuhung. — **preuss.** kurpe. turpelis *für*
kurpelis. **lit.** kurpė. **lett.** kurpe *schuh.*
Man vergleicht mit kraple *ahd.* chrapha
uncinus und mit krplje *ngr.* κροὐπαλα. *Neben*
den regelrechten formen wie krpě, kierpce
finden sich ganz abweichende.

kŭrpeta: **s.** krpeta *art teppich. —*
magy. kárpit. **it.** carpita.

kŭrs-: **č.** krsati *deficere.* krs *ver-*
schrumpfter baum. **s.** kršljav. **p.** kar-
élak, *das bei Linde fehlt, ein im wachs-*
thum zurückgebliebener baum. — **lit.** karšti
altern. **lett.** kārst. *ai.* krś *attenuare.*

kŭrt- 1.: **asl.** krъtênije *stridere.* **p.**
karcić *ausschelten, bündigen.* **klr.** kartaty
rügen, aus dem **p.** **r.** kartávyj *schnarrend,*
vielleicht für kortávyj. *Vergl.* **b.** krъtja
kratzen. **p.** korcić *beissen, nagen. —* **rm.**
kîrti *tadeln.* **lit.** kartéti *bitter schmecken.*
Die zusammenstellung ist zum theil hypo-
thetisch.

kŭrt- 2.: **r.** kortyški *plur. f. schultern;*
dial. ņogavki ili podvjazki na nogachъ
jastreba. — *ahd.* harti *schulterblatt.*

kŭrtê-: **b.** nakrъteva mi *es verdriesst*
mich. **klr.** mińi kortno *ich langweile mich.*
wr. karcêć, karcić *verlangen.* **r.** kor-
têłь *dial.*

kŭrtolŭ: **s.** krto, *gen.* krtola, *korb.*
kr. kartil *verant. — lat.* cartallus. *gr.*
χάρταλος.

kŭrtŭ: **s.** krt *spröde. Man vergleicht*
lett. kurtēt *holzig oder schwammig werden.*

kŭrzno: **asl.** krъzno *pelz.* **nsl.** krzno.
krznar. **s.** krznar. **č.** krzno. **r.** korzno.
— *ahd.* chursinna, chrusina *pelzrock.* **mlat.**
crusina, crusinna, crusna. *Entlehnung hat*
stattgefunden, aber ob das d. oder das
slav. entlehnt hat, kann nicht entschieden
werden. **magy.** gerezna. **p.** kusznierz,
klr. kušnêr, **wr.** kušner *sind das* **nhd.**
kürschner.

kŭrĭ: **asl.** kъrь *radix.* **č.** keř, *gen.*
kři, kře, *staude.* křák, křík. křoví *coll.*
p. kierz m. krze n., krzew m. krzewie.
wkrzewić *einwurzeln.* krzak. **os. ns.** keř.
klr. krjak, krak. — *lit.* keras. *lett.* cers.

kŭs-: **asl.** kysnąti *nass werden; sauer*
werden. kyşelъ *sauer. Durch zweite steig.*
kvasъ *fermentum:* tvorjenъ kvasъ σίκερα.
kvasьnikъ *vinolentus.* kvasiti *netzen; säuern:*
žila govežda nъkvašena осѣtomь. **nsl.**
kisnoti, kisati. kisel *sauer.* kislica *rumex.*
kvas. pijana kvasnina *ravn.* 1. 249. **b.**
kisna *wüssern.* kisêl, kisъl *sauer.* kisilica.
kvas *sauerteig.* kvasja *netzen.* **s.** kisnuti
nass werden; sauer werden. kiseo. kiša
regen. kišati se *eingeweicht werden.* kvas.
kvasiti *netzen.* **č.** kysnouti, kysati. ky-
selý. kvas *säure, schmaus.* kvašan *conviva.*
kvasiti *epulari.* **p.** kisnąć, kisać. kisiel.
kwas *säure, saurer trank, feindschaft.* **os.**
kisały. kvas *sauerteig, hochzeit.* **ns.** kvas.
klr. kysnuty. kvas. **r.** kisnutь. kislyj.
kiselь. kvasъ *kvas, sauerteig.* kvasitь.
kvaša. kvasnutь. — *lit.* kvosas *alaun.* kvo-
sīti *beizen.* kisélius. *lett.* kīselis. **magy.**
kiszil. keszölcze. kovász. *rm.* kisnovat.
Man beachte die bedeutungen nass werden,
sauer werden usw.

kŭsmetŭ: **b.** kъsmet *schicksal. —*
türk. kęsmet.

kŭsnentinŭ: asl. kъsnętinъ, kostanъtinъ *usw. Constantinus; daher* kъsnętiňь, kostanъtiňь, kostanъtinovъ gradъ *neben* cêsarь gradъ *Constantinopolis.*

kŭsŭ: b. ·kъs *kurz.* — *türk.* kęsa.

kŭsĭnŭ: asl. kъsnъ *tardus.* kъsněti, kъšnją. *iter.* -kъsněvati. nsl. kesno. kesněti, kesnъm *habd.* b. kъsno. zakъsnéja *vb.* **kr.** kasni mi se. **s.** kasno. dockan, docne *aus* do kъsna, do kъsnê. **r.** kosnyj. *Das* nsl. kes *reue,* kesati se *bereuen ist wohl nicht hieher zu ziehen.*

kŭz-: asl. raskъznąti *(mscr.* raskzenetъ*) inflammari. Vergl.* os. kezać *coire cum femina. Unsicher.*

kŭzŭ: b. kezim *mein mädchen.* **s.** krzlaraga *frauenhüter aus* kezlaraga. — *türk.* kęz.

kyči-: asl. kyčiti *stolz machen.* nekyčivъ *alienus a fastu.* b. kičliv. **r.** kičitь. kičenь *der stolze.* kičlivyj. kičižitь sja *stolz sein dial.*

kyčĭma: s. kičma *dorsum.*

kyd-: asl. kydati *werfen:* imena kydati *beschimpfen.* nsl. kidati *mist auswerfen.* (b. kina *ausreissen:* na utra kinam tréva *mil.* 37). .kr. razkidati, razkinuti. **s.** kidati, kinuti *ausmisten* č. kydati *werfen.* p. kidać *werfen, wenden.* os. kidać *werfen.* **ns.** kidaś. **klr.** kydaty. **wr.** kidać. **r.** kidatь, kinutь. kinatь *dial.* kinutь sja *nasci.*

kyj asl. *hammer.* **s.** kijak *knüttel.* č. kyj. **p. os. ns.** kij. p. kijanka, przyrzad do prania bielizny. **klr.** kyj. **wr.** r. kij. — *preuss.* cugis. *lit.* kujis, kugis *hammer. W. wahrscheinlich* kŭ. y *für* ъ.

kyka-: r. kikatь *schreien wie der schwan dial.* **klr.** kykaty, pohukuvaty. — *lit.* kukti. *Vergl.* asl. skyčati *latrare.* **s.** skika.

kyla asl. *hernia.* nsl. kila. kilav. b. iskilvane. kilen. **s.** kila. kilav. č. kýla, kýl. p. kiła. kiławy. **klr.** kyła. **wr.** kiła. **r.** kila. — *lit.* kuila, kūla. lett. kjila. *rm.* kilę. *gr.* κήλη. *Das dunkle wort ist dem ahd.* hōla *unverwandt.*

kyma-: nsl. kimati *nicken.* kimelj prodaje, komur se drěmlje *Ukrain.*

kypê-: asl. kypěti *sieden, überlaufen. iter.* -kypati *in einer r. quelle.* nsl. kipěti. b. kipja *vb.* **s.** kipljeti. č. kypěti. p. kipieć. polab. kåipi. **klr.** kypity. **r.** kipětь. kipjatokъ. — *lett.* kupt *gähren.*

kyprŭ: asl. kyprъ *foraminosus:* zemlja kypra usъše *tichonr.* 2. 392. kyprъ aky gąba: č. kyprý *nicht hart, elastisch.* os. kipry *schwach.* **klr.** kypry *porös.*

kyšê-: klr. kyšity *wimmeln.* **wr.** kišće. **r.** kišětь. kišma, kišmja *adv.* — *lit.* kušéti *sich regen. lett.* kusět, kusät.

kyšĭka: p. r. kiška *darm.* **klr.** kyška.

kyta asl. *zweig.* nsl. kita, kitica *fasciculus habd. nervus, cartilago lex.* b. (kita) kitja *schmücken.* nakit *schmuck.* kitka *neben* kiska: kiska cvěte *blumenstrauss. Auf* kitka *beruht* kiča *schmücken.* kičěst *astig.* kitka, kitica *am pferdefuss.* **kr.** kita *ramus.* **s.** kita *strauss, quaste.* kitica *krone am pferdefuss.* nakit *putz.* č. kyta *bündel, busch: dagegen* kýta *keule, schinken, schlegel.* **slk.** kysť. p. kita *federbusch.* kišć *quast, eine alte bildung: w.* kyt, kyt-ъ. *Vergl.* okišć *eiszapfen.* os. kić *traube.* **ns.** kiska, kistka *handvoll, schwanz.* **klr.** kyť, kyta *quaste.* kysť *pinsel. Vergl.* kyčka *bündel von stroh.* **wr.** kitka *bündel von heu.* **r.** kita *strauss.* nakita *schmuck.* kistь *traube, stengel, quaste.* kistenь. — *magy.* kita *bütschel. Vergl.* kieseg *haarschmuck. rm.* kiti *schmücken. lit.* kutas, kuta. *Vergl.* p. kicz, kiczka *fasciculus.*

L.

la-: 1. asl. nsl. lajati *bellen, schimpfen.* asl. latelь *sin.* b. laja *vb.* **s.** lajati. lavež. č. láti. láje, laje, lâj. p. łajać *schelten.* łaja, złaja *eine hitze hunde.* os. łajać. **ns.** łajaś. **klr.** łaty, łajaty. łaj *gebell.* **wr.** łaić. **r.** lajatь. laj *dial.* za-

lava, šumnaja tolpa. — *lit.* loti. *lett.*
lāt *bellen neben* rāt *schelten.* rēt *bellen.*
got. laian. *ii.* rā.

la- 2.: asl. lajati *insidiari.* lajatelь.
— *lett.* lāvitē s *schleichen, den mädchen*
nachstellen. Vergl. č. lákati *captare, al-*
licere.

lad-: klr. ɫadovaty, ɫadkaty *hochzeits-*
lieder singen. Man darf hiebei auf einige
dunkle, theilweise zweifelhafte wörter hin-
weisen: klr. ɫado *gemahl.* č. lada *kat.*
2272. s. lado, lado le mile *ein refrain.*
lada nsl. *lade.* polab. lodo. klr.
ɫada *ung.* — *Aus dem d.* lade. magy.
láda. *rm.* ladę.

ladanŭ: r. ladanъ *ɫadanum.* klr. ɫa-
dan. — *gr.* ʎáồavov. *Semitischen ursprungs.*
ladŭ: č. lad *ordnung, einigkeit.* laditi
stimmen (bei instrumenten). ladný *hübsch.*
p. ɫad. ɫadny. klr. ɫad: meńi jde ščoś
v ɫad *es geht mir von statten.* nedoɫad
unordnung. rozɫad *uneinigkeit.* ɫadyty *aus-*
bessern. vyɫadyty *zu stande bringen.* wr.
ɫad *übereinstimmung.* ne v ɫad. ɫadnyj.
ɫadzić. r. ladъ. neladucha. laditь. lad-
nyj. *Vergl.* lagoda.

lafa p. *lohn.* b. lefe. klr. ɫafa,
ɫefa *sportel.* wr. ɫachva. r. lafa *vor-*
theil. lafitь. — *türk.* 'ulufé.

lafra nsl. *larve.* — *Aus dem d.*
lafŭ: s. laf *gespräch.* — *türk.* laf.
gr. ʎáφɩα.

lagoda: asl. lagoditi *convenire.* la-
godьnъ ʊʊʅʅεːρⴕⴅέⴜⴘⱪ *conveniens. Daneben*
lagojno *adv.* b. lagodja *erhalten.* č. la-
hoda *lieblichkeit.* lahoditi *schmeicheln.* p.
ɫagodny *mild, sanft.* ɫagodzić. os. ɫahoda
anmuth. ɫahodny *schwach, glimpflich.* ns.
lagoźiś *schmeicheln.* klr. ɫahoda *friede.*
ɫahôd *sanftmuth.* ɫahodom *sachte.* ɫahodyty
zu wege bringen. zaɫahôda *vergleich.* ɫahodyty. wr. ɫahodnyj. ɫahodzić. r. lago-
ditь. — *Vergl.* ladŭ. *Nosovič* führt ein lit.
lagoti *an.* *rm.* lagodi *spondere.* legędu-
jalę. *Dagegen* nsl. lagoda, lagota *muth-*
wille. lagoden, lagoj *boshaft.*

lagunŭ: s. lagum *mine.* b. lagъm.
— *ngr.* ʎɑγoύⴜⴉ. *türk.* lagęm. *Man ver-*

gleicht mit diesem worte mit unrecht s. lakomica *canal.*

lagunŭ: r. lagunъ *art gefäss.* — *Vergl.*
gr. ʎáγʊⴜⴜⴑ.

lagvica asl. *poculum, lagena.* nsl.
lagev *m.* lagva *tinia habd.* č. láhev *lägel.*
p. ɫagieẃ. ɫagwica. os. ɫahej *flasche.* ns.
lagva. r. lagovka *dial.* — *nhd. bair.*
läge *f. fässchen.* ahd. lagella. *lat.* lagena,
lagellum.

lachana b. *kraut.* ar. lachana *kohl.*
— *türk.* laḫana. *gr.* ʎáγχⴑⴜ.

lachŭ: p. ɫach *kleidung.* ɫach, ɫaḃ-
man *lumpen.* klr. ɫach, ɫachman. r.
lachmy. locnmotьc. lachonь *lappen.*

laj-: klr. ɫajistyj *schwarz.* — *Vergl.*
rm. lae.

lajcha-: nsl. lajhati *decipere meg.* laj-
har *habd.* lajharen, krivičen. lajharija *meg.*
č. lejcheř, lejchveř. — *mhd.* leichen *be-*
trügen.

lajno asl. *stercus:* svinje lajno. lajna
človêča. lajna *latera.* nsl. lajno *stercus*
meg. lejno *rib.* lajnje *schleimige excremente*
metl. kokošji gnoj. b. lajno *kuhfladen, mist.*
č. lejno *dreck.* p. klr. wr. ɫajno *koth.*

lak-: asl. lakati, laknąti *hungern:*
daneben alъkati. alъča, alъčь *hunger.* lakota *libido.* lakomъ *cupidus.* lačьnъ *esu-*
riens. lačьba *hunger.* nsl. laknoti. lakota.
lakom. lačen. b. lakom *gierig, habsüch-*
tig. lakomstvo. s. lakom. lačan. č. laknouti. lakota. lakomý. lačný *nüchtern.* p.
ɫáknąć, ɫacznąć. ɫakoć *leckerbissen.* ɫakomy.
ɫaczny. os. ɫakomny *habsüchtig.* ɫacny
durstig. ns. lacny. klr. ɫakôtnyj *nasch-*
haft. ɫakôm *lüstern.* wr. ɫakomyj. — *rm.*
lakom. lakomię. *alb.* lakęmi *habsucht.*
magy. lakoma *gastmahl. Das wort soll dial.*
und aus lakmározni *abzuleiten sein: aus*
dem fehlen des wortes bei Kresznerics schliesst
man, dass es zu jener zeit noch nicht be-
kannt war: lit. alkti. lokamnas *fremd.* lett.
alkt. *Vergl.* alka-.

lakomica s. *infundibulum.* nsl. lakomica, lakovnica.

lakova-: lakovati *habitare, in urkun-*
den aus rm. *gebieten.* — magy. lakni.

lakŭrdija: s. lakrdija *wort, tändelei.*
lakrdisati. b. lakerdija. — *türk.* lakęrdę.

lakŭtĭ: asl. lakъtь *olla.* — *Man vergleicht lit.* lakas *irdener krug.*

lala s. *hofmann.* — *türk.* lala.

lale b. *tulpe.* s. lala, lale. — *türk.* lalé.

lalŭ: r. lalъ *rubin.* s. lal *roth.* — *türk.* lal.

lalŭkŭ: asl. lalъkъ, laloka *palatum:* къ ustьnê i locê *izv.* 667. prijęzyčьnica, iže jestь laloka 669. nsl. laloka *mandibula habd.* kinnbacke. lalok *palear.* laloki *mund.* kr. laloka *kinn ung.* č. lalok, lalouk *unterkinn, halswamme.* p. łałok. r. lalki, lavlaki *zahnfleisch.* lyly, nižnjaja *častь* lica *dial.*

lamija, lamja b. *art schlange:* sura lamija mrъšojedna *mil.* 29. — *gr.* λαμία *art fisch.* λάμια *art gespenst.* *ngr.* λάμια, λάμνια *für* στοιχεῖον.

lamŭbada: asl. lamъbada *lampe.* b. as. lamb'ada. r. lampada. p. klr. łampa. nsl. lampa *usw.* — *gr.* λαμπάς. *it.* lampa. *alb.* lampadę, lampę. *mhd.* lampe.

lani, lanь, lanija asl. *hirschkuh.* lanę, laništь *hirschkalb:* daneben alъnь (i-thema) *hirsch;* al~~ij *hirschkuh.* s. laně *hirschkalb.* lanad *collect.* č. laně, laň *hirschkuh.* p. łani, łań, lania. klr. łań, łańa. r. lanь. — *preuss.* alne. *lit.* elnis. lonè *aus dem slav.* *lett.* alnis. *Vergl.* alnĭ, jelenĭ.

lanita asl. r. *wange.*

lano č. *leine.* — *Vergl. nhd.* leine. *ahd.* līna.

lanŭ: č. lán *landhufe.* p. klr. łan. r. lanъ *dial.* — *rm.* lęnnišoare. *Man vergleicht mlat.* laneus, *das deutsch ist, etwa* lehn, lehen.

lanĭcĭ: asl. lanьcugъ, lanьcuhъ *kette.* nsl. lanec. b. lanъc *Vinga.* s. lanac. č. lancuch. p. łańcuch. klr. łanc, łancuh, łancuch. łancušok. wr. łancuh. r. lancugъ *dial.* — *rm.* lanc, lancuh, lęncug. *lit.* lencugas. *magy.* láncz. *mhd.* lan, lanne *kette.*

lap-: p. łapie, *dial.* wopie (łopie), *für* łatwo, prędko *leicht, schnell dial.* klr. ne-

łapšyj *nicht gut.* r. lapь, łapy *mehr,* bolêe *op. 1. 56.* — *lit.* labas, *lett.* ľabs *gut.* Die zusammenstellung ist problematisch.

lapa nsl. *pfote.* b. lapadec *gänsefuss (pflanze).* p. łapa. klr. łaba. wr. łapa *hand.* r. lapa. — *Vergl. lett.* lēpa. *got.* lōfa *flache hand.*

lapa-: b. lapam *schlappern.* *Vergl.* os. łapać. ns. ľapaś.

lapi-: s. slapiti *erhaschen.* č. lapati *haschen.* polapiti. p. łapać. ułapić *rapere.* obłapić *amplecti.* obłap. łapka na myszy. os. łapać. ns. lapaś. klr. łapaty. nełapšyvyj *unempfänglich.* wr. łapać. łapić. r. *dial.* ist lapitь *flicken.* — *lett.* lāpīt *flicken.* Die wörter sind nach den bedeutungen zu trennen.

lapota-: nsl. lapotati *plappern.* r. lepetatь.

lapša klr. wr. r. *art nudeln.* klr. łokšyna. łašky. slk. lokša. *magy.* laksa, laska. — *türk.* lakšé.

lapta-: kr. laptati *die laute (lavut) spielen aus* lavtati. *Vergl.* lauta.

lapŭtŭ: kr. s. lapat, *gen.* lapta, *stück, fleck.* p. łapeć. wr. łapoć. r. lapotь. — *lit.* lopas. lopīti *flicken.* *lett.* lāps. *and.* lappi. *ahd.* lappa.

lapŭtĭ: r. lapotь *bastschuh.* klr. łapoť, łapti, łyčaky, z łyka chodaky. p. łapcie. — *lett.* lapčas.

larĭ: r. larъ *arca, cista, dial.* grab. — *and.* lar. *finn.* laari. *Gegen den slavischen ursprung des wortes spricht dessen geringe verbreitung.*

lasa 1. r. *länglicher fleck.* — *Vergl. lit.* lašu, lašěti *tröpfeln.* *lett.* lāse *tropfen.* lāsains *gesprenkelt.*

lasa 2.: asl. lasica *wiesel.* nsl. lasica, ulasica *habd.* podlasica *lex.* s. lasica. lasast *adj.* č. lasice, laska. p. łasica, łaska. ns. łasyca, łaska. klr. łasyća. łastka *schneewiesel.* r. łastka. — *Vergl. d.* Pelg Lassitz Schmeller 2. 491. *Man vergleicht lett.* loss, losains *gelb, gelbbraun, fahl.*

laska-: asl. laskati *adulari.* laska *adulatio.* laskъčij, laskočь *adulator.* b.

laskaja *vb.* **s.** laskati. lastisati. **č.** láska
höflichkeit, liebe. **p.** łaska *gunst.* łasić
się sich schmiegen. ułasić *sanft machen.*
klr. łaska. łaščyty. *Vergl.* łastyty *huld-*
voll sein. **wr.** łaska. prilaščić *schmeicheln.*
Vergl. łasić *śa schmeicheln.* **r.** laskatь.
laska. *Vergl.* lasitь *dial. für* laskatь *sja.*
— *lit.* loska. *lett.* lāska. *Man vergleicht*
and. elska *liebe.*

laskota-: **p.** łaskotać, łechtać *kitzeln.*
os. łaskotać. **ns.** laskośiś. **klr.** łaskoty.
łaskotaty. *Vergl.* lŭchta-, leg- 4.

lastarĭ: **asl.** lastarь *knospe:* lastare
mlade da gryzetь aus einer s. quelle. **b.**
lastar. **s.** lastar *junges reblaub; daher*
lastati *sich belauben.* — *rm.* lęstariŭ, vlę-
stare. *ngr.* βλαστάρι.

lastovica **asl.** *schwalbe.* **nsl.** lasta-
vica, lastovka: *man führt auch* vlastovica
und hlastovica *an.* **b.** lastovica *mil.* 227.
448. 522. lêstovica. **s.** lastovica, lasta-
vica, lasta. **č.** laštovice, vlastovice, vla-
štovice. **p.** łastowka, chłastowka *dial.*
os. łastojčka *aus* łastojca, łastovica. **klr.**
łastovica, łastôvka. łastôvja, łastôvenja
junge schwalbe. **r.** lastočka. *Man beachte*
asl. lastuna *falcula.* **ar.** lastuna *cypselus*
apus. — *rm.* lęstun *hirundo riparia.*
Vergl. lit. lakstīti *flattern. lett.* lakstīt.

lasŭ: **p.** łasy *gierig.* **klr.** łasyj, łachnyj. łasošči *leckerbissen.* łasuvaty *naschen.*
łasun. załasje *näscherei.* **wr.** łasyj. ła-
siki *leckerbissen.* nałasovać *śa.* **r.** lasyj.
lasa *für* lakomka. lasovatь *dial.* — *Man*
vergleicht lit. api-lasus *wählerisch. Hieher*
gehört vielleicht **asl.** laskosrъdъ, *zusammen-*
gezogen laskrъdъ, *edax, gulosus.*

lat-: **č.** láce *wohlfeilheit.* laciný *wohl-*
feil. **p.** łacny *leicht, dial. für* chudy,
cieńki, nie syty. **klr.** łacnyj, łacwi *leicht.*
łacno *wahrscheinlich.* lat- *findet sich auch*
in p. łatwy. **wr.** łatvyj. ułatvić. nała-
tovać *śa für r.* legko nažitь *sja.* — *Man*
vergleicht lit. lětas *exiguus. lett.* lěts
facilis.

lata: **č.** lata *fleck.* látati *flicken.* **p.**
łata. łatać. **klr.** łata. łataty. **wr.** łata.
łatać. **r.** lata. **s.** latica *zwickel.*

latĭnŭ: **asl.** latinъ *latinus.* latina
collect. **p.** łacina *lateinische sprache.* **r.**
łatynъ. łatynjaninъ. *Aus dem lat.*

latjunŭ: **kr.** laćuni *cyclamen euro-*
paeum. **s.** laćuh *weinreis mit trauben.*

latovŭ: **nsl.** **s.** latov *überreiter (finanz-*
wächter). — *magy.* látó.

latunŭ: **r.** latunъ *messing.* — *nord.*
lătun. *fz.* laiton. *Vergl. it.* latta *weisses*
blech und laty 2.

latŭ: **č.** lat *latte.* **nsl.** latva, letva.
letvenjak. **kr.** latva *ung.* **s.** letva. **p.**
os. **klr.** łata. **ns.** łata, łatva. — *lit.* lota.
it. latta. *ahd.* latta.

laty 1., latъvь, latva **asl.** olla. *Vergl.*
latъka: varjahъ vъ latъkahъ. **p.** łatka
lebes. **r.** ladka *teller.*

laty 2. *plur. f. panzer.* latnikъ, *dial.*
latyšъ, *kürassier.*

lauta **b.** *laute.* **klr.** łavuty. — *rm.*
aleutę. *ngr.* λαβοῦτον. *türk.* lavut. *Damit*
hängt nsl. lapt *lyra habd. zusammen. magy.*
lant. *Unmittelbar aus dem d. stammen*
p. lutnia, *r.* ljutnja. *Vergl.* lapta-.

lava **asl.** *bank.* **b.** lavica *gesims.*
č. lava, lavice. **p.** **klr.** **wr.** ława. **os.**
łava. **ns.** łava. **r.** lava *brett,* steg. lavka.
— *lit.* lova. *lett.* lāva. *rm.* lavicę.
magy. lócza. *finn.* lawa. *Vergl. schwed.*
lafve, *das vielleicht slav. ist.*

lavdĭca **nsl.** *lerche, im Westen.* —
lat. alauda. *it.* lodola.

lavka-: **nsl.** lavkati *nachlese halten.*

lavra **asl.** **r.** *laura.* — *gr.* λαύρα.

lavrŭ: **b.** lavr *lorber.* **p.** wawrzyn.
klr. łavr. **r.** lavrъ. **s.** lovor. lovorika.
— *lat.* laurus. *lit.* liauras. *gr.* λαῦρος.

łaznja: **č.** lázně *bad.* **p.** łaźnia. **os.**
łaźńa. **ns.** laźńa. **klr.** **wr.** łaźńa. **r.**
laznja *dial.*

lazurŭ: **p.** **č.** lazur *azurblau.* **r.**
lazurь. — *türk.* ładžuvérd, *darqus gr.*
λαζούριον, *mlat.* lazulum *usw.*

lazŭ: **nsl.** laz *gereut, neubruch.* **s.**
laz *neubruch, mala njiva.* **č.** laz: *prvé*
leto laz vzkopachu, druhého leta radlem
vzorachu. **p.** łazy *klötze.* gorołazy, ob-
łazy. **klr.** łaz *waldwiese.* **r.** lazina *gereut*

dial. — *rm.* laz *rodung.* izlaz *gemeinde-*
weide gehört nicht hieher. *magy.* laz, laza.
alb. laz. *Vergl. ahd.* las *in* ca-lasuco *com-*
marcanus.

le (lê) **nsl.** *nur, nur zu:* le idi. ako
leprav se dotaknem *ev.-tirn.* **kr.** le, leh.
Vergl. č. le *doch, aber.* leč *sondern, ausser.*
p. byle co *was immer:* by, le, co. lecz
aber, sondern. lepak *aber, hingegen, wieder.*
kaš. le *nur.* **klr.** łem, łeme, łeno, łeš
aber. *Vergl.* leda.

lebdi-: s. lebditi *fovere, curare.*

lebedi: **asl.** lebedь *f. schwan.* **nsl.** b. le-
bed. **klr.** łebeď. **wr.** lebedź. **r.** lebedь,
lebjadь. — *rm.* lebedę, lebędę, lepędę.
Daneben **nsl.** labod. **s.** labud. **č.** labuť.
p. łabędź, łabęć, **kaš.** łabądz; *daher* **asl.**
labądь. lebedь *beruht auf* elbiz, labądь
auf albiz: *die zweite silbe wird urspr.*
einen nasal enthalten und auf d *ausge-*
lautet haben. *Das wort hängt mit lat.*
albus, *gr.* ἀλφός *weisser ausschlag zusammen.*

leca nsl. *kanzel.* — *ahd.* lëcza *aus*
lectio.

lecijanŭ: **nsl.** lecijan, lecjan, lcjan
enzian. s. lincura. — *rm.* dintsurę, din-
zurę, enzurę, cnšure. *d.* enzian *aus* gentiana. l *ist dunkel.*

leda č. *was immer für ein ding.*
ledakdo *der erste beste.* leda co, ledco,
leco *und mit* si: ledasco, ledsco *und* leda-
cos, ledcos, lecos. ledakdy. ledakudy *usw.*
p. leda, lada. ladaco. ladajaki. ladasz-
czyca. **klr.** łeď *so einer.* łedaj *lump.*
łedyj *schleckt.* łedajakyj. **wr.** ledakto
wer immer. ledojko *für* r. chudo. ledaščij,
jedaštyj. **r.** ledaščij *dial.*, ljadaščij
schlecht. ljadъ *unfall, teufel.* — *lit.* ledo-
kas, ledėkas *schlecht.* lajdokas. *lett.* laj-
duks. *Man vergl.* č. lajda, lada *dirne.* laj-
dak. **p.** łajda, łajdak *liederlicher mensch.*
klr. wr. łajdak. **r.** lajdakъ. **nsl.** lickaj
was immer für ein ding, vanitas. lickaki
wie immer beschaffen, eitel trub. — *Man ver-*
gleicht leisti, laidīti *non curare.* *Vergl.* le.

ledŭ: **asl.** ledъ *eis.* **ns.** b. s.
łed. **kr.** led. ledven *adj.* **č.** led. leden
anner. **p.** lod. **polab.** led. **os.** lod.

ns. ľod. polľož *f.* glatteis (po-ledь). **klr.**
ľid, *gen.* ľedu. **r.** ledъ, *gen.* lьda. lьdina.
Vergl. koleducha *glatteis.* — *rm.* poledięę,
polevicę, polegnicę *glatteis.* *preuss.* ladis.
lit. ledas. *lett.* ledus.

leg- 1. *Die W.* leg *sich legen, brüten*
erleidet in den praes.-formen nasale ver-
stärkung, die auch in andere formen ein-
gedrungen: lęgą. *inf.* lešti, *selten* legnąti.
uleže (vêtrъ). leg *ist pft., dur.* ležati, *iter.*
lêgati. *Durch steigerung* -logъ, *daraus*
-ложiti *legen, dessen iter.* -lagati *lautet.*
ležahъ, ležaga κήτος *sind künstliche bildun-*
gen nach κεῖσθαι. priležьnъ, prileživъ *fleissig.*
lêgalo κλίνη. lože *lectus.* ložesno *uterus*
beruht auf einem th. logos, ložes. *Für die*
bedeutung „brüten“ wird meist die form
leng *angewandt:* lęžaja *gallina.* **nsl.** ležem,
leči. ulenči, ulenžem *gebären,* vilenči *aus-*
brüten, im Westen. leglo *das lager des wil-*
des; brut rib. polog *nestei, kesselthal.* prêlog *abacker, brachland.* zalog *pfand habd.*
zalogaj, založaj *bissen:* kar se enkrat založi
v usta. vulog (ulog), griža. vuložlivec *po-*
dagricus. legar *weinhefe ist d.* **b.** legna
vb. leglo *lager.* lêgam *vb.* lêgalo. polê
gat *schräg.* zalag *bissen.* ulogarka *krüppel.*
kr. podligati *ung.* **s.** leći, ležem, legnem
sich legen, brüten. ležati *liegen.* zaležaj *ver*
wahrloster weinberg. leglo *brut.* lijegati.
zalijegati *hinreichen.* log: leži logom. ulozi
gliedersucht. ložiti *oganj.* loža *lager (des*
hasen). zalogaj, zalagaj. parlog *verwahr-*
loster weinberg, uparložiti *verwahrlosen:*
parlog *stammt aus dem magy.:* parlag, *das*
aus dem slav. prêlog *entstanden ist.* **č.**
léci, lehu. lehati, léhati *sich legen.* noc-
leh. oulehl, ouloh, příloh, úhor, *brach-*
acker. polohý *declivis.* lože. podloha, pod-
laha. lihnouti (lęg) *gebären.* **slk.** ľahol
legte sich. **p.** lec, legnąć. zląc *in die*
wochen kommen, zaląc. zalążek *brut.* le-
żeć. legać (lêgati). łożyć. poległy *abschüs-*
sig. legowisko. leża. leżuch *faulenzer.* przy-
łog. rozłog. *dial.* uogawy *aus* włogawy,
kulawy, ułomny. włogaty *mit dem spath*
behaftet. włogacizna. łoże. łożysko. łąg,
łęg (*asl.* *lągъ) *brüten.* **polab.** lăgně *legt*

sich. **os.** lac, lahu, lahnyć *(asl.* *lęgnąti).*
ležeć. lêhać. lêhło. łožo *lager.* **ns.** lagnuś.
łegaś. ložyśćo. **klr.** łeču, łiču, łihčy,
łaču, łahty, łahu, łažu. łahaty. załahaty.
nałahaty *lasten.* nałahaty na nohu, chramaty. łahovy *die zeit, wo man allgemein
schlafen geht.* łahma (łeg). ležaty łoh. obłôh,
obłuh, *gen.* obłoha, *brachfeld.* połôh, śino
na pokosach. perełôh *abacker.* łohovysko.
łože. łožyty. łožnyk *bettdecke.* połobyj, pochyłyj *sanft sich senkend, schräg.* **wr.**
lehći. lêhma *liegend.* lehać: vylenhać śa
faul werden. łožić. **r.** leč, *dial.* legči.
nočleg. legavyj *chien couchant.* ljagom
(asl. *lęgom) abends.* ložiť. łože. łožesna.
logovo, logovišče *lager.* razlog *neigung.*
otlog *geneigt.* perelog *brache.* ulog.
Zweifelnd ziehe ich hieher log *vertiefung,*
ložžiť *aushöhlen,* ložžina, ložbina, **wr.** log-
čina, **b.** slogove *grube. Abseits liegt* lja-
gať *hinten ausschlagen. — preuss.* loaso
(łože) *decke.* lazinna *er legt.* lasto *bett.*
listis *heerlager: alles, wie es scheint, entlehnt. lit.* atlagai *lange brach gelegener
acker. lett.* pārlags. *rm.* olog *paralyticus*
(ulog). pęrloga. zęlog *pfand.* podlog, plo-
tog. prilež *occasio.* obłoži *vb. magy.*
luhma *cubando.* lezsák. lazsnak *decke.*
parlag, parrag, pallag *abacker, daher* **s.**
parlog, **klr.** pałag *ung.* zalog, zalag *pfand.*
polozsna, polozsnyak, porozsnyak *nestei.*
alb. łoznik (łosnik) *manto.* leg *beruht auf*
idg. legh *mit velarem* gh: *gr.* λέχος, λέχ-
τρον. λόγος. λογεύειν *gebären. lat.* lectus.
lectica. *got.* ligan. *ahd.* ligen.

leg- 2.: *asl.* lьgota *levitas.* lьgyni,
lьza, polьza (połьdza *sin.) utilitas.* lьžê
licitum. lьgъkъ *levis.* lьgъčina. **nsl.** lagek,
lahek, lehek. *compar.* laglje. lehkič *vielleicht.* odlahnoti *leichter werden:* odlahnolo
mu je. polagoma *allmählich.* zlagoma
bequem. Vergl. lahoten *debilis habd.* zlahko
wohlfeil. zlaščati se *wohlfeil werden aus*
zlahčati. olajšati. polehčica *erleichterung.*
odlašati *aufschieben:* hč *wird* šč, *dieses* š.
b. lek *leicht.* lekom *mil. 97.* poleka *133*
polegička *wohl „leise" bulg.-lab.* **kr.**
lagaban *mar.* polašćina *erleichterung ung.*

s. lak. lakom *beinahe. compar.* lakèc, **laglje.** lahnuti, lanuti *leichter werden.* laga-
han, lagan. **č.** lhota *aufschub.* lhostejný
lanysam. lze *adv. leicht, möglich.* (plzeň
nutzen ist falsch). lehký. obelha *schimpf.*
p. lgi: zima lga, dziś jest lgo *es friert nicht
dial.* obelżeć się *sich bessern, erleichtert
werden dial.* zelžeć. *compar.* lžej. lza, lža
(lьžê) *möglich.* obelga, zelža *schimpf.* obel-
gać *schmähen.* lžyć *schänden.* ulga, ulženie
erleichterung. ulžyć *leichter machen.* lekki,
letki, lechki. lekczyć. lekkie, letkie *lunge.*
połab. łáky. **os.** lohki. **ns.** łaški. łaške
leber (unrichtig). **klr.** łhota, vôłhota,
pôłha. nełha, níłha *man kann nicht.* łeh-
kyj. łehke *lunge (pečênka leber).* **wr.**
łha. nełha, nełža *man kann nicht.* ułha,
r. lьgota. łžêć *leichter werden.* połêha *erleichterung.* viłhota, otliha *aufthauen.* łobkij.
nełohkija *die eingeweide ausser der lunge.*
r. lьga, lьzja, ilьzja *möglichkeit.* połьga,
połьza *nutzen.* lьgota, ilьgota, vołьgota.
lёgki. otlyga *dial. aufthauen ist wohl.* **klr.**
lёgkoe, lёgkija, legka *lunge.* nelegkaja
teufel. — ahd. lunga *wird zu* ling *leicht
gezogen: vergl. sp.* livianos, *pg.* leve, *engl.*
lights. *Die lunge ist leichter als die
leber usw.* **ags.** lungre *hurtig.* lьgъkъ *aus*
legŭkъ. *lit.* lengvas. *got.* leihts. *ahd.*
liht (lenht). *gr.* ἐλαχύς. *lat.* levis. *ai.*
(lagh), langhati *springen.* raghu, laghu.
Vergl. gr. ἐλέγχω *mit* p. obelga *schimpf.*
g *ist velares* gh, połьza *aus* połьgja *eine
junge bildung.* **slk.** łahko *beruht vielleicht
auf* leng.

leg- 3.: **s.** odleže, odlegne se, raz-
leže, razlegne se *resonare.* odleći se, odli-
jegati se.

leg- 4.: **klr.** łehotity *kitzeln*
lektaty. *Vergl.* laskota, łüchta.

legartŭ: **p.** legart *faulenzer: — art
ist das* d. hart *in* bankhart *usw.* **it.** ardo
in bugiardo *usw.*

legarŭ: **nsl.** legar *lager lex. hitziges
fieber, etwa lagertyphus.* **p.** legar *lager-
holz. — d.* lager. *Vergl.* logorŭ.

legenŭ: **s.** ledjen *becken.* **b.** lehen,
lejen. — *türk.* lékén. *gr.* λεχάνη, *daher*

auch asl. lekanja, **klr.** łochańa, r. lo-
chanь.

lechenŭ: nsl. v lehen *zu leihen.* —
nhd. leihen. *ahd.* lîhan.

lejcï: p. lejc, lec, lic, powodki *leitseil.* **klr.** lïcy *plur.* — *lit.* leicus. *d.*
leitseil.

leke b. *fleck.* zaličavam *beschmutzen.*
s. leče *sommerfleck.* — *türk.* léké. *gr.*
λεχιές.

lekorica: č. lekořice *süssholz.* p.
lukrecyjа. — *d.* lakritze, *aus gr.* γλυκύρριζα.

lelekŭ: s. lelek, ljiljak *storch.* **klr.**
łełeka. **r.** leklekъ. — *türk.* léklék, léj-
lék. *alb.* ljeljek. *ngr.* λελέκι, λεϊλέκι. *Vergl.*
č. lelek *ardea nycticorax.* **p.** lelek *aluco.*
klr. łełeka *auch bachstelze.* *Vergl.* leljakŭ.

leli polel, lelum polelum p. *von
manchen für götter der alten Polen gehalten:* są ktorzy bogom słowiańskim lela
i polela przydają.

lelija, lelja nsl. *lilie.* p. lelia. *Vergl.*
lilija. — *Aus dem lat.*

lelikŭ 1.: klr. łełyk *schmetterling.* —
lit. leilas.

lelikŭ 2.: č. lelík *zopf dial.*

leljakŭ: klr. łełak *ziegenmelker.* **r.**
lelekъ. — *lit.* lélis. *lett.* lēlis. *Vergl.* lelekŭ.

lem-: asl. *durch steig.* lomъ, *wohl
„bruch", locus paludosus.* lomiti *brechen.*
nsl. lomiti. lomêvati. **kr.** rukami lama-
nje *ung.* s. lijemati *schlagen.* lom *gebüsch.*
č. lomiti. lomot, lomoz *gekrach.* lámati.
lámka *flachsbreche.* **p.** łom *brechen, gekrach.* las wyłamany *für condensa, sonst*
puszcza. wyłom, wyłam *bresche.* łomić.
łamać, łomać. polab. lümit. **os.** łemić.
łamać. ns. łamaś. **klr.** łôm *das brechen.*
łom *sturm, der bäume bricht.* łomyty. ło-
maty. łomota *reissen in den gliedern.* **r.**
lomъ. lomotъ. lomitь. lomatь. lomychatь.
— *magy.* lom *soll in alten wörterbüchern
„pruina in arboris ramis congelata" bedeuten.* lomoz: *vergl. rm.* moloz *schutt.* *preuss.*
limtvei, lembtvey *frangere.* *Vergl. ahd.* lam
lahm, gebrechlich. lomъ *sumpf ist vielleicht
von dieser W. zu trennen: man denkt an*
lett. lāmа *palus.* *Zu* lem *rechne ich* **asl.**

lemešь *pflug.* **nsl.** lemež *pflugschar.* b.
jemeš *mil. 531.* s. lemeš, ljemeš, jemješ.
č. lemeš. p. lemiesz. **klr.** łemyš. **wr.**
lemeš. **r.** lemechъ: lemešъ *ist eine art
alte münze.* — *magy.* lemes, lemez. *lett.*
lemesis.

lemecha: wr. lemecha *art brei.* p.
lemieszka.

lemenzï: ač. lemiez, lemiezha *tignum.*
os. lemjaz *leitersprosse.* **ns.** lemjas, rem-
jas. — *Man vergleicht lit.* lémenïs, lēmů,
gen. lémens, *baumstamm.*

lend-: asl. lędina *terra inculta.* ob-
lędinêti. **nsl.** ledina *novale, ager habd.*
b. s. ledinа. **č.** lada, lado. **os.** lado. **ns.**
ledo. **wr.** łado. ładzina. **r.** ljada. lja-
dina. — *magy.* lednek *walderbse:* č. led-
ník, *slk.* ładník. *rm.* lindinę. *Man
vergleicht schwed.* linda *brachfeld.* *nhd.*
lehde *wüst liegender grund wird durch
nndl.* leegte *auf „liegen" zurückgeführt.*

lendvï: asl. lędvь, lędvija *f. im plur.
renes, lumbi, dorsum.* lędviinъ *lumborum
adj.* **nsl.** ledovje, ledje, ledica, ledvica.
s. ledja *rücken.* *Vergl.* ledenjača *spanischer
thaler, nach dem türk.* direkač, direklija.
č. ledví, ledva, ledvina. **p.** lędźwie, olędź-
wie. *Vergl.* lędźwiec, lędzian, ledźwiedź
aracus niger. **os.** ledźba. **ns.** łaźvjo.
klr. łidvy. łedvyći. **r.** ljadveja, ljaška
schenkel. — *nhd.* lende. *ahd.* lenti. *Vergl.*
lat. lumbi.

lenchŭ: č. lech *edelmann, bei dalem.*
p. lech, lach: *beides unpolnisch.* zlasześ
zum Polen werden. lach *ist dem Goralen
der bewohner der ebene.* lacki *polnisch ist*
r. ljadskij. **klr.** lach *Pole.* łaška *Polin.*
łachva, łaśńa *collect.* **wr.** łach. **ar.** ljachъ.
ljadьskъ. leškij *zap. 2. 2. 105.* — *rm.* lêh,
lêš. *alb.* ljahi *Polen.* ljahiot. *türk.* leh.
magy. lengyel. *lit.* lenkas. lenkė. lenkiš-
kas; *bei Szyrwid* łynkai, łynku zieme
Polen. *Die urspr. form des wortes ist* **lenchŭ,**
das asl. lęhъ *lauten würde.* *Die form* lęchъ
*mag sich bei den Lechen ausserhalb Polens
erhalten haben, daher das lit.* lenkas. *lach
ist den Polen aus r. quellen und aus dem
klr. bekannt geworden.*

lenk- 1.: asl. lęką, lęšti *biegen. iter.* lęcati: plodъ nizlęcajetъ vêtvi; bêsi sêti lęčątъ. *Durch. steig.* ląkъ *bogen, regenbogen.* obłąk. ląkъ *(krumm), pravus.* sъląkъ *inflexus.* ląkota *hamus.* ląka τρόπος. nsl. leknuti se *erschrecken.* prelekniti se *sich krümmen Ukrain.* uleknoti: ulekne se vsaka vlačna, ali prôžna stvar. lecati *desperare meg.* lecati se *sich strecken.* sieknoti se *sich senken.* zalek *aufschlag.* zaleknoti *rib.* nalecati *belost.* lôk. slôk *ist nicht etwa „gekrümmt", sondern „mager"* locên, locênj, locanj *bogen, dohne,* vkrivljena palica pri pletenicah, koših. lъcên, lecen *aus locên schlinge.* izlôknoti *ausbiegen (zweifelhaft).* b. lъk *bogen.* slekav *gekrümmt bulg.-lab. 56.* kr. lečka *schlinge.* s. uleknuti se. lecati se *unpass sein.* luk *feder, elater.* obluk *der vordere sattelknopf.* lukav *schlau.* č. leknouti, lekati *schrecken.* lek *schrecken.* líceti, naláceti *fallen legen.* léč *netz, schlinge.* luk. lučiště. loukoť *oblouk.* p. lękać *schrecken.* łęk. obłąk. łąkotka *bogenkrümmung.* łuk, łuczek *sind r.* pałąk *krummer bügel. Man merke* kabłąk, kabłuk *bogenförmige krümmung.* prześlagły *(o szyi przylękowatej):* *prêslęklъ. kaš. łęczk *bogen.* ˡVergl. legły *krumm.* os. lac, laku *schlingen legen.* slakać *krepiren.* vobłuk *bogen.* ns. lec *fangen.* lecyś *eine falle aufstellen.* slec *krepiren.* lekaś *erschrecken.* klr. ľakaty *schrecken.* popoľakaty. naľakaty śa. ľačnyj *bange.* łuk. obłuk. kabłuk. łuka *bug,* zhyb. załuka *krümmung eines flusses.* perełukyj *buckelig. Vergl.* zakabła, zakabłuka *haken, theil des stiefels.* łukavyj *arglistig.* wr. lekać. zleki *schrecken.* liklivyj *furchtsam.* nevliklivyj. r. ljaknutь sja *erschrecken.* ljakij *krumm.* ljaka. lukъ. oblukъ. luka *krümmung.* lukavyj *listig.* priluka *köder.* — lit. linkti *sich biegen.* įlinkas *meerbusen.* įlinkis, įlinkmė *einbiegung.* lenkti *biegen. Durch steig.* lankus *biegsam.* lankas *reif, bügel.* lanka, p. łąka, dolina; *ein bestimmter meerbusen.* lankoti. išlankoti, išlankštīti *zur seite biegen. lett.* likt *krumm werden.* līkt, līcu *beugen.* lenkt *auflauern.* līks

krumm. *Durch* steig. lôks *krummholz.* lôcīt, lûcīt *beugen.* lûkāt. *ahd.* lench *in* irlencho luxo. *lat.* linquier, obliquari. *rm.* oblînk. s. lečanik *spulrad wird mit* ˡit. lenktuvê, lanķtis, *ˡett.* lanktes *haspel zusammengestellt. preuss.* lauks, *lit.* laukas, *lett.* lauks *feld vergleicht man mit ai.* lôka *freier raum.*

lenk- 2.: p. śląknąć *nass werden,* zmoknąć i ziębnąć na słocie. śląkva, słota.

lenšta: asl. lęšta *linse.* nsl. leča. leća *res. Bei Valvasor zherne lenze brombeere.* b. lešta. s. leća *f.* leće *n.* klr. łenča *aus dem p., dem jedoch das wort jetzt fehlt:* soczewica. — *magy.* lencse. *lit.* lenšis, laišis. *lett.* lêca. *ahd.* linsi. lenšta *beruht auf* lentja, *lat.* lens: lent.

lentij asl. *linteum. Vergl.* b. lenta *band.* klr. łenta. r. lenta, *dial.* lenda. — *lit.* *lett.* linta. *gr.* λέντιον.

lep-: r. lepestь *stück. dial.* lêpenь.

lepenŭ: nsl. lepen *blatt.* b. lepen *schierling.* os. łopjeno *blatt.* ˡns. lopjeno. — *Vergl. lit.* lapas. *lett.* lapa *blatt.* lêpens *neunkraft; ferners got.* laufs, *plur.* laubôs. *ahd.* loub *und* č. lupen, lupeň.

lepida b. *messerklinge.* — *ngr. ist* λεπίδα *messerschale.*

lepta, lepъta asl. *kleine münze.* klr. łepta. — *gr.* λεπτόν.

lepta-: č. leptati *schlabbern: daneben* sleptati *und* chlemtati. p. łeptać *deutet auf* lъptati; *daneben* chłeptać. — *Vergl. ahd.* laffan, *gr.* λάπτειν *usw.*

leptugŭ: asl. leptugъ, lęptusъ *purpura, wohl „feines gewebe". — Vergl. gr.* λεπτοϋφής, *womit* leptusъ *zusammenhangen kann.*

leptyrĭ: s. leptir, lepir, leper *schmetterling.* — *Vergl.* lepetati *flattern.*

lerdervo: klr. łerderevo *lärchenbaum.* — ler *ist das d.* lärche *larix.*

lesk-: nsl. razlesknoti *aufknacken. Vergl.* p. leszczotka *gespaltenes holz, die thiere damit zu wallachen.*

leso ar. *wohl „see" preuss.* layson.

lešterba: nsl. leščrba, lešťba *lucerna.* ližerna *lex. — Aus lat.* lucerna, *woher auch* s. lukijernaľ. *Vergl.* lukêrna.

leštĭ: p. leszcz *neben* kleszcz *brachse.*
klr. łešč *neben* ľašč. **wr.** lešč. **r.** leščъ.
— *Vergl.* lett. lestes *butten.*

lešĭ 1.: č. leš, *samischleder.* p. lesz
albo zamesz. — *ahd.* loski. *mhd.* lösche
rothes leder.

lešĭ 2.: b. s. leš *leiche, aas.* s. leši-
nar *aasgeier.* — *türk.* léš. *ngr.* λέσι.

let-: *asl.* nsl. letêti *fliegen. iter.* lêtati.
nsl. let: v let se pustiti. b. letja, lêtam,
litam *vb.* izlekna *verk.* 367, otlekna *vб.*
s. letjeti. leto *flugloch, bei mik.* ala. lijetati.
č. letêti. létati, litati. p. lecieć. lot *flug.*
latać. os. lećeć. lêtać. ns. lešeš. ľetaš.
klr. łetíty. łynuty *aus* łetnuty. ľitaty. ľitušča
fledermaus. **wr.** lët. **r.** letêtь. poletъ. letatь
für lêtatь. — *lit.* lekiu, lékti; *durch steig.*
des e lakas *flug.* lakiōti. *lett.* lêkt. lê-
kât. *slav.* let *aus* lekt: *vergl.* netopyrь,
pentь, plet-.

letĭ-: p. polecić, polecać *empfehlen.*
zalety, zaloty. **wr.** zalecić. — *lit.* léca-
voti, palécavoti, *entlehnt.*

letvana, ltvana nsl. *wöchnerin.* — *it.*
lettuana.

leuga b. *meile.* — *gr.* λεύγη. *mlat.*
leuca (*apud gallos*).

leventa s. *etwa „stutzer".* b. levent.
leven. leventuvam *vb.* **klr.** leveneć.
lehiń, leďiú. łegińity *mannbar werden.*
r. *dial.* levenecъ. — *türk.* lévénd. *magy.*
legény. leventa *bei Zriny.* *gr.* λεβέντης.

levkoj r. levkoje. — *gr.* λευκόϊον.

lez-: *die W.* lez *hat als verbum*
gedehnten vocal wie ed, *W.* ed, *essen:* lêzą,
lêsti *kriechen.* *Aus* lez *durch steig.* -lazъ
(izlazъ, sъlazъ), *woher das iter.* laziti, *selten*
lêzati. lêstvica *leiter:* lêstva-ica: lъstvica
dürfte falsch sein. **nsl.** lêsti. prêlaz.
laziti. lêstvica, lesnica. b. lêza *vb.* vъzli
zam *vb.* vlêzuvam *vb.* lazja *vb.* izlazêm
vб. *Für* z *tritt* g *ein:* izlêgam, izlêgvam
exire: daneben izlel *exiit,* izlêvam *exire.*
loznica κλῖμαξ *ist vereinzelt.* *Vergl.* **kr.**
lez na stanje *dachstuhl.* s. naljesti, na-
ljezem *vorbeikommen.* ljestve *leiter.* *Auch*
im s. *tritt* g *für* z *ein:* ižljeći *für* ižljesti.
ljegnem. ižljegoše.. naleći, naležem, naleg-

nem. nalegoh. naljegoše *herc.* 15. nalježe
n., nalježba *finderlohn.* č. lezu, lésti.
nález *fund.* laziti. přilazek, kudy se pře-
lézá *dial.* lazuka *reptile.* **slk.** lazit, lozit
iter. p. leść. leziwo *bastleiter der bienen-*
zeidler. nalaz *adinventio.* nalazek: **asl.**
lêz-. łazić. przełaz. właz. łaźbić *bienen*
zeideln. łazacz, łazak, łazęka *spion.* wy-
łazęczyć *zof.* łazęka, łazęga *landstreicher.*
polab. lëzê *kriecht.* ľozê *steigt.* **os.** lesć.
ns. ľesć. lazyś. **klr.** ľisty. ľizaty. na-
ľizne *finderlohn.* perełaz. obłaz *rutsche.*
łazyty. łazyvo *bastleiter der zeidler.* ľist-
vyna. *Vergl.* połezy *stellen, wo der schnee*
früher geschmolzen ist, das vielleicht die
W.-form lez *bietet.* **wr.** perełaz. łazučić
spioniren. **r.** lêstь. lêzatь. lazъ *spur.* pe-
relazъ. prolazъ. drêvolazъ *dendrocolaptes.*
lazitь. lazeja *öffnung.* lazutčikъ *spion.* lêst-
nica. *Man beachte auch* oblêztь, obleznutь
kahl werden. vzliza *kahle stelle.* — *rm.*
prilaz, pęrleaz. *preuss.* lisê *repit.* *Man*
vergleicht auch lit. laigïti *cursitare; z be-*
ruht jedoch nicht auf velarem g. *Vergl.*
ai. ranh, lanh; ragh, lagh, *dessen* gh
palatal oder velar ist. *Überraschend ist*
b. lêg *neben* lêz *und* s. ljeg *neben* ljez:
dasselbe finden wir bei brъzo, *wofür auch*
brъgo: brgo *ist auch* s., *mag indessen aus*
dem b. *stammen.* *Vergl.* č. liha, ližina
schrotleiter. *Wenn* lit. žardis *rossgarten*
neben gardas *hürde bietet, so ist dies ein*
analoger fall, wenn man nicht gardas *als*
entlehnt ansieht: denn žardis *lautet, wie*
gr. χόρτος *zeigt, mit palat.* gh *an.*

lezda p. *consumtionsaccise.* — *Man*
denkt an d. leisten.

lezivo wr. *klinge, schneide:* čerjane
złomili ś, a lezivo cêło. **r.** lezvie, lezvee,
lezьe, *dial.* leza, ljazьe. naleza *für* rêzvyj.

ležanĭcĭ: r. ležanecъ, ležanka *aus*
diližansъ.

lê-, jelê *asl.* *semi-:* lêživъ, jelêživъ
ἡμιθανής. **klr.** ľitepłyj *lauwarm, daneben*
łytepłyj. r. lêteplъ *dial.* *Man vergleicht*
klr. ełe *mit* łedvo. *Dunkel ist* ołny *halb-*
wegs, fast chrest. 251: *es gehört vielleicht*
zu li: *vergl.* ljub-.

lêcha: asl. lêha *area*. nsl. lêha *eine ackerabtheilung*. b. lêha *art flächenmass*. s. lijeha *beet*. č. lícha. p. lecha. os. lêška. ns. ľecha. klr. ľicha, tok, rôľa *chrest*. 478. wr. lêcha *art zeichen beim säen*. r. lêcha *furche*. — alb. lehę. preuss. lyso. *lit*. lisė. līste. *lat*. līra. ahd. leisa.

lêkŭ 1.: asl. lêkъ *medicina*. lêkarь. lêkovati. lêčiti. lêčьba. nsl. lêk. b. lêk. lêkovit. lêča *vb*. s. lijek. č. lék. léčiti. p. lek. leczyć. kaš. lekac. polab. lëkar. os. lêk. klr. ľik. r. lêko *arznei*. léčitь. lêkarь. — rm. lêk. lekui *vb*. *lit*. lëkorius. lëkarstva. got. lêkeis. ahd. lāchi. *ir*. liaig *arzt deutet auf einen auf g auslautenden stamm, daher auf germanischen ursprung des slav*. lêkŭ.

lêkŭ 2.: asl. otъlêkъ *reliquiae*. *Vergl*. uslêknąti *relinqui* und č. otlekši *katar*. 3322. r. otlečitь sja *für* ostatь. klr. oľik, olek (*wohl* olêk) *chrest*. 43. 480. *wird durch* gnêzdo *erklärt*. *Durch steig. aus* lik. — *lit*. likti, lëku. lëkas *unpar*. atlëka *rest*. laikau *halten*. *lett*. likt, lēku.

lêlja asl. *tante*. b. lêlja. lelêk *oheim*. klr. łeľika *tante*. *Vergl*. ləľo *väterchen*. — alb. ľaľę *vater, älterer bruder*. rm. lêle *ältere schwester*. *Abseits stehen* p. klr. ľaľa. wr. ľaľka *puppe*. *lit*. .lélê *puppe*.

lênŭ: asl. lênъ, lênivъ *faul*. nsl. b. lên. s. lijen. č. léný. lenoch. p. leń *träger mensch*. leniwy. os. lêni. klr. ľiń. r. lênivyj. lêntjaj. — rm. lêne *faulheit*. lêneš. lenevos. *lit*. lena *in* lenaźiėdis *für* p. modroblady *caesius Szyrwid* 154. *lett*. lēns *gelinde, sanft, faul*.

lênŭka: s. lijenka *aufhängestange*. *Vergl*. p. poleń, *neben dem jedąch* poledua *besteht*. *Man denkt mit unrecht an* polêno.

lêsa asl. nsl. b. *crates*. s. ljesa. č. lísa *darrhürde*. p. lasa. lesica *gitterkąsten*. os. lêsa. lêsyca. klr. ľisa *flechtwerk*. wr. leska. — rm. lêsę. *magy*. lésza *flechtwerk, stange*. lészka *darrhürde*. *Abweichend in der bedeutung* r. lêsa, lesa *angelschnur*.

lêska: asl. lêskovъ *adj*. nsl. lêska. lêskovec. lêšča *haselstrauch*. b. lêska.

lêšnik. lêštak. s. lijeska. č. líska. p. laska *stab*. leska. leszczyna *haselstrauch*. przylaszczka *viola palustris*. os. lêska. ns. ľešćina. klr. ľiska. ľišćyna. wr. ľaska, *aus dem p*. r. lêšča. *Vergl*. ljastovica *nux juglans*. — preuss. laxde. *lit*. lazda. *lett*. lagzds, lezds.

lêsto: nsl. lestor; listor *saltem habd*. *nur:* sin, komu je listor otec živ *habd*. kr. listo, listor *nur, gerade*. s. odoše (svi) listom *alle insgesammt*. listo, *wie es scheint, sobald als:* listo dodje. *Vergl*. le (lê).

lêsŭ: asl. lêsъ *wald*. nsl. lês. s. lijes. č. les. p. las. polab. ľos. os. lês. ns. ľeso. klr. ľis, ľas. ľisovyk *waldgeist*. wr. lêšij, zloj duchъ živuščij vъ lêsu. r. lêsъ. lêsina *baumstamm*. lêšij, lêsovikъ *waldgeist*. poľêcha *bewohner des waldlandes*. — *lit*. lēsinčius. lēsininkas. alb. lis. *Man denkt mit unrecht an ein mit* gr. ἄλσος *verwandtes* elsŭ.

lêto asl. *sommer, jahr*. lêtorasľ *germen*. prolêtije, prolêtъ *ver*. nsl. lêto. b. lêto. prolêt *f*. s. ljeto *sommer, jahr*. č. léto, líto *sommer*. letorost, letorast *schoss*. letvinka *dial*. *Durch metathese* ratolest. p. lato. polab. ľotü. os. lêto, lêćo. ns. ľeto. klr. ľito. ľitorosľ, ľitorasľ, ľitorasľ. wr. lêto, *demin*. latko. r. lêto *sommer, jahr*. *dial. für* jugъ. lêtorasľ. — rm. lêt *datum*. *Vergl*. *lit*. litus *regen, bei Szyrwid* 40. liėtus. *lett*. lētus.

lêtĭ 1.: asl. lêtь, lêtija jestъ *licet*. wr. lêć *für* r. slêduetъ. — *Vergl*. *lit*. lêta *nutzen*. *lett*. lēts *tauglich;* lēti derēt *tauglich sein*. lētiba *convenientia*.

lêtĭ 2.: klr. ľit: ľit napała korovu *die kuh stiert, rindert*. ľiťyty *befruchten*.

lêvča: s. lijevča *stemmleiste*. slk. levča, lievč. klr. łevča *neben* ľovč (*magy*.) *und* ľušńa (d.) *lüssstock, runge*. — *magy*. lőcs *leichse*.

lêvi-: č. leviti, obleviti, sleviti, uleviti *nachlassen*. klr. ľivyty, poľivyty *nachlassen*. odľivyty. — *Vergl*. *lit*. liauti *desinere*.

lêvorŭ: asl. lêvorъ *art pflanze*. — *Vergl*. mgr. ληβόριν.

lêvŭ 1.: asl. lêvъ *link.* nsl. b. lêv.
s. lijevi. ljevaka. č. levý. slk. z ľava.
p. lewy. polab. lëva. os. lêvy. ns.
ľevy. ľevic... klr. ľivyj. ľivoruč. r. lê-
vyj. lêvša. — gr. λαιός (λαιϜός). *lat.*
laevus.

lêvŭ 2.: nsl. lêv *abgestreifte haut exu-*
viae lex. kačji lêv. lêviti se, *daneben* lêniti se. oblên, kačji lêv, kačji svlak; *im*
Osten kačji lilek, kačja koža. klr. ľino-
vyšče *abgestreifte haut.* *Vergl.* lin-.

li-: asl. litije. lijati, lêją. *iter.* livati,
lêvati. prêlijaja *zogr.* vodolêj. *Durch steig.*
loj *adeps.* nsl. liti. polijati. lij, liv *trichter.*
naliv *regenguss.* prolêvati *habd.* loj *talg.* b.
lêja *giessen; daher* nalêh, nalêl, lên. *iter.*
polivam. loj. kr. ljati. s. liti. lijevati. lijev.
č. líti, liji. linouti. lévati, lívati. loj. p. roz-
lić *flor.* ľać (lijati), leję (lêją). lewać. rozlać.
linać, lunąć. lić *platzregen.* lej *trichter.* po-
lewa *glasur.* zalew, zalewa *überschwem-*
mung. zlewa. ulewa. *Vergl.* lacha *giess-*
arm eines flusses. polab. vâzlit. lüj *talg.*
os. leć (lijati). lik *trichter.* łoj. ns. ľaś.
ľenuś. loj. klr. łyty. nałyvaty. łôj. razłoj
für dołyna *chrest.* 404. wr. lić, illju *aus*
ľju. r. litь. -livatь. lënutь. prolivъ, proloj. livenь. lejka. lijalo, lьjalo. loj. — *preuss.*
islīuns. sloyo *unschlitt.* *lit.* līti *regnen.*
lëti *giessen.* lajus *talg.* leika. paliava *glasur.*
lett. līt, leju. *rm.* lejkę. *magy.* liu, léjů,
léjő, léhó *trichter.* lév *suppe wird magy.*
ursprungs sein. W. lĭ, *daher* lьją: *im inf.*
durch dehnung liti. *Im praes. findet steig.*
statt: lêją.

liba- s. libati *wogen, schwanken.* —
Man vergleicht magy. lib-eg.

libêvŭ: asl. libêvъ, libavъ, libivъ
gracilis. libêvati. r. libivyj *schwächlich.*
— *Vergl.* lit. laibas *schlank, zart, dünn.*
łaibokas *subtenuis szyrw.* as. lêf *schwach.*

libi-: wr. lьbić *mit dem köder krebsen*
fangen. r. libitь. libilo.

libivo nsl. *pulpa belost.* 51. *Vergl.* č.
libivý *fleischig, derb.* p. lejba *schwerleibig*
ist fremd.

libra nsl. *pfund, art idealmünze.* s.
libra *art münze.* — *it.* libbra. *lat.* libra.

libÏ: ar. libь *collect. Livones.*

lifŭ: r. lifъ *schnitt eines kleides.* —
schwed. lif.

lig-: slk. ligotať, blýštěti se *glänzen.*

liga, liz č. *schalm, waldzeichen.* —
Man vergleicht d. lache *(am baum), loch,*
lücke.

liga-: klr. połyhaty éa *sich verbinden.*
nałyhaty *koppeln.* nałyhać *strick.* załyhaty
schnüren.

liganÏcÏ: č. lihanec, lihanec *art kuchen.*
— *Man vergleicht* lit. lagonė, gr. λάγανον,
lat. laganum.

ligavica: p. ligawica *moor.* — *lett.*
ligōt. *lit.* lengoti *schwanken.* *Vergl.* r.
trjasina, zybkoe mêsto *usw.*

ligunÏ: s. ligunj, uligunj, oliganj, *gen.*
oliganja. nsl. liganj *blackfisch.* — *lat.*
loligo. *it.* lolligine.

lichva: asl. lihva *usura.* lihvarъ. lih-
viti. b. lihva. s. lihva *mik.* č. lichva,
drobný dobytek. p. os. lichwa. klr.
łychva. r. lichva. — *got.* leihvan. *ahd.*
līhan.

lichŭ: asl. lihъ *über das gerade, das*
rechte hinausgehend, überflüssig, in menge
vorhanden, redundans, περισσός, *ungerade,*
impar, unrecht, böse, schlecht, turpis, arm,
beraubt, expers: lihъ jestъ svêta. *comp.*
lišij περισσότερος. liho *glagogati.* lišьnь. liho-
slovije βαττολογία. oblišь *abundantia.* lih-
nąti *abundare.* lihoimъ *opulentus.* lihotъ
inaequalitas. lihota *malitia.* lišiti, lihovati
privare. nsl. lih (liš) *unpar.* lih (liš) ali
sôda. lihodêjanije, lihopitije *fris.* b. lih
schlau. liša *listig sein.* *Vergl.* lьfnuvam
entreissen. s. liho *ungerade.* lihati se. iz-
lišiti *sufficere.* lišiti *berauben.* zalih *müssig,*
ohne arbeit. č. lich *unpar* (lich, suda),
hinterlistig, beraubt. příliš *allzusehr.* lichota
hinterlist. lišiti *verderben.* *Vergl.* lĭsati
schmeicheln bleibt abseits. p. lichy *gering,*
elend, iniquus. licho *teufel.* lichota *iniqui-*
tas. przelisz *allzusehr.* lichmanina *schlechtes*
zeug. lichota *noth.* liszeć *schlecht werden.* li-
szyć *berauben.* os. lichi *kahl, frei.* (*In*
limpor *unpaar scheint* lichı *zu stecken.*)
ns. lichy *ledig.* pśeliš. klr. łychyj *elend,*

böse. łyšnyj *überflüssig.* łyška *das über-*
flüssige. łychuj *teufel.* łycha *kaum.* łyše
nur. łychoradka *fieber.* łyšaty *berauben,*
zurücklassen. **wr.** lichij *böse, teufel; für*
r. molodeckij, slavnyj. ci cot, ci liška
gerade oder ungerade. na licho *sehr.* **r.**
lichoj *ungerade, überflüssig, unnütz, schlecht,*
kühn, teufel. lichъ, lichostь *neid.* licho-
manъ *feind.* lichnutь *zu grunde gehen.* li-
šekъ *das überflüssige.* lišь *kaum.* lichoradka
fieber, schwächlicher mensch. lišatь *berauben.*
— *rm.* lǫhęi *berauben.* lifnę *eripere.* *lit.*
iš́si-lĕsti, līsti *mager, gering werden.* lȯsas
mager. Vergl. laisvas *frei. Entlehnt* liš
ausser; likas, lĕkas, lĭčnas *unpaar;* līkoti
borgen. Vergl. līg-līgu *spiel: par unpar.*
lett. līst, līstu *mager werden.* lĕss *mager.*
Entlehnt lĕks *überzählig. Die menge der be-*
deutungen macht lihъ *zu einem sehr schwie-*
rigen thema.

lik- 1.: *asl.* ličiti *evulgare.* **b.** lička.
liča *vb.* **s.** ličiti. ližba *aus* lička *ausruf.*
— *alb.* lečit *pubblicare.*

lik- 2.: *der stamm* lik- *bezeichnet*
ähnlichkeit, erscheinung: asl. zъlolikъ *ma-*
lignus. lice *facies aus* likjo: *der gen.* ličese
setzt ein thema likos, ličes *voraus.* licь
adv. parte antica, in einer r. quelle. ličьnъ
schön. različьnъ *verschieden.* vьselicь *adv.*
ličiti *formare.* obličiti *ostendere. Hieher*
gehört nicht kolikъ, tolikъ *usw.:* kolь, tolь
sind durch lь *gebildet. Vergl.* licemêrъ,
licedêj *simulator: ahd.* gelîhhisōn *sich ver-*
stellen, das auf gilîhh, *asl.* -likъ, *beruht:*
vergl. fęcêrnik; *mêrъ ist verschiedener deu-*
tung fähig. lêkъ *in* lêky *uti, wie durch*
steig. aus lik. **nsl.** na izlik *zum schein.*
nalič e *composito lex.* enolik *gleich gross*
lex. rib. lice. obličje *antlitz.* liki *wie ung.:*
asl. lêky. likati *glätten gehört vielleicht*
auch hieher. **b.** ednolik *gleich.* lice. lika,
prilika *mil. 106.* razlika. **kr.** lĭcimir,
licumjer; *daneben falsch* lizimirac. **s.** lik,
lice, oblik *angesicht.* naličje *abichte seite*
(vergl. r.). nalik *ähnlich.* ličiti *schminken.*
sličan *passend. Vergl.* liko *knapp.* **č.** lice.
ličiti *schminken, putzen:* ličiti izbu. lico-
měrný *listig.* **p.** lice. policzek *wange.*

oblicze. obliczaj. licemiernik. **os.** lico.
ns. lico. hoblico. **klr.** łyk *bild.* obłyk,
obłyč, obłyčče *antlitz.* łyčyna *maske.* po-
łyk *merkmahl.* łyce. nałyčmau *maske.*
łycemir. **wr.** lik *antlitz.* **r.** likъ *antlitz.*
nalikъ *auf der vorderen seite.* licevaja
vordere seite. lice. obličьe *antlitz.* licevatь.
ličina *maske.* ličmennyj *hübsch.* otlika. prilika *corpus delicti.* obličevatь. licemêrъ.
— *rm.* obliči *anklagen.* *lit.* licîna *maske.*
licius *stelle des vergehens.* licius *grund,*
ursache. Man vergleicht got. leik *leib.* ga-
leiks: sъličьnъ *aus* sъlikъ. *lit.* līgus *gleich.*
ai. liṅga *kennzeichen.*

likebŭ: nsl. likeb *schenkwirth lex.*
Man führt auch lituš *schenke an.* — *mhd.*
lîtgëbe : lît *obstwein, ahd.* lîdu.

likofŭ: nsl. likof, lukif *kauftrunk,*
gelöbnisstrunk. likof *sponsalia meg.* **č. p.**
os. ns. litkup. **č.** *dial.* litka. **klr.** łytkup. **r.** litki *dial.* — *ahd.* lîdu *obstwein.*
mhd. lîtkouf.

likŭ 1.: *asl.* likъ *chorus.* likovati *sal-*
tare. lêkъ *ludi genus.* **klr.** łykuvaty *jubeln.*
wr. likovać *schmausen.* **r.** likъ *chor, jubel.*
— *Vergl. got.* laikan *hüpfen.* laiks *tanz.*
ahd. leih. *and.* leikr *spiel.* *lett.* lêkt,
lecu. lêkāt. *Man stellt zu* likŭ *ai.* laṅgh
(laṅghati *springen), dem jedoch slav.* leg
(legŭkŭ) *gegenübersteht.*

likŭ 2.: **č.** ličba *zahl.* **p.** lik, liczba
zahl. bez liku. liczyć. zaliczyć się *sich ver-*
rechnen. liczman, liczban, liczbon *rechen-*
pfennig. **os.** ličić. ličba. **ns.** licyš. **klr.**
lik, ličba (lêkъ) *zahl.* bezľič *zahllos.* pere-
łyka, obrachovanьe. łyčman *hirt, ältester*
unter den schafhirten; art rechenpfennig;
sortirovščik. **wr.** lik *zahl.* ličnyj. ličban.
perelik *für r.* perečetъ. **r.** likъ *neben*
lêkъ, lêka. likomъ. ličitь. — *lit.* ličba. likis.
likuoti *numerare.* *lett.* likt, lĕku *statuere.*

lilahenŭ: nsl. lilahen, lelahen *neben*
vilahen *jambr.* **kr.** vilahan. *Die eine*
form beruht auf ahd. lîlahhan, *die andere*
auf ahd. wîllahan *velum.*

lilêkŭ: b. lilêk, ljuleka *spanischer*
flieder. **č.** lilák. **p.** lilak. — *türk.* léjlak.
rm. lilêk.

lilija r. *lilie.* p. lilija, lelia, leluja.
klr. ľiľija. ns. leluja. nsl. lilija, liljan,
ɪelija, lelja; *daneben* limbar. s. ljiljan.
— rm. lilie. *magy.* liliom. d. lilie. *lat.*
lilium. *kr.* žilj *ist it.* giglio; *s.* lir, lijer
gr. λείριον. *Vergl.* lelija.

lilijakŭ: asl. lilijakъ, lilêkъ χαταρράχτης *mergulus (avis).* s. ljiljak *fledermaus mik.* p. lelek, sowa włochata. klr.
łyłyk, łełyk, ľeľak. *Vergl.* lelekŭ. leljakŭ.
*Slavisches vom nichtslavischen zu sondern
will mir ebensowenig gelingen als die themen
nach ihren bedeutungen zu scheiden: zu dem
letzteren fehlen mir naturhistorische kennt-
nisse.* — rm. lilêk *fledermaus.* nsl. *ist*
lilek, olilek *mieternder krebs.*

lima s. *feile.* — *it.* lima.

limanŭ: r. limanъ *meerbusen.* klr.
łyman, łymen, łymeń. p. liman. b. liman
hafen. — *türk.* liman *hafen.* *rm.* liman.
s. liman *wirbel.* ngr. λιμάνι. asl. limenь.

limba p. *leimbaum pinus cembra.* —
ahd. limboum.

limbušĭ: kr. limbuš *purgatorium ung.*
— *lat.* limbus.

limonŭ: r. limonъ *limone.* klr. ły-
mon. b. limon. s. limun. nsl. limo-
nica. — *magy.* lémonya. *türk.* limun,
ilimun. *ngr.* λειμώνι.

limŭ 1. nsl. lim *ulmus.* *Vergl.* ilĭmŭ.

limŭ 2. nsl. ns. lim *gluten.* p. lem.
— *ahd.* līm *leim.*

lin-: b. linêja *sich mausern.* s. linjati
se *sich hären.* č. línati, linêti. slk.
ljeniť sa. *Vergl.* č. líniti, léniti *schälen.*
p. linieć, lenieć, linić się. oblinieć. wy-
lina *abgelegte schlangenhaut.* wylinić, wy-
lenić. os. linać. ns. linaś. klr. ľinyty
śa. wr. linać. r. linjatь. *Einige formen
gehen auf* lên- *zurück. Man vergleiche auch*
s. linjati *tabescere;* klr. łyńaty *verschiessen (von farben);* r. linjatь; ns. liniś
brühen. Vergl. lêvŭ.

lina 1. p. *tau, seil.* klr. łynva. —
ahd. līna *leine.* *lit.* līna.

lina 2. nsl. *fenster ohne scheiben, dach-
fenster.* — ahd. hlina, lina. *mhd.* line
geländer, balkon.

linŭ: b. lin *presse.* — *gr.* ληνός.

linĭ: nsl. linj *stinkfisch.* b. lin. s.
linj *art fisch.* č. líň *schleis.* p. lin. os.
ns. lin. klr. łyn, łeń. wr. lin. r. linь.
— *preuss.* linis. *lit.* līnas. *rm.* lin.
Vergl. ahd. slīo. *schwed.* lindare.

lipanŭ: nsl. lipan *salmo thymallus.*
s. lipen *art fisch.* č. lipan, lipaň, lipen,
lipeň *asch.* p. lipień. — *magy.* lepény.
rm. lipan, lipên. *lit.* lipinis.

lipsa-: kr. s. lipsati *sterben.* b. lip-
sam *vb.* — *gr.* λείπειν: *aor. ngr.* ἔλειψα.
rm. lipsi *vb.* lipsę.

listŭ: asl. listъ *blatt.* listije, listvije
laub. listvьnatъ. oblistvьnêti. listopadъ
october. listognoj. b. list. listo *mil.* 51.
liste *collect.* s. list *blatt: daneben art seefisch.* listopad. č. list. listopad *november.*
p. list. listopad. polab. laist. os. ns.
list. klr. łyst. łystva *collect.* łystopad,
łystopaden. wr. listopad. r. listъ. list-
vie, listva, listvo *ldubholz.* listodёrъ *gewal-
tiger wind.* — *Vergl. lit.* laiškas *blatt.* lap-
kritīs, lapkristīs *november (blätterfall).*

lisŭ 1.: č. lis *kelter.*

lisŭ 2.: asl. lisъ *fuchs.* lisica: grъkъ
lisica. nsl. lis. lisica. b. lisica. s. lis.
lisica: lisice *handfesseln.* č. lis. liška:
vergl. lísati *streicheln.* p. lis. lisica. liszka.
liszyca. polab. laisaića. os. lis. liška.
ns. liška. klr. łys. łysyća. łyška. wr.
lis. lisica. r. lisъ. lisa. lisica.

lišaj asl. *impetigo.* nsl. s. lišaj *flechte.*
b. lišej. č. lišej. p. liszaj. os. ns. lišava.
klr. łyšaj. r. lišaj. *Mit* λειχήν *unverwandt.*

lišta, lištva č. *leiste.* p. listwa, lisz-
twa *leiste, gesims.* os. lišeń *leistenholz.*
klr. łystva. wr. lištva. — *ahd.* līsta.
lit. līsta.

lita-: s. litati *molliter cacare.* litonja.
Verschieden r. litovьe *fettmagen.*

litarŭ: s. litar *art strick.* — *ngr.*
λυτάριον *couple.*

litavra r. *pauke.* p. litawry. klr.
połtavry. — *Man vergleicht ar.* al-'tabl,
attable, *woher auch it.* ɪtaballo, taballo.

litba ač. *simulatio: kaum sicher beglaubigt.* — *Man vergleicht got.* lita.

litija asl. *supplicatio*. **s. r.** litija *procession*. — *gr.* λιτή. *rm.* litie.

litra asl. *libra*. **s.** litra *gewicht und mass*. **r.** litra. — *gr.* λίτρα. *rm.* litrę.

litrosĭ-: **s.** litrositi *befreien*. — *ngr.* λυτρώνω, *aor.* ἐλύτρωσα. *rm.* litrosi *verlieren*.

liturgija asl. *liturgia*. liturgisati. **r.** liturgisatь. — *gr.* λειτουργία.

litva: **p.** litwa *Litauen*. **klr.** łytva. łytovći. **wr.** litva. litvin. **r.** litva. litvinъ turъ. litovecъ. — *lit.* lětuva. lětuvininkas. litvinas, *entlehnt*. *lett.* !citis *Litauer*.

livada asl. **b. s.** *wiese*. **klr.** levada. **r.** levada. — *gr.* λιβάδιον. *rm.* livade. *alb.* ľuvadh.

liverŭ **r.** ļiverъ *geschlinge*. — *Wohl d.:* leber.

livra asl. λίτρα *libra*. — *gr.* λίβρα *aus lai.* libra.

liz-: asl. lizati *lecken*. oblizati, oblizają. **nsl.** lizati. obleznoti. prilast, lizanje *was der kuh während des melkens zu fressen gegeben wird*. **b.** liža, bliža *vb*. **s.** lizati. laznuti. **č.** lízati, líži, *daneben* lzám. liz, liz *zunge des hirsches*. *Vergl.* ulizati se *lächeln*. **p. os.** lizać. **polab.** laizĕ *leckt*. **ns.** lizaś. **klr.** łyzaty. łyzeń *rindszunge*. **r.** lizatь. lizeń. — *lit.* lěžiu, lěšti, *iter.* laižau, laižīti. ližius *zeigefinger*. lěžuvis *zunge wie arm.* lezu *und* *air.* ligur *durch anlehnung an* liz-. *lett.* laizīt. *gr.* λείχειν. *lat.* lingere. *got.* bilaigōn. *air.* ligim. *arm.* lizum. *ai.* lih- (lēhmi), ‘rih. z *für palat.* gh.

ljaga 1. **r.** *femur*. ljagatь *hinten ausschlagen*. ljagva *froschfisch*. ljaguša, ljaguška *frosch*. — *Man vergleicht* ahd. lági *schenkel*. *and.* leggr.

ljaga 2. **s.** *schandfleck ung*.

ljaga 3. **p.** wielka laska.

ljaga-: **p.** ligać. — *Vergl.* lit. lingoti, *lett.* līgōt *vacillare*. *Wenn das wort mit* ai. (laṅgh) laṅghati *verwandt ist, dann ist* p. ligać *aus dem* lit. *entlehnt*.

ljachŭ: **p.** lach, mieszkaniec rownin polskich. *Vergl.* **r.** ljachъ *und* lenchŭ.

ljamusŭ: **p.** lamus, lemus *lehmhaus*. — *Aus dem* d.

ljub-: asl. ljubъ *carus, durch steig. des* ŭ: W. ljŭb (lŭb). ljubiti *amare, osculari*. ljuby *amor, adulterium, scortatio*. prěljuby. ljuby dějati. ljubodej. ljubodeivъ. ljubъznъ. kъto ljubo *quilibet*. ljubo *vel*. ljubo-ljubo: ljubo jamь, ljubo piją. ljubo-li. li *ist eine verkürzung des* ljubo. ili. **nsl.** ljub. če vam je ljubi (*asl.* ljubě). ljubiti. obljubiti *geloben*. ljubezen *f. liebe*. ljubža *pellex meg*. libo *fris*. **b.** libi *geliebter*. ljubja, libja *buhlen*. libov *liebe*. **s.** ljuba, ljubi *gattin*. ljubav. ljubazan *geliebt*. sljubiti se *sich verbinden*. **č.** libý. *alt* ľúbiti, *jetzt* líbiti. líbati *herzen, küssen*. slíbiti *geloben*. slib *gelübde, verlobung*. líbezný. li-nebo, li-či. **p.** luby. lubić. oblubić *geloben*. ślubić *geloben, sich trauen lassen*. ślub *gelöbniss, trauung*. lubież *wollust*. lubieżny *geil*. (*Vergl.* nsl. ljubža). lubo, lub *obgleich*. li. **kaš.** lebic *wünschen*. **polab.** ľeuby. **os.** luby. lubić, slubić *geloben*. lubić so *gefallen*. **ns.** ľuby. ľubiś *geloben*. **klr.** ľubyj. ľubščij *liebestrank*. ľubošči *liebe*. posľubuvaty *geloben*. zľubyny, divosľuby *brautwerbung*. ľubeznyj. šľub *trauung*. pereľubnyća *ehebrecherin*. ły; oły, oľ *für* majže *fast*. **wr.** ľubyj. zľub *die wahl des geliebten*. šľubno *ehelich*. šľubovać *.trauen*. **r.** ljubъ *freund dial*. ljubyj. ljubitь. ljubovь. ljubodej, preljubodej. ljubža *liebe dial*. ljubeznyj. ljubo, libo. li. — *preuss.* salauban, salūban *acc. ehe*. lubeniks *der die trauung vollzieht*. *lit.* liubīti *gern geniessen*. liubėti *zu thun pflegen*. saļiūba, šlubas, šliubas *trauung*. *rm.* jubi *vb*. libov. ibovnik. lubic *leindotter ist dunkel*. *got.* liufs (liuba). laubjan *entspricht dem* ljubiti. *ahd.* liubōn. *lat.* lubens, libens. *ai.* lubh. *Die slav. und die germ. wörter stimmen in den speciellen bedeutungen und im parasitischen j überein*.

ljubštikŭ: **p.** lubszczyk, lubczyk, lubistek *liebstöckel*. **č.** libček, libček. **klr.** ľubystok, ľubyst, ľubysť. **wr.** ľubista. **r.** ljubistokъ *ligusticum levisticum*. **nsl.** luštek, luštrik. — *lit.* lipštukas, lubistos. *lett.* lupstaga. *magy.* léstván/ levistikom. *ahd.* lubestecco, lubistěcchal.

mhd. lübestecke *aus levisticum.*   *mlat.* lubisticum.   *türk.* logostękon *aus gr.* λιγυστικόν.

ljud-: asl. ljudъ *populus.* ljudinъ *mensch.* *č.* lid.   p. *os.* lud.   *ns.* ľud.   **klr. wr.** ľud. **r.** ljudъ: *man merke* ljudъ *für* naroženie, rožáj. *Daneben* ljudĭ *mensch: bloss im plur. gebräuchlich, nur* r. ljudь *mensch.* **asl.** ljudije *leute.* **nsl.** ljudje. ljudski *fremd, den leuten, nicht mir gehörig.*   **b.** ljudski *fremd.*   **s.** ljudi, *unhistor.* ljudji.   *č.* lidé, *alt* liudé, *slk.* ludie. *dial.* ludský *fremd.* **p.** ludzie.   **polab.** ľeudi, ľeude, ľeudai. **os.** ludžo. **ns.** ľuže. **klr.** ľude. **wr.** ludzkij *fremd.* **r.** ljudi. ljudskoj. — *preuss.* ludis *mensch, hausherr.* *lett.* ľaudis *leute.* *ahd.* liut *volk.* liuti *leute.* *mhd.* liute. *W. idg.* rudh, ruh, *daher ahd.* liotan *usw.* *got.* liudan *wachsen.* *Im slav. ist steig. eingetreten:* ljŭd (lŭd). *Parasitisches j ist dem slav. und d. eigen; ebenso der unterschied von* ljudъ *und* ljudь.

ljulja-: b. ljulêm, ljulêja *wiegen.* ljulka, poljulêlka *wiege. Neben* luljati *besteht* leljati: lelêm, lelêja *wiegen.* lelêjka *wiege.* **s.** ljuljati, lelejati. ljuljajka.   *č.* lulati, lilati. **p.** lulać, lilać, lulkać *in den schlaf singen* (li, li). lelejanie *fluctus flor* **klr.** leľijaty *schaukeln, wiegen.* **wr.** ľuľka *wiege.* **r.** ljuljukatь (lelêjatъ *verzärteln*). ljulьka. — *lit.* lulêti. luloti. *lett.* lelōt. *ai.* lul: lōlati.

ljulĭ: s. ljulj *lolium.* **nsl.** ljuljka. ljuljčen *betäubt.*   *č.* lilek, jilek *aus* ljulek.   **p.** lulek *hyoscyamus.* — *ahd.* lolli. *nhd.* lolch. *lat.* lolium.

ljura: ns. klr. ľura *schlechtes getränk.* — *ahd.* lūra. *nhd.* lauer. *lat.* lora.

ljutnja: p. lutnia *laute.* **kr.** leut. leutaš, koji gudi u leut. — *ahd.* lūte. *nhd.* laute. *it.* leúto, liúto. *arab.* al-ud. *rm.* lautę. alęutę. *ngr.* λαοῦθο. *Vergl.* lapta-. lauta.

ljutŭ: asl. ljutъ *saevus:* o gorê mьnê, o ljutê. uljutati *lugere.* ljutyni. *compar.* ljutêj. ljuštij. **nsl.** ljut *heftig, grimmig.* **b.** ljut *erbost.* zmija ljutica. **s.** ljut *herb, erbost.* ljutiti.   *č.* litý *scharf, grimmig.* neľutosť.

Daneben litovati *bemitleiden.*   **p.** luto *grausam.* luty *februar. Daneben* lity *barmherzig.* luło, lito *leid.* lutość, litość. lutować, litować *mitleid haben.* lutościwy, litościwy. li *für* lu *ist wohl č., doch* lunąć, linąć.   **os.** luto *leid.* lutki *ganz allein: vergl.* ljutĭnŭ. **ns.** ľuto *leid.* **klr.** ľutyj *grimmig, teufel; februar.* **wr.** ľutyj *februar.* litovať *schonen.* **r.** ljutyj *grausam; februar.* ljutičъ. — *rm.* jute *schnell.* juci *schärfen.*

ljutĭnŭ: ns. ľutny *lauter.* — *An das ahd.* hlūttar, lūttar, *mhd.* lūter, *nhd.* lauter *sich anlehnend.*

loboda, lebeda **nsl.** *atriplex.* lobodika *ruscus aculeatus.* **b. s.** loboda *melde.* *č.* loboda, lebeda.   **p.** łoboda, lebioda, lebiodka. **os. klr.** łoboda. **ns.** loboda. **r.** lebeda. lebedka. — *rm.* lobodę. *magy.* loboda.

lobozĭ: p. łoboź *f. stengel.* łobozg *ist unbearbeitetes stück land.*

lobŭza-: asl. lobъzati *küssen. iter.* lobyzati. lobъzъ. **klr.** obłobyzaty. **r.** lobzatь. lobyzatь. — *Vergl. ahd.* lefs *lippe.*

lodva: klr. łodva *dickes brett.* — *rm.* lodbę. *mhd.* lade, *nhd.* laden.

lodyga: p. łodyga *kraut, stengel.* **klr.** łodyha. *Man denkt an ahd.* lota *schössling und an ahd.* lattuh. *Vergl.* **wr.** łodyha, r. lodyga *knöchel.*

logataj, prêlogataj **asl.** *spioň: vergl. ahd.* luogēn, *lugen. Wer an* leg *denkt und das wort durch „insidiator" erklärt, muss das seltene* lagataj *tichonr. 1. 153. für die wahre form halten:* lagati *von* ložiti (*gr.* λόχος). *Ein* logati *von* logъ *ist unnachweisbar.*

logorŭ: s. logor *lager.* **klr.** ľoger. **r.** lagerъ. — *Aus dem d. Vergl.* legarŭ.

logošĭ: p. łogosz *wahrscheinlich „beipferd".* — *magy.* lógós. *Vergl.* **s.** logov.

loch-: klr. łochnuty *schmachten:* łochne my śa, meńi łochno *es ist mir bange.* łoch *schrecken.* łochaty, łošyty *scheuchen.* łochłyvyj *furchtsam.*

lochmotŭ: wr. łochmot *fleck, lappen.* **r.** lochmotьe.

lochŭ: p. loch *grube, loch*. č. loch, sklep. lůšek. klr. ľoch. — *Aus dem d.*

lojtra nsl. *leiter*. s. lotra. p. letra. klr. ľitra, łytra, łujtra. — *ahd.* leitara. *lit.* leitere. *magy.* létra, lajtorja.

lojva, lajva r. *schiff*. — *finn.* laiwa.

loka-: asl. lokati *lambere*. nsl. lokati. krvolok *blutdürstiger mensch*. b. loča *vb.* s. lokati. kr. krvolok. č. lokati. lákati *schlucken*. p. łoczyć. klr. łokaty. wr. łokać *neben* łykać. łyk. loktać. r. lokatь. — *lit.* lakti. *lett.* lakt.

lokanja asl. *venter*.

lokanka b. *wurst*. — *lat.* lucanica. *alb.* lökonke. *mgr.* λουχάνιχα.

lokarda kr. *art fisch*. — *ngr.* λαχέρδα. *it.* langarda.

lokma, lokva s. *bissen*. — *türk.* lokma. *ngr.* λοχμᾶς. *alb.* lokma.

lokotŭ: nsl. lokot *schloss habd.* loket *vorlegeschloss.* lokota *Ukrain.* kr. lokot. s. lokot *anhängeschloss.* klr. łakata. łokotoš. — *it.* lucchetto. *fz.* loquet. *magy.* lakat. *rm.* lękęt. lękatę. *Vergl. ahd.* loh. *mhd.* loch *verschluss.*

loktjuka: asl. loštika *lactuca.* nsl. ločika. s. ločika: as. lokika, *wo k für* č. *Vergl.* ločkav *welk.* č. locika. klr. łoćyća. p. łoczyga *saudistel gehört nicht hieher.* p. laktuka, klr. łatučka, r. latukъ *sind junge entlehnungen.* — *lett.* latukas. *alb.* lokjikę. lodike *blanch.* *it.* lattuga. *ahd.* lattuch. loktjuka *stammt wohl nur mittelbar aus dem lat.*

loktuša: p. łoktusza. č. loktuše. — *d.* lakentuch.

lokuma s. *art krapfen.* — *türk.* lokum. *ngr.* λουχουμᾶς.

loky: asl. loky, *gen.* lokъve, *imber.* izъ lokъvi *sin.* nsl. b. s. lokva *lache.* kr. loki. lokva. — *d.* *laka: ahd.* lahha. *nhd.* lacke *dial. Vergl.* č. lokač.

lolo s. lud *dumm.* — *So auch it. in Calabrien.* *ngr.* λωλός.

loma asl. *fimbria.* — *gr.* λῶμα.

lonči-: p. łęczyć *von der stimme des nachtraben:* lelek łęczy.

londža s. *terrasse.* — *türk.* londža. *it.* loggia: *daher* nsl. loža *wagenremise,* as. luža. *Man füge hinzu* kr. lopa kolna *wagenschoppen.* č. loubí *n. lauben.* os. łubja *boden unter dem dache.* — *ahd.* louba (loubja) *schutzdach, halle; daraus it.* loggia.

londŭ: p. ląd *land.* polab. lõdü. — *Aus dem d.*

longŭ: asl. lągъ *hain.* nsl. lôg. b. lъg *mil. 196.* s. lug. č. luh. palouh. p. łąg, łęg. lug *zof. aus dem r.* os. łuh. ns. lug. klr. łuh. łuhova komanyća *wiesenklee.* wr. łuh. r. lugъ. — *magy.* lug.

longŭvĭ: p. łągiew *die eiserne stange, welche die vorlegewage mit der radachse verbindet.*

lonk- 1.: asl. lącziti *trennen.* nsl. lôčiti. odlôčiti *designare.* b. lъča *vb.* s. lučiti. č. loučiti: *daneben* č. loučiti *verbinden.* skodlučiti *sammeln.* rozkodlučiti, rozloučiti, vykodlučiti *theilen.* p. łączyć. łęksać *theilen.* klr. łučyty. (załučaty *hinzufügen*). rozłuka. wr. łučić. łučać *verbinden. Die einander entgegenstehenden bedeutungen „trennen, verbinden" scheinen darauf zu beruhen, dass das praefixlose asl. usw. verbum die bedeutung der mit ot-, raz- praefixirten verba angenommen hat.*

lonk- 2.: asl. łączije *carex.* nsl. lôč *riedgras; moosheu meg.* p. łącz *binse.* — *Vergl.* lonk- *jungere und lat.* juncus.

lonka: asl. łąka *palus, sinus.* nsl. lôka ON. lonche *in Friaul.* s. luka *hafen, au.* č. louka. palouk. p. łaka. os. łuka *wiese.* ns. luka. klr. łuka *wiesc, thal, meerbusen.* — *magy.* lanka. *rm.* lunkę. *lit.* lanka, lenkė. *lett.* lanka *feuchte wiese.* *ngr.* λαγχάδι. lonka *mag durch die vorstellung „biegung" mit* lenk *zusammenhangen.*

lono asl. *sinus, testiculus.* lona *pudenda.* č. lůno *schooss.* p. łono *schamglied zof.* polab. lünü. os. łono *armvoll.* ns. lono *schooss, armvoll.* klr. łoňa *sinus.* wr. łoni (*sing.* łoňa) *armvoll.* ulonne, r. obъjatie. r. lono.

lonšta: asl. łąšta *lanze. Jüngere entlehnungen sind:* nsl. lauča. klr. łanča.

— *magy.* láncsa, lándzsa. *rm.* l'ănče.
d. lanze. *lat.* lancea.

lontka: *p.* łątka *puppe.* *s.* lutka.
č. loutka *puppe, spielzeug.* *klr.* ist łutka
mergus serrator, agrion virgo. — *Man vergleicht, wohl nicht mit recht, č.* loutko *kelter
stange und lit.* lanta, lenta. *lett.*lente *asser.*

lontŭ: *p.* łęt *wohl „gerte": jak* łęt
goły. *Hieher gehört klr.* łut *gerte.* łute
weidenzweige, lindenbast. *wr.* łut *bast
einer jungen linde.* łucce *für r.* sdiranie
lykъ. *r.* lutьe *lindenwald für bast.* lu-
tośka. lutovênъ.

lonĭcĭ: *asl.* lonьcь *topf.* *nsl.* lonec.
lončar lunčić *res.* *s.* lonac.

lop-: *nsl.* lopati *collidere lex.* lopo-
tati. lopitati. *klr.* łopaty *poltern, bersten.*
r. lopatь *rumpi.* lopotь *altes kleid. Vergl.*
č. lopot *kummer.*

lopata *asl. b. s. schaufel.* *p. os. klr.*
łopata. *us.* łopata. *r.* lopata. *magy.*
lapát. *rm. alb.* lopatę. *preuss.* lopto. *lit.*
lopeta. lapatka *schulterblatt.* *lett.* lāpsta.
Vergl. ahd. laffa *palmula. Man füge hinzu*
nsl. s. lopar *schieber.* *č.* lopáč. *os.* łopač.
p. łopystka, łyžeczka uszna.

lopovŭ: *s.* lopov *dieb.* *slk.* lopov
heber. — *magy.* lopó *dieb, weinheber.*

lopta *s. č. ball.* — *magy.* lobda.

lopuchŭ:´ *nsl.* łopuh, łopnik, lapuh
klette. *s.* lopuh. *č.* lopuch. *p.* łopuch,
łopucha, łopiań. *klr. wr.* łopuch. *r.*
lapuchъ, lapucha. — *lat.* lappa. *magy.*
lapu *aus* lapuh. *Man füge hinzu b.* lapat.
ar. lapota *und vergleiche gr.* λάπαθον. *lat.*
lapathum.

loskotŭ: *asl.* loskotъ *strepitus. Vergl.*
s. ljosnuti, ljusnuti. *č.* loskot. *p.* łoskot.
łoskotać.

loskutŭ: *r.* loskutъ *fleck, lappen.*
klr. łoskut. — *Man vergleicht lit.* luska.
schwed. lask *lacinia.*

lososĭ: *č.* losos *lachs.* *p. klr.* łosoś.
r. losos, *daneben* lochъ. — *magy.* loszoв,
laszos, lazacz. *preuss.* lasasso. *lit.* la-
lašišas, lašis. *lett.* lasis, lasens. *osъ ist
wohl suffix.* *ahd.* lahs. *d.* h *und lit.* ŏ
neben slav. s *deuten auf palat.* k.

lostŭ: *b.* lost *vectis.* — *Man führt
ein ngr.* λῶστος *an.*

losĭ: *r.* losь *elen.* *č.* loš, *in vit.*
onager. *p.* łoš, *in flor.* onager. *os.* łos.
klr. łoś. *r.* losь; losь, losa *der grosse
bär.* — *Vergl. ahd.* ëlho, *woraus lat.* al-
ces, *gr.* ἀλκη; *ferners ai.* rçā, rçja *bock
einer antilopenart.* *sibir. türk.* ălăk *wilde
ziege.* losь *wohl aus* olsь: *die č. p. os. form
stammt aus dem r.* — *urgerm.* *alhi, *dessen
h slav.* s *aus palat.* k *entspricht.*

lošent: *klr.* łoša, łošyća *füllen.* ło-
šuk. łošun. *r.* łošь: łoševodъ *pferdedieb.*
łošakъ *maulesel.* łošadь *pferd.* *p.* łoszak
kleines tatarisches pferd. — *lit.* lušokas.
türk. alaša *rücken, last, pferd.* *s.* alaša.

lošĭ 1.: *nsl.* loš *glasur.*

lošĭ 2.: *asl.* lošь εὐτελής *vilis, macilentus.* *b.* loš. lošav. lošota *lat.* dološéva
mi *es wird mir übel.* *kr.* louša i mrska
krava *ung.* *s.* loš. — *Man vergleicht ohne
grund lit.* lёsas *mager.*

lotĭ-: *nsl.* lotiti se *ergreifen. Vergl.*
s. latiti, laćati.

lotrŭ: *nsl.* loter *unzüchtiger mensch.*
lotriv. lotrija. *kr.* lotar. *č.* lotr. *p.*
łotr *lasterhafter mensch.* *wr.* łotr *ver-
schwender.* — *magy.* lator. *rm.* lotru *latro.*
lit. latras. *ahd.* lotar *leer, eitel.*

lotyga *r. homo nequam.* — *Man vergleicht schwed.* lätting *piger.*

lotynja: *s.* lotinja *ignavia.* — *Man
denkt an got.* latei *lassheit.*

lotyšĭ: *p.* łotysz, łotwin *Lette.* *r.*
łatyšъ. — *lett.* latvētis. latvis.

lovas-: *nsl.* lovasič *überreiter (finanz-
wächter).* — *magy.* lovász.

lovnica *s.* mali stog *mik.* *nsl.* loj-
nica, lonica, lonca *heuschober.*

lovŭ: *asl.* lovъ *fang.* lovъ loviti. lovy
dějati, tvoriti. loviti. lovitva. ulavljati *insidiari.* *nsl. s. č.* loviti. *p.* łowić. *os.*
łojić. *ns.* lojš. *klr.* łovyty. *r.* lovъ.
lovitь; *auch insidiari.* lovitva. — *rm.* lovi
ferire.

loza *asl. palmes.* *nsl.* loza *wald.*
b. loza *weinrebe.* loze *collect. weingarten.*
s. loza *weinrebe.* *slk.* loza *weinrebe zum*

setæen. p. łoza *wasserweide.* klr. łoza
korbweide. verbołôz *lorberweide.* r. loza
ruthe. — rm. lozę *palmes. lit.* laža *schaft.*

lub-: asl. lubъnъ *wohl „aus baumrinde gemacht"* nsl. lub *alburnum; rinde
rib.* lubje *cortex lex.* lubač olubje, perje
około koruzne latice. b. lub. s. lub.
lubura *gefäss von baumrinde.* č. lub. po-
luba, vypáleny strom. p. os. łub. ns.
lub *siebrand.* klr. łub. łube *collect.* łu-
bok *brettchen.* wr. łubka *körbchen aus
rinde.* r. lubъ *bast.* — preuss. lubbo
brett, zimmerdecke. lit. lûbas, lobas. luha
bretterne stubendecke. lett. luba *lange
dachschindel.* lûbīt *schälen.* ahd. louft *bast.
lat.* līber *aus* lûber. *Man füge hinzu*
č. loub *wagendach,* p. pałuba *decke,* r.
paluba *verdeck:* ahd. louba, *und* p. łubie
köcher (wohl aus rinde).

łubarda, lumbarda s. *kanone, bombe.*
— mgr. λουμπάρδα, βουμβάρδα. mlat. bum-
barda. *it.* bombarda *vom namen „Lom-
barde".*

lubenica b. s. *wassermelone.* — alb.
lubnicę, lubenicę. rm. lub, lubenicę, le-
benicę.

luča asl. *radius.* lučь *lux.* nsl. luč
licht, holzspan. s. luča *strahl.* luč *kien.*
č. louč *kien.* p. łuczywo. os. łučvo.
ns. lucyvo. klr. łuč *strahl.* łučyna *kien.*
r. lučь *strahl.* luča, lučina *span, kien.* —
magy. lúczfa *kien.* W. ruk: ai. rōka *licht.*
rōčatē *leuchtet.*

luda r. *vestis genus.* klr. ludyne *kleidung der Huculen.* łudynečka. č. luden
ungewalktes tuch ist nhd. loden. — schwed.
ludd. *and.* lodh. *ahd.* ludo, lodo *bir-
rus, lodix.*

ludvisarĭ: p. ludwisarz *rothgiesser.*
— *Aus dem d.*

ludŭ: asl. ludъ *stultus.* luditi *decipere.*
prêłuždati. b. lud. ludič. za ludo *bulg.-
lab.* naludničêl. s. lud. ludov. ludo *dijete:*
ngr. μωρόν παιδίον. zalud, uzalud *umsonst.*
č. lud. louditi *locken.* p. łudzić. ułuda
anlocken, phantom. łudarka. kaš. obłuda.
os. vobłudźić. klr. łudyty *ködern.* vy-
łudyty. łuda *trügerischer schein.* obłuda

heuchelei. wr. łudzić. r. luditъ. *Vergl.*
zaludêtъ, zatverdêtъ. — rm. lud. zęlud.
Man vergleicht mit luditi *got.* *liutan. lu-
ton *decipere.* liuts *heuchlerisch, betrügerisch.*

lugŭ: nsl. lug *lauge.* lužiti, žehtati.
b. luga. kr. luža. s. lug *asche.* zalu-
žiti. lužnica, pepelužnica, pepeljuša *aschenbrödel.* č. louh *lauge.* koželuh. p. ług.
łužyć. os. łuh. ns. lug. — magy. lúg.
ahd. louga.

luk- 1.: asl. lučij, *selten* lučaj; *melior.*
klr. łučšyj. wr. łučšêć. r. lučšij.

luk- 2.: asl. prêlukovati, *wohl „auflauern".* nsl. lükati *spähen.* nalukavati
auflauern. — preuss. laukīt *suchen. lit.*
laukti *warten (eig. schauen).* luku, lûkêti.
lett. lūkōt *schauen.* ahd. luogēn. *Vergl.*
p. łuczać *captare.* r. prilučitъ *anlocken.*
— rm. nęluči *erscheinen.* nęlukę *erscheinung.* ai. lōk *aus* luk.

luk- 3.: asl. lučiti *nancisci.* lučiti sę
contingere. lučaj, prilučaj *casus.* rodъ i
lučaj *svjat. Daneben* łąčiti sę. b. po-
luča *errathen.* priluči se, slučêva se *es ereignet sich.* slučaj. spoluka *gelingen.* s.
słučiti se. słučaj. polab. euleucit *treffen.*
klr. połuka *günstiger erfolg.* łučaj, słučaj.
słučyty śa. r. lučitъ *gewinnen.* lučatъ sja,
słučatъ sja. polučaj *schicksal.* prilučaj *zufall.* słuka, słučaj. *Man beachte* nsl. lučiti,
lučati *werfen.* č. lučiti. vlučiti, vmrštiti.
lučeni hromu *ictus fulminis.* p. łuczać
zof. kamieniem ciśnie i łuczy kogo. klr.
łučyty *zielen, treffen.* wr. łučać. r. lu-
katъ. *Vielleicht sind die wörter in zwei
kategorien zu sondern.*

lukêrna: s. lukijerna. lukijernar.
nsl. lučerna *und, wie es scheint, daraus*
leščrba. — *lat.* lucerna. lucernarium.

lukjumŭ: s. lućum *art cement.* —
türk. lökün.

luknja nsl. *loch.* p. ns. luka. klr.
łuka. r. ljukъ. — ahd. luccha (*lukkja),
lücke. magy. łyuk.

lukno: nsl. lokno *art abgabe an den
pfarrer.* s. lukno *decima.* as. lukno
žita: č. lukno *art getreidemass.* klr.
łukno *chrest. 45.* r. lukno *art gefäss,*

art mass. — magy. lukma. Man vergleicht gr. λίχνον.

luků: asl. lukъ *zwiebel*. črъvenъ, česnovitъ lukъ. **nsl. b. kr.** luk. **nsl.** luka, nêka vspomladna rastlina s čebulico: jedé jo. **s.** luk *lauch*. bjeli, crni luk. lukovica. **č.** luk *lauch*. **p.** łuk. **polab.** leuk. *Fehlt os. und ns.* **klr.** łuk *knoblauch, zwiebel*. **r.** lukъ. — *lit.* lukai. *Wie finn.* laukka *german. ursprungs:* ahd. louh(h). *and.* laukr.

lula b. **s.** *pfeife*. **č. p.** lulka. **klr.** ľuľka. **r.** ljulьka. — *türk.* lülé. **rm.** lulę.

luna asl. nsl. luna *mond*. Vergl. b. lunička *muttermahl*. **č.** luna *lohe des feuers*. **p.** łuna *luna, lohe des feuers*. **polab.** leuna. **klr.** łuna *mond*. łuna ôd ohńu. łun *reflex des lichtes oder schalles*. **r.** luna *luna. Man pflegt* luna *auf* lukna *zurückzuführen*.

lunů: nsl. lun, lunek *achsnagel*. **kr.** lunjak. **č.** lun, lounek; lon, lonek. **p.** lon. **os.** lon. **ns.** ľonk. **klr.** ľon. — *ahd.* lun, luna. *nhd.* lünse.

lunĭ: asl. lunь *vultur*. lunjavъ *demissum caput habens.* **nsl.** lunj *milvus meg.* Vergl. b. lunja se, bêsnuvam se. **s.** lunja *art vogel.* lunjati se *mit vorhangendem kopfe gehen.* **č.** luňák *stockfalke.* **klr.** łuń *weihe.* *r.* lunь. lunitь, chlupatъ glazami *dial.* — *nhd.* lünning *sperling passt der bedeutung wegen nicht.*

lupa-: s. lupati *klopfen*. lupatak *brett*. olupàk *zerschlagenes.* **č.** lupati *prügeln.* **p.** łupać *spalten.* łupa *scheit holz.* **klr.** łupaty.

lupi-: asl. lupiti *detrahere*. siroty oblupi. lupežъ *rapina.* **nsl.** lupiti *schälen:* lupina *schale, schneckengehäuse.* lupje *apfelschalen.* lupine *schuppen.* olup *abgelöste rübenschale.* olupje *res.* **b.** lupiti se *herauskriechen.* **s.** ljupine *schalen, schuppen.* lupež *dieb.* **č.** loupati *schälen.* lup *schuppe, blättchen.* lup, zlup *raub, beute.* lupina *hülse.* loupež *abgeschälte rinde, raub.* lupen *blatt.* **p.** łupić. łup *raub, beute.* łupina *hülse.* łupież *abgeschältes, rauben.* łupirz, ten co łupi, *zdzierca dial.* **os.** łupać

rupfen. **ns.** lypaś *abblättern.* lupina. **klr.** łupyty, łupesaty *schälen.* łupyna. **wr.** łupić. łup. łupež. łupeka *schinder.* (Vergl. kłupać *für* r. kolupatь *ausklauben*). **r.** lupitь. *Man merke asl.* skralupa *aus* skorlupa. — *lit.* lupti *schälen.* laupiti *rauben.* lupinos *das abgeschälte.* *lett.* lupt, lupu. laupīt. *ahd.* louft *baumrinde.* W. lŭp: lupiti *entspricht lit.* laupiti.

lura, liura p. *lauer (wein).* **ns. klr.** ľura *schlechtes getränk.* — *magy.* lőre. **rm.** ljuriŭ. *ahd.* lūrā. *lat.* lora.

lusk-: **klr.** łusnuti, trisnuty *schlagen, bersten.* połusk *gepolter.* Vergl. ułuzaty *schlagen chrest. 486.*

luska asl. ἔλυτρον *involucrum.* **nsl.** luska *schale vom getreide.* luskati. ljuzgati *Ukrain.* luščiti *schälen.* luščina *schale, schuppe.* **b.** *luska: lušta, oluštevam *schälen.* **s.** ljuska. ljuštiti. *Vergl.* ljuštra, ljuštura *fischschuppe.* **č.** luska *schote.* luština. *Vergl.* lusk. luskati, louštiti *knacken.* **p.** łuska *die äussere grüne schale der nüsse, nussschale, schuppe.* samołusk *ganz schuppige schlange.* łuskinia *hülse.* Vergl. łuszcz *unkraut.* łuskać. łuszczyć. **os.** łuščić. *Vergl.* łuskać *knallen.* **ns.** luščina. lušćiś. **klr.** łuska. łuskač *nusshäher.* łuskoorich *myoxus glis.* łuščyty. łušč *schuppe. Daneben* nałuzaty *aus* nałuzhaty *enthülsen.* łuzaty *knacken.* **wr.** łuska *neben* łuzha. łuzhać. **r.** luska, luzga. luskatь, luščitь. *Ich füge hinzu* asl. luspa *spica.* **b.** ljuspa *schuppe.* ljuspa orêhova. luspica. luspav. **p.** łuspina, łupina. **klr.** łušpa *hülse und* **wr.** łuchta *hülse.* **r.** lustka *dial.* — *lit.* lukštas *schote.*

lušija, liksija s. *lauge.* luša *mik.* **b.** lešija. — *rm.* lešie. *lat.* lixivia. *it.* lisciva, liscia.

lušnja: **č.** lušně, lišně *wagenleiste, leusche.* **p.** luśnia. **os.** lišńa. **klr.** łuśńa. **r.** lusnja *litssstock, runge.* — *d.* leuchse, leusche *dial.* *mhd.* liuhse.

luta-: s. lutati *schlendern.* **b.** lutam se *schwärmen.*

lutů: p. łut *lot.* **wr.** litovać *löten.* — *nhd.* löten, *mit* lot (*lauda*) *übergossenem* metall fest machen. r. luditъ verzinnen. — schwed. löda ferruminare.

lutŭkŭ: ar. lutъkъ histrio. — Man vergleicht got. liuthareis sänger: ahd. ist lotar leer, eitel, mhd. loter locker, leichtsinnig, possenreisser, daher lotrŭ.

luzga-: asl. luzgati mandere.

luža asl. sumpf, pfütze. nsl. luža, kaluža. s. kaluža kehrichthaufen. č. louže, kaluže, kaluha. p. kałuža. os. łuža. klr. łuža, kałuža. Vergl. kařuka tiefer koth. r. luža, kaljuža, kaluga. — Vergl. lit. liugas morast.

lužana asl. lužana iže prilična luku: lužanu sъvari sъ maslomь misc.-šaf. 156. 158. s. lužanj, gen. lužnja, divlji luk.

lŭbŭ: asl. lъbъ calvaria. lъbina. lъbъno mêsto. **nsl.** leb vorderseite, stirn. lbanja, glubanja cranium habd. lebka helm. **kr.** lubanja, lubina calva mar. **č.** leb, gen. lbu, lebu, hirnschale. přilbice helm. p. łeb, łba kopfknochen. łob, kość ciemienia ist r. przyłbica. **klr.** łob. **wr.** łobatyj. **r.** lobъ. uzlobokъ, prigorokъ.

lŭg-: asl. lъgati, lъžą lügen. iter. -lygati. lъža, lъžь lüge. lъžь m. lügner. vъ lъže klъneši sę. lъžьnikъ. Vergl. lъžujekъ martius. **nsl.** lgati, lagati, laž f. lüge. b. lъža vb. lъgotja betrügen. lъžja, lžija lüge. s. lagati. laž. lažak, ožujak aus lъžujekъ märz. č. lháti, lhu. lhář lügner. lež f. vžina lüge aus lžina dial. p. łgać, łže, łgę. łga, łeż f. lüge. łgarz. wyłygać. polab. låzĕs lügst. os. łhać, łžu. łhać. łža. ns. łdgaś. łdža, dža lüge. klr. łhaty. łož, ołža. wr. vbać, iłhać, ihłać aus łhać. podłyžnyj. podłyhajła. złohać, złožić. łahannë. r. lgatъ. łožь, łža. łygatъ. połygala. łyga lügner. obłyžnyj. lit. lugniti, lunginti heucheln. got. liugan. ahd. liogan. Nur slav. und germ.; slav. ohne parasitisches j.

lŭchta-: p. łechtać, łektać, łesktać kitzeln. č. ulechtati, ulektati. kaš. lekćec. os. łoskotać. klr. łoskotaty. wr. łoskotać. Vergl. laskota-.

lŭk-: č. lkáti, lykati lechzen, schluchzen. polknouti schlucken. p. łkać, łykać, łyk-

nąć, łknać. wyłknąć, wyłyknąć. połykanie. łyk. łykajło. łykacz. klr. łykaty. wr. łkać. prołknuć. vłykać śa. nsl. zalknoti, zauknoti vor hitze ersticken rib. — rm. ikni. vb. Man vergleicht ahd. *slucchōn.

lŭpŭta-: p. łeptać schlabbern. Daneben chłeptać. Vergl. chlapa-.

lŭžica: asl. b. lъžica löffel aus lъga. nsl. žlica, durch metathese. s. lažica, ožica, žlica. č. lžíce, žlice. ležka dial. žabí łyžka muschel dial. p. łyžka. polab. låzaic. os. łžica. ns. žyca. klr. łožka, łyžka. r. ložka, łyžka. — lett. liška. alb. ljugę.

lybi-: r. lybitъ, lybitъ sja, ulybatъ sja lächeln.

lyko asl. bast. nsl. s. lik. b. liko. č. lyko. łykovec zeidelbast. p. os. łyko. ns. lyko, luko. klr. łyko. r. łyko. — preuss. lunkan. lit. lunkas, lunka. lett. lūks. Man vergleicht lit. linkti sich biegen; man beachte lonk- 1. verbinden.

lyla: p. łyła ungebildeter mensch. — lit. lulīs.

lysk-: r. ulyskatъ sja, lyščitъ sja lächeln. Dem worte liegt die vorstellung des hellen, lichten zu grunde. klr. połysk schimmer.

lyskarĭ: r. lyskarъ pala. — gr. λισγάριον.

lysŭ: asl. vъzlysъ kahl. nsl. lisa glatze, narbe. lisoga schwein mit einer blässe auf dem kopfe. Vergl. liska rohrdommel. s. lisa blässe auf dem kopfe. lisac. Vergl. liska rohrhenne. č. lysý kahl. lysina. p. łysy. łys. łyska art wildente. kaš. łaska. os. łysa. łyšman ochsenname. ns. lysyna. Vergl. lyska strandläufer. klr. łysyj. Vergl. łysucha, łysyća fulica atra. wr. łysyj. r. lysyj. Vergl. lysucha fulica atra. lyska art wildente. — rm. lišicę fulica atra. lit. laukas adj. laukis subst. lett. lauka kuh mit einer blässe. lysъ beruht wahrscheinlich auf lyksъ. Vergl. jedoch auch ai. ruç. Die blässe ist das helle.

lyta: č. lýtka, lýtko wade. p. łyta, łytka. klr. wr. łytka. r. lytka wade, dial. fuss. lutoški. nsl. litka. Man beachte nsl. latki. klr. łydvyća wade und

r. lydy *lange füsse.* *Mit* lyta *mag zu-sammenhangen:* asl. lysto *aus* lytto. lystъ *tibia.* nsl. listanjek *wade ung.* s. list. p. lyst.

lyta-: r. lytatъ, lynjatъ *vagari.* s. lutati. — *Man vergleicht* lett. liuturetē s.

lyva r. *moorbruch.* — *Vergl.* lett. lēvens, līvers.

lyža r. *art schlittschuh.* p. łyža, łyžwa. ` — lett. lužes *plur. schneeschuhe.* *Man vergleiche* r. lyži *füsse und* lyzgatъ *auf dem eise schleifen.* lit. vīža *für* p. cho-dak *ist mit* enz *verwandt.*

lyžva: p. łyžwa *art boot.* r. lyžva. — *Man vergleicht* lett. lugis *art trans-portschiff.*

lĭnŭ: asl. lьnъ *lein.* nsl. b. č. p. os. len. s. lan. polab. ľån. ns. ľan. klr. łen, *gen.* łnu, łenu *neben* łon, *gen.* łonu. iľńanyj. wr. łon. r. lенъ, lьnjanoj, *dial.* alljanoj. — *magy.* len. lenáros. *lit.* linas, linai. *lett.* lini. *finn.* liina. *got.* lein. *ahd.* līn. *alb.* lji, ljini. *gr.* λίνον. *lat.* linum. *Die pflanze soll von den schlammreichen flussniederungen des Nils, des Phasis und des Araxes stammen.*

lĭp-: asl. lьpêti *adhaerere.* prilьnąti. zalьpnąti. vъlьpъšu *part. praet. act. I.* *Durch dehn.* prilipati. sъlipati. *Durch steig.* lêpъ *viscum.* lêpъkъ *art pflanze.* lêpiti *conglutinare.* nsl. prilipnoti *kleben.* pri-lipnoti se *passen:* tako se je prilipnolo ali prileglo, ko bi bilo pripehnjeno. lêp *leim.* lêpek *ixios (vogel).* lêpiti. prilêpek *napfschnecke:* prilêpi se na čoln ili kamen. b. prilêp *fledermaus.* lêpja *kleben.* lêpka *klette, fleck.* lêpkav. s. prionuti (pri-lьnąti), prianjati *adhaerere.* obanjati *sich müde bitten:* *oblьnąti, *oblьnjati. lijep *anwurf.* lepak *mistel.* lijepiti *anwerfen illinere.* č. lnouti. lipnouti. lipati. lepêti, lipêti. lep. lepký *zäh.* lepiti. p. lnąć, lipnąć, lgnąć: *vom letzten* zligać. lipki *kleberig.* lep *vogelleim.* lepić. lepianka *lehm-werk.* *Vergl.* nalepa, ognisko. kaš. lnanc. os. lêp, lêp. lêpić. ns. lip. klr. łnuty *nach einer sache streben.* łip. łipota, krasota.

łipyty. wr. iľnuć. lipêć. lipec *juli.* r. lьnutь. *Durch dehn.* -lipatь. lipnutь. oblipa, neotvjazčivyj. lipkij. lêpnutь. lêpitь. lê-pecha, lepecha *art kuchen.* — *magy.* lép. *rm.* lipi, *mrm.* aliki, *vb.* lit. lipti, limpu *intrans.* līpīti, lipau; lipintï *trans.* prëlipa *ankleben.* *lett.* lipt, līpu. *ai.* lip, limpāmi. *Man vergleicht auch gr.* ἀλείφω, *got.* -lei-ban. *Zu* lĭp *gehören auch* lipa *und* lêpъ.

I. lipa: *von dem klebrigen safte des baumes.* asl. ns. b. lipa *linde.* s. lipa. lipanj *juni.* č. lípa. p. os. ns. lipa. polab. laipo. klr. łypa. łypeń *juli.* wr. lipa. lipec *honig.* r. lipa. lipec *lindenhonig.* — *preuss.* lippe. *lit.* lëpa. lêpžēdis mênŭ *juli.* *lett.* lêpa.

II. lêpъ *aptus, decorus: der sich anlegende, anschmiegende.* lêpota *decor.* vidênijemъ lêpъčatъ διαπρεπής. *compar.* lêplij. nsl. lêp *schön.* polêpiti *neben* polêpšati *ver-schönern.* lišep *putz für* lepš. lepoca *fris.* b. lêp. s. lijep. č. lepý *dünn, zart, fein.* lepší *besser.* p. lepszy, lepiej *besser.* os. lepy *geschickt.* lêpši *besser.* ns. ľepej. wr. lêpi, lêpejšêj *besser.* r. lêpyj *schön.* — *lit.* lêpšas. *Fremd dieser wortsippe sind* lit. łepus *mollis Szyrw. 148. 190.* lett. laipus *mild.*

lĭsk-: asl. lьštati sę *splendere.* nsl. lesk *glanz.* leščati se, leskati se. lesnoti. leskeč, lьščeč *glänzend.* lesketati se. b. lьsna *erglänzen.* lьskam se, lьšta se, lьštêja se *glänzen.* lьskav. kr. laščati se. č. lsknouti se, lesknouti se. lštíti se. lesk *glanz.* p. lsknąć się, lsnąć się, lsnić się. (szklnąć się, šklić się *zu* stьklo) *neben* ly knąć, łysnąć, łyskać. łysk. klr. łšče, ilšče *zurückstrahlendes licht neben* łysnuty. łyščaty, łoščaty. vyłoščyty *glänzend machen.* łyskaty. łysk, łosk. łyskavka *blitz.* wr. łosk. łoskovać. r. leščadь *weisser stein.* losnutь. loskъ. loščina. losnêtь *glänzend werden.* loščitь *glänzend machen.* *Aus diesen formen ergibt sich, dass* lĭsk *und* lŭsk *neben einander vorkommen: vergl.* blĭsk- *und* blŭsk-.

lĭstĭ: asl. lьstь *list.* lьstivъ *listig.* *iter. durch dehn.* -lištati *neben* lьštati. b. lьst *schmeichelei.* lьstja *überlisten, schmeicheln,* prêlъstjuvam *bulg.-lab.* č. lest, *gen.* lsti. lstivý. lestný. p. leśč. lѣciwy. przelѣcić *zof. Vergl.* oš. lesny *hübsch.* ns. laść *list.* klr. łеsť. łеstyty *schmeicheln.* łеstošči *liebkosung.* wr. lescić śa. r. lestь, *gen.* lъsti, lesti, *schmeichelei.* lestitь. leščatь. izleščatъ. izliščatь. lъstecъ, ilъstecъ. — *got.* lists. *rm.* prilosti *vb.*

lĭst-: asl. lъstьnъ *leicht. Vergl.* nsl. odlastek *musse, erholung.* odlasek *unterlass.* odlasiti *nachlassen.* b. lesen. lesnina *leichtigkeit bulg.-lab. geschicklichkeit.* s. last *f.* lastan, lasan. polastica *levamen. Dunkel* ns. lasny *schnellfüssig. — rm.* lesne *leicht. Man vergleicht* s. list *schnell und*

it. lesto *flink, klug, das auf das d.* list *zurückgeführt wird.*

lĭvŭ: asl. lьvъ *löwe.* lьvica. lьve̜. lьvištь. lьvičištь. nsl. lev. b. lъv. kr. lijun. s. lav *neben dem türk.* arslan. č. lev. p. lew. lwię̇. polab. låv. oš. lav. ns. ľav. klr. lev, *gen.* lva, *löwe;* lev, *gen.* łeva, *guldenstück.* iľva, ľvyća. r. levъ. — *rm.* leŭ. leine̜. *lit.* lëvas *neben* liutas, *das mit p.* luty *grausam in verbindung gebracht wird.* lett. lauva. lьvъ *usw. stammt aus dem ahd.* lewo, *das auf lat.* leo, *gr.* λέων, *beruht.* λέων *ist semitisch-aegyptischen ursprungs: hebr.* l(ĕ)bī, lābīj, *aegypt.* labu, *kopt.* laboj. *alb. besteht* luan *neben* arslan.

M.

ma *eine als erstes glied von compositionen erscheinende partikel:* nsl. maklen *feldahorn:* ma, klen. maklenov *carpineus lex.* meklen *spindelbaum, evonymus europaeus. Vergl.* mecêsen, macêsen *pinus larix.* s. makljen, nekakvo drvo, nalik na kun. p. maślez *bufagium aus einer quelle des sechzehnten jahrhunderts.* r. paklenъ, *das wie* neklenъ *acer tataricum bedeutet.* pa- *und* ne- *bezeichnen wohl das unechte; ma- ist jedоch dunkel. Vielleicht darf an ai. zend. ap.* mā, *gr.* μή, *gedacht werden, daher* maklen, *identisch mit* neklen.

ma-: asl. manǫti, majati, pomavati *winken.* namanǫ se jemu ἔδοξεν αὐτῷ. manovenije. manije *wink.* nsl. majati *schütteln.* b. maja *betäuben.* maja se *zaudern, staunen.* s. omaja *abprall des wassers vom mühlrad.* č. manouti, mávati *schwingen.* klr. majaty *bewegen.* manuty: mane śa komu po ščоś *es kommt jemand etwas in den sinn.* r. majatь *bewegen, schwächen.* majata, majeta *schwere arbeit.* majatnikъ *pendel. Vergl.* manitь *winken. — lit.* moti, mojŭti. *lett.* māt *winken. Vergl.* mach-.

maana b. *mangel.* s. mahana. — *türk.* mahana.

maca p. oš. klr. *art getreidemass. — nhd.* metze.

maca-: č. macati *neben* makati *tasten.* p. macać. omacmie, po omacku, omackiem, omacką̇ *im finstern tappend.* klr. macaty *betasten.* wr. macać. *Vergl.* č. matati. oš. masać. ns. smasaś.

macŭlŭ: nsl. macel *holzschlägel.*

mačka, muca, muna nsl. *katze, anker.* b. mače *n. katze.* s. maca, mačak, mačka. č. mačka. klr. mačka *ung.* — *alb.* mač. mačok. *magy.* macska. vas- macska *anker. rm.* me̜ce̜, mîc, mîce̜, me̜tok. *zig.* mačka. *Das wort beruht wahrscheinlich wie d.* mieze *auf dem namen Maria:* s. maca *Maria. magy.* macza *geliebte. Thiernamen aus personennamen sind häufig.*

mačka-: č. mačkati *drücken.* b. mačkam *kneten. — Vergl. lit.* makoti. *lett.* mākt. r. mjačkatь *hängt mit* men- 2. *zusammen.*

mačonja: slk. máčoňa *onopordum acanthus. — magy.* mácsonya *kardendistel.*

mačuga s. *stock. — rm.* me̜čuke̜. *ngr.* ματζούκα *keule. Vergl. it.* mazza.

mademŭ: b. madem *bergwerk. — türk.* ma'dén. *sp.* almaden.

madežĭ: nsl. s. madež *fleck am körper, muttermal.* s. ima madež na ruki desnici *herc.* 180. r. madežъ *neben* matěžь, maležь. *dial.* maležь *lässt an das* ahd. māl *fleck denken.*

madžarŭ: b. s. madžar *Unger.* s. *erwartet man* madjar. — *magy.* magyar. *türk.* madžar. *Hieher rechne ich* r. magerka *dial. art* mütze. klr. mahyrka; hamera, *durch metathese aus* mahera. p. magierka *ungrische mütze.*

madžunŭ: s. madžun *latwerge.* — *türk.* ma'džun. *ngr.* μαντζούνι.

magarŭ: b. magare *esel.* magarica. magarisa *die eselin wirft ein junges.* s. magarac. magarica. magare. magarčiti. — *alb.* magjar, gomar. *rm.* měgar. *mrm.* guma·. *ngr.* γομάρι *und türk.* himar: *der ursprung vor* magarŭ *ist dunkel.*

magaza b. s. *magazin.* b. maza. klr. magazyn, hamazej. **wr.** hamazeja. r. magazinь, *dial.* gamazeja. — *türk.* mayzan.

magdanosŭ: b. magdanos, majdanos *petersilie.* s. majdonos. — *türk.* magdanos. *ngr.* μαχεδόνισι.

magerŭ: ar. magerь *coquus, für* povarь. mangerija *küche.* s. madjerija. — *gr.* μάγειρος. *rm.* magernịọẹ.

magija asl. *magia,* μαγεία. magesьnikь *magicus.* b. magija. magjosuvam *verzaubern.* magjosnik. s. madjije. *Die formen mit* s *beruhen auf dem aor.* ἐμάγευσα. — *gr.* μαγία. *alb.* magji.

magjupьcĭ: as. magjupьcь *pistor. Daneben* s. madjupak *zigeuner.* — *gr.* μάγκυψ *manceps, d. i. der brotbackende sclave. alb.* magjŭp.

maguli-: asl. maguliti sę *wohl „adulari".* — *rm.* měguli *vb. Vergl. ngr.* μάγουλον *wange, daraus* r. magula *azbuk.*

mach-: asl. mahnąti, mahati *schwingen.* mašiti se *ruere.* nsl. mahati, mahnoti. omah. b. meham, mehna *vb* mena *abwenden* Vinga. mahalka. mahna se, mahkam se *sich entfernen.* s. mahati. mahnuti se: mahni se ti toga. mah *hieb.* mašiti *werfen.* promaha *zugluft.* č. máchati. p. machać. mach *streich.* os. machać. ns. machaś. r. machatь. machь. *Vergl.* pomachь *cicada dial.* — *rm.* měhni *betrüben ist dunkel.* W. ma.

machala: mahala b. s. *studtviertel.* — *türk.* mahallé.

machina r. *neben* mašina *maschine.* — *lat.* machina. *fz.* machine.

machmurŭŭ: b. mahmuren *an kopfweh nach einem rausch leidend* s. mamuran. — *türk.* maymur. *magy.* mámor *taumel, rausch, daraus* slk. mámor.

machmuzŭ: b. mahmuz, mamuz *sporm.* s. mamuza. — *türk.* mahmuz.

machnitŭ: s. mahnit *thöricht.* mahnitac. mahnitica. smahnit. — *Vergl. ngr.* μάνιτα *furor.*

machrama: b. s. mahrama *tüchel.* r. bachroma. — *türk.* mahrama.

maina s. *windstille.*

maj 1. asl. *mai.* nsl. maj. majiti (smrêke) *abrinden.* vrba se maji *die weidenrinde ist abschälbar.* p. majić *belauben.* os. meja *maibaum.* klr. maj *laub, grüner festzweig.* wr. maj *für* berezki. — *ahd.* mejo. *mhd.* meie *grüner zweig.* lit. mojus. *lat.* majus.

maj 2. b. *fast, ungefähr.* mъj *mehr* Vinga. klr. maj *beinahe, mehr, es geht noch an, mag sein.* majže. — *rm.* maj *beinahe, fast, mehr, noch.*

maja s. *sauerteig.* — *türk.* maja.

majakŭ: r. majakь *leuchtthurm.*

majde s. *certe.* — *Vergl. it.* madiò.

majmuna b. *affe.* s. majmun. *türk.* majmun. *magy.* majom. *rm.* mojom. *ngr.* μαϊμού. *Vergl.* p. munia.

majolika, mijolika nsl. *art gefäss.* s. majolika, milojka. — *it.* majolica *von der insel* Majorca *so genannt.* ahd. mlol *pokal.*

majorana, madžurana, mažurana, mačurana s. *origanum majorana.* nsl. majoran. p. majeran. *Damit bringt man* macierzanka *in verbindung und denkt auch an* macierza dusza, č. mateři douška, *das jedoch eine andere pflanze bezeichnet.* — *it.* majorana *aus lat.* amaracus. *gr.* ἀμάραχος. *lit.* majeronai. *magy.* majoránna. *ngr.* μιτζουράνα.

majstorŭ: asl. majstorъ *meister.* masterь. nsl. mojster *und* mešter *handwerker.*

mojškra, moškra *näherin*. **b.** majstor. **s.**
majstor. majstorisati *meistern. Daneben*
meštar. **p.** mistrz. **r.** masterъ. — *ahd.*
maistar. *lat.* magister. *magy.* mester:
daraus kann man das nsl. mešter *ableiten.*
gr. μάστορας, μαΐστορος. *Die slav. wörter stam-*
men unmittelbar aus verschiedenen quellen.

majurŭ: s. majur *villa.* majurdžija.
nsl. majariti. marov *villa.* — *ahd.* meior.
lat. major domus *vorsteher der dienerschaft.*
rm. majer. *magy.* major.

makarŭ: b. s. makar *wenn auch.* **kr.**
makar, makari, magari. — *türk.* mégér.

makaze *plur. f.* **s.** *schere.* — *türk.*
makas.

makelarĭ: asl. makelarъ *macellarius.*
makelija. — *gr.* μαχελλάριος.

maklja s. *schabmesser.* makljiti *schaben.*
makŭ: asl. makъ *mohn.* **nsl. b.**
s. *usw.* mak. **č.** makovice *mohnkopf.* **os.**
makojca. **klr.** makovyća *kirchenkuppel.*
p. makutra *mohnnapf.* **wr.** makoćor, makitra, *richtig* makotra, makoterć *reib-*
schüssel: diese wörter beruhen auf makъ
und ableitungen von ter, terere, *nicht auf*
gr. μάκτρα *backtrog, lat.* mactra. *Man*
beachte auch p. makolągwa *art hänfling*
und klr. makodźoba *buchfink.* — *preuss.*
moke. *gr.* μήχων, μάχων. *ahd.* māgo. *rm.*
mak. *magy.* mák. *Der mohn ist ein in*
uralter zeit mit dem getreide als unkraut
aus Asien gekommenes gewächs.

malaj: klr. małaj *maisbrot.* — *rm.*
malaj. *magy.* málé.

malakija asl. μαλαχία. malakij. **p.**
malacya *windstille. Damit verwandt ist* s.
malaksati *von* ἐμάλαξα. — *Aus dem* gr.

malamenŭ: b. malamen *golden.* —
ngr. μάλαγμα.

maldrŭ: p. małdr *malter.* — *Aus*
dem d.: malter, *eig. was man auf einmal*
zum mahlen gibt. **č.** maldřík *neben* mou-
dřik *sahnenkäse,* **p.** małdrzyk *neben* mą-
drzyk *sind mir unklar.*

malgotŭ: nsl. malgot *mangold, beta.*
nsl. malgolt, **s.** manigod *scharfrichter.* —
it. manigoldo, *alles, wie man meint, aus*
dem d.: mangold.

malcha: nsl. malha *tasche.* **č.** malcha. — *magy.* málha. *ahd.* malha, malaha.

malina nsl. b. č. p. *usw.* *himbeere.*
polab. malaińa. — *magy.* málna. *Dagegen*
s. wegedorn *und* rm. męlin *prunus padus.*

maljen, malje *plur. f.* **s.** malje *flaum,*
milchhaar. maljav. — *Vergl. gr.* μαλλός
flocke.

maljeva-: r. malevatь *malen.* **klr.**
mańvaty. malunok. **wr.** malevidło *usw.*
p. malować. *Damit ist zu verbinden* **nsl.**
mal *pictura.* malik *statua, idolum meg.*
malus *genius lex. spirito folletto somm. echo.*
malikovec *götzendiener meg.* **kr.** malik *spi-*
rito folletto. — *ahd.* māl. mālōn, mālēn.

malogranĭ: kr. malogranj *malum gra-*
natum. **s.** mogranj *mik.* **nsl.** margarana
lex. — *ahd.* margrant. *it.* melagrano,
melogranato.

malovarŭ: nsl. malovar *handlanger.*
— *it.* manovale.

malpa č. *affe.* **p. os.** małpa. **ns.**
malpa. **klr.** małpa. **wr.** małpa. —
Vielleicht das d. maulaffe.

malŭ 1.: asl. malъ *klein. plur. wenige,*
pauci. maly, maľъmi, malъmê, malъma *adv.*
maľiždi *selten.* omaleti. umaliti. malomoštь,
gen. -šti. **nsl.** mali. malica, mala južina,
zwischen kosilo *und* južina, *vesperbrot.* majhen *aus* maljahen: *vergl.* mihen, micen
winzig. mali traven *april,* mali srpan *juli*
verhalten sich zu velki traven *mai,* velki
srpan *august umgekehrt wie d.* horn *jänner*
zu hornung *februar.* **b.** malъk. malъčъk.
kr. maljahan. **s.** mali. mališ. **č.** malý.
p. mały. **polab.** moly *usw.* **klr.** małe-
seńkyj. **r.** malъša. — *rm.* domol *lentus*
liegt abseits.

malŭ 2.: s. mal *habe.* **b.** maldžija.
— *türk.* mal.

malŭ 3.: nsl. k mal, k mali, k malo
auf einmal: ahd. z' einemo māle. do sega
mala, do sêh mal *bis jetzt.* od tistoga mao
ung. — *ahd.* māl *punkt, zeitpunkt. Damit*
ist zu verbinden - nsl. mal mlêka *so viel*
milch auf einmal gemolken wird. *mhd.* māl
das auf einmal aufgetragene essen, daher
auch nsl. mal *das essen ung.* malik *cibus lex.*

malъženŭ: asl. malъžena, malъženьca *dual. conjuges. dat.* malъženoma *und* malъženama. malъženьstvo *ehe. Daneben* malžana, malžanika. maloženamъ. ženy i malъže '(ulavljajutь na muže) *pat.* 275. malъženьno žitije. č. manžel. manželka. p. małžonek, manžonek. os. mandžel. ns. manželski. wr. malženstvo. *Ein unerklärtes wort. Man darf vielleicht an ahd.* mahal *ehevertrag denken, daher* malъžena *eheweib, woraus* malъženъ *ehemann.*

malĭ: asl. malj *hammer.* s. malj *ramme, hammer.* maljka. — *it.* maglio. *rm.* maj, mejug. *lat.* malleus.

mama b. p. *mutter.* r. матушь *vater dial.* — *ahd.* muoma. *alb.* momę *mutter.* mamic *amme.*

mamaliga: klr. mamałyha *polenta.* s. mamaljuga. — *rm.* męmęligę.

mami-: asl. mamiti *täuschen, anlocken.* nsl. mamiti. mama *amens, nugator habd.* mama, mamica, omamica *vertigo.* zmama *betäubung.* b. mamja *vb.* izmama *lockung, verführung.* pomama. kr. mamiti. s. mamiti. mama *wuth.* mamac, omam *köder.* zamama *lockspeise.* č. mámiti. omam *blendwerk.* slk. mamona *übernatürliche erscheinung:* nejednomu nahodila se mamona, a mamonila ho celú noc. p. mamić. przymamić. omam *verblendung. Vergl.* mamona, dziwožoņa odmieniająca dzicci. klr. omama, omana *täuschung.* — *rm.* momi *allicere.*

mamura r. *rubus arcticus.* —, *Man vergleicht türk.* mamur *blühend.*

mandalŭ: s. mandal *riegel.* b. mandalo. — *türk.* mandal. *gr.* μάνδαλος.

mandibur-: klr. mandyburka, bandura *kartoffel, wie man meint, brandenburgischer gattung:* kartofľa, kartopľa; bulba *eig. knollen;* krompľa *usw.*

mandra b. s. *schafstall.* nsl. mandrija *crell.* mednja, mederje, ograda, v kateri sô ovce ali koze zaprte. — *türk.* mandra. *it.* mandra. *gr.* μάνδρα, *womit* ai. mandira *behausung verglichen wird.*

mandža b. s. *speise.* — *türk.* mandža, *romanisch.*

mangalŭ: b. s. mangal *kohlenbecken.* — *türk.* mangal.

mangulĭcĭ: s. mangulac *art mastschwein.* — *magy.* mongolicza.

mangŭlĭ: p. magiel, *gen.* maglu, *mangel, mange.* č. magl, mandl. p. maglować. os. mandľovać. klr. maheľ. wr. mahli *plur. f.* — *lit.* mangalis. *magy.* mangorló. *rm.* męngęlęŭ. *nhd.* mangel, mange, *it.* mangano, *gr.* μάγγανον. *Hieher gehört* kr. mangati. nsl. mungati. munga.

mangŭrŭ: klr. manhir *art münze.* s. mangura. — *magy.* mángor. *türk.* mangęr. *ngr.* μαγχούριος.

mani s. *neidisch.* — *türk.* mani'.

mani-: asl. maniti *in einer r. quelle täuschen.* klr. mana, obman, omana *trug.* vymanyty. pomanyty *verlocken.* prymań *verlockung.* wr. mań *betrüger.* mana, omana. r. manitь *betrügen.* mana *köder.* obmanъ *trug, list.* obmanščikъ *betrüger.* obmanutь. — *lit.* monai *zauberei.* monīti. *lett.* māńi *blendwerk.* mānīt.

manichŭ: p. manich *gauner.* — *Vergl. lat.* manichaeus.

manka-: nsl. manjkati, menjkati *desse.* mankati. s. manjkati *verrecken.* manjak *mangel.* sumanjkati *entziehen.* č. mandák, levák *dial.* p. mańka *linke hand.* klr. majkut *linkhand.* — *Alle diese worte beruhen auf it.* mancare. manco. manca. *alb.* męngjaš *linkhand.*

manovĭcĭ: p. manowiec *seitenweg. Vergl.* p. majaczyć *umwege nehmen.* klr. namana, navmanći.

mantra nsl. *marter.* — *ahd.* martara *von martyrium.*

manŭ 1.: *auf diese form scheinen folgende wörter zurückführbar:* nsl. zaman, zavman, zahman, uman, *bei meg.* zauman, *vergeblich.* vman *improbus.* manj, manjak, hman, hmanj, vmanj, hmanjuh *träge.* manjuvati, hmanjevati, manjukivati *ung. Vergl.* mangovati *otiari jambr.* kr. mani, zaman, zamani *vergeblich.* s. zaman, zamani, zamanice. as. zamanicom. č. maně, mani *zufällig.* klr. navmany, navmańa, navmańaky *auf's gerathewohl.*

manŭ 2.: č. man *lehensmann.* podma- niti *unterwerfen.* p. man. podmanić. — *ahd.* man. *Man beachte den PN.* s. grdman, *so wie* purman *truthan,* racman *entérich von* pura, raca. č. husman, houser *dial.* os. łysman *grossblässe (ochsenname); ferners* ritman *mit den urschen zusammen.*

manůtija: asl. manъtija, mantija *mantel.* mandija. manъtka. **nsl.** manten, meten. **b.** mantija. mintan. **s.** mantija, mandija. **p.** manta. **klr.** mantyja. ma- natky *gepäck.* **r.** mantija. — *gr.* μαντίον. *rm.* mantie. *magy.* mente. *ahd.* mantal *aus lat.* mantellum. *it.* manto.

mara-: os. marać *schmieren.* **klr.** pomaraty. **wr.** markij *leicht schmutzend.* **r.** maratь. maruška *fleck.* Vergl. **ns.** moraś *sudeln.* maraš *fade reden führen.* **nsl.** maroga *schmutzfleck.* — *lit.* markĕ *fleck.*

marangunŭ : s. marangun *zimmer- mann.* — *it.* marangone *venet.*

maranja b. *hitze:* maranja mi j. ma- rinja. omara. Vergl. **s.** omara *schwüle.* raz- mariti *bei feuer aufgehen lassen (wachs).* Vergl. merati: komadić voska grije se prema vatri, pa se prstima rastanjuje. **r.** marъ *sonnenwärme.* maritь *brennen (von der sonne).*

marazŭ : s. maraz *krankheit.* — *türk.* maraz.

marêna 1.: č. mařena *krapp, rubia tinctorum.* **p.** marzana. **r.** marëna.

marêna 2.: **p.** marzana, marzena, marzanna, *wie man meint, eine slavische gottheit.* siódmego dnia marca topią ma- rzanę, ubrawszy jako niewiastę *worin man ein frühlingsfest erblickt.* marzania niedziela dominica laetare. č. mařena.

margeta nsl. *bellis perennis.* — *it.* margherita *aus gr.* μαργαρίτης.

marginĭ : s. mrginj *grenzhügel, maul- wurfshügel, ameisenhaufen. Wie gi zeigt, in sehr früher zeit aus dem lat.* margo, marginem *entlehnt.* mrginj *beruht zunächst auf* merginj.

mari: nsl. meni nej mari za to *ich kümmere mich darum nicht lex.* mar biti *curae esse.* **v** nêmar pustiti *vernachlässigen.*

v nemer *ung.* maren *achtsam, emsig.* mar- ljiv *diligens habd.* marati, *bei habd.* ma- riti, *sich kümmern. Hieher gehört* mar *in* markaj, marsikaj *manches, was immer.* konjčimar *wenigstens ung.* **b.** marem *sich kümmern.* nemarliv, koj to ne mari. **kr.** marča *manches.* markoga človika *irgend eines menschen ung.* **s.** mar. mariti. ne- mar *sorglosigkeit.* nemarljiv. — *Aus dem d.: ahd.* māri *in* unmāri *gering geachtet, gleichgiltig.*

mari-: asl. omariti *in* omarenь byvь i poběždenь mysliju *lam. 1. 164.* mara *mentis emotio.* navede na mę obumarenije. **p.** mara *schreckbild.* marzyć *träumen.* **os.** vomara *kalbschlaf, ohnmacht.* **klr.** maryty *träumen.* marłyvyj *schwärmerisch.* mara *gaukelbild.* marevo *zwielicht, wahn.* mrjava, mrevo *zwielicht.* **wr.** mara *vision.* **r.** mara *vision.* marevo *lufterscheinung, vision.* Vergl. marъ *schlaf dial.*

marica: p. marzyca *schoenus mariscus.* — *Man vergleicht lat.* mariscus.

marjašĭ : s. marjaš *marienthaler.* — *magy.* máriás.

marka: s. mraka *kleine münze, ge- ringes gewicht.* — *it.* marca.

marmorŭ (mormorŭ): **asl.** mramorъ *marmor.* mramorênъ. **nsl.** mramor. **b. s.** mramor *neben dem türk.* mermer. č. mra- mor. **p.** marmur. **os.** marmor. **klr.** mar- mur. marmôr. myromor *chrest. 81.* **wr.** marmur. **r.** mramorъ: *daneben in einer älteren quelle* moromorjanъ. — *magy.* már- vány. *lit.* marmoras. *ahd.* marmul. *lat.* marmor. *gr.* μάρμαρον.

maroga nsl. *streif, fleck.* č. morous *gestreiftes rind.* **p.** morąg, mrąg *bunter streif.* morągowaty *bunt gestreift.* **os.** mora *braungestreifte kuh.* moras. — Vergl. mayra.

maršova-: klr. maršuvaty *und* mar- śeruvaty. **wr.** marširovać *usw.* — *Aus dem nhd.:* marschieren.

marta: s. mrata *aus martinus.* Vergl. **nsl.** martinec, martinkec *lacerta: fz. ist* martinet *die mauerschwalbe.* č. martinec *phalaropus.* — *nhd.* martinsvogel. Vergl.

r. martyška *affe.* *fz.* martin - pêcheur. *türk.* martin, martę. *it.* ranocchia di s. Martino. *Vergl.* r. vasьka *katze:* vasilij; miška *bär:* michailъ *usw.* mačka, *das auf* maca *beruht.*

martolosŭ: nsl. martolos *mango habd.* martalos, kateri ljudi krade ino kupuje, ter prodaje *lex.* **kr.** martolos *weiberdieb.* calausi et martolosi *urk.* **s.** martoloz. **č.** martalous. **p.** martahuz. — *magy.* martalóz, martalócz *räuber, sclavenhändler.* *türk.* martolos *art christlicher soldat in der Türkei.* — *gr.* ἀρματωλός. *alb.* armatolos.

marŭgaritŭ: b. margarit. margar *perle.* **r.** margaritъ. — *gr.* μαργαρίτης.

marŭtŭ: asl. marъtъ, marъtij *martius.* marъčь. **b.** mart. **s.** marač, mrač. **p.** marzec. **klr.** mareć. — *ahd.* marceo. *lat.* martius. *gr.* μάρτιος. *lit.* morčus.

marinŭ: asl. zamarъnъ *wohl „futilis".* nsl. maren: marna rêč *ung.* **č.** mařiti *verthun, verderben.* marný *vilis, citel.* zmarněti **slk.** zmarnič, zabič. **p.** marny *zamarnieć schwinden.* **os. ns.** marny. **klr. wr.** marnyj *elend.* **klr.** pomarńity, zmarńity *für* unyty, znyďity *abmagern.* **r.** mornój, *richtig* marnój, *leer.* — *lit.* marnas *eitel.* *Vergl. ahd.* maro, marawi *mürbe, zart.*

marinĭ: nsl. marenj, *gen.* marnja, marinj *rede, sage, fabel lex.* marini *trub.* *lex.* marin *fabel meg.* marinjovati *loqui meg.* marinovati *trub.* marnjati *reden volksl.* marinje, marnje nositi *neuigkeiten verbreiten.* — *Aus dem d.:* ahd mǎri *kunde, märchen.*

masa nsl. *mass.* zmasen *modestus trub.* *lex.* nezmasa *luxus, unmässigkeit.* v uzmazi in intemperantia *fris.* — *ahd.* mǎƶe. ūƶ der mǎƶe.

masatŭ: s. masat *feuerstahl.* namasatiti *schärfen: daneben* nasatice *(mit dem gedanken an die praeposition* na*), kao što se udara nožem, gegensatz von* pljoštimice. **klr.** musat. — *türk.* masad *wetzstahl.*

maskara b. s. *spott.* — *türk.* maskara.

maslokŭ: č. maslok, mašlak. **p.** masłok *betäubender saft.* masłocznik. — *türk.* masluk.

masurŭ: kr. masur *küchengeschirr.* — *it.* masseria.

mašala b. s. *laterne, fackel.* — *türk.* méš'al. *ngr.* μασαλᾶς.

maštrapa b. *becher.* **s.** maštrafa. — *türk.* méšrébé.

maštŭ: p. maszt *mast.* **r.** mačta. — *nhd.* mast. *lit.* maštas, mastas.

mater: asl. mati, *gen.* matere, *mutter.* matica *weisel, weinstock, quelle.* matica ognьna. **nsl.** mati, *gen.* matere. matica *weisel.* **b.** majka. male. *Vergl.* matka *bauch.* **s.** mati. majka. matica *weisel.* **č.** mať; máti, mátě *vit.* matka. **p.** mač. matuchna. matula. macierz, maciora, maciorka. macierza dusza. macica *vitis, palmes.* **polab.** motai. motaiča *bienenkönigin.* **os.** mač. **ns.** maś. matka *weisel.* **klr.** maty. matêr. materyznyna *mütterliches vermögen.* **wr.** mač. **r.** mati, matь. matuška. mati *aus* matê, mater: *vergl.* pleti *aus* pletê, *plur.* pletête. — *magy.* mátka. *rm.* majkę. matkę. matka fokului. *preuss.* mothe. pomatre *stiefmutter.* *lit.* moté, *gen.* moters. *lett.* māte, *gen.* mātes. *Mit* mati *hängt zusammen:* **asl.** mašteha (matjeha) *stiefmutter.* **nsl.** mačiha, mačuha. **b.** mašteha, *daher* mašteh *stiefvater, wie* r. matmyzь *vater von* mama. **s.** maćeha. **č.** macecha. **p.** macocha. **os.** macocha. **klr.** mačocha. **wr.** macocha *p.* **r.** mačicha. — *rm.* maštehę. *magy.* mostoha.

matorŭ: asl. matorъ *alt.* zamatorêti, zamaterêti. **nsl.** mater. matoren *adultus.* **b.** mator. **s.** mator *alt.* **p.** zamatorzały, zamotrzały *verhärtet.* **wr.** matornyj *für* r. dlinnyj. **r.** materyj *stark, dick.* materêtь, matorêtь *hart werden.* — *rm.* mator.

matŭ: wr. mat *stimme:* matu ne stało kričać.

matĭnŭ: ns. matny *matt.* — *mhd.* mat. *Europäisches culturwort arab. ursprungs.*

mauka-: nsl. maukati *miauen.* **s.** maukati. **p.** miauknąč, miauczeč. **r.** mjaukatь.

maunŭ: r. maunъ, mjaunъ *valeriana major.* — *Man erinnert an gr.* μαῖον *art kümmel.*

mavi b. **s.** *blau.* — *türk.* mavi.

mavluta, malvuta **s.** *art mantel.* — *türk.* malluta. *Man vergleicht gr.* μαλλωτή. *Das* v *des* s. *wortes stört.*

mavra nsl. črnomarogasta krava *schwarzgestreifte kuh.* mavra, mavrica, božji stol *regenbogen.* mavrica *(schaf).* **kr.** mavrica *iris.* — *Vergl. ngr* μαῦρος *schwarz, schwarz gestreift, bunt.*

maza- 1.: asl. mązati *schmieren.* mazь, maža *salbe.* **nsl.** mazati. kolomaz *wagenschmiere* habd. maz *litura* habd. mazilo. **b.** maža *vb.* maz *fett.* **s. č.** mazati. **p.** mazać. maź. **polab.** mosleny *buttermosťe n.* mosťemlaka *buttermilch:* mlaka *ist milch, das wort nach dem* d. *gebildet.* **os.** mazać. maz *m.* **ns.** mazaś. maz. **klr.** mazaty. **wr.** mazać: *daher* mazepa *schmutzfink.* **r.** mazatь. mazь. — *lit.* mozoti. *magy.* mázol, *mit magy. suffix.* máz *glasur.* *rm.* pomęzuire. mînži *vb. Von der W.* maz *stammen* maslo *aus* maztlo *und* mastь *aus* maz-tъ. 1) **asl.** maslo *öhl, salbe.* drêvêno maslo. maslina maslica *öhlbaum.* maslinije, masličije. **nsl.** maslo. **b.** maslo *butter, öhl.* drъvêno, krave maslo. sveto maslo. maslina. **s.** maslo. maslina. **č.** máslo. **p.** masło. **r.** maslo *butter, öhl.* — *rm.* maslu. maslinę. 2) **asl.** mastь *salbe, farbe.* mastitъ. mastiti. umaštati. **nsl.** mast. mastiti. mašča. **b.** mast. mastilo *tinte.* **s.** mast. **č.** mast. **p.** mašć. **r.** mastь. — *lit.* mostis, *entlehnt.*

maza- 2.: b. maža *quetschen, drücken.*

mazga-: p. mazgać *besudeln.* mazga. mazgal.

mazgalŭ: b. s. mazgal *bresche.* — *türk.* mazgal.

mazi-: s. maziti *hätscheln.* maza. **č.** mázliti. **slk.** mazný. mazna. — *magy.* mazna *verzärtelt.* *Man merke* **wr.** mažeňne *einbildung.*

mazurŭ: p. mazur *masur. Daneben* mazowsze *n.* — *d.* Masau, Masowien.

maža klr. *frachtwagen. Man merke magy.* mázsa *centner, woher* s. maža.

mecêsinŭ: nsl. mecêsen, macêsen *pinus larix, im Westen* mêsen. *Vergl.* ma.

mečĭkŭ: asl. mečьkъ, mečьka *bär.* mečьky voditi. mečьkovodьсь. **b.** mečьk, mečka. meča dupka. mečence. mečetina. **s.** mečka. meče *pullus ursi.* **r.** mečka. — *lit.* meška *bär, bärin.* meškinas *bär.* meškė *bärin.* *lett.* miska *beiname des bären.* *alb.* mečkę. *Damit ist zu verbinden* č. miškář *viehschneider, eig. bärentreiber, zigeuner.* **p.** miškarz, *dial.* miškarz. *Vergl.* miška.

med-: s. omediti se *verderben.* medljika *mehlthau.*

medja: asl. mežda *mitte, grenze.* meždina. **nsl.** mėja *grenze, unterwald, dickicht, zaun: die bedeutung „zaun" beruht auf der bezeichnung der grenze durch gebüsch.* mejaš *grenznachbar.* **b.** mežda. primežde (prêmežde) *gefahr (die an der grenze unseres gebietes grösser ist).* **s.** medja *fruticetum.* **č.** meze. mezera *lücke.* **p.** miedza. **polab.** midza *gewende beim pflügen.* **os.** mjeza. **ns.** mjaza. **klr.** medža, meža. mežovščyk *feldmesser.* **r.** meža. — *rm.* medžijaš. primеždie, premеždie *gefahr.* megie *grenze aus dem magy.* *magy.* mesgye, megye *in* vármegye, *daraus* rm. varmegie. *alb.* megję. *Hieher gehört die praep.* **asl.** meždu *zwischen.* meždusobica. **nsl.** meju, mej, *jetzt, überraschend,* med, *das wohl uralt ist.* medžimurje *Murinsel ist von Süden eingedrungen:* medju. **b.** meždu. **kr.** meju, mej *neben* med. **s.** medju. **č.** mezi. **p.** miedzy, *jetzt* między. **os.** mjez. **ns.** mjazy, mjaz. **klr.** medžy, meži *und nach dem* p. mez. mežyusobyća *innerer krieg.* **r.** meždu. meži, mežь. — *ai.* madbja. *got.* midja. *Vergl. lit.* vidus *das innere. Dass von medja auszugehen ist, ist unbestreitbar: was* medža *sein soll, ist dunkel, wie daraus* mežža *entstehen soll, unbekannt: aus* mežža, *das wohl urslavisch sein soll, ist weder* meja, *noch* medja, *noch* medža *usw. erklärbar.*

medžitŭ: b. medžit *moschee.* s.
mečet. r. mečetь, mizgitь. — *türk.*
mésdžét.

medŭ: asl. medъ *honig, wein.* medvъпъ,
medovьпъ. nsl. b. s. č. med. b. mede-
nik *art speise.* č. med. medký *vit.* p.
miod. polab. med. os. mjod. ns.
mjed. klr. mêd. r. medъ. medvjanyj,
medovnyj. medva *dial.* — *preuss.* meddo.
lit. lett. medus *honig.* lit. midus *meth.*
ai. madhu. ahd. mëtu. rm. med. *Nicht*
aus dem slav. entlehnt ist magy. méz.
Von medŭ **asl.** medvêdь *bär, eig. honig-*
esser. nsl. medved. č. medvěd, ned-
věd. p. miedźwiedź, niedźwiedź. os.
njedvjedź, mjedźvjcdź. ns. mjedvjež,
madvjež. klr. vedmêď. r. medvêdь,
dial. vêdmedь, vedmêdь. — *magy.* medve.

megdanŭ: b. megdan *platz.* s. mej-
dan. p. klr. majdan. — *türk.* méjdan.

mechana: b. s. mehana *schenke.* —
türk. méjχané.

mechłemŭ: b. mehlem *salbe.* s. me-
lem. r. malьchanъ. — *türk.* mélhém.
gr. μάλαγμα.

mechlŭ: asl. mlъhъ *vectis aus* melchŭ.
Daneben mъhlъ. — *gr.* μοχλός.

mek-: r. nameknutь *innuere.* namekъ.
domeknutь sja *conjicere.* pomêkatь *scire.*
smeknutь *verstehen.* naumëkъ, na ugadъ.
nakumëki, dogadki. *Vergl.* mjakatь
denken dial.

meka-: s. mekati *blöken.* nsl. meket.
meketati. klr. mečaty. — *Vergl.* mhd.
mechzen *meckern.*

mel- 1: asl. mlêti, melją *molere.*
steig. -molъ. moliti. *dehn. iter.* -milati *aus*
mêlati. nsl. mlêti, meljem *mahlen, be-*
wegen: tele z repom mele *prip.* mel *f.*
mela *molitura lex.* mlênje, mlêtje *das*
mahlen. melja *mahlgetreide.* meljaj *mahl-*
gast. Vergl. podmol *uferbruch.* melja,
mêlja *mehl scheint d.* b. melja *vb.* mi-
lam *vb.* podmol *klippe.* s. mljeti. milati.
Vergl. meljati. č. mléti, meli. mílati. námel. podmoľ *unterwaschenes ufer.* výmol *elu-*
vies. p. mleć, *davon* mleł *neben* miołł *usw.*
wymiełek. polab. mlat (mlât) *inf.* mâl-

nik *müller.* málnaiča *mühle.* os. mljeć,
mjełu, mjeleš. ns. mljaš. *Alle ange-*
führten formen beruhen auf der W mel;
ebenso air. melim. *Dagegen setzen die r. for-*
men in den inf-tempora mol *voraus.* klr.
mołoty, meľu. *Vergl.* namôl, namył *schlamm.*
r. molotь, melju. melьnikъ *mühlstein.* melь-
nica *mühle.* pomelecъ. vymolъ. molka. *iter.*
malatь in malyvatь. syromolotь *aus* syro-
moltъ. — mol *finden wir auch* lit. malti,
maliu. malėjas *(daneben* miltai *mehl. preuss.*
meltan*).* lett. maľu, malt. maltît. maldi-
nāt *(daneben* milti*).* lat. molere. d. malan.
rm. melicę. *Auch im d. besteht* e *neben*
a (o): ahd. mëlo, malan. and. mala.
nsl. b. č. podmol, *woher* rm. podmol, *ver-*
binde ich mit mel: *das mit den angeführten*
wörtern in verbindung gebrachte magy. pad-
maly *damm um den hausgrund, ausgehöhltes*
ufer wird auf grund der form partmaly
aus part *ufer und* maly *gewölbter theil des*
körpers erklärt: kaum richtig, wie die be-
deutung zeigt. Von mel *stammen* 1) melvo:
s. mlevo *neben* mlivo, *daher* mlêvo, *mehl.*
č. mlivo. p. mlewo, *dial., eig. r.,* me-
liwo. os. mlevo. wr. mlivo, melivo. r.
melevo, *minder gut* melivo; mlivo *dial.,*
eig. p. 2) melnъ: p. mlonъ *griff an*
der handmühle neben mielak. r. melenъ, melerъ. — lett. milna. 3) meltije:
p. mełcie. r. molotьe. 4) molь: asl.
molь *tinea.* nsl. molj. b. molec. s.
moljac. č. p. os. ns. mol. klr. môľ.
wr. molja. r. molь. — magy. moly.
alb. molets. molitsę. rm. mulitsę. molie.
ngr. μολίτσα. got. malô *„der mahlende"*
Wahrscheinlich gehört hieher 5) asl. mlinъ,
blinъ *kuchen.* nsl. mlinec. b. mlin.
os. mlinc, blinc. ns. mlyńc. klr.
młyńći, błyńći, błyn. r. blinъ. blinnikъ
dial. — *preuss.* plinxne *plätze.* lit. bli-
nai. lett. bľińas. nhd. blinze, plinz,
flinse, plinse, *daraus* lit. plinsas. *Entlehnt*
sind folgende ausdrücke für „mühle": asl.
mlynъ, mlinъ. nsl. mlin *neben* malen:
pri malne. mlinar. kr. malin *ung.* s.
mlin. č. mlýn. p. os. młyn. ns. mlyn.
klr. młyn. wr. młyn, mlin. r. mlinъ

mahlstein. — *magy.* malom. molna. mol- nár *preuss.* malunis. maluna kelan *mühl- rad.* *lit.* malunas. *ahd.* mulīn *aus it.* mulino. *and.* mylna. *Durch* mulīn *und* mlynъ *sind die alten mit der handmühle zusammenhangenden ausdrücke got.* qairnus *und asl.* žrъny *verdrängt worden.*

mel- 2.: klr. mĺíty *(vom fleisch) gar werden.* mĺa *das schwache, milrbe:* ta nytka rve śa jak mĺa.

melčovŭ: b. melčjov *schnecke.* melče. *Vergl.* **p.** małž *muschel, schalenthier.* — *rm.* melč *cochlea, limax.*

melezŭ: kr. s. melez *zwitter.* — *türk.* méléz.

melja-: s. izmeljati *beflecken.* — *Vergl.* *ai.* mala *schmutz.*

melk-: asl. umlъknąti *verstummen.* prêmlъcati. mlъčati *schweigen.* nemlъčьnъ. mlъčalivъ. mlъkoglasьnъ. mlъkomь *ruhig, still.* umlъčiti *bezähmen.* **nsl.** molčati (malč-, melč-, mouč-, mulč-). zamolknoti. zamol- kel *raucus.* zamolcav *tückisch.* rôke sô mi omoknole *die hände sind mir erstarrt.* **b.** mlъča *vb.* mlъkom, mlъčeškom *heimlich.* **kr. muk.** mukom. zamuknuti. mukal *dumpf.* **s.** mučati. mukao. mukli oganj. mucati *stammeln.* mucav. mučke *leise.* **č.** mlk- nouti. mlčeti. **p.** milknąć. milczeć. **polab.** mâucăci *schweigend.* **os.** mjelknyć. mjel- čeć. **ns.** mjelcaś. **klr.** mołčaty. **wr.** mołčač. **r.** molknutь. molčatь. umolkъ. — *rm.* mulkom. mulkomi *besänftigen.*

melklŭ: č. mlklý *feucht, verdorben.* *Vergl.* **slk.** mlkvý *marcidus:* mlkvé zrno.

melko: asl. mlêko *milch.* **nsl. b.** mlêko. **nsl.** mlêč. **b.** mlêčnica. **kr.** mliko. **s.** mlijeko. mliječnica. namlječak. **č.** mléko, mliko. mléč, mlíč. **p.** mleko. mlecz. mlečaj. **kaš.** moko *aus* mĺoko. **polab.** mlaka. **os. ns.** mĺoko. **ns.** mĺac. *Dagegen* molko: **klr.** mołoko. **r.** moloko. moločnikъ. moločaj *euphorbe.* **p.** młokos *milchbart für r.* molokososъ. — *rm.* mlač. mač. *got* miluks. *Man merke auch im d.* melken *neben* molke. *Das wort weicht vom slav.* melz *und vom lit.* melž *ab · es ist vielleicht in der ersten periode aus dem*

germ. entlehnt worden. *got.* miluks *f aus* milks. *ahd.* miluh. *and.* mjolk.

melnija: asl. mlъnija *fulgur, fulmen.* **nsl.** muniti *(wohl für* molniti*) coruscare* **meg.** munja *schneegestöber, hagelwetter bistr.* *Man führt* molnja, puh od strêle *an.* **b.** molnije *n.* (*wohl* mlъne) κεραυνός: *unsicher.* **kr.** munja *munjen* stultus: *vergl. lat.* attonitus. **s.** munja *blitz.* munjiti *tonare.* *Vergl.* munuti *irruere.* **polab.** mâuńa *blitz.* **klr.** mołńa *blitz.* mołonija *chrest.* 273. **r.** molnija, molonъja; molvija *dial.* — *Vergl.* *preuss.* mealde *blitz.* *Man denkt an and.* myln *feuer.* mjölnir *thorshammer.* *ai.* marn (mṛṇati) *zermalmen.*

mels-: č. mlsati *lecken, naschen.* po- mlsky *leckerbissen.* **r.** molsatь *saugen, nagen dial.* **s.** musa *baumsaft.* *Durch steig.* **p.** pomłoski *leckerbissen.* *lit.* smal- stumai *leckereien.* *Vergl.* **č.** mlzati *lecken, saugen und* molstŭ.

meltra, mevtra **nsl.** *kleines schaff.* — *ahd.* muoltra *alveolus.*

meltŭ, mlêtŭ: **s.** mljet *die insel Me- leda.* *Daneben* **asl.** melentinъ otokъ. — *gr.* μελίτη.

melunŭ: s. melun *teufel.* — *türk.* melun *der verfluchte.*

melva: asl. mlъva *tumultus.* mlъviti *tumultuari.* **nsl.** muviti *murmeln, im Osten* Dainko 247. molvljanje *ung.* **b.** mlъvi se *es verlautet.* **č.** mluva *rede aus* mlva. mluviti *reden.* namlouvati. *Vergl.* mela *tumult.* **p.** mowa. mowić *für* mołwa. mołwić. przemawiać. niemowiątko, nie- mowlę *kind, infans.* **os.** mołwić. **klr.** movyty *aus dem p.* nemovľa. **wr.** mović. **r.** molva *gerücht.* molvitь *dial. Hinsicht- lich der bedeutung vergl.* govorŭ. **r.** molъ, mlъ *eine partikel, womit die worte eines andern eingeleitet werden:* onъ govoritъ: ja molъ iskalъ, da znatь-mlъ nêtu: *man meint, die partikel sei aus* molvilъ *ent- standen.* *Vergl.* de (dê), deskatъ.

melz-: asl. mlъzą, mlêsti *aus* melsti *melken.* **nsl.** molzem, molsti *und* mlêsti. muža *für* molža *mulctus.* zmolžva *emul- sio.* pomlêst. mulžaše *mulgebat res.* **b.**

moldzeše *mil. 361. für* mlъdžěše. **kr.**
melsti *aus* mlsti *Veglia.* **s.** muzem, musti.
kiša muze. muža. muza, muzara. muzlica.
Vergl. muzga *die auf einmal hervorschies-*
sende milch. muzge kiše. *In jomuža frisch*
gemolkene milch ist jo unerklärt: man denkt
an ja. **klr.** melzy: melъzi mleko *für doj*
mleko *chrest. 403.* **r.** melъzitь: I, lъ *be-*
fremdet klr. und r. — lit. melžu, milšti
streicheln, melken. malžīti. *gr.* ἀμέλγω,
ἀμέργω. ἀμοργός. *lat.* mulgeo. *ir.* melg.
ahd. mëlchan. *ai.* marj (mrjati). *zend.*
marz *streifen.* amereza *unverwischbar. Slav.*
z *ist palat.* g. *Hieher gehört* 1) melzivo:
nsl. mlězva, mlězivo, mlêz *biestmilch.*
ð. mlezivo, mlezina. slk. mledzivo. *Da-*
gegen molzivo: klr. mołozyvo. r. molozivo.
p. młodziwo *scheint, auf* r. molozivo *be-*
ruhend, mit mladъ, młody *zusammenzu-*
hangen. 2) *Durch steig.* molz: s. mlaz
die milch, die heim melken auf einmal
hervorschiesst. Ahnlich tri mlaza krvi. iz
nozdrva dva udriše mlazca *juk. 437.* za-
mlaz *art saure milch.* zamlaziti *anmelken.*
b. mlaznica *melkbare kuh verk. 144. Vergl.*
r. smolostь *kuheuter. lit.* pamalži karvě
kuh, die leicht und viel milch gibt. apmalžīti
besänftigen: lit. malž *entspricht slav.* molz.
   melïka-: r. melъkatь *aufblitzen, schnell*
vorübergehen. melъkomъ *schnell.* **klr.** meľ-
katy.
   men : asl. mę *mich.* mene *meiner sing.*
gen. mena: asl. mъnê *und* mъnoją. nsl.
mъnó, mъnój *und* máno *usw.*
   men- 1.: asl. mъnją, mъnêti *denken.*
sąmъněti sę *dubitare, timere.* pomęnąti (po-
mennąti) *neben* pomênąti. pamętь *memoria.*
pamętuhъ. pamętovati. *Durch dehn. iter.*
-minati *aus* -mênati. *Daher* -mênъ: po-
mênъ. mêniti *memorare. ahd.* meinen,
meinan. nsl. mnêti *trub. meg.* menča *sus-*
picio ung. pomnêti: pomngu *gedenke fris.,*
jetzt pomniti, pomnim, *im Osten* puniti,
punim *impf.* pomnja *animadversio habd.*
pomên *bedeutung.* mêniti. pomênek, spo-
mênek *mentio.* pamet, spamet. pametiva.
sumniti se *muthmassen meg.* sumhenje *meg.*
sumnja, sumlja, sum *verdacht.* sumiti. spo-

min *andenken beruht auf dem iterat.* spo-
minjati se *sich erinnern.* spominati se *reden.*
b. pomnja, povnja *erinnerung.* pamtja
gedenken. pametuvam *vb.* pomên *memo-*
ria. pomêna, pomana *todtenmahl, almosen.*
s. mniti. pamet. pominjati. pomen. spo-
men. sumnjati *zweifeln.* sumnja. nasumce
auf's gerathewohl. nepomenuše *kinder-*
blattern (deren nicht gedacht werden soll).
č. mnêti. napomenouti, napomanouti. na-
pomínati. pamět, památka. mínīti. p. po-
mnieć. mniemać *aus* mniewać. pomnik.
pamięć, pamiątka. pamiętać. mienić. su-
mnienie, sumienie *gewissen.* wspomionąć.
polab. mёnа *meine.* os. pomnić. mjenić.
ns. mjeniś. **klr.** múity. pomúaty, pômnu,
pômneš. pomjanik *todtenverzeichniss und*
pomana *andenken sind entlehnt.* pomyn
erinnerung beruht auf dem iter. mina.
wr. sum. sumnyj. **r.** mnitь. pomjanutь.
pominatь. pamjatь. — *rm.* pomeni *vb.*
paminte. pomeanę, pomanę *gedenken.*
preuss. min-isnan. *lit.* menu, minti. mi-
nêti. permanīti. atmintis. išmona *einsicht.*
pomêtis *ist entlehnt. lett.* minêt *gedenken.*
manīt *denken. ai.* man.
   men- 2.: asl. mьną, męti *drücken.*
nsl. meti, manem: proso manejo. omevati
(klasje) τίλλειν. *Vergl.* namensati *durch*
reiben zwischen den fingern ausschälen. b.
mъna *hanf, flachs brechen.* mena *handvoll*
gebrochenen flachses. mêlnica *hanfbrechlerin*
Vinga. č. mnu, mnouti *(asl.* męti) *reiben.*
miedliti *beruht auf* *miedlo (*men-dlo). p.
mnę, miąć. międlić, miądlić. *Hieher gehört*
auch miętosić. **klr.** mnu, mjaty (mnjaty).
mynaty. mjało (*men-dlo) *mörserkeule.*
mneč *rokgerber: vergl.* mjatnyk *gerber.* **wr.**
mjalo. mjalica. **r.** mnu, mjatь. minatь.
mjalo. mjalka, mjalica. syromjatь *weiss-*
gegerbtes leder. Vergl. mjačkatь. — *rm.*
melitsę *ist asl.* *melica. *preuss.* mynix
gerber. lit. minu, minti *treten, flachs*
brechen. atmines *abschluss des flachsbrechens.*
paminos *plur. flachsabgänge. lett.* mīt.
iter. mīdāt.
   mendjele s. *presse.* b. mengeme.
— *türk.* méngéné *aus gr.* μάγγανον.

mengušĭ: b. menguši *ohrringe*. s.
mendjuše. — *türk.* ménguš.

menica, mennica, minca, mynca p.
münze. — *ahd.* munizza. *mhd.* münze.

menkŭ: asl. mekъkъ *weich.* mękъ-
nąti *weich werden.* mękota, **mękъkota.** omę-
čiti. **nsl.** mekak *lex.* mehkek, mehek.
meča. mecati *mollire neben* mencati. meč
m. f. *abliegen des obstes.* meščati *mürbe
werden aus* mehčati. b. mek. mekna *vb.*
Vergl. mekiš *art baum.* s. mek. mek-
nuti. mecati *weich schlagen.* mekoput *weich-
liches pferd.* mečiti. mečka *stange, um
die trauben zu zerstampfen.* č. měkký.
měkčiti. p. miękki. mięknąć. miękczeć.
zmięk *für odwilž thauwetter.* os. mjehki.
mjeknyć, mjaknyć. ns. mjeki. klr.
mjahkyj. mjač *für r.* kožemjaka. r. mjagkij. mjaknutь. mjagčitь. mjakišъ. mja-
kotь. mjačъ, mjača *regenwetter dial.* — *lit.*
minkīti *kneten.* minkštas *weich.* mankstīti
erweichen. *lett.* mīcīt. mīksts. *W.* men.
Hieher gehören noch *mękyna *und* *męčь.
1) **nsl.** mekina *furfur.* b. megkina *wirrstroh.* s. mekinje *kleien.* p. miękiny.
klr. mjakyna. r. mjakina. 2) č. míč
ball. **polab.** māc. **klr.** mjač. r. mjačъ.
— *magy.* mancs. *rm.* minče, mindže.

menso: asl. męso *fleisch.* męsopustъ
ἀπόχρεως. **nsl. b. s.** meso. **nsl.** meso-
pust *fasching.* **dsl.** menso. č. maso.
masař *kat.* masopust. p. mięso. mięso-
pust. *dial.* niesopust. **polab.** māsü. **os.**
mjaso. **ns.** mjeso. **klr. r.** mjaso. **klr.**
miska *aus* mjaska *fleischige masse.* —
magy. mészár. *preuss.* mensā, mensai,
mensas. *lit.* mėsa. *lett.* mēsa. *got.* mimz.
krimgot. menuz. *alb.* mĭš. *ai.* māsa. *Mit*
męso scheint zusammenzuhāngen: **asl.** męzdra *mit schwer zu bestimmender bedeutung,
wohl „haut":* vrъbova mêzdra *für* męzdra.
nsl. mezdro *bast.* mezdra, mezdro *die zarte
haut auf frischer wunde; leimleder: daneben*
medra. č. mázdra *fleischhaut.* mízdřiti
ausfleischen. p. miazdra *häutchen aus
dem r.* miezdrzyć. **klr.** mjazdra, mezdro
aasseite: daneben ńizdra *aus* mnjazdra.
wr. mezdrić *die „mezdra" von der haut*

entfernen. r. mjazdrá, mezdrá, mjasnaja
nečistota na kožê, *fleischseite, peau déliée
qui enveloppe la chair.* mjazdritь *abfleischen.*
męzdra *beruht auf* męs-t-ra: *vergl.* nozdrъ
aus nos-t-rъ *von* nosъ.

ment-: asl. mętą, męsti *turbare.* mę-
težь *turbatio.* **nsl.** mesti *butter rühren,
reiben.* smetki, zmetki *rührmilch, buttermilch.* medêlo *rührstock.* metuda, pinjeno
mlêko, *rührmilch.* snêg mete; vsô jamo
je zamelo Ukrain; metež *schneegestöber.*
s. mesti *mischen, butter rühren.* mete snijeg. metež. meća *flüssiges futter des viehes.*
mećava *schneesturm.* mećavica *rührstange.*
č. masti, mĕsti, mátu. *Vergl.* matoha *gespenst.* zmĕt *wirrwarr.* **os.** mjasć *drücken
(wohl nicht richtig).* **klr.** mjatež *aufruhr.*
wr. sumjacica. r. mjasti. sumjatica *verwirrung: vergl.* sumatocha. mjatežъ. mja-
télь, metélь *schneesturm.* izmjatina *schmalz-
treber.* — *magy.* mátoha *gespenst: ježe* mę-
tetъ. *preuss.* mandiwelis *quirlstock.* *lett.*
mentêt *mit der schaufel rühren.* mente,
mentne, mentra *maischholz.* *rm.* minti,
zminti *trüben.* zmintealę *fehler.* *ai.* manth,
math. *Hieher gehört vielleicht trotz des
fehlenden nasals:* **nsl.** smetena, smetana
sahne. smetanka, smetanica *rührmilch.* b.
smetana. č. smetana. p. śmietana, śmio-
tana. **polab.** sāmatona. **os.** smjetana.
ns. smjatana. **klr.** smytana. **wr.** smetanka. r. smetana. — *rm.* smîntęnę,
smîntînę. *d.* schmetten, schmant, *daraus*
č. šmant. *lit.* smetona, smantas *und*
šmanta. *Urspr. nicht das herabgenommene
(sъ-met), sondern das gerührte. Durch
steig.* montŭ: **asl.** mątъ *turba.* omątъ.
sъmątъ. mątьnъ *trübe.* mątiti, mąštati
trüben. **nsl.** môt *das trübe, der satz (pri
kavi).* omôt, vomôt, omôtica *schwindel.*
omôta, otrov v ribji lov. zmôta *scandalum.* motilnica. môtiti. môten. muten
habd. mъtič *quirl.* b. mъtja *vb.* mъti
jajca. mъten. s. mutiti. mutež. smuta
schneewetter. omućine *gerütteltes überbleibsel
von wein usw.* mutljati *verwirren.* mućak
unfruchtbares ei. mućati *schütteln.* č.
moutev *stössel.* p. męt. zamęt. zamętek.

mąció. mętlič *trüben.* mętny. mątew *quirl.* smęcič *neben dem* r. smucić *betrüben und dem* č. zamutek. smutek. **kaš.** smutk. **os.** mučić. mutej *quirl.* **ns.** muśiš. **klr.** mutyty. mutva *gewirre.* omut *strudel.* mutov, motov, mutna voda *trübes wasser* chrest. 156. **wr.** mut. smutnyj. r. mutь *trübes wasser dial.* omutъ. smuta. mutitь. smutnyj. smutoloka *unordnung.* — *lit.* mentuné *quirlstock.* smutka, smutiti, smutnas, *entlehnt.* mątiti *erscheint mit räthselhaften vorsilben:* č. rmut, rmoutiti, kormoutiti *(vergl.* kü 1.) *trüben.* **klr.** zarmutyty *ung.* kałamutyty. r. kolomutitь *dial.* p. chachmęt, zachachmęcić.

menta: asl. męta, mętva *mentha.* nsl. meta. metica, metvica. s. metva. č. máta. . p. mięta. miętkiew. os. mjatej. ns. mjetvej. klr. mjata. r. mjata, mjatva. — *magy.* ménta. *rm.* mintę. *lit.* méta: mentukas *ist vielleicht* p. *lett.* métra. *ahd.* menza, minza. *gr.* μίνθη. *Das slav. wort entstammt dem lat.* (mentha) *oder dem d. vor der hd. lautverschiebung: das letztere ist wahrscheinlich.*

menteľĭ: nsl. monten. **klr.** mjateľe. płašč *mantel.* — *nhd.* mantel. *ahd.* mantal. *lat.* mantellum. *magy.* mente. **slk.** mentěk.

mentova-: nsl. mentovati *berauben.* mentovati se česa *etwas los werden Ukrain.* **kr.** mentovati *befreien ung.* — *magy.* ment.

menušĭ: nsl. konjski menuš *equaria* habd. **klr.** myneš *ung.* — *magy.* ménes.

menz-: p. miąž *dicke. alt* miąžki. miąžszy *dicker.* miąższeć, mięższeć *dicker werden.* **klr.** mjaznuty *dick werden.* mjaz *körperlicher inhalt.* zamjaznyj *beleibt.* mjazkyj *dick. comparat.* mjažšyj, *daher* mjažšity *vb.*

mer- 1.: asl. mrêti *neben* mrъti *(falsch* mьrêti), mьrą *sterben. Steig.* morъ *tod, pest.* umoriti *tödten.* umarjati *dehn. iter.* umirati *aus* umêrati. mrъtvъ *todt.* mrъtviti *tödten.* mrъtvêti *todt sein.* umrъtvêti. sъmrъtь *tod.* usъmrъtiti *tödten.* nsl. mrêti, merjem. mor *pest.* mrlec, mrlič *leiche.* mrtev. mrtelni *habd.* mrlina. smrt. spamrt *der erste tiefe schlaf.* prêmrl *vampir.* **b.** mra *vb.* mor *pest.* morja *tödten.* umorêvam. umrêl *todt.* umiram. umiralo *tod.* mrъtъv. mrъtvilo. smrъtnik. **s.** mrijeti, mrem. umrće *sterben.* mor. morija *ist aus dem it. entlehnt.* **č.** mřiti, mru. umřelý. umřilec, umrlec. mor. úmor. mořiti. mrt *brand.* odúmrt. mrtvý. mrtvola. umrlo. mrlina. **p.** mrzeć. umarł. mor. morzyć. umarzać. pomiera *kleine seuche.* śmierć. śmiertelny. umerlak. **kaš.** umiarty. **polab.** mårė *stirbt.* praimårt *sterben.* eumårty *todt.* **os.** mrêć, mru, mrêju. mor. smjerć. morvy *aus* morły. **ns.** mŕeš. mŕeju. smerś. moriś. humarły. **klr.** meréty, merty. umerščyna. pomerete (*pomrêtije), pohybeľ. mor. **wr.** merci, merć. mirać. martvić. r. meretь, mru. umertь. morъ. smertь. umerelъ *für asl.* *umrêlъ. smerêtnyj. smerëduška *dial.* — *lit.* mirti. merdéti *im sterben sein.* maras. mirtis. smertis, smertelnas *sind entlehnt.* marinti *tödten.* *lett.* mirt, mirstu. mērdalāt *im sterben liegen.* murīt, mērdēt *zu tode quälen.* *rm.* omorî *vb.* *magy.* morotva *sumpf: vergl.* holtvíz. *alb.* morii *pest ist it.* *ai.* mar: marati, mrijatē. mrta *todt.* mara, mrti *tod. Slav. und lit. haben den vocal* e; *lat.* o: mori. mors; o *bietet auch das d.* mord. *Hieher sind auch zu rechnen:* 1) nsl. mrha. č. mrcha *todter körper.* p. marcha *aas.* zmarchać *elend werden.* nsl. mršav *mager.* b. mrъša *aas, magerkeit.* mrъšav *mager.* s. mrša *magerkeit.* mršav. **klr.** merša. zmyršavity *abmagern. Vergl.* myršavyj *runzelig.* 2) asl. mrъcina *leiche, aas.* nsl. s. mrcina. b. mrъcina. 3) nsl. mrtud, mrtvud *schlagfluss.* 4) nsl. mrcvariti *laniare lex. und* s. mrlediна *fell von verrecktem vieh.* — *rm.* męrcinę. męršav.

mer- 2.: č. přimřič oči, přimhouřiti *blinzeln dial.* **klr.** mrity *nebelig werden, leise schlafen.* mryj *trübe.* mryty *trдumen.* mra *traumgesicht.* zamra *todtengespenst.* mrja *leiser schlaf.* mreč *f. nebel.* mrjava *schlummer neben* mrjaka *trübes wetter pisk.*

mera-: s. merati *contundere.*

merda-: asl. mrъdati *bewegen, sich bewegen:* pomrъdavъše o strasê. **nsl.**

mrdati *wedeln.* mrda *after.* b. mrъdam,
mrъdna *bewegen.* s. mrdnuti, vrdnuti *de-
clinare.* mrdati *inepte laborare.* č. mrdati.
mrdný *flink.* slk. pomrtkať. p. mardać
wedeln: mardać ogonem. margać. os.
morkotać. klr. myrdaty. — *lit.* murdīti
schütteln.

merdivenŭ: s. merdiven *leiter.* —
türk. mérdivén, nérdüban.

merdžanŭ: b. s. merdžan *koralle.* —
türk. mérdžan.

merendja klr. *mundvorrath auf der
reise.* merendzaty *wiederkauen* ung. p.
mierędzać. slk. merinda. meryzať. —
rm. merindę.

merenŭ: r. merenъ, merinъ *verschnittenes pferd.* — *Man vergleicht skand.*
merr *pferd.*

merga- 1.: č. mrhati *verschwenden.*
merga- 2.: klr. morhaty *winken.* wr.
mirhać. mruhać. r. morgatь. murgatь.
p. mrugać. — *lit.* mirgéti. merkti *winken.*
lett. mirgt, *hievon lit.* marga *schimmer.*
margas *bunt, das slav.* mragъ, mrog, mo-
rogъ *lauten würde.* Vergl. č. merhovati
buntstreifig machen. klr. vymorhaty *durch
blinzeln erlangen.* r. morgnutь *blinzeln.*
*Die bedeutungen können wohl vereinigt
werden.* Vergl. maroga.

mergol- 1.: nsl. mrgolêti *wimmeln.*
mergol- 2.: č. mrholiti *nieseln.* mrhůlka
feiner regen. Auf merg *beruht wohl auch*
r. morozga *feiner regen.* morožžitь.

merch-: nsl. mršêti (*droben snêg
pada*) *nieseln.* r. morochъ *feiner regen.*

mercha: nsl. mrha *pecus, merx habd.*
marha *mähre.* b. marva *stück vieh Vinga.*
kr. mrha *grex.* s. marva *pecudes, pecus.*
č. slk. mrcha. p. marcha *mähre;* mercha,
myrcha *liederliche weibsperson. Vergl.* klr.
marha, marzyna *pecus, wohl aus dem p.*
marfa *waare, aus dem rm.* — *rm.* marfę,
marvę *merx. magy.* marha *grex, merx.*
ahd. meriha, marha *f. stute, mähre neben
dem m.* marah, marh *pferd. altkelt.* marka,
ir. marc. *Vergl.* skotŭ.

merk-: asl. mrъknąti, mrъcati *dunkel
werden.* sъmrъčenije. nsl. mrknoti, mřkati:

solnce mrkne. mrknenje *lex.* pomračnik
fledermaus (wohl nicht volksthümlich). mřkati
auch blinzeln. b. mrъkne, mrъknuva *vb.*
s. mrknuti. smrći se, smrcati se. mrk
schwarz. mrkov *der braune, mit magy.
suffix.* č. smrknouti. p. mierzchnąć.
mierzk, mierzch, smierzk, zmierzch. os.
smjerkać. smjerk. klr. merčyt *es fällt
staubregen.* pomerk, zmerk, smerk *dunkelheit.* merchnuty. wr. primerknúć. pri-
merki. r. merknutь. sumerekъ *dial.* za-
mereka, sumerki. *Vergl.* mora *für* mrakъ
dial., mereščitь *sja dunkeln und* č. mrkati
winken, blinzeln. — *lit.* merkti *die augen
schliessen.* užmarka *der mit halb offenen
augen zusieht.* lett. acumirklis *augenblick.
Vergl.* mirgt *verschwimmen (von den augen
eines sterbenden).* and. myrkr. mörkvi.
ai. markas *erlöschen der sonne. Durch steig.*
mrakŭ *aus* morkŭ: asl. mrakъ *dunkelheit.*
primrakъ. sąmrakъ. nsl. b. s. č. mrak.
nsl. mrakulj *fledermaus: vergl.* pomračnik.
s. sumrak, sumarak. č. soumrak. p.
ns. mrok. os. mročel *wolke.* mročić. klr.
morok *dunkler nebel.* moroka, omorok, pamoroka. v obmorok padaty *ohnmächtig
werden neben* mrak, omrak, mračnyj, mra-
čyty, mraka, pomraka, sumrak. *Daneben*
mreč *f. nebel und* zmrôk *dämmerung.* po-
mročyty. wr. mrok, zmrok *neben* vomrak,
sumrak. r. morokъ, obmorokъ, pamorokъ,
pomorokъ, pamoroka *neben* mrakъ, omrakъ,
pomraka, pomračь *f.,* primraka *und* pamorka. — *ai.* marka *etwa „das erlöschen,
hinsterben".* zend. mahrka.

merka- 1.: ns. markaś *mit ruthen
streichen. Vergl.* merskŭ.

merka- 2.: asl. mrъkati *meckern,
brünstig sein.* nsl. mrčati *murmeln, meckern.*
mrkati se *läufig sein:* ovca se mrka. mrkač
(*oven, praz*) *bock.* s. mrkati se: kad se
kuče mrka. mrk *coitus ovium.* č. slk.
mrkotať *plaudern. gottsch.* mirkazen.
Vergl. p. markot *gebrumme.* markotać. mrukać. r. murčatь.

merkova-: klr. merkovaty *attendere.*
ung. mirkovaty *considerare.* p. miarko-
wać. mirk-, miark- *setzen* mêrk- *voraus.*

d. merken. *Vergl.* **klr.** pomorokuvaty.
zmorkovaty. **r.** morokovatъ *verstehen.*

merkovica: nsl. mrkovica: mrkovca
lex. mrkvica *simia meg.* — *Man vergleicht*
d. meerkatze.

merky: nsl. mrkva, mrkev, mrkevca
gelbe rübe. miren *ist junge entlehnung:*
nhd. möhre. **b.** morkovi *bei bog.* **kr.**
mrkva *ung.* **s.** mrkva. **č.** mrkev, mrkva.
klr. morkov, morkva. **wr.** morkva, mor-
kova. **r.** morkovь, morkva. — *rm.* morkov. *lit.* morkas. morkva *ist aus dem slav.*
entlehnt. **magy.** morkony, murok. *ahd.*
moraha, morha, *das dunklen ursprungs ist.*
Das nsl. s. und č. wort setzt ein deutsches
merka, merku (*ags.* moru *aus* morhu)
voraus. Die entlehnung fällt in die erste
periode. **s.** mrkvola, *rag.* mrkvjela, *ent-*
spricht dem ahd. morhila. *Neben* mrkva *usw.*
besteht p. morcheẃ, **os.** morchej *aus* morcheẃ, **ns.** marchvej.

merl-: nsl. mrlêti *schwach brennen,*
fein regnen.

merli-: b. mrъlet se *ils bêlinent, sich*
paaren, eig. einen bestimmten laut von sich
geben. — *rm.* mẹrli *vb.*

merlja-: s. mrljati *durchstreichen.*

merli: č. mrl *m. plattlaus,* **slk.**
milbe.

mermera-: asl. izmrъmъrati *rodere.*
In einer r. quelle izmoromraša *für* iz-
mramrašę. *Das wort wird mit nsl.* marmor *gryllotalpa in verbindung gebracht.* —
Vergl. nhd. malmen.

mermra-: asl. mrъmrati *murmeln.*
nsl. mrmrati, mrmlati, mamrati, mrjavkati.
b. mъmrja, mrъmorja, mrъmlja *vb.* **s.**
mrmlati. **č.** mrmrati, mrmlati, mimrati,
mumrati. **p.** marmotać, mamrzeć. **wr.**
mormyl *brummbär.* — *magy.* mormol. *ahd.*
murmulōn. *lat.* murmurare. *lit.* murmēti.
gr. μορμύρω. *ai.* marmara *rauschend.* **arm.**
mrm'njel *leise reden. Onomatopoëtische*
wörter ohne geschichte.

meropъhŭ: as. meropьhь *colonorum*
genus. meropьšь *adj.* meropъšina, *daneben*
neropъhь, neropъšina. — *gr.* μέροπες *bei*
Cantacuzenus und Nicephorus Gregoras.

mersi-: asl. mrъsiti sę *foedari.* **nsl.**
mrsiti *fleischspeise essen.* mrsiti se *sich*
letzen, die faste brechen. omrsiti, pokusiti
kaj dobrega; omrsiti koga na kaj *einen*
etwas schmecken lassen und daran gewöhnen.
mrsna jêd, *gegensatz* petačna jêd. **b.**
mrъsen *foedus:* mrъsnyj carъ *bulg.-lab.*
zu fleischspeisen gehörig, unflätig, abscheu-
lich. mrъsotija. mrъsja *vb. beflecken.* smrъ-
sêvam *anstecken.* omrъsêvam. **kr.** mrsan
carnarius. mrsiti se *errare.* **s.** mrs *fleisch-*
speise. mrsan *adj.* mrsiti *verwirren, fleisch-*
speisen essen; (koze) *salz zu lecken geben.*
odmrsiti *entwirren.* mrsiti se *errare, fleisch*
essen. **klr.** omersnuty *śa irren.* — *Vergl.*
lit. smarsas *fett, mit dem man speisen ab-*
macht. Unverwandt sind miršti *vergessen,*
maršinti *vergessen machen.* **got.** marzjan
ärgern.

mersk- 1.: s. mrštati *murmurare.*

mersk- 2.: r. mereščitъ *scintillare:*
asl. *mrêštiti. — *Vergl. lit.* mirgêti *blinken.*

merska-: slk. mřskať, mrsknuť, mrštiť
werfen: mrštil ním o zem.

merskŭ 1.: asl. sъmrъskanъ *distortus.*
sъmrъšteno čelo *runzelige stirne.* **b.** namrъštam *vb.* **s.** mrska *runzel.* mrštiti se
die stirne runzeln. smrskati *zusammen-*
schnüren, zermalmen. **č.** mrsk *schmitz, streif.*
smrsknouti *einschrumpfen.* mrština. mraštiti *rugare aus* morsk-. **slk.** zamraštiti,
svraštiti čelo. **p.** marsk, zmarsk *falte.*
marszczka. marszczyć. **os.** zmorsk. morščić. **klr.** morščyty. moršča. pomorchłyj
runzelig. **r.** morščitъ *runzeln.* morščina.
morskъ, morska. **asl.** vraska *beruht wohl*
auf mraska *aus* morska.

merskŭ 2.: asl. mrъskъ *peitsche.* **č.**
mrsk *schmitz.* mrskati *peitschen.* **p.** marsk.
marszczyć. wymerskač *ausstäupen.* **os.**
morskać. morščić. **klr.** morsnuty. **r.**
morščitъ. *Vergl.* merka-.

mertva *aus* merty: as. mrъtva *myr-*
tus. **kr.** mrta. — *gr.* μύρτος. **s.** mrča
myrtus und mrčela *buxus beruhen auf s.*
mrk *dunkel.*

merva: asl. *mrъva, mrъvica *mica:*
W. mer, *suffix* va. **nsl.** mrva *mica, schlechtes*

viehfutter. mrviti. mrvina *quisquiliae habd.*
b. mrъva *glutasche.* s. mrva *brosamen.*
mrviti *friare.* ъč. mrva *splitter.* mrviti.
pomrviti *düngen.* p. mierzwa *wirrstroh.*
os. mjeťva. mjeťvić. ns. mjerva. mjervič.
klr. merva. — *magy.* morva, murra, murha.
lit. marva *mischmasch. Vergl.* p. myrchać
für mierzwić.

merz- 1.: **asl.** mrъzêti, mrъznąti βδε-
λύττεσθαι *abominari:* omrъzê mi. mrъzъkъ.
mrъzostь. **nsl.** mrziti *ekeln.* bogu to za-
mrza *rês.* mrzek. mirzcih *plur. gen. fris.*
mrzkot *f. ekelhaftes ding.* b. mrъzi me *es
verdriesst mich, bin faul.* mrъzêl *f.* mrъ-
zeš *faulheit.* omraza *hass.* s. omrznuti.
mrziti. mrzak. č. mrzeti. mrzký. mrzutý.
mrzák *krüppel.* p. mierzieć, mierzić
(-r-z-): mierzi mię jadło. mierziączka.
os. mierzać. ns. mjerťaś, mjerzyś. klr.
merzyty *beschimpfen.* merž *was ekel er-
regt.* r. merzêtь. merzkij. — *alb.* mẹr-
zit *t.,* mẹrzis *g.* merzii *f. fastidio.* merz-
1. *ist vielleicht identisch mit* merz- 2.
Durch steig. morza: **asl.** omraza *hass.* mraziti *hassen.* omraziti, omražati. **nsl.** mraziti *verfeinden:* ki dva draga mrazi. b.
omraza *hass.* mrazja *hassen.* s. omraza
hass. mraziti *verfeinden. Man beachte* **klr.**
omraza *widerliches wesen.* r. mrazъ *ver-
ächtlicher mensch dial.*

merz- 2.: **asl.** mrъznąti *frieren.* **nsl.**
mrznoti. zamrzati. mrzel. mrzlec *quelle:
vergl.* studenec. b. mrъzna *vb.* s. mrz-
nuti. smrzao *frost.* č. mrznouti. p. marznąć (-r-z-). kaš. mjarznanc. polab.
mȧrznê, mȧrzê *friert.* os. mjerznyć. ns.
marznuš. klr. merznuty. r. mёrznutь.
podmerzь *dial. Durch steig.* morzъ: **asl.**
mrazъ *frost.* nsl. mraz. b. mraz. suho-
mrazica. s. mraz. omraziti *defervere.* č.
mráž (mrazu). p. mroz. kaš. morz *aus*
mroz. polab. morz. os. ns. mroz. klr.
moroz. r. morozъ.

merža: asl. mrêža *netz.* nsl. mrêža.
mrêžica *habd. lex.* zamrêžiti *obretire.* b.
mrêža. prêmrêža *vorhang.* s. mreža, mriža,
mridja. č. mříže. slk. mreža *gitter.* p.
mrzežna. kaš. mrzeža. klr. mereža

netz, gitter. mrežy *stickerei ist wohl entlehnt.* r. merêža *neben* merêga. — *rm.*
mreażẹ. *alb.* mrežẹ. *Man vergleicht* *lit.*
marška. merža *aus* mergja.

merždi-: b. namrъždi se *es wurde
trübe.* namrъžden *trübe. Vergl.* mergol- 2.

mesirjakŭ: b. mesirjak *trutkan.* s.
misirka. — *türk.* mẹsẹr *Ägypten.*

mestva: nsl. mestva na zaplete *schnür-
schuhe Ukrain.* s. mestva *art fussbekleidung.* p. meszty. klr. mešty. — *türk.*
mést. *alb.* meštẹ.

mešetŭ: nsl. mešet, mišet, mušet *inter-
pres mag.* konjski mušet *wohl „pferde-
händler“.* mišetar *meg.* — *ngr.* μεσίτης.
alb. mesit *vermittler.* mesatur *der mittlere.*

meška-: č. meškati *aufhalten.* p.
mieszkać, *dial.* miaszkać, *verweilen.* r.
mêškatь *Unverwandt mit* mêsto.

met- 1.: **asl.** meta, mesti. metają,
meštą, metati. metnąti *werfen.* ometa, podъ-
metъ *fimbria, limbus.* metalъka *incantatrix:
vergl.* pomešti o mnê, *d. i.* povolohvuj o
mnê *op.* 2. 3. 596. *Dehm. iter.* -mêtati.
nsl. metati. metiᵗe *impt. trub.* mete *es weht.*
zamet *schneewehe.* vzmet *springfeder, eig.
das sich emporwerfende.* metev *art fischnetz.*
b. mêtam *vb.* nametna *vb.* namêtam *vb.*
s. metnuti. metati. zametak *foetus: vergl.
jedoch* b. mъtja *brüten von* ment-. č. metu,
mésti. metati. metelice *schneegestöber. Man
beachte* nakomitnouti se *in den wurf kommen.* p. przymieść. przymietać, przy-
miotać. miccielica. zamieć *schneewind.* wy-
miot. mietelnik *seiltänzer.* os. mjetać.
mjećel, mjetel. ns. mjataś. klr. me-
taty. met *wurf.* vymêt *auswurf.* namêtka
art kopfbedeckung. mêt *gestöber:* mêt
mete *es stöbert. Vergl.* komêt *kopfüber.*
wr. namêt *auflage.* namjutka *art weibliche kopfbedeckung.* metalnik *gaukler.* r.
metatь. pometъ *mist.* — *rm.* nẹmet *schnee.*
podmet. *preuss.* metis *wurf.* pamatis
sohle am schuh, am fusse. lit. metu,
mesti. nametas *schleier.* metiti. atmatas
abwurf. išmota *auswurf.* pamota *wegwurf.*
lett. metu, mêst. *iter.* mêtāt. mesls *abgabe:* met-tlas.

met- 2.: asl. metą, mesti *kehren, verrere.* metla *besen.* sъmetь *mist.* sъmetije. sъmetьište. nsl. metem, mèsti. metla, mekla. smet *f.* omelo, omedlo *(vergl.* selo, sedlo), ometih *bartwisch.* smetloha, slabo, smetno žito. metlika *beifuss.* b. meta *vb.* metla. -mitam *vb.* pomet *besenstiel.* smet. s. metem, mesti. metla. smet. omelo *ofenwisch.* ŏ. metu, mésti. rozmítati. smeť. smetisko, smetiště. smotlacha *gemengsel.* metla. *Vergl.* maslo *zeichen* ķat. p. mieśč. *Durch dehnung:* -miatać. miotła. śmieci. pośmiat *kekricht.* os. mjesć, mjetu. mjetło, mjetlica. śmjeće. ns. mjasć. metnuś. metla *windhalm.* klr. metu, mesty. pomeło *ofenbesen.* pomełysko. mêtła. wr. smeccë. r. metu, mesti, mestь. metla. pomelo. smetьe. sumêtъ. — rm. męturę *besen.* mętur *vb.* magy. pemet. *Die identität der W.* metą *werfe und* metą *kehre ist wahrscheinlich. Von* beiden *verschieden ist* s. podmetnuti (konja) *verschneiden.*

meta s. p. klr. *ziel.* r. mêta. — lat. meta. *Vergl.* mêta-.

metanija *f.,* metanije *n.* asl. *verbeugung.* s. metanija. metanisati. — gr. μετάνοια.

metecha-: as. metehati *theil nehmen.* — gr. μετέχω.

meterisŭ: b. meteris *wall, schanze.* s. meteriz. — türk. météris.

metulĭ: nsl. metulj, metilj *schmetterling.* s. metilj *mik.* ŏ. motýl. p. motyl. os. mjotelo. mjetel. mjetelca. ns. mjateľ. klr. motyľ. motaľka. wr. motyľ *collect.* r. motylь. mjatlikъ: motylъ *ist „mist“. Dieselbe bedeutung „mist“ hat* asl. motyla, motylo. s. metilj *bedeutet „egelwurm, distoma“.* nsl. metljaji. metuljav *Ukrain.* kr. metuljav, marčen. b. mitil. mitilêsam *vb.* ŏ. motolice. slk. motolia. — magy. métely *egelwurm.* metulj *schmetterling ist wohl verwandt mit* motylo *und hat vielleicht seinen namen aus demselben grunde, auf welchem „krautscheisser“ beruht. Die sippe ist dunkel.*

meze b. *dessert.* s. meze, gen. mezeta. — türk. mézé.

mezevo s. *ebene mik., bei Vuk ein ON.* — magy. mező: rigó mezeje *amselfeld.*

mezilŭ: s. mezil *post.* — türk. menzil.

mezleva r. *art steuer.* — lit. mezliava. lett. mezlava, mezlova.

meženĭ: r. mežeнь *warme zeit.* mežennyj *warm.* wr. meženina.

mežnarĭ: nsl. mežnar *messner.* — ahd. mesinari *aus* mansionarius.

mêdĭ: asl. mêdь *aes.* mêdьnica. mêdênъ. nsl. mêd *f. m. metall, kupfer, messing, erz.* medo *habd.* medên. medenica *pelvis meg.* medênka. b. mêd *kupfer, erz.* mêdnik *kessel.* kr. mido. medo *ung.* s. mjed *kupfer.* ŏ. mêď *kupfer, erz.* mědénice *becken.* p. miedż *kupfer.* os. mjedź. klr. miď *kupfer, erz.* midjanka *blindschleich.* r. mêdь *kupfer.* — rm. mêdelničer *dapifer.* magy. medencze. preuss. medinice *becken. Man denkt an* svid: ai. sviditas *geschmolzen.* lit. svidéti, svidu *glänzen Szyrwid.* ahd. smid.

mêglostĭ: asl. mêglostь *pallor. Vergl.* p. smaglawy *schwarzbraun und* r. smuglyj. — *Vergl.* lit. maigla *aas.*

mêchŭ: asl. mêhъ *schlauch, sack.* mêhyrь *blase.* nsl. mêh *culeus, follis.* mehur, mihur, mehêr, mehir. b. mêh *schlauch, pelz.* mêhur (pikočen). mêšina *bauch.* kr. mih. mihur *bulla.* s. mijeh *schlauch.* mjehur, mehir *mik.* ŏ. měch *sack.* mêchýř. p. miech. macharzyna, macherzyna. męchyrz, męcherz, pęcherz *blase.* polab. mëch. os. ns. mjech. klr. mich. miščuk *kleiner sack.* michur. michureć *pustel.* r. mêchъ. — preuss. moasis *blasebalg.* lit. maišas. maišelis. lett. maiss *sack.* magy. méh. rm. mešinę, męršinę *lammsfell.* alb. mešik *füllen (durch blasen).* ngr. μεσίνι. furl. meg otre di pelle per metter vino o conservar farina. ai. mêša *widder, vliess, fell.*

mêjno asl. *dos.* klr. majno *habe,* τὰ ὑπάρχοντα. *Ein dunkles wort. Vergl.* smêjna.

mêlŭ: asl. mêlъ *kreide.* nsl. mil *f. mergelartige erde.* kr. melo *kreide mar.*

as. mêlь. **wr.** mêl. r. mêlъ *kreide.* —
lit. mêlas *gips.* molis *lehm. lett.* mäls *lehm.*

mêlŭkŭ: asl. mêlъkъ *klein, seicht.*
č. mělký *klein.* mělɪti *friare.* měla *untiefe.*
měl *f. gerülle.* vyměl, vymel. **p.** miały
klein. miałki, *drobny.* miela, miel *f.* mie-
lizna, miałczyzna *untiefe.* **os.** mjelny
locker. **ns.** mjelny *fein.* mjalki, mjelki
seicht. **klr.** miľ, obmiľ *f.* vôdmił, vôd-
miła *seichte stelle. Vergl.* pomyło (de voda
syľno vymułyła i podmyła) *gehört nicht
hieher.* **r.** mêlkij *klein.* melь *seichte stelle.*
otmelь *sandbank.* melitь *klein hacken.* meločь. melizna *kleinigkeit.* mêlъ *für* drožži
dial. — *lit.* mailus *kleinigkeit.*

mêna asl. *änderung, wechsel.* mêniti.
izmênovati. **nsl.** mêna *habd.* **b.** mêna
tausch; verlobung. mênja *vb.* prêmêna,
promêna *wäsche.* **kr.** mina. **s.** mijena
neumond. mijeniti, mijenjati. naizmjence
abwechselnd. **č.** měna. měniti. **p.** miana.
mienić. **klr.** mina. minьba. minyty.
izmeňi *unterhosen.* **r.** mêna. mênjatь.
obminъ, oborotenь *werwolf.* — *rm.* izmeni,
premeni *vb.* izmênę *unterhosen.* σμέν λλε
dan.: vergl. skimburĭ *wäsche. lit.* maina.
mainĭti. *lett.* mīju, mīt. mainĭt. *ai.* mā.

mêra asl. *mass.* mêriti *messen.* mêrilo.
nsl. mêra. mêriti. merčɪn *der misst.* mêrica,
mêrca. zamêriti se *nach dem d. „sich ver-
messen".* v eno mêro *in einem fort.* kolomêr *mass. Vergl.* zmiraj, zmirom. **b.**
mêra. mêrja *vb.* mêrka *genügsamkeit.* **s.**
mjera. namjera *begegnung, zufall.* **č.** míra.
měřiti. **p.** miara. zumiar *über die massen.
dial.* mira *aus dem klr.* p0lab. mŏro.
os. ns. mjera. **klr.** mira. **r.** mêra. —
rm. mercę. *alb.* merę. *lit.* mêra. *lett.*
mêrs. mêrŭt. mêra *beruht auf* mê, *ai.* mā
(mē). *magy.* mérni *vb., wobei man das
magy. verbalsuffix vermisst.* mércze. mérő
modius, daher **s.** merov. mérték, *im stamme
slav., ist in slav. sprachen eingedrungen:*
nsl. mertek. **kr.** mertuk. **as.** merьtikъ,
merьtigъ *sabb.-vindob.* mêrtikъ. **s.** mertuk,
mertik. **slk.** mertuch. **klr.** mirtuk. *Auf*
mêra *beruht der b. ausdruck für „finden":* namêrja, namiram, namêrvam, namêrjuvam:

Vergl. **asl.** namêrjenije σκοπός. **s.** namjera.
rm. domiri *sich zurecht finden.*

mêri-: asl. sъmêriti *humiliare.* mêriti
scheint von mêriti *messen nicht verschieden:*
sъmêrjena mądrostь *etwa „bescheidenheit".
Andere werden an* mêrъ *für* mirъ *friede
denken.* **nsl.** ozmer *ausschelten.* zmêrjati.
b. smiren *bescheiden.* **s.** smjeran *demüthig.* **p.** śmierzyć, umiarkować, mier-
niejszym czynić *mässigen, dämpfen.* śmierzyć *gniew.* **r.** smirjatь. — *rm.* smeri
demüthigen. Vergl. mêra.

mêrŭ 1.: mêrъ *im* **asl.** licemêrъ *simulator ist dunklen ursprungs: dafür auch*
licedêj. licemêrovati. **kr.** licimer. licime-
riti. *Vergl.* **ns.** namjeraś se *sich verstellen.*
— *Man beachte lett.* lēkulis *simulator und*
lice *in* licemêrъ.

mêrŭ 2.: *das in vielen personennamen als zweites glied vorkommende* mêrъ,
wofür auch mirъ, *ist, wie das entsprechende
germ. wort, got.* mēr, mar, *dunkel. Mit
einiger wahrscheinlichkeit wird an* **ahd.**
māri *glänzend, berühmt,* **got.** mērjan *verkünden, daher* mērs *bekannt, berükmt,
gedacht, womit das slav.* mêrъ *verwandt
wäre. Von* mêrъ *ist wohl auszugehen:* vladimêrъ. **p.** włodzimierz (-rjŭ). *Dafür* **č.**
mír: vladimír. *In nichtslav. quellen* mar:
stojmar, mojmar; mir: vъsemir (vvizemir),
ljutomir (livvtemir); mer: gojmêrъ (goy-
mer). *Vergl.* **got.** vailamērs. *kelt.* virido-
marus. *Mit* mêrъ *kann der bedeutung
nach* slavъ *zusammengestellt werden:* vladimêrъ, vladislavъ.

mêsalŭ: b. mêsal *tisch, abwischtuch.*
— *alb.* misal, męsale. *Mittelbar auf lat.*
mensa *zurückzuführen.*

mêsencĭ: asl. mêsęcь *monat, mond:
für dieses auch* luna. **nsl.** mesec, mesenc.
dsl. masenc. **b.** mêsec. mêsočina. **s.**
mjesec. **č.** měsíc. **p.** miesiąc *monat.
dial.* miesiôcek (miesiączek) *mond.* **kaš.**
miesanc *mond.* **os.** mjesac. **ns.** mjasec. **klr.** miśač. **wr.** mêsik. **r.** mê-
sjacъ *monat, mond.* — *preuss.* menig, *wofür
man* menius *lesen will. lit.* mênesis, mênŭ.
lett. mēnes. *got.* mēna, mênŏths. **ahd.**

māno, mānōt. *ai.* mās, māsa. encĭ *ist als
suffix anzusehen.*

mêsi-: asl. mêsiti *mischen, kneten:*
mêsiti vodą vъ vino. primêsiti sę kъ jeresi.
mêšati *mischen.* razmêsъ *verwirrung.* nsl.
mêsiti *kneten; das alte iter.* mêšati *mischen.*
b. mêsja *kneten, mischen.* smês *mischung.*
zamisam hlêbъ. zamês *art speise.* kr.
masturni *mixtus setzt ein* mĭs *voraus.* s.
mijesiti *kneten.* miješati *mischen.* č. mísiti
kneten, mischen. mišeti, míchati *mischen.* p.
mięsić *kneten.* mieszać, mięszać *mischen.*
polab. vüzmësat. os. mjesyć. ns. mjesyś
kneten. mješaś *mischen.* klr. misyty *kneten.*
mišaty *mischen.* pomicha *hinderniss.* wr.
zamêcha *hinderniss.* r. mêsitь *kneten.*
mêšatь, mêchatь *mischen. Die bedeutungen
„kneten" und „mengen", ursprünglich nicht
unterschieden, werden in den meisten sprachen auseinander gehalten. — preuss.* may-
sotan. *lit.* mišti *sich durcheinander mengen.*
maišĭti *mischen. lett.* mist. maisīt. mistrēt.
W. ist miǫ, *daher slav.* s *und lit.* š *aus
palat.* k.

mêsto asl. *ort.* mêstьce *deminut.*
nsl. mêsto *ort, stadt.* b. mêsto *ort.* s.
mjesto. č. místo *ort.* mêsto *stadt.* p.
miasto *stadt.* miejsce *aus* miestce *ort.*
kaš. miasto, mniasto. os. ns. mjesto *ort,
stadt.* klr. misto *stadt.* misce *stelle.*
r. mêsto *ort.* mêstce. — rm. namêsnik.
preuss. mestan *stadt. lit.* mëstas *stadt.*
mêščionis *städter. lett.* mêsts. *Vergl. lit.*
mitau, misti; *lett.* mîtu, mist *wohnen, daher
etwa* mêt-to; *zend.* mith *habitare.*

mêta-: b. smêtam *berechnen.* smêtka
rechnung. s. zamijetiti *bemerken.* klr.
mita *merkmahl.* namityty *bezeichnen.* zamityty, izmičaty, pomičaty *bemerken. Man
beachte* kmituvaty *begreifen.* pokmityty. pry-
kmitnyj. prymityty, prykmityty. ncsmet-
nyj *unzählig.* wr. mêta *für* r. primêta *und
für* r. zamêtka. mêcić. r. mêta *ziel.* mêtitь
zielen. zamêtitь *bezeichnen.* smêtitь *rechnen.*
smêta *computatio.* otmêta, pomêta, primêta
zeichen. zamêtka. mêtkij, *kto chorošo* mê-
titъ. *Man vergleicht trotz* t *got.* maitan,
ahd. meizan *hauen, wornach* r. mêta *etwa*

*als „eingekerbtes zeichen" aufzufassen wäre.
Man beachte* wr. primêka *zeichen und* r. mê-
katь *vermuthen; lett.* matu, mast *wahrnehmen,* matīt *empfinden;* klr. kmit braty
wahrnehmen; kmityty, *worüber unter* kŭ
einiges beigebracht wird. Vergl. meta.

mêti- ač. mětiti *laedere, percutere;
die bedeutung unsicher:* palicemi mêcen.
Vergl. mito *silva collucata,* paseka. mítiti
(les). mýt *dial. für* paseka *ist wohl falsche
schreibung.* os. mjetać *castrare. — Vergl.
preuss.* nomaytis *verschnittenes männliches
schwein.*

mêzga asl. *succus.* nsl. mêzga *saft
in den bäumen.* mêžiti *exalburnare.* meže-
ven, muževen (drêvje v spomladi). mežen,
mžen, mužen *schälbar.* zmuznoti *exalburnare.* piščal umužiti. s. mezga, mezgra.
č. miza, mízha. mížđí. mížditi. p. miazga.
os. mjezha. ns. mjezga. klr. mjaz *splint.*
mjazok *mark.* mjaska, mjaščyna *baumsaft.*
mjažnyj, mjaskyj *saftig.* mjaščyty śa *in
den saft gehen: das* ja *dieser wörter befremdet.* vôdmizhavity *neuen bast bekommen.*
wr. mezka. r. mezga, mzga, mjazga *saft
in den bäumen, splint,* vyžimky kartofelь-
nye. — *magy.* mézga *harz.* mezge *baumsaft.* rm. mezgę *baumsaft, splint. lit.*
mižōti *abrinden. lett.* miza. mizōt *abrinden.* apmizēti s *sich mit rinde beziehen.
Hieher mag auch gehören:* nsl. mezgec
rotzbube. Vergl. mĭz.

mêzinĭcĭ: asl. mêzinьcь *der letztgeborne sohn. Daneben* mêzinьcь: prъvenьcь
ili mezinьcь. mizinьcь *kleiner finger op.* 2.
3. 170. nsl. mezinec *digitus auricularis.*
mazinec, *bei Linde* mezênec, mêzinek,
mezinik, mezinec. b. mizinka. s. mljezinac *der letztgeborne sohn.* mezimac, *bei
Linde* mazinac. č. mezenec. p. mizynny.
klr. mizyneć, mezyneć. wr. mezinyj.
mezineć. r. mizinyj. mizinecъ (otъ
častago mizanija, miganija). mêzinьcь *ist
eig. „klein", daher das „kleine kind", der
„kleine finger". — Vergl. preuss.* massais
minus. lit. mažas *klein.* mažasis *der kleine
finger. lett.* mazs. *Slav.* z *ist palat.* g
oder palat. gh.

mi 1. asl. *usw. sing. dat. mihi enklitisch:* dagegen mьnê.

mi 2.: asl. minąti, minovati *vorübergehen.* nsl. minoti. b. mina, minuvam. s. minuti. č. minouti, mijeti. p. minąć, mijać. os. minyć. ns. minuś. wr. minučij, minuščij. r. minutь, minovatь. — ai. mī *gehen. Damit steht in verbindung* asl. mimo *vorüber usw.* p. mimo, imo. **polab.** maimü. r. mimo, nimo. *Ferners* asl. mimokъ *in* mimočьstvo παραδρομή: *vergl.* prokъ. *Ebenso* č. misati *tabescere schwinden: vergl.* mizeti. mze *auszehrung.* slk. zmiznúť *verschwinden.*

mičinŭ: nsl. micen, miken, mičkin *klein.* kr. mići. mićahan. — it. micchino, miccino.

mida b. *auster.* — ngr. μύδι *tellermuschel.*

migdalŭ: asl. migdalъ, migdala *amygdalum.* nsl. mandala. b. mindal. s. mjendela *mik.* p. migdał. klr. manduła. r. mindalь. — *Aus dem gr.* ἀμύγδαλον. *Daneben* č. mandl *wie* nsl. *usw. aus dem d.:* ahd. mandal, *it.* mandola. r. mindalь *mag* migdalъ *gelautet haben, bis es durch den einfluss des d. sein g mit n vertauschte.*

mika-: os. mikać *zwinkern.* ns. miknuś *schimmern.*

miletŭ: s. milet *menge kinder.* mile, minle *volk.* — türk. millét.

milija asl. *meile.* s. milja. č. míle. ns. miła. — *lat.* milia. gr. μίλιον. ahd. mīla. gr. μίλιον. *Man füge hinzu* s. miljar *tausend pfund.* kr. milar *tausend.* — it. migliaro.

milo asl. *dos:* milo dêvičьsko.

milotĭ: asl. r. milotь *pellis ovina.* — gr. μηλωτή.

milŭ: asl. milъ *mitleid erregend, lieb.* milъ mi jestъ *misereor* σπλαγχνίζομαι. bogu sę milъ dêjaše ἐξιλεοῦτο. mili sę tvorimъ. milьnъ ἐλεεινός. militi *supplicare.* komu my primilimъ sę. umilьši sę prêdъ gospodemь. umiljati sę. milovati *misereri.* milostь *misericordia.* mylostynja. milosrъdъ *misericors barmherzig.* nsl. mil: tebe se mil tuoriv *fris.* militi se *blandiri habd.* umililo se mi

je *ich ward weich gestimmt.* vmililo se mi je *es ist mir schwer um's herz geworden.* nemiloma *unbarmherzig.* da ih je milota gledati. milost. milošča *habd.* b. mil *gnädig; lieb.* miličьk. miluvam *liebkosen, lieben.* milno, umilno *kläglich, mitleidig.* milost. milêja *schmachten.* domilê mu *es that ihm leid.* smilja se *mitleid empfinden.* umilja se. otmiłuvam, otmilja, otmilêja *nicht lieben mil.* 69. kr. milo mi je ljudstva *unj.* s. mio. miljahan. milovati milost. č. milý. milovati. p. miły. os. miły. miłość. ns. smiliś se. klr. myłuvaty. myłostýna. myłošči. r. milyj. milovatь. — *magy.* malaszt, ehedem milaszt. *rm.* milę *gnade, barmherzigkeit.* milos *gnädig.* milui *sich erbarmen.* milostenie *almosen.* milostiv. umili ταπεινοῦν *vb.* umilit *humilis.* — *preuss.* mīls *lieb.* lit. milti *lieb gewinnen.* su-si-milti *sich erbarmen.* milėti. mėlas *lieb.* mīlus. meilauti *für* milovati. malonė *gnade, woraus auf ursprüngliches a für i geschlossen wird.* lett. mīlēt *lieben.*

minderŭ: s. minder *kissen.* b. mender. — türk. mindér.

mirazŭ: b. s. miraz *erbschaft.* — türk. miras. ngr. μοιράσιον.

mirija b. s. *steuer.* — türk. miri.

mirli kr. *zinnen.* — it. merli.

miro, muro `asl. *salbe, dafür älter* hrizma. b. miriša *vb.* mirizma. mirizliv. mirosam *ungere.* kr. mirisan *adj.* s. miriti, mirisati *riechen.* mir, miris *geruch.* — rm. mirosi *vb.* gr. μύρον. arab. murr.

mirodija, mirudija b. *petersilie.* s. mirodjija *dill, anethum graveolens.* — ngr. μυρωδιά *geruch. Vergl.* miro.

mirŭ: asl. mirъ *friede, welt.* miro sь *diese welt.* vьsь mirъ *welt.* mirьskъ, vьsemirьskъ *weltlich.* sъmiriti, sъmirjáti *pacare. In den anderen sprachen hat* mir *meist nur die bedeutung „friede".* nsl. mir *neben* mêr *ung.* miroven *habd.* vmiroviti se *prip.* b. mir. mirja *vb.* mirba *bulg.-lab.* mirêsvam *ruhig sein.* razmiriti se. razmir, razmirica *unfriede.* s. mir. č. mír, měr. příměří *induciae.* mir *welt kat.* p. mir. przymierze.

cs. ns. mjer. klr. usmyryty *beruhigen.*
wr. razmirica *unfriede.* r. mirъ *welt, aus
dem* asl. peremirie. mirvolitь *zustimmen.*
miroderъ *marodeur, der als „volksschinder"
aufgefasst wird.* — rm. mirên. razmiricę.
alb. mir *pax. lett.* mêrs.

misa asl. *patina schüssel* μίνσα *bei
Constantinus Porphyrog.: daneben* bljudъ,
bljudo, *got.* biuds. **nsl.** miza *tisch.*
č. mísa *schüssel.* p. misa. klr. mysa.
myska. połumysok. r. misa. miska
hölzerner becher. — *alb* misurę. *Für* nsl.
miza *ist wegen des z deutscher ursprung
anzunehmen: vergl.* ahd. mias *tisch aus
mensa. Tisch und schüssel unterscheidet
man nicht. Die wörter mit s stammen
vielleicht doch aus dem lat., das auch in
später zeit tonloses s zwischen vocalen zu
kennen scheint.* it. maissa, tavola *Veglia.*
preuss. mynsowe *schüssel.*

misků: b. misk *muscus.* r. muskusъ,
mskusъ. — gr. μόσχος. *Vergl.* moskotĭ.

mistatniků: p. mistatnik, mikstatnik
lastenträger. — *Man denkt an gr.* μισθωτός.

miška č. *verschnittenes schwein,* nun-
vice, řezanice. miškovati *verschneiden.*
miškář. miškařiti. p. miszkować, wy-
rzynać. miszkarz, ten, co miškuje świnie.
b. mečkar *bärentreiber: die zigeuner sind
bärentreiber und besorgen zugleich das
geschäft des verschneidens der thiere. Vergl.*
mečĭků.

mišpulja: č. mišpule *mispel.* p.
mespil, mesplik, mespuł. — ahd. mespil,
nespil. s. mušmula *unmittelbar aus dem
türk.* mušmula: *alles aus dem gr.* μέσπιλον.
lat. mespilum. *Daneben* nsl. nešplja.
kr. nošpolj *ung.* č. nyšpule. p. niesplik,
nieszpul. os. nyspla. ns. hušpula,
ruspula. — *magy.* nespolya, naspolya.

mitê, mitusь asl. *alterne.* mitovati,
mitušati *alternis pedibus calcare.* denь sъ
noštiją mitušaję sę *izv.* 697. 698. *Vergl.*
s. u sumit, sumitice. promititi: dva alaja
opet promitio *juk.* 517. klr. myťma, mytuś, na mytuś *wechselweise (bald mit dem
dickern, bald mit dem dünnern ende gelegt,
von holz).* p. wiązać mytuś *dial. Podolien.*

wr. mytuś. — *lett.* mite *wechsel.* mitêt.
mêtus. mĩšu. *ai.* mithas *alterne.* mithu
conjunctim. got. mith. misso *aus* mith-to.

mitkalĭ: r. mitkalь *art baumwollstoff.*
— *nordtürk.* mutkal. *pers.* mitakâli.

mitrenga: p. mitręga *langweilige
arbeit,* strata czasu. mitrężyć *die zeit ver-
tändeln.* wr. mitrenga *hinderniss.* zami-
trenžyć *aufhalten, aus dem* p. — *Man
denkt an* ahd. mittarunga *vermittelung.*

mizgŭ: p. przymizg, umizg *das schönthun.* klr. omyz *das schönthun.* myzaty
lecken, schmeicheln. myza *maul.* omyzyna
kokette. r. omizina *schmeichelei.* omiznica
buhldirne. — rm. omizi *lächeln.*

mlahavŭ: asl. mlahavъ *schwach.* mlo-
havьstvo. nsl. mlahav *habd. lex.* kr.
mlohav *imbecillus, languidus.* mlahav *ung.*
klr. młojnyj *flau.* — *Vergl.* ai. mlā *marcescere.* mlāna *marcidus.* wr. mľavyj *sich
schwach fühlend. Vergl.* mlakŭ.

mlaka nsl. *lache.* s. mlaka, kao slatina, gdje voda pišti iz zemlje. č. mláka.
klr. młaka. — *magy.* moláka. *Abweichend*
rm. mlaštinę. *Vergl.* p. młaka, mokradło.
młokicina, *das mit* lit. malka *lignum verglichen wird, wasserweide.* lit. mirkti *eingeweicht werden.* marka *flachsröste.* markīti.
lett. mirkt *intrans.* merkt *trans.* klr. morokva *morast. Ob* nsl. *usw.* mlaka *und*
klr. morokva *zusammenhangen, ist sehr
unsicher.*

mlakŭ: kr. mljak. s. mlak *lau.*
mlačiti. mlakva *im winter nicht zufrierende
lache.* mlakaica *aus* mlakavica *hitze. Vergl.*
mlakonja *socors.* — lit. nu-smelkti *flacces-
cere.* lett. smalks *subtilis. Vergl.* mlahavŭ.

mlaska-: nsl. mlaskati, mlêskati, mljaskati *mit den lippen schnalzen,* r. čavkatь,
čmokatь. b. mlêskam, mlêšta *vb.* kr.
mlezgati *ung.* s. mlaskati *mik.* mljaskati,
mljeskati. č. mlaskati *naschen: vergl.*
mels-. p. os. mlaskać. ns. mľacaś. mľackaś. mľackotaś.

mlavi-: s. mlaviti *schlagen.* — *Man
vergleicht* got. gamalvjan *zermalmen. Zu
beachten ist* klr. mľavyj *schwach.*

mlêdŭ: nsl. mlêden *macilentus habd.*
kr. s. mledan *mager*. smlednjeti.

mlítva nsl. *lahn, zlata ali srebrna
pêna*. mlitvar. — *Aus dem lat.:* blitum.

modli-: nsl. modliti se *beten fris.,
jetzt* moliti. molêdovati. molêdva *der mit
bitten belästigt*. č. modliti. modla *götzenbild*. p. modlić. modła *gebet*. os. modlić
so. ns. modliś. asl. moliti. molьba. molitva *preces,* πρεσβεία. umaljati. b. molja
se *vb*. molba. molitva. r. molitь. — *rm.*
molitvę. *preuss*. maddla *gebet*. madlit. *lit.*
meldziu, melsti. malda. maldīti. *Slav.*
mold-, modl-, mol.

modrênŭ: č. modřín *lärchenbaum*.
p. modrzeń. modrzeẃ *m. Durch anlehnung
an* mądry *entstand* mądre drzewo. *Mit*
modrъ *blau ist das wort unverwandt*.

modruše *plur*. kr. *name einer gegend*.
— *lat*. modrusia *oppidum :* modropsa.

modrŭ: asl. modrъ *lividus*. nsl.
moder. modras *aspis*. modrica *livor, vibex
habd*. modriš *kornblume*. s. modar. č. mo-
drý. modřina *blauer fleck*. p. modry. os.
ns. modry.

mog-: asl. moga, mošti *können*. prê-
nemošti, prênemagati *kraftlos werden*.
mоštь (mog-tь) *kraft*. nemoštь. malomoštь
m. schwach. mogątь *mächtiger mann*. velьmoža. mog-*wollen:* ne mozi pogubiti *noli
perdere*. nsl. morem (*aus* možem), moči.
pomoči, pomagati *helfen*. pomoč *hilfe*. nemoč *morbus habd*. odnemoči, onemoči,
obnemoči, obnemagati, neomoči *ermatten*.
nemočica *schwäche*. mocj *posse res*. b.
moga *vb*. pomogna, pomagam *vb*. pomošt.
sьtmožen *allmächtig*. s. mogu, moći. moć.
obnemoći, obnemagati. ne moj *für* asl. ne
mozi. č. mohu, moci. moc. nemoc. *Vergl.*
namoci *schwächen*. p. moc, mogę. moc.
niemoc. niemagać *krank sein*. pomagier
(pomagacz) *helfer hat ein d. suffix*. os.
moc, možu. pomóc *vb*. pomoc *subst*. ns.
moc, mogu, možom. moc. klr. močy, mohu,
možu. roznemôhty śa. môc *p*., môč. mo-
hota *macht*. namôh *bestrebung*. mog-*wollen:*
nemogy sporyty, ne uperaj śa. wr. po-
mohci, pomohči. pomocnêć. pomočnyj.

moha, moc, moca. mohenne *subst*. umoco-
vač *fest binden*. r. močь, mogti, mogu,
mogёšъ *und* magti, magu, magišъ *dial.*
mogutnyj. *Vergl. dial.* mogoritь sja *prahlen*.
— *rm.* pomožnik. *lett.* makts *macht neben*
lit. macis, macě, *entlehnt : ebenso* pamačě
hilfe ; magoti *helfen*. got. ahd. magan.
*Auch das deutsche wort hat die secundäre
bedeutung „wollen“*. g *ist velares* gh (ai.
magh, mah. *zend.* maz). *lit.* moku *und*
lett. maku *weichen ab. Mit* nsl. morem *für*
možem *hängt zusammen* morati *„zwingen“*
und „müssen“, hie und da „dürfen“. primorati, primarati, primoravati. kr. s. morati; *daraus* b. moram *Vinga. Die begriffe
„können, mögen, müssen“ durchkreuzen sich,
daher ahd.* muozan *„mögen, können, dürfen,
müssen“*. *Vergl*. os. dyrbječ *sollen, müssen :*
derbi-. *Hieher gehört auch* asl. mošti *plur.
reliquien, eig. die kräfte, die wunderwirken-
den : gr.* δυνάμεις. *got*. mahteis. nsl. moki
fris. b. mošti. s. moći *und, entlehnt,*
mošti. klr. r. mošči, *gleichfalls entlehnt*.
— *rm.* moaště.

mogoryšĭ: as. mogoryšь, mogorišь
tributi genus, magarisium. klr. mohoryč,
mohryč *leikauf*. mohoryčyty *bewirthen*. wr.
mohorič. r. magaryčъ *leikauf, kauftrunk*.
mogoryčъ, mogorecъ *zahlung*. — *lit*. ma-
garičios *plur. Daneben findet man das d.*
likov *und das magy.* aldomaš (oldomašĭ) :
nur r. *dial. ein slav. wort*. posvedki. *Vergl.*
arab. maχaridž *ausgaben, kosten*.

mogŭ: nsl. prêmog *draco meg*. prê-
mogova kri *drachenblut valv. Dunkel*. prêmog *steinkohle, womit man* os. smohoŕ *torf
vergleicht*.

mogyla asl. *tumulus : daneben* gomila.
nsl. s. kr. gomila. b. mogila. p. mo-
giła. kaš. modziła. polab. mügăla *grab*.
klr. mohyła, mohyra. r. mogila. — *lit.*
mogila. rm. mogilę. alb. magule, gamulje,
gomila. *Hieher gehört* klr. magura ON.

moj asl. *usw. mein*. — *preuss*. mais.

mojasinŭ: s. mojasin *art aussatz*.
b. majasъl. — *türk*. majasęl.

mok-: asl. mokrъ *nass*. močь *harn*.
moča *sumpf*. moknąti *neben* meknąti *made-*

fieri. močiti, makati, macati *lam. 1.32. netzen.*
mokrošь, mokrešь *aquarius zodiaci.* nsl.
moker. moča. močiti, namakati. močêr,
močvêr, močvir, močvar *sumpf.* močilo
lache res. močerad, čomorad *molch (vom
sumpfe).* b. mokъr. mokrja *vb.* makam
vb. mil. 36. močorliv *sumpfig.* s. mokar.
mokriti. močiti. močar *nässe.* umak *weiches
ei.* č. mokrý. moknouti. močiti. moči-
dlo *röste.* močár. močal *m.* m::čorka. mo-
ček *liquor.* p. mokry. moknąć. moczyć.
mocz. moczara. polab. mükry. mücaidlü.
os. mokry. moknyć. moč. močić. ns.
mokšy. mokaš. mokš *harn.* mocydło, mo-
cyło *röste.* klr. mokryj. môč *harn.* močar.
wr. zmokći, zmokać. r. mokryj. moknutь.
moklyj. močitь, makatь. moča *harn.* moče-
vina *sumpf.* — rm. močirlę *sumpf.* magy.
pamacs, pemecs. pamacsol *vb.* mocsár.
mocsola. mocsok *schmutz gehört nicht hieher. alb.* močaľ.

mokŭšĭ: ar. mokъšĭ *f. eine weibliche
gottheit:* mokošь, *sing. dat.* mokši *und* mokoši. *Aus einem sborniks des sechzehnten
jahrhunderts.*

mol-: asl. izmolêti *eminere.* nsl. mo-
lêti *hervorragen.* moliti *hinstrecken.* s. iz-
moliti *promere.* izmalati se *sich zeigen.* pomol *conspectus.* izmilati *hervorzeigen deutet
auf eine* W. mel: *durch dehn.* (mêlati)
milati *promere; durch steig.* mol-: pomol,
pomolak: na pomol, na pomolku *in con-
spectu.*

moldŭ: asl. mladъ *jung, zart.* mla-
dênьcь, mladenьcь, mladъnьcь. nsl. mlad.
mladina *bierwürze.* mladiti (jabolka) *weich
werden lassen.* mlaj *novilunium lex.* spo-
mlad *frühjahr.* mladika *spross.* mladenka.
mladenkinja. mladezen *jugend. Hieher
gehört auch* mlaj *schlamm.* pomlajiti: po-
vodnja pomlaji travnik. b. mlad. kr.
mlad. mladjahti. s. mlad. mladiti *pul-
verare.* č. mladý. omlaz *nachwuchs.* p.
młody: mołodec, mołodyca, mołodziec,
mołojec *sind* r. polab. mlády. os.
młody. ns. mlody. klr. mołodyj *usw.;
daneben* mładeneć. wr. mołodyj *usw.;
daneben* mładzëseńkij. młladency *ist ein*

fest. r. molodoj *usw.; daneben* mładenь.
mladnja. mladenecъ. mladyšъ. mladšij
dial. W. meld. — *preuss.* maldai *plur.*
maldenikis *kind.* maldian *eselsfüllen. rm.*
mlędios *biegsam.* mlęditъę *spross. ai.* mardu
(merdu). *gr.* μάλθων *weichling; got.* mild-:
θ *und* d *stimmen nicht zu ai.* d.

molĭ-: r. molitь *verschneiden,* rêzatь
skotъ *dial. Daneben* mulitь *reiben, verschneiden.* — *got.* muljan *zerreiben.*

molmola-: č. vzmlamolati *plappern.*
Vergl. bolboli-.

molmolŭ: nsl. mlamol; mlamola *abgrund trub.* W. *wohl* mel, mol, *daher etwa
„unterwaschene stelle“. Vergl.* spodmovk
aus spodmolek *grotte rib. und* mel- 1.

molstŭ: p. młost, *dessen bedeutung
dunkel ist:* dopadłszy warzęchy i młostu
nawali w brzuch śmietany. *Vergl.* r. molosnikъ *tragopogon;* molosnyj *mit milch zu-
bereitet:* molosnaja kaša *und* mels-.

molto: nsl. mlato *malztreber.* č.
mláto. p. młoto. klr. mołot. — *rm.*
męlatę. *magy.* maláta. *preuss.* piwa-mal-
tan *biermehl. Vergl.* mêles *plur. hefen.*
finn. mallas, *gen.* maltaan. molto *wie* moltъ
könnte man geneigt sein aus der W. mel
und dem suff. tъ *zu erklären: richtig ist
jedoch für* mlato *nur die annahme der entlehnung aus dem d.:* malta, *ahd.* malz;
dann aber auch für mlatъ. *Urverwandt mit*
malz *ist* č. mladina *bierwürze.* r. molodь,
molodizna.

moltŭ: asl. mlatъ, omlatъ *hammer.*
Daher mlatiti. nsl. mlatiti. kr. mlat.
s. mlat. mlatiti. č. mlat. mlátiti. p.
młot. młocić. omłot. os. młocić. ns.
mlošiś. klr. mołot. mołotyty. mołotьba.
vymołot *ausdrusch.* wr. mołot. r. molotъ. molotovaja *schmiede.* molotitь. —
rm. îmblęti *vb.*

moma b. *jungfrau.* momъk *jüngling.*
momče. s. moma. momak.

momota-: p. momotać *stammeln.*

monastyrĭ: asl. monastyrь, mono-
styrь, manastyrь *monasterium.* b. mona-
stir. kr. molstir, mostir. s. manastir.
p. monasterz. klr. monastyr. — *magy.*

monostor *aus dem slav.* *gr.* μοναστήριον. *ahd.* munistîri, munistri..

mondo: *asl.* mądo *hode.* *nsl.* môde *plur.* *f.* môdi *plur.* *m.* mūda *penis cum testiculis res.* *b.* mъdo. mъdca *plur.* *nieren.* *s.* mudo. *č.* moud. moudí. *p.* mąda *f.* mudo *ist r.* *Vergl.* montwa *evonymus:* *s.* popova muda. **polab.** môda. *os.* mud. **klr. r.** mudo.

mondrŭ: *asl.* mądrъ *weise.* *nsl.* môder. *b.* mъdъr. *č.* moudrý. *p.* mądry. mądrować. *kaš.* mandry. *os. ns.* mudry. *klr. r.* mudryj. **wr.** mudzer *in nominaler form.* — *rm.* mîndru *stolz.* *lit.* mandrus *pfiffig, stolz.* mundras, mudrus *munter.* *lett.* mundrs, mōdrs, mudrs *munter.* mōdīt *ermuntern.* *Man vergleicht ai.* mandh *aus* man *denken.* *ahd.* muntar. *got.* mundrei *ziel.* *zend.* māzdra *verständig.*

monisto *asl.* monile *schmuck.* *b.* manista, monista *plur.* **klr.** monysto, namysto. **r.** monisto *perlenhalsband.* manisty *plur.* *f.* mamisto *dial.* — *Man vergleicht ahd.* menni *halsschmuck.* *ai.* mani (*kügelchen*), *perle, edelstein, juwel: ein suffix* sto *scheint nicht vorzukommen.* *lat.* monile. *Man füge hinzu* **nsl.** menina *ohrgeschmeide.*

monka 1.: *asl.* mąka *marter.* mąčiti. **nsl.** moka *fris.* môka *ung. qual,* κόλασις *hölle.* moka, muka *meg.* *dslov.* manka. *b.* mъka. mъča *vb.* *s.* mŭka. *č.* muka. mučiti. mučedlník, *dial.* mučelník. *p.* męka. *kaš.* mancę *vb.* *ns.* muceś *ärgern.* mucny *müde.* *klr. r.* múka. — *magy.* munka *arbeit.* *rm.* munkę *neben* klakę, robotę *und* lukru. *lit.* munka, muka. mučīti. mučīnė *marter.* *lett.* mākt. mōka. mōcit. *Vergl. ahd.* mūhhan *anfallen und ausrauben.* *Mit kurzem* ą.

monka 2.: *asl.* mąka *mehl.* *nsl.* môka *lex.* mōčnik *mehlmuss.* muka *habd.* *s.* múka. *č.* mouka. *p.* mąka *mehl,* mauke. **polab.** môka. *os. ns.* muka. *klr. r.* muká. — *mhd.* munke *vel* brey, *polenta vocab.* vratisl. *Mit langem* ą.

monžĭ: *asl.* mążь *mann.* mążaky *virago.* mążьnь. mążatica. velьmąža. **nsl.**

môž. možak. mužina *rusticus habd.* **dslov.** manž. *b.* mъž. mъžovnica *frau.* žena mъškar *virago.* mъža se *vb.* prêmъža se *vb.* *s.* muž. muškobana *femina morum masculorum.* *č.* muž. *p.* mąž (*aus* męž). **klr.** muž. mužva *collect. bauernvolk.* muhyr *gemeiner bauer, das auf einem alten* mong-jŭ *beruht.* *r.* mužъ. mužikъ. — *rm.* možik, *aus dem r.* *Das wort hängt vielleicht wie* got. manna, mannisks, *ahd.* man, *mennisco* mann, *mensch mit der* W. man *zusammen.* *Die verwandtschaft der wörter halte ich für sicher.*

mora *asl.* hexe. *nsl.* mora, truta *alp:* mora ga sesa. **kr.** mora *trud.* *s.* mora. *č.* mŭra. morás. *p.* mora, zmora, mara. *os.* murava. *ns.* morava. *klr.* **wr.** mora. *r.* kikimora: kiki *wird mit* lit. kaukas *verglichen.* — *alb.* morę. *ngr.* μώρα *aethiops, incubo.* *mhd.* mar *m.* mare *f.* Dunkel.

morači: *asl.* moračь *fenchel.* *s.* morač. — *alb.* morač. *Nicht gr.* μάραθον, *sondern* ἀμάρακον.

moralii *b.* Griechen. moralja *Morea* verk. 369. *Vergl.* amorea, amorija. — *Aus dem gr.*

morasŭ: *č.* moras *art getränk.* — *mhd.* mōraz, *maulbeerwein.* *mlat.* (vinum) moratum.

morava *č.* Mähren. — *magy.* morva.

morda *klr. wr. r.* schnauze. *r. auch* myrda *dial.* Daraus *p.* morda.

mordŭ: *č.* mord *mord.* *p.* mordować. *ns.* mordať. *klr.* morduwaty. **wr.** mordować. — *Aus dem d.*

more *b. s.* interj., *ehedem auch* klr. — *alb.* more, mre. *ngr.* μωρέ. *Daneben* b. s. bre. *klr.* brje. *ngr.* μπρέ.

morch-: *p.* mroszka *rubus chamaemorus.* *r.* moroška. *Urform* morška, *asl.* *mraška.* W. mers-. *r.* moroška *bedeutet auch „sumpf": dieses beruht auf der* W. merk (*lit.* mirkti *nass werden,* merkti *nass machen*), *wenn es aus* moročka *entstanden ist.*

morje *asl.* meer. pomorije. *nsl.* morje. *b.* morije, more. *s.* more. *č.* mořе. *p.* morze. pomorze *küstenland,*

Pommern. **polab.** mårai *auf dem meere.*
os. ns. moŕo. **klr. r.** more. — **alb.** more.
got. marei. **ahd.** mari, meri. *preuss.*
mary *haff.* *lit.* maris. marès *das kurische
haff.* pamarionis *strandbewohner.*

morka 1.: **nsl.** *schmalzmuss.* zmorča,
vinske droždže. — *it.* morchia, morcia.

morka 2.: **os. ns.** mroka *grenze.* —
Aus dem d.: **ahd.** marca *von* merchan
merken.

morkva: klr. morokva *morast.* —
Vergl. lit. marka, įmarka *flachsweiche.*
merkti, markīti *eintauchen, einweichen. lett.*
mārka, mirkt. *Vergl.* mlaka.

morogŭ: klr. morôh, murôh *rasen.*
Vergl. murava.

morovlachŭ: kr. morovlah *Morlake,
jetzt nicht gebräuchlich: lat.* morovalachi
homines graecae fidei. morlaci, hodie *Walachen oder Murlaken, türkische Walachen
Urk.* — *it.* morlacco *bezeichnet jetzt den
slav. bewohner der ostküste des adriatischen
meeres. gr.* μαυρόβλαχος· *der schwarze Wa-
lache, Rumune.* **s.** karavlah. *Der grund
der benennung ist nicht gefunden: man
weiss nur, dass schwarz und weiss in den
namen einiger völker eine rolle spielen:
vergl. ausser dem bekannten das magy.*
fekete Bolgár *schwarzer Bulgare und das
dem* morovlachŭ *entsprechende türk.* kara
Eflak *Wulachei und beachte auch das türk.*
ak paša, *weisser zar, wie die Muhammedaner
Asiens den russischen Caren nennen. Die
bezeichnung scheint von den Türken ausgegangen zu sein, in deren sprache* kara
schwarz, gering, ak *weiss, siegreich bedeutet.*

morsŭ, morsa: **r.** morositĭ *fein regnen.*
morochŭ *feiner regen. Vergl.* morozga *feiner
regen.* merkasitĭ *dial.*

mortusŭ: r. mortusŭ *todtengräber,*
grobokopatelĭ. — *ngr.* μόρτης.

moruna nsl. *huso.* mrena, murena
habd. **b.** moruna, muruna, mrena. **s.**
moruna, mrena. **č.** mřínek, mřena. **p.**
murena, mrzana, brzana. **r.** mironŭ, murena. — *rm.* morun, mrênę. *magy.* marna.
türk. muruna. *lat.* muraena. *ngr.* μου-
ρούνα, *alt* μύραινα. *Die wörter sind alle griech.*

*lat. ursprungs: die formen lehren, dass sie
in verschiedenen perioden entlehnt sind.*

morva, murva **nsl.** *maulbeere.* · **kr.**
murva. **s.** murva *neben dem türk.* dud.
murga *art maulbeere.* **č.** moruše. **p.**
morwa. **klr.** morva. — *Aus dem d.:*
ahd. mŭr, mōrboum, mūlboum, mūrberi,
mōrberi. *lat.* mōrum. *gr.* μόρον.

morvŭ, *d. i.* mor *mit dem suffix* vŭ:
asl. mravija *ameise.* **nsl.** mrav. mravec.
mravlja. mravljinec. mrvinec. **b.** mravija, mravja. mravka. **s.** mrav. **č.** mravenec. **slk.** mravec. **p.** mrowka. mrowiec *dial.* mrowie *ameisenhaufen.* **polab.**
morvi, *mit d. lautfolge.* **os.** mrovja. ·**ns.**
mroja *aus* mrovja. **klr.** muraveľ, muravka,
murach, murandeľ. **r.** muravej *wohl aus*
morovej. muravlĭ. muraš̆. — *gr.* μύρμος
usw. **an.** maurr *aus* marvaz. *zend.* maori
aus marvi.

morzga: r. morozga *feiner regen*
morožžitĭ: *vergl.* moložitĭ, morositĭ *und*
morgatĭ *trüĺe werden.* — *lett.* merga, murga
feiner regen. Vergl. mergol· 2.

morŭ: b. s. mor *dunkelblau.* **nsl.**
morič *rana nigra.* — *türk.* mor, *aus dem
roman.: it.* moro. *lat.* morus *aus* maurus.
türk. mormeneviš.

mosengjŭ: p. mosiądz *messing.* **os.**
mosaz. **ns.** mjesnik. **č.** mosaz. **klr.**
mośaž. **wr.** mosenz *für* **r.** bronza. — *lit.*
masandis. misingė *bietet das unveränderte
d. wort.* **mhd.** messinc, *dessen ableitung von*
ahd. massa *metallklumpen bezweifelt wird.*

moskotĭ: r. moskotĭ *gewürz.* — *ngr.*
μόσχος, μόσχος. *Vergl.* miskŭ.

moskva r. *Moskau.* — *Daher magy.*
moszka *neben* orosz *Russe.* **alb.** moskov.
lit. maskolija *Russland.*

moslokŭ: r. moslokŭ *flügelgelenk.* —
Man vergleicht türk. maslak *epistomium.*

mosorŭ: č. mosor *knollen, beule dial.*
— *rm.* mosor *knollen, drüse.*

mostovžĭ: nsl. mostovž *halle.* musovž
aula lex. — *Der erste theil des wortes ist
das d.* muss, *der zweite ist* haus: *vergl.*
farovž, ratovž. **nhd.** musshaus *für* vorhaus, *ehedem im Salzburgischen.*

mostŭ: **asl.** mostъ *brücke.* **nsl.** most
usw. **polab.** müst. **klr.** môst. pomôst
diele. **r.** mostъ. pomostъ *fussboden.* —
rm. pomost *brücke.*

moša klr. *grossmutter.* mošul *gross-
vater.* mošija *meierei.* **b.** mošierin *grundbesitzer.* — *rm.* moš *der alte.* moašę *grossmutter.* mošie *landgut.* mošierin.

moštij *compar.* pejor πονηρότερος.

mošĭna: asl. mošьna *beutel,* πήρα.
nsl. kr. mošnja. **s.** mošnje *lodensack.* **č.**
mošna *beutel.* **p.** moszna. **os.** mošeń.
mošna. **ns.** mošyna. **klr.** mošńa. mošennyk, łotr. **r.** mošna. mošnja *dial.*
— *lit.* mašna, mačna, makšna, makštis.
d. bair. mosche *hängekorb.*

mota-: asl. motati sę *agitari.* **nsl.**
motati. **b.** motaja *vb.:* rogove si motaje.
motač. motovila *f.* **kr.** umatati *ung.* **s.**
motati. zamotuljati *einwickeln.* **č.** motati.
motovidlo. motorný *geschickt (beweglich).*
p. motać. **polab.** mütüvaidlü *haspel.* **os.**
motać. motadło, motydło. motnyć *bewegen.*
ns. motaś. **klr.** motaty. motnuty *schütteln.*
Vergl. motornyj *rüstig.* **wr.** motor *für* r.
arkanъ. motornyj *für* r. provornyj. **r.**
motatь. motnutь *bewegen.* motъ *strähne.*
motovilo. motorja *rolle.* motyrъ *partie du
traquet.* — *magy.* motóla. motring *wirre
ist* č. motrcha. *lit.* matkas *tocke garn ist*
p. motek. *Hieher gehört* **nsl.** motvôz,
motôz *strick.* **s.** matuzica. **č.** motúz.
p. motowąz. **klr.** motovjaz, motouz, motuz. motuzołok *bindfaden.* motovjaznyk,
motuznyk *seiler.* **wr.** motuz. **r.** moto-
vjazъ. motouzъ, motuzъ *dial.* — *rm.* mę-
ţeuzę. *In dem worte treten die W.* mot
(motati) *und* enz (vęzati) *auf: die bildung
ist singulär. Es sind wohl die nomina* motъ
und vęzъ, vązъ *verbunden.* **č.** motrcha,
motrchati, modrchati *hangen mit* mota- *zusammen.*

motlochŭ: p. motłoch *der grosse
haufe.* **klr.** motłoch *knäuel.* motłoš *gesindel.* **wr.** motłuch *fetzen. Vielleicht zu
einander und zu* mota- *gehörig.*

motri-: asl. motriti, sъmotriti *schauen.*
srmotrьlivьсь. *In* osъmotrъ *error ist* o *prae-*

position. **b.** motrja *vb.* **kr.** motriti. **s.**
motriti. smatrati. **r.** smotrъ. motritь *dial.*
smotrêtъ. — *rm.* mutri, muntri *vb. Vergl.
lit.* matau, matīti *sehen.* išmatrus *scharf-
sichtig. Daher* *mot-rъ *ein nomen, von dem*
motriti *stammt.*

motŭrŭ: s. motar, matar *saxifragum
mik.* motrika *fench.* — *gr.* μάραθρον; *daher
auch* **asl.** molotrъ.

motyka asl. *ligo.* **nsl. b. s.** motika.
č. p. motyka. **os.** moteka. **ns.** motyja.
klr. r. motyka. — *alb.* matukę. *lit.* mati-
kas *hacke.*

motylo, motyla **asl.** *onus, fimus. Vielleicht auf* met- 2. *zurückzuführen.*

mozg- 1.: **nsl.** moznik *art keil.*
zamuzka *radnagel.* **s.** moždanik. **p.**
moždžeń.

mozg- 2.: r. možžucha *wachholderbeere.*
možževelъnikъ *wachholder wird unrichtig
durch „*rastuščij meždu elъnikomъ*" erklärt.*

mozg- 3.: **s.** možd.iti *trauben stampfen.*
nsl. mezdžiti. meždžec *pertica uvis contundendis Ukrain.* mužgati. **ns.** smoržyś.
Vergl. gmozg-.

mozgŭ: asl. mozgъ *hirn: daraus*
mozъgъ, mozъkъ. moždanъ *adj. mit hirn
gefüllt; subst. hirn.* **nsl.** mozg, mozeg.
moždžani, možgani. **b.** mozъg, mozъk.
s. mozak. moždani. **č.** mozek. *dial.* muzg.
p. mozg. **os.** mozh, *meist plur.* mozy.
ns. morzgi. **klr.** mozok. mazha. **wr.**
mozok, *plur.* mozhi, mozki. **r.** mozgъ.
— *preuss.* muzgeno. *lit.* smagenês *vielleicht für* mazgenês. *magy.* mozga. *ahd.*
marc, *gen.* marges. *zend.* mazga. mazga-
vañt. *ai.* majjan *aus* masjan *medulla.*

mozolĭ: asl. mozolь, *gen.* mozoli,
plur. nom. mozolije, *vibex.* **nsl.** mozolj
pustula, ulcus. mozoj *ung. schwiele.* mozelj
cicatrix. **č.** mozol. **p.** mozoł *plackerei.*
modzel *schwiele.* **os.** mozĭ. **klr.** mozôľ.
mozoła *schwere arbeit ung.* **wr.** mozolić.
r. mozolь. mozgolь *f. dial. Unverwandt
mit ahd.* masar. — *Vergl. lit.* mazgas
nodus. **d.** masel *narbe.*

možarĭ: nsl. kr. možar *mörser.* **č.**
moždíř, hmoždíř. **p.** moździerz. mozdźir.

klr. muštyr, mužčir; možar *ung.* **wr.**
moždžer *für* r. čugunnaja igotь. r. možžerъ. — *rm.* možêr. *magy.* mozsár. *ahd.*
mortari, *daraus* morsari. *lat.* mortarium.
Die Serben haben das türk. havan.

mramori-: s. mramoriti *pflegen:* mra-
mori mi pretila djogina *volksl. Vielleicht*
für mormori. — *Man denkt an* ai. smar.

mramorŭ: nsl. mramor, bravor *gryllo-*
talpa vulgaris maulwurfsgrille.

mrasa: s. mrase *plur.* maculae. mra-
sav. *Vergl.* mers-.

mrena nsl. *membrana, staar.* mrenica
očna *jambr.* — *Aus dem lat.*

mruga-: p. mrugać, mrużyć *blinzeln.*
mrug. *Vergl.* merga-.

mruka-: p. mrukać, mruczeć *brum-*
men, das mit markotać *verglichen wird.*
r. murčatь *brummen. Vergl.* merka-. murly-
katь *hängt mit* nordtürk. murla *zusammen.*

muasera s. *belagerung.* — *türk.* mu-
hasére.

mucŭ: p. muc, mucyk *hund mit ge-*
stutzten ohren. **klr.** mucyk *mops.* — *d.*
mutz. *it.* mozzo. *Vergl.* nsl. muca *felis.*

mufte, mukte, muktice s. *umsonst.*
nsl. muhte *sorylos Ukrain.* **kr.** muhte
gratis. — *türk.* mufté.

mucharŭ: s. muhar *art hirse.* **nsl.**
muhič. — *magy.* muhar. muharcza.

muchojarŭ: r. muchojarъ *art stoff.*
— *ngr.* μουχαϊάριον. *it.* mucajardo. *Vergl.*
r. obьjarь.

muchurŭ: s. muhur *petschaft.* — *türk.*
mühr.

muchŭlŭ: b. muhъl *schimmel.* muhlê-
sam, muhlêsvam *schimmeln.* — *ngr.* μούγλα.
μουχλιάζω. *Vergl. lit.* musas *schimmel. Man*
erinnert sich bei muhŭlŭ *an* d. muff, müffeln.
Das wort ist dunkel.

muk-: s. mukljiv *humidus.* — *lett.*
mukls. muklains *paludosus.*

mukajetŭ: s. mukajet *aufmerksam.*
— *türk.* mukajjéd.

muli-: nsl. muliti *muhen:* krava muli.

multanka p. *rohrpfeife.* — *Aus der*
Moldau (multany) *stammend.* r. muntean
gebirgsbewohner dial., aus dem rm.

mulŭ 1.: b. mule (mulęt) *maulthier.*
Daneben mъska *und* türk. katъr. p. **klr.**
muł. os. mul. r. mulъ. *Bei meg. findet*
sich als kr. mulo *spurius.* — *lit.* mulas.
ahd. mūl. *lat.* mulus. *ngr.* μουλάρι.

mulŭ 2.: nsl. mul *fluthsand.* s. mulj
alluvio. č. mula. umouliti *verschlämmen.*
p. **klr.** muł *schlamm, mull.* p. namuł. na-
mulenie. **klr.** namuł *schlamm.* **wr.** muł.
r. mulitь (vodu) *trüben.* — *lit.* mulvė
schlamm.

mulŭ 3.: s. muo *hafendamm.* — *it.*
molo. *mgr.* μῶλος *aus lat.* moles.

mulĭcĭ: nsl. mulec *mutilus* (vol, kozel). — *Man vergleicht lat.* mutilus. *Ab-*
seits stehen s. muljati *stampfen.* nsl.
omuliti *abstumpfen.* **wr.** mulič *drücken.*
klr. namułyty *wund reiben.* — *Man ver-*
gleiche lit. mulvīti *plagen.*

mumlja-: nsl. mumljati *murmeln. Vergl.*
s. mumonjiti.

mumŭ: s. mum *kerze.* — *türk.* mum
wachskerze. zig. mom.

munĭka: č. muňka *wamine,* lalošky
dial.

mura b. *magen.* — *Vergl. alb.* mulęzę
deminut.

murava asl. *caespes.* nsl. murava
trava *das um die häuser und an den wegen*
wachsende gras. b. **klr.** murava *rasen.*
wr. murova. r. muravá *grünes gras neben*
murava *firniss. Vergl.* muravyj *grün und*
mur *maimonat dial.* — *lit.* maurai *enten-*
grün. lett. maura *gras um's haus, rasen.*

murdarŭ: s. murdar *unrein.* — *türk.*
murdar. *ngr.* μουρδαρεύω.

murekepŭ: b. murekep *tinte.* s.
murećef. — *türk.* mürékkéb.

murgo b. *schwärzlich.* murgav. s.
murga *olivenfarbige maulbeere.* č. mur-
gaša *für* strakatá *bunt dial.* **klr.** murhyj,
muruhyj, muryhyj, buryj *schwarzgrau.*
r. murugij *dunkelbraun.* — *alb. rm.* murg
dunkel.

murinŭ: asl. murinъ *mohr.* nsl.
mur *mohr, rappe.* murče *rappe.* muren.
murček *art grille, gryllus campestris.* s.
moreša. č. mouřenín. p. murzyn: *da-*

her murzyć *schwärzen.* os. mur. ns. mor.
klr. muryn. r. murinъ. — *ahd.* mōr.
lat. maurus. *lit.* murinas *mohr, schwarz.
Auf dem lat. beruht* nsl. mavra *schwarz
gestreifte kuh. Vergl.* mavra.

murtatŭ: s. murtat *verräther.* —
türk. murtad.

murza klr. *prinz chrest. 415.* — *türk.*
mirza. *Daneben wr. lit.* murza *schmutziger
mensch.*

mŭrŭ: p. klr. mur *mauer.* slk. mur,
zeď. os. ns. muŕa. wr. mur. muraľ.
r. zamurovatь. *Daneben* nsl. mir *einfrie-
dung; im westen mauer, sonst* zid. mirišče
ruine. kr. s. mir *mauer.* polab. mau-
ŕojě *mauert ist neue entlehnung.* — *lit.*
muras. murīti. *lett.* mūris. *ahd.* mūra,
mūri. *and.* mūr. *finn.* muuri. *Aus lat.*
murus.

mus- 1.: č. museti *müssen. dial.* mušet.
p. musieć. mus *zwang.* wymusić *erzwingen.*
os. musyć. musać. ns. musaś, mysaś.
klr. muśity. wr. musić. — *lit.* musiti.
magy. muszáj: *daraus rm.* musai *es muss
sein. ahd.* muozan. *mhd.* müezen: *vergl.*
os. dyrbjeć (derbi-) *und* morati (mog-).

mus- 2.: p. muskać, musnąć *glatt
streichen.* — *Vergl. lit.* maukti *streifen. lett.*
mukt *abstreifen.* mus *vielleicht aus* muks.
W. mŭk.

musi-: kr. musiti *mutire verant.*

mustakŭ: b. mustak *schnurbart.* nsl.
mustači *bart.* mustač *ein einzelnes bart-
haar.* s. mustać. — *rm.* mustacę. *alb.*
mustakje. *ngr.* μουστάϰι. *agr.* μύσταξ.

musulĭmaninŭ: as. musulьmaninъ,
musromaninъ, busromaninъ, busurmaninъ.
kr. busloman. p. muzulmanin, bisurman,
bezerman. bisurmanić *vb.* klr. bysurman.
busovir, buzovir *ungläubiger.* buzovirka.
r. musulьmaninъ, busurmanъ *usw.* — *türk.*
müsülman. *Vergl. magy.* boszorka *hexe.*
kr. č. slk. klr. bosorka. č. bosorkyně.

mušema s. *art wachsleinwand.* b.
mošama. — *türk.* müšémma'.

muši-: b. muša, mušna *stechen.*

mušterija s. *käufer.* b. mjušterija.
— *türk.* müštéri.

muštynu: p. musztyn, bity talar *rubel.*
— *lit.* muštinis (dorelis) *von* mušu, mušti
schlagen.

mutlakŭ: b. s. mutlak *gewiss.* —
türk. mutlak.

mutĭcĭ: nsl. mutec *der stumme.* mutast.
— *d.* mut *dial. rm.* mut. *lat.* mutus.
slk. mutec *ist* upupa.

muzaverŭ: r. muzaverъ *betrüger.*
b. mjuzevirin. kr. muzuvir *verleumder.*
mužovir *frankop.* — *türk.* müzzévvir.

muzĭcĭ: nsl. muzec *sägeblock.* —
nhd. bair. die musel, müsel.

mužde b. *gute nachricht.* s. muštu-
luk. — *türk.* müždé.

mŭ: mŭ *scheint das vorhergehende wort
hervorzuheben.* nsl. tijam, tija. doklam.
potlam. b. jedvam. kr. doklam, potlam. s. terem *neben* tere *aus* to že. poklem. dotlem *neben* dotlen *bis dahin.* listom. p. wždym, wždam *dennoch.* os.
tedym. ns. žem. *Man vergleiche* ai. sma,
dessen s ausfällt, wie in to-mь, ai. ta-smin.
to-mu *illi usw. Die ursprache besass eine
grössere anzahl von partikeln, deren bedeutung für uns nur in der hervorhebung ein-
zelner theile des satzes liegt. Dies tritt vornehmlich im* ai. *in der sprache der* Vēden
*ein. Im slav. gehören hieher folgende par-
tikeln:* 1) a: b. toja *hic.* nija, ni *wir.* kr.
prija, poslija. kaš. jesta *est: vergl.* nsl.
jeste. p. dzisia, dzisiaj, dziś: dzisia *soll
dem* wczora *nachgebildet sein.* ns. žinsa
hodie. letosa *dies jahr. Vergl. zend. loc.
sing.* ajpja *neben* aipi. *loc. plur. suffix* hva
neben hu. *gr.* ἐγών-η. τύν-η. ὅτι-η. ai.
gātajā, *asl.* rąką, rąkoją. *Man füge
hinzu am, das in der declination eine rolle
spielt:* ai. mahjam, *lat.* mihi. tubhjam,
lat. tibi. 2) da: r. poki, pokida. 3) ga
ns. ha os. *neben* dga, dha. 4) go *und* že
sowie zi. 5) i: *vergl.* ai. id, īm. 6) mŭ:
ai. sma. 7) nŭ: nebonъ; obačenъ, obače.
slk. tuná. *lit.* ašenai *ego.* tujenai *tu.*
8) sъ: r. zdêsь, zdê. *Vergl.* p. jestem
se pocziwy. byłam se szczęśliwa *volksl.*
9) to, ti: nsl. toti *hic.* kakti *sicuti.* bašti
(bъžь). *Man beachte* č. roztodivný, rozto-

krasný, roztomilý. **klr.** ostohyďity *wider-
lich werden.* ostohydłyj *ekelhaft: stamm*
hyd (gyd). 10) va: togava *tum. Verschieden von diesen nur zur hervorhebung
des vorhergehenden wortes bestimmten partikeln ist en, das nach der ansicht einiger
forscher eine dem ausdrucke des sing. loc.
dienende postposition ist:* nebes-e *aus* ne-
bes-en. en *spielt dieselbe rolle im umbr.,
osk., im lit.*

mŭčĭka: r. močka (myčka) *faser,
fibra, ohrläppchen.* močalo *lindenbast.* moces-
nikъ, korobъja izъ lubka, vъ kotoruju kla-
dutъ močki *dial. W. wahrscheinlich* mŭk.

mŭčĭta: asl. mъčьta *imaginatio.* mъčьtъ
aenigma. mъčьtati *imaginari.* **s.** maštanija *praestigiae.* **r.** mečta *vision. Ich
dachte einst an* mŭk (mъknąti), *mich auf*
nsl. zamaknjen *entzückt, auf* mačih, mačuh
hitzige krankheit und auf **s.** makatavica
spasmus berufend.

mŭd-: asl. izmъděti *schwach werden.*
umъdnąti: ašte bi umъdnąłъ, zvašc i.
mъdlъ *tardus.* mъdliti, kъsъniti. mъdlьnъ.
In r. quellen mъdlostь, mъdlestь *op. 2. 3.
544.* **nsl.** medel *schwach, mager.* madal
lex. medlo mi je. medloba. medlêti. ome-
dlêvati. medloven. omedlêvica *deliquium.
Daneben* omilavica *habd. Man merke*
omendlêvati, prežati pri kъcem piru. **č.**
mdlý. mdleti. mdlíti. **p.** mdły. mdławy.
podemdlić, podemglić. **klr.** młyj. młity
vb. młoba. **wr.** młość *aus* mdłość *schwäche.*
mleć *vb.* **r.** mlêtъ *vb.* meleda *verzögerung.*
medlitъ, meleditъ *zögern. Vergl.* **s.** mledan
mager (mlêdъ). *Hieher rechne ich* *mud- *in*
muditi *cunctari.* mudьnъ *tardus. Daneben*
mąditi. mądьnъ. **nsl.** nemudoma *allsogleich.* zamuda. muditi *aufhalten:* mudi sc
mi. muhlati *zögern.* **b.** muden. **č.** *dial.*
zmudić čas, mařiti čas. **p.** zmuda. mu-
dzić. **os.** komuda, skomuda *säumniss.*
polab. meudi sā. eumeudâl sā. **ns.** ko-
miziś *aufhalten.* skomda *säumniss. Dunkel
ist* **r.** motčatъ *säumen. — lit.* mauda *sorge.*
maudoti *sich langweilen. An* mąditi *schliesst
sich an* **rm.** premînd *verschieben. Man vergleicht* **ai.** manda.

mŭcha: asl. *mъha, mъšica *neben*
myšica *culex.* **č.** měice *blattlaus.* **p.**
mszyca. **ns.** pšyca *mücke.* **klr.** moška
stechmücke. **r.** mocha, moška. — *preuss.*
muso. *lit.* musė. *lett.* muša *fliege.* **gr.**
μυ-ῖα (μυσ-ια). *Unverwandt ahd.* mucca. *Mit
gesteigertem vocal:* **asl.** muha *fliege.* **nsl.**
muha, mušica. **b.** muha, mušica, muhica.
č. moucha. **p.** mucha. **polab.** meucho
fliege. **klr.** mucha. mušnja *collect.* **r.**
mucha. — *magy.* muska. muslica, mus-
lina. *rm.* mušicę. mušinę. *alb.* musicę.
Vergl. **b.** muša *vb. stechen.*

mŭchŭrŭ: r. mochorъ, *gen.* mochra,
mochna *zotte.* morchъ. **klr.** mochna. **wr.**
mochra. — *lit.* makrai *zotte, franse.*

mŭchŭ: asl. mъhъ *moos muscus.* **nsl.**
meh. mahunica *moosbeere valv.* mahovka
mehlbeerbaum. **b.** mъh. mъhav. **s.** mah,
mahovina *schimmel.* mašina *herc. 210.* **č.**
p. **ns.** mech. **p.** mszyć *bemoosen.* **klr.**
moch, *gen.* imchu, mochu. mšeď *flechte.*
wr. mšara. **r.** moch. mšitъ. imšaritъ. po-
mošь *moorboden. — magy.* moh. muha.
ahd. mos *neben* mios.

mŭk-: asl. mъknąti se *transire.* pro-
mъče sę vêstъ. zamъknąti *schliessen.* primъka *laqueus.* zamъka. mъčati. umъčati.
mycati, myčą. **nsl.** meknoti, maknoti. mak-
tąti, meketati. mîkati, mîcati. mikar *seiler.*
mikastiti. zamaknjen *entzückt.* mačuh *typhus.*
žanjka (zamъka) *schlinge.* **b.** izmъkna *vb.*
vmъknuvam *vb.* primka: primъka *bulg.-lab.*
omъkna len. **kr.** micati. umčati *rapere.* **s.**
maknuti. maći. micati. makalj. namicati
kleinweise zusammenbringen. domčati se. na
domak *nahe.* omče, zamka *schlinge.* uzmak
rückzug. smak *ende der welt.* **č.** mknouti.
mčeti. pomčc. mykati. myceti *ist* mycati.
zámek *schloss.* **slk.** zamknúť. zamkýňať.
p. mknąć. pomek, pomyk *sprenkel.* napo-
mknąć *hinleiten.* zamknąć, zamykać. za-
mek *schloss, burg.* mkły, mgły *schlüpfend.*
polab. zamåknöt *verschliessen.* våmåknöt.
os. zank *castellum.* **ns.** myknuś, mykaś.
klr. mъкty, imčaty. myčka. mykaty. myk-
nuty. vymyk. pomykaty *ausheckeln.* smyk
fiedelbogen. **wr.** mknuć. mkać. **r.** mknutь.

mčatъ, imčatъ. mykatъ. zamknutъ. za-
mokъ. pomča. umyčnikъ. — *preuss.* so-
mukis *schloss.* *lit.* mukti *entkommen.* *lett.*
mukt *gleiten.* maukt *abstreifen: dieses entspräche einem slav.* muk-. *ai.* muk *lösen:*
mučati. vimōka *lösung.* *Vergl.* mŭčĭta.

mŭma-: *asl.* mъmati, mъmlją *balbutire.* *Vergl.* p. momot, mamot; momotać,
mamotać. r. mjamlitъ.

mŭnasĭ: *asl.* mъnasь, mъnasa, mnasa
mina. — *gr.* μνᾶ.

mŭnichŭ: *asl.* mnihъ, *urspr.* mъnihъ,
mönch. mniha *f.* mnišьskъ. *nsl.* mnih,
menih. **as.** mnihъ. *č.* p. **os.** mnich.
ns. mich. *ar.* mnichъ. — *lit.* mnīkas,
minīkas. *lett.* mūkis. *ahd.* munich *aus
monachus,* *daneben* monahъ. mŭnichŭ *ist
ein pannonisches wort.*

mŭnogŭ: **asl.** mŭnogъ, mnogъ *mancher.* množiti. množati *pass.* mnogašьdy,
mnogašdy, mnogaždy, mnogašti, mnogyšti,
mnogašti *oft.* **nsl.** mnog. **dslov.** mlogišt. **s.** množina, mnozina. mnogašt. **č.**
mnohý. mnohdy. **ns.** mlogi, mogi. **klr.**
r. mnohyj *usw.* — *Vergl.* got. manags.

mŭstŭ: *asl.* mъstъ *most.* **b.** mъst.
kr. s. mast. **s.** *auch* must. mastika. **č.**
mest, *gen.* mstu. **r.** mestъ, *gen.* msta,
msto. **nsl.** mošt, **os.** mošt *beruhen auf
nhd.* most. *Dasselbe gilt von* p. moszcz,
muszcz, **klr.** mošč. *ahd.* most *aus* *mo-
stum, mustum. *Die übrigen wörter stammen wohl aus dem lat., wofür* ъ *für* u
spricht. *Abseits liegt nsl.* maščina, izmaš-
čeno grozdje.

mŭtŭ: **as.** mьtь *art mass.* **č.** met,
gen. mtu. — *ahd.* mutti. *lat.* modius.

mŭzdrakŭ: **b.** męzrak *lanze.* **s.**
mizdrak. — *türk.* męzrak.

mŭzg-: r. mzgnutъ *verderben.* mozgnutъ *abmagern.* mozžatъ *für* nytъ *dial.*
promozgnutъ *acescere.* *Zwischen diesen verben besteht kein wesentlicher unterschied der
bedeutung.* **asl.** mъžditi, izmъžditi *schwächen:
aus* mъzgiti. izmъždati *in* izmъždalъ *schwach.*
izmъždanije ὄλεθρος. pomožditi: razdru-
šaaše i pomoždaaše *steph.* **nsl.** zmožditi
ung. **r.** mzga *dial.* *für* mozglaja pogoda.

mozgъ *regnerisches wetter.* možžitъ *einweichen.* mozgljavyj. mozgljakъ, izmožden-
nyj. *Vergl.* č. moždĭti *schlagen.* — *mhd.*
murc *morsch.*

my asl. nos *nom.* **nsl.** mi. **b.** dafür ni, nija, nije: *asl.* ny *und das hervorhebende* a. **s.** mi *usw.*

my- 1.: **asl.** myti, myją *waschen.* mylo
ποιὰ πλυνόντων. pomyję *spülicht.* omъvenъ,
omyvenъ. **nsl.** miti. pomije *spülicht.* **b.**
mija *vb.* muja *Vinga.* pomija. **s.** miti. **č.**
mýti. mýdlo *seife.* pomyje. **p.** myć. mydło.
myciel *bad.* pomyje. **polab.** måit. måijé
wäscht. såmyt *abwaschen.* **os.** myć. mydło. **ns.** myś, muś. **klr.** myty. mýło.
pomyji *spülicht.* *Vergl.* v odnu myt *auf
einmal.* myteľ *waschwasser.* moⱱ *chrest.* 478.
r. mytь. mylo. pomoi *plur.* myteja *wäscherin.* neumyvka, neumojka *schmutziges weib.*
mytьba *dial. für* mytьc. mьju *wasche dial.*
movnja. movnica. — *preuss.* au-mū-snan
acc. *lit.* maudīti *baden.* muilas *seife.*

my- 2.: **č.** myjati *muhen.* — *Vergl.*
lett. mau-t, mau-nu.

myk-: **r.** myčatъ *mugire.* mykъ ge-
brüll. *Hieher gehört:* **nsl.** mukati *brüllen
habd. lex. meg. von einem nomen* muk-.
b. muča *vb.* **s.** mukati. **č.** mukati. mučeti.
os. mučeć. **klr.** mukaty. — *nhd.* muhen.
lett. mau-t. *gr.* ἔμυχον. μύχη. μυχᾶσθαι.
Vergl. lat. mugio, *davon rm.* mudži *vb.*
Vergl. my- 2.

myli- 1.: **č.** mýliti *verwirren.* omyl
irrthum. zmýliti *täuschen.* **p.** mylić. mełka,
omyłka. **os.** mylić, molić *beirren.* **ns.**
moliš. **klr.** myłyty. obmył *irrthum.* omyłka
taumellolch. **wr.** myło *für* r. ošibka. **r.**
mylitъ *treiben, hindern, täuschen.* — *lit.*
apsi-mojli-jau *ich habe mich verrechnet.* milīti
verfehlen ist entlehnt. *lett.* melst, muldět
verwirrt reden. maldīt *irren.*

myli- 2.: **r.** obmyljatъ sja *lächeln,
die zähne fletschend.*

mysa-: **nsl.** misiti se, misati se, mu-
sati se *die federn wechseln.* — *ahd.* mūʒʒōn.
mhd. muʒen, *das auf lat.* mūtare *beruht.*
Slav. s *für* ʒ: *d.* s *entspräche slav.* z.
Älter ist, dem d. mutern *entsprechend,* **nsl.**

mitar: kragulj mitar *nisus per annum aut ultra asservatus habd.* **kr.** mitar soko. **s.** mitariti se *sich federn aus* *mytarĭ. **klr.** myt *mausezeit chrest. 185. 478.* **r.** mytь.

myslĭ: **asl.** myslь *gedanke.* mysliti *cogitare, cunctari.* domyslъ: vъ domyslъ došьdъ. promyslъ. razmyslъ. primyšljaj. **nsl.** misel, *gen.* misli. misliti. zamišljaj *brunst der kühe. Alte PN.:* primusl, dobramusclo, miramuscle *aquil.:* prêmyslъ, dobromyslъ, miromyslъ. **b.** misъl. mislja *vb.* **s.** misao. mišljeti, misliti. **č.** mysl. mysleti, mysliti. myslivec. **p.** myśl. myśleć, myślić. **os.** mysl. mysleć, myslić. **ns.** mysl. mysliś. **klr.** mysl. myslyty. **r.** myslь. myslitь. smyslъ. — *rm.* zęmisli *vb. lit.* mislis. mislíti. *lett.* mislīt. *Man vergleicht got.* ga-maud-jan: *in diesem falle wäre* myslь *zu deuten aus* myd-tlь. *Andere stellen ein* man-sli *auf.*

mysŭ: **r.** mysъ *das hervorragende, vorgebirge.* golomysyj *bartlos. Daneben* **wr.** mys *winkel.*

myšĭ: **asl.** myšь *f. maus.* **nsl.** miš (mъš, *gen.* miši). speči miš *fledermaus.* **b.** miška. **s.** miš *m.* slijepi miš *fledermaus; dasselbe bedeutet* liromiš, ljeromiš, sljeromiš. mišpotopir *Bella.* **č.** myš. **p.** mysz. **polab.** mâis. **os.** myš. **ns.** myš, muš. **klr.** myš. myšva *collect.* myšperhač, perhač, poperhač *fledermaus ung.: flatternde maus.* **r.** myšь. myšьjakъ *arsenik.* — *ahd. and.* mūs. *gr.* μῦς. *lat.* mūs. *ai.* muš *maus: mus wegnehmen, rauben. (lit.* pelė *nach der farbe:* pelėti *schimmeln). Dieser thiername wird auf körpertheile, vornehmlich auf muskel und arm, übertragen:* **asl.** myšьka *arm.* myšica. **nsl.** miška: za miške se prijeti. **b.** mišca, miška. mišnica. pod miški: podmišnica. **kr.** mišica. **s.** mišica, miška. **č.** myška. **p.** myszka. **os.** myška. **klr.** myšyća. **r.** myšca. — *Vergl. ai.* muška *hode. gr.* μῦς. μυών. *lat.* musculus. *ahd.* mūs. myšĭ *beruht auf* mychĭ *und dieses auf* mysĭ.

myto **asl.** *lohn, gewinn.* mytarь. mytьnica. **nsl.** mito, mita *geschenk, geschenk zur bestechung, bestechung.* mititi, podmititi *bestechen.* mititi se *sich einschmeicheln.* **b.** mito *steuer.* **s.** mito, mit *bestechung.* mititi. **č.** mýto *mauth.* **p.** myto *preis, mauth.* podmycić *bestechen.* przemycić *den zoll verfahren.* **kaš.** myto. **polab.** mâitü, mâit *lohn.* **os. ns.** myto *lohn.* **klr.** myto *zoll.* **r.** myto *zoll.* mytъ *für* arenda. mytitь. *dial.* promytitь, promutitь, promučatь *vermiethen.* — *rm.* miti *bestechen.* mitę *usura. alb.* mitos *bestechen. lit.* muitas, mitas. *lett.* muita. *Aus dem d.: ahd.* mūta *mauth, zoll. Eine junge entlehnung ist* **nsl.** mota *mauth.*

myza **r.** *landgut.* — *lett.* muiža.

mĭčĭ: **asl.** mьčь, mečь *schwert.* **nsl.** meč. metsi *fris.* **s.** mač. **č.** meč. **p.** miecz. **os.** mječ. **ns.** mjac. **r.** mečъ. — *lit.* mečius. *got.* mēki. **as.** māki. *finn.* miekka.

mĭg-: **asl.** mьgnąti, mьžati *nictare.* mьgnovenije. *Steig.* mėg-: sъmêžiti (oči). *Dehn. iter.* mizati, mižą: *daneben* *migati: okomigъ. pomьžariti, sъmьžariti. **nsl.** megnoti, magnoti. megnenje. mžati, mežati, mižati. žmati *aus* mžati. megetati, mežgetati *blinzeln.* migati, *daher* mignoti *und* migljati *und von diesem* migljaj *wink,* migljenka *flitter.* zamignoti *einschlafen.* žmêriti *aus* mžêriti (*asl.* mьžariti). mižurkati. mižavo vrême. mižkut *fledermaus: die schlafende.* **b.** smьgna *vb.* migam, migna *vb.* **v** mig. mižurja *vb.* smêža oči *vb.* **kr.** migati. **s.** magnuti, namagnuti. namigivati, namigavati. namignuti. namiguša *die gerne zuwinkt.* žmiriti, žmirati. žmuriti. žmura *blindekuhspiel.* žmurečke. *Vergl.* namežurati se *sich runzeln.* **č.** mžiti *fein regnen.* pomžiti *die augen schliessen, fein regnen.* okamžení. mžikati. mžiknút *dial.* mihati: mihnouti. mihotati. mih. mhouřiti. žmuřiti. *Vergl.* přimřiť oči *dial. für* přimhouřiti oči. **slk.** hmúrať: očima hmúrať. **p.** mgnąć. mžeć *schlummern.* mžy mi się. migać, mignąć. mig. migotać się *flimmern,* o przedmiocie, który poruszając się rzuca blask. zmrużek *blindes mäuse: aus* zamžurek. mrzonka, mrzeć, mrzyk *für* mžonka, mžeć, mžyk. **polab.** mâgojë *blinzelt mit den* *augen*. **ns.** samžeriš. **klr.** mžity, mžaty, iмžaty *fein regnen*. mža *düsteres wetter*. (*nsl.* mižav *düster*). myhaty, myhnuty (očyma) *blinzeln; flimmern*. myhotity, myhtity *blinken*. myhkyj *glänzend*. myhavka *bachstelze (nach der beweglichkeit des schwanzes)*. zažmuryty. žmuryty očy. sъmьžaryty śa *chrest. 485*. **wr.** mžić, somžić *blinzeln*. žmura. **r.** mgnutь *blinzeln*. poмžatь *einschlummern*. mžitь *schlummern*. mža *blinzeln, schlummer*. pamža, somžą *schlummer*. *dial.* migatь, mignutь. migъ. zamžuritь, zažmuritь. žmuritь. žmura. žmurki. razžmuravitь sja *die augen öffnen*. — *rm.* miži *vb.* mižirea *aurorei*. migęi *vb.* — *lit.* migti, užmigti, mingu *schläfrig sein*. mēgas *schlaf*. mēgoti *schlafen*. *lett.* aizmigt. mēgs *schlaf*. *Die bedeutungen sind mannigfaltig. Ich gehe von der bedeutung „mit den augen blinzeln" aus, mit der sich die schnelligkeit des flimmerns und das dunkel bei geschlossenen augen vielleicht vereinbaren lässt.*

mĭgla: **asl.** mьgla *nebel*. **nsl.** megla. **b.** mъgla. **s.** magla. **č.** mhla, mlha. meholiti *nieseln*. **p.** mgła. migoć *thauwetter*. **polab.** м̇ågla. **os.** mhła. mihel. мiholić, mižolić *nieseln*. **ns.** mla. **klr.** mhła, imła *aus* imhła. **wr.** myhlica. **r.** mgla. mga *dial*. — *lit.* miglė, migla, mĭglis. *lett.* migla. miglat *nebeln*. *arm.* mēg. *gr.* ὀμίχλη. *ai.* mēgha. *zend.* maēgha. *Vergl. alb.* mjegulę. *Slav. g ist velares* gh. *Vergl.* mĭz.

mĭchelŭ: **asl.** mьšelъ *turpis quaestus*. mьšeloiskatelь. *Vergl.* mьšelь *materia*. **r.** шшelъ *gewinn*. obмichnutь sja *sich irren*. obmešelitь sja. mišulitь sja *manquer* obмišulitь sja. obмišenitь sja. — *rm.* înšel *betrügen*. inšclęčune *betrug*. mišelnik *bei den Walachen Mährens. Man denkt an arab.* muhassal *das gewonnene und an ai.* muš *stehlen und an* miša *betrug sowie an lett.* misēt *in errorem in ducere: die erste deutung ist unwahrscheinlich.*

mĭnij: **asl.** mьnij *kleiner*. mьniti. mьnьšina. mьnьstvo. **nsl.** menje. menjši. *Vergl.* namič, nanjč *nicht einmal*. **b.** mъnъn, мъnъk, мъničъk, мъnečъk, шшninъk.

kr. minji *parvus*. **s.** manj. manjiti. manjma. **č.** méně, méň. menší. menšina. menšiti. **p.** mniej. mniejszy. mniejszyć. mniejszeć. **polab.** månaj *weniger*. namånējsi *der kleinste*. **ns.** mjenij. **r.** menše. menьšij. menьšakъ. — *got.* mins. *ahd.* min. *gr.* μινύς. *lat.* minor. *Vergl. lit.* menkas *gering*.

mĭnĭ: **nsl.** mъnek, menek *aalraupe*. menič *rutte*. **wr.** menь, *gen.* mnja, menja. mentuz, *aus dem p.* **r.** menь. mēnъ *dial*. **č.** meň. **p.** mientus, miętus *aalraupe*. **kaš.** mejnk. **os.** mjeńk. **ns.** mjenk. **klr.** mńuch, myńok. mentus, menьuch, menьuk. **s.** manić. — *lit.* menkė. *magy.* meny, menyhal.

mĭstĭ: **asl.** mьstь *rache*. mьstiti, mьštati *rächen*. mьstêlivъ. **nsl.** mestiti, maščevati. maščati se *bohor*. **č.** mstiti. msta. pomsta. **p.** mścić. pomsta. **klr.** mesť. mstyty. **wr.** pomsta. **r.** mestь. mstitь. vozmestitь.

mĭša: **asl.** mьša *messe*. misa *glag*. **nsl.** meša, maša. mešnik, mašnik *geistlicher*. **b.** misa. misač *priester*. **s.** misa, maša. **č.** mše. **slk.** omša. **p.** msza. **polab.** maiso, *das auf* misa *beruht*. **os.** mša. kemš *gottesdienst:* kъ mьši. mješnik. **ns.** mša. meršnik. **wr.** imša. — *lit.* miša *neben* misa. *alb.* męšę, mešę. *rm.* mišę. *magy.* mise. *ahd.* mëssa *aus lat.* missa, *it.* messa. mьša *ist wohl deutschen, misa unmittelbar lat. ursprungs.*

mĭz-: **nsl.** mzěti, mzi *sprudeln. Man vergleiche* muzěti *stillare.* mužen *saftig:* mladica mužena (*vergl.* mêzga). muža, muzga *sumpf.* mezine *morast.* **s.** mižati, mižam *harnen.* mijež *harn wohl aus* mêzjŭ. **č.** mžeti *aquam emittere.* mže *Mies FN.* **p.** mži *es nieselt.* mzeć, o drobnem deszczu. — *lit.* mižu, mėžti; mėžu, mĭžti. mižius *penis.* mižė *cunnus.* mėža *mist.* *lett.* mĭzt. *iter.* mēznāt. mizals *urin.* *got.* maihstus *mist.* *ags.* mīgan. *gr.* ὀμίχω. *lat.* mingo, mejo. *ai.* mih (mēhati). mih *pluvia.* mēhas *urina.* *zend.* maēzaiti. miz. *arm.* mēz. mižel *mingere. Slav. z ist palatales* gh. *Vergl.* mĭgla.

14

mĭzda: asl. mьzda *lohn*. nsl. mezda (mьzda), *im westen gebräuchlich.* b. mьzda. č. mzda. os. mzda, zda. r. mzda. — rm. męzdę. *zend.* mīzdha. *gr.* μισθός. *got.* mizdō. *ahd.* miata, mieta *aus* mēta. *nhd.* miete. *Man denkt an verwandtschaft mit* mĭstĭ.

mĭzgŭ: asl. mьzgъ *mulus.* mьska. nsl. mezeg, mezg, mezgica; mazg. mazginja *habd.* mezgar *mulio.* s. mazgov, *mit magy. suffix.* mazga. masak. mašče. č. mezh, mezk. **klr.** mesk. r. meskъ. — rm. muskoſ, muškoj. *alb.* musk. muškę.

N.

na 1. *pronominalstamm der ersten person in den casus obliqui des duals und, den nom., accus. ausgenommen, des plur.*

na 2. nsl. *da hast du's.* nate *da habt ihr's.* b. na *sieh da.* č. na, ná. naſ. p. na. naċ, naści. **klr.** na. naty, nate, natevam. **wr.** na. nače.

na 3. *praep.* asl. *auf; daher* nadъ *über und* na, naj *zur steigerung der adj.:* najpače, najskorêje. nsl. na. nad. na, naj: namlajši *prip.* 7. najmlajši. *Daneben im westen* nar: narmlajši. b. na. nad. naj: najsvet. **s.** na. nad. naj: najbolji. č. na. nad. naj, nej: najvíce. *dial.* návyšní. p. na. nad. nad to. nader. na, naj. nalepszy, najlepszy. nadnawyžszy. **kaš.** návici, *d. i. p.* najwięcej. **polab.** navāci *der grösste.* os. naj *usw.* *Man beachte* asl. narusъ *subrufus; ferners* nazimъ *anniculus.* s. nazime *usw. Das* i, j *im* asl. najpače *ist wahrscheinlich das verstärkende* i, *das ich auch im* p. więcej *erblicke.* **nsl.** nar *ist wohl* naže, *analog dem* naj. *Das den superlativ bezeichnende* na *hat langes* a *im* č., p., kaš. nsl. nazoči *angesichts scheint* navzoči *zu sein: dasselbe ist vielleicht in* nazblizi, prenazblizi, prenazdeleč *zu nahe, zu fern Ukrain der fall: vielleicht ist jedoch* naz *aus* na-z, na-zi *entstanden: vergl.* go. *lit.* nai *in* najlabjausiej *stammt aus dem* p.

nabatŭ: r. nabatъ *lärmglocke.* — *arab.* naubet.

nabozŭ: nsl. nabozec *bohrer.* č. nabozec. os. ḃeboz. ns. ńabozec, ńabzec. — *ahd.* nabagēr *spitzes eisen zum bohren von* naben. *nhd.* naber, nabiṅger. *gotsch.* nagar. *Wie aus* nabagēr nabozŭ

entstanden, ist dunkel: bei gēr denkt man an ein germ. *gaiz, lat. gaesum, gr.* γαῖσον.

nadragy asl. *feminalia.* p. nadragi. — *magy.* nadrág. rm. nędradžĭ. *Man vergleicht das zu* derg- 1. *gestellte* os. podrohi *der untere theil des frauenkleides, woraus auf* -dorg *zu schliessen wäre, wogegen* p. nadragi *spricht, wenn dieses nicht aus dem magy. stammt.* dorg- *wäre von* derg- *abzuleiten: vergl.* r. poddergatь *succingere.*

nadžakŭ: s. b. nadžak *kleine keule.* p. nadziak *art waffe.* — *türk.* nadžak.

nadŭ: č. vnad, vnada *köder.* obnaditi, vnaditi *ködern.* **klr.** onada, ponada, ponaža *köder.* vnadyty śa *der lockung folgen.* znada *verlockung.* zanadyty. prynadyty. unada *für* r. povada. **wr.** vnaživać śa *sich ködern lassen.* vnadnyj *launisch.* prinada *köder.* *Vergl.* b. ponada *neben* podnota. s. ponuda, *woraus man auf altes* nąd *schliessen möchte;* p. zanęta *lockmittel. Die „köder" bedeutenden wörter stehen theilweise unter* dê-, *wohin sie höchstwahrscheinlich zu stellen sind. Auch* lit. nodai *zauberkünste möchte zu* nadŭ *gehören.*

nafa nsl. *gelte.* — *Vergl.* ahd. napf *für älteres* hnapf.

nafaka s. *was dem menschen bestimmt ist.*

nagaj: p. klr. nahaj, nahajka *tatarische peitsche, nach den nogaischen Tataren so genannt.* r. nagajka. — *lit.* naika.

naglŭ: asl. naglъ *praeceps.* nsl. nagel. naglič *adv.* s. nagao *eilig.* č. náhlý. p. nagły. os. nahły. ns. nagłe *adv.* klr. nahłyj. r. naglyj. — *lit.* noglas, nůglas.

nagŭ: asl. nagъ *nackt*. nagomądrьcь ryba. nsl. nag. parnag *ganz nackt, mit dunklem par.* s. nag. č. nahý. p. ns. nagi. polab. nógy. os. nahi. klr. nahyj. r. nagoj. — *lit.* nogas, nŭgas. lett. nŏks. got. naqaths. ahd. nacchod.

nàkara s. *crotaculum.* r. nakra *trommel.* — türk. nakara *kesselpauke. Vergl.* asl. nakarada.

nakŭ: asl. vъznakъ *supinus:* pądą vъznaci. nsl. vznak, znak *adv. rücklings.* b. vъznak *adv.* ngr. ἀνάσχελα. kr. naznak *supinum.* s. vergl. nak *in der bedeutung „hinter":* nakjuče *nudius tertius.* naksjutra, poslije prɛksjutra. *Man beachte auch* naknada *ersatz.* č. vznak. os. ns. znak. p. wznak. r. *ist* navznicь *gleich dem asl.* vъznakъ. — *magy.* ɲyak. *Man darf ahd.* ancha *genick vergleichen.*

nakŭĭĭ: č. nákel *solum uliginosum.*

nalbantinŭ: b. nalbantin *hufschmied.* s. nalbanta, nalbatin. — *türk.* na'lband.

nalênŭ: s. nalijen *art giftpflanze.*

nalêpu: s. naljep, nalep, nalip *aconitum napellus.* — *Durch metathese it.* nappello.

nalimŭ: r. nalimъ *aalrutte, quappe.* klr. nałym.

nalŭnŭ: b. nalъn *pantoffel.* s. nalune *art stelzschuhe.* — *türk.* nalęn.

nametŭ: r. nametъ *zelt.* klr. namet. p. namiot. — *Man vergleicht ostjak.* nāmat *filz (bedeckung der kibitken).* avghan. namd. *magy.* nemez. *ai.* namata.

namŭzŭ: b. namъz *puls.* — *türk.* namz, nabz.

nana s. *art kraut.* — *türk.* nané *pfefferminze.*

nanŭ: os. ns. nan *vater.* s. nana, nena. kaš. nana, nena, nenia *mutter.* b. neni *der ältere.* slk. ňaňo, ňaňa. klr. neňo, neúa. nanaško *pathe.* nanaška *pathin.* — *rm.* nanę *ältere schwester.* alb. nanę *amme. magy.* néne *die ältere schwester. türk.* néné. *Vergl.* p. naúka, niaúka *kindswärterin.* klr. ňaňo *vater* ung. ńańka. r. njanja. njančitъ. b. *finde ich* nênki *die weibliche brust.*

naparĭe: r. naparьe *vorbohrer.* — *schwed.* nafvare.

napŭ: asl. napъ *mercenarius.* napovati. napьda *merces.* napьstvo.

narandža, naranča s. *orange.* b. neranča. — *türk.* narindž.

narba nsl. *art eiserne klammer.* — *nhd. bair.* närb, närw *f.*

narĭkla s. *art seefisch.* — *Man vergleicht gr.* νάρκη.

nartŭ: č. nárt *oberrist, vorderschuh.* os. narć. *Vergl. nsl.* nardica *schuhfleck.* p. narty *schlittschuhe.* r. narta *art sibirischer schlitten.*

nary klr. r. *pritsche zum schlafen.*

nastĭ: r. nastь *schneekruste.* nenastьe *regenwetter.* raznenastьiь sja.

našĭ: asl. našь *usw. unser. Von* nasъ *durch* jŭ.

natragulja nsl. *arum, pes vituli belost.* — *magy.* natragulya, nadragulya *atropa mandragoras.*

natura: klr. naturyty śa *störrig werden.* — *lat.* natura. *Vergl.* p. natura *für* chęć.

natĭ: nsl. nat *rübenkraut,* perje pri repi. natje: repa z natjem. č. nať. *dial.* ňáć. p. os. nać. ns. naś. klr. nať *kartoffelstengel* ung. natyna, zêłe do čarôv. r. netina *dial.* — *Man vergleicht preuss.* noatis *nessel. lit.* noterė. *lett.* nātres.

nava kr. *schiff.* č. náva. p. nawa. — *magy.* náva. *ahd.* nāwa. *nhd. bair.* nau *f. Aus dem lat.* navis.

navlo, navlъm b. *naulum.* navlosvam *vb.* s. navao *naulum.* — *gr.* ναῦλον. *alb.* navlę.

navĭ: asl. navь, *gen.* navi, *mortuus.* nsl. po mavri hodijo duše rajnih kakor po mostu v navje ili raj *Pajek 96.* navje, mavje: mavje so duše nekrščenih otrok, ki morajo po svêtu okoli lêtati *108. Nicht sicher beglaubigt.* klr. mavki, duši nekreščenych mladencev. navk *der todte.* navśkyj *für* r. mertveckij. navśkyj vełyk deň *die ostern der todten, gründonnerstag.* r. navьe *der todte.* navij *die todten betreffend,* navij deň, deňь mertvychъ. navij, nav-

skij, naskij denь *für* radunica. — *Man
vergleicht* got. naus, *gen.* navis. *lit.* nåvīt
quälen. *lett.* nāve *tod.* nāvigs *tödtlich.* nā-
vēt *tödten.* nāvitē s *sich mühen.* č. unaviti *ermüden trans.* r. onavitь sja *ermüden.*
onava *ermüdung. Die „ermüden" bedeutenden wörter gehören zu* ny- 2.

ne 1. asl. *in* nebo-nъ *etenim.* č.
nebo, anebo *enim, etenim.* slk. lebo *für*
nebo. *Vergl.* nŭ.

ne 2. *negationspartikel. Damit steht
in verbindung die vergleichungspartikel* ne,
asl. neže, neželi, negъli, nekъli *quam.* **nsl.**
nego, neg *sed, nisi habd.*. **b.** nego. **s.**
nego, negoli. č. než *usw.* ne *scheint zu
verstärken:* **klr.** nehłup *sehr dumm, tölpel.
So sind wohl auch* **nsl.** negnusen, gnusen;
nezagovêden, zagovêden *roh;* netrlêpen,
trlêpen; nekrivica, krivica; nekrivičen,
krivičen *zu deuten. Vergl.* **nhd.** unwetter,
wetter. **kaš.** nievčera *(eig. nicht gestern)
vorgestern.* — *lit.* neng.

nebes, nebos: **asl.** nebo, *gen.* nebese,
himmel. **nsl.** nebo, nebesa. nebes *m. bal-
dachin.* **b.** nebe *und* nebo. **s.** nebo,
nebesa. č. nebe. **p.** niebo. **polab.**
nêbü. **os. ns.** ńebjo. **klr. r.** nebo. —
Vergl. lit. debesis *wolke und slav.* devętь
und lit. devīni *mit* ai. nava.

neftĭ: r. neftь *naphtha.* — *türk.* neft,
nefte. **gr.** ναφθα.

neginŭ: klr. nehyn. — *rm.* neginę
kornraden. Vielleicht auf ne gynati *beruhend, von der unausrottbarkeit benannt.*

negvy: s. negve, njegve *fesseln.*

necha-: nsl. nehati *lassen.* nehati
neben enjati *aufhören meg.* henjati *habd.*
ncprenehoma. **kr.** henjujem *frankop.* **b.**
haj *lasse.* **b. s.** neka *es sei.* **s.** jenjati
nachlassen. nikati *negare gehört nicht hieher.*
č. nechati. **slk.** nachať. nach ide. **p.**
niechać. **polab.** nechat *lassen.* nech. **os.**
ńechać: mi so . ńecha *ich habe keine lust.*
ns. ńechaš. **klr.** nechaty *nicht wollen.*
nechaj *es sei.* naj, ńaj, nachaj *für* r. pustь
ung. **wr.** nekać. **r.** nechaj *für* pustь.
Dagegen nêkatь sja *negare. Das wort be-*

ruht *auf der negationspartikel* ne. — *Vergl.
magy.* henyél *faulenzen.*

neimarŭ: s. neimar *baumeister.* —
türk. mї'mar.

nekrutŭ: klr. nekrut *rekrut.* — *Aus
dem* d.

nepŭšteva-: asl. nepъštevati *judicare.*.

ner- 1.: asl. nrêti *aus* -nerti. *praes.*
ньrą *ingredi.* iznretъ ἐχδύνει. *Durch dehn.*
nirati, ponirati. *Durch steig.* norъ *wohl
„specus, latibulum"* sъnoriti *deducere.* no-
rьcь, *wohl „mergus"* čeh noгьcь. *po-
nravь *aus* po-nor-vь. **nsl.** pondrêti, pon-
drem *immergere habd.* pondirati. zanirati,
zandirati. pandrt *immersus habd.* panderek
mergulus lex. pandirek *tauchente.* nora
höhle. pondrica, nêka morska ribica. **kr.**
iznere *holt aus dem wasser.* zanere u pro-
past *mar.* pondriti *frankop.* ponirati *demittere.* podmirati *Istr. für* podnirati. pon-
drt *deruptus.* **s.** ponirati, unirati *sub
terram abire.* ponor, ponikva. noriti, njo-
riti *tauchen neben* roniti. norac *neben* ronac.
pamrak *aus und neben* pundrav (po-nor-vь)
art wurm. č. vynřieti *scatere vit.* nořiti
tauchen. norek *taucher, tauchyans.* ponrav,
pondrav, kondrava, konrád, končrát *engerling.* únor *februar, wie man meint, že se
toho mêsíce led noří, t. puká, láme.* **p.**
nora, nura *höhlung unter der erde,* zemianka.
wnorzyć się, pogrążyć się. wynorzyć, wy-
narzać *neben* wynurzyć *unter dem wasser
hervorbringen.* pandrow *sing.,* pandry, pą-
dry, pamrowie, pomrowie *plur., engerling.*
kaš. ponor *für* r. červjakъ. **os.** norić. nor-
jak. vunorić. **klr.** nerty, nyrnuty, nyrjaty.
ponerty. zanerty *untertauchen.* nora *erd-
loch, quelle.* noreć, nureć, noryća *feldmaus,
eingeweidewurm.* nority *quellen.* pandrak
(wofür man panorovok *erwartet),* ponur,
po pôd zemłeju *engerling.* nyreć *taucher*
(*nirьcь). porynaty *aus* ponyrati. znyrnuty,
zrynaty. **r.** nora, norъ, norь, nyra *loch.*
norki *nasenlöcher dial.* norica *art geschwür.*
noritь *dial.* ponorovъ *art wurm. Vergl.*
norokъ (*norъkъ) *mustela nivalis, womit
man fälschlich preuss.* naricie *vergleicht.* —
magy. ponrav. *Neben* ner *ist eine W.* nŭr

anzusetzen: **asl.** nyrêti, nyrati *se immergere.* nyrь *turris.* nyrište *domicilium.* nyrъ *urinator.* nura *janua.* (b. *vergl.* nurec *mil.* 512). **č.** vynořiti *neben* vynuřiti. **p.** nurzyć *eintauchen.* nurek *taucher. Vergl.* wyrynąć, wyrnąć, wyrgnąć *nach oben kommen.* nurta *tiefe.* **ns.** nuriš. **klr.** nuryty *niedersenken.* zanuryty, prynuryty *untertauchen.* nyrjaty. nurkovaty. nyryšče *höhle.* nur *seetaucher.* nureć. nurok. nyrći, nyrcem *untertauchend.* **wr.** nyrka. **r.** nyresъ. nyrokъ. nyrьju, nyrkomъ. nyrjatь, nyrkatь. pronyrivatь. kanura *höhle:* nora. *Die scheidung von ner und nŭr ist hie und da bestreitbar. — Vergl.* **rm.** noroj *lutum.* **lit.** nerti *untertauchen intrans. einfädeln.* naras, nira *taucherente.* neras, nerikas, narunas *taucher.* nardīti. int-nerti *aufschnüren.* **lett.** nirt. nira. nirdāt. *Hieher gehört auch* **p.** ponura *trüber (gesenkter) blick.* ponury. **klr.** ponuryj *düster.* ponura *finsteres wesen.* ponuryty *den kopf niedersenken.* **r.** ponuryj *incliné, sombre.* — **lit.** niurêti *glupen.* paniurus.

ner- 2.: **asl.** pronorъ, pronorъstvo *malitia.* pronorivъ, pronorъlivъ *malus. Daneben von* nŭr: nyrivъ *malus.* pronyriti *decipere.* pronyrjenije πανουργία. pronyrivъ *listig:* lisica pronyriva. iznuriti *consumere, spoliare:* dьni; plъtь svoją iznurjati. **b.** nirêja *schmachten.* **klr.** iznuryty *erschöpfen.* znoryty. znurjaty. **wr.** nura *gram.* nŭrić. vynurić *tödten.* **r.** nyra, pronyra *arglistiger mensch.* nyrjatь *schmähen.* nyritь, nuritь *sich grämen.* iznurjatь. znuritь sja.

nera **ns.** *niere.* **p.** nerka. **klr.** nyrka. -- **ahd.** nioro *niere, hode.*

neretŭ: **wr.** neret *art netz.* **r.** neretъ, narotъ, nereto, norota, norod; *daneben* mereta *und* neršа. *Vergl.* ner- 1. *Man führt ein schwed.* mjärde *an.*

nerpa **r.** *seekalb.* — **finn.** norpa.

ners- *coire:* **nsl.** neresec *verres meg.* narasec. nerosec *prip.* 198. nereščak *Ukrain.* mrjasec, merêsec, marêsec, merjasec *lex. eber. aus* nrêsъ, nrêsьcь. nrêstь: brêstiti *aus* mrêstiti, nrêstiti. mrêst *f.* rib,

zdaj ne love, ker je mrêst. mrêstiti se, *im Westen.* rastiti, rastiti se *sich begatten.* drest *das laichen aus* ndrêst, nrêst. drestiti se *laichen.* **kr.** nerist *aper kroat.* **s.** mrijest *f. roggen kleiner fische.* mrijestiti se *sich begatten (von hühnern, enten).* **p.** mrzost *aus* nerstъ. mrzoszczyć się *laichen.* **kaš.** mrzost *für* r. rybij narostъ. **polab.** nérêzâc. (*Abweichend* **os.** ńerk *laich.* ńerkać. **ns.** nerk, nerch, jerk). **klr.** nerest *laich.* nerieʒtka, neresnyća, nerez *neben* merest, meresnyća *zitterfisch.* **r.** nerestъ *laichzeit neben* nerstъ, nêrsъ. nerestitь sja *neben* nrstitь sja *und* neršitь sja. nerêzь *für* borovъ *beruht wohl auf* rêz-. — *Die W.* ners- *lautet* **lit.** nерš-: neršti *laichen.* nenerešаs *nicht laichend.* **lett.** narstīt. rêsts, rêsta *tempus, quo aves, lepores appetunt coitum. Aus der W.* ners *entsteht durch steig.* norsъ, norstъ, *woraus* нгаѕъ, nrastъ: **nsl.** narast *f. begattung (vom geflügel) aus* nrastĭ. narastiti *sich begatten.* **s.** rastiti *inire.* narast *f.* narastiti *aus* nrast- *wie* narav *aus* nrav. *Abweichend* nerast *eber.* **r.** norosъ *laich der fische, frösche.* norostь *f. laichzeit: daneben* nárostь *brunst.* rostitь sja *von vögeln sbor.* 23. *aus* norostitь sja. rostovatь *laichen aus* norostvatь. — *Dem* norsъ, norstъ *entspricht* **lit.** naršas, narštas *laich.* **lett.** nārsts *balz, laich.* nārstīt *laichen.* ' *Slav.* s, *lit.* š *deutet auf palat.* k, *aus dem sich vielleicht* **os.** ńerk *usw. erklärt.*

nes-: **asl.** nesti, nesą *tragen. Durch steig.* -nosъ, *daher das iter.* nositi *und von diesem* -našati. nosilo. **nsl.** nesti. nositi. **b.** nesa *vb. part. praet.* -nesъl, -nel. nosja *vb.* -nasam, -nasêm, -nisam *vb.* **s.** nesti, nijeti (nêti) **č.** nésti. *Man beachte* honositi *erheben, rühmen.* **p.** nieść. **polab.** nüslŭ. **os.** ńesć. **ns.** ńasć. **klr.** nesty. **r.** nesti. noša. — *magy.* noszolya, nyoszolya, nyoszolyó. panasz *querela.* **rm.** nęsęliŭ. ponos *nomen infame.* **lit.** nešti. **lett.** nest. *Slav.* s *ist palat.* k: ai. naç. **gr.** ἐνεγκεῖν.

nešelŭ: **nsl.** nešel, gen. nešelna, *ligula.* **č.** nášlik *kette zum halten der deichsel.* — **ahd.** nestila. **mhd.** nestel.

nešporŭ: č. nešpor *vesperzeit.* **p.**
nieszpor. **os.** ńešpor. **klr.** nešpôr. **wr.**
nešpor. — *lit.* mišparas. *lett.* nešpars.
mhd. vĕsper.

netij asl. *neffe.* **s.** netjak, nećak.
nećaka. **p.** nieć *nepos alt.* **klr.** netyj.
— netij *beruht auf* neptij, ai. napāt, naptar
m. naptī *f.* ahd. nĕvo. nift. *got.* nithjis.
lat. nepos, neptis. **asl.** nestera *nichte*
ist wahrscheinlich nep(s)tera: *vergl.* nsl.
tep(s)ti, *p.* grześć, *nsl.* greb(s)ti. *Fremd*
sind s. nepuča, nebuča *nichte.*

netopyrĭ: asl. netopyrь *vespertilio.*
Daneben nopotyrь *aus* notopyrь *pam.* 237.
nepьtyrь, neptyrь. **nsl.** netopir; nadopir
meg. matopir, topir, dupir, letopir. (b. prilêp). **s.** netopjer *mik.* nadopir. **č.** ne-
topýř, letopýř, holý vták. **p.** nietoperz
(e *für asl.* y), niedoperz, mętopyrz, lato-
perz, latopierz. (polab. nĕtüpår *schmetter-*
ling). **os.** ńetopyŕ. **ns.** ńedopyŕ. **klr.**
netopyr, nepotyr, nѳdopyr, topyr *neben*
kučopyr, nôčvyd, nočovyd. *In* neto *sehe*
ich nokɬ, *dessen* kt *entweder* št *oder* t *wird;*
hinsichtlich des e *vergleiche man* **nsl.** necoj,
nicoj. *Die benennung* netopyrĭ *beruht auf*
derselben vorstellung wie νυκτερίς *vespertilio.*
p. latomysz *entspricht dem* d. fledermaus,
die flatternde maus. Was den zweiten theil
des wortes netopyrĭ *anlangt, so scheint*
derselbe zur W. per *fliegen zu gehören.*

netreskŭ: **nsl.** netresk *jambr.* natrѕk
sedum. Daneben nastrk, nadstôrek, natrôsek. *Wohl nicht nasturtium, das eine*
andere pflanze bezeichnet.

nevenĭ: **s.** neven *calendula officinalis.*
b. neve *verk.* 203. *Vergl.* **r.** nevjanka
gentiana aliaica.

nevêsta asl. *sponsa.* **nsl.** nevêsta
braut. **b.** nevêsta *braut, die neuvermählte.*
s. nevjesta *junge frau, des bruders frau.*
č. nevěsta *schwiegertochter.* **p.** niewiasta.
kaš. ńasta. **os.** ńevjesta. **klr.** nevista
braut, frau. **r.** nevêsta *mannbares mäd-*
chen. — **rm.** nevastę, învêstę. *Man ver-*
gleicht die W. ved: **ar.** vedena bystъ Rosti-
slava za Jaroslava. *lit.* vesti *führen,*
heirathen. vedlīs *bräutigam.* vedīs *freier.*

nauveda *neuvermählt: dieses kann zur ver-*
muthung führen, ne berge in sich nevo *für*
novo, *allein* ê *steht der ableitung von* ved
entgegen. Dasselbe gilt vom ai. vadhū *von*
vadh, vah *die heimzuführende und die heim-*
geführte braut, junge ehefrau, eheweib, weib.
Vergl. zend. upa-vādhajaēta *er möge heirathen,*
vādhajejti *er führt neben* vadhrja *heirats-*
fähig. nevêsta *kann lautlich als die „unbe-*
kannte" gedeutet werden, was wieder sach-
lich nicht passt.

nevodŭ-: **asl.** nevodъ *art netz.* **č.**
nevod. **p.** niewod. **ns.** navod. **klr.**
nevôd. **r.** nevodъ. — **rm.** nѳvod. *lit.*
nevadas. *Vergl.* **lett.** vads *grosses zugnetz:*
ne *mag die partikel sein. Man erinnert*
mit unrecht an finn. neuwot *werkzeug.*

nez-: **asl.** nьsti, nьzą, nьznąti *infigere.*
nьzêti *infixum esse. Durch* steig. noz-:
iznoziti, pronoziti *perfodere.* nanoziti sę
(na orąžije). *Abweichend* vъnuziti *infigere.*
Durch dehn. nizati *transfigere aus* nêzati.
nsl. prinizse (prinьzъ̆ĕe) *fris.* nizati, nižem,
nizgati *auffassen (perlen).* **b.** niža *vb.*
naniz *halsband.* pronizvam *durchbohren.*
s. niz, naniz *eine schnur perlen.* **č.** venznouti *infigere.* **p.** nanizać (perły). *Vergl.*
snoza *seitenholz im joche.* **ns.** nizaś.
klr. zanôz, zanoza *pflock am ochsenjoche.*
pronoza *schlauer mensch.* nyzaty. nyzka
halsschnur. **wr.** zanoza. nizać. zanizka
perle im halsband. **r.** vynze *nestor.* pron-
zitь. nizatь. snizi. zanizki *korallen im*
halsband. nozitь. nozьma *für* nora *grube,*
lager. zanoza *splitter assulu.* pronoza. —
lit. zanazas *stecksel des jochs. Hieher wird*
auch nožь *aus* nozjŭ *gehören:* vъnozi nožь
vъ nožьnicę. z *beruht nicht auf velar.* g,
sondern auf palat. g *oder* gh.

nê asl. *in verbindung mit dem pro-*
nomen kŭ: nêkъto *aliquis.* nê otъ kogo.
otъ nêkądê *alicunda usw.* **nsl.** nêkdo.
nekteri, enkteri, enkateri. **č.** někdo *usw.*
ns. ńecht, ńechten *usw.* nê *ist wahrschein-*
lich nevê *nescit.* ponê χᾶν *vel ist von* nê
wohl zu trennen: ne bê imъ koli ponê jasti
χαὶ οὐδὲ φαγεῖν ηὐχαίρουν. č. asponě, aspoň
wenigstens ist a *si* ponê.

nêga asl. *voluptas.* nêgovati *desiderare.* **s.** njega *pflege.* **klr.** neha *weichling.* nihovaty, hołubyty. ńižnyj. ńižyty. pońižyty, popestyty. **wr.** nêženka. **r.** nêga. nêžitь. nêžocha. — *rm.* nêgę *contumax. Slav.* g *ist velar.* gh: *ai.* snih (snigdha) *geschmeidig werden, sich hingezogen fühlen.* snēha.

nêmŭ: **asl.** nêmъ *stumm.* **nsl.** nêm. nemak. **b.** nêm. **s.** nijem. **č.** němý. **p.** niemy. **os. ns.** ńemy. **klr.** ńimyj. **r.** nêmoj. — *magy.* néma. *alb.* nemec. *Vergl. lett.* mēms.

nêmĭcĭ: **asl.** nêmьcь *deutscher.* **nsl.** nemec. nemka. **b.** nêmec. **s** nijemac. **č.** němec *usw.* **polab.** němâc *vornehmer junger bursche.* — *rm.* nêmc. *magy.* német. *zig.* ъamco, ninco. *Von* nêmъ *mutus, bei Nestor auch „fremd"*: nêmьcь *ist „ein fremder", dann ein „Deutscher".*

ni asl. *neque.* — ni *entspricht dem lit. lett.* nei.

nicĭ: **nsl.** nic, v nic *verkehrt, äbicht rib.* črez roko. **p.** nic *m.* nica *f.* nice *plur. die linke, äbichte seite des tuchs.* nicować *ein kleid wenden.* **wr.** nic *wie p., gegensatz von* lico. nicyj *ist* **r.** skrytnyj. *Vergl. r.* nika, vъ babočnoj igrê storona babki, protivopoložnaja žochu. *Wahrscheinlich* nikjъ. *Vergl.* nik- 2.

nidŭ: **nsl.** nid *neid.* — *ahd.* nīd.

nijetŭ: **b.** nijet *absicht.* **s.** nihet. — *türk.* nijét.

nik- 1.: **asl.** niknąti *germinare.* nicati. samoničьnъ *sponte crescens.* vъzniknąti *surgere*: otъ sъna vъzniknąti. **nsl.** niknoti *germinare habd.* samonica *preiselbeere.* **b.** nikna *vb.* **kr.** odniknuti *luč.* **s.** nići, niknuti. nicati. nicina, micina *beule.* uznići *sich aufrichten.* **č.** vzniknouti. **p.** wzniknąc. **wr.** vznikać. **r.** vozniknutь.

nik- 2.: **asl.** poniknąti, ničati, sъničati *pronum esse.* nicь *pronus.* sъničavъ: sъničava žena. **nsl.** v nic *über den kopf nach rückwärts.* nikati *sich niederbeugen.* poniknoti. ponikva *die stelle, wo sich wasser in die erde verliert.* ničast *lästig.* **b.** nikna *sich ducken.* nikom nikna *vb.* nadnĭknuvam *gucken.* **s.** nikom poniknuъi, sagnuvši glavu k zemlji pogledati preda se. ničke, ničice: **č.** ničeti *gebeugt sein.* nici *pronus.* nice. proniknouti *durchdringen.* **p.** ponik *wie* **nsl.** ponikva. wniknąć *wo hinein dringend verschwinden.* przeniknąć *durchdringen.* wyniknąć *zof. Vergl.* nik *falle.* **klr.** nyknuty *schwinden.* nyъyj *gesenkt.* nyć *mit dem gesicht zur erde.* nyčaty, nachyłaty śa. **wr.** niknuć *schwinden.* nikač *das haupt senken, sich ducken.* nic *pronus.* ničma. **r.** niknutь *sich neigen.* ničatь. poniknuti *versiegen.* nikomъ, ničkomъ, nicъ, nanikъ, nanič, *d. i.* licomъ vnizъ. na vznič, *d. i.* licomъ vverch. pronikatь *durchdringen.* — *lit.* nīkti *schwinden.* nikti *sich heben oder senken. lett.* nīkt. *Die verba* nik *germinare und* nik *caput demittere können' identisch und die verschiedenheit der bedeutung durch praefixe hervorgerufen sein. Vergl.* nicĭ.

nini **s.** *wort, ein kind einzuschläfern.* ninati *schlafen.* — *Vergl. ngr.* νάνα.

ninogŭ: **r.** minoga *lamproie.* **p.** ninog, minog. **č.** nejnok *aus* nýnok. — *Aus dem d.:* neunauge, *ahd.* niunouge.

nisk-: **s.** njisnuti, njištati *wiehern.*

nišadorŭ: **s.** nišador *ammoniak.* **klr.** našatyr. **r.** našatyrь. — *türk.* nęšadęr. *arab.* nušadir. *it.* lisciardo.

nišanŭ: **b. s.** nišan *ziel.* **s.** *auch* lišan, likšan. **r.** nišanъ. mišenь *visier, scheibe.* — *türk.* nišan *zeichen, zielscheibe. ngr.* νισάνι.

nišeste **b.** **s.** *stärkemehl.* **s.** *auch* skrob. — *türk.* nišasté. *ngr.* νισεστές.

ništĭ: **asl.** *pauper.* ništavъ: odežda ništava. *Aus* ni-tjъ, *daher eig. humilis: ist dies richtig, dann ist* **klr.** nyščyj, znyščaty *verarmen,* **r.** niščij *aus dem asl. entlehnt und* **s.** ništ *arm und* ništav *b.,* **kr.** nišćetan *ist mir dunkel.*

nitje: **s.** niće *trauung.* — *türk.* nikaħ.

nitŭ: **p.** nit *niet.* nitować. **wr.** nitovać. — *lit.* nitas. *mhd. nhd.* niet.

nitĭ: **asl.** nitь *filum.* **nsl.** nit. niti *webertrumm.* **s.** nit *m.* niti *plur. f. webertrumm.* **č.** nit *faden.* **p.** nić. nitka. **polab.** nait·

naitaidla *weberkamm:* *niti-dlo.   os. nić.
ns. niś.   klr. nyty. nytka.   r. nitь. —
lit. nītis *faden, schaft am webestuhl.* lett.
nīte. *Denselben ursprung hat* asl. ništa *filum:*
aus nitja.   b. ništka. ništêlka. nišć *weber-*
trumm.   klr. nyčeĭnyći, nyčenyći *zettel.*

niva: asl. nsl. njiva *acker.*   b. niva.
s. njiva. njiviti *pflegen.*   č. níva.   p. niwa.
ns. niva.   klr. nyva.   r. niva.

nizŭ: asl. nizъ *deorsum.* prъstiją nizъ
glavą posypanъ. nizu. nizvrêšti. nizêti
descendere. nizъkъ *humilis.* niziti *humi-*
liare. obniziti. niže *inferius, daher* nižьnь.
Der compar. nižaje *beruht wohl auf dem*
compar. niže: *man erwartet* nizêje. nizьnjaje
ist auf nizьnь *zurückzuführen.*   nsl. niz. ni-
zek. ponizen. poniziti.   b. niz: niz gora ta;
niz selo to; nizъ ljudie *bulg.-lab. 50.* nizъk.
s. niz *niederung.* niz *hinab.* niziti.   č. nízký.
nížina, nížiti *haben unhistorisches* ž *für* z:
ž *kann auf dem compar.* niže *beruhen.*   p.
nizki. nizina. uniżyć. na niż *in die niede-*
rung: niż *wohl* nizjŭ.   kaš. niza *für* r. glubь.
polab. naizkü.   os. nizki. nižić.   ns. nizki.
klr. nyz. nyzkyj.   r. nizъ. nizitь. nizkij.
nizina. nižnij.   z *ist nicht* g, *sondern palat.*
gh. *Vergl.* go.

noga asl. nsl. b. s. *fuss.*   asl. nogavica *art kleid.*   nsl. panoga *abtheilung.*
Vergl. trinog *carnifex meg.*   s. nogavica
caliga.   č. noha. odnož *schössling.*   p. ns.
noga.   **polab.** nüga.   os. noha.   klr.
noha. vôdnoha *nebenschössling, flussarm.*
wr. nahavići *für* r. štany.   r. noga. —
preuss. nage *fuss.* *lit.* naga *huf.* *Vergl.*
nogŭtī.

nogata r.' *alte münze, der zwanzigste*
theil der grivna.   klr. nohata *chrest. 186.*
nohat. — *Vergl. lit.* nagatka *calendula*
officinalis: die bedeutungen können nicht
vermittelt werden.

nogŭ: asl. nogъ γρύψ *gryps.*   č. nob
geier ist asl. inogъ, inegъ *von* inŭ.

nogŭtĭ: asl. nogъtь *unguis.*   nsl.
nohet, *gen.* nohta.   b. nokъt, nekъt, *plur.*
nohte.   s. nokat. zanoktica, noktilja, no-
kilja *und* nakojedja *nagelwurzel.*   č. nehet.
p. nogieć, nokieć. paznogieć.   **kaš.** nogc.

polab. nügit.   os. nohć.   ns. nokś.   klr.
nohoť.   **wr.** podnohotnaja.   r. nogotь;
dial. nokotь. nogtoêda. — *preuss.* na-
gutis.   *lit.* nagas *nagel.* naga *huf.* lett.
nags. nagains *hornartig.*   (ai. nakha).
gr. ὄνυξ, ὄνυχος.   lat. unguis.   air. inga.
ahd. nagal. g *ist velares* gh; k, h *beruhen*
auf gt. *Mit* paz *aus* pa, po: asl. paznogъtь
klaue.   nsl. pažnoht.   č. paznohet. paz-
neht.   p. paznogieć, paznokieć.   os. parnoht, panoht.   ns. parnochta.   klr. pahnôsť, pahnosťa; pahnôzď, pahnozďa.   **wr.**
paznokoć.   r. paznogti. — *lit.* panagés.
Vergl. pazurŭ.

noj s. *strauss.*

nont-: b. podnota ili ponada *das an-*
gebotene: s. ponuda: podnota *wohl für*
podnъta.   č. nutiti *zwingen.*   p. nęt, wnęt
köder. nęcić, wnęcić *locken.* ponęta *neben*
ponuta. nucić *nöthigen.*   os. nucić. *Mit*
nuti- *vergl.* got. nauths.

norica 1. r. *tumor pectoris.*   p. no-
rzyca. — *lit.* narīs *tumor, ulcus.* narīča
verhärtete geschwulst am euter der kühe.

norica 2.: klr. noryća *mustela lu-*
treola, ńirka, *wohl* nôrka, nörz.   r. norka.
p. nurka. *Vergl.* ner- 1.

norvŭ: asl. nravъ *mos.*   nsl. nrav:
narav *natura habd.*   b. nъrav *gewohnheit,*
charakter.   s. narav *f. gemüthsart.*   č.
nrav, mrav *sitte.*   p. narow, norow *gewohn-*
heit aus nrovъ. mraw *ist* č. narowić *ver-*
wöhnen.   klr. norov *sittè, unsitte, plur.* launen. narovy *annehmlichkeiten.* narovyty.
norovyty śa *wollen.*   **wr.** norov. ponorović.
vznorović *warten.*   r. norovъ *gewohnheit.*
iznorovъ. dobronorovije. ponorovъ *gewohn-*
heit. norovityj *trotzig. (Vergl. wr.* natura
trotz). norovitь *zu gefallen suchen.* narovъ.
narovitь. *Daneben* nravъ, ndravъ, indravъ,
rnavъ. nravitь sja, indravitь sja. ponravitь.
— *lit.* narvīti s *trotzen.* rm. nęrav. nor
in norêti *wollen ist nicht zu grunde zu*
legen: das slav. setzt ein ner, nor voraus.
Einem lit. norv- *entspräche slav.* narv-,
woraus auch r. nrav- *entstünde.*

norŭ: nsl. nor *närrisch.* norêti.   s.
norac.   os. nora.   ns. nara. — *lit.* na-

ravoti *narren.* *lett.* ners. *Alles d.: ahd.* narro.

norĭci: r. norьсь *slovenus, eig. noricus, daher* noriča, *iže* sutь *slovêni izv. 670.*

nosŭ: asl. nosъ *nasus.* nozdri *nares aus* nos-t-rь, *woraus durch den übergang der tonlosen consonanten in die tönenden* nozdrь: *vergl.* wr. visk, r. vizgъ *usw.* nodri *naz. ist wohl fehlerhaft.* nsl. nos. nozdrva. b. nos. nozdri. s. nos. nozdra, nozdrva. *Vergl.* nostvica, nosvica *stör.* č. nos. nosatec *spitzhacke.* p. nos. nozdrza. polab. nüs. os. ns. nos. klr. nos. nôzdry. r. nosъ *nase, das spitzige ende des eis.* nozdrja. — *preuss.* nozy. *lit.* nosis. *(Vergl. lat.* nāris). nasrai, nastrai: *vergl. asl.* nozdri. *lett.* nāsis. *ai.* nas, nasā. *ahd.* nasa. *lat.* nāsus.

noštĭ: asl. noštь *nacht.* noštedьnije. nsl. noč. nocoj, necoj *diese nacht.* noc, nuoc *venet.* nuć. snŭkaj *(sonst* snoči*) gestern abends res.* b. nošt. kr. noč. najco *hac nocte.* s. noć. č. noc. nočný. p. noc. nocny. nocleg. polab. nüc. os. ns. noc. klr. nôč. r. nočь. nočesь. — *lit.* naktis. *lett.* nakts. *ai.* nakti *usw. Neben ai.* nakti niças *noctis.*

novŭ: asl. novъ *neu.* nsl. nov. novič *neuerdings.* novec. b. nov. novci *geld.* s. nov. novac *münze.* č. nový. p. nowy. now. polab. nüwy. os. ns. novy. klr. novyj. znoveľ. r. novyj *neu, zukünftig.* — *lit.* navas, naujas. navīna, naujīna. *rm.* iznoavę. *got.* niujis *aus* nevjis. *gr.* νέος. *lat.* novus. *ai.* nava. novŭ *aus* nevŭ.

nožĭ: asl. nožь *messer.* nsl. b. s. os. ns. nož. č. nůž. p. nož. nožnia. polab. nüz. nüzaice *plur. f.* klr. nôž. nôžna. r. nožъ. — *lett.* nazis. *Vergl.* nez-.

nudi-: asl. nuditi *nöthigen.* nužda *nothwendigkeit.* nudьmi, nudьma *nothwendig. Daneben* nąditi. nąžda. otъnądь *omnino.* nsl. nuditi *nöthigen, anbieten.* ponüditi, ponújati. nuja *noth, elend.* b. prinudja *vb.* ponuda. nužda, nužba *noth.* kr. nujan *maestus.* s. nuditi *anbieten.* nužda *ist asl. Vergl.* nutka-. č. nouze *noth.* nuziti. *Vergl.* nutka-. p. nuda *langweile.* nudzić.

wynudzić *abnöthigen.* nuža, nužda *kraftlosigkeit ist r. Daneben* nędza *noth.* kaš. nanza, noza. os. ns. nuza *noth.* ns. nuskaś *nöthigen.* klr. nudyty *langweilen.* nud, nuda, nudoha, nuďha *langweile.* nuža, nužda *elend, noth.* nuď *übelkeit.* wr. nudzić. nuda *noth, unreinlichkeit.* nuža. r. nuditь *zwingen, langweilen.* nuda. nugda *betrübniss.* nužda, nuža. nužbica. — *magy.* nódit *antreiben soll mit* nógat *zu éinem stamm gehören. lit.* nudnas *langweilig.* nauda *habe, eigentlich armut, daraus* wr. navda *eigenthum: siehe* chudŭ. *Man vergleicht* got. nauths, nauthjan *und* ai. nādh-ita *in noth befindlich, keines von beiden mit recht.*

nuka-: asl. nukati *aufmuntern.* njukati. kr. nukati *verant.* č. nuknouti. p. nukać *neben* nękać. ns. nukaś, nykaś. klr. ponukaty *antreiben.* r. nukatь. *Das wort ist von der partikel* nu: s. nu, nude, nuder, danu; č. nu; p. nu, nuže, nuž *wohlan;* wr. nu-tka, nu-cetka *usw. abgeleitet. Vergl. jedoch* p. nękać. kaš. nankac, nękac, nekac. vnękac. — *lit.* niukinti *antreiben.*

nuna nsl. *nonne.* os. nuna. nunvica *verschnittenes schwein.* ns. nuna. nunva. — *ahd.* nunna. *lat.* nonna.

nurija s. *pfarre.* — *gr.* ἐνορία.

nurŭ: r. nurь *stadt am flüsschen Nurzer, einem nebenfluss des Bug. Das wort wird mit Herodots* νευροί *in verbindung gebracht.*

nuta asl. *bos, boves.* r. *dial. für* verenica *lange reihe (vergl.* čerda). polab. nŏta *herde, vieh.* notar *hirt. Man führt ein im·westen bekanntes nsl.* nuta *rinderherde an.* — *ahd.* nōz, *vieh.* ags. neát. *and.* naut. *finn.* nauta *vieh.*

nuzla s. *art krankheit, kad boli meso oko zuba.* — *türk.* nuzla, nüzlé.

nŭ: asl. nъ *sed.* i nъ *sed etiam. Vergl.* dva ·nъ dva. nsl. no *aus und neben* ino *et.* b. nъ. s. no *ist wohl* nego. wr. ono *für r.* no. r. no. *Die ältere form scheint* ną *zu sein, das oft vorkömmt. Das wort beruht auf einem pronomen, das*

auch im **asl.** ibo-no, nebo-nъ, ali-nъ *usw.*
auftritt. Das pronomen nŭ *dient der her-*
vorhebung: **asl.** *in den oben angeführten*
partikeln, ebenso im **nsl.** ino *et.* ton *ille*
fris. **b.** tina *tu.* deno *ubi.* kъdano *quando.*
dorno *usque.* **kr.** ino. kino *qui.* kakono.
kadno. doklen. odavljen *inde.* odsljen. **s.**
kakono. doklen. pridjeno. **č.** ten. jen.
onenno. **p.** ano. **os.** šćen (ješte nъ).
ns. ano. ňichten. šen *omnis:* vьsь. šiken.
kenž *qui.* **klr.** dajno *gib.* **r.** ažno.

nŭštvy: **asl.** nъštvy *mactra.* **nsl.**
nъške, načke, neške, nešče, ničke, niške.
nuškje, nuške *meg.* nъčke, plalne nъčke.
b. nъštvi. **s.** naćve, mlaćve. **č.** necky.
p. niecki. **os.** mjecki. **ns.** ńacki. **klr.**
nočvy, nočovy. necky *ist p.* **r.** nočvy. —
ahd. nuosk *rinnenartiger trog für das vieh.*
mhd. nuosch. *nhd. bair.* nuesch. *österr.*
nursch, ursch.

ny *plur. acc. der ersten person. Damit*
ist zu verbinden nasъ *usw.*

ny-: **asl.** -nyti *ignavum esse.* **č.** nýti
languere. Daher naviti, unaviti *ermüden.*
unavovati *strapaziren.* **klr.** nyty *schmerz*
fühlen. unyvaty *muthlos werden.* nyďity
schwinden. znyďity, unyty, zmarńity *chrest.*
486. **wr.** nyć. **r.** nytь, noju. noj *empfind-*
licher mensch. nojkomъ nytь. unylyj. —
lit. novīti *quälen. Vergl.* navī.

nych-: **asl.** vъznyšiti sę *in altum*
efferri et in aëre librari. Daneben vъzni-
šiti sę, zanišiti sę. *Vergl.* **č.** konýšiti, ko-
noušiti *wiegen, hätscheln.* **nsl.** nihati. **s.**
nihati, njihati *schwenken, wiegen.* **b.** ni-
šaja *schaukeln mil. 523.* **kr.** nišati. **b.**
ist niša se *hocken.*

nynê, nynja **asl.** *nunc.* nynêču, ny-
njaču. nynêštьnь. **b.** ninê. **č.** nyní. **p.**
ninie. **polab.** nyna, nynä. **klr.** nyńi.
r. nynê, nynêča, nynьče, nyniči, nynьma,
nonê, nonêčka. — *lit.* nu. nugi, nugis.
nunai. *lett.* nu. *got.* nu. *gr.* νῦν. *lat.*
nunc. *ai.* nu, nū.

O.

oba asl. *beide.* obojakъ *adj.* obakъ
adj. obače, obačenъ *sed.* **nsl.** oba, obadva. obojôd *beiderseits.* **b.** obače *tamen.*
s. oba, obadva. **č.** oba, obadva. obapol
zweifach. obako, obaky, obak, obáče,
obáč *doch.* **p.** oba. **polab.** vübë. **os.**
vobaj. **ns.** hobej. **klr.** oba. obapoły
auf beiden seiten. **r.** oba. — *magy.* obaj-
dócz *mischkorn.* *lit.* abu, abudu. *lett.*
abi, abidivi. *got.* ba. *gr.* ἄμφω. *lat.*
ambo. *ai.* ubhā.

obadŭ: **asl.** obadъ, ovadъ *oestrus.*
nsl. obad. **kr.** obad *tabanus.* **s. č.** obad,
ovad. **p.** owad. **kaš.** ovod. **klr.** ovad,
ovod, hovad, vadzeń. **wr.** ovad. vadzeń.
r. ovadъ, ovodъ. — *Vergl. lit.* ūdas *mücke.*
lett. ōde.

obala s. *ufer.*

obcesŭ: **p.** obces *obsessus.* — *Aus*
dem lat.

obelĭ: **p.** obel *vollkommen.* — *lit.*
abelnas. **r.** obelъ, obelьnyj cholopъ *in der*

pravda ruska ist dunkel: es wird durch
krepostnyj cholopъ *erklärt.*

obezŭ: **r.** obezъ *Abchase.* averъ, iže
sutь obezi.

obezĭjana: **r.** obezъjana *affe.* **klr.**
obezjana. — *lit.* bezdona. *türk.* ebuziné,
buziné.

obigŭ: **č.** obih: otplati obihem *retri-*
buet abundanter.

obilŭ: **asl.** obilъ *reichlich.* obilьnъ,
izobilьnъ. obilije, izobilije *überfluss.* **nsl.**
obilo *in fülle.* obilje *fülle.* **s.** obil. **č.**
obilí *getreide; dial. roggen.* obilný. **klr.**
obyľnyj, byvnyj *reichlich.* obyłe *fülle.*
r. obilie, izobilie *fülle.* *dial.* obilьe *un-*
gedroschenes getreide. obilъ *vielleicht aus*
ob-vilъ: *vergl.* **asl.** izvilije *fülle;* vъzvitъ
gewinn. Man beachte asl. izobolije περιουσία
prol.-rad.

oblašĭ: **asl.** oblašь *laicus.*

oblava: **p.** obława *jägergarn.* **klr.**
obłava: uv obłavu jim ne chodyty *acta.*

oblav, oblava *treibjagd.* r. oblava. —
Vergl. mhd. abelouf.

obloků: nsl. oblok *fenster.* č. oblok,
slk. kulaté okno. klr. obłok, obołok.
Vergl. obłôn *jalousie.* — rm. oblok. magy.
ablak. *Vergl. lit.* blaka *fensterchen und*
oblŭ.

oblŭ: asl. oblъ *rund.* nsl. obel
habd. oblin, obelj krl jali hlôd. b. obъl.
s. obal, obao. vaboljak *kügelchen.* č. oblý.
p. obły *länglich rund.* os. vobli. ns.
hoblina. klr. vôbłyj. vybeľ *runder ballen.*
vybłak *runder klotz.* r. oblyj. obelьnoj
dial. — rm. oblu. *lit.* apvalus, apalus.
oblŭ *ist* ob-vlŭ *und* vlŭ *verwandt mit* vel
wälzen. ahd. sinawël. and. valr.

obrŭ: č. obr *riese.* slk. obor, obrín.
p. *alt und dial.* obrzym, *wobei an* ὄβριμος
gedacht wurde, ołbrzym. os. hobr. r.
obrinъ *Avar.* — obrŭ *beruht auf dem*
namen der türkischen Avaren. Der name
der Deutschen ambrones *ist fern zu halten.*
Vergl. avarinŭ.

obuchŭ: č. *dial.* obuch, hůl se sekyr-
kou. obušek, sekyrka o dlouhém toporze.

obzajdy, absyda p. *abseite.* — *Aus*
dem d.: gr. ἀψίς.

obĭ: asl. obъ, o *aus* obь *praepos. cir-*
cum: obъ onъ polъ *trans.* sъьга sę na-
rodъ o njemь *circum eum.* okolo. obъdo
thesaurus aus obь *und* dê. obimo *circum.*
Als praefix auch obi, obu: obizьrêti, obu-
zьrêti *in der bedeutung circum. Anders* asl.
oslušati sę *non obedire, eig. „überhören“.*
č. oslyšeti se. p. osłyszyć. r. oslušatь
sja. osluchъ. *Ähnlich* nsl. osêvek, prazen
prostor na posêjani njivi: vse je polno
osêvkov. ahd. umbi. *gr.* ἀμφί. *lat.* ambi-.
ai. abhi-. *zend.* aiwi-. *Vergl. lit.* apë, apī,
api. obьětъ *communis aus* obь-tjŭ. obьština
communio. nsl. občji. občen. občina. b.
obšt. obština. kr. obćiti *solere.* s. obći
neben dem asl. obšti. č. obec *gemeinde.*
obecný. p. obcy. obec. klr. obščyj:
obščyna. obščestvo. r. obščij. *klr. und*
r. entlehnt. — rm. obšte. *alb.* opčinę.
Man beachte das deminuirende o: nsl. osiv,
nekoliko siv *graulich.* obširni *etwas breit.*

kr. oblen *subpiger.* ovel *in* trava ovela *ist*
wohl „etwas welk“ frankop. klr. ohłup *tölpel:*
glupŭ *etwas dumm.* r. ocholodь, ne mnogo
prochladno. okoe, koe-čto. klr. opušč
für hôrše. č. obdlouhý *länglich.* p. ob-
stary *ältlich. lit.* apĩkraivis *etwas gekrümmt.*
An dieses o *aus* obĭ *denke ich auch beim*
nsl. omagati *deficere, während in* očajati
desperare das praefix otъ *anzunehmen ist.*
Mit dem deminuirenden o *vergleiche man*
ai. abhi *zu-her, zu-hin. Andere nehmen ein*
negatives o *an.*

obĭjarĭ: r. obьjarь *art stoff.* —
Man denkt an türk. abdar *glänzend (stahl,*
waffen).

ocêlĭ: asl. ocêlь *f. stahl.* nsl. ocel;
ocelj *habd.* s. ocal, acal; ocil, ocilo. č.
ocel *m. f.* os. vorcl. klr. ocił *ung.*
oceľ *stollen auf dem hufeisen.* — magy.
aczél. rm. ocęl. ocêle. ngr. ἀτζάλον, ἔτζα-
λον. ahd. ecchil. nhd. bair. eckel *aus*
acuale. *Aus* ecchil *entstand* nsl. jeklo
stahl meg. lex. aklo. *Vergl.* oklên *schwer,*
gewichtig. Andere namen des stahls: bulatŭ.
čelikŭ. charalugŭ. stalь.

ocĭtŭ: asl. ocьtъ *essig.* nsl. b. ocet.
s. ocat. č. p. klr. ocet. wr. ocet, vocet.
r. ocetъ. — rm. ocet. magy. eczet. ocьtъ
beruht nicht auf lat. acetum, *sondern auf*
germ. akit: got. akeit. ahd. czzih *aus*
atêcum *liegt dem* nsl. jesih *und dem* os.
ns. vosucha *zu grunde.* r. *hat* uksusъ ὄξος.

očenĭ: r. očenь, očenno, otčenno,
otčunь *sehr.* klr. ačeń *für* r. možetъ
bytь. wr. očenno.

očesŭ: asl. očesъ *cauda.* p. oczas.
Vergl. kr. oćas *verant.* ochāsc *(d. i.* oćaš)
art pflanze cauda equina Stulli. č. ocas.
Dunkel.

odaja b. s. *zimmer.* p. oda. — *türk.*
oda. *Daher* s. odalika, türk. odalęk.

odolênŭ: s. odoljen, odoljan *art*
pflanze. odolin *antirrhinum orontium.* č.
odolen *baldrian.* klr. odołan. r. odo-
lenь *nymphaea alba.* vodoljanъ *datura stra-*
monium. — rm. odolan *valeriana officinalis.*

odrŭ: asl. odrŭ *bett.* odrina *caula.*
nsl. odri *gerüst.* odrige *hängebett.* b. odъr.

s. odar. odrina *rankender weinstock.* č.
odr *pfahl.* odry *gerüst in der scheune.* odr,
vodr *für* patro *vorscheune dial.* klr. odr
krankenbett. odryny, chřivy *chrest. 115.*
r. odĕrъ *dial.* — *zig.* vodro. *magy.* odor.
lit. ardai *stangengestell.*

odžakŭ: b. s. odžak *herd.* — *türk.*
odžak.

oferŭ: nsl. ofer *opfer.* **kr.** ofar.
č. ofĕra. **p.** ofiara. **os.** vopor. **ns.**
hopor. **klr.** ofira. **wr.** ofiara *aus dem p.*
— *ahd.* opfar *von offerre.* p. ofiara *beruht
auf* č. ofĕra, *dessen* ĕ *schwierigkeiten macht.*
lit. afĕra, apĕra.

ogarŭ 1.: č. *dial.* ogar, chlapec, chas-
ník *bursche.*

ogarŭ 2.: asl. ogarъ *art jagdhund.*
tatarinъ ogarъ jestь. **s.** ogar. **č.** ohař. **p.**
ogar. **ns.** hogoŕ. — ,**rm.** ogar. *magy.* agár.

ogništĭ: asl. ogništь *mancipium.* **r.**
ogniščaninъ *primatum unus ist wohl „der
einen eigenen herd, ognište, hat".*

ognĭ: asl. ognь *feuer.* ognište χαμινος.
ognica *fieber.* ognivo. **nsl.** ogenj. ognjilo
schleifeisen der mäher. **b.** ogъn. ognište
herd. ognilo *feuerstahl.* **s.** oganj. ognji-
šte. ognjica. ognjilo *feuerstahl.* **č.** oheň.
ohnisko. **p.** ogień. **polab.** vügin, vügün.
os. voheń. vohnišćo. **ns.** vogeń, hogeń,
hogńo. **klr.** ohoń. **r.** ogonь. ognivo
feuerstahl. — *lit.* ugnis. *lett.* uguns. *lat.*
ignis. *ai.* agni.

ograisa-: b. ograisati *übel ankommen.*
ograma, nalitane, navala. — *türk.* ogramak.

ograšĭje: s. ograšje *treffen.* — *türk.*
ograš. ograšmak.

ogumŭkŭ: s. ogumak *fruticetum.*

och-: b. ohtja, ohkam *seufzen.* **klr.**
ochaty. **r.** ochatь: *vergl.* ochti mně,
mněčenьki, mněčuski. — *rm.* ofta, oftez
vb. Onomat.

ochljovŭ: b. ohljov *schnecke.*

ocholŭ: nsl. ohol *fastosus lex. elatus*
habd. ohòlost. oholija. oholen. **b.** ohol
liber. **kr. s.** ohol. *Vergl.* **r.** cholja, cholь-
nostь *sauberkeit.*

ochrovtŭ: nsl. ohrovt *brassica.* ohraut,
ohrat *lex.* vihrovt. ukrot, okret, okrat

steĭer. vukret *jambr.* **kr.** ukret *ung.* —
nhd. kohlkraut.

oj: asl. oj dьnь αὐθήμερον *naz. 36.*
ojdьnьнъ αὐθημερινός. *Ein dunkles wort.*

ojes, ojos: nsl. oje, *gen.* ojesa, *deichsel.*
b. ojište. **s.** oje. **č.** oje *n. f. dial.* vůje.
os. podvojo. vojisko. vojnik. **ns.** vojo.
klr. voje, vôje, vyje. — *rm.* oište. *nhd.*
dial. anize, anze *ist wohl* **nsl.** ojnica *oder*
č. ojnice.

ojminŭ: asl. ojminъ, oimъ (ojъmŭ)
miles. oimьskъ. oimьstvo. — *Man vergleicht*
lit. ajmĕ *myrias.*

ojnakŭ: s. ojnak *nuss im spiele.* —
türk. ojnak *spielend.*

oka b. s. *das türkische pfund.* **p.**
oko. — *türk.* oka.

oklagija s. *nudelholz.* — *türk.* oklagę.

okos, očes: asl. oko *aus okos auge.*
sg. gen. očese *aus okes,* očes. *dual.* oči
von okї, očї. vъočesiti *sehend machen.* **nsl.**
b. klr. s. č. p. klr. **r.** oko. **kr.** naznoko
coram. **polab.** våkü. **os.** voko. **ns.**
voko, hoko. — *preuss.* agins. ackis. *lit.*
akis. *lett.* acs. *Hieher gehört* **asl.** okno
fenster. **nsl.** okno *fenster, quellgrund*
Ukrain. **s.** okno *fensterscheibe, schacht.*
č. p. okno. **polab.** våknü. **os.** vokno.
ns. vokno, hokno. **klr.** vôkno. **wr.**
vokno. **r.** okno. — *rm.* oknę, ognę *salz-
grube.* *magy.* akna *schacht, spundloch.*
ngr. ἄχνα *saline.* *lit.* akas *wuhne.* *lett.*
aka *gegrabener brunnen.* **nsl.** očali, **b.**
očila *brillen sind it.* occhiale *an* oči *an-*
gelehnt. Dagegen gehört zu oko **nsl.** okunj
bars (fisch). **č.** okoun. **p.** klr. okuń.
klr. okoń. **wr.** vokan. **r.** okunь. *Der
fisch soll grosse augen haben. Die zusammenstellung mit* r. okunutь *eintauchen
hat nichts für sich.*

okrontŭ: p. okręt *schiff.* — *lit.*
akrūtas.

okša: p. oksza *axt.* — *Aus dem d.*
axt. *lit.* jekštis, jekšis.

okštanŭ: nsl. okštan *succinum habd.*
— *d.* agatstein.

olbije: č. labe *n. Elbe.* **polab.**
låbi, låbü. **os.** łobjo. **ns.** lobjo. **p.** łaba

ist č. *Vergl.* lab *fluss in Serbien.* *lat.*
albis. *gr.* ἄλβιος, ἄλβις. č. labe *befremdet,*
man erwartet lobe.

oldija: **asl.** ladija *schiff: daneben*
alъdija. **nsl.** ladja. **b.** ladja *Vinga.*
kr. ladi (ladij). **s.** ladja. č. lodí, loď.
p. łodzia, łodź, łodka. *Aus d.* lothsmann
ist łodźman *geworden.* **polab.** lüda. **os.**
łódź. **ns.** lož. **klr.** łoď. **wr.** ładka
für łodka. **r.** lodьja, lodija, lodka. — *lit.*
eldija *neben* aldija. *magy.* ladik. *alb.* lagję.
asl. alъdija *stammt aus der zeit, wo das
kurze* a *noch nicht* o *geworden.*

oldomašľ: **slk.** oldomáš *kauftrunk.*
klr. ọdomaš. — *magy.* áldomás.

ole asl. *interj.* ole čudo. ole strasti
φεῦ τοῦ πάθους. ole razuma. ole silê i nuždi.
Für ole *findet sich häufig* o vele: o vele
pasha velikaja: *daneben* o vole. **b.** olele
do boga *mil. 340.* oleleh. lele bože. ole-
leča *vb.* lelekanie *wehklagen bulg.-lab.*
s. lele mene. lelekati. **klr.** ọle. łełe
leider. Vergl. **s.** vojno le. *Man vergleicht
gr.* ἀλαλά, ἐλελίζω, ὀλολύζω. *ai.* rē, arē,
ararē.

oles: **nsl.** ole, *gen.* olesa, *geschwür
rib.: daneben* ul, ula; ulje, ako se človek
zbode in se rana po tem stori. **p.** ul *f.*
fistel. Man vergleicht gr. οὐλή.

olika nsl. *oliva.* **kr.** ulika, ulka.
s. uljika. č. oliva. **r.** oliva. — *it.* oliva.

olk-ŭtľ: **asl.** lakъtь *ellbogen, elle.* **nsl.**
laket. sto lahti. **b.** lakъt. **s.** lakat. č.
loket. **p.** łokieć. łọkietek. **polab.** lü-
kit. **os.** łohć. **ns.** lokś. **klr.** łokoť.
wr. łokoć. **r.** lokotь. oblokotitь sja *sich
auf die ellbogen stützen.* — *preuss.* alku-
nis. woaltis *elle aus* woalktis. *lit.* olektis,
olaktis, alkunė, elkunė: *man erwartet* alk-
tis. *lett.* ōlekts. elkons.

olni: **asl. nsl. b. s.** lani *im vorigen
jahre.* č. loni. v loni. *dial.* łoni, łuni,
v lůni. **p.** łoni. *dial.* łoński, łyński. **os.**
łoni. **ns.** loni. **klr.** łony. v łony. łunčak
widder vom vorigen jahre. **r.** loni. vъ loni
gody. lonisь. lonišnij. lonina. lonьskij. *Vergl.
dial.* olonno *für* davno. lanьšákъ *pferd im
dritten jahre dial. für* lonьšákъ.

olovo asl. nsl. s. č. *blei.* **b.** olovo,
elav. **p.** ołoẃ. **polab.** vülüv, vålüv,
åľåv. **os.** vołoj. **ns.** volyj, voloj, voj.
klr. ołovo. **wr.** vołovo. **r.** olovo. *dial.*
lovь. — *magy.* ólom: *das wort soll nicht
slav. ursprungs und mit* ón *verwandt sein.*
preuss. alwis *blei.* *lit.* alvas *zinn, wofür
meist* cinas. *lett.* alva.

olukŭ: **b. s.** oluk *rinne.* — *türk.* oluk.

olŭ: **asl.** olъ, olovina *sicera.* **nsl.**
ol, olej, vol *bier.* volar *bierbrauer.* **r.**
olъ *oleum. dial.* olovina. — *rm.* olovinę.
preuss. alu. *lit.* alus. *lett.* allus *bier.
Daher finn.* olut. *Vergl.* jelêj.

olŭtarľ: **asl.** olъtarь *altare.* **nsl. b.**
oltar. **s.** oltar, otar. č. oltář. **p.** oł-
tarz. **os.** vołtaŕ. **ns.** holtaŕ. **klr.** oł-
tar, vôltar. **r.** oltarь. — *magy.* oltár.
rm. oltar. *preuss.* altars. *lit.* altorius.
lett. altaris. *ahd.* altāri. *lat.* altare.
*Die slav. wörter stammen unmittelbar aus
dem ahd.*

om-: **s.** omak *einjähriges pferd.* omad
collect. ome *füllen.*

omanŭ: **nsl. s.** č. **p.** oman *alant inula
helenium.* **os.** voman. **klr.** oman. **r.**
omanъ.

omborŭ: **ar.** uborъkъ *art gefäss:*
asl. *aborъkъ. **kr.** uborak *verant.* **s.**
uborak. č. úbor, úborek. **p.** wębor, wę-
borek *eimer.* **polab.** võböråk. **ns.** bork,
sbork. **klr.** uborok i łukno *chrest. 45.*
— *ahd.* eimbar. *preuss.* wumbaris *eimer.*

omengŭ: **nsl.** omej ali lisjak *aconitum
napellus.* č. omih, omêj, vomêj. **p.**
omięg. **klr.** omeh. **r.** omegъ. — *rm.*
omeag. *„Die form* omengŭ *beruht auf dem
p.* omięg. *Das rm. wort setzt ein* r. omjagъ
voraus.

omira asl. *pfand.* — *gr.* ὅμηρον.

omora s. *fichte.*

omrela, mrela **nsl.** *regenschirm.* **b.**
umrela. **klr.** ambryła *ung.* — *nhd. bair.*
umbrel, numbrel. *it.* ombrella.

on: **asl.** *praep.* in: *die ältere in
der composition vorkommende form ist* ą,
daneben vъ *aus* ъ, *womit* sъ, są *zu vergleichen ist:* ąpoly *semi-.* ąsobь *vicissim.*

ąsobica *seditio.* usobьnъ (ąsobьnъ) *einsam.*
ątъkъ *stamen.* *In vielen fällen wirkt* ą, *ją
deminuirend:* ądolъ, ądolь *vallis.* ąvozъ *vallis.* jąbagъ πορφυρίζων. jąsinь *caeruleus.*
ąčrъmьnъ *röthlich: die verwandtschaft mit
vъ zeugt für* ą *gegen u. Hieher gehört vielleicht auch* ąrodъ **(klr.** urod) *stultus, eig.
der wenig verständige, unverständige.* **nsl.**
ôgled *brautschau:* iti v ôgledi (**slk.** *jedoch
ohľady) aus* ôtor. ôtek, vôtek *eintrag der
weber.* utor. *Vergl.* votka *pflugreute.* odolina
kleines thal. **b.** vъtъk. vъtor. **č.** účasť
schicksal. údol, údolí, pádoł *dial.* úhleď. útek
webel. úvoz. úvrať. **p.** wądoł, wandoł
schmale grube. wątek. wątor. wąwoz. *Vergl.*
wątpić. **polab.** võtåk. **os.** vutora *zarge.*
vukosa *böschung.* **ns.** hutora. **klr.** usobica,
vôjna *chrest.* 229. vtoŕy: vontory *ist* p.
uvôz, vyvôz *hohlweg.* jubahъ *violett* (ublêdivъ). učrъmьnъ. uzelenъ *chrest.* 30. **r.**
utory, *dial.* zatory. udorobъ *für* korobъ: **asl.**
ądrabь. Man beachte, dass im r. *auch* vъ
deminuirende bedeutung hat: vómalo, vótugo
für nêskoľko malo, nemnožko tugo. votêsno *dial.* **nsl.** vóraden *in* obloda je
vóradna *ist „etwas dünn"* rêdka.. **b.** v
neben vъv *wie* s *neben* sъs. *Das mit* on
verwandte lit. į *aus* in *(preuss.* en, an) *hat
eine der deminui. onden ähnliche bedeutung in*
įdukterė *pflegetochter.* **lett.** *lautet dieselbe
praeposition in der composition meist* ē:
ēdzeltens *gelblich:* **asl.** *ažlъtъ;* ēbūvētis
häusler, ein būvētis *voraussetzend. Man
beachte* įŕukt *etwas donnern,* įńemt *anfangen zu nehmen und* ēsals *malz, das angefangen hat süss zu werden. Auf* on *beruht
auch* *ątrъ *adj. qui intus est und auf
diesem* ątro-ba ἔγκατα; *ferners* ątrь, vъnątrь
intus adv., eig. acc. eines subst. f. ątrьnъ,
vъnątrьnъ, vъnątrьъnъ *adj.* ątrьjądê, ątrьjądu, vъnątrьjądê, vъnątrьjądu *adv.* **nsl.**
nôter *hinein.* nôtri *darinnen.* iz nôtra *trub.*
nôtrnji. vôtroba. **b.** vъtrê. vъtrêšen.
nъtrê (νατρε). utroba *für* vъtroba. **kr.**
nutreka, nutreh. **s.** unutar. unutra. unutrašnji. nutrak *nicht gut verschnittenes pferd
(vergl.* r. nutrecъ). utroba. **č.** vňutř, vnitř
das innere, mit parasitischem j. vnitřní.

zňutř. zevnitř *draussen.* zevnitřní. utroba.
p. wnątrz, wewnątrz. wnętrze. zewnątrz
nach aussen. wnętr *spado:* **s.** nutrak.
wątroba *leber.* wątrobie ziele *leberkraut.*
os. vnutř. vutroba *herz.* **ns.** nutś. vutšoba, hutšoba. **klr.** vnutro. nuter *einhoďe.* **wr.** nutro. vontroba *aus dem* p.
r. nutrъ, nutro *das innere.* vnutrь (vovnutrь), vnutri. iznutri (izvnutri). nutrina.
nutrecъ *mit nicht herausgetretenen hoden.*
utroba, *dial. auch* játreba. — **lit.** antris
unverschnitten (vergl. r. nutrecъ). **ai.** an
in an-tar *innen.* antara *im innern befindlich.* antra *eingeweide:* **asl.** jętra (jentro).
gr. ἔντερον. ą *beruht auf* on *(vergl.* **ai.**
āntra), ę (ję) *hingegen auf* en: **gr.** ἐν, ἐνί.
lat. endo. **asl.** jędê (jendê). vъ *verhält
sich im gebrauch zu* ą *wie* po *zu* pa, pro *zu*
pra, sъ *zu* są. *Der vocal von* ą *und* są
verhält sich zu dem von vъ *aus* ъ *und von*
sъ *wie* pa *zu* po *usw.: er ist als kurz aufzufassen. Ähnliches findet sich im* **lit.**

on-: **asl.** vonja *odor.* vonjati *olere.*
vonjalica. obonjati. **nsl.** vonjati *foetere.*
povonjati, ponjušati *riechen.* **b.** vonja
gestank. vonja, vonêja *vb.* vonešt *stinkend.*
voneštik. **s.** vonj, vonja. vonjati. **č.**
vůně. voněti. **p.** wonia *geruch.* wonieć
wohl riechen. **polab.** vüńa *geruch.* vü
ńoje *riecht.* **os.** voń. vońeć. **klr.** voń,
voňa. voňity *duften.* **r.** vonja. vonjatь
stinken. — **rm.** voêštnicę *mentha silvestris.*
ai. an *athmen, hauchen.* **got.** anan. *Ein intensivum von* on- *ist* ons-: onhati: **asl.** ąhati
riechen. **nsl.** vôh. vôhati. vôhlja. njuhati
prip. njušati. **s.** njušiti *schnüffeln.* nju
ška. **p.** węch. wąchać. niuch. niuchać
ist r. *dial.* nuochal *nase.* **polab.** võsat
riechen. püvõsa *roch.* **os.** nuchać. **ns.**
nuchaś. **klr.** ńuch. ńuchaty. **wr.** ńuch.
r. njuchatь. njuchało.

onda: **asl.** ąda *hamus.* ądica *uncinus,
hamus.* **nsl.** ôdica, vôdica; udica. **b.**
vъdica. **s.** udica. **č.** udice *häkchen,
angel, zaum.* udidlo *zaum.* **p.** węda *angel;
für* widły *zof.* wędka, wądka. wędzidło
gebiss am zaum. **os.** vuda. **ns.** huda.
klr. uda *chrest.* 284. udka, vudka, udýća.

udyty. **vudyło** *angelruthe.* **wr. vuda.**
r. uda. udilo *gebiss.* udilišče *dial.* — *rm.*
unditsę. *lit.* uda *angelschnur.* udilai *gebiss*
am zaume szyrw. **lett.** ūda.

ong-: *auf dem thema* ong- *beruht* onžĭ
und ongrĭ. *I.* onžĭ: **nsl.** vôž *anguis:*
daneben gôž, glôž *lex.* guž *habd.* **p.** wąž.
kaš. voz *nicht giftige schlange.* **os.** huž.
ns. huž, vuž. huženc *wurm.* **klr.** už, vuž.
wr. vuž. vužaka. **r.** užъ. užaka. —
preuss. lit. angis *f. lett.* ŏdze. *gr.* ἔχις.
ai. ahi. *zend.* aži. *arm.* iž. *II.* ongrъ: **asl.**
ągulja *(erschlossen).* **nsl.** ôgor, *gen.* ôgorja,
vugor *aal habd.* **s.** ugor. **č.** úhoř.
p. węgorz. **polab.** vŏgör. **os.** vuhoř.
ns. hugor, vugor. **klr.** uhor. **r.** ugorъ.
— *Vergl. magy.* angolna. *preuss.* angurgis.
lit. ungurīs *aus* angurīs. ungurītis. unguri-
ninkas. *Daraus estn.* angrias. *Daneben*
jongulja: **b.** jъgulja (ιαγχούλη *pl.*). *Statt*
s. jegulja *erwartet man* jugulja: janjulja
lehnt sich an anguilla *an.* *gr.* ἔγχελυς.
lat. anguilla. ągulja *wird als entlehnt ange-*
sehen. *Das g von* ong- *ist velares* gh, *ąžъ*
ist daher ongjŭ. *Vergl.* enz.

onglŭ: **asl.** ąglъ, ągъlъ *winkel.* **nsl.**
vôgel. četirivug *viereckig habd.* **b.** ъgъl,
jъgъl. **s.** ugal, nugao. **č.** úhel. **p.**
węgieł. **os.** nuhł. **ns.** nugel. **klr.**
uhoł, vuhoł. **wr.** vuhoł. **r.** ugolъ,
daneben dial. uzgъ, uzgolъ, uzžokъ. *Vergl.*
p. wôzg (wązg) *dial. schoss.*

onglĭ: **asl.** ąglь *(nicht* ągljъ) *kohle.*
vъnągliti sę. **nsl.** vôgel, voglen. **b.**
jъglen, vъglen. vъglišta. **kr.** ugljen.
s. ugalj, ugljen. **č.** uhel. **p.** węgiel,
wągl. **polab.** vŏgil. **os.** vuhl. **ns.**
nugel. **klr.** uhoľ, vuhoľ. **r.** ugolь. —
preuss. anglis. *lit.* anglis *f. lett.* ŏgle.
ai. ańgāra.

ongrŭ 1.: **asl.** ągrinъ, vągrinъ *un-*
garus. vъgrinъ rysь. **nsl.** vôger, vogrin,
vogrinec. vôgrščak *ostwind.* **b.** ugrin
(*wohl* vъgrin). **s.** ugar, ugrin. **č.** uher.
p. węgrzyn. węgry *ungern.* **os.** vuheř.
klr. uher, uhor. veherja *art tanz.* **r.**
vengerecъ, vengrija *sind* p. — *lit.* vengras
aus dem p., *bei Szyrwid* unkšterai *ungern.*

Das slav. ongrŭ *aus dem ugrischen liegt*
der europäischen benennung der Magyaren
zu grunde.

ongrŭ 2.: **nsl.** vôgrc *beule.* ôgrc, me-
hurec *na koži; dasselfliege.* **s.** ugrk, crv
što zivi ljeti u goveda ispod kože. **č.**
uher *finne.* **p.** węgry, wągry *finnen im*
gesichte. **os.** vuhra. **klr.** vuhor, vuhrak:
vergl. ohar *art beule.* **r.** ugorь, *gen.* ugrja,
kleine beule, ugri na licě; *oestrus equi.*

onkŭ: **asl.** ąkotь *f. uncinus.* — *gr.*
ὄγκος. *ai.* ańka *haken.* **got.** hals-aggan
halskrümmung.

onsŭ: **asl.** ąsъ *barba, mystax.* goloąsъ.
naąsъ *puber.* naąsica *lanugo.* **nsl.** vôs. **b.**
vъs. vъsoviti klasove. *Vergl.* navъsen *finster*
blickend. **č.** vous, fous. **p.** wąs, **polab.**
vôs *der erste bart, flaum.* **klr.** vus, vusy,
usy, jusy. **wr.** vus. **r.** usъ *bart; wolle,*
für šerstь *dial.* usitь sja. — *preuss.* wanso.
lit. ūsai, ůsnai, uznai. usorus, uznårus *der*
einen starken schnurbart hat. **lett.** ūsa.
Hieher gehört auch ąsênica, gąsênica *eruca,*
eig. „das behaarte thier". **nsl.** vôsenca,
gôsenca. **b.** vъsênica, gъsênica; vъsênik,
gъsênik. **s.** gusjenica. **č.** húsěnicě *vit.*
húsenka. **p.** wąsienica, gąsienica, wą-
sionka. *dial.* gąskа. usień *ist* r. **kaš.**
vansevnica, voselnica. **polab.** vôsanaiĉa.
os. husańca. **ns.** guseńca. **klr.** usenьĉa.
uśiłnьĉa, uśiľ, uśiłka, huseń, vuseń, vuseľ-
nyk, husenьĉa. **r.** gusenica.

ontlŭ: **asl.** ątlъ *durchlöchert:* obutêlь
ątla. ątlina, ątlizna. **nsl.** vôtel. **kr.** utal
cavus. **č.** útlý *vergänglich.* **p.** wątły
schwach, nicht dauerhaft. **klr.** utłyj *chrest.*
256. **r.** utlyj *gebrechlich, beschädigt.*

ontorŭ: ątorъ, *woraus* ъtorъ, vъtorъ
oder utorъ: **asl.** vъtorъ *secundus.* (utoryj
nicol.) **nsl.** vtorek *dienstag.* vtorъ jutro.
torka, torklja *weibliches gespenst, das dien-*
stags in der nacht zu spinnen pflegt: dasselbe
bedeutet wohl tvorka. **b.** vtori. vtornik.
povtor *zum zweiten mahl mil. 366.* **s.**
utornik. **č.** úterý. úterek. **p.** wtory.
wtorek. **polab.** töry. **os.** vutora. **ns.**
vojterk, valtora. **klr.** vtoryj. vôvtorok.
pôłtora. **wr.** ovtorok. **r.** vtornikъ. —

rm. poſtori *vb. preuss.* antars. *lit* antras. *Fremd* utarninkas. *lett.* ōtrs. otrdēna. *got.* anthar. *ai.* antara. *Thema dasselbe wie in* onŭ.

onty: *asl.* ąty *ente:* utovъ, utja, utka *in r. denkmählern.* **b.** utva, utica. utašina *mil.* 21. 23. 537. *Wohl s.* **s.** utva *fulica.* utina *für* sova. **ns.** huśe, vuśe *junge ente:* **asl.** *ątę.* **klr.** uťa, vuťa, utka. utoý *chrest.* 487. **r.** utka. utenokъ. — *preuss. lit.* antis. *lit.* ątis. *ahd.* anut. *lat.* ana(t)s. *gr.* νῆσσα. on *ist erschlossen: das wort fehlt im p. Die bedeutungen sind verschieden:* **b.** utva *soll* noctua *bedeuten.*

onŭ: *asl.* onъ *ille.* onogovъ *illius.* onakъ. onakovъ. onamo. onъsь, onъsica *quidam.* **nsl.** on, *dial.* gun. ondi *dort.* ondukaj. odnud *ung.,* odned *von dort:* *onądu. onegav *cujusdam.* onegati *etwas machen, das man nicht nennen will.* poonegaviti ogenj. **b.** onoj, onzi. **kr.** onputa *tum.* **s.** on. onde, ondje, nodje. ondole. ondolen. donde, donle, dondolen *bis dorthin.* onoditi. **č.** on. onen. onady, onudy. onaký. oudy, onda, onehdy *usw. neulich.* onseh, onsah *ein gewisser.* přeonačiti. **p.** on. onaczyć *dies und jenes thun.* **polab.** vân. **os.** von. vondy. vonaki. **ns.** von. vonožeś, honožeś. **klr.** vôn, onon, non. onohdy, onohda. vôdnon *von dorther.* onačyty. **wr.** ën. **r.** onъ, *dial.* ënъ, inъ. onomedni, namedni. onady. nagdasъ, nagdysъ, nadysь, nadysja. — *lit.* ans. anoks. *lett.* vińš. *ai.* ana.

op-: *ar.* opica *affe.* opičъsky, opijsky *adv. simiae modo.* **nsl.** opica. **č.** opice. **os.** vopica. — *ahd.* affo.

opaklija *s.* şchafpelz. — *türk.* japak *lange feine schafwolle.*

opakŭ: *asl.* opako, opaky, opače *adv. retrorsum, contrarium:* въvęzašę rącê jego opaky. **nsl.** na opak *verkehrt inverso modo habd.* napъk *oblique.* ampak *sed:* a na opak. napačen *verkehrt: wohl* na opačen. napaka *verkehrtheit.* **b.** opak *die unrechte seite, rückwärts:* opak mu rъcê vrъzali. na opak. opačina *bosheit.* preopačam *verkehren.* **kr.** napak *perverse.* **s.**

opak *verkehrt, schlimm, tüchtig.* na opak. zlopak. **č.** opak, spak (*vъzopako). na opak. opačina *hinterruder.* opačiti *wiederholen.* **p.** opak, opaczny *verkehrt.* na opak. wspakiem, na wspak. opaczyć, opakować. wypaczyć *krumm machen.* spaczyć się *sich werfen (von holz).* **os.** vopak. spačić *aufwuchten.* **ns.** hopak, hopaki, vopaki. **klr.** opačyna *ruder.* naspak. pačyty śa *sich werfen.* **r.** opakij. — *magy.* apacsin *ruder.* *rm.* opęči *detinere.* — *Allen diesen wörtern liegt zu grunde ai.* apãñč, apāk *rückwärts gelegen, hinten befindlich.* apāčina. apāka *entfernt. ahd.* abah, abuh *abgewandt, verkehrt, böse. lit.* uzpakalej *auf der rückseite. Das anlautende o ist in vielen fällen (einige sind schon angeführt) abgefallen:* **asl.** pače *contra, potius.* paky *iterum.* pakostь *molestia, damnum.* ispakostiti, ispokastiti. (*Vergl.* **wr.** kaśćić). **nsl.** pak, pa, pali *wieder, aber.* pače, pač *habd. wohl.* pačiti *impedire.* spačiti. pôpačiti. spak *hinderniss.* spaček *missgeburt.* spake *nugae lex.* **b.** pak. pakost. **kr.** pačka *impedimentum.* spačiti se *ärgerniss nehmen.* **s.** pak, paka. **č.** pakosť. páka *hebebaum.* páčiti *winden. Vergl.* rozpak *bedenklichkeit.* **p.** pak *aber.* pakość. paczyna *ruder.* paczyć się *sich werfen.* **polab.** vápak. **os.** pak. pakosćić. pačić *heben.* **ns.** pakosć. pacyś. **klr.** pak *wieder.* pače. pakosť, kaposť. pakošči *bosheit.* pačyty śa *sich werfen. Vergl.* rospač *verzweiflung.* **r.** pakša *die linke hand, wohl die „verkehrte".* pakostь. — *rm.* pakoste. *lit.* počina *ruder.* *magy.* pakosz. pakosztos.

opihŭ: *nsl.* opih *apium.* **č.** *p.* opich. — *nhd.* eppich. *ahd.* epfi *aus* apium.

oplatŭ: *asl.* oplatъ *oblata glag.-kiev.* **č.** oplatek. **p.** opłatek. (**ns.** obľat, hobľat *oblate*). **klr.** opłatok. **ar.** oplatъkъ *hostia.* — *ahd.* oblāta. *lat.* oblata: oplatŭ *wie es scheint, mit anlehnung an* platъ.

oplênŭ: *nsl.* ôplen, oplên, lês, v kateri sta vtaknjeni rôčici *wagengipfenholz.* oplenci *ung.* **kr.** oplenci. **s.** opljen, opjen. **č.** oplen *gipfstock.* **klr.** opľin. — *magy.* eplény *querbalken.*

oproda nsl. *armiger meg. marc.* **kr.**
oprovda. — *magy.* apród.

opt- : **klr.** optom *im grossen.* optovyj.
r. optъ. optomъ. obtovyj. *Nicht von* obĭ.

or- 1.: asl. orati, orją *arare.* oračь
arator. oralo *aratrum.* oratva *aratio. Da-*
neben ralo *aus* or-dlo. ralija *arvum aus*
or-lija, or dlija. rataj *agricola aus* or-taj.
ratva *aus* or-tva. **nsl.** orati. or *pflüge-*
zeit. prêvor *brachacker Ukrain.* oralo. *Da-*
neben ralo *arl, halbpflug.* ral *f. ackern aus*
or-lĭ. rataj. razare *plur. f. die endfurchen.*
b. ora *vb.* orač. oralo. oran *f. ackern. Da-*
neben ralo. ralica *ursa major.* rataj *knecht.*
ratakinja *magd.* **s.** orati. oráći *adj.* oralo.
Daneben ralo. raonik. ral *m. art feld-*
mass: or-dlŭ. ralica *pflug.* rataj. ratar. **č.**
orati. orba. *Daneben* rádlo. radlice *pflugschar*
und role, *asl.* ralija. **slk.** rataj. **p.** orać.
radło. radlić. radlica *hakenschar.* rataj *zum*
kriegsdienst verpflichteter landmann. rola.
polab. vårat *inf.* rådlü. rådlaića *pflugschar.*
råtaj *pflüger.* rüľa. **os.** vorać. radło. radlica. rataj. rataŕ. roľa. **ns.** voraś. radło.
radlica, ralica. rataj. roľa. **klr.** oraty: ańi
ore ańi płužyt. ralo. rataj; *soldat ung.*
rôlľa. rolua. **wr.** rallë *n. acker.* ralejnik.
roľa *ackerbau.* radło. **r.** oratь. oralo. ora-
taj. orьba *ackern.* orьbesъ. ralo. rataj.
rolьja *nest.;* rolja. — *rm.* ralicę *der grosse*
bär. rezor *grenzfurche.* **preuss.** artoys.
preartue *pflugreute.* *lit.* arti. arklas *aus*
artlas. arklīs. artojis. *lett.* art. arkls.
arklinēks. *got.* arjan. *lat.* arare. aratrum *ist* oradlo. *gr.* ἀρόω. ἄροτρον *ist* vielleicht ἄρ τρον, radlo. *mhd.* arl *aus* ar-tla.

or- 2.: asl. oriti *evertere (fallen machen)*:
oritъ gory; slъzy oreště. oritelь idolъ. oboriti. oboriti sę συμπίπτειν. razoriti σκεδαννύναι.
razoboriti. nizoriti. **b.** razorja *vb.* sъbarêm *vb.* (*sъobarjati). **s.** oriti se *stürzen.*
oboriti, obarati. razor *zerstörung.* razuriti.
č. rozbořiti *aus* rozoбořiti. **klr.** oburyty.
rozoryty, razoryty *verwüsten.* **r.** razoritь.
razorъ. — *rm.* obor *prosternere.*

ora 1. **nsl.** *hora jambr.* ura, vura
stunde, uhr, ungewitter: huda ura. neura *un-*
glück. uren *habilis lex. schön, nett (meistens*

ironisch). uriti *üben:* dobro, slabo se mu
uri. obkore, okorej *wann.* dokore *bis wann.*
obsore *um diese stunde:* ob sej ori. **s.**
ora *die rechte zeit.* uoriti. ura. — *nhd.*
bair. or, hor. *it.* ora.

ora- 2.: **r.** oratь, oru *schreien.* orava
schreier. Vergl. **klr.** orava *schaar.* **s.** oriti
se *wiederhallen.*

orbŭ: asl. rabъ *servus.* raba, rabyńi
ancilla. rabota *servitus. Daneben* robъ.
nsl. rabiti *laborare habd.* dienen: ta mrêža
mi rabi uža pet lêt. rabota *frohne. Daneben*
rob *habd.* **b.** rabota *arbeit, sache.* rabo-
tam *vb. Daneben* rob. **kr.** raba. rabiti.
rob *ung.* **s.** rabota *und* rob. **č.** rob
knecht. *dial.* roba, holka. robě *kind.* robota
arbeit. Nur slk. rab *neben* parobok. **p.** rob.
robić *arbeiten.* robota. robieniec, robionek,
parobek *bursche. Sehr selten* rab. rabski.
os robota. **klr.** rob *gefangener ung.* roba,
robota *arbeit.* porobok, pareń. orobity,
orjabity *furchtsam werden.* rab *ung.* **wr.**
roboč *arbeitsam.* raba *magd.* **r.** robъ.
roba *magd.* robóta *dial.* robja, robjatko,
robenok, rebenokъ *kind.* parobokъ, parenь,
parja, parъ *dial.* robкij *zart.* robětь *furcht-*
sam werden. Daneben rabъ. rabá. rabóta.
— *rm.* rob. roabę. robi *unterwerfen.* porobok. *alb.* rob. *magy.* rab. rabszolga.
rabota. *lit. lett.* rabata. *got.* arbaiths.
Trotz mehrerer abweichungen gehört das
wort zu ort, rat, rot; *es ist demnach die*
vergleichung mit ai. arbha *klein, schwach*
usw., ὀρφο-βόται *für* ὀρφανῶν ἐπίτροποι *und*
ὀρφανός *nicht abzuweisen. Klein, schwach,*
verwaist, diener, arbeiter.

orčikŭ: **p.** orczyk *ortscheit.* **os.** vor-
čik. — *Aus dem nhd.*

ordija b. **s.** *armee.* **klr.** orda. —
türk. ordu. *Daher auch nhd.* horde.

orijašĭ: **nsl.** orijaš, orjak, orjaš *riese.*
Daneben stramor, štramer. — *rm.* oriêš.
magy. oriás.

orisica: **b.** uresica *etwa „parze",*
die das schicksal bestimmende. urisal *partic.*
Vinga. — *gr.* ὁρίζειν, *aor.* ὥρισα.

orizŭ: asl. orizъ *oryza.* **nsl.** riškaša
jambr. **b. s.** oriz. **p. klr.** ryż. **r.** ris...

— alb. oriz. rm. oriz, uręz; riškašę. magy.
riskása. lit. rīsas, rīsai. mhd. rīs. it.
riso. arab. arus, irus aus dem ai.: vrīhi.

orkljĭštĭ: nsl. orkljič ein mythisches
wesen: orkljič ima rdečo kapico, po noči
se vozi po vodi in poje. — nhd. orco ein
mächtiger gebirgsgeist in Tirol. furl. orcúl.

orkyšĭ: p. orkisz dinkel. klr. orkyš.
— nordtürk. urkuš wilde gerste.

orkyta: nsl. rakita bachweide. b.
in ON. s. rakita. č. rokyta. slk. rakyta. p. rokita. os. rokot. ns. rokit.
klr. rokyta, rakyta. r. rakíta cytisus.
Man vergleiche das dunkle č. dial. makyta
neben rokyta. — rm. rakitę. magy. ra-
kottya. alb. rakit. Man beachte ai. arka
calotropis gigantea nach der keilform der
blätter.

ormanŭ: b. s. orman wald. r. ur-
manъ. — türk. orman.

ɔrna nsl. eimer meg. — lat. urna.

orondĭje: asl. aradije, apparatus, instrumentum, negotium, res. nsl. orôd, orôdje
instrumentum lex. orudje jambr. orudelje
habd. orôdovati, nemir dêlati b. orъde
für sъčevo. kr. orudje. s. orudje. irudje
mik. č. orudí. orodovati intercedere, loqui.
p. orędzie nuncius. orendować aufträge verrichten; intercedere. Vergl. narzędzie instrumentum, das jedoch mit rendъ zusammenhängt. klr. oruda negotium. orudka. obo-
rudovaty ausführen. orudyna geräth. r.
orudie instrumentum, alt negotium. sooru-
ditь errichten. urudovatь für vladêtь dial.
— ahd. arunti, aranti botschaft. as. arun-
djan einen auftrag ausrichten. mhd. arant
mandatum. Vergl. lit. arûdas mehl-, ge-
treidekasten.

orst-: asl. rastą, rasti aus rastti
wachsen. rastъ statura. (Vergl. rastъ m.
fenus). otraslь, proraslь aus -rast-tlь. rastiti
wachsen lassen. nsl. rasti, praes. rastem
und rasem. b. rasta vb. rástene wachsen.
s. rasti, rastem: rastao, rasla. Daneben
resti. č. růsti, rostu. rostiti wachsen lassen.
letorosl, letorost, ratolest. rasti dial. p.
rość, rosnąć. roscić. rośl. latorośl: ahd.
sumarlota. kaš. resnanc. polab. rüst.

os. rosć. rost. ns. rosć. klr. rosty, rasty.
rost. rošča gebüsch. wr. resci, rostu. urosć.
rosłyj. r. rosti, rostu: rosъ, rosla. rostъ.
rastitь. raslъ. vodoraslь, vodoroslь. otraslь.
— Vergl. magy. raszt anschwellung der
milz. rm. odraslę palmes. ai. ardh gedeihen, mit t wie pletą. zend. eredh. gr.
ἀλθεσθαι.

oršakŭ: p. orszag gefolge. — magy.
őrség wache, garnison.

ortakŭ: b. s. ortak handelsgesell-
schafter. — türk. ortak.

ortŭ: klr. ort viertelthaler. č. ort.
p. ort, urt. — lit. artas, ortas, urtas.
nhd. ort.

orv-: asl. ravьnъ planus, aequalis.
nsl. raven. na ravnôč geradeaus. zraven,
zdraven skal. neben, germanisirend. b.
raven. ramna für ravna. s. ravan. č.
rovný. dial. rovesník altersgenosse. roves-
nica: thema rovos, roves. p. rowny. ro-
wiennica, rowieśnica. kaš. romni. os.
rovny, runy. ns. rovny klr. rôvnyj. runy,
runyna ung. Daneben ravnyj ung. wr.
rovnyj. rovňadź ebene. ᵛr. rovnyj. róvenь.
rovesnyj aequalis. rovesnikъ. Daneben
ravnyj, rávenь, ravénь. — magy. róna.
lit. raunus.

orzvĭnŭ: asl. razvьnъ, razvina catena.
Daneben rozvьnъ: vъzemъ rozvьny izvity
tri na vyją svoją vъzloži sup. 94. 24.
Vergl. orzŭ.

orzŭ: asl. razъ partikel, etwa lat.
dis- razьnъ, rasьnъ diversus. razvê praeter.
Neben razъ bieten die alten quellen auch
rozъ: rozbiti. rozbojnikъ. rozvьnъ. rozvê.
rozličьnъ. rozmysliti sup. nsl. raz partikel wie im asl.: praep. de: raz konja
stôpiti; raz pečine pasti. razen. réspar ungleich Ukrain. razoglav barhaupt. b. raz.
Vergl. razlat flach. č. p. os. ns. klr. wr.
roz. s. raz. razma praeter. č. různý. Vergl.
roztomilý allerliebst. p. rożny. rozooki.
rozoki schielend. kaš. raz. polab. rüz.
klr. roznyj, raznyj. wr. roznyj. narozno.
vrozno. poroz. zroż. r. rozъ, daneben
razъ: razlogъ abschüssigkeit auf beiden
seiten. roznyj, raznyj. rózenь. vroznь.

vrozъ. *dial.* rázvê, rázê. raschorošij chorošij *sehr schön.* rózê, rázja *dial. für* rázvê. razlichij, očenь zlyj. raznéduga, sostojanie ne to bolézni, ne to zdorovъja. — *rm.* raznę. ręskoalę *seditio.* ręskoače *nimium coquere.* ręzbat *durchschlagen.* z *von* razъ *ist wohl zu beurtheilen wie in* nizъ: *vergl. ai.* ar *trennen. Mit* orz *verwandt ist* **asl.** rozga. roždije, raždije *collect.* **nsl.** rozga. roždžje. **kr.** rozgva. **s.** rozga. **č.** rozha. **p.** rozga. roždžka, roszczka. roždžany. **polab.** rüzga. **ns.** rozga. roždžje. **klr.** rôzka. roščje. **wr.** rozka. **r.** rozga. — *magy.* rasgya, rösgye *collect. Vergl. d.* zweig, *wenn es von zwei stammt.*

oržĭnŭ: **asl.** ražьnъ *stimulus, fuscina, subula.* **nsl.** ražen *prip.* ražanj *veru habd. lex.* **s.** ražanj. **č.** rožen, rožeň. **p.** **os.** rožeń. **ns.** rožon. **klr.** rožen. **r.** roženь.

orŭtma: **klr.** orъtma, bysahy, sakva. *Wie es scheint, nur im Igorlied.* — *Wird für polowzisch, d. i. türkisch, gehalten.*

orĭ: **č.** oř *ross.* — *mhd.* ors, ros.

orĭlŭ: **asl.** orьlъ *adler.* alamaninъ orьlъ. **nsl. b.** orel. **s.** orao. **č.** orel. **p.** orzeł (oreł). **polab.** vüŕål. **os.** voŕoł. **ns.** jerel, herel. **klr.** oreł. **r.** orelъ. — *preuss.* arelie. *lit.* arélis, erélis. *lett.* ērglis. *ahd.* aro. *gr.* ὄρ-νις.

os-: **asl.** osь *axis.* osla *cos.* ostь *axis.* osъtъ *genus spinae.* ostьnъ *stimulus.* ostrъ *acutus.* **nsl.** os *achse, schärfe.* osla *wetzstein* oselnik. osat, oset *distel.* ost. osten *stachel:* palica se železnim šilom na konci. oster, ojster. osljak, ošljak *werg.* ostve *dreizack der fischer.* osina, ostra resina na žitnem klasu, *rispe.* **b. os.** ost. osten *ochsenstecken.* ostъr. **kr.** osje *aristae.* **s.** os *m.* osovina. ostan. oštar. ošljača. ostvê, ošći *dreizack der fischer.* **č. os.** osť. osten. ostrý. **slk.** ostrolist, strolist *art distel.* **p.** oś. ośnik *art messer.* osła. oset. oścień. ostry. *Vergl.* jesiory *fischgräten.* **kaš.** vestry *für r.* bystryj. vost *jür r* repejnikъ *klette.* **polab.** vüs. **os.** voska *achse.* vost *distel.* votry. **ns.** voslica *wetzstein.* vosć *stachel, gräte.* voset *distel.* votšy. **klr.** vôs,

vuš. ost *gräte, achel.* ost *spiess zum fischfang.* osot, oset *stacheldistel.* ostryj. vôstre *schärfe* (ostrije). **wr.** voś. osci *geräth für den fischfang.* osot. osceń. vostryj, vojstryj. **r.** osь. oselokъ *schleifstein.* ostь. ostenь. osotъ, osëtъ. ostryj. *Vergl.* osota, osoka *carex.* — *rm.* osie. *magy.* aszat. ösztön, ösztöny. *alb.* osten, hosten. *preuss.* assis: *abweichend* ackons *granne. lit.* ašis, ešis. (usnis *distel*). ašmŭ, ašmens *schneide.* ašrus, aštrus. ašaka *gräte, gerstenkleie: abweichend* akŭtas *granne.* akstinas. akstis. *lett.* ass *scharf: daneben* akots. *got.* ahsa. ahana. *gr.* ἀκόνη. ἄκανος. ἄξων. *lat.* acies. acer. acutus. acus. *ai.* aç. s *in os ist palat.* k: *vergl.* kamen. *Zu* os- *ziehe ich* **nsl.** ostroga *sporn.* **kr.** ostruga. **s.** ostroga, ostruga. **č.** ostroha. **p.** ostroga. **polab.** våstrüga. **os.** votroha. **ns.** votšog. **klr.** oštroha. **r.** ostroga *fischgabel. Man vergleiche ferner* **s.** ostroga *rebenpfahl.* **nsl.** ostrv *f. behauener nadelbaum, hüfel,* pri kozolci glavni steber. **s.** ostrva, kao stuba udarena u zemlju. **č.** ostrev *leiterbaum.* **slk.** ostrva, suchý strom s haluzemi. **klr.** ostrova *spitzer pfahl zum aufschichten des heus, hopfenstange.* osterva, ostyrva *dünn gespaltenes holz zum zaunflechten.*

osa asl. nsl. b. *wespe.* **s.** os, osa. **č.** os, osva: osva *wohl aus* osy. **p.** osa. **polab.** våsa. **os.** vosa. **ns.** vos. **klr.** osa. **wr.** osva. **r.** osa, osva. — *Vergl. lit.* vapsa *bremse.* *magy.* vaszka. osa *aus* opsa *wie* Osor (*Insel*) *aus* apsorum. *Vergl. ahd. hd.* wefsа. *österr.* wepse. *gr.* σφήξ.

oseledecĭ: **klr.** osełedeć, kołtun, vołośa nad čołom.

osêka: **s.** osjeka *ebbe.*

oskola: **p.** oskoła *birkensaft.*

oskoruša asl. *sorbus.* **nsl.** oskoruš, oskoruša, oskorš, skorš. **b.** skoruša. **kr.** oskorušva. **s.** oskoruša. **č.** oskoruše, oskeruše, oškeruše. **slk.** skoruša. **p.** skorusza. o *kann ein vorschlag sein.* — *rm.* skoruš.

oskŭrdŭ: **asl.** oskrъdъ *instrumentum lapicidae:* sêčivo i oskrъdъ. *Vergl.* **nsl.** oskrv *müllerhammer.* **č.** oškrd *spitzhammer,* *meissel.*   p. oskard *spitzaxt. dial.* oskarb. os̆. voškrot.   klr. oskard, oskarb.   r. oskordъ, *dial.* oškorda. — *preuss.* scurdis *hicke, haue.*

ost-: asl. osmъ *aus* ost-mъ *achter.* osmь *f. subst. acht.* osmь na desęte *achtzehn.* osmь desętъ *achtzig.* nsl. osmi. osem. s. osmi. osam. os. vosom. ns. vosym *usw.* — *magy.* oszmák. *lit.* aštŭni *m. adj. lett.* astŭńi *m. adj. ai.* aštāu. *zend.* ašta. *gr.* ὀκτώ. *lat.* octo. *got.* ahtau. *air.* oct. *cambr.* oith. s *palat.* k.

ostrej asl. ostreum. *Das adj.* ostrevъ *setzt* ostrь *voraus.* nsl. oštriga *habd. jambr.* ǫstrica. b. ostriga. kr. ostriga *verant.* č. ustřice. p. ostryga, ostrzyga. klr. ustryća. r. ustrica. — *ahd.* üster. *gr.* ὄστρεον. *ngr.* στρίδι. *lat.* ostreum. *magy.* osztriga.

ostrižĭ: č. ostříž *wannenweihe.* p. ostrzyż. nsl. ostriž *perca fluviatilis so wie* p. ostryž, ostrzyż *cyperus hängt mit* ostrь (os-) *zusammen.*

ostronga: p. ostręga, ostrężyna *art brombeere.* nsl. ostrôga, ostrôžnica *bei Linde.* s. ostruga. č. ostružina, ʼčerná malina. *Wohl von* ostrъ (drzewko kolące): *suff.* onga. kaš. vostrang *für* r. koljučka.

osĭlŭ: asl. osьlъ *esel.* nsl. osel. č. osel. p. osioł, osieł. polab. asål. os. vosoł. ns. vosol. klr. oseł. r. oselъ. — *preuss.* asilis. *lit.* asilas. asiličě. *got.* asilus. *ahd.* esil. *lat.* asinus, *gr.* ὄνος, *sind, wie man meint, semitischen ursprungs.* osьlъ *beruht wohl auf dem germ., dieses auf dem lat. worte: man beachte tonloses s.*

ošfatelĭ: nsl. ošfatel, ošpetel *halstuch meg.* — *nhd. bair.* halspfeit.

oštĭrĭ: nsl. oštir, ošter *wirth.* oštarija. oštarijaš. — *it.* ostiere.

otakŭ: p. otak *krämerbude.* — *türk.* otąk *baracke.*

otava nsl. b. s. č. *grummet.* p. otawa. os. ns. votava. klr. otava, lotava. wr. otava. r. otava; *dial.* atava, poblekšaja trava. — *rm.* otavę. *preuss.* attolis. *lit.* atolas. *lett.* atals. *Man will* otava *mit türk.* ot *gras in verbindung bringen.*

oti b. *quod:* znaješ, oti sme najjunak *mil.* 74. *Nicht etwa gr.* ὅτι, *sondern bulg.* ot de, *das asl.* otъ kъde *lauten würde.*

otrombĭ: asl. otrębi *furfur.* nsl. otrôbi *m.* č. otruby. p. otręby. os. votruby. ns. votšuby. klr. otruby. wr. votrubi. r. otrubi. *Vergl.* otrina. votrja. vytorki. utrubьe, ostatki. *W. ist* ter: *suff., wie es scheint,* ombĭ.

otŭ 1.: asl. otъ *von.* nsl. s. od *usw.* polab. vüt. klr. vôd *usw. Man beachte* p. otwierać *neben* odewrzeć. os. votevrić. *Die bedeutung ist weg; wieder, zurück: das letztere in* otmêriti *wieder messen.* otъsąditi. otvêštati *antworten.* — *Vergl. lett.* at *in* atzelt *wieder grünen.*

otŭ 2.: asl. otьcь *vater, urspr. demin.* otьnь *adj.* nsl. oče. očuh, očih. očim, očiman *stiefvater.* očak *erzvater* b. otec (duhovni). s. otac. očuh. č. otec. p. ociec, ojciec. očczyzna, ojczyzna. os. votc. ns. vošc. klr. oteć. otej *stammesältester.* r. otecъ. *alt* otenь *adj.* otčina. votčimъ. — *rm.* očinę *hausgrund. gr.* ἄττα. *lat.* atta. *got.* atta. *ahd.* atto. *ai.* attā *mater, soror natu major.*

ovinŭ: klr. ovyn *riege.* r. ovinъ *scheune:* moljatъ sja podъ ovinomъ ognevi i vilamъ i mokoši *usw. Man hält* ovinŭ *für eine alte entlehnung aus dem d.: ahd.* ovan, ofen: *die bedeutungen sind jedoch zu verschieden. Vergl.* wr. ëvna, ëvnja, evъja *brachstube. lit.* jaaja *scheune; ein wärmerer raum zum dörren und brechen des flachses.*

ovoštĭ: asl. ovoštь *fructus.* ovoštije ἰσχάδες. ovoštka. voštc. b. ovoštka, oška obst. s. voće. voćka. votnjak. č. ovoc. p. owoc. klr. ovoč *frucht,* obst. ovošč *f. collect früchte.* ovoc *aromatischer geruch des obstes ist* p. r. ovoščь, *alt* voščije. — *ahd.* obaz. *ags.* ofet. ovoštь *aus* ovot-jъ. *Das wort stammt aus dem germ., wofür auch die sache spricht.* klr. ovošč *und* r. ovoščь *sind demnach entlehnt.*

ovragŭ: r. ovragъ *schlucht.* — *Man vergleicht got.* aurahi *grab und gr.* ὀρυχή, *beides mit unrecht.*

ovrata s. *aurata, art fisch mik.* —
lat. aurata. *it.* orata.

ovŭ: asl. ovъ *hic.* ovako *ita.* ovьde
hic. ovądu *hac.* nsl. ov. ovači *sonst.* b.
ovdeka *hier.* ovakъv, vakъv *talis.* otvьd
diesseits aus otъ ovądu. olko *aus* ovoliko.
s. ov. ovda. ovde, ovden, ovdena, ovdjeka.
dovle, dovlen *bis hieher.* č. ov. p. ow.
owak. zowąd. ns. hov *hier., her.* hovak
sonst. klr. odeka, odeľky, odyky; ожde,
ожdeka, ożdečky *hier.* ovšyj *ein anderer.*
r. ovogda. — *zend. pers.* ava.

ovĭ: asl. ovьca *schaf, ursp. demin.*
ovьnъ *widder.* ovьnь *adj.* nsl. b. ovca.
oven. s. ovca. ovan. ovnujski. č. ovce.
p. owca. owien *flor.* polab. vŭča. os.
vovca. ns. vejca. klr. vôvća. vôvčar.
ovčjuch *chrest. 479.* r. ovca. ovenь. —
preuss. awins. *lit.* avis. avinas. apčio-
rus. *finn.* oinas, *aus dem lit.* ai. avi
m. f. gr. ὄις. *lat.* ovis. *got.* avi-str.

ovĭsŭ: asl. ovьsъ *haber.* nsl. b. č.
oves. p. owies. polab. vŭváš, vŭjås.
os. vovs. ns. hovs. hovsnišćo. klr. oves.
vôvśuch *windhafer.* r. овёсъ. — *rm.*
ovęs, ovęz. *preuss.* vyse, wisge. *lit.*
aviža. *lett.* ausas. *Vergl. ai.* av, avati.
lat. avena, *wie man meint, aus* avesna.

ozd-: nsl. ozditi *darren.* ozdica *malz-
darre.* č. ozd. ozdnice. ozditi (*besonders
malz*); *daneben* vozd. vozditi, *jetzt* hvozd.
hvozdnice. hvozditi. klr. voznyća *darr-
haus.* p. *alt* ozd. ožnica, oždnica. ozdow-
nia, hozdownia. ożdzić, oždžić, oždyć —
lit. ažniča, azniča *aus dem p. Man vergleicht engl.* ost, oust *darre: das wort kann
nur aus einem näheren germanischen dia-
lekte entlehnt sein, wenn es nicht slav. ist.
Man beachte* klr. oznyća *das rąuchloch im
strohdache.* r. *dial. ist* ozda lavka vъ lodkê.

ožura nsl. *usura meg. habd. jambr.*
ožurnik. — *Aus dem lat.*

P.

pacovŭ: s. pacov *ratte.* klr. wr.
paćuk. — *lit.* patsukas.

pača-: nsl. pačati se, pečati se *sich
abgeben.* s. pačati se *sich einmischen.*
kr. pečati. — *it.* pacciare. *Vergl.* nsl. pa-
čuhati *pfuschen.*

pačavra b. s. *lappen.* — *türk.* pačavra.

pačka r. *dose.* p. paczka. — *lett.*
p̓äčka.

pačka-: r. pačkatь *beschmutzen.*

pačolatŭ: nsl. pačolat *flortuch.* paj-
čolan *schleier.* s. paćel, paćelo. — *magy.*
patyolat, fátyól. *rm.* fakiol. *Andere halten
das wort für slav., mit unrecht.*

pad-: asl. padą, pasti *fallen.* napadъ.
zapadъ. nsl. pasti. padêvati. pádeča, pa-
dava bolêzen *fallende sucht.* past *f. falle.*
napast *widerwärtigkeit.* zapasti život *das
leben verwirken.* padaniten snêg *frisch-
gefallener schnee.* b. padna, paždam, pad-
nuvam, *daraus* padvam *vb.* padina *schlucht.*
pade se *es schickt sich.* napast *versuchung.*
s. pasti, padnuti. napast *unglück.* pre-

pasti *schrecken.* č. padlo. padalec. po-
padnouti *erhaschen.* padouch *schelm.* pasť
falle. nápasť. úpad. p. paść. padlina
aas. napaść. padalec. paszcza *aus* pad-tja
rachen. paści *falle.* paduch *dieb.* ns. paduch. pasľe *plur. falle.* klr. pasty. pad.
paď *krankheit.* upadok. pasť *schlund.* na-
pasť. wr. padłyj. napadlivyj. propaščij *aus*
propad-tjŭ. paść *rachen.* r. padlo *aas.*
падь, padina *thal.* padalь *für* stervo. pastь
falle. padežь. propaščoj *zu grund gerichtet,
todt dial.* paža *viehseuche.* propaža *die verlorene sache.* — *rm.* prępastie *abgrund.*
zępądę *schnee.* nępądę. nępaste. *magy.*
paslicza *mausfalle:* apad *decrescere ist bei
seite zu lassen.*

pag-: os. podpaha, podpažno *neben*
podpach *achselhöhle.* podpažnica *wundbeule
unter dem arme.* podpažmo *busenvoll.* ns.
paža. podpaža. č. paži, paždí. *Vergl.*
ducha *und* pachŭ.

pagadurŭ: nsl. pagadur *rentmeister
jambr.* — *it. ven.* pagador. *it.* pagatore.

pagurŭ: b. pagur *seekrebs*. p. pagur, pagr *art meerkrebs*. — *ngr.* παγούρι. *gr.* φάγρος.

pach- 1.: klr. rukopaš *comminus*: byty śa rukopaš *chrest. 367. Das wort ist wohl mit einem der folgenden themen verwandt.* slk. pasovati se, za pasy se bráti *ringen hängt mit* pasŭ, pojasŭ (jas) *zusammen*.

pach- 2.: asl. pahati *agitare, ventilare*: hladu prêpahnąvŭšu, hladu pripahnąvŭšu. opašь *f. schwanz. Vergl.* pašьnikъ *guttur.* nsl. pahati *flare, eventilare habd. lex.* b. opaška, paška *schwanz*. strьčiopaška *hoche-queue bachstelze.* kr. pah *flatus.* s. pahati *deflare.* zapaha *anhauch.* pahalj *flocke.* č. pach. p. pachnąć. pach. ⁣os. pachać. ns. pachaś. pachoriś. hupuš, vopyš *schwanz.* klr. pachaty, povivaty *chrest. 481.* r. pachnutь. opachivatь sja otъ komarovъ. — *magy.* pehely, pelyh, pejk *flocke. Hieher gehört auch* pach- *in der bedeutung „riechen".* č. pachnouti. p. pachnąć. klr. popachaty, pońuchaty. r. pachnutь. pachъ. zapachъ *dial.*

pacha-: r. pachatь *ackern.* pašnja *ackerland.* klr. pachaty pašejka *art feldmass.* wr. paša. pašńa. p. pachać *graben.* — *lit.* pošnė *getreidefeld. Man füge hinzu* č. páchati *machen.* p. pachać *böses stiften,* brojić.

pachŭ: p. pacha. os. podpach *achselgrube, achselhöhle.* klr. pacha. podpacha. r. pachъ *weiche leiste.* pacha, pachva, podpachъ *dial.* pachvi *f. plur. schwanzriemen* pachovina. p. pachwina. wr. pachva, pachvina. *Vergl.* ducha *und* pag-.

paj b. p. r. *antheil, loos.* klr. paj. pajka. — *türk.* paj.

paja p. *schnautze dial.*

pajdašĭ: nsl. pajdaš *gefährte.* pajdašiti. s. pajtaš. klr. pajtaš. pajtašočka *amica.* — *Nicht von* bajta, *magy.* pajta *hütte, sondern aus magy.* pajtás. *türk.* padaš *aus dem pers.*

pajokŭ: p. pajok, pajuk *laufbursche, kammerdiener.* s. peik *eilbote.* — *türk.* péik.

pajta slk. *tenne, scheune.* — *magy.* pajta *scheune.*

pajvanŭ: b. s. pajvan *strick.* — *türk.* pabénd, pajbénd.

pakulŭ: p. pakuł *pfropf von werg.* pakuły *werg.* wr. pakulle *collect.* — *lit.* pakulos *f. plur. grobe hede.* lett. pakulas.

pal-: asl. palьcь *daumen.* nsl. b. č. palec. p. palec *finger.* paluch *däumling.* kaš. palc. polab. polác. polcā (*palьče) fingerlein.* os. palc. ns. palec. klr. paluch. bezpalkyj *fingerlos.* r. palecъ *daumen dial.* bezpalyj. palesъ.

pala b. *degen. Vergl.* s. č. paloš. p. pałasz. pałasik. os. pałaš. r. palašъ. — *magy.* pallos. *rm.* paloš. *Vergl. türk.* pala.

palačinta: klr. pałačynta *ung.* — *magy.* palacsinta. *Aus rm.* plęčintę.

palamarŭ: s. palamar. b. pъlimar *langer strick.* — *it.* palamaro. *türk.* palamar.

palamida, palamuda s. *serratula arvensis.* — *rm.* pęlęmidę; *ngr.* παλαμίδα *bezeichnet einen fisch.*

palanka s. p. r. *plankenzaun, palanke.* nsl. planka *zaunpfahl, brett.* r. planka. klr. pałanka. pałanok *ung.* — *magy.* palánk. *rm.* pęlank. s. palanga, poluga *vectis. türk.* palanga. *it.* palanca. *mlat.* planca. *Aus dem d.*

palikarĭ: b. palikar *für* s. junak. — *ngr.* παλιχάρι.

paliska, poliska nsl. *mehlstaub.* paljuska *schrotmehl Ukrain. Mit* s. palje *kleien besteht kein zusammenhang.* — *magy.* pulyiszka, pulyicska.

palje s. *furfur.* — *Vergl. it.* paglia *stroh mit lat.* palea *spreu.*

palŭmĭnikŭ: ar. palomnikъ *pilger, eig. palmenträger.* — *lat.* palma: *it.* palmiere, *fz.* paumier: *qui de Hierosolymis veniunt, palmam in manibus ferunt.*

pampuchŭ: p. os. ns. pampuch *pfannenkuchen.* slk. pampúch. — *magy.* pompos. *Aus dem d.*

pamukŭ: b. s. pamuk *baumwolle.* klr. bumaha. bamaha *papier.* wr. bambak. r. bumaga. — *türk.* pambuk. *Vergl.* bavlŭnạ. *lit.* medvilnė *ist wörtliche über-setzung des d.* baumwolle.

panagjurŭ: **asl.** panagjurъ πανήγυρις *publica celebritas, nundinae.* b. panagjur, panagir. **s.** panadjur. — *gr.* πανήγυρις. *türk.,* panajẹr.

panerŭ: r. panerъ, panyrъ *käse dial.* — *Vergl. zig.* pendir.

panikanŭdilo: **asl.** panikanъdilo, pa-nikadilo. — *gr.* πολυκάνδηλος. *rm.* poli-kandru.

pantlika slk. *band.* **klr.** pantłyk, pantłyčka *ung.* **s.** pantljika. — *nhd. österr.* pantel *band. magy.* pantlyika. *rm.* pantlikẹ.

pantofŭ: b. pantofi *plur. pantoffel.* č. pantofel. p. pantofla. **ns.** pantofĺa, pan-tochĺa *usw.* r. tuflja. — *lit.* pantupelis. d. pantoffel. *it.* pantofola. *schwed.* toffel.

pantrovati: **klr.** pantrovaty *hüten.*

panukla asl. *pest.* — *gr.* πανούκλα. *lat.* panucula. *türk.* panukla.

panŭ: č. pán *herr.* panože. p. pan. panosza. **os.** pan. pani. **wr.** paničuha. panščizna. r. panščina *dial. neben* bar-ščina. — *lit.* ponas. *lett.* pōnis. *rm.* pan. *Man denkt an ai.* pā *tueri.*

panŭsyrŭ: **asl.** panъsyrŭ *panzer.* **nsl.** pancer *jambr.* **s.** pancijer. č. pancéř. p. pancerz. **klr.** pansyr. r. pancyrъ. — *mhd.* panzier. *it.* panciera *von* pancia.

pany, opany, panica, opanica, apony **asl.** *pfanne.* **nsl.** panev *meg.* ponev, ponjva. b. s. panica. č. pánev, pánva. p. paneẃ, panwa; *junge entlehnung* fanna. **os.** ponoj. **ns.** panej, panva. **klr.** panovka. — *lit.* panė. *lett.* pana. *Alles aus ahd.* pfanna, *das aus dem lat.* patina *nicht er-klärt werden kann.*

paonkŭ: **asl.** paạkъ *spinne.* paạčina, pajačina *spinngewebe.* **nsl.** pavok, pajok, pajek, pajk *und* pajenk. pavočina, paj-čina, pajčevina. b. pajъk. παῖαx *dan.* pajъ-žina. **s.** pauk. č. pavouk. pavučina. p. pajạk. pajẹczyna. **kaš.** pajik. pajična. **polab.** pajãk. **os.** pavk. pavčina, **ns.** pavk. **klr.** pauk, pavuk. paučyna, pavu-

čyna, pautyna. **wr.** pavuk. r. paukъ. pautina. — *magy.* pók. *rm.* paing. pain-džinẹ, pẹjandžen, pẹindžen, paunšin.

papa asl. papa. papa rimьskyj. **s.** papa. — *gr.* πάππας. *lat.* papa. *got.* papa. *türk.* papa. *Vergl.* papežĭ.

papertĭ: **asl.** paprъtь, paprъtъ *m. narthex, vestibulum,* papratь, paprata, pra-prata, prêpratь, pripratь, priprata. **s.** papratnja, preprata, *ženska* crkva. **wr.** paperć *vorhof der kirche.* r. papertь. *Vergl. lit.* pirtis *badestube von* periu. — *Nosovič kennt ein von* papertĭ *verschiedenes lit.* papartis, cerkovnyja chorugvi.

papežĭ: **asl.** papežь *pabst.* **nsl.** č. papež. p. papież. **wr.** papežinec. **os.** bamž, bamuž *und* **ns.** bamž, bamšt *von* pabst. — *lit.* popėžius. *lett.* pāvests. *ahd.* pabes, bābes *aus* papas. *gr.* πάππας. *Mit* pabes *vergleicht man fz.* papes *neben* pape. *Vergl.* papa.

paportĭ: **s.** paprat *f. farrenkraut.* **nsl.** paprat. prapot. praprot : praprat, *das auf* porportь *deutet.* b. paprat *f.* č. paprat *f.* papradi. kaprad. p. paproć *f.: daneben* ferecina *aus rm.* fereče *filix.* kaš. parparc. **os.** paproš. **klr.** paporoť. r. paporotь, *daraus dial.* paportь. paporot-nikъ. — *magy.* paprád. *lit.* pạpartis. *-lett.* paparde. *Vergl.* **os.** porč *m. schwadengras.*

paprica s. *kreisel.* b. pъprica. p. paprzyca *mühleisen, worauf der obere mühl-stein läuft. Dagegen* **asl.** prъprica *und daraus rm.* pẹrpẹricẹ.

papuči: b. s. papuč *pantoffel.* — *türk.* papudž, papuč, papuš.

papugŭ: **asl.** papugъ *papagei.* **nsl.** papiga. b. papagal. **s.** p. papuga. **os.** papaguj. **klr.** papuha. r. papugaj. — *lit.* papuža. *ngr.* παπαγᾶς. . *arab.* babagā. *türk.* papagan.

papurŭ: b. papur *carex.* — *gr.* πάπυρος.

papuša: r. papuška *bündel tabaks-blätter.* **wr.** papuša. — *lett.* papuška.

para 1. asl. *dampf.* pariti *dampfen, brühen.* rasparjati sẹ *warm werden.* **nsl.** para *dampf; thierseele, satan.* pariti. ras-

pariti se *calore dissolvi*. poparec, poprc. só-
par, spar *hitze*. parnoti *verrecken*. **b. para.**
parja *vb*. popara, poparnik *art speise*. **s.**
para, zapara. **č.** para. pařiti. výpar. **p.** para,
par. spar *hitze*. popar *erwärmung der erde
durch dünger*. parność. parzyć. paṛza *hundefutter*. **os.** para. paṛ *hitze*. parić *brühen*.
ns. pařeś *heiss-sein*. spariźń *brodem*. **klr.**
para. vypar. parenyna *brache*. **wr.** popar *brache*. parić. **r.** para, *auch für* duchъ,
duša-*dial*. parъ *brache*. paritь *schwil sein*. —
magy. pára. *preuss* pore. *lett*. pŏrs *dampf*.
rm. parę. opęri *vb*. pęparę *eierschmalz*.

para 2. **nsl.** *bahre*. **ns.** bora. —
ahd. bāra. **it.** bara. **lit.** borai. **leti.**
bāre, bēre; bēres. *Hieher gehört* **č.** máry
todtenbahre. **p. os. klr. wr. r.** mary. —
lit. morai *todtenbahre*.

para 3. **b. s.** para *para*. pari *geld*. bes-
paričen *unentgeltlich*. — *türk*. para *stück
geldstück*.

para 4. *in compositionen mit der bedeutung „neben“*. **s.** parakuvar *nebenkoch*.
paralaža *lilgengehilfe*. parakamilavka *flor
über der kamilavka*. — *gr*. παρά.

parafija asl. *parochia*. **p.** parafija.
klr. parafyja. — *lit*. parapija, parakvīja.
lat. parochia *aus* παροικία.

paramonarĭ: asl. paramonarъ *mansionarius*. panamonarъ. ponomarъ. **klr.**
pałamar. ponamar. — *gr*. παραμονάριος.

paramunŭ: as. paramunь *vigilia, pro-
festum*. — *gr*. παραμονή.

parasi-: s. parasiti *stehen lassen*. —
rm. pęręsi *vb. Den wörtern liegt wahrscheinlich ein sigmatischer aorist von* παρίημι
zu grunde.

paraskevgij asl. *dies veneris*. — *gr*.
παρασκευή.

parča b. klr. r. *art stoff*. **klr.** par-
čevyj. **s.** parče. — *türk*. parča *stückchen*. *Mit* p. part (pertŭ) *besteht kein zusammenhang*.

pardva r. *scolopax*. **p.** pardwa *tetrao
lagopus*.

parej asl. *vorzü'icher:* parej vьsêhъ
veštij. — *alb*. parę *erster*. **b.** parem: naj
parem *zuerst ist* pęręm *von* prъvъ (pervŭ).

parikŭ: s. parik *colonus*. — *gr*.
πάροικος.

paripŭ: nsl. parip *schindmähre*. **s.**
parip. **č. slk.** paripa. **p.** parepa. **klr.**
parypa. — *gr*. πάριππος. *ngr*. παρίππι. *lat*.
parhippus. *magy*. paripa. *rm*. parip.
Die wörter auf -pa *stammen unmittelbar
aus dem magy*.

parkanŭ: č. parkán *plankenzaun*. **p.**
parkan. **klr.** parkan, barkan. **ns.** par-
chan. **r.** parkanъ. — *magy*. párkány.
rm. pęrkan *margo*. *Mit mlat*. parcus, *it*.
parco, *ahd*. pfarrih *besteht kein zusammenhang*.

parkelĭ: nsl. parkelj *klaue*. par-
kaj *res*.

parina, parna nsl. *heuboden, scheune*.
č. perna, pernĕ *banse*, přistodulek. — *ahd*.
parno. *nhd*. barm, barn.

parta nsl. b. kr. klr. *corona virginea
stirnband*. **slk.** párta i veniec. **nsl.** portik *stirnband der mädchen*. — *magy*. párta.
zig. parta.

parta-: klr. partač *pfuscher*. partołyty.

parusŭ: r. parusъ *segel*. — *gr*. φᾶρος,
pannus.

parŭ: nsl. par *paar*. réspar *ungleich
Ukrain*. **č.** pár. **p.** para *usw. Aus dem d*.

parŭdosŭ: asl. parъdosъ, parъdusъ,
parъdъ *pardus*. **nsl.** parduc. **s.** pard.
č. pardus, pard. **p.** pardus. **r.** par-
dusъ, pardъ. — *ahd*. pardo. *mhd*. pardus.

pas-: asl. pasą, pasti *pascere weiden*.
pastyrь, pasturь, pastuhъ *hirt*. pastva *herde*.
pastviti *weiden*. paša *pascuum*. pastьstvo
hirtenamt. **nsl.** pasti. pastir. (*Daher* pastirinka, pastirica, pastiričica *bachstelze*,
gotsch. hirtle, *fz*. bergeronnette, *klr*. pa-
stušečka, čobanyk). paša. **b.** pasa *vb*. volo-
pas. **č.** pásti. pastýř. pastucha. pastva
weide. **p.** paść. pastuch, pastucha. pa-
sterz (pastyrz), pasturz. pastwa *weide*.
pastwić. pasza. **polab.** posĕ *hütet*. postár-
nik *hirt*. **os.** paść. pastyŕ. pastva. **ns.**
paść. pastyŕ. **klr.** pasty *weiden, lauern*.
pastyr. pastuch. spaš *viehschaden*. **r.**
pasti. pastva, pastba. pasti sja *sich hüten*.
zapasatь *providere*. — *magy*. pásztor. *rm*.

popas *raststation.* pripas. *preuss.* posty
weideplatz. Slav. pasti *weiden ist eig. hüten,
daher* pastva *salus.* sъpasti, sъpasą; sъpa-
sati, sъpasają *behüten, bewahren, retten* σώζειν.
sъpasъ *rettung, erlösung; retter, erlöser.*
sъpasitelь. opasti sę *sich hüten.* opasenije
sorgfalt. opasьnъ, opasivъ *vorsichtig.* **nsl.**
pasem *servamus.* spasi, spasal, spasitel *fris*
spasitelj *habd.* opasilo *kirchweihfest, eig.
fest überhaupt.* **b.** spasene, ispasene *'salus*
lat. spasov den. **s.** spasti *retten.* spas
erlöser. **č.** pásti *acht geben.* spasiti. **p.**
zapas *vorrath.* **os.** pasć *beobachten.* **klr.**
opas *gefahr.* opasaty śa *fürchten.* zapasty
vorrath sammeln. zapas. **wr.** zapas. **r.** upa-
sina *vorsicht.* zapasy. — **lit.** zopostas *vorrath.* **lett.** zāpāst. **rm.** ispas *Christi himmel-
fahrt.* ispasitoru. spęsi *vb. Schwieriger ist
die deutung von* **asl.** pastuhъ θηλυμανής.
nsl. kr. pastuh *hengst* (pajstuh *hartnäckiger
mensch*). *Vergl.* **nsl.** zapasti se *sich vermehren.* **s.** pase se *coitum appetit (de
equa).* opasti *bespringen.* pastuh. **p.** pastwić się *furere.* pas- *gehört zu* ai. paç
sehen, spaç *späher,* zend. spas *und den
damit verwandten* gr. lat. *d. wörtern.*

pasa-: **nsl.** pasati *vorübergehen.* —
it. passare.

**paschalija asl.* paschalia. — *rm.*
pъskъli *wahrsagen.* *gr.* πασχαλιά.

pasmo nsl. kakih dvanajst niti od
snutka. **b. kr. s.** pasmo. **č.** pásmo. **p.**
os. ns. klr. pasmo. **polab.** posmā (*pasmę)
bindgarn. **r.** pasmo. pasьma *f dial.* —
magy. pászma. **rm.** pazmę. *lit.* posmas.
lett. pāsma. *Vergl.* **ahd.** fasa *faser, franse.*
schwed. pasma, pasman *durch das* finn.
aus dem slav. **b.** pasmina *rasse erinnert
an d.* fasel *foetus, coboles.*

paspalľ: **s.** paspalj *mühlstaub.* **b.**
paspal *staubmehl.* — *ngr.* πασπάλι. *gr.* πασ-
πάλη *das feinste mehl.*

pastinakŭ: **č.** pastinák, pastrnák. **p.**
pasternak. **r.** pasternakъ. — *lit.* paster-
nokas *ahd.* pastinac. **nhd.** pastinak,
pasternak. *lat.* pastinaca.

pastri-: **asl.** pastrenije *wohl „reinigung"
oder „aufbewahrung".* pastrenije i sъbra-

nije manьne *pat.-šaf. 136.* **b.** pastrja
bewahren. — **alb.** pastęr *rein* pu. 24. pa-
stroj *reinigen.* **mrm.** spastrę *mundities.*
spęstritu *purus* kav. 197. 217. 225. *rm.*
pęstra. *ngr.* πάστρεύω.

pastrŭma: **klr.** postroma *gedörrtes
schöpsenfleisch.* **p.** bastramy. **b.** pastrъma
s. pastrma *geräuchertes. fleisch.* — **türk.**
pasterma.

paša b. s. *pascha.* — *türk.* paša.

pašenogŭ: **asl.** pašenogъ *der mann
der schwester meines weibes.* **nsl.** pašenog,
pašanog, človek, ki ima sestro moje žene.
pašenoga, pašanoga *frau meines schwagers.*
s. pašenog, pašanac. *Vielleicht* pa-šenogŭ.

paškulŭ: **b.** paškul, kožurec *gehäuse
des seidenwurmes.*

pašti-: **nsl.** paščiti se *eilen.*

patarŭ: **kr.** patar *ketzer.* — *lat.* pa-
tarenus.

paterŭ: **b.** paterica *rosenkranz.* **s.**
patrice. **č.** páter: děti pěju páteř. **p.**
pacierz. paciorek. **os.** paćeř *koralle.*
ns. paśeře *rückenwirbel.* **klr.** paćir. pa-
ćory *glaskorallen.* **wr.** paćir *gebet.* —
lit. paterius. poteriai *gebete.* **lett.** pātari.
lat. pater *in* pater noster *usw.: daher gebet,
rosenkranz, koralle usw. Dunkel ist mir*
b. paterica *krücke, galgen.* **klr.** pateryća
bischofstab. *gr.* πατερίτζα.

pati-: **s.** patiti *leiden.* zlopatiti *darben.*
patnja. *Vergl.* patisati *remittere.* ispaštati
büssen. **b.** patja *vb.* — *it.* patire. *rm.*
pęci *vb.*

patosŭ: **s.** patos *fussboden.* **klr.** pat
dachboden. — *ngr.* πάτος.

patra-: **klr.** patraty, patrošyty *ausweiden Vergl.* **r.** potrochъ (*W.* ter-). patrovatь, vynimatь izъ sêtej *dial.*

patri-: **č.** patřiti *schauen.* **p.** patrzyć,
patrzeć. patrzy sie komu, należy się komu.
patrzać *zof.* opatrunek *mit dem d. suffix*
ung *wie* sprawunek, starunek *usw.* **klr.**
patraty, uporjadyty. *Vergl.* **kr.** dvoril i
patroval *ung.*

patuca s. *cyprinus nasus.* — *magy.*
paducz.

patŭka: nsl. b. s. patka *ente.* — alb. pat *gans.* patak *gänserich neben gus*, gusan. türk. bat.

paveza: nsl. paveza *schild.* č. pavéza. p. pawęž, pawęza, paiž. klr. paveza *acta* 2. 381. — magy. paizs. rm. pavęzę. it. pavese. palvese. fz. pavois. d. paffesun *bei Jungmann.* lat. pavasium. ngr. παβέτζια.

pavŭ: asl. pavъ, paunъ *pfau.* nsl. pav. b. paun, pavun. pajunica. s. pav, paun. č. páv. p. paw. os. pav. ns. pav. paveńc. klr. pavun. r. pavъ. pavlinъ. — preuss. powis. lit. povas. lett. pāvs. magy. páva. rm. pęun. ahd. pfāwo, pfāo. lat. pavo. ngr. παβόνι, παγόνι. pavъ ist *deutschen*, paunъ *romanischen ursprungs.*

pazi-: asl. paziti *achtgeben.* opazivъ. nsl. paziti. b. pazja *bewahren Vinga.* füttern. pazja se *sich hüten.* pazitor. pъzъiorča *beschützerin Vinga.* s. paziti *achtgeben, lieb haben.* opaz *hut.* — rm. pazę. pęzi *vb.* pęzitoriŭ. paznik.

pazija, pazjak s. *art kohl, mangold*, beta. — türk. pazę *bete, beisskohl.* ngr. παζιά.

pazurŭ: č. pazour *kralle.* p. pazur, pazdur. os. pazor. ns. pazora. klr. pazur *klaue.* Vergl. paznokŭtĭ. pazducha.

pažĭ: nsl. paž *bretterwand.* pažiti *vb.* paz *fuge.* č. pažiti. os. pažič *bansen.* pažeń *bretterwand.* r. pazъ *fuge.* — lit. požas *fuge. Die „bretterwand" bedeutenden wörter hangen mit d. banse horreum zusammen: dunkel sind jene für „fuge".*

peca-: s. pecati *stechen, angeln.*

pecelĭ: nsl. pecelj *stiel am obste.* — Vergl. it. picciuolo. lat. petiolus.

peča nsl. *kopftuch, peplum jambr.* pečica *wamme.* b. peča *leder.* kr. s. peča *stück.* Vergl. asl. pečija δέρμα *prol.- rad.* 82. — it. pezza, pezzo *stück.*

pečatĭ: asl. pečatь *m. petschaft.* zapecatъlêti, zapečatati, zapečatiti. nsl. pečat *m.* b. pečat *m. f.* s. pečat *m.* č. pečet *f.* p. pieczęć *f. mit unhistorischem* ę. os. pječat *m.* klr. pečat *f.* wr. pečatka. r. pečatь *f.* — magy. pecsét. rm.

pečet. *lit.* pečiotis. pečétis. pečvété. *Slav. ist nhd.* petschaft, *mhd.* petschat, *schwed.* pitschaft, pitskaft. *Daneben nhd.* petschier. *schwed.* pitscher, pitser: *schwed. aus dem d.*

pečenêgŭ: r. pečenêgъ πατζινάκης: *die Pečenegen waren ein stamm des türkischen volkes.* p. pieczyngi, lud turecki.

pečka, peška nsl. *weinbeerkern.*

pedepsa-: s. pedepsati, vedevsati *strafen.* — gr. παιδεύω: ἐπαίδευσα.

pegamu: nsl. pegam *Böhme lex.* — ahd. bēheim *Böhmen.*

pegla nsl. *theer.* — it. pegola.

pecharŭ: nsl. pehar *becher.* peharnik *pincerna.* asl. paharьnikъ, peharьnikъ. kr. s. pehar. p. puhar, puchar. os. bjechar. ns. bjachar. klr. pohar, puhar. — magy. pohár. pohárnok. rm. pęhar. ahd. behhar, pehhari. and. bikarr. finn. pikari. mlat. bicarium.

pechlivanŭ: b. s. pehlivan *ringer, held.* — türk. péhlivan. rm. pęlivan *seiltänzer.* ngr. πεχλιβάνης.

pechtramŭ: nsl. pehtram *geiferwurz.* — d. bertram. lat. pyrethrum.

pek-: asl. peką, pešti *backen, braten.* sljъnьcu pripekъšu. pekъ *hitze.* peką sę, popekovati sę *sorgen.* nepopečenije *sorglosigkeit.* pečenь *f.* nsl. pečem, peči. *inf.* pecj *venet.* opeka *ziegel.* opêkati. zapeči, zapêkati *verstopfen.* pek *bäcker ist entlehnt.* b. peka, opičam *vb.* pek *hitze.* pečevo. s. peći. upicati se. opeka *ziegel.* č. peku, péci. pečenka *niere.* pečenky *genitalia.* slk. černá pečenka *leber.* p. piec. spieka *grosse hitze.* polab. pict *inf.* pekar. os. pjec. ns. pjac. klr. pečy, pekty, peku. pečivo. perepičajka *brodverkäuferin.* pekota *hitze.* pek ta osyna! *ein unerklärter fluch.* wr. pekci. pečivo. r. pečь, *dial.* pekči. počka *niere.* pečenь *leber, aus dem partic.* pečenъ. pečivo. solnopěkъ *heisser tag.* — magy. pečenye. rm. pečenie. pečie. *lit.* kepu, kepti. kepenos, kepeniai *leber.* lett. cept. gr. πεκ (πέσσω). ai. pač. *Hieher rechne ich I.* pekêlĭ. *II.* pečurka. *III.* pektĭ. *IV.* opoka. *I.* pekêlĭ: asl.

pečalь *sorge, kummer.* **nsl.** pečal *fris.* peča *gram.* **b.** pečalja *gewinnen.* pečalba *gewinn.* **p.** pieczałować *zof.* niepec *sicherheit dial.* (*nepektъ). **klr.** pečaľ. **r.** pečalь. *Hieher gehört* **č.** péče *sorge.* bezpečí. **p.** opieka *schutz.* opiekać. opiekun *vormund.* piecza. **os.** pječa *sorge.* **klr.** opêka. bezpeka *furchtlosigkeit.* obezpeka. nebezpeča *gefahr.* **wr.** peča *sorge.* nebezpečnyj. **r.** opeka. opekunъ. bezpečnъj. *Die wörter sind vom reflexiven* pek *sorgen abzuleiten.* — **lit.** apêka. apêkunas. *II.* **nsl.** pečurka *art pilz Ukrain.* **b.** pečurka *mil. 370. 531.* **s.** pečurka. **r.** pečura *dial.* — *magy.* cseperke. *rm.* čuperkę, pitarkę *agaricus: der zum braten bestimmte pilz. Vergl.* **klr.** počky *niere. III.* pektĭ: **asl.** peštь *ofen, höhle.* **nsl.** peč *ofen, fels.* peča, pečina *fels, höhle.* **b.** pešt. pešnik *ofen.* **kr.** pečina *fels.* **s.** peć. **č.** pec. pecen *laib.* pecák *ofentopf.* **p.** piec. **polab.** pic. **os.** pjec. **klr.** pêč, *daneben* pjec, *aus dem p.* **wr.** peč. pečkur. **r.** pečь. — *lit.* pečius. pečkuris. *lett.* pečka *ofen. magy.* pest. *rm.* pešt. *nhd. tirol.* pötsche *höhle unter felsen. Die urspr. bedeutung ist wohl ofen. Vergl.* peštera. *nhd. bair.* ofen *ein durchklüftetes felsenstück. IV.* **asl.** opoka *saxum.* **nsl.** opoka *mergelschiefer.* **č. p. klr.** opoka *fels.* **p.** opoczny *fels-.* **r.** opoka *lehmboden.*

peksimitŭ: **b.** peksimit *zwieback.* **s.** peksimet. paksimada. — *alb.* paksimadh. *türk.* péksimét.

pel- 1.: **asl.** popelъ *neben* pepelъ *(durch assimilation) asche.* ispopelêti *neben* ispepeliti., **nsl.** popel, pepel. pepelnica. **b.** pepel. pepelosvam *vb.* **kr.** popel. **s.** pepeo. (pelenara *brantwein*). **č.** popel. popelec. **slk.** popol. **p.** popioł. popielec. (pełgnąć *aufflammen*). **polab.** püpel. **os.** popjeł. **ns.** popiel. **klr.** popêł, *gen.* popeła. **wr.** popeł. **r.** popelъ, *dial.* pepelъ. — *lit.* pelenai *plur. lett.* pelni. popelъ *ist eig. das verbrannte. Mit der W.* pel *hängt durch die zweite steig.* pal *zusammen, daher* **asl.** paliti *urere.* paležь *scheiterhaufen.* **nsl.** paliti. palinka *brant-*

wein. palež *seng.* **b.** palja *vb.* palinka. **č.** páliti. pálenka. **p.** palić. upał. opała. **os.** pal. palić. palenc *brantwein.* paleŕ *brenner.* **ns.** pališ. paleńc. **klr.** pałyty. pałenka. opał. pałanyća *trocken gebackener kuchen.* **r.** palitъ. palьba. palъ *für niva dial.: vergl.* **d.** brand *novale.* — *magy.* pálinka. *rm.* pęli *vb.* pęlinkę. *lett.* palīt *schiessen. Vergl.* **r.** oplêtъ *für* opalitъ *sja und* pylatъ. *I.* polin **asl.** polêti *ist eine variante, nicht eine steig. von* pel. **asl.** polêti, polją *brennen* uri. is-, o-, ras- sę, vъs- sę. **nsl.** poljem, plati *(aus polti) brennen.* **č.** poleti: *daneben* pláti, plaji. *kaš.* vopol *brennender stoff. Abweichend* **os.** płać, płanyć. *Durch dehn.* **asl.** palati *iter.* **č.** pálati. **p.** pałać. **klr.** pałaty. *II.* polnąti: **asl.** planąti sę *aufflammen.* **nsl.** planoti *irruere.* **b.** plana *vb.* **s.** planuti. **č.** planouti. **p.** płonąć. — *lit.* nuplonīt *feuer anmachen. III.* polmen: **asl.** plamy, plamykъ *flamme.* **nsl. s. č.** plamen. **b.** plamъk. **kr.** plam. **p.** płomień, płomyk. **os.** płomjo, *gen.* płomjenja. **ns.** plomje. **klr.** połomêń *neben* płame *und* płamyn. **wr.** połome, połomja. połymja *und* płome, płomeń *neben* płame, płamja. vypłomeńać *verbrennen. Hieher gehört* **b.** plamtja, plamna *flammen. IV. Durch reduplication* polpolŭ: **č.** plápol. plápolati. **asl.** plapolati. *V. Das intensivum* polsa-: **nsl.** plasati *potenter ardere habd.* **kr.** plasikati.

pel- 2. *jäten:* **asl.** plêti *aus pelti: von* plêti *stammt das praes.* plêvą *(cin pelją, pelą besteht nicht).* **nsl.** plêti, plêjem *und* plêvem. plitva. **b.** plêva *und* plêvja *vb.* **s.** pleviti. **č.** plêti, pleji. **p.** pielę *neben* pelę. pioł, piołł *aus piel-ł.* pełty. pleć *aus* pel-č. piel *hundsdille.* opełki, wypiełki. plewić *ist denominativ. Man beachte* pel *neben* piel. pluć, z plew oczyszczać *dial.* **os.** plêć, plêju. **ns.** płaś, pleju. **klr.** połu, połeš, połoty *und* połovu, połoveš. połene, połotba *das jäten.* połołnyk, połoviľnyk *jäter.* połoła *f.* **wr.** połoć. polivo. **r.** polju, polovu, polotь *aus poltъ.* pololъščikъ. *iter. durch dehnung* **č.** -pilati: *daneben* -plévati. **p.** pielać:- *daneben* oplę-

wiać. — *rm.* plivi *vb. Die W* pel- *lautet*
klr. wr. r. pol-. *Vergl.* mel 1., pelnŭ 2.,
velk- *usw.*

peļda *nsl. beispiel*: — *ahd.* bilidi *bild,
gleichniss. rm.* pildę. *magy.* példa.

pelega *s. ort im meere, etwa 300 bis
400 kláfter vom ufer. Daselbst fischen
heisst* pelegati, ribati u peleži.

pelechŭ: *č.* pelech, pelouch *höhle.*
peleš *cubile.* **p.** pielesz *lagerstätte des
wildes.*

pelena *neben* plêna *asl. windel.* **nsl.**
plêna, plênica, plinica *neben* pelna, pel-
nica. **b.** pelena. pelenče *wickelkind mil. 9.*
s. pelena. **č.** pléna, plína *tuch, linnen,
windel.* plénka. **p.** pielucha. **os.** pje-
lucha. **ns.** pjeľuch. **klr.** pełena. po-
ľuch. pôľusa. opeľinok *wickelkind.* **r.** pelena. — *rm.* pelinčĭ. *magy.* pólya *ist*
povijalo. *Von der W.* pel *durch suffix* na:
pelna *wird entweder* pelena *oder* plêna.
Man vergleicht got. fill. *lat.* pellis. *gr.*
πέλλα. *lit.* plenè (plénè) *haut.*

peleng-: **p.** pielęgować, pielengno-
wać *pflegen.* pielęgacja: *daneben* plagować.
plekać *säugen.* **klr.** płekaty *pflegen.* —
ahd. pflëgan.

pelesk-: **nsl.** pelisnoti *eine ohrfeige
geben.* **wr.** peleskać.

pelestĭ: **č.** pelesť *leiste, brett.* **wr.**
pelesć *handhabe: vergl.* pelesć mjasa.

pelchŭ: **asl.** plъhъ *bilchmaus.* **nsl.**
polh. pъh, *gen.* puha. polšina. **b.** plъh
für sъsel *ratte.* **kr.** pelh, *anderwärts* puh.
s. puh. **č.** plch. **p.** pilch. — *magy.*
pelyc. *ahd.* pilih. *nhd.* billich, bilch.
*Ob die Slaven oder die Deutschen die ent-
lehner sind, ist mir zweifelhaft.*

pelja-: **nsl.** peljati, peljem *führen,
fahren für* veda, vezą. dare ansam lex.
kr. peljati, uzeti, voditi *mar.* — *Vergl.*
it. pigliare (*nsl.* po sili peljati *krell.) und
s. peljati *privare mik. Ein zusammenhang
zwischen* pelja- *und slk.* pelať *für č.* hnáti,
běžeti *besteht nicht.*

pelkŭ: **asl.** plъkъ *menge, schaar, heer,
schlachtreihe.* oplъčiti. **nsl.** puk *meg. prip.*
santpulc *aquil:* svętoplъkъ. **b.** plъk. **kr.**

puk. **č.** pluk. **p.** połk, połek, pułk.
In PN. pełk. **klr.** połk *herde.* **r.** polkъ.
— *lit.* pulkas. *lett.* pulk. *rm.* pęlk,
polk. *ahd.* folc. *W. vielleicht* pel *füllen,
daher eig. „menge‘*

pelnŭ 1.: **asl.** plъnъ *voll.* isplъnь
indeclin. plъniti. **nsl.** poln (peln-, paln-,
puln-), polhъn, *im osten* pun. **b.** plъn.
plъnja *füllen.* **s.** pun. **č.** plný. **p.** pełny.
upełny, zupełny. pełnić. **polab.** påun *voll.*
os. połny. pjelnić. **ns.** polny. peľniš. **klr.**
wr. połnyj. **r.** polnyj. — *rm.* pęlnie,
pîlnie *infundibulum* (*s.* punje). popęlni *vb.
lit.* pilnas. pilti *vb.* zupelnas *aus dem p.*
pripilninti. pelnīti *in* grěką pelnīti *ist entlehnt: p.* grzech pełnić. *lett.* pilns. pilt
vb. voll werden. pildīt *füllen. W. ist* pel
(*urspr.* per, *daher* ai. pūrņa, *zend.* perena):
pelnŭ (*asl.* plъnъ *und lit.* pilnas) *kann als
partic. durch* nŭ *angesehen werden.* got.
fulls *aus* fulns. *lat.* plenus *aus* pelnus.
Man beachte č. spilati *giessen, füllen.*

pelnŭ 2.: **asl.** plênъ *beute, gefangenschaft.* plêniti. plênъnikъ. *Daneben* pla-
njenie *naz.* **nsl.** plên. plêniti. **b.** plên
mil. 164. plênja *gefangen nehmen, plündern.*
č. plen. pleniti. **p.** plon (*aus* plen). *Daneben*
wr. połon. plenić *neben* płonić. **klr.** połon
gefangenschaft, beute. połonyty. połonnyk.
r. polonъ *neben dem asl.* plênъ. plênitь,
figürlich. — *lit.* pelnas. *lett.* pelns *ver-
dienst.* pelnīt *erwerben.* ai. paņas *aus
*parnas. *gr.* πέρνημι.

pelstĭ: **asl.** plъstь *filz.* **b.** plъst *m.*
č. plsť *f.* **p.** pilść, pilśń. **os.** pjelść.
klr. połsť. połsťanyj. opołsť *filzkraut.* **wr.**
piľść. **r.** polstь. — *rm.* pęslę. *Das deutsche
filz, ahd.* filz, *ags.* felt *deutet auf älteres
peld-: plъstь ist demnach* peld-tь: *p.* pilśń
beruht wohl auf pilść.

pelsŭ: **asl.** pelesъ *pullus.* **nsl.** peles
art traube. Aus pelsŭ *kann* pelesŭ *und*
plêsŭ *entstehen.* **klr.** pełechatyj. **wr.** pere-
peljasyj. pelesować *für r.* ispestritъ polo-
sami. **r.** pelesyj *bunt.* perepelesyj *dial.
wird durch* polosatyj *gestreift erklärt.* —
lit. palšas. *lett.* palss *fahl. Man zieht zu*
pelsŭ **os.** pjelsnyć (*lit.* pelēti, *lett.* pelēt)

schimmelig werden, und vergleicht gr. περ-
χός, *ai.* prçni *gesprenkelt. Wenn man von*
pels *ausgeht, erhält man durch steig.* polsa,
asl. plasa, *r.* polosa. *Vergl.* polsa.

pelva 1.: **wr.** pleva *häutchen.* **p.** pliwa.
klr. pl̃iva.   **r.** plena.   *Vergl. r.* pere-pel-
okъ, *daher* pel-va. — *preuss.* pleynis *hirn-*
haut. lit. plenė, plėvė *haut auf der milch,*
netzhaut. lett. plėve *dünnes häutchen.* plė-
vėtĭ s *sich mit einem häutchen überziehen.*
nsl. očna pleva ili trepavica *habd.*

pelva 2.: **asl.** plėva *palea.* plėvьnica
strohkammer. **nsl.** plėva *gluma, palea.* plev-
nik *spreukasten.* **b.** plėva *stroh; milchstrasse.*
plėvnja. **s.** pljeva *spreu.* **č.** plėva, plíva.
plévník, plívník. **p.** plewa. **polab.** plâ-
vâi *spreu.* **os.** pluva. **ns.** pl̃ova. **klr.**
połova. pełevńa *scheune.* **wr.** plevy. **r.**
polova. polovnja. *dial.* pela, pely. pelėva.
pelevnja. pelevnikъ. *Daneben* plėnka. pleva.
— *magy.* pelyva, polyva. *rm.* plêvę. *mrm.*
pljancę *aus* plêvьnica. *preuss.* pelwo *spreu.*
lit. pelai, pelus. *lett.* pelŭs, pelavas. pelva
beruht auf pel *jäten mit dem suffix* va,
es ist daher die ursprüngliche bedeutung
weder spreu noch stroh, sondern wohl die
des asl. plêvelъ *unkraut.*

pelvelŭ: asl. plêvelъ *zizanium.* **nsl.**
plevel ali kokal *stapl. excretum lex. gejät.*
č. plevel, *gen.* -le. **r.** plevely *ist asl.* —
rm. plėvele. *W.* pel- 2.

pelz-: asl. plъ̃za, plъsti. plъzati, plъzają
kriechen. plъznąti. plъzėti. plъzъkъ *schlüpf-*
rig. plъžь *aus* plъzjŭ *schnecke. Aus* pelz
entsteht neben plъz- *die form* plêz-: plêzati,
plêžą *kriechen.* plêsti: plêzetъ *serpit.* plê-
žьnъ *naz. kriechend beruht auf einem subst.*
plêžǐ. *Durch steig.* polz-, *daraus* plaz-,
daher plazivъ. **nsl.** polznoti (plъz-). pol-
zati. polzi se nogam, spolza mi se tu. pulzi
res. puznuti *habd.* puzim *ibid.* plêzati
klettern. plezovt, plezun, plêzavec *baum-*
schlüpfer. plaz. plaz pri plugu. plaziti.
plojski, spolzek, splujski, slojski *schlüpf-*
rig. polž, plujž *schnecke.* **b.** plъznuvam
se *vb.* plъzja *vb.: daneben* plъzgam, plъzgam se, pluzgam se *vb.* pluzgliv. plъzica *am*
pfluge. plъžev, plъžek *schnecke aus* plъžь.

kr. dopusti *hinzukriechen.* **s.** ispuznuti.
spuziti. spuž, špug. plaz. oplaza. **č.** plz-
nouti. plzký plž, *daneben* plíž. plížiti se.
plaz. oplaz *ungeackerter theil der furche.*
plaziti se *kriechen. Vergl.* opliznouti *zer-*
gehen. **p.** pełzać. pełznąć, spełznąć, spłoz-
nąć *verschiessen (von farben).* płozić się
kriechen. płozy *schlittenkufe.* **os.** pjelzki.
klr. popołzty. połzaty. popołżeń *blauspecht.*
wr. połzć. **r.** polzti. polzatь. polzkij. polozъ, poloza *schlittenkufe.* polozitь. *alt*
vъspolozenije ὀλίσθημα. — *magy.* púzsa.
Aus polz-: **asl.** oplazivъ *schlüpfrig.* **nsl.**
oplaziti. plaz *sandlehne, lawine res.* **kr.**
plaz *pflugschleife.* **s.** plazati se *gleiten.*
plaziti. plaz *schlüpfriger weg, schlitten, krie-*
chendes thier. **č.** plaziti *schleppen.* plazivý
schleichend. **slk.** plazit sa. **p.** płoz *flache*
seite einer sache. płozić sie *kriechen. Da-*
neben płaz *kriechendes thier.* płazić się *krie-*
chen. upłaz, pochyłość w gorach trawą po-
rosła. płazem *neben* płozem. połoz *art*
schlange, aus dem klr. **klr.** połoz *grosse*
schlange. połoze *coll. schlittenkufe.* płazom,
bokom, sokyroju. hydkyj jak popłazka.
wr. połozić sja *kriechen.* połozze *collect.*
für r. kuča polozьevъ. **r.** polozъ *boa.*
polozъ u sanej. polozitь. *Zweifelhaft ist,*
ob hieher gehört oplaz- *in* oplazьstvo *pro-*
cacitas, contumacia. oplazovati *temere loqui.*
oplazivъ *petulans: vergl. č.* oplzlý *obscoe-*
nus. oplzati se *unzüchtig werden. Man*
merke **asl.** oplъznąti *depilem fieri.* **č.** plz-
niti. **slk.** plznuť, srsť tratiti. z *ist entweder*
palat. g *oder palat.* gh. pelz- *aus* spelz-.

pelŭkŭ: **nsl.** pelek, *gen.* pelka, *obstkern.*

pelynŭ: **asl** pelynъ *wermuth.* **nsl.**
b. s. pelin. **č.** pelyn, pelun. **slk.** palín.
p. piołyn, piołun. **os.** połon. **ns.** polyń,
poluń. **klr.** połyn, pełun. **r.** polynь.
— *rm. alb.* pelin. *mrm.* piluńu. *lit.* pe-
linos *plur.* f

pemza *r. bimsstein.* — *mhd.* bimz,
bumez, *aus lat.* pumicem, pumex.

pen: **asl.** pęti, pьną *spannen.* prępęti
komu, sêtь. propęti *kreuzigen,* raspęti. ras-
propęti. sъpęti nozė. zapęti. *Durch steig.*
pon-: opona *aulaeum.* raspona *crux. Durch*

dehn. *iter.* -pinati *aus* -pênati: raspropinati. sъpinati. zapinati. **nsl.** napeti, napnem. spênati. spinkati *zusammenheften.* napinati. speti se, spênjati se. spetnica *wiede.* spona. opona *vorhang.* zapona *häftel.* zaponec. **b.** opinam *vb.* prêpъnuvam; sъna, sъnuvam, sъnvam, sъvam; zaъna (vrata); napinvam *vb.* propet *gekreuzigt.* prêpъnka. sъnka *hinderniss.* **kr.** propelo *crucifix.* **s.** peti, penjati, penjem. zapinjati. opna *häutchen:* *opъna. napon *anstrengung.* spona *schlinge.* sapon *bindseil.* pripon. zapon.. **č.** pnu, píti. pnêti, pníti *hangen.* opêtva *velamentum.* opona. popona. přepona. přípona. spona *klammer.* zápona. pádlo (*pen-dlo): na pádlo rozpěchu. pjádliti se po něčem, něčeho žádati. spinka *schnalle.* p.pnę, piąć. śpień, trzpień *schnalle.* opona *vorhang.* popona. przepona. spona. zapona. **os.** pnu, pjćć. spona. spinka. **ns.** pjejom, pjeś. spinaś. špjeńc *stachel.* **klr.** rozpjaty (rozpńaty). rozpynaty. prypôn *strick.* opona. perepona. zapyn *einhalt.* napeńha *anspannung.* pjała,. pjały *spannstöcke der gerber.* **wr.** pnu, pjać, pnuć. perepona. spona. šponka. **r.** pnu, pjatь, pnutь. pinatь. pinutь *dial.* pjativo *dial. für* tolokno. pereponka. pripon *art kleid.* zapona. zaponь. supona, suponь. supoŕnitь (sąpon-). pjalъ. pjalo. pjalitь. opinka. — *rm.* opinti *sich anstrengen.* pripon *funis longior.* **lit.** pinu, pinti. įpinas. pinai. pinklas *geflecht:* *pen-tlo. supinklavâti *verfilzen.* **lett.** pinu, pît. pinekls *fussfessel für asl.* pąto. *Vergl. d.* spannen, spinnen: pen *scheint ursprünglich* spen *geḷautet zu haben, daher* lit. spendžiu, spęsti *fallen ·legen.* spąstas *falle. Mit* pen *verwandt ist* opŕnŭkŭ: **nsl.** opanek *pero habd.* opanka. opinka *trauerkleid zur beerdigung ung.* **b.** opinci. **s.** opanak. **klr.** opynka. — *alb.* opinkę, opingę *sandale. Aus* pen *durch* steig. *(wie in* vrato, zlato) ponto: **asl.** pąto *fessel.* **nsl.** póta *f. trub. ung.* puto *plur. habd.* **kr.** putonog *maculam habens in pede.* **s.** puto *neben* spona (*sъpona). puce (pątьce). sputiti *von* puto, spučiti *von* puce. **č.** pouto. **p.** pęto, spona, szpona. pętca.

os. ns. puto, pyto. **klr.** oputaty. putyło *fessel.* **wr.** puto. opontać *aus dem p.:* *pąto. **r.** puta; *dial.* puto. putatь. putlo. putlišče. putljatь. — *rm.* peantę. *preuss.* panto. **lit.** pantis *(nicht entlehnt).* putilas. *Ob mit* pen **nsl. kr.** pripetiti se *sich ereignen zusammenhängt, ist mir unklar.*

pena *asl.* strafe. **nsl.** pena *meg.* **kr.** pina. **s.** pijena. **p.** pena, penia. **klr.** peńa. **r.** pênja, *gelehrt.* — *Aus dem lat.* poena. **polab.** pińon *peinigen subst.* **ns.** pina. — *Aus dem ahd.* pīna.

penče b. *sohle.* **s.** pendže. — *türk.* pénčé.

pendžerŭ: b. s. pendžer *fenster.* — *türk.* péndžéré: *daneben* palathęr *aus gr.* παρθθυρον.

pendĭ: asl. pędь *spanne.* **nsl.** ped. peden. **b.** peda. **s.** ped. pedalj, *gen.* pedlja. **č.** píď. pídimuž *spannelanger mensch, zwerg.* **p.** piądź, piędź. **os.** pjedź. **ns.** pjež. **r.** pjadь, kakъ raspjalennaja. pjadenь. *W.* pen. — *magy.* pidja, puja-ember *zwerg.*

penga-: s. pengati *malen.* penga *farbe.* — *it.* pingere.

pengža: p. pięgża *grasmücke.* **r.** pigalica, čajka: **r.** pigí, **klr.** kyhý. — *Vergl. lit.* spigti *pfeifen.* spengti *klingen. Onomatop.*

penk-: asl. pętъ *aus* pęktъ *fünfter quinctus, quintus.* pętъkъ. pętь *f. subst. fünf (ai.* pankti). pętь na desęte *fünfzehn.* pętь desętъ *fünfzig.* pen'desetъ. **nsl.** peti. pet. **b.** peti. pet. pendeset. **s.** pêtî. pét. **č.** pátý *aus* pjáty. **pŏč.** padesát. **p.** piąty. pięć. *Der vocal des ordinale ist lang.* **polab.** pât. **os.** pjaty. pjeć. **ns.** pjety. pjeś *usw.* — *magy.* péntek *freitag, alte,* peták *siebner,* slk. peták, *neue entlehnung.* rm. pintok *art münze.* *preuss.* pentinx *freitag.* **lit.** penki m. pêtnĭčê *freitag.* **lett.** pîci m. *ai. zend.* pańča. *gr.* πέντε. *lat.* quinque. *got.* fimf. *air.* coic. *kymr.* pimp.

penkn-: č. pěkný *schön.* **p.** piękny. **os. ns.** pjekny. **wr.** peknyj *aus dem p. Dunkel.*

penstĭ: asl. pęśtь *faust.* nsl. pest.
č. pěsť. p. pięść. kaš. pisc. polab.
păst. os. pjasć. ns. pjesć. r. pjastь.
— Vergl. ahd. fūst.

penta: asl. pęta *ferse.* nsl. b. kr.
s. peta. kr. petasati *mit den füssen aus-*
schlagen. č. pata. dial. pjata. p. pięta.
napiętek. polab. pôta. os. pjata. ns.
pjeta. klr. r. pjata. *Hieher gehört wohl*
asl. pętno *sporn.* — rm. pinten. *Wenn*
magy. pata *huf slav. ist, dann ist es aus*
dem slk. entlehnt. preuss. pentis. lit. pen-
tinas. ušpentis *sporn des hahnes. Von*
penta *stammt asl.* opętь, na opętь *rück-*
wärts. vъzopętь. vъspętь. zapętь παρὰ πόδας.
Hieher gehört vъspętiti, vъzopętiti, vъzo-
pęštati ἐπιστομίζειν. nsl. spetiti se *se con-*
tinere. r. pjatitь. *Man beachte klr. po-*
pjasty śa (popjały śa nazad) *zurückweichen.*
nsl. opet. zopet. spet. kr. sopet. s. opet,
opeta, opetena. č. opět. zpět. zpátek.
p. opięć. os. vospjet. ns. naspjet. sas-
pjet. klr. opjať. r. opjatь. vspjatь. —
alb. opet *neuerdings.* lit. apent; atpenti
wieder: daneben atpenč *zurück.* atpetoti
erwidern. lett. pēc *nach.*

pentikostija: asl. pętikostija. — gr.
πεντηκοστή.

pentro: asl. pętro *lacunar.* č. patro,
pátro *gerüst, stockwerk.* dial. pjatro, pátro
ve stodole. p. piętro, piątro *stockwerk,*
stufe. Vergl. przętr *speicher.* ? kaš. przęter.
polab. prôt- prü *gebülk in der scheune.*
os. pŕatr *art balken.* klr. pjatro *neben*
dem p. plontro *und* przantrz, nebo vo rtu.
r. dial. pjaterь, pjatra *balcon.*

pentĭno: p. piętno, piątno *mahl.* klr.
r. pjatno. — lit. pêtnas, pêtma *marke.*
rm. pintenog. pêtę, patę, *aus dem r.*

pepunŭ: b. pepun, pipon, pъpeš
melone. s. pipun. — gr. πέπων. lat. pepo.
rm. pêpen. alb. pjepęn, pjepęr.

per *vor, daraus asl.* prê. nsl. prê,
daraus pre. b. prê, *daraus* pre. kr. s. pre.
č. pře. p. prze: prze bog, przecz *warum.*
klr. pere-: *daneben* pre: preblahyj. r.
pere. perličitь *dial. für* pereličitь. pere-
logъ *brache. Aus per entsteht I.* per-dŭ

(*vergl.* na-dъ, po-dъ): *asl.* prêdъ. *II.* per-zŭ
(*vergl.* i-zъ vъ-zъ, pro-zъ): asl. prêzъ.
III. per-kŭ: asl. prêkъ. per *vor consonanten,*
später auch vor vocalen asl. prê: *adv.* prê-
svętъ. prêbolij. prêbaba. prêisprodьnь; *prae-*
fix: prêseliti, *daher* prêselьnikъ. r. perei-
gratь *usw.* p. na przedaj, na sprzedaž. polab.
pördal *für* prêdalъ.' — mrm. prea *inalt,*
pri mare. preakurvi. preda παραδιδόναι *nach*
dem slav. prêdati. lit. per: pervariti *hinüber-*
treiben. perstoti: *asl.* prêstati. perprašiti:
p. przeprosić. perkadas: p. przechod. par-
nelik *zu viel:* wr. prenésluch *ganz unge-*
horsam. prenévuk *ganz ungelehrig.* got.
fair. gr. περί. lat. per. ai. pari.

per- 1.: asl. pьrją, pьriši, pьrêti *und*
prją *usw. neben* pьrą, pьreši *und* prą *usw.*
πείθω. pьrją sę *contendere, infitiari.* sъpьrêti
sę. sąpьrь. pьrja, raspьrja, sąpьrja *streit.*
ispьrja *excusatio.* ljubopьrivъ. vъspьrêšę
ἀνέσεισαν (τὸν ὄχλον) *marc. 15. 11. Mit steig.*
por-: sъporъ *streit.* nsl. prnja *streit ung.*
prepirati se. prêpir. prepiringa. prja *fris.*
sôper, sôprni *neben* zôper, zôprni. b. prê-
pra se, prêpiram se *vb.* kr. priti se. parnja *lis.* s. preti se, prem se. parac. sa-
preti, sapirati *beschuldigen.* suparnik *wider-*
sacher. č. přiti, pru, přu, přím. pře *streit:*
asl. pьrja. přepírati. rozpor, spor *streit.*
zápor *verleugnung.* soupeř *gegner.* slk.
rozopra. č. rozepře. p. przeć, przę.
pierca. prza. zaprza. spierać się *streiten.*
spor. sapierz. os. pŕeć, pru, pŕeju. ns.
pŕeś, pŕeju *läugnen.* klr. spôr. posporyty *in streit gerathen.* wr. otperć sa,
otpirać śa. supor. r. peretь, pru *dial.*
prenie. prja, rasprja. sporъ. sporecha, spor-
ščikъ. otperetь sja. sopernikъ. suporъ. —
rm. pęrę, pîrę *klage.* pîrîš *kläger.* poarę
dissensio. lett. piretē s *zanken.*

per- 2.: asl. perą, pьrati, prati *schla-*
gen, waschen. nsl. perem, prati. ispêrati,
ispirati. spiranje. perača. pralja. praljka.
perilo. perica. *Vergl.* pratež *supellex lanea,*
vestes. naprati, naperušati *durchprügeln.*
Ukrain. b. pera *vb.:* perêha. perene *und*
prane, pranije. peračka. dopiram *vb.* kr.
pratež *f. vestes, sarcinae.* s. perem, prati.

ispirati. č. peru, práti. pradlí. p. piorę, prać. wypierać. pierzywo. kaš. pieraľka wäscherin. polab. prět, pårět waschen. péraika wäscherin. våipårin subst. os. pjeru, prać. ns. peru, praš. klr. peru, praty. praľo waschbrett. pradľo wäsche. praľa, prаčka wäscherin. wr. peru, prać. r. peru, pratь. — lit. periu, perti (schlagen), baden. lett. pēru, pērt mit ruthen schlagen.

per- 3.: r. peretь, pru premere. naporъ stoss. b. dopra, dopiram, opra, opiram berühren. s. doprijeti, doprem. dopirati reichen. č. pru, přiti berühren. p. poprzeć schieben. napor aufdrängen. kaš. par(ł) drängte. klr. perty, pru drängen. naperty, naperaty. napôr andrang. Vergl. zaparajity zudringlich verlangen. wr. povyperć hinausstossen. sperći, sopru, spirać hinabstossen. — lett. speru, spert mit dem fusse stossen.

per- 4.: asl. perą, pьrati, prati treten, πατεῖν. iter. pirati (aus pêrati). wr. poprać. r. popratь, popiratь.

per- 5.: asl. (perti) prêti, pьrą: podъfulcire. za- claudere. Durch dehn. iter. -pirati (aus -pêrati): podъpirati. zapirati. Durch steig. por-: podъporъ, podъpora fulcrum. nsl. zaprêti, zaprem. zapirati. odpirati, odpêrati. zapêrati, zapeŗjem dur., dagegen zapirati, zapiram iter. zapor die kleine schleusse bei der mühle. zapornica die grosse schleusse. opornica strebebaum. oparen: bolêzen pri živini, kadar voda ne gre od nje. b. opra, opiram, zaprêvam stützen, aufhalten. opra se, opiram se widerstehen. oporit hartnäckig. 'zapra, zapiram hindern, verbieten, einsperren. zapor schleusse. raspra, raspiram kreuzigen. spra, spiram aufhalten. podpor, podporka, podpirka. kr. opor impedimentum. zapor obex. s. zaprijeti, zaprem, zapirati. zapor obex mar. upora stemmleiste. č. přiti, pru mit praefixen. připirati. podepru, podpirati. podpora. odpor, odpêra. spira spannstrick. úpor, úpora widerstand. zapor riegel. zpoura widerspänstigkeit. zpurný. p. przeć, prę drängen. pierać. parcie druck, darmgicht. opor. .:por halsstärrigkeit. wspor stütze. za-

por. przypor. podeprzeć, podpierać. podpora. zapierać schliessen. zaparty. Hieher gehört wohl auch wspar, spar, szpar art sprenkel. os. płeć, pru. podprjeć, podpjerać. podpjera. ns. preš, płeju. zapjeraš. podpora. klr. operty, opyraty stemmen. popôr beihilfe. opôr widerstand. opora stütze. zaperty, zaperaty. zapôr einsperrung. otperty, otpereť. wr. poperć, popru schwer tragen. doperć, dopirać. upartyj hartnäckig ist p.; ebenso upartować für r. uporstvovatь. upora. vpor widerstand. r. peretь, pru. pora, palki podpirajuščija sêno dial. opora stütze. otporъ widerstand. priperetь leicht schliessen. priporъ. vosuporъ, vopreki. uporъ. vyporъ krümmung. upira halsstarriger mensch. upornyj, uprjamyj. zaperetь (dial. zapertь, zapratь), zapiratь schliessen. zaporъ. na zaperti, na zaporê. Vergl. dial. uporъ für izobilie. — rm. opri verbieten, zurückhalten. oprit. podprit. Vergl. zapor rubeolae. lit. spirti stemmen, stossen. atsparas, atspīris strebestütze. nŭpertas, uparnas störrig.

per- 6.: b. prêpiram eilen. klr. posporyty sich beeilen.

per- 7.: r. prêtь, prêja schwitzen, gähren, faulen, sich erhitzen, roth werden. prêlь und parina sind synonyma. nsl. perêti modern. perêl modernd. pêreč ogenj antonifeuer. pcraćec art hautkrankheit. s. perutac art ausschlag. č. ohnipara art grind. p. przeć warm, roth werden. wyprzeć. wyprzać, wyprzeję, wyprę sich erhitzen. wypierać, wyprzawać. perzynka glühende asche. ognipioro art grind. ns. płeš, płeju verdorren. hupřenica. klr. vyprity, vyprivaty durch erhitzung wund werden. uprity. — lit. perêti, periu brüten. perêklė, perêkšlė bruthenne. peruklai plur. brut. lett. perêt. magy. pernye loderasche. gr. πίμπρημι, πρήθω. Vergl. para.

per- 8 : asl. perą, pьrati, prati fliegen. Vergl. isprъ, vъ isprъ sursum. otъperą. Zweite steig. *parŭ: pariti fliegen. parьnъ neboparьnyj orьlъ. nsl. perôt f. flügel. perôt, perut, brada pri ključi. perutnica, peretnica, repetnica. č. peruť. p. wy-

pior *flügge*. wysprz, w gorę *zof.* r. pa-
riṫь. *Hieher ziehe ich* asl. pero *feder.* bêlo-
perъ. dobroperъ. perije *collect.* perьnatъ
geflügelt. perьniҁa. nsl. pero, *gen.* pera,
peresa; pere, *gen.* pereta. *Vergl* srakoper.
b. s. *usw.* pero. kr. strila perenita *frankop.*
b. pernica. peručina *gefieder.* Vergl. rasperduša, rasperdušvam, raspera nogi, opa-
ška *gehört zu* per- 5. peroglavec *art ungeheuer.* č. péro. p. pioro. polab. perŭ.
os. pjero. ns. pero. — rm. perie *bürste.*
Zu per- 8. *ziehe ich* I. operiti *beflügeln:*
ȣтъ operjenъ, operivъ strêly, ljuboviju
vъperjenъ. č. pe̊riti. p. pierzyć się.
II. asl. perina *polster.* periny pavoločyty
(*r.*) *izv.* b. s. perina. č. pe̊rina. p.
pierzyna. klr. peryna. wr. perina. —
rm. perinę. *magy.* párna, *daher klr.* parna.
lit. perīna. W. per, *ursprünglich* sper:
vergl. lit. sparnas *flügel.* *Zur W.* per
scheint auch der zweite theil des wortes für
vespertilio zu gehören, dessen form perĭ,
pyrĭ, *lautet: sieh* netopyrĭ. kaš. šątopierz, šatopierz; *vergl.* r. letučaja myšь.
Von diesen acht nur durch die bedeutung
von einander unterschiedenen W. per *haben*
5. *und* 8., *wie es scheint, im anlaut* s *ein-*
gebüsst; die zahl lässt sich vielleicht auch
durch reducirung der hauptbedeutungen ver-
mindern.

perčemŭ: b. perčem, perčin, perče
haarbüschel. s. perčin. — *türk.* pérčém.

perd-: nsl. prdêti *pedere.* b. pръdja,
prъdna *vb.* s. prdjeti. oprdica *nugae.* č.
prdêti. p. pierdzieć. pierdel. piard. os.
pjerdžeć. ns. pjerd. r. perdêtь, per-
nutь. — *lit.* persti, perdžu. *lett.* pirst,
perdu. *ahd.* firzu. *gr.* πέρδειν. *ai.* pard.
Vergl. lat. pedere *mit* pīzd-.

perde b. *schleier.* s. perde *bettvorhang.*
— *türk.* pérdé.

perdŭ: asl. prêdъ, prêdь, prêždь *das*
vordere: sъ prêdi, na prêždь, sъ prêžda.
compar. *prêždij: prêžde. nsl. pred. od
sprêda. *compar.* prêje, prêj. prece *schnell,*
ziemlich aus pred se, *eig. vor sich hin;* preca
venet. b. pred. kr. s. pred. *compar.*
prije. pre. č. před. *compar.* přizeji, přize,

přiz. p. przod. przody. przodek. *compar.*
przedzej. kaš. przed, *daneben* pered ļaty.
polab. prid, pắrĕd. *compar.* porḋz, porz. os.
přeni (prêdьnь). ns. předny, přeny. klr.
na pered. peredok. na predky. na priḋ.
compar. peredže, prež. wr. perednyj.
v peredki. v prod. *compar.* perež, prež.
r. peredъ, predъ. *compar.* perežъ, preže,
prežъ, *dial.* prežde. perednij. pereditь. —
preuss. pirsdau. *Mit* prêžde *scheint* rm.
preažmъ: în preažma *gegenüber, zusammen-*
zuhangen. Vergl. per-.

perg-: asl. isprъgnąti *herausspringen:*
oči isprъgnete. p. piérzgnąȷ *bersten.* polab.
pấrgnĕ, vъzpấrgnĕ, vъzpirgnĕ *birst.* vai-
pấrzeny.

perga: asl. prъga χλόα *novella tri-*
tici grana. nsl. prga *mohndrüsen.* kr. prga
ist stvari za prъžiti. p. pierzga *blumen-*
mehl, stopfwachs. klr. perha *blumenstaub,*
honigbrot, futtersaft. r. perga *blütenstaub.*
parga *dial. ist* p. — *rm.* pъrgъ *primi-*
tiae. Die wahre bedeutung dieser wörter
ist mir dunkel. Man vergleicht lit. spur-
gas *knospe,* ai. parāgas *blütenstaub.* p. perz
(*vielleicht* perž) *flocken auf kräutern.* prъžina *glag. ist* sabulum. *Vergl.* perg-.

perch-: nsl. prhati *flattern.* sprhnoti
vermodern. pršeti *nieseln.* s. prhnuti, prnuti.
oprha snježana. č. prchnouti. prch *flucht.*
prchlý. pršeti *stieben, fallen, regnen.* sprch-
nouti. p. pierzchnąȷ, pierzchaȷ, pierszyȷ
stieben. pierzch. pierzchliwy. *Vergl.* pierz-
chanie *furor zof.* os. pie̊rchaȷ. pje̊ršiȷ
stieben lassen. klr. perchnuty *moderig*
werden. perchaty *flattern.* vsporchnuty. vy-
purchnuty. wr. pyrchaȷ. r. porchatь
flattern. porchlyj pesokъ *dial.* perchljakъ
schnee. Damit ist nsl. prhek, prhel *mürbe,*
prhčati, prščati *mürbe werden verwandt.*
prhaj, prhljaji. prhuti *furfures.* prhoje-
dina *vermiculatio. Die bedeutung von* perch
ist stieben, flattern, fliehen, fallen, regnen.
b. prъhna *trocken werden.* prъhot *haar-*
schuppen. prъšav *krätzig.* prъšaj. s. prhut,
perut. p. parch. parszywy: *Vergl.* pierszeń. ns. parch *räude.* wr. parchi.
porši, parši. r. parchъ, parъ. paršivyj

sind p. — *rm.* paršiv *krätzig. Abweichend* č.
prachy. prašivý *räudig neben* pršiv *kahl.*
p. purchawka. *os.* porchava *bofist.* **klr.**
porchavka *art pilz, stäubling.* porchkyj
in staub zerfallend. porchaty *auseinanderstieben.* č. rasprchnouti *auseinanderstieben.*
Verschieden ist r. perchatь *husten.* poperch-
nutь sja *sich überschlucken. Aus* perch- *entsteht durch steig.* porchŭ: **asl.** prahъ *staub.*
prahněti *zu staub werden.* prahněnъ *adj.*
prašiti *zu staub machen, brachen.* rasprašiti
zerstreuen. **nsl.** prah. prahuta *zitterflechte.*
prašiti. **b.** prah. prahan *zündschwamm.*
č. prach. prachy. prašivý *räudig.* p.
proch. poroša *erster schnee im herbste ist* r.
os. proch. pracha *räude ist* č. **ns.** proch.
klr. poroch. porochno *mъrsches holz.* po-
rochkyj, porchkyj *mürbe. Vergl.* rozbyty
na prach *ganz zerstören.* **wr.** poroch
neben prachom *wie staub.* **r.** porochъ.
poroša. **W.** pers, *woraus* perch. — *lit.* pa-
rakas *schiesspulver.* parakragis *pulverhorn.*
rm. prah, praf, prav. *Verwandt ist* pers-tь.
Hieher ziehe ich auch klr. perchač, pyr-
chač, poperchač, potyrchač, myšperchač
fledermaus, r. letučaja myšь, *das flatternde
thier, die flatternde maus. Auch im* nsl.
pirhpogača *kann* pirh *als „fliegend" erklärt werden, während* pogača *an* b. prilep
(lьp) *erinnert.*

perchtra: *nsl.* prhtra baba, perta
art gespenst bei den kärntnerischen Slovenen:
pošast, o kteri se na Koroškem pripo-
věda. — *mhd.* bërhta. *d.* bercht, berchte.

periorĭ: *as.* periorь *grenze.* — *gr.*
περί, ὄρος; περιορίζω.

perivolŭ: *asl.* perivolъ *garten.* **kr.**
perivoj. *s.* perivoj, pelivoj. — *ngr.* περιβόλι.

perkno: *č.* prkno *brett.*

perkŭ 1.: *nsl.* prč *ziegenbock.* **b.**
prъč *bock.* prъčovina *bocksgestank.* prъcat
se *(3. plur.) sich paaren.* sprъcvam *paaren
(das männchen mit dem weibchen).* **s.**
prčevina. prčevit. *Vergl.* prcati se *coire
(de capris).* č. prk *bocksgestank.* prćina.
p. parkacz *stinkender bock.* **klr.** perčyty
śa *brunsten.* — *rm.* pęrč, pîrč; pęrči
rammeln neben pęrc, pîrc *bock.*

perkŭ 2.: *asl.* prěкъ λοξός *transversus:*
dlъgota i prěkoje. prěko, · prěky *contra:*
prěko glagolati. prěkoslovьcь. *Dunkel ist*
prěkylaža *hydrops.* **nsl.** prěk *adv.* prě-
kast *schief.* prekorubce *habd.* prěčen. prě-
čnica *kopfkissen.* prěčka *abtheilung der
haare.* prěkla *stange.* prěčiti *hindern.* prěčiti se, grdo gledati. spričkati se *uneinig
werden.* **b.** prěk *quer.* prěko. prěkomor-
ski. prěčka *stange.* prěča *hindern.* prьčka
stange. **kr.** preki *rectus.* najprečc *bre-
vissima via.* **s.** prijeko. *alt* prěky putь.
što bi se najprěčc moglo. sprečica *hinderniss.* zapreka *verbot.* prečaga *breite.* č.
přiky: šel přьky polem *dial.* \přič *f.* na
přič. příčný. přička. přičiti *widersprechen.*
zpříkati se *recusare.* **p.** przeko. przeczka
poprzeczny. przecznica. przeczyć. sprze-
czać się *streiten.* sprzeka. sprzyczny *streit-
süchtig.* **kaš.** przeki. prek, *daneben* perek.
polab. prikŭ. **os.** přečny. **ns.** prcki.
precny. napšiski *jäh.* pšecka *schnalle.* **klr.**
prekamy skazaty *mit reden kränken.* poperek, poprek. poprekaty *vorwürfe machen.*
bezpereč *unstreitig.* navperěč *zum trotz.*
superečaty *chrest. 372.* **wr.** perek. perc-
kovyj. *Daneben* prek. prekom. prečić.
spreka *streit.* **r.** poperěkъ, poperěgъ.
perečitь *dial. Daneben* prekij. poprěkъ.
— *preuss.* prīki, prīkan. *lit.* prékei. *lett.*
prěkš *vor.* *mrm.* τε πρέκα; *de* prikę *quam.*
prěkŭ *beruht auf* per-kŭ. *Vergl.* per.

perla 1.: *nsl.* prla *pedisequa marc.
stubenmagd.*

perla 2.: *nsl.* *plur.* perlni; perlini *perlen
lex.* **s.** č. perla. **p.** perła. **os.** parla. **ns.**
parła. **klr.** perła. perło *collect.* **wr.** perły.
r. perla. perlo. — *ahd.* perala, berala. *lit.*
perla.

perli-: *sengen.* **b.** oprъlja *vb.:* oprъlen
abgebrüht. **s.** prljiti. č. prliti: kopřiva
prlí, pálí. — *rm.* pîrli *sengen.* sperlę *cinis
stramineus.*

pernĭčĭ: b. pernič *messing.* **s.** piri-
nač. — *türk.* pirindž.

perpa: *s.* prpa *glühende asche mit
wasser vermischt als umschlag. Lautfolge
zweifelhaft.*

perpera, perperica: asl. *prêpera, *prêperica *wachtel: aus dieser urform entstand* *prêpelica, *plêpelica. nsl. plepelica *habd.* prepelica. prepelovati, prepelêti, prepelêvati. *onomat.* podprda, podpodica. b. prêperica *mil.* 140. 430. kr. plepelica. s. prepelica. č. přepel, přepelice; křepel. p. przepiora (przepieruje). klr. perepeła, perepełyća, perepêłka, pełepełyća. r. pereperъ, perepelъ, pelepelka. — *preuss.* perpalo, *d.* perpelitze *dial. lit.* putpela. *rm.* prepelicę. perpera *ist die flatternde:* nsl. prepelêti *flattern.* prepelica prepeljuje *volksl. Vergl.* krepeliti. *Auch b.* preperuga, peperuga *schmetterling ist der flatternde:* asl. *prêperuga. *Vergl. alb.* fluter.

perporŭ: s. prpor, kad se riba bije *begattung der fische.* prporiti se. *Lautfolge unsicher. Wohl eine reduplicirte form.*

perprica: asl. prъprica *kreisel.* b. pъprica. s. paprica. ar. porplica. — *rm.* pęrpęricę. *Die grundform zweifelhaft.*

pers- 1.: b. prъsna *auffliegen.* p. prysnąć *reissaus nehmen. Vergl.* perch-.

pers- 2.: č. paprsek *strahl.*

persk-: asl. prъskanije *gebrüll.* nsl. prskati se *brünstig sein* (koza se prska, gre po plemenu). prskač *brünstiger ziegenbock.* kozoprsk. s. prštati *murmeln* (prъšti voda). č. prskati *bocken.* kozí prsk. p. parsk. parskać *schnauben, prasseln.* os. porskać, pjerskać. ns. parskaś. klr. napyrskłyvyj *aufbrausend.* wr. porskać, porsnuć. r. porskatь *die hunde hetzen.* — *rm.* pîrsni, prîsni *prasseln. Hieher ziehe ich auch andere ursprünglich einen schall bezeichnende themen:* b. prъsna, rasprъsnuvam *zerstreuen.* prъskam *spritzen.* s. prskati, prsnuti, pršćati *zerschellen.* č. prskati *spritzen.* klr. pyrsnuty *zerbrechen.*

perstŭ: asl. prъstъ *finger.* prъstenь *ring.* nsl. prst. prsten, prstan. b. prъst. prъsten. naprъsnik. s. prst. prsten. č. prst. prsten. p. pierść *handvoll.* pierścień. naparstek. polab. pârstén. os. porst. naporstnik. klr. perst, pałeć. persteń. wr. naparstok *p.* prystiń *ring.*

r. pёrstъ *dial.* perščatka, perčatka. naperstokъ. — *rm.* nępęrstok. *preuss.* pirsten. *lit.* pirštas. *lett.* pirksts. *Man vergl. ai.* sprç: *der anlaut ist abgefallen. Slav.* s *und lit.* š *stehen für palat.* k, *ai.* ç.

perstĭ: asl. prъstь *f. humus, pulvis.* nsl. prst *dammerde.* b. prъst. č. prsť. p. pierść *zof.* os. pjeršć. klr. persť, popeł. *W. ist wohl* pers *stieben, von der auch asl.* prahъ *stammt. Vergl.* perch-.

persŭ: č. přes *über.* — *lit.* prёš *gegen, wider. Vergl.* perzŭ.

persĭ: asl. prъsi *plur. f. brust.* naprъsъkъ ἐπιστήθιος. nsl. prsi, prsa *plur.* kr. prsine. s. prsi, prsa. prsina. napršče *säugling.* č. prs *f.* p. pierś *f.* klr. r. persi. — *rm.* prêsinę. *lit.* piršis, grudь. u lošadi. piršingas *breitbrüstig. ai.* parçu *rippe.* pârçva *m. n. seite.* zend. pereçu.

peršutŭ: s. prъšut, pršuta *schinken.* nsl. pršutina. — *it. ven.* persuto. *it.* presciutto.

pertĭ-: asl. prъtiti, isprъtiti *corrumpere.* p. parcieć *von feuchter wärme auswachsen.* klr. porča *verderbniss.* naportyty. r. portitь. porča. *Man vergleiche asl.* zaprъtъkъ *windei; in einer r. quelle* zaporotokъ, zaportъkъ. nsl. zaprtek, *daneben* žlaprtek. b. zaprъtъk. *Vergl.* s. zaprtak *nanus, gallina pumilio mik.* č. záprtek *windei.* p. zapartek (zaparstek) *ein bebrütetes, abgestorbenes ei.* os. zaportk. klr. zaportok. r. zaportokъ. — *lit.* užperai *bebrütete eier. Vergl.* por-.

pertŭ: asl. prъtъ *pannus* ὀθόνιον. prъtište. nsl. prt *mappa, linteum.* č. (prt). prtati *flicken.* prták. p. part *hanfleinwand.* parciany. portki *hosen, aus dem r.* klr. port *hanfenes gespinnst.* portok *tischtuch.* portanyj. wr. port. r. portъ. portomoja *wäscherin.* portki. portno *dial. für* polotno.

pertĭ: b. prъtina *schneebahn.* s. prt. prtina *schneebahn.* č. prt *fusssteig. dial.* pirť, vyšlapaný chodník. p. perć, ścieżka w gorach skalistych. wypercić się, spaść z perci: *wohl aus dem klr., da das wort sonst* pierć *lauten würde.* klr. perť weg für den schaftrieb. — rm. pęrta, pirta spur, daher č. mähr. pirta schneeweg. wahrscheinlich per- 4. conculcare mit dem suffix tĭ.

perunŭ: r. perunъ donnerkeil, der donnergott: perunu i volosu. perunъ tichonr. 2. 271. perunъ by tja rostraskalъ! posl. klr. perun blitzstrahl. nsl. perun PN. č perun. Vergl. slk. parom. p. piorun. wr. perun. polab. perŭndán donnerstag: pernnъ dьnь d. i. Perun's tag, nach dem d — Vergl. b. perin planina mil. 167. perunice devojče 371. perim-planina kač. 485. s. perunika iris germanica. preuss. percunis donner. lit. perkunas. perkunija gewitter. lett. pērkons.

pervarĭ: as. prъvarъ februar. — ngr. etwa φερβάριος, wofür φλεβάρης.

pervazŭ: b. pervaz rand. s. bräme. — türk. pérvaz.

pervŭ: asl. prъvъ erster. prъvii cl καλαί. prъvьнь. prъvêje. prъvêsnьcь naz. 166. 258. 271. prъvênьcь cloz. prъvêšьnь. nsl. prvi. prvič. compar. prvlje, prlje. stoprv, stoprav, stopram erst. b. prъvni. prъvnjo. dêvojka prъvênskinja. prъviče. prъvêšni. isprъrъm zuerst. alt otь prъvênь. kr. stoper erst. s. stoprvice. č. prvý. prvni. teprv, dial. tepruv, tepruva, tepřiva, slk. trpov. p. pierwy. pirzwerodzene primogenitas flor. compar. pirzwiej. pierwszy. pierwoci. pierwiastek. dopiero. os. pjervy. klr. pervyj. pervesnyća schlüsselblume. teper. wr. compar. pervêj. pervjastok. r. pervyj. sperva. pervenecъ. pervesinka dial. topervo, teperь jetzt. — lit. pirmas. pirmonis f. erstling. compar. pirmiaus eher. gr. πρωί aus porvi. lat. primus. ai. pūrva. ap. paruva.

perza-: s. zaprezati gürten. klr. operezaty umgürten. pôdperezuvaty (remennym čeresom). perêzka leibbinde. operezka verband. wr. perezać, perezanuć gürten. razperjazać entgürten. perezać auf den rücken schlagen. Vielleicht auf perzŭ zurückzuführen.

perzalja-: b. prъzalêm se auf dem eisezuschleifen.

perzni-: s. przniti besudeln. č. przniti. p. parznić. klr. porznyj: porznyj deń fleischtag. porznyty śa während der faste fleischspeisen essen. sporznyj für r. žirnyj fett.

perzŭ: asl. prêzъ praeter, super. b. prêz. prêzmorče. prêzmorčin ultramarinus. p. przez. polab. priz ohne für bezъ. os. přez. ns. pšez. klr. prez, čerez. wr. prez, piraz. r. perezъ. — rm. prez. lit. prěš. Vergl. persŭ.

perŭpera: asl. perъpera hyperpyrum. as. perpera. r. pereperъ sbor.-kir. — gr. ὑπέρπυρον.

perĭnja: nsl. prnja lumpiges leinzeug. prnjav.

pesa nsl. mangold. pesika kreuzdorn. — Aus dem deutschen: ahd. pieza, bieza, lat. beta. Aus it. bieta (mit aus l vocalisirtem i) entsteht s. bitva und blitva. Vergl. bitva.

peškirŭ: b. s. peškir handtuch. — türk. péškir.

peškišĭ: b. peškiš trinkgeld. s. peškeš. — türk. péškéš.

peštera asl. höhle. b. peštera. klr. pečera. wr. pečera, pečura. r. pečera neben asl. peščera. p. pieczary, aus dem r. — rm. peštere. Vergl. asl. peštь: pek-.

pešĭ: peš s. art fisch. — it. pesce.

petalŭ: asl. petalъ πέταλον lam. 1. 101. b. petalo hufeisen. ar. petala lamina. — Aus dem gr.

petlja asl. ansula. petelja nodus. nsl. petlja masche, stängel. penklja band ist d. b. petlica mil. 465. petelka knopfloch. spetljavam vb. s. petlja fibula. spetljati. č. petlice klammer, schlinge. p. pętla. pętelka. pętlica schleifenknopf. pętlik schlinge. pętlina. klr. peteľka. wr. petľa. r. petlja. petlica. Diese worte sind nicht ganz klar. p. pęt- führt auf pąt-, neben dem pęt- anzunehmen ist. W. ist wohl pen: putlišče.

petrachilŭ: asl. petrahilъ stola. b. petrahil, patrahil. — gr. ἐπιτραχήλιον.

petrenĭcĭ: slk. petrenec kleiner heuschober. — magy. petrencze.

petruželĭ: č. petružel, petržel, petružlen *petroselinum*. slk. perašin. p. piotruszka, pietruszka. os. pjetruška. klr. r. petruška. s. peršun *neben* petrusin. — lit. petriuška. ahd. pedarsilli. *Aus dem lat.* petroselinum.

peza 1. b. *scherz*: nemoj s mene peza da se biješ *treibe mit mir nicht scherz* mil. 268. — gr. παιζω.

peza 2. nsl. *pondus* meg. tortur. pezati *foltern, quälen* trub. pezanje *lex.* — it. pesa, peso *last, gewicht*.

pê-: asl. pêti, pojǫ *singen*. pêvati. -rêvьcь. pêsnь. pêtelinъ *gallus*. otъpêlo. pêsnopoj. pêsnivьcь. pêtehь *gallus* (petehь) *brev. glag.* nsl. pêti, pojem. petelin *hahn*. pesma *habd.* b. poja, pêja *vb.*: kniga pêja *lesen*. pêvam, pêjvam. pêjka, pêvka. pêtel, *plur.* pêtli. pojna ptica *singvogel*. kr. peteh *hahn.* s. pojati. pijetao. č. pěti, pěji. p. piać, pieję. pietuch. kaš. piac. polab. piot, püjã. os. spevać. ns. spivaš. klr. pity, pijaty *krähen.* wr. pêć, pêju; pêjać, pêjaju. r. pêtь, poju. pêvenь. pêvunъ, pëunъ. pêtuchъ. pêtunъ. piju *singe.* pivokъ. *W.* pi, *woraus durch steigerung* pê, poj.

pêgŭ: asl. pêgъ *bunt*. pêgota. pêgotivъ. nsl. pêg. pêga *macula*. pigučav *habd.* pegat *perlhase.* č. píha *sommersprosse.* p. piega. os. piha. ns. pjega. r. pêgij. pegenkoj *bunt dial.* pêgačъ *scheck.* — rm. pag *aus* peag. *Vergl. ahd.* fêh.

pêchŭ: asl. pêšь *adj.* pêšьcь *fussgänger.* nsl. peš *adv.* opêšati. pêh *entkräftung.* b. pêš. s. pješe *adv.* pješak. č. pěchý. pěši *dial.* pěšo. pěchota. slk. pechúr. pešiaci. p. piechota. pieszy. os. pješi. ns. pješy. klr. pišeć. pichota. wr. pêši. r. pêchij, pêšij. pêchota. pêchturъ. popêchatь. opêšitъ. — rm. pihotę. lit. pêščias *aus* pêd-tjas *zu fuss.* pêda *fussstapfe.* lett. pêda *fusssohle.* ai. pâd (pad). *und.* fôtr. pêchŭ *ist* pêd-sŭ.

pêna asl. *schaum.* nsl. pêna *usw.* kr. pinjača. p. piana. — *preuss.* spoayno. ahd. feim. ai. phêna.

pênengŭ: asl. pênęgъ, pênędzь, pênęzь *denarius.* pênęžьnikъ. nsl. pênez. pênezi *plur. geld.* b. pênez. s. penez *neben spätem* fenek, fendik. č. peníz. p. pieniądz, fenik. polab. pãz *geld.* os. pjeńez. ns. peńez. klr. pińaž *ung., im plur. geld.* fenyk. — *magy.* pénz. *alb.* penez. *türk.* penez. *rm.* pinzerie *münze* *preuss.* penningans *plur. acc. lit.* piningas. piningučus. *lett.* pêneklis. *ahd.* pfenning. fending. *Vergl. ahd.* cheisurino. siluparling. *mhd.* helbeling.

pênica ns. *grasmücke.* č. pěnice ns. pjenica. p. piąnka. r. pênka. č. pěnkava. slk. pinka, pinkavka, penkava. klr. pynkało *blutfink.* pynttivka *ist magy.* — *magy.* pinty, pincz, pintyőke. *Vergl. ahd.* fincho. *nhd. bair.* pienk *und slav.* pênika.

pênĭka: p. pienka *hanf.* r. penьka. penьkovyj.

pês- 1.: nsl. pêsta, luknja v klado pri stopah za črêslo tolči. pêzda. pêsto (v ko-)lesu) *modiolus lex.* pestiti *drücken.* č. pěchovati *stampfen.* pěsta, pista *bläuel, nabe am rade.* p. piasta. os. pjesta *stampfe.* pjeść *stempel im mörser.* ns. pjesta. r. pestъ *stössel.* pestikъ. — *lit.* pėsta *stampfe, stampffass.* *lett.* pêsta. *lit.* paisīti *schlagen (die gerste, um sie zu enthülsen).* lat. pinso. ai. piš. *Vergl.* pьchа.

pês- 2.: asl. pêsъkъ *sand.* nsl. pêsek. b. pêsъk. s. pijesak. č. písek. p. piasek. *dial.* piach. kaš. piask, piosk. polab. posak. os. ns. pjesk. klr. pisok. r. pesokъ. supesь *sandiger boden:* *sǫpêsь. — lit. pêska, aus dem p. Man kann an die ableitung von pis (ai. piš) denken, daher das zerriebene, zerstampfte: man vergleicht indess ai.* pânsu-, pânçu-. *zend.* pâçnu *staub.*

pêstunŭ: asl. pêstunъ, pêstunь *paedagogus.* pêstovati. nsl. pestováti *res.* 255. pêstunja, pêsterna *kindsmagd.* č. pěstiti. pěstouň. p. piastun. piastować. pieścić. pieszczota. os. pjeston. klr. pestyty *liebkosen.* wr. pêstun. pêstovać. pêscić. r. pêstunъ. pêstovatь. — *lit.* pêstiti *pflegen.* *magy.* pestonka. *W. wahr-*

scheinlibä pit : pês-tunъ : *vergl. r.* pê-
tunъ·: pê-.

pi-: *asl.* piti, piją *trinken.* opiti sę,
upiti sę *sich betrinken. iter.* pivati: opivati
sę. neupivanije. pitije *das trinken.* pitva
tichonr. 1. 177; 2. 403. pivьca, -pijca
trinker. pivo *trank:* pivo tvoreno σίκερα.
pivьnica *keller.* pirъ *gastmahl.* pirъšьstvo.
Durch steig. poj: prêpoj *gastmahl.* zapoj
ebristas. poiti. napoiti *tränken.* opoiti *trunken*
machen. napajati, napavati. pitij *potabilis.*
pivьnъ: pivьna žrъtva *trankopfer.* pivъkъ
trinkbar. pijanъ *trunken.* pijanica *trunken-*
bold. -pijavъ: krъvopijavъ αἱμοβόρος. pijavica *hirudo.* *nsl.* piti, pijem tabak piti.
pitь *f. getränk.* pilo. pijača, napitek *trunk.*
pivola *egel.* pivnica *keller:* pivьnъ. pitna
posôda. pitvina. pir *hochzeit.* *Vergl.* pirdlja
begleiterin der braut. **b.** pija *vb.* pijan.
pijanica. pijavica. poja *tränken.* napojavam
vb. **kr.** pilo. piliš *potus.* pir *nuptiae.* **s.**
piti, pijem. pir. **p.** piję, pić. pijawka.
pijak. piwnica. napajać, napawać. pijatyka
zechgelage: vergl. bijatyka, hulatyka, *mit*
griech. lat. suffix. połab. pait. paivü *bier.*
pãijavaiĉa. **os.** pić. pivo. pivnica, pinca.
pijanca *egel.* **ns.** piš. pivo. **klr.** pju,
pyty. pyvaty. pyvo. pyr *gelage.* propôj.
Vergl. pyrnyj *fett.* **wr.** propoj. pijaka.
opujĉa *säufer.* **r.** pitь. pivo. pijavica,
pijavka. pьjanyj. poitь. pojlo. pirъ. pir-
šestvo.— *magy.* pincze. pikó. piócza, pióka.
rm. pivnicę, pimnicę, kivnicę, kimnicę.
preuss. piwis. *lit.* pīvas. pijăks *säufer.*
ai. pī (pibati). *gr.* πί-νω. *lat.* bibo. *Unver-*
wandt ist ahd. bior.

pigva *r. quitte.* **č.** pihva (*aus pihy,*
pigy) feige. *Aus ahd.* fīga.

picht-: *r.* pichtêtь *keuchen.*

pichtu *r. fichte.* — *ahd.* fiohta, fiuhta.

pik- 1.. **nsl.** pikati, piknoti, pičiti
stechen habd. pika, piknjica *tüpfchen.* pičica *obstkern.* pikec *art traubenkrankheit.*
piker *häkelig.* pičel *knapp.*

pik- 2.: **b.** pikaja *mingere.* pikoč *urin.*
Vergl. pič *bostard.* *asl.* pikanina *urina.*
nsl. pička *vulva.* **č.** pikati, pičkati *min-*

gere. **p.** pica, piczka, pichna *vulva.* —
magy. picsa, pič, pit *vulva.*

pik- 3.: **b.** pikna *ponere mil.* 25. 536.

pik- 4.: **č.** spiknouti se. **p.** spiknąć
się *sich verbünden.*

pika: **č.** píka *pieke.* **p.** pika. —
lit. pīkis. *nhd.* pike, *fz.* pique.

pikŭ: **nsl.** navpik *senkrecht.*

pil-: *asl.* pilьnъ *eximius.* **č.** pile *stu-*
dium. pileti. pilný. připíliti. **p.** pilny.
kaš. upilac *für r.* podsterečь. **os.** pilny
sorgfältig. **ns.** pilnosć. **klr.** pyłovaty,
staraty ś *eilen.* pyłnyj. pyłha *sorge.* pyłno-
vaty *bewachen.* **wr.** pilьnyj. pilьno *sehr.*
pilma *eifrig.* **r.** pilь *dial. für* strada.
pilьnyj *eifrig.* **p.** steht pili *dial. für*
krewny. niepili *fremd.* — *lit.* pilnai.

pila 1. *asl. feile, säge.* **nsl. b. s. č.**
pila. **b.** pilja *vb.* **p. os.** piła. **ns.** pila.
filnik. **klr.** pyła. **r.** pila. — *lit.* pela.
pêlĭĉê. *rm.* pilę. *ahd.* fīla.

pila 2.: **p.** piła *ball.* — *lit.* pila, pilê.
Aus dem lat. pila.

pilakarĭ: *nsl.* pilakar, skopuh *knicker.*
— *it.* pillacchera.

pilê-: **b.** pilêja *zerstreuen.* raspilêvam *vb.*

pilgrimŭ: *klr.* pyłhrym *pilger.* **p.**
pielgrzym. — *mhd.* piligrīm. *lat.* pere-
grinus.

pilika, piljka *nsl. fassstöpsel, spund-*
loch. zapilkati *verpeilen.* — *Das nur dem*
nsl. bekannte wort ist deutschen ursprungs,
es lässt ein pil- *vermuthen.*

pilŭ: *nsl.* pilič. **b.** pilec, pile, pilence
hühnchen. **s.** pile, pilica. pilad *collect.*
połab. pilä *junge ente.* **os.** pilo *unreife*
ente. **ns.** pile *gänschen.* *Hieher gehören*
asl. piljukъ *milvus.* *nsl.* piljuh. **b.** pi-
lêk. **s.** piljug. **klr.** pyłuk *sumpfweihe,*
etwa: hühnergeier. — *lit.* pīlê, pīlis *ente.*
türk. pilidž *hühnchen.* *Man merke* **s.**
pilični, piličnik : nema ni piličnoga;
svi izginuli, ni piličnik nije utekao *ne*
unus quidem, eig. auch nicht ein hühnchen
entkam.

pinja *nsl. rührkübel.* pinjiti *butter*
rühren. — *Vergl. it.* pignatta *topf.*

pīnta b. č. *art mass.* **nsl.** pint. — *nhd.* pinte. *it.* pinta. *fz.* pinte. *magy.* pint. *rm.* pintę.

pīpa nsl. p. *pfeife.* č. pípa. **klr.** pypa. **wr.** pipka. — *ahd.* pfīfā. *magy.* pipa. pipaszár *pfeifenrohr, daher klr. ung.* pypasara. *lit.* pīpkė. *rm.* pipę. *mlat.* pīpa. *Hieher gehört* **nsl.** piplič, guščič. **kr.** piple, piplić *kūchlein.* č. pípati *piepen.* **slk.** pipíš. — *magy.* pipě *junges huhn.* pipis *pieplerche. lit.* pīpti. pīpelīs *pfeife. magy.* pipōke *in hamupipōke aschenbrödel soll slavisch sein.* **asl.** pipela, pipola *sambuca, tibia. Von* pip (č. pípati), *das auch den wörtern für* pullus *zu grunde liegt, wenn nicht* pilū *usw. mit* pullus *zusammenhängt.*

pīpa-: **asl. nsl.** pipati *tasten.* b. pipam *vb.* **kr.** pipav *segnis, eig. tastend.* **s.** pīpati. (pípati *abklauben*). č. opípati. — *rm.* pipęi *vb.*

pīpačī: **slk.** pipač *feldmohn.* — *magy.* pipacs.

pīpka b. *pips.* p. pypec. **klr.** pypeć, pypoť. **wr.** pypło. *Vergl.* č. tipec. r. tipunъ. — *lit.* pepulis. *ahd.* pfiffiz. *Letzte quelle* pituita.

pir-: **s.** napiriti *aufblasen.* pirkati: pirka vjetar.

pirinačī: **s.** piriňač *reis.* — *türk.* pirindž.

pirogŭ: r. pirogъ *art mehlspeise.* **klr.** pyrôh. **wr.** piroh. p. pirog. **slk.** pirohy, pěry neboli tašky. — *lit.* pīragas *weissbrot. lett.* pīrags.

pironŭ: b. piron *furca.* **s.** pirun. — *alb.* pirun *gabel. rm.* piron. piroanę. *mrm.* perune. *ngr.* πιρούνι. *it. dial.* pirun. **pirostija** b. *feuerbock.* — *gr.* πυρωστιά.

pirožlekŭ: **nsl.** pirožlek *einer der vielen namen der fledermaus. In* pir *steckt wahrscheinlich* perch-.

piruzŭ: **s.** piruz *türkis.* — *türk.* piruzé.

pirŭgŭ: **asl.** pirъgъ *thurm.* b. pirgove *plur.* **as.** pirъgъ. — *gr.* πύργος. *türk.* burgus.

pisk-: **asl.** piskati, pištą *pfeifen.* piskъ *pfeifen.* myšepiskъ. piskъčij. pištati *aus* piskêti. pištalь *f. aus* piskêlь **nsl.** piskati, piščem. piščec. piščati. pišča, pišev *f. pfeife.* piščal *f.* piščъ *n. hühnchen.* piščetnik *hühnergeier.* piskutati *heiser sein.* b. pišta *vb. schreien.* pisъk *geschrei.* piskliv, pištliv. piskun *dämpfer bei der sackpfeife.* piskot *mil. 70.* pištêlka. **s.** piskati *pis sagen.* piska *pfeifen.* pištati *zischen.* č. pískati. pisk. piskot. píšťal, píšťala. píšťěc. pištba. p. pisk *gepiepe.* piskać, pisknąć, pisnąć. piszczel. piszczec *pfeifer.* pisklę *hühnchen.* **kaš.** piskac. **polab.** paistě *pfeifi.* paisťolka *kinderpfeife.* **os.** pišćeć. pisk. pišćel. **ns.** piščaś. **klr.** pyščaty *piepen.* pišćaľ *flinte.* pisk. pyskľa *kūchlein.* **wr.** pisklë, piskľa. r. piskatь, pisknutь, pisnutь. piščatь. piskľenok *hühnchen.* piščucha. piščalь. — *magy.* pise, piselle, pislen. *rm.* piskui *vb. alb.* piskat. *Wahre wurzel:* pi: **s.** pijuk *gepiepe. Vergl.* r. piknutь.

piskorĭ: **nsl.** piškor *flusspricke.* peškur. **s.** piskor *muraena.* č. piskoř *beissker.* p. piskorz. **os.** piskoř. **klr.** pyskôr. r. piskarъ, peskarь. **nsl.** piškur *neunauge.* piskor *lampreta habd.* peskur. — *rm.* piškarjŭ. *Das deutsche* beissker, *das sich an „beissen" anlehnt, stammt, wie es scheint, aus dem slav.*

piskŭrŭ: **nsl.** pisker *topf.*

pisti-: b. pistja *sparen. Vielleicht identisch mit* *pêstiti: pêstunŭ.

piš-: **s.** piš, pišaća *urin.* pišati, *diminut.* pišiti *mingere.* pišalo. — *it.* pisciare. *magy.* pis. pisál. *rm.* piš *mingere.* piša. *Das wort wird für onomatop. gehalten.*

pišmanŭ: b. č. pišman *der etwas bereut.* — *türk.* pišman.

pištola nsl. *pistole.* b. pištolji. — *rm.* pištol. *it.* pistola. *Der ursprung des wortes ist dunkel: manche vergleichen* č. píšťála: pisk-.

pit-: **asl.** pitati, pitêti *nutrire.* pitomъ *zahm, cultus:* pitomo drêvo: *eig. partic. eines verbs der I. classe.* pišta *nahrung.* **nsl.** pitati *müsten.* pitom. piča. pitan, pitoven *zahm, veredelt.* piten *nahrhaft.* pičati *füttern crell. 120.* b. pitomen, pitoven *zahm, eig. gefüttert, übertragen:* pitomno grozde.

kr. pičan *nahrhaft*. s. pitati. piča. č.
pitomý. pice. p. os. ns. pica. klr. py
taty. môj, tvôj, jeho *usw*. pytomyj: *mein,
dein, sein usw. eigener:* moja pytoma chata
meine eigene hütte. to jeho pytome *das ist
sein eigenthum: das thier wird eigenthum
dessen, der es aufgefüttert.* r. pišča *ist*
asl. — *ai.* pitu *speise.*

pita b. s. *kuchen.* b. pitice *krapfen*
ung. — *magy.* pite. *türk.* pita. *rm.* pitę.
ngr. πήτα. asl. pitarь *ein würdenträger am
hofe der fürsten der Walachei.*

pitiku: asl. pitikъ *affe.* — *gr.* πί-
θηκος.

pitropu: as. pitropь, potropь *procu-*
ator. — *gr.* ἐπίτροπος.

pivka-: nsl. pivkati *piepen Ukrain.*

pivonija: p. piwonija. — *lit.* pivanė.
lat. paeonia.

piz-: nsl. pizda *vulva.* s. piždra
cunnus. č. pizda. p. pizda. — *rm.*
pizdę. *lit.* pīzda, pīzė *inguen, cunnus.*
lett. pīzda. *W.* piz: *lett.* pizt *futuere.* *lit.*
pisu, pisu. *Vergl. alb.* pith, *mit dem artikel*
pidhi.

pizma asl. *hass.* b. pizma. s.
pizma. ispizmiti se. pizmator. klr. pyzma,
pyžma, hńivľyvosť. — *gr.* πεῖσμα. *rm.* pizmę.

pižmo: č. pižmo. p. pižmo *bisam.*
klr. pyžmo. — *ahd.* bisam, bisamo.

pladuni: klr. pladanj *teller.* — *friaul.*
pladine. *it. dial.* piadana, piadena. *lat.*
patina *mit eingemischtem it.* piatto, *d.* platte,
das mit gr. πλατύς *zusammenhangen soll.*

placha: asl. plaha *segmentum.* slk.
placha. r. placha *brett dial.* — *magy.*
peleh *lamina.* *ahd.* flah. *Unverwandt ist*
p. płocha *weberkamm. Vergl.* plaka.

plachta: nsl. kr. plahta. č. plachta
blache. p. os. płachta. ns. plachta.
polab. plochta. r. plachta *dial. Ein' ent-*
lehntes wort.

plaj: klr. płaj *bergpfad.* — *rm.* plaj.

plak-: asl. plakati, plakati sę *flere,*
plorare, lugere κόπτεσθαι. plačь *fletus.* nsl.
plakati, plakati se. b. plača *vb.* plač.
plačiškom *weinend.* s. plăkati, plač. č.
plakati. p. os. płakać. polab. plokat.

ns. plakaš. r. plakatь. — *got.* flēkan.
Vergl. lit. plaku, plakti *ferire.*

plaka as. *lamina.* — *lit.* plokas *estrich.*
ngr. πλάκα. *Vergl.* placha. ploča.

plakijeru: s. *rag.* plakijer, *jetzt* pja-
dzer. — *lat.* placere.

planta-: slk. plantati se *hinken.* plan-
tavý. nsl. plantati. plantav.

planu: asl. planъ *eben:* plana mêsta.
nsl. plan *ebene:* na plan, na planem. plan
f. planja. planjava. č. planý. plaňe, pláň
ebene. Abweichend os. płony. votpłonić *ab-*
ebnen. ns. plony. — *preuss.* plonis. *lit.*
plonas *dünn; tenne. lett.* plāns *flach. mhd.*
plān. *lat.* planus.

plaskju: asl. plaštь *pallium.* plaštanica. nsl. plašč, plajš. b. plaštanica.
s. plašt. č. plášť. p. płaszcz. płaszcze-
nica. os. płašć. ns. płaš. klr. płašč.
r. plaščъ. — *preuss.* ploaste *betttuch.* *lit.*
ploštė *art shawl.* ploščius. *magy.* palast.
Stamm ist *plaskъ, p. płaski *flach.*

plasta-: polab. rüzplostaitė *schlagt*
von einander.

plastu: asl. plastoglavъ *latos vertices
habens.* nsl. plast *kleiner heuhaufen.* plasta
schichte. Vergl. kr. plasta *lamina.* s.
plast *heuschober.* č. plást *scheibe, wabe.*
plástev. slk. plášť (medu). p. płastr
honigscheibe, mit płastr *pflaster zusammen-*
geflossen. os. płast *scheibe, honigwabe.* r.
plastъ *flaches stück einer sache, honigscheibe.*
plastatь, polzatь plastomъ. plaščinja. pla-
stunъ. *Man vergleicht lit.* platus. *gr.*
πλατύς. *ai.* prath. *Abseits liegt* b. plast
gehechelter flachs, hanf.

plastyri: asl. r. plastyrь *pflaster.* b.
plastir. — *gr.* ἔμπλαστρον: *ἐμπλαστήριον.
p. płastr *ist ahd.* pflastar. *lit.* plosteris,
plostras.

plat- 1.: asl. platiti *zahlen.* plaštati.
plašta. nsl. (platiti), plačati. plačevati.
b. platja, plaštam *vb.* plata. s. platiti. plata.
č. platiti. pláce. slk. plat. p. os. płacić.
p. płaca. polab. euplotai *impt.* ns. pła-
śiś. klr. płatyty. wr. płacić. r. platitь. plata. platěžъ. *Man merke wr.* płociš,
płočennyj *Nosovič* 417. a. 419. a. *neben*

płacić.   r. pločenъ. *Vergl.* volosŭ. — rm. plęti, ręsplęti *rb.* platę, ręsplatę. *Stamm scheint* platъ *pannus und die bedeutung „resarcire" zu sein.* č. plátati, pláceti. ns. plataś.   r. platitъ *flicken.* zaplata. asl. platežъ *pallium.*

plat- 2.: nsl. oplatiti *mit felgen versehen.* b. naplata *felge.* s. naplatak. oplatiti *verschallen.* klr. napłata *eisenstäbe des połoz.*

platica, platnica nsl. *frauenfisch leuciscus virgo, rutilus. Man merke* klr. płótka, płotyčka, rybka.   r. plotica, plotva *cyprinus idus.* p. płoć, płocica, płotka *plötze, art fisch.* os. płočica. — *magy.* plataitz. *rm.* pleticę *pleuronectes platessa. preuss.* ploccze pletze. *mlat.* platissa.

platneri: č. platnéř *spängler.*   p. płatnerz. — *Aus dem d.* plattner.

platŭ 1.: nsl. podplat *schuhsohle.* poplat *schenkel.* kr. podplat. b. podplata.   p. nadpłat *obertheil des schuhes.*   r. podplaty *plur. f.*

platŭ 2.: nsl. v óplat vrêči *zu boden werfen:* óplat *nicht für* ob tla.

platŭ 3.: nsl. platiti *spalten.* preplatiti *durchschlagen.* s. platina *scheit holz.* p. płatać *aufschlitzen.* przepłatać, płat przeciąć. wypłatać. *Vergl.* pol- 2.

platŭ 4.: asl. *pallium, pannus detritus.* platište.   b. plat *zeug.* p. płat *fleck tuch, leinwand.* os. płat. ns. plat. klr. płatok *vortuch.* płatja.   r. platъ. platьe. č. plát *ist nhd.* platte. — *lit.* plotka *laken: unverwandt* plotis *breite.* platus *breit.* lett. platit *breit machen.* gr. πλάτη. ai. prath. got. plats *lappen ist entlehnt.*

plazŭ: klr. płaz, płazoń *flache seite.* płazńom udaryty. płazovytyj *für* płoskyj.

plebanŭ: nsl. plebanuš *pfarrer.* kr. s. plovan. p. wr. pleban. klr. kłebanyja.   wr. pleban. kliban. — *lat.* plebanus. *lit.* plebonas, klebonas.

plechŭ: č. plechý *rein, čistý, kloudný.*

plemen: asl. plemę *semen, soboles, tribus.* nsl. pleme *n.* plemen *m.* b. s. plême. č. pléme, plemeno. p. plemię. r. plemja. — *lit.* plemė. *lett.* pleme. e *zeigt,*

dass plemen *nicht auf der W.* pel *füllen beruht.*

pleng-: p. zaplągnąć się *sich verirren:* zaplągło.

plenica asl. *cincinnus, catena, canistrum:* tu wird n. *Minder gut scheint die schreibung* plênica *zu sein.* wr. plenica *für* r. močka izъ kolosa. klr. płinyća (plênyća) *für* sylky *chrest.* 285. *W.* plet: plesti plenicę.

plenirŭ: nsl. plenjir *korb.* — *Man vergleicht it.* paniere.

plens-: asl. plęsati *saltare.* plęsъ. plęsьcь. plęsica. nsl. plesati *saltare.* ples. kr. plesati *plaudere.* s. plesati *conculcare živ.* 70. č. plésati *plaudere, exsultare, saltare.* ples. p. pląsać, plęsać. pląsać; klaskać w dłonie *zof.* polab. płósat *tanzen. Vergl.* klr. martopłas, figłar.   r. pljasatь. — *got.* plinsjan *wurde in den ersten jahrhunderten n. Ch. aus dem slav. entlehnt, aus welcher zeit auch die slav. entlehnungen aus dem got. (oder german.) stammen.*

plenta-: p. plątać *verwirren.* wplątać *einflechten. dial.* pelętać się.

plenŭ: kaš. plon *für* r. otdêlьnoe pole.   p. *dial.* wyplenić, wykorzenić.

plenĭ: p. pleń, gąsienice owadu dwuskrzydłego *sciaria militaris.*

plesk-: asl. pleskati, plesnąti *plaudere, tripudiare.* pleskъ. plesnьcь *sandalium.* nsl. pleskati. b. plesna *vb.* plesnica *schlag, backenstreich.* plešta *vb. wellern, bousiller.* s. pljeskati, pljesnuti, pljasnuti. č. pleskati, plesknouti. p. pleszczeć. klr. płeskaty. wr. pleskać, plesnuć, płoskać.   r. pleskatъ. plêskъ. — *rm.* plesni *vb.* plêznę. pliskutę *backenstreich. lit.* pliaškoti.

plesna asl. *planta pedis, metatarsus.* nsl. plesno *rist am fusse.* klr. plesna, plezna. wr. plesna. r. plesna, pljusna u nogi. — plesna, *das wohl mit* ples *in* pleskati *zusammenhängt, ist vom got.* fairzna *ferse usw. zu trennen. Vergl. preuss.* plasmeno *rist. lett.* pleksna, plezda, plêzna, plezna *fussblatt, schwimmfuss der gänse, enten.*

pleso r. rovnoe i čistoe prostranstvo vody u beregovъ ili meždu ostrovami.

Vergl. oplesьe. **klr.** płeso, hłuboka, su-
pokôjna voda na rići. **č.** pleso. **p.**
ploso, głębia w potoku. — *magy.* pejso,
das ehedem pelso, pleso *gelautet haben soll:*
lacus Peisonis Neusiedlersee. pleso *in ON:*
nsl. pleso *Teuchen.*

plet-: *asl.* pletą, plesti *flechten.* plotъ,
pletъ. oplotъ, opletъ. pletenica. plesti
plenicę. opletnja *tugurium. iter.* -plêtati,
-plitati. **nsl.** plesti. oplêtati. plot *flecht-*
werk, zaun. pleterka *korb. Vergl.* plêna *art*
dach. **b.** pleta *vb.* plet, pletišta *plur.* pletenica. **s.** pletem, plesti. splet *haarflechte.*
č. pletu, plésti. pleť. pletivo *gewebe.* plestev
zaunruthe : plet-tev. plot. pletka, *slk.*
pleťka. **p.** pleść. pleć. płot. **os.** plesć.
pletva. płot. **ns.** pľeść, pľasć. plot. **klr.**
płesty, płetu. **r.** plestь, plesti. pletenь.
pletъ. plotъ. plotnikъ *zimmermann.* — *magy.*
pletyka *klatsch.* **rm.** pletę. împleti *vb.*
lit. suplaikstīti *verwirren.* plêtkas. *lett.*
pletne *peitsche.* plotnēks *russischer zimmer-*
mann. plet- *beruht auf* plekt-. *lat.* plecto
neben plico. *got.* flahta. *ahd.* flêhtan.
gr. πλέκω.

pletje: *nsl.* plešte *humerus, dorsum.*
nsl. plęče *n.* **b.** plešti *plur.* pleška. **č.**
plece *n.* **p.** plec *m. f. Vergl.* wypleczyć,
wyplecić *verrenken.* **polab.** plic *n.* **os.**
pleco. **ns.** pľaco *arm.* **r.** plečo: *daneben*
bêloplekij. naplekij. podopleka *art kaftan.*
sêroplêkij *dial.* imêjuščij sêryja oplečьja.
— *lett.* plecs (plecis), plece. *Stamm wohl*
plet, *verwandt mit lett.* plats, *lit.* platus
breit usw.

plev-: **r.** plêvyj *unbedeutend.*

plêchŭ: *asl.* plêšь *kahlheit.* plêšivъ
kahl. **nsl.** plêš. plêšast. plêšec. pliš,
kjer je gozd posêkan. plêhi *masern.* plês,
plêsnoba *schimmel.* **b.** plêšej *herpes.*
č. pleš *f.* plešivý, plešatý. plchý, plchavý.
plechatý, plecháč. ǀ plesz. kaš. plech
scheitel. **os.** plech. **klr.** pľišyvyj. **r.**
plêšь. plêšivyj. plechanъ *dial.* — *magy.*
oilis *tonsura.* rm. pleš. ploaše. plešie *kahl-*
heit. plešuv, plešug *kahl. lit.* plikas *ist*
entlehnt. *Vergl.* plêšnї *und lit.* pelêti, *lett.*
oelēt *schimmeln.*

plêma, pljama: **p.** plama, plana *fleck.*
wr. pľama.

plênŭ 1.: **nsl.** plen (plъn, pъlъn),
gen. plêna, *ritze in der schärfe der axt.*
plъna (*plênьna, plъnьna) sekira: kadar
se želêzo ali jeklo v tenkih kožicah lupi,
velé, da ima plêne. plenjiv, plêniv *blätterig.*
plina *schlacke.* pliniv *von rost angefressen*
Ukrain. **b.** plêna (na želêzo) *ritze, spalte.*
č. plena. **p.** wyplenić *durch aushauen*
dünner machen. **klr.** pľinka *bruch,* u šyła.
plenyty śa *(wohl* pľinyty śa) *brüchig werden.*
wr. plenka *für* **r.** ščerbinka. **r.** plena.
— *Vergl. lett.* plāva *flacher riss im metalle.*
lit. plēnas *stahl.*

plênŭ 2.: **nsl.** *ergiebigkeit der garben*
beim drëschen. plêniti *gedeihen.* plênjav *er-*
giebig. plenjati. **p.** zaplenić *reichlich ver-*
mehren: daneben zapłonić, *wohl falsch.* pleni,
plenny *ergiebig:* plenie zbože. wyplennić
ergiebiger machen. plenność.

plêsk-: **b.** oplêskan *beschmutzt.*

plêsnї: *asl.* plêsnь *tinea.* isplêsnivêti.
nsl. plêsen *schimmel.* **b.** plêsen. plêsnêsva
es schimmelt. **kr.** plisan. **č.** plíseň. ples-
nivý. **p.** pleśń. pleśniwy. **os.** plesń.
pjelsnyć. **ns.** plasń, pľesń. pľesnéś. **r.**
plêsnь. — *magy.* pilisz, pilisznye, penész.
penészles. *lit.* pelu, pelêti *schimmeln.*
pelêsiai *plur. schimmel.* W. plê *aus älterem*
pelê. *Ein* pelsnь *wird durch die* **r.** *form*
beseitigt. Vergl. plêchŭ.

plig-: **nsl.** pligek, *f.* plihka, plhek,
pelhek, plêhek *schwach, leer, kraftlos.* **č.**
plihý *dünn, schlaff, letschig.*

plima s. *fluth, überschwemmung:* plima
i osjeka *ebbe und fluth. Man möchte an*
gr. πλύμα *denken. das jedoch „spülwasser"*
bedeutet.

plinŭta: *asl.* plinъta, plita *later.* **kr.**
plita *mar.* **klr.** plyta. **r.** plita. — *lit.*
plīta *ziegel. lett.* plīte *ziegel, pliete.* gr.
πλίνθος.

pliska, pliskavica *nsl. bachstelze.* **č.**
pliska. **p.** pliszka. **os.** pliška. **ns.**
spliska. **klr.** płyska, płyskva, fłystka.
r. pliska *motacilla, jynx torquilla.* plizga-
vica, plizdavica *bachstelze.* **wr.** plisica

für r. pliska. *Vergl.* **klr.** błyska, błyskanka
motacilla. płyska, łyska *wasserhuhn.* plizg-
neben plisk-, blisk-.

pljaga: p. plaga *streich.* **wr.** płaha.
— *lit.* plèga. *lat.* plaga.

pljak-: b. plêčka *beute.* s. pljačka
plünderung. pljačkati. pljačkadžija. *Vergl.*
splahati *überwinden.* — ngr. πλακώνω. *alb.*
pljakos *überfallen.* rm. plêškę.

pljaska-: p. plaskać *plaudern.* *Vergl.*
plesk-.

pljug-: č. plihati *beschmutzen.* plihavý.
slk. pluhati. p. plugawy *schmutzig,* plu-
gastwo. r. pljugavyj. pljugavsivo.

pljuska r. *siliqua.* **wr.** pljuska orê-
hovaja. *Vergl.* luska. luspa.

pljuskva: p. pluskwa *wanze.*

pljuskŭ: **asl.** pljuskъ *schall.* **nsl.**
pljuskati. pljuska *ohrfeige habd.* b. pljušta, pljusna *vb.* pliskam *plätschern.* **kr.**
pljuska. s. pljuskati. pljusak. č. plí-
skati, pluskati. plíšť, plušt *regenzeil.* **p.**
plusk. pluskota *regenwetter.* pluskać, plusz-
częć *laut strömen.* **klr.** płusnuty. **r.**
pljusnutь: *daneben* pljuchnutь. — *lit.*
pliuškėti *plappern.* rm. plioskęi *vb.* *Hieher gehört wohl auch* **asl.** plištь *tumultus
aus* pljuskjŭ. ns. plišč *anhaltendes klagen.*

pljŭštĭ: **nsl.** pljušč *bryonia.* *Vergl.*
asl. bljuštь: bljustjŭ.

pljuta: p. pluta, deszcz ze śniegiem,
drobny deszcz. **klr.** płutyt *es herrscht
unwetter.*

pljŭ-: **asl.** plьvati *und durch steigerung* plju: pljuti, pljują; pljuvati; plju-
nąti, plinąti *spucken.* **nsl.** pljuvati, plju-
noti. pjuvat *res.* h. pljuja, plija; pljuvna
vb. pljunka *speichel.* **kr.** pljuknuti. č.
plíti, plvati, plívati. plina, slina *speichel.*
slk. płuje. p. pluć, plwać. pluna *speichel.*
plwocina. *Daneben* spluwać. **os.** pleć,
plju, pluvać; plunyć. ns płuvaš. **klr.**
płuty, płuvaty. **wr.** płuvać. **r.** plevatь
für asl. plьvati. plevokъ. plevaka. — *lit.*
spiauti, spiauju. *lett.* splaut, splauju, splāvu.
W. ist spŭ, *woraus* spljŭ, pljŭ *entstanden
ist.* *Vergl.* slina. *Die ersetzung von* pju
durch plju *trat einst in weiterem umfange*

ein als heutzutage: p. kropla, niemowlę,
budowla *usw.; dieselbe findet sich auch im
lett.* *Die* W. spu, *lat.* spuere, *lautet gr.*
πτυ *(aus* πju, σπju); *ahd.* spīw, *got.* speiv.
Einer anderen sippe gehört an **klr.** zapłu-
vaty, zapłunuty śa *keimen (vom hühnchen
im ei).*

ploča **asl.** *platte lamina.* **nsl.** ploča
klinge, platte. b. ploča *rechentafel.* s.
ploča *neben* ploka. — *alb.* plockę. *rm.*
płočę. *mrm.* ploci, *plur. Vergl.* plaka.

plodŭ: **asl.** plodъ *frucht.* ploditi, ploditi sę *frucht tragen.* priplodъ. plodovitъ.
plodъstvije. neplody *die unfruchtbare.* **nsl.**
b. s. *usw.* plod. **p.** *usw.* płod. **klr.** pło-
dyty, *dial.* połodyty. — *rm.* plod *fructus,
uterus.* plodos. *Vergl.* **klr.** płodyst, pło-
dystok, płodysteć *allium fistulosum.* *lit.*
pladistas.

płocha: **nsl.** ploha dęževna, dežja
platzregen.

plochŭ 1.: **asl.** inoplošь *continuo.*
nsl. sploh. **kr.** posploh *universe.* **r.**
splošь. vsplošnuju. plošnoj *ununterbrochen.*

plochŭ 2.: č. plochý *flach, platt.* plo-
cha *fläche.* p. płochy. **klr.** płochyj
schlecht. **wr.** płochyj. **r.** plochoj *schlecht.*
plošatь. plošitь sja *non curare.* oplošnyj.
plošь *dial. für* chuže. — *Vergl. ahd.* flah.
lit. plakas *schlecht, entlehnt.*

plochŭ 3.: **nsl.** ploh *langes, dünnes
holzstück.* — *mhd.* bloch, *nhd.* block.

ploskva: **asl.** ploskva, vlaskunъ *flasca.*
b. ploska *platte flasche von holz.* s. ploska. palacka *ist magy.* — *magy.* palaczk.
alb. plockę. *rm.* ploskę *und aus dem
magy.* palaskę. *türk.* palaska. *ahd.*
flasca, *aus dem mlat.* flasca. ηgr. φλασχί.
Man denkt mit unrecht an ploskŭ, plaskŭ.
Junge entlehnungen sind: p. flasza, **os.**
blesa, ns. flaša, **klr.** fľacha, fľaška, pľa-
ška, pľačka, **wr.** pľacha, r. fljaga, *lit.*
plėška, plēčka.

ploskŭ: **asl.** ploskъ *breit, flach.* plo-
skъnъ: ploskъna brada, kamenъ plosenъ
tichonr. 2. 443. **nsl.** plosk *fläche.* ploš-
nat. plošča *platte.* b. plosъk. splosk-
vam, splêskvam *vb.* **kr.** plosk *planus.*

s. plosan. plosnat. ploštinice. spljosnuti. spljoštiti *abplatten.* č. ploský. *dial.* plochý. ploštice, ploštka *wanz.* p. płoszczyca, płaszczyca *neben* pluskwa *wanze.* płoskurnica, gatunek orkiszu szerszego. klr. ploskyj. r. ploskij. ploščica. płoščitь. ploskuša, ploskucha, ploskaja vošь. ploščadь. pljuščitь, dělatь ploskimъ. — rm. płošnicę *wanze.* magy. poloska, poloczka, palaczka. *Daneben* asl. plaskolicь. nsl. plaščat. č. plaský. splasknouti *flach werden.* p. płaski. płaszczyzna. przypłaszczyć. klr. płaskyj. — *Vergl. lit.* plokštas, plokščias. *lett.* plaskains. *Die* p. *ausdrücke für wanze werden von andern, auf* pleszka *für* błeszka *von* błъcha *floh zurückgeführt: vergl. klr.* błoščyca.

plotunŭ: plotunъ *ist asl. übersetzung verschiedener thiernamen:* τραγέλαφος, καμηλοπάρδαλις *usw.* plotuna: ar'kadinь plotuna jestъ *tichonr. 2. 441. — mrm. ist* plętunu *hirsch kav. 193.*

plotĭnica: nsl. plotnica *kürbiss boh.*
plu-: b. spluva se *es wird morsch.* splut *morsch.*

plugŭ: nsl. plug *aratrum.* plužiti. b. plug. plužnica. kr. s. plug. č. pluh. p. pług. polab. pleug. os. płuh. klr. płuh. płužyty. płuhatar. r. plugъ: po plugy i po rala *tichonr. 1. 234. —* preuss. plugis. *lit.* pliugas. *rm.* plug. *ahd.* pfluog. *and.* plógr. *Das wort ist unbekannten ursprungs. Vergl.* r. plugъ plyvetъ na polê.

plutje, pljutje: asl. plušta, pljušta *plur. pulmo.* nsl. pljuča *plur.* pluka, *im westen.* kr. pluča *plur. splen.* s. pluča *f. für* bijela džigerica. č. plíce *n.* slk. pľúca. p. płuco, *plur.* płuca *neben* lekkie. polab. pleuca. os. płuco, pluco. ns. płuca *plur. lunge,* plautze. r. pljušče *n. aus dem asl. für* legkoe. — *preuss.* plauti. *lit.* plaučiai. *lett.* plaukšas, plauši. *Das wort steht vielleicht für* pnutje: *vergl. gr.* πνεύμων, πλεύμων. *lat.* pulmo. *Mit* tje *stimmt auch das suffix des lit.* plaučiai, *lett.* plauši: *beide wörter sprechen gegen* pljutje *und für* plutje.

plutŭ: r. plutъ *schelm.* plutatь *herumirren.* klr. płut.

plü: asl. pluti, plovą, plują *fliessen, schwimmen, schiffen.* plutije. *Aus* plü *entwickelt sich durch die erste steig.* plu, plov; *durch die zweite* plava; *durch dehn.* ply. otъplova *aor. für* otъplu *halte ich für unrichtig.* plavъ *f. schiff.* plaviti. nsl. pluti *schwimmen:* riba pluje; *fliegen:* divji petelin, ptič pluje; *fliessen:* vse je krijo (krъvija) močno plulo *rês.* podpluti: kjer kri podpluje. rasplunoti se *diffluere.* plovec *schiffer habd.* plovči kamen *pumex.* plutva, plitva *floss, kieme.* plavut *f.* plavuta *flossfeder.* plav rates *meg.* plaviti. plavež *schmelzofen: flüssig machend.* b. plivam, plivna, pluvam *vb. ziehen:* po nebe to oblaci te pluvъt *Vinga.* plavam *vb.* kr. ispliti *effluere.* spluti se *confluere mar.* plav *f. navis.* s. pliti, plijem; plinuti; plivati. ploviti *schwemmen, schwimmen.* plovac. plovka *ente.* plut, pluto, pluta *kork.* plutati *schwimmen.* naplava *alluvio.* splav *floss.* plaviti *überschwemmen.* č. plývati, plýtvati *fliessen.* plynouti. plouti, pluji, plovu. plovati. úplav *fluss der weiber.* plavati. plaviti. ploutev, plýtva *flossfeder.* pluta *regenwetter.* slk. plvati. p. płynąć, pływać. płyn. płyt. pław. upław. spław. pławić. pławca. płunyć. płuta *nasses wetter.* płytwa, płetwa *flossfeder.* obfity, okwity, opłwity, opływający *reichlich.* polab. plåjĕ *schwimmt.* os. spłuć. płuvać. napłav. płovać *fliessen, schiffen, schwimmen.* płeč, płėju. pławić. ns. spław. huplav *blutgang.* plaviš. płeš, płeju. klr. płyty. wr. płyść, płyvu. opłavy. r. plytь, plyvu. plovъ. plavъ. plavitь. plovecъ. plavatь. plutъ. plutivo. — rm. plutę *ratis.* płuti *schwimmen, schiffen. Auf* plü *beruht* plütĭ: r.-asl. plotъ: priidoša na plotehъ *tichonr. 1. 238.* č. plt, pleť. slk. plť. p. pełć *holzflösse: daneben* płta, płet, płeta *plette. Vergl.* płatwa, *lett.* pluts *floss.* plü *hatte ehedem die allgemeine bedeutung „sich bewegen":* asl. plavivъ; plavij *erro;* neplavaję ἀπλανής. klr. upłył čas. — *lit.* plau *in* plauti *ist slav.* plu. plovíti *spillen.* plujoti

schwimmen. išplovos, suplavas spülwasser.
ploustas. *lett.* pluts *floss.* *ahd.* flawĕn.
fluot. *gr.* πλυ (πλέϝω). πλύνω. *lat.* plu, flu.
ai. plu: vipluta *vagus.* plava.

plŭtĭ: asl. plъtь *caro.* vъplъštenije
incarnatio. **nsl.** pult *fris. aus* plt. polt,
pelt *haut, hautfarbe; m. in* moškiga polta
spang. **b.** plъt *fleisch.* oplъten *verkörpert.*
črъkvi sъ se zatvorili i popovi oplъteli
mil. 107. nikako se ne oplъtvit 164. **kr.**
put *mar.* grijeh puten. uputiti se *incarnari.*
pult: koj blaguje pult moju. **č.** plť, pleť,
gen. plti, *haut, leibfarbe, fleisch.* **p.** płeć,
płci *fleisch, geschlecht.* opłecenie *incarnatio*
flor. dwupłciowy. **ns.** pleś (plěžj) *gesichts-*
farbe. **wr.** płoć. **r.** plotь *fleisch, körper.* —
lit. pluta *kruste.* *lett.* pluta *fleisch, zarte*
haut. plutains *glatt.* plŭtĭ *wird mit lat.* fel-
lis *usw. zusammen gestellt.*

plytŭkŭ: asl. plytъkъ *seicht.* **nsl.**
plitek, plitev. **b.** plitek. plitkoum. **kr.**
plit, plitak, plitav *non profundus.* **č.**
plytký. **p.** płytki *flach.* płytek *flossbaum.*
płyt *dünne fläche, schärfe.* **W.** *scheint* plŭ
zu sein.

po *praep. und praefix in allen slav.*
sprachen. **b.** *dient* po *dem compar.:* potvrъd
fester. *Im klr. ist* po *nimis:* poťažkyj *zu*
schwer. potverdyj *zu hart.* *In verben* s.
poreći *revocare.* potvoriti *verleumden.* *Mit*
po *scheint verwandt* lit. pas *bei, an;* *lat.*
pos *in* posterus. *Für* po *besteht* pa *in com-*
positis: die bedeutung, ursprünglich „nach",
ist häufig die des unechten, schlechten: vergl.
d. after. **asl.** pabirъkъ, pamętь, pastorka, pavečerъnь, pavlaka, paguba, pažitь *usw.* **nsl.** paberk, pamet, paroj, pasterka, patoka. s. pabirak, pamet, patoka,
pavitina: *daneben* pobrątim, pomajka, po-
očim, *wohl jünger.* **č.** pabĕrek, padĕra
excoriator; pahrbek, pahorek, paroh, pa-
vůza *wiesbaum,* pająd, pastorek, pastor-
kynĕ. pačisati *ist ein denom. von* pačes,
für r. pachole *und p. dial.* pachołek *wird*
richtig pahole, pahołek *zu schreiben sein:*
vergl. golŭ. **p.** pagorek, pawłoka, pałąk,
parow, pasierb. *Mit* paskuda *unflat vergl.*
skend-. **os.** paškovronc, parov, panoht.

ns. pahork, patoki *nachbier.* **klr.** pahorok,
pačosy *hede,* pažyt *weide,* padčeryća, paser-
byća *stieftochter,* pałuba, paščeka. **r.**
pavoroz, padera *heftiger sturm,* pačesy.
Dem pa *steht* lit. po *gegenüber:* pósunis
stiefsohn: daneben pašalna *nachfrost.* pomĕ-
tis *ist asl.* pamętь. *Vergl. preuss.* poducre
und patowelis. *lett.* pakurts *blendling*
von einem windhunde. *Neben* po *und* pa
besteht poz *und* paz. poz: **asl.** pozderъ
stupa. **nsl.** pezder: *daneben* kozder *achel.*
paz: **asl.** pazderъ, paznogъtь, pazuha, *wie*
es scheint, aus pazduha. **nsl.** pazder,
paznoht, pazduha. **č.** pazdero, pazderna
brechhaus. **p.** paździor, paznogieć. pazury
ist dunkel. *Vergl.* go. *Hieher gehört* pozdŭ:
asl. pozdъ *spät.* pozdê *adv. spät. compar.*
požde *galat. 6. 7.-šiš.* pozdьnъ. **nsl.** pozdo
meg. pozdi. **č.** pozdĕ. pozditi. **p.** poź-
dzić. pozdny, poźny. **kaš.** pozdni. **polab.**
püznü. **os.** pozdźe. **ns.** pozdže. **klr.**
puznyj. **wr.** poznyj. *compar.* požšij. **r.**
pozdoj *dial.* pozdo. *compar.* pozže. opozdatь.
pozdnyj, poznyj. pozdisto *adv.* — *preuss.*
pansdau *postea.* pozdъ *beruht auf der praep.*
poz- *mit* dъ: *vergl.* prêdъ *usw.*

počĭka: r. počka *knospe.* počka *niere*
gehört vielleicht zu pek-.

podgana nsl. *ratte.* **č.** potkán, nĕ-
mecká myš *dial.* **slk.** potkan. — *it. venet.*
pantegan *ratto d' aqua.* *furl.* pantiana.
got. bettigon. *magy.* patkány. *Von* pán-
tex, *eig. dickbauch, Diez.*

podirĭ: asl. podirь *vestis talaris.* **b.**
podir *nach;* podirê *nachher.* podirešen *der*
folgende. — *gr.* ποδήρης, *das ngr. nicht*
vorzukommen scheint.

podperda: nsl. podprda *wachtel: da-*
neben podpodača. *Onomatop.*

podrumŭ: asl. podrumъ *hippodromus.*
b. podrum *keller.* **kr. s.** podrum *cella*
vinaria. **p.** podruna. — *ngr.* πουρρούμι.
rm. türk. podrom. *Die bedeutung „keller"*
macht schwierigkeiten.

podŭ 1.: asl. podъ *praep., praefix*
unter. **nsl. b. s.** *usw.* pod. podъ *verhält*
sich zu po *wie* nadъ *zu* na *usw.* podъ
dient der deminuirung: **klr.** pôdsak *kleines*

sacknetz. asl. *podъ, *wohl f.: podi, ispodi
unten*. ispodьѕь *adj. unten befindlich*. č.
compar. spûze. podlý *niedrig*. p. podły.
r. podlyj *gemein, elend*. wr. ispodki.

podŭ 2.: asl. podъ *boden*. poždь *cavum navis*. nsl. b. s. pod. č. pûda. r.
podъ. — *Aus dem slav. stammen* rm. pod.
podealę. podinę. *magy*. pad. padlás *boden*
(č. podláž *diele*). padló. *Das subst.* podъ
ist mit der praep. podъ *unverwandt: lit.*
padas *fusssohle*. padis *untergestell.* slr.
podišiar, polica z dasky, *ist* rm. podišor
boden.

pogača asl. *kuchen*. nsl. b. s. pogača.
č. pogáč. r. pogačъ. — *magy*. pogácsa.
rm. pogače. alb. pogačę. ngr. πογάτζα
neben φογάτζα. *Das wort stammt aus dem it.*
focaccia (*mlat.* focacius, *focacia), *nicht
aus dem deutschen: ahd.* fohhenza, vohheza:
mhd. pôgaz *ist wohl slav. Im* nsl. pir-pogača *fledermaus beruht* pir *auf* perch-, *daher
fliegend,* pogača *darf wie* b. prilêp (lïp)
gedeutet werden.

poganŭ: asl. poganinъ, poganъ *heide,
heidnisch*. poganьskъ. poganьstvo. nsl.
poganin *jambr*. pogan *ung*. pogan *unrein;
teufelchen:* ti pogan! b. poganin. b. s.
pogan *unrein*. s. poganiti *impf. verunreinigen*. č. pohan. pohanka *heidin*. p.
poganin. pogan. pohanin *aus dem klr*. os.
pohan. klr. pohanyj *heidnisch, hässlich,
unrein*. pohan-divča. wr. pohanin. pohanyj *unrein*. r. poganъ *heide, unrein*. poganь. — *magy*. pogány. *preuss*. pagonbe.
lit. pagonas. *lett*. pāgans. rm. pęgîn.
pîngęri *vb*. alb. pugaiň. pęgęrę *schmutz.
Man beachte* č. pohanka *heidekorn*. p.
poganka, pogańska kusza *neben* tatarka,
hreczka. *magy*. pogányka, pohánka.
*Hiehcr gehören auch folgende wörter, denen
die vorstellung „unrein" zu grunde liegt:*
s. poganica *schlange, art beule*. wr. pohanyj. pohanka *maus*. r. poganica *schlange*.
poganka *maus, fieber dial. Indem man
in* poganiti *verunreinigen* po *als praefix
ansah, entstanden verba wie* č. haniti
schmähen. hanba. p. ganić. gańba. przygana *probrum*. — *lett*. gānīt. *Mit* po: os.

pohanić. wr. pohanić. r. poganitь. —
rm. prihanę, *aus dem klr*. *Dem* poganъ *liegt
lat*. paganus *ländlich, bäurisch zu grunde,
das in jener zeit entstand, wo das heidenthum von der christlichen staatsreligion auf
das land zurückgedrängt wurde*. poganъ
*ist einer der wenigen christlichen ausdrücke,
die unmittelbar aus dem lat. aufgenommen
wurden. Die aufnahme fand in Pannonien
statt*. nsl. *wird dafür im westen das* d.
hajd *gebraucht. Vergl.* gani-.

pogostŭ: r. pogostъ *kirchdorf, bezirk.*
— *lett.* pagasts *gebiet.*

pochva *neben* pošva: č. pochva, pošva
scheide, schwanzriemen. p. pochwa, poszwa. klr. pochva. r. pachvi *plur. f.*
s. poyi *aus* pohvi. nsl. pohvine. — rm.
pohi *usw*. pohva *ist ein dunkles wort:*
chovati *lässt* š, šiti *hingegen* ch *unerklärt.
Vergl.* pachŭ.

poj-: asl. sъpojiti *conjungere*. nsl.
pajati. s. spojiti, spajati *löthen*. raspojiti.
č. pojiti *gatten, gesellen*. přípoj. spoj. pájka.
p. spojić. wpoić, wpajać. r. pajatь. spoj.
spajatь. spajka. pripoj. pripoitъ, pripajatъ,
pripaivatь *löthen*. upoj *art riemen.*

pojata asl. *dach, haus*. nsl. pojata
scheune, stall habd. kr. pojata *palearium.*
s. pojata *stall*. — rm. pojatę. *magy*. pajta.
Vergl. jata *zelt*. jatka *hökerbude*. pajta.

poklisarĭ: s. poklisar *gesandter*. —
gr. ἀποκρισιάριος.

pokostŭ: č. p. klr. pokostъ *firniss, glasur.*

pokrejta klr. *pfauenfeder als schmuck.*
— *magy*. bokréta *federbusch.*

pol- 1.: asl. ispolъ, sъpolъ *haustrum.*
nsl. poljem, plati (*aus* polti) *neben* puti
aus plti *plätschern, schöpfen, getreide sieben:*
vodo iz čolna poljem s polom; voda se
polje *das wasser wogt*; prsi sô mu nemirno
plale; žito plati *evannare lex. sieben, das getreide von der spreu reinigen*. plalnice nečke,
v katerih se žito polje. plalni: plalne, nečke.
plajhati: morje plajha *das meer wogt*; valovi se rasplajhujejo (-plah-): plahati se
aus polsati se. plahitati *wogen Ukrain.
Daneben* plihati: voda pliha *schlägt wellen.*
kr. paljati *luč.* palj *wasserschaufel istr.*

s. ispolac. č. pálati *auswannen*. p. pałać
zbože. opałać *getreide schwingen*. os. płoć,
płoju *worfeln*. ns. hopałka *schwinge*. klr.
pałaty. spyłaty *schöpfen*. połonyk *schüpf-
löffel*. r. upolъ m. *abschaum*. vodopolъ f.
überschwemmung. polatъ, vêjatъ. — *magy.*
pall *worfeln*.

pol- 2.: r. raspolotъ *entzwei schneiden:*
praes. wohl -polju *(asl.* *polją, *plati).
asl. platь m. *(aus* poltъ*).* rasplatiti. ˌ nsl.
plat, polovica jedra. plat m.: dva plati;
f.: ena plat riti *clunis*. s. rasplatiti *Stulli*.
č. polet, polt, *gen.* poltu; polta. rozpoltiti.
p. połeć *aus* połć, *gen.* połcia. połtowy.
połetek. rozpłatać. **os.** połč. **klr.** połoť,
gen. pôłta, *speckseite.* **wr.** połć f. *für* r.
połotokъ *ist* p. r. połotъ *neben* połtъ *speckseite.* połtina *hälfte* f. — *rm.* platicę *an-
gusta agri pars.* *lit.* paltis f. *speckseite.*
*Die č. p. os. klr. wr. und r. form weicht von
der regel darin ab, dass die ursprüngliche
lautreihe erhalten wird, daher kein č.* plať,
p. os. płoč *und im r. kein* połotъ *mit dem gen.*
połoti. *Iter.* *pala, *daher p.* pała. **asl.** palica, palъka *stock.* **nsl.** palica. opalica, de-
bela palica. rimska palica. paličnice *orion.*
paličiti *peitschen.* č. palice. p. palica.
pałka. paliczka *orion.* r. palica. palka *dial.*
— *magy.* pálcza. *rm.* palicę. p. pal *ist d.*
pfahl, *ahd.* pfâl. *Nicht hieher zu ziehen ist
vielleicht* **slk.** pálka *zipergras.* — *magy.*
palka. *Vergl.* platü 3.

pola 1.: **asl.** polica *brett.* **nsl.** pola
fläche. polica *gesims.* b. polica *brett, gesims.* s. polica *wandleiste.* č. police.
p. polica. połka. **os.** polca. **ns.** polica. **klr.** połyća. **wr.** polica *pflugstürze.*
r. pola. polica. polka. pripolokъ. —
magy. polcz, pócz *gestell.* ˙ *rm. alb.* po-
licę. *lit.* paličě *pflugstürze.* *ngr.* πόλιτζα
wechsel ist trotz seines ica *roman.: it.* po-
lizza, *mlat.* polyptychon, πολύπτυχον.

pola 2. asl. *rand, rock, schooss.* b.
pola *gremium.* s. tropol *von drei stücken*
(*tuches*). **klr.** poła. zapoła. r. pola
schooss, thürflügel. — *rm.* poalę.

polata asl. *palast.* **nsl.** palača
jambr. b. palat, polati. **kr.** polača. **s.**

polata, polača. č. palota, palata, palác.
p. pałac. **os.** pałac. **klr.** pałata. **wr.**
pałac. r. palata, polača, polati. — *magy.*
polota. *lit.* palocuъ. *rm.* polatę, pęlutę.
alb. palat. *Die formen mit t stammen aus
παλάτιον, die übrigen wahrscheinlich aus dem
deutschen: ahd.* pfalanza, *pfalz.* *mhd.* palas.

polba r. *triticum spelta, dinkel.* p.
orkisz.

poléno asl. *scheit holz.* **nsl.** b. poléno.
č. poleno. poláni, poleni, velká polena *dial.
usw.* p. polano. **klr.** poľino. r. poléno,
lopêno. — *mrm.* puljanu: *W. ist* pol- 2.
scindere.

polchŭ: **asl.** plahъ *vacillans, timidus;
timor.* plašiti. **nsl.** plah *scheu habd.* pla-
šen. plašiti. b. plah. plaša *schrecken.* s.
plah. plahir *scheuer ochs.* usplahiriti *beunruhigen.* č. plachý *leicht, flüchtig.* pře-
plach. plašiti. p. płochy. płoszyć. **os.**
płošić. **ns.** poploch. plošiś. **klr.** połoch *schrecken.* połochyj. społochaty śa.
wr. połoch. r. polochъ. polochatъ. polo-
šitъ. *dial.* vspolochъ *neben* vosplachъ *und*
vъ rasplochъ. *W. ist ein mit* perch *verwandtes* pelch *in der bedeutung „fliehen"
Vergl.* **klr.** porchłyvyj *enteilend, scheu.*

polije: **asl.** polje, pole *feld.* **nsl.**
polje, *plur.* polja, polesa. b. pole, *plur.*
poleta *usw.* p. pole. polak. **polab.**
püľü. **os.** poľo. **klr.** poľe. r. pole.
polevatъ *jagen.* *Mit* polije *verwandt sind*
asl. nsl. s. poljana. b. poléna. p. polana,
łąka w gorach. **klr.** poľana. r. poljana.
— *rm.* pojanę. *magy.* pojána, poján. *Mit*
polije *vergl.* r. polyj *offen.*

poljaj, polaj **nsl.** *polei.* r. polej. —
lit. paléjai. *ahd.* polei. *lat.* pulejum, pulegium. *rm.* polaj.

polka-: **asl.** plakati *waschen.* **nsl.**
plåkati. splåknoti, splåhnoti. b. plakna
vb. **kr.** splahnuti *ung.* s. plákati (su-
dove) *eluere: dagegen* plåkati *plorare.* č.
plákati, pláchati; splåknouti, spláchnouti:
dagegen plakati *weinen.* p. płokać: *dagegen*
płakać. **os.** płokać. **klr.** połokaty. —
rm. spęlęči *entfärben.* *Hieher darf auch
gezogen werden* **asl.** plaskati *aus* polska-.

č. dnes se to tam pláská *heute ist nasses wetter.* p. płoskuny *nasses weiter.* os. płostać *ausspülen.* klr. połoskaty. wr. vypeleskać. r. poloskatь, pološču *waschen. Verschieden ist* nsl. splahnoti se *deturgere:* otok se je splahnol. kr. oplasnuti *macescere mar.*

polnica nsl. *schwiegermutter.* kr. s. punica.

połnŭ: asl. planina *berg.* nsl. planina *alpenweide.* planovati *senner sein.* planšar *senner.* planica, brez grmovja. planja, čistina na gori, rekše svêt brez drêvja. b. planina *berg.* plęnini *alpen* Vinga. s. planina *bergwald.* proplanak *waldlose strecke.* č. planý *unfruchtbar, wildwachsend.* pláň *wilder obstbaum.* dial. płunky, planá jablka. slk. plánka, plané, divé jablko. p. płony, lichy, nędzny. płonić, wypłonić *unfruchtbar machen.* płonina *trockener unfruchtbarer boden.* płonny *unfruchtbar.* płonka *wildling.* os. płony (*flach*), *unfruchtbar.* płone jabłuko. płonovc *wildling, daher d.* pluntschk *wilder apfel- oder birnbaum.* płonina *flacher, unfruchtbarer landstrich.* ns. plonica. klr. połonina, pasovysko po horach *unfruchtbare gegend.* pianka *wilder apfelbaum.* — *Unverwandt lit.* plīnas. plīnė *heide.*

połni: p. płoń, płonia, płonka *blende im eise.* płonić *wuhnen im eise machen.* klr. połonka *bei Linde. Vergl.* r. połyj *offen.*

połsa: asl. plasa *zona.* nsl. plasa, ravnica na gori. kr. plasa *arvum verant.* s. plasa *lodа stück eis.* č. plasa *streif, landstrich.* klr. połosa *streif.* wr. połosa. r. polosa *streif, strich, landstrich, klinge. Vergl.* pelsъ.

połtŭ, poltĭno: asl. platьno *leinwand.* platênъ. nsl. b. s. platno. č. plátno. p. płotno. os. płotno. klr. wr. połotno, klr. płatanka *stück leinwand.* r. polotno; dial. platno. płotěnko. — *Man vergleicht* mhd. valde, falte *tuch zum einschlagen der kleider.* ai. paṭa *aus* parta *stück zeug.*

połvŭ: asl. plavъ *weiss.* nsl. plav *blass ung.* plavec *weisser ochs:* plav *für* blau *mcg. ist deutsch:* plavica *kornblume.*

kr. plav *gilvus, lividus.* s. plav *weiss, blond; blau.* č. plavý *falb.* p. płowy. płowa *taubes getreide.* zpłowiałe zbože. os. płovy. ns. płovy. klr. połovyj. połovity *falb werden, reifen:* žyto połovije. r. polovyj. — rm. plęvic *weiss.* lit. palvas *blassgelb.* ahd. falo (falawêr). *Auszugehen ist von* pol, *das das suffix* vъ *erhält, wie im lit. und d.* pol *findet sich auch in* πολιός, *im lat.* flavus, fulvus, *im* ai. pal-ita *usw. Bei* plavъ *denkt man an die Kumanen, die* r. polovci, č. plavci, magy. palócz, d. die falben *heissen; wohl mit unrecht, da wir uns die Kumanen nicht als blond zu denken haben. Andere haben an* pahlavī *aus* *parthavija *gedacht.*

polŭ 1.: asl. polъ, *gen.* polu, *seite, ufer:* na sь polъ savъ, obъ onъ polъ zogr. obonъpolьna vьsь *prol.-rad.; geschlecht:* mažьskъ polъ, ženьskъ polъ; *hälfte:* ispolu mrъtvъ, polu nošti, proteṡetъ i polьma. poludьnije, *daneben* pladьne, pladьnije, pladьnina *aus* poldьne *usw.;* pladьnovati. planoštь *aus-* polnoštь. peller *abec.-bulg. wohl aus* polъ jera. pladьnica, r. trjasavica poludenьnaja *euchol. sin.* nsl. po polu dne: na spoli *halbweis Ukrain.* poloviti *halbiren. Vergl.* spol *geschlecht.* b. polovina. pladnja f. pladnina. pladnilo. pladnuvam *vb.* kr. spol *sexus.* s. po *aus* pol. pladne (poldue) *neben* podne. plandovati *aus* pladnovati. plandovište. spol *geschlecht.* č. půl. půldne, poledne. odpoledne *dial.* spolu *gemeinschaftlich.* pospolitý. p. poł. południe. społ, wespoł, wspoł, społu, społem, pospołu *gemeinschaftlich.* pospolity. połowień *obolus zof.:* mhd. helbelinc. południa *mittagsfrau, die um mittag kinder raubt.* kaš. pavnie *mittag.* polab. půl. os. poł. połnoc. połodńo. społu. społk *bund. Vergl.* spłav *geschlecht.* ns. poł. polńo. klr. pôł. pôłka: połovyna. na spôł. społu. obapoły. południovaty. połudeń. połudenok. południe. wr. połdńa. połudzeń. południe. perepłavьe asl. *aus* polv- *für* r. prepoloyenije. r. połъ *hälfte, geschlecht.* połovikъ. połdeнь. — *lit.* paspalam *insgemein.* paspalitas. paspalnus *nach der reihe folgend.*

paludinis. *rm.* potor, potorę *anderthalb
groschen. magy.* póltra: *asl.* polъ vъtora.
polovnyák. *Man vergleicht ai.* para *ferner
gelegen, jenseitig.*

polŭ 2.: r. polъ *boden.* **klr.** pôl.
pôdłoha. **wr.** poł.

polŭ 3.: r. polyj *offen, leer:* połoe
mêsto, połaja dverь. polynъja *eisfreie stelle.*
pologrudyj *mit entblösster brust. Hieher
gehört vielleicht* vodopolь, vodopolica, vodo-
polьe *austreten der flüsse, eig.* otkrytaja,
splošnaja voda. **klr.** połovode, połovôde
wasserflut (polovodije); *ferners* pole *feld,
das freie:* *polije.

pomagranŭ: p. pomagran *granatapfel. — lat.* pomum granatum. *Vergl.*
malograni.

pompŭ: asl. pąpъ *nabel.* nsl. pôpek; pepek *somm.* pôpek, pôpika *knospe*
(na roži). pôpje, popovje *coll.* pôpčati
äugeln. b. pъp. pъpka *knospe, eiterblatter.* **kr.** pupak *sprosse.* s. pup. č.
pup. pupek. poupě. pupen *knospe.* p.
pęp. pąpie *knospen.* pupki *nabelstück am
pelzwerk ist* r. **polab.** pôp, **os. ns.** pup
nabel, knospe. **klr.** pup. pûpłyk *knospe.*
wr. puporêzica *hebamme.* r. pupъ. pupo-
rêzna. pupyrь *eiterblatter.* pupyšъ *knospe.*
— *Vergl. rm.* pup *germen. W.* pomp:
lit. pampti. *lett.* pompt *schwellen.* pempis
schmerbauch.

pondŭ: asl. pąditi *treiben.* nsl. pôditi. puditi *habd.* pôjati (pąždati) *venari
meg.* pôjati se *läufig sein:* krava se pôja.
b. pъdja, otpъždam, propъdjuvam *vb.* s.
puditi. č. puditi, púzeti. p. pędzić.
pąd. pędzca. *dial.* popądzawać się *in
der brunst sein (von kühen): vergl. nsl.*
pôjati se, goniti se. **klr.** pudnyj *furchtbar.* opudało, strachopud. pužaty, stra-
chaty. pend *trieb, aus dem p.* **wr.** pudzić.
r. puditь *properare dial. — rm.* pîndę. pîndi
ἐνεδρεύω. ręspîndi *vb. Hieher gehört* asl.
pądarь *hüter (vergl.* pądьcъ *custodis).* nsl.
pudar *custos vineae aut segetis habd.* b.
pъdar, bekčija *flurschütz.* pudare *n.* koji
čuva vinograd *verk. — rm.* pîndar. *Man
merke s.* pandur *viator publicus. magy.*

pandúr. *lit.* piudīti *hetzen. Man vergleicht
ai.* pand *ire.*

poneštra s. *fenster.* **kr.** ponistra,
funestra. — *lat.* fenestra. *it.* finestra.

ponê asl. *saltem.* b. ponê *mindestens.*
kr. poni. č. ponê. poň. aspoň.

pongy: asl. pągy, pągva ῥοίσκος *corym-
bus.* pągvica *globulus.* nsl. ponglica *häftel.*
p. pągwica *knopf.* **kaš.** pęgwica. r.
pugovica, pugovka. — *lit.* pugvīče. *lett.*
pôga. *ehst.* puňg. *alb.* punaškę. *rm.*
pungę βαλάντιον *beutel.* pungaš *beutel-
schneider. mlat.* punga. *got.* puggs *m.*
oder pugg *n. ahd.* pfunc *m. ngr.* πουγγί.

ponch-: p. pęcherz *blase auf der haut,
urinblase.* č. puchýř *brandblase.* **os.**
pucheř. **ns.** puchoř. **nsl.** puhor.

poncha-: p. pąchać *wittern.*

ponica asl. *wohl: cella.* b. ponica
keller: hladni ponici, ponca. — *Dagegen
mrm.* ponicę; poncę *modiolus ad coquen-
dum panem. alb.* ponicę *gefäss.* ponice
nische Reinhold 50. Vergl. b. pešt ili podnica. podnica, čerepna *pu.* 33. turila podnica ta na ogïna t. *Form und bedeutung
dunkel.*

ponjava asl. *linteum, tunica:* nosila
i ponjavy *für den todten.* nsl. klr. r. ponjava. — *magy.* ponyva. *Man meint das
wort mit* opona *vergleichen zu können;
andere denken an ahd.* fano.

ponk- 1.: asl. pąčina *mare.* klr.
pučyna, bezdna. *Vergl.* s. pukao *ausge-
dehnt:* puklo poljo, pukla ravnina r.
pučina. — *ai.* paůč (pank) *ausdehnen.
Dunkel ist kr.* s. puki *ipsissimus:* s. puki
otac *für* isti, čiti otac. puki siromah
blutarm.

ponk- 2.: asl. pąknąti *brechen rumpi,
eig. sonum edere.* vъspąčiti ἀνακλᾶν. **nsl.**
pôknoti, pôčiti, pôkati, pôcati: obrôč je
pôkel; zora, dan pôka, dan je napôčil, glas
je počil. pôč, pôka *ritze.* pucati *schiessen
prip.* b. pъkna *und, abweichend,* pukna, na-
puknuvam *vb.* pukot *lärm.* puknuvane
zora *bog.* puka se, pukne se *bersten, krepiren.*
ne pukvi (puknuvam) mi srъce. **kr.** puknuti, pucati *bersten.* s. puči, puknuti.

puklina *ritze- mŭk.* napukao *angeborsten.*
č. pukati, puknonti *knallen, platzen.* pučeti
anschwellen.   p. pękać, pęknąć *bersten.*
puknąć, przepuklina, puczenie *für rozdęcie*
brzucha *darmbruch sind wohl* r., *ebenso* rozpuk. os. pukać. puklina.   ns. puknuś.
wr. pukać. r. puknutь, pukatь *krachen.* pučitь *anschwellen.* — *magy.* pukkan, pukkad
werden wegen der suffixe n *und* d *als ugrisch*
angesehen. rm. pokni *vb. Vergl. s.* napu-
čati se *zornig werden.*

ponkŭ: p. pęk *bündel.* pąk, pącz,
pęcz *knospe.* pączek. pąkowie.   slk. puk
knospe.   r. pŭkъ *mnnipulus.* pučekъ.
Vergl. ponk- 2. — *lit.* puškis *blumen-*
strauss.

pontĭ: asl. pątь *m. weg.* raspątije.
nsl. pôt *m. f.* po nijeden put *auf keine weise.*
pôtnjak *plantago major.* popôtnik *cichorium*
intybus. trpôtec *art pflanze.*   b. pъt *m.*
pet pъtê *fünfmal.* pъteka *fusssteig.* nepъten
unziemlich. s. put. č. pout.   p. pąć
dial. pętka. ON. rozpętek. pątnik *zof.*
putka, putny, *aus dem* r. polab. pôt.   os.
puć. ns. puś.   klr. puť *m. f.* puť praty
chrest. 61. wr. puć. r. putь *m. f. dial.*
— *magy.* putnok *mentha pulegium:* č.
putník. *preuss.* pintis. rm. ręspintie. po-
tekę. *ai.* panthā, pathi.

poplunŭ: nsl. poplun *tegumentum tur-*
cicum habd. pablon.   kr. poplon *ung.*
poplun. č. pablon.   slk. paplon.   klr.
papołoma *chrest.* 481. papłan *ung.* r. po-
plinъ *seidenzeug.* — *magy.* paplan. rm.
poplon. plapom. *ngr.* πάπλωμα. (παπυλαιών).
mhd. poulūn *zelt.*

poprŭ: asl. poprište, popьrište *sta-*
dium. Andere schreibweisen: pьprište *hom.-*
mih. prъprište, prъpьrište, prъpьrište *zogr.*
Nicht von per, *etwa locus, qui conculcatur.*
Man vergl. r. *dial.* popry *plur. m. galopp:*
sing. *poprъ.

popŭ: asl. popъ, popinъ *priester.*
popьstvo, popovьstvo.   nsl. b. s. č. p. *usw.*
pop. asl. b. popadija *priestersfrau.*   p.
popadyja, *aus dem* klr.   polab. pŭp.   klr.
pôp. popadja. wr. popaddźa. r. popъ.
— *preuss.* paps.   *alb.* pop *prete greco.*

magy. pap. rm. pop. popi *vb. Ein pan-*
nonisches wort: ahd. pfaffo. *Dieses wird*
jetzt auf gr. πακᾶς (păpa) *clericus minor,*
nicht auf păpa *zurückgeführt.*

por-: asl. porją, prati (*aus* porti)
dissecare. nsl. prati se, porjem se *heftig*
weinen. raspranje zemlje *chasma.* parati.
rasporek *schlitz.* b. porja *vb.* raspor.   s.
poriti. č. párati. spratek *unzeitiges kalb,*
foetus.   p. porzę, proć. parać. sprować.
przepor, rozpor *schlitz.* wyprotek, wyporek
infans exsectus. os. poru, proć.   ns. pro-
jim, projiś.   klr. porju, poroty. rozpo-
roty. vyportok *aus* vyporotok *frühgeburt.*
wr. porju, poroć, pornuć *stechen.* vyporok
frühgeburt. vsparyvać.   r. porju, porotь.
sporokъ. sporychatь *dial.* vyporotokъ *früh-*
geburt, dial. für bastard, negodjaj. poroti
rybu *dan.* pore *dial. für* livmja litь.   nsl.
s. parati *ist sig. iter., davon* s. parnuti.
Die W. por *ist eine variante der W.* per:
man vergleiche πείρω *durchbohren. per liegt*
folgenden themen zu grunde: asl. isprъtъkъ
infans exsectus.   s. raspirati *aufschlitzen.*

pora asl. τόνος *vis, violentia.*   b.
pora *äge, saison.* s. oporaviti se *kräftig*
werden. p. pora *gelegenheit.* os. porać.
ns. poraś *schaffen.*   klr. pora *gelegene zeit.*
poraty *schaffen.* zaporaty *zurecht machen.*
wr. poroju *manchmal.* bezpory *für* r. črez-
mêrno.   r. pora *zeit, günstiger augenblick:*
do sihъ porъ *bis jetzt.* vъ teje pory *tichonr.*
dial. taporъ *damals.* vnepry, nevporu *dial.*
porêtь *sich erholen, kräftig werden.* pornoj
kräftig. porato *genügend dial.*   p. porny
ist stark riechend. — rm. porav *ferus.*

porčechĭnŭ: nsl. porčehen, potje-
hen, porke *emporkirche, vorkirche.* — *Aus*
dem d.

porgŭ: asl. pragъ *schwelle.* nsl. b.
s. prag. č. práh, prah.   p. prog: po-
rožysty *ist* r.   kaš. prog, *daneben* parg,
mit d. lautfolge: ebenso ogard *neben* ogrod.
os. proh.   ns. prog.   klr. porôh. porohy
(na Dnîpri).   r. porogъ. — rm. prag.
mrm. priak. *alb.* prag, brag.

porkolabŭ: porkolabъ, prъklabъ,
prъkъlabъ *in slavischen urkunden aus* ru-

munischen ländern: art obrigkeit. nsl.
porkolab *exactor, castellanus.* porkulab
habd. č. purkrabě. — *magy.* porkoláb.
nhd. burggraf.

porkŭ: č. prak *schleuder.* **p.** proki.
os. prok. prokać *schleudern.* ns. prokadło. klr. poroky. praky *für* poroky *mauerbrecher chrest.* 238. 239. 481.
ar. porokъ: poroki stavili, i biša na gradъ,
daher etwa turris. porokъ *wird 'durch*
„*mauerbrecher*" *erklärt. Mit* porkŭ *ver-*
wandt ist asl. prašta *funda, turris, aus*
porktja. nsl. prača, preča, frača. prč-
čati. b. praštva, praštka. s. praća.
p. proca. klr. prašča *und* r. prašča,
praščъ *sind* asl. — *magy.* paritya. rm.
praštie. piaškę. nrm. proašte.

pormen: asl. pramenь *faden.* nsl.
pramen *zopftheil:* kita na tri pramne *für*
pramene. kr. prami *budin.* pramik, pra-
mak *capillorum floccus.* pram *cirrus.*
s. pramen *büschel, schopf.* č. pramen
quelle. slk. pramen *strahl.* p. promień
faden, strahl. promyk. os. promjeń.
promjo. ns. pramě *strahl.* klr. poromeń.
W. *wohl* por *theilen.*

pormŭ: b. s. pram *art schiff,* prahm.
č. prám. p. prom, prum *neben* pram.
kaš. prom. porom. klr. porom *prahm.* porom'čyk. wr. porom. r. poromъ. — *lit.*
paramas. prāms. *lett.* rāmis. *Man dachte*
an prěmъ, *an* πέραμα, *an* πρύμνη *und das*
mhd. prām, nhd. prahm, ahd. farm: prahm
sieht man nun als slav. an. *Die urform*
pormъ *darf als sicher gelten, das vielleicht*
mit ahd. farm *führe verwandt ist.* p. pram
stammt wohl aus dem č. *Dem slav. fehlt*
eine der bedeutung nach passende W. per,
por: *vergl.* gr. περάω. πόρος. *Verschieden*
ist wr. sporomič *für* r. prigotovitь vъ za-
pasъ. *Vergl.* prěmŭ.

pornjala: klr. porňała *das weiden*
der schafe nach dem abendmelken. — rm.
pornělę *aufbruch:* porni vb., *das auf slav.*
porinąti *beruht.*

poroda asl. *paradisus.* — *Wohl eine*
verunstaltung des fremden wortes: das slav.
wort ist raj. *Einmal findet sich* poroda *für*

ovile, *einmal für* zemlja oběštana *das ge-*
lobte land, wofür in mladěn. zemlja obě-
štanija *steht.*

poroj b. *bach, regenbach:* vali poroj.
— rm. pęręŭ *bach, aus* alb. pęrua *wald-*
strom. Nur im b. *bekannt. Man ist ge-*
neigt, poroj *von der W.* ri *abzuleiten.*

porpira, porfira asl. *purpur.* — gr.
πορφύρα. *Vergl.* prapronďa.

porporŭ: asl. praporъ *fahne.* b.
prěporec. s. praporac. č. prapor. p.
proporzec. klr. prapor. r. poroporъ.
praporъ *in* praporščikъ. W. *vielleicht*
per- 8., *daher etwa* „*das fliegende*". —
rm. prapor. *Vergl.* asl. praporъ *glocke.*

pors- 1.: klr. porosnyk *wütterich.*

pors- 2.: klr. poroša *frischer schnee*
im herbste. W. pers-, pors-. *Vergl.* perch-.

porsk- 1.: klr. poroščaty *kreischen.*

porsk- 2.: asl. praskati *kratzen.* nsl.
praskati, prasnoti. klr. poroska *ritze,*
sprung. Die zusammenstellung ist zweifelhaft.

porsk- 3.: klr. poroščity *stäuben* (do-
ščem). porosnuty *auseinanderstieben. Vergl.*
porskyj *scheu.* poros *glühende asche liegt*
abseits.

porsŭ: *deminut.* porsent: asl. prasę
ferkel. nsl. b. s. prase. č. prase. sou-
prasi. p. prosię. prośna swinia. kaš.
parse, prose. polab. porsã. os. proso.
ns. prose. klr. porosа. porěuk *wildschwein.*
porosna *trächtige sau.* r. porosja. klr. wr.
porśúk *und* r. parsukъ *für* porśúkъ *haben*
ein tonloses o *eingebüsst.* r. porosъ *steht*
dial. *für* bykъ. — preuss. prastian *aus*
prasistian *für* pars- lit. paršas. parši-
nis. finn. porsas, porso. ahd. farh, far-
heli. lat. porcus. air. orc *aus* porc. *Slav.*
s *ist* palat. k.

porungelj: nsl. porungelj *block.* —
Vergl. nhd. prügel.

porzdŭ: asl. *prazdъ, daher* neprazda
schwanger. prazdovati *müssig sein.* prazdъnъ
leer. prazdьnь *müssiggang.* prazdьnikъ *feier-*
tag. nsl. prazdən, prazen. praznik. praz-
nica *ehebrecherin.* b. prazen. neprazna
prazdnen. prazdnik. s. prazan. praznik.
č. prázdný, prázný. p. prożny: *daneben*

praznik. **os. ns.** prozny. **klr.** porožnyj.
v porožńi. praznyj *müssig.* popražen, *gen.*
poprazena, poprazdnyk *die feier nach dem
haupttage des kirchweihfestes.* **wr.** praznik. **r.** porožnij. pustoporozžij. poroznitь.
vъ porožně. porožnij *neben prazdîca.* prazdnyj. prazdnikъ. *asl.* praždьnь. — *magy.*
parázna, prázna *kurer, hure.* *alb.* ɯbra-
zętę, špraz *leer.* špraz *losschiessen.* *rm.*
praznik. pręznui *vb.*

porzŭ: **asl.** prazъ *bock.* **nsl. kr. s.**
praz. **r.** porozъ *eber, stier,* plemennyj
bykъ. porozovatь *coire.* — *Man vergleicht
ahd.* far *stier.* *mhd.* verse *juvenca. Dunkel
ist kaž.* pres *füllen.* prys *eber.*

porŭ: **nsl.** por' *lauch habd.* porluk
jambr. **b.** por. **s.** por, pori *luk.* purić.
č. por. **p.** por. pory *łuk.* **klr.** pory. **r.**
porъ. pёrъ. porej. — *magy.* paré. párha-
gyma. *rm.* pore. *ahd.* pforro, *lat.*
allium porrum.

porŭta: **asl.** porъta *thor.* porъtatisa.
b. s. porta. **č.** porta. postoloprty *aus
apostolorum porta ON.* **p.** porta, forta.
klr. chvôrtka, fôrta. — *ahd.* pforta. *and.*
port. *finn.* portti.

porŭtŭ: **kr. s.** porat *hafen.* — *it.*
porto.

porĭnŭ: **nsl.** poren *leer, offen (von
der gegend).* izporniti *leeren. Vergl.* polije.

posivŭ: **asl.** posivъ *callidus.*

poskoni: **asl.** poskonь *hanf.* **nsl.**
poskon. poskanica *männlicher hanf.* **kr.**
poskon. **č.** poskonny. poskonnice. **os.**
paskonny, paskorny. **p.** płoskoú *fimmel,
männlicher hanf.* **klr.** poskôń, płoskôń.
wr. poskonnja. płoskani *plur. f.* **r.**
poskonь *cannabis sativa.* — *magy.* pasz-
koncza. *lett.* paskańas. *lit.* plaskanei.
pleiskės *plur. f.* pleizgané, pleizgė *fimmel.
Die form* plosk- *für älteres* posk- *scheint
auf* ploskŭ *zu beruhen.*

postalŭ: **b.** postal *schuh.* **nsl.** pô-
stol, moški črêvelj. **s.** posto. **kr.** postol.
klr. postôł *bastschuh.* **p.** postoły. — *lett.*
pastala. *türk.* postal.

postŭ: **asl.** postъ *faste.* postъ *ist älter
als* alkanije; govêņije *ist mit* postъ *wohl*
gleich alt. **nsl. s.** post. **nsl. b. s.** postiti,
postiti se. **b.** postja, postja se. **č.** pŭst.
postiti. **p.** post. postnik. pościć. **os.**
post. **ns.** spot. **r.** postъ. postitь sja.
— *Daraus rm.* post. *preuss.* pastauton.
lit. pastininkas (postьnikъ). pastininkauti.
(lett. gavēt.) *Ein pannonisches wort: ahd.*
fasta. fastēn, *nicht got. and.* fasta. *finn.*
paasto.

pošta **nsl. b. s. č.** *post.* **p.** poczta.
r. počta. — *Aus dem d.; it.* posta.

potiri: **asl.** potirь *poculum.* **b.** potir
für čaša, komka. **s.** putir, putijer. **klr.**
patyr *akta 1. 137.* **r.** potirъ. — *gr.* πο-
τήριον. *rm.* potiriŭ.

potonŭ: **b.** poton *stockwerk.* — *gr.*
πάτωμα.

potŭ: **asl.** potъ *schweiss.* **nsl. b.** *usw.*
pot. **b.** potja se. **p.** pocić się *usw.*
klr. pofity.

potĭpêga: **asl.** potъpêga *uxor dimissa
cloz. nicol.* podъpêga *zogr.* podьpêga *zogr.*
potъbêga *assem. ostrom.* podъbêga *assem.*
č. podběha. *Dunkel: nicht von* bêg.

pozunŭ: **č.** pozoun *posaune.* **p.** pu-
zan. — *d.* posaune. *mhd.* bosūne. *fz.*
buisine.

praktorŭ: **asl.** praktorъ, prahtorъ.
as. prahьtorь *exactor.* — *gr.* πράχτωρ.

pramatari: **b.** pramatar *verkäufer.*
— *gr.* παγματευτής.

prameli: **nsl.** pramelj, *gen.* prameljna,
braun (pferd), dial. bräundl. pramast
fuscus lex. — *Aus dem d.*

pramŭ: **nsl.** pram *fimbria trub. meg.*
pramati *vb. lex.* pramez *gebräme.* **prem.**
preman pruslik. perem *habd. jambr.* **p.**
os. brama. **ns.** bram. **r.** brama, barma.
— *mhd.* brëm. *d.* brame, bräme. *magy.*
prém, perém. *rm.* prim.

pranciberŭ: **klr.** prancyber *argen-
tum purificatum.* — *nhd.* brandsilber.

prapronda 1.: **r.** prapruda: doždь
praprudoju neiskazaemo silenъ. doždь pra-
prudenъ *platzregen. on ist hypothetisch.
Vergl. č.* prudký *jäh, ungestüm.*

prapronda 2.: **asl.** prapręda, pra-
prędъ, prêpręda, prêprędъ *purpura.* —

Vielleicht eine verunstaltung von πορφύρα, *wofür auch* porfira, porьpêra, forьfira, farʹfira, perfira; *andere denken an* pra *und* prondi- *brennen; wieder andere an* prądъ ἤλεκτρον.

praska, fraska nsl. *ast.* — *it.* frasca *belaubter ast.*

praska-: nsl. praskati, prasnoti, praščati *crepare, clamare.* prask *fragor.* presk *prip.* 254. praska *tumultus.* **kr.** praskat *strepitus karnar.* **s.** praskati. prasnuti *erumpere (illucescere).* praska. **č.** praskati. praštiti. **p.** prask. **os.** praskać. **ns.** praskaś. **klr.** praskaty. prask *geprassel.* **r.** praskъ *knall dial.* **asl.** praskavica *lärm, um den feind zu schrecken.* vъpraštiti. — *Vergl. lit.* plaskoti *klatschen.*

prasŭ 1.: **asl.** prasъ, prazъ *porrum,* prasovьnoje listvije. **b.** pras, praz. **s.** pras. **r.** prasъ. — *gr.* πράσον.

prasŭ 2.: **klr.** pras *bügeleisen, eig. wohl „presse".* **p.** prasa. — *nhd.* presse.

prasŭ 3.: **asl.** naprasьnъ *subitus.* **s.** naprasan, naprasit *jäh.* **klr.** naprasnyj *plötzlich.* **r.** naprasъ. naprasnyj. zaprasnyj, prostodušnyj. *Vergl.* **wr.** napraslina *für r.* kleveta. — *rm.* nęprasnę, nęprasznę *casus fortuitus.* *lit.* nŭprosnas *vergeblich.*

prati-: nsl. pratiti *begleiten.* **b.** pratja *pf.* praštam *ipf. schicken.* **s.** pratiti *begleiten, schicken. Das wort hängt vielleicht mit* pŕa, pro *zusammen. Mit* pratiti *scheint verwandt* **č.** práce, (pracný *egenus*), **p.** praca, *trotz des* **os. ns.** proca: *man vergleiche nsl.* posel *usw. geschäft.* **klr.** praća, **wr.** praca, **r.** *dial.* praca *und lit.* procě, *lett.* praci *stammen aus dem p.; lit.* pracaunus *fleissig. Andere denken an lit.* pratin pratinti *exercere.*

pratika nsl. *kalender.* **os.** protyka. **ns.** pratija. — *nhd.* praktik. *gr.* πρακτική.

pravija asl. *premium.* — *gr.* βραβεῖον: *anlehnung an* pravъ.

praviledja s. *privilegium: anlehnung an* pravъ.

pražina č. *brachse.* — *ahd.* brahsima. *nhd.* brachse, brassen.

predga nsl. *predigt.* pridigati, predgati *prediqen.* predižnica *cathedra lex.* prižnica *marc. Daneben* prodika. prodekalnica *lex.* **ns.** płatkovaś. — *ahd.* predigōn. brediga. *lit.* predikauti. *Aus dem kirchlichen* praedicare.

preg- 1.: **asl.** prъžiti *frigere.* **b.** prъža *backen.* oprъža *für r.* oznoitь. prъžar *für r.* znoj. prъženica *braten ung.* **kr.** pržiti *rösten.* **s.** pržiti *rösten.* spržiti *anbrennen.* napržit *hitzig, heftig.* **slk.** prhlić. **wr.** prehu, prežč. prežmo *geröstete ähren.* **r.** prjagu, prjačь, žaritь. prjažitь. — *magy.* perzselni, pergelni. *alb.* pęržis *braten.* *rm.* pręži, prędži *vb.* pęržol *incendium. Vergl.* perga. *nhd.* bregeln, fregeln. *Hieher gehört vielleicht lit.* spragu, spragéti *prasseln und* spirgau, spirginti *braten aus* sprig-. *Aus* preg- *durch zweite steig.* prag-: **asl.** pražiti *frigere, pregeln.* **nsl.** pražiti. **b.** praža *vb.* **s.** zapraći, zapragnuti *verdorren.* **č.** pražiti. prahnouti *dürre werden.* **p.** pražyć. pragnąć *sitire.* wypragły *ausgedörrt.* **os.** pražić. prahnyć. **klr.** pražyty. prahnuty : *daneben* sprjahty. **wr.** prahnuć, prjahnuć. — *magy.* parázs, parézsa *favilla.* parázsol *rösten.* **asl.** pražьmo *collyra.* **č.** pražmo, pražma. **p.** pražmo *geröstete ähre.* **r.** prjažmo *dial.* prjagva *kuchen. Die form* prag *lautet r. und theilweise wr.* prjag, prjah *mit parasitischem j:* prjag, prjah *hat einigemal auch* preg, preh *verdrängt.*

preg- 2., *wohl „springen".* **nsl.** prezati se *aufspringen (von den samenkapseln):* pšenica, grah se preza, kadar zrna začnô padati iz klasja, lan se preza; *daher* prezljaj, pržaj, hitre: drugi len je lenovec. **p.** praglec, pražec, pręžec *art frühflachs:* prędko się nasienie wypraža *vom aufplatzen der samenkapseln; der andere flachs heisst* słowień. *Wenn* preng- *die W. ist, dann ist* **p.** prag- *usw.* **r.** *Die wortsippe ist dunkel.*

prejda klr. *beute.* prejdovaty *plündern.* — *magy.* préda, *aus dem lat.*

prend- 1.: **asl.** prędą, pręsti *spinnen.* prędivo. pręžda. pręslica: prend-tlica. **nsl.** predem, presti. prelja *spinnerin.* preja

gespinnst. predica. preslen *spinnrocken*. pre-
slica. b. preda *vb*. prêslên *wirbelbein*.
prežda. prelka. prolca *für* hurka. predênka
spinngesellschaft. s. predem, presti. prš₁jen
spinnwirtel. č. předu, přísti. příze. přádlí.
přástky. přástev *kunkel*. předivo. přeslo.
přeslen. slk. priadza. p. przędę, prząść.
przędza. prządka. przędziwo. przęślik.
przęślica. polab. prǎst. euprǎst. os.
přadu, přasć. přasleń. přaslica. ns. pšedu,
pšesć. pšeslin, pšaslin. r. prjadu, prjastъ.
prjadevo. prjaža. prjaljba. prjacha. prja-
slica. — *lett*. prēst (prèhst) *spinnen*. sprēst
(spreest) *spannen*. prēslice. pralka. *lit*.
sprindis *spanne*. *magy*. pereszlén *wirtel*.
rm. priznel, pristnel. *Die ursprüngliche
bedeutung von* prend *ist wahrscheinlich
strecken: vergl. d.* spinnen, spannen.

prend- 2.: *asl*. prędati *springen, wohl
auch „zittern“*. naprędati *insilire*. vъsprę-
nąti *resipiscere*. **nsl**. opresti *umfallen:*
živina je opredla. **kr**. predati *zittern*.
predljiv *trepidus*. s. prenuti, predati
zittern, sich fürchten. prenuti *aus dem schlafe
auffahren*. **r**. prjadatъ, prjanutъ *aufspringen*. vosprjadatъ. *Man vergleicht got*.
sprauto *schnell. Durch* steig. prondǔ: **nsl**.
prôdek *munter*. **kr**. prudak *pernix*. č.
proud *strom*. prudký *schnell*. **p**. prąd
schneller strom. prędki. **klr**. prutkošest-
vennyj *chrest. 482*. **wr**. prudkij *neben*
prytkij. **r**. prudkij *dial. Vergl.* kaš.
przondki, przodki *heuschrecken, eig. hüpfer*.

preng-: *asl*. pręgą, pręšti; pręgnąti,
mit praefixen spannen. napręzati. vъpręžъ,
sъpręžъ *joch*. **nsl**. vpreči, vprežem. pre-
gelj, kar se v oje vtakne. zapreg *obex*.
zaprega *nisus*. priprež *m. vorspann*. **b**.
zapregna; vpregna, vprêgam; prъža (rъka)
vb. s. spreći, spregnuti, spregnem. sprega.
č. spřáhnouti, spřehnouti. přežka *schnalle*.
p. sprzęg, sprzęža, sprzężaj *gespann*. przy-
przaż. os. pšah, spřah *gespann*. ns. pšeg.
klr. spřahaty. **wr**. vprehu, vprežč, vprehci.
(*asl*. *pręšti). vprehać. **r**. prjagu, prjačь.
prjažka *spange*. priprjažka. — *lett*. pri-
praža. sprādze *schnalle*. *ai*. prng (*urspr*.
preng). *Durch* steig. prong-: **asl**. prąžiti

sę *laxari*. prążati. prąžalъ *offendiculum*.
prągъ: sąpragъ, sъpragъ *jugum, conjux,
socius*. sąprąžьnikъ. sąprąžьnica. poprąga
wahrscheinlich cingulum. **nsl**. podprôg
bauchgurt. prôžiti. sprôžiti *rege machen:*
sprôžiti (puško). poprug *habd*. b. prъg
rahmen. poprъg. **kr**. poprug *cingulum*.
podprug. s. pružiti (ruku). prug *gestreckt:*
konj. č. popruh. pružný. p. poprąg *gurt*.
Hieher gehören auch folgende ausdrücke:
I. **nsl**. prôga *länglicher fleck, vibex. livor*
(*wie ein gürtel*). prôgast. s. pruga. č.
prouh. prouha, pruha. p. pręga. pręgaty.
prążka *strich, streif*. kaš. prąg. os.
pruha. **ns**. pšuga. pšugaty. **klr**. napruha.
anspannung. popruha *bauchgurt*. **wr**. upruh
gespann. pruh *rand der stoffe*. popruha.
pruho *stark, fest*. **r**. pružki *dial* podpruga.
suprugъ *paar*. uprugij. pružina *feder*. pružitь *spannen*. *Von* preng *stammt II*. pron-
glo: **asl**. prąglo *tendicula, sprenkel*. **nsl**.
prôgla *f. schlinge*. prôžnica. pruglo *habd*.
kr. pruglo. č. pruhlo. pruhel. os. prudło
aus pruhło. pružina *sprenkel*. **ns**. pšudło
aus pšuglo. **r**. pruglo. *Mit W.* preng- *vergl*.
d. sprenkel *und* springen. *Zu* preng *ziehe
ich auch III*. b. prъgav *elastisch, behend,
schnell, geschickt*. prъgavina. č. spruha
was federkraft hat. spružina. **klr**. upru-
hyj *elastisch*. **r**. uprugij *elastisch, eigensinnig*. pružina *springfeder. Spannen und
springen sind verwandte vorstellungen, daher
dürfen auch folgende wörter mit* preng *verbunden werden: IV*. pregalj *käsemade:* pre-
meće se kao pregalj po siru. s. prezati
se *vom schlafe aufspringen, auffahren*.

prenslo: *asl*. pręslo, *wie es scheint,
gradus*. s. preslo *thal Stulli*. č. přáslo *bretterfeld zwischen zwei pfählen im
zaune, stockwerk*. p. przęsło *glied einer
kette*. **klr**. presło, prysło *fünf latten
zusammengebunden*. **r**. prjaslo *pertica.
Vergl*. **nsl**. prelo: pak je bilo vuzko prelo
med plotom, pak je lisica voznula: prelo
wäre prend-lo, pręslo *hingegen* prend-tlo
oder prent-tlo.

prenta-: *asl*. oprętati *curare:* plašč-
čemь opręta i. vъsprętati *compescere*. ras-

prętati rizy svoję. uprętati svitu svoju.
nsl. spreten *geschickt.* nespret *missgestalt.*
b. opretna se, oprêtam se *bereit sein.* za-
pretna, zapretvam *aufschürzen:* rъkavi.
s. spretan *klein.* zapretati *mit asche bedecken.* upret, popret. slk. spratati, spretati
einräumen, abräumen. p. sprzątać abräumen. sprzęt, sprząt *geräthe.* kaš.
sprzǫt. klr. zaprjataty *aufräumen.* oprjat
ordnung. wr. prjatać. sprjat. r. prjatatь
verbergen.

prenza-: asl. opręzati *wohl „lauern":*
strêlami oprezahomъ. nsl. oprezovati
lauern, anstarren. preža *lauer.* kr. prežati
insidiari. s. oprez *umsicht.* prežati *lauern.*
en *ist nicht sicher. Vergl.* preža-.

preša, spreša s. *drang, eile.* naprešit
eilig. kr. priša *mar. luč. — it.* pressa.
Dagegen nsl. kr. preša *torcular. — nhd.*
presse.

prešerïnŭ: nsl. prešeren *muthwillig,*
geil meg.

prevadŭ: kr. prvad *priester. — it.*
ven. prevede *für* prete.

prevorŭ: č. prevor *prior.*

preža-: nsl. prežati. prežar *pranzer*
bei primizen und hochzeiten. prežalica: na
prežalico iti. *Vergl.* prenza-.

prežunŭ: kr. pržun *kerker. — it.*
prigione.

prêmŭ: asl. prêmъ *rectus, gerade.*
prêmê, prêmь, prêmo *gerade, gegenüber.*
prêmьnь *gegenüber liegend.* prêmiti *richten.*
nsl. da bi prem, premda, daprem, ako-
prem, čiprem, čeprem *quamquam.* sprê-
miti, sprêmati *begleiten.* prêma *jeder der*
beiden wagentheile: prêdnja, zadnja. prêm
am webstuhl. prêmek, slabo proso *usw.* oprêmek *appluda habd.* kr. prima. primalitje *frühling.* prem *geradeaus; obgleich, bei*
frankop. prem, pram, prama, prom, proma.
s. prema *vorrathskammer.* spremiti *bereit*
machen. sprama, spram, sprema *in ver-*
gleich. p. uprzejmy *aufrichtig.* pramo *ist r.*
klr. prem *dringend, gerade.* poprjamuvaty
eine richtung nehmen. wr. uprejmyj. r.
prjamъ *gerade.* prjamo, do prjama. prjamь
f. prjamizь *f. gerader weg.* prjamitь. uprja-

myj *eigensinnig. — Vergl. ahd.* fram *vor-*
wärts. (framjan), fremman *vorwärts schaffen:*
in den vocalen ist verschiedenheit zu bemerken.
*An per-*mъ *ist nicht zu denken.*

prêsmen: asl. bezъ prêsmene *ohne*
unterlass. Das wort besteht wohl aus per
(prê) *und einem auf* jes *beruhenden* smen,
s-men.

prêsïnŭ: asl. prêsьnъ, oprêsьnъ *frisch,*
ungesäuert: prêsьnъ medъ. oprêsьnъkъ *azy-*
mum. nsl. prêsen *crudus habd.:* prêsno
zelje, màslo, platno; prêsna rana. prêsnoča.
oprêsen. oprêsnik. prêsnec, prêsmec *oster-*
brot. b. prêsen: prêsno mlêko, ribi prêsni.
prêsnec prêsnjak, prêsenčên hlêb *ungesäuer-*
tes brot. kr. prisan, presan, prisnac. s.
prijesan: *daneben* vrišak. č. přesný, přísný,
přestný, přístný. p. przasny. oprzasnek
zof. przaśnica zof. kaš. przesni. klr.
prjaśkyj. oprisńyj. oprisnok. r. prêsnyj,
prjasnyj. prêsnecъ. prêsnjakъ. oprêsnokъ.
— prêsьnъ *kann für* prêsknъ *stehen: es*
ist mit lit. prêskas, *d.* frisch, *ahd.* frisc
verwandt.

prêtŭ: asl. prêtъ *drohung.* prêtiti
drohen. nsl. prêtiti. prititi *trub.* b. za-
prêtêvam *vb.* s. prit, prita. ns. pšešiš.
klr. pretyty. r. pretitь.

pri asl. *bei. Deminuirend in der com-*
position: nsl. pribêl *weisslich.* klr. prislab.
p. przyciemny. przycieńszy. klr. prydur
geringe verrücktheit. prykołeń *kleiner pfahl*
usw. polab. prai. — *lit.* pri, prë, *ver-*
stärkt prëg, *das zu einem ursprachlichen*
parai *gestellt wird:* a (e) *wird als ausge-*
fallen angesehen.

pri-: asl. prijati, prêją, prijają *günstig*
sein. prijatelь *freund.* prijaznъ *liebe.* neprijaznь *bosheit;* ὁ πονηρός *teufel: nach dem*
ahd. unholda *f.* neprijaznivyj dijavolъ.
nsl. prijatelj. prijazen. s. prijati *gedeihen:*
ne prija mi. č. přáti, přiti, přeji. přítel.
přízeň *f.* zpřejný, kdo dopřívá. slk.
neprajný. p. przyjać, sprzyjać, przyjaję.
przyjaciel. polab. vrijon *das freien, aus*
dem d. os. přeć, přeju. přećel. ns. pši-
jaśeł. klr. pospryjaty *gunst zeigen.* pry-
jateľ, wr. prijać prijaju. prijaćeľ. r. prija-

telь. prijaznь. — rm. prii *vb.* prieten, prêten
amicus. *lit.* priėtelis. *got.* frijōn. *ahd.*
friudil. *ai.* prī.

priga-: s. prigati *frigere:* prigana jajca,
priganica. — *it.* friggere. *lat.* frigere.

prikija asl. *mitgift.* b. prikija. kr.
prćija. s. prćija, *alt* pričija. — *alb.* pęrkji.
gr. προικιόν.

prikrů: č. příkrý *steil.* p. przykry.
klr. prykryj *steil, jähe.* wr. prikryj. pri-
krič, prikriju *belästigen.* sprikrêlyj *für r.*
izъ sladkago sdêlavšij sja pritornymъ. r.
prikryj *kräftig dial.* — *lit.* prikliti s.
priklībê *widerwärtigkeit.*

prinahti, pernahti, bernahti nsl. *fęst
der hl.. drei könige.* — *Das wort setzt ein
d.* brehennachten *voraus: vergl. nhd. bair.*
berchtennacht *festum epiphaniae.*

prioni: asl. prionь *serra.* — *gr.* πρίων.

pripka-: b. pripkam *laufen.* pripna
aus pripkna *vb.*

priž-: nsl. uprižan *bunt, scheckig.*
vprižena postrva *forelle.* prižana mati
stiefmutter. — *Vergl. nhd. schwäb.* prisen
*einfassen. Die bedeutung „stiefmutter"
überrascht.*

prja ar. *velum.*

pro *praefix; in einigen sprachen auch
praeposition; daneben* pra *in compositionen:*
asl. pradêdъ *proavus.* praotьcь. pravъnukъ
pronepos. praroditelь *neben* prêrodiьlь.
pradrevlje *mladên.* praslavъnъ. *Vergl.* nsl.
prakol *abgenützter weingartenstock und pre-*
baba. p. pradziad. prababa *neben* przed-
baba, nadbaba. klr. prabatko *urahn.*
praščur *ururenkel.* r. pradêdъ. prapra-
dêdъ. *Man beachte* pra *dial. für* vdolь:
pra berežku. pro asl. *nur als praefix:*
probuditi *expergefacere, daher auch in subst.*
wie propastь. nsl. prodáti *perf.:* na pró-
daj, na pródajȯ. prostor. prostran. č.
pro. pro *deminuirend:* kr. prosuh *subsiccus.*
r. prosinь, prozelenь, *daneben* prázelenь.
— *lit.* pra: prǎgeltǎns *hellgelb.* prǎraudǎns
hellroth: daneben projods *hellschwarz.* ai.
pra. *Mit* pra *hängt die wortsippe* pravǔ *zusammen:* asl pravъ *rectus, dexter.* pravê,
pravo, pravь *adv.* praviti ὀρθοτομεῖν *richten.*

pravilo *regel.* pravina. pravьda. pravostь.
pravyni. nsl. praviti *erzählen.* pre *dicitur.*
napraviti *machen.* pravda *prozess.* spravišče
versammlung. b. prav *gerade, recht.* pravja
machen. pravda. pravdina *recht.* kr. prav.
pravcati. s. prav *gerade, unschuldig.*
právac *justus.* na pràvac *recta.* pravica.
pravda. pravedan. č. pravý. praviti
richten, bereiten, erzählen. prý *narratur.*
dial. prála *aus* pravila. p. prawy. prawić.
pry *ait.* sprawa. przyprawa. klr. pravyj.
pravo *neben* pravos, praves *in* pravesnyk
rechter erbe; nepravesnyk *unrechtmässiger
erbe, uneheliches kind.* wr. pravo. pravić.
pravda. r. pravyj. pravša *rechte hand.*
— *lit.* prova *recht.* priprova. sprova *geschäft.*
lett. prāva *gericht.* prāvs *ansehnlich.* pravъ
baruht auf pra-v-ъ, *daher eig. vorwärts
gerichtet, gerade.* — *magy.* prauda, pravda
in rechtsquellen. rm. pravilę.

proba-: s. probati *versuchen.* r.
proba. — *mhd.* prüeben. *nhd.* prüfen.
lat. probare. rm. probę.

probi-: s. probiti, probudem *prodesse.*
probitak. probitačan. *Aus* profitto *entstand*
probitak *und aus diesem* probiti: *vergl.* dobitak, dobiti: by.

proboští: p. proboszcz *propst.* —
ahd. prōbast. *mlat.* praepositus. *lit.* pra-
baščius. *magy.* prépost.

proimů: b. proim *die morgenzeit.* —
gr. πρόϊμος.

prokopsa-: s. prokopsati *prospere
succedere.* — *gr.* προκόπτειν. *aor.* προέκοψα.

proků: asl. prokъ *subst. adj. rest,*
τὸ κατάλοιπον, *übrig.* pročina. č. prokni
jeder. p. prokny *universus flor. 21.
24; 21. 30, eig. aller übrige.* klr. prok
rest. opročе *chrest.* 480. r. prokъ *rest,
nutzen.* na prokъ *für das nächste jahr.*
bezprokij. bezpročina. pročitь *aufbewahren.. Daneben* asl. pročь, pročij ὁ ἑξῆς
sequens, reliquus. pročaja *das erbe.* proče
adv. λοιπόν *igitur; ausser; weg; dafür auch*
pročь. nsl. proč, preč. s. proči *der
andere.* č. pryč. p. procz *zof.* precz,
procz, oprocz *ausser.* opryczny. opryszek.
os. preč. ns. pšec. klr. oprôč. pročyty.

pročanin *fremdling.* opryšok *räuber.* preč
ganz, völlig. **wr.** proč, preč. oproč, oprič.
opričnyj. **r.** pročij *übrig.* oproče. proč.
oprič. opriš. opričniki. oprišenyj *aussen
stehend dial.* — *lit.* prič. aprič. saprič.
Vergl. **nsl.** prokšen *heikel meg. delicatus
habd.:* prokšena deklič. prokъ *kann nicht
mit ai.* parãñč *verwandt sein, das unter anderem „nachfolgend“ bedeutet: die schwierigkeit liegt im slav.* o *für ai.* ā: *vergl.*
opakъ, *ai.* apãñč *lit.* pāraks *über die richtige zahl ist mir dunkel.* prokъ *ist wohl mit*
pro *zusammenzustellen, an das das nominal-
suffix* kŭ *getreten: vergl.* prêkŭ *aus* perkŭ
d. i. per-kŭ.

prondi-: **č.** pruditi *brennen.* zpruditi.
p. prędanie: wrzodow prędanie (palenie)
tulić. **r.** pruditь sja *dial. für* žaritь sja.

prondŭ: **asl.** prądъ, *ursprünglich wohl*
„sand“. prudъ *wird auch durch „messing,
bernstein“ erklärt.* **nsl.** prôd *sand, san-
diges ufer, insel.* prôdec *schotter.* **s.** prud
syrtis. **č.** proud *seichter ort.* **p.** prąd. **klr.**
prud *teich.* **wr.** prud *mühle.* **r.** prudъ
sandbank, teich, mühle. prudъ čistъ *electrum.* pruditь *eindämmen.* zapruda *damm.*
— *magy.* porond *arena.* **rm.** prund *sand*
lit. prudas *teich.* *lett.* prōds.

prongerĭ: **p.** pręgierz *pranger.* — *Aus
dem d.*

prongŭ 1.: **b.** prъžina *stange.* **č.**
pružina *ruthe.* **ns.** pšužyna *bogen.* **r.**
pružina *feder, ressort.* — *magy.* porong
stange. **rm.** pęržinę. *Vergl.* preng-.

prongŭ 2.: **asl.** pragъ *heuschrecke.*
kr. prug *mar. Das wort bedeutet wahrscheinlich „springer“: vergl.* **b.** skakalec. **s.**
skakavac. *ahd.* hewiskrëkko *heuschrecke,
„der im heu springende“.* pragъ *hängt daher wohl mit* preng *zusammen: man merke
jedoch auch* **r.** pryžekъ, skačekъ; prygnutь
salire; prygun-trava. skakun-trava. rozryv-
trava. spryg-trava *springwurzel euphorbia
lathyris.* **klr.** płyhaty. — *lit.* sprugti *ent-
springen.* *ahd.* springan.

pronĭja *as. provisio.* — *it.* pronie e
possessioni. pronijarъ *usufructuarius.* **mgr.**
πρόνοια. *Vergl.* **s.** prnjavor *pagus monasterii.*

Andere denken an ahd. frō *herr,* frōno
herrlich.

prontŭ: **asl.** prątъ *ruthe.* prątije.
mečъ prątênъ. **nsl.** prôt. **b.** prъt. **kr.**
s. prut. **č.** prut. prouti. **p.** pręt. pra-
tek. prącie. polab. prõt. **os.** prut. **ns.**
pšut. **r.** prutъ.

prosfora *asl. oblatio.* prosfura. prospura. prosfira. prosvira. prosfara. pros-
vora. proshora. proshura. proskura. pro-
sura. prospura. poskura. **b.** proskura.
s. proskura. poskura. poskuričara. **p.**
praskura, *aus dem* r: *daneben* plaskur.
wr. proskurka. **r.** prosfora. prosfira. pros-
virka. proskurnja *dial.* — *rm.* preskurę.
gr. προσφορά.

prosi-: *asl.* prositi, prositi se; prašati
bitten. prositeъ. prosataj. prosьčij *mendicus.*
nsl. prositi. prašati *fragen.* **b.** prosja
vb. betteln. prosija *bettelei.* prosator *hoch-
zeitsbitter.* **s.** prositi *betteln, freien.* **č.**
prositi. **p.** prosić. praszać. **ns.** pšosyš *usw.*
klr. prosyty. prochaty. prosatar. **r.** prositь.
prosьba. prašatь. prašivatъ — *lit.* peršu,
piršti *und* prašīti, pasiprašīti. *lett.* prasīt.
got. fraihnan. *lat.* precari. procus. *ai.*
praç (preç). prositi *beruht auf einem nomen*
pros- *aus* pres-: *lit.* perš *aus* preš. s *ist
palat.* k.

proskefalŭ: **b.** proskefal *cervical.* —
gr. προσκέφαλον.

proskumisa-: *asl.* proєkumisati *offerre.* proskomidija. — *gr.* προσκομίζειν.
προσκομιδή.

proso *asl. hirse.* **nsl.** *usw.* proso.
polab. prüsü. **ns.** pšoso. — *magy.* prosza.
*Deutsche, Litauer und Slaven benennen die
frucht verschieden: doch* preuss. prassan.
An asl. prahъ *ist nicht zu denken.*

prosora *nsl. pfanne.* **b.** prusura *ung.*
kr. presura *ung.* prsura, parsura. prsulja
mik. — *it. ven.* farsora, fersora *frixorium.*

prostica: **č.** prostice *kufe.*

prostŭ: *asl.* prostъ *extensus, simplex,
rectus, rudis, insons.* prostъcъ. prostyni. prê-
prostъ *adv.* na prostь. na oprostъ. prostiti.
nsl. prost. **b.** prost. prostotija *gemeinheit.*
prostja *pf.* praštam, proštavam, prostêvam

ipf. verzeihen. proška *abschied, verzeihung.*
č. prostý *gerade, einfach, schlicht.* prostiti,
přimiti. p. prosty. wyprościć *gerade ziehen;*
befreien zof. Vergl. sprosny, sprostny *un-*
züchtig. polab. prŭsty. os. prosty *auf-*
gerichtet, steif. ns. pšosty. klr. prostyj.
proščava. wr. prostyj, *auch frei.* r.
prostoj. proščatь sja. — rm. prost. *magy.*
paraszt *bauer, daher s.* parasnik. *lit.*
prastas, poprastas. *lett.* prasts.

proti; protivą *asl. e regione, contra,*
eig. ein sing. acc. f. von protivъ (pravъ
von pra). protivьnъ. protivьnь *oppositus.*
protiviti sę. saprotivь. nsl. proti. sproti.
prŭča *res.* b. sproti. sprotivo. kr. protulitje *frühjahr.* sprot. s. protiva. suprоć.
č. proti, protivo, protivu, protiv. protiva
gegentheil. naproti. p. przeciw. przeciwko.
kaš. procimu, procim, procom, prosom.
os. přećivo. ns. pšešivo. klr. proty. wr.
preci. na procivku. nasuproća. r. protivъ.
protivu. naprotivъ. — rm. potrivę *compa-*
ratio. potrivi *vb.* ai. prati. gr. προτί, πρός.
lett. preti, pretim, pret. pretigs *adj.*

protŭ: asl. protъ, prota *protus. montis*
Atho. protekdikъ. protogerije. protopopъ.
protospatarь *neben* prъvopastyrь. — *gr.*
πρῶτος.

prova s. *prora.* — *it.* prua *aus* prora.

prozmonarĭ: asl. prozmonarь, proz-
monarij *ecclesiae custos.* — gr. προσμονάριος.

prozviterŭ: asl. prozvuterъ, proz-
viterъ *neben* prezviterъ *presbyter, priester.*
— gr. πρεσβύτερος.

prudŭ: kr. prud *lucrum luč.* pruditi
prodesse. s. pruditi. nsl. pruditi *jambr.*
raspruditi *sine fructu consumere.* Vergl.
priditi, pruditi: dê- 1.

prunŭ: nsl. prun *blau, im nord-*
westen des sprachgebietes.

prustŭ: asl. prustъ *narthex (theca).*
b. prust *vorzimmer, das grössere gemach in*
den häusern bulgarischer bauern, vortempel.
Vergl. papertĭ.

prusŭ 1.: nsl. prus konj *equus grada-*
rius. b. zaprusala kato jerebica *mil. 380.*
kr. prusac. prusiti. s. prusati. — *magy.*
poroszka. poroszkálni.

prusŭ 2.: č. p. prus *preusse.* kaš.
prusak. pruse ON. r. prusakъ *blatta*
occidentalis. — *magy.* porosz, prusz. *lit.*
prusas; *plur. land. lett.* prusis.

pryga-: r. prygatь, prygnutь *springen.*
prygъ *sprung.* klr. pryhaty, pryhnuty.
Vergl. preng-.

prycha-: asl. pryhanije *schnauben.*
b. priham, prъham *vb.* prъhane. nsl.
prhati *husten.* slk. prchol kôň. — *lit.*
prunkštavoti *schnauben. Eine andere laut-*
folge tritt ein in p. parskać. č. prskati.
lit. purkščoti.

prymŭ: p. prym *vorrang.* — *lat.*
prima.

prynka os. *pfrieme.* — *Aus dem d.*

prysk-: asl. prysnąti (prysknąti)
spritzen. nsl. prskati. b. prъskam,
prъsna *vb.: vergl.* prišti (voda) *quillt hervor.*
s. prskati, prsnuti. č. prýskati. pryštidlo.
pryštěnina *saft.* pryskyřice *harz.* p. pryskać. os. pryskać. wr. pryskać. r.
pryskatь, prysnutь: *daneben* pyrskatь.
Damit ist bryzgatь, bryznutь *zusammen-*
zustellen: statt der tonlosen consonanten sind
tönende eingetreten. — mrm. pręskuti *vb.*

pryskjŭ: asl. pryštь *pustula, tumor.*
nsl. prišč *pustula habd.* oprišč *ausschlag.*
b. prištij *brandmahl.* prištka. s. prišt.
č. pryskýř. p. pryszcz, pryszczel. pry-
szczeć. ns. pšuskel. Vergl. prysk-.

prytĭ: r. prytь *f. schnelllauf.* wr.
pryć. sprytnyj *flink.* r. prytkij *behend,*
schnell: asl. *pryt-ъkъ.

psalŭtyrĭ: asl. psalъtyrь *psalterium.*
p. psałterz. klr. saltyr. — gr. ψαλτήριον.
č. žalm. žaltář. p. żoltarz. r. psalomъ.
— *ahd.* salmo, psalmo. saltari, psaltari,
d. i. zalmo, zaltari *mit tönendem s.*

psojisa-: b. psojisa *crepiren.* — *ngr.*
ψοφῶ, *aor.* ἐψόφησα.

puca slk. *cunnus.* nsl. puca, punica,
punca *mädchen.* punčica *pupille,* gr. κόρη.
kr. puca. — Vergl. *it.* pulcella, *asp.* pun-
cella *vom lat.* pullus *jung.*

pucŭ: nsl. puc *schinder.*

pučelŭ: nsl. pučel *fass.* os. pičel
f. handfass. pičołka *fässchen.* — Vergl.

d. pitschel. *gotsch.* butscherle *fässchen.*
kärnt. butsche, bietsche: *daneben* peitschel.
mlat. bucellus.

pučĭ: nsl. peč. s. puč *cisterne.* počuo, *gen.* počula. — *it.* pozzo. *lat.*
puteus. *ahd.* puzẓa, pfuzẓi. *rm.* puc.
alb. pus. *Vergl.* pŭčĭ.

pudlo: p. pudło *schachtel.* — *lit.* pu-
dlas. *Aus dem d.:* die pudel.

pudŭ: r. pudъ *pfund: daneben* funtъ.
kr. funat. s. funta, vunta. p. pud, *aus
dem r.* ns. punt. — *ahd.* pfunt. *got.*
and. pund. *lat.* pondus. *lit.* pundas. *lett.*
puds. *Aus dem d.*

puga-: r. pugatь *scheuchen, schrecken.*
pugalo, pužalo. pugačъ *uhu.* puglivyj
furchtsam. klr. puhaty śa. puħak, pu-
hało *uhu.*

pugĭlaresŭ: p. pugilares, pulares
brieftasche, schreibtafel. klr. puľares. pu-
ďilar *ung.* — *mlat.* pugillares.

pugĭnalŭ: p. puginał, puinał *dolch:*
kr. punjal *bei Linde.* — *lit.* puinolas. *Aus
dem it.* pugnale.

pugŭ: č. pouhý, pouhlý *lauter. Vergl.*
kr. s. puki *ipsissimus.* s. puki siromah.
puki (isti, čiti) otac.

puk- 1.: p. wypuczyć *vorstrecken.*
klr. vypučyty. r. pučitь. pučeglazyj.
pučeglazitь *die augen aufreissen.*

puk- 2.: nsl. pukati, puknoti *ausreissen habd.* pukati klasovje *trub.*

puka-: p. pukać *klopfen.* klr. pukaty.

pul-: b. pule (pulent) *eselsfüllen,
maulesel.* puljak *mestize.* klr. puľa *alles
junge.* — *alb.* polist *asinello.* ngr. πουλί.
πουλάρι. *Vergl.* b. pujak *truthahn.* pujka.
s. pujka. klr. puľka, pujka. — *magy.*
pulyka, póka *truthenne, urspr. wohl „junges
thier“.* *lat.* pullus.

pulapŭ: p. pułap, połap *hölzerne
zimmerdecke.* przyłap, przedsionka. —
Hängt wie č. podloubí *mit dem d.* laube,
ahd. louba, *zusammen. Vergl. bair.* fürlabm.
Die mittelglieder zwischen pułap, przyłap
und louba *fehlen.*

pulĭ-: nsl. puliti *ausraufen.* spuliti
(jezik) *hervorstrecken.* b. pulja se *die

augen aufreissen mil.* 97. 119. 530. opuli
oči. se raspuli *mil.* 17. 25. 40. klr. upu-
łyty *ung.* vypułyty.

pulja r. *kugel.* klr. puľa.

pulŭ: b. pulove. s. puli, purli *bunt,
eig. mit flitter bedeckt.* r. pulo, pulъ
ehedem eine kleine münze. — *türk.* pul
*fischschuppe, kleine kupfermünze, flitter.
Dasselbe wort ist* ar. folь *art geld:* pjatь
folej (vêvericь, mêdьnicь) *op.* 2. 3. 24.
— *gr.* φόλλις *beutel (lat.* follis), *art geldstück oder* φολίς *schuppe, art kleine münze,*
ὀβολός. *Vergl. fz.* maille *ein ring des panzer-
hemdes, halbhellerstück.*

punčocha č. *bundschuh.* nsl. pun-
čohi. p. pończocha. wr. r. pančocha
dial. strumpf. — *lit.* pančeka, penčiaka
strumpf. Aus dem d.

punja: klr. wr. puňa. r punja
scheune. — *lit.* punė *stall.* lett. punis
scheune.

puntŭ: nsl. punt *punkt, ort.* s. pu-
nat. — *it.* punto.

pupa-: s. pupati *wie der wiedehopf
schreien. Vergl. lat.* upupa.

pupunĭčĭ: asl. pupunьcь *art vogel.*

pura nsl. *truthenne.* puran, purman
truthahn. s. pura. puran. r. puryšъ.

purĭ-: s. puriti *rösten. Vergl.* pyr- 2.

pusatŭ: b. s. pusat *geräth, pferdegeschirr.* — *türk.* pusat.

pusn-: opusnêti *mutari, furere: daneben* opąsnêti *und* opesnêti *und* opysnêti.
popusnêlъ licemъ *prol.-vuk. Das wort ist
dunkel. Vergl.* nsl. opesnoti *entwischen.* pod-
pesica. spesnoti se: da se ta podporica
naglo spesne, rekśe, da jo vzproži ptič
jako z lahka. p. przypsnąć *das gespräch
abbrechen.* klr. psnuty *nachgeben.*

pustŭ: asl. pustъ *desertus.* pustyni.
puštij *vilior.* pustêti. pustošь. pušta *öde.*
pustiti. puštati. nsl. pust. pustiti. pustoba.
puščavnik *einsiedler.* pušica *lancea.* pust
fasching. delopust *feierabend.* b. pust.
pustja, pustam, pustna *vb.* na pustoš. pu-
stija. pustotija *öde.* kr. pustni *faschings-
pusti carus.* s. pust. pustinja. pustiti.
puštiti. č. pustý. pustiti. poušť *öde.* p.

pusty. puścić. puszcza. rozpusta. dni „za-
pustow“. polab. peust *lass*. os. pusty.
ns. pusty. zapust *fastnacht*. klr. pustyty.
puskaty. pustyj. *compar*. pušče *ärger, mehr,
lieber*. pustošči *ausgelassenheit*. wr. pustoš.
puscić. puskać. r. pustoj. pustošь. pu-
stitь. puskatь. puščatь. puščij. vypuskъ.
syropustnaja nedělja. — *magy*. puszta.
preuss. pausto *wild*. pausto-catto *wilde katze*.
lit. pustas. pustis *februar*. atpuskas *ablass*.
razpusta *übermuth*. *lett*. pōsts *verwüstung*.
rm. pustii *vb*. pustę. pustie. *ngr*. πραγούδια
πουστικά. *Es scheint von* pusk *ausgegangen
werden zu sollen, daher* r. puskatъ, b. pu-
štime *mil*. 2., s. puštiti *neben* pustiti. *Hieher
zieht ich* nsl. pъstolka, postolka, postovka,
postojka, postonj, postojna, pastoljka *cench-
ris wiegwehe*. č. postolka. p. pustołka, pu-
stułka. (puszcz *nachteule*). klr. pusteľha.
r. pustelьga. *Die* p. *und* r. *formen lassen
über die ableitung keinen zweifel aufkommen:
der vogel hat seinen namen von seinem auf-
enthalte in öden gegenden*. r. *dial. ist* pustelьga, pustolьga, pusterga *der faulenzer*.
pušova-: nsl. pušovati *küssen trub.*
— *nhd.* bussen.

pušika: nsl. puška, pukša *flinte*. b.
s. puška. b. pušna *vb. schiessen*. kr.
pukša *budin*. č. puška. p. puszka. kaš.
puška. os. buškej. ns. buška. klr. puška,
pučka. r. puška *kanone*. — *magy*. puska.
rm. alb. puškę. *lit.* pučka. *lett.* puška. *ahd.*
buhsa *aus* buhsja *buxea (capsa)*. *gr.* πυξίς.

puta nsl. *henne*. č. puta.

puteryja klr. *gewalt*. — *rm*. putêre.

putina, putna č. *butte*. putyra, *in
Mähren*. s. putunja. p. putnia. putra
art gefäss. klr. putyno. putńa. — *rm*.
putinę *fässchen, butte*. *ahd*. putīna.

putogromŭ: nsl. putogrom, pute-
grom, potogram *lex*. podigran *meg*. podagra.
— *Aus dem lat*.

putrja klr. *art speise*. — *lit*. putra.
putiris. *lett*. putra. *ehstn*. puddro *grütze*.

putrŭhŭ: nsl. putrh *handfässchen
vip*. — *mhd*. puterich *schlauch, fass*.

puzyri: r. puzyrь *blase*. puzyrъ vo-
djanoj. klr. puzyr. nsl. puzer: žolčna

puzer *gallenblase*. klr. puzderko *art
kistchen*. s. puzdra *penis quadrupedum*.
— *magy*. puzdra *köcher*. *lit*. puzra *hoden-
bruch*. *Damit hängt durch die vorstellung
des schwellenden zusammen*: wr. puzyľ
bauch. klr. puzo. r. puzro, puzdro,
puzo *bauch*. puzanъ. karapuzikъ. klr.
žoltopuz *coluber: „flavum ventrem habens“*.
napuzaty śa *sich voll fressen*. wr. puza-
taja *die schwangere*. *Bei* č. pouzdro *futteral*,
p. puzdro *wird an* got. fôdr *scheide, ahd*.
fuotar, *gedacht*.

pŭčï: nsl. pъč, vodnjak *cisterne*.
Anderwärts bъč, bač *brunnen, das man mit*
bučïva *zusammenstellt*. — *Vergl*. pučï.

pŭch-: *I. durch dehn*. asl. pyhati,
raspyhati sę *frendere*. nsl. pahnoti. pihati, pihnoti *blasen*. napihъjen *aufgeblasen*.
pih. piš *f. wirbelwind*. odpihêvati *Ukrain*.
napuh *aufgeblasenheit, hochmuth*. b.
pъhta, pъhkam, pъškam *vb*. s. pihati
mik. zapihan od trka *živ*. č. pýchati.
pýcha *stolz*. pych *athem, stolz*. pyšný *stolz*.
p. pycha. pyszny. os. pycha. ns. pych
hauch. pyšny. klr. pychtity *schnauben*.
pycha *hoffart*. pyšaty śa *sich brüsten*. wr.
pychać *keuchen*. pycha. r. pyšatь *athmen*.
pychatь *keuchen, stolz sein*. pychnutъ. pych-
têtь *keuchen*. pycha. pyšnyj. — *lit*. piš-
nus. propīšnas *sehr stolz*. pujkibe *hochmuth*.
magy. pihe *flaum*. piheg *keuchen*. *rm*. pihę
pluma, lanugo. *II. Durch steig*. puchŭ:
asl. puhati *blasen*. opuhnąti *anschwellen*.
puhlъ *cavus „aufgedunsen“*. nsl. puhati,
puhnoti. opuhavati *efflare*. napuhavati se
turgescere lex. puh. puhtêti *evaporare*. puhek *mollis*. puhel *schwammicht*. puhljak
lockeres erdreich Ukrain. nąpuh *stolz*. b.
puša *rauchen*. puhkam *schnauben*: kon
pubka. kr. puh *flatus*. puhati, pušem
blasen. s. puhati, pušiti. č. puch *dunst*.
puchlý *geschwollen*. opuchlina. puchati
athmen. p. puchnąć *stark athmen, anschwellen*. puch *dampf, flaum, dunen*. puchlina *geschwulst*. puszyć *aufblähen*. opu-
cha *saum am kleide*. kaš. napušoni *stolz*.
ns. puchnyć, puchać. puchota *hochmuth*.
klr. puch. puchnuty. puchłyj *aufgedunsen*.

puchovyk. **wr.** puch ptičij. pušnyj chlêb: *vergl.* raspochłyj *für* r. raspuchšij, *das auf* pŭch *hindeutst.* r. puchnutъ *schwellen.* opuchlyj. opuchoiь. puchъ *flaum.* pušitь. puchtatь *keuchen dial.* — *magy.* puha *mollis soll ugrisch sein;* pehely *flocke ist dunkel.* alb. zapušit *soffocare.* lit. pukas *daune.* pusnas *stolz.* lett. puka *flaum.* nsl. šen, ušen, věeno *rothlauf beruht auf* pšen, *wie hie und da gesprochen wird,* ker se v tej bolězni koža „ispъhuje": *man vergleiche* pšeno *und* ušeno *gestampfte hirse. Mit* pŭch *ist zu vergleichen* lit. put *blasen:* pŭch *aus* pŭt-s. lit. puslė *blase.*

pŭstka: p. pestka *neben* pecka *der harte kern in manchen früchten.* owoc pestkowy *stcinobst. Daneben* nsl. peček v jagodi grozdja *lex.* peček, piček, pečka *acinus lex.* pička. č. pecka *für* kostka. pecinka. s. pica, koščica. os. počka (bočka). ns. pjacka. klr. počka *obstkern.* — nhd. bair. pechsen *piur. Ob alle diese wörter zusammengehören, ist zweifelhaft.*

pŭtŭ; asl. pъta, pъtica *vogel.* pъtičь *adj.* pъtištъ, pъtičištъ. pъtěnьсь, pъtenьсь. nepъtъka *non-avis.* nsl. ptič, vtič, tič (asl. pъtištь). b. ptica, vtica. s. ptica, tica, tjeca. tič. č. pták. ptenec. p. ptak. ptaszek. ptaszę (*pъtahъ). polab. pătinâc *vogel.* os. ptak. ns. ptašk, tašk. klr. ptach, ptaša *n.* poťa *küchlein* (*pъtent). poťuch. r. ptica. potka. ptucha. ptjucha. ptjacha. ptenecъ. — lett. putns. *Vergl.* ǎ roz-pt-ýliti *zerstreuen.* W pŭt-.

pŭva-: asl. pъvati, vъspъvati, upъvati *hoffen.* zapъ, zapa *suspicio.* nezaapьnъ. vъ nezapъvą, vъ nezapą, vъ nezaapą, vъ nezajapą, izъ nezapa *unverhofft: entstellt* vъ nezalъpu *nicol. Hieher gehört auch* zaapêti, zajapêti, zaapêją, zajapêją. nezajapljajemъ *mladěn.* zajapiti se *suspicari.* nsl. upati *aus* upъvati. up *hoffnung.* b. ufam se *Vinga.* **kr.** ufati. **s.** ufati. **č.** oufati, doufati. zoufati *verzweifeln.* zoufalý *verzweifelt, muthwillig.* pevný (*pъvьnъ) **slk.** zurvalec. **p.** pwa. ufać. dufać (do-u-pwać). zaufać *vertrauen.* zuchwały, zufały *keck, aus* zau-pъ-valъ. zuchwał *sehr stark.* zuch *hau-*

degen. pewny. polab. opam. *Vergl.* **os.** ńezabki, bjezavki *unversehens.* **ns.** zuchvaly. **klr.** upovaty. ufnost. zufał *keckheit.* zapa *verdacht chrest. 476.* pevnyj **wr.** zuchvał *prahler.* zapevnyj. **r.** upovatь. zapa *verdacht.* vnezapno. — *lit.* pevnas.

pyk-: č. pykati *bereuen.*

pylŭ: r. pylъ *flamme.* pylkij *adj.* pylatъ *flammen. Das wort wird zu* planutь, *also zur* W. pel, pol *gestellt, wohl mit recht:* y *ist aus* o *entstanden.*

pylь: r. pylь *f. staub.* p. pył *feiner staub, blumenstaub.* spylić. **klr. wr.** pył. *Vergl.* b. pilêja, raspilêvam *zerstreuen.*

pyr- 1.: r. pyrnutь, pyrjatь *werfen.* pyrokъ *kurzer schlag, stoss. Vergl.* nozdrama raspyrenama *chronogr.*

pyr- 2.: nsl. zapiriti se *erubescere.* pireh, pirh (*pyrъhъ) *osterei.* pirhati *roth färben.* **kr.** pirihast *maculosus.* **s.** popuriti *torrere.* pirjan *gedämpftes fleisch.* pirjaniti. č. pýr, pýř *glühende asche.* pýřiti *schamroth machen.* slk. pyrina. p. perz, pyrzyna *loderasche.* zapyrzyć się *erröthen.* **os.** pyrić *heizen.* pyrić so *im gesichte glühend sein.* **klr.** peryna. — *magy.* pir *röthe.* pirít *röthen.* pernye *loderasche.* pir *röthe soll aus* piros, pirúl, pirít „abgeschnitten" *worden sein. Vergl.* puri-.

pýro asl. *far, milium.* nsl. pira *spelt.* pirevica *zea meg.* pirjevica *triticum repens.* pirika, pirenica, pirih *quecke.* **b.** pirej *mille-fleurs.* **s.** pir. č. pýř, pyr. p. perz. **ns.** pyř. **ns.** pyŕ, pyŕo. **klr.** pyryj. **r.** pyrej. — *preuss.* pure *trespe.* lit. purai. lett. pūri. *magy.* perje. rm. pir, kir. ai. pura. *gr.* πυρός.

pyrĭcĭ: s. pirac *fledermaus Dellabella.* pirčac *mik.: wahrscheinlich „die flatternde": vergl. den zweiten theil von* netopyrь. *Rathloser bin ich hinsichtlich des* nsl. pirožlek. *In* pirpogačica *beruht pogača vielleicht darauf, dass das thier bei tage wie ein angeklebter fladen (daher* b. prilêp) *erscheint.*

pysk- 1.: r. pyščij *leer dial.: vergl.* pyžъ *taube nuss.* **nsl.** piškav, pišiv *aus* piščiv *wurmstichig.* piška *loch an gefässen* Ukrain.

pysk- 2.: asl. napyštiti se *sich aufblasen.* napyštati *passiv.* r. pyščitь. pysk beruht auf dem dem pŭch- *zu grunde liegenden* pŭs. *Hieher gehört vielleicht* č. p. os. ns. wr. pysk *schnauze, maul.* klr. pysok. pyskovaty *plaudern.*

pyta-: asl. pytati *fragen.* opytьlivъ περίεργος. nsl. pitati. b. pitam *vb.* s. pitati: *vergl.* naptati, optati *aufspüren.* č. ptáti, *alt* pytati. p. pytać. zopytać. os. pytać. ns. pytaś. klr. pytaty. wr. pytać. r. pytatь opytъ.

pytŭlĭ: č. pytel, *gen.* pytle, *beutel.* p. pytel, *gen.* pytla. — *ahd.* pūtil. *lit.* pitelis, pitlius, piklis.

pyžĭ r. ryžь *pfropfen. Vergl.* pyžikъ *kiebitz, zwerg, knirps.*

pĭch-, pĭs-: asl. pьhati, pьhają, pьšą *stossen.* nsl. pehnoti, pahnoti. phati. pah, zapah, predpah *riegel.* spah *verrenkung.* samopah *blassebalgwelle.* b. pьham *einstecken.* s. opah *gerollte gerste.* č. pcháti. pichati. pích *stössel.* p. pchnąć, pchać. klr. upchnuty. vpychaty *hineinstossen.* napchom nabyty. wr. pchać, pichać, pchnúć, pchanúć, pichnúć. r. pchnutь, pěchnutь, pichnutь. — *W.* pĭs. ai. piš *zerreiben, zerstampfen, mahlen. lit.* paisīti. *lat.* pinso. *gr.* πτίσσω, πτίσσω. pĭs *tritt in* p. zapsnąć *schieben, rücken ein.* pĭch-: asl. pьšeno *mehl.* pьšenica *weizen.* nsl. pšeno. pšenica. supšen *dinkel.* b. pšenica, pčenica, čenica. č. pšeno. p. pszono. pszenica. polab. păsénaica. os. ns. pšenica. klr. pšono. pšenýca. r. pšeno. pšenica. — *W.* pĭch, pĭs- *stossen, reiben daher* pьšeno *das zeriebene,* pьšenica *wohl das zerreibliche triticum. Zu* pĭs- *gehört auch* pěsta: pěs- 1.

pĭklŭ: asl. pьklъ *pech, hölle.* pьcьlъ, pьcelъ *pech.* nsl. pekel *hölle.* peklo *res.* b. pьkъl *theer, hölle.* s. pakao. opakliti *mit pech beschmieren.* pakļina *art wagenschmiere.* as. pьklarь. č. peklo. p. piekło. piekieł *teufel.* (polab. pěkăi *pech.* os. ns. hela). klr. wr. pekło. r. adъ, *alt* peklo. — *lit.* pekla *aus dem slav., da-*

neben pikis *pech. lett.* pekle *abgrund.* eles pekle *hölle, daneben* pikjis *pech. magy.* pokol. *preuss.* piculs, pikullis, *lit.* pikulas, *bei Szyrwid* piktis, *lett.* pikuls *teufel* hangen wohl mit pīkti *böse werden zusammen, daher „der böse". Die ursprüngliche bedeutung „pech" findet sich ausser im asl. noch im kr.* pakal *verant.,* s. pako, paklo *mik.,* kaš. *ON.* pikarnia *pechbude,* r. peklo (razvaritь loj i peklo). *rm. bedeutet* pęklę *und* pękurę *dampf, dunst. Die verbindung der begriffe „pech" und „hölle" wurzelt in der vorstellung von der hölle, daher ngr.* πίσσα, *alb.* pisę *pech und hölle (für dieses auch* koła χόλασις*), mrm.* pisę (kisę). *Dass das wort mit ahd.* pěh, *wie dieses mit* pix (picem) *zusammenhängt, ist offenbar:* pьklъ *ist jedoch ein wort slavischen ursprungs, es kann weder vom lat.* picem, *noch vom d.* pěh *abgeleitet werden.*

pĭnĭ: asl. pьnь *stamm.* pьnjevije *collect.* nsl. penj, panj. b. pъn. s. panj. č. peň. p. pień. polab. pån. os. ns. pjeńk. klr. peň. r. penь. — *magy.* pönye.

pĭprŭ, pĭprĭ: asl. pьprъ *pfeffer.* nsl. prper (*gen.* prpra). b. piper. kr. papar, popar. s. papar. paprac. paprika *neben* biber, *aus dem türk.* č. pepř. p. pieprz. os. popjeř. ns. pjepeř. — *lit.* pipiras. *lett.* pipars. *ahd.* pfěffar. *lat.* piper. *gr.* πιπέρι. *Hieher gehört* klr. pereć (*gen.* perću). prjanošči *gewürze.* r. pereсъ. prjanikъ. prjanyj *aus* *pьprěnyj. p. piernik *pfefferkuchen.* ns. per (*gen.* pra). klr. perčyty. wr. pernica *pfefferbüchse.* pernik. — *magy.* paprika. *rm.* piparkę.

pĭs-: asl. pьsati, pisati, pьša *schreiben: in den inf.-tempora kann i statt ь stehen, während in den praes.-tempora nur der gedehnte vocal vorkommt:* pisati, pisahъ, pisavъ *neben* pьsati, pьsahъ, pьsavъ, *und* psati, psahъ, psavъ *usw.: dagegen* pišą, pišę *usw.* pismę. nsl. pisati. pisan *bunt.* pisati se *farbe bekommen.* pisana mati, ker pisano gleda: *vergl.* prižana mati: priž-. b. piša *vb.* pisan *bunt.* pisana ta majka *mil.* 403. kr. pisan *bunt.* s. pisati. č. psáti, píši; *dial. auch* pšu, pšeš. p. pisać.

pismo. pisany *bunt*. os. pisać, pišu, pisam.
pisany *bunt*. ns. pisaš, pišu, pisam. pisany *bunt*. klr. pysaty. pyśmo. wr. pismo,
piśmja. r. pisatь. pisaka. pisьmo, pisьmja.
— rm. zapis. *preuss*. peisāton *aus dem*
slav. išpaisau *rysuję Szyrwid 329*. asl.
pьs-t-rъ *bunt*. pьstrota. ispьstriti. nsl. pester *bunt*. postrva *meg*. postruga. postrv.
postra. bistranga *belost. forelle*. b. pъstrъ.
pъstrja *vb*. pъstrъva. s. pastrva. č. pstrý.
pstruh. slk. pistrula (ovca). p. pstry.
pstrosz *scheck*. pstrąg, bzdrąg. piestreć.
pstrokaty *scheckig aus pstry und sroka*.
kaš. pstroch *buntgestreifter ochs*. polab.
påstraica *natter*. os. pstruha. klr. pestryj. pstruh. r. pestryj. pestrucha *tetrao*
tetrix. pestruška *forelle*. — *magy*. pisztráng. *Vergl*. pesztercze *andorn*. rm.
pestric. pęstrav. *ngr*. πέστροβα. *nsl*. bistranga *stammt aus dem magy*. ai. piç.
pēça. *got*. faiha. *Slav. s ist palat*. k.

pĭsŭ: asl. pьsъ *hund*. pьsovati *tadeln,*
schimpfen. pьsij: pьsija glava. pьsoglavъ.
nsl. pes, pas. psovati. psost *tadel, schimpf*.
pesjani, divjaki pesoglavci. b. pъs *neben*
kuče. psuvam *vb*. č. pes. psota. psina
für fieber. p.pies. psek, piesek. psuć. psota.
polab. pås. os. pos. ns. pjes. klr. wr. pes.
klr. pśohlaveć, pesyhołoveć *art unthier*.
r. pesъ. — *magy*. peczér,· rm pecêr *aus*
pьsarь. *Man vergleicht ai*. paçu *vieh*. got.
faihu. *lat*. pecus *und preuss*. pecku.

pĭzd-: č. bzditi *fisten*. bzed, *gen*.
bzdu. nsl. pezdêti. pezdec. s. bazdjeti.
p. bździć: *vergl*. bzdura *kleinigkeit*. os.
bzdźeć. klr. bzdity, pezdity. bzdzo.
bzdjuch *landwanze*. r. bzdêtь. bzděchъ.
s. bazdjeti *spricht für ein älteres bzdjeti*
aus pĭzd-. — *preuss*. peisda. *lit*. bezdžu,
bezdéti. bezdas. *lett*. bezdēt, *aus dem*
slav. bezdelēt. *lat*. pēdo *aus* pezdo. *gr*.
βδέω *aus* πεσδέjω. *Vergl. d*. fist.

R.

ra-: asl. rarъ *schall*. kr. rarov *verant*. č. raroh *art habicht*. p. rarog.
os. raroh. klr. rarôh. r. rajatь *sonare*.
nsl. *ist* rarog, jarog *palinurus. vulgaris*.
— *lit*. rojoti *krähen*. raragas, *in der alten*
bibel. *lett*. rāju, rāt. *magy*. ráró. *W*. ra:
vergl. da-rъ, pi-rъ.

rab-: č. rabovati *rauben*. p. rabować. rabiež. rabownik. wr. rabovać. rabunok. *Hieher gehört auch* nsl. rop *raub*.
ropati *rauben*. rob *räuber ung*. — *ahd*. roub.
roubōn. *lit*. ruba *für* r. grabežъ. rubīti
für r. grabitь *aus dem ahd.;* rabavoti,
rabauninks *aus dem p. Hieher gehört*
nsl. rubiti *dispoliare lex*. *pfänden marc*.
rubežnik *depraedator lex*. r. rubežъ,
grabežъ.

rabĭį: nsl. rabelj, *gen*. rabeljna,
scharfrichter. rabiln *lex*. rabl, rablin *meg*.

raca, reca nsl. *ente*. racman, recman
enterich. s. raca. — *rm*. rацę. *magy*.
récze, rucza. *alb*. rosę. *zig*. raca. *Vergl*.
nhd. retschente.

računŭ: nsl. b. kr. s. račun *rechnung*.
— *Wohl it*. razione.

rada č. *rath*. raditi. p. rada. radzić,
dial. rajić. radzca. zdrada *verrath*. polab.
rodnik. os. ns. rada. klr. rada *neben*
raja. radyč. radnyj *neben* ratman. poradyty, porajity *rathen*. wr. rada. porada.
izrada, zdrada. poradzić śa. — *lit*. reda.
rodas. paroda. zdroda. išdrodīti *verrathen*.
pasirodavoti. *lett*. parāds. *Aus dem d*.:
ahd. rāt.

radĭk-: č. vyradikovať sa *für* vystěhovati se *dial. aufbrechen, aus der wohnung*
ausziehen. slk. redikať, redikovať. p.
redyk, pędzenie statkow na halę lub z hali
do domu. redykać, pędzić. — *rm*. rędika,
ridika *heben*. a se ridika *aufstehen. Aus*
der sprache rm. hirten.

radŭ 1.: asl. otъražadati ἀνέχεσθαι *supportare ephes. 4. 2*. otъrada *relaxatio*. otъradьnъ, neradьnъ ἀνεκτός. *Vergl. s*. rad *arbeit*.
raditi. klr. vôdrada *trost*. r. otrada.
Das klr. und das r. wort wohl asl. ——

alb. radit *procurare, acquirere. Vergl. ai.*
rādh *perficere, absolvere.*

radŭ 2.: **asl.** radъ *libens.* radi bądête
mьnê συγχαίρετέ μοι. radostь. radoštę rado-
vati sę *sich freuen.* **nsl.** rad, radovanje *lex.*
b. rad. radost. **s.** rad. **č.** rád. *comparat.*
radší, *dial.* rejší. **p. os. ns. klr.** rad.
polab. râdüst *hochzeit.* **wr.** rad. radošča.
r. radъ. radušie *wohlwollen, wohl aus* ra-
dodušie. — *lit.* rodas. *ags.* rôt. *Mit* radъ
mag verwandt sein **klr.** raduha *regenbogen,*
r. raduga, rajduga, *vofür* **wr.** vesëlka,
demnach hätte donga *ferne zu bleiben.*
Dunkel ist **wr.** radonica *tag der todtenfeier.*
r. radunьcь, radunica, radonica *todtenfest*
am dienstag der thomaswoche: man stellt
das wort zu radŭ, *denn die todten seien*
über die ihnen gebrachte gabe — es wird
wein auf das grab gegossen — erfreut.

radĭ: **asl.** radi, radьma *gratia.* **b.**
zaradi. zarad *Vinga.* **s.** radi. zaradi.
klr. rady. **r.** radi. — *apers.* rādij: ava-
hja rādij *deshalb. Vergl.* radĭ 2.

rafŭ: **s.** raf *brett an der wand.* —
türk. raf.

ragno: **č.** ráhno *stange.* **p.** reja *segel-
stange.* — *ahd.* rahe *stange; daher auch* **finn.**
raaka. *Vergl.* **rm.** rangę *pertica.*

rach-: **p.** rachować. rachuba *rechnung.* **klr.** rachovaty. rachuba. rachunok.
wr. rachować. rachuba. rachunok. **r.**
rachovatь. — *lit.* rokůti. rokuba. *ahd.*
rehhanön.

rachmanŭ: **r.** rachmanyj, rochmanyj
fröhlich, mitleidig, sanft tichonr. 2. 78. op.
2. 3. 600. **p.** rochmany, rochmanny
zahm. sanft. rochmanić *zühmen.* rochman-
ność. **klr.** rachmanyn. postymo jak rach-
many. rachmanskyj. **wr.** rachmannyj *sanft.*
porachmaněć *ruhig werden.* **zig.** regmani.
— *türk.* rahman, *aus dem arab. Näher*
liegt das hebräische rachmani *barmherzig.*
Nestors vrachmane *muss bei seite bleiben.*

rachŭ: **nsl.** rah, rahel *locker.* nisem
v srcu rah. rašiti *lockern.* **kr.** rahal *laxus,*
solutus.

raj 1. **asl.** *paradies.* **nsl.** raj. rajni
der selige, verstorbene: rajni brat, rajnik

brat, rajnica mati. **b. s.** raj. **č.** ráj. **p.
os. ns. klr. r.** raj. — *lit.* rojus. *lett.* raja.
rm. raj.

raj 2. **nsl.** *tanz.* rajati. **p.** rej *vor-
tanz.* **os. ns.** reja *tanz.* **klr.** rej. —
mhd. reie.

rajna nsl. kr. *pfanne.* **č.** rejna. ren-
dlík. **p. klr.** rynka. — *nhd.* **bair.** rein
f. reindl.

rajta-: **nsl.** rajtati *rechnen.* rajtinga.
— *nhd.* **bair.** raiten.

rajtelĭ: **nsl.** rajtelj *art stock.* rajtljati.
— *nhd.* raitel. *Vergl.* rakla.

rak-: **asl.** raknąti, račiti *wollen.* ra-
čij *gratior.* **nsl.** račiti: rači mi se *ich*
will. **b.** rača *vb.* **kr.** račiti *budin.* **s.**
račiti se *lust haben.* **č.** ráčiti. **p.** raczyć
für würdig halten. raczej *vielmehr. Vergl.*
kaš. račec *einladen.* račba *freien, werben.*
klr. račyty ša. račej. **wr.** račić *wünschen.*
r. račitь. — *lit.* ročīti *gönnen. ahd.* ruo-
hhan. *as.* rōkjan.

raka 1. **asl.** *grabmal.* **nsl.** raka *crypta*
habd. *bahre.* **b.** rakla *kiste.* **kr.** raka,
rakva. **s.** raka. **č.** rakev *sarg.* polab.
râkâi *kasten.* râkvaića. **r.** raka. — *rm.*
raklę. *preuss.* arkan *acc. lat.* arca. *got.*
arka. *ahd.* archa, *daraus* **č.** archa.
alb. arkę.

raka 2.: **nsl.** rake *plur. rechen im*
flusse. — *mhd.* arch *vorrichtung zum fisch-
fange. Vergl.* **s.** raklje, račve *zacken.*

rakla, raglja **nsl.** *knüttel*, prêkla.

raklŭ, rakno **asl.** *kleid.* **nsl.** rakno
art kleid. **s.** rakno *art shawl.*

rakusŭ: **č.** rakous *schloss Rötz in*
Niederösterreich, davon rakousy *Österreich.*
p. rakusy.

rakŭ: **asl.** rakъ *krebs.* **nsl. b. s.** *usw.*
rak. **r.** rakъ. — *preuss.* rakis. *rm.* rak.
magy. rák. rácsa *netz zum krebsenfange.*

rama p. r. *rahmen.* **č.** rám. rámec
usw. — *nhd.* rahmen. *mhd.* ram. *ahd.*
rama. *lit.* rêmas. **magy.** ráma.

ramen: **asl.** ramę *humerus.* ramo: na
ramê svojemь tichonr. 2. 7. **nsl.** rame.
rama. **b.** ramo. naramja *auf die schultern*
nehmen. **kr.** ramen. **s.** rame, *gen.* ra-

mena. ramo. č. rámě. rameno. p. ramię
arm. polab. râmã. os. ramjo. ns.
ramje *schulter.* klr. ramo. wr. rame, *gen.*
rmja. r. ramo — *preuss.* irmo. *lit.*
arms *vorderarm am wagen.* got. arms.
ahd. aram. ai. Irma *urm.* kurd. ĕrme.
zend. arema. *lat.* armus. ramen *mag auf*
ärmen, *nicht auf* ärmen *beruhen: dieses*
würde p. usw. wohl romię *usw. ergeben.*

ramênŭ: asl. ramênъ σφοδρός *vehemens,*
ὀξύς *citus; letalis* jazva ramêna. *sikima*
vъkazajetъ sę ramênьstvo, sila mladěn. 152.
lam. 1. 96. nsl. rameno *sehr.* č. náramný. p. naremny. naremnica, *ulewny*
deszcz. klr. naremnyj *behend ung.* ramjano, *sylno chrest. 135.* ar. ramjano. —
Vergl. ai. rădh *fertig machen:* ramênъ *aus*
radmênъ *wie* rumênъ *aus* rudmênъ. *Man*
vergleicht and. ramr *robustus, vehemens.*
ahd. rāmēn *nach etwas streben.*

rana asl. nsl. b. s. *vulnus.* č. rána.
raniti. p. os. ns. klr. r. rana. polab.
rono. — *rm.* ranę. *lit.* rona. roniti.

ranket-: s. ranketiv *ranzig stulli.* —
rm. rençed. *lat.* rancidus.

rantaha, rantoha nsl. *kramarska*
plahta *lex. grobes leintuch.* p. rańtuch.
klr. rantuch. — *nhd.* randtuch.

ranŭ: asl. ranъ *matutinus; frühzeitig:*
ranъ snêgъ. nsl. ran *adj.* rano. b. ran.
zarana. podranja *früh aufstehen.* s. rani.
rano. č. raný. ráno. p. rany. polab.
rânŭ. os. ns. klr. r. rano.

rasa asl. *mönchskleid.* nsl. raš, *žensko*
volnêno krilo domačega děla. b. s. p. klr.
rasa. r. rjasa. — *lat.* rasum. gr. ῥάσον.

rasŭ: as. rasь *name einer župa des*
serbischen reiches, jetzt Novi Pazar: vъ Rasê,
vъ mêstê rekomêmъ Děževê *danil. 27. Da-*
her rašьki, *aus* rasьskyj *rascianus, daher*
magy. rác *und d.* raize *für Serbe.*

raša kr. *Arsia, flussname.*

raškulï: r. raškulь *reisskohle.* — *Aus*
dem d.

rašï: nsl. raš, raševina *art zeug.* s.
raša. p. rasza. — *magy.* rása. *nhd.*
rasch. *it.* rascia. *Das d. und das it. wort*
von der stadt Arras.

rat- 1.: asl. ratište, ratovište *lanzen-*
stiel. nsl. ratišče *hastile meg. lex. securis.*
č. ratištĕ *schaft am spiesse.* klr. ratyšče:
daneben ratuha, ratiš *spiess.* r. ratovišče.
Vergl. nsl. ranta *lange stange.* rantišče sensenstiel. os. račić *die passage verhindern.*
— *nhd. bair.* rante *stange.*

rat- 2.: p. racica *gespaltene klaue des*
rindes. slk. ratica, roh na nohách vola,
svině. klr. ratyća *gespaltene klaue.* ratka
afterzehe.

rat- 3.: p. ratować *retten.* klr. ra-
tovaty. ratunok. wr. ratunok. č. reto-
vati. wr. retovać. — *preuss.* retenīkan
acc. heiland. lit. retavoti. *d* retten.

ratubaga č. *art weisse rübe.* — *nhd.*
rotabagge, rutabaga, *aus dem schwed.*

ratušï: p. ratusz *rathhaus.* nsl. ratovž. — lit. ratuše, rotuže. *Aus dem d.*

ratva os. ns. *ratte.* — ahd. rato. ratta.

ratŭ: nsl. rat: rat imam *ich habe ge-*
nug. raten: žito je ratno, rekše, lepó ratuje
geräth gut. ratnejši *besser. Im westen.*
ahd. mhd. rāt *vorhandene mittel, vorrath.*
Vergl. grata-.

ratï: asl. ratь *schlacht.* ratoborьcь.
ratiti sę, ratovati *krieg führen.* s. rat m.
krieg. klr. rať. ratnyk. r. ratь *kampf,*
heer. polkъ, rekše ratь *op. 2. 3. 601.* —
Man vergleicht ai. rti *angriff, streit.* zend.
paiti-ereti. *Vergl.* retï.

razŭ: asl. uraziti *percutere.* lanity
razdraženy. razdrazi črъmьnoje morje.
zarazilъ do sъmъrti. obrazišę sę προσέκοψαν.
obrazъ *forma* τύπος. vъobraziti ἐξεικονίζειν.
nsl. poraziti, na tla pobiti. uraziti *laedere*
habd. naraziti, vrêditi *verletzen Ukrain.*
nevražen *inviolatus.* navraziti *eine halbver-*
harschte wunde aufreissen. ražati *mactare*
habd. obraz. b. porazja *erschlagen.* obraz
gesicht. s. raz *streichholz.* obraz *wange,*
scham. č. ráz *schlag.* raziti. obraz. p.
raz. w raz *sogleich.* razić *verwunden.* ura-
ziedlnik *zof.* obraz. os. raz *schlag, mal.*
ns. raz *mal.* raziš. klr. zraz *schnitt.* vraz.
vraza *wunde.* wr. raz *mal.* razić. odra-
žač *für r.* otvêtovatь. r. razъ *schlag.*
razitь. obrazъ. — lit. ne roza *manchmal.*

abrozas. rožĭti *treffen.* *lett.* obrazs: *unver-*
wandt preuss. reisan *acc. mahl,* *lit.* reisas,
lett. reis. *rm.* obraz. *magy.* abráz *abbilden.*
Mit rêzati *ist* razъ *verwandt, wenn jenem*
rez *zu grunde liegt:* sadъ *beruht auf* sed,
nicht auf sêd.

reb-: *kr.* rebast *sine cauda.*

rebro *asl. nsl. b. s. rippe.* *č.* řebro,
žebro. *p.* žebro, *falsch* ziobro. *os.* řebło:
ќorebło *starke rippe.* *ns.* řobro, řoblo:
korabja. *klr. r.* rebro. — *ahd.* ribbi,
rippi.

rebrŭ: *nsl.* reber *anhöhe.* na vreber,
v kreber, na vkreber *bergauf.* rieber (rê-
ber) *steigung, im westen.* — *Vergl. nhd.*
österr. leber *grenzhügel.*

rebrĭ: *č.* řebř, žebř *leiter.* *polab.*
ribř́e, ribř́e. *os.* řebl, řebjel. *ns.* ř́abeř,
ř́abeľ, jabeř, ľabeř.

redlĭhŭ: *nsl.* redlih *frisch, hurtig.*
redli postanô *fortes fient.* redliga srca.
redle ino močan *trub.* redle *frisch dalm.*
— *nhd.* redlich *strenue.* *bair.* raetlich,
ratle, radle. *tir.* rātlich, rātli, rātling.
Vergl. grata-.

redŭ 1.: *asl.* redъ βρῶσις *cibus.* *nsl.*
rediti *nähren.* reja *nahrung, pflege, zucht.*
ridit, vzridit *res.* *b.* redja *pflegen Vinga.*

redŭ 2.: *kr.* red *erbe.* — *it.* erede.

refŭ: *nsl.* ref *elle.* *s.* rif. *slk.* rýf.
klr. rif. — *Aus dem magy.* rőf, réf, *dieses*
aus dem türk. rif.

reg-: *nsl.* rega *quaken.* regetati. *klr.*
rehôt *gelüchter.* rehotaty.

regratŭ: *nsl.* regrat *leontodon tara-*
xacum. — *Man vergleicht nhd. bair.* röhr-
leinkraut.

rek-: *asl.* rekǫ, rešti *dicere. aor.* rêhъ,
rekohъ. poreklo *cognomen. Durch steig.*
rokъ *termin.* izdrokъ. narokъ. obrokъ *pro-*
missio, stipendium. porokъ *tadel.* prirokъ.
prorokъ. sъrokъ. urokъ. otrokъ *puer ist*
qui fari nequit. Durch dehnung iter. -rêkati:
porêkati, *daneben* -rêcati, *häufiger* -ricati.
Auf rêkati *beruht* rêčъ *verbum.* *nsl.* rečem, reči. recj *inf. venet.: daneben* rkao,
rkoucı *ung.* rcíta, *im westen.* obrêkati. obrok
pferdefutter. prerok *prophet.* urok *beschreien.*

vurčiti, zvurčiti *beschreien aus* uročiti. uzrok,
zrok *ursache.* zaroki *eheversprechen.* otrok
kind. rêč *wort, ding.* **b.** reka *vb.* obreka
versprechen. obreklo *verheissung.* obrok.
uroci *beschreien.* uročêsam *beschreien.* otrok.
narêkam *auszanken.* obričam *versprechen.*
rêč *wort.* **kr.** rečem. prirok *infamia.* ureč-
ljiv *fascinans.* **s.** rečem, reći: rijeti *beruht*
auf dem aor. rijeh, *asl.* rêhъ. rok *termin.*
narok *glück.* obrok. srok *zeichen.* uroci.
urokljiv *leicht zu beschreien.* uzrok, zrok.
narikača *klageweib.* naricati *einen todten*
beklagen. riječ *wort.* rijek: štono rijek. izri-
jekom. **č.** řeku, řku, řéci, říci. rok.
obrok. porok *schimpf.* ourok *das bestimmte.*
otrok *knecht.* řékati, říkati. nářel *be-*
schimpfung. pořekadlo. řeč. **slk.** uřknouti
beschreien. **p.** rzekę, rzec. wrzekomo,
wrzkomo. nierzekąc, nierzkąc. źrzec *be-*
hexen. rok. prorok. obrok. srok. urok *be-*
schreien. otrok *mannsperson, miethling zof.*
narzekać *wehklagen.* rzecz. grzeczny *artig*
aus kъ rêči. **kaš.** rikac. votrok, jotrok
sohn. votročeca *tochter.* votročnica *für r.*
nevêstka. **polab.** rict *sprechen.* ricat *sagen.*
vâtrük *sohn.* rëc *rede.* **os.** řec votročk
knecht. ryč. **ns.** řac, řaknuś. řec. **klr.**
rečy. rcy *dic.* obrečy *geloben.* rekło *zu-*
name. rekše *nämlich.* rôk. narokom *ab-*
sichtlich. obrôk *tägliche kost.* srok *termin.*
urečy, vrečy *verzaubern.* urok *alt abgabe*
chrest. 487. *zauber.* zaročenie *verzauberung*
chrest. 275. nevročlyvyj *gegen hexerei ge-*
schützt. uzrok. otrok *diener.* obrekati. narycaty, kazyvaty. poreklo, pryrok *beiname.*
porikaty *tadeln.* porok *makel.* poročyty *be-*
schuldigen. reč, rič. greče, grečnyj, krečnyj
brav. **wr.** rok. obrok. surocy *beschreien.*
vroki *für r.* bolêznь. vrêkać. reč. **r.** reku.
ar. rkli, rkoša. urъknutь *beschreien.* rokъ
schicksal. obrokъ. porokъ. vrêkъ, bolêznь
ili nesčastie. otrokъ *bursche.* urekatь. otre-
katь, otricatь. rêčь. urokъ. sglazъ. urêčьe,
sglazьe. — *magy.* abrak *futter.* ordosics'
napja *sancti innocentes: nsl.* otročič. *rm.*
obrok. prorok. poreklę, polikrę, prolikę.
norok *glück.* urik, de urik *jure perenni.*
urik *erbe.* *lit.* rakas *frist, ziel.* abrakas.

prarakas. sorakas *bescheid.* rĕčĕ *sache.*
grečnas *artig.* lett. raks *ziel, grenze.* obroks
für r. obrokъ.

rekeša s. *recessus maris* mik. — *lat.*
recessus. *Man beachte* k *vor* e.

rekĭnŭ: kr. rećin *ohrgehänge.* — *ü.*
orecchino.

rekŭ: č. rek *held.* os. řek. — *mhd.*
recke. *ahd.* reckjo.

relŭ: klr. reł *lärche.* — *Aus dem d.*
Vergl. lerdervo.

rem-: asl. remьstvo *ars.* remezьstvo.
č. řemeslo *handwerk.* p. rzemiesło, rze-
miosło. **kaš.** rzemięsło. rzemięsnik. os.
řemesło. klr. remesło, remestvo *handwerk.*
remesnyj. wr. remestvo. remesnik. r. remeslo. remestvo ἐπιστήμη *op. 2. 3. 544.*
remevъstvo *tichonr. 2. 17.* remstvo 2. *164.*
Vergl. remezitь, spěšitь vsjakimъ dělomъ
dial. — *lit.* remeslas, remesas, remestas
handwerk. remesas *handwerker.* *lett.* re-
mesis *zimmermann. Vergl. magy.* remek
meisterstück, s. remek. *Abseits liegen* klr.
remstvo *eifersucht.* remstvuvaty *zürnen,*
murren. r. remstvo *neid, bosheit.*

rembŭ: rembъ *bedeutet bunt, gespren-*
kelt. nsl. rebika *moosbeere.* klr. rjabyj
bunt. rjaba *sommersprosse.* wr. rjabyj. rja-
beńkyj. łabizna *pockennarbe.* r. rjabyj.
rjabinka *pockennarbe.* rjabь *das gespren-*
kelte. rjabitь *trübe sehen.* — *preuss.* roaban
gestreift. *lit.* raibas, roibas *graubunt.* rai-
baluoti *bunt sein.* *lett.* raibs *bunt.* raibīt.
1) *thiere:* klr. rjabeč *forelle: vergl.* pьstrъ
(pis). rjabka, orjabka *rothkehlchen.* rjab-
čyk, orjabka, orjabok *tetrao bonasia.* wr.
rjabuška *scheckige henne.* r. rjabъ. rja-
becъ *forelle.* rjabka *rebhuhn.* rjabъ, rja-
becъ, rjabčikъ *haselhuhn.* 2) *bäume:* klr.
rjabyna, orjabyna, orobyna, horobyna,
horab, orjaba, vorbyna, vorôb, orjab *sor-*
bus domestica. r. rjabina, rjabika. —
lit. rubenis *birkhuhn. Hieher gehören die*
namen mit der partikel ja, worauf vielleicht
klr. *r.* o *beruht:* 1) *thiere:* asl. jarębъ,
jerębь *perdix.* nsl. jereb. jerebica. jerop
res. b. jarebica. jerebica. eberica *mil.*
462. jarembica *387.* jerebičice rebom

šarena *443.* kr. jarebica. s. jareb.
jerebica. č. jeřábek, řeřábek, řežábek.
slk. jarabica. p. jarząb. jarząbkowate
niebo, pokryte drobnymi chmurkami. os.
jerjab, vjerjabka. ns. jerebaty *gespren-*
kelt. klr. horobka, orobka *haselhuhn.* r;
alt orjabka. — *lit.* jarube, jĕrubĕ, gĕrubĕ,
ĕrubĕ *haselhuhn. lett.* irbe. *Vergl ahd.*
řĕba-huon. *schwed.* rapp-höns. *and.* jarpi
tetrao bonasia neben jarpr *braun.* 2) *bäume:*
nsl. jerebika *sorbus aucuparia.* č. jeřáb.
jeřabina. p. jarząb *sorbus.* jarzębina. slk.
jarabý *rufus.* os. vjerabc. vjerabina,
vjerjebina. ns. jerebina, herebina. —
lett. irbene.

remdĭgŭ: č. řemdih *clava, kolben.* —
lit. ramtis *stütze gehört nicht hieher.*

remeg-: klr. remegaty, remezaty
wiederkauen. — *rm.* rumega *vb.*

remen: asl. remenь *riemen.* remykъ.
nsl. remen, jermen. b. remen. remik.
s. remen. remik. č. řemen, *dial.* hřemen.
p. rzemień: *daneben jung* rymarz *riemer.*
os. ns. řemjeń. os. řemušk. klr. remeń,
remêń. wr. limař. r. remenь. reme-
šekъ. — *ahd.* riumo. *mhd.* rieme. *lit.*
rīmininkas.

remeta nsl. *eremita* habd. s. remeta
mik. — *magy.* remete *eremit.* *it.* romito.

remiši: č. remiš *riethmeise.* p. re-
misz, remiza. klr. remeż, remeza, reme-
żoch. r. remezъ. — *Aus dem d.*

rempĭ 1.: p. rząp *wasserbehältniss.*
č. řápek *trinkkanne ohne deckel.* řepice
becher.

rempĭ 2.: nsl. rep, rap, ramp *schwanz:*
vergl. večji, vančji; petek, patek. *Hieher*
gehört repkati, lavkati *im weingarten nach-*
lese halten. s. rep. č. řap *löffelstiel.*
p. rząp *sturz im schwanze der thiere.* os.
řap *rückgrat.* ns. řap, řep *rückgrat,*
schwanzknochen. klr. repyća *schwanz-*
wurzel. — *Man denke an nhd.* rumpf, *das*
auch steiss bedeutet.

rend-: klr. renda, rende, rynde,
rjanda *lumpen.* obrendovaty *sich geschmack-*
los kleiden. obrandovaty śa *sich kleiden.*
— *magy.* rongy.

rende b. *hobel.* s. erende. — *türk.*
réndé.

rendŭ: asl. rędъ *ordnung.* rędьnikъ
ἀξιωματικός, ταξιώτης. nsl. red *ordnung,*
zeit trüb. znerediti, nered dělati. sveta
meša no sveti obredi. obrediti *das heil.*
abendmahl reichen. obrejuvanje *communion.*
vred, vreda, vrej, v eno vrej, zred *zugleich.*
prevred *zu früh.* kovred? *um welche zeit?*
sovred *um diese zeit.* štirredi, štredi *vierzig.*
petred, sedemred, osemred, *im äussersten*
westen: daneben osentrdo *fünfzig usw. Im*
venet. soll narest *für* narediti *vorkommen.*
rendeluvati, *aus dem magy.* b. red. redja
ordnen, leiten. naredba. ured *bulg.-lab.* vred,
vredom, redom *Vinga. überall.* kr. vreda,
vred *bald.* redi *pariter cum.* s. red.
ured *cito mik.* pored *neben.* č. řad. řiditi.
neřest *unrath.* zneřáditi, zneřestiti *inqui-*
nare. pořád *der reihe nach.* pořadová nemoc *epidemie.* p. rząd. obrząd *testament*
flor. os. řad. řany *ordentlich, schön.* ńeřad
unflat. ńeředźić *beschmutzen.* ns. řed.
ředny *schön.* řech *reinlichkeit.* ńeřed *un-*
geziefer. ńeřech *unrath.* klr. rjad. rja-
dyty *regieren.* obrjad *ritus.* obrjadyty
schmücken. rendeľovaty, *aus dem magy.*
na vrjad, ľedvo. *Vergl.* rjadaty *bekritteln.*
r. rjadъ. nerjacha *homo inordinatus.* rjadъ
für razъ: odnorjadъ, vdrugorjadъ. *Vergl.*
vrjadъ, urjadъ *es ist zweifelhaft.* — *magy.*
rend. rendelni, *daraus die angeführten nsl.*
klr. wörter. rm. rînd. perînd *nach der*
reihe. orîndi *vb.* alb. rend, red. *lit.* rinda
reihe. rîndîti, rundîti *regieren für p.* rządzić.
Fremd rédas, parédas *ordnung.* parandas
vorbereitung zum abendmahl. parendas
beichtrede. parendîti s. ūredas *amt.* *lett.*
rēdît *ordnen.* rinda. rist, ridu *ordnen.*

reng-: I. asl. ręgnąti *hiscere.* nsl.
regnoti: zemlja regne, se raspôka. režati
klaffen. rega, reža *spalte.* b. rъnža *murren,*
eig. den mund offen haben. s. regnuti
knurren. režati *die zähne fletschen.* rega *das*
zähnefletschen und knurren des hundes. —
rm. rînži *ringi. magy.* rés *öffnung im zaune,*
dessen slavischer ursprung jedoch in abrede
gestellt wird. *lat.* ringi. *lit.* rizenti *mässig*

lachen entfernt sich durch sein z. II. *Durch*
steig. rongŭ: asl. ragъ *spott.* ragati sę
spotten. obragovati. nsl. rugati se *prip.*
ružen *hässlich.* kr. ružan *ung.* s. rug,
ruga. rugati se. č. ruh. rouhati. p. ura-
gać się *empfindlich sein.* uragliwy. klr.
ruhaty. naruha. poruha *beschimpfung.* wr.
uruha, vzdruha, zruha *spott.* r. rugъ *alt.*
rugatь. ruga *zerrissenes kleid wird verständ-*
lich durch die bedeutung von reng-. *Vergl.*
r. skalitь zuby *die zähne zeigen,* *spotten.*
— *lit.* srangoti *spotten neben* išrangoti, išru-
goti *ausschelten.*

renga s. *häring.* — *ahd.* haring, hering.

renk-: *durch steig.* ronka: asl. rąka
hand. rąčьka *urceus.* rakojętъ *manipulus.*
rąkavъ *ärmel.* rąkavica. narąkvica. ob-
rąčь *reif, armilla.* porąkъ *bürge.* porąčь
mandatum. obrąčiti *desponsare.* nsl. rôka.
rôkovat, rôkoved, rôkovad. rôcelj *henkel.*
rôčka. narôka *armband.* obrôč *reif.* porôk
bürge. zaroke *sponsalia meg.* porôčiti, po-
rôčati, zdati *trauen.* poračat *res.* porok,
zdavek *trauung.* porôčiti, poračati *mündt-*
lich auftragen. dal. porončenie. b. rъka.
narъkvica. narъč *armvoll.* obrъč *reif.* narъčnica *wird durch* uročnica, sudnica, *etwa*
schicksalsgöttin, erklärt. zarъča *desponsare.*
zarъčnica *weib.* s. ruka. neruka *unglück.*
narukvica. obruč. č. ruka. rukojmě *bürge.*
obruč. rouči *rasch.* p. ręka. rączka. rękojmia. obręcz. rączy *flink.* poruczeństwo
ist č. poručenství. kaš. rančki *handschuhe.*
polab. rôka. os. ruka. ns. ruka. hobryca
reif. klr. ruka. ručka. obruč. poruč *neben.*
ručo *schnell ung.* wr. ruka. ručka. ručij *geschickt.* r. ruka. ručatь sja *bürgen.*
rukojatka. poruka. — *magy.* rocska *yelte.*
abroncs, abrincs. parancs. parancsol. *rm.*
porunči *befehlen.* poronkę *befehl.* alb. po-
rosit *befehlen.* *preuss.* ranco. isrankît *er-*
lösen. *lit.* rinkti, renku *sammeln.* ranka.
rankius *collecte.* rankové *ärmel.* aprankis
armband. užsiirančîti *verbürgen.* ručka *quer-*
holz. *lett.* rôka *hand.* rûcît *cavieren.* rąka
ist die sammelnde, nicht iž *rušaetъ* sja.

rensa: asl. ręsa *iulus, ornatus.* resь-
nica. ręsьпъ *cilium:* ręsьnovъ ne imašti

(oči); *ornatus:* jako ręsъny zlaty ukrašajǫ. oči ręsьnivê op. 2. 3. 543 nsl. resa *spitze der ähre, ähre lex. art wassergewächs.* resulja, reslja, koza ki ima resc na vratu. b. resi *wimpern, saum.* kr. resa *franse.* ures, ureha, narchost *ornamentum.* s. resa *kätzchen (am nussbaum) iulus, lappen, wamme.* ures *schmuck.* uzrese *plur. f. art kopfputz.* ꙗresiti *schmücken.* č. řasa *iulus, wimper.* řasno *fimbria.* p. rzęsa *zirbel der haselnuss.* os. řasa *wasserlinse.* ns. řesa *knospen.* klr. řaska *rispe (der hirse), strauss ung., für r.* serežka na derevê, *art wasserpflanze.* r. rjasy *für serьgi. alt* rjasn *art schmuck.* volosy, jaže rêsnovy zovutъ *izv. 666. Vergl.* rjaspa *franse.* — rm. rînsę, rînzę *iulus.*

reniskŭ: p. reński *gulden.* klr. ryńskyj, rymskyj. nsl. rajniš, ranjški. — nhd. *rheinisch.*

reš-: asl. nsl. s. rešeto *sieb.* b. rešéto, ršéto. č. rešeto, řešato. p. rzeszoto. polab. résetü. os. řešo. klr. rešeto. r. rêšeto. — *magy.* rosta, resta.

rešma s. *zaum.* r. rešma *art zierat an pferden.* — *türk.* réšmé.

reta nsl. *reiter.* kr. rajta. p. recica, syto *dial.* — *ahd.* rîtera, rîtra (hrîtara).

retĭ asl. *aemulatio.* retьnikъ. řetъstvo. sъretьstvije. b. se retili *Vinga ist dunkel.* r. retovatь sja *sich ärgern.* retivyj. ratĭ ist mit retĭ *unverwandt.*

revenĭ: r. revenь *rhabarber.* s. reved. — *türk.* ravénd.

revitŭ: asl. revitovo zrьno *granum ciceris.* — *gr.* ἐρέβινθος.

rêd-: asl. rêdъkъ *rarus.* rêdъčina σπάνις. po rêdy *adv.* nsl. rêdek *schütter.* rêdeseja *reiter.* b. rêdъk. s. rijedąk. reha *dünn stehende wolle.* č. řidký. řičice *sieb.* p. rzadki. polab. řoky *dünn.* os. ns. ředki. klr. ridkyj. obridnyj *etwas dünn.* wr. vzrêch *lücke.* r. rêdkij. vъ obrêdъ, rêdko. rjažъ, rêdkaja sêtь. prorêchъ, prorêcha *schlitz.* — *magy.* ritka, retka *selten.* lit. retas. rêtis *bastsieb.* lett. rets. Vergl. *gr.* ἀραιός. *lat. rarus.*

rêch-: asl. rêšiti *solvere.* nsl. rêšiti *erlösen.* rêšnje telo. ·b. otrêša, razrêša *vb.* s. driješiti *losbinden: vergl.* asl. razdrêšiti. kaš. rzešec, zdrzešic, zdrzešec, przerzešec, urzešic *binden.* polab. rёsen *das auflösen.* klr. rišyty *entscheiden.* r. rêšatь *bestimmen.* razrêšitь *dial.* rêšitь žitьe *das leben beendigen.* — *alb.* rešitune *abolire. lit.* rišti, raišíti *binden.* atrišti *losbinden.* rišis *band.* raištis *kopfbinde. leit.* rist, risu *binden.* rêst, raisīt. *Hinsichtlich der bedeutungen „lösen" und „binden" vergleiche man* lonk-.

rêchŭ: asl. orêhъ *nuss.* nsl. óreh, *gen.* orêha. b. orêh. s. orah. č. ořech. p. orzech. polab. vrich. os. ns. vořech. klr. orich, vorich. r. orêchъ. — *preuss.* reisis. bucca-reises *buchnuss. lit.* rêšutas. *lett.* rêksts.

rêka asl. nsl. b. *fluss.* s. rijeka *bach.* č. řeka. p. rzeka. polab. rêka. os. ns. řeka. klr. rika. r. rêka. — *alb.* rek *rivo.* rêka *wird zur W. ri gestellt.*

rênŭ: klr. rin *sand, schotter, gerölle.* riń, dróbne kamêne pry riči *chrest. 483.* rineč *sand.* rinyšče, rinovyšče, zarine *uferstelle, wo sich das gerölle ablagert.* obrinok *von gerölle umgebene flussinsel.* odrinok, zarinok, misce nad rikoju.

rêp- 1.: klr. ripity *knirschen.* r. *ist* rêpnutь *aufspringen:* ledъ rêpnulъ.

rêp- 2.: č. vřepiti, p. wrzepić *einstecken.*

rêp- 3.: asl. rêpina *platanus.* — *alb.* rrapp.

rêpa asl. rapa: *in* r. quellén. nsl. rêpa. rêpar *meg. rübnerbatz (nach dem wappen).* b. rêpa *rettig.* s. repa. č. řepa. p. rzepa. polab. rêpa, rêpó. os. ns. řepa. klr. ripa. r. rêpa. — *magy.* répa. repcze *reps,* slk. repica. *alb.* repę. *lit.* ropè, rapê. *ahd.* ruoba (ruobja), raba. *lat.* rápa. *gr.* ῥάφυς. *rm.* rapicę *repssamen. Die vermüng von* rêpa *mit dem* lat. rápa *unterliegt schwierigkeiten.* p. rzepior *entspricht dem d. rübezahl,* č. rybecal, rybrcol.

rêpij asl. σκόλοψ *stimulus*. *Vergl.* re-pije *tribulus matth.* 7. 16. *Ich filge noch hinzu* b. rêpij *wassernuss.* č. řepík *klette.* p. rzep *kleine klette.* klr. ripłak *lappa major.* repjach, łopuch. r. repej *klette.* *Dunkel ist* repčugъ: jasti jajca i medъ i repčjugy *tichonr.* 2. 400.

rês-: asl. rêsьnъ *verus, certus.* rêsьnota *veritas.* rêsьnotivъ. urêsьniti *comfirmare.* nsl. rês, rêsen *indeclin.* zrês *in der that.* risan *res.* r. rêsnota *anstand ist wohl asl.* — *Vergl. lit.* raiškus *offenbar.*

rêt-: asl. *mit den praefixen* obъ *und* sъ: obrêsti, *praes.* obręštą, *invenire, acquirere.* obrêšta *inventio.* priobrêsta. sъrêsti, sъręštą, usъrêsti *obviam fieri.* sъrêšta *occursus.* *iter.* obrêtati. nsl. srečati *occurrere,* *im westen* srenčati: *daneben* srêl *aus* sъrêt-lъ. sraćamo *res.* sreča, *im westen* srenča, *glück.* obrêst *nutzen, lucrum meg. lex. zins trub.* kaj obrêsti iščeš? obrêstek, obrêsek *finderlohn.* větric, štric *neben, mit c aus tj-: daneben* štrit. b. srêtja, strêtja, sustrêtja *begegnen.* sreštam; sreštna *vb. bulg.-lab.* srešna, srešnuvam *vb.* srešta *begegnung.* dobra, loša srešta *glück, unglück.* srešto, srešta *gegenüber.* s. sresti. na susret. *iter.* srijetati. sreća *glück.* susreća *begegnung.* č. stъetnouti, *wofür auch* strêci *vorkommen soll.* stret. strêtati. strîc *f.: asl.* sъręšta. p. pośrzatła *flor.* pośrzatł *zof.:* *pośrêt-lъ. inf.* pośrześć *oder* pośrzatnąć. pośratać (pośrzatać) się, zęjść się *dial.* pośrzacenie. źrześć *zof. w* pośrzaciaj *obviam.* klr. zustrityty, zustričaty: *daneben* zustrity *nach dem partic.* zustrił, asl. -sъrêlъ. perestrivaty *pisk.* vstriča *begegnung.* navstrič *entgegen.* wr. strêč *begegnen neben* strêčać. sustrêča. r. obrêsti, obrêtu. obrêtatь. strêtъ, postrêtъ, ustrêtъ, srênutъ, vstrêvatъ *begegnen.* ne sustrêtъ *für* ne dostatь. strêtitь, vstrêtitь, strêtatь, vstrêčatь *begegnen.* vstrêta, vstrêča, sustrêča *begegnung.* — rm. strînšte, streašte *loos.* magy. szerencse *glück, daher* klr. serenča *ung. Man vergleicht* lit. randu, rasti *finden.* lett. łast.

rêz-: asl. rêzati, rêžą *schneiden* rêzъ ἰσχάς *carica.* parêzъ. nsl. rezati. rêzen *schneidig.* obrezati se *unwillig werden.* obrz *schnitt.* b. rêža *vb.* rêska *schnitt.* s. rezati. *Vergl.* porez, poreza *steuer: alb.* porez. č. řezati. řez. řezký *munter.* pařez *stock.* p. zrzezać, zrzazać. rzaz *einschnitt.* rznąć *aus* rzeznąć. oberznąć, obrzynać. rzeźwy *munter.* orzeźwić *erquicken.* połab. rêzê *schneidet.* vübřozat *beschneiden.* os. řezać. řez. ns. řez *schärfe.* klr. rizaty. riznyk *schlächter.* riskyj *flink.* rêzań *art münze.* r. rêzatъ. rêzanъ *mjasa op.* 2. 3. 24. rêzkij. rêzvyj. — *lit.* rêžiu, rêžti. raišti. *iter.* raižīti. *Vergl.* rezvas, resvas, resnas *frisch, tüchtig.* z *ist palat.* g *oder palat.* gh.

rêzŭ: ar. rêzъ *fenus, noch jetzt dial.* rêzoimanije. rêzoimьcь. *Ob und wie* rêzъ *mit* rêz- *zusammenhängt, ist dunkel.*

ri-: rinąti *trudere.* rijati (*minder gut* rêjati), rêją. *Durch steig.* roj *bienenschwarm.* izroj *effusio seminis.* naroj *impetus.* sъroj *confluxus.* *iter.* -rêvati, -rivati: *vergl. jedoch* otrêjašte *naz.* 89. nsl. porinoti. *iter.* porivati. roj. paroj *nachschwarm.* b. srina *detrudere.* roj. s. rinuti. rivati. narevati *heranströmen.* roj. č. řinouti. roj. p. roj. wzdroj, zdroj *herausquellen, quellenbach.* zdrojisty *quellenreich.* połab. rüjit sa *schwärmen.* os. ns. roj. klr. vrivaty, vdružaty *chrest.* 474. rôj. parôj *wr.* rinuć, brositь. zdrojevyj. r. rinutь, rêjatь *stossen, fliessen.* roj. — rm. porni, urni *trudere.* roj. magy. raj. ai. ri. *Vergl.* nsl. roje *mühlgang;* mêsta, kjer ob deževju voda vstaje k višku iz tal. *Vergl. ladinisch* roia *bach.* roie *wassergraben.*

riba-: nsl. ribati *reiben.* s. izribati. — ahd. rība (wrîban).

rida nsl. *reihe.* cêsta z ridami *zickzackstrasse.* — *Vergl. nhd. österr.* die reite nehmen (*beim fahren*).

ridŭ: b. rid *collis mil.* 357. 512. 526.

riga 1. r. *scheune, darre. dial.* rej: vъ irьju, vo rьju, vъ gumnê. wr. reja. — *lit.* rijė, rejė, rcja (rëja). *lett.* rīja, rija. rijkuris *riegenheizer.* nhd. riege.

riga 2. asl. rex. klr. riks *chrest.* 244. — gr. ῥήγας *aus lat.* rex, regis.

rik-: klr. ryčka *maierin.* rykunija.
— *lit.* rikunia *meierin.* rikauti *regieren.*
Das lit. wort scheint germ. zu sein: got.
reiks *herrscher.* ahd. rîhhi.

rimsa: č. řimsa *gesimse.* — *Aus dem d.*

rimŭ: asl. rimъ *Rom.* rimljaninъ *Römer.*
Daneben ruminъ ῥωμαῖος *Grieche.* rumъskъ.
nsl. rim. rimska cêsta *milchstrasse.* b. rim.
s. rim, *alt.* rumъskъ. č. řím. p. rzym.
klr. rym. r. rimъ. — *lit.* rimas. rîmi-
jonas. *rm.* rîmlên. rimŭ *beruht auf* *rumŭ:
ruminъ. got. rûma. ahd. rûma (rôma).
lit. rûmas. türk. rum. alb. urum. *Vergl.*
albona: labin; *scardona:* skradin. *Jünger*
ist s. rom; *ebenso* nsl. romati *wallfahrten.*
romar.

rip-: b. ripna *springen:* ripnъ na
nodze *mil. 148.*

ripida asl. *flabellum.* — *gr.* ῥιπίς.

risa-: nsl. risati *zeichnen.* p. rys.
klr. rysunok. r. risovatь. — ahd. rîzan
(wrîzan) *reissen, einritzen, schreiben.*

rista-: asl. ristati, rištą *laufen: da-*
neben riskanije. p. rzeście *pferdegetrapp.*
ryść *traben ist wohl* r. klr. rysť, doroha.
r. ristatь. ryskatь. ryskъ. rysь *f.* — *lit.*
riščia *im trabe.* riščioti. *lett.* rikšu *im*
trabe. Vergl. ai. ri *ire mit dem suffix* -sk.

riša: č. říše *reich.* — ahd. rîhhi.

ritŭ: s. rit *rohr.* — nhd. ried. ahd.
riot, hriot. *Vergl.* magy. rét *wiese.*

ritĭ: asl. ritь *f. nates.* nsl. rit. nazrit,
nazrt, nazdrt *rücklings.* ritniški iti. srboritka
hagebutte. ritnoti, ritati *ausschlagen.* b.
ritna, ritam *vb.* s. ritati. č. řit. p. rzyć.
pasorzyt, *unrichtig* pasožyt. os. rić. ritman *adv.* ns. riś. *Vergl. lit.* rétas *lende.*

riza asl. *kleid.* črъnorizьcь *mönch.* b.
riza *hemd, tuch.* s. riza *kleid.* č. řiza
langes gewand. klr. ryzy *messkleid.* wr.
riza *messkleid.* rizina *lumpen.* rizka *lein-*
wand. rizze *collect.* r. riza *kleid.* — alb.
rizę *gesticktes sacktuch. lit.* rîzai *fetzen.*

rizikŭ: b. s. rizik *zufall.* kr. rišćan
in discrimine. s. rizikati. — alb. riziko.
gr. ῥιζικόν. *it.* risico.

rjumŭka: klr. r. rjumka *becher.* —
nhd. römer. *Wohl mlat.* romarius.

rjut-: asl. rjutiti, rutiti *werfen: da-*
neben auch rątiti. porątiti *sin.* b. rutja
schleifen. srutjuvam *über den haufen werfen.*
č. řítiti *werfen: daneben* routiti. p. rzut
wurf. rzucić. r. rjutitь.

rjuza, rjuža r. *art netz dial.* — ahd.
rûsa, rûssa. mhd. riuse. nhd. reuse.
schwed. rysja. finn. rysä.

rjŭ: asl. *durch steig.* rjuti, revą (řevą)
aus rjovą, rjują (*ungenau* ruti, rują) *rugire.*
rjujenъ, rjuinъ (*aus* rjujьnъ) *september,*
vom gebrüll des brunftenden wildes. nsl.
rjuti, rjovêti, rjovem, *im westen* revem,
brüllen. arjuti *venet.* vol ruje *ung. Davon*
ruliti se *heftig weinen Ukrain.* b. reva
heulen, bellen, weinen. rev *weinen.* revljo
weiner. Vergl. rumenjaše *für* narevaše *verk.*
369. kr. ruti, rujem *ung.* s. revati
schreien. rujan *september.* č. řúti, říti, řiji,
řevu, řvu, řváti. řúje, říje *geschrei der*
hirsche. říjen *september, october.* zářuj, zářij,
záři *september.* řičeti, slk. ručať, *brüllen.*
slk. rev: lev robí rev, ručí, ryčí. p. rzuć,
rzuję. zarzwać. os. ruć, ruju. řević. klr.
revty, revaty. rev. wr. revći. r. revêtь.
revъ *gebrülle, brunstzeit.* zarevъ *august.*
rêva *weiner.* — *lit.* ruja, rauja *brunstzeit*
des wildes. rujis *september. lett.* rōga. ai.
ru *sonare, rudere. lat.* rumor. *gr.* ὠρύειν.

roba nsl. *merx prip.* s. roba, ruba
kleid. — alb. rrobę. *lit.* ruba *kleid.* it.
roba *vom ahd.* roub *spolium.* türk. ruba.

robida nsl. *brombeere. rubus meg.*
dumus *lex.* — *Vergl. lat.* rubus.

roda s. *storch.*

rodij asl. *malum punicum.* — rm.
rodie. ngr. ῥόδι, ῥοΐδι.

rodŭ 1.: asl. nerodъ *contemptus.* nero-
dije *incuria.* nerodivъ καταφρονητής. nero-
dimъ καταφρονητικός. nerodъstvo, neradъstvo.
neroditi, neraditi *non curare:* ne rodiši ni
o komь že. neraždenije ἀμέλεια. ne nerodova
o ubogyhъ mladên. nsl. róditi, skrbêti *sich*
kümmern, im westen. ne róditi *sich nicht*
kümmern: judje niso rodili. neroda *unge-*
schicklichkeit. neroden *unbekümmert, unge-*
schickt; muthwillig meg. b. neradiv *nach-*
lässig: wohl asl. č. neroditi *nolle.* os. rodžić

wollen, streben. ńeroda *fahrlässigkeit.* ńerodžić *nicht achten.* zańerodžić. **ns.** rožeš *sich kümmern.* ńerožeš *verschmähen :* vo to ńerozim. ńerod *muthwille.* ńerodnik *bösewicht.* **r.** radětъ *sorgen.* radivyj. — *magy.* ragyiva *gnavus.* **rm.** nerod, nęrod *stultus.* *Vergl.* radŭ 2. *Mit* rodŭ *hängt vielleicht* ąrodъ, ąrodivъ *stultus,* ąrožda *stultitia zusammen :* ą (on), *urspr. deminuirend, kann als negirend aufgefasst werden.* **r.** urodъ, jurodъ, jurodivyj *sinnlos. dial.* zavrodovatъ *unsinnig werden.*

rodŭ 2.: asl. rodъ *partus, generatio, gens, natura* φύσις. izrodъ, izdrodъ ἔκγονος. otъrodъ. porodъ. rodina. roždakъ *consanguineus.* sъroždakva *consanguinea.* rodьstvo, roždьstvo. porodimъ ἀναγεννήσεως. roditi, raždati *parere.* roždenije *consanguinei. Durch verwechslung von* γενεά *mit* γέεννα *ist zu erklären* rodьstvo, roždьstvo ognju, ognьnoje, rodъ ognja negasąštago *hölle.* rozъstvo *sin. für* roždьstvo, *mit z aus* dj-. **nsl.** rodíti : *iter.* rajati, *hie und da.* rod *cognatus.* rodjak *habd.,* rojak. rojakinja. rojenica, *etwa parze rib. :* so v hišo prišle rojenice tri *volksl.* rojstvo : roždьstvo. **b.** rod *frucht, verwandtschaft, verwandter.* rodnina. rodja, raždam *vb.* ražda se *(sol) oritur.* rožba *frucht.* **kr.** uroja *fructus ung.* **s.** rod. roditi, radjati. rodjak. rodjaka. sunčani rodjaj *sonnenaufgang.* **č.** rod. roditi. rodič. úroda, přirozená povaha *wuchs, körpergestalt, schönheit.* **p.** rod. rodzić. rodzaj *geburt, geschlecht.* rodzic *vater.* **os.** rod. rodžić *nur in* rodženy. **ns.** rod. roziś. **klr.** rod. rodin, svojak *chrest. 483.* urožaj *frucht.* rôzdvo *weihnachten : asl.* roždьstvo. urodzenyj *edel ung. ist slk.* uroda *schönheit.* **wr.** rod. uroda *wuchs, schönheit.* urod, vrod *ernte.* rodziny. roztvo, rožestvo. **r.** rodъ. rodinecъ *art kinderkrankheit.* parodokъ *unreife frucht.* urožaj, *dial.* uroždaj, *ernte.* rožakъ. roždestvo, *dial. für* liec. roditь. *Hieher gehört wohl auch* urodъ *monstrum.* rodъ *und* rožanica *waren gottheiten der Russen :* vy pojete pěsni rodu i rožanicamъ. stavljajušče vtoruju trapezu rodu i rožanicamъ τῷ δαιμονίῳ. moljatъ

sja perunu i rodu i rožanicamъ, *aus dem fünfzehnten jahrhundert.* rožanica *für* εἰμαρμένη. *Vergl.* **nsl.** rojenica. — **rm.** rod. norod, nerod *volk.* porodicę. rudenie *verwandte. magy.* porond, porongy *brut.* rodina, radina *geburtsschmaus. lit.* rodínos *geburtsfest. lett.* radas *niederkunft.* rads *verwandter.* radīt *schaffen, erschaffen.* radiba *geburt. Vergl.* raža *zahlreiche familie, reichliche ernte.*

rofeja asl. *fulmen.* **b.** rufja. — *gr.* ρομφαία. **alb.** rufea.

rogozŭ : asl. rogozъ *papyrus, charta, funis.* rogozina *charta, tapes.* **nsl.** rogoz *carex.* rogozovina *carectum habd.* **b.** rogozka *matte.* **s.** rogoz *rietgras.* **č.** rohoz *binse.* **p.** rogozina. rogož *f.* rogoža. **polab.** rügüznik. **klr.** rohoža *binse, matte.* **r.** rogozъ. rogozina. rogoža. — **rm.** rogoz *juncus, tapes.* **mrm.** ręgoziu. *magy.* rogosz *carex. ngr.* ῥαγάζι. *lit.* ragažė *binsendecke.*

rogŭ : asl. rogъ, roglь *horn.* rožanikъ, rožanьcь *bogen, eig. der hörnerne.* rogatьcь *art schlange, wohl* κεράστης. rožьcь κεράτιον *siliqua.* **nsl.** rog, rogelj. **b. s.** rog. **č.** roh. rohatka *schlagbaum.* **p.** rog. rogacz. rogatka. rogacina *und, entlehnt,* rohatyna *wurfspiess.* **polab.** rüg, *plur.* rüdzai. rüzăc *februar, hornung.* **os.** roh. **ns.** rog. **klr.** rôh *horn, trinkhorn.* parôh *geweihsprosse.* rohatyna *wurfspiess chrest. 392.* **wr.** rohaccě. rohacina *knorriger pfahl.* **r.** rogъ. rogatka. — **rm.** roškov *ceratonia siliqua. magy.* rag. *preuss.* ragis. *lit.* ragas. ragotinė *speer.* ragočius *jochbaum am pfluge.* rags *januar.* ragutis *februar: vergl. d.* hornung, *kleiner horn, der als sohn des grossén horn, januar, gedacht wird. lett.* rags.

rogylĭ : asl. rogylь *art baum.*

rok-: klr. rokotaty *lärmen chrest. 483.*

roketŭ : s. roket *art kleid.* **p.** rokiet. — *it.* rocchetto.

rokošĭ : r. rokošъ *aufruhr.* **č.** rákoš *lärm.* **p.** rokosz *aufstand.* **klr.** rokoš *lärm.* rakaš *turba ung.* — *magy.* rakás *haufe, menge.*

romanŭ: nsl. roman, rman *achillea millefolium*. armen *persicaria belost*. jermen *pulicaria habd*. s. raman, rman *kamille*. č. rmen, rumenek. p. roman, romanek, romanowe ziele. rumień, rumianek, rumianiec *nach* rumên. klr. roman, romaneć, romen, romun, ramonok, romjanok, romaška. wr. ramon. r. romenъ, romaška, rimskaja. — rm. romonicę. *Das wort wird auf „romanus" zurückgeführt.* lit. ramulė.

rombŭ: asl. rąbъ ῥάκος, *pannus*. nsl. rôb *saum*. rub *linteum habd*. na rôbe *abicht*. rubje *wäsche prip*. porôb *baumstock*. rôbec *tüchel*. robača *hemd*. rubača *habd*. prekorubce *absolute*. b. rъb *saum*. rъbja *säumen*. kr. rub *linteum verant*. s. rub, obrub *saum*. č. rub *kleid*. rubáč, rubáš, čechel *weiberhemd*. *Daneben* roub *pflock*. roubiti *bäume fällen*. vroubiti *einkerben*. obruba *verhau*. p. rąb, ręby *saum*. rąbek *schleierzeug*, *pannus*. rąbać *hauen*. wyrębić *flor*. przerębla *eiswuhne*. wyrębla, otwor wyrąbany. *Vergl*. obroba *für* listwa *zof*. rubel *art gewicht zof.*, rubel *und* rubież *grenze sind r*. polab. rôb *naht*. os. rub *leinenes tuch, übichte seite*. rubać *hauen*. ns. rub *gewand*. hobrubk *saum*. rubaś *hauen*. klr. rub *grobes kleid*. ruby *kehrseite*. rubeč *saum*. rubyty: stavytý horod *chrest*. 100. 483. porub *ausrottung des waldes*. rubež *grenze*. wr. rub. rubić *hauen*. istrub *gehäuse*. r. rubъ, rubišče *lumpen*. rubacha *hemd*. (rublь: *man denkt hiebei an das* pers. rupie, *art goldmünze, aus dem türk*. b. rubija, rm. rubie, gr. ῥούπι). rubecъ *saum, narbe*. rubežъ *grenze*. porubъ *kerker von palissaden umgeben*. istrubъ *brunnen*. srubъ *gehäuse*. rubitь *hauen*. porubitь *einkerkern*. — magy. rombol *zerstören soll aus einem* „verbum *rom gebildet" sein*. lit. rumbas *saum*. prirumba *was am saum ist. Daneben entlehnt* rubai *kleider*. ruba, apîruba, rubežius *grenze*. rubelis: *vergl*. rubíti *schwer arbeiten*. lett. rôbs *kerbe*. rûbît *kerben*. rôbežis. rublis. *Man vergleicht lat.* lamberat, scindit ac laniat. *Ob die bedeutungen alle auf die vorstellung „hauen, hacken" zurückzuführen sind, wird mir*

zweifelhaft. rublь *kann sich aus jener zeit erhalten haben, wo felle tauschmittel waren.*

romênĭca: asl. romênьča *situlus*. s. romijenča, rumendža *kupfernes wassergefäss*. rominča *mik.* — *Vergl. it.* ramina *kupfernes gefäss von* rame *kupfer:* lat. aeramen.

romŭ: klr. rom *zigeunerbursche*. romni *zigeunermädchen*. — zig. rom. romni.

rona nsl. *rothe rübe*. ns. rovna. — nhd. dial. rône.

rončelica renčelica nsl. *sekalno orôdje*. — it. ronca, roncola. lat. eruncare.

rondina: p. rędzina *fetter boden*. s. rudina *flur*.

rondŭ: nsl. rôd *asper*. kr. rud *crispus*. rudetine *cincinni verant*. s. rud *crispus*: ruda kosa *mik*. naruditi *rugare*. ruda *dichte, zusammenhangende wolle*. — *Vergl. ahd.* arandi *asper*.

rong-: asl. oražije *instrumenta, arma, gladius*. nsl. rôžje, orôžje *waffen*. b. rъžьje, orъže *neben* ruže, oruže. orъžic *bulg.-lab.* s. oružje. č. oruži. p. oręž, oręže. kaš. ręžnica. klr. ruže, ružo, oruže. ružnyća, rušnyća, ručnyća. *Man führt auch* rjaža *an*. wr. ružžo. r. ružье, oražьe. — lit. rengti *rüsten*. ružia *geräthe, entlehnt; ebenso* rizios *rüstung szyrw*. *Man merke* ručinîčě *flinte neben klr*. ružnyća, rušnyća, ručnyća. *W. vielleicht* reng-. *Verschieden von* orondije.

roni-: asl. izroniti *effundere*. nsl. obronek *abhang*. b. ronja *vb.*: slъzi ronja. s. roniti. č. roniti *fallen machen*. sroniti jablko se stromu. p. ronić *fallen lassen*. ptak roni, pierze mu pada. poronić *eine fehlgeburt machen*. porończę, poroniatko *unzeitige leibesfrucht*. wyroń. os. ronić. ns. roniš. klr. poronyty *fallen lassen*. poron *abfall, verlust*. wr. ronić. r. ronitь. uronъ *verlust*.

ropa p. *eiter*. ropić. klr. ropa *salzwasser*, mokrota na licê mertveca. wr. ropa *für* r. pêna vychodjaščaja izъ rta i nosa umeršago. r. ropa *eiter*.

ropatĭ: ar. ropatь *tempel*. klr. ropa chrest. 483. — *Vergl*. türk. rębat.

ropucha slk. *kröte.* rapúch, rapavý *blatternarbiger mensch.* p. ropucha. klr. rapavka, rjapucha, repucha. wr. rapucha *kröte.. Man beachte, dass das wr. wort auch ein schimpfwort* na rjabuju ili bezobraznuju ženščinu *ist.* — lit. rupūžė, rupuižė, repežė. lett. rupucis.

ropuchŭ: č. ropouch, rampouch *vormauer.* — fz. rempart.

rorŭ: nsl ror *caminus habd.* rol. p. klr. wr. rura *röhre.* — ahd. rōr. lit. rūra.

rosa asl. nsl. b. s. *usw. thau.* polab. rüsa. s. rosada *thau ist slav. mit dem roman. suffix* ata. — lit. lett. rasa.

rosomakŭ: p. rosomak *vielfrass.* r. rosomacha. — lat. rosomacus.

rostrucharĭ: p. rostrucharz *rosstäuscher.* — *Aus dem nhd.*

roša klr. *rothbraune ziege.* — rm. roš.

rošnja nsl. *weile.* — *Vergl.* nhd. rast *mit dem slav. suffix* nja.

roštŭ: p. roszt *rost.* č. rošt. nsl. roš. roštelj. kr. roš *mik.* roštilj *ung.* — ahd. rōst. magy. rostély, *das aus dem* nhd. *stammen und aus dem* magy. *in das* nsl. kr. *eingedrungen sein kann.* rm. roštej.

rota asl. *eid.* rotiti ę *schwören.* rotъnikъ. nsl. rotiti *beschwören. alt* rotba. s. rotiti se. *alt* porota. č. rotiti *fluchen.* p. rota *formula juramenti.* os. ročić so. klr. rota, ŕeta *chrest.* 404. r. rota.

rotŭ 1.: asl. rotъ *rotte, schaar.* as. č. p. rota. klr. rota; rovta *ung.* r. ŕota. — magy. róta. lett. rōta. mhd. rotte, rote.

rotŭ 2.: nsl. rot *gereut.* rote *plur.* marc. rovte. reta. ruti *Kreuth ON.* č. rejt. — ahd. riuti *durch reuten urbar gemachtes land.*

rovašĭ: nsl. rovaš *kerbkolz.* b. rъboš. s. raboš, *daneben* rovaš *incisura, nota, talea.* č. rabuše *neben* rováš. klr. rovaš. — magy. rovás. rm. rovaš, ŗevaš, ŗębuš. nhd. rabisch, rȯbisch. rabisch *stammt aus dem slav.; darauf beruht s.* raboš *usw.* rovaš *gehört zu* ry *ritzen.*

rovitŭ: s. rovito jaje *weiches ei.* — gr. ῥοφητός. ngr. ῥουφητός *sorbilis.*

roža asl. nsl. *rosa.* b. ruža. naruža *schmücken.* s. ruža. č. růže. p. roža. p. rožaniec *rosenkranz.* polab. rüza. os. ns. roža. klr. ruža. wr. roža. r. roza. rozanъ. — rm. ružę, rudžę. magy. rózsa. lit. rožė. rožančius. lett. rōze. ahd. rōsa, *alles* lat. rosa, *mit tönendem* s: *daneben das ältere* s. rusa *mit tonlosem* s, *wie im* lat. rm. rosę.

ru-: p. runąć *mit geräusch hinstürzen.* klr. rozruj *zerstörung.*

ruča-: s. ručati *speisen.* ručak. b. ručam *vb.* klr. ručevaty.

rudlo: p. rudło, rudel *steuerruder.* — lit. rudelis, rodelis. *Aus dem d.*

rudo nsl. *deichsel habd.* č. ruda. rudnjak. klr. rud. — magy. rúd. rm. rudę *stange. Man denkt an ahd.* ruota *gerte, ruthe, stange: das s. stammt aus dem* magy.

rufijanŭ: č. p. rufian *kuppler.* nsl. rfjan, rufijan; rofijan *habd.* — nhd. bair. ruffian. it. ruffiano.

ruga asl. b. r. *salarium.* ar. ružiti *salarium pendere.* — alb. roghę. ngr. ῥόγα.

rucho: asl. ruho *pannus, onus, spolia:* кырьсь ruho pogubivъ; zlato i ruho. *Gleichbedeutend ist* ruhlo *tichonr.* 1. 203. 219. nsl. ruha, ŕjuha *linteum.* b. kr. s. ruho *vestes.* č. roucha *tuch, zeug.* roucho *gewand.* p. rucho *kleid.* kaš. ruchna. klr. ruchlo *bewegliche habe.* ar. ruchlo *schiffsladung.* — magy. ruha *kleid.* rm. rufę *kleidung.* ngr. ῥούχα. preuss. rūkai *vestes.* ruho *und* ruhlo *können wohl nicht von einander getrennt werden: die urbedeutung ist „bewegliche habe, habe" und beide wörter sind mit* rŭch (rušiti) *bewegen verwandt. Zusammenhang mit* rock, ahd. roccho, *ist abzuweisen, dem auch die laute im wege stehen.*

ruj, roj, rej, rij, rujevina, rojevina nsl. *rhus cotynus gelbholz.* rujno vince *prip.* b. rujno, rojno vino. s. ruj. rujno vino.

ruk-: nsl. ruknoti *habd.* ručati III. 2. *prip. sonare.* b. rukne, ruči (voda) *rauschen.* s. ruknuti. č. ručej *schnellbach.* wr. ručaj, ručej. r. ručej.

ruka, rukiew p. *brassica eruca.* s.
rukula *mik.* — *nhd.* rauke. *lat.* erūca.
it. ruca.

ruma **asl.** *deliquium animi.* b. hrema.
s. *alt* rema *fluxio.* č.réma, rýma *schnupfen.*
p. rema, ryma. **ar.** rjuma: rjumoju šibenъ. bolêzni glavnyja, ježe jestъ rema-
tiko *tichonr. 2. 401.* — *gr.* ῥεῦμα. *lit.* rema.

rumakŭ: **p.** rumak *streithengst,* tür-
kisches ross. r. argamakъ. — *lit.* rumo-
kas *handpferd. Man vergleicht türk.* ar-
gamak. *arab.* rumak, rimak *schlechtes
pferd. džagat.* uruhmak *gutes pferd.*

rumŭ: p. os. ns. klr. rum *raum.* —
ahd. rūm.

rundukŭ: klr. runduk, pôdvyšenьe
s schodamy.

rupa s. *loch: žitna* rupa *sabb.-vind.*
klr. rupa *grube für kartoffeln ung.* **nsl.**
rupa, jama, v katero „ponicuje" kak potok: tacega mêsta obližje se zove po-
nikve *plur.*

rupača nsl. *fels meg.* — *Vergl. lat.*
rupes.

rupĭ: p. rup *würmer im leib.* rupić
beissen. č. roup.

rusagŭ: as. rusag, orsag *land.* **kr.**
rusag *luč.* **nsl.** orsag *ung.* **klr.** orsak.
— *magy.* ország.

rusalija: **asl.** rusaliję *pentecoste:* po
rusalijahъ. sąbota rusalьna. **nsl.** risali:
do risao. po risalaj *ung.* s. rusalje, rusa-
lji, *in Ragusa und Cattaro.* od rusalja ili
duhova. **slk.** rusadla *plur.* n. rusadlí.
r. rusalьskaja sedmica. rusalьnaja nedêlja
tichonr. 2. 289. rusalьnica *dial.* — *rm.*
rusale, rusali. *alb.* ršai. *mgr.* ῥουσάλια,
aus lat. rosalia *pascha rosata, rosarum.*
it. pasqua rosata. *Das gr. wort bedeutete
in späterer zeit ein nach ostern* ἐν ταῖς ἔξω
χώραις *gefeiertes, von der kirche verbotenes
fest. Die gleiche bedeutung hat* rusalija *im
ar.:* igranъja nepodobnyja rusalьja. jegda
igrajutъ rusalija. rusalii o Ioannovê dьni.
nê lêpo koledovati ni rusalьi igrati. rusa-
lijeju pljašjuščaja *tichonr. 2. 313.* dьjavolъ lьstitъ trubami i skomorochy, guslьmi
i rusalьi *nest.* rusalka *für* semikъ *der sie-*

*bente donnerstag nach ostern. Daraus ent-
stand* rusalka *ein übernatürliches weibliches
wesen, najade. Ableitung des wortes von
klr. r.* ruslo *flussbett ist unbegründet.*

ruslo r. *fluss, flussbett.*

rusmarinŭ: kr. rusmarin *ros mari-
nus.* nsl. rožmarin. — *Aus dem d.*

rusŭ 1.: asl. rusъ *flavus.* **nsl.** rus
rubellus habd. rosa glava *volksl.* rusa glava
prip. rs, rosin, rsa, rsula, rosa *namen für
ochsen und kühe.* b. rus. rusokos. s.
rus. rusa glava. č. rusý. p. rusy. **klr.**
rus. rušavyj. r. rusyj. — *mrm.* rus. *alb.*
rus. *lat.* russus. *it.* rosso. *gr.* ῥούσιος.

rusŭ 2.: č. rous *haarzotte.*

rusĭ r. *collect. Russi, Russia.* rusinъ
russus: rusinъ vydra. asl. rušьskъ, *richtig*
rusьskъ. p. ruś. klr. rusnak *ung.* — *magy.*
orosz *Russe,* rusznjak *Kleinrusse.* finn.
ruotsi *Schweden, urspr. vielleicht der name
eines schwedischen stammes, mit welchem die
Finnen besonders in berührung kamen.*

ruta, rutvica nsl. s. *raute.* p. ruta.
rutewka *geisraute.* os. ruta. rutvica *schaf-
garbe.* ns. klr. wr. r. ruta. **wr.** rućvja-
nyj. — *lit.* ruta. *ahd.* rūta. *rm.* rutę.
magy. ruta. *lat.* ruta. *gr.* ῥυτή. *Aus
dem d.*

ružĭ: r. ružь, naruža *antlitz.* snaruži
von aussen. naružnyj. *Vergl.* rožaj, roža
gesicht. klr. naružu *nach aussen.* — *Nicht
pers.* ruj *gesicht, aussenseite, da nur anlautendes* j *in den türk. sprachen in* ž
übergeht.

rŭ 1.: ns. tuder *neben* tudy, tud,
tu *hier.* rŭ *ist eine partikel.*

rŭ 2.: asl. rъvati, rъvą *evellere:* rъvati
vlasy, drêvo izdrъvati. rъvanь *lucta.* rъvatvy
ręčъnyję *sin.* runo *vellus.* nsl. rvati, rvem,
rujem *lex.* rvati se *luctari krell.* hrvati.
rvalo *rutrum habd.* rvanka *lucta lex.* ruta
tüchel. b. izdrъva *vb. bulg.-lab.* otrъva,
otrъvavam *befreien.* runo. *Vergl.* rovek
locker: rovka zemja. otrivka *fetzen.* runtav
zottig. **kr.** riti se, rijem se *pugnare:* riti
se proti lavu. hrvanja *lucta luč. Vergl.* rutan *laesus.* rutav *pannosus.* s. rvati *eniti.*
rvati se *ringen,* oburvati *dirueŕe.* urvina

abhang. runo. rute *haarzotteln.* č. rváti
rvu; routi, ruji. rváti se *sich raufen.* ode-
rvina. rouno. **p.** rwać, rwę. porwanka.
porwać, porywać. urwa. zkąd się ziemia
urwała *kluft.* wyrwa. runo. **polab.** råvat.
os. os. ruć, ruju, *unhistorisch* rwuć. **klr.**
rvaty, ·rvu. rуvaty. narva *abscess.* zarva.
wr. irvać, irvu. rvannë, irvaki *erbrechen.*
razorva. uryv. runo. **r.** rvatь, rvu *raufen,*
reissen; sich erbrechen. rvanь *gebrochenes.*
vyrvatь, vyryvatь. oborva. razryvъ. uryvka.
rvota *erbrechen.* runo. — *rm.* zarvę *tumul-*
tus. *lit.* rauti, rauju. ravéti. ravikis *jäter.*
išravus *das ausgejätete.* urva *kluft. Damit*
ist verwandt rausti, rausiu *scharren, wühlen,*
nicht vom schwein. **lett.** raut. ravēt *jäten.*
lat. ru *in* eruere. *Vergl.* rŭch-.

rŭbadiga: **kr.** rbadiga *herbaticum.*

rŭd: *diese W. findet sich in der form*
rŭd, rud *mit gesteigertem,* ryd *mit gedehntem*
vocal: ryd *ist nur dem slav. bekannt, auch*
das lit. kennt diese form nicht. **asl.** *I.* rъ-
děti sę *sich röthen.* rъžda *rost aus* rъdja.
rъdrъ *rutilus.* *II.* ruda *metall, eig. wohl*
„*rothes erz“.* rumênъ *roth aus* rudmênъ.
III. obrydati sę *erröthen.* ryždь *neben* rъždь.
nsl. *I.* rděti se. rdeč *roth.* rja *rost.* rjav *rostig,*
braun. *II.* ruda *erz.* rumên. *III.* ridži *fuchs-*
gelb. ridžik *goldfuchs, im osten, aus dem*
s. ridj. **b.** *I.* rъžda. rъždésam *rosten.*
hrъdjav *schlecht Vinga ist s.* *II.* ruda.
rumen. *III.* rižd (kon). **kr.** *I.* hrja. rdar
roth. *III.* riji *rufus.* **s.** *I.* rdja. rdjav
schlecht. rdjati *rosten.* *II.* ruda. rud *röth-*
lich. rudica *gefärbte wolle.* rudjeti *erröthen.*
zarudak *anfang der reife.* rumen. *III.* ridj
roth. risulja *kuhname:* ryd-sъ. č. *I.* rděti.
rza, rez (rzi), *slk.* zrza *rost.* rzavý, zrzavý,
zerzavý *rostig.* *II.* ruda. rudý *rothbraun.*
ruměný, rumný. *III.* ryzí *fuchsroth.* ryzec
röthling, riske, reizker (pilz). ryzák *brand-*
fuchs. rysý, rysavý, ryšavý *röthlich.* **p.**
I. rdza, rza. rdzavý, rdžysty. *II.* ruda.
rudy *schmutzigbraun.* zarudzić *bräunen.*
rudawy. rumiany. *III.* rydz *reiske, reitz-*
ker. zarydzić *röthen.* rysawy. **kaš.** *I.* dredza.
zervina *rost.* **os.** *I.* zerzav *rost, körnerbrand.*
II. ruda. • *III.* ryzy. ryzyk. **ns.** *I.* zarz

rost. *II.* ruda. *III.* ryzy. **klr.** *L* rža,
irža. *II.* ruda. rudyj: myš ruda *brand-*
maus. poruďity *roth werden.* rudyk *roth-*
kopf. rudofostyk *rothsterzchen.* rumjanyj:
daneben vermjanyj *etwa wie* orjabyna
neben rjabyna. rumenok *anthemis. nobilis*
gehört wohl zu romanŭ. *III.* rydyj. ryžyj.
rysyj. **wr.** *I.* irža. rdzêľ, irdzêľ *roth-*
wangiger mann. *II.* ruda *blut.* rudňa *metall.*
rudyj. rumenyj. **r.** *I.* rdětь. rža, ržavčina.
ržavyj, zaržavélyj. rědryj *dial.* *II.* ruda
erz, blut. rudoj. rudětь. rudonja *schwarzer*
ochs. rumjanyj. *III.* sporydatь *sich zeigen*
(von der sonne bei tagesanbruch). ryžyj. —
magy. *I.* rožda. ros *rufus ist rm.* *III.* riska *röthlich.* *rm.* *II.* rumen. *III.* riškov
reiske. **nhd.** reiske. *schwed.* riska *aga-*
ricus deliciosus. *preuss.* *II.* wormyan, urmi-
nan *ist slav.* rumênъ. *lit.* *I.* rudu, rudéti
rosten. rudas *rothbraun.* rudakis *rothauge.*
rudis *rost.* rudīti *rosten.* rudušis. *II.* rau-
das *roth.* rauda *rothe farbe, art fisch.* rau-
donas. raudoks *fuchshengst.* nurauda *wurde*
roth. ruda *erz ist entlehnt,* rědéstas *rose*
dunkel. **lett.** *I.* rūza *rost.* ruds, rudains
röthlich. rudens *herbst. Daneben* rūsět *rosten.*
rustēt *braunroth färben.* *II.* rauda *roth-*
auge, dost. *germ.* *I.* got. gariuds *ehrbar.*
and. riodha. *II.* got. rauds *roth.* *and.*
raudhr. *ahd.* rōt. *lat.* *I.* rubere. ruber
(aus rudhro. *ai.* rudhira. *gr.* ἐρυθρός. *asl.*
rъdrъ). *gr.* *I.* ἐρυθαίνειν. *II.* ἐρεύθειν. *ai.*
I. rudhira *roth.* *II.* rōhit. lōha *röthlich,*
röthliches metall, kupfer, später eisen (aus
älterem rōdha, raudha). *finn.* rauta *eisen.*

rŭdes-: **nsl.** rdesen, dresen *flohkraut,*
pulicaria. rdest *saamkraut.* drdres *knote-*
rich. č. rdesen, rdesno. **p.** rdest, rdest-
nica. **os.** drost. **ns.** drest *dysenterica (puli-*
caria) erinnert an slav. drista. **klr.**
dŕasen *inula pulicaria.* **r.** rdestъ. *Dunkel.*

rŭdŭky *neben* redŭky: **asl.** rъdъky,
gen. rъdъkъve, *lactuca.* **nsl.** retkev, ret-
kva, retka *rettich.* andrkva, rotkva *belost.*
s. rdakva, andrkva, rodakva, rotkva, rokva.
č. ředkev. **p.** rzodkiew. **os.** ŕetkej. **ns.**
ŕatkej. **klr.** reďka, reťkev, reťkov. **r.**
rêdьka. — *lit.* ridikas, redikas. *lett.* rutks.

magy. retek. *ahd.* retih, ratih *aus lat.*
radicem. *Die pflanze kam unter den ersten*
kaisern aus Syrien nach Italien. Dem asl.
worte liegt ein auf der ersten silbe betontes,
daher deutsches redica *zu grunde.* *rm.* rę-
dikę *ist nicht entlehnt. Daraus* **b.** radica.
Vergl. alb. rīkę.

rŭch-: *durch steig.* rub, *durch dehn.*
ryh: *I. asl.* rušiti *solvere, diruere:* rušiti
grady. nerušimъ. **nsl.** porušiti *diruere.*
b. razruša *vb.* **kr.** rušiti (crikvu). ruhal
laxus, solutus. **s.** rušiti. **č.** rušiti *zer-*
stören, berühren. rušić se *sich bewegen dial.*
p. ruch *bewegung.* ruszyć *berühren. Vergl.*
rucha, głowszczyzna *fredum.* **klr.** ruch.
poruch *bewegung.* ruchłyj *beweglich.* ruchło,
ruchome dobro *ladung chrest. 483.* rušyty.
neporuchomyj. *Vergl.* prorucha, ošybka,
ubytok. **wr.** ruch. ruchnúc *berühren.* po-
rucha. rochłuddze (rŭch-) *trödel.* **r.** ruchnutь *stürzen.* rušitь *abbrechen.* ruchljadь. —
lit. rušus *thätig.* porušiti *antasten.* rukledis
geräth. *II.* rych: **č.** rychlý *schnell.* **p.**
os. rychły. **ns.** rychly. **wr.** rychłyj *locker.*
r. rychlyj. *Lautlich entspricht dem slav.*
ruch- *lit.* raus *in* rausti, rausiu. *Zusammen-*
hang mit ryti *wühlen ist wahrscheinlich:*
vergl. rovъkъ (rŭ 2.). **nsl.** rahel *gehört*
nicht zu derselben sippe.

rŭpŭtŭ: asl. rъpътъ, lъrъtъ *lärm.*
rъpътivъ. rъpътati. repътanie *sin.* lopotivъ
duchъ *sin. 79.* **nsl.** ropot. ropotati. **č.**
reptati *murmeln.* **p.** reptać. **os.** ropotać.
r. ropotъ. roptatь. — *rm.* rępěti *vb.*

rŭs-: b. rъsja *besprengen.*

rŭta: r. rta, irta *schlittschuh.*

rŭtutĭ, rŭtontĭ: **r.** rtutь *quecksilber.*
p. rtęć, trtęć. **klr.** rtuť, ortuť. — *Aus dem*
türk. ar. 'utarid.

rŭtŭ: asl. rъtъ *apex, rostrum,* **os.**
obrъtiti *capistrare.* **nsl.** rt *anhöhe.* rtič
hügel meg. **b.** rъt *hügel:* rъt ili mogila.
rtlina. **s.** rt *spitze.* rtnik *einer der ersten*
angreifer im heere. **č.** ret, *gen.* rtu, *mund.*
polab. rất. **os.** hort, rot, ert: *gen.* horta,
erta. **klr.** rot. rotyšče. bezrot *phascum.*
obroť *halfter.* **wr.** rot. obroć. **r.** rotъ.
obrotь; *dial.* oborotь. *In* muchortyj *bai*

à bouche blanche ist rъtŭ *enthalten.* — *rm.*
rît *rüssel. W. vielleicht* ry.

rŭza-: asl. rъzati *wiehern.* **nsl.** hrzati.
hrzgetati. **s.** rzati. **č.** ržáti. **p.** ržeć,
ržać. rža, ržawa *gewieher.* wyrzegotać *aus-*
krächzen. **os.** rchotać. **klr.** iržaty. rehotaty. **wr.** rehotać. ržać, iržać. **r.** ržatь.
ržaeši *op. 2. 3. 161.* — *Vergl. lit.* eržilas
hengst. lett. eržuks. *Das z des asl. nsl.*
s. wortes beruht nicht auf velarem g: z steht
dem lit. ž *gegenüber, wenn die heranziehung*
von eržilas *richtig ist. Alle übrigen wörter*
sind auf rŭg *zurückzuführen.*

rŭžĭ: asl. rъžь *roggen.* **nsl.** rž, hrž.
sôržica *gemischtes getreide.* raž *res.* **b.**
rъž. rъženica. **kr.** hržulja. **s.** rž, raž.
suržica *mit roggen vermischter weizen.* **č.**
rež, *gen.* rži. *dial.* ryž. souržice. **p.** rež.
sążyca *aus* sąržyca. **kaš.** rež. žarny *für*
ržani. polab. rấz. **os.** rož. **ns.** rež.
klr. rož. suržyća *roggen mit weizen.* **wr.**
iržišče. **r.** rožь, *gen.* rži. rža, irža *dial.*
ržica. ržišče. ržanoj, oržanoj. suržanka. —
magy. rozs. rozsnok. *rm.* sęržicę. *preuss.*
rugis. *lit.* rugīs. *lett.* rudzi. *finn.* ruis.
ahd. rokko. *and.* rugr. rъžь, *d. i.* rŭgĭ, *zu*
vrĭhi *zu stellen geht nicht an.*

ry-: asl. ryti, ryją *graben. iter.* -ry-
vati. rylъ, rylo, rylica *ligo.* jama rъvena.
rъvenikъ *puteus.* groborytelь. *Durch steig.*
rovъ *fossa.* rovъnikъ *φρέαρ.* **nsl.** riti, rijem.
rivec (rilec), rivač *hauzahn des schweines.*
rov *graben.* krt krtovinovec narovlje *wühlt.*
b. rija *vb.* rina; narinuvam *aufschaufeln.*
rovja *graben, wühlen. iter.* -ravjam. **kr.** rioce.
obrov *fossa.* **s.** riti *wühlen.* rilo *mund.*
rov *aufgrabung.* zaroviti *wühlend zudecken.*
č. rýti. *iter.* -rývati. rýč *spaten.* rýl. rytina
sculptile. rov. *Vergl.* rupák *sculptor.* **p.**
ryč. ryty *sculptilis flor.* rycina *sculptile.*
ryj *rüssel.* rylec *grabstichel.* rydel *grab-*
scheit. row. wyrowek. **polab.** rãijě *wühlt.*
vâiryt *ausgraben.* **os.** ryć. ryč *spaten.*
rov. *Vergl.* rypać *wühlen.* **ns.** ryś. ry-
cyna *ritz ist d.* **klr.** ryty. ryło *rüssel.*
rôv. ravłyk *maulwurf pisk.* **wr.** ryć. rov.
r. rytь. ryvatь. razryvъ. rylo. pústorylъ.
krotoryja *maulwurf.* tuporylyj, imějuščij

ploskoe lieĸ. rov, gen. rva. rvišče grosser graben. — preuss. rawys graben. lit. rava loch. rm. hirlec vanga: asl. rylьcь.

ryba asl. fisch. rybitvъ, rybitьnikъ fischer. nsl. b. s. riba. č. p. usw. ryba. polab. råibo. nsl. riba grösserer muskel. s. ribič muskel. — magy. riba fischchen. rm. rębicę.

ryčagŭ: r. ryčagъ stock: daneben ručagъ, ročegъ.

ryda-: asl. rydati weinen, wehklagen. s. ridati. č. rydati, rydati se. Vergl. ry danie furor vit. klr. rydaty. płakaty na vzryd laut weinen. r. rydatь. — lit. (rudis armselig). rauda klage; daher rau doti jammern. raudė klageweib lett. rau das plur. klage; daher raudāt weinen. rū dināt weinen machen. lat. rudo gehört wohl auch hieher. ags. reótan. ahd. riu ʒan. rōʒ klage. ai. rud: rudati, rōditi. rōda. rydati hat den gedehnten vocal der iterativa; es entsteht aus *rūd, und mag ur sprünglich iterative bedeutung gehabt haben. In rauda (ein slav. ruda fehlt) ist u zu au geteigert; im ahd. riuʒan ist parasitisches j eingetreten.

rydvanŭ: r. rydvanъ art wagen. klr. rydvan. p. rydwan. č. radvanec dial. — rm. rędvan. mhd. reitwagen.

ryg-: asl. rygati ructare: daneben ri gati. otryžetь žvanье ἀνάγει μηρυκισμόν. nsl. rigati se; riga mi·se. rizavica sodbrennen. rezalica, izgaga. rъzavica. b. rigam vb. s. rignuti. rigati. kr. rignuti. č. říhati. p. rzygać. os. rihać. ns. skrygaś. klr. ryh. ryhaty śa. rugaty ung. ist magy. ragni. wr. ryhać. r. rygatь. — rm. rigei, regei vb. preuss. ructan dadan saure milch. raugus geronnene milch. lit. rugti sauer werden, gähren, rülpsen. atrugas. rūgštinė sauerampfer. lett. rūgt, rugstu gähren. Durch steig. lit. raukti. raugėti. raugas sauerteig. lett. raugs hefe. raugti s, raugu s rülpsen. raugotē s rülpsen. raudzēt gähren lassen, säuern. gr. ῥυγ: ὠρυγμός. ἐρεύγειν. lat. rug: ructare. Die lit. und lett. wörter sind trotz theilweiser verschieden heit der bedeutung mit den slav. verwandt.

ryga p. reihe. — ahd. riga.

ryk-: asl. rykati brüllen: daneben ri kati. kr. riknuti. s. rikati. Durch steig. nsl. ruk brunft der hirsche. s. ruka brummen des bären. rukati. kr. ručati. č. ryčeti, říčeti. p. ryknąć. ryczeć. ryk gebrüll. Man merke ryczałt gebrüll. os. ručeć. ns. ricaś. klr. ryk. rykaty. r. rykъ. rykatь, ryčatь. rykatь sja in der brunft sein (vom schweine). — rm. rękni, regni vb. lett. rūkt.

rykŭ: asl. rykъ σάκκος gen. 37. 34: nur einmal nachgewiesen.

rymŭ: p. rym reim. č. rým. — ahd. rīm. Vergl. klr. rychma vers ῥυθμός: ch aus f und dieses aus θ.

ryndza: klr. reńska. p. reńska, žo ładek cielęcy. slk. kłag je namočená ryncka. — rm. rînzę magen.

rynva: p. rynwa rinne. os. ryna. klr. rynva. — ahd. rinna.

rynŭkŭ: r. rynokъ markt. klr. rynok. p. rynek. č. rynk. — ahd. ring, hring. lit. rinkas. lett. rinka.

rysĭ: asl. rysь pardalis. rysvica. nsl. ris lynx meg. lex. leopardus lex. tigris habd. ris pigast panthera habd. risev, gen. risva, habd. kr. ris luč. s. ris. č. rys. p. klr. ryś. wr. ryśa. r. rysь. — rm. ris pardalis. rîs, rîsop lynx. preuss. luy sis. lit. lušis. lett. lūsis. ahd. luhs. gr. λύγξ. Trotz des r ist verwandtschaft mit luk leuchten wahrscheinlich: rysь aus ryksь.

ryterŭ: klr. ryter eques. rycer. ry car. łycar. r. rycarь. p. rycerz. č. rytíř. — lit. ricerius. mhd. ritter, rītāre.

rĭglŭ: ar. rъglъ heidnische gottheit der Russen: simu i rъglu i perunu.

rĭv-: asl. rьvьnъ aemulans. rьvenije ἔρις, ἐρίθεια. rьvьnovati ζηλοῦν. b. revne se es gefällt. revnêše se. porevnuva se mi ich habe lust. rimnuvam begehren lat. č. řevniti nacheifern. rozřevniti exacerbare. p. rzewnić bewegt machen. rzewnić sobie für wyrzekać, biadać. orzewnić trösten. os. řevnić streben. wr. revno zapłakała. r. revnivyj eifersüchtig. — rm. ręvnę, rîvnę, rîhnę, rîvnire zelus.

S.

sabanŭ: r. sabanъ *pflug mit rädern.*

sablja asl. nsl. s. r. *säbel.* b. sabija, sabja. č. šavle. slk. šabľa. p. szabla. ns. sabľa. klr. wr. šabľa. — rm. sabie. magy. száblya. lit. žoblė. šoblis. *Ein weiterverbreitetes wort unsichern ursprungs.*

sablĭ: asl. sablъ *gallus.* sablica.

sabovŭ: s. sabov *schneider.* nsl. sabol, sambolj. klr. sabův *ung.* — magy. szabó.

saburŭ: r. saburъ *aloë.* — türk. sabr.

sadlo: asl. salo *adeps.* nsl. b. s. salo. č. sádlo. p. os. sadło. ns. sadlo. p. sodlü. r. salo. — *preuss.* saltan *speck ist dunkel, lett.* sals *wohl slav. ursprungs. Das wort wird mit* sъsaъ *saugen verglichen, schwerlich mit recht: ein* sъsalo *findet sich nicht.*

sadulja: p. sadula *art baum. Fehlt bei Linde.* klr. saduľa. — lit. sadula *weichholz.*

safijanŭ: p. safjan *saffian.* r. safьjanъ. b. sahtijan. — türk. saχtian.

sag-: asl. sagati γαμεῖν *1. cor. 7. 36.-* slêpč. posagnati, posagati *nubere.* posagъ *nuptiae.* kr. poseg *nuptiae (unsicher).* č. posah *dos.* p. posag. wyposażyć. klr. posah *dos, locus, ubi sponsa per convivium nuptiale sedet.* wr. posah, posaha. r. posagъ, pósaga *dial.* ar. posjagъ *dos, nuptiae.* posjagnutъ, posjagatъ: *dieses wird als asl. angesehen.* — lit. pasogas. pasoga.

saganŭ: p. sagan *küchenkessel.* r. saganъ *für* bolьšaja *čaša dial.* b. sahan. s. sahan, sân. — türk. sakan, sakù. lit. sagonas. rm. sahan. magy. szahány. gr. σαχάνι.

sagŭ: asl. sagъ *wohl „cilicium"* nsl. sag *teppich jambr.* kr. s. sag. — *Man vergleicht lat.* sagum. sakŭ.

sacharŭ: asl. saharъ *saccharum.* — ai. çarkarā. pers. šakar. *Vergl.* cukŭrŭ, šekerŭ.

saja b. s. *art kleid.* nsl. šaja *art stoff (unsicher).* — türk. saja.

sajda r. *art fisch.* — and. seidhr. norw. sejd, sei *gadus virens.*

sajdakŭ: r. sajdakъ, sagajdakъ *köcher.* klr. sahajdak, sajdak. č. sajdák, pytel. p. sajdak *neben* sahajdak. sagajdakъ *wird r. dial. durch „bogen" erklärt.* — türk. sagdak, sajdak, sadak. lit. seidokas *köcher.*

saka-: b. sakam *wünschen, suchen.* kr. sakati *quaerere.* razsakati. r. sakatъ *für* peregovarivatъ *dial. reden.* sakatatъ *plaudern.* — *Vergl.* rm. sokoti *denken.*

sakŭ: asi. sakulъ *tasche.* nsl. b. sak *netz.* nsl. sačiti. s. sak. č. sak. p. sak. sakwy *quersack.* klr. sakuľa. sakvy. r. sakъ *netz.* sakva. prosakъ *seilerei, verlegenheit ist dunkel.* — lit. sakvelė. magy. szák. alb. sak. rm. sak. ngr. σαχχί. σαχχούλι. *Wie* s *zeugt, stammt nsl.* sak *usw. aus dem lat.* saccus σάχχος. hebr.-chald. sak. *Entlehnung aus dem d. ist nsl.* žakelj *sack.* kaš. žak *art netz.*

salamacha: p. sałamacha *art brei.* r. salamata *hafergrütze.*

salašĭ: s. č. salaš *villa.* b. šalaš. p. sałasz, szałasz. klr. šałaš. r. šalašъ. nsl. salašuvati *ung.* — rm. sęlaš. magy. szállás, szállani. türk. salaš.

salbunŭ: kr. salbun *sandkies.* — it. sabbione, *wofür man* sabljun *erwartet.*

samarŭ: asl. samarъ *onus.* b. kr. s. samar *onus, clitellae.* č. sum, soum. soumar *säumer.* — alb. samar. rm. sęgmariŭ. magy. szamár *esel.* klr. somar *ung.* ngr. σαμάρι. lat. sagma. gr. σάγμα. it. somaro *esel* venet. türk. sémér *saumsattel.* b. semer. kurd. semer. *Die č. wörter stammen aus dem d.:* ahd. soum. mlat. sauma, salma.

samovarŭ: r. samovarъ *theekessel: man denkt bei diesem worte an Cicero's authepta.* — *Wahrscheinlich ist es tat.* sanabar. kalmück. sanamur *stammt aus*

dem r. *Als slav. wird* samovarŭ *im lit.*
patsverdąs *aufgefasst.*

samvikŭ r. sambuca. — *gr.* σαμβύκης.
lat. sambuca. *mhd.* sambūke.

samŭ: *asl.* samъ *ipse, solus, unus.*
samьсь *mas.* samobratьсь αὐτάδελφος. samo-
jadьcь *proximum perdens.* nsl. sam. sam
samehni *ganz allein.* samorogač *unicornis.*
samec. samec — *par ungerade* — *gerade.*
samota *einsamkeit.* samojstra, samostrel
billichfalle. samotrek, samotretji *selbdritt.*
b. sam. samičъk. samovila. s. sam. č.
sám. samota. samec. samotihy *handschlitten:*
asl. *samotęgy. p. sam. samiec. polab.
somâc. somaiću. os. sam. sanc. samica
weibchen. r. samъ. samecъ. — *ai.* samas
similis, wofür man slav. somъ *erwartet.*
got. sama. samana. *ahd.* saman. *gr.* ὁμός.
Vergl. finn. sama *idem.*

sanŭukŭ: s. sanduk *kiste.* b. sъndъk. klr. sunduk. r. sundukъ. — *türk.*
sandęk. *lett.* sundaka, sundurs *tornister.*

sandžakŭ: b. s. sandžak *fahne, bezirk.* p. sędziak *richter, an* sąd *erinnernd,
von demselben jedoch kaum ableitbar, daher
wohl türk.. sędziaki u turkow. — türk.*
sandžak *lanze mit einem rossschweif, fahne,
bezirk.*

sani *plur. f.* nsl. *schlitten.* sankati se.
b. sani. sanije. s. sanjke. saoni. saonice.
č. sáně. p. sanie. os. ns. saňe. klr.
sańi. r. sani. — *magy.* szán. rm. sanie.
lett. sânus, sanas.

sanitŭ: *asl.* sanitъ *sanctus. Unmittelbar aus dem d.: ahd.* sancti. *mhd.* sancte,
sante. *Das wort findet sich indessen nur
in r.-slov. quellen.* nsl. šent: šempeter.
šentati *lästern.* š: škocjan *sanctus cantianus.*
šent᷏ hudi duh. *Mit sanctus, s.* sat, *hängt
auch* kr. sut, su *zusammen:* sat Ivanac.
sut Ivan. su Stipan. kt *wird slav. sonst*
jt, tj *oder* k *fällt aus.*

sanŭ: asl. sanъ *dignitas, honor.* sanovitъ. sanovьnikъ: *damit hängt* samъčij *zusammen, wofür gr.* σαμψής. r. sanъ. pri-
osanitь sja. osanka *würdevolles aussehen.*
— *Das wort ist türk. ursprungs: nordtürk.*
sanamak *compter, estimer;* san *für* r. *čestь,*

počestь. *kuman.* san *numerus. Das wort
kam aus der sprache der türk. Bulgaren
in die kirchensprache und durch diese in
das r.* sanŭ *ist nicht pann.*

sanǐ: asl. sanь *f. draco.* č. saň,
saně *f.* san *m. dial.* sanoť.

sapogŭ: asl. r. sapogъ *calceus.* klr.
sapoh. — *lit.* sopagas. *Vergl. lett.* zābaks.

sapunŭ: asl. sapunъ *sapo.* nsl. so-
pun *jambr.* b. s. sapun. polab. sipâv
plur. gen. ist d. — rm. sępon. *alb.* sapun.
magy. szappan. *türk.* sabun. *gr.* σάπων.
ngr. σαπούνι. *türk.* sabun. *Aus dem d.:
ahd.* seifa, *and.* sápa *stammen* nsl. žajfa,
ns. zeipa. *Das auch in den finnischen
sprachen* (saipio, saipua) *verbreitete wort
ist unsichern ursprungs: man denkt an entlehnung aus dem tat.*

sara nsl. s. *stiefelschaft.* č. sára. —
magy. szár.

sarafanŭ: r. sarafanъ *art frauenkleid.* p. sarafan, serafan. — *pers.* se-
rapa *art langes kleid.* gr. σάραπις *bei
Hesychius.*

sarana, saranča klr. *heuschrecke.* p.
szarańcza. wr. sarančuk *geflügeltes insekt.*
r. saranča *wanderheuschrecke.* — *Man führt
ein türk.-pers.* džaradža *an.*

sarandarŭ: s. sarandar, salandar *almosen an die mönche, todtengebet auf vierzig tage.* — ngr. σαραντάρι. *Vergl.* sorokŭ.

sarka s. *art wildente.* — *magy.* szár-
csa *fulica atra.* rm. sarče. *türk.* sérčé.

sarža b. r. *art wollener stoff.* č. sarše.
(p. szarza *graues tuch gehört zu* sěrŭ). —
it. sargia. fz. serge. *lat.* serica. *mlat.
auch* sarica.

• **sasŭ** 1.: as. sasinъ *Sachse.* p. os.
wr. sas. polab. šosky, šoský *vornehmer
Deutscher.* — *ahd.* sahso: *in* sas- *ist* h *ausgefallen. lit.* saksas, sasas, sos.

sasŭ 2.: nsl. sas *entsetzen.* sasiti *erschrecken.*

sasygŭ: asl. sasygъ *fornax fusoria.*

savanŭ: asl. r. savanъ *sabanum.* b.
savan. — *gr.* σάβανον. *mlat.* sabanum.

savura b. *ballast.* — rm. saburę. *Aus
dem ngr.:* σχβούρα. *mlat.* saburra.

sazanŭ: r. sazanъ *karpfen.* — *ngr.* σαζάνι. *türk.* sazan.

sazŭ: b. saz *schilf.* p. sasina *schilf zum düngen der äcker.* — *türk.* saz.

scêg-: asl. scêglь *solus.* scêglo κατ' ἰδίαν *nicol.* cêgĭ. cêgъhъ: cêgъhъ roditi se imatъ *pat.-mih. 169.* s. cigli. ciglovetni (ciglъ-et-ьnъ). cikti. p. szczegoł *das einzelne, besondere, im gegensatz zu ogoł.* szczegolny, sam jeden. kaš. ščegulc *für r.* otdêlьnyj kusokъ. klr. ščehołaty *sich putzen.* r. ščegolь *stutzer.* ščegolovatyj: *die bedeutung hat sich aus der bedeutung des singulären, besondern entwickelt. In der bedeutung weichen ab* č. stêhlý, štěhlý, štíhlý *schlank,* r. ščegolьnyj *für* ostryj. *W. vielleicht* skĭg.

se p., *wie es scheint, verstärkende partikel:* jestem se poczciwa *volksl.*

sebd-: asl. sedmь *aus* sebdmъ *siebenter.* sedmь *sieben:* sedmь tą hlêbъ *marc. 8. 6-zogr.* sedmišti, ždy, -ždy *siebenmal.* nsl. sedmi. sedem *usw.* č. sedmý. sedm (sedem, sedum). p. siodmy. siedm. r. semь. — *Hinsichtlich des* bd *vergleiche man* ἕβδομος. *lit.* septīni *m. lett.* septińi *m. ai.* sapta. *zend.* hapta. *got.* sibun.

sebrŭ: as. sebrъ *plebejus, jedoch frei, nicht* rab. nsl. sreber *rusticus habd.* kr. sebar. s. sebar, težak. *Man denkt an das volk der Sabiren* σάβειροι, ἔθνος οὐννικόν. *Das wort hat mit* sjabrъ *nichts gemein.*

sed. *Die W.* sed *erscheint in den davon abgeleiteten stämmen I. als* sed, *II. als* send, *III. als* sêd, *IV. als* sad. *I.* sed. asl. sedlo *sattel.* osedlati *satteln;* selo *fundus, eig. das besiedelte.* seljaninъ, poseljaninъ *rusticus.* selište *tentorium, aula.* -seliti, -seljati. selitva *habitatio. (Vergl. got.* salithvōs). naseljenaja, vъseljenaja *ist* ἡ οἰκουμένη *(terra) habitata.* nsl. sedlo; selo. sedlo, *jetzt meist* sêlo, *ON.* b. sedlo; selo *dorf.* selište *Vinga.* selênin. selač. s. sedlo. sedlati. seldati; selo. as. zaselьkъ. č. sedlo; selo *dorf, acker neben* sedlák *bauer,* sedlište *wohnsitz.* slk. sedliak. p. siodło *sattel;* sioło, sieło *dorf.* siołka *bäuerin dial.* sielanin. *Daneben* siodłak. siedlić *seinen sitz nehmen.* osiedlić *ansiedeln.* siedlisko.

rozsiedlina. kaš. sedla *bank.* polab. sêdlü *sattel;* sêdlaist *ON.* os. sedlo; sydło *wohnsitz.* sedlak *bauer.* ns. sodlo *sattel;* sedlo *sitz.* sedlišćo *ON. Zedlitz.* klr. śidło. śidłaty; seło. prysełok *kleines dorf.* oseła *wohnort.* r. sêdlo; selo. selitь. — *rm.* selište. *lett.* sedli, segli *sattel. ahd.* satal, satul; *and.* södhull; *d.* sattel *können auf* sed *nicht zurückgeführt werden: man vermuthet entlehnung aus einer idg. sprache; es darf auf slav.* sedlo *hingewiesen werden. Der zusammenhang von* selo *dorf mit* sêd *wird in abrede gestellt trotz* sedlo *im* č. sedlák *und sonst; dagegen kann allerdings* got. salithvōs *wohnung eingewandt werden: sicher ist, dass die andern erklärungen unzulässig sind.* *II.* send. *Die W.* sed *mit nasal verstärktem vocal tritt in den praesensformen ein:* asl. sędą. sędi: *ein impf.* sedêahъ *kann ich nicht nachweisen.* č. sedu *neben* sadu. p. siądę: *im inf. neben* sieść *die unhist. form* siąść. siędnąć. kaš. sinąc. r. sjadu, *inf.* sêstь *neben dial.* sjastь. *Dagegen* s. sjedem. *III.* sêd. *Die W.* sed *mit gedehntem vocal tritt in den inf.-formen ein; ferners in dem verbum durat.* sêdêti *und in der iter. form:* sêdati. asl. sêsti. sêdohъ *usw.* sêdêti. sêdati. sêdalište. rasêsti sę *scindi.* rasêlь *scissio.* prêsêda *insidiae.* sąsêdъ. sъsêsti sę. nsl. sêsti. bôdô poséli zemljo *possidebunt trub.* sôsed. sosêska, sosêščina *gemeinde.* sesêdati se *gerinnen, sich setzen.* zasêd *insidiae hdbd.* sêdno *satteldruck.* b. sêdja, sêdna *vb.* sêdalo. sêdênka *gesellschaft.* sъsêd. blizosêd. kr. side besiditi *fieng an zu sprechen.* s. sio, sjeo: *asl.* sêlъ. sjedi. sjedati. sijelo *sitzgesellschaft:* asl. *sêlo. susjed. č. sedati. soused. sídlo *wohnort.* sídliti. p. siedzieć. siedziba *wohnsitz.* siadać. sąsiad. os. (sydnyć so). sydać so. susod. ns. sejžeš. sedaš. sused. klr. śisty. śidity. susida. wr. sêść. sêdać. sêdziba. sused. r. sêstь. nasêstь *aufsitzstange.* sidêtь. sêdatь. osêdlo *colonie.* razsêlyj *scissus.* razsêlina. sêlo *sinken.* sosêdъ, *dial.* susêdъ. — *lit.* sêdu. susêdas. *Die W.* sed *wird durch zweite steig. IV.* sadŭ.

asl. sadъ *planta.* sadovije. saditi, saždati
plantare, figere. dosaditi *injuria afficere.*
dosada. prosaditi *rumpere.* sažda *russ,*
eig. was sich ansetzt. nsl. sad. saditi.
saja *russ.* sajav. b. sad. sadina. sadja ъb.
saždi *plur. russ.* s. sad. saditi; sadjati.
nasad *bruteier.* sadno *sattelwunde des pfer-*
des. č. sad. saditi. sáze. sázavka. sadno,
sadmo *satteldruck.* p. sad. sadzić, sado-
wić. osada. rozsada. sadno, sedno *wund-*
geriebene stelle. sadz, sadzawka *fischkasten.*
sadziba, *aus dem klr.* sadyba. sadze. polab.
sodzåi *russ.* os. sad. sadžić. sadžba. sazy.
ns. sad. sajžiś. vosada *gemeinde.* klr. sad.
sadovyty. sadyba. dosada *verdruss.* rozsada. saž, sažok *für* chliveć. sažavka. nasad *kahn chrest. 479.* wr. sad. rosada.
sadziba. saževka. r. sadъ. saditь. dosada.
osada. posadъ. posadnikъ. zasada. saža
russ. sažalka *setzteich.* sadno *aufgeriebene*
stelle. — rm. dosadę. ręsad. posadę. po-
sadnikę *concubina.* magy. nászád *schiff.*
rásza *pflanze zum versetzen.* preuss. sosto
bank. lit. sěsti s. sostas. sěděti. sodas
garten. soda *dorf.* sodinti *pflanzen.* (sódinti
berussen). sůdžei, sodžiai *russ.* sodíba. sod-
nas. susédas. rasoda *setzlinge.* lett. sěst.
sēdět. sādža *dorf.* sōdeji, sōdri *russ.* got.
sitan. satjan, *das jedoch lautlich nicht dem*
saditi *entspricht.* lat. sed. gr. ἕδ. ai.
sad. sāda *sessio.* sādaja.

sek- 1.: r. osoka *endroit où l'animal*
est traqué. Man darf bei diesem worte an
lit. sekti, seku *folgen denken.*

sek- 2.: *Die W.* sek *hat gedehnten*
vocal: nur in sekyra *naz. hacke zogr. ostrom.*
scheint sich e erhalten zu haben, wogegen s.
sjekira *eingewendet werden kann.* asl. sěką,
sěšti *secare.* posěkъ τομή. sąsěkъ *mehlkasten.*
sěčivo *axt.* sěča, sěčь. sěčьnъ *januarius*
(*wohl vom holzfällen*). iter. -sěkati, -sěcati.
nsl. sěčem, sěči. sěčen *februar.* preseka
gehau. sekira, ščira. sěnosěk *mäher.* b.
sěka *vb.* sъčivo *werkzeug.* s. sjeći, sije-
čem. sjekira. sječa. sječivo *schneideinstru-*
ment. sječanj *jänner.* č. seku, séci. sekera.
sousek *kornkasten.* paseka *verhau, holz-*
schlag. slk. súsek, truhla *dial.* p. siekę,

siec. siek *hauen.* siekiera. sąsiek *banse.*
pasieka *verhau, bienengarten.* siecz, sicz
kosakenverhau, aus dem klr. polab. sěct.
eusěct *abhauen.* sikåŕa, sikår. os. syku,
syc *hauen.* sekera *axt.* ns. sekaś. sekera.
klr. śiku, śičy. paśika. sokyra. zaśik *banse.*
Vergl. osoka *scharfes riedgras, carex acuta.*
wr. sěku, sěkci. sekera. sěčeń *jänner.* soka,
osoka *carex.* r. sěku, sěčь. sěkatь. sěča,
sěčь. sekêra, sokera, sěkira. osoka *carex.*
— magy. szuszék. aszag *segmentum:* č.
osek. rm. sęseak. susaj. sękure: *der*
accent spricht gegen den lat. ursprung des
wortes. lit. sīkis *hieb.* sěkis *december:*
sīkis arba grudis. pasěkelis *schmiedehammer.*
šetka *hackmesser ist* r. sěčka. ahd. sěh,
sěch *pflugmesser.* lat. sěcare. *Man ver-*
gleiche auch asl. osěkъ *ovile glag.,* nsl.
osek *hürde,* r. osěkъ *für* pasěka, izgo-
ъoda izъ kolьevъ; osikъ, město, gdě sto-
jatъ ulьi. osěkъ *ovile ist man geneigt mit*
ahd. sweiga *und gr.* σηκός *zu verbinden.*

seka kr. s. *untiefe, syrtis,* hrid. —
it. secca *untiefe, sandbank, klippe.* s. sekati, pljuskati vodu iz barke *it.* seccare.
Vergl. jedoch lit. sekis, sekluma *und lett.*
sěce, sekla *untiefe, sandbank.*

sel-: r. selava *cyprinus alburnus.* wr.
siľava. — lit. selava, salava.

seldĭ: r. selьdь, seledka *häring.* klr.
seľedka. wr. seledzeć. p. śledź. —
preuss. sylecke. lit. silkė, silkis. lett.
siľke *aus* sildke. *Das wort ist entlehnt:*
and. sīld. aschwed. sild. schwed. sill: *da-*
von auch finn. sill, *ehstn.* silk, .gen. silgu.
Im ąnd. sīld *glaubt man* solь *salz zu er-*
kennen: s. renga *usw. beruht auf d.* hering,
ahd. haring, *bei dem an* halec *gedacht wird.* —

selinŭ: asl. selinъ, selina σέλινον. as.
selina. s. selen. — rm. sęlinę. *Aus dem gr.*

selmen: asl. slěmę *balken.* nsl.
slěme. s. šljeme. č. slémě. slk. sle-
meň. p. szlemię *für* ślemię. klr. seľe-
meno *ung.* ar. solomja, *das durch* prolivъ *erklärt wird, gehört nicht hieher.* —
lit. šelmů, šelmenis *giebel; daneben* zelme-
nis. šalma *balken.* magy. szelemen. *Man*
vergleicht as. selmo *bett.* gr. σέλμα *gebälk.*

selp-: asl. vъslъpêti *exsilire: daneben*
vъslêpati. *Vergl.* nsl. slap *wasserfall.* p.
r. *fehlt das wort. Vergl.* slêpa-.

selz- 1.: asl. slêzena. nsl. slezéna,
sklezéna, sklizénka.   b. slêzena.   kr.
slezenjiv *spleneticus.* s. č. slezina. p.
śledziona *statt des erwarteten* śleziona.
klr. sełežinka.   r. selezenka, *alt* selezena
tichonr. 1. 201. selezenja *1. 128; 2. 358.*
359. *Mit dem* p. *stimmt hinsichtlich des ďz
das neben* sełežinka *vorkommende* klr. se-
łedjanka *überein. Ausserdem besitzt das* p.
die form słodzona, *das sich an* sołdъ (sladъkъ) *anlehnt: auch os.* słozyna *weicht im*
ło *ab; man erwartet* slezyna: *vergl.* šlez-
nička *milzkraut. Im* ns. słozyna *ist* l *nicht*
erweicht. Die slav. formen setzen wie das
ir. selg *ein ursprachliches* selgh-, sergh-,
(spelgh-)*voraus. Wie preuss.* blusne, *lit.* bluž-
nis, blužně *damit zusammenhängt, ist dunkel:*
es beruht wohl auf spłužnis *lit.* ž *passt zu*
slav. z *aus palat.* gh: *zend.* spereza, *ai.*
plīhan *aus* splīhan.   *gr.* σπλήν, σπλάγχνον,
lat. liēn *stehen vom slav. wort weit ab. Vergl.*
it. spianza *Veglia.*

selz- 2.: r. selezenь, selechъ *entrich.*
klr. sełezeń, sełech, sełyk. *Vergl.* p. ślizień
PN. aus slezień.   *lit.* seležianius. zelzinas.
Man vermuthet verwandtschaft mit selzena,
vielleicht der farbe wegen, wohl ohne grund.

sendra: asl. sędra θρόμβος *geronnene*
flüssigkeit: sędry krъvьny.   s. sedra, siga
kalksinter, č. sádra, sadra *gyps, ursprüng-*
lich vielleicht „sinter". Vergl. ahd. sintar
metallschlacke.   p. zendra, zyndra, zędra.
lit. dzindra.

senet-: nsl. presenetiti *incantare.* presenetiti se *obstupescere. Abseits steht* obša-
nost *confusio.*   kr. presenetiti se. *Vergl.*
senuti *delirare verant.* s. zasjenuti *deci-*
pere mik.

seng-: asl. sęgnąti *den arm ausstrecken.*
sęžьnь *klafter. iter.* -sęzati. prisešti, prisę-
gnąti *berühren: daher* prisęga *eid.* prisešti,
prisęgati *schwören: der eid wurde auf etwas*
geleistet, das der schwörende berührte. nsl.
seči, segnoti. sežęnj, sežem. prisęga *eid.*
priseči, prisęgati: *vergl.* v rôke seči *fidem*

dare lex.   b. segna, posêgam, doseguvam
vb. sъžen.   kr. seči. posizati *arripere.* s.
segnuti, sezati. sežanj.   č. sáhnouti. sáh
ausstrecken der hand, klafter. dial. śaha
dřeva, síha *dial.* přisaha. přisáhnouti, pri-
sáhati.   slk. pri samej zemi prisahám.
p. siągnąć, sięgnąć. siąg. sążeń, *wofür man*
siążeń *erwartet.* przysięga. przysiąć, przy-
sięgnąć.   kaš. signanc.   polab. sāzmā
(*sęžĭmen) *faden (holz).* os. sahać. sah.
sažeń. přisaha.   ns. sćežan *klafter.* pši-
sega.   klr. pryśaha pryśahnuty. pośahnuty
erlangen.   r. sjagnutь, sjagatь. saženь
für sjaženь. prisjaga. — *Vergl. lit.* sěkiu,
sěkti *wonach die hand ausstrecken.* sěk-
snis *klafter.* sěgti, prisěkti *schwören.* prī-
sěka, prīsěga *eid. lett.* sažēns. *ai.* sanj:
abhišaṅga *eid. Aus* sęžьnь *wird wohl rm.*
stînžîn, stînžen *klafter und daraus b.* stъn-
žina *entstanden sein: vergl. jedoch* ns. sćežan.

senk-: asl. sęknąti *fluere.* isęknąti
effluere: isęče voda. isęcati *deficere:* isę-
četъ ljuby. brašnomъ isęčęnije. prêsęknąti,
prêsęcati *deficere, siccari.* usęcati *emungere.*
steig. *sąk-: prêsąčęnije. sąčilo *fornax,*
eig. der ort des trocknens. prêsąčiti *istoč-*
nikъ *sin.*   nsl. useknoti *emungere.* use-
kovanje nosa.   b. prêsekna *versiegen:* voda
da bi prêseknъla *mil.* 71. rêka mi seknъla
45. sekna *emungere.* s. useknuti *emun-*
gere. oseklo je more. oseka *maris recessus.*
č. sáknouti, sákati *sickern.*   slk. sviaklo *es*
sickerte ein für vs-.   p. siąknąć, *minder gut*
sięknąć. wysiąkać *schnäuzen.* sączyć *in*
tropfen fliessen machen wsączyć *einsickern*
lassen. os. saknyć.   klr. vśaknuty *ein-*
sickern. vyśakaty nòs *emungere.* r. sjaknutь
tropfen dial. versiegen. izsjaklyj *trocken.* pro-
sjakatь *seihen.* sěkatь *für* močitь sja *dial.* —
lit. iśsekti *versiegen.* sunkti *absickern. lett.*
sikt, siku *versiegen. ahd.* sīhan *seihen.*
ai. sič, siñčati. *Vergl.* sīk . *Vielleicht sind*
die formen für „trocknen" von denen für
„fliessen" zu sondern. s. sekati *aquam*
projicere e navi ist č.: secco. Vergl. osêka.

senti: asl. sęti *praes.* sętъ, sę *aor.*
inquit. Ein wort, das auch in sin. vorkommt
sętъ, to jestъ reče *psalt.-tolst.* 87.

sentjŭ: asl. sęštь *prudens.* — *Dunkel:*
man denkt an lat. sentio. *Vergl. lit.* sintiėti
denken.

senĭcĭ: nsl. senec, senci *schläfe: da-*
neben osemci, *was an magy.* szem *auge,*
daher gegend um die augen, denken liess.

sepa-: ns. sepaś *klopfen (vom herzen,*
vom puls). Vergl. b. sepna, sepnuvam
erschrecken (im schlaf).

ser-: serą, sьrati *cacare ist asl. nicht*
nachgewiesen. nsl. serjem, srati. serja, sirja
stercus. s. serem, srati. *iter.* -sirati. č.
seru, sráti. p. sram, srać. polab. sårat *ca-*
care. serė *cacat.* nosårat *incacare.* os. seru,
srać. srava *durchfall.* ns. seru, seťom,
sraś. klr. sraty. wr. sur *mist.* r. *Das*
verbum fehlt in den wörterbüchern. sorъ
schmutz: vergl. gr. σαίρω. σωρός. — *lett.*
serīt. *Vergl. magy.* szar *merda, das nicht*
slav. sein soll, weil aus dem r. keine wörter
in das magy. gekommen seien, wobei man
nur an das grossrussische denkt.

serb- 1.: p. pasierb *stiefsohn.* pasier-
bica. klr. wr. paserb. paserbica. r.
paserbъ. *Vergl.* klr. pryserbyty śa *sich*
an jemand heften.

serb- 2.: s. srb, srbin; srbalj, srbljin
Serbe. os. serb. serby *Wendenland.* ns.
serbski, serski. — *rm.* sîrb.

serb- 3.: asl. srъbati *sorbere.* nsl.
srbati. srbotati, *daneben* srebolja *molke.*
b. srъbam *vb.* p. sarbać *neben* serbać,
sorbać. klr. vyserbnuty *chrest.* 284. wr.
serbać. r. serbatь. *Daneben nach* tert, trêt
nsl. srêbati *meg.* srêbsti. č. střebati. kaš.
strzebac. os. sřebać. ns. sřebaś. *Mit*
dem auslaut k: asl. srъkati. nsl. srkati,
srknoti. b. srъkam *vb.* s. srkati, srk-
nuti. č. srkati. p. sarkać, szarkać.
— *lit.* surbti. srêbti. srûbti. siurpti. sur-
belė *blutegel.* surbuloti. *lett.* surbt *neben*
strêbt. *lat.* sorbere. *gr.* ῥοφέω *aus* σροφέω.

serbal-: r. serbalina *hagebutte. Vergl.*
sorobalina, sorbalina *brombeere.*

serčĭ: s. srč *m. eiche.*

serdakŭ: p. klr. serdak *brustlatz.* —
lit. serdokas, šerdokas. *Vergl. klr.* oser-
dak *art weste:* serdo.

serdo, *daraus das deminut.* asl.
srьdьce *herz.* nsl. s. srdce. nsl. srdce,
otlina srėdi ôgelne kôpe *quandelraum.*
srčnik *mittelfinger.* b. srъdce. č. srdce.
p. serce, *älter* sierce. (*Vergl.* miłosierny).
serdeczny (*lit.* serdečnikas) *spannnagel.*
os. (*dafür* vutroba, *asl.* ątroba. ns.
vutšoba, hutšoba). klr. serdce. wr.
serce (*nicht* ś). r. serdce. serdo *bezeich-*
net I. in den formen tert, trъt *den sitz der*
gefühle, II. in der form trêt, tret, teret
die mitte. I. asl. srъditi sę *zürnen.* srъ-
ditъ *zornig.* blago-, drъzo-, lasko-, vyso-,
zъlosrъdъ. besrъžda *vecors.* milosrъdъ *barm-*
herzig (got. armahairts). *Vergl.* srъdobolja
verwandter, eig. der das mitgefühl erre-
gende. srъdobolь. usrъdije *alacritas.* nsl.
srd *ira meg.* srditi se. srdit. b. srъdja *er-*
zürnen. srъdit. srъčen, srъčeliv *muthig.*
srъčba, srъžba *aus* srdžba. s. srditi, srčiti.
srdit. usrdje. srdnja. srdžba. srdobolja *dy-*
senteria (vergl. rm. inima čê rê). č. srdatý,
srdnatý *muthig.* p. sierdzić. sierdzić się.
rozsierdzie *furor.* klr. serdyty śa. serdo-
boľa *consanguineus.* r. serditь. serdityj.
serdobolie *mitleid.* II. asl. srêda *mitte;*
mittwoch nach dem ahd. mittawêcha. srêdê.
srêdu. srêdьnь. nsl. srêda. sredica, srdíca
krume. Hieher gehört wohl auch srênja *sitz*
der gemeindeobrigkeit. b. srêdá *mitte.* srêda
mittwoch. srêdê, srêd, strêdê, strêd *adv.* s.
srijeda. srednji. č. streda, střída. středmý,
strídmy *der mittlere, mässige.* střední. střed
adv. p. środa. środni. pośrod. kaš.
strzoda. strzeni *mittlerer.* polab. srêda *mitte,*
mittwoch. sridny. os. sředa. słodka *krume.*
ns. sředny. klr. sereda. seredyna. na sered. wr. posrodok, *aus dem p.* v serědku.
sereda. sered *adv.* r. sereda, sreda. se-
rednij. poseredkomъ. serědъ *dial.* sredstvo.
lit. sereda. srêda *mittwoch stammt aus dem*
d.: es ist in Pannonien aufgenommen worden.
Nach der zählung der Slaven, die mit dem
montag beginnen, würde der donnerstag die
mitte der woche bilden. — *rm. alt* usręduit.
osîrdie *eifer.* sîrgui *vb.* sîrguincę: *daher*
sîrg *eile.* de sîrg. *preuss.* seyr *herz.* sirs-
dau *unter.* *lit.* širdis. priširdis. širditi s

zilrnen. *Entlehnt*. sereda, seriada *für*
älteres pusevaitě *mittwoch*. *lett*. sirds. pa-
sirds *magen*. sirdīti s *zornig werden*. *arm*.
sirt, *gen*. srti. *gr*. καρδία. *lat*. cordi (cor).
got. hairto. *air*. cride. *Slav*. s *ist palat*. k.
Dagegen ai. hrd *aus* ghrd. *Mit serdo mag*
zusammenhangen č. štřen, střeň *baum-*
mark, eiterstock aus srědnъ. *Aus* střeň *ent-*
stand *zdřeň (nozdrъ *aus* nostrъ), dřeň.
p. zdrzeń, drzeń, rdzeń, drdzeń. os. dřen.
ns. dźeń: *vergl*. os. žŕo, zŕo. *Baummark*
ist nsl. srdek: *daneben* svrg, svrž; s. srč,
srčika: *daneben* srž, srš; klr. serce; r.
serdcevina; *lett*., *entlehnt*, serde; *fz*. le
coeur d'un arbre.

serdĭcĭ: asl. srědьcь. — *gr*. σαρδική,
σερδική.

serg-: *die W. geht* asl. *nach* tert, trêt *über*
in sterg, strêg: strêgą, strěšti *vb. servare:*
daneben strъga. strêgъ κουρά *naz*. 174. (*Vergl*.
ostrogъ *vallum, castrum*). *Aus* serg *wird*
sorgŭ: asl. sragъ *austerus, torvus, womit*
got. saurga *sorge verglichen wird*. *Regel-*
mässig tritt t *zwischen* s *und* r: stražь, stra-
žij *custos*. straža, stražьba *custodia*. nsl.
strêžem, strêči *erwarten, auflauern*. vstrêči
(komu) *gefällig sein*. postrêči (koga). strêžba
dienst. b. straža. kr. ustrže *vidit Veglia*.
s. straža. strog *ist* r. č. střehu, střici.
ostraha *sorge*. nástraha *köder*. strahovati
bewachen. stráže, stráž. p. strzegę, strzec.
stroža: *daneben* straža. strož: *daneben* straž.
przestroga *warnung*. nastroga *köder*. srogi
grimmig, sehr grossj nasrožyć. ostrog *ver-*
pallisadirung. ap. strzodza *custodia flor*.
entspricht einem asl. strêzja *aus* strêgja.
os. stroža: *daneben* straža. klr. sterehu,
sterečy. sterihaty, -sterehaty. ostoroha.
zastoroha *verwahrung*. storoža. byty na
ostroži *vorsichtig sein*. ostrôh *gefängniss*.
wr. scerehu, scerehci. scerehać. zasce-
roha. scerežonyj *für* r. ostorožnyj. strogij *für* r. čutkij, ostorožnyj, ostrožnyj.
storoža: *daneben* stražnik. strež se *impt*.
r. steregu, sterečь. -steregatь. sterežitь
dial. für storožitь. *Aus* sorgъ *erwartet*
man sorogъ, *das nur in* soroga *für* ne-
sgovorčivyj *čelovêkъ dial. vorkommt:*

dafür sonst strogij *streng, das wohl dem*
p. srogi *seinen ursprung verdankt*. strožitь
für staratь sja *dial*. ostrogъ *befestigter ort*.
stroga *dial. für* ostroga. ostorožnyj. storoža *neben* straža. stražba. storožъ. nastoro-
žětь *neben dial*. nastrožětь. — *rm*. straža.
strežui *vb*. *lit*. sergti. sergěti. sargas
wächter. sarga, sarktis *wache*. sragus *ist*
p. srogi. stražininkas. *lett*. sargāt *hüten*.
sargs *wächter*. stroža *ist* p.

serch- 1.: asl. vъsrъhnąti *wohl „erigi"*
tichonr. *1*. 258. srъšati. vъsrъhlъ *naz*. *178*.
srъhъkъ *asper*. *Durch steig*. sorh, *daher*
vъsrašiti *erigere*. nsl. sršati *wollartig sein*.
lasje mi sršé. nasršiti se *die federn sträu-*
ben. usrhel, strhel, nezdrav se videti v lice.
Vergl. srhovi me prolaze *es schauert mich,*
was als kr. *angeführt wird*. b. nastrъ-
hnuvam (za kosa) *vb*. s. stršiti. nakostriješiti *das haar sträuben*. p. nasierszały,
naježony. klr. šerechatyj *rauh*. wr.
šerchać, šeršić *rauh machen*. r. šeršavyj
rauh. šorochъ *rauhe oberfläche*. šerocho-
vatyj. šerošitь. šorochyj *bunt*. šorošenami
glavami. *Vergl*. šorochъ *geräusch*. *In* p.
szorstki, szerstki *rauh, nicht glatt kommt*
das urspr. sers *zum vorschein: lit*. šurk-
štus *rauh, scharf*. *Anlautendes* š *für* s *tritt*
auch in r. šerstь, asl. *usw*. srъstь *ein*.

serch- 2.: asl. srъša *vespa*. srъšenь,
strъšenь, strъšelъ *crabro*. nsl. sršen *horniss*.
s. sršljen, stršljen. č. srch, sršeň, sršán.
sršatý *rauh*. p. sierszeń, szerszeń. polab.
sårsén. os. ns. šeršeń. klr. šeršeň, šer-
šun. r. šeršenь. — *preuss*. sirsilis. *lit*.
širšů. širšonas. širkšlīs, širšlīs. *Vergl*. č.
sršeti *summen und* serch- 1.

sermenga: p. siermięga *grobes bauern-*
tuch. klr. semrjaha. wr. sermjaha. r.
sermjaga. *dial*. sermjagъ. — *lit*. sermėga.
Sicher fremd.

sermŭ: asl. srêmъ. s. srijem. —
magy. szerem, *daraus* p. seremski. *gr*.
σίρμιον, *σέρμιον.

serna: asl. srъna *rch*. srъnъ. nsl.
srna. b. srъna. s. srna. srnče. č.
srna. srn. p. ns. sarna. kaš. soreń.

oz. sorna. serna. **klr.** serna. sern. **r.**
serna. — *lit. lett.* stirna *befremdet.*

sernŭ: asl. srênъ *weiss.* **nsl.** srên
reif, harsch, der erste schnee, gefrorener
schnee. srênj *schneekruste.* **č.** střín, střín
eis an baumzweigen. **slk.** srien *eisstoss.*
p. śrzon, śron, szron *reif, gefrorner thau.*
śrzenisty. szreń, drobna kra na potokach.
klr. seren *ung.* šeren. pošereńity *sich mit*
šeren *bedecken.* **wr.** sêren (*richtig* seren)
schneekruste. **r.** serenъ *für* gololedь *reif.*
dial. čerenъ. — *Vergl. lit.* širvas, širmas
apfelgrau. širkšnis, šerkšnas *reif.* sarma
gefrorner thau. **lett.** sêrsna *reiffrost. Vergl.*
tolna. *Slav.* s *ist wohl palat.* k.

serp-: p. sarpnąć *fortreissen dial.*

serpanka, sierpanka **p.** *art kopfputz*
der frauen. — *türk. pers.* sérpénék: *vergl.*
sêrpoš, šérbuš, tarpoš, s. tarpoš.

serpŭ: asl. srъpъ *sichel.* **nsl.** srp.
srpan: mali srpan *juli,* veliki srpan *august.*
b. srъp. **s.** srp. srpanj. **č.** srp. **p.** sierp,
sierzp. sierpień. **os. ns.** serp. **klr.** serp.
wr. serpeń. **r.** serpъ. serpenь. — *lett.*
sirpe. *gr.* ἅρπη. *lat.* sarpo. *Vergl. ahd.*
sarf *scharf.* **p.** serebszczyzna, *minder richtig*
sierpszczyzna, *art abgabe wird von* sierp
abgeleitet und durch „sichelgeld" erklärt: es
steckt in dem worte wahrscheinlich der volks-
name serb- 2.

serstĭ: asl. srъstь *pili.* **nsl.** srst.
č. srsť. *dial.* srść, žíně. **p.** sierść, szerść,
sierć. **os.** seršć. **klr.** šersť. **r.** šerstь.
— *lit.* šerstêlis *fell. Vergl.* serch- 1.

sert-: s. nasrtati. nasrnuti *über einen*
herfallen. Die lautfolge sert *ist nicht sicher.*
b. posrънъl *für* r. smutnyj. *Vergl.* sertiti se:
nsl. puran se srti *geräth in zorn Ukrain.*

serv-: b. nastrъvja se *sich verwöh-*
nen. Durch steig. sorv-, *daher* nasraviti *ge-*
wöhnen.

serĭga: r. serьga *ohrring.* serežki, u
pêtucha na šei, podvêski *dial.* **klr.** sergi,
kulčyky. *Man denkt an* **asl.** useręgъ:
vielleicht stammt jedoch das wort vom
ntürk. serьga *ab.*

set-: asl. setьnъ *extremus.* **b.** seten.
setnê *adv.* **r.** setь *für* konečno *dial.*

sê- 1.: asl. sêją, sêti, sêjati *säen.*
part. praet. pass. sênъ, sanъ, sêtъ. *part.*
praet. act. II. sêlъ. sêtva, sêjatva. sême.
iter. -sêvati. **nsl.** sêjem, sêjati. sêja, sê-
tev, sêtva, sêl *saat.* sême. *Man beachte*
gôstosêvci *plejadeı,. wohl „die dicht hin-*
gestreuten". **b.** sêja *vb. part. praet. pass.*
sêt. *aor.* posêh. sêdba, sêjidba. sême. **s.**
sijati *aus* sêjati. sjedba. sjeme. **č.** síti,
seji. setba. oscní. símě (semeno). **p.** siać,
sieję. siewać. siew, siewba, siejba, siewka.
siemię. siacie *für* zbože. **polab.** sot *säen.*
sijé *säet.* sot *saat.* sěmnü (sêmeno) *same.*
os. syć, syju. symjo. **ns.** seš, seju. semje.
klr. śijaty, śiju. rośivaty. naśine *samen.*
śivba. śijatva *saat chrest. 485.* **wr.** sêvba.
r. sêjatь, sêju. sêvъ. sêmja. *iter.* -sêvatь,
-sêivatь. usêvokъ, posêjannyj ydali. —
preuss. semen. *lit.* sêti, sêju. sêmens, sê-
menîs. *lett.* sêt. *got.* saian. *lat.* sero
aus seso, sêvi, satum. *gr.* ἐ.ήμα.

sê- 2.: p. osieć *f. ort, wo der hopfen*
gedörrt wird. Vergl. ozd-.

sêčĭ: klr. śič, *erklärt durch* koš, sto-
łyćа *chrest. 414. Vergl.* sek- 2.

sêdŭ: asl. sêdъ *grau.* prosêdъ. osê-
dêti *grau werden.* sêdina. sêdinavъ. **nsl.**
sêd, siv. sedinjast *ung.* **kr.** sed *ung.* prosid. **s.** sijed. **č.** šedý. šedivý. **p.** szadawy *aus* siadawy. szedziwy. szadzieć,
szedzieć, szadzić, szedzić, sędzić. sza-
dziec, sadziec *wasserdost.* siedź *art pilz.*
szadź, sadź, szedzizna, sędzioł *reif.* **kaš.**
šady. šadomorz *reif:* morz *für* mroz. **os.**
šedživy. **klr.** śidyj *neben* p. šadyj. **r.** sêdoj.

sêmĭ: asl. sêmь, *richtiger wohl* sêmьja,
f. persona. sêmija *mancipia.* sêminъ *man-*
cipium. **klr.** semja *familie.* **r.** semьja
mann und weib, jedes im verhältniss zum
andern; familiё. semьjaninъ *oberhaupt der*
familie. — *preuss.* seimîns. *lit.* šeimîna
gesinde. **lett.** saime. saimiba *wirthschaft.*
saimnêks *familienoberhaupt. Slav.* s *ist*
palat. k: sêmĭ *wird daher mit* ai. çi *zu-*
sammengestellt. lit. kêmas *dorf, hof ist*
fern zu halten.

sêno asl. nsl. b. *heu.* ' **s.** sijeno. **as.** sêno-
koša *wiese.* **č.** seno. **p.** siano. **polab.** śonü

(šanŭ). sěninik *juni, heumond.* os. syno.
ns. seno. klr. śino. r. sêno. — *lit.* šěnas.
lett. sen**s**. ngr. σανόν. *Man vergleicht ai.*
çjā *trocken werden:* s *aus palat.* k. nsl.
snípor *heucht soll aus* seno *und einem mit*
prah *zusammenhangenden worte bestehen.*

sêpa-: p. siepać *schütteln.* siepacz
häscher. klr. śipaty. obśipaty *ringsum
reissen.*

sêrakŭ: p. sierak *art rock.* wr.
sêrak, šerak *kaftan aus dunklem tuch.* —
lit. šarkas. *Gehört wohl zu* sêrŭ 1.

sêrŭ 1.: asl. sêrъ *glaucus.* sêra *sulfur.*
sêrъ *rubigo.* nsl. sêr *blond.* sêrast. sêrec.
b. sêrej *wollenfett, fetter schweiss.* s. sjer
croceus stulli. sjera *wasser, worin wolle ge-
waschen worden.* sijer *meklthau. Vergl.* sijeri
plur. f. taschenspielerei. č. šerý: š *aus* sj. šeř-
iti. širá se, nastává soumrak. síra *schwefel.*
p. szary. szarawy. szarza *graues tuch.* siarka.
Vergl. siara, szara *biestmilch.* kaš. sery.
os. šeríc. ns. šery, šyry *grau.* klr. śira
schwefel. pośirity *schwarzgrau werden.* wr.
šeryj. sêryj: sêraja zjazjuľa. r. sêryj *grau.*
sêra *schwefel, baumharz.* sêroplavka. *Vergl.*
ar. cêrь. — *Entlehnt lit.* sêra. *lett.* sêrs.
alb. sêrę *theer, hölle, eig. wohl „schwefel"
Vergl. ai.* çāra *bunt, scheckig.*

sêrŭ 2.: asl. sêrъ σέρραι *serrae.* —
mrm. scar.

sêta asl. *trauer.* sêtovati *trauern.* kr.
sitovati. s. sjeta. sjetovati. klr. śituja,
v smutku. r. sêtovatь.

sêti-: asl. sêtiti sę *gedenken.* nsl.
sêtiti se. b. sêtja *fühlen.* setja se, sêštam
se *gedenken.* osêtna, osêštam *Vinga.* s.
sjetiti se. — *lit.* saitu, saisti *prophezeien.*

sêtŭ: asl. posêtъ *adventus.* posêtiti,
sъsêtiti *invisere.* nsl. bozzekacho, bozce-
kachu *invisebant fris.:* asl. posêštahą. klr.
pośityty. r. posêtitь.

sêverŭ: asl. sêverъ *boreas.* nsl. b.
sêver. s. sjever. č. sever *schneegestöber.*
p. siewier. r. sêverъ. — *lit.* šiaurīs.
šiaurê. *rm.* seaver, sever *nordwind. Man
vergleicht got.* skŭra windis *sturmwind.*

si- 1.: asl. sinąti *erglänzen.* sijati, si-
jają, *hypothetisch* sêją, *glänzen.* prosinьcь

*januarius: scheint die zunahme des tages-
lichtes zu bedeuten. Mit* steig. sojŭ: prisoije
locus apricus. osoije *locus opacus:* otъsoije.
iter. -sêvati, -sijavati. nsl. sinoti. sijati.
prosinec. prosenec *petret.* prošimec *meg.*
prozimec *december, jänner* prisojen. od-
sojen, osojen. osovje. *iter.* obsêvati. odsê-
vati. b. usojnica *viper: die im schatten
schleichende.* sjajen *glänzend.* kr. odsivati
ung. s. sijati, sjati, sjajati. prosinac. pri-
soje *sonniger ort.* osoje *schattiger ort.* osov-
štiv *schattig. iter.* sijevati, -sjaivati. usoj.
usojnica *viper.* usjao *glühend.* č. prosinec
december. Daraus p. prosiniec *für* grudzień
zof. klr. osoj *name eines berges.* osovńa
gegen die sonne. r. sijatь. prosinecъ. *Hieher
gehört* asl. sinь *lividus, ursprünglich hell,
licht.* sinica *meise, blaumeise: doch auch*
sinьcь *daemon.* nsl. sinj. sinica. b. sin.
blau. sinkav. sinja *vb.* sinčec *kornblume.*
sinica. s. sinji *graulich, blau.* sinjav. sjenica
für sinica. č. siný. sinêti. sinice. p. siny.
siniec *blauer fleck.* sinogardlica, *falsch* sy-
nogardlica: *vergl.* cynowod. klr. osyjaty.
ossjaty. synyća *parus major.* syńučok *blaumeise.* syńovod *delphinium ajacis.* r. sinij
dunkelblau. sinedъ, sineva *blaue blüthe.*
sinica. sinecъ *teufel.* — *preuss.* sineco *meise.*
lit. sinavadas *wilder rittersporn. Vergl. rm.*
sein *grau. ai.* çjāva *braun.* çjēta *röthlich,
weiss. Verwandtschaft von* si- *mit* sivŭ *ist
sicher.*

si- 2. *Die W.* si, *etwa „binden" liegt
ungesteigert oder gesteigert* (sê) *in mehreren
formen vor.* asl. silo, silъкъ, osilo *laqueus.
Vergl.* sitьce *funiculus.* sêtь *tendicula.* č.
sit *netz.* osidlo *seil.* séto *haarseil.* p. sidło
dohne. sidlić *verstricken.* sieć, siatka *netz.*
os. syć, sytka. ns. seś: sêtь. klr. osydłyty
śa *illaqueari chrest. 285. Aus dem* p. r.
osilъ, silokъ *schlinge.* sêtь *netz.* — *lit.* sêti
binden. pasijti *anbinden.* prisijtas *angebunden.* sêtas *strick.* saitas. saitai *bande.* pa-
saitas *riemen, strick.* lett. sêt, sŭt, sinu
binden. saiklis *garbenband (entspricht im
suffix theilweise dem* p. sidło). saite *band.
Vergl.* aissêtit *umzäunen.* ahd. seito *strick.
seil.* as. sīmo *seil. ai.* si *binden: neben*

si *besteht* sā, *auf welches neuere* asl. sêtь zurückführen. *Hieher ziehe ich* asl. sila *gewalt: vergl.* s. dosinuti se *potiri.* siliti *nöthigen.* silъnъ. nsl. sila *eile.* b. sila. silja *vb.* s. sila. siliti se *gewaltig werden.* č. sila. úsilé. p. siła. usile *flor.* posiłek *hilfe.* os. syła *menge.* ns. syla. klr. syła. wr. siła. r. sila. silačъ. — *preuss.* seilin *sing. acc. kraft.* lit. sīla. sīlīti. *rm.* silę. sili *vb.* nęsilnik.

si- 3. *Die W.* si *sieben liegt zu grunde dem* asl. nsl. b. sito *sieb.* b. siten *klein.* s. sitan. č. síto. p. sito. klr. syto. sytnyj. wr. sito. sitnica. r. sito. sitnyj *gesiebt.* — *magy.* szita. *rm. alb.* sîtę. *ngr.* σίτα. *lit.* sētas. sītnas *fein.* lett. sēts. i *wird im verbum zu* ê *gesteigert: dadurch wird der unterschied zwischen den verben für* „säen" *und für* „sieben" *verwischt.* asl. sêjati *sieben.* nsl. sêjati. posêvki *für* otrôbi. b. sêja *vb. iter.* -sêvam, sêjvam. s. sijati *aus* sêjati. č. seji, síti. *iter.* sévati, -sívati. p. -siać, *iter.* -siewać. os. sać. ns. saś. husevki *spreu.* klr. pereśivaty. r. sê- jatь. *iter.* -sêvatь. — *preuss.* siduko *sieb- topf. lit.* sijoti. sētas *feines sieb.* lett. sījāt. sēts. *Das gr. bietet* σάω, σήθω.

sidlo, siglo s. *wassergefäss.* — *mlat.* situlus, sitlus, siclus. *it.* secchio.

sidro s. *anker.* osidrati. — *gr.* σί- δηρος.

sidrŭ: os. sydr. ns. syder *art käse.*

siga asl. *tessera:* sigami igrati *pat.- mih.* 160. siga *ist* s. *stalactites. Vergl.* r. signutь *salire. Ein dunkles wort.*

sigur-: nsl. siguren *sicher.* s. sigu- ran. — *Aus dem it. ngr.* σίγουρος.

sigŭ: r. sigъ *art fisch* salmo lava- retus. *Vergl.* klr. syk cobitis taenia. — *and.* sikr. *schwed.* sik. *lit.* sīkis, sīkē salmo lavaretus. *lett.* sīga, sīka.

sik-: nsl. siknoti *hervorspritzen.* sika- lica *handspritze.*

sili-: klr. vysyłyty *ausschöpfen. Vergl.* vysyłёa *regenbogen.*

sima r. *vinculum.* — *and.* simi, sima. *aschwed.* simi. *W.* si *binden.*

simŭ 1.: s. *art fisch.*

simŭ 2.: r. simъ *art göttliches wesen der Russen:* vъ sima i vъ rъgla. ognevi i vilamъ i mokoši i simu i rъglu i perunu i volosu, skotъju bogu.

sip-: asl. osipnąti, osinąti *raucescere.* sipota. nsl. sip. sípiti *difficulter respirare habd.* sipljiv. b. osipna, prisipna *heiser werden.* sipka *heiserkeit.* sipkav. s. sipnja *asthma.* sipljiv. sipljaiv. sipavac *mik.* č. sipěti, siptěti *sibilare.* p. sipkość. siplawy. klr. osypłyj *heiser.* wr. sipêć. osipka. r. sipnutь. siplyj *heiser.* sipavyj. *Vergl.* r. šipêtь. s. sipiti *fein regnen.* r. siplь *maikäfer, eig. der summende.* asl. sipli *plur.* rubigo. p. szyposz, siposz *ist magy.* sipos *pfeifer. magy.* szipóka, szopóka *mundstück gehören· wohl nicht hieher. lit.* šaipīti *zischen. Die vorstellungen* „heiser· sein" *und* „pfeifen" *gehören zusammen.*

sipa nsl. kr. s. *tintenfisch.* — *it.* seppia. *gr.* σηπία.

sirŭ: asl. sirъ *orbus.* osirêti. sirota. sirakъ. siromahъ. nsl. sirota. siromak. b. sirota. sirak. siračija *Vinga.* siračina. siromah. siromaš, siromašija. siračuvam *arm sein Vinga.* osiromaševam *vb.* s. sirota. sirak. siromah. siromašad. č. sirý. sirota. siroba *noth.* slk. siroty, kuriatka *plejaden.* p. sierota *aus* sirota. os. ns. syrota. klr. syrota. syrotuk, syrochman *ung.* wr. sirota. r. siryj. sirota *collect.* — *rm.* sęrak. sęrčie. *lit.* šeirīs *wittwer.* šeirė *witwe.* sirata *waise ist entlehnt.*

sirŭkŭ: nsl. sirek, sêrka *sorgum.* sržet, pitnik: *daneben* sršeţa. kr. sarh *istr.* srčen *sorgeus.* s. sijerak *art hirse.* — *it.* sorgo, sorghetto. *nhd. bair.* sürch, sorg. *lit.* sora *hirse liegt abseits.*

siska-: asl. siskati *zischen.*

sisŭ: r. sisъ: otъ peruna do sisa starogo *tichonr.* 2. 271. *Dunkel.*

sitŭ: nsl. sit *binse.* sitovje. sitina. asl. sitije. kr. s. sita. č. sít. p. sit. os. syćina. ns. syśe: sitije. klr. sytnyk *neben* šitnyk, ośitnjah: sêt-. r. sitnikъ. sitovyj. — *W.* si *binden: vergl.* juncus *mit* jungo.

sivŭ: **asl.** sivъ *grau.* **nsl. b.** siv.
s. siv. sivalj. **č.** sivý. **p.** siwy. siwosz
grauschimmel. **os.** syvy̆. **ns.** syvik.
klr. syvyj. syvak. **wr. r.** sivyj. — *preuss.*
sywan *grau.* *lit.* šīvas *weiss, schimmelig:*
vergl. šěmas. *Vergl. W.* si- 1.

sizŭ: **r.** sizyj *grau, taubengrau.* **klr.**
syzyj hołuboček. *Vergl.* sivŭ.

siža s. *art, gattung.*

sjabrŭ: **r.** sjabrъ, sjaberъ, *dial.* šabrъ,
šabërъ, šebërъ *nachbar.* şeberъ *theilnehmer.*
sjabra *bekannter.* sebra *gemeinschaftliche
arbeit.* **klr.** sjabro, šabro *nachbar.* po-
šorbaty sja *jemands nachbar sein wollen.*
Vergl. sembreľa *lohn der dienstboten.* **wr.**
sjabr, šabruk, sěbr *freund, verwandter.* **p.**
siabr, *aus dem r.* — *lit.* sebras *hälftner,
gefährte, kunde.* *lett.* sābris, sebers, sebrs
mitwirth, freund, kunde. sōbars, suburs
bauernhändler. *Ein fremdes wort, wahrscheinlich finnisch:* ehstn. söbber. *Die urspr.
bedeutung steckt wohl im lit.* sebras. *Vergl.
magy.* czimbora *kamarad.* **klr.** cymbora.

sjungerŭ: **b.** sjunger *schwamm.* **s.**
sundjer. — *ngr.* σφουγγάρι. *gr.* σπογγιά.

sjŭ: **asl.** sь *hic. Nur asl. in allen
formen erhalten.* **ns.** siga světa *crell.* do
sega malu. - na sim světu *crell.* o se dobi.
do sore (do se ore) *bis jetzt.* **kr.** sega
zločinca. segutra *Velja.* **s.** sega jutra.
č. po sou dobu *dial.* **p.** siego roku. latosi, tegoroczny *diesjährig.* **klr.** seji noču.
oce *ist ot* (*r.* eto) se: oce ozero. **r.** sesь.
segoda. o sju poru. 1) **asl.** si: čьto li si
otvěšta? sê, sê da, sê du, sê nu *age. Vergl.
jedoch got.* sai. **klr.** vôdsy. dosy *bis nun.*
posy. **r.** po sja *bis nun.* 2) da: **nsl.** sada.
zdaj. zdajka, zdajkar *gerade früher.* zdajci
allsogleich. **s.** sada, sad, sade, sadeka,
sadekar, sadekarena. 3) de: **asl.** sьde
hic. **r.** zdê. zdêsь. zdisja. 4) ndê, ndu,
nda: **asl.** sjądê, sjądu *hac (via).* **nsl.** od
sôd. **b.** sьdê. **s.** *Vergl.* osudje *diesseits.*
č. otsovad. posud, posad: *daneben* posa-
vád: u, *a deuten auf kurzes* ą. **p.** siuda
ist r. **klr.** śuda, suda. **wr.** do śudy.
śudoju *nach analogie von* dorogoju. **r.**
sjuda. *dial.* sejdy *hac. Man füge hinzu*

posuda, posudova *bis nun.* 5) ga, gy:
asl. sьga, sьgy *jetzt.* **b.** sega (segana, seganak), segi. 6) gda: **asl.** segda *forte, mit
abweichender bedeutung.* 7) kŭ: **asl.** sikъ, si-
kovъ *talis: vergl.* akŭ. **kr.** siko *sic.* 8) akŭ:
asl. sjakъ. **wr.** sjakij *talis.* **r.** sjakъ *talis;
ita.* 9) cɪ *aus* kjŭ: **asl.** sicь *talis.* **nsl.**
sice, sicer, scer *zwar.* **č.** sice, sic. **p.** syc
hingegen: fremd. 10) lê, li: **asl.** selê, seli
nunc. poslê *postea.* **nsl.** doslê. **b.** poslê.
kr. dosal *hucusque.* **s.** doslije. najposlije.
č. poslé. **p.** do siela. **wr.** posľa. **r.** poslê, poslja. do selê, do selь. *Hieher ziehe
ich* **klr.** vôdsiľ, vôdsiľa. posaľ *bis hieher.*
wr. po sjuľ *bis nun; dagegen* otsjuľ *von
hier.* **r.** poslê. posylja, posulь, posu-
liča *bis nun.* 11) likŭ: **asl.** selikъ *tantus.* **kr.** selik. 12) amo: **asl.** sêmo,
samo *huc.* **nsl.** sêm. samoč *sondern wäre
asl.* simь věšte. **b.** sam, na sam, ot sam
diesseits. **s.** sjemo *stulli.* **č.** sem. **os. ns.**
sem. **r.** sjamъ *dort.* 13) *a) Vorgesetzt
wie in einer composition:* **asl.** sekratъ *jetzt.*
nsl. snoči. do-sore *bis jetzt.* osorej *um diese
zeit.* **b.** snošti. **r.** senoči. *b) Nachgesetzt:*
asl. vъ dьnь sь. dьньsь *heute.* gradъ sь
neben gradosь. **č.** večeros. **p.** dziś (dьnь
sь), dzisia, dzisiaj. **klr.** ľiťiš. **r.** nočesь.
osenesь. vesnusь. namednisь *dial.* sь *ist
hervorhebend:* **r.** zdêsь *neben* zdê. — *lit.*
šis *dieser.* šen děn, šios děnos *hodie.* šioks
solcher. šen *hieher.* šiada. ikšiol *bisher.*
lett. šis. *got.* hi *in* himma, hina, hita.
Slavisch s *beruht auf palat.* k.

skaba **wr.** *rippe.* **p.** schab *rippen-
braten.* — *lit.* skabas.

skala 1. **asl.** *schale, im plur. wage.*
skalva. **r.** skalva. — *lett.* skāle. *ahd.*
scala. *Vergl.* skoľĭka.

skala 2. **asl.** *scala:* skaly, rekъše
stlъby. **b.** skalija *pat.-lab.* skala. skalici
mil. 148. skela. **kr.** škala *leiter.* **s.**
skala. skaľini *treppe.* skela, šćela *überfahrt.*
(skele *für* laťice *armzwickel*). **r.** skala
stufe. — *mlat.* scala *stufe.*

skamija **asl.** *scamnum.* **s.** skamija:
daneben šćemija, šćemlija. **klr.** skamja.
wr. skamlica. **r.** skamija, skamejka. —

lit. skamija. *ngr.* σκιμνί. *Hieher gehört*
asl. skomьkъ *scamnum.* b. skomen.

skara 1. kr. *scheere verant.* nsl.
škarje *plur. f.* s. škare. — *ahd.* skāri
plur. zu skār, skāra.

skara 2. b. *rost zum braten.* asl.
shara *herd.* — *gr.* ἐσχάρα.

skarbŭ: p. skarb *thesaurus: daraus*
wr. skarb. r. skarbъ *möbel.* nsl. skerb
scropolo somm. — *lit.* skarbas *schatz.* ahd.
scërf *scherflein, kleinste münze. In* skarbona *kirchenbüchse erscheint* karbona *aus*
hebr.-gr. κορβανᾶς *in der gleichen bedeutung*
mit skarb *verbunden:* εἰς τὸν κορβανᾶν *wird*
durch do karbony *und durch* do skarbu
übersetzt.

skardonŭ: kr. skradin. — *lat.* scardona.

skarendŭ : asl. skarędъ *schmutzig.*
skarędovati. *č.* škaredý *garstig.* os.
škerjeda. klr. skarednyj. r. skáredъ
für skarjadъ. skarednyj. skaredь *f. dial.*
na skarjadь, na sramъ. *Hieher gehört wohl*
auch č. šerad, šered *unrath;* p. przesza-
rzedny *pessimus;* kaš. šarodny.

skarga p. *klage.* skaržyć. slk. skarha.
os. skоržić. skоržba. ns. skaržyś. wr.
skarha. skaržać.

skarpeta: p. skarpetka, szkarpetka
schuh. wr. škarpetka. r. karpetka. —
it. scarpa. *lit.* skarpečkes.

skarŭ: asl. skarъ *art fisch.* — *gr.*
σκάρος.

skatŭ: r. skatъ *raja clavata.* — *mlat.*
squatus.

skedenĭ: nsl. skedenj, škedenj, ške-
dcn, škegen *horreum.* kr. škadanj *ung.*
kaš. skunia. škuna. polab. skeuńo, skaińo.
— *ahd.* scugin, scugina *scheune. lit.*
skunė.

skedíja ar. *ratis.* — *gr.* σχεδία.

skeka-: nsl. skěkati *winseln.* skünkati
pa javkati. *Vielleicht* skenk-

skel- 1.: *Mit der W.* skel *spalten, sich*
spalten mögen folgende stämme in verbin-
dung stehen. asl. skala *fels. (Vergl. got.*
skalja *ziegel).* nsl. skala *assula tenuis,*
lichtspan; rupes meg. podskal, modras *viper.*

ščalja *splitter, von einem iter.* skêla-, ščala-
Vergl. čelesnik *spanleuchter.* b. skala *fels.*
s. skala. skalje *holzabfälle. č.* skála. p.
skała *fels.* zaskalić *felsenhart machen.* skałka
(wior) *splitter.* szczelina, skała, skalina,
skałuba *(daneben* skadłubina) *spalte.* skalić
się *bersten.* os. skała *fels.* škałba *spalte,*
kluft., ns. skala *kluft.* klr. skeła, skała
stein. skała *collect. felsstücke.* skałyty, oska-
łyty, vyskałyty (zuby) *blecken.* zuboskałka.
oskałyna *grimasse.* skałubka *hülse einer*
larve. skałubyna *für* r. ščеlь. zaškału-
byna *spalte. Vergl.* posčiłyty *emporschiessen.*
wr. škelić (zuby). ščelić *für* r. podsma-
tryvatь. oškelić *spotten.* škeli *spässe.* skalić śa *die zähne weisen.* r. škeliть *spotten.*
škelь *spötter.* ščelъ *neben* ščvelъ *spalte.*
ščeljatь *spalten machen.* ščelitь (zuby).
ščelupina, zaščepina vъ doskê, otkolokъ
splitter. skala *fels, rinde.* skalina *abgelöste*
birkenrinde. oskalokъ *scheit holz.* skalitь
(zuby) *blecken.* oskalivatь. skalozubъ *spötter.*
— *lit.* skilti *intrans.* skelti *trans. spalten.*
skilė *loch, spalte.* skilis, skalus *spaltig.*
skala' *holzspan. lett.* škelt, škeľu. skals
lichtspan. saskaldīt. *magy.* szikla *fels:*
szálka *splitter soll ein deminutivum von*
einem szál *sein. ngr.* σκάλα, σχάλα *DC.*
Aus skel *entsteht durch erste steig.* skol-,
durch zweite steig. -skal-. *Die bedeutung*
„spotten" beruht auf der bedeutung „die
zähne fletschen": vergl. rĕžati sę: reng-.
skel- *und* sker- *sind ursprünglich identisch.*

skel- 2.: nsl. skelêti, sklêti *brennen:*
skeleča rana.

skelija b. *hafen.* skela *überfuhr.* kr.
škale *leiter ung.* s. skela, ščela. — *türk.*
iskélé, skéllé *landungstreppe, hafen. lat.*
scala. *Hieher gehört* nsl. skele *hölzernes*
sattelgestell. Identisch mit skala 2.

skend-: asl. štędêti *sparen, schonen,*
parcere. Hieher gehört trotz des e štedrъ
misericors. štedriti. s. štedjeti *sparen.*
neštedice *schonungslos. č.* oščadať se
kargen dial. štědrý *mildthätig.* uštědřiti.
p. szczodry dzień. os. ščedry. ščedry
džeń *weihnachtgabe.* ns. ščodry. klr.
ščadyty. ščadnyj *sparsam.* ščedryj. šče-

dryj večêr. ščedrôvka *art lied, in Ungern,* *neujahrslied.* **wr.** ščadzić śa. ščodryj. **r.** ščaditь. ščadnyj *für* chilyj, toščij. ščedryj. ščedlivyj. — *lit.* čėdīti. *Durch steig.* skondŭ: **asl.** skądъ *arm.* skądota. skądêti *arm sein.* oskąditi *mindern.* oskądьnъ. **s.** oskudan *nothdürftig.* oskudica *mangel.* nedoskudica *dasselbe mit verstärkendem* ne. **p.** poskundzić (-skąd-) *für* zelžyć, shanbić *zof.* **klr.** oskužaty (cerkov božju). **wr.** oskudnyj. **r.** skuda *noth dial.* skudnyj. — *rm.* skund *kurz. Vergl. lit.* paskunda *verdammniss.* priskundiks *ankläger. Hieher gehört vielleicht auch* **klr.** paskuď *sudelei.* paskuda. **wr.** poskuda *schmutz.* vposkudzić. poskudnyj. **r.** poskuda *gemeiner mensch.* poskudyj. poskudnyj: *in diesem falle wären* **p.** paskuda *unflath,* paskudny, paskudnik *unfläthiger mensch aus dem* **r.** *entlehnt. Andere bringen* **p.** paskudny *mit lit.* paskutinis *der letzte von* paskui *nachher in verbindung. Mindern, schonen (parcere, parcus), arm, nothleidend, schmutzig.*

skep-: *von der W.* skep- *spalten stammen ab:* **asl.** scêpiti, cêpiti *findere.* **nsl.** ščep, ščepa *holzspan.* cêp, cêpika *germen meg.* cêp *spalte, pfropfreis, surculus insertus, tritula habd.* procêp *cippus.* drevocêp *habd.* ocêp *pfropfreis.* cêpiti *spalten, pfropfen.* **b.** scêpja, cêpja *spalten.* cêpenica *sçheit.* procêp. cêpka *spalte.* **kr.** cipalina *scheit.* **s.** scjepati *živ.* 79. cijepati. procijep. cjepalo. cjepanica. cjepka. *Vergl.* ščepati *entwenden.* **č.** štěp, přištěp *pfropfreis.* štěpiti, štípiti *pfropfen.* oštěp *spiess.* **p.** szczepać. odszczepek, odludek. szczep *pfropfreis.* szczepa, szczapa *scheit holz.* szcepa, szczepka (ščepa), łuczywo *dial.* szczepić *imperf. pfropfen.* szczepły *leicht zu spalten.* pryczepić, przyczapić. oszczep *spiess. Vergl.* oczepka *manipulus.* **kaš.** v ščepach. **polab.** stepa *spaltet.* stepa *scheit holz.* **os.** ščepić *spalten, pfropfen.* ščep. ščepa *scheit holz.* **ns.** ščepiš *spalten. pfropfen.* ščepa *scheit holz.* **klr.** vyskepaty *herausspalten.* vyskep *angriff, schinderei.* oskêpyšce *chrest.* 480. zaskepyty. skipa, skałka *span.* skipyty *pfropfen.* skipeć *ung.* ščepyty

pfropfen. vščepyty, vščipľaty ščepyna. oščep *spiess.* posčipľaty, posćipluvaty *heften.* **wr.** skepać. razskep. skepina *ritze.* zaskepić. oskêpok *splitter.* ščepić *pfropfen.* ščopka. pričepka, priščepka. **r.** skepatь. razskêpitь sja *izv.* 674. razskepina *ritze.* razskerъ. ščepa *span.* razščepatь. ščepitь *pfropfen.* razščepitь *spalten.* razščerъ *spalte.* ščepatь, *dial.* ščipatь. *Hieher gehört auch* cêpitь. ocêpъ, očepъ *art balken. Vergl.* pricêpitь, cêpljatь *festhaken.* — *rm.* procap *zweizack, deichselhalter. lit.* čêpas *pfropfreis.* čêpīti *pfropfen.* paskêpīti *impfen.* **lett.** škjeps *spiess.* **ahd.** scaft. **and.** skepia. **gr.** σκᾶπος. σκήπων. *lat.* scāpus. *Urslavisch ist* skep, *daraus* ščep, štep. *Auf* skep *beruht das iter. ursl.* skêpa, *aus dem* scêpa *und, nach abfall des* s, cêpa: *aus diesem entsteht das nomen* cêpъ *und aus* cêpъ *das denominative* cêpiti. *Dieselben veränderungen erleiden die W.* skel-!. *und* sker- *in den verschiedenen daraus abgeleiteten formen. Mit* skep *sind verwandt* I. cêp-; II. cêpênŭ. I. **nsl.** cêp *dreschflegel.* precêp *kloben,* preščipek, preščipec: ujel sem kačo v preščipec. *Vergl.* **b.** cêp (u stan). **s.** cijep. **č.** cep. **p.** cepy. scepiny, kawałki drzewa, *dial.* **polab.** cêpäi. **os.** cypy. **ns.** cepy. **klr.** ćip. ćipok *ruthe.* **r.** cêpъ; *dial.* čêpъ. -— *magy.* csép. II. **asl.** cêpênъ *starr.* ocêpênêti *erstarren:* strahomь. **nsl.** pocêpati *umstehen.* **dsl.** čepene *adv.* **b.** pocêpja se, scêpja se *erstarren.* **s.** scipati se *fest zufrieren.* **č.** scepenati, scipati *erstarren, verrecken.* nedosciplý *nicht ganz verreckt.* scíplina *aas.* zcepenêti *obrigescere.* **r.** cêpenêtь. cêpkij *sich anklammernd.* — *rm.* cêpęn *steif.*

sker-: *die W.* sker *etwa „spalten" liegt zu grunde* **nsl.** cêriti *die zähne zeigen.* škara *ritze.* **kr.** ciriti (zube) *karnarut.* **s.** ceriti *ringi.* **č.** škeřiti, štěřiti, štiřiti (zuby) oštěřený *für* otevřený. ceřiti *ringi.* **slk.** vyškieraľ. **p.** szczerzyć (zęby) vyszerzać się *spotten dial.* **kaš.** zębe vyščêrzać. **os.** sćerić (zuby). škarba *ritze.* **ns.** sćeriš *die zähne fletschen.* **klr.** škyryty; škiryty, *magy.* vicsoritani, *ung.* vyškyryty, vyšcy-

ryty (zuby), vyskoryty, vyskarjaty. škirjak *der die zähne fletscht. Vergl.* očyraty
abschälen. čerenyna. **wr.** skirić. ščerić.
oščirić śa *für r.* oskalivatъ zuby. **r.** uski-
rěkъ *splitter.* uskirьe *collect.* ščeritъ sja,
ščiritъ sja *die zähne fletschen.* oščera, oště-
rja *für* zuboskalъ. sker- *und* skel- 1.
sind ursprünglich identisch.

skerbŭ: asl. štrъbъ *mancus.* štrъbina
fragmentum. **nsl.** škrba, ščrba *scherbe,*
scharte, zahnlücke. ščrbljiv. škrbenja *theil*
eines zerbröckelten zahnes: škrb- *aus* ščrb-,
richtiger wohl aus skerb-, *mit bewahrung*
des k vor e. **b.** štrъb *abgezwickt, zahn-*
lückig. uštrъbja *ausbrechen. Vergl.* krezub
mil. für krezъb. **kr.** škrbav *edentulus.*
s. škrbav *schartig.* škrbina *stummel.* rbina
scherbe. **č.** štěrb, štěrba *scharte.* štěr-
bina. vyštěrbiti. **slk.** štrbina. **p.** szczerb.
szczerba. szczerbiec. **os.** śćeŕba *scharte.*
śćeŕby *lückenhaft.* **klr.** vyščerb. ščerba-
vyj. **wr.** ščerba. ščerbić. **r.** ščerbina
spalte. uščerbъ *lücke, abnehmen des mon-*
des: prijti vъ uščerbъ. *alt:* uščerbnuvšu
sja (solncu). — *lett.*. škjirba *spalte.* *rm.*
štirb, štirbinę, herb, hîrb *scherbe, daher*
b. hrъbol, brъbel, rъbol. hrъveliv. *s.* rbina.
magy. csorba, ki-csorb-ult. *ahd.* scirbi.
Vergl. ai. karpara.

skerlato: asl. skrъlato *scarlatum.* **s.**
skerlet. škrlet. — *türk.* iskérlét. *gr.*
σκαρλάτον.

skerĭ: nsl. sker, šker, ščer *werkzeug.*
— *Ein d.* skir- *(vergl.* geschirr) *voraus-*
setzend.

skima·asl. *mönchskleid.* — *gr.* σχῆμα.

skimĭnŭ: asl. skimьnъ *catulus.* —
gr. σχυμνίον.

skinija asl. *zelt.* — *gr.* σχηνή.

skirdŭ: r. skirdъ, *dial.* škirdъ, *schober.*
Vergl. **p.** styrta. **klr.** skyrta, styrta. —
lit. stirta *haufe heu.* *lett.* stirta, stirpa
getreideschober.

skjŭk-: s. štukati se, štuktati se
rülpsen: štuka se mi. štucanje. *č.* śťukati,
śtikati, śkytati, śťkáti, štkáti, *dial.* sŕokati.
slk. čkáť se *aus* štkáť se. čká se ti. šti-
kútkanie. **p.** szczkać, szczknąć. szczkota.

sklengŭ, skŭlengŭ: asl. skъlęzь,
sklęzь, klęzь *münze.* štъlęgъ. **ar.** steljagъ.
stъljazь. štljagъ. **p.** szeląg. **klr.** šeljuh. šelah *art polnische münze.* **wr.** šeleh. **r.** šelegъ *spielmarke.* — *lit.* šiliugas.
got. skilliggs. *ahd.* scilling. *Das wort ist*
germ., dessen entlehnung in die erste periode
zu setzen ist. Vergl. künengŭ. *In r. dia-*
lekten findet sich skiljaga *geizhals und va-*
gabund.

skliz-: nsl. skliznoti, sklizati *aus-*
gleiten. sklizek *neben* skuzek (*sklъzъkъ),
slizek *schlüpfrig.* **asl.** slizъkъ. **b.** slizna
vb. σλίσναμ *dan. 36.* **s.** sklizak. skliza-
vica: *daneben* klizati se, kliziti. klizak.
klizavica. **č.** slznouti. slzký *neben* slizký,
oslizlý *und* klouzati, klzký, kluzký. **p.**
zaślizgnąć, osliznąć *glatt werden.* pośliz-
nąć się, poślizać się. ślizki. ślizawica *glitsche.*
Vergl. kiełzać, ukiełznąć, kiełzko. **os.**
sliznyć so, **ns.** sliznuś *sich allmählich auf-*
lösen, jenes auch „sich wegschleichen". **klr.**
osłyznuty, złyznuty *schlüpfrig werden.* po-
słyznuty *schwinden.* słyżak, słyżuk *weg-*
schnecke. Vergl. poskołznuty śa. vychołzaty
śa. chołzkyj *glatt.* vy-čekołznuty. **wr.**
sklizkij. poskliznuć śa, posliznuć śa. sklizać śa. slizhać śa. sklizhańca. *Vergl.*
kołzać. kołzko *schlüpfrig.* **r.** skliznutь.
sklizkij. sliznutь. slizkij. *Vergl.* skolъzitь.
skolъzkij, sklězkij. *dial.* vsklezь. slizgatь
sja. slizanьca. chlizko. golzti, golznutь. gylzatь: *daneben* vzglezь. glězkoj. gleznutь
sja. glezditь. poglězdyvatь. gluzditь. —
Verwandt lit. šlužti *kriechen.* slīgti *gleiten.*
Vergl. skliz- *mit* pluzg-: **b.** pluzgam se
gleiten. pluzgav *schlüpfrig.* pelz-. — *preuss.*
slayx *regenwurm.*

skloparŭ: kr. sklopar *scapolare.* —
Aus dem it.

skljutŭ: p. sklut *art beil.* — *lit.* skluta.

skluba-: č. sklubati, šklubati *pflücken.*

skob- *W. etwa „schaben". **asl.** skoblь
radula. **nsl.** skobelj *hobel.* oskobliti. **p.**
skobel. **wr.** skobła. **r.** skobelъ. sko-
blitь *hobeln.* — *lit.* skaplis *hohlaxt.* *rm.*
skobi *aushöhlen.* *got.* skaban. *ahd.* sca-
ban *schaben.* *lat.* scabere. *gr.* σχάπτω.

skoba asl. *fibula.* nsl. skoba *leiste.*
b. skoba *klammer.* s. skoba. č. `skoba
riegelhaken. p. skobel *haken.* ns. skobľa
thürangel. klr. škoba. wr. skaba *für
zanoza.* r. skoba *klammer.* — rm. skoabę.
magy. eszkaba. *lit.* sukaba *haken.* skaba
hufeisen. Vergl. kabéti *hangen. lett.* kaba.
ai. skabh *befestigen.*

skokŭ: asl. skokъ *sprung.* skočiti.
iter. skakati. skačkъ *heuschrecke (vergl.
magy.* szökcsö). nsl. skok. skočiti. skakati.
skakljati. uskok. b. skok. skoča, skokna.
vb. iter. skačêm. skakalec *heuschrecke.*
s. skok. skakavac. *Vergl.* skačatur *schlossriegel.* č. skok. skočiti. skakati. p.
skok. skoczyć. skakać. skoczek *springer,
heupferd, grashüpfer.* polab. skük. sko-
kat. os. skok. skočić. skakać. ns. skok.
skocyś. skokaś. klr. skok. skoćyty.
skakaty. skakavka *frosch.* r. skokъ. sko-
čitь. skakatь. skakunъ *springer, seiltänzer.*
skačь *galopp.* — alb. karkalets *neben* ka-
calec *heuschrecke. Man vergleicht lit.* šoku,
šokti. *Verwandt sind ahd.* skëhan. *mhd.*
schëhen *ruckweis fahren, huschen. ai.* khač
hervorspringen.

skolb-: asl. sklabiti sę *den mund aufmachen, lächeln.* r. sklabitь sja. uskla-
bitь neprijatnuju ulybku. *Vergl.* s. sklibiti *grinsend lachen.* č. škleb *zähnefletschen.* šklebiti *fletschen.* šklebiti se na
někoho *höhnisch ansehen.* úškleba *spötter.*
ušklebiti se *greinen.* slk. zašklábať sa.
Das wort ist mit skel *verwandt:* skelb,
woraus č. skleb, škleb; *durch steig.* skolb,
woraus sklabiti. *Vergl.* oskolybljenije *in
einer r. quelle aus* oskolobljenije.

skoli-: č. skoliti *belfern.* p. sko-
lić, skulić *winseln.* klr. skuľity. — *lit.*
skalīti.

skolĭka: asl. skolьka *ostreum.* b.
skojka *muschel.* s. skoljka, školjka. ar.
skalka: biserъ byvajetъ vъ skalkachъ
op. 2. 3. 591. — *Vergl.* skala 1.

skoma- 1.: asl. skomati, skomlją *gemere.* skomljati *grunnire.* č. skomliti. p.
skomlić *winseln.* os. skomlić *nergeln.* r.
skomlêtь *schelten.* skomlitь *leise weinen.*

Vergl. nsl. skomuknoti *einen laut hervorbringen.*

skoma- 2.: asl. skomina, oskomina
stupor dentium. nsl. skomina, oskomina
begierde nach etwas: ima skomine po bêlem
kruhu *es wässert ihm der mund nach weissem
brot.* b. oskomeni, oskomeci. s. skomina.
č. oskomina *neben* laskomina, laskovina,
voskovina. p. skoma, skomina, oskoma,
oskomina. os. łoskobina. klr. oskoma,
skomena, oskomyna. wr. oskoma *appetit.*
r. oskoma, oskomina. — *Vergl. lit.* skomas
geschmacksinn.

skomorchŭ: asl. skomrahъ *praesti-
giator.* p. skomoroch *gaukler, bärenführer:
daneben* skoromos *aus* skomoros *(mit dem älteren* s), *aus dem* r. wr. skomorocha *fiedler.*
r. skomorochъ *gaukler.* — *lit.* skamarakas
*spielmann. Man denkt oder dachte an das
volk der* σκαμάρεις. os. skomorić *ungehöriges
begehen ist bei seite zu lassen.*

skompŭ: asl. skąpъ *geizig.* nsl.
skôp. skopúma *knapp rib.* dsl. skampa.
b. skъp. skъpotija. skъpernik. s. skup
theuer. č. skoupý *karg.* p. skąpy. polab.
skôpy (*karg) freitag.* klr. skupyj. wr.
skupyj. skupendzêj. r. skupoj. — *rm.*
skump, skumb *theuer.* skumpete. *lit.*
skupas. skupavims *geizen. lett.* skôps.

skondêlŭ: asl. skądêlъ, skądelъ,
skandьlъ ὄστρακον *testa, laguncula.* ską-
dêlьnъ. skądêlьnikъ χεραμεύς. skądolьnikъ
χεράμιον *marc.* 14. 13. *luc.* 22. 10. πίθος
prol.-rad. nsl. škandêla, škodêla, škedêla,
skodela, skedêla, sklêda, zdêla *schüssel.*
sklednjak, zdêlnjak. kr. zdila. s. zdjela.
ns. škľa. — *lett.* skutelis *schüssel. Das
wort hängt trotz des* on *zusammen mit
lat.* scutella, *it.* scodella, *das ahd.* scuzzila
geworden ist. In der bedeutung: tegula
χέραμος *luc.* 5. 19. *ist es nicht etwa lat.*
scandula, *mlat.* scindula, *ahd.* scindala,
*sondern es scheint die bedeutungsentwicke-
lung scherbe, schüssel, irdene schüssel, alles
irdene, auch dachziegel, dach angenommen
werden zu sollen Mit* scandula *hängen zusammen* nsl. skodla. s. skudla. — *lit.*

skindelis, skindulis. *ahd.* scindala, scintila. *nhd.* schindel.

skop-: *asl.* zaskopije *observatio, suspicio.* — *Vergl. gr.* σκπός *von* σκέπτεσθαι.

skopa r. *falco haliaetus.* skopecъ *art habicht dial.* — *gr.* σκώψ *art eule gehört nicht hieher Vergl.* kobĭcĭ.

skopŭ: *č.* skop *schaff.* p. skop, sk piec, szkopiec. — *lit.* skapas. *ahd.* scaf *schaff.* *and.* skap. *Von demselben worte stammen ab:* nsl. škaf. klr. šafeľ. s. šavolj *schaffel.* **wr.** škap r. škapъ, škafъ. p. szafa. klr. wr. šafa *kleiderkasten.* r. *dial.* šafa. — *rm.* škafę. *lit.* ščpa. *Die wörter sind zu verschiedenen zeiten entlehnt.*

skopĭcĭ: *asl.* skopьcь *eunuchus.* skopiti *evirare.* nsl. skopiti *perf.;* kopiti, skapljati. kopljenik. skopec *castrat.* b. skopec. skopja *verschneiden.* s. škopac, uškopljenik. škopiti. *č.* skop. skopiti, škopiti. p. skop. skopić. os. ns. skop. klr. skopeć. r. skopecъ. skopitъ. — *gr.* χάπων. *lit.* škapas. *alb.* skopit. *nhd.* schöps, *aus dem slav.*

skor-: b. skorivam, skorna *wecken mil.* 87. 90. 97. 527. — *Das wort scheint das rm.* skula *aufrichten, aufwecken zu sein. Dem* b. skorivat *steht dan.* 4. *rm.* skoalę *gegenüber.*

skora, kora *asl. rinde.* nsl. skorja. kora *habd.* b. s. kora *rinde.* *č.* skora *rinde, haut, fell. dial.* skura *gegerbte haut.* kora *rinde.* skořice *zimmt.* okorati *rinde bekommen.* p. skora *rinde, haut, fell, leder.* kora *rinde.* skurłat *lederfleck.* polab. sköra. os. skora *rinde.* skorica *zimmt.* ns. škora *rinde.* klr. škura, škôra *haut.* naskôrnyća *oberhaut.* kora *rinde.* wr. skura *haut mit den haaren.* škurka. r. skora, kora *rinde, bast.* skora *pelzwerk.* škura *haut mit den haaren.* škorka. korka. — *ngr.* χόρα. *lit.* skara *lappen.* karna *bast.* skūra *fell, leder, aus dem* p. *lett.* skura *haut, hülle, schale. Vergl.* ai. čĭra *streifen baumrinde.* čarman *haut, fell. W.* sker, *daher, mit steig. des* e *zu* o, skora *und, mit abfall des* s, kora. *Vergl.* kora. skorĭnĭ.

skorda: p. skrodlić. klr. skoroćyty *eggen.* r. skoroda *egge.* skoroditъ. wr. skorodzić. *W. ist* sker, *daher, mit steig. des* e *zu* o, skorda. *Vergl.* r. zaskorolêtъ *für* zatverdêtъ. os. škorodej *blinzeisen ist dunkel.* — *lit.* skardīti *schroten, zerreissen.*

skorlupa: *asl.* skralupa, skraluplja *rinde:* lupa *hängt mit* lupiti *detrahere zusammen, daher auch* lupina. skralušta *rinde: der zweite theil setzt ein* lusk- *schälen voraus, woher* nsl. luska *squama. Die wörter bedeuten daher* cortex detractus. nsl. skralub, škralub, *mit* b *für* p, cremor *lex.: die abgenommene haut der milch.* skrlup, škraljup, škreljub. škraljušt, kreljušt, krljušt *schuppe,* superficies densior ut in lacte *habd.* skraljup, škrlup, zgorljup *milchrahm.* skorlupa *eischale.* s. skorup *superficies, cremor. č.* skraloup, škraloup *rinde, haut auf der milch, eiskruste.* slk. škralúp *schorf. Hieher gehört wahrscheinlich* č. skořepa *schale, eischale. Daneben* škorupina, škařupa, škrupinka. slk. škorupina, skrupina. p. skorupa *eischale, doch auch scherbe. Befremdend ist* skarłupa, skorłupa *für* luska *harte schuppe.* polab. sköreup *schale.* os. skorpina, skorpava *schale.* ns. škorpina. wr. škorłupa, skorupa *rinde.* r. skorlupá *schale: dial.* skorolupka. p. skorłupa *steht für* skrołupa; *im* r. skorlupa *ist tonloses* o *zwischen* r *und* l *ausgefallen.*

skormŭ: *asl.* skramъ, skrama *fett.* nsl. škranja *fett auf der brühe Ukrain. Vergl.* kr. škramast *non purus.* s. skrama *öltropfen.* nema ni škramice. p. skrom *hasenschmer.* klr. skoroma *fette speise.* poskoromyty śa *während der faste eine fleischspeise geniessen.* wr. skorom *zur fastenzeit verbotene speise.* skrom *hasenschmer ist* p. r. skoromъ *f. fett; daneben „unanständige rede" (daher* wr. skoromnyj *für* sramnyj*).* skoromnyj *fett.* skoromitъ.

skornija: *asl.* skranija *schläfe.* nsl. skranja. kranj *f. kinn, kiefer. Bei* meg. skrenje *mentum.* *č.* skraně, skraň. p. skroń, skronie. kaš. skarnia. os. skroń. ns. škrono. wr. skroń, *aus dem* p.

skoroda r. *für* dikoj lukъ *dial.* — *gr.* σκόροδον.

skorpij: asl. skrapij *f. scorpio* σκορπίος: *daneben* skorъpij *f.* **kr.** škrpijun *istr.* ar. skoropij.

skorŭ: asl. skorъ *celer.* nsl. skoro *bald, beinahe.* b. skor *adj.* skoro *adv.* s. skoro. skorašnji. č. skorý. skorozdři *plur. f. digeritina.* p. skory. skoroźrzy, skołoźrzy *früh reif.* os. skoro. *compar.* skerje. ns. skoro. r. skoryj. — *ahd.* skēro *schnell, jünger* sciaro. *nhd.* schier.

skorŭkŭ: p. skorek *scolopendra. Man vergleicht s.* skorak *art insekt.*

skorĭnĭ: nsl. škorenj, skornja, skorna *stiefel.* skornice *somm.* asl. skorъnjašьnъ *coriarius.* b. skornu *mil.* č. skorně, škorně. p. skornia. skorzeń. **kaš.** skorznie. os. škorň. ns. škorňa. — *lit.* skarnė. *Aus* skora *pellis, corium:* skora.

skotŭ 1.: asl. skotъ *pecus:* skoti pasomi; *pecunia: in alter zeit spielte vieh die rolle des geldes.* skotina. skotij *adj.* nsl. skotnoti *junge werfen.* b. skot *vieh.* s. skot. č. skot. skoták *kuhhirt.* p. os. ns. skot. polab. skǖt. klr. skotnyća (skotъnica) *schatzkammer chrest.* 484. r. skot *vieh, alt auch geld.* — rm. skotelnik. *Zusammenhang von* skotъ *mit got.* skatts *geldstück, geld, ahd.* scaz *lässt sich nicht in abrede stellen: ob entlehnung stattgefunden und wer entlehnt hat, ist dunkel.*

skotŭ 2.: klr. skot, škot, *in urkunden.* — *lit.* skatikas. *lett.* skatigs. *d.* skott *alte preussische rechenmünze.*

skra asl. *gleba, einmal nachgewiesen, den andern sprachen unbekannt.*

skrabŭ: p. skrab *ungleichheit (etwa der rinde).* skrabowaty. *Vergl.* skropawy. chropawy. chrapowaty.

skramola, škramola nsl. *hohler baum.*

skreb-: asl. oskrebą *radere.* **nsl.** škrabati. č. škrábati. oškrabky. p. skrobać, skrzybać. oskrobki. os. škrabać. ns. kšabaś. klr. skrobaty, škrobaty. skrebło *striegel.* vyskrebky. poskrôb *zusammengeschabtes.* wr. skrebło. vskrebnuć, vskrobnuć. obskrabać. r. skrebu,

skrestъ, skresti. skrebnica. skrebatъ, skrobatъ *dial.* — *magy.* krabsál. *lit.* skrebu, skrebéti, skrabeti *ist rascheln und* skrabals *ausgehöhltes stück holz, dagegen lett.* skrabu, skrabt *schaben. Vergl.* greb-: **kaš.** grzebo *aus* grzebło. p. zgrzebło. klr. hrebło.

skreg-: asl. skrъgati *frendere: daneben* skrežeši 2. *sing. und* skrřžiti. *skrъgъtъ:* skrъgъtati. skrъžьtъ, skrъžitъ *stridor.* skrъžьtati, skrъžьštą *stridere.* skrъžitati *mladên.* nsl. škrgutati *stridere habd.* skrežet. škrtati *aus* škrgtati. škrgala *ratsche.* b. skrъcam *knirschen.* krъcam, krъcna *vb.* s. škrgut. škrgutati. krcati. č. škrhati. skřehot. skřehotati, skřehotám, skřehoci. vzkřehati. skřehtati, škrtati. p. grzyt, zgrzyt. grzytać, zgrzytać. wr. skrigać. skregotać. r. skrežetatъ. — *Vergl. rm.* skęršni, kęršni, krišni, kręcini, kęrcęi *vb.* kęrškare, kręškare. škęrtsiku *kav.* 231. *Man zieht hieher* p. skarga *klage (mit unrecht) und ai.* kharj *knarren (vom wagen); ferners* b. skrežec *hausgrille.* nsl. skržak, skržat, skržačica, skržatica, skržad, skrižad *singcicade.*

skrelja: p. skrzele, oskrzele *kiemen, fischohren.* — *Man vergleicht lit.* skrêlas *flederwisch. Vergl.* kridlo.

skremen, skremon: asl. kremy *kiesel.* nsl. kremen. kremenit otrok. b. kremъk. s. kremen *feuerstein.* č. skřemen. p. krzemień. os. křemjeń, křem. klr. kremêń. r. kremenъ. — *lett.* krams *feuerstein. Vergl.* kremen.

skratŭ: nsl. škrat, škratec, škratelj, *gen.* škrateljua, *lamia lex.* škrat *bergmännchen marc.* skratil *somm.* č. škrátek, skřet, škřítek *hausgeist.* p. skrzot. — *ahd.* scrat, scrato. *nhd.* schratt *wilder, struppiger waldgeist.*

skrêkŭ: č. skřek *geschrei.* škřekati, škrkati, křekati, skřečeti *quecken. Vergl.* skřeček *hamster.* p. skrzek. skrzeczeć. skrzekotać, skrzektać *knarren.* os. škřekava *eichelheher.*

skrênja asl. *scurrilitas.* skrêmivъ *mutabilis.* skrênъstvo. — *Man denkt an ahd.* scern *scherz.*

skridlo: asl. krilo *flügel*. kŕelina *nicol*. krilutъ. okrilь: podь okrilь roditelju svojeju. **nsl.** krilo *sinus*. kreljut *flügel*. **b.** krilố. **kr.** krelo *flügel*. kreljut *ala ung. squama*. kreljuti od ribe *bronchiae mik*. okrilje *schutz*. **s.** krilo, kreljut *flügel*. **č.** kŕdílo. **p.** skrzydło, krzydło. **polab.** kraidlü. **os.** kŕidło. **ns.** kšidlo. **klr.** kryło. kryła *kleiner schober*. kryłan *vampir, pteropus*. **wr.** kryłko. skrydło, *aus dem p*. **r.** krylo *(durch kryti)*. — W. skri: *lit*. skrëti, skrajäti. skrëlas. *lett*. skrĕt *fliegen*. *Vergl*. **č.** skŕemen *neben* kŕemen. skrelja.

skrinija, skrinja, skrina **asl.** *arca*. skrinica γλωσσόχομον. **nsl.** skrinja, škrinja. **s.** skrinja. **č.** skŕíně. **p.** skrzynia, krzynia. pukrzynek, mała skrzyneczka. **os.** kŕina. **klr.** skryńa. **wr.** skryńa. **r.** skrynja, skrinka, skrinъ. — *magy*. szekrény *ahd*. scrīni. *lit*. skrīnė. *lett*. skrīne, skrīnis.

skrip-: **asl.** skripati *knarren*. **nsl.** škripati. **b.** skriptja *knirschen*. *Vergl*. skripun *schneckenkäfer*. **s.** škripati, škripnuti. škripa. **č.** skŕípati *knarren*. *Vergl*. skŕip *schachtelhalm*. skŕipec *zwänge*. **p.** skrzypieć *knarren*. skrzyp. skrzypek *geiger*. skrzypki *geige*. krzyp. **os.** škripotać. kŕipać. **ns.** škripotaś. **klr.** skrypity. skrypky. **r.** skripêtь, skrypêtь. skripka *geige*. skripačъ *geiger*. — *lit*. skrīpka *neben* smuikas.

skrižali: **asl. r.** skrižalь *f. tabula*. *Vergl*. **s.** križati *schneiden*. *Urform* skrig-êlь.

skrobotü: **asl.** skrobotъ *geriusch; clematis vitalba*. skrobutъ. skrebъtênъ *adj*. **nsl.** škrobotati *rauschen*. srebot, srobot, srabot, srabota, srobotina, srobotovina *waldrebe*. **s.** skrobut, skromut *waldrebe*. *Vergl*. **p.** chrobotać.

skrobü: **s.** skrob *stärkmehl*. skrobiti. **b.** skrobêvam *stärken*. skrobêla *neben* t. nišeste. **č.** skrob, škrob. **p.** skroб. — *lit*. skrobiti. skrobilas *neben* skarubas. *Dagegen* **r.** skorbitъ. skorbilo. *Man denkt an kraft in kraftmehl, woher* **p.** krochmal *und* **nsl.** krfka *bei Linde und, mit unrecht,*

an **wr.** korèč *steif werden*. korêłyj *steif: vergl*. skora.

skrom-: **p.** skromny *bescheiden*. skromić *besänftigen*. uskromić *zügeln*. **os.** skromny. **wr.** poskromić. uskromńać. **r.** skromnyj. *Vergl*. **klr.** skoromnyj *sparsam*. **č.** skrovný *klein, mässig*. **p.** skrowity *mässig*.

skryli: **kr.** skrilj, škrilj, tanka ploča *istr*. **nsl.** škrl *f. steinplatte*. **wr.** skryl *m. stück*. **r.** skrylъ *splitter*. *Vergl*. **č.** skŕidla, škŕidla *dachziegel und* **nsl.** skrlo *schiefer*.

skub-: **asl.** skubą *vellere*. **nsl.** skubsti, skubem. **b.** skubja *vb*. **s.** skubsti, skubem. **č.** skubati, škubati, šklubati. **slk.** skubať. **p.** skuść, skubać. **os.** skubać. **ns.** skubaś. **wr.** skubu, skusć. **r.** skubsti, skusti, skustь, skupitь *dial*. *Vergl*. **slk.** šklbať. skluba-.

skuk-: **nsl.** skučati *gemere*. **č.** skučeti.

skula 1.: **wr.** skuła *geschwür*.

skula 2.: **č.** skula, škula, skoula *lücke*. **kr.** škulja *loch frankop. ung*. škuljav *löcherig*. **nsl.** škulj, nekaka luknja.

skuma-: **č.** skoumati *merken*. — *Man vergleicht ahd*. scouwōn.

skumrija **b.** *makrele*. **r.** skumbra, skumbrija. — *gr*. σχόμβρος.

skup-: **asl.** proskupьсь χλεπτής. proskupica. pronyrija i proskupьstva *sup*. 249. *Ein dunkles wort*.

skurija **asl.** *scoria*. **b.** zgura. — *gr*. σχωρία. *ngr*. σχουριά.

skuta **nsl.** *topfen, art brei Ukrain*. skutnica, juha skuhana od skute. — *nhd*. *österr*. schotten. *it*. scotta *(lat. excocta)*. *ahd*. scotto.

skuta-: **asl.** skutati *componere, ornare*. raskutati *effodere*. **č.** skutiti *zusammenscharren*.

skutü: **asl.** skutъ *saum des kleides, rockschoss*. **b. kr. s.** skut. — *got*. skauts. *ahd*. scôz.

skuvija, skovija **s.** *cuculus*. **b.** skufa. **p.** skofija, škofija, kofija. **r.** skufьja. — *magy*. szkofia. *türk*. uskuf. *ngr*. σχούφια. *it*. scuffia, cuffia.

skver-: asl. raskvrêti, *aus* raskverti, raskvьrǫ *schmelzen: ursprünglich einen bestimmten laut hervorbringen.* nsl. cvrêti, cvrem (*partic.* cvr̄-o, cvrê-o) *neben* crêti, crem; *venet.* criet (*partic.* cvart) *prägeln, braten, schmelzen.* razcvrêti. cvrtje, cvrča *ova frixa.* ocvrt drob, rekše jetra, pljúća, srce. *iter. durch dehnung:* ocvirati, razcvirati. ocvirek *griebe.* cviriti *prägeln.* cvrzati, cvrzukati *knarren.* **kr.** razcvirati. ocvirak. **č.** skvřiti, skvru. skvrlý, skvřelý *und* skřvělý. skvířiti *kröschen.* **p.** -kwrzeć, kwre. rozkwarła: *asl.* *raskvrьla. rozkwirać. przyskwierać komu.* naskrzeć *aus* naskwrzeć, naskrę *aus* naskwrę. naskwierać. **kaš.** skvirac *für r.* plakatь. **os.** škřeć, škřeju *neben* škru *kröschen, kreischen (von fett)* škřevać. **ns.** škřeś. **klr.** čvirk *spiritushefe. Aus* skver *durch erste oder zweite steig.* **asl.** skvarь *hitze.* skvara *nidor.* **s.** skvara, ckvara *art häarsalbe.* čvariti *mit geräusch schmelzen.* čvarak. **č.** škvar *laut von siedendem fett.* škvára *schwarte.* škvarek, oškvarek *gekröschtes stück fett.* škvařiti *kröschen.* škvařenina. přiškvar *hitze, schorf, angebranntes.* přiškvařiti. **p.** skwar, skwara, przyskwara *schwüle.* skwarek *geprägelte fettschwarte.* skwarzyć *kröschen. Vergl.* skwarna. **ns.** škvark, švark *griebe.* **klr.** škvarka. švarok. **wr.** skvara *für r.* žara. skvarić *für r.* zažaritь. **r.** škvorka *speckgriebe.* skvara *griebe, hitze (und schmutz).* škvaritь *schmelzen.* škvarokъ. — *magy.* kurczina *griebe. Man beachte noch* **wr.** skverći sja, skveru sja *schreien.* skvereta *geschrei.* **p.** zaskowerać *winseln.*

skverk-: asl. svrьčькъ: sverčekъ *in einer r. quelle.* nsl. cvrknoti, cvrčati *den ton bratender sachen von sich geben, zwitschern.* svrček *grille.* **b.** cvrьča *vb.* **s.** cvrknuti. cvrčati. cvrčak. cvrka *clangor.* **č.** skvrčeti *prasseln.* skvrček *querulus.* cvrk *grille.* cvrčeti *zirpen.* **p.** skwierk. skwierczeć, skwarczeć. ćwierknąć, ćwierczeć. zaskwierknać, zamrzeć z głodu. świerszcz *grille.* **kaš.** skvirz *grille.* **os.** švjerč. švjerczeć. **ns.** šverč *gryllus.* švarcaś *brausen.* **klr.** ćvirkaty, cvarkaty, čvar-

katy ćvirkun *graspferd.* **wr.** cvyrkać. **r.** sverčokъ, sverščъ *hausgrille.* sverčatь. — *lett.* kvärkt. skverk- *beruht auf* skver-.

skverl-: nsl. čvrlêti, ščrlêti *zwitschern.* **s.** čvrljak *staar.* čevrljuga, ševrljuga, ševa *lerche.* čkvrlj *art vogel.* **č.** cvrlikati.

skverna: asl. skvrьna, skvarъ *makel: daneben* skrьna. skvrьnavъ. oskvrьnêti. nsl. skvrna *rostfleck.* skrun *unrein.* skrunoba *abominatio meg.* skrnoba. **kr.** ckvrna, skruna. oskruniti. **č.** škvrna. **p.** poskwirna *makel alt.* poskwiernić *besudeln: unrichtig* poskwiernąć. **wr.** skverńa. skverńavyj. **r.** skverna. skvernyj. — *lit.* tu skverne *zuruf an unartige kinder.* **rm.** skęrnę *schmutz.* skęrnav. *Man vergleicht and.* skarn *mist,* gr. σϰώρ.

skvik-: **s.** skviknuti, skvičati *gannire.* nsl. skovik *eulengeschrei.* **č.** škvíkati. **p.** skowiczeć. nsl. skvenčati *gemere.* skov *aus* skv-

skvor-: asl. skvorьcь *staar.* nsl. škvorec, škorec, skorec. **b.** skvorec, škorec, skorec. **s.** skvorac, čvorak, čkvorak. **p.** skorzeń, szkorzek *aus* skvor-. kaš. skorc. polab. sköråc. **os. ns.** škorc. **klr.** skvoreć. **r.** skvorecъ, škvarokъ. *Vergl. alb.* zborak *sperling.* skvorьcь *beruht auf der W.* skver. *Auf dieselbe W. wird* nsl. škrlec, škrljič, škrljica, ščrljuk *lerche zurückzuführen sein.*

skvorda: asl. skvrada, skrada, skovrada *sartago.* **p.** skowroda. *Vergl.* skowrodne *ON.* **klr. r.** skovoroda. — *rm.* skovardę. *lit.* skarada, skaurada, skarvada, šaurada. *lett.* skavards *bratspiess. Vergl.* skärde *blech.* ahd. scart. *W.* skver, *daher, mit steig. des e zu o,* skvorda: *asl. ist* skvrada *die ältere form, woraus, durch einfügung des o,* skovrada. **os.** škorodej. **ns.** škorodvej *plinzeisen stehen für* škovrodej, škovrodvej: *urform* skvordy.

skvornŭ: asl. skovranьcь *lerche von* *skovranъ. **b.** skolovranec, *das amsel bedeuten soll.* **č.** škobrunek, škrobánek *dial.* **p.** skowronek. **kaš.** skobronk. **polab.** zévornåk. **os.** škovrončk *aus* škovronc; paškovronc. škovrončina. **ns.** škobronk.

klr. žavoronok, žajvoronok, hajvoronok, žajvôr. žorvanok. **wr.** žavoronok. **r.** žavoronokъ. ščevoronokъ. **nsl.** škrjanec. **č.** skřivan. skovornъ *hat zur W.* skver, *davon* skvor-nъ: o *ist eingeschaltet wie in* skovrada, skovorda. *In den mit* ža *an-lautenden formen scheint das tönende* ž *für* sk, šč *eingetreten zu sein.* skřivan *beruht auf* skvran. *Die deutung einiger formen ist schwierig.*

skvoz-: **asl.** skvozê *neben* skrozê, skozê *und* skosê *adv. praep. per.* **nsl.** skozi, skoz. **p.** skroś. **wr.** skroź. **r.** skvozê, skvozъ. *Mit* skvoz- *vergleiche man* **asl.** skvožnja, skvažnja, kvažnja *foramen.* **r.** skvažina. skvozitь *durchsichtig sein.*

skŭk-: **asl.** skъkъtati *titillare: daneben* štekotanije. **nsl.** ščegetati, šegetati, šegatati. žehtati: žehta me, žašče me. žgetati, žgečkati. ščegetec. **s.** čkakljati, škakljati. **č.** cektati: *die urform von* cektati *ist wohl* tjektati. *Die übrigen formen beruhen auf* skŭk-, skek-. **r.** skoktatь, ščekotatь. čukotatь: *vergl.* čklivyj. **kr.** šahljiv, žehljiv *kitzelig. Man bemerke* **klr.** poskobotaty.

skŭrbĭ: asl. skrъbь *kummer.* skrъbêti *trauern.* oskrъbiti *affligere.* **nsl.** skrb. skrbêti. **s.** skrb. **b.** skrъb. **r.** skorbь *krankheit, gram.* skorbêtъ. *Vergl.* skorblyj *eingeschrumpft. —* **rm.** skerb, skęrbę, skîrbę. **lett.** skurbt, skŏrbt *ohnmächtig werden.*

skyk- W.: asl. skyčati *bellen, grunzen.* **s.** skika. skičati *grunzen. — Vergl.* **rm.** skînči *pipen.*

skym-: asl. skymati *susurrare. Vergl.* **b.** skimtênie i mlъva *bulg.-lab. 60.*

skyta-: asl. skytati sę *vagari.* **nsl. s.** skitati se. **b.** skitam se *vb.* **klr.** skytaty śa. **r.** skitatь sja. *Durch steig.* **nsl.** skutiti se *von vögeln, die während der brüte-zeit das nest verlassen. — Vergl.* **lit.** skuisti, skuitau *delirare.*

skyti-: asl. podskytiti *für* podkloniti *anderer quellen. Vergl.* **č.** skytati *darbieten.* **os.** skićić *darreichen.*

skyva **č.** *scheibe.* **p. os. ns. wr.** skiba. **polab.** skaiba. **r.** skiba, skipa.

klr. šybka. **wr.** šiba. — *lit.* skīvê. *ahd.* scîba. *nhd.* scheibe.

slabŭ: asl. slabъ *schwach.* oslaba *relaxatio.* **nsl.** slab. **b.** slab. slabini *plur. weichen, leiste.* **s.** slab. slabina *weichen:* slaba *rothe ruhr.* **č.** slabý. slabina, slabizna. **p.** słaby. słabizna. **polab.** sloby. **os.** słaby. słabina. **ns.** slaby. **klr.** słabyj. **wr.** słabyj. słabênić. słaѳênêć. **r.** słabyj. na słabkê, na słabcê. — *rm.* slębi *nachlassen.* slabilje *schwäche. lit.* slabnas, slab-nêti: *daneben* silpnas *schwach.* silpti *erschlaffen.* slêpsna *weiche.* slubnas. *lett.* slābs. *Man vergleicht got.* slēpan *schlafen. ahd.* slaf.

slakŭ: č. šlak *spur.* **slk.** slačiti *spüren.* **p.** ślak, szlak *schlich, schleichweg.* ślakować *aufspüren.* **č.** (šlak) *weicht vom* **p.** (sljak) *ab. Linde vergleicht ein niederdeutsches* sleke.

slek-: s. prisleći, prisleknem *zurück-treten.* sleka i odsleka *fluth.*

slengŭ: asl. *slęzъ einer aus dem volke* σιλιγγαι *silingae, silingi: vergl.* kŭnengŭ *und* kuning. **č.** *der sing.* slez *besteht nicht: der plur.* sleze *bezeichnet das land Schlesien.* slezak, slezan. **p.** *aus* slęzъ *das adj.* ślązk, ślązko *aus* slęžъskъ, slęžъsko. ślązak. **os.** šlezska. *niederd.* schlasak *neben* schlunsak, schlinsak *art gebäck.*

slêdŭ: asl. slêdъ *spur.* vъ slêdъ hoditi *folgen.* vъ slêda, sъ zadi ὄπισθεν. poslêdi, poslêdь *postea. Davon adv. compar.* poslêžde, *daneben adj.* vъsêhъ poslêždij *zap. 2. 2. 113.* poslêdьnь. naslêditi. naslêdьnikъ. poslêdъkъ *ende.* **nsl.** slêdъ. slêdi *tandem.* poslêdi, poslêd. posledge *fris.* slêdnji *extremus ung. quisque trub. rês. meg.* slêherni *jeder einzelne.* sličkerni. **b.** slêda *spur.* slêd *nach:* slêd pladne *nachmittag.* slêdja *folgen Vinga.* **s.** slijed: poslijed *neben* poslije, poslijen *von* sjü. **č.** sled. slídník *leithund. compar.* poslêze, poslêz *später.* **p.** ślad. pośład, pośledź *nach, hinter* oślada *spur. kurzy* ślad. **polab.** püslod *nachher.* **os.** sled. **ns.** sled. **klr.** ślid. pośłid *das letzte.* **r.** slêdъ. — *Vergl.* de pře urmę *nach,* poslêdi. *preuss.* sledinikis *leithund*. *lett*. slēde *geleise*. *Man vergleicht lit*. lendu, linsti *kriechen*. *ags*. slīdan *gleiten*.

sléga: r. pereslêga *fehler im· gewebe*. **nsl**. preslêgast *fadenscheinig:* platno preslêgasto; glava preslêgasta, plešiva; njiva preslêgasta, ki ima prazna, gola mêsta mej vsêjanim žitom.

slépa-: asl. slêpati, slêplją, slъpati, slъpają ἄλλεσθαι *salire:* vody vъslêpljąštеję ὕδατος ἀλλομένου io. 4. 14, *wofür andere quellen* istêkająštеję. radoštami jako agnęta vъslьpahomъ (*richtig* vъslъpahomъ) lam. 1. 99. vъslъpati, vъslъpêti, vъslъpnąti ἐξάλλεσθαι: vъzsl-. slapъ *fluctus*. *Vergl*. rêka vosklêpletь istočniky. **nsl**. slap *woge, wasserfall; wetter:* blisk i slap človêka lahko buje (ubije) *ung*. slap, hlap *vapor Linde*. **kr**. slap *fluctus ung.:* slapi morski. **s**. slap *aspersio undarum maris*. *Ob alle diese wörter zusammengehören, ist nicht sicher. Fern steht lit*. šlapus *feucht, nass*.

slépü: asl. slêpъ *blind*. podslêp: oči podslêpê slêpьсь. oslêpnąti, oslьnąti. **nsl**. slêp. slêpe oka *schläfen*. **b**. slêp. slêpi te oči *schläfen*. **kr**. slip. slipo oko. **s**. slijep. **č**. slepý. slepýš *blindschleiche*. oslnouti *erblinden*. **p**. ślepy. olśnąć *für* oślnąć, oślepnąć *erblinden*. **os**. slepy. **ns**. sɫepy. sɫepc *bettler*. **klr**. slîpyj. slîpyj ovad. **r**. slêpoj. slêpýšъ. *Vergl*. kuroslêpъ *anagallis*. — *lit*. slêpti *verbergen*. slapus *heimlich*. *lett*. slêpt. slepêt *verheimlichen*. *Hieher gehören wörter für „huhn"*, *wenn es richtig ist, der name beruhe auf den halbgeschlossenen augen des thieres:* **č**. od mhouráni očima, jako slepý činívá: slepice, slépka *henne*. **polab**. slêpaića. slêpác *hahn*. slêpã *hühnchen*.

slézü: asl. slêzъ *malva: daneben* sljuzъ. **nsl**. slêz, sliz *und* sklêz. *Vergl*. slzena *käsepappelkraut*. **b**. slêz. **s**. slijez, šljez. **č**. slêz. **p**. ślaz. máślez (maślyez) *buphagium in einem ältern vocabular: vergl*. maklen. **os**. šlez *und* słoz. **klr**. slîz. *Vergl. lit*. zɫugies *bei Szyrwid 341*.

slimakü: **č**. slimák *schnecke*. **p**. ślimak. **os**. slink. **klr**. słymak. **wr**. sli-

mak. **r**. slimakъ. — *Vergl. preuss*. slaix. *lit*. slikas.

slina asl. **nsl**. *speichel*. **b**. slinka, sljunka. slinja, sljunja *vb*. **s**. sline *rotz*. **č**. slina. slintati. **p**. ślina. **os**. sliny. **ns**. slina. **klr**. słyna. **wr**. slina. sɫunić. **r**. sljuna, slina. slinitь, sljunitь. sljunjavyj. — *lett*. slênas. slina *entsteht aus* spljuna, sljuna, *ist daher eine ableitung von* spljŭ, pljŭ, *und hängt mit gr*. *σπύω, πτύω usw. zusammen. Ob* slina *mit mhd*. slîm, *lit*. seilê *zusammenzustellen ist, ist unter diesen umständen fraglich. Vergl*. pljŭ.

sliva asl. *prunus*. **nsl**. sliva. sliv *bläulich*. **b**. sliva. slivica *drüse*. **kr**. sliv *coluber verant., nach der farbe*. **s**. sliva, šljiva: *vielleicht asl*. sljiva. **č**. slíva. **p**. śliwa. **polab**. slaiveńa. **os**. slovka. **ns**. slůva. **klr**. słyvka. **r**. sliva. — *preuss*. sliwaytos. *lit*. slîva. *Man vergleicht ahd*. slêa, slêha. *Die slav. urform scheint* sljuva *gelautet zu haben*.

slížž: **č**. sliž, žliž *schmerle (fisch)*. **p**. śliž. **os**. sliž. **klr**. słyž. **r**. slizъ *blennius*. slёnъ, slenь. — *lit*. sližis.

slja: **č**. šle *geschirrriemen, sielen, hosenträger, slk*. tráky. **p**. śla, szleja, szlija, szla *kummet mit dem geschirr*. szelka *seilchen*. szelki *hosenträger*. **ns**. sɫa. **klr**. šɫijka, šlejky, sɫyjka, vorozka u byča. **r**. šleja. — *lit*. šlajej. *lett*. šleijas. *ahd*. silo *riemen*. *nhd*. siele. *Vergl*. žila.

sljak-: r. sljakotь *regen mit schnee*.

sljusari: p. ślusarz *schlosser*. — *lit*. slêsorius. *Aus dem d*.

sljuzü: r. sljuzъ, šljuzъ *schleuse*. **p**. śloz. — *Aus dem d., mlat*. sclusa, exclusa.

sloj: **č**. sloj *m. schicht: daneben* slůj *f*. **p**. słoj *geäder im holze*. **r**. sloj. — *rm*. sloj.

sloni-: asl. sloniti sę *lehnen*. slanjati sę. vъslonъ *bett*. **nsl**. sloniti. slonêti *lehnen*. zaslon, zaslomba, zasloba. **b**. *Vergl*. slon *sennhütte*. **s**. zasloniti, zaslanjati, zaslonjati. **č**. sloniti *verdecken*. záslona, záclona, clona *vorhang*. zasloniti, zacloniti. **p**. słonić, zasłaniać *verdecken*. **os**. zasłonić, zasłaňać. *Vergl*. **klr**. pryslinеč *schirmdach*. **wr**. słonić. **r**. slonjatь

sja *müssig gehen, eig. lehnen.* zaslonjatь. —
magy. zászló *fahne lautet älter* zásztó *aus*
zastava. *rm.* slon *schlagbaum. Unzweifel-*
haft verwandt ist lit. šlėti. nušlajint *um-*
lehnen. šlaitas *bergabhang, lehne, leite. ahd.*
hlïta. *got.* hlains *hügel. ahl.* hlinēn. *gr.*
χλίνω. *lat.* -clino. *ai.* çri. *slav.* s *ist palat.*
k. *Die darlegung der übergänge ist schwie-*
rig. sloni *anlehnen kann von* kloni *beugen*
nicht wohl getrennt werden: s. zaklon *und*
zaslon *zufluchtsort vor wind und regen.*

slonka: *daraus magy.* szalonka
schnepfe. **nsl.** sluka. **s.** šljuka. **č.**
sluka. **p.** sląka, słonka, słomka. **klr.**
słukva, słokva, sołukva, sołomka, słońka.
— *preuss. lit.* slanka. *lett.* slōka.

slonkŭ: **asl.** sląkъ *inflexus.* **nsl.** slôk,
slôkast *mager.* slôknoti. slukav *habd,* slu-
konožje *poples.* **kr.** sklūčen *inclinatus,*
curvatus ung. Vergl. **p.** ślęczeč *sich plagen.*
wyślęczyč *durch ducken und sitzen heraus-*
bringen. skluczeni albo zgarbieni: *daneben*
skluczony (skłęczony). *W. wahrschein-*
lich slenk, *das mit* lenk *verwandt sein mag.*
— *Man vergleicht* slenku, slinkti *kriechen,*
schleichen. ags. slincan. *ahd.* slïchan.

slonŭ: **asl.** slonъ *elephant.* **nsl. č.**
slon. **p. os. klr.** słoń. **r.** slonъ. — *lit.*
slanas, *entlehnt.*

slopĭcĭ: **č.** slopec *art thierfalle* **p.**
słopiec. **klr.** słopeć *ung.* prysłopyty *mit*
einer mäusefalle fangen. Vergl. prisłop
steile stelle. **r.** slopecъ. *Man merke* **č.** slup
luchsfalle und **p.** słąp *art netz.*

slota **asl.** *hiems.* **s.** slôta *feiner*
regen: dagegen slòta *ungeheuer.* **č.** slota,
clota *schneegestöber, schlechtes wetter.* **p.**
słota, drobny deszcz *nasse witterung.* za-
słocić. **klr.** słota. słotnyj deń: *daneben*
sołota, sołotłyvyj deń. **wr.** słota. **r.**
slota *regenwetter.* slota *für* sljakotь. **kr.**
ist slotan *debilis.* — *rm.* sloatę. *wr.* steht
słota *und* sljuta *für* r. sljakotь. *Mit lit.*
šaltas *kalt ist* slota *unverwandt.*

slovēninŭ: **asl.** slovēninъ σκλαβηνός
procop., sclavenus jordan. slovenus, slavus
nsl. slovēn *somm.* slovēnom *trub.* slovēnec.
kaš. słovince: *so heisst ein theil der Ka-*

šuben. słovieńśti. **polab.** slüvënsky *wen-*
disch. **r.** slavjaninъ. — *rm.* slovên. *mhd.*
slavenīe *art decke.* slavīne *grober pilger-*
rock. **it.** schiavina. **sp.** esclavina. *Die*
bildung des wortes durch das suffix ênŭ
deutet auf einen ON. *als thema: die ab-*
leitung von slovo *ist abzuweisen.* σχλάβος
(σθλάβος), *befremdende verkürzungen von*
σχλαβηνός, *sclavenus. Aus lat.* sclavus *ent-*
stand d. sklave: *das lat.* duldet kein sl
im anlaute, das im ahd. häufig vorkommt.

sludy **asl.** *locus praeruptus. Vergl.*
r. nasludъ, sloistyj ledъ. — *lit.* pašludnus
schräge.

sluga **asl.** *diener.* slugovati. služiti
dienen. služьba. **nsl.** sluga. služiti. služba.
b. sluga. slugar. slugatar. sluguvam, služa
vb. služba. **s.** sluga. služar. služiti. služba.
sluškinja. **č.** slouha, sluha. sloužiti. služba.
p. sluga. sługus: *lat. form.* sługować. słu-
žyć. służba. **os.** służić. służba. **ns.**
służyś. służba. **klr.** słužyty. słužba. **r.**
sluga. služitь. prisluga *dienst.* — *rm.* služ-
nikę. *Vergl.* prislugę *zündrohr. magy.*
szolga. szolgál. *lit.* slūžba. služīti, šlužīti.
lett. sluga. sluga *ist verwandt mit* slŭ:
vergl. lat. cliens, cluens.

slutŭ: **asl.** slutъ *wohl „der gehört hat“.*
s. sluta *ahner.* slutiti *ahnen.* slutnja *ahnung.*
slutov *unglücksprophet.* **nsl.** slut *verdacht:*
ga imam na slutu, na sumu. — *got.* hliu-
tha. *zend.* çraota. *W.* slŭ.

sluzŭ: **asl.** sluzъ *pituita, squama.* **b.**
sljuz. **s.** sluz. sluzina *ea pars carnis glu-*
tinosae, quae cartilaginibus adhaeret stulli.
č. sliz (*was auf* sljuzъ *deutet*). **wr.** skliž.
r. slizь *schlcim.* slizêtь. *Hieher gehört* **klr.**
słyzńak, **r.** slizenь *schnecke. Vergl.* **nsl.**
slug *schnecke ohne gehäuse.* sluga *nackt-*
schnecke. — *rm.* solz, solc *squama.*

slŭ- 1.: *durch erste steig.* **asl.** sluti,
slovą *clarere.* slutije *gloria.* slovos, sloves:
slovo *verbum.* slove: čьto estъ slove ce,
eže reče? *io.* 7. *36. zogr. Durch zweite*
steig. slava. **nsl.** razsluti se, razslujem se
bekannt werden. slutvo *in* slutvo gospodar
dem namen nach herr. slovêti, slovim *neben*
slujem. slovênje *fama.* sloves, slovez *feier-*

lichkeit. b. slava. slavja *vb.* kr. sluti, slovem *clarum esse.* slava. s. slovo *buchstabe.* slava. slaviti. č. slouti, slovu, sluji. slovútný *berühmt.* slovo. sláva. p. słynąć *aus* *slŭnąti *clarere.* słowo. sława. polab. slüvü. os. słovo. sława. ns. slovo. r. slytь, slyvu. slovuščij *berühmt.* slovo. slava. — rm. proslęvi *vb.* lit. šlově *ehre.* šlovinti. šlovingas *geehrt.* slaunus, *entlehnt.* lett. slava. slavēt *rühmen.* got. hliu-ma. gr. κλύω. κλέϝος. lat. cluo. ir. clú *fama.* ai. çru. çravas. *slav.* s *ist palat.* k.

slŭ- 2.: asl. oslьnąti *hungrig werden* ant. 107. nsl. sla, sla do jedi *esslust.*

slŭch-: *daraus durch dehnung* (y *aus* ŭ) asl. slyšati *hören; durch steigerung* sluhъ *gehör.* sluhos, sluses: sluho *gehör;* slušese, slušesa, slušesy. *Neben dem dur.* slyšati *besteht das iter.* slušati *horchen.* poslušati *gehorchen.* poslušьlivъ *gehorsam.* prêslušati, oslušati *nicht gehorchen.* osluha *ungehorsam.* oslušьlivъ, oslušivъ *ungehorsam.* posluhъ *zeuge, eig. ohrenzeuge.* nsl. slišati. poslušati. slušati, slušam *gehorchen.* sluhi, osluhi *schläfen, etwa „an den ohren befindlich".* b. sluh *gehör* slušam *horchen.* poslušen *Vinga.* s. slušati, *dazu das dem.* sluhtiti. č. prêslechnouti. (*slk.* preslychnúť). slyšeti. naslýchati, nasléchati. sluch. slušeti. poslušný *gehorsam.* p. słych *für* slŭhŭ *gehör:* ni słychu ni widu. nasłychnąć. słyszeć. słuch. słuchy, wieści. słuchać. słuszeć *gehören: germanisirend.* słusz *fug und recht.* kaš. słech *schläfe.* przysłucha, należy: *germanisirend.* polab. slåisat *hören.* püsleusat *zuhören.* os. słych. słyšeć. słušeć *gehören.* ns. slyšaś *hören.* slušaś se *gehören.* klr. słychaty. słuch. słuchaty. osłucha *ungehorsam.* wr. słych. słuchać. r. slychъ. slyšatь. sluchъ *gerücht.* sluchatь *dial.* slušatь. — *lit.* klusti (*slav.* slŭs). klausiti (*slav.* slus). klusus *scharf hörend.* lett. klausīt. *Das wort beruht auf der W.* srŭ, *woraus zunächst* slŭh *aus* slŭs: *vergl. nhd.* losen *dial., ahd.* hlosēn. ai. çruš *in* çrušti *erhörung neben* çru. *zend.* çruš. *Vergl.* slŭ- 1.

slŭza: asl. slьza *thräne.* nsl. solza, sloza, slojza, skuza. solzêti *spärlich rinnen,*

daneben sluzêti: rana mi še zdaj sluzi *ist noch feucht.* b. slъza. sъldzi *mil.* 75. slъzi *sickern.* kr. selza (*aus* slza). s. suza č. slza, slze. *dial.* słuza. p. łza, *alt* slza, *d. i.* słza. łezka. sleza, sloza. polab. slådza (slåza). os. sylza. ns. dza *aus* ldza, sldza. klr. sleza, sloza. r. sleza. *Ein schwieriges wort: in derselben sprache treffen formen aus* slŭza *mit solchen aus* sleza *zusammen.*

smad-: polab. smaďoje *schmiedet.* — *Aus dem d.* schmieden.

smag- 1: asl. smaglъ *fuscus.* posmagnątije *adustum, fuscum esse. Vergl.* posmagъ *placenta, in r. quellen.* nsl. *Hieher zieht man* smajen, presuh *sehr dürr.* smanja, prevelika suša. b. nasmaga se liste *es bräunt sich das laub.* s. smagnuti *dunkel werden, obfuscari; cupere, eig. ardere.* prismagnuti. smagliv. osmagnuti *amburi.* č. smažiti, smahnouti *dörren, rösten.* osmahnouti *von der sonne gebräunt werden.* smahlý *gedörrt.* smah, smaha *brandmahl.* p. smażyć *frigere.* smażarz *schmorer.* smaglawy *schwarzbraun.* os. smahnyć *verbrannt werden.* smaha *sonnenbräune, brache.* ns. smagnuś *dörren.* smaga *brache.* klr. smahty *siccari.* smaha *hitze.* smahłyj *sonnenverbrannt.* smahľavyj. smažny usta. prysmahaty *ein wenig prägeln.* posmahnuty *verbrannt werden.* vysmažyty *prägeln.* wr. smaha *russ.* osmažić *rösten.* r. smaga *durst, russ. Vergl.* smeng-.

smag- 2.: p. smagać *stäupen. Vergl.* smagły *schmächtig.* klr. smahaty. — *lit.* smogti *schlagen.* smagoti. smogis *hieb.*

smakŭ: nsl. smak *geschmack somm., jetzt* žmah. č. šmak. p. smak. polab. smaka *schmeckt.* ns. šmek. wr. smak. r. smakъ: *dial. für* sokъ. — *lit.* smakavoti, smokavoti. šmakas, šmokas. *ahd.* smac. *Vergl. lit.* smagus *angenehm.*

smali-: os. smalić *sengen.* ns. smaliś *sengen, schwärzen.* klr. prismałyty *anbrennen.* wr. smalić, smalenuć. — *Vergl. lit.* svilti.

smeng-: r. peresmjagnutь *aufspringen (von den lippen).* peresmjaglyj. wr. osmjahnuć *austrocknen. Vergl.* smag-

smerd-: asl. smrъděti *stinken*. *pro-
smrъdnąti: prosmrъla *mladên*. nsl. smrděti. smrdokavra *upupa*. b. smrъdja *vb.*
s. smrdjeti. č. smrděti. p. śmierdzieć.
śmierdnąć, śmiardnąć. śmiardły. smard
unflat. polab. smârdi. os. smjerdžeć
stinken. smjerd *gestank*. smjerdžić *stänkern*.
ns. smjeržeś. klr. smerdíty. wr. smerdź
gestank. r. smerdětъ. smerdъ. *Aus* smordŭ
ergibt sich asl. smradъ. prosmraditi, pro-
smraždati. nsl. smrad. b. smrad. smra-
dja *vb.* smradlika *neben* smrъdlika *sumach,
wofür* s. smrdljika. s. smrad. č. smrad.
smraditi. slk. prosmradzaṫ *faulenzen.* p.
os. ns. smrod. klr. smrôd. nasmrodyty.
wr. smrod *neben* smurod *für* smorod. smro-
džić. r. smorodъ *und* smradъ. smordъ
aus smorodъ. smoroda, smorodina *rubes:*
otъ uduślivago zapachu. *klr. wr. r.* smrod,
smrodъ *sind, p.* — *preuss.* smorde *faul-
baum. lit.* smirdéti *stinken.* smirsti *stinkend
werden.* smirdas. smardvé *gestank.* smar-
dinti, smirdinti *stänkern.* lett. smirdêt.
smirst *stinkend werden.* smards. smarža
geruch, auch der angenehme. rm. smęrd,
smîrd. smęrčêv. smęrdui *vb.*

smerdŭ: asl. smrъdъ *plebejus:* ljubo
sanovitъ, ljubo smrъdъ *rup.* p. smard,
smierd, *ungenau* smerd, *art höriger:* nie dla
was, smerdowie, ale dla panow. klr.
smerd *wird erklärt durch* volnyj rataj,
selanyn *chrest.* 43. 71. 236. 484. wr.
smerdź: ne čini smerdzi dobra, ne ljubi
jeho žonki. r. smerdъ. *Man denkt an
smerd- und an das pers.* mard *mann: an
das erstere wahrscheinlich, an das letztere
sicher mit unrecht. In deutschen gesetzen
und urkunden:* smurdi. smerdi.

smerk- 1. smerg-: s. smrčak *morchel.*
č. smrček, smřž, smrže, *dial.* smrh, smrha.
p. smardz, smarz. os. smorža. ns. smaržl.
r. smorčekъ. *Man denkt an asl.* smrъkъ
*tubus, was bei dem s. und r. wort lautlich
angeht, bei den übrigen wörtern jedoch auch
lautlich unmöglich ist.*

smerk- 2.: asl. smrъkati *haurire, sorbere, sugere, naribus attrahere, nasum emungere.* smrъcati. smrъčь *siphon.* smrъkъ

tubus, mucus. nsl. smrknoti. smrčati *stertere.* smrkati, cmrkati *schlürfen.* smrkelj,
šmrkelj *mucus.* b. smrъkam *schlürfen.*
smrъk *prise tabak.* pošmrъkna *vb. mil.*
280. s. šmrkati *schnupfen.* šmrk *spritze,
prise.* ošmrk *wasserhose.* č. smrkati *schnäuzen.* smrk. p. smarkać. smark *mucus.*
os. smorkać *schnäuzen.* smorčeć *schnarchen.*
smorkot. ns. smarkaś se *schnauben.* smar-
caś *schnarchen.* klr. nasmarkaty, *aus dem
p.* šmarkuľa. smorč *regenwolke chrest:* 485.
wr. smorkač. r. smorkatь. nasmorkъ
schnupfen: b. mrъhavica. smerčъ, smerščъ
wasserhose. — *rm.* smęrk, smîrk *spring-
brunnen.* lit. smarkata, smurgis *mucus.
Die wurzel, die ursprünglich „einen bestimmten laut hervorbringen" bezeichnete, hat die
mannigfaltigsten bedeutungen.*

smerkŭ: asl. smrêčь, smrъčь *wachholder.* smrêča *ceder.* nsl. smrêka, *nicht*
smereka. b. smirča (*wohl* smrъča) *tanne.*
kr. smraka *fichte.* s. smreka. č. smrk
fichte. smrčí. švrk *dial. für* smrk. slk.
smrečina, svrčina. p. smrek: *daneben*
smerek. świerk, modrzew. os. šmŕek,
šmŕok, šmŕeka *fichte.* ns. šmŕok *roth-
tanne.* škŕok. klr. smerek *tanne.* r.
smerčie *collect.*

smê-: asl. smêti, sъmêti, smêjati
audere. smêlъ *audax.* nsl. smêti. smit:
to ni smit storiti. b. smêja *vb.* s. smjeti,
smijem, smidem. č. smiti. smělý. p.
śmieć. śmiały. os. smjeć. ns. smjeś.
klr. smity. r. smêtь. — *rm.* sumec se-
mec. sumeci *prahlen.*

smêdŭ: asl. smêdъ *fuscus.* s. smedj.
č. smědý. snědý, snědavý. p. śniady,
śmiady. śmiadawy, śniadawy. zaśmiedzić.
zaśniedzić *mit grünem rost anlaufen lassen.*
śmlady. śniedź. — *rm.* smead.

smi-: asl. smijati sę, smêja sę *lachen.*
podъsmijati sę *subridere.* nsl. smejati se,
smêjem se, smêjim se. b. smêja se *vb.*
prismêvam se, prismivam se *vb.* s. smijati se. č. smáti se, smíti se, smêji se.
posmávati se, posmivati se. p. śmiać
się, śmieję się. polab. smot. os. smjeć
so. ns. smjaś se. klr. smijaty śa. r.

smêjatь sja. *Durch* s (h·): **asl.** smêhъ.
usmihnąti sę. nasmisati sę. podъsmêhъ.
nsl. smêh. smehljati se. **b.** smêh. smê-
horija. osmihna se *vb.* **s.** smijeh. **č.**
smích. **p.** śmiech. **os.** smjech. **klr.**
smich. **r.** smêchъ. — *lett.* smêt. smaida
lächeln. ai. smi, smajatê.

smig-: **p.** śmignąć *schmitzen.* śmiga,
szmiga *schlanke gerte.* śmigły *schlank,
schmächtig.* śmiźno, żwawo. *Vergl.* smag- 2.

smigurstŭ: **p.** śmigurst, śmigust *ein
ostergeschenk.* **č.** śmerkous. — *Aus dem d.:*
schmeckostern.

smil-: **asl.** smilьnoje *adulterium.* **č.**
smilný *unzüchtig.* smilství *hurerei.* **p.** śmil-
stwo. (**os.** smilny *liebreich*). — *lit.* pa-
smilinti *verlocken.* smailus *geil.* smilius,
smalstus *näscher* smilis *zeigefinger.*

smilo, smêlь **asl.** *dos.* smêjno.

smilĭ: **nsl.** smilj *helichrysum angusti-
folium.* **s.** smilj *gnapharium arenarium.*
b. smile. smiljov: kitka smiljova.

smirna asl. r. myrrha. — *gr.* σμύρνα.

smokŭ 1.: **asl.** smokъ *schlange.* **b.**
smok mil. 373. 536. *grosse schlange.* **č.**
p. kaš. smok *drache.* **polab.** snok *schlange.*
wr. smok *drache, im märchen.* **r.** smokъ
dragon de mer. smokъ *für regenbogen izv.*
2. 186. — *lit.* smakas.

smokŭ 2.: **nsl.** smok *obsonium.* smuk
mehlmuss. **b.** smok *für* nasoleno meso.
kr. smok *obsonium.* **s.** smok *zukost.*
osmočiti. zasmočiti *condire stulli. Vergl.*
p. smoktać *mit der zunge klatschen.* **klr.**
vysmoktaty *aussaugen.* **wr.** smoktać.
smok *heber.*

smoky asl. *feige.* smokvina. smokynja
tichonr. 1. 299. **nsl. s.** smokva. **nsl.**
smokvica *erdbeere.* **b.** smokina, smokinja.
r. smokva. — *rm.* smokinę. *got.* smakka.

smola asl. *pech.* **nsl. b. s. č.** smola.
p. os. smoła. **polab.** smüla *harz, höl!e,
ofen.* **klr.** smoła. **wr.** smoľ. **r.** smola.
smolьčugъ. — *lit.* smala *theer.* *kuman.*
samala.

smolžĭ: **wr.** smovź, *d.i.* smołż, *schnecke.*
b. melčov. melče. — *rm.* melk, melč.
mrm. ζμέλτζου. *Vergl.* melčovu.

smudjŭ: **s.** smudj *schiel (fisch).*

smuga nsl. *strich.* **os.** smuha. **ns.**
smuga *streifen.* **klr.** smuha. pasmuha.
Vergl. smag- 1.

smuglŭ: **r.** smuglyj *schwärzlich.* **klr.**
smuhłyj. osmuhłyty *bräunen.* smuhľavyj.
Vergl. smag- 1.

smukŭ: **b.** smuk *wasserhose.* smuča
saugen. prosmukva se *durchsickern. Vergl.*
klr. smuk *dünner brei.*

smurŭ: **r.** smuryj *dunkelgrau.* pa-
smurnyj: *daneben* muryj *dial.* **č.** šmouřiti
umwölken, trüben. **nsl.** nasamuriti se *finster
drein schauen.* **s.** sumoran *düster.* nasu-
moriti se *sich umwölken.* **kaš.** smura *nebel.*
— *rm.* posomorî *vb.* posomorît *wild.* *magy.*
szomor. szomorú *betrübt.* *Mit* ch *für* s:
s. nahumoriti se *finster werden. Vergl.* na-
tmuriti se. **č.** chmoura. chmurný. **slk.**
chmára. **p.** chmura, chmara *regenwolke.*
pochmurny. **os.** khmurić. **klr.** chmara.
nachmaryty. chmuryj, pochmuryj, chmur-
nyj. nachmuryty. **wr.** chmura, chmara,
chmyra. nachmura *finster blickender mensch.*
nachmylič *finster schauen.* prichmariło, *sub-
jectlos.* **r.** chmura, chmara. chmuritь. nachmura. pochmuryj. pochmyra. našmura.
nsl. podmurljiv *düster. Vergl.* podmuliti se
finster zu boden schauen Ukrain. — *Vergl.*
magy. komor.

smŭk-: **asl.** smycati *schleppen, ziehen.*
smykati sę *kriechen.* smučati *kriechen.* smy-
čькъ *geiger.* **nsl.** presmeknoti *schlüpfen.*
smek (smъk), smuk. smicati se *lubricare
habd.* smukati, smuknoti *schlüpfen, abstreifen:* smukati vêje. smicati. smicnoti.
smuči *plur. f. schlitten.* **kr.** osmicati *abstreifen:* smuče se. **s.** smuk *art schlange.*
smuknuti *zucken.* smucati se *vagari.* **č.**
přesmeknouti, presmyknouti. smýkati. pře-
smýkati *überschleppen.* smečka, smyčka
knopf am zwirnfaden. smyk *ruck, schlitten.*
smýčiti *schleppen.* smyčec *geigenbogen.* **p.**
smyk *mauser.* smycz *hetzriemen.* smyczek.
posmycz *hingleiten.* przesmyk *schlupfweg.*
smukać, vysmuknąć *streifen.* smukły
schlank. **os.** smyk *ruck.* smučk *stich beim
nähen.* **ns.** smyk *baumläufer.* smykły

schlüpfrig. **klr.** smyk. smyčok. *Vergl.*
pasmuha, pasmuže *streifen.* **r.** peresmy-
katъ sja *kriechen.* — *lit.* smukti, smunku
gleitend sinken. persmaukas. smaukti *(slav.*
smuk-) *glatt streifen.* *Entlehnt:* smuikas
geige, fidelbogen. smuikůti. smuičėlas, smi-
čelas *fidelbogen.* šmičkus *aus dem p. lett.*
šmukt *fliehen.*

snad-. *Mit diesem stamme hangen zu-*
sammen: **č.** snad, snáze *leichtigkeit.* snad *als*
adv. vielleicht, etwa. snadný *leicht. compar.*
snáze. **slk.** snaď. nesnaditi *hadern.* **p.**
snadź, snać *neben* sna, snašć *vielleicht.*
snadny *bereit.* **kaš.** snad *allsogleich.* **os.**
snadź *etwas leichtes.* snadny. **ns.** snaś
vermuthlich. *Hiezu gehört auch* **p.** snaść,
r. snastъ *werkzeug.* *Dagegen* **asl.** snadь
superficie tenus.

snaga **asl.** *studium.* snagota *celeritas.*
nsl. saga *ornatus meg. reinlichkeit.* snažen
hübsch, sauber. snažiti *condecorare lex.* **b.**
snaga *kraft, körper, leib.* snažen *beleibt.*
kr. snaga *reinlichkeit.* **s.** snaga *stärke,*
körper, reinlichkeit. nesnaga *unreinlichkeit.*
č. snaha *bestreben. dial. reinlichkeit.* snažný
reinlich. osnažiti *dial.* snažiti se. **p.**
snažny *sauber.* snažyć się *sich anstrengen.*
kaš. snaži *hübsch.* snažni. **klr.** snaha
leibesstärke. Schwer vereinbare bedeutungen.
Vergl. ai. snā *baden und lat.* lautus.

snêgŭ: **asl.** snêgъ *schnee.* snêžanъ.
nsl. b. snêg. **s.** snijeg. **č.** sníh. snê-
hule *schneelerche.* **slk.** sňah. **p.** śnieg.
polab. snëg. **os.** sńeh. **ns.** sńeg. **klr.**
sníh. sńihyr *gimpel.* śnihoruž *schneeammer.*
r. snêgъ. snigirъ *dompfaff.* — *preuss.* snai-
gis. singuris *(richtig* sniguris) *stieglitz. lit.*
snigti: sninga *es schneit,* ningit, νείφει. snêgas
schnee. snaigīti. *lett.* snigt. snêgs. *W.* snigh
mit velarem gh. Daneben zend. çnizh.

snêtŭ: **č.** snêt, snêť *baumstamm.* **p.**
śniat: *daneben* sznat.

snêtī 1.: **asl.** snêt. **s.** snijet *f. m. ge-*
treidebrand. **nsl.** smetljaj. **kr.** snetljiv
rubigine corruptus. **č.** snêť. **p.** snieć.
zaśniecić. **os.** sńeć. sńecić. **ns.** sńeś.
klr. prysńitíly *sich mit schimmel und rost*
bedecken.

snêtī 2.: **č.** zasnêť *muttergewächs,*
mondkalb. **p.** zaśniat, zaśniad.

snica **č.** *deichselarm.* **p.** sznica. **os.**
ns. snica. **r.** snica, šnica.

snik-: **asl.** sničavъ περίεργος *curiosus.*
Vergl. sničьstvo *wohl „curiositas" und*
nsl. znicistvę, cinistue *fris.* sničav *kcck,*
vorwitzig, neugierig.

snitŭ: **r.** snitokъ *salmo eperlanus.*
alt snitejnyj. **p.** stynka. — *nhd.* stint.

snopŭ: **asl.** snopъ *garbe.* **nsl. b.**
s. *usw.* snop. **polab.** snüp. — *rm.* snop.

snubi-: **asl.** snubiti *appetere, amare.*
prisnubiti *allicere.* **nsl.** snubiti *werben*
(um ein mädchen). snubač, snobač *ama-*
tor meg. snubok, snobok: gre v snoboke.
č. snoubiti *freien, verloben.* **klr.** ďivosnub *brautwerber neben* ďivosľuby.

snŭ-: **asl.** snuti, snują *und* snovą *or-*
diri, anzetteln. osnovati, osnovą *und* osno-
vają. *iter.* osnyvati, osnyvają. osnova *fun-*
damentum. **nsl.** snovati, snuti. nasnavati.
osnova *stamen habd.* snutek *zettel.* **b.** snova
vb. osnova. snovalka. **s.** snovati, snujem.
č. snouti, snuji. snovati. osnova. **p.** snuć.
os. snovać. **ns.** snuvaś. **r.** snovatъ.

snŭcha: **asl.** snъha *nurus. Falsch:*
synocha (jeja stavъši prêdъ njeju), *aus einer*
r. *quelle.* **nsl.** sneha, snaha. podsnehalja
brautjungfer. **b.** snъha. **s.** snaha. **p.**
sneszka. **r.** snocha. — *ai.* snušā. *ahd.*
snura.

snyčī: **r.** snyčъ *riegel, schlossriegel.*

sobaka **r.** *hund.* **p. kaš.** sobaka, *aus*
dem r. — *Man vergleicht zend.* çpaka
hundsartig und r. suka.

sobašī: **slk.** sobáš *trauung,* oddavky.
sobáčiť *für* oddať.

sobatŭ: **b.** sobat *gastmahl.* **s.** sobet.
— *türk.* soľbét.

sobolī: **r.** sobolъ *zobel.* **č. p.** sobol.
— *magy.* czoboly. *lit.* sabalas, *nhd.*
zobel. *mlat.* sabellum. *(afz.* sable). sabe-
linus, *das mit r.* sobolinyj *verglichen wird.*
it. zibellino. *Das wort may mit türk.* sa-
mur *verwandt sein.*

sogŭ: **slk.** osoh *nutzen:* osoh mu bere.
osožiti, osohovati *nützen.* — *Vergl. ahd.*

gesnoch *suchen, erwerb, zinsen.* *Man beachte* žuchŭ.

socha: asl. soha, posohъ *knüttel:* doch soha želêzna. rasoha *furca.* *Vergl.* osositi *abscindere.* **nsl.** soha *lignum dentatum, furca.* **b.** soha. **s.** soha. rasohe *plur.* **č.** socha *gabelstange, forkel.* sochor *stange.* **p.** socha *pflugsech.* **os.** socha *pfahl.* sochor *brechstange.* **ns.** socha. **klr.** socha. rosocha. posoščyna *grundsteuer nach der zahl der pflüge:* *posošьskъ.* **r.** socha *hakenpflug.* *dial.* balken. posochъ *stab.* *Auf* socha *beruht* nhd. *dial.* (Ostpreussen) zoche *art pflug. — lit.* šaka *zacke ist mit* socha *unverwandt, trotz* dvišakas *für asl.* rasohъ.

soja asl. *pica, richtig corvus glandarius nusshäher.* **nsl.** sojka: *daneben* šoja, žoga. **s.** **č.** sojka. **p.** **os.** soja. **p.** czarna sojka, orzechowka. **klr.** soja, džoja, džedžora, zhoja. **r.** soja. — *rm.* džojkę. *magy.* szajkó. *W. wahrscheinlich si* 1.: *von dem lichten gefieder.*

sok-: p. sokora *schwarze pappel.* **klr.** sokoryna, osokor, osokoryna. **r.** osokorъ.

sokolŭ: asl. sokolъ *falke.* **nsl.** **b.** sokoł. **s.** soko. **č.** sokol *sakerfalk.* **p.** **os.** sokoł. **klr.** sokôł. **wr.** sokoł. **r.** sokolъ. — *alb.* sokol. *lit.* sakalas. *Vergl.* **wr.** sok-ot *schrei der henne.*

sokoti-: b. sokotįti *beachten.* **klr.** sokotyty *hüten, pascere.* osokotyty *bewahren. — Vergl. rm.* sokoti *attendere.* saka-.

sokŭ 1.: asl. sokъ *accusator.* sočiti *indicare.* sočьba *mala opinio.* **b.** soča *zeigen.* posoka *wunderzeichen: vergl. lat.* monstrum. **s.** sok *ausfinder.* sočiti *ausfindig machen.* **č.** sok *ankläger: nullus* zok *aliquem accuset, nisi certo sub testimonio constet de damno* Jura županorum *aus dem zwölften jahrhundert.* sousok *nebenbuhler.* sočiti *feind sein, schmähen.* osočiti *verschwärzen.* **p.** osoczyć, przysoczyć *erhaschen.* sokodyniec (na dziki czyli odyńce polujący) *schwarzwildpretjäger.* **klr.** sočyty *für* r. predlagatь *indicare.* osočyty, vskazaty, vôdšukaty. otsočyty, izvynyty ś *vskazujučy koho* inšoho. **r.** *alt* sokъ *ankläger.* sočitь *für*

slêditь zvêrja *dial.* osoka, osokъ *mit wildnetzen umstellter platz. — lit.* sakas *ankläger. Vergl.* sakīti *jagen.* *got.* insakan *anzeigen. Die p. wörter, so wie das r.* osoka, osokъ, *und lit.* sakīti *bilden wohl für sich eine sippe..*

sokŭ 2.: asl. sokъ *sucus.* **nsl.** sok *saft, baumsaft: daneben* smok. **b.** sok *saft.* (kr. suk *ist it.* succo). **s.** sok. osoka. **p.** sok. posoka *bluteiter.* **klr.** sok, sôk. posoka *blut eines thieres.* **wr.** prosočić śa *herausfliessen.* **r.** sokъ, *dial. für* sloj kory. osoka *bluteiter* sočenь *art kuchen.* pasoka. — *preuss.* sackis *harz.* *lit.* sakai *harz: vergl.* suika *saft.* *lett.* svekis. svakas *harz. Vergl.* smokŭ 2. *Hieher gehört* **os.** **ns.** sok *linse.* **asl.** sočivo. **nsl.** sočivo *hülsenfrüchte.* **s.** sočivo *linse.* **p.** soczewica. **č.** sočovice: *daneben* čečelka, čečuvka, čočka *linse.* **p.** soczek, soczka, soczewica *linse.* **r.** sočevica, čečevica. sočelьnikъ, sočevnikъ *von* *sočevo. Damit verbinde ich* **asl.** sokačь, sokačij *koch.* sokalь, sokalъkъ, sokalьnica *küche.* **nsl.** sokač, sokačica *meg. habd.* **r.** sokalьnica. — *magy.* szakács. *rm.* sokač. *Andere ziehen türk.* sokmak *schlachten herbei.*

sokŭ: as. soč *tributum frumentarium.* sokalьnikъ *socamannus. — mlat.* soca *modus agri, socagium.*

soldŭ: asl. sladъkъ *dulcis.* compar. sladъčaj *von* sladъkъ, slaždij *von* *sladŭ. sladъčiti *dulce reddere.* sladъčati *dulce fieri.* slastь *deliciae.* slaštъ *suavis aus* slad-tjъ. **nsl.** sladek. slad *malz.* slaja, slast *süssigkeit:* jêl je v slast. oslaščiti se *sich gewöhnen.* **b.** sladъk. sladkav *süsslich.* slad *malz.* sladun *soll eine art eiche sein.* **s.** sladak. slast. sladun *granatapfel.* **č.** sladký. slad *malz.* osladyč, osladič *süsswurzel.* **p.** słodki. słod *malz.* słodź *süssigkeit. Daneben* nasładszy. **os.** słodki. słod. słodžina *treber.* **ns.** słodki. slod. składiny. **klr.** sołodkyj. sołodkavyj. sołodžava *ung.* sołodyny. **wr.** sołodkij. sołodziny. *Daneben* słasć. słasnyj. **r.** solodkij. solodъ *malz.* soložь *lüstern. dial.* solodvjanyj. *Daneben* sladkij. sladostь. šlastь. slastitь. slašče.

— *lit.* saľti, salu; salsti, salstu *süss werden.*
saldus. salīkla *malz.* saladīnos *treber. lett.*
saldināt *versüssen.*

solma: asl. slama *stipula.* nsl. **s.**
slama. b. slama *stroh.* slamka *strohhalm.*
č. sláma. p. os. słoma. ns. sloma. polab.
slåma. klr. sołoma. r. soloma. — *magy.*
szalma. *preuss.* salme. *lett.* salms *stroh-*
halm. salmi *stroh. ahd.* halm. *lat.* calamus. *gr.* χάλαμος, *ein ai.* çarma *voraus-*
setzend. s ist *palat.* k.

solna: asl. slana *reif, pruina.* nsl.
slana, mrzla rosa *meg.* b. s. slana. č. p.
r. *fehlt.* — *preuss.* passalis. *lit.:* šalti *frieren.*
šaltis *kalt.* šaltis *frische.* šalna, šarma *reif.*
pašolīs *frost in der erde. lett.* salt *frie-*
ren. salts *kalt.* saldināt *frieren machen.*
salna, sarma. *and.* hēla. *ai.* çar *in* çi-
çira *kälte.* s ist *palat.* k.

solp-: klr. vysołopyty, vysołoṕaty
(jazyk) *hervorstrecken.*

solunŭ: asl. solunъ *Thessalonica.*

solvij: asl. slavij *nachtigall.* nsl. sla-
vec. slavič. b. slavij. s. slavić. slavuj.
slavje *m.* slavja, slavlja *f.* č. slavík. p.
słowik. kaš. słovik. polab. sålü. slovaika.
os. syłobik, sołobik. ns. sylovik. klr.
sołovij. r. solovej. — *preuss.* salowis *für*
salwis. *Man vergleiche* asl. slavoočije, si
rêčь sêroočije *glaucitas.* r. solovoj *isabell-*
farben, isabellgelb. posolovêlyj. *Es geht*
nicht an' formen wie klr. horozyty, sołota
für hrozyty, słota *zur unterstützung der*
ableitung von slŭ *herbeizuziehen.*

solŭ: p. soł *speisekammer in bauern-*
häusern.

solyga asl. *jaculum: vergl.* šelyga *per-*
tica ferrea. r. šelyga, šolyga *art peitsche.*

solĭ: asl. solь *salz.* nsl. b. s. sol.
b. prêsol *m. sauerkraut.* č. sŭl. *dial.* solný.
kdo sŭl prodává. solnice *salzwerk aus* solь-
nica. p. sol. solnica *salzfass.* polab.
süli *n.* klr. sôľ. soľanka. r. solь. —
lett. sāls. sālīt. *gr.* ἅλς, ἅλες. *lat.* sal.
salere. *got.* salt. saltan (saisalt). *ahd.*
sulza. *ir.* salan. *kambr.* halen. *finn.*
saltte. *rm.* solnicẹ *neben dem halblat.*
sarnicẹ. *lit.* salunka *salzfass. Hieher ge-*

hört I. rasolŭ: nsl. rasol *coagulum habd.;*
für zelnica. b. rasol *gesottenes rindfleisch*
mil. 530. **s.** raso *lacke von sauerkraut.*
č. rosol *salzwasser.* p. rosoł *fleischbrühe;*
mocno osolona woda lub serwatka do
rosolenia serow owczych. os. rozsoł *salz-*
wasser. klr. wr. rosoł. r. rosolъ, razsolъ.
— *lit.* rasalas *salzlacke. lett.* rašals. *rm.*
rẹsol. *alb.* rasoj. *II.* klr. prasoł *fisch-*
händler, viehhändler. r. prasolъ *verkäufer.*
prasolitь *handeln. Ursprünglich scheint* prasolъ *den, der fische einsalzt, dann den,*
der sie und salz verkauft, zuletzt den
händler überhaupt bezeichnet zu huben. p.
prasoł *salzverkäufer. III.* sol-nъ : asl.
slanъ *salzig.* nsl. slan. slanina *speck,*
eig. das gesalzene. b. slan. slanina. **s.**
slan. slanina. slanik, slanica *salzfass.* č.
slaný. slanina. slánka *salzfass.* slanec *ge-*
salzener häring. slanice *salzfass.* p. słony.
słonina. słoniawa *salziger boden.* polab.
slåny. slånaića. os. słony. słonina *salz-*
lacke. słónka *salzfass.* ns. slony. sloń
f. salzigkeit. r. solonyj. solonina *gesalzenes*
fleisch. solonica, solonka *salzfass.* solnopëkъ
pastete mit gesalzenem fisch. — *rm.* slẹ-
ninẹ. *magy.* szalonna *speck. Vergl.* asl.
slanutъkъ *cicer,* b. slanutъk, *gr.* ναοῦτ,
türk. leblebi, *eine nicht salzige frucht.*
IV. sol-t- slat-, *daher* asl. slatina *salziges*
wasser, sumpf. nsl. slatina *sauerbrun-*
nen. s. slatina, gdje izvire voda slana
ili nakisela, te dolazi stoka i liže; *daneben*
slanača. č. slatina *moorgrund, marsch.*
r. solotina, solotъ *moor neben* slatina *saline.*
Vergl. b. solčište *marais salant. Die be-*
deutung verbietet bei slatina *an lit.* šaltas
kalt, šaltinis *kalte wasserquelle, lett.* salts
wasserpfütze (studenъ, studenьcь) *zu denken.*
— *rm.* zlatinẹ.

sombota: asl. sạbota *sabbatum.* nsl.
sobota. b. sъbota. s. subota. č. p.
os. ns. sobota. polab. sübüta. klr. wr.
subota. r. subbota. — *lit.* subata, sabata.
Auf asl. sạbota *beruhen* rm. sîmbẹtẹ *und*
magy. szombat. *Mit diesem wort hängt zu-*
sammen č. slk. p. os. sobotka *sonnenwend-*
feier. asl. sạbota *entspricht einem d.* sam-

bat, *woraus ahd.* sambaztac, *sabbati dies.*
Die nasalierung ist unerklärt.

sompŭ: asl. sąpъ *vultur.* posąpiti lice
svoje; brъvi črъnê i ne zêlo posupljenê.
osąpьnêti *perterreri.* nsl. osupnoti. č.
sup. posupiti *verfinstern. Vergl.* osupiti se
anschnarren. p. sęp. sępi *adj.* sępić
finster machen. osępieć *düster aussehen.* po-
sęp. **klr.** sup *art adler.* semp, *aus dem*
p. posupłen *chrest. 404.* nasupyty čoło.
wr. supić *für* r. chmuriть. r. supъ, sipъ.
supiть *die stirne runzeln.* nasupa, posupa
homo morosus. nasuplennyj. nasuporivaть.
Der blick des geiers erscheint als finster,
ebenso der der eule, daher p. posowieć:
oczy posowiały.

somti: b. somtja, sumtją *schnarchen.*
somŭ: asl. somъ *mugil.* **nsl. b. s.**
som *wels.* č. p. sum. **klr.** sôm, sum.
r. somъ *silurus glanis.* — *lit.* šamas. *lett.*
sams.

son: asl. są: *daneben* sъ *durch schwä-*
chung des ą zu ъ: *richtiger wird es sein*
anzunehmen, dem są *liege ein langer, dem*
sъ *ein kurzer vocal zu grunde:* ą *neben* vъ
(ъ); pa, po; pra, pro. sъ *praepos. mit*
dem instrum. mit, cum; mit dem gen. von
oben herab, de, κατά *mit dem gen.; als*
praefix sъnęti *comprehendere, demere.* sъ,
einer sache gewachsen, wird mit dem accus.
gefügt: č. seč (sъ čь). **nsl.** s, z: *daneben*
so: so žitom, *d. i.* sъ (sę) žitom. *Häufig zi:*
kr. zibrati, zibirati *neben* zbéri. zižgáti
neben zežgem. *Die ältere form von* są, *wofür*
su *auch in asl. quellen, findet sich meist in*
der composition: sąsêdъ *nachbar.* sugubь
doppelt; sumьnêti sę *zweifeln.* **nsl.** sôsed.
sôper, zôper *wider.* sôdrug. sô-ržica. su-
protnjak *gegner.* sosednja *versammlung.*
kr. sumodar *sublividus:* modrъ. **s.** su dva-
deset trideset svatova *volksl.* sušnježica. su-
gradica *graupen.* su-ržica. sukrvica. suvje-
rica *waffenstillstand.* susret. sučeliti se
neben sačeliti se. susretati. č. soudruh.
souprasí *trächtig.* soused. sou-ržice. **p.**
sukrwica. suspica (sŭp), żyto z plewą. sążyca *halb roggen, halb weizen für* są-
rżyca. somsiek, skrzynia na zboże *dial.*

Ich merke hier an sojusz *für* r. sojuzъ,
asl. sъązъ. polab. sõsod *einwohner.* n.
sused. **klr.** sokyrvyća. supostat. sufaha
rabulist. r. sudoroga *krampf.* usugljady
brautschau. sukrovica. su-ržanka. *Man*
vergl. s. suton *tiefe dämmerung. Redu-*
plication findet sich in sąsъ *simul und in*
adverbialer form sąsê *invicem.* **kr.** ziz:
ziz njum *cum ea ung.* **klr.** zos. r. sosъ.
— *ai.* sam. *zend.* hem, hãm. *preuss.* sen.
lit. su *praep. und praefix;* są *aus und*
neben san *mit substantiven:* sąmonė *besin-*
nung. nesandora *uneinigkeit. lett.* sa.

sonča: nsl. sôča *Isonzo.* — *lat.* sontio.

sond-: nsl. posôditi, posôjevati *leihen:*
pôt posôditi *das geleit geben.* pósoda: na
pósodo vzeti. **s.** posuditi, posudjivati.
r. ssuditь, ssužatь. ssuda *das geliehene.* po-
sudьe *dial.* — *rm.* posęndi *vb. istr.*

sondŭ 1.: nsl. sodo (*wohl* sôdo) *n. ge-*
rade zahl. sodl *meg.* sodev, sodov (sodva).
sodelj (sodlja). soda: liš ali soda. č. sud:
sudý počet: *das gegentheil ist* lichý: lich
suda. suda *paar. Wahrscheinlich stecken*
im worte die praepos. są *und* dê- 1. *Vergl.*
klr. bez suda *unzählig.*

sondŭ 2.: sądъ *judicium.* sąditi. są-
dij *richter.* dьnь sądьnyj *das jüngste gericht.*
nsl. sôd, sôditi. sôdec. sôdij *m.* sôdija *f.*
sôdni den. sojenice *etwa „schicksalsgöttinnen":*
vergl. rojenice. dakosl. sandenie. sando-
ven den. b. sъd. sъdja *vb.* sъdba. sъdni
den. **s.** sud. sudija. sudbina. sudnji dan.
č. soud. sudí. soudný den. **p.** sąd, *gen.*
sądu. sędzią. sędacz. sądny dzień. **klr.**
sud. sudyť. **wr.** sud. r. sudъ. sudija.
— *rm.* osîndi *vb. lit.* sudas. sudîti. sūdžia,
aus dem slav. Urverwandt scheint samdas
miethe, samdîti *miethen.* *preuss.* sundan *sing.*
acc. ist strafe. lett. sôdît, sūdît *richten,*
strafen. mhd. zander, sander, sandaal
scheint auf einer p. *form zu beruhen: aus*
zander *oder einem ähnlichen wort mag sich*
č. cuda *terrae judicium entwickelt zu haben.*

sondŭ 3. asl. *instrumentum* sъsądъ
vas. **nsl.** sôd. posôda, posôdva. b. sъd.
s. sud. č. sud. osudí. *dial.* suďen, misník
schüsselschrank. p. sąd, *gen.* sędu. sudno

boot und sudzina *fass, aus dem* r. os. ns.
sud. **klr.** sud sosud. posuda, posudyna.
wr. sudy. sudno. r. sosudъ. sudno. suda
dial. und posuda: — *lit.* sudas.

songŭ: p. posąg *statue.* posąże *brustbild.*

sonkŭ: asl. sąkъ *surculus.* nsl. sôk.
sôčje. b. sъk. č. suk. p. sęk. osęk
wie ein haken gewachsenes holz; wurfspiess,
speer. os. ns. šuk. **klr.** suk *knorren*
ung. r. sukъ. — ai. çaṅku *stamm, pfahl:*
vergl. çākhā *zweig. lit.* šaka *ast.* **lett.**
šekums *gabeliger ast.* s *ist palat.* k.

sop-: asl. sopą, sopsti, sopati *tibia*
canere. sopьcь *tibicen.* sopêlь, soplь *tibia:*
svirêlnyihь soplej. soplь *fons saliens.* so-
puhъ *siphon. Vergl.* sopnice i tresavice
tichonr. 2. 368. sopotъ *canalis.* sopašьka,
wie es scheint, rüssel. nsl. sopsti. sopêti.
sopêhati, sopihati *schnauben.* sop *athem.*
sopot, slap *wasserfall, eig. der brausende.*
sapa *athem beruht auf einem iter.* sapati,
das venet. vorkommt. *Daneben* sapiti
keuchen, im osten. b. sopam se *an-*
schnarren Vinga. **kr.** sopsti *sugo verant.*
sapa *spiritus.* s. sopsti *schnarchen mik.*
sopiti *keuchen.* č. soptiti *athmen.* supati
schnauben. osapiti se *anschnarren.* sopouch
rauchloch. sápati. p. sap *schnauben.* sapka
schnupfen. sapać, sapiać *zischen.* os. sapać *sprühen.* **klr.** sopiłka *pfeife.* zasopty
śa, zasapaty śa. **wr.** sopći *vb.* sopêłka.
sopot. r. sopêtь *keuchen.* sopelь *pfeife.*
Vergl. dial. sopti, sopu *fressen.* — *lit.*
sapêlka: *daneben* šapas *halm.* šapelis.

sopa 1. b. s. *prügel.* — *türk.* sopa.

sopa 2. *(aus* saopa), salpa s. *art meer-*
fisch. — *it.* salpa.

sopolŭ: asl. sopolъ *mucus.* b. so-
pol, sъpol. s. sopolj *stulli.* č. sopel,
gen. sople. soplavka, rýma. p. sopel, *gen.*
sopla, *nasentropfen, eiszapfen.* sopleniec
tropfstein. **klr.** sopłyvyj. sopłak. sompeľ,
compeľ. **wr.** sopeľ. r. soplja.

sor-: nsl. osoren, malobesêden človek
einsilbig, kurz angebunden. **kr.** osorno
άsperε, *austere.*

sorcininŭ: asl. sracininъ, stracininъ
iuz. 198. sracinъ, sračinъ *saracenus.* soro-

cininъ. sarakininъ veprь *tichonr.* 2. 440.
saračinskij, sračinskij, sracinskij *orienta-*
lisch. — *gr.* σαρακηνός. *magy.* szerecsen.
türk. šarki. šark *ost.*

sorga 1.: r. soroga *cyprinus idus (fisch).*

sorga 2.: nsl. sraga *tropfen meg.* od
srage udarjen *vom schlage gerührt: vergl.*
kaplja: kapa-. *Das wort ist nur nsl. nach-*
gewiesen. Die urform sorga *beruht auf ai.*
sarga *strahl von flüssigem, guss von* sarǰ,
srjati *ausgiessen, ist daher nicht ganz sicher.*

sorka: asl. sraky, sraka, sračica *kleid.*
nsl. srakica (sračica), srajca *hemd.* **wr.**
soročka *hemd.* r. soroka *kleidung der*
bäuerinen. soročka *hemd.* — *Vergl. lit.* šarkas *art kleidungsstück. Aus dem slav.* sorka
soll and. serkr. *hemd, ags.* serce *panzer*
stammen: es sei aus Russland nach Skan-
dinavien und von da nach England ge-
bracht worden. finn. särk *hemd. Das wort*
ist nur asl., nsl., wr. und r. Man beachte
lat. *sarica, *woraus ahd.* serih.

sormŭ: asl. sramъ *pudor.* sramota.
sramêživъ, sramêžьlivъ *verecundus.* sramiti,
sramljati. sramêti. nsl. sram. sramežljiv,
sramožljiv. osramožliti. b. sram, stram.
sramota, stramota. sramežliv. **kr.** sramož-
livost *frankop.* s. sram. sramež. sramežljiv. srameć. č. *fehlt das wort.* p. srom.
sromiężliwość. *alt* sromać się. soromiot
wird durch miece wstydem na stronę *er-*
klärt. Auf srom *wird* wstrzemięźliwy *zu-*
rückgeführt: sramêžьlivъ. **kaš.** sromac sę.
os. sromota. ns. sromota. sromaś se.
klr. sorom. osorοmyty: *daneben* stram;
ostramyty, osramyty; sramota. **wr.** sorom.
posorom. soromnyj. prisoromić: *daneben*
sromota, *aus dem* p. sramota, sramotnyj.
r. soromъ. soromnyj: *daneben* sramъ. sra-
mitь. sramnyj; stramota. stramъ. stramitь;
sramotnyj. stromêtь *sich in schande bringen.*
— *lit.* sarmata *verdruss, schande, entlehnt.*
ahd. haram. *pers.* šerm *scham. ai.* çirma.
s *ist palat* k.

sorokŭ: r. sorokъ *vierzig.* soročina.
sorokoustъ. sorokoustie, sorokoustija. **klr.**
sorok. sorokousty. p. sorok *bund zobel-*
felle von vierzig stück, aus dem r. — *ngr.*

σαράχοντα. σαραχοστή. *Von dem letztern* sara-
kusti asl. *quadragesima.* gr. τεσσαραχοστή.
Vergl. sarandarŭ.

sosa-: b. sosaja *kommen mil. 334.* do-
sosalo *133.* sosuvam *siebenb.* — rm. sosi
vb. alb. sos. ngr. σώνω, σῶσχι.

sosna asl. *abies.* č. sosna *fichte;*
dial. für borovice. p. sosna *föhre.* r.
sosna *pinus silvestris.*

sot- 1.: slk. sotiť, sáceť *stossen.* klr.
prysotaty śa.

sot- 2.: č. sotný *schwer, difficilis.*
sotva, sotvic, sotvičko *kaum.*

sotona asl.' *satanas.* nsl. sotona *metl.*
děla sotonina *fris.* b. os. satana. s. klr.
sotona. . p. szatan. klr. wr. šatan. r.
satana. — *lit.* šétonas. ahd. satanās. gr.
σατχνᾶς.

sova asl. nsl. s. č. *noctua.* č. sověti
wie eine eule traurig sein. p. sowa. oso-
wieć *unlustig werden: vergl.* sompŭ. so-
wiżrzał, sowiżdrzał *eulenspiegel, nach dem
missverstandenen d. wort.* os. ns. klr. r.
sova.

spanakŭ: b. spanak *spinat.* s. spa-
nać. č. spenák. p. spinak, szpinak.
— ngr. σπχνάχι: *vergl. lat.* spinaceus.

spanŭ: asl. spanъ, spaninъ *barbam
raram habens.* — gr. σπανός.

spara os. *klaue.* č. spár: *vergl.*
spára *spalte.* parkclï.

spata asl. *schwert.* protospatarъ. —
rm. spatę. ngr. σπάθα. it. spada. p.
szpada *degen.* klr. špaha. r. špaga. s.
špada, špaga. — *lit.* spoda, špoda, spada,
špogas.

spega-: nsl. spegar *spion meg.* spe-
gavec. špegati *lex.* špejati *trub.* špijati
habd. špijavec *jambr.* s. špijun. č. špeh.
špehoun. špehovati. p. śpieg, szpieg.
śpiegarz. śpiegun. wr. speh. klr. špihon.
r. špionъ. — *lit.* špégas. lett. spēgs. ahd.
spëhōn; *adj.* spāhi. *Daraus it.* spione,
spia. nhd. spion. *Die slav. wörter sind
aus verschiedenen sprachen entlehnt.*

speltŭ: *splêtъ.* s. spljet *Spalatum.*

spenŭza: asl. spenъza *(spät) kosten.*
ns. špiža *speise.* špendija *nahrung.* s. spenza

geld. spendje. spendžati. č. špíže. p.
speza *kosten.* špiža *speisen.* śpižarnia *speisekammer.* ns. spiža *speise.* klr. spyža
proviant. wr. spiž *kupfer.* r. spěža
dial. — *lit.* špižě *kost.* spižarné. ahd.
spīsa. *it.* spesa. *mlat.* spensa *aus ex-
pensa.*

spertva: s. sprtva *köιbchen.* kr.
sprta *ung.* — it. sporta. *Vergl. asl.* spi-
rida, gr. σπυρίς.

spesi: r. spesь *hochmuth.* spesivyj.
klr. spesyvyj.

spê-: asl. spêti, spějati, spêją *jacere,
proficere.* dospêti, prispêti *venire.* prêspêti
excedere. spêhъ *studium, alacritas.* spêšiti
festinare. nsl. spêti *eilen.* dospêti *kommen.*
spêh *eile.* na spêh. spêhati se *eilen.* spêšiti se: se ni spešilo *es ist nicht gelungen.*
s. dospjeti *zurecht kommen, reifen.* č.
spêti *eilen.* spêch *eile.* compar. spíše *eher.*
p. śpiać (spêjati) *nacheilen.* dośpiać *reifen.*
śpiech. pośpiać sobie *felici successu uti
dial.* os. spjeć. spjech. ns. spjech.
spjechovaś. klr. pospity, vyspity *reifen.*
wr. spêch. r. spêtь *reifen.* spêchъ.
uspêchъ. spêšivyj, skoryj *dial.* — rm.
dospi *gähren: vergl.* prìpi *festinare.* lit.
spêti *musse haben.* spêkas *kraft.* devin-
spêkė *neunkraft:* p. dziewięćsił. lett. spēt
können, stark sein. ahd. spuon (spōjan)
gelingen. ai. sphā *schwellen, gedeihen.*

spica s. *speiche.* nsl. špica. kr.
jalova žbica *kienspan.* klr. špyća *radius.*
špic *spitze.* p. śpica, szpica. os. stpica,
stvica. špic. ns. špica. wr. spica. r.
špica *pfeil.* spica. — rm. spicę. ahd. spizzi.

spichri: p. spichrz *speicher.* — lit.
spīkėrė. ahd. spīhheri *aus lat.* spicarium.

spikŭ: p. śpik, szpik *mark in den
knochen.* — ahd. spëcch. nhd. speck.

spila, spilja s. *höhle.* nsl. špila,
špilja. — gr. σπήλαιον, σπηλιά. alb. špelę,
spilję.

spilja: č. spile *stecknadel.* p. śpila,
szpila *spiess.* śpilka, szpilka *stecknadel.*
prześpilać *durchstechen.* klr. špyl *spitze.*
špyľka. našpyłyty. wr. špiľka. r. špiłьka.
s. išpilja *grosser nagel.* — lit. spilka, spilga.

lętt. spilka. *nhd.* spille. *mhd.* spille, spinke, *ahd.* spinnala, spinula, spenula. *lat.* spinula. *it.* spillo. *fz.* épingle.

spina p. *rückgrat.* r. spina, *dial.* spinъ. **klr.** spyna. — *lat.* spina (dorsi).

spisa: klr. spysa *kampfspiess.* — *ahd.* spiez.

splata s. *plätte.*

splina *asl. splen für* slêzena. — *rm.* splinę. *gr.* σπλήν.

spodŭ: asl. spodъ *convivium.*

spolaj b. *dank:* spolaj mu nemu *mil.* 259. ispolaj vi! r. ispolatъ. — *gr.* εἰς πολλά (ἔτη).

spolinŭ: asl. spolinъ, ispolinъ *riese.* — *Man erinnert an das volk der Spali* σπάλοι.

spondŭ: asl. spądъ *modius.* **kr.** spud *istr.* č. spoud. p. spąd, szpąd. — *lit.* spandis, spangis *eimer.* *lett.* panis. *Vergl. dŭn.* spand. *niederd.* span, spann.

sporŭ: asl. sporъ *uber.* sporyni *multitudo.* **nsl.** sporen (*parcus habd.*), *ausgiebig.* b. spor *überfluss.* spori *ausgiebig sein.* posporja *fruchtbar machen.* sporen *fruchtbar.* **kr.** prišporeno *reichlich ung.* s. spor (*parcus*), *durans:* spor hljeb. nespor *nicht lange dauernd.* č. sporý *ergiebig*, vydatnÿ, hojný. spora (*sparsamkeit*), *vermehrung.* spořiti *gedeihen lassen, mehren* (*sparen*). přispor *zuwachs.* p. spory *ergiebig;* dosyć duži, wielki. sporzyć *gedeihen lassen.* kaš. spori *ausgiebig.* niespora robota. os. spory. sporić. **klr.** sporyj *genug gross.* sporyty *vermehren.* nasporyty *vorrath schaffen.* **wr.** spor *rührigkeit.* spornyj. r. sporyj. sporo *flink.* — *lit.* sperai *adv. schnell.*

sporyšĭ: nsl. sporiš *eisenkraut verbena.* s. sporiš, *auch* paprac. č. spořiš *taubenkraut.* p. sporyš *mutterkorn, wegegras.* klr. poryš. r. sporyšъ.

sprežĭ: asl. sprežь *helleborus.* s. sprež *stulli.*

spurjaninŭ: s. spurjanin *unehlicher sohn.* — *it.* spurio.

spuza b. *asche.* **klr.** spuza, spudza. *rm.* spuzę *loderasche.*

spyti, ispyti **asl.** *vergebens.* spytьnъ *vergeblich.* **nsl.** zpitnih *fris.:* spytьnyihъ. spoitimar *PN.:* spytimêrъ. *Vergl.* spitek *kränkliches kind.* ošpiten *sehr wenig.*

srêg-: nsl. srêž *frost, treibeis, roheis, eisscholle.* srêž po zidu in po drêvji. strež, mraz, pruina *habd.* b. skrež *f.* reif. č. stříž *f. das erste dünne eis.* **slk.** strež *eisscholle.* p. śrzež, śrež *f grundeis:* daneben strysz, srysz, śryz, szryz, *richtig* śrzež (po ziemi jako popioł rozsiewa) *dicht gehende eisschollen. Vergl.* śrzežoga, strzežoga *frostbrand.* os. sřež *starker reif an bäumen.* ns. střež *treibeis: Nicht hieher gehörig sind r.* šerešь, šerechъ *gefrorner koth.* šorošь *kleinere eisstücke im wasser.* strežъ, bojkaja struja vody. streža *fahrwasser. Eine schwierige sippe.*

srêšĭ: asl. srêšь *faex.* **kr.** sriš *muscus verant.* s. sriješ, striješ *weinstein.*

srŭ-: *durch steig. und einschaltung des t asl.* struja ῥεῦμα *flumen.* s. strujati *wallen* (*vom wasser vor dem sieden*). r. struja. asl. ostrovъ *insel, „das umflossene“.* b. ostrov. s. ostrvo *aus* ostrovo. č. ostrov. p. ostrow. kaš. vostrov. polab. vàstrüv *ON.* ns. votšov. klr. ostrov. r. ostrovъ. *Hieher gehören auch folgende bildungen: I. asl.* struga *fluctus, navigium.* nsl. struga *alveus aquae habd. lex.* struja. č. strouha. p. struga: *vergl.* strug, struh *art barken, dieses aus dem klr.* os. truha. ns. tšuga. klr. struh, bôľšyj čoven *chrest.* r. struga. strugъ *art barke. II.* č. strumen. p. strumień, strumyk. zdrój *aus* struj, *daher auf* srŭ, *nicht auf ri zurückzuführen:* wzdroj *scheint nicht sicher belegt.* os. trumjeń. — *rm.* ostrov. *lit.* sruja. srava. sravéti. srautas, sriautas. srovė, strovė. straumė. struklė. straud: strausti *fluere. lett.* straut. strāvēt. strāve. straume. strauts. straule. strūga *art barke. ngr.* στρουγαί *DC.* *ai.* sru: sravati. sravas. srôtas. *gr.* ῥυ: ῥέω (ῥεϜω), ῥόος (ῥόϜος), ῥύσις. *ahd.* stroum, strūm. *air.* sruth.

sta 1. *dient der hervorhebung des vorhergehenden wortes: r.* chozjajka-sta ne chočetъ. spasibo-sta. požaluj-sta. *Dunkel: man möchte an* starosta *denken.*

sta 2.: *die „stehen“ bedeutende wurzel tritt im slav. als* sta *und als* sti *auf. I.* sta. **asl.** stati, staną *stehen bleiben. iter.* stajati. nedostati *mangeln.* ostati *übrig bleiben.* ostalъ *übrig geblieben.* stanije. staj *adv.* statim. staja *hütte.* stanъ *herberge, lager.* stanište, stanovište. pristanъ *hafen.* pristanište. stasь *regio.* sąpostatъ *feind.* nedostatь *mangel.* postatь. statija. ostatъkъ *rest.* stavъ *compages.* nastavьnikъ. postavъ. pristavъ *apparitor.* zastavica. sъstavъ. stava *articulus.* stado *herde. Daher viele verba:* staviti, stavljati. ostaviti. postaviti *usw., wovon* stavilo. *Man beachte* nastažitelь nastěžitelь δημότης; ἐπίτροπος. **nsl.** -stati, -stanem. vstati. staja. pristav *meier.* pristava *meierei.* pristavlja *meierin.* stan *nachtlager, wohnung, stand; herde* meg. vstanoviti. postat, postal *reihe der arbeiter auf dem acker.* statva *webstuhl.* zastava. stališ *stand.* staviti. ostaviti. razstaviti *usw.* nastačila *speisemeister beruht wohl auf* *nasta-tъkъ-i-ti: *vergl.* č. stačiti. **b.** stana *werden.* stavam *stehen, werden.* staje *geschehen.* stanúvam *aufstehen.* stane *zustand.* staja *zimmer.* stan *webstuhl.* stav *leib, gelenk.* stava *glied.* stavica *anzahl garben.* stanovit kamen. postav, *daraus* postaf, postah, *trog.* stado. *Vergl.* postal *mager, daher* ispostalěvam *abmagern.* **kr.** stališ *stand.* ustameniti. **s.** stati, stanem. stajati. stajaći. staja *stall.* stalež *stand.* stamen *fest.* stan *webstuhl, sennerei.* stanar *senner.* stanac. stas *wuchs.* stativa, statva. stad *stand.* nestadak *mangel.* stado. **č.** stanouti, stanu. *iter.* stávati. staj *standort.* star *stand.* stanovisko. stanoviti. statek *gut, habe.* stačiti *zureichen.* stav *stand.* postav *stück tuch.* stádo, stádlo *herde.* stavunek *arrest.* **p.** stanąć, stanę. *iter.* stawać. stajnia *stall.* stan. ostanek *rest.* statek *vermögen.* starczyć *aus und neben* statczyć *liefern.* staciwy *stellwerk.* staw *gelenk, teich.* postaw *stück tuch.* przystaw *aufseher.* stawka *spieleinsatz (lit.* stavka). stado *herde.* stadło *paar, stand.* **polab.** stot *stare.* **os.**

stać, stanyć, stanu. stan. stav. stajić. stadło *herde.* **ns.** stanuś, stanu. stašivy, stašidla *webstuhl.* stav. postava *zettel der weber.* staviš, stajiš. stadlo *herde.* **klr.** staja, stado *herde.* zastava *fahne* ung. stan. ednostaľ *einförmigkeit.* ednostałok *einspänner.* postať *die auf einmal zu schneidende partie der saat. Vergl.* postaľ *sturmhut, aconitum.* postav *ein ganzes stück tuch.* ostanovyty. nedostatok. nastačyty, nastarčyty, postačaty *liefern.* **wr.** stajńa. stav. postav *gewebe.* postojałka *süsse milch (lit.* pastijolka *sahne).* **r.** statь, stanu. ustanь. *iter.* -stavatь. staja *zug vögel; stall dial.* stanъ *taille.* stanovitь. statь *form.* kstati *à propos.* statьja. supostatъ. statokъ *gut; herde dial.* ostača *für* ostatokъ. stavъ *gespinnst dial.* postavъ *sukna stück tuch.* stavitь. stado. stamachъ *ermüdung dial.* — **preuss.** postāt *werden.* stacle *pfeiler.* staldis *stall.* pasto *gewebe.* pastowis *laken.* **lit.** stoti, stoju *sich stellen.* stověti. stomů, stomens *statur:* gr. στήμων, lat. stamen. stonas *stand.* stodas. staklės *webstuhl:* stajně. stoviklė. stovīla. stotkas, statkas *ständerfass.* dastotkas. parstok *impt. ist* p. przestaů. **lett.** stāt. stāvs *wuchs.* zastava. stāwět. **alb.** stan *schafpferch.* postaf. **rm.** stan. stative *webstuhl.* nęstęvi *vb.* postav *pannus.* postavę *mulde.* postatę *reihe.* pristeni *consentire.* pristav *adparitor.* **magy.** poszto. zászto, *daraus* zászlo, *fahne:* zastava. porosztó, *daraus* poroszlo: pristavъ, *mlat.* pristaldus. got. stojan. **ahd.** stuowan. stuot *herde von pferden.* schwed. prestaf *dux comitatus funebris.* gr. στα-: ἱστάναι. lat. stare. ai. sthā. *II.* sti *in der gesteigerten form* stoj. **asl.** stojati, stoją *stehen.* stoilo *stall.* dostojati *sich geziemen.* dostoinъ, dostojanъ *würdig.* dostodivьnъ *bewunderungswürdig.* dostověrьnъ *glaubwürdig.* **nsl.** stati *aus* stojati, stojim. stojal *fris.* stojahu *spang.* pristoji se: *daneben* pristojati, pristjati. **b.** stoja *vb.* stoji se *es geziemt sich.* dostojn *würdig.* dostojanstvo *würde* lat. **s.** stajati *aus* stojati, stojim. stojak *stiel eines dreschflegels.* dostojati se. dostojan. dostojanstvo: **č.** státi, stojim. stoj *standort.* stojan *ständer.*

p. stać, stoję. dostojny. **kaš.** stojec, stac. os. stejeć. **ns.** stojaš, stojim. **klr.** sťôjło stall. **r.** stojatь. stoitь *kosten.* stojka *stehen.* dostoitь *es schickt sich.* zastoj. — *rm.* ustoi *sedare.* dostojnik.

stačunŭ: as. stačunь *taberna.* **nsl.** štacun. — *it.* stazione.

stakanŭ: r. stakanъ *becher.* **klr.** stakan. — *lett.* stakans.

stalmachŭ: p. stalmach *stellmacher.*

stalĭ: p. stal *stahl.* **r.** stalь. — *ahd.* stahal, stâl. *Man vergleicht preuss.* stakla *stahl, aus dem dı*

stambolŭ: s. stambol *Constantinopel.* **r.** stambulka. — *türk.* istambol εἰς τὴν πόλιν.

stamedŭ r. stamedъ *art wollenstoff.* **p.** stamet, sztamet, stament, sztament. — *fz.* stamette.

stamezka r. *stemmeisen.* — *Aus dem nhd.*

stamĭnŭ: asl. stamьnъ, stamьna *urceus.* **b.** stomna, stovna. — *gr.* στάμνος. *Damit ist zu verbinden r.* stovcnь. *lit.* stounis *kübelfass.*

stangretŭ: p. stangret *kutscher.*

stapŭ 1.: asl. stapъ *scipio.* **as.** stьpь. **b.** stap. *Mit št aus st:* **asl.** štapъ *baculum.* **nsl.** ščap. **kr.** ščap. **s.** stap, štap. — *rm.* štab. *ahd.* stap, *gen.* stabes. *magy.* istáp.

stapŭ 2.: as. stapь *stegreif.* — *mlat.* stapia, stapes. *it.* staffa. *ahd.* staph, stapf.

starŭ 1.: asl. starъ *alt.* starьcь. starosta *der alte.* starêjšina. **nsl.** star. **b.** star. starec. starosvat, starosvatcc. starojka. **kr.** star. staregov *adj. patris.* **s.** star. starješina. *Man merke od stracev·in einem älteren denkmal.* **č.** stary. starosty *plur. eltern;* starostové *die altvordern.* **p.** stary. starosta *ältester.* starać się *sich bemühen.* starunek *ängstliches sorgen, mit d. suffix.* staranie. **polab.** stor. **os.** stary. staroba *alter.* starać *sorge machen.* **ns.** stary. starejše *eltern.* staraś se *sorgen.* **klr.** staryj. starucha. starušok. **r.** staryj. staršina. starosta *dorfältester.* starucha. — *rm.* stę-rui *sich bemühen.* stęruincę. *lit.* storas *dick.* storavoti *sich bemühen.* stîras *starr.* storonė *fleiss.* storasta. *lett.* starigs *streb-*

sam. stārāsta. *ai.* sthira *starr.* starŭ *stammt von* sta: *vergl.* s. staman *für alt:* stamna *čeljad alte leute.*

starŭ 2.: asl. starъ *sextarius.* **nsl.** star *scheffel.* **s.** star. — *it.* stajo *aus* stario.

steb- 1.: klr. ostebnyji drabyny *leiter mit brettern oder bast ausgelegt. Vergl.* č. štěbel *leitersprosse.*

steb- 2.: klr. posťibaty *fest zusammen-heften.* **r.** stebatь, *auch* plocho šitь.

steblĭ, stьblĭ: asl. stьblь, stьblo *caudex, caulis.* stьblije *stipula.* **nsl.** steblo *krautpflanze.* **b.** stъblo; stъmbel. **kr.** stablo *ung.* **s.** stablo. stabljika, stabaljika, sta-badljika. **č.** stéblo, zblo *halm.* **p.** ździo-bło, ździebło, ždźbło, żbło, dżbło: *daneben* szczebel. **kaš.** stebło. **os.** spjelco, stvjelco. **ns.** splo. **wr.** scebło, scibło. **r.** stebelь, steblo. — *rm.* stebla, stibla. *Man vergleiche* s. stabar *stamm.* *lit.* stembti *stengel ansetzen.* stembras, stembrıs, stambras *stengel.* stabarai *trockene baumäste.* *lett.* stöbrs *halm.* stuburis, stumburs *baumstumpf.* stabs *pfahl.* ai. stabh *feststellen, stützen.*

steg-: asl. ostegnąti: ostegną o šii jego aže žeľêzьno. ostežь f. *chlamys:* ostežь naprъsьnaja. ostegъ φιβλατόριον. ostegъ *kleid.* nastegny *sandale.* **nsl.** stogla *art riemen.* stogljaj, jermen pri črêvljih. **b.** za-stegna *schnüren.* stêgam *vb.* **č.** přisteh-nouti *anheften.* **klr.** nasťah *schnüren.* **r.** ostegnъ *unterhosen.* zastegolьnica *art strick.* zastěžka.

stega-: r. stegatь *peitschen, steppen.* **č.** steh *stich im nähen.* **p.** ścieg, ścig.

stel-: asl. stelją, stьlati *sternere.* stelь, stelja, postelja *bett. Durch steig.* stolъ *thronus.* t *fällt zwischen s und 1 manch-mal aus:* poslani. **nsl.** stlati. nastelj *streu.* postlati. postelj, postelja. stol *stuhl.* **b.** postelja. *iter.* postilam. posla *bettete.* ras-tlan *lat.* stelja *unterlage des daches.* po-stilka *bett lat.* prêstilka *schürze.* stol *stuhl.* prêstol *tisch.* **kr.** stolnik *architriclinus.* **s.** stelja *fütterung des saumsattels.* **č.** steli, stláti. *iter.* stílati, stlávati. stelivo *streu.* posteli, postlati. postílati, postlávati. postel f. *bett.* stŭl *tisch.* **p.** ścielę, słać.

iter. przyścielać *für* -łać. stoł. prestoł *altar,
aus dem r.* nastołka *decke.* polab. stilé
streckt. püstiła *bett.* os. słać. stoł *sitz,
thron.* ns. słaś. postoła *bett.* postoličku
ja sćelam. klr. postełyty. postêł. za-
stoły. postoły (chodaky) *ist türk.* zastôl
leder, womit das loch in den postoły *ver-
deckt wird.* wr. słać. r. stlatь, *iter.*
stilatь. stelьka. postelja, postelь. *dial.* slanь
für postelьka *entsteht aus für* stlanь: *ähnlich*
slanecъ, *daneben* stlanecъ *schiefer, wofür
auch* slonecъ. slanka, kustarnikъ steljušõjj
eja po zemlê. stilьščikъ. postilka. stolъ
tisch. prestolъ. — *rm.* postêlnik. prêstol.
magy. asztal. asztalnok. *preuss.* stalis.
lit. stalas. pastolas *gestell. Nicht hieher zu
ziehen sind got.* stols. *ahd.* stuol. *Vergl.* ster-.

stelba: asl. stlъba *scala.* nsl. stolba
stufe. stub *gradus ung.* b. stlъba, slъba
scala. kr. stelba *Veglia.* s. stuba *leiter.
Vergl.* klr. stołba *pflughaupt. Im wr. ist
das m.* stołb *gleichbedeutend mit* stlъrъ
säule; dasselbe gilt vom r. stolbъ, *dial.*
stolobъ. — *lett.* stulbs *pfosten.*

stelpъ: asl. stlъrъ *columna, turris.*
stlъpustêna. nsl. stolp. b. stlъp. s.
stup. stupac. č. sloup. slk. slp. stlpok.
p. słup. stołpiasty *steinsalz in klössen ist r.*
kaš. słepok *ON. Stolpe.* os. stołp. ns.
slup. klr. stołp. stołpity: od strachu
stołpity. wr. stołp (stovp) *neben dem p.*
słup. r. stolbъ. stolpnikъ. ostolopъ *lümmel.*
— *magy.* oszlop *säule.* rm. stîlp, stęlp.
lit. stulpas *bildsäule, götzenbild. and.* stolpi.

stema asl. *mitra.* — *gr.* στέμμα.

sten-: asl. stenati, stenją *stöhnen.*
nsl. stenjati. s. stenjati. č. stenati, stonati. os. stonać. klr. stonaty. stohnaty.
— preuss. stinons *partic. lit.* stenêti. *lett.*
stenêt. *ags.* stuniɔn. *gr.* στένω. *ai.* stan
rauschen. Hieher gehört stonk-: nsl. stôkati *angustiari lex.* stôk. p. stękać *ächzen.*
stęk. ns. stukaš. wr. stenkać (so sto-
nom, chnykaja prositь) *aus dem p.*

stepenь: asl. stepenь *stufe. Hieher
gehört* stopa *spur.* s. stopa *tritt.* č. stopa.
p. stopa *fusssohle.* stopień *tritt.* polab.

stêpin *tritt am spinnrade.* stüpa. os. stopa.
stopjeń. ns. stopa. wr. stopeń. r.
stepenь. stopa. — *lit.* stipinis.

stepl: r. stepь *steppe.*

ster-: asl. strêti, stьrą *in* prostrêti *ausbreiten usw. iter.* prostirati. ns. sprostrêti,
sprostrem. prostirati, prestirati. *Vergl.* ob-
strêt *hof um sonne und mond.* zasterjem:
ne zasterji mi luči. *Dunkel· ist* neustoren,
neroden. nástoren *trotzig Ukrain.* b. prostra *hinstrecken.* prostiram. kr. *Man merke*
stoli nastrveni *jačke 64. von* strъ-: *vergl.*
ter-. s. prostrijeti. prostirati. prostirka, prostirač *stragulum.* č. prostříti. prostirati.
ostěra, zástěra. slk. prestierať. p. przestrzeń *raum aus* przester-nъ. os. pšestrjeć.
pšestrjevać, pšesćerać. ns. pšestrjeś.
pšestrjevaś, pěesćeraś. klr. prostyra
(*lit.* prastira *laken*). r. prostertь. pro-
stiratь. — *rm.* prostir *betttuch. lit.* straja
streu. got. stranjan. *gr.* στόρνυμι. *lat.*
sterno. torus. *ai.* star: strnõmi. staras
lager. Hieher dürfte prostъ *aus* prostrъ *gehören, dessen ursprüngliche bedeutung „aus-
gebreitet" war. Durch* steig. storъ: asl.
prostorъ *raum.* nsl. prostor, prestor. zastor *vorhang.* b. prostor. kr. zastor
vorhang. s. prostorija *raum.* zastorak.
č. prostor. p. przestwor *für* przestoř.
klr. prostôr, prostora. wr. prostora. r.
prostorъ. prostoryj. *Vergl.* kr. nastorovati
koga *auflauern frankop.* svitski nastor
ung. Von ster *ist abzuleiten* stor-na: asl.
strana *seite, gegend.* stranь *schief, neben:*
stranь sebe. stranьnъ *fremd.* stranьskъ
τῶν ἐθνῶν: prostranъ *latus aus* prostor-nъ.
rasprostraniti *ausdehnen.* rasprostranêti *pass.*
nsl. stran *f.* prostran, prestran *geräumig.*
strančica σύριγξ. prestraniti *laxare lex.* b
strana, strъna. prostran *aus* -stor-nъ *neben*
prostoren *aus* -stor-ьnъ. s. strana. stran
fremd. alt stranь *bei, neben.* č. strana
stráň *berglehne.* prostor. prostranný. slk.
priestor. p. strona. przestroń *weiter raum
aus* prêstor-nъ; przestrzeń *dasselbe aus* prê-
ster-nъ. polab. starna. os. ns. strona.
klr. storona. prostoroń. vôdstoroń *einöde.*
strannyj *befremdend.* wr. storona. pro-

stornêê *geräumig werden für* prostoronêê.
r. storona *seite neben* strana *gegend.* postoronъ *neben* prostornyj *dial. für* prostoronyj. č. postranek *neben* prostranêk *strang.*
p. postronek. os. ns. postronk. klr.
postoronok. r. postromka, *das wohl p.
ist:* postronek, *že po* stronach dobytku
idzie.

stera: b. sterica *gelt:* ovci sterici
vê. 1. 330. s. štirkinja. slk. štíra,
štiriak, sčiriak, sčuriak *hermaphroditus.*
— magy. csira. alb. šteฺ. štjeฺa, škjeฺa
plur. lämmer. rm. stireฺ. gr. στεῖρος. *Vergl.*
nsl. stirp *einjähriges böcklein mit it. ven.*
sterpo *unfruchtbar.* alb. šterpeฺ. gr. στέ-
ριφος. rm. sterpeฺ. nhd. dial. sterke
junge kuh.

sterb- 1.: asl. ustrъbnąti, ustrъbêti,
ustrъbiti sę *fortem fieri.* ustrъbnąti *maturescere.* strъblъ *fortis. Durch steig.* storb-:
strabiti. ustrabiti. ustraba *recreatio.* s.
ostrabiti ranu *stulli.* č. strabiti *heilen.* p.
postrobić *stärken.* ustroba. klr. osterbnuty
erstarken. r. ustroba, *aus dem p.* ustro
blenie *neben dem asl.* strabitь.

sterb- 2.: p. starbać się *wanken.
Vergl. klr. durch steig.* storb-: ostorobyty
śa *scheu werden. Daneben* ostoropyty śa
betroffen werden.

sterg-: asl. strъženь, strъža *medulla.*
nsl. stržen *holzmark.* stržen v turi *nucleus
ulceris lex.* s. strž d_rveta pod bjeli-
kom ili bakuljom. č. stržen, stržeň *pflan-
zen-, knochenmark.* klr. stryžeň *mark.*
wr. strížeń *im geschwüre. Das klr. und das
wr. beruhen auf einer unnachweisbaren p.
form.* r. sterženь *baummark. Vergl. č.*
střez, gen. strzi, *mark und* serdo.

sterk- 1.: nsl. strčati *emporragen.* b.
strъča vb. strъčiopaška *bachstelze.* štrъknъl
aufrecht stehend. č. strčeti, trčeti. p. starczyć, sterczyć. storczyć *aufrichten.* klr.
storč *adv.* r. torčatь, *alt* torčъ. torčmja,
torčkomъ, torkišemъ. storčь *für* stremglavъ.
— rm. steฺrči, stîrči *ist hocken.*

sterk- 2.: nsl. strknoti *impingere.*
trkati, trčiti *illidere.* č. strk *stoss.* strčiti
stossen. rozstrk, ustrk *streit.* p. stark,

sterk *anstoss.* odsterknąć *wegstossen.* stъr-
kotać, sztukać. *Vergl.* szturkać, stursać,
szturchać *stossen.* ustyrk os. storčić.
nastork *anstoss.* nastorčić. ns. starkaś,
starcyś.

sterkŭ: asl. strъkъ *storch.* nsl. štrk
ung. štroh *habd.* štorklja. štorkla *meg.* b.
strъk, štrъk štrъkel. s. štrk. r. sterchъ,
alt sterkъ. — magy. eszterag. rm. steฺrk,
stîrk, kokostîrk. alb. steฺrkjok. lit. star-
kus. lett. stārks. tarcińš. ahd. storah,
storc. and. storkr. *Das slav. und d. wort
sind nicht urverwandt. Welches volk das
entlehnende ist, ist ungewiss.*

sternadŭ: nsl. č. strnad *ammer.* p.
sternal *und, abweichend,* strzynadl, trznadl:
dieses setzt ein stren- *voraus.* os. stnadź,
sknadź, knadź. ns. tšnarĺ, šnarĺ. wr.
strinadki *plur. nom. Das wort hängt vielleicht mit* sternі *zusammen.* — lit. starta.

sternŭ: asl. strъnъ *steuerruder.* p.
ster *steuerruder.* sternik *steuermann.* stero-
wać. ns. štyr. klr. styr. — lit. stīras.
Das p. wort beruht wohl auf dem niederd.
stär. *Bei asl.* strъnъ *wird man wohl nicht
an engl.* stern *denken. Das d.* stern *schiffs-
hintertheil ist erst nhd., es kann demnach
auch das asl. wort nicht alt sein.*

sternі: asl. strъnь f. *stipula.* strъnište.
nsl. strn f. *seges habd* strnišče *stoppelfeld
habd.* b. strъn. strъn ili stъbla žita.
strъnište. s. strnište. strnica. stŕni, strvni
adj. strnjika. postrnak *mais, što se sije
po* strnici. č. strni *stoppel.* p. ścierń,
ściernie, ściernisko. os. ščerńe. ns. ščernisko, ščernišćo. klr. stereń, sterńa,
sterńanka. wr. sterńa. r. sternь *dial.*

stervo: asl. strъvo n., strъvь m. *cada-
ver.* b. strъv. s. strv *reste eines vom wolfe
gefressenen viehes.* strvina *stulli.* obestrviti
se *ohne spur zu grunde gehen.* p. ścierw.
kaš. scirz *setzt* ścierzw *voraus.* os. ns.
ščerb. klr. stervo. wr. scerva. scer-
vina. vscerveńać śa *in wuth gerathen.* r.
stervo, sterva. ostrъvi *tichonr. 2. 363.* oster-
venitь *in wuth bringen.* — lit. lett. sterva.
rm. steฺrv, stîrv, steฺrb. *Nicht hieher gehörig ist s.* rastrviti *zerwerfen: vergl.* ter-

stêba-: p. naściebać, pościebać *auf-fädeln*. wściebić, wścibić, wściubić *einstecken*. wyścibić. klr. vsťibaty *einstecken*.

stêg-: č. stěhovati, přestěhovati, přestěžiti *übersiedeln*. slk. prestehovať sa.

stêgŭ: asl. stêgъ *fahne*. kr. stig. s. stijeg. klr. sťah *chrest.* 485. wr. sćah. r. stjagъ *für kolъ*. — rm. stêg. *lett.* stêga *stange*. ahd. stanga.

stêna asl. *mauer*. nsl. stêna. stenica *wanze*. b. stêna. s. stijena. č. stěna. stěnice. p. ściana. kaš. scana. polab. stona. os. sćena. sćenava *wanze*. ns. sćena. klr. sťina. r. stêna. — *lit.* sêna *wand*. lett. sêna. alb. stcnits *wanze*. *Vergl.* got. stains. ahd. stein.

stênĭ: asl. stênь *m. schatten*. nsl. stênj *docht*. s. stijenje *docht*. stinjati se *verglimmen*. č. stěň *f.* stiň *m.* stěn *dial.* tin, stin *f.* zástin *schatten*. přistěnek, *dial.* přeseněk. p. zaścienić *obumbrare*. os. sćen *m.* vosćeń. wr. sćenь *erscheinung* zasćeń. r. stênь, tênь otъ čelovêka *dial.* pastênь *dial.* zastênь. zastinka. *Neben* stênь *besteht* sênь *und* tênь. *I.* asl. sênь *f. schatten*. nsl. sênca. b. sênka. kr. sinj. sina. v osini *budin*. s. sjen *m.* sjenovit čovjek *ein mensch, der seinen schatten verloren hat*. sjeniti se (sjene mu se oči). sjenjaj *richtkorn*. sjenica *laube*. zasjena *blendwerk*. *Vergl.* sjenit *kräftig*. č. síň *hausflur*. p. sień, sionka *vorhaus*. os. seń *f. schatten*. voseń. ns. seń. voseń. *Vergl.* klr. na oseny *der sonne zugekehrt*. wr. sency *vorhaus*. r. sênь. sêni *vorhaus*. zasênь, zasina. vusênka. — *magy.* szin *atrium*. *leit.* sinces *vorhaus*. *II.* asl. nsl. tênja *schatten*. kr. tinja: vse kot tinja iskrsnuje *frankop*. p. cień *m. f.* klr. zatiń. n.ťinok *schattenriss*. otinyty. r. tênь. zatinъ. *Dass* stênь, sênь *und* tênь *auf derselben urform beruhen, ist nicht zweifelhaft. Neben* zasênitь *und* zastênitь *besitzt das* r. *in gleicher bedeutung* zastitь. stênь *ist* skê-nь. gr. σκιά. ai. čhâjâ.

stig-: asl. stignąti *kommen; trans. erreichen*. *iter.* stizati. b. stigna *vb.; trans.*

gebären. stiga *es reicht hin*. s. stignuti, stići. stiž *f. einholung*. č. stihnouti, stíhati. p. ścignąć, ścigać. r. stignutь. — *lit.* staigus *celer*. *lett.* steigt, steigű s *eilen*. staigat *gehen*. got. staigan. ahd. stigan. gr. στιχ: στείχω. ai. stigh. g *ist velares* gh.

stigŭ: klr. styh, stoh *saite*. — *lit.* stîga *neben* striűna (*slav.* struna). *lett.* stiga *stengel, metall, draht, saite*.

stichŭ: asl. stihъ στίχος. r. stichъ. — *gr.* στίχος.

stima s. *chre.* stimati *ehren*. nsl. štimati se *stolz sein*. — *ngr.* στίμα. στιμάρω. *it.* stima.

stipsa: s. stipsa, tipsa *alaun*. b. stipčav *von alaun, herb*. — *ngr.* στυφός.

stirĭno: klr. styrno (načełko) *stirnleder*. — *Aus dem d.*

stivije: r. stivie *n. antimon als schminke neben* surьma, surьmilo. — *ngr.* στίβι. *lat.* stibium.

stkvê-: č. stkvíti *glänzen*. stkvoucí, stkvělý, stkvostný *prächtig*. *Man denkt an* cvisti, cvьtu, č. kvisti, květu: *die bedeutung und die laute sind jedoch dagegen*.

stoborŭ: asl. stoborъ *säule*. *Daneben* nsl. steber. b. stobor *raum vor dem hause*. s. stobor *hof*.

stodolja asl. *granarium*. č. stodola. p. klr. wr. stodoła. — rm. stodoalę. *lit.* stadolė. stadaia. *lett.* stadals *stall*. ahd. stadal. *Hieher gehört auch* nsl. štagelj, s. štagalj: *nhd. dial.* stadl.

stodŭ: r. stodъ *statua für idolъ dial*. — *aschwed.* stoth, stuth *stütze*.

stogŭ: asl. stogъ *haufe*. nsl. stog *horreum* meg. *harpfe, haufe (um die harpfe)*, debel, močan in rogovilast kol, na kterega se žito in seno sklada. stožiti se *sich bäumen*. stožanje *thürstock*. stožje, stežje *stangen*. stožina *schoberstock Ukrain*. s. stog *getreideschober*. stoga *wie nsl.* stog etulli. č. stoh *schober*. p. stog. kaš. stogi i brogi. os. stoh. ns. stog. wr. stoh. r. stogъ *haufe*. — *magy.* asztog. rm. stog. mrm stug (στούγ̣ου). alb. tog *haufe*. schwed. stack *haufe*. *Mit* stogŭ,

21*

stegŭ *verbinde ich* asl. stežerъ *cardo*. nsl.
stožer *cardo*. stožerčiči *ein sternbild*. b.
stežer *mil. 369.* stožer. stožar, na srêdê
vraha zabit kol *pokl. 1. 35.* s. stežer *stamm.*
stožer *baum auf der dreschtenne.* č. stožar
fehmstange. stěžen *mastbaum (vergl.* stêgŭ).
os. sćežor *mast.* ns. sćažor *heustange.* r.
stožarъ *stange dial.* — rm. stežar *pfeiler,*
eiche. lit. stagaras, stegerĭs *stengel. Nicht*
hieher gehören preuss. stogis *dach und* lit.
stogas *von* stěgiu, stěkti *decken. Vergl.* klr.
stežar *tenne ung. Mit* stogŭ *verwandt sind*
nsl. na stežaj, na ves stežaj odprêti *vollends,*
angelweit öffnen. s. stožaj, stožer *thürangel*
stulli. č. stežeje *f. thürangel.* p. śćieža:
na śćiežą, na śćieżaj, na śćież, na ośćież,
na rozcież otworzyć. klr. na stežêr, stežar, na stež, na steži, na stežéń, na vstaž
odômknuty. r. na stežь.

stolemŭ: p. stolem, stolim, stoliman,
stolin, stwolin *riese.* kaš. stołem, stołym.
spolinŭ *ist bei seite zu lassen.*

stomachŭ: asl. stomahъ *magen.* s.
stomah. — alb. stomah. gr. στόμαχος.
Mit einem verwandten worte hängt kr. sto-
mižljiv *fastidium creans zusammen.*

stomajnica kr. *hemd istr.*

stomana b. *stahl.* — ngr. στομώνω
stählen.

stompa: asl. stąpa *mörser.* nsl.
stôpa. s. stupa. stupati *stampfen.* č.
stoupa. slk. stupka. p. stępa. stąpor,
stępor. os. stupa. wr. r. stupa. — *Aus*
dem d.: ahd. stampfōn. ngr. στουμπίζω.

stompŭ: asl. stąpiti, stąpati *treten.*
prêstąpъ. stąpa *fessel.* nsl. stôpiti. b.
stъpja, stъpuvam *vb.* stъpka *spur.* stъpen
stufe. s. stupiti. hoditi sustupice *živ. 159.*
č. stoupiti, stoupati. stupeň *fusstritt, stufe.*
stupice *falle.* stupěje *fussstapfen.* p. stąpić. stupaje *für* stopnie *ist* r. polab. stôp.
stôpin. os. stup *tritt.* stupjeń *schuh.* ns.
hustup *fuss.* klr. stupyty. wr. stupeń.
r. stupĭtь, stupatь. — lett. stupāt *zu fusse*
gehen. rm. -stępi *vb., in alten quellen.*
ręstîmp *zwischenraum.*

stondy: č. stoudev, stoudva *stande,*
tiene. p. stągieẃ, stągwia *wasserstünder.*

klr. stanva. — ahd. standa *stellfass. Vergl.*
ns. standa *butterfass.* p. standur, stendar,
sztandar.

stonka p. *johannisblut, polnischer ker-*
mes, owad mały *usw.*

stopanŭ: asl. stopanъ *herr.* b. sto-
pan, stopanin *herr, gemahl.* stopanica, sto-
panka *gemahlin.* s. stopanin *hausherr.*
— alb. stopan *praefectus pastoribus.* rm.
stępęn. stępęnę.

stora, štora r. *rollvorhang.* p. story.
s. stora. nsl. štorja *dach auf dem wagen.*
kr. stora, stura. — lat. storea, storia:
daraus it. stoja.

stosunŭkŭ: p. stosunek *verhältniss.*
— *Ein d.* stossung *voraussetzend.*

strad-: asl. stradati *leiden.* strada
mühe. stradьba. strastь *passio.* nsl. stradati *hunger leiden.* stradaho *fris.* strad
hunger, noth. b. stradam *vb.* s. stradati. č. strádati *leiden, entbehren.* strasť
trübsal. strázeň *passio.* postrádati *verlie-*
ren. p. stradać *verlieren.* stradza *elend.*
strastny os. stradać, tradać *entbehren*
müssen, darben. ns. tšadaś. wr. strasć.
r. stradatь *leiden.* strada *arbeitszeit dial.*
postrada *ende der ernte.* stradьba. strastь
leiden. — rm. strędanie. strastie. strast-
nik. lett. strādāt *arbeiten.*

stragarĭ: p. stragarz, stragan *trage-*
balken. — *Aus dem d.* schragen.

strakina b. *schüssel.* — gr. ὄστρακον.

stramorŭ: nsl. stramor *riese.*

stranja s. *gasthaus.* stranj *mik.*

stras-: asl. strahъ *schrecken.* strahovati sę. strašiti. strašivъ. strašьlivъ. nsl.
strah. b. strah. strahliv. s. strah. č.
strach. *dial.* strachno, strašno. p. strach.
vstrachnąć się. polab. stroch *bangigkeit.*
os. trach. trašić. ns. tšach. klr. wr.
strach. r. strachъ: klr. strasť, r. strastь
schrecken, straščatь *schrecken* ostrastka
drohung: diese wörter hangen mit dem dem
strahъ *zu grunde liegenden* stras *zusammen.*
An ein serch *darf nicht gedacht werden.*
lit. strošnas *eilfertig.*

strata: polab. stroto *strasse.* — d.
strata: ahd. strŭza. lat. strata.

strava *todtenmal:* stravam *super tu-*
mulum ejus, quam appellant ipsi (Hunni)
ingenti comissatione concelebrant Iordanes.
ritus sepulturae, quem strabas dicunt lingua
sua Gronovius ad Statii Theb. 12. 64. genus
cibi, quod vulgo etruva dicitur. Vergl. trŭ.
č. strava *nahrung.* stráviti *aufzehren: vergl.*
slk. strova *für* hrach. **p.** strawa. **klr.**
strava *speise:* všiľaki stravy. postravyty
nähren. **wr.** strava *gekochte speise.* stra-
vić. **r.** strava *speise, daneben* strova *dial.,*
wohl lit. — lit. strova. **p.** potrawa.

strek- 1.: **r.** strekotatь *wie die elster*
schreien.

strek- 2.: **asl.** strьknąti *pungere.*
strьklêti *pungi:* konjemъ strьklêjąstimъ.
strьkъ *oestrus. Daneben mit dehnung des e*
strêkati. strêknovenije. strêkalo *stimulus*
und strêkъ *oestrus.* **nsl.** blago se štrka
das vieh wird durch bremsenstiche scheu.
kr. nastrikati *notis distinguere.* krave se
štrču *(gr.* οἰστρᾶν). **s.** streka *streif.* strijeka *ritze.* **č.** střečekъ *oestrus dial.* střečko-
vati *für* skákati. **os.** sčelčk *für* sček
bremse. **wr.** strêkatyj *scheckig.* **r.** stre-
katь *pungere.* strekъ *bremse.* strêkava *brenn-*
nessel dial. Vergl. strêkoza *libellula. —*
rm. streke *bremse.* strekea *vb. Mit* strek-
verbinde ich **asl.** stroka *centrum, linea, eig.*
punctum: daneben sroka. **p.** stroka *neben*
strzoka (*streka) *streifen.* **klr.** stroka,
strôčka. sroka. **r.** stroka. stročitь. —
lit. straka *reihenfolge. rm.* soroakę *aus*
sroka. *Man vergleicht lit.* strakus *hurtig.*
strokás *eile. Stechen, punkt, streifen und*
bremse sind hier vereinigt. **p.** stark *stimu-*
lus passt nicht zu **strek-**.

streka-: **s.** strcati *spritzen.* strckati
demin. štrcaljka *spritze.* **b.** strčka *mil.*
č. střikati. **p.** strzykać, strzekać, stry-
kać. **kaš.** strzikovka *pumpe.*

stremen: **asl.** strьmenь *steigbügel.*
nsl. stremen. **b.** strьme *n.* strêmen *stan-*
genleiter **kr.** strumenak. **s.** strmen
neben stremen *im lied.* **č.** střmen, třmen.
slk. strmeň. **p.** strzemię. **os. ns.** těmjeń.
r. stremja. stremeno *dial.*

stremp-: **p.** strzępek *fasern.* wystrzę-

pić *ausfasern.* **č.** střapec *fetzen, quast.*
strapiti *zerfetzen* třepiti *fasern.*

stromŭ: **asl.** strъmъ, strъmьnъ *decli-*
vis. strъmina. strъmь, strъmotь *adv. penitus.*
strъmoglavъ, strъmьglavъ *adv.* ustrъmnąti
praecipitari. **nsl.** strm *steil, montosus.*
strmost. strmotina. strmec. strmêti *stupere.*
b. strъmen. *Vergl.* stromoljam se *hinab-*
stürzen. **s.** strm. strmen. strmenit. *Vergl.*
strmke *beutelschnur und* strmor *in* strmor
koga okrenuti *perdere.* **č.** strmý. strmêti
ragen. **p.** trzmić. **wr.** stremina. **r.**
stremglavъ. stremitь. *Vergl.* **klr.** stermo
abgrund. **č.** strnouti *emporstarren viel-*
leicht statt strmnouti: strnouti *bedeutet wie*
strmêti *auch staunen.*

strensnja: **č.** třásně, třísně *plur. f.*
webergereiss, trumm, zettelgarn, fransen.
slk. strásno.

strê-: **wr.** zastrêć *einholen.* zastrjać,
zastrêvać *stehen bleiben.* **klr.** prystrity,
navesty *hucul.* **r.** pristrêtъ *sich ereignen.*
zastrêtъ. zastrjatъ. *Vergl.* rêt-.

strêcha **asl.** *dach.* **nsl.** streha. stre-
šina: **b.** strêha *dachvorsprung.* **s.** streha.
č. střecha. střechýl *wetterdach.* **p.** strzecha.
przystrzesze. **kaš.** streša *hütte.* **os.** tsjecha,
tšjecha. **ns.** sćecha, tšecha. **klr.** stricha.
wr. strecha. **r.** strêcha. — *rm.* streašinę
vordach. strêcha *steht mit der W.* ster (coś
rozprostartego) *in keinem zusammenhange.*

strêla **asl.** *pfeil.* samostrêlъ. strêliti,
strêljati. **nsl.** strêla. strêliti. **b.** strêla
pfeil: dasselbe wort bedeutet als strêlá
„*hexe".* srêli *pfeile vê. 1. 22.* **s.** strijela.
č. střela. střeliti. **p.** strzała *pfeil.* strzelić.
strzał *schuss.* strzelbą. **kaš.** strełka *wasser-*
jungfer (vom hin- und herschiessen). **os.**
třela. třelić. **ns.** sćeliš. **wr.** strêła. **r.**
strêla. strêlъ *für* čortъ. prostrêlъ *comö-*
diant. — lit. strêla *pfeil. lett.* strêla *dreh-*
krankheit, streifen im zeuge. strêlêt *schiessen.*
ahd. strāla *pfeil.*

strêzŭ: **č.** střez, třez, sřez, zřez,
dřez *kübel.*

strib-: **klr.** postrybaty *davonspringen.*
r. stribatь.

striboğŭ: ar. stribogъ *eine gottheit der Russen* per. 17. 7. chron. 1. 34.

strida b. *auster.* — ngr. στρίδι (ὄστρεον).

strig-· asl. striga, strišti *tondere.* strigъ. iter. strizati, strigati. nsl. striči. b. striga, striža vb. s. strići. striga *beiname des schafes.* č. stříci. stříh. stříže, stříž f. *schafschur.* p. strzyc. strzyžka *schaf.* polab. straizě *schirt.* eustraizon *geschoren.* os. tříc. tříhač. tříhvo *schur.* ns. scigaš. r. stričь.

striga: p. strzyga *art nachtgespenst.* slk. stryga *hexe.* strigón. strygoje. p. strzygonia. nsl. štrija *hexe.* strigon *vampir.* — gr. στρίξ, στρίγξ. lat. strix *ursprünglich als vogel gedacht, dann als weibliches wesen.* striga. it. strega. *Das wort ist aus dem rm.* (strigoj) *und aus dem it. in das slav. eingedrungen.*

striži: asl. strižъ *regulus.* r. strižъ *hirundo riparia, martinet.* č. stříž (*plotníček*). p. strzyž, strzež *goldhähnchen.* kaš. strzož *für* r. malenькaja ptica. os. ns. sčež. s. striš *regulus für* striž mük. nsl. strežič (*wohl* strěžič). stržek. r. strižъ. nsl. *auch* kraljiček, s. carić. *Die urform ist nicht ermittelt.*

strjap-: r. strjapatь *laborare, coquere, morari.* strjapnja *coctio.* strjapucha *köchin.* strjapčij *advocatus.* klr. strjapity *sich kümmern* ung. strjapaty cunctari chrest. 234. strjapčyj *advocatus.* — *Man vergleicht lit.* stropti *diligentem esse, wohl unrichtig. Das* č. *střepěti sich kümmern scheint allerdings mit* strjapatь *verwandt zu sein. Die ursprüngliche bedeutung des wortes ist wahrscheinlich „beschäftigt sein".*

stroj asl. *administratio.* stroiti *parare*: domy stroiti. nsl. stroj *beize.* strojiti *gerben, repariren* črěvlje podstrojiti. strojar *gärber.* b. stroj *ordnung.* s. strojiti *gärben. Vergl.* štrojiti *verschneiden.* č. stroj *zubereitung.* dial. struj. strojna *putzdame.* p. stroj *putz.* strojič. os. trojić *bilden.* ns. tšojiš. klr. strôj, rjad. vystrôj *gala.* r. stroj *ordnung.* stroitь. zlatostroj. W. stri. — lit. strainus *rüstig.* lett. strojas *für* r. stroj.

stromi, stromice nsl. *art strümpfe* meg.

stromŭ: č. strom *baum.* klr. strom *fruchtbaum* ung., *wohl aus dem* slk. *Vielleicht von* strem, *das in* strmý *vorhanden ist, daher das „aufgerichtete, aufrecht stehende"*

stronga: s. struga *melkstall, riss im zaun, grosse schafhürde; dafür* nsl. zavora. slk. strunga, struňga *schafhürde, melkstall,* priechod oviec na košiari. p. straga, zagroda koło koszaru. klr. strunga ung. — rm. strungę. ngr. στροῦγκα. alb. štrungę *aus* štrengoj *pressen. Aus dem alb. in das rm. und aus diesem in die slav. sprachen.*

stronk-: p. stręczyč, rajič (dziewczęta) *verkuppeln.* nastręczyć *zuschanzen.*

stronka: s. struka *art, gattung.* dvostruk *zweifach.* trostruk *dreifach.* b. tristrъk: *dieses spricht für* on.

stronkŭ: nsl. strôk *kukuruzkolben.* b. strъk: dva strъka bosilъk mil. 476. s. struk *stengel.* č. struk, strouk *schote.* dial. stroučí *für* lusky. p. strąk. os. truk. ns. tšuk. klr. struča collect. *hülsen.* r. strukъ.

stropŭ: asl. stropъ *tectum.* nsl. strop *zimmerdecke, laquear* lex., *für* tram. b. strop *stockwerk.* kr. strop *für* uzica *ist* it. stroppo *aus* gr. στρόφος. č. strop *estrich.* (stropiti *anstiften*). p. strop *zimmerdecke.* os. strop *pfeiler.* wr. strop, istrop *dach.* r. stropъ *dach, raum unter dem dache,* dial. *für* povětъ. stropilo *art balken.*

strovo s. *haufe vom sturme herabgeschüttelter früchte.* strovaliti *über den haufen werfen. Vergl.* b. stropaljam vb. kr. strovašiti *streuen*: kite sikli i po puti strovašin ung.

strъ-: asl. ostruiti, ostrujati *evertere* ἀνατρέπειν.

struča-: s. stručati *weintrauben treten.*

struga asl. *contritio. Vergl.* strugati *radere*: strŭg-.

strumīnŭ: nsl. strumen *straff*: vrv je strumna, hlače so strumne, napete.

struna asl. nsl. b. *usw. saits.* es. truna. ns. tšuna. — lit. striūna. W. srŭ: ai. çru. *Daher* struna *aus* sruna.

strunja s. ziegenhaare. strunjica tornister aus ziegenhaar. b. strunen filzen. — rm. strajcę.

strupŭ: asl. strupъ wunde. nsl. strup vensnum meg. strupovit. ostrupiti, ostrupoviti. b. strup schorf. kr. strupovit venenifer. s. strup art kinderausschlag. č. strup kruste. p. strup grind. os. trup. ns. tšup. klr. ostrupity schorfig werden. r. strupъ schorf.

strusŭ: asl. strusъ strauss. č. pstros, pštros. p. struś. wr. trušove pero. r. strousъ. (s. noj). -- ahd. strūz. lit. strusas, štrusas. lat. struthio.

strŭdŭ: asl. strъdъ honig. nsl. strd f. č. stred (stred), gen. strdi. p. stredz, minder richtig strzedz: für dz erwartet man dż. Man vergleicht asl. strada τὸ ὑγρόν und p. treść essenz. — rm. strige.

strŭg-: asl. strъgati tondere. ostrъgavъ asper. Durch steig. strugъ wohl „werkzeug zum schaben". strugati radere. nsl. strgati radere somm. strgača, ostrgača schabmesser. strug, strog art werkzeug. strug raspel zum abrinden Ukrain. struga. strugati. ostruži hobelspäne. ostružje heuicht. b. strъža reiben. strug kratzeisen. strugalo. kr. strgnuti. strzati. s. strugati schaben. č. struh schabeisen. postruh. ostruha charpie. soustruh. strouhati. p. strug schnitzmesser. strugač. os. truhač. tružk. ns. tšugaś. klr. struhaty. stružijc, ratyšče, hastile schaft chrest. 485. wr. stružka. r. strogatъ (asl. strъgati). strugъ. — lit. strugas art messer. strungas. rm. strung drechselbank. alb. struk hobel.

strŭp-: asl. strъpъtъ asperitas, varietas. strъpъtьnъ asper. strъpъtiti. In einer r. quelle stropotьnostь. r. stropota wird in der bedeutung „krivizna" als asl. angesehen. stroptivъ widerspenstig. — lit. šerpetas splitter hängt mit strŭp- nicht zusammen.

stryj, stryjcь (stryjгcг) asl. patruus. stryja, stryjka, strynja amita. nsl. stric. stričić. stričična habd. strinič meg. strnič geschwisterkind. b. strika. strina, srinka srici für s. zaove. s. stric. strina. č.

stryjc (stryjгcг), strýko. dial. strýk. strýna. p. stryj. stryk. polab. straija. os. tryk. klr. stryko ung. wr. stryj. r. stryj. stryja. — lit. strujus greis. Vergl. dědъ.

stuchija: asl. stuhija, stihija, stihio elementum. s. stuhać art gespenst. r. stichija. — gr. στοιχεῖον.

stukŭ: asl. stukъ schall. p. stuk klopfen. r. stukъ. stukotnja. stučatь. Hieher gehört asl. štukъ strepitus. štučati strepere. p. szczęk, daher vielleicht štąkъ.

stvolŭ, daraus cvolъ asl. folium. stvolije urtica. b. cvol. cvolče. s. cvolina. cvolika. Vergl. č. štbol. stvol ist neu aufgenommen. r. stvolъ, cvolъ stengel.

stŭk-, stik-: s. staći, staknuti zusammenrücken. iter. sticati: asl. *stycati oder *sticati. Vergl. tŭk-.

styd- 1.: asl. stynąti erkalten: ustyde ognь. Durch steig.: studъ, studь kälte. studiti. studenъ kalt; november, december. studenьcь brunnen. studenica: po banjamъ i studenicamъ. nsl. studen kalt meg. studenec, zdenec brunnen. b. istina, istinuvam kalt werden. nastinka schnupfen. stud kälte. studen kalt. kr. nastuditi. zdenac. s. stinuti se gerinnen. stud. studjeti kalt sein. studen kälte. studeni november. studenac. č. stydnouti. ostuda erkältung. studiti kühlen. ostuditi abkühlen, bezaubern, ekelhaft machen. studený kalt. studeň kälte. studnice, studénka quelle. p. stydnąć, daraus stygnąć. zastydnąć, zastygnąć. studnia brunnen. ostydły, ostygły. ostuda erkältung. styczeń jänner beruht wohl auf *stydъkъ kalt. wystudzić. kaš. stednia. polab. steudinâc. os. studźić. studóa. studźeń. ns. stunuś. stužiś kühlen. vostuda. studńa. klr. ustynuty. ostyłyj. vystyvaty, vystyhaty. ostudyty kaltmachen. studnyk brunnen. prostyvaty erstarren. wr. styhoi, styhnuć, zastyhać erkalten. zastudzić. scjudzěnyj kalt. studzeń quelle; december. r. stydь kälte. istygnutь, stugnutь. stynutь. istytь, istyvatь. Aus stynutь ist stytь hervorgegangen, worauf styvatь in nastyvatь, vystyvatь usw. beruht. studa, stuža kälte. studtь. studěnyj. studenь kälte. studenica *kaltes brunnenwasser. Mit* stygnąć *vergleicht man lit.* stugti *steif werden.* W. stŭd; *woraus durch dehn.* styd.

styd- 2.: asl. stydêti sę *sich schämen.* stydъkъ. nepostydъnъ. *Durch steig.* studъ: studъ i sramъ. studъnъ. studovitъ. nsl. stud, pristud *ekel.* studiti *verabscheuen.* pristuditi komu koga *einem jemand verhasst machen.* b. stud. kr. stid. s. stidjeti se. stid. č. stydĕti. stydký *schändlich.* nestyda. stud. ostýchati *sich scheuen:* styd-s. p. wstydzić się. wstyd. klr. vstyd. ostydyty *beschämen.* ostyvaty *ekeln.* wr. styd. vstyd. r. styditь sja. stydъ. stydoba. studa *dial.* W. stŭd, *woraus durch dehn.* styd.

stypa p. klr. *trauermahl, leichenmahl.* — lit. stīpa.

stĭdza: asl. stьdza, stьza *pfad.* nsl. steza. stezda *meg.* s. staza. č. steze. p. ścieżka *aus* ściedza. polab. stadza. os. scježka. ns. scjažka. klr. stežka. wr. scežka. r. stezja *neben* stega. Wenn zga (dlja togo slêpoj plačetъ, čto i zgi ne viditь) *„weg" bedeutet, so liegt ihm ein* stьga *zu grunde.* — lett. stiga. ahd. stīgan. stīc. steiga. got. staiga. *Man füge hinzu* p. ściegno, stegno *spur und vergleiche* asl. stьgna *platea.*

stĭgna: asl. stьgna *platea.* nsl. stegna *triebweg.* kr. stagna *platea verant.* kaš. stegna *pfad.*

stĭgno: asl. stьgno *schenkel.* nastegny, *gen.* -gnъve, *ocrea.* nsl. stegno. kr. stegno, *ung.* dostegnice *art unterhosen.* s. stegno: e *wokl aus* ę. č. stehno. p. ściegno, ściegno. os. sćehno. ns. sćogno. klr. stehno. r. stegno. — rm. stinghe *schamtheile.* p. ściegno *und* s. stegno *deuten auf älteres* stegno *aus* skęgno: *vergl.* ahd. scincho *schinke.*

stĭklo: asl. stъklo *glas.* stъklênica. nsl. steklo, stklo. sklênka. sklenica. b. stъklo, cъklo. s. staklo, stklo, sklo, cklo. č. stklo, sklo. p. śkło *aus* sékło, szkło. *dial.* szczkło. szklanica, sklenica. śklanka. *Vergl.* szklić, blagować, *blaguer.* szklarz. blagier, łgarz. polab. stâklinik *glaser.* os. sklênca. klr. škło wr. škło. sklić, nasklić

glasscheiben einsetzen. r. steklo, sklo. skljanka *flasche.* — preuss. sticlo. *lit.* stiklas. sklenĭčê. *lett.* stikls. rm. stiklę, steklę. got. stikls. ahd. stêchal. *Das wort ist deutsch:* *„vom stechenden spitzen trinkhorn auf andere gefässe übertragen" und auf die materie. Die aufnahme des d. wortes durch Slaven fand in der ersten periode statt.*

stĭplĭ asl. stъplь *sus. Ein dunkles wort.*

su- 1.: p. sowity *reichlich.* wr. suto; sovito (*selten*). wr. nasulić *einen höheren preis geben, steigern und* nasuł *für* r. nadbavka cêny *gehören zu* suli-. — *lit.* savītai, suitis *reichlich. Vergl.* sytŭ.

su- 2.: asl. sunǫti, sovati, suvati *stossen, schieben.* nsl. sunoti, sovati, suvati. zasova *riegel.* b. sovam *vb.* sovalka *weberschiff.* s. sunuti *giessen.* usov *lavine.* č. sunouti *schieben.* p. sunąć. *Vergl.* suwałka *tatarisches manoeuvre.* os. sunyć, suvać. ns. suvnuś. klr. vôdsunuty, vôdsuvaty. suńhołov *ung.* wr. sunuć, suvać. prosva. r. sunutь, sovatь, syvnutъ. prosova. sovokъ *stose, schaufel.* zasovъ. zasova. nasovenь, nasyvenь *art rock.* nasunutь, *dial.* nasynutь. — *lit.* šauti *schiessen.* lett. šaut *schieben, schiessen.*

subetŭ: p. subet *schlafsucht.* — ar. subât, *unmittelbar aus dem türk.*

sudarĭ: asl. sudarь: — gr. σουδάριον.

sudla: asl. sulica *wurfspiess.* nsl. sulica *sagitta meg.* lancea *lex.* kr. sulica *hasta.* č. sudlice. p. sulica. *wohl aus dem* r. r. sulica. — magy. szucsa. rm. sulicę. *Man merke* mrm. sulę λόγχη *io.* 19. 34. evang. 184. *Vergl.* su- 2.

sudŭ: ar. sudъ *fretum,* τὸ στενόν. *Das wort würde* asl. sǫdъ *lauten.* — aschwed: and. sund.

sug-: r. dosugъ *musse.* dosužij *geschickt.* wr. dosužij *flink.* p. dosuży, *wohl aus dem* r. — *Vergl. lit.* saugoti *hüten.*

suj asl. *vanus.* vъ suje *vergeblich.* sujeta. osujetêti. wr. sujeta *unruhe. Vergl.* s. sujma *angst.* r. sue, vsue *vergeblich.* sujeta. — *Man vergleicht* ai. çūnja, gr. χενός.

suka r. klr. *hündin.* p. suka. *Vergl.* polab. seuko *hure.* seukar *hurer.* —

magy. szuka. *rm.* suka *zuruf der mähri-schen Walachen an die kündin.* d. suke, zauke. *Man bringt das wort in zusammenhang mit ai.* çvan, *gr.* κυών, *zend.* çpaka, σπάκα *bei Herodot. Vergl. preuss.* sunis, *lit.* šů *und r.* sobaka.

suka-: b. suča *saugen.* — *lett.* sukt, sucu.

sukamina *asl.* morus. — *gr.* συκάμινος.

sulêj *asl.* melior βελτίων, κρείττων, κομ-ψότερος. suliti si, sulêti *inflari.* — *Man vergleicht got.* sêls *gut.*

suli-: r. suliti *versprechen.* posulъ *versprechen, geschenk zur bestechung.* posulьnikъ *der solche geschenke annimmt.* **klr.** posuła *versprechen, locken.* nasułyty, posułyty *versprechen.* **wr.** sulić. nasulić. nasuł. posułka. — *lit.* suliti, siuliti. pasula *anbieten. lett.* sôlīt *bieten. Man vergleicht got.* saljan. *Sieh* su- 1.

sulĭ: nsl. sulj, *art hölzernes gefäss,* lesêna posôda, v katero se spravlja skuta.

suma p. r. tasche. — *lit.* suma. *lett.* sôma.

sumporŭ: asl. sumporъ *sulfur.* **kr. s.** sumpor. **ar.** sumporъ. samburъ. — *Aus dem lat.*

sunica s. himbeere. **klr.** sunyča. **wr.** sunica. **r.** sunika *dial.*

surinŭ: asl. surinъ *syrus.* — *gr.* σύρος.

surna b. s. pfeife. **kr.** surla. **č.** surma *posaune.* **p. klr.** surma *zinke.* **r.** surna. — *lit.* surma *pfeife.* **türk. pers.** surna. *türk. vulg.* zurna. *Mit* svirati *hat* surma *nichts gemein.*

survaka b. neujahr. na survaki, na kolêda. survavki. survakam *vb.* surava godina. surva godina *ung.*

surŭ: nsl. suri *leucophaeus habd.* **b.** suri: suri jelen *mil. 116. 179. 315.* **kr.** sur *canus.* **s.** sur *ferrugineus mik. blass.* — *rm.* sur *grau.* *nordtürk.* soro *grau.*

surŭkŭ: r. surokъ *murmelthier.*

susalĭ: r. susalь *blattgold.* zlato susaľno.

svabinŭ: asl. svabinъ *suevus:* svaby *plur. acc.* — *ahd.* swâb.

svarogŭ: r. svarogъ *slavische gottheit:* svarogъ: theostъ (ifestъ), egože i svaroga

naričetъ. solnce carъ, synъ svarogovъ. svarogovъ ήφαίστου. svarožištь: ognevi sja moljatъ, zovušče ego svarožičemъ. *Vergl.* kaš. *ON.* svaroženo. *W.* sūr, *durch steig.,* wie kūs, kvasъ *usw.*

svarŭ: asl. svarъ, svara *streit.* svariti, posvariti *ausschelten.* svariti se *in streit gerathen.* svarьlivъ. **nsl.** svar *verweis.* svariti, posvariti *ermahnen.* **č.** svár. **p.** swar, poswar. swarzyć się *streiten.* **polab.** svorit *schelten.* **os.** svaŕ *scheltwort.* **ns.** svariš. **klr.** svara *ung.* posvaryty *rügen.* **wr.** svar, svara. svarić śa. **r.** svarъ *streit* svara *für* branь.

sveklŭ: asl. sveklъ *beta.* **nsl.** cvekla. ciklja. **b.** cveklo. **s.** cvekla. **č.** cvikla. **p.** ćwikła. **klr.** cvykła. cejkła *ung.* **r.** svekla. — *magy.* czékla. *lit.* sviklas. sviklīnê. *lett.* svikls. *gr.* σεῦτλον, *ngr.* σεῦχλον.

svend- *neben* smend-: **asl.** prisvęnąti, prismęnąti (prismęde *greg.-naz.*). prisvędati *marcescere, torrefieri.* **č.** svadnouti, chvadnouti *welken.* smadnouti *dürsten.* s mad (smjad) *durst.* **p. vergl.** świędzieć *jucken.* *Aus* svend-, smend- *durch steig.* svondŭ, smondŭ: **asl.** osmąditi *notam inurere.* prismąditi *torrefacere.* **nsl.** smôd, smôj *senge* (* smąžьdь). smôditi *sengen.* prismôda. osmuditi *habd.* **s.** svud, smud. smuditi. **č.** smoud *dunst. Daneben* cmúd, čmúd. smouditi. **p.** swąd, smąd. swądliwy *brenzelnd.* swędzić. **os.** smud *sengen.* smudžić. *Man beachte* svjedžeć *jucken.* — *Vergl. ahd.* swêdan, swêthan *cremare. Sieh* vend-

svendra: p. swędra *schmutzfleck.* **os. ns.** svjedro.

sventŭ: asl. svętъ *heilig.* svętyni. svętiti. svętьba. svęštenikъ *priester.* **nsl.** svet. svetec. svetek. **b.** svet. svetec. svetica. svetinja. svetja *vb.* svetkuvam *feiern.* **s.** svet. osvetiti *befreien:* osveti hristijanstvo otъ nasilija poganihъ. osvetiti *weihen, rächen.* osveta *rache.* **č.** svatý, světý. svatosť, svátosť. svátek *feiertag.* svačina *feierabend* (*svętъčina). **p.** święty. świątobliwy. świątobny. świąszczennik, *aus dem r.* **polab.** sjôt, svåty. **os.** svjaty (svjeće). svjedžeń *fest* (svętъ dьnь). svjatki *pfingsten.* ns. svjety. svacyna *tag und abend vor den hohen festen.* klr. svjatyj. wr. svjatyj. svjatki. r. svjatoj. svjatki *weihnachten.* — *preuss.* svintint. *lit.* šventas. šventinti. šventė. šventorius *friedhof aus* p. cmętarz *durch anlehnung an* šventas. *lett.* svēts. svētki *feste.* svētīt *heiligen.* rm. sfînt. sfinci *heiligen.* sfinci, asfinci *untergehen (von der sonne).* osfinti *vertheidigen.* zend. çpeñta *heilig.* ai. çv-.

svepetŭ: r. svepetъ. p. świepet *baumhöhlung für waldbienen.* klr. svepet, bort *chrest.* 268.

svēpĭ-: asl. svepiti se *agitari:* listvije vêtromь svepęšte se. svepanije *motus.* svepetati *movere.* nsl. svepati *wanken.*

sverb-: asl. svrъbêti *jucken.* svrъbъ *krätze.* Durch *steig.* svorbŭ: svrabъ. nsl. srbêti. srb. srbovka, srboritka, šipkov plod, *hetschepetsch.* srab. b. srъbi *vb.* srъbež. s. svrbjeti. svrab. svrabati. č. svrběti. svrab. p. świerzbieć. świerzb. os. svjerbjeć. svjeŕb. wr. sverb. r. sverbêtь. sverbъ. svorobъ. — *lit.* skvirbinti *stechen, prickeln.* got. svairban *wischen.*

sverd-: asl. svrъdlъ *bohrer:* schlecht *bezeugt ist* svrъblo. nsl. sveder *für* svreder (* svrêdrъ). *Vergl.* svedrati *drehen.* b. svrêdel *neben* svrъdel. s. svrdlo, svrdao: *vergl.* svrdba *securis stulli.* č. svider: *zwischen* v *und* i *mag* r *ausgefallen sein.* dial. svědřík, nebozez. p. świder. *Vergl.* ns. svjedrac, fjedrack *feldnelke.* klr. sverdeł *ung.* wr. svider. sverdzeł. r. sverdlo. sverdelъ. sverlo. sverlikъ. sverlitь. — rm. sfredel.

sverk-: asl. svrъčati *einen laut von sich geben.* svrъkati: ukruhъ želêzьnъ svrъčąštъ, *von glühendem eisen.* svrъčь. svrъčькь. svrъštъ *heuschrecke beruht vielleicht auf* sverk-tjŭ. *Durch steig.* svorka: svraka *elster.* nsl. sraka, straka. srakoper, slakoper *dorndreher.* srakolica *geier.* b. svraka, sraka. s. svraka, švraka. svračak *gartenammer.* č. cvrkati. svrčeti *zirpen.* švrkati *schwirren.* svrček *grille.* straka. strakatý, strakavý *scheckig.* strača *scheckige kuh.* slk. sverčok, šurček. sorč-

kat, šurkať. p. ćwierkac, cierkać. świergotać. świerkot *schwirren.* poświerka *gerstenammer.* świerk, świrk, świercz, ćwiercz, świerszcz *grille: mit* świerszcz *vergleicht man* asl. svrъštь. świerszczyć. sroka *elster.* srokaty, strokaty: *in* pstrokaty *verbinden sich* pstry *und* sroka. polab. svorko *aus* svroko. os. svjerčeć, švorčeć. sroka. srokopjel, srokopač, srokoš *neuntödter.* srokaty. ns. sroka. klr. soroka. sorokatyj *scheckig.* wr. sviršč, sveršč. strokatyj *scheckig.* r. sverčatь. sverčъ. sverčokъ. sverščъ. soroka. sorokoputъ *neuntödter.* sverkatь *hat die bedeutung* „blinken“. — *preuss.* sarke *elster.* *lit.* švirkšti *pfeifen.* šarka. *lett.* svirkti. *magy.* szarka. tarka *bunt beruht auf* straka, *daher klr.* tarkastyj, tarkatyj. *rm.* tęrkat. sarkę. s *ist palat.* k. *Vergl.* skverk-.

sverp-: asl. sverêpъ (*aus* svrêpъ), svrъpъ *wild.* sverêpica *ervum.* sverêpiti sę *exasperari.* rasverêpêti. svcrêpovati. nsl. srêp (*aus* svrêp), hud *wild, grausam:* srêpa ino strašna množica *skal.* srepinski *furchtbar.* srp *rauh, scharf. Vergl.* b. sarp (*vielleicht aus* svrъp, srъp) *für* r. strogъ. kr. svirepica *stute.* č. sveřepý *wild.* sveřep *trespe.* sveřepec. p. świerzepa *stute.* klr. sviripyj. r. svirêpyj. ar. sverpъ. *preuss.* sweriapis *zuchthengst. lit.* šiurpti *schaudern.* pasiurpis, nasierszały *Szyrwid. Auszugehen ist von* sverp, *woraus* svrêpъ *und, mit einschaltung eines* e, sverêpъ *und* srêpъ *durch ausfall des* v, *und endlich* svrъpъ.

sveržĭ: nsl. svrž *mark im holze:* auch svrg *wird angeführt.*

svêžĭ: asl. svêžь *frisch.* svêžanъ. č. svěží. p. świeży. klr. svižyj. wr. svêžij. r. svêžij. *dial.* svêžitь *für* rêzatь. — *lit.* švėžias. *lett.* svêžs.

svib-: asl. sviblivъ *blaesus. Vergl.* č. šeplavý. — *lit.* šveplu. šveplenti. šveplis. švelpti. *magy.* selp. *Vergl.* p. świegot *schwätzer.* wyświegotać.

sviba nsl. *cornus.* asl. svibьnь *junius.* b. svid. s. svibanj *mai: daneben* siba *hartriegel.* sibovina, svibovina. *Bei*

stulli svibanj *mai und* svida *ilex.* nsl.
svidina. č. svíd. p. świdwa. os. ns.
svid. r. svidina. — *preuss.* sidis.

svid-: klr. svydyj roh, *ungekocht.*
svyď *roher zustand. Mit* svêžĭ *unverwandt.*

svila asl. nsl. b. **kr. s.** *seide.* nsl.
svila *seide und draht dain.* 102. *spricht
für ableitung von* viti, sъviti, *in welchem
falle* sъvila *zu schreiben wäre.*

svinija asl. *schwein:* sv-inija. svinъ
adj.: stado svino, *daneben* svinijc stado.
nsl. svinja. b. svinija. s. svinja. svinj,
svinjac *schweinestall.* č. svinč. p. świnia.
świni wrzod *scrophula, in einem ältern vocabular.* świnkarz, ten co ruškuje świnie
dicl. dial. swynia, swyj, *entlehnt.* polab.
svaiña. svainã (*svinent). os. sviña. sviňo-n.
ns. sviňa. r. svinьja. svinoj *adj.* svinarъ.
— *preuss.* swintian *schwein.* sewcynis *sau-
stall. lett.* sivenis *ferkel.* got. svein. ahd.
svîn. *ags.* sū. *nhd.* schwein. sau. *gr.*
σῦς, ὑς. *lat.* sus.

svinĭcĭ: asl. svinьcь *blei.* nsl. svi-
nec. klr. svyneč. r. svinecъ. — *lit.*
švinas. *lett.* svins.

sviri- 1.: r. osviritь *der einen ssite
das übergewicht geben.* — *Vergl. lit.* sverti
wägen. svaras *gewicht. ahd.* swār.

sviri- 2.: asl. sviriti, svirjati, svirati
pfeifen. svirьcь *pfeifer.* svirêlь *pfeife.* sviristelь *ampelis garrulus.* b. svirja *vb.*
svirnja *arie.* svirka *pfeife.* svirkam *vb.*
svirba. svirač. s. sviriti. svirati *flöten.*
svirala *pfeife.* klr. svyriľ *pfeife.* r. svir-
jatь. svirêlь. *Vergl.* sviriščatь. sviristelь
ampelis garrulus. — *rm.* sfirii, sfirĕi *vb.*

svirŭnŭ: p. świren, *gen.* świrna,
speicher: pokradzenie świrna abo kleci.
świronek. świernia. — *lit.* svirna, klêtis.

svist-: asl. svistati *sibilare.* nsl.
svistati *balbutire.* s. svisnuti *bersten.*
č. svistati. svišť *pfeil (der zischend dahin-
fliegende)* m. chvistati. p. świst. poświst.
świstak *arctomys marmotta.* chwist. za-
chwistnąć. *Vergl.* os. svislić. klr. chvyśkaty. *Vergl.* pochwyst *schlechtes wetter,
wohl „sturm".* r. svistêtь. svisnutь. svi-
statь. svišč. chvistêtь. chvišč. *Dasselbe*

wort ist asl. zvizdati, zviždati. nsl. zvizdati, žvižgati. *In welcher verbindung damit*
p. świstun, klr. svystak, svystuch, svystun
wurmstichige haselnuss steht, ist dunkel.
Vergl. p. gwiszcz, č. hvižď. gvizda-.

svita asl. *kleid.* nsl. svita *habd.*
svitice *femoralia meg. lex.* kr. s. svita.
p. świta. klr. svyta *ung.* poɫusvyta *halb-
kleid,* svytyna. wr. svita. r. svita *dial.*
— *rm.* sŭitę. *lett.* svita *art rock.*

svŭ: *der stamm des reflexiven pronomens
erscheint in den slav. sprachen in dreifacher
form: I.* sę *acc. aus* sem, svem: *der enkli-
tische dat.* si *dient auch der verallgemeine-
rung:* p. cosi, coś *etwas;* klr. chtoś *usw.*
II. sebe: *vergl.* tebe. sebê, soboją *beruhen
auf einem stamme* soba, soba *aus* sve-, svo-:
vergl. mъnê, mъnoją; tebê. toboją. *III.* svoj.
I. sę *erscheint nur im acc., der formell ein
sing. ist.* nsl. preci, precej *ziemlich:* *prêdъ
sę, k sebi *links.* ksebni *leitpferd.* ocebe (otъ
sebe) *rechts.* ocebni konj. s. nase *für natrag.*
asl. za sę *post se, retro, iterum.* č. za se,
zas. p. za się, zaś *zurück:* za się wziąść.
zaś! *weg!* kaš. zos (aus zās). wr. des *für*
r. gdê-to. *II. Der dem* sebe, soboją *zu
grunde liegende stamm erscheint, meist mit
dem vocal* o, *in zahlreichen bildungen.* asl.
sob-: sobьstvo *substantia.* trъsobьstvo *für*
troica. sobica *discordia:* vergl. meždusobь-
naja branъ, zakoljenija pomeždusobьnaja.
osobê, osobь *seorsim,* κατ᾽ ἰδίαν; *daher* oso-
bije ἰδίωμα, osobьnъ ἴδιος, osobiti sę μονάζειν.
Hieher rechne ich posobije συμμαχία. posobь
alius alium sequentes. posobьnikъ *socius belli.*
posobьstvo *auxilium.* samosobьno svojeją
glavoją da hoditь. nsl. osebno. osebujno.
zoseb *besonders.* osebenek *inwohner.* pose-
bezcn *abgesondert.* osoba *person.* sobstvo
wesen: künstlich gebildet. kr. osebujan.
mejusobina *innere streitigkeit.* mejusobac.
posoba *auxilium.* s. zasobice *nach einander.* č. osoba *person.* osobiti. násobný.
pŭsob *art und weise.* zpŭsob. p. sobek
egoist. zasob *vorrath.* sposob. sposobny.
wsobić się. os. vosoba *person.* ns. vosoba *ansehen.* klr. usobnyj. posobyty
helfen. nezasobnyj *arm.* na osobi *lose.* wr.

osoba. posoba *hilfe.* posobnyj. r. sobь
für sobstvennostь *dial.* sodina. sobitь *für
sich behalten.* osobь. osobyj. csoba. meždu-
sobie, usobica *uneinigkeit.* posobь, posobie
heilmittel dial. posobljatь *helfen.* sprosobъ
mittel. — rm. osebĭ *seorsim.* lit. apsaba
ähnlichkeit. asaba *person;* asablīvas; spa-
sabas, pasabas; pasabnas, *fremd. Daran
schliesst sich das thema* *svobü *az.* asl. svobь-
stvo *persona.* svobodь *liber.* svoboda, svo-
bota *libertas.* svoboda *ist auch „homo liber"*
svoboditi, svobaždati. nsl. slobost *fiducia*
trub. svoboda, sloboda. slobodo vzeti, *dafür nun* slobo *ung.* slovo vzeti *abschied
nehmen;* s slovesom *cum venia meg.* svobo-
den, sloboden. slobočina *immunitas lex.*
slobnost *facultates trub.* b. sloboden. slo-
bodija. s. sloboda *muth.* osloboditi *ermuthigen.* č. svoboda. slk. slobodňák
lediger mensch. p. swoboda, świeboda.
świebodny, ślebodny. os. svoboda. klr.
svoboda. oslobonyty. wr. słoboda. r.
svoboda. svoboditь, *dial.* osloboditь. sloboda *grosses dorf.* — rm. slobod. lett.
svabads *schlaff, loss.* III. svoj. asl. svoj.
svoitь *f. affines.* svojština. svatъ *affinis aus*
svojatъ. svatija *f.* svatovьstvo. svatati.
svatьba, svadba *nuptias.* svaha *pronuba:*
*svojaha. svojakъ *affinis.* svojašь *propin-
qui:* *svojahъ. nsl. svoj. svoji smo *wir
sind frei.* svat. svaterja. svadba. svak.
svakinja. svaščina *affinitas.* b. svoj. svat,
svatija, svatja. svak. svadba. svadbar. s.
svoj. svat. svaća. svadba. svojak, svak.
svojta. svojitba, svojdba. svojat *f. die verwandten.* č. svůj. svak *neben dem entlehnten*
švakr. svat. svadba, *dial.* *svarba. slk.
svojet *verwandtschaft.* svak. p. swoj. swak
schwager: daneben swojak *landsmann.* swat,
swach. swatać się *freien.* swadźba. swa-
cha. swachna. swaszka. przyzwoity, *alt*
przyswoity. kaš. svok *aus* svăk. svadzba.
polab. süj. os. svoj. svat. svak. svoboda.
ns. svoj. svaźba. klr. svôj. svadьba. wr.
svaćća. svojak. svadьba. r. svoj. svatъ.
svatьja. svacha. svadьba. svojakъ. — lit.
svotas. svodba. lett. savs. savāds *besonder.
Daneben* svāti *väter eines ehepaars.* sva-

bads. *magy.* szabad. *Zu demselben pronomen gehört* 1. asl. svénь, svénje, osvénje,
osvénь *sine.* svéniti sę *abstinere.* posvéniti
sę ἐντρέπεσθαι. b. osvén *ausser.* svénja se
sich nicht getrauen. s. osvem, osem, sjem,
osim. *Vergl.* švanjiti se *sich schämen.* —
rm. sfii *vb.* 2. asl. svekrъ *socer.* svekry
socrus. nsl. sveker. svekrva. b. svekъr.
svekrъva. s. svekar. svekrva. č. svekr,
švekr. slk. svekra. svokr, svokor. svo-
kra, svokruša. p. świekier, świokier.
świekra, świokra, świekrucha. klr. sve-
kor. svekrocha, svekrucha. r. svëkorъ.
svekrovь. *dial.* svekry. — lit. šešuras.
got. svaihra. svaihrô. ahd. swëhur *m.*
swigar *f.* lat. socer. socrus. gr. ἑκυρός.
ἑκυρά. ai. çvaçuras *aus* svaçuras. çvaçrū
3. asl. svьstь *soror uxoris.* nsl. s. svast.
č. svés. p. świeść. klr. svêsŧ, r.
svestь, *minder richtig* svêstь. — *Vergl.* lit.
svainis. 4. asl. sestra *schwester.* sestri-
čištь. sestrênica. nsl. b. s. č. sestra. p.
siostra. siestrzan. polab. sestra. os.
sotra. ns. sotša. klr. r. sestra. — *preuss.*
swestro. lit. sesŭ, *gen.* sesers. got. svistar.
ai. svasr.

svĭt-: svĭt *findet sich in den slav.
sprachen als* svьt-, *als* svita- *und als* svêtŭ.
I. *Wurzelform:* svьt. asl. svьtêti, svьnęti
leuchten. b. sъvne, sъvnuva; sъmne,
sъmnuva, sъmva *aus* sъvne, svъne *usw.*
vb. s. svanuti, savnuti, samnuti. č.
stvieti se *für* asl. svьtêti sę *aus* svtieti se.
II. svita- *durch dehnung des* ь: asl. svitati
tagen. nsl. svitati. svit. s. svitati. osvit.
rasvit. č. svítati. svít. úsvit. osvítnouti.
p. świt. zaświtnąć. polab. svaitojě *es tagt.*
os. svitać. svit. ns. svit. *Dafür* r. své-
tatь. razsvêtъ. III. *Durch steig. des wurzel-
vocals:* asl. svêtъ *licht.* nsl. svêt. p.
świat. polab. sjot *helle, tag.* no svatě
auf der welt. os. ns. svjet *welt.* klr.
śvit *für das erwartete* svyt. došvit *morgendämmerung.* rozśvitaty. na śviti *fürwahr.*
r. svêtъ *licht, welt.* svêtočь, svêtyčь
laterne. 1) asl. svêtiti *leuchten.* svêtilo.
svêtilьnikъ, prosvêštenija *plur.* ἐπιφάνεια.
nsl. svêtiti. b. svêtja *vb.* č. svititi.

světnice *stube, lichte stube.* osvět. p. świe-
cić. polab. sväti *es glänzt, blitzt.* os. svje-
·ćić. 2) **asl.** svěšta. svěštilo. svěštьnikъ. nsl.
svěča. svečen, svečan *februar: nach dem
feste Maria lichtmesse.* b. svěšta. s. svi-
jeća. č. svíce. svícen, *dial.* svičnik. p.
świeca. świeczka. polab. svěca. svěcnik.
os. svjeca. svječnik. ns. svjeca. svjecny
(mjasec) *februar.* r. svěča. svěčnikъ:
svěščnikъ *ist asl.* 3) **asl.** světlъ *licht.* nsl.
světli. b. světliv. s. svijetao. svijetliti.
č. světlý. světlice *zimmer, lichte stube.* p.
światło. os. svjetły. ns. svjetly. wr.
světlica. r. světlyj. světlica. 4) b. svět-
kam *funkeln.* světkavica. — *preuss.* swetan
welt. *lit.* švintu, švisti *hell werden.* švitěti,
švitu *blinken.* šveisti *putzen.* švaitjti, švaistjti
hin- und herleuchten. Fremd: světas *welt,*
svetlíčě *gasthaus,* seklíčě *gastzimmer eines
bauernhauses. Vergl. lett.* svidu, svist *tagen.*
ai. çvit, çvětatē. çvěta *licht, weiss: vergl.*
ai. çvind, çvindati. *got.* hveitas *weiss.*
ags. hvīt *glänzend.* *nhd.* weiss. *Von asl.*
svěšta *ist* světja *als grundform anzusehen.
ein unbegreifliches* svěša *erklärt kaum eine
der wirklichen formen in genügender weise,
selbst* svěšša *ergibt sich daraus nicht.*

sŭ: r. sъ, *eine andern wörtern angehängte partikel: man meint, sъ sei aus*
sudarъ *entstanden:* nekakъ nêtъ-sъ. po-
žalujte-sъ. milosti prosimъ-sъ.

sŭch-: asl. sъhnati *trocken werden:*
isyše *exaruit für* isъše. sъhlъ *sarmenta.
Durch steig.* suhъ *trocken.* *iter. durch dehnung* syhati. suša. sušiti suhva *uva passa.*
suhonjavъ. suholaplь *larus. Man merke*
huhota *sup.* 221. 11. nsl. sahnoti, sehnoti. usihati. suh. suša, suš *trockenheit.*
suha *sommerbach, d.* zauchen. sehljad.
suhljad. sušec *februar, märz.* b. sъhna
vb. suh. suša *vb.* suša *f.* sušelka *gedörrtes
obst.* kr. ususati. suholjiv. suhljast *subsiccus, submacer.* prisihati *siccescere.* s.
sahnuti. usisati. suh. suvica *getrocknete
weintrauben, von* suv *für* suh. č. schnouti,
sechnouti. *iter.* -sychati, -schýnati. suchý.
souš. osuch *harter trockener kuchen.* su-
char *gedörrtes obst, zwieback.* p. schnać.

suchy. susz. sucharz, suche drzevo. polab.
seuchy. seusit *trocknen.* os. skhnyć. suš.
ns. sknuś. suchy. klr. sochnuty. osuch
art zwieback. zôschłyj. suchyj. wr. suchij.
suchmeń *heisse zeit.* r. sochnutь, *dial.*
sychnutь. -sychatь. posyška *dial.* suchoj.
suš. suchmenь, sušmenь *trockenheit.* sucharь
zwieback. dial. findet sich peresuchъ *und pe-
resychъ neben* peresochъ *und* peresychnutь
neben peresochnutь. — *lit.* susu, susti *räudig, eig. trocken, werden.* sausas *trocken.*
sausis *december, februar.* sausinti *trocknen.*
sukata *schwindsucht ist p.* suchoty. *lett.*
sust, sausēt *dürr werden.* sauss. sukari
militärzwieback ist entlehnt. *zend.* çuška
trocken. *ai.* çôša. *ahd.* sōrēn *verdorren.*

sŭk-: asl. sukati *drehen durch steig.*
nsl. sukati. b. suča *vb.* s. sukati *drehen,
hervorwallen.* suknuti (mač) *zücken.* č.
soukati *spinnen.* p. wysukowany *für*
krçcony *zof.* os. sukać. wr. sukać. r.
skáti, sku, skešь: sŭk, *sъkati. skanь.
iter. durch dehn. sykatь. sučitь. — *rm.*
rçsuči *retorquere.* sutsu *neo kav.* *lit.*
suku, sukti *drehen.* *lett.* sukata *dreh-
krankheit:* sukata *schwindsucht ist p. usw.:*
suchota. *Hieher gehört* **asl.** sukno *wollenes
kleid.* suknênъ. nsl. sukno. suknja. b.
sukno. s. sukno *tuch.* suknja. č. sukno.
sukně. p. sukno. suknia. sukmana.
polab. seuknü. os. ns. sukno. sukńa. klr.
sukno. wr. suknja. r. sukno. sukmanъ.
— *rm.* sukně, sugnę *weiberrock.* *lit.* sukně.

sŭl-1.: asl. sъlati *schicken.* sъlъ, posъlъ
bote. sъlъstvo, sъlъba *botschaft.* *iter.* sylati.
Eine gesteigerte form besteht nicht nsl.
poslati. sel *bote meg.* selstvo *dalm.* posel
bote habd. dienstbote, geschäft. Daneben sol.
solstvo *skal.* s. slati, šaljem. šiljati, ši-
ljem, *das asl.* sylati *lautet.* č. poslati,
pošli. posílati *für* posýlati. posilka. posel.
p. posłać. posyłać. poseł. os. posłać. posćełać *durch verwechslung mit* stъlati: stel-
posoł. ns. slaś. poslaś. posol. klr. słaty.
posyłaty. wr. słać. posoł. r. slatь. sy-
latь. solъ. solьba. *alt* sъlьbьnoe. posylъ
sendung dial. podsylъ *spion.* — *rm.* solie
botschaft. soli *vb.* *lit.* paslas *bote.*

sül- 2.: asl. *slъ-no, *demin.* slъпьсе *sonne.* nsl. solnce, *im osten* sunce. *Man führt* slanovrat *ranunculus* an. b. slъnce, sъnce. s. sunce. č. slunce: *vergl.* sloniti *schimmern.* p. słonie. słonko. słońce. nie słoń się *d. i.* nie pal się na słońcu. w podsłoń, od wschodu ku zachodowi. os. slonco. ns. slyńco. klr. sonce. vôd sone *sonnige seite.* posołoń *mit der sonne gegen westen gehend.* osone. wr. słonce. r. solnce. solnopëkъ *heisser tag.* solnosjadъ *west.* usolonьc *schattenseite.* — *preuss.* saule. lit. saulė. pasaula *welt.* lett. saule. got. sauil. *W.* sül, *durch das suffix* no, sülno, *daher deminut.* slъn-ьce. got. sunnu *m.* sunno *f. aus* sulna, sulno. ahd. sunnъ *f.* ai. svar. *W.* sur, sül.

süp- 1: asl. sъpati, sъplją *schlafen.* usъrąti *aus* usъpnąti. sъnъ *schlaf.* sъnije *traum. iter. durch dehn.* usypati. *Neben ne*usypъnъ *findet sich* neusъvъrьnъ ἀκοίμητος. nsl. spati, spim. speči miš *fledermaus, eig. die schlafende maus.* sen, *gen.* sna, *schlaf.* senj *habd.* snja *traum.* zaspanka *frauenspiegel, art glockenblume.* zaspati koga. zasipiti *einschläfern* meg. *ist eine unregelmässige bildung: ein nomen* sypъ *gibt es nicht, man erwartet* zasupiti. b. spja *schlafen: daneben* sъija. spalnja. sъn *schlaf, traum.* sъništa *plur.* razsonja *wecken.* sъnuvam *träumen.* s. spati, spim, *dafür regelmässig* spavati, spavam. san. č. spáti, spím. sen. p. spać, spię. śpik *schlafsucht.* sen. snowidz *träumer.* sypiać *für* sypać. kaš. usnanc. vospana *schwanger.* polab. såpat *inf.* såpot *sup.* såpåci *schlafend.* os. spać, spju. son. ns. spaś, spim. husnuś. son *f.* snja *f.* zåspańc *wollgras. Vergl.* psyki *schläfe.* klr. spaty. prosyp *schlaf.* nedosypłaty. pervospy *der erste schlaf.* wr. prospa *für* r. prospъ. zaspa. brez prospu, brez prospua. r. spatь, splju. usnutь. spenь, sonъ *schlaf.* sonja *schläfer.* zaspatь, zasypatь. prosypъ *erwachen.* usypitь, usypljatь *einschläfern.* — magy. zászpa *helleborus.* lit. sapnas: *slav.* sъnъ *aus* sъpnъ. lett. sapnût *träumen.* and. svefn. gr. ὕπνος, lat.

somnus. ai. svap *aus* sup. svapnas. zend. chwafna.

süp- 2.: asl. sъpą, suti *durch* steig. *aus* sъpti *spargere.* sъpъ *haufe.* nasъpъ. prisъpъ *massa.* sъsъpъ *quod congeritur.* osъpa *pest, eig. pustel. Vergl.* osъpitъ τεπιεσμένος *in* mêra osъpita. isъpьnъ *bimaris. iter.* sypati. nsl. spem, suti. zasap, *d. i.* zasъp (*daneben* zasip) *bollwerk* meg. sipati. rasipnik *prodigus habd.* osepnice *pocken, masern.* osipa *art hautkrankheit.* nasip *wall.* posip *schotter.* b. prêspa *lawine.* sipja, sipam, sipuvam *vb.* sipanica *blattern.* rasipnik sin *prodigus* Vinga. s. saspem, sasuti *hineingiessen.* nasap *damm.* rasap *zerstreuung.* ospa, aspa, osip *hautausschlag.* sup *fischzaun.* č. spu, prispu: sъpą. sep, osep *körnerschüttung.* osep, jesep *schotter.* náspa, čásť zvýšená před domem. ospa. *Aus dem alten inf.* suti *hat sich ein praes.* suji, *inf.* souti, *entwickelt. Daher* sutý. sutina. sypati, sypám, sypi (syplją). sypka *kornboden.* osypka. nasyp *sandhaufen.* slk. osypky *variolae.* p. suć, suję *neben* sypać. suty *beschüttet.* osucizna *ausschlag.* naser. naspra. ospa *hundefutter, pocken.* przyspa *sandwehe.* wyspa *insel, schütt.* sypny. kaš. zasenanc, sepac. polab. såipe, *asl.* sypljetъ. os. sep *haufe.* hospica *blattern.* sypać. syp *schüttung.* nasyp. ns. vospice, hospice *masern.* sypaś. klr. sъpuśtimъ (*asl.* sъpąśtiimъ) chrest. 125. sъsuty, ssypaty 114. naspra *sandbank.* vyspa *pocken, insel.* zaspa *verschüttung.* nasyp *erdhaufen.* osyp *art getreideabgabe.* prosop, osyp chrest. 42. perespa *aufschutt.* pryspa. sypny. odsypne. wr. naspra. prispa. zaspa. r. sopъ *neben* nasypъ. *alt* naspъ. prisopъ *bollwerk.* sopka. prispa *agger.* ospina. zaspa. sypatь. sypь. zasypka. vrazsypuju *nach allen richtungen* (razbêgatь sja). — magy. iszap *syrtis.* rm. nęsip. nęsęp *sand.* ręsipi *zerstreuen.* posip, posop *arena. preuss.* suppis *damm.* lit. sipnas, sipas *fein gebeutelt, entlehnt.*

süs- 1.: asl. sъsati, sъsą *saugen.* sъsъ *durch dehnung* sysati. nsl. sasati, sesati, sesnuti. ses *weibliche brust.* cecati. cecek

zezati. sisati, zizati, cizati. sisek. **kr.**
sas *mamma.* sasnuti, zaznuti. **s.** sati, sem
aus sъsati, sъsą. sisati. sisa. kraosica *art*
schlange. **č.** sesati, ssu, ssám, ssaji. oses
saugendes schwein. sselc *säugling.* cecati,
cicati, cucati, ciclati. **p.** ssać, ssę. osesek. posysać. wysysywać. sysak, sysun.
wysys. cycek *saugendes thier.* **kaš.** su-
sac. cecac. polab. sås *zitze.* **klr.** ssaty,
ssu. vysysaty. **wr.** ssać, ssu. susolka
nutschbeutel. **r.** ssatь, ssu, *dial. für* so-
satь. vysasyvatь. sosecъ. soska. siska *dial.*
nach titьka. *Vergl.* cica.

   sŭs- 2.: **b.** sъsel, sъsar *ratte.* **r.**
suslъ, suslikъ *mus citellus.* **č.** sysel *erd-*
zeisel.

   sŭska-: **b.** sъskam *zischen. Vergl.*
syk-. sysa-.

   sŭto: **asl.** sъto *hundert.* **nsl. b. s. č.**
sto. stotina. **p.** sto. setnia. **os. ns.** sto.
klr. sto. ôtsotky *zinsen.* **r.** sto. sotnja.
Hieher gehört der pflanzenname **s.** stoklasa. **č.** stoklas. **p.** stokłos. **nsl.** stoklas, stoklasa, strklasa; *der thiername* **č.**
stonožka *usw. Slav.* s *ist palat.* **k.** — **lit.**
šimtas. **lett.** simts. **ai.** çata *aus* çnta.
rm. sutę *beruht, wie es scheint, auf slav.*
sŭto: *vergl.* ἐσσουπῆ (no sъpi) μὴ χοιμᾶσθαι
bei Constantinus Porph. name eines der
Dnieprfälle. **finn.** sata. **magy.** száz. *Für*
ъ *in* sъto *erwartet man nach dem lit.* ę.

   sŭtŭ: **asl.** sъtъ *favus.* **nsl.** set, sat;
sit: sit meda *habd.* **s.** sat. **r.** sotъ.

   sychra-: **č.** sychrati *vor kälte zittern.*
sychravý.

   syk- 1.: **nsl.** sikati *zischen:* kače si-
čejo *ung.* sičati **kr.** sicati *spritzen:* grk-
ljanom sica krv. **č.** sykati, syčeti *zischen,*
spritzen. sykot *gezische.* sykavka. **p.** syczeć *zischen. Vergl.* sikawka *spritze.* za-
siknąć. **os.** sykać *spritzen.* syczeć, sy-
kotać *zischen.* **ns.** sykaś *zischen, spritzen.*
sycaś *zischen.* **klr.** vysykaty *ausspritzen.*
wr. sykać. **r.** sykatь. *Vergl.* sikavica
wasserhose. — **lett.** sīkt, sīcu *zischen. Vergl.*
lit. šukti, šaukti *clamare. Es mag noch*
erwähnt werden **p.** sikora *meise.* **č. os. ns.**
sykora. *Trotz des* **p.** i *wird das wort zu*

sykati *zu ziehen sein, der vögel ist nach*
seinem gesange benannt: vergl. **p.** sikawka,
das von **r.** sykatь *nicht getrennt werden*
kann. Polab. lautet das wort svaikörăk.

   syk- 2.: **r.** syknutь *still sein heissen.*

   synŭ 1.: **asl.** synъ *sohn.* synovъ, *gen.*
synovi, synovьcь *neffe.* synovьnь *adj.* pasynъkъ. **nsl. b. s.** sin. **č. p. os. ns.**
klr. syn. **č.** *dial.* synek, chlapec. **r.**
synъ. pasynokъ. — **rm.** sęn, sir *preuss.*
sūns, souns. passons *stiefsohn.* **lit.** sunus.
got. sunus. **ahd.** sunu. **ai.** sūnus. **zend.**
hunu. **W.** sū *gebären.*

   synŭ 2.: *asl.* synъ *neben* sunъ *tur-*
ris. **W.** *vielleicht* sъp, *daher das „ange-*
schüttete".

   syrŭ 1.: *asl.* syrъ *humidus, crudus:*
syra palica. **č.** syrý *roh.* **s.** syry *roh.*
syrizna *feuchtigkeit.* **ns.** sery *roh.* **klr.**
syryj. posyryj *ein wenig roh.* **r.** syryj:
syraja zemlja. syrostь, syrъ. syrětь. syromolotъ *mehl, von ungetrocknetem getreide.*
syromjatь. *weissgegärbtes leder:* men- 2.
Vergl. syroêga *agaricus piperatus.* surovъ
besteht neben syrovъ: *asl.* surovъ *crudus,*
roh: surovъ člověkъ. surovьstvo θράσος.
nsl. surov, sirov, srov. osroviti *crudescere*
lex. **b.** surov *grün, roh.* surovica *ruthe.*
s. sirov *roh, frisch.* **č.** syrový *unzuberei-*
tet. **p.** surowy **os.** surovy. **wr. r.**
surovyj.

   syrŭ 2. asl. syrъ *käse.* syrište *lab.*
nsl. sir. sirišče, sirilo *lab.* vsiriti *lex.* za-
siriti se, zakrknuti *gerinnen.* **b.** sirene. sirište. sireva se *vb.* **s.** sir. sirište. **č.** sýr.
p. sér, *richtig* syr. **polab.** săr. **os.** syra
ungesottene milch, colostrum. **klr.** syr. syr-
kiz *käsewoche: magy.* köz. **r.** syra. syropustъ. syrъ *dial. wie* **os.** syra. — *preuss.*
suris. **lit.** suras. suris *käse.* surěti *salzig*
werden. **lett.** surs *bitter, salzig: daneben*
sērs *käse, aus dem* **p.** **ahd.** sūr *sauer.*
Hieher gehören auch folgende wörter: **nsl.**
irotka *coagulum lex. serum lactis habd.*
sirotev *f. molke.* **b.** surovatka *molke.* **s.**
surutka. **č.** syrovátka. **slk.** servatka.
p. syrowatka, serwatka. **os.** syrovatka.
ns. srovatka *buttermilch.* **klr.** syrovatka.

wr. syrovodka   **r.** syvorotka *molke. Diessen theilweise arg verunstalteten wörtern liegt* *syrovatъ *käsig zu grunde.*

sysa-: **asl.** sysati *zischen. Vergl.* süska-.

syta **r.** *honigwasser.* sytitъ *mit honig versüssen.* **klr.** syta. *Nicht mit* sytü *verwandt.*

sytjü: **č.** sýc *kauz, hauseule.* **klr.** syč. **r.** syčъ *strix passerina, das auf* sovičъ *zurückgeführt wird. Vergl.* **wr.** ćič *und* p. sýc *knauser dial.*

sytü: **asl.** sytъ *satt.* sytь *sättigung.* do syti *satis.* nesytostь. nesytovьstvo. sytiti *sättigen.* **nsl.** sit. dosti, dosta *aus* do syti, do syta. nasititi. *Vergl.* pasita *taufschmaus* ung. **b.** sit. dosta. **s.** sit. dosta. nesit, nenasit. **č.** sytý: nesyt. dosti, dosť, dost. **p.** syty. syt *sättigung.* do sytu, dosyć, dość. **polab.** săity. **os.** syty. do syta, dość. **ns.** syty. dość. syśiś. **klr.** sytyj. dosta, do syty, dosyť. **wr.** syć. dosić, dosa. **r.** sytyj. do syta, u dosytь. — *Vergl. magy.* paszita *taufschmaus.* *lit.* sotus. sotis *f.* sotinti. *lett.* sīts. *lat.* sat. satis. *got.* saths. soth. *Das slav. weicht im vocal ab: die wörter sind mit* sytü *wohl nicht ver-*

wandt. Hieher rechnet man r. nesytь *f.* *pelikan, eig. unersättlich.* nenasytьskyj porogъ *bei Karamzin I. nota 307. Daneben* nejęsytь, *r.* nejasytь, σκλαβινιστὶ νεασήτ, *dessen* ję *an* nejęvêrъ *gemahnt, ohne dadurch erklärbar zu werden.*

sĭk-: **asl.** sьcati, sьčą, sьčiši *mingere.* **nsl.** scati, ščim, *daneben* ščijem *(vergl.* b. spija *für* spja). scalina. seč (sъč) *harn.* seklja *grasfrosch: vergl.* uscanka. **kr.** sač. **č.** scáti, štiji. posek, *gen.* posku, *ruthe des stiers.* **p.** szczać, szczę. szczak. *Durch dehnung* **kr.** sicati. **p.** posikać, usiknąć *bepissen.* **os.** ščeć. **ns.** ščaš. **klr.** sćaty. **wr.** scać, scu, scyš. ščaki. sculi *plur. f. harn.* **r.** scatь, scu, scyšь. scaka. — *ai.* sič. *ahd.* sīhan. *Vergl.* senk-.

sĭrebro: **asl.** sьrebro *silber.* **nsl.** srebro. **b.** srebro, strebro. **s.** srebro. **č.** stříbro. **p.** srebro *für* śrebro *aus* śrzebro. **kaš.** strzebro. **polab.** srébrü. sribrny. **os.** slebro. **ns.** słabro, słobro. **klr.** sriblo. **wr. r.** serebro. — *preuss.* siraplis. sirablan *acc.* *lit.* sidabras. *lett.* sidrabs, sudrabs. *got.* silubr. *ahd.* silbar. *and.* silfr. *finn.* silbba.

Š.

ša-: **asl.** ošajati *removere.* ošajati sę, ošavati sę *abstinere. Vergl.* ohati sę *meiden.* **b.** šavam, šavna *sich bewegen.* **r.** šavatь *schleichen. Vergl.* ševeli-.

šadra **r.** *pocken.* šadrivyj, šadrovityj *scheckig: daneben* ščedrivyj. ščadrivikъ *ein pockennarbiger.— nordtürk.* šadra *gescheckt.*

šafarĭ: **nsl.** šafar *haushälter.* **č.** šafář. **p.** szafarz. **klr. wr.** šafar. — *mhd.* schaffære. *magy.* sáfár. *lit.* šęporius.

šafranŭ: **s. č.** šafrán *crocus.* **p.** szafran. **ns.** žapran. **r.** šafranŭ. **nsl.** žefran. **b. s.** čafran. — *lit.* šępronas, čępronas. *mhd.* safran. *fz.* safran. *türk.* za'féran.

šag-: **r.** šagnutь *schreiten.* šagъ *schritt.*

šachinŭ: **b.** šahin *art vogel, wohl* „*falke*" šainov *des falken. — türk.* šahin.

šachorŭ: **č.** šáchor *binse, schilf. Vergl.* šarŭ 3.

šajka **nsl. b. s. r.** *barke.* **klr.** čajka. — *magy.* sajka. *türk.* šajka.

šaka **asl.** *manipulus.* **nsl. b. s.** šaka. **s.** šakaile *mit einer türk. postposition für* šakama.

šal-: **asl.** šaljenъ *furens:* bogomь šaljenъ θεόπληκτος. **nsl.** šala *scherz.* šaliti se. šalec *nugator habd.* **b.** šala. šalja se *vb.* **kr.** šale zbijati. **s.** šala. šalidžija *mit türk. suffix.* **č.** šáliti *betrügen.* šalba *blendwerk.* **slk.** šialené (svetské) piesne. **p.** szal *furor.* szała. szalić *verrückt machen.* szaleć *verrückt sein.* száleń *bilsenkraut: vergl.* belnü. **klr.** šalenyj *närrisch.* **wr.** šal *wuth.* šaľ *thorheit.* šaly *possen.* šalêć. **r.** šalъ *wasserscheu.* šalь *muthwille; für* durmanъ *dial.; wohlfeil-*

heit. **šalitь** *muthwillig sein.* **šalьnyj** *thöricht.*
šalêtь *thöricht werden.* — *lit.* **šėla** *wuth.*
šėloti *wüthen.* **šėlīti** s *den narren spielen.*
šėlěs *rasend · geworden.* **pašėlis** *verrückt.*
pašėlimas *tobsucht.*

šalvare, **šelvari** b. *pumphosen.* s.
šalvare. **klr. r.** šaravary. **p.** szarawary.
č. šaravara. — *türk.* šalvar. *magy.* sala-
vári. *gr.* σαράβαρα, σαράβαλλα.

šalvija: p. szałwija *salbei.* **č.** šal-
věje. **os.** želbija. **ns.** žalbija. **klr.** šav-
łyja. **r.** šalfej. **s.** žalfija. — *lit.* šalavija,
žalvija. *ahd.* salveia, salbeia. *mlat.* sal-
vegia, salvia.

šalĭberĭ: p. szalbierz *betrüger.* **wr.**
šalber. **r.** šalberъ. — *lit.* šalbėrius. *Man
denkt an nhd.* salbader *und an* šal-
šalĭka: p. szalki *wagschalen.* **wr.**
šaľki. — *lit.* šolkai. *d.* schale *mit dem
slav. deminutivsuffix* -ьka. *Vergl.* skala 1.

šan-: klr. šana, šanoba *achtung.* ša-
novaty. **wr.** šanować. **r.** šanuvatь *dial.*
p. szanować. **kaš.** šanec *ehren.* — *lit.*
šėnavoti. *nhd.* schonen.

šandalŭ: b. šandal, šandan *leuchter.*
as. šamdamь. **r.** šandalъ. — *türk.* ša-
m'edan, *nicht fz.* chandelier.

šanta-: nsl. šantati *hinken.* **b. s.** šan-
tav *hinkend.* **č.** šantati. — *magy.* sánta.

šapka: b. kr. klr. r. mütze. **p.** czapka.
— *mlat.* cappa. *türk.* šabka. *Daher mhd.*
schapël. *afz.* chapel. *and.* sappel. *finn.*
seppeli. **nsl.** šapel, *gen.* šapelna, *stirnband
der Krainerinen.*

šara nsl. *art; allerlei.* ženske šare
weibisch meg. — *Vergl. nhd.* schaar.

šargarĕpa: s. šargarepa *mohrrübe.*
— *magy.* sargarépa.

šark-: r. šarknutь, šarkatь *scharren.*

šarkanĭ: klr. šarkań *drache.* **nsl.**
šarkan. — *magy.* sárkány.

šarvarŭkŭ: wr. šarvarok *frohne.* —
nhd. scharwerk.

šarša: p. szarsza *sarsche.* **os.** čorš.
— *nhd.* sarsche. *it.* sargia. *fz.* sarge.

šarŭ 1.: asl. šarъ *farbe.* šariti *malen.*
šarьčij *maler.* **nsl.** šar *maculosus habd.*
šarast *pockennarbig.* **b.** šar *fleck; bunt:*

šaro jagne. šarja *bunt machen.* šaren *bunt.*
šaran *karpfen.* šarka, baba šarka *blattern.*
kr. šar *bunt.* šarometan *malus.* **s.** šara
das bunte. šaren. šarati. šaran. šarac *scheck.*
šarov *scheckiger hund.* *Vergl.* **klr.** zaša-
ryty śa *roth werden.* — *rm.* šeran.

šarŭ 2.: r. šarъ *kugel.* *Vergl.* **klr.**
pošar *landstrich.*

šarŭ 3.: nsl. šar *carex, spartogras.*
— *nhd. bair.* sahr *aus* saher. *ahd.* sahar,
womit č. *šáchor binse,* **s.** ševar *arundo
arenaria,* **klr.** šuvar *kalmus,* **p.** szuwar,
rm. šuvar *zu vergleichen sind.*

šašĭ: nsl. šaš *carex habd. jambr.* **s.**
šaš. **klr.** šaš *rietgras.* — *magy.* sás. *Man
denkt mit unrecht an türk.* saz, *b.* schilf.

šat-: č. šátati *bewegen.* **klr.** odšat-
nuty śa *sich abwenden.* šatuvaty *sich beeilen.*
wr. šatkij · *schwankend.* šasć *schnelle bewegung.* **r.** šatatь *rütteln.* šanutь, pošatnutь.
šatkij. *Vergl.* šenta .

šatri-: p. szatrzyć. **č.** šetřiti *beobachten.*

šatrija nsl. *zauberei.* ošatrati.

šatŭ: nsl. šat *tellertuch marc.* **č.** šat,
šata *tüchel.* **p.** szata. **os.** šat *kleidungsstück.* **ns.** šant. **klr. wr. r.** šata. **klr.**
šatno, v krasnych odežach.

ščink-: nsl. ščinkovec, šinkovec *fink
scheint auf dem d.* fink *zu beruhen.*

šefŭ: nsl. šef *heber setzt ein nhd.*
schöpf *voraus.*

šega s. *feile, säge.* šegac *handsäge.*
— *it.* sega.

šegal-: kr. šegalen *secalinus.* — *it.*
segala *roggen.*

šegarŭ: b. šegar, šegъr, šagertin *lehr-
ling.* **s.** šegrt. — *türk.* šagird.

šech-: s. šenuti *ablenken, verrückt
werden.* pošešulati *verrückt werden.*

šekambetŭ: p. šekambet *art schabracke.* — *türk.* šikembend: sikem *bauch,*
bend *binde. Vergl.* škembe.

šekerŭ: b. šeker *zucker.* **s.** šećer.
— *türk.* šékér. *Vergl.* cukrŭ, sacharŭ.

šeles-: r. šelestь *geräusch.* **klr.** še-
łeśtity. *Vergl.* **wr.** šołoch. **r.** šorochъ.
wr. šarochać.

šelkŭ: r šělkъ *seide.* šelkovica, šel-
kovnikъ *maulbeerbaum.* klr. wr. šołk.
— *preuss.* silkas. *lit.* šilkas *seidenfaden.*
šilkai, šilkos *seide. Damit hängt auch magy.*
selyem *zusammen. Man beachte ahd.* silecho
toga. *ags.* seolc. *engl.* silk. *and.* silki.
gr. σηρικόν *sericum, das mit mandžu* sirghe,
mong. sirgek *und mit korean.* sir, *chin.* s'r,
sze *zusammenhängt. Das wort haben die
Russen unmittelbar von den Skandinaviern,
wahrscheinlich Schweden, entlehnt, die Russen
den Kleinrussen und diese den Magyaren
überliefert, ein weg, von dem die handels-
geschichte, wie es scheint, nichts weiss. Früher
bekamen die Russen die seide aus Deutschland, daher* šida.

šelmŭ: asl. šlěmъ *helm* περικεφαλαία.
č. *hat* helm *für helm: daneben* šlem *art
kopfputz der frauen.* p. hełm *helm.* klr.
šołom. wr. šelomejka *für köpfchen.* r.
šlemъ; šolomъ *aus* šolmъ, šelomъ. *Vergl.*
šolomja *erhöhung.* — *preuss.* salmis. *lit.*
šalmas, *in Samogitien. Das wort ist germ.:*
got. hilms. *ahd.* helm. *Die entlehnung von*
šelmŭ *fällt vielleicht in die erste periode.
Spätere entlehnung: ab.* hilem. *s.* hlъmъ
alex.-mih.

šelpja: polab. šělpo *f. schilf.* — *Aus
dem d.*

šeludŭ: klr. šołud, sołud *schorf.* wr.
šoludzi. r. šěludi *grind.*

šelucha: r. šelucha *hülse, schote. dial.*
ščělucha *fischschuppe.*

šelĭmŭ: nsl. šelem *schelm.* č. šelma
wildes thier, gauner. p. szelma. os. ns.
šelma. klr. wr. šeľma. r. šeľma. — *lit.*
šelmis. *ahd.* scelmo, scalmo *seuche.*

šema nsl. *maske.* našemana *ženska.*
— *mhd.* schëme *schatten. nhd.* schemen.

šempa: b. šepa *handvoll* παλάμη.
šapa *bell.-troj.* asl. *šepa.

šemrŭ: p. szemr *murren.* szemrać.
wr. šmer.

šenga: asl. šęga *scurrilitas.* šęgavъ.
nsl. (šega *mos*). šegav *witzig* meil. *astutus*
habd. b. šoga *scherz. da se* šega *bijet
dass er scherze.* nu se šega podbi *mil.* 430.
kr. šegav *vafer.* šegavost *frankop.* — rm.

šagę. šegui *vb. Vergl.* batžokuri *vb. mit* wr.
bajdy bić *ineptire. Nicht hieher gehörig
ist* türk. šaka.

šent-: asl. šętati sę *fremere:* jazykъ
šatajušč sja θρασύς *op. 2. 3. 546. Vergl.*
šehavъ *inconstans.* nsl. šetati se *ambu-
lare.* b. prošetam *mil. 197.* šedba da mi
se prošetat *167. herumführen:* pa go šeta.
šetam *bedienen.* s. šetati *spazieren.* — *alb.*
šetit *spazieren.* magy. šétál. *Vergl.* šat-.

šep-: nsl. pošepiti (črěvlje) *vertreten.*
šepati *hinken.* šepavo hoditi. kr. šepazt
claudus. s. šepav *hinkend.*

šeper-: asl. šeperati *nugari·* filozofъska
šeperanija *nizъlož. Vergl.* nsl. šopiriti se
stolziren: daneben šeperiti se, ščeperiti se,
čepiriti se. s. šepiriti se *sich brüsten.*
č. čepýřiti *sträuben.* os. šepjerić. ns.
šeperaś *empören.* šeperaś se *sich sträuben.*
šeperaty *prahlend. Die bedeutungen sind
kaum zu vereinbaren. Vergl.* čepŕ.

šerenga r. *reihe.* nsl. šereg *schaar.*
s. šereg. šerežanin. p. szereg. — rm. širêg.
magy. sereg.

šereširy: klr. šerešyry, samostriły.
— *Soll arab. sein.*

šerka č. slk. *scherge.* — magy. serha:
soll selten vorkommen.

šes- *aus* ches-: asl. šestъ *sechster.* šestь
f. subst. sechs. šesть na desętъ *sechzehn.*
šesть desętъ *sechzig.* šestakvica. nsl. šesti.
šest *usw.* r. šestь, *gen.* šesti, šti. — *magy.*
šusták. *lit. lett.* šeši. *ai.* šaš. *zend.* chšvaš.
gr. ἕξ. *lat.* sex. *got.* saihs. *air.* sé. *kymr.*
chwech.

šestarĭ: nsl. s. šestar *zirkel.* klr.
šesternyk *hucul.* — *it.* sesta, seste, *das
mit gr.* ξυστόν *winkelmass, richtscheit verglichen wird.*

šestŭ: r. šestь *stange.*

šeše s. *pocken.* — *Vergl. lit.* šašas,
plur. šašai, *grind, räude.*

šeširŭ: s. šešir *hut.*

šeška-: nsl. šeškati *schlagen.*

šetl-: č. šetiti *zum narren machen.*
pošetilý *aberwitzig.*

šetraj, šetraja nsl. *saturei.* — *lat.*
satureja.

ševa 1.: s. ševa, ševrljuga *lerche.* nsl. šega.

ševa 2.: nsl. ševa, šega *das schräge.* ševeriti, šepavo hoditi. ševeder. č. šever. šourý. p. poszewy *geneigt.* — mhd. schief. nd. scheif, schéf. *lit.* šeivas. *Vergl.* č. pošik *abschüssigkeit.* šikmý. nsl. steza na poškalj *semita obliqua.*

ševeli-: č. ševeliti *bewegen.* wr. ša-volić. šavoľ *interj.* r. ševeliť. *Vergl.* ša-.

ši- 1.: asl. šiti, šija *nähen aus* sjuti, sjują. šьvenъ. šьvъ *sutura.* šьvьсь *sutor.* naušьva *art kleid.* podъšьva. šilo *ahle. iter.* -šivati. nsl. šiti: sašiti *consuere lex.* šev *naht.* podšev *unterfutter.* šivkinja *näherin.* ošva *besatz.* šilo. šivati *durat.* b. šija *vb.* šite, šijene *nähen.* šev, šъv *naht.* šilo. ši-vačka. kr. ošva *chirothecae genus:* ošvom ruke spravi. švelo *naht.* s. šiti. šav. ša-vac *schneider.* ošve. ošvica *art halsband.* švalja *näherin.* šilo. č. šiti. šev. podšev *sohle.* švec *schuster.* šidlo. *Vergl.* pošva, po-chva *scheide.* p. szyć. szew. szewc, szwiec. szwaczka. szydlo. podeszwa. poszwa, po-chwa. polab. sait *inf.* saidlü *ahle.* os. šić. ševc. napoduš *brandsohle.* šidło. ns. šyś. šav. podašvja *sohle.* šylo. klr. šyty. šveć. šylo. švajka *pfriem. Vergl.* počva *grund, boden.* pošva *strohdach.* wr. šić. šev. ošva. r. šitь šovъ švесъ, švalь. šilo. šitvo. obšivka. *Vergl.* podšva, počva *grund, urspr. sohle.* — preuss. schutuan *zwirn. lit.* siūti, siūvu. siūlė. siuvinis *nähen.* šaučukas *ist* p. szewczyk. *lett.* šūt, šūju. šūdīt *nähen lassen. got.* siujan. *ahd.* siu-wan. *ai.* sivjati, *partic.* sjūta.

ši- 2.: nsl. prešinoti *durchdringen.*

šib- 1.: asl. ošibati sę *vitare:* idolъ ošibati sę učašе. *Dieselbe bedeutung hat* ošiti sę. klr. šybaty *werfen.* vyšybaty *aus-stossen.* našybaty *befallen.* r. šibatь, ši-bitь (šibu, šibenъ) *werfen, schlagen.* šibkij *schnell. Vergl.* rjumoju šibenъ. *Hieher ge-hört vielleicht* asl. ošibь *cauda.*

šib- 2.: asl. šibati *virgis caedere.* prošibati se προβάλλειν luc. 21. 30. šibalo *fustis.* nsl. šiba *ruthe.* šibnoti; šibiti se, ušibnoti se, ušabnoti se *sich biegen. Vergl.* šipračje

etwa „gebüsch“. b. šibam, šibna *vb.* ši-balka. s. šiba. šib *gesträuch.* šibati. *Vergl.* šibaluk *brunnenschwengel.* č. šibati *peitschen.* klr. šybnuty. pošybaty *schlagen.* wr. šiben *stock. Hieher ziehe ich die aus-drücke für* „galgen“: č. šibenice. slk. šibeň. p. szubienica *aus* šib-. os. šibjo-nica. ns. šybeńca. klr. šybeu. šybenyća. wr. šibenica. r. šebelica *dial.* šibenica, šibalica, gdě bьjutъ, sěkutъ, a po tomъ uže višělica.

šiboj b. *levkoje.* s. šeboj, šebuj. — türk. šébbui.

šibre *plur.* nsl. *cautes lex. steinsplitter.* — ahd. scivero *steinsplitter, das dem nhd. schiefer zu grunde liegt.*

šidlo: p. szydłem (krzywo, zezem) patrzeć *beruht auf dem nhd. schielen mit anlehnung an* p. szydło.

šig-: nsl. šižen *dämpfig rib.*

šija asl. *jugulum.* nsl. šija *genick-bein.* šinjak *hals:* *šijnjak. b. šija. s. šija *hals der gänse, krebsen.* č. šíje. p. szyja. naszelnik *deichselkette:* *našijnik. os. šija. ns. šyja. klr. šyja. ošyjok *hals-baud.* ošejuyk. wr. šija. r. šeja. šivo-rotъ *kragen. Vergl.* s. ošijati *umschwenken.* zaošijati.

šik-: p. szykować *sich schicken.* szy-kowny. klr. šychovaty. — *Aus dem d.,* lit. šikavnas, *aus dem p.*

šika- 1.: s. šikati *wiegen.*

šika- 2.: s. šikati *zischen.* r. šiknutь. *Vergl.* syk 1.

šiků: s. šik *rauschgold.* šikli odaja. šikosati *mit rauschgold überziehen: daneben* žik. nažikivati. b. šikosam *vb.* č. sik. šik. p. szych. — magy. sik. rm. šiklui *vb.*

šil-: b. šile, *plur.* šileta, *lamm čol.* 283. šilegar *schafhirt.* s. šiljeg *junger widder.* šiljegvica.

šiloků: s. šilok *eurocauster mik.* — it. scirocco.

šim-: č. všimati, všimnouti *wahr-nehmen.*

šindra s. *schindel: daneben* šimla. č. šindel. os. šindžel. klr. šyngła. — magy. zsindel. türk. šindére. ahd. scin-

tila. *mlat.* scindula, scandula.   nsl. ško-
dla.   **p.** szkudła. *Vergl.* skondêlŭ.

šiniků: s. šinik *art getreidemass.* —
gr. χοῖνιξ.

šinŭků: klr. šynok *schenke.* **wr.** šink.
r. šinokъ.   **p.** szynk. — *lit.* šinka, šin-
kus. *lett.* šinka. *preuss.* scinkis *schenk-
bier.* *ahd.* scencho *schenk.*

šip- 1.: b. šipka *hagebutte.* šipъk *rose.*
s. šipak *rosenstrauch, granatapfel.* **č.** šíp
dorn am rosenstrauch, pfeil. šípiti. šípek
rosenstrauch. **os.** šip *pfeil.* šipka *hagebutte.*
ns. šypa *pfeil.* **klr.** šypok *chrest.* 488.
r. šipъ *rosendorn.* šipovnikъ. *alt* šipkovo
maslo. *Vergl.* šipnutь *picken:* gusь šipnetъ.
nsl. ščipa, ščipek. — *magy.* csipke.

šip- 2.: r. šipêtь *pfeifen.* šipъ.   **nsl.**
šip *tibia.* — *magy.* sipol *vb.* sipos *pfeifer,*
daher nsl. šipuš *tibicen.* *rm.* šipot *ausfluss-
röhre.*

šir-: asl. širiti *erweitern.* širokъ *breit.*
širota, širina, širyni. **nsl.** širiti. širok. **b.**
na šir *in die breite.* širina, širočina. širok:
daneben šjurok *usw.* **s.** širiti. širok. širaj.
č. šíř *breite.* šířiti. širý, široký. *Vergl.* šírák
hut mit stolpen. **slk.** šíry svet. **p.** szeroki
aus szyroki. szerz *breite.* szerzyć. szerzyna,
szerzyzna. obszerny. *Vergl.* obszar *breite
fläche.* **polab.** sårüky. **os.** šeŕ *breite.* še-
roki. šeŕić. **ns.** šyŕ. šyroki. **klr.** šyryty.
šyryna, šyriń. širokyj. široč. obšyr *weite
strecke: daneben* obšar. **r.** širitъ. širь, širota. širokij. — *lit.* širenka *halstuch:* **klr.**
šyrynka. **wr.** širina.

širitŭ: b. s. širit *schnur.* — *türk.* širit.

širtŭ: b. širt *thürklinke.* — *ngr.* σύρτης.

šiša-: s. šišati *scheren.* **kr.** šiškati.
nsl. ošiškati *kurz scheren.* šišmiš *fledermaus.*
slk. ošiškať.

šišaků: nsl. šišak *helm.* **kr. s.** šišak.
č. šišák. **p.** szyszak. **klr.** šyšak *chrest.*
488. *Vergl.* šyšak u chľiba, u ledu *brot-,
eiszapfen.* **r.** šišakъ. — *magy.* sisak.

šišĭka: asl. šišьka *galla.* **nsl.** šiška,
šaška. **b.** šiška. **s.** šiška, šešarica. **č.**
šiška. **os.** šiška. **ns.** šyška. **klr.** šyška.
r. šiška. *Das dial. č.* šáchy *weist auf eine
andere urform.* — *lit.* čička. *magy.* suska.

škapa: p. szkapa *schindmähre* — *lit.*
škapas *verschnittenes thier ist slav.* skopъ.

škarambečĭ: s. škarambeč *art insekt.*
— *Vergl. lat.* scarabaeus *und it.* scara-
faggio.

škarjevĭcĭ: nsl. škarjevec *abfluss.*
— *it.* scarico, scarco.

škarŭmŭ: s. škaram *schirm.* — *it.*
schermo. *Vergl.* čermŭ.

škatula s. schachtel. **nsl.** škatla. **č.**
škatule. **p.** szkatuła. **klr.** škatuľa, *in
Ungern* katuľa. **wr.** škatuľa. **r.** škatula.
— *lit.* skatulė. *magy.* katulya. **rm.** skę-
tuľę. *mhd.* schachtel. *it.* scatola.

škembe b. wanst. **s.** thiermagen. —
türk. šikémbé. *Vergl.* šekambetŭ.

škil-: nsl. škilec *der schielende.* skiljast
luscus habd. šiljast. na hilje gledati *meg.*
kr. škilj *strabo verant.* **s.** škiljiti *blinzeln.*
škiljav *connivens.* hiljav *laesus oculo.* **č.**
šilhati. **os.** šelhać. **ns.** šylavy *schief.*
— *ahd.* scëlah. *mhd.* schëlch, schël. *Man
vergleiche* **nsl.** škrljak, škriljak *hut und*
škril *schräge mit* škrletka, klêtka: klêtī.

škindra, ščindra **nsl.** *splitter.*

škipŭ: s. škip *waschtrog.* — *ahd.* scif.
nhd. schiff.

škoda nsl. schade. poškoda *lex.* **s.
č.** škoda. **p.** szkoda. przeszkodzić, prze-
szkadzać *hindern.* przeszkoda. **os. ns.**
škoda. **klr.** škoda, čkoda, *alt auch* ščkoda.
wr. škoda. **r.** škoda, *alt auch* škota. —
lit. škada, iškada. parškadīti *hindern:* vergl.
das p. lett. skāde. *ahd.* scado.

škola nsl. s. č. *usw.* schule. **s.** auch
skula. **nsl.** auch šola. **ns.** šuľa. — *lit.*
škala. iškala. *lett.* skōla. *ahd.* scuola.

školĭ: nsl. s. školj *insel.* — *it.* scoglio.

škrablja kr. schachtel.

škricŭ: nsl. škric *rockzipfel.* — *ahd.*
scurz *kurz.* *nhd.* schurz *gekürztes kleidungsstück.*

škrŭljaků: kr. škrljak, krljak *hut.*

škuda s. numus scutatus. — *it.* scudo.

škufica, škofica **nsl.** *art kleine münze.*
— *Man führt mlat.* scuferus *monetae genus
an: die form* škofica *heller deutet jedoch
auf* škof *hin.*

škupa nsl. *strohbund, schaub marc.*
stroh zum dachdecken. kr. skopnjak *ung.*
— ahd. scoub.

škurŭ: nsl. škur *opacus, fulvus habd.*
jambr., dunkel. škurina. ščura ulica. kr.
škur. škurina *ung.* — it. oscuro.

škutŭ: r. škutъ *art schiff.* p. szkuta.
klr. šutka. — and. skúta. nhd. schüte.
mlat. scuta.

šlaknja s. *schlacke.* p. szlak.

šlapŭ: č. šlap, šlapě *tritt, gang.* šla-
pěje *fussstapfe.* šlapati *treten.* p. szłap,
człap, spory krok koński *grosser pferde-*
schritt. szłapać, deptać: *daneben* szłopem,
czołgając się. szłopień *fussstapfe. Man ver-*
gleicht d. schlappen.

šlata-: nsl. šlatati, hlatati *betasten.*
kr. šlatav *tardus: vergl.* pipav *segnis.*
Sieh pipa-.

šlechta č. *geschlecht, adel.* šlechtic.
slečna *aus* šlechtična. p. szlachta, ślachta.
os. šlachta. ns. šľachta. klr. wr. šľachta.
r. šljachta. šljachtičъ *adeliger.* — lit. šliak-
tas *polnischer edelmann.* šlektas. lett. šlek-
stēt *thiere veredeln.* nsl. žlahta *verwandt-*
schaft. žlaht *indecl. adelig, edel.* škljat.
ahd. slahta. ngr. σκλάτα *familia.*

šlep-: nsl. šlepati, šlenoti *schnalzen.*
r. šlěpatь *plaudere.*

šleta č. *schistus, schieferstein,* skřidla.
Vergl. r. sljuda *glimmer.* — niederd. schleet.

šljabanŭ: p. šlaban, ślaban *schlag-*
baum, schlafbank. — *Aus dem d.*

šljachŭ: klr. wr. šľach *gebahnter weg.*
Vergl. klr. šľa, doroha. — *Wohl d.*

šljapa klr. r. *hut.*

šljut-: kr. šljutav *imbecillus.*

šlogŭ: wr. šłoh. słohać *peitschen.* —
lit. šlogas *hundestäupe. Aus dem d.*

šlup-: č. šlupina, šupina *obstschale,*
schelfe. šlupina *aus* lupina *durch einwirkung*
von schlaube. *Sieh* lupi

šlykŭ: p. szłyk, słyk *käppchen.* klr.
słyk. — *lit.* šlikė.

šmantŭ: nsl. šmant *purpurmantel*
marc. Vergl. klr. šmaťa *art kleid.* šmatok
stück. obšmatanyj *zerlumpt.* p. szmatka,
chustka na głowę. (smaty), szmaty, bieli-

zna *dial.* wr. šmat. — *lit.* šmotas *ab-*
schnitt, stück.

šmelĭ: č. šmel *wasserviole.* p. *volks-*
etymol. śmiałek: śmiały. — ahd. smaliha.
nhd. schmele. *lit.* smilga. norw. smylve.

šmurŭ: šmurъ *catinus glag.*

šneka r. *art fahrzeug.* — aschwed.
snækkia.

šnurŭ: p. sznur *schnur.* — lit. šniuras.
Aus dem d.

šol-: nsl. šolen *schuh.* šolenj. šoljen
somm. kr. šoljin *ung.* — *Vergl.* ahd. sola.
nhd. sohle.

šoldra: p. szołdra, wieprzowa łopata.
— nhd. schulter.

šolta: os. šolta *schulze.* ns. šolta.
p. szołtys, sołtys. klr. šołtys. — lit. šal-
tišius. ahd. scultheizo. nhd. schultheisz.
niederd. schulte.

šompolŭ: r. šompolъ *ladestock.* —
Man denkt an p. sztępel, stępel, *das d. ist.*

šont-: kaš. sątopierz, šatopierz *fleder-*
maus.

šopa klr. *schoppen.* p. szopa, obora,
gdzie owce zimują. s. šupa. — ahd.
schopf, schof *wetterdach.*

šora: p. szory *pferdegeschirr.* ns.
šora. r. šory. šornikъ *sattler.* — lit.
šaras *anspann.* ahd. giscirri: *ein scirr*
fehlt.

šorŭ: s. šor *gasse.* šoriti *reguliren.*
klr. šor. — *magy.* sor.

šorŭkŭ: s. šorak *loos.* — *Vergl.*
magy. sors, *aus dem lat.*

špaga nsl. *spagat.* p. szpagat. —
magy. spárga. *it.* spago. *ngr.* σπάγος.

špakŭ: č. špaček *staar.* p. szpak.
klr. wr. špak. — *lit.* spakas. *Man denkt*
an d. spatz.

špalŭ: č. špalek *block.* p. szpał
dial. r. špalъ. — *Aus dem d.:* vergl.
niederd. (holländ.) spalk.

španŭ: nsl. špan *socius (in liedern).*
nhd. gespan, *eig. milchbruder:* span *milch.*

šparg-: nsl. šparglin *spargel jambr.*
p. szparag. klr. šparah. r. sparža.
— *magy.* spárga. *rm.* spargę. *d.* spargel. *lat.* asparagus.

špata č. *hässlichkeit*. spatný *gering*.
špatiti. špatovati *schlecht machen* dial.
p. szpacić, szpecić. szpatny, szpetny.
szpeciąg *scheusal: suffix* engü. wr. špet-
nyj. špecić *lüstern*. r. otšpetitъ *für obru-*
gatъ. — lit. špotnas *garstig*. lett. špetns:
dasselbe soll nešpetns, nespetns *bedeuten:*
vergl. nc 2.

šperka: p. szperka, szpyrka *gekrösch-*
tes stück speck. dial. szperka lub masło.
č. šperky dial. — *Man vergleicht d.*
schwarte. nsl. šverkli, švarkli.

špilja-: klr. špyľaty *schiessen:* z łu-
kov špyľaty chrest. 392.

špilїmanŭ: asl. špilьmanъ *histrio.*
Das wort hat sich zuerst bei den Serben ein-
gebürgert, wohl durch sächsische bergleute,
sasi, *und hat von da durch kirchenbücher*
seinen weg nach dem norden gefunden. r.
špilьmanъ *im zlatostruj.* — lit. špëlmonas.
ahd. spiliman. *Hieher gehört auch* špilь izv.
548, *woraus* špinь.

špina: č. špina *spülicht.*

špinja: kaš. špinia *schrank.* — *niederd.*
spind.

špoga-: nsl. špogati *gebrauchen uti*
lex. beobachten: ščge špogati rav. 2. 180.
— mhd. spulgen.

šprinc-: nsl šprinclja *art raubvogel.*
šprinca *mausgeier, im westen.* — nhd. österr.
sprin: *falco nisus.*

špurŭkŭ: s. špurak *skorpion.* —
Wahrscheinlich auf škurp *zurückzuführen.*

šrubŭ: č. šroub *schraube.* p. šruba,
šruba. os. šrub. ns. šruba. klr.
šruba, strub. wr. šrub. r. ščurupъ
aus štrupъ. — mhd. schrūba. lit. šriu-
bas, šruba.

štaka s. *krücke, bischofsstab.* — it.
stacca.

štalogŭ: s. štalog *stall.* — *Wohl d.*

štampa s. *druck.* štampati, *im westen*
perf. — it. stampa. ·

štampetŭ: nsl. štampet, špampet
lectus. — ahd. spannbette.

štav- 1.: b. štavja vb.: oštavena koža
eingeweichte haut. s. štaviť. — magy.
csava *gärberlohe.* nsl. *ist* ščava *spülicht.*
ščavnjak: *vergl.* ščavnica *flussname.*

štav- 2.: r. ščavьstvo *mollities:* ščavьstvo estь gnjusnostь, nečistoe žitie rastlênь-
noe op. 2. 3. 712. *Vergl.* ščapiti *luxuriose*
vivere. ščapiti i dročiti sja op. 2. 3. 163.
ščaplivyj *schwelgerisch.* klr. *ist* ščapyty
drücken ung.

štavŭ: asl. štavъ *rumex.* nsl. ščavja
res. šavje, *bei Linde.* s. štavelj, štavlje.
č. šťáva, šťavel, šťovík. dial. štěvík. slk.
šťavica *mineralwasser.* p. szczaw. os. šče-
hel. klr. ščava. r. ščavelь, ščavej. — rm.
števie, štegie. magy. csevicze *sauerwasser.*

štebala nsl. *stiefel.* — it. stivale.

štegŭlŭ: r. ščegolъ *stieglitz.* ščeglë-
nokъ. *Vergl.* dial. ščeglёnokъ, ptenecъ
vorony. klr. ščehoł. č. stehlec, stehlík.
Ein ähnliches wort mag dem d. stieglitz,
mhd. stigliz, stigeliz *zu grunde liegen. Aus*
diesem erklären sich nsl. štiglec, štrglinec
carduelis jambr. s. steglić mik. p.
szczygieł. os. ščihlica. ns. ščigelc.
wr. ščigeł. — magy. tengelicze. rm.
štiglic, štiglicę, tengelicę.

šteka: r. ščeka *wange.* klr. ščoka.
paščeka *maul.* wr. paščeka *kinnbacken.*

šteka-: č. štěkati *bellen.* p. szcze-
kać. wr. ščekać. *Vergl.* kr. ceketati *ung.*

štel-: r. ščelokъ *lauge.* — *Man bringt*
das wort in verbindung mit nschwed. skölja,
aschwed. skylia, *und mit* schölen *spülen.*

šten-: asl. štenьcь *catulus.* sąštenъ:
črêvomь naplъnjenomь i utomь sąšte-
nomъ isaak. nsl. ščene. b. štenci. s.
štene. štenci. č. štěně. p. szczenię.
polab. stěnã. os. ščeńo *das letztgeborne*
kind. ns. sčeńe *junger hund.* klr. ščońa.
wr. ščenë. r. ščenokъ. šten- *aus* sken-.

štenga nsl. *stiege.* kr. štige *plur.*
ung. — *Aus dem d.*

štenta-: kr. štentati *morari ung.* nsl.
štenta *labor lex.* — it. stentare.

štepihŭ: nsl. štepih *brunnen.* — nhd.
bair. stübich *packfass.*

štera: nsl. v štero iti *sagt man von*
handwerkern, die in's haus arbeiten kommen.
— ahd. bair. *auf die stör gehen.*

šterbakŭ: č. štěrbák *endivie*. slk. ščerbák, ščorbák. — *magy.* csorbaka *hasenkohl*.

štercĭ: nsl. šterc *bettler*. č. štercéř. — *nhd.* sterzer.

šterk-: nsl. štrkati *tröpfeln*. štrkoč f. *strichregen*.

šterkŭ: č. štěrk. slk. štrk *kies*. p. szczerk.

šterna nsl. *brunnen lex*. štirna *marc*. šusterna *trub*. četrnja *habd*. s čatrnja. — *magy.* csatorna. *rm.* četernę. *ngr.* στέρνα. *lat*. cisterna. *nhd*. zisterne. *Vergl.* čatŭrnja.

štet-: nsl. ščet *borste, kratzdistel*, krtača *bürste*. ščetinje *collect.* poščetsti *ah-bürsten*. šetice *weberkarden*. **b.** četka *bürste*. četina, čekinja *borsten*, **s.** četka *bürste*. četina *nadel (an bäumen)*. č. štět *hechel, weberdistel*. štětka *bürste*. štětina *borste*. **p.** szczotka *bürste*. szczęć, drapacz *für* r vorsjanka *carduus dipsacus fullonum*. szczecina *borste*. **polab.** såcit. **os.** ščeó *bürste*. ščetka *weberkarde*. **ns.** ščeś *borste*. ščotka *bürste*. **klr.** ščeť, ščetka *bürste*. **r.** ščetь, ščetina *borste*. ščětka *bürste*. *Vergl. dial.* špatina. — *magy.* ecset *pinsel*. *lit.* sketas.

štetŭ: kr. ščet *vilis*. — *it.* schietto.

šti: r. ščи *plur.* f. *art säuerliche suppe*. *Man vergleicht* štavŭ.

štibra nsl. *steuer*. — *mhd* stiure.

štirŭ 1.: č. čiry *lauter*. čiré pole *offenes feld*. *dial.* ščirý. p. szczyry, szczery *lauter, rein*: szczera woda *blosses wasser* **klr.** ščyryj *aufrichtig*. **wr.** ščiryj. **r.** ščiryj *reinlich diäl*. — *lit.* ščiras, čiras *lauter*. *lett.* tirs. *got.* skeirs *klar*. *and.* skīrr. *mhd.* schier *lauter, rein*. *asächs.* skīri, *das zu* skī „*scheinen*" *gestellt wird.* *Vergl. jedoch auch lit.* skiru, skirti *scheiden.*

štirŭ 2.: r. *dial.* ščiryj *für* malyj, skudnyj. ščeryj *für* chudoj, gadkíj licemъ.

štirŭ 3.: nsl. ščir *amarantus blitum.* **b.** štir *art gras pok.* 1. 39. **s.** štir *amarant.* č. štir. **p.** szczyr. **os.** ščer. **r.** ščirъ. — *rm.* štir *amarantus blitum.*

štirŭkŭ: s. štirak *stärke*. štirkati.

štitŭ: asl. štitъ *scutum*. štititi. zaštištati, zašticati *sup.* nsl. ščit, škit. **b.** štit. **s.** štit. ščita *regen-, sonnenschirm.* č. štit. **p.** szczyt, *auch giebel.* **os.** škit. **ns.** sčit. **klr.** ščyt. **wr.** ščit. **r.** ščitъ. — *preuss.* staytan *für* skaytan. *lit.* skīdas. čítas *giebel ist* p. szczyt. štitъ *ist* skjutъ.

štofŭ: klr. štof *art flasche.* **r.** štofъ. — *ahd. mhd.* stouf. *niederd.* stôf.

štomŭ: os. štom *baum.* — *d.* stamm.

štonk-: p. szczęknąć, szczękać *bellen.* szczęk. **klr.** ščuk *lärm, geräusch.*

štorŭ: nsl. štor *truncus.* — *nhd. bair.* storren *baumstumpf.*

štraniga: kr. s. stranjga *strang.* č. stranek, provaz. — *Aus dem d. Vergl.* p. postronek. **r.** postromka: ster-.

štublekŭ: nsl. štublek, lonec, gder se mlěko kisa i siri.

studera nsl. *wage lex.* štidera *marc.* štedor, šteder *wagebalken.* — *lat.* statera.

studlo: p. szczudło *stelze.* č. štidla, štihla f.

štuka 1.: nsl. ščuka *hecht.* **b. s.** štuka. č. štika. slk. ščuka. ščuhlátka. **p.** szczuka *neben* szczupak. **kaš.** ščuka. **polab.** sľeuko. **os.** ščuka. **ns.** ščipel, ščipel. **klr.** ščuka *neben* ščupak. **wr.** ščupak. **r.** ščuka. — *rm.* štukę, štijukę. *magy.* csuka.

štuka 2.: č. stück. **p.** sztuka. **os. ns. klr. wr. r.** štuka. — *lit.* štuka *scherz.* *ahd.* stucchi.

štunfa nsl. *strumpf.* — *nhd.* strumpf *stummel, stumpf: dieses zu beachten.*

štupa-: r. ščupatь *berühren.* **klr.** obščupaty.

štuplŭ: č. štiplý *dünn, zart: daneben* čiplý, *dial.* štouplý. **p.** szczupły. **wr.** ščupłyj. **r.** ščuplyj *dial.*

šturi-: klr. ščuryty *zusammenziehen.* r. ščuritь *die augen schliessen.*

šturŭ 1.: asl. šturъ *cicada.* šturьcь *art thier.* štirъ *scorpio.* nsl. čirič, ščurek, šurek, ščiriček *weingrille, feldgrille.* štir *scorpion ung.* **b.** šturec *grille.* č. štir *erdgrille; scorpius, signum caeleste. dial.* ščur. **r.** ščurъ, zemljanyj červь *dial.* —

rm. konopi-štiricę *gryllus. Hinsichtlich der von einander sehr abweichenden bedeutungen beachte man, dass in der Normandie und Lothringen* scorpion *auch erdgrille, im Languedoc* esquir, esquirpe *erdgrille bedeutet. Vergl.* ja *und* jašterŭ.

šturŭ 2.: p. szczur *mus rattus:* łapka na szczury. **kaš.** šur. *Vergl.* ja *und* jašturŭ.

šturŭ 3.: prašturъ *pronepotis filius:* otъ pravъnuka rodivyj sę glagoljetъ sę prašturъ. prašturę. **p.** praszczur. **klr.** praščur *ururenkel. Dagegen* klr. ščuryn, brat ženy. **r.** praščurъ, otecъ prapradêda. — *Vergl.* lit. prakurêjis *ahnherr.*

šturŭ 4.: klr. šŏur *uferschwalbe.*

štŭ-: nsl. ščuti *hetzen lex.* ščevati *ung.* ščuvati *bei meg. als kr.* č. štvu, štváti. -štivati. **p.** szczuć, szczuję. szczwać. **kaš.** ščevac. **os.** ščvać. **ns.** ščuvaš. **klr.** vyčvaty *aufhetzen. Vergl.* ćkuvaty *aufwiegeln.* (r. ščuvatъ *verbieten dial.*)

štykŭ: r. stykъ *bajonett.* — *ahd. mhd.* sticken *stechen; wie man meint, durch* p. sztych.

štĭb-: asl. štьbьtati *fritinnire.* **nsl.** ščebetati *plappern.* **č.** štěbati *schnattern.* štěbetati *zwitschern.* **p.** szczebiotać, szczebietać. **os.** ščebotać. **ns.** ščabotaš. **klr.** ščebetaty, ščebotaty. **r.** ščebetatъ.

štĭm-: nsl. ščmêti, ščemêti, ščimêti *wundbrennen:* ščemi me, čmije me *es brennt mich. Vergl.* klr. oščemyty *schmerzlich drücken.* **wr.** ščemić. **r.** ščemitъ.

štĭp-: asl. štьnęti sę *minui.* štьръ *eclipsis, eig. das abgezwickte.* štipati *vellicare.* štipьсь *forceps.* **nsl.** uščenoti, preščenoti *dalm.* ščipati. ščepce *was man mit drei fingern fasst.* ščip, ščepec *prise tabak.* ščipec *lichtputze. Vergl.* učep *plenilunium habd.* **b.** čepkam *zupfen.* štipja *kneipen.* **kr.** štipača *zange.* **s.** ušnuti se (kad se mjesec ušne) *von* *uštьpnęti, *uštьnęti. uštap *vollmond: gleichbedeutend ist* užba *aus* uštьp-ba. štipati, štipnuti, štinuti. **č.** štipati. štipec *was man mit drei fingern fasst.* *dial.* ščipa, piď. **p.** szczypać, szczupać. **os.** ščipać. ščipalica *krebsschere.* ščêpjo

fingerspitzenvoll (-pent). **ns.** ščipaš. **klr.** ščipaty: *daneben* ščybaty, štjupaty. **r.** ščipatъ. ščipecъ *hundsmaul.* ščepotь. ščepti *dial. für* palьcу. *Vergl.* ščepetlivyj *zierlich.* — *magy.* csip, *das ugrisch sein soll. Daneben* štĭk: **nsl.** všeknoti, včeknoti. **č.** ušťknouti, uštknouti, ušknouti, uštnouti, uštnouti. štikati. **p.** džgnąć *aus* štьknęti. uszczknąć, uszczykać, uszczyknąć. **wr.** uščiknuć. **r.** čknutь sja *deficere,* prijti vъ uščerbъ. učknutъ sja, nêskolko uščerbitь sja. pročknutъ sja *aufbrechen (von knospen).* ščikatъ *putzen (das licht).*

šuba nsl. *pelz.: daneben* šavbą. **s.** šuba. šubara *pelzmütze.* **p.** szuba. **os. ns. klr. wr. r.** šuba. — *magy.* suba. *lit.* šuba. *mhd.* schübe. *nhd.* schaube. *mlat.* jopa. *it.* giubba.

šublja nsl. *schaufel.* **ns.** šupa. — *ahd.* scūvala.

šudĭ-: č. šiditi *höhnen, betrügen.* šejdéř, *dial.* šida, *betrüger.* šejd. **p.** szydzić *spotten.* szyd. szyderz *spötter.* **ns.** šužiš *betrügen.* **klr.** šydyty. — *lit.* šiditi *keifen.*

šuga b. *krätze.* **s.** šuga, šoga. — *türk.* šuga.

šugaj: slk. šuhaj *bursche.* **klr.** liebhaber *ung.* **p.** šuchaj, žwawy chłopak, *aus dem slk.*

šuj asl. *link.* šuica *linke hand.* **nsl.** šujca. **s.** šuvaka *linke hand.* šuvak *linkler.* **klr.** šujća. suľha. **r.** šuj. šulьga *linkler. Hieher zieht man auch* p. szuja *lump.* — *Man vergleicht* ai. savja. *zend.* havja. *gr.* σκαιός. *lat.* scaevus.

šuka-: č. šukati *suchen.* **p.** szukać. **polab.** soikas *imperf. er suchte.* **klr.** šukaty. ošukaty *betrügen.* **wr.** šukać. ošuka *betrug.* **r.** šukatъ *dial.* ošukatъ. — *niederd.* söken.

šukun- *in* s. šukundjed *ururgrossvater: daneben* šakundjed, čukundjed

šul-: r. šuljata *plur. hoden.* **wr.** šuljaty. *Vergl.* s. šuljevi *goldene ader.*

šula wr. *klotz für* r. koloda, stolbъ sъ pazami. **s.** šulj, šuljak *block.* — *lit.* šulas *stollen.*

šumŭ 1.: **asl.** šumъ *geräusch.* šumêti *rauschen.* šumьnъ *otъ* vina; šumьnъ *vъ* pitii. šuma *wald.* **nsl.** šum. šumêti. šuma. ošumlan *crapulatus lex.* **b.** šumtja, šumna *vb.* šuma. šumka *reisig.* **s.** šuma. šumadija. **č.** šum. šumêti, šimêti. šumný *schön dial.* **p.** szum. szumieć. **klr.** šumity. **wr.** šumarchać. **r.** šumъ. šumêtъ. — *lett.* šums.

šumŭ 2.: **p.** szum *schaum.* szum'ować. — *Aus dem d.:* mhd. schūm. ahd. scūm. *lit.* šumoti.

šun-: **kr.** šunjav *stultus.* **s.** koji govori kroz nos.

šup- 1.: **klr.** šupoń *art speise.* — *lit.* šupinis *gericht von erbsen und grütze.*

šup- 2 : **asl.** šuplъ *debilis.* **nsl.** šupelj *löcherig rib.:* kamen šupelj *lapis grumosus.* šuplji hrast *prip.* šupljina *höhlung habd.* šuplja *höhle prip.* 119. **b.** šupliv: šupliv orêh. **kr.** šup, šupalj *cavus.* šupkast *animi imbecilli.* **s.** šupalj *durchlöchert.* — *Vergl. lit.* šup: su-šupēs *verfault (von holz).*

šupka, šlupka *č. obstschale. Vergl.* **b.** šušlopka.

šur-: **č.** šurý, šourý *schief,* šikou jdoucí. **p.** szurny.

šurǐ: **asl.** šurъ, šurinъ, šura *uxoris frater.* **nsl.** šura. šurjak **b.** šure. **s.** šura, šurin, šurak. **p.** szurzy, *gen.* szurzego. **r.** šurinъ, šurьjakъ. *Vergl.* šturŭ 3.

šust-: **p.** oszust *betrüger.* oszustać.

šuška-: **nsl.** šuškati, šušnuti, šuštati *strepere.*

šut-: **nsl.** šutec *narr.* **b.** všuten, všutliv *scherzend, spasshaft.* všutêvam se *vb.* šutarka *art spiel.* **klr.** šutka *scherz.* **r.**

šutъ *spassmacher; dial. teufel.* šutitь. — *lit.* šutas *possenreisser.* šûtka. *lett.* šutka.

šutŭ: **ncl.** štula *aus* šutúla *hornlose kuh.* **b.** šut *hornlos:* šuta koza *mil.* 367. šuto *mangelhaft.* **s.** šut. **č.** šutá koza, bezrohá. **p.** szuty, *dial.* siuty. **klr.** šuta *hornlose ziege.* — *rm.* šut, čut. *magy.* зuta, csuta. *Vergl.* **s.** šušav *hornlos. Mit* šutŭ *kann* ašutь, *mit a als vorschlag, frustra zusammenhangen:* ašutĭ.

švara: **č.** švárný *hübsch.* nešvára *schmutz.* **p.** szwarny, tęgi, dziarski, ładny *dial.* **klr.** švarnyj. *Vergl.* šuvnyj *schön.* — *lit.* šurnas, šulnas *stattlich.*

švedŭrŭ: **nsl.** šveder, ševeder *varus.* švedratí *hinken. Vergl.* **klr.** švidratyj *schielend.* **č.** švidrati, šilhati. *Vergl.* ševa.

švestka *č. zwetschke, zweschpe.* **p.** szwestka, szweska, szwaszka, szwaczka. — *Vergl. lat.* pruna sebasta, sebastica.

švid-: **klr.** švydkyj *hurtig.* **r.** švidko *dial.*

švig-: **č.** švihati *schwingen, peitschen.* švihlý *biegsam, geschmeidig. Vergl.* **s.** švigar *ende der peitsche.*

švit-: **č.** švítor *gezwitscher.* švítořiti. — *Vergl. lit.* vīturoti *wie eine lerche singen.*

šĭp-: **asl.** šьpъtъ *gelispel.* šьpъtati *lispeln.* **nsl.** šepetati, šapetati. **b.** šepna, šeptam *vb.* šepnja *geflüster.* **s.** šanuti. šapat, šaput. šaptati. **č.** šept. šeplati. **p.** szepnąć, szeptać. **os.** šepotać, šeptać. **ns.** šepnuś: *vergl.* šylepiś. **klr.** šepnuty, šeptaty. šepeľavyj, šeperľavyj. **wr.** šeptać. **r.** sёpotъ. šepetatь, šeptatь. šeptunъ *zauberer.* šepeljatь. — *rm.* šepeli *vb. Vergl. lit.* šveplioti. *magy.* selyp, selp: *der slav. ursprung dieses wortes wird in abrede gestellt.*

T.

ta, *verstärkungspartikel:* **p.** milcz-ta *schweige.*

ta- 1.: **asl.** tatь *dieb.* tatьba. taj *adv. geheim.* taiti *hehlen.* tainъ. **nsl.** tat. tatvina. tajiti *leugnen.* **b.** taja *vb.* tajn. **s.** tajom *heimlich.* tajati. **č.** taj, pod tajem. tajiti.

Vergl. tálec *betrug.* **p.** tajić. tajny. tajemny *aus* *tajemъ. **os.** tajić. **ns.** taviś. **klr.** zatajity. **wr.** tajić. tajba. **r.** tatь. tatьba. taitь. — *rm.* tajnę. tajnik. *ai.* tāju *dieb. zend.* tāja *diebstahl.* taja *heimlich.*

ta- 2.: asl. tajati, шцją τήκεσθαι, *dissolvi*. tajetъ βρύει. talъ *liquidus*. istaiti *tabefacere*. nsl. tajati. taliti se *prip*. 4. rastaljuvati *schmelzen*. b. taja *sintern*. kr. rastaliti se *schmelzen beruht auf dem adj.* talъ. s. tajati. č. táti. p. tajeć. os. tać. ns. tujaś. klr. tajaty. rostavaty. potałyj *eingefallen*. wr. tajić: sneh tajić. r. tajatь. istajevatь, istajavatъ *dial.* talyj, utrobnyj *gutmüthig*. — ags. thāvan. gr. τήκειν.

tabakŭ: s. *tabak, bogen papier*. — türk. tabak.

tabanŭ 1.: s. taban *sohle*. p. tabinki, tebinki: dostać po tabinkach *schläge auf die fusssohlen bekommen*. — türk. taban.

tabanŭ 2.: s. taban-sablja. p. taban *beste gattung persischer säbelklingen*. — türk. taban, *eig. glänzend*.

tabarinŭ: b tabarin *mantel*. — ngr. ταμπάριον. it. tabarro. mlat. tabardum.

tabinŭ: p. tabin, tobin *art taffet*. klr. połutabent. — türk. tabin.

taborŭ: b. s. p. klr. wr. tabor *lager*. p. wytaborować. č. tábor. r. taborъ. taborišče cyganъ *zigeunerlager*. — alb. tobor. magy. tábor. rm. taberę. türk. tabor. tabor, tabзr *ist in österreichischen städten ein mehr oder weniger befestigtes gebäude, meist am ende des ortes liegend: das wort ist selbst in das Salzburgische gedrungen:* taboralpe *usw*.

tabunŭ: r. tabunъ *herde pferde*. p. tabun. — türk. tabun.

tača-: r. tačatь, šitъ stročkoju na oba lica.

tači-: b. tača *ehren*. tač *ehrfurcht*.

tadanŭkŭ: nsl. tadanek *praeceptum ung.* č. tádynk *theiding*. — ahd. tagading *verhandlung*.

taftuj, taftaj p. *pferdedecke*. — tat. tachtui.

tagarŭ: b. tagar *korb*. r. tagarъ. s. dagara. — alb. tagar. ngr. ταγάρι. mlat. tagara. türk. tagar. *Mehreres ist dunkel.*

tacha: asl. taha *forte*. — gr. τάχα.

taksa-: b. taksam, taksuvam *versprechen*. — ngr. τάσσω, τάγομαι; τάξαι. alb. taks.

talambachŭ: b. talambah *pauke*. s. talambas. p. tołombas, tułumbas. r. tułumbasъ. — türk. tulumbaz.

talanŭ: b. talan. ar. talanъ *glück*. klr. tałan. beztałannyj *unglücklich*. bestałańa *unglück*. potałanyty *glücken*. wr. tałan. — türk. talan *beuts*.

talazŭ: b. talaz *welle*. s. talas. talasati. — türk. talas, *wohl* gr. θάλασσα. alb. talaz.

talêrŭ: nsl. talêr *teller*. b. talur. kr. taljur, tanjür. s. tanur, tanjir. č. talíř. p. talerz. ns. talaŕ. klr. taŕir, tariŕ; tańir *ung.* wr. taľerka. r. tarelka. — lit. torėlius. magy. tányór. ngr. ταλέρι. d. teller. it. tagliere.

talij asl. *ramus virens*. talije *rami*. — *Vergl.* gr. θαλλός: r. talъ *salix cinerea ist bei seite zu lassen*.

talinŭ: asl. talinъ *art mass*: talinъ pьšenicę.

talogŭ: s. talog *bodensatz*. č. talov *eiter*. ns. talug, tamug *dasselbe*. — magy. tályog *geschwür*. *Vergl.* b. utaložvam se *sich beruhigen*. klr. utałośyty *beruhigen*. *Verschieden ist* nsl. talog *helleborus niger: kôder je tala zemlja, daher zu* ta- 2. *Daneben* talov *helleborus viridis. Vergl.* tel-.

talŭ 1.: r. talъ *salix arenaria*. — türk. tal *ast, weide, sandweide*.

talŭ 2.: nsl. s. tal *theil*. — *Aus dem d.*

talĭ: asl. r. talъ *obses*. s. talac. klr. taľ *chrest*. 485.

tama p. *für* jaz *damm*. — *Aus dem d.*

tama-: os. tamać *verdammen*. ns. tamaš *zu grunde richten*. — *Aus dem d.*

tamamŭ: b. tamam *gerade*. s. taman *eben, just*. — türk. tamam. *Vergl.* klr. prytamannyj, vłasnyj, pytomyj.

tambura b. s. *tamburine*. p. tambur. — magy. tambura. rm. tamburę. türk. tambur. tabur ngr. ταμπουράς. fz. tambour.

tanačĭ: nsl. kr. tanač *rath*. *Vergl.* tolnač *jambr.* tolnačiti. — *magy.* tanács. *Vergl.* tülmačĭ.

tanistra, tanystra č. *tornister*. — *it.* canestra.

taṇja s. *ort zum dörren von fischen.* — *magy.* tanya *lager, meierhof.*

tanĭcĭ: nsl. tanec *tanz*. kr. tanac *ung.* s. tanac *weise, melodie.* č. tanec. p. taniec. klr. taneć, tanok. wr. taneć. r. tanecъ, tanokъ. — *lit.* tancus. *d.* tanz.

tarabanŭ: p. tarában *grosse trommel dial.*

tarakanŭ: č. tarakan *schabe.* wr. tarkan. r. tarakanъ. *Dasselbe thier heisst* p. karaczan.

taralešŭ: b. taralešêk *iyel.*

taranŭ: p. klr. taran *mauerbrecher.* wr. taranić. r. taranъ.

taranĭ: klr. tarań, taraňa *art fisch, der meist gedörrt wird.*

tarča nsl. *scheibe, schild meg. lex.* č. terč, terče. p. tarcza, tarcz. os. tarč. wr. tarča. r. tarčъ. — *magy.* tárcsa. *d.* tartsche *aus fz.* targe, *das mit ags.* targe, *ahd.* zarge *zusammenhängt.*

tarchana: b. tarhana *nudelgries.* s. tarana. — *türk.* tarchana. *magy.* tarhonya. *Vergl.* b. trijanica.

tasi-: č. tasiti *schwingen, stossen.*

task-: r. taskatь, taščitь *ziehen.*

tasma č. *band.* p. taśma. r. tesьma. — *türk.* tasma, *nicht gr.* θεσμός.

tasŭ: b. s. tas *tasse.* r. tazъ. — *türk.* tas, tasa. p. taca.

taška nsl. klr. r. *tasche.* — *magy.* táska. *rm.* taškẹ. *ahd.* tasca. *it.* tasca.

tatarinŭ: asl. tatarinъ. b. s. tatarin *tatar, eilbote.* č. p. tatar. klr. tatarva *collect.* — *türk.* tatar. *Vergl.* os. tataň *heide.* *Nach diesem volke wird das heidekorn benannt:* č. p. klr. tatarka. — *magy.* tatárka. *rm.* tẹtarkẹ.

tati, tatko, tejko b. *vater.* s. tajko. č. táta. p. os. ns. tata. r. tata, tjatja. — *rm.* tatẹ, tajkẹ. *lit.* tẹta. *ai.* tāta. *gr.* τάτα, τέττα. *lat.* tăta.

tatula b. s. *stechapfel.* — *Vergl. lat.* datura.

tava b. s. *pfanne.* — *türk.* tava, taba.

tava-: klr. potavati *untersinken. Vergl.* asl. potonṇti *von* toṇ

tavanŭ: b. s. tavan *zimmerdecke.* — *türk.* tavan

tavlei r. *schachbrett.* b. tavla *triktrak.* — *türk.* tavla. *ngr.* ταβλί.

tavro r. *marke.*

tebenki r. *sattelriemen.* p. tebienki *art pferdezierat.* klr. tybeńky, potybeńky. — *türk.* tébéngü. *lit.* temenka *sattelklappe.*

teĭterŭ: b. s. tefter *schreibtafel.* — *türk.* téftér.

tefŭ: asl. tefъ *schwefel.* tefij *tichonr.* 2. 139. b. têfe. — *gr.* θειάφι, τιάφι.

tek- 1.: asl. tekṇ, tešti *laufen, fliessen.* tekъ *cursus.* teklъ *resina.* teča *cursor.* tekyča *viator.* tečljavъ *meretricius.* vъsteklъ *rabidus. Durch steig.* tokъ *fliessen, area.* vъstokъ *oriens.* otokъ *insula.* istočьnikъ *fons.* potokъ *torrens.* vodotokъ. točiti *laufen, fliessen machen.* točilo *torcular. iter.* -takati, -tačati *von* toki-, toči; têkati, ticati *von* tek-. tokъ *usura ist gr.* τόκος. nsl. tečem, teči *laufen, fliessen. inf.* tecj *ven̄t.* tečaj *lauf.* natęči *anrennen.* natečnik *lästiger mensch.* vstęči, steči *toll werden.* vstekel, stekel, stečen *toll.* steklina. tok *lauf.* istok *ost sonn.* otòk *insel.* otók *geschwulst.* stok *zusammenfluss.* patoka *trebermost.* točiti *giessen.* takati *rollen.* potač *rad. iter.* têkati *laufen.* b. teka *fliessen, entrinnen.* tek: tekom teče. otok *geschwulst.* stoka *waare.* toča *schleifen.* točilo *schleifstein.* črъvotočeo *borkenkäfer.* drъvotečina. točka *rinne.* protakam *vb.* -têkam *vb.* tičěm *laufen.* tič *lauf.* kr. tekun *rota.* otok *insel.* tačka *karren.* takati se: suze se takaju, taču *thränen fliessen.* potakati se *insequi.* s. tečem, teči *fliessen, erwerben, dauern.* tekun *rad.* tekunica *erdzeislein.* tečevina, tecivo *das erworbene.* otok *insel.* oteḱ *geschwulst.* otoka *arm eines flusses.* potok. stoka *herdenreichthum.* točiti *schenken fundere.* protočiti, protakati *durchsieben.* protak *reiter.* točac

schenk. točak *rad.* tocilj *schleifstein.* sto-
čiljati *herabgleiten. iter.* -tjecati. tijek *lauf.*
č. teku, téci *fliessen.* tekutý *fliessend.* zte-
kati se *wüthend werden.* vztek, zteklice *wuth.*
tok *fluss, dial. sieb.* slk. tok *dreschtenne.*
otok *geschwulst.* potok. patoky *nachbier.*
roztok. stok *abfluss.* stoka *für* potok *dial.*
utok, utoka *refugium.* točiti *fliessen lassen.*
táčeti *walzen.* táčka *schiebkarren.* potáč
spule. těkati. těkavý *gerne laufend.* útěk
flucht. p. ciekę, ciec. ciek *fluss.* cieknąć,
o garnku zepsutem, z ktorego woda kro-
plami wydobywa się *dial.* ściek *abfluss.*
wściec się *toll werden.* wściekły. *Abwei-*
chend stek *zusammenfluss.* stok. tok *fluss,*
nagen der würmer, dreschtenne. toki. potok. patoka *jungfernhonig.* toczyć. tokarz
drechsler. taczać *walzen.* tak, taczki *schub-*
karren. przetak *art sieb.* ciekać. ciekawy
rennend, leicht errathend, interessant. wście-
kanie *insania.* polab. ticě *fliesst.* tüci
zapft. os. ćec, ćeku. sćekły *toll.* točić
schleifen. potač *spule.* ćekać *fliehen.* ns. śac,
śacu. sćakly *toll.* patoki *nachbier.* tocyś
drehen. potac *volle spule.* śacaś. klr. teku,
teču; vtěkty. tek *reissaus.* tôk *geschmolzenes*
fett. potok *verbannung chrest 451.* von po-
točiti. tokar *drechsler.* potak *spule.* pretak
sieb. ofik *eiter.* vstekłyj *toll.* vsťikaty śa
toll werden. vsťič *wuth.* ćikavy *interessant*
ist p. ciekawy. wr. naćek. poćek. ucěki
flucht. protoka. cekać *schauen.* cekavyj.
r. teku, tečь. stěkъ. tečь, teča *ausfluss.*
teča *brunst.* stečka *stille wuth der hunde.*
tokъ *fluss, dreschtenne.* istokъ *quelle.* patoka *jungfernhonig.* točitь. točilo, tokilo
schleifstein. tačatь. tačka. — *magy.* patak.
rm. otkę *lora vini usti.* toči, pritoči *vb.*
ręstoakę *arm eines flusses. alb.* točit *gies-*
sen. preuss. tackelis *schleifstein.* takes
wehr an der mühle: lett. tacis *fischwehr.*
lit. teku, tekěti *laufen, fliessen.* tekinti
schleifen. tekělas *schleifstein.* tekis *schaf-*
bock. tekun *rad.* tekoris *drechsler:* p. tokarz. takas *fusssteig (vergl. slav.* tok-).
patakas *dünnbier.* sutakas *zusammenfluss.*
itoka *mündung (vergl. slav.* tak-). ištoka
ausfluss. lett. teka *pfad.* teku, tecēt. *iter.*

tekăt. *ai.* tak, takati. takus. *zend.* ta-
čaiti. taka *lauf, laufend.*

tek- 2.: b. tekna, pritekna: tekne
mi na um *es fällt mir ein.* natěkvam *an-*
spielen. s. teknuti. klr. natakaty *an-*
spielen.

tek- 3.: *nsl.* teknoti *schmecken, gut*
anschlagen: saj mu nič ne tekne, brkne.
tek *geschmack, nutzen, gedeihen.* tekovit *rih.*
tečen *sapidus habd. gedeihlich.* klr. tak-
nuty *nützen ung.* — *rm.* tikni, tigni
schmecken, conducere. tiknę, tignę *gedeihen,*
ruhe, wohlbehagen. Vergl. lit. tekti, tenku
hinreichen. tikti, tinku *taugen. got.* theihan.
ahd. dīhan.

tekŭ: b. tek, tьk. s. tek, teke,
teker *nur.* kr. tekar. — *türk.* těk.

tel-: *asl.* toliti, utoliti, utaljati *be-*
sänftigen: von tel *durch steig.* nsl. dête
toliti. utoliti *ung. Hieher gehört* tolažiti
stillen meg. tolaž: *vergl.* tažiti. b. uto-
lěvam *vb.* kr. toliti muku *ung. mitigare.*
utoliti se. s. utoliti *still werden.* klr.
potołyty *beschwichtigen.* utałašyty śa. r.
tolitь. — *rm.* potoli *vb. lit.* tilti *schweigend*
werden. Vergl. talogŭ.

telalŭ: b. s. telal *herold.* — *türk.*
téllal.

telbuchŭ: p. telbuch *bauch dial.*

telekŭ: klr. tełek *grund ung.* —
magy. telck.

telent: *asl.* telę *kalb.* telьcь. *nsl.*
telc, *plur.* telci. b. tele. telica. teli se
kälbern. s. č. tele. p. cielę. cielec.
polab. tilă. os. ćelo. sućelna *trächtig.* ns.
śeľe. klr. teľa. wr. cele. r. telënokъ.
ćelaja, stelьnaja *trächtig.* — *lit.* telas. te-
linga *trächtig.* telĭčě. *lett.* telš. *Vergl.*
ai. taruṇa *zart, jung.* tar-ṇa *kalb.*

telêga *asl. art fuhrwerk.* nsl. toligo
plur. b. taliga. kr. taliga *ung.* s.
taljiga. č. taliga. p. telega. klr. teľiha
für vôz, maža. r. telěgъ, telěga. —
magy. talyiga. *rm.* telêgę. *lit.* talenga,
tolenga. *türk.* talika.

telk- 1.: *asl.* tlъką, tlěšti *schlagen.* tlъk-
nati. *iter.* tlъcati. *Durch steig.* tolk-: tlačiti. *nsl.* tolčem, tlěči *neben* tolči. natol-

cati. tolkač *stössel, glockenschwengel*. tolkljati, na zvonove biti, pritrkovati. tlak *estrich*. b. tlъča *vb*. kr. telčem, tlići. s. tučem, tući. tukoluk. *iter*. tucati. tlačiti. č. tluku, tlouci. tluk, tlouk. *iter*. tloukati. tlačiti. slk. tlct. tlkati. tlak *drücken*. p. tłukę, tłuc. tłuk. tłuka. tłok *gedränge*. tłoczyć. tołokno *ist r*. polab. tåuce *klopft*. tåuci så *es klopft, spukt*: *vergl*. tuci så *stoss dich*. os. tolku, tołc. tołč *gestampftes*. tołčić *zu schrot machen*. tłočić. ns. tlukaś. tlok. tłocyś. *Wurzelform* tolk-: klr. tołku, tołčy, tołkty. natołk *quetschwunde*. tołočyty. patołoč *zertretenes gras*. wr. tołku, tołči, tołč, tołkci. tołkać. potołok. *Man merke* tołoskać: tlaska-. r. tolku, toločь. tolknutь, tołyknutь. tolkatь. tolokъ *dreschtenne*. tolokno *gedörrtes hafermehl*. toločaj. toločitь. potolokъ. potoloka. — *lit*. tulkočiuß *mörserkeule*.

telk- 2.: *durch steig*. tolka: nsl. tlaka, tlačnja *frohne, robot*. tlačan. b. tlъka *wechselseitige aushilfsarbeit, frohne*. tlъkaš. s. tlaka *neben* robija *frohne*. (č. robota *frohne*). p. tłoka *freiwillige arbeit mit schmaus und tanz, art frohne* pańszczyzna. (os. robota *frohne*). klr. toloka, legelő *weide ung*. talaka. r. toloka, *das neben andern bedeutungen auch die des* b. tlъka *hat*. — *Entlehnt ist rm*. tlakę, klakę *und aus diesem magy*. kaláka. toloakę *ist r*. preuss. tallokinikis *freier, nicht leibeigener*. lit. talka *zusammengebetene arbeitsgesellschaft, helferdienst*. telkiu, tělkti *eine arbeitsgesellschaft zusammenbitten*. patelkti *sich verbünden*. talkėjas *bundesgenosse im kriege*. lett. talka *neben* talks *und* talkus *der abendschmaus für eine arbeitsgesellschaft*.

telmŭ: p. tłum *haufe*. *Vergl*. tłumić *verdecken, drücken*. tłumok *ränzel*. č. tlumok. *Vergl*. wr. tłum *geräusch*. tłumić *verblüffen*. *Urform unbekannt*. *Vergl*. tulumŭ.

telpa: asl. tlъpa *turba*. klr. natołp, potołp *gedrängs*. wr. tołpa. r. tolpa. tolypatь śja *für* tolpamı broditь. — *Man vergleiche* b. vtlъpêvam *einprägen*. klr. vtolpyty śa *sich hineindrängen, und beachte*

lit. telpu, tilpti *platz haben*. talpa *raum*. pratilpo *für r*. protolpili sь.

telstŭ: asl. tlъstъ *fett*. tlъšta *fett*. nsl. tolst. tolšča. tušča *habd*. b. tlъst. kr. tust. tušćahan *pinguiusculus*. s. tust. č. tlustý, *dial*. tlstý. tloušť. p. tłusty. tłuszcza *grosser haufe volks*. kaš. tłuosty. polab. tåusty, tust. os. tołsty. ns. tlusty, klusty. klr. tołstyj. wr. tołstyj: *daneben* tłustyj, *aus dem p*. tłusty. r. tolstyj. tolšča. *Die urform ist problematisch angesetzt*.

telŭ: b. tel *draht*. s. telej, telo. — *türk*. tél.

tema: asl. tьma, tьmica *finsterniss*. tьma μυρίας. tьmьnica *kerker*. nsl. tma, tema. temnica, tmica. temačen *dämmerlich*. b. tъma. tъmen. tъmnica. s. tama. tamnica. č. tma. p. ćma. zaćmić, zacimiać. polab. tåma. os. ćma. ns. śma. klr. tma *finsterniss, unzählige menge*. temnota. temrja, potemrja *blindlings gehend*. puťma. *Vergl*. posutcńity *dunkeln*. wr. ćma, tma. cemnica. cemić *undeutlich sehen*. tına *menge*. tmuščij *zahlreich*. r. tьma, tma, temь, temetь. *dial*. kma. tmitь. temriva *finsterniss*. temrjakъ *stubenhocker*. temnica. patëmki. tma *menge*. tmuščij. *Vergl*. türk. tuman *nebel, myriade*; jük *last, die zahl 100.000*. — *lit*. temti. tamsa. tamsus. tamsras. *lett*. tumt *dunkeln*. rm. temnicę. magy. tömlöcz. *nhd*. temnitze, *daneben* temlicz, demlicz, *entlehnt*. ahd. dëmar. ai. tam. tamas. *Man vergleiche* nsl. zaton *sonnenuntergang*; s. suton *dämmerung, wie es scheint, aus* -tem-nъ.

temelı: asl. temelь *fundamentum*. iz temelija. nsl. kr. s. temelj. b. temel. — *gr*. θεμέλιον. *rm*. temej.

temeng-: p. ciemiężyć *belästigen*. kaš. ucemięga *für r*. mjagkostь. wr. cemenžić, *aus dem p*.

temljakŭ: r. temljakъ. p. temlak, temblak *säbelriemen*. — *Das wort soll tatar. sein: man führt* temlik *an*.

ten- 1.: asl. tьną, tęti *caedere*. prъstomъ utętije. *iter*. *-tinati*. utinъkъ *res abscissa*. nsl. tnem, teti *beissen* Jarnik. naton. naten tnalo, knalo *ort vor dem hause zum holz-hacken*. (*ON. in Dalmatien* τνήνα, knin). č. tnu, títi *hauen*. nátoń *holzplatz*. ston *klotz*. p. tnę, ciąć (zatnąć). *iter.* nacinąć. nátoů, gdzie się drzewo rąbie *dial.* natonie. *n. holzplatz: daneben* naciunic, drewutnia, drwalnia. kaš. tnę, cic, p. ciąć. os. ćeć, tnu *perf.* ns. ton *aushau.* klr. tnu. łaty. tynaty. wr. tnu, ćać, tnuć. cinać. pritonišče. r. ìstnu, istjati *zerstören.* *Vergl.* ašče kto tъmetъ dlъžъbita *izv. 601: man vergleicht* tъm- *mit* τέμνω.

ten-2.: asl. tьnъkъ *dünn.* istъniti. tъnostь. nsl. tenek. teniti *verdünnen.* połaniti. rastinjati. b. tъnъk, tъnan. tenki. kr. tanahan. tancahan. s. tanak. tanjiti *vom compar.* tanji. č. tenký. p. cienki. połab. tǻnky. os. ćeňki. ns. śanki. klr. tonkyj. wr. ćenkij. r. tonkij. tǫnitь. tonь *dünne dial.* — *lit.* tenvas. *lett.* tĩvas. *ags.* thenjan. *ahd.* dunni. *gr.* ταν-. *lat.* tenuis. *ai.* tanu. tenûkŭ *aus* tenû-ŭkŭ. *Verwandt ist* teng-.

tenarŭ: p. tenar *kluft. gruft.* — *lat.* thenar. *gr.* θέναρ.

tenderi-: klr. tenderyća *mais ung.* — *Vergl.* magy. tengeri *was vom meere kommt.*

tendžera b. s. *pfanne.* — *türk.* tendźére.

tenekija b. *blech.* s. taneće. — *türk.* ténéké.

teneto asl. *netz: daneben* tonoto, toneto. nsl. *Angeführt wird* tenetvo *die hintere wand am zugnetze.* s. tonot. č. teneto *jägergarn.* klr. teneto. r. teneto. — *preuss.* tin-klo. *lit.* tin-klas. W. ten-

teng-: *eine* W., *aus deren grundbedeutung* „ziehen" *sich, theilweise mit hilfe von praefixen, eine fülle von schwer zu vermittelnden bedeutungen entwickelt hat, die unter die folgenden schlagworte gebracht werden können:* 1) *ziehen, dehnen, spannen;* 2) *binden;* 3) *fordern, streiten;* 4) *leiden;* 5) *arbeiten;* 6) *erwerben;* 7) *schwer sein;* 8) *lästig sein;* 9) *bangen. Die* W *nimmt durch* steig. *die form* tong- *an.* 1) asl. tęg

nąti, tegliti. is-, po-, pro-, ras-, sъ-, vъstegnąti. 2) tęgos, tęžes. *gen.* tęžese. vъstągy ìmąs *lorum.* glavotęžь *sudarium.* tągъ *fortis,* *eig. festgebunden.* sъtęža *frigus vehemens ist* *eig.* „erstarrung". 3) tęzati, istęzati *fordern.* tęzati sę *streiten.* tęža, tęžьba *streit.* 5) tęgъ *arbeit.* netęgъ *müssig.* tęžati *arbeiten, ackern.* tęžakъ, tęžarь *arbeiter, bauer.* 6) pritęžati, sъtęžati *erwerben.* 7) tęgota, tęgostь *last.* otegotěti. otęgъčiti *von* ⃰tęgъkъ. tęžьkъ *schwer.* tęžestь, tęžava *last.* ctęžьčati. otęžьčiti. tęžiti. mъnogotęževьnъ. 8) tęgъčiti sę komu. sъtąžiti *molestum esse.* 9) tąga *afflictio.* tąžiti *lugere, anxiari. Man füge hinzu* utęgnąti *otium habere.* nsl. 1) potegnoti. tezati *anfechten.* teza *lust.* samotež *ohne bespannung.* 2) poteza *schnur.* stôgla *schnürriemen.* tôg *starr, steif.* tôga *trägheit.* otôžen *mraz* frigus iners *lex.* teginja, omôtica, omedlêvica. 5) teg *getreide.* težati *arbeiten habd.* težak *arbeiter.* 7) tehta *gewicht:* *tęgъta. tehtati *wägen.* tehtnica *wage.* težek *schwer.* težkati *wägen.* teža, težava *schwere.* 8) težča mi se *es beliebt mir nicht.* 9) tuga *molestia habd.* trübsinn. togota, tegota *zornmuth.* tôžiti *klagen.* tôži se mi. tôžba *querela. Dazu kommt* utegnoti *musse haben.* nevtegoma *unverzüglich. Vergl.* teginja *dringende eile.* b. 1) otegna, otêgam. rastegna *dehnen.* stegna, stegam *zuschnüren.* teglja *ziehen.* 4) teglja *ertragen, leiden.* teglilo. 7) tegna *lasten.* tegota, tegotija. teglo *schwere.* teglja *wägen.* teglilka *wage.* težьk *schwer.* teža *schwer sein.* težost. 8) tъga *trübsinn.* tъguvam *vb.* bulg.-lab. tъža *trauern, klagen.* tъžiš tъgi *luges luctum mil. 287.* tužba *Vinga.* kr. 5) teg *labor mar.* frumentum *ung.* težati. potežiti se *festinare.* 9) tugu tužiti *ung.* grlica je stugivala *lugebat ung.* s. 1) potegnuti. teg *zug.* samoteg *bei geöffneter schleuse.* natezati. notezati se *sich anstrengen.* s natezom *mit mühe.* nategljaj *schluck.* stegnuti *eng umringen.* stega, stuž *verschärfte polizei.* tezmati *ziehen.* 2) utega *bruchband. Vergl.* poteg *pertica.* 5) teg *saat.* težati *mik.* težiti *bauen.* težak. 7) teg *gewicht.* tegoba

schwere. tegliti *wägen.* težak *schwer, daher*
teškati se *bereuen.* teža *schwere.* 8) dotu-
žiti, stužiti. 9) tuga : tuga me je. tužiti
klagen. težiti *sich sehnen. Man merke* sinko
Jure, poteži se doma *volksl.* potežno *cele-
riter mik.* dotuga *eile.* č. táhnouti, tíhnouti,
tahnouti *ziehen.* tah *zug.* tíh *gelenk.* těž,
potah *gespann.* samotihy, saně, které člověk sám táhne; samotiž. stužiti *zusammenziehen.* stužiti se. 2) otěž *zügel.* přítěž
leitseil. poteh *spannriemen.* otuh *band.*
stouha, čím se co stahuje, *band.* tuhý *fest,*
zähe. tuhnouti *hart werden.* tužiti *steif, fest*
machen. potuha *macht.* 3) tázati *fragen.*
potaz. 5) těhař, těžař *bauer.* 6) potě-
žeti. utěžiti *lucrari.* 7) tíhota, tíhoba
schwere. těžký. tíž. tížiti. obtíž *beschwerde.*
potíž *noth.* 9) stěžovati si *klagen.* touha,
tuha *bangigkeit.* toužiti *sich sehnen.* slk.
túžiť sa. tužba. *Man füge* hinzu ne táhnouti
nicht zögern. p. 1) ciągnąć. ciąg *zug.*
ciągiem, w ciąż *in einem zug, in einem fort.*
pociąg. ciągły (ciahły *ist klr.*) *ziehbar.* cię-
goty *gliederschmerz. Vergl.* cięga *schwiele*
von einem peitschenhiebe. 2) wstęga *band.*
tęgi *fest, steif, stramm.* stężeć *steif werden.*
tężyć *steif machen.* potęga *macht.* 3) ciąża
pfand, grabież : *vergl. os.* 7) ciężki.
cięża, ciężar. ciążać, *unhistorisch* ciądzać,
belasten. 9) tęga *sehnsucht.* tążyć, wr. tužič,
sich sehnen. kaš. 1) cignanc. polab. 1) tägné
zieht. vâztägnot. 2) stägai *riemen, als „stange"*
wohl entlehnt. 7) täzkü *schwerlich.* os. 1) ćahnyć. ćahło *zug.* 2) tužić. *straff machen.*
3) *Vergl.* ćaza *pfändung.* 7) ćožki. ćeža. ćežić
schwer machen. 9) tuha *schwüle.* tužba *sehnsucht.* ns. 1) śegnuś. 7) śežki. śeža *bürde.*
9) tuža *traurigkeit.* tužyś. klr. 1) tahnuty.
potahač *knieriemen* potah. tahłyj *lang.* tahły-
styj *zähe.* natuha *spannung.* samotaž, samo-
tužky *mit eigenen kräften.* 2) stahaty
schnüren stah, nastah *das schnüren.* staheľ
iehband. ostuhva *band:* vergl. asl. vъstagnۥ
tuhyj *steif.* tuhoňko *stark.* tuha *regenbogen*
ist eig. band. potuha, p. potęga, *macht*
chrest. 363. 3) tažba *process.* taža *chrest.*
44. 486. 7) tahota. taharnyj tažkyj.
8) prytuha, napast *chrest. 376.* 9) tuha.

wr. 1) vsćaž *in die länge.* poćih *knieriemen.*
natuha *anstrengung :* z natuhi. natužać.
otuha. 2) stužka *band :* stonžečka *ist p.*
tuhyj *straff gespannt :* huži duže tuhi.
7) ćahiňa, ćažar, ćežar *schwere. Aus dem*
p.: ćenžar, oćenžarić. 8) stužać *bewahr tähi-
gen.* zima sutužnaja. 9) tuhə tužba. r.
1) tjanutь, tjagatь. tjaguščij *Vergl.* tjani-
guzъ *dial.* tjaga *ziehen.* natjagъ *fügezwinge.*
potjagъ *knieriemen.* pritjagъ. tugij *(vom*
bogen) straff. natuga *spannung.* potugi *ge-
burtsschmerzen.* 2) tjažъ, otluga *art strick.*
postegonka, postegoľnica *art band.* su-
tuga *eisendraht.* tugoj. potuga, nažimanie.
3) tjagatь sja *streiten.* tjaža, tjažba *streit.*
sutjaga *zänker.* 5) potjagnutь *helfen, arbeiten.* potužnikъ *helfer.* 6) pritjažatь.
7) tjaga, tjagota, tjagostь. potugъ *gewicht.*
tjaželyj, *dial.* čežolyj. tjažkij. tjažestь.
Hieher ziehe ich auch tjagilъ *steuer und* tjaglo, *das ursprünglich nur eine last, steuer*
bezeichnete. tjaglyj *steuerpflichtig.* 9) tuga.
— rm. 1) potâng *art riemen.* rẹstigni *disten-
dere.* zẹtigni *offendere :* vergl. tük-. 5) ne-
ting *stupidus :* netẹgъ. 9) tîngẹ *luctus.* tîn-
gui *klagen.* tînži *sich sehnen.* magy. 1) pating
art riemen. lit. 2) tîngti *faul werden.* tîngus
faul. Vergl. stîngti *gerinnen und* lett. stingt
steif werden. lit. istanga *kraft. Entlehnt:*
patẹga *knieriemen,* stučka *band,* atstuga
riemen. 9) tužba. tužma. tužiti s. gr. τεν
in τείνω. ai. tan, *das lit. und* got. durok
s (tasiti; thinsan *neben* thinan), *lat. durch*
d (tendere), *im slav. durch* g *erweitert wird.*
Vergl. tînu *lorum,* engl. thong *riemen. Mit*
teng *scheinen einige mit* st *anlautende wörter zusammenzuhangen :* r. su-stuga *wohl*
„macht". lit. sustengti, sustengiu *vermögen.* stengti, stengiu *sich anstrengen. Vergl.*
asl. utẹgnąti, nsl. vtegnoti *können, musse*
haben, ne vtegnem *habe keine zeit,* ar.
i.e utjagъšimъ prêvesti sja imъ.

tensk-: asl. istẹsknąti *tabescere.* istẹ-
sklъ *evanidus:* alъčьbami istẹskli jejunüs
tabidi na:. 204. W. wahrscheinlich ten *mit*
dem verbalsuffix sk. ai. tan.

tenta b. *(alt) zelt. —* alb. tẹndẹ *rsisig-
dach. it.* tenda. ngr. τέντα

tenta-: nsl. tentati *versuchen.* s. na-
tentati. p. tentować. — lat. *it.* tentare.

tentiva: asl. tętiva *chorda.* nsl.
tetiva *meg. trub. lex.* tetiv *f. rib.* b. tetiva.
s. tetiva *sehne des bogens; tignum mik.* č.
tĕtiva. p. cięciwa. wr. ceciva, stebli
rastenija. r. tjativá, tetivá. *dial.* tepsti
aus tjapstí *straff anziehen.* W. temp, *suff.*
tiva. — lit. timpti *sich recken.* timpa *sehne.*
tempti *spannen.* tampiti *dehnen. Suffix wie
im s.* sta-tive. jes-tivo. č. sta-tivo.

tep- 1.: **klr.** dotepuvaty *witzeln.* do-
tepa *einsicht.* dotepnyj, dovťipnyj *aufge-
weckt.* nedotepa *schwachsinniger mensch.* č.
vtip *verstand.* dúvtip *einsicht.* vtipovati
suspicari. slk. dovtípiť sa. p. dowcip
mutterwitz. Hieher gehört p. wątpić *zweifeln, mit deminuirendem on* (vъ). **klr.** vomp
zweifel für vontp. vompyty, ompyty, om-
pľity *und* wr. vompić; ovontpić śa; nevont-
plivyj, *aus dem p. Schwierig ist die erklärung des i aus e.*

tep- 2.: **asl.** teplъ *warm.* teplota *wärme.*
teplica. *Daneben* toplъ. toplica. topiti *wärmen.* rastopiti *schmelzen.* **nsl.** topel. to-
plice. rastopiti: b. topъl. toplja *wärmen.*
topja *schmelzen:* snêg se topi. s. topal.
topiti. č. teplý. topiti *heizen.* topič *heizer.*
p. ciepły. paciepny, ciepławy *dial.* topič
schmelzen. roztonąć *aufthauen.* polab.
tĕplü. os. ćopły *aus* teplъ. tepić *heizen
aus* topiti. ns. śoply. topiś. klr. tepłyj.
tepłota, tepľiń. zatopyty v peču. wr.
cěpłyj. r. těplyj. topitь *wärmen.* — rm.
topi *schmelzen.* lit. čiepľičė. ai. tap *wärmen.* tapas *wärme.* gr. τέφρα. lat. tepere.
tepor.

tep- 3.: **asl.** tepą, teti *schlagen:* ra-
nami utesti *lam. 1. 34.* tepъčija *art amt.*
nsl. tepsti *schlagen, schwätzen.* tepehu *fris.*
tepsti se, potêpati se *herumstreichen.* tepec
landstreicher. tepešnica, otepnica, pametivo
fest am 28. dec. kr. iz vrhnje stepe se
puter. tepav *balbus.* s. tepsti se. *Vergl.*
tepati *stammeln.* as. tepčija. č. tepu,
tepsti *schlagen.* otep *bund.* p. ociepka
bund stroh dial. tepać *percutere ist wohl klr.*
os. ćepić *klopfen (flachs).* ns. śepaś *schwin-*

gen. klr. tety, tepsty *chrest. 485.* oťipaty
hanf brechen. otepy *abfälle von hanf.* poťi-
pacha *feile dirne, eig. landstreicherin.* r.
utepti *occidere dial. Vergl.* potopъ *supplosio
pedis ist fern zu halten.*

tepsija b. **s.** *teller.* b. tepcija *bulg.-
lab.* — alb. tepsi. ngr. τεψί. türk. tepsi.

ter-: **asl.** tъrą, trêti *neben* trъti *aus*
terti *reiben, terere, tergere.* tъrъšte πυγμῇ.
Durch steig. torъ: istorъ, protorъ *sumtus.
Durch dehn. iter.* tirati *aus* têrati. *Hieher
gehört* tricę, *wohl aus* tъricę, *furfur.* **nsl.**
terem, tarem, trêti *reiben, brecheln, lärmen.*
otrêti, otrem. otirati. trlica *breche.* teritva,
teritba *brecheln.* terilja, terica, tarica *brechlerin.* utrêti pôt *festtreten.* natrv *pfad.* útr
festgetretener boden. tir *spur, bahn,* gaz
v snêgu: tir dêlati. *Vergl.* terišče, torišče,
mêsto, na kterem je zemlja jako pohojena,
allgemein „stätte, lagerplatz" otor, utor
nuth, *kimme.* utoriti. zator: ti si moj zator.
toriti *verzetteln. Durch dehn.* tirati *neben
têráti:* terač, terača, oterač, otirač, oti-
rača, trača *handtuch.* otre *beim hecheln ab-
fallender flachs.* otrev *adj. daraus gemacht.*
tirna *heublumenstaub.* potirki, zadnje pre-
divo. ter *laich.* trjače *grobe leinwand. Vergl.*
trkati *stossen.* b. trъlo *hürde.* tor *kuhmist
(das zerriebene).* natorja *düngen.* torište.
trici *kleien. Vergl.* trъkam *reiben.* **kr.** otrti
suze *ung.* **s.** trem, trti. trenica *reibeisen.*
utrenik *via trita.* natra *webstuhl.* strv
spur, rest. trina *bischen (vergl.* tryti). trlica
flachsbreche. trlo *hürde.* terba *streit.* tarnuti
feuer schüren. taranj *werkzeug für den utor
zarge.* tarak *art flachsraufe,* tara *webstuhl.*
otarak *handtuch. Durch erste steig.* tor
hürde. toriti *misten; durch zweite steig.* târ
zertretenes stroh. trice *kleien, excremente.
Vergl.* trušni *adj. kleien-.* trljati *reiben.* istrcati
abwetzen. č. tru, tříti. trdlo, trlo *werkzeug
zum reiben.* trdlice, trlice *breche.* tor *bahn.*
útor *zarge.* tirati. potirka. stírka. stirati,
dial. scjérati. potěr *laich. Vergl.* třibiti
dreschen und lat. tribulum. stěr, věc na
drobno setřelá. p. trę, trzeć *(in Litauen* teré). makotra, makutra *mohnnapf,*
r. goršokъ, vъ kotoromъ trutъ makъ i

pročee *für* tarlica, cierlica, donica: *falsch ist die ableitung von gr.* μάκτρα. tardlić. tarcica *brett* (*trъtica). tarka *werkzeug zum reiben.* tartak, tertak, tracz *sägemühle,* do tarcia drzew. tarlica, cierlica *flachsbreche.* zacierka *art speise.* terlica *hölzerner sattel.* ter, tyr *stichelrede: beide wörter beruhen auf einer w.* tür-: trzeć się *den laich absetzen:* trą się ryby, ikrzą się. tarło *fischlaich,* terło *laichzeit,* tarło, tarlisko *laichzeit, der ort, wo die fische laichen.* trzyć się, trzeć się. tarkot *gerassel.* tryna *feilstaub,* potrynyty *sind klr.* trzyny *spreukörner.* tor *betretener weg.* zator *wehr im flusse.* wytarzać, wytarać *abreiben.* ścierka *reibelappen. Vergl.* roztyrać, rozterać *zerstreuen.* potereba *zerriebenes heu: eine dunkle bildung.* otrociny *feilspäne,* okruszyny z chleba: *urform* -tort-. *Vergl.* patroch, potroch, pyłek, drobne okruchy *eingeweide* (*s.* drob-) *und* trwonić *verschwenden.* os. tru, tšeju, tšeć. ćerlica *flachsbreche.* ćeŕ *bienenbrut, laich der fische, frösche.* ns. tśeš, tšeju. *partic.* tarl. tarliś *flachs brechen.* tarľava *brechlerin.* kśelnica *aus* tśelnica *reibenapf.* kaš. tar *für* r. tornaja doroga. polab. tårė *wisch.* klr. terety, terty. terło *laichen.* makôtra, makoterť, makorteť *reibenapf.* skaterka *tischtuch.* obterłenyj *abgeschabt.* oterłyty *für eine herde das nachtlager bereiten: vergl.* otara *viehherde, eig. wohl der platz, wo sie steht.* vtory *plur. rinne der fassdauben.* protory *kosten.* tračyna *sägespäne. iter.* -tyraty. vytyrka *fegewisch.* sterjaty *abreiben. Man füge hinzu* naterpużyty, naterty. terjaty *verlieren.* poterja *verlust.* vytrykuš *lichtputze chrest. 370.* wr. cerci, cerć, tru; *daneben* terti śa *sich befinden.* treć *für* r. truščij tabakъ. makocer. cěrło *hölzerne schüssel.* tarka *reibeisen.* otora *ausgedroschene ähren.* torić *einen weg zurücklegen. Vergl.* potorkać *für* r. potolkatъ *stossen. iter.* cirać. skacerka. r. teretь (*dial.* tertь, tratь), tru. terětь sja *laichen.* rukotёrъ, rukoternikъ, skatertъ *handtuch.* terka, *dial.* tarka, *reibeisen.* utrišče *handtuch.* votra, votrja, opilki *feilspäne.* votra, votrja, otrina, vytorki *kleie.* torъ *turba.* torecъ

kleines holzstück. zatorъ *gedränge.* istora. protora, protori *plur. f. ausgabe.* protoritъ. torovatyj *freigebig.* vtora *unfall.* utorъ *gergel, rinne in den dauben.* utoritъ *gergeln.* tornikъ *via trita.* protoritъ *einen weg zurücklegen.* vytoritъ *gewöhnen.* torětъ *sich gewöhnen. iter.* tiratъ. tirka, utirišče, utiralьnikъ *handtuch.* tyrlo, tyrlišče *nachtlager für das vieh.* potrochъ *eingeweide der fische.* terpugъ *feile.* torkatъ *für* tolkatъ. *Vergl.* otarica *monatlicher lohn in lebensmitteln. — rm.* tîrî *schleppen.* tîrlę, turíšte *hürde.* tîrîcę *furfur. Vergl.* zętor *sumen.* alb. turišt. *magy.* tilo *hanfbreche: dieses vergleicht man mit dem* čuvaš. tila. ontora, ontra *kimme.* potroh *unterleib. Vergl.* tör *brechen. lit.* trinti *reiben.* tročius, *p.* tracz. terlīčė *reibenapf.* skotertis *tischtuch.* patrakai *kurzstroh, gekröse.* teroti *einen verlust verursachen. lett.* trinu, trît. *lat.* tero, tergo. *gr.* τερ *in* τείρω, τόρος. *ai.* taruṇa *zart. Die bedeutungen der hier unter* ter- *zusammengestellten wörter sind sehr mannigfaltig. Bei* torъ *hürde wird nicht an umzäunung gedacht, sondern wahrscheinlich an kuhmist, eig. das zerriebene, zerreibliche; bei* tarło *laich an die bei der ablage des laichs bei einigen, vielleicht allen fischen vor sich gehende reibung. Die form der W. ist* ter-; *daneben muss* tür- *angenommen werden, dessen* ü *nicht ausfällt, wohl aus dem grunde, dass es den ton hatte: nsl.* terem, *dagegen* mrem. *Vergl. ai.* tura *wund. Beide wurzeln mögen zu einer verschmolzen sein: p.* potérać, potyrać *aufreiben beruht auf* tür-, *r.* terjatь *verlieren setzt* ter- *voraus, klr.* poterja *lässt über den wurzelvocal kein urtheil zu. Mit* ter- *urverwandt ist* trü-: asl. rastrъva ἀπώλεια. tryti (*nicht* tъryti), otryvati ἀπομάττειν. b. trija *reiben.* -trivam *vb.* s. trvenik *via trita. gr.* τρώω, τραῦμα. *p.* tracz *beruht auf einer W.* tra-: tra-, trü- *aus* ter-. *Man füge hinzu* asl. trъtrati *sonum edere.* trъtoriti: ašte potrъtoritъ ili tręsъ bądetъ. nsl. trtranje *tumultus. Vergl.* p. tartas, tertes *getöse. Man merke endlich* b. natrъtevam *quetschen.*

terbü 1 : asl. trêbъ, otrêbъ *purgamentum*. trêbiti *purgare*. nsl. trêbiti *putzen*. trêbež *ausgerodete wiese*. strêbi *nachgeburt*, b. trêbja *vb.* s. trijebiti. trebežina *rodung*. č. otřebek *auswurf*. p. trzebić *neben dem* r. terebić *reinigen*. trzebież *roden*. trzebieů *verschnittener*. os. tšebió *castriren*. klr. terębyty *schälen*. vyterebêž *abholzung*. uterbyty *herausreissen ung*. *Der ON*. terebovľa *von* terbü *lautet* p. trębowla, *als ob er auf* tromb *beruhte*. otrib *eingeweide ist dieser sippe fremd*. wr. cerebić *roden*. rascerêb *rodung*. pocerebić *verzehren*. pocerebnik. r. terebitь *entreissen: alt* terebiti skoty. terebъ *rodung*. *Daneben* istrebitь.

terbü 2.: asl. trêbъ *necessarius*. netrêbъ *inutilis*. trêbê *adv*. trêba *negotium*. potrêba *usus*. trêbovati *opus habere*. nsl. trbê, trêbi *vonnöthen: daher* trъbêti *bedürfen*. trêba. b. trebe *adv. lat.* trêba, trêbuva *vb.* trêbêše *bulg.-lab.* kr. tribi *adv. ung.* s. trijeba. nije trijebe. trebati. č. tŕeba. potřeba. tŕas *aus* tŕebas. p. trzeba. potrzeba. os. tšeba. ns. tšoba. klr. potribnyj. *Vergl.* potreba *bedürfniss;* bytva *chrest. 369.* wr. treba. r. trebovatь. upotrebitь. — *rm.* trêbę *nutzen, sache.* trebuje *vb. got.* tharbs *nöthig.* tharba *mangel.* thaurban, tharf *bedürfen*. *Die form* tereb- *fehlt: an der urform* terbü *ist jedoch nicht zu zweifeln. Mit* terbü *ist verwandt asl.* trêbьnikъ *delubrum*. trêbište *altare, rekъše* crъkvište. polab. trebe (trêby) *weihnachten*. r. trêba *wohl „opfer“:* načaša trêby imъ tvoriti, rodu i rožanicamъ.

tereza r. *wage*. klr. terezy. s. terezije. — *türk*. térazę.

terg-: trъgnąti, trъgati *reissen, iter,* trъzati trêzati, vъstrъgъ: byhъ vъ vъstrъzê. nsl. trgęti. targati *meg.* trgatev *weinlese.* trzaj travo *ruft man den schweinen zu Ukrain*. b. trъgna, trъgam, trъgnuvam *ausraufen; aufbrechen.* kr. trzati. trgatvą *weinlese*. s. trgati. trzati. trzmati se *sich reissen. Vergl.* obstrzati se *im weggehen zaudern.* č. trhnouti, trhati, trh *riss.* pŕitrž *f.* strž *bruch.* stržek, který se strhl *abtrünniger*.

útrъžka *abbruch*. ჳ. targnąć, targać (tarchać). *Vergl* kaš. terzac *fliehen*. polab. tàrgnê *hechelt*. tàrzeny *gehechelt.* os. tor hać, terhać. storhi *flachswerg.* ns. tergaš. stergi *werg*. wr. (razdorgnuć). r. torgnutь, torgatь. terzatь. *alt.* tergnuti. vostorgъ *entzückung.* — *Man vergleicht* ai. tarh *zerreissen.* gr. τρυχάω *hängt mit* terg- *nicht zusammen.*

tergü: asl. trъgъ *forum*. nsl. trg *markt.* b. trъgovec. trъgovija. s. trg *waare.* č. trh *handel.* trhovisko, trhoviště, tržište. tržiti *feilschen.* p. targ *markt.* os. torhošćo. klr. torh. r. torgъ. torgovatь. — *rm.* tęrg, *türg.* tîrgovište *ON. alb.* treg. *lit.* turgus. *leit.* tirgus. *and.* torg. *finn.* tori.

terchü : nsl. trh *last meg. habd. prip. 243.* otržen *oneratus habd. Vergl.* s. teret. slk. tércha. tčrchať. žena tarchavá, taršaná. klr. tyrъh. tyrchaty *ung.* — *rm.* tęrbat. *magy.* terh, tereh *neben* teher.

terijakü : b, terijak *theriak.* č. teriak. r. teriakъ. p. dryjakiew. — *türk.* tęrjak *aus* θηριαχή. *Vergl.* dryjakъvъ.

terk- 1.: asl. trъkъ. nsl. trčati *laufen.* b. trъča *vb.* s. trk *lauf.* trčati, trkati. p. wytarczka *ausfall.*

terk- 2.: nsl. trkati, trčiti *anstossen, klopfen.* č. trkati *mit den hörnern stossen.* klr. potorknuty *berühren,* prytorknuty śa. torokaty *stossen.*

terk- 3.: klr. poterča *unzeitige leibesfrucht.* poterčuk *wechselbalg.* potoroča *aus* tork

terkolo: asl. trъkaljati *wälzen.* b. trъkolo, trъkalo *kreis, rad.* trъkolja, trъkalêm *vb.* — *rm.* tîrkol. *Vergl.* terk- 1.

termos-, *vielleicht* türmes-: p. wytermosić, wygnieść *herausdrücken dial.* — *lit.* tarmazas.

termü: asl. trêmъ *turris.* s. trijem *halle.* pritvor oliti podtrijemak *živ. 52.* p. trzem. klr. terem. r. teremъ. terömyj, pochožyj na teremъ. — *magy.* terem *saal.* *rm.* tęrîm. *alb.* trem *atrium.* gr. τέρεμνον.

ternŭ: asl. trъnъ *dorn.* trъnovъnъ.
nsl. trn. trnek *hamus.* b. trъn. trъne
coll. trъnka *schlehe.* trъnъkop *haue.* s. trn.
trnokop *reute.* trnomet. č. trn. p. tarn *nicht
blos in ON.* tarnka, tarka. tarnie. *Daneben* cierń (ciernia), cierń (cierni) *stachel.*
cierznie *coll. und* tarń. *Dem ursl.* ternŭ
standen gegenüber ursp. tjernŭ *und* tjernjŭ:
aus dem ersteren entwickelte sich tjarn,
tarn; *aus dem letzteren* tjerń, cierń.
polab. tren. os. ćerń. ns. śerń. śer
hamen an der angel: daneben tarnik, ter-
nik, ternka *schlehenartige frucht.* klr.
terń. teren *ung.* terne *coll.* ternopoľ. r.
tërnъ *schlehe.* — *rm.* tęrn. tęrnokop. tęr-
nomête *spreu, kaff.* alb. ternakop. got.
thaurnus. *ahd.* dorn. *ai.* trъa *grashalm.*

terp- 1.: asl. utrъnąti, utrъpêti *erstarren: durch steig.* torp-, *daraus* utrapъ
ecstasis, eig. torpor. *Hieher gehört* trъrъkъ
herb. trъpostь. **nsl.** otrpnoti, strpnoti.
otrnenje zubi *habd.* utripati *habd.* trpek.
b. otrъpna, otrъna *vb.* trъpki *convulsion.*
trъpča *herb sein.* **kr.** ovce strple *gelte
schafe: vergl* stera. s. trnuti. protrnuti.
č. trpnouti. trpký. otrpčiti. p. tarnąć,
cierpnąć. cierpnieć. cierpki. kaš. scerzply
für r. čachlyj, *p.* ścierpły. os. sćeŕpnyć.
ns. sćerpnuš. klr. poterpnuty, zaterpnuty:
daneben strepońity *und* storopity. potoropity
von schrecken übermannt werden. r. terp-
nutь *(auch vor furcht).* oterpъ. toropitь sja
fürchten. otoropъ, *eig. erstarrung.* — *rm.*
toropêlę, *aus dem r.* lit. tirpti. lett. tirpt.
lat. torpere.

terp- 2.: asl. trъpêti *leiden.* nsl.
trpêti. *Durch steig.* torp-, *daher* trapiti
quälen habd. b. trъpja *vb.* **kr.** trapiti.
s. trpljeti. trpež *geduld.* č. trpêti. otrap
qual. útrapa *sorge.* trapiti *quälen.* p.
cierpieć, *alt* cierpzieć. cierpiedliwie *neben*
cierpliwie. trapić *neben dem r.* torpić *aus*
toropiti. os. ćeŕpjeć. trapić. ns. śerp-
pjeś. klr. terpity. trapyty. r. terpêtь.
vsuterpъ, vsuterpъ *was man ertragen kann*
dial. Das fehlen von trop-, torop- *möchte
ich nicht dem* torp- *entgegenstellen.* — *lett.*
terpît *aushalten.*

teršĭ: s. trš *in GN.* — *Vergl. rm.*
tęrš *gebüsch.*

terta: nsl. trta *wiede rib.* trta, vinska
trta *weinrebe. Urform* terta *problematisch.*

tertorŭ: asl. trъtorъ τάρταρος. trъ-
torъskъ *sin.* — *Aus dem gr.*

terzija b. s. *schneider.* — *türk.*
térzi.

terzvŭ, sterzvŭ: asl. trêzvъ *sobrius.*
nsl. trêzev, trêzen, trêzek. trêziv *trub. meg.*
strêziv, trêzbik *meg.* strêzen *ravn.* 1. 116.
b. trêzven, tъfrêz *aus* tvъrêz. tъvrêznost.
s. trijezan. č. střízvý. střízlivý, p.
trzeźwy. otrzeźwieć, *daneben* okrzeźwieć.
os. strozby. klr. tverezyj *aus* terezvyj.
trezvyj. otererezvyty, otverezyty. wr.
cerezvyj, cverëzyj. ocverezić. r. terezvyj.
trezvyj. *dial.* tverëzyj, tvoreznyj. otverzêtъ
aus otverezêtъ. — *rm.* trêz.

tes-: asl. tesati, tešą *caedere.* raste-
sati *naz.* 11. tesъ *assula.* tesla *securis.*
teslonosъ *pelecanus.* **nsl.** tesati. teslja
zimmeraxt. teselica, tesilnik *art axt.* teslo
hackstock. b. teša, tesja *vb.* tesla. s.
tesati. tesla. č. tesati. tes *hieb.* tesla
deichsel. tesař, *dial.* ćesař. p. ciosać,
ciesać. cios. cieśla *zimmermann.* cieślica,
siekiera do ciosania. tesak *kurzes breites
schwert und* tesarz *für* cieśla *sind č.*
tesák, tesař. os. ćesać. ćesla. klr.
tesaty. r. tesatь. tësъ *teslo,* tesla. —
rm. teši *vb.* teslę. *alb.* teslic. *lit.* tašĭti.
tesličĕ. *lett.* test. *ahd.* dehsa. *gr.* τέκτων.
ai. takš. takšan *holzarbeiter.* zend. taš.

teste b. s. *dutzend.* — *türk.* tésté
bündel.

testemelĭ: b. testemel *art tüchel.*
kr. testemelj: operi mi testemelj *Stari pisci*
2. 512. — *gr.* ντεστεμέλι *mantile.* türk.
téstimél.

testirŭ: s. testir *erlaubniss.* b. testi-
jer. — *türk.* téstir.

teta asl nsl. *muhme.* b. tęta. têtê
ältere schwester. s. teta, tetka. č. teta.
p. ciotka. ciotucha *fieber.* os. ćeta. ns.
śota. šotka *fieber.* šeško *cousin.* klr. ćitka.
wr. cëtka, ceёucha *fieber.* r. tëta. —
lit. teta. tetis *vater.*

tetervĭ: asl. tetrěvь, tetrja *fasan.*
s. tetrijeb. č. tetřev. p. cietrzew. cie-
cierza, cieciorka. klr. ćićviŕ. tetervak,
katervak. wr. ceceŕ, ceceruk, cecerľuk,
cecera. r. teterěvъ, tetera, teterja, te-
terka. — *preuss.* tatarwis. *lit.* tītaras,
teterva. *lett.* tīters, tetteris. *westfinn.*
tieri. *gr.* τέτριξ, τέτραξ. *lat.* tetrao. *ai.*
tittiri. *pers.* tédzrév. *Das aus Asien
stammende wort bezeichnet in den verschiedenen slav. sovie in den asiatischen sprachen
verschiedene vögel.*

tezgjachŭ: b. tezgjah *werkstätte.* s.
tezga, tezjaj. -- *tŭrk.* tézgjah.

tê-: klr. vyťijaty, vyťivaty *aussinnen,
unfug treiben.* zaťivy *ränke.* wr. zaćêjać,
zaćêvać. r. zatêjatь, zatêvatь. zatêva,
zatêva.

têles, têlos: asl. têlo *simulacrum,
columna, tentorium, corpus, aetas: vergl.
kr.* kip *corpus.* tělište *simulacrum.* nsl.
têlo, *gen.* telésa, têla. b. têlo. s. tijelo.
č. tělo. p. ciało. cielesny. os. ćeło.
ns. śelo. klr. ťiło. r. têlo; *dial.* têlь.
têlo *ist verwandt mit* stě-nь: *W.* ski, têlo
daher schatten, abbild, bild. Vergl. got. leik,
ahd. lih.

têm-: klr. ťamyty *merken.* ťamka,
pamjať. ťamućyj, rostoropnyj. neťam *be-
sinnungsloser zustand.* neťam *vergessen.*
temesyty *errathen.* wr. ćamić *rathen.*
cêmić *bemerken.* pričam. r. tjamъ *ge-
dächtniss:* vzjatь vъ tjamъ. tjamitь *wissen.*
vtemljatъ. zatemjašitъ. — *lit.* têmīti s *sich
genau merken.*

têmen: asl. têmę *scheitel.* nsl. b.
tême. s. tjeme. č. těmě, témě, týmě,
těmeno, temeno. *dial.* ćemyno. p. ciemię.
kaś. cemic *neben* vierzgłovje. klr. ťimja.
r. têmja.

têrja-: asl. têrjati *sectari.* nsl. tirati
fugare, treiben. têrjati, tirjati (dolg, koga).
b. teram *vb.* poteram, potirvam *vertreiben.*
potera *rotte.* s. tjerati *treiben.* potjera
insecutio. os. ćerić *jagen.* ćeŕ *bahn.* ns.
śeriś *schnell dahinziehen.* — *rm.* potere *aufruhr.* *alb.* potere.

têsto asl. nsl. b. *teig.* s. tijesto. č.
têsto. p. ciasto. polab. ťostü. os. ćesto.
ns. śesto. klr. ťisto. r. têsto. — *magy.*
tészta. *lit.* tešla, tašla. tês-to, *dessen* s
ursprünglich palat. k *ist.*

tiblo, tibla nsl. *bügeleisen.* klr. te-
głavoš *ung.* — *magy.* tégla-vas. téglázni.

tiganŭ: asl. tiganь *pfanne.* tiganisati.
b. tigan. s. tigan, tiganj *tiegel.* r. ta-
ganъ. — *rm.* tigae. *alb.* tigan. *gr.*
τήγανον. *ngr.* τηγάνι.

tichŭ: asl. tihъ *still.* tihnąti. vtišati.
zatišije. *Durch steig.* utêha *trost.* têšiti
trösten. nsl. tih. b. tih, tihъk. tihom
adv. utêha. s. tih. utjeha. č. tichý.
tišiti *mitigare.* těšiti *consolari.* p. cichy.
cichnąć. pociecha. uciecha. cieszyć. polab.
taicḱy. putěsat *stillen.* os. cichi. ćešić.
ns. śichy. klr. tychyj. poťicha. wr.
cichmeń *stille.* spoćecha. r. tichij. tich-
nutь. tišitь. tišknutь. tišnutь. têšitь. potêcha.
— *rm.* tikni *ruhig sein.* *lit.* tīkas. pati-
kos, pataika *unthätigkeit.* těšīti. patêša
labsal. patêka. *Vergl. ai.* tuš *sich beruhigen.*
tūšṇīm *stille.* *zend.* tusna.

tijunŭ: r. tiunъ, tivunъ, tivonъ *art
amtsperson* tojonъ *dial.* p. ciwun, tywun,
tywuń, tywon. klr. tyvun. wr. civun.
— *and.* thjōnn. *altschwed.* thiun *diener.* *lit.* tijunas, těvunas *haupt einer tuvu-
nija gau.*

tika-: r. tikatь *wie der specht schreien.*

tikŭ: asl. tikъ *speculum.* tikrъ, tikrъ.
tykъrъ *naz. 124.* mladên. tykъrъ *naz. 147.*
Vergl. tikati *adsimulare.* — *magy.* tiker,
tükör, tyükör *soll das ćuvaš.* tügür, tü-
gürt *sein.*

timarŭ: b. s. timar *pflege.* — *tŭrk.*
timar.

timêno, timênije asl. *lutum.* os.
tymjo, tymjeńa, tymjeništo *sumpf.* ns.
tymjeńca. *Vergl.* klr. ťimenýca *unreinlichkeit am leibe.* r. timênьe *für* dremota.

timonŭ: nsl. timon *ruder trub.* kr.
tumun. s. timun. — *alb.* temon. *it.* timone. *Daher tŭrk.* dümén. b. djumeń.
s. dumen. dumenisati. *alb.* dümen.

tina asl. *lutum.*   **b.** tina *schlamm.*
klr. tyna *wasserfaden.*   **wr.** tyń, tvań.
r. tina. — *rm.* tinę.

tipa-: nsl. tipati *betasten.*

tirmenŭ: nsl. tirmen grenze.   **kr.**
trmen *frist.* — *it.* termine.

tirŭ: nsl. tъr, gen. tira, *der raum im
thurm, wo die glocken hangen* rib.

tisk-: asl. tisnǫti *trudere.* tištati (ti-
štǫ). tiskati *premere. Durch steig.* têskъ
angustus, tôrcular. utêštati *comprimere.*
têskota. têskъnъ, têsъnъ *angustus. Mit*
têskъ *torcular ist wohl* têštiti *fundere zu
verbinden: man vergleicht es mit lit.* teškėti
spritzen.   nsl. tisnoti, tiščati, tiskati. so-
têska *engpass.* têsen.   **b.** stisna *vb.* tiskam
vb. têsen. tišma *gedränge.*   **kr.** tisk uz varoš
knapp an der stadt.   **s.** tisnuti, tištati,
tiskati *drücken, stossen.* tijesak, tijest
presse. tještiti *pressen, keltern.* tijesan.   **č.**
tisknouti. tisk *druck.* tiseň *klemme.* těsný.
p. cisnąć, ciskać *werfen.* cisnąć, dawić
dial. wycisnąć, wyciskać *auspressen.* pocisk
lanze. cižba (cieśń, tłum. ścisk) *gedränge
beruht auf* tisk-ьba: cižba, sidła na ptaki
ist *č.* čižba *vogelfang von* čihati *auflauern,
das* *p.* czygać *lauten würde.* ciasny.   **kaš.**
cesnanc *drücken.*   **os.** ciskać *werfen.* ćesny.
ns. śisnuś *schieben.* śesny.   **klr.** usta sty-
ščena, stysneńi *chrest. 260.*   **wr.** scisk.
cižba *menge, aus dem* *p.:* vergl. cižma *enge.*
r. tisnutь, tiskatь *drücken.* têsnyj. — *rm.*
têsk *presse.*

tisŭ: asl. tisъ *taxus.* tisa *pinus.* tisije
cedri.   nsl. **b.** **č.** tis *eibe.*   **s.** tis *lärche.*
p. cis *eibe.*   **kaš.** *ON.* cisine *eibenhorst.*
r. tisъ *eibe.* — *rm.* tisę *taxus.* magy. tisza.

tita, titьka *r. zitze.*   **p.** cyc, *fremd.*
Vergl. cica. sъsъ

tjud-: *č.* couditi, cíditi *reinigen.* coud-
ný *rein, hübsch.*   **p.** cudzić *striegeln. Vergl.*
č. necuda *unverschämter mensch.*

tjudjŭ: asl. štuždь *fremd: daneben*
čuždь, tuždь.   nsl. tuj; ptuj *meg.*   **b.**
čužd, čuž. čužina *mil. 24. 376. Vergl.* tugi
zemjanin *mil. 475.*   **s.** tudj. tudjin.   **č.**
cizí *aus* cuzi.   **p.** cudzy.   **kaš.** cezy.
polab. ceudzi.   **os. ns.** cuzy. cuzba.   **klr.**

čužyj.   **wr.** čužbina.   **r.** čužoj. čužbina.
dial. čudyj. — *Vergl.* got. thiuda *volk,*
ahd. diota, (*lit.* tauta. tautninkas ober-
länder, deutscher ausländer) *und nsl.* ljudski *fremd. Wenn die ableitung von* thiuda
richtig ist, dann ist von tjudjŭ, štuždь *auszugehen.*

tjudo: asl. študo, čudo *wunder.*   nsl.
čudo.   **b.** čudo. čudosija.   **kr.** čuda *viel.*
s. čudo.   **slk.** čud.   **p.** cud. cudo.   **klr.**
čudo.   **r.** čudo. — *lit.* cudas, čudas, *entlehnt. magy.* csoda. micsoda *was.* čudos.

tjudŭ: asl. študъ, študinъ, študovinъ
neben čudъ, čudinъ *riese.*   **klr.** ščud, velet,
ispołyn, obrym *chrest. 405. 488.*   **r.** ščudъ.
Wohl nicht vom volke der Finnen čudь, *ein
Finne* čudinъ: *eher möchte das wort mit got.*
thjuda *volk, etwa das germanische, plur. auch
die heiden, zusammenhangen. Vergl.* tjudjŭ.

tjudĭ: asl. študь *mos* τρόπος: *daneben*
čudь.   **s.** ćud *naturell.* ćudati se *scheu
werden.* ućuditi.   **č.** cud *boni mores.* cudný
bene moratus: vergl. tjud-.   **r.** pričudy
launen.   nsl. čud *neigung.* — *Ob rm.*
čudę *ärger und alb.* kjudę, čudę *hals-
starrigkeit hieher gehören, ist zweifelhaft.*

tjuška: **s.** ćuska *ohrfeige.* ćušiti. —
Vergl. mgr. κόσσος. κοσσίζω.

tjut-: asl. štutiti *fühlen; daneben* čutiti.
nsl. čutiti.   **s.** ćutiti. oćutjeti.   **č.** cit.
cititi, cejtiti; *alt* cútiti. procítnouti, *dial.*
procótnoti, *erwachen.*   **p.** cucić, czucić
wecken. ocucić się, ocknąć się *erwachen,* ocy-
kać się, *aus* octnąć.   **os.** cucić *empfinden.*
klr. ošču̯ščaty *fühlen.* očutyty śa *erscheinen.*
očnuty śa *erwachen.*   **wr.** oču̯čić. očnuć
śa, očinać śa *erwachen.* očinuč śa.   **r.** oču-
titi sja *tichonr. 2. 65.* oščutitь. očutitь sja,
očutnutь sja, očunutь sja, očnutь sja *erwachen.*

tlap-: **kr.** **s.** tlapiti *durcheinander
träumen.* tlapan *nugatorius mik.*

tlapi-: asl. tlapiti *mitigare.* vъstlapiti
retinere, arcere.

tläska-: **b.** tlaskam *stossen.* (*č.* tla-
skati *schnalzen*).

tobol-: asl. tobolьcь *saccus.*   nsl. to-
bolec *köcher.*   **s.** tobolac *beutel.* tobalica.

č. tobola, tobole. p. os. toboła. (ns. tobolica *eintagsfliege, toblize*). klr. toboła *scheide*: meč is toboloju. tobôłka. r. tobolecъ. — *lit.* tobelis, tapelis.

tojadŭ: p. tojad *sturmhut*: wilczy jad. *Vergl.* **tojeść** *giftwurzel.* tojna *hundstod.* *Man führt ein d.* thorhat *an.*

tojaga asl. b. *stock.* s. tojaga, toljaga. — rm. tojag. türk. tojaka.

toka: s. toke *art metallene platten.* — rm. toakę. magy. tóka *hölzerne glocke.* türk. toka *schnalle.*

tokmakŭ: b. s. tokmak *schlägel.* r. tokmačъ, tokmarъ. — *türk.* tokmak.

tokŭ 1.: os. tok *balz.* tokać *balzen.* p. tokować. *Onomatop.*

tokŭ 2.: asl. tokъ *theca.* nsl. tok *futteral, köcher.* — rm. tok.

tolihŭ: nsl. tolih *dolch habd* č. p. tulich. — nhd. dolch: *das wort gilt als slav.*

tolovaj, tolvaj nsl. *räuber.* — magy. tôlvaj, *das auch türk. ist:* tulvaj.

tom-: asl. tomiti *circumagere, vexare.* nsl. tomljati, temljati. s. zatomiti *unterdrücken.* klr. tomyty. istoma *ermüdung.* wr. tomić. r. tomitь *ermüden.* toma dial. — *lit.* staminti *dämpfen.*

tompanŭ: asl. tąpanъ, timpanъ *tympanum.* b. tъpan *trommel.* — rm. timpęnę, timpçnę. *Aus dem gr.* τύμπανον. *ahd.* timpana.

tompŭ-: asl. tąpъ *stumpf.* otąpêti *stumpf werden.* nsl. tôp; *daneben* tumpast. b. tъp. s. tup. č. tupý. tupiti. p. tępy. tępić *verderben.* potępny *verdammt.* os. ns. tupy. klr. r. tupyj. — rm. tęmp. magy. tompa. lett. tups. *Man vergleiche* č. potupa *verachtung.* p. potępa, wzgarda zof. otępno, ponuro dial. — klr. vtupyty oči v zemlu *den blick zu boden senken.*

tomrukŭ: b. s. tomruk *fussschelle.* p. temruk. — türk. tomruk.

tonča: asl. tąča *regen.* nsl. toča *hagel.* s. tuča *dasselbe.* č. tuče. p. tęcza *regenbogen.* kaš. tanča *regenwolke.* polab. töca *wolke.* os. tučel *dasselbe.* r. tuča *finstere wolke.* — lett. tùča *regenwolke.*

tonga: p. tęga (*fehlt bei Linde*). kaš. tanga *regenbogen.* *Vergl.* teng-.

tonch- 1.: asl. potąhnąti *exstingui:* ąglije potąhnątъ *mladên.* svêstę potąhly. tąšiti *exstinguere.* ą *beruht auf* utąhnąhą pênija *cessarunt cantus.* p. przytęchnąć. klr. potuchaty *erlöschen.* potušyty. wr. tuchnuć, stuchać *exstingui.* tušič *exstinguere: daneben* tusič, *mit* p. si. r. tuchnutь. tušitь. *Vergl.* nsl. potuhnoti *still werden.* potuha *unterschleif, tücke.*

tonch- 2.: nsl. otôhniti se, ispriditi se. zatôhniti *dumpfig werden.* zatôhel *dumpfig:* zatôhlo vrême. otôhlica *schwüle.* utôhniti. kr. tuhljiv *humidus, graveolens.* č. tuchnouti *müffen.* stuchlý *müffig.* potuchnouti *ersticken.* p. tęchnąć: zatęchnie žyto. os. tuchnyć. tuchły, tuchy *dumpf, faul.* wr. tchlić *faulen machen.* r. tuchnutь *faulen.* tuchlyj. *Vergl.* s. tušiti *dämpfen, schmorren.* tuhinjati.

tont-: asl. tątьnъ *schall.* tątьnêti. tątьnąti. s. tutanj. p. tęten, tenten *trampeln.* — *lit.* tuntnoti *klappern.*

top-: asl. tonąti, topnąti *immergi.* utapati. potopъ. topiti *immergere.* utapljati. nsl. potonoti. potop. topiti. oton *tiefe des wassers.* b. tъna, potъnuvam, potъnъvam, potъvam *einsinken.* topja *eintauchen.* s. tonuti. topiti *überschwemmen.* č. tonouti. topiti. *Vergl.* tůně *vertiefung im flusse aus* top-nja. p. tonąć. topić. *Vergl.* tonia, toń, č. tůně. kaš. topicel *für* r. topь, boloto. os. tepić *ertränken aus* topić. tonidło *sumpf.* ns. toń *tümpel.* klr. vtonuty. *Vergl.* zatona *untiefe.* *Vergl.* zaton *für* r. zalivъ. r. topnutь. toplyj *nass.* topitь. topь marast. topkoe mêsto. *Vergl.* tonja, zatonъ *geschützte bucht.* — rm. potop. magy. zátony *untiefe.* *Vergl.* p. topić, przetopić *durchbringen.* r. protopitь. — *lit.* pratapiti *perdere.*

topolja, topolь asl. *pappel.* nsl. topol. b. s. topola. č. topol. p. topola. os. topoł. ns. topol. klr. topoła. r. topolь. — *lit.* tapalas. magy. topoly. alb. tuplih. *Man vergleicht lat.* populus.

toporŭ: asl. toporъ *hacke*. toporište
hackenstiel. nsl. topor. toporišče. b. to-
por. toporiška. č. topor. topořiště, topoři-
sko. p. topor (*nicht von ciepać*). topo-
rzysko. kaš. topor. os. toporo. toporišćo.
ns. toporišćo. r. toporъ. toporišče. — rm.
topor. toporęšte. magy. topor. kurd. tefer,
tevir. arm. tapar. türk. teber. *Ein pers.
wort*, tabar, *durch Türken in der ersten
periode den Slaven übermittelt. Aus dem
slav. kam das wort in das finn.* (tappara)
und skand. tapar.

topŭ: b. s. top *kugel*. — türk. top
kugel, ballen. Daher b. rm. toptan *im
grossen*.

torakŭ: ar. torakъ *lorica*. — gr. θώραξ.

torba nsl. b. s. č. p. klr. r. *tasche,
sack*. — magy. turba. rm. torbę, tolbę.
alb. torbę. preuss. tarbio *mühlkasten*. lit.
tarba, tarbas. lett. tarba. ngr. τορβᾶς.
türk. torba.

torch- 1.: klr. pŏtorochtity *dahin
kollern. Nicht auf eine einfachere form
zurückführbar: dasselbe gilt von* klr. toro-
pata *schwätzerin und von* ottorosaty *ab-
schütteln*. r. torokъ *sturmwind bringt man
mit* s. trkati *cursitare in verbindung*.

torch- 2.: r. torochnutь. trachnutь
schlagen dial. Vergl. vytaraašitь (glaza).

torkula nsl. *ölpresse*. s. trkulj *vi-
nacea*. — it. torcolo. ahd. torcul. nhd.
bair. torkel.

torkŭ: asl. trakъ *fascia*. nsl. trak
band, strahl. kr. trak *band* ung. *strahl*
mik. svitli traki *frankop*. s. trak *band*. tra-
kavica *bandwurm*. č. trak. tračec *torques*.
dotrakat *dial. für* dotáhnouti. p. troki.
troczek *dial*. troczyć *binden*. os. ns. trok.
klr. zatoročyty *binden*. toročyty *plaudern*.
toroka *krause faser*. troky, davnoe ubrańe
śidła *ist p*. r. toroka *plur*. toročitь *dial*.
utoroka. trokъ *schabrackengurt*, ar. troki
sind p. — preuss. tarkue, *wohl nicht* tarkne.
lat. torqueo. gr. τράχος *funis. Vergl.* ai.
tarku *spindel*.

tormazŭ: r. tormazъ *hemmschuh*.
— Vergl. gr. τόρμος.

torna-: as. tornati *turnieren*. — fz.
tournoi. ngr. τορνέσιον. mhd. turnei, *vom*
lat. tornus.

tornacŭ: nsl. kr. trnac *porticus ung*.
slk. trnác, *dom na sloupech*. klr. tornac
ung. — rm. tîrnac. magy. tornác.

tornŭ: r. prítornyj *von unangenehmem
geschmack aus* prítoronyj. asl. pritranъ
amarus, foedus: pritranъ dьnь, pątь; pri-
trana mąka, sъmrtь. ne pritrani sę o
sihъ. *Vergl.* ter-.

torp- 1.: p. roztropny *klug*. klr.
roztoropnyj. r. rastoropnyj. — lit. strop-
nus, *entlehnt*.

torp- 2.: p. stropić się. storopić się
sich entsetzen: das letztere ist r. klr. toropôt *schauder*. r. toropêtь *erschrecken*. otoropъ. potoropъ f. *Vergl.* terp- 1.

torp- 3.: klr. toropłyvost *eile*. r.
toropъ *eile, sturmwind*. toropitь *beschleuni-
gen*. toropêtь *eilen*. toroplivyj. toropyga.
Vergl. klr. vtoropaty *begreifen*.

tortoř-: č. trátořiti *schwatzen*. wr.
taratarić. r. torotoritь, taratoritь, tarado-
ritь. taratora *schwätzer Vergl.* s. trtositi.
W. ter-.

toriňĭ: s. toranj *thurm*. nsl. turen.
kr. turan. ns. torm. klr. toron, turňa
ung. wr. turma. r. tjurma *kerker*. —
magy. torony, *das aus dem d. unmittelbar
entlehnt sein kann*. rm. turn. lit. turmė,
turmas. ahd. turra, turri. mhd. turn,
turm, *aus lat.* turris.

tovarištĭ: asl. tovarištь *genosse*. nsl.
tovariš meg. tovaruš habd. tovarih rêš. kr.
tovaruš. č. tovaryš. p. towarzysz. os.
tovaŕš. ns. tovariš. klr. tovaryš. wr.
tovariš.ᵃ r. tovaryšъ *neben* tovařišč-. —
lit. tavorčius, tavarčius, tavoŕščius. magy.
társ. rm. tovaręš. štĭ *ist unhistorisch*.

tovarŭ: asl. tovarъ *merx, onus*. nato-
variti. tovarinъ *asellus*. nsl. tovor *last,
saumsattel*. tovoriti. tovornik. b. tovar
last. tovarja *beladen*. kr. tovor *last*. tovar *esel*. s. tovar *pferdelast, esel*. tarni
in tärna kola *frachtwagen beruht auf magy*.
tár. č. tovar, zboží. slk. tovar *waaren*.
p. towar. klr. tovar *hornvieh, waare; zelt*

chrest. 486. kôñ **tovarnyj** *lastpferd.* **wr.**
tovarńa. r. tovarъ *herde.* — *lit.* tavoras
waare. magy. tár. tárnok *ist slav.* tovar-
nik. *rm.* tarnicę. *türk.* tovar. r. tovarъ
leder ist gr. τομάρι.

toverna, tovirna nsl. *schenke.* s. tovirna. — *nhd. dial.* tafern. *ngr.* ταβέρνα.
lat. taberna.

tra-: asl. trajati *durare.* b. traja
vb. srъce ne traje *erträgt es nicht.* s. trajati. os. trać. ns. traś. — *rm.* traj *leben.*
Vergl. ai. trä *servare. Daneben č.* trvati.
p. trwać. klr. tryvaty. vytrevałyj. **wr.**
trvać. trvałyj. tryvać. — *lit.* trivoti *er-*
tragen.

trač-: nsl. tračje *leere bohnenhülsen.*
— *Man vergleicht it.* straccio *fetzen. Form*
und bedeutung weisen auf ter-.

trag-: nsl. vtragljiv *träge meg.* vtra-
gati se *faul sein.* traga, vtraga se mi, vtraga
me je *ich bin zu faul.* — *ahd.* trägi. *mhd.*
mih beträget.

tragŭ: asl. tragъ *posteri, in s. quellen,*
eig. vestigium. nsl. trag *spur.* tražiti *in-*
vestigare habd. spüren Ukrain. b. traža
vb. s. trag *fussstapfe.* traga *thierrasse.*
natraga *anwuchs.* natražke *rücklings.* ostrag
hinten. stražnji *hinterer.* tražiti *suchen.* kaš.
tragi, tregi *für* r. nazadъ.

tralje. *plur.* nsl. *Ukrain.* kr. *trag-*
bahre. Vergl. s. tranja *trage.* p. tragi. —
magy. taraglya. *Aus dem d.*

trampa b. *tausch.* s. trampa. tram-
piti. — *türk.* tranpa, tęrampa *aus it.* tra-
muta.

tramŭ: nsl. tram *tragbaum. č.* tram.
p. tram. os. trama. ns. tram. — *nhd.* tram.

trapeza, trepeza asl. *mensa.* trъpe-
zica. b. trapoza. s. trpeza. p. r. trapeza. — *gr.* τράπεζα.

trapŭ: asl. trapъ *grube.* b. trap.
s. trap *rübengrube.* — *rm. alb.* trap.
Man vergleicht lit. tarpas *zwischenraum,*
kluft: trop, torop *fehlt.*

trata 1.: asl. tratiti *absumere.* nsl.
tratiti *verwenden, verschwenden* potrat,
zátrat. s. tratiti *verlieren. č.* tratiti.
p. trata, strata, utrata. tracić. utracyusz.

os. stracić. klr. utrata. tratyty *hinrichten.*
stratoneć *der verlorene.* **wr.** trata. tracić.
r. trata, utrata, istrata. tratitъ. trača, utrača.
— *lit.* trotiti *quälen, schädigen, durchbrin-*
gen. patrotka *verlust.*

trata 2. nsl. *rasen, rasenfläche.* tratina
habd. **kr.** trata. s. tratina. č. trata,
trat *flur.* — *mhd.* tratte. *bair.* trat *f.*
viehtrieb. magy. taráta.

trata-: asl. tratati, traštą *persequi.*

tratva: p. tratwa, trafta *holzfloss.* —
d. preuss. traft, trift *schwemmen des hol-*
zes usw.

travlŭ: asl. travlъ, travlivъ *balbus.*
— *gr.* τραβλός.

trefl-: č. trefiti *treffen.* trefuňk *zufall.*
p. trefić, trafić. trafunek. os. tšechić. **klr.**
natrapyty. **wr.** trapić śa. trapla *zufall.*
r. trafitъ, *dial.* trapitъ. — *lit.* tropiti. *ahd.*
trëffan. *niederd.* drapen.

trelja: nsl. trlja *mullus barbatus.* —
it. triglia. *gr.* τρίγλη.

trem-: klr. tremfity *zittern.* — *lit.*
trimti. *gr.* τρέμω. *lat.* tremo.

trens-: asl. tręsą, tręsti *erschüttern.*
tręsъka, tręsavica, tręsьca *fieber. Durch steig.*
tronsŭ: tręsъ *erdbeben.* tręsiti *erschüttern.*
mêra potręsъna. nsl. tresem, tresti.
tresorepka *bachstelze.* treslica, trešljika
fieber. trôsiti. b. trese me *ich fiebere.*
treska *fieber.* trъs *erdbeben.* trъsja *schütteln.*
s. tresti. tres. č. třesu, třásti *schütteln.*
třas, třes. třasořitek *motacilla.* trousiti *ver-*
streuen. trus *verstreutes.* útrus *schafmist.*
otrus *schlacken.* p. trzęsę, trząść. trzę-
sawa, trzęsawisko *mohrboden.* trzęsidupka
motacilla. roztrząsać, strzęsawać. **polab.**
träsě *schüttelt.* os. tšasć. trus *verstreutes.*
trusyć. ns. tśesć. **klr.** trjasu, trjasty.
trus *erdbeben chrest.* 486. trusyty. strus-
nuty *chrest.* 415. **wr.** tresu, treść. tre-
chanuć. trjasca *fieber.* trjaskij, *daneben*
drjazkij, *zitternd.* trus. trusko *rüttelnd.* **r.**
trjasu, trjasti. *partikel* trjasъ (trësъ). trja-
chatъ. vstrjachivatъ. protrjasyvatъ. trjach-
nutъ. trjasavica. trjasina *morast.* trjasoguzka
motacilla. trusitъ. b. trъsja *suchen, aus-*
stauben scheint auf tręsъ *zu beruhen.*

trentafilŭ: b. trъndafil, triafil *rose*. s. trandovilje. — *alb.* trendafilj. *ngr.* τριαντάφυλλον, τραντάφυλλον.

trep- 1.: *asl.* trepetъ *zittern*. trepetati, treperiti *zittern*. *nsl.* trenoti, tripati *blinzeln*. trnutje *crell.*, trenek, trip *augenblick*. trepavica *augenlid*. trъpet. trepetati. trepetika *zitterpappel*. b. trepna *vb.* trъpka *zittern*. treptja, treperja *vb.* **kr.** tripavica *augenlid ung.* s. trenuti. tren *augenblick aus* trep-nъ; *daneben* trem. trepavica. trepetati. trepetljika, jasika. č. třepetati. p. trzpiot. trzpiotać, trzepiotać. os. tšepjetać. **klr.** trepeta *zitterpappel*. **wr.** trop *zittern*. r. trepetъ. trepetatь.

trep- 2.: **asl.** trepati *palpare*. **nsl.** trepati *klopfen*. *Vergl.* trop, tropine *treber*. b. trepja *todtschlagen*. tropna, tropam *klopfen*. tropot *geräusch*. tropotja *stampfen*. **kr.** trepati. s. trepača. trop, tropine. č. třepati *klatschen*. p. trzepać. trop *spur, fährte*. vytropić *auffinden*. **ns.** tšapaś. **klr.** potripaty *sanft schlagen*. vytripaty. trop *spur chrest.* 486. potropyty *treten*. **wr.** trepać, tropać. trop *führte*. trap *pfad*. **r.** trepatь. trepalo. tropnutь. tropъ *pfad*. otrepki *werg*. otrepьe, trjapki, trjapьe *lumpen*. — *Vergl. rm.* otrep, otrêpę *waschlappen*. *lit.* trepti *stampfen*.

trep- 3.: *vergl. nsl.* trnoti, utrnoti, utrinjati *das licht putzen*. otrnek *Ukrain*. s. trnuti. utrnjivati. *Ehedem nsl.* utripati *bel*.

treska r. *stockfisch*. — *and.* thorskr. *schwed.* torsk, *nicht d.* dorsch. *lett.* durska.

trešelĭ: s. trešelj, intrešelj, antrešelj, ono što se na natovarena konja metne odozgo medju strane. — *Von mlat.* intrasellare.

trêbjes, trêbjos: **nsl.** trébje, *gen.* trebjesa: *daneben* trabje, *gen.* trabjesa. *Ferners* trap *f.* trêblji, on dél voza, ki je vtaknjen mej podvoz in mej óplen. *In andern gegenden* trobe *rungschemel am wagen*. trobje, *gen* trobjesa, *rib.* gabelförmiges holz.

trêsk- 1. „*schallen, schlagen, bersten*": **asl.** trêsnąti, trêštiti *ferire*. trêštati, três-

kati *strepitum edere*. trêskъ *schall*. trêska *splitter*. *Vergl.* troska *fulmen*. **nsl.** trêsnoti, trêskati *niederschmettern*. trêščati *bersten*. trêska, trska *splitter, span*. triesak *venet*. b. trêsna, trъšna, trêšta, trъšta, trêskam *schlagen, prasseln*. trêska *splitter*. trêsъk *gekrach*. s. tresnuti *niederwerfen*. treska *splitter*. trijesak, trijes *für* grom. č. třeštéti *prasseln*. třeštěti, třaskati, třiskati *krachen*. třeštiti *schlagen, dass es kracht*. třiska *span*. třišťka. *Daneben mit tönenden consonanten* dřizhati *schleissen*. dřizha *span*. p. strzasnąć *zerschmettern*. trzeszczeć *prasseln*. trzaskawica *coruscatio*. trzaska *span: daneben* drzazga. trząsk *gekrach, mit unhistorischem* ą. **kaš.** drzozga. os. tšeska *span*. **ns.** ćeska, sćeska. **klr.** triska *splitter: daneben* droska. triščaty, troskotaty. **wr.** treskać *brechen*. treska. r. tresnutь. treščatь *krachen*. treskъ *gekrach*. treščina *spalte*. — *magy.* taraczk *feldstück*. *rm.* trêsk *pöller*. tręsnet *donnerkeil*. *lit.* tarškěti *rasseln*. treškěti *knistern*. *got.* thriskan.

trêsk- 2.: p. wytrzeszczyć oczy *stieren*. wytrzeszcz *stierauge*. č. vytřeštiti oči. **klr.** vytriščyty očy. *Vergl.* trysk-.

trêsnŭ: *asl.* trêsnъ *fimbria* trêsnovitъ.

tri, trije *asl.* tria, tres. trišьdy, triždy, trišti, trištь, troičь *ter*. trъblaženъ. tretij *aus* tertij. tretijaky *trima*. trizъ *trimus*. troj. troica. **nsl.** tri. trinog *dreifuss, tyrann*. tropôtec *wegerich*. tretjakovica, trečakovica, seno tretje košnje. b. triь *ter*. s. triždi, triž, triš, trić. tromiriti *am dritten tage essen: vergl.* τρημερίζω. č. trénohý *aus* trojenohý. trpaslik *zwerg:* tri pęsti. p. trzonog *aus* trzenog. polab. tåri, tåre, tårai. triti. **klr.** tryči. *Vergl.* potrovča *dreimal*. **wr.** troždy, troždži, trijči. r. trožždy, trožži, triždy; trêchma. vъ tripêska: tripjastъkъ πίθηκο: (*richtig zwerg*) *op.* 1. 3. 745. — *rm.* troicę. *preuss.* tîrtian. *lit.* trīs. treji, trečas. *lett.* tris. *got.* threis. thridja. *gr.* τρεῖς. τρίτος. τέρτος. *lat.* tres. tertius. *ai.* tri. traja. trtīja.

trikida: s. trićida *dreiarmiger leuchter*. r. trikirij. — *ngr.* τριχήριον.

trima-: č. třímati *halten.* třímač *dial.,* aus dem p. p. trzymać. **wr.** trimać.

trivlja asl. *patina.* — gr. τρύβλιον.

trizna asl. *pugna.* triznovati. trizni- šte. natrižnjenije. trizdьnъ *certaminis. Vergl.* trište *tribunal.* č. ist trýzeň *peinigung.* **klr.** tryzna *todtenschmaus.* **r.** trizna *lucta.*

trizni -: **wr.** triznić *phantasiren. Vergl.* r. natriznivъ *für* nasmijavъ sja *op.* 2. 3. 591.

trog-: **r.** tronutь, trogatь *berühren.* nedotroga *empfindlicher mensch.*

troch-: nsl. trohnéti *modern.* strohol m. ôtlo deblo. *Mit* u: **s.** truo (truhli), trula (truhla) *morsch, aus* truhlъ. natruo *angefault.* truhnuti, truhliti *faulen.* č. trouchněti. **wr.** truchłyj *faul.* **r.** tru- chavyj. *Vergl* trocha. truch-.

trocha asl. *mica.* trošiti *impendere.* **nsl.** troha *splitter, bischen.* trohljiv *morsch.* **b.** troha *brosame.* troša *brocken.* srъce istro- šeno *cor contritum* Vinga. **kr.** troha. potrošiti. **s.** troha. trošiti *ausgeben.* č. trocha, troch. **p.** trocha. oъ. trochu *adv.* natrošič *bestreuen.* **ns.** tšocha. **klr.** trocha. **wr.** trucha, potrucha *foenum minutum.* **r.** trocha. — alb. trohę. tro- šitun. *Vergl.* troch-. ter-.

trojanъ: r. trojanъ, *unter den göttern:* trojanъ, chъrsъ, velesъ, perunъ *tichonr.* 2. 23. **s.** trojan, zidine na Ceru.

trojba **s.** *treuga.* — it. tregua. ahd. triuwa *treue.*

tromba: asl. trąba *tuba.* trąbiti *tuba canere.* trąbij *qui tuba canit.* **nsl.** trom- ba, trôba. trôbiti. trobenta *posaune.* tro- belika *wasserschierling.* **b.** trъba. trъbja *vb.* trъbilo. **kr.** trombita. **s.** truba. č. trouba. **p.** trąba. **os.** truba *röhre.* trubić *tuten.* trubjela. **ns.** tšubiš. trum- pejta. **klr.** truba. trumpeta, trembita. **r.** truba. trubitь. — rm. trîmbę. trim- bitę, trîmbicę, trimbicę, trombetę, trom- petę. *alb.* trumbę. *magy.* toromba. *lit.* triūba, trūba. trubīti. *lett.* trūba *röhre.* trūbāt. *ahd.* trumba, trumpa. *nhd.* trom- pete. *and.* trumba. *it.* tromba, *das für deutsch gehalten wird.* trombetta.

trondŭ 1.: asl. trądъ *art krankheit.* vodotrądovitъ ὑδεριῶν. **nsl.** trôd *kolik,* nêka bolečina v črêvih. *Vergl.* **s.** trut *art fingergeschwür.* č. trud *zitter am ge- sicht.* **p.** trąd *aussatz.* trędowaty. **klr.** trjad, trad (*vielleicht asl.* trędъ) *geschwür.* trad *f. collect.* trudovatyj. natrud *eiter.* na- trudovaťity *räudig, aufgetrieben werden.* **wr.** trudovaty *aufgetrieben.* — rm. trînd *duritia, callum; descs.* trînži *haemorrhoiden.* trund. *magy.* torongy *bösartiges geschwür.* Man vergleicht got. thruts-fill *aussatz. lit.* trēsti.

trondŭ 2.: asl. trądъ *zunder.* **nsl.** trôt *art holzschwamm rib.* trud. **s.** trud. č. troud. **r.** trutъ. — *Vergl. lit.* trandis *staub des holzwurmes. Nahe liegt die ver- gleichung mit der W.* ter-: tïr-ondŭ, *etwa das reiben, das geriebene.*

tronosŭ: **b.** tronêsvam *eine kirche einweihen.* **s.** tronosati. — rm. tîrnosi *vb.* tîrnosêlę. ngr. θρονιάζω.

trontŭ 1.: č. troutiti *stossen.* otrutiti. **p.** trącić. wstręt, stręt *abprallen, wider- stand, abscheu.* wytręt *ausstossen.* natręt *das herzutreiben.* przetrącić *für* przegryźć *beruht wohl auf* ter-. **klr.** trutyty, potru- tyty *stossen.* natruta *stoss, zwang.* vstrent *chrest.* 1416, *aus dem p.* **wr.** vtručać *einrühren.* vtrencać *ist p.; ebenso* natrent- nyj; troncić *unangenehm riechen;* natron- cić, natrončivač *verletzen.* — rm. trînti *zu boden werfen.*

trontŭ 2.: asl. trątъ *crabro.* **nsl.** trôt *dain.* 94. *brutbiene. Damit vergleicht man* trolj *hummel.* **s.** trut *drohne.* č. trout, troud, troup. **p.** trąd. truteń, tru- cień *sind* r. **os.** truta. **ns.** tšut. **wr.** tru- ceń. **r.** trutenь. — rm. trîntor. *lit.* tra- nas. *ahd.* trëno *drohne. Vergl.* kaš. truna.

trontŭ 3.: asl. trątъ *phalanx, cu- stodia.*

troska 1. nsl. *hefe.* troskva *treber von schmalz usw. rib.* **s.** troska *schlacke: daneben* šlaknja. č. troska, trûska. **os.** truska. **wr.** trušščinka *treber.* **r.** troski *plur. m.* salomany, trostka chlêba *dial.* — rm. troskovin *vappa, lora. Vergl.* trocha.

troska 2. p. *kummer.* troskać. stroszczyć się.

troskotŭ: asl. troskotъ *art pflanze* ἄγρωστις. troskotati *strepere.* b. trosъk *art unkraut.* s. troskot *vogellcnöterig.* r. troskotъ *alt für* treskъ, troskotatь *für* treščatь. — rm. troskot *polygonum aviculare.*

trotíkŭ: p. trocik, trociszka, trociczka *räucherkerzchen.* — Vergl. nhd. österr. franzischkerl.

tru-: polab. treuvot *trauen, copuliren.* treunik *trauzeuge.* — as. trūōn. ahd. trūēn.

trudŭ: asl. trudъ *mühe.* truditi. truždati. nsl. trud. truditi. b. trud. trudja se *vb.* trudba *Vinga.* s. trud. truditi. č. trud. trouditi. p. trud. trudzić. *Daneben* trużyć, *nach dem r.; ebenso* trużonik. trużelnik. r. trudъ. — got. thriutan *beschweren.* and. thraut *f.* mühsal. *Neben* trudŭ *findet sich* truhъ *sin.: damit ist zu vergleichen* lit. trusas, triusas. triūsti, trūsıu *sich beschäftigeṅ, wobei an* nsl. trsiti se *sich bemühen gedacht werden kann:* trŭs- 2.

trufl-: b. trufja *schmücken.* trufilo *putz.* — Vergl. gr. τρυφῶ.

truga, trugla nsl. *truhe.* tružica *habd.* č. truhla. p. trulica. os. truhla. — ahd. truha.

truch- 1.: klr. potruchnuty *vermodern.* potruch *moder.* potruch *in* potruch biłyj *lunge,* potruch čornyj *leber wird richtiger* potroch *geschrieben und ist unter* ter- *angeführt, eig. das kleine: vergl.* drob-. troch-

truch- 2.: asl. natruhliti *gravidare.* kr. truhla *foeta verant.* otruhla *gravida* mik. natruhliti *mik.*

truch- 3.: nsl. trušjc *heuicht,* sêneu drobiı. kaš. truchlec *faulen.* os. trušenki. r. trucha *zerriebenes heu, spreu.* Vergl. s. trušni hljeb, trušnica *kleienbrot.* Vergl. W. ter- truch-

truch- 4.: č. truchlý *traurig.* p. truchliwy *furchtsam.* truchleć *kraftlos werden.* potruchleć *erschrecken.* truchlen *traurig.* truchło *kummer zof. Hieher rechne ich* truš *furchtsamer mensch.* os. truchły *ängstlich,* truchlić. ns. tšuchly *demüthig.*

klr. trusnyk *lepus timidus.* **wr.** truš *kaninchen.* r. truchnutь *fürchten.* trusъ *feigling, hase, kaninchen.* trusitь *fürchten.* Vergl. asl. truhviti sę *maža.* — lit. trušis *kaninchen.* lett. trusis.

trukčašíj: p. trukczaszy *truchsess.* -czaszy *nach* podczaszy: *woher jedoch das* s *in* strukczaszy *rührt, ist nicht klar.* nsl. trušar *dapifer meg. lex.* trušec. trušati *ätzen.* — *Aus dem d.:* ahd. truhsāʐʐo. nsl. trušati *lässt ein d.* truh *speise vermuthen.*

trulo asl. s. *kuppel.* — gr. τροῦλλος. ngr. τοῦρλα.

truma, turma nsl. *schaar.* s. turma. trumpa. p. turma. klr. turma, tjurma. — rm. turmę. it. turma. Vergl. nsl. ǒ. p. tropa. — it. truppa.

truna, trumna p. *sarg.* **wr.** truna *grab.* — d. truhne, *bei Linde.*

trunŭ: s. trun *splitter.* truniti *bestäuben.* r. trunъ *lappen.* W. ter-.

trunŭkŭ: p. trunek. klr. wr. trunok. — d. trunk.

trupa-: b. trupam *aufschichten.*

trupŭ: asl. trupъ *venter, vulnus, truncus, membrum.* potrupljenъ grêhomъ *mladěn. lam. 1. 98.* nsl. trup *körper.* truplo *leib; leichnam meg.* rastrupěti *confringere lex.* b. trup. s. trup *rumpf.* č. troup *stock, block.* p. trup *leichnam.* **wr.** trup. r. trupъ. trupitь *bröckeln.* — preuss. trupis *klotz.* lit. trupěti *bröckeln.* trupina *stück.* trupus *bröckelig.* trupinîs *brocken.* rm. trup *körper.* trupinę. alb. trup *rumpf. Hieher zieht man* asl. truplь *hohl: vergl. gr.* τρυπάω *bohren.*

trŭ- 1.: *I.* asl. *Durch die erste steig.* truti, trovъ, trują *absumere.* istrovenъ *partic.* otruti *vergiften.* otrovъ, otrova *gift. Durch die zweite steig.* otravъ, otrava *gift.* traviti *absumere.* otraviti. *Hieher gehört* trutiti *laedere.* nsl. trovati. trovilo *gift.* otrov *prip.* otrova *habd.* otroviti *prip.* otrovati *habd. mit einem krankheitsstoff anstecken.* nemoč otravna *morbus contagiosus.* b. trovja *vb.* otrova. travja *vb.* otrava. s. trov *fischköder.* trovati *vergiften.* otrov. Vergl. zatraviti. ǒ. otrava. trut *gift dial.* zątrutiti *tru-*

cidare. **slk.** strovíť groš. **p.** truć, otruć, zatruć *vergiften.* trucina, trucizna. otrawa. (**ns.** tšuś *entbehren*). **klr.** utrovyty. otrova. otrava. natrava. otrôj. trojity, potrojity. otrujity. otruja. muchotrut *fliegengift.* otruta. **wr.** truić. truizna. trucić. otruta. **r.** otrutь. otravitь. otrava. pritrava *köder.* trutitь (rybu). otruta. (*Alt* sьtrutъ *eversio*). travitь *verderben, abgrasen lassen.* istŕava. protrava. — *rm.* otravę *gift.* *lit.* tručíti. tručína. *II.* **asl.** *Durch die erste steig.* natruti, natrovą, natrują (natruíši *bon.*) *sättigen. Durch die zweite steig.* natraviti. potrava *speise.* **nsl.** natrovuechu *fris.* **č.** potrava. **p.** potrawa. *Vergl.* trawić *verdauen, verzehren, hinbringen (die zeit).* wytrawić *abweiden.* potraw *grummet.* **kaš.** potrav *grummet.* marnotravc. **klr.** otrovyty śa *sich gewöhnen.* potrava. *Vergl.* strava. **wr.** travić *abweiden.* potrava. *lit.* patrova. *Ich füge hinzu* **asl.** trava, trêva *gras.* **nsl.** trava. traven *april.* **b.** trêva. **s.** trava. travanj. **č.** tráva. **p.** trawa. **os.** trava. **ns.** tšava. **klr. r.** trava. **r.** *dial.* trava *alles essbare.* *III.* **č.** tráviti *zehren, verdauen.* **p.** trawić *verdauen.* **klr.** trovyty, travyty *verdauen. Die bedeutungen von* trŭ *I. II. III. scheinen durch die vorstellung „aufreiben", „verbrauchen", „zehren" „essen" zusammenzuhangen.* natruti *sättigen ist mit* **s.** najesti *zu vergleichen und* otrova *gift hat in* jadъ, *fz.* poison, *sein analogon: vergl. auch sp.* yerba, *d.* gift, *b.* bile (by-). *W.* ter-.

tru- 2.: **r.** travitь *hetzen, jagen.* **klr.** trovyty. **p.** trawić. **klr.** travyty, nezhodu robyty.

trŭch-: asl. trъhъtь λεπτόν *numulus. Urform unbekannt.*

trŭp-: s. trpati *übereinander werfen.* **b.** trupati *aufhäufen. Vergl.* trupa-.

trŭs- 1.: **asl.** trъstь *schilf.* trъstina. trestь *sin.* **nsl.** trst. trstje. **b.** trъst. trъska. **s.** trst. trska. trščak *rohrgebüsch.* **č.** trest, *gen.* trsti, třti. títi: **asl.** trъstije. třtina. **p.** treść *rohr, stilus* (treść wina *wird mit* **č.** trs *zusammengestellt;* treść *in* treść miodu *ist vielleicht* **asl.** strъdъ: strŭdŭ). treska. trzcia *f. rohrsumpf.* trzcina. **kaš.** strze-

cina: *daneben* strzana. **os.** sćina: **asl.** trъstina. troska. **ns.** sćina. **klr.** trosť. trošč. trošča. trostyna. **wr.** triscina. **r.** trostь, *dial.* trestь, tresta: *vergl.* trъstь *ostrom.* — *rm.* trestie. *lit.* strustis *halm, rohr im siebe.* trušas *rohr.* trušis *schachtelhalm.*

trŭs- 2.: **nsl.** trsiti se *sich bemühen.* **s.** trsiti *vollenden.* trsiti se *sorgen.* — *lit.* trusoti *sich bemühen. Vergl.* trudŭ.

trŭsa: asl. trъsa, trъsina *seta.* — *Vergl. lit.* trusa, trusas *im plur. federbusch.*

trŭsk-: č. treskt, trest *strafe.* tresktati, trestati: *daneben* třesktati *vit.* **p.** tresktać, trestać.

trŭsŭ: asl. trs *vitis habd., krautstengel,* koruzna latica brez zrnja. **s.** trsje *weinberg.* trsnat *stämmig.* **č.** trs *stock der pflanze.* vinný trs. trŭsŭ *ist problematisch.*

trysk-: p. wytryskać *hervorsprudeln.* **wr.** vytryščać: vytryščaj zerkači *für r.* vypuči glaza. *Vergl.* trêsk-.

tryskŭ: č. trysk *galopp.* tryskati.

trĭbucha: asl. trъbuha *intestina.* tribuhъ *stomachus, in einer r. quelle.* **nsl.** trbuh. lêzem trbušce *habd.* tribuh *res.* v trebuse *venet.* **b.** trъbuh. **s.** trbuh. **wr.** trebuch. **r.** trebucha. trebuchъ *dial. für* obžora. *Vergl.* telbuchŭ.

trĭvoga: p. trwoga *schrecken.* **r.** trevoga. — *lit.* trivoga *übel.*

tucija: p. tucyja *art zinkkalk.* — *türk.* tutja.

tučĭ: b. s. tuč *bronze.* — *alb.* tuč. *türk.* tudž, tuč.

tugla, tuvla **b.** *ziegel.* — *türk.* tugla. *ngr.* τοῦβλον.

tuch-: b. rastuša *trösten.* rastušnica. **č.** tušiti *ahnen.* **p.** tuszyć *ahnen.* potuszyć *ermuthigen.* potucha *muth.* otucha *hoffnung.* **klr.** tušyty *hoffen.* potucha *trost.*

tuk-: s. ustuknuti *zurückweichen.* ustuk *gegenmittel.*

tula: nsl. tule, otrc *plur. der beim hecheln herabfallende flachs.* tulje *plur. werg.* tulji *plur* tuljav, tulov: tulova srajca. *Vergl.* **r.** votolovyj *aus grober leinwand gemacht.*

tulbenŭ: b. tulben. **kr.** tuliben *karnar.* **s.** tulbenta *art kopfbedeckung.* **č.**

tulban. r. tjurbanъ. — *magy.* turbán, *türk.* tülbénd, dülbénd. *Hieher gehören die wörter für tulpe:* kr. tulipen. **s. p.** tulipan. č. tulipán. os. tulpa. ns. tuľpa. r. tjulpanъ. — *lett.* stulpane.

tuli- 1.: **asl.** prituliti *accomodare.* zatuliti *abscondere.* tulъ *pharetra.* **nsl.** tul. tulec, košek, v katerem suše ovočje. tuljava *rohr am giessschaff.* prituliti se *sich ducken.* **b.** tolja *verstopfen.* zatulja, zatuljam, zatuljavam *verstopfen, verbergen.* zatulka *pfropf.* **kr.** tulica *köcher.* **s.** tuliti *löschen.* **č.** touliti *schmiegen.* stouliti *zusammendrücken.* toul. **slk.** utulek. **p.** tulić *beruhigen, stillen.* stulić *zudrücken.* zatulić *zustopfen.* potulny, utulny *mansuetus.* tuł. **os.** tulić *schmiegen.* **klr.** tuł. vtułyty *hineinstecken.* obtuła. zatuła *ofenthür.* potułeć *sanft, fügsam.* **wr.** tulić *bergen.* **r.** tulitъ *biegen,* vygibatъ. vtulitъ *einstecken.* zatulitъ *bergen.* tulka *pfropf* *Vergl.* sutulyj *gebückt.* — *lit.* patulkus *geduldig.* tulъ *köcher hätte ich vielleicht vom verbalstamm tuli- trennen sollen: einige vergleichen* tulъ *mit* gr. τελαμών; *andere denken an pers.* tül.

tuli- 2.: **nsl.** *heulen.*

tulovĭ: **p.** tułów, tułob, tułup, tołw *rumpf.* **klr.** tołub. **r.** tulovišče *rumpf.* tulupъ, *art kleid.* — *Man führt* džag. tulb *sac de peau an. Man vergl. schwed.* tulubb *art kleid.*

tulumŭ: **s.** tulum, tulumina *schlauch.* **r.** tulunъ. — *türk.* tulum, tulm *schlauch, dudelsack.* *rm.* tulum. **p.** tłumok, tłomok *ranzen gehört wohl nicht zu tulumŭ.* *Vergl.* telmŭ. tulovĭ.

tumanŭ: **b.** tuman *nebel.* **p.** tuman *staubwolke.* **klr.** tuman, tumaneć. **wr.** tuman *irrthum, trug.* **r.** tumanъ. —- *türk.* tuman.

tumbanŭ: **kr.** tumban, glavni rubac *turban karnar.* tumbat *art türkische kopfbedeckung. Vergl.* tulbenŭ.

tun-: **p.** tunczyk *thunfisch.* **nsl.** tuna **s.** trup ili tunj. — *gr.* θύννος. *türk.* tun.

tunĭ: **asl.** tunъ *qui gratis datur.* tunje *gratis.* tunъba *donum.* **nsl.** stunj *gratis* habd. zastonj, obstonj, za obstonj, zabstonj,

zobstonj: *vielleicht* za-ob-s-tunj, **s** *einschaltung zwischen* b *und* t. **b.** tun *falsch.* tunê *vergeblich.* **kr.** stunje. ostun *glag.* **os.** tuni *wohlfeil.* **ns.** tuny. **klr.** tunij. **wr.** tunnyj *leer, eitel.* tunejad. tunno *gratis.* **r.** tunejadec. *Vergl.* **p.** tani *wohlfeil.* **wr.** tannyj.

tur-: **nsl.** turoben *betrübt ung. von* *tur-oba. **kr.** turobno *frankop.* turobiti *betrüben ung. Vergl.* **wr.** turbovać śa *für* r. grustitъ, *aus dem lat.*

ture *plur.* **nsl.** *tauern.*

turi-: **b.** turja, turna, turêm, turvam *legen, stellen.* **s.** turiti, turati. **klr.** poturyty *antreiben.* vyturyty *heraustreiben.* **wr.** turić *treiben.* **r.** turitъ *stossen. Vergl.* wr. poturić *und lit.* paturoti *einem was vorhalten.*

turpija **s.** *holzfeile.* — *türk.* dürpü.

turŭ: **asl.** turъ *taurus, auerochs.* turica. litvanъ turъ. **nsl.** trjaki *pfingstfest* habd., *wahrscheinlich nach irgend einem volksfest.* trjak *Auersberg ON.* **slk.** turice *pfingstfest.* č. p. os. tur. **klr.** bujtur. tur, turyća *für braut, bräutigam.* **wr.** turica. **r.** turъ. — *preuss.* tauris *wiesent, büffel.* *rm.* turicę *art pflanze.*

turŭkŭ: **asl.** turъkъ *türke.* turъci. turъčinъ *zmija.* **nsl.** turščina *mais. Vergl.* turka *erdapfel.* **s.** turčin. turčija *türkische arie usw.* **polab.** tork. — *lit.* turkas, turčinas.

tusk-: **s.** natuštiti se, stuštiti se *sich verfinstern.* **r.** tusknutъ. tusknêtъ. tusklyj *trübe.* tuskъ. — *Man vergleicht lit.* tamsus. **ns.** *ist* tuskaś, tusnuś *rütteln.*

tuska **s.** *schlacke, träber.*

tutunŭ: **b. s.** tutun. **p.** tutuń, tiutiuś, tytuń *tabak.* **klr.** ťuťun. **wr.** ćućun. **r.** tjutjunъ. — *türk.* tütün.

tuvalija: **p.** tuwalia, tuwalnia *handtuch.* **klr.** tuvaľňa. — *ahd.* dwahila *von* dwahan *waschen; daher auch it.* tovaglia, *fz.* touaille. *Vergl.* antvila.

tuzŭ: **slk.** túz, túzek *trappe.* — *magy.* túzok. *Man führt ein türk.* tujdak *an, und meint, slk.* túzek *stamme aus dem magy., das magy. wort aus dem türk.*

tvanĭ: wr. tvań. r. tvanь *dial. sumpf.*
— *Aus dem lit.* tvanas *überschwemmung.*

tvarogŭ: asl. tvarogъ *lac coagulatum,
in einer jungen r. quelle.* b. tvarog. č. tvaroh. p. twarog. kaš. tvarog. os. tvaroh.
ns. tvarog. klr. tvarôh. wr. tvoroh. r.
tvarog, tvorog. — *nhd.* quark, *spät mhd.
und den andern germ. sprachen fremd.
preuss. d.* dwarg. *magy.* taróh, tarhó,
tarha, tark: turó *quarg, geronnene milch
soll džag.* turak *sein. Vergl. türk.* to-
rak *käse.*

tvega-: nsl. utvegati se, tvegati se
sich entschlagen, entbehren. — *nhd.* ent-
wegen *amovere.*

tverdŭ: asl. tvrъdъ *hart.* nsl. trd.
b. tvrъd s. tvrd. tvrdja. č. tvrdý. tvrze,
tvrz. p. twardy. twardość *und* ućwierdzić.
ćwierdza. potwierdzić: *daneben* zatwardzić.
twardy *beruht auf* tvjerdy, tvjardy; ćwier-
dzić *auf* tvjerditi. kaš. ćviardi. polab.
tjård у. os. tvjerdy. stvjerdžić. ns. tvardy.
klr. tverdyj. wr. cvěrdyj. r. tvёrdyj.
— *Vergl. rm.* têfеr. tvrie *firmitas. lit.*
tvirtas. *lett.* tvirts.

tvez-: vtvezem, vtvesti *anbinden.*
konja pretvesti.

tvorŭ 1.: asl. tvorъ *creatura, forma.*
tvoriti *facere.* tvorьcь *auctor.* tvoritije. tvo-
ritvъ *qualitas.* potvorъ *calumnia,* φάρμακον.
pritvorъ *ambitus, septum.* rastvoriti *miscere.*
sъtvoriti *facere, creare.* sъtvorъ *factum.*
utvoriti *ornare.* zatvoriti *claudere.* zatvorъ
claustrum. Durch dehn. iter. tvarjati.
tvarъ *opus.* utvarъ *opificium, ornatus.* nsl.
tvorilo, torilo *käsestock.* torilce *hölzerne
schale.* zatvor *clausura habd.* stvar *geschöpf,
ding.* b. otorja *öffnen Vinga.* storja, sto-
ruvam, storvam, struvam *thun.* stor *wirkung
lat.* kr. otvarati. potvarati *verleumden
ung.* s. tvorilo *einfassung des käselaibs.*
stvor *machwerk.* utvora, utvara *gespenst.*
zatvor. tvar *geschöpf.* stvar *ding.* tvarizati
oft auf- und zumachen. č. tvořidlo *käse-
form.* potvora *missgestalt.* přitvor *vorhalle.*
stvor, stvůra *geschöpf.* tvar m. tvář f. *form,
gesicht.* přetvářka *maske.* slk. prítvor. p.
twor, utwor *geschöpf.* potwora *missgeburt.*

przytwor *vorhalle.* zatwor. twarz *für* twor,
angesicht. potwarz *verleumdung.* potwarzać.
os. tvorić *pressen.* tvarić *bauen.* stvar *bau.*
ns. tvoriš *ausbreiten.* stvoriš *schaffen.* tvariš
bauen. klr. tvoreć. sotvoryty. stvôr. tvar
geschöpf, gesicht. potvôr *ungeheuer.* potvar
gezücht. tvorylko *backform.* prytvor *vorhalle einer kirche. Vergl.* počvara *für* potvôr; počvar *unfug.* wr. tvorić *machen.* tvař
f. *gesicht.* r. tvoritь. otvoritь. wr. otčinić.
tvorilo. tvarь *geschöpf, volksthümliche benennung aller Nichtrussen. — magy.* pitvar
vorhaus, daraus slk. pitvor. patvar *calumnia. rm.* pridvor. *lit.* patvarati *verleumden, entlehnt.* sutverti *erschaffen.* sutverėjas,
sutvertojis *schöpfer. Daneben* tverti *zäunen.*
tvartas, tvora *zaun. lit.* tver *hat zwei
bedeutungen, die vielleicht von einander verschiedenen wurzeln zukommen. slav.* tvorŭ
ist durch steigerung von tver *entstanden.
Vergl.* ver-.

tvorŭ 2.: nsl. tvor, tor *geschwür.* tur
trub. lex. — magy. túr.

tŭ 1.: asl. tъ *ille.* r. этotъ. č. p.
ten. os. ton. ns. ten. r. *dial.* ten-
часъ *für* totčasъ. nъ *in* ten, ton *ist das
pronomen* nŭ, *das auch im ai. zur verstärkung anderer pronomina dient.* 1) asl. ta
et. taže *et, tum.* nsl. ta *illuc.* b. ta *et.*
taj, tъj *ita.* s. ta *tamen.* asl. te *et.* nsl.
te *dann.* ter *und:* kr. ter, tr *et, at.* s.
ter, tere, terem *und.* p. tеž *auch.* ns.
tek, teke, teker. asl. ti *et.* nsl. s. ti
in niti *neque.* nsl. tija, tja, tjakaj *dorthin.* tija do *bis.* s. tija, tja, ća. *Vergl.
kr.* čе, čer *ung.* asl. to *et, im nachsatz.*
nsl. tore *daher.* asl. tojci, tojdonьca *illico.
Vergl. r. dial.* tojdy *hac.* asl. tu *ibi.* tu
abije. tunъ *tum.* nsl. tu, tukaje, tukaj
hic. b. tuva; tuka, tuk, tukana. tutaksi
sogleich. s. tu, tujke, tuna, tune, tute,
tutena. č. tu. p. tu. tubylec. tutaj, tutak.
tuž, tudzież *gleich hier.* klr. tu, tutka,
tutky. wr. tuto, tutoka, tutaj. r. tutъ.
nitu, nêtъ. *Vergl.* nsl. tudi *auch und* č.
tudiеže. todie *ecce.* p. poty *so lange.* klr.
doty *bis da.* p. potomki (po-tomъ: *lit.*
patamkai). 2) asl. тъda *tum.* nsl. tedaj-

s. tada, tadaj, tadijer. č. teda, tedy *so, also*. teď *diesmal*. p. tedy. ns. tody. klr. tudy, tady. wr. r. *dial*. tudy. 3) asl. tądê, tądu, tąda. nsl. tôd. tec *von da* ung. b. tъdê, tъdêva, tъdês. kr. tudje *continuo verant*. s. tuda, tudijer. č. tudy, tady. dotud, dotad, dotavad. p. tędy, tąd, stądž. os. vottad. ns. tudy, tud, tuder. wr. tudy, tydy, tudej; tudoju. tudaja doroga. r. tuda, tudy, tudaka, tudakaвъ. potudova, potydova. 4) asl. togy *tunc*. b. toga, togava, togazi, togaz, togaj, togizi, togiz. 5) asl. togda, tъgda, togdy *tum*. č. tehda, tehdy. p. tegdy. os. tehdy. klr. tohdy. attohda. r. togda, togdy. 6) asl. takъ *talis*. takovъ. takovъвъ *cloz. 1. 104*. potaky *indulgentia* Vergl. tače *deinde*. tačaj *deterior*. nsl. tak. takšen. taki *sogleich*. b. taka *so*. takъv. takъvzi. tače *postea*. kr. takaj, takajše *auch*. s. tako. takodjer. tako ili liho? takati se. taki *allsogleich*. č. taký. takměř (téměř) *fast, gleichsam*. takati *bejahen*. potákevný *gehorsam*. p. taki. takowy, potakiwać *ja sagen*. polab. tok. os. tajki. tak. wr. takovskij. r. takoj. takatь *ja sagen*. 7) asl. tolikъ *tantus*. toliko *nur sav.-kn. 15*. tolikošti, tolikaždi, tolikoždy *toties*. nsl. tolik. b. tolkozi, tolkoz. s. toliki. tolicina. č. toliký. p. tylko, telko. os. telki. ns. teliki. klr. tôľko. r. tolikij. *Ein l-suffix findet sich auch in* asl. toli, tolê, tola *tum*. tolь *tam*. tolišti, toliždi, toližde *toties*. tolьmi, tolьmê, tolьma *tantopere*. nsl. potlej, potler *nachher*. dotlaj, dotle, dotler. s. dotle, dotlen, dotlem. potlje. č. toli, toléj *so viel*. dotei, dosel. *Vergl*. tal, tale *so*. p. tyle, tylo, tele, tela *so viel*. do tela, do tąd. potyla, potąd *dial*. klr. dotôľ, dotôľa, dotľa. wr. do tuľ, do hetuľ, do tuľa. r. tolь *tantopere*. tulь, tuliča, po tulja, potulêva *hac*. po taliča. taldy *damals*. 8) asl. tamo *illuc*. tamošьnь. nsl. tam, tamkaj *ibi*. tamdik *dort vorüber*. b. tam, tamê. tamošen, tamkašen. s. tamo. č. p. tamo, tam. os. ns. tam. wr. tamo, tamoka. r. tamъ, tamoka, tamka, tamotka, tamotkaвъ. — *lit*. ta. toligus *gleich*. patol su

iange. iktol, iktoliai *bis dahin*. tejpogi, p. takže. *got*. tha. *lat*. to: is-tud. tam. *c͞*. ro. *ai*. ta. *Hier sind noch zu erwähnen: I*. b. tata *ist reduplicirtes* ta: o (*wohl* otъ) tata, o tatak *jenseits*. na sam na tatak *hin und her. II*. asl. toprъvo *nunc primum*. s. toprv *erst*. č. teprv, teprva. p. teper. klr. teperva. r. teperь, *dial*. topere, tepere, teperetko, taperika. taporъ *damals enthält das wort* pora. *III*. tŭdɪnɪ *hic dies dient zur bezeichnung der woche, eig. derselbe nach einer woche wiederkehrende tag*. nsl. teden, tjeden. kr. tajedan. č. týden. p. tydzień. os. tydžeń. ns. tyžeń. wr. tydzeń, tyzdeń. *IV. Hervorhebend ist* tŭ *in* nsl. kakti *uti*. niti *neque*. nuti *en*. bašti (*asl*. bъšь). kr. kakot, koti, kot. nit *neque*. nut s. kakonoti. nit. iliti. p. tъta *hic*. r. tuto. tutъ. *V*. b. *wird der stamm* kŭ *mit* to *verbunden:* što *quid;* što to *quod. VI*. tɪzɪ asl. tъzь (*mit* ь, *nicht* ъ). tъzica. tъzoimenitъ *cognominis*. klr. tesko. wr. cêzka. r. tezь, teza. tezka. — *rm*. tiz. tъzъ *entsteht aus der verbindung von* tŭ *mit* djŭ, *woraus* ždь *und* zь *werden kann: vergl*. tъžde *idem und* b. tъzgodišen *heurig*.

tŭ 2.: asl. tyti *fett werden:* uty i utlъstê. nsl. *durch die zweite steig*. otaviti se *sich erholen* ung. kr. titi *luč*. utiti. util *adj. verant. Durch die erste steig*. tov *pinguedo*. stovati se *pinguescere*. otavan *erquickt luč*. s. titi, utiti. tov *fettigkeit*. toviti *füttern*. č. týti. otaviti. p. tyć, roztyć. os. tyć *gedeihen*. klr. utyty. vôdotavyty śa: *vergl*. vôdtanovyty *wieder beleben*. wr. utyć. tovist. *Von* tŭk *aus* tŭ *stammen durch erste steig*. asl. tukъ *fett*. tukota. nsl. tučija *meg*. č. tuk *fett*. p. tuk, tucz. polab. tъuci *mästet*. os. tuk. tučny. ns. tuk. wr. tučić. r. tukъ *fett, dial. auch nutzen*. tučnyj. — *preuss*. taukis. *lit*. tukti, tunku. tukinti. taukas *fett. lett*. tŭkt. tukls. tauki. *ai*. tu *crescere*. tavas *robur*. tīv *pinguescere*.

tŭk- 1.: asl. tъkati *weben*. tъkalij *textor. iter* istykati. ątъkъ. nsl. tkati, tkem, tkam. vôtek *subtegmen*. zavôtčiti. b. tъka,

tъča vb. tъkač. iter. dotъkavam vb. s.
tkati. otko adj. n. webbar. tkanica schärpe.
tkalac, tikač. č. tkáti. tkanice. tkadlec,
dial. karlec. slk. tkanivo. p. tkać.
wączyć: ątъkъ. polab. tåkat. tåkac. tå-
caika. os. tkać. tkalc. ns. tkaś. kalc.
klr. tkaty. r. tkatь. utokъ. tkačъ. toča,
točeja, tkeja, tčeja weberin. iter. -tykatь.
— preuss. tuckoris. magy. takács. ontok.
rm. tokač. alb. kač.

tŭk- 2.: die W. tŭk- hat die bedeutungen 1) einstecken; 2) stechen (nhd. stechen,
stecken); 3) verstopfen; 4) berühren; 5) anstossen, die vielleicht theilweise verschiedenen
wurzeln zukommen. asl. 1) potъknąti: koliba,
keliją potъkъ. 2) istъknąti (oko). vъstъk-
nąti kogo na rogъ. tъkalo cuspis. tъčъka,
tyčъka punctum. 3) zatъknąti uši. mêra na-
tъkana. 4) tъče iosifa. potъka. 5) kamenь prêtъčeniju. sъtъknąti sę χαταντᾶν.
pritъča παραβολή. iter. tycati, tykati. potyk-
livъ. Durch steig. tuk-: istukati sculpere
istukanъ, stukanъ idolum: istukanъ i izli-
janъ. pritucati παραβάλλειν. nsl. 1) vtak-
noti, vteknoti. vtikati. tečati, tičati stecken.
2) steknoti (oči). 3) zataknoti, zateknoti.
4) teknoti. stik zusammenhang. priča zeug-
niss, zeuge. v pričo in gegenwart. pričati
zeugen. iter. tikati. zatikati. spońka anstoss.
otika, otka pflugreute. zatik spund. tik adv.
knapp. pritka gelegenheit. Vergl. natek der
böse. b. 1) tъkna stecken. vtikna vb.
3) zatъkna, zatikna vb. 4) stъkna (ogen),
stъknuvam glavni te. tikam stossen. pričta
parabola. kr. 4) tiki contiguus. pritač parabola. s. 1) nataknuti, natnuti. tak balken.
tačka stütze (z. b. der rebe). 4) taknuti,
taći berühren. staknivati (oganj) živ. 67.
iter. ticati. tik do knapp an. otik. zatka
aufforderung zum kampfe. Vergl. sutika
ereigniss. sutuka was unheil bringt. č.
1) tknouti stecken: daneben tkvíti. 3) tkáti.
všetečný, kdo se všeho týká neugierig.
5) potkati begegnen. půtka. iter. týkati.
tyč, tyče, tyka, tyčka stange. tyčiti pfählen.
styčiti aufrichten. otka. Vergl. tčeti hervorragen. p. 1) tkwić. 5) tkać. 4) tknąć,
tknąć się. wszeteczny. dotyczeć betreffen.

5) potka. iter -tykać. tyk, tycz rebenpfahl.
patyk, potyk stecken. tyk, przytyk stichelrede. potycz treffen. styk pflugreute. Vergl.
w tecz auf gerathewohl. Vergl. wstecz rücklings. kaš. teč stange. polab. tåkné stösst
an. tåicé steckt. våtåicé steckt ein. -tåknöt
aufstecken. eutåcüch ich begegnete. os.
1) tknyć, tčeć. iter. tykać. tyka, tyč stecken.
tyčić stängeln. ns. 1) tkaś. 3) zatkaś. iter.
tykaś. klr. 1) votknuty. 2) točka, tyčka
punctum chrest. 486. 4) dotknuty, dotknuty
śa. vytknuty herausstrecken. iter. tykaty.
tyka stange. nedotyka empfindlich. patyk
stock. istyk pflugreute. wr. 1) tyčka.
5) tkać. tklivyj anzüglich. iter. tykać. natyčka.
napotkać begegnen. spotkać, spotykać. r.
1) tknutь. 3) zatknutь. iter. tykatь. zatyčka.
fall. nedotyka. styk, tyčina pfahl. pritka zu
pritča unfall. točka punkt. sutočь knapp
an. dial. stukanъ für istukanъ. — magy.
patok, slk. potka, nasenstüber. rm. otik,
otikęj rallum. potikni stolpern. zętikni
ärgern. Vergl. lit. sutinku begegnen. su-
tiktě zusammentreffen. lett. aiztikt berühren.

tŭk- 3.: asl. tъčiti putare. tъčiją solum. tъčьnъ similis. tъčьniti comparare.
tъkъmъ aequalis. tъkъmo, tъkъma, tъkъmu
solum. istъkъmiti comparare. Vergl. tъkloi-
menitъ cognominis: daneben tęklo· nsl.
tekmati, tekmovati se aemulari. b. tъkmo
genau. tъkmen adj. tъkmja bereit machen.
tъkmež register. kr. takmen aequalis.
muž takmenik. s. utakmice gegen einander. klr. tokma pactum ung. tokmyty,
mirkuvaty. potokmyty übereinkommen. tok-
mo nur. r. točь, tokьma adv. genau. toč-
nyj. — rm. tokma, togma, tomna genau.
tokmi, togmi gleich machen. tokmêlę vertrag. magy. tokma, tukma. tukmálni.
Vergl. lit. mit i, nicht u: tikti, tinku passen.
taikīti anfügen. tikt, tiktaj nur.

tŭlkŭ: asl. tlъkъ interpretatio. tlъko-
vati. b. tlъkuvam vb. s. tolkovati ist r.
klr. tołkuvaty. r. tolkъ. bezъ utoloku,
bezъ tolkи, bezutoločь. tolkovatь. — rm.
tęlk. tęlkui vb. lit. tulkas. tulkūti. tulki-
nīčė. attolkot. lett. tulks. tulkōt. md.

tolk, tolke. *and.* tulkr. *schwed.* tolk. *finn.* tulkki *dolmetsch.* *Der ursprung des slav. wortes ist dunkel.* *Vergl. ai.* tarkas *vermuthung.*

tŭlmačĭ: *asl.* tlъmačь *dolmetsch.* **nsl.** tolmač, tolnač. tolmačiti *habd.* tomačiti *trub.* **b.** tlъmač. **kr.** tlmačiti, tumačiti. **s.** tolmač, tomač; tolmačiti, tomačiti, *aus dem magy.* **č.** tlumač. tlumačiti. tlumoch. tlumočník. **p.** tłumacz. **os.** tołmač. **wr.** tłumač, peretłumačič, *aus dem p.* **r.** tolмačъ. tolmačitь. *dial.* tolmjačitъ, tolmjašitь. — *rm.* tělmač. *magy.* tolmács. *nordtürk.* tilmadž, tilmač. *kuman.* tolmač, telmač. „Dolmetsch" *ist schon im dreizehnten jahrhundert, wohl aus dem č., aufgenommen worden: in das slav. ist* tŭlmači *aus dem türk. in der ersten periode eingedrungen.*

tŭp-: *asl.* tъpati *palpitare.* tъpъtъ *strepitus.* tъpъtati *palpitare, calcare.* potъpъtati χαταπατεῖν. **nsl.** teptati, topotati: *daneben* cepetati, ceptati, cepitati. topot *getrampel.* **b.** tъpča *calcare.* potъpkam, potъpkuvam *vb. Daneben* tepja *stampfen.* tepavica, topavica. tupam, tupkam *vb.* **s.** topotati. **č.** deptati. **p.** deptać. *Vergl.* tepać *schlagen und* tepać, tupać. **os.** teptać. **ns.** teptaš. **klr.** *vergl.* tupot, dupot. tupkaty nohoju. **r.** topotъ. toptatь. otopokъ *abgetragenes schuhwerk.* — *rm.* cępęt *clamor.*

tŭsk-: *die bedeutungen dieser W. sind so mannigfaltig, dass der gedanke nahe liegt, man habe es mit mehreren W. zu thun: leer sein, bangen, eilen, drängen (vergl.* σχολάζειν, vacare). **asl.** tъsctь *leer* istъsctiti *evacuare.* tъsctета *damnum, eig. das leere.* tъsctati *urgere.* tъsctivъ *sedulus.* tъsknǫti *angi.* tъsnǫti sę *studere.* **nsl.** tešč *leer:* tešča ajda, ki nêma polnega zrna. na tešče *nüchtern.* teščine *weichen (na tankem) Ukrain.* paščiti se *eilen ist vielleicht asl.* potъštati. **b.** šteta. **kr.** tašč *nüchtern.* tašćad, taštad *vanitas.* tašćina *weichen.* istaštati *evanescere.* **s.** tašt. našte srca. naština. šteta, šćeta. stеštati se *wehmüthig werden beruht auf* tęžьkъ: teng-. **č.** tešč *leer.* tštitroba, čtitroba *leerer magen.* na štítrovo, na sčútrovo: stesknouti, stýskati sobě *sich betrüben.*

styětъ se, stýská se *dial.* teskný, cný *aus* tskný, bang. cněti. tesknice *heimweh.* ččivy *inanis aus* tščivý. čtice *ekel, aus älterem* tščice. **p.** tszczy, czczy *leer.* na czczo *nüchtern.* czczyć się, cknič się *übelkeit empfinden.* czczywy. teskliwy, ckliwy *ekel erweckend.* ckny. cknąć się. tesknica *angst.* cni się, cliwo mi, ckliwo, cliwi mnie, tęskno. cło mi, nudno. tszczyca, czczyca, tesznica *taedium. Hier findet sich die form* tęsk, *die, mit teng* verwandt, für „bange" vielleicht die *urspr. ist, teng-sk:* tęskny. tęsknić, *bei dem Linde an* tążyć *erinnert,* tęskliwy. *Vergl. asl.* istęsknǫti *emacerari:* tensk-. **os.** styskać se *bangen.* stysk *angst* tyšny *angstvoll.* tyšić *ängstigen.* zecnyć so *ohnmächtig werden.* **ns.** tešny *bange.* styskaš se. **klr.** toščyj *leer.* na tšče. tosnuty śa, spišyty śa. tosk, pospich *chrest.* 486. tščaty śa, staraty śa. sčedušnyj *schwächlich.* istoščaty *entkräften.* tščivyj. potusnuty śa: *vergl. p.* zatęsknić. **wr.** tščij. natšča, našča. sčedušnyj. tosknič. točno. **r.** toščij. na toščakъ. toščatь *schwach werden.* tše *vergeblich.* tšedušnyj. čivyj, tščivyj *freigebig.* tščitъ sja *sich bestreben.* toska *bangigkeit.* toskovatь. tosknutь sja, tosnutь sja. tosklivyj, sklivyj *bange.* tošnyj *ekelhaft.* tošnitь. tščeta *eitelkeit.* — *lit.* tuščas. tuštokas. tuštībě. tuštinti *leeren.* tuštviduris *hohl.* *lett.* tukšs. *ai.* tučcha *aus* tuska.

ty *asl. pronomen der zweiten person sing.* **nsl. b. s.** ti. **č.** ty *usw.* **p.** ty. *ali č.* **r.** *in der volkssprache wird* ti *wie* ko, to *dem worte oft angefügt:* u nasъ-ti vъ Rostovê-ti *usw.*

tyftykŭ: **p.** tyftyk, dywdyk *art pferdedecke, schabracke.* — *türk.* tiftik, teftik.

tyky *asl. kürbiss.* tykva vody. **nsl.** tikev, tikva. **b. s.** tikva. **kr.** tikva *calva.* **č.** tykev. **p.** tykwa. **klr.** tykva, rod zbanka. tykvyća *kürbissflasche.* **r.** tykva. — *rm.* titvę, tidvę. *magy.* tök. *Man vergleicht gr.* σίχυς *die gemeine gurke.*

tylŭ: *asl.* tylъ *nacken.* **nsl.** til. *til.* tilj *sinciput habd.* tilec. tilnik *genick.* zatilek *rib. occiput habd.* **b.** til. tilne *messerrücken.* *Vergl.* vtilъvam se *hrъbьtь.* ꞏ ꞏ ꞏ

potiljak. tilut.· teluče *messerrücken*. č. týl.
p. tył *hinterteil*. tylec *messerrücken*. polab.
tål. os. tył, tyło. ns. tylo. klr. potyłok,
potyłyća. tyłeć. tyłeseń meča *chrest*. 40.
wr. tył, tuł. r. tylъ. tylče.

tynŭ: asl. tynъ *murus*. nsl. tinj
planke. ʼin *erker*. ON. s. tin, pretin *wand*.
tiniti. č. týn *eingezäunter ort*. ON. tyniti.
p. tyniec ON. klr. tyn. zatyn *wehre*. ty-
nov ON. obtynyti. wr. zatynić. r. tynъ,
tynь. tynitь. — magy. tinnye. *lit*. tuinas
zaunstacket, pfahl. tynü *ist d.: niederd.*
tuin. *aud*. *aschwed*. tūn. *ahd*. zūn. *nhd*.
zaun. *engl*. town (to tine *einzäunen*). air.
dún *burg, stadt*. *kelt*. -dūnum: augusto-
dunum, lugdunum. *Das wort ist in Osteuropa in der ersten periode* entlehnt.

tysoŭšta: asl. tysąšta *tausend: daneben* tysęšta *f. und* tysęštъ *m. tichonr*. 2.
214. 215. *und* tysašte *n*. 215. nsl. tisoča,
tisuča *trub*. tiseča: *daneben* jezero *und*
tauzent. b. (hilijada). kr. tisuć. s. ti-
suća *neben* hiljada. č. tisíc, asl. tysęštъ:
tisúc, tusíc *vit*. p. tysiąc, cisiac. kaš.
tesъnc, tesanc, tesinc. os. tysac. (ns.
tovzynt). klr. tysač. r. tysjača. *dial*.
tysca. — *preuss*. tūsimtons *plur. acc. lit*.
tukstantis *aus* tusantis. *lett*. tūkstöts. *finn*.
tuhat. — *got*. thūsundi. *ahd*. tūsunt, dū-
sunt. tysašta *hat die form ein partic. praes.
act. von einem verbum* tys,· *das mit* tŭ (tyti)
*zusammenhangen und „grosse zahl" bedeu-
ten kann*.

tŭl-: asl. tъliti, tъlja *corrumpo*.· tъlêti,
tъlêją *corrumpi*. nerastъlimъ. netъlêjemъ.

tъlja *corruptio, tinea* bestъlьstvo. asl. tlêti,
tlim *glimmen lex*. b. tlêja *faulen*. tlêêše
ogъn. s. (zatljati *obdormiscere*). č. tlíti,
tlim *schwinden, glimmen*. tlъłka, dřevo
stýřelé *dial*. p. zatlić *glimmen machen*.
tleć, tleję *glimmen*. tlisko, ognisko. os.
tłać, tłaju (l *wohl unrichtig*) *modern*. ns.
stłaš, stłajom *verwesen*. wr. tlić *in staub
verwandeln*. tlêń *moder*. tło *staub, asche*.
tła *schimmel*. r. tlitь *modern machen*. tlêtъ,
modern. tlja, tlênъ *moder*. tlênъ *art zunder*.
tŭl- *hängt vielleicht mit* ter- *zusammen*.

tĭlo: asl. tъlo, tъlja *pavimentum*. nsl.
tlo, *plur*. tla, *daraus* kla. od tal, od klih.
pritlika *zwergbaum*. prtlikovec *zwerg*. b.
tlanik, klanik *mil*. 531. kr. tlo *ung*. tle
luč. s. tle, *gen*. tala. č. tla, *strop*.
p. os. tło. ns. tlā *tenne*. r. tlo. dno
vъ ulъê *dial*. tĭlo *ist mit* ter- *zu vergleichen*.

tĭmijanŭ: asl. tьmijanъ θυμίαμα. ti-
mijasati. nsl. temjan. b. timijan. kr.
tamjan *verant*. s. tamjan. r. timianъ,
timъjanъ. — *rm*. tъmęe. *magy*. tömjén.
Aus dem gr.

tĭstĭ: asl. tьstь (*gen*. tьsti) *socer*. tьšta.
nsl. tast, test. tašča, tešča. b. tъšta. s.
tast. tašta. č. test (*gen*. cti). alk. test.
testina. p. cieść (*gen*. tścia, ćcia,. ścia).
teść, *nicht* p. naciot *schwager*. pociot *onkel*.
os. ćest. klr. test. tešča. wr. cesć, tesć,
časć. tscêv *adj*. cešča. r. tьstь. tešča.
tĭstĭ *aus* tĭt-ĭĭ: *verwandtschaft mit* teta *ist
wahrscheinlich*. — *preuss*. tistics.

U.

u 1., uva, uvy, uhъ *interj. vae*. οὐά,
οὐαί.· r. uchatъ *vb*.

u 2., ju asl. jam. ne u *nondum*. ubo
igitur. uto *omnino*. nsl. uže, vže, že;
ure; vre *rib*. bže *res*. kr. ur. s. jur,
jurve. č. juž, již. p. juž. os. huž,
hižo. hižom. ns. juž, južo, huž, hužo.
klr. uže. wr. yžo žeš. r. uže, vže,
vrë *dial.; alt* neuka, neuky *nondum*. —

lit. lett. jau. *Vergl. got*. ju. *Man denkt an
das pronomen* jŭ.

u 3. *pracp., bei*. asl. u *mit dem gen.:*
u boga zaloga prositi. *Vergl*. une: zapo-
véda jemu une mardohaja ἀπέστειλε μαθεῖν
παρὰ τοῦ μαρδοχαίου, *in* r. *quellen*.

u 4. 1) *praefix, weg, ab:* ubêžati *aufu-
gere*. ubrysati: *daher* ubrusъ. uložiti *demere, gegensatz von* priložiti. umyti *ab-

waschen. Daher č. oučet abrechnung. oulehl, ouloh brachacker. oulomek bruch.
* ulogъ, daher rm. olog lahm: vergl. mhd.
ablage matt, entkräftet. polab. eu: eu-
bĕzat entlaufen. 2) partikel, als erstes
glied einer composition: asl. ubogъ arm.
— preuss. au: umūs-nan abwaschung. lat.
aufero. ai. ava. avakӧçin unfruchtbar.

u- 5.: asl. obuti calceos induere. obuvь
f. obuvenije. obušta aus obu-tja. onušta:
o-n-uɪtja. obutêlь f. izuti calceos exuere.
sъzuti beruht auf sъ-izuti. nsl. obuti.
obuča. obutel f. obutev, obutvn. onuča,
nuča. izuti. sprebuti beruht auf iz-prĕ-
obuti. b. obuja vb. obušta. obudba.
navušta. izuja vb. sъbuja vb. aus sъ-obuja.
sъbuvjam vb. Vergl. lat. exdutus aus
exindutus Festus. kr. obutelj ung. s.
obuti. obuća. nazuti anziehen aus na-izuti.
č. obouti. obuv. onuce. zouti ausziehen.
přezouti. szouti. vyzouti. p. obuć. obuw f.
onuca. przebuć aus przeobuć. zuć aus
izuć. rozzuć, wyzuć ausziehen. zazuć. ozuć
się calceos induere. Vergl. zdjąć, worin das
d von odjąć steckt. os. vobuć. zuć, vozuć
ausziehen. ns. hobuš. rozuś. klr. obuty.
obuv. onuča. rozbuty ausziehen. zazuty
anziehen. wr. onuča. r. obutь. obuvь.
obuža dial. aus obu-dja. onuča. razutь.
— rm. obêlę schuhfetzen: *obujalo. preuss.
aulinis stiefelschaft. lit. auti. aulas. avalai.
avĕti dur., avinĕti iter. avalīnai fussbeklei-
dungsgegenstände. apauti. autas. apavis
szyrwid. iššiauti. auklĕ. lett. aut, auju,
aunu. W. ŭ, gesteigert zu u, lit. au. lat.
u: induo. exuo.

učkurŭ: b. s. wr. učkur hosenband.
p. uczkur, oczkur. klr. očkur. r. oč-
kurъ, učkurъ. — türk. učkur.

udi-: asl. uditi molestum esse glag.
sъ uditi nocere mik. uditi za čim sich sehnen. Vergl. lit. ūdīti schelten.

udŭ: asl. udъ glied. nsl. ud. s.
ud. Vergl. udo stück fleisch. uditi zerstücken.
č. úd. p. ud, udo schenkel, dickbein.
kaš. vud für r. bedro klr. udo, udesa
chrest. 258.

ufnalĭ: p. ufnal hufnagel. wr.
uchnalik. r. uchnalь. — Aus dem d.

ugor-: nsl. ugorek gurke. habd. an
gurka marc.: daneben murek., d. dial.
umurke. kr. ugrki ung. s. ugorka.
ӧ. okurka. dial. oharek. p. ogurek.
os. korka. ns. gurka. klr. ohurok.
r. ogurecъ. — magy. ugorka. lit. agur-
kas. gurklclei. lett. gurkjis. mlat. an-
gurius. ngr. ἀγκοῦρι. gr. ἄγγουρον. κιτράγ-
γουρον: vergl. georg. kitri. agiro ranken-
gewächs. pers. angūr. nhd. gurke. dial.
wokurke. schwed. gurka. Das wort wan-
dert mit der sache aus dem Orient nach
Byzanz, von da durch slavische länder
nach Deutschland.

uchos, ušes: asl. uho, dual. uši, ohr.
vъnušiti hören. nsl. b. kr. s. uho. kr.
nauhvice mik. č. ucho. p. ucho. pod-
uszka. polab. veuchü. os. vucho.
ns. hucho. klr. ucho, vucho. r. ucho.
ušatъ cimer, eig. mit henkeln versehen.
vnušitь. Vergl. oplěucha ohrfeige. — preuss
ausins plur. acc. lit. ausis f. paduska,
entlehnt. lett. ōss henkel. lat. auris. gr.
οὖς, abweichend. ai. ušas: vergl. W. vas.
got. auso (ausan). ahd. ōrā. Vergl. userengŭ.

uj asl. avunculus. ujka. nsl. ujec.
ujna. b. ujka, ujĕjo. vujna. s. ujak.
ujna. č. uj, ujec. ujčina. p. uj, wuj,
ujek. wujna. polab. vcuja mutterbruder.
os. vuj. ns. huj. klr. nj, ŭjko, vuj,
vujko. ujna, vujna. r. uj, vuj — preuss.
awis. lit. avīnas. lat. avus. got. avō f.
ahd. ōheim.

ujdisa-: b. ujdisam vb. s. uisati
gut aussehen. — türk. ujmak.

ujena asl. hyaena. — gr. ὕαινα.

uka-: nsl. ukati jauchzen. s. ukati,
učati „hu" rufen. uka geschrei.

ukleja: č. oukleje cyprinus alburnus
(fisch). slk. uklajka, oklajka. p. uklej.
kaš. ukřej, ukleja, vukleja. r. ukleja.

ukljata s. art meerfisch. — ŭ. occhiata.

uksusŭ: r. uksusъ essig. — gr. ὄξος.
lit. uksosus. Vergl. ocĭtŭ. polab. saurai,
aus dem d.

ula: asl. nsl. **b. s.** ulica *gasse*. **č.** ulice, hulice. **p.** ulica. zaułek *fusssteig*. **os.** vulica. **klr.** ułýća. zakaułok *gassenwinkel*. **wr.** vuľka. zakovułok. bezuľnyj *für r*. bezputnyj. **r.** ulica. ulka. ulokъ. zaulokъ. kaulokъ. — *rm*. ulicę. *magy*. utcza. *lit*. ulǐčė. *lett*. ulica. ölnice *steinweg*.

ulanŭ: **p.** ułan, hułan *leichter reiter*, *ulane*. **č.** ulan, hulan. — *nordtürk*. uhlan *knabe*. *türk*. oglan *sohn, bursche*.

ulij asl. *bienenstock*. **nsl.** ulj. ulnjak *bienenstand*. **b.** ulej. **s.** uljevi *bienenbrut*. ulište *bienenkorb*. uljanik. **č.** úl. **p.** ul. *dial*. ulewnik. **polab.** veul. **os.** vul. **ns.** huľ *beute, ausgehöhlter stock für bienen*. **klr.** ułej, ułyj, ułeń. **r.** ulej. — *lit*. avilīs, aulīs. *rm*. ulej.

ulusŭ: **r.** ulusъ *nomadenlager*. *dial. für* zakoulki, *für* polosy pachatnoj zemli. **klr.** ułus. **p.** włus. włusianin *tatar*. — *türk*. ulus *stamm, volk, lager*.

umŭ: asl. umъ *mens*. razumъ. bezuma *frustra*. umêti. bezumlь. **nsl. b. s.** um. razum. **č. p.** um. rozum. **os.** vumjeć. rozom. **ns.** rozym. **klr.** um. rozum. **wr.** rozum. **r.** umъ. rázumъ. — *lit*. umas. razumas. *lett*. ōma. *Vergl. ai*. av *unter anderm „beachten, aufmerken"*: mŭ *wäre demnach suffix*.

ungija asl. *uncia*. **nsl. s.** unča. **r.** uncija. — *gr*. οὐγγία. *lat*. uncia.

unŭ: asl. unij, unêj *melior*. unьšina *meliora*. izunьšina *levatio*. uniti *velle*. — *ai*. van *cupere*. *ahd*. gi-unnan *gönnen*.

upatrekŭ: **p.** upatrek *eupatorium cannabinum*. — *Aus dem lat. durch anlehnung an* upatrzyć.

urdŭ: s. *geronnene milch*. **č. slk.** urda *schafmolke*, smetana. **p.** tłusta żenczyca zwie się horda *dial*. **klr.** vurda, udra *art käse*. — *rm*. urdę *ziegenkäse, topfen*.

uretŭ: **p.** uret, urzet *isatis, waid*. *Vergl. č*. ryt *rubia tinctorum*, mařena *und nhd*. röthe: *der waid diente jedoch zum blaufärben, daher* p. siniło. *Vergl*. vejtŭ. rytŭ *n*.

urla-: s. urlati, urlikati *heulen*. — *rm*. urla *ululare*.

urŭ: **ab.** urъ *wohl „dominus"*: velmąžie i urove. — *magy*. úr, *daher auch* **s.** Urošь, Urošica *PN*. *Das wort ist spät aufgenommen*.

uryt-: **klr.** urytnyj *deformis*. — *rm*. uręt.

us-: asl. usmъ *corium*. usmije. usmošьvьsь. usmarь. usmênъ: *daneben* usnije. usnijanъ. **nsl.** usno. usnje. usenat. vusinje *meg*. usinje *trub*. vusenje. **s.** usmina, sara *stiefelschaft*. **č.** usní. usník *schlauch*. **r.** *alt* usmošvecъ. — *lett*. ūsma *muff*. *Man vergleicht ai*. vas *kleiden und slav*. u- 5. *induere*.

userengŭ: **asl.** useręgъ, useręzь *inauris*. **kr.** userez *mar*. **r.** iserga, serьga. *Das wort setzt ein got*. ausa-hrigga *voraus*. **kr.** userez (s userezmi *mar*.) *mag aus dem asl. stammen. Die entlehnung reicht in die erste periode zurück. nordtürk*. sęrga *ist vielleicht r*. iserga, serьga: *serïga*.

uslo **r.** *dial. gewebe*: častь tkanьja. — *lit*. aud-: austi *weben*: uslo *ist wohl* ud-tlo.

usta *plur*. **asl.** *mund*. ustije *mündung*. ustьna *lippe*. ustьnêstъ. *Vergl*. ustiti *incitare*. **nsl.** usta. ustna *lippe meg*. poustiti *hetzen. Verschieden ist* huskati. **b.** usta. **s.** usta. vsna. ušće *mündung*. **č.** ústa. **p.** usta. uście, ujście rzeki. **polab.** veusta. **os.** vusta. **ns.** husta. husćiś se *sich anschicken*. **klr.** usta. uste. naustyty. *Verschieden* nauśkaty. **r.** usta. naustitь. — *rm*. usnę *rand*. *preuss*. austo. *lit*. osta, ostas *mündung*. *lett*. ōsta *hafen*. *gr*. ὤα *rand*. *lat*. **os.** ostium. ora. *and*. óss *mündung*. *ags*. ōr, ōra *rand*. *ai*. ās *mund*. us-ta.

ustra 1. **s.** *rasiermesser*. — *türk*. ustura, ustra.

ustra 2. **r.** *auster*. — *nhd. älter* ūster. *it*. ostrica. *lat*. ostreum. *gr*. ὄστρεον.

ušurŭ: **s.** ušur *müllergebühr*. — *türk*. 'ušr *zehent*.

utija **s.** *bügeleisen*. utleisati *bügeln*. **b.** jutija. utjuledisvam *vb*. *Vergl*. utalagam *vb*. **r.** utjugъ. — *türk*. ütü.

utrinŭ: asl. utrinъ *byssina, regia vestis*.

utro, jutro **asl.** *diluculum.* utrê, jutrê
cras. utrьnь, zautrьnь *matutinus.* utrêj, ju-
trêj, utrij, utrêšьnь *crastinus.* nautrija ἐπὶ
τὸ πρωΐ. do zautrija. mlêko piti na utrijaъ.
utrina. za ustra τὸ πρωΐ *psal. 48. 15.-sin.*
nsl. jutro. jutṛ *cras.* zajtre *morgen früh.*
zajtrk *frühstück.* jutrnina *morgengabe.* **b.**
utro. utrê *morgen.* utrêšen. utrina, sutrina.
s. jutro. sjutro, u jutru *cras.* **č.** jitro jitřní,
jitrní. zejtra *cras:* za jitra. **p.** jutro. **kaš.**
vitro. **polab.** jeutrü. **os.** jutro. **ns.** jutšo.
vitśe *morgen.* **klr.** zavtra. zavtrišnyj. **r.**
utro. utrê *morgen früh.* utrêe *der morgige*
tag. zavtra, *dial.* zavtrika, zavtrikasь, za-
vtriča. zavtrakъ *frühstück.* — *rm.* utrenie,
utîrnie. utro *vielleicht aus* ustro: **asl.** za
ustra. *lit.* aušra *tagesanbruch, von* auš:
austa *es tagt.* **ai.** W. us *in* uččhati *es leuch-*
tet. ušās. **ahd.** ōstan, aus-t-r *osten.* **gr.** ἠΓώς.

lat. aurora. *lett.* aust. *Vergl.* **kaš.** jastre,
os. jutry, *ns.* jatšy, vjatšy *aus d.* ostern.

uzda asl. *zügel.* obuzdati. **nsl.** uzda,
ujzda, gujzda. **b.** juzda. **s.** uzda. zau-
zdati, zafuzdati. **č.** uzda. **p.** uzda. wuz-
dać. użdzienica. **polab.** veuzda. vâveuz-
den. **os.** vuzda. **ns.** huzda. **klr.** uzda.
uzdiło. złatohnuzdyj. nuzdaty, hnuzdaty
zäumen. **wr.** uzdečka. nuzdáć, *daneben*
muzdać. **r.** uzda. obnuzdatь. raznuzdatь.
vznuzdatь. nedouzdokъ. — *lit.* uzdenȋčê.

uzendjija s. *steigbügel.* **b.** izingija.
— *türk.* üzéngi.

užancija klr. *gewohnheit, an den*
küsten des schwarzen meeres. — *Aus der*
zeit italienischer herrschaft: usanza.

užera klr. *wucher, usura.* **slk.** úžera,
kr. ožura *mar.* užura *ung.* — *magy.* uzsora.
Aus dem lat.

V.

va 1. *Thema des duals und plurals*
des pronomens der zweiten person: va. vaju.
vamъ *usw.* **kaš.** va musita płakac. vaju.

va 2. *Eine meist an pronomina antre-*
tende partikel. **b.** ono-va têlo. za to-va.
če-va. toṛi-va *bulg.-lab* tъdê-va. **s.** *alt po-*
nje-va-re *quia.* **č.** doně-va-dž. poně-va-dž.
dial. kromě-va. strany-va. *Anders* protiva.
p. ponie-wa-ž, *aus dem č.* **klr.** pokudo-va,
poky. **r.** do sele-va. *Verwandt mit* va *ist*
nsl. ve: do ve *hucusque.* baš ve *gerade*
jetzt. vezda (ve-sь-da) *jetzt.* **p.** awa. *Vergl.*
ovů. *Man beachte ai.* vā *selbst, sogar, nach*
interrogativen und relativen pronomina wohl,
etwa.

va-: **asl.** vajati *sculpere.* **r.** vajatь.

vabi-: **asl.** vabiti *locken.* **nsl.** vaba
köder. vabiti. **s.** vab *locken.* vabiti. **č.**
vabiti. vabič. **p.** waб *lockpfeife.* waћić.
polab. vobên *das locken.* **os.** vabić. **ns.**
vabiś. **klr.** vab *köder.* vabyty. **wr.** vaba.
vabić. **r.** vabitь *ködern, täuschen: vergl.*
vabij *schwiegersohn.* — *lett.* vābĭt.

vada 1.: **asl.** navada *gewohnheit: vergl.*
navaditi *impellere.* **nsl.** vaditi, *gewöhnen.*

vajati *üben.* navada. **kr.** vadan *assuetus.*
s. vaditi *docere.* navada. **r.** vaditь *zähmen.*
vaditь sja. privada, uvada *köder.* uvaditь
ködern.

vada 2. č. *mangel.* vaditi *schaden.* zá-
vada. zavaditi, zavazeti *hindern.* **p.** wada.
zawada. wadzić *hindern.* **os.** vada. zavada. **klr.** vada. zavada. vadyty *schaden.*
wr. vada. zavada.

vada 3. asl. *calumnia.* vaditi *accusare.*
obaditi, obažďati. sъvaditelь, obadьlivъ,
sъvadьnikъ, navadьnica διάβολος. **nsl.** ova-
diti *verrathen.* **b.** obadja, obaždam *an-*
geben, verkündigen. **kr.** uvaditi *verrathen.*
s. osvaditi *denunciare.* **r.** vaditь. — *magy.*
vád *anklage: der slav. ursprung von* vád
wird bezweifelt. *rm.* vędi *indicare.* **ahd.**
farwaẓan *verfluchen.* **ai.** vādas *ausspruch.*

vada 4.: **asl.** sъvada *streit.* sъvaditi,
sъvaždati *dissociare.* **nsl.** svaditi *pf.* svada,
svaja *hader.* **b.** svada. svadja *vb. pf.*
svadja se *vb. impf.* svadliv. **kr.** vada.
s. zavada. svadja. **č.** sváda. vaditi *hetzen.*
p. wadzić *anhetzen.* zwada. wadyra *zänker.*
vvwadzić *erzanken.* **kaš.** vada. **os.** vada,

zvada. zvadžić. ns. važiš _zwietracht stiften._
klr. vada. vadyty śa. svadžaty śa. wr.
vada, zvada. r. svada. — rm. sfadę
sfędi _vb._

vada 5. b. _bach, kanal._ vadja _trän-
ken._ — _alb._ vadit _baden._

vadl-: asl. izvaditi _eximere._ sъvaditi
jungere. b. vadja _herausnehmen:_ oči te
izvadja; _herausführen:_ kone t. s. vaditi.
p. wywadzić, wyrwać _eruere._ klr. pryva-
dyty _für_ r. pricěpitъ.

vadla nsl. _ofenwisch:_ omelo pri krušni
peči, _im westen._ vadl _mückenwedel meg._ —
nhd. dial. wadl, wedel.

vadlja nsl. _wette._ vadljati. — _Vergl._
ahd. wetti. _lit._ vadoti _ein pfand einlösen_
und ein ayerm. wadjo, _woher it._ gaggio.
Die vermittlung ist schwierig.

vaga nsl. _wage._ vagati. s. vagnuti.
č. váha. váhati, vážiti. povaha _gewicht._
úvah _abschüssigkeit._ vážný _wichtig._ pová-
hati _säumen._ p. waga. powaga _wichtig-_
keit. wažuy. odwažyć _abwägen, wagen._ od-
wažny _verwegen._ wahać _wagen ist klr._ os.
vaha. važić. ns. vaga. klr. vaha. va-
hom _nach gewicht._ vahota _schwere._ važyty.
važnyj. važko _schwer._ zavahoňity _concipere._
wr. vaha _wage, achtung._ otvaha _muth._ važ-
kij, vahkij. r. vaga. važitь. važnyj. —
lit. pavoga. atvožnus, _entlehnt._ _ahd._ wāga.

vaganŭ: nsl. vagan _modius habd._ b.
vagan _art gefäss._ kr. vagan _metzen._ s.
vagan _art mass._ č. slk. vahan _wagschale,_
okřin, ošatka. klr. vahan _trog._ r. va-
ganki. — _preuss._ vogonis _stulpschüssel._
lit. vagonas _art krug._ vogonas _runde blech-_
büchse. vogoně. _ngr._ βαγένι.

vagaši: s. vagaš _geleise._ klr. vagaš
ung. — _rm._ agaš. _magy._ vágás, kerék-
vágás.

vagovŭ: s. vagov _art winzermesser._
— _magy._ vágó.

vagŭ: s. vag _hebel._

vachta: nsl. vahta _wacht._ p. wachta.
r. vachta. polab. vachtujě _wacht, lauert._
— _Aus dem d._

vajatŭ: s. vajat, hajat _kammer._ b.
hajat, ajat. —- _türk._ hajat.

vajetı: nsl. vajet _f._ _leitseil._ — _Vergl._
nhd. bair wailer, _das unter anderm_ wajo
lautet. Neben vajet _findet man im westen_
vajě _plur._ _f._, _das vielleicht doch auf_ ved
zurückzuführen ist und zwar auf das iter.
asl. *važdati, _nsl._ *vajati, _p._ wadzać.
Vergl. ved-: _nsl._ _kr._ vojka. _p._ powodki.
_r._ vožža.

vakarı: klr. vakar _kuhhirt._ — _rm._
vękar.

vakeša č. ovce, kolem oči čorná _dial._
klr. vakleša, vôvća čorna kolo očej, re-
šta bila. — _Wahrscheinlich rm. ursprungs._
Hieher gehört klr. vakyrystyj _um die augen_
schwarz (von schafen). _Vergl._ b. vakъl
schwarz um die augen. faklat vě. 1. 172.

val-: č. váleti _kriegen._ válka _krieg._
válčiti. _p._ walka. wr. valka _hauen,_
holzfällen, kampf. valčić _siegen._

valja-: s. valjati _gelten._ nsl. valjati,
veljati. — _it._ vaglia.

valkunı: _p._ walkuń _landstreicher,_
faulenzer. — _Aus dem_ _lit._ valkunas. W.
velk-.

valonsa-: _p._ walęsać się _kurzweil_
treiben. — _Man vergleicht_ _lit._ valanda _weile._

valova-: nsl. valovati _confiteri jambr._
— _magy._ vallani.

valovŭ: s. valov _trog._ klr. vaľôv,
vaľov _ung._ — _magy._ válú.

valpotŭ: nsl. valpot _villicus._ vapot
lictor meg. valpet _amtmann marc., bis 1848_
aufseher über die herrschaftlichen arbeiter.
valpe _schaffner._ — _ahd._ waltboto _missus_
dominicus.

valŭ: r. valъ _wall._ č. val. p.
wał. klr. val. _Vergl._ pôdvał _keller._ —
_rm._ podval _gunter, weinlager._ _mhd._ wal.
lat. vallum.

vampirŭ: b. vampir, vapir, vepir,
vъpir _wampir. Davon_ vepirêsvam se, vam-
pirêsvam se. s. vampir. p. upior, upie-
rzyca _neben_ wampir. klr. vampyr, vepyr,
vopyr, opyr, vpyr, opir _neben_ uper upyr,
upyrjaka _für_ r. urodъ, urodyšče. wr.
upir, chodjaščij mertvec, krov čelovôču
pьeć. r. upirь (klali trěbu upiremъ),
upyrь, obyrь _neben_ vampirъ _ein gespenst,_

das den menschen das blut aussaugt. Im s. und im r. ist der **vukodlak** *werwolf und der wampir in eins verschmolzen. Das wort ist wahrscheinlich türk.: nordtürk.* ubẹr *hexe,* nsl. vêdomec, prêmrl *(erstarrt).*

vampŭ: nsl. vamp, lamp *bauch.* p. wąp. — *ahd.* wampa.

vamŭ: s. vam *zoll mik.* nsl. vama *ung.* klr. vam *ung.* — *magy.* vám. *ngr.* βάμμα. *türk.* vam, avam.

vanča-: nsl. vančati *aufmerken.*

vančiva-: kr. vančivati *abundare.* — *it. ven.* vanzare.

vandrova-: klr. vandrovaty, mandrovaty *wandern.* — *Aus dem d. lit.:* vandrũti, vandravot, mandroti.

vanoštĭ: č. vánoc *f.* vánoce *plur.* slk. vianoce *weihnachten.* — *mhd.* wîhennachten, *dessen zweiter theil durch* noštь *übersetzt ist.* nsl. vînahti *res.*

vanŭ 1.. nsl. na božji van (bomo jutro kosili) *mit dem gedanken an gott, im vertrauen auf gott.* — *ahd.* wân.

vanŭ 2.: nsl. na van *nicht bis oben voll.* — *mhd.* wan *nicht voll, leer. Vergl.* nsl. ·vanati se *sich entäussern, sich hüten.*

vanĭkušĭ: nsl. vanjkuš, vankuš. vajkušna ·meg. s. vanjkuš. slk. vankúš. č. vankuš. — *magy.* vánkos. *ahd.* vancussi. *mhd.* wangeküssen.

vap-: asl. vapьno *kalk.* povapьniti, po vapiti *dealbare.* nsl. s. vapno. č. vápno. p. wapno. os. klr. wr. vapno. ĭno *ist wohl suffix.*

vapa asl. *stagnum.* nsl. vapa *pfütze.* s. vapa *fluss in Serbien.* — *Vergl. ai.* vāpī. *magy.* vápa *lacuna soll eine nebenform von* lápa, láp *sein.*

vapsa-: asl. vapsati *schminken. Daher* vapъ *farbe:* vapomь krasitъ bradu. povapovati βάπτειν. b. vapsam, vapsuvam *färben.* vapsija *farbe.* *gr.* βάπτω, *aor.* ἔβαψα. *Man beachte jedoch neben asl.* vapъ *preuss.* woapis *farbe.*

var-: asl. varovati *hüten.* varovati sę *sich hüten.* obarovati *schützen.* nsl. varati *schauen ung. täuschen.* prevariti *rib.* pre-

vara *hinterlist habd.* varovati, obarovati, obariti *bewahren.* varuh, varĭh *beschützer.* varovčiu *gemeindehirt.* vardêti *trub.,* vardêvati *besorgen meg. lex.* vardênom, vardêjem *ung.* vardjati. nevaren *gefährlich.* b. varda *wache.* zavarja *antreffen.* vardja *hüten.* vardač *wächter.* varam *betrügen.* kr. var imati *luč.* obarovati. *Vergl.* vara, vare *en.* s. vardati *acht geben.* varati *täuschen.* varancija *betrug.* gvarditi *bewahren, aus dem it.* č. varovati. vary, varyte *neben* vari, varite, var, varte *hüte dich, hütet euch.* varta *wache.* p. warować. wara! *aufgeschaut!* warunek *bewahrung.* wardęga *jumentum ist dunkel.* ns. vardovaš *pflegen.* klr. varuvaty. varkyj *vorsicht erheischend.* varta. *Vergl.* r. *dial.* varъ, varokъ, varačъ *stabulum.* varažnja *zelt.* — *lit.* varavůti. *lett.* vairīt, võra ńemt. *rm.* vardę. *magy.* várda. .finn. vara *vorsicht.* vartoa. *türk.* varda! *aufgeschaut ist it. Der stamm* var- *ist germanisch:* got. vars *behutsam.* *vards, vardja *wärter. ahd.* wara *acht, aufmerksamkeit:* wara nëman. biwarōn. *nhd.* wahrnehmen. *Als W wird vor (gr.* ὁρώειν, ὥρα*) angenommen. Das deutsche wort hat auch in die roman. sprachen eingang gefunden: fz.* garer *acht haben.* it. sgarrare *irre führen.* guardare *hüten.* fz. garder *usw. Es ist das verbreitetste deutsche wort. Damit will man verbinden* var *in ON.: kr. s.* belovar, gostivar, vukovar *usw., das vom magy.* vár *burg nicht getrennt werden kann. Das mit* var *zusammenhangende magy.* város, város *stadt ist auch in den slav. sprachen verbreitet: nsl.* varaš. b. s. klr. varoš. *Auch im rm. und im türk. findet es sich:* oraš *stadt.* varoš *vorstadt.* magy. várda *soll eine künstliche bildung sein.*

varag-: s. varagovati *abfleischen.* — *magy.* farag *schnitzen liegt abseits.*

varakŭ: b. s. varak *gold- oder silberplättchen.* s. varakleisati. — *türk.* varak.

varengŭ: r. varjagъ βάραγγος *varangus. dial.* varjagъ *fremder krämer.* varjaža *überseeisches land; der von dorther kommende.* varjaga *dieb.* klr. varjah *starker grosser mann.* — *and.* væringi, *plur.* væ-

ringjar, *vom and.* vár *bürgschaft, bürge.*
arab. varank.

varga: p. warga *lippe.* klr. varha.
— *Man vergleicht preuss.* warsus.

varganŭ: č. varhany *orgel.* — *lit.*
argonai. *lat.* organum.

varganĭ: s. varganj *art schwamm.* —
magy. vargánya.

vari: asl. vari *domove* sątь *velici*
mladên. vъ crъkvahъ vari, si bo jestь
domъ *lam. 1. 95.* — *gr.* βᾰρις.

vari-: asl. variti, prêdъvariti *ante-*
vertere: vari vъ pomoštь mьnê. b. prêd-
varêm, prêvarêm. nadvarêm *überholen.*
Man denkt mit unrecht an got. faran. *Vergl.*
č. *dial.* varyti, ustoupiti.

varka s. *cauda piscis.* — *magy.* fark.

varmuža: č. varmuže *brühe.* p. jar-
muž *kohl, kraut.* faramuška. os. bêrmuz.
— *ahd.* warmmuos. *mhd.* warmuos *cibi*
ex oleribus. *ahd.* muos.

vasno klr. *leinwand ung.* — *magy.*
vászon.

vasnĭ 1.: asl. vasnь *zwietracht.* č.
vášeň *streit.* vášnivý *leidenschaftlich.* p.
waśń. waśnić *verhetzen.* *Vergl.* os. vašňe
temperament, laune. klr. vasń zank. r.
vasnь *kühnheit.*

vasnĭ 2.: asl. vasnь *itaque;* ἴσως.
Vergl. vastь *igitur.*

vasongŭ: p. wasąg *korb zu einem*
bauernwagen, korbwagen. č. fasuněk, fa-
suňk *lastwagen mit kleinen leitern.* — *Ein*
d. *fassung voraussetzend: bei Linde* fosig-
wagen.

vašarŭ: s. vašar *markt.* — *magy.*
vásár.

vaška s. *hund.* vašćina. vašćiniti *ent-*
ehren: vašćiniše sestru njih.

vataga: p. vataha, vatacha *genossen-*
schaft, aus dem klr. klr. vatah, vatažko
oberhirt, räuberhauptmann. vataha *masse,*
haufe, rotte, herde. r. vataga *schaar,*
grosse familie, schafherde, genossenschaft
von fischern. vatažitь. — *rm.* vętaf, vętav
anführer. vętžel *volksl. 1. 60.* vętšel
gerichtsdiener. *tat.* vataha *menge, fischer-*
genossenschaft.

vatalŭ: nsl. vatal, vatel *elle.* *Vergl.*
b. vatali *schlag (bei webern).*

vatra s. *feuer.* vatralj. č. vatra
herd. slk. vatra. vatráľ. p. watra,
ognisko, zarzewie pod gołym niebem.
watrzysko, miejsce wypalone. klr. vatra *herd, feuer,* ohnyšče. vatraľ *ofen-*
krücke. vatrity *zu asche verbrennen.* r.
vatrucha *art kuchen.* — *rm.* vatrę *feuer;*
mrm. *für* ἕδρα. vętraj. *alb.* vatrę *focus;*
fundus domus. *zig.* vatro. *gr.* βάθρον.
zend. ātar. *ai.* athari *flamme.* vatrę *focus*
ist von vatrę *fundus domus zu trennen:*
jenes ist wahrscheinlich iran., dieses gr.
βάθρον. *Wie so manches andere, mag auch*
das iranische wort für herd den Slaven
durch Türken überliefert worden sein.

vaznĭ: asl. vaznь τύχη, *fortuna:* unje
mi imêti kaplją vazni neželi bъtarь uma
bus. 552; dobraja vaznь. vaznivъ *felix.*
dobrovaznije εὐτυχία. blagovaznьstvo.

važa nsl. *rasen.* — *nhd.* waso, wasen,
rasen.

večerŭ: asl. večerъ *abend.* vьčera
gestern. večerja. nsl. večer. včera. b.
večer. včera, *in Vinga* uščere, uščer.
s. večer, veče. jučera, jučer. č. večer.
včera. p. wieczor. wczoraj. kaš. ńe-
včera *vorgestern.* polab. vicer. os. vje-
čor. včera. ns. vjacor, jacor. cora. klr.
večer. včera, učora. wr. večer. včora,
učora. r. večerъ. včera. — *magy.* vacsora.
vecsernye, veternye. *rm.* večernię. pavę-
černicę. *lit.* vakaras. vakar. *fremd ve-*
čerê. *lett.* vakars. vakar.

ved-: asl. vedą, vesti *ducere.* obedъ
annulus. *Durch steig.* vod-: obodъ *annu-*
lus. vojevoda. *iter.* voditi. vodima *pellex.*
povodъ *habena.* voždь *dux.* *Durch dehn.*
-važdati. vodovažda *aquae ductus.* nsl.
vesti *nutzen: nič ti ne vede moje govo-*
rjenje. zvesti *abdicare lex. perdere meg.*
odvesti *prip. 19.* obod *umkreis, einfassung*
des siebes. povodec *zügel rib.* voj *dux.*
sprevod, sprevoj *leichenbegängniss.* vojka
leitseil: vodja, vodi-a. b. veda *vb.* obedec: obeci *ohrgehänge.* svеždam *wölben.*
svod *gewölbe.* vodja *vb.* vodilo *zügel.* pro-

vodja, prodja *(Vinga)*, prohodja *schicken.*
provaždam, otvadêm, navoždam *vb.* **kr.**
vojka *leitseil.* **s.** obod *rand.* oboci *ohrgehänge.* svod *gewölbe.* voditi. vodj. vodati
dur., daher denominativ. **č.** vésti, vedu.
obvod *einschliessung.* dováděti. *Man beachte* dovozovati. **slk.** úvod, **vádky**
plur., vádzka, *kirchengang der wöchnerin.*
p. wieść, wiodę wodzić. wodz *dux. alt*
wadzać. prowadzić. wodze *zügel.* powodki
leitseil. podwoda *vorspann.* prowodator.
polab. vâjvâda, vâvâda *fürst.* **os.** vjesć.
ns. svod *brunnenschwengel.* vocka *leine
aus* vodzka. **klr.** vesty, vedu. obod *radfelge.* obôd, obvôd *umfang.* oprovôd. zvôd
gewölbe. važky, vodyło *lenkseil.* zavede-
ncyja *einrichtung.* **wr.** vobod *felge.* povo-
dyŕ *blindenführer.* provadzić. vožka *lenkseil.* zavedencija. **r.** vĕsti. povodъ. obedъ,
obodъ *radfelge.* obvodъ *umkreis.* vožъ,
dial. voždъ. vožža, vožka *lenkseil. — rm.*
dovedi *probare.* nevedi *telam ordiri.* obêdę
radfelge. povod. progod, prohod *funus.*
(Vergl. **č.** provodí *für* přichodí *dial.).*
podvoadę *art frohne: wohl vorspann.* zę-
vod *canis laniarius.* *ngr.* προβοδῶ *begleiten.* *lit.* vedu, vèsti *führen, heirathen (vom
manne).* vadas *führer.* vadžoti. įvoda *wasser-
leitung.* patvada *rüstwagen, karavane, entlehnt.* *lett.* vedu, vest. vadīt: *slav.* voditi.
vadāt *hin- und herführen: s.* vodati. pavads
geleite. Man vergleicht *ai.* vadhu *junge frau.*
zend. vademnō *bräutigam als der heimfüh-
rende, daher W.* vadh. *Vergl.* nevêsta.

vedenikŭ: s. vedenik *art pistole. —
Vergl.* **d.** Venedig.

vedrŭ: asl. vedrъ *heiter.* vedro. vesna
vedrena. **nsl.** veder. vedro. vederna, ve-
dernica *regenbogen:* mavra vedri. **b.** ve-
drina. **kr.** vedar. **s.** vedar. **č.** vedro
wärme. **slk.** vedrný. **p.** wodro, wiądro
für hitze zof.: dafür erwartet man wiodro.
kaš. viodro *witterung.* **polab.** védrü. **os.**
vjedro *wetter.* **ns.** vjedro, vjadro *schönes
wetter.* **klr.** vedro *heiteres wetter.* **r.** vedro. vedree. — *ahd.* wetar. *ags.* weder.
lit. jedras, gëdras, gaidrus. gaidrīti s *sich
aufklären.* *lett.* gēdrs, gīdrs.

vegerja: klr. veherja *art tanz.* *Vergl.*
p. wegierka *Ungerin usw. Vergl.* ongrŭ.

vejtŭ: č. vejt *waid, weid vitrum,
isatis tinctoria.* **klr.** vajda. **r.** vajda,
sinilьnikъ. *Dieselbe pflanze heisst p.* urzet,
uret, siniło, *nsl.* oblajst *aus it.* glasto,
glastro. *Vergl.* uretŭ.

vel- 1.: asl. velêti *jubere, velle. Daraus durch steig.* vol-, *daher* voliti *velle.*
volja *voluntas.* nevolja *necessitas. Mit velêti ist vielleicht zu verbinden* dovъlêti (dovъ-
ljǫ), dovъljati, dovolêti *sufficere;* dovolъ
das genügen: daneben dovъlъ. *Vergl.* vole
ἄγε: *ahd.* wëla, wola. **nsl.** velêti *befehlen, sagen.* voliti *wählen.* dovoli *genug.* dovolêti *genügen.* volja. nevolja. **b.** velja
vb. mil. 514. povelvam *vb.* volja. nevolja.
kr. velim *ich sage.* **s.** velju *ich sage.* volij *lieber wollend.* volja. nevolja. voljeti.
č. veleti *befehlen.* voliti *wollen, wählen.* vůle.
slk. voľakto: *magy.* valaki. **p.** wola. nie-
wola *noth, nicht für* niedola. woleć. powolić, przyzwolić. **polab.** vüľa. **os.**
volić. vola. **ns.** voľa. **klr.** veľity *gebieten.* izvoł. voľyty *wollen.* voľa. nevoľa.
dozvôlle *erlaubniss.* nevoľnyk *sklave:* ne-
voľnykôv doroha *milchstrasse.* dovľity *genügen.* voľity. v dovoľ *reichlich.* boževôle
wahnsinn. **wr.** zadovoľ. **r.** velêtь. volja. nevolja *gefangenschaft.* vvolju, vdo-
volъ, nadovolъ, udovolъ, zadovolъ *genügend.*
privola *abundantia.* volъga, volъnica *freiwillige. — magy.* névolya, nyavalya *krankheit.* vala *in* valaki *jemand.* *rm.* voje.
vojos. nevoje. *alb.* nevoję. *lit.* velīti, zve-
līti *gönnen.* valė *wille.* valnas *frei.* nevalė.
Vergl. valioti *zwingen.* *lett.* vēlēt *gönnen.*
vaľa. *got.* viljan (velêti), valjan (voliti).
finn. valljit *wählen.* *lat.* velle. *gr.* βολ:
βούλομαι. *ai.* var, vṛṇōmi (velêti), varas
(-volŭ).

vel- 2.: asl. *durch steig.* valъ *unda.*
valiti, valjati *volvere.* **nsl.** val. valiti *wälzen,
brüten.* pobaliti *ung.:* poob-. razvaliti. vališ
gerölle. Vergl. navel (-vla) *menge.* **b.** val *cy-
linder.* valêk. valčêst. valka. valkam (têsto).
valja *umwerfen.* vali *es regnet.* valêm *walken.*
valêvica. navalica. **kr.** pobaliti *ung.* **s. val**

welle. **valjak, valjuga. valut** *lapillus teres.*
valjati. navala *zulauf.* **uvala** *thal.* č. **vál,**
válek *walze.* **valiti,** **váleti.** **obal** *umschlag.*
úval *thal.* **príval** *platzregen.* *Vergl.* **poval,**
dial. *für strop.* **valný** *wogend, gross, stark.*
úvala, veliká síla něčeho. **valchovati** *wal-*
ken ist d. p. **wal, welna** *welle.* **wałek**
walze. **walić.** (**wałęsać** *gehört wohl nicht*
hieher). **przewał,** **nawalny** *deszcz.* *Vergl.*
walny *allgemein, haupt-.* os. **valak. valić,**
valeć. ns. **vališ, vaľaš. vaľka.** klr. **vał**
welle. **vałyk** *walze.* **vałyty** *umwerfen; wal-*
ken. **vałovyna** *grobes gewebe.* **vaľava** *grosser*
haufen, mit gefallenen bedecktes schlacht-
feld. r. **valъ** *welle.* **valomъ** *in masse.* **va-**
lunъ *runder stein.* **valitь. valjátъ** *walken.*
valjuga *faulenzer.* *Vergl.* **navalъ** *geschwulst.*
— *lit.* **velti, veliu** *walken.* *lett.* **velt, velu.**
got. **valvjan.** *lat.* **volvo.** *rm.* **val** *welle.*
çnveli *vb.* **preveli** *vb.* **nevalę** *unfall.* de a
valma *in masse.* *alb.* **vale** *welle.* *magy.*
vályog *kothziegel.* p. **folusz,** *klr.* **fo-**
luš, *wr.* **vaľuš,** *lit.* **palušis** *walkmühle*
sind d. *Vergl.* **vla-. velna:** *asl.* **vlъna**
welle. č. **vlna.** p. **wełna.** klr. **voľńá.**
r. **volná.** — *lit. lett.* **vilnis** *f.* *ahd.* **wolla.**
Vergl. **oblk.**

vel- 3.: asl. **velij** *magnus.* **velьmoža,**
velьmąžь *magnat.* **velьma, velьmi** *valde.*
veljača *februar, eig. der grosse monat.*
velikъ *gross.* o **vele** *ausruf:* o **vele pasha**
velikaja ὦ πάσχα το μέγα: nsl. **veli.** ve-
ljak *magnat.* **velik. zveličati** *selig machen.*
b. **veligdьn** *ostern.* kr. **vel:** *sg. gen.* ve-
loga. veli. s. **velji** *gross.* **vele** *viel.*
veoma *sehr.* **veljača** *februar.* **veliki.** č.
veli *gross.* **vele** *viel, sehr.* **velmi. velmož.**
velebný. veliký, velký. slk. **velo** *viel.*
veličizný *gross.* p. **wieli. wiele. wielmi.**
wielbić *magnificare.* **wieliki, wielki, wielgi.**
wielgolud *riesenmensch.* **wieliczyć.** polab.
vilky. vilě, vil *viel.* os. **vjele. vulki.**
ns. **veľe.** klr. **velmy. veľhoroch. veľy-**
čoznyj, veľyčosty. veľyk deń *ostersonntag.*
veľykdan *wird in der bedeutung „lümmel"*
angeführt. wr. **veliznyj** *gross.* **uveľbjać.**
r. **velьmi. velьmoža. velebnyj. velikъ denь.**
velikij veľikanъ *riese.* — *lit.* **velikos** *ostern.*

velikinis *osterei.* *rm.* **vel** *gross.* *Man ver-*
gleicht lit. **vala** *macht.*

veld-: asl. **vladą, vlasti** *herrschen, aus*
vold-, *durch steig. aus* **veld-. vladyka** *do-*
minus. **vladь, vlastь** *macht.* **vlastelь, vlaste-**
linъ. vlaštь *eigen:* **vlad-tjъ.** nsl. **ladati.**
last *eigenthum.* **zlasti** *besonders.* **lastiven**
ung. **oblast. navlašč, nalašč, nalaš** *eigens,*
geflissentlich. b. **vladam, vladěja** *vb.* **vla-**
dika *bischof.* **vlast. vlastelin.** kr. **lašć**
ung. s. **vladati. navlast** *besonders.* **na-**
vlaš. oblast. č. **vladu, vlásti. vládnouti.**
vladyka. vlast. vlašči, vlašti. p. **wło-**
dać. włość: **wołość** *ist r.* **włostny, włos-**
ny. włodarz. włościanin: **włościjanin** *nach*
chreścijanin. *Daneben* **władać. zawładnąć.**
władza. właść. własny. obłaszcze. zwlasz-
cza *vornehmlich.* **przywłaszczyć.** *Einige*
wład- *mögen sich historisch erklären lassen,*
so der name des königs von Ungern und
Polen **Władysław,** † *1444,* *für* **Włodzi-**
sław; *andere sollen* **nowszego utworu** *sein.*
klr. **vołodity. vołodaty** *zu gebrauchen ver-*
mögen. **vôdvołodnuty** *sich erholen.* **vołost.**
vołosteľ. losnyj *ung.* **vołodar.** *Daneben* **vła-**
daty. obładaty. vłada. vłast. obłast. vła-
došči *vorzüge.* **vłasnyj** *eigen.* wr. **vołosć.**
vołoščanin. *Daneben* **vładać. bładać. ne-**
vładdze *misslingen.* **vłasnyj privlaścić. zvła-**
šča. r. **volostь. volostelь.** *Vergl.* **volosti** *art*
krankheit dial. *Daneben* **vladětь. povła-**
datь. zavladatь. vladyka. vlastь. — *rm.*
vlędikç. vlęduitor. oblędui *vb.* **oblastie.**
preuss. **waldwico** *ritter* (**vladyka**). **waldniks.**
lit. **veldu** *regieren.* **paveldu** *ererben.* **vildu,**
vilsti *erwerben.* **valstis** *gebiet.* **valščius. val-**
diti. valdža. vlosnas, locnas, losnas *eigen.*
lett. **valdīt. novaldīt** *bezähmen.* **valsts.** *got.*
valdan. *finn.* **valta.** *Urspr.* **verdh:** *ai.* **vrdh**
(**veld-**) *wachsen,* **vardha** (**voldū**) *mehrend.*
Das slav. wort ist nicht entlehnt. *Vergl. asl.*
vladь *haar, eig. das wacksende.*

velenca s. **lodicula** *mik.* **velenac.** nsl.
velencia *jambr.* p. **wełens, velenc** *waffen-*
rock. — *alb.* **velenzę.** *magy.* **velencze**
Venedig, daher stoff aus Venedig.

velg-: asl. **vlъgъkъ** *humidus, aus* **vel-**
gъkъ. *Aus* **velg-** *durch steig.* **volga:** asl.

vlaga *humor.* navlažiti πιαίνειν. nevlažьnъ
ἄνιχμος. nsl. odvolgnoti volhek, vъlhek,
volgek, volgak. vlaga. vlažen. b. odlъgnъl,
aus odvlъgnъl, *feucht.* vlaga. kr. uhak.
s. vlaga. č. vlhnouti. vlhký. vláha. p.
wilgnąć *feucht werden.* wilgi *feucht.* wilgny
dial. odwilž, zmięk. wilžyć *feucht machen.*
wilgot *feuchtigkeit.* os. vjelžny *feucht.*
vloha. ns. loga. klr. vohkyj, vochkyj
für volhkyj. voloha. voložyty. volohost.
vôdvoloha (*asl.* *otъvlaga), vôdvolož, vôd-
łyha (*asl.* *otъvlъga), vôdeľha (*vergl.* p.
vilg-) *thauwetter.* *Daneben* vlaha. vlah-
kyj. vlažnyj. ovlažaty. wr. volkij *aus*
volhkij. odvoložeňka. viľžčč *feucht werden:*
viľh adj. r. volgnutь. volglo *feucht.* vo-
loga: *vergl.* voroga, žirъ. *Daneben* vlaga.
— rm. lagǫ. alb. vľakǫ. *preuss.* wel-
geu *schnupfen.* *lit.* vilgans. vilgīti. *lett.*
velgt. veldzēt. valgs, velgs *feuchtigkeit.*
Man vergleicht ahd. welc *madidus, marcidus.*

velga: asl. vlъga *oriolus galbula gold-
fink.* nsl. volga. volgec. vonga, *im westen,*
kobilar, *in Krain.* b. (žlъtunka). s. vuga
beutelmeise. č. vlha *goldamsel.* p. wilga
(*daneben das dunkle* wywilga, wywielga).
klr. ivołha, voľha, ivha, fyľicha, ivoła,
ivyła, ivoł. (ivyłha *ist mistel*). r. ivolga.
— alb. fugę: *s. in Montenegro* fuga. *lit.*
volungė. *Ein dunkles wort.*

velk-: asl. vlêkǫ, vlêšti *ziehen, aus*
velkǫ, velkti. *partic.* sъvlêkъ *neben* sъvlьkъ
aus sъvelkъ. *Durch steig.* volk-, vlak-:
oblakъ *wolke.* povlaka, pavlaka. vlačiti
iter. ziehen. oblačiti *anziehen.* nsl. vlê-
čem, vlêči (*falsch* vlečti, vlečt). odlêko-
vati *verschieben.* oblêk *anzug.* vlak *zug,*
zugnetz. vlake *schlitten.* zlak *zaunwinde.*
oblak. vlačiti. branovlak, branovlêk *wagen-
deichsel.* vlačuga *vagabund.* b. vlêka *vb.*
oblêklo *kleidung.* oblak. vlak *schlitten.* vla-
kar *fischer.* vlača *vb.* izvličam, izvlačam *vb.*
kr. slak *glockenblume.* s. vučem, vuči *aus*
velkǫ, velkti. preobuka *umkleiden, aus* prê-
ob-velka: *daneben* oblaka *bekleidung, aus*
ob-volka. vlak *netz.* vlaka. navlaka *überzug.* slak *knöterich.* svlak *abgelegte schlan-*

genhaut. oblak. vlačiti *eggen.* č. vleku,
vléci. vlíceti: *asl.* *vlêcati, vlak. svlak
winde. slak. oblak obláč. povlak, povlek.
pavlaka. vláčiti. slk. obliecť. p. wloke.
wlec (*dafür in Samogitien* wlekč: *ebenso*
piekč, rzekč). włok *zuggarn.* włoka *hufe
landes.* pawłoka *art gewebe.* włoczyć. ob-
łoczyć. włoczka *eggen* włoczęga. obłok.
włocc *art schleifen.* *Vergl.* włocznia *speer.*
Daneben włacuchy *schlitten.* nawłaczny
rauh, zottig gehört nicht hieher. kas. obłok *anzug.* vłoka *hube, in ON.* polaħ.
vlåct, vlact *eggen.* våivlact *ausschleppen.*
vlåk *netz.* os. vleku, vlec. vlečvo *fall-
strick.* vloka. podłoka *überzug* vločić *eggen,*
ns. vľac, łac. hobľac *anziehen.* hobľak *anzug.* povloka. hobloka *gewölk.* klr. *Die
W. hat die form* volk- *für* velk-: voločy,
volokty. *Daneben* obłečy. obłekaty; zavo-
łikaty. obołikaty. obołočovaty. volok *netz.*
voloka *hufe.* voloky *schuhbänder.* svołok,
hołovnyj brus u chaťi chrest. 477. pavołoka
art gewebe. vyvołoka *schindmähre.* voło-
kyta. voločuha. voločyty. obołočyna *zięhe.*
vlok *waldwicke isi* p. *Daneben* vlaky *bestandtheil des schlittens.* obłak *wolke.* (*Vergl.*
mel- 1; melko; pel- 2; pъlnū 2; pelva 2).
wr. vołokci, vołoku. vołok *netz.* pavołoka.
voločić. podvołokać (*asl.* *podvlakati). volokita. *Daneben* vobłaki. obłačina. r. vlečь,
-vlekatь: *dieses ist unrichtig.* obolkъ *aus
asl.* oblъkъ. voločь, *dial.* volokti, volokči,
voločči, *praes.* voloku. zavoloknutь (*von
wolken*). volokъ. bornovolókъ *knabe, eig.*
boronovolókъ *der die egge zieht.* pavoloka.
volokita *aufschub.* zavoloka *haarseil.* volo-
čitь *neben* vlačitь. volokatь: *asl.* *vlakati.
obolokatь, obolakivatь. oboloko, obolokъ,
daneben oblako. — *preuss.* awilkis *faden.*
lit. velku, vilkti. valks *zug.* valkus. val-
kioti (*slav.* vlačati *aus* vlakiati). užvalka
(p. nawleczka). valkata, valkūnas *vagabund.* vilkėti *gekleidet sein.* *Entlehnt:* va-
laka *hufe landes.* valiacūga. *lett.* velku,
vilkt *ziehen.* novelka. uzvalks. valkāt *iter.*
valaks *ist fremd.* gr. Fέλχω: ἕλχω, ὁλχός.
rm. volok, *aus dem* r, mrum. vlak *aus
dem* b.

velkŭ: asl. vlъkъ *wolf*. vlъčь, vlъčьсь
tribulus. nsl. volk (*geschrieben auch* valk,
vulk). b. vlъk. s. vuk. č. vlk. p. wilk.
wilczura (*vergl.* myszura), *daraus d.* wild-
schur. polab. våuk. os. vjelk. ns. veľk.
klr. voľk. voľčura, vôľčura *wolfspelz*. r.
volkъ. vilčura *ist* p. — preuss. wilkis. *lit.*
vilkas. *lett.* vilks, ulks. *alb.* uljk, ujk
uljkonję, ujkonję *wölfin*. got. vulfs. ai.
vrkas. zend. vehrka. *Hier stehe auch*
asl. vlъkodlakъ *vulcolaca*: dlakъ *ist dunkel.* nsl. volkodlak: vukodlak *rib.* vulko-
dlak *lurco meg.* b. vrъkolak. kr. vukodlak *gigas verant.* s. vukodlak. č.
vlkodlak. p. wilkołak. (os. varkolak
bär ist zweifelhaft). klr. voľkołak, voľ-
kun. wr. voľkołak. r. volkulakъ. —
rm. vęlkolak, vęrkolak: mortul, de sę va
afla strigoj, kęruja j zikę verkolak *endrept.*
218. alb. vurvolak. *ngr.* βουλχόλαχα, βρου-
χόλαχας. *Vergl. lit.* vilkakis. *lett.* vilkats.
Man beachte lit. vilktrasa *werwolf. Der*
vlъkodlakъ *ist der werwolf der Deutschen,*
woraus mlat. guerulfus, *mannwolf, der in*
wolfsgestalt gespenstisch umgehende mann:
vergl. Neuri in terra Tatarorum, qui mu-
tari possunt in lupos. Die vlъkodlaci
bewirken sonnen- und mondesfinsternisse, da-
her rm. vęrkolačĭ *lunae defectio, ein glaube,*
der sich mit modificationen bei den Persern
und Chinesen findet: hier tritt ein anderes
ungethüm an die stelle der vlъkodlaci.

velna: asl. vlъna *wolle.* nsl. volna.
b. vlъna. s. vuna. č. vlna. p. wełna.
polab. våuno. os. vołma. ns. valma.
klr. wr. vółna. r. volna. — preuss. wil-
nis *rock. lit.* vilna *wollfaser lett.* vilna,
vila. got. vulla. lat. lana. ai. ūrṇā *aus*
varnā.

vels-: asl. vlъsnąti *balbutire.* vlъhvъ
vates. volhvovanije ili vorožka *op. 2. 3.*
716. vlъšьba *magia.* vlъšьbьstvo. vlъševlje-
nije *lam. 1. 150.* nsl. volhvica *wahrsagerin ung.* b. vlъfa *dieb.* wr. volch-
vič *zaubern.* r. volchvovatь. volchitъ
zauberer. — rm. vęlfę *daemo, magus. lit.*
valaševnikas *aus* r. volšebnikъ. *Man vergleicht and.* völva.

velutŭ: s. velut *sammt mik.* velud.
— it. velluto, *dial.* velludo. *ngr.* βελοῦδον.

velĭbondŭ: asl. velьbądъ *camelus.*
Daraus durch anlehnung an bląditi, *etwa*
vagari, *schon im dreizehnten jahrhundert,*
velьblądъ, velьbludъ. č. velbloud. p.
wielbłąd os. vjelbłud. *Daneben* klr. vel-
bljud. r. velbljudъ, verbljudъ. *Das* č.
p. os. stammt aus dem r. *Ebenso preuss.*
weloblundis, *das maulthier bedeutet.* —
Uralte entlehnung aus dem got. ulbandus
aus elephantus.

vend- 1.: asl. -vęnąti *welken.* uvędati.
nsl. venoti, vehnoti (*aus* ved-s) vedel *welk.*
wadlo *welk res.* vedniti, *im westen. Durch*
steig. vond-: vôditi *in* proso vôditi *dem hirse*
mit erhitzten steinen einen bessern geruch geben.
povôditi *räuchern:* povôjeno meso. b. ve-
na, vêhna *welken.* kr. obenuti *languescere*
mar., vehnuti. ovel: trava ovela. s. venuti, vehnuti. kuveo *überreif.* ugoveo nešto, pordjao. č. vědnouti, vadnouti. uditi
(*fleisch*) *räuchern.* uzenina. p. więdnąć. wię-
dłe mięso. więdzina. *Durch steig.* wędzić
räuchern. wywędzić *ausdörren.* wędziarz.
polab. vãďål *welk.* os. vjadnyć, vjasć.
klr. vjaņuty. vjalyj *getrocknet.* vyvjałyty
ausmergeln. vieľa *verdorrter baum.* vudyty.
vudženyna. wr. zvjać *welken.* r. vja-
nutь. vjalyj *welk.* vjalitь. vjachirь, vjalyj
čelovêkъ *dial. Vergl.* vjatčiná, vetčiná,
wr. vjanhlina (*p.* *więdlina) *schinken. lett.*
vīst, vīstu *welken. Vergl.* svend-.

vend- 2.: polab. vensky *wendisch,*
slavisch. — Aus dem d. Wenden *wurden*
die Slaven von ihren westlichen nachbarn den
südvölkern genannt: d. winida. *lat.* venedi
Plinius. gr. Σὐενέδαι *Ptolem.* Ouin *Jord.*
war bei den Gothen der name des östlichen
flachlandes.

venga: nsl. venge *plur. kesselkette,*
thürnarbe, im westen. Vergl. s. vigovi *eiserne*
schlinge zum vogelfang.

venja s. *juniperus.* — *magy.* fenyő
fichte.

venka-: nsl. vekati, večati *weinen.*
s. veknuti, večati. veketati. r. vjakatь,
vjačatь *schreien dial.*

vent-: asl. vęštij, n. vęšte *major, plus.*
nsl. več *aus* veče. veči, *daneben* vekši.
Im westen venč, venči, venčji, vinči, vančji
venčeha bogatstva *venet.* b. *kein* vešte,
sondern veče, več, veke *mehr, schon.* kr.
vekši. s. věći *grösser.* věće, věć *schon,*
ngr. πλέον. većma *mehr.* vekšinjom. č.
vîce, víc. p. więcej. więc *folglich.* więk-
szy, więtszy. kaš. vįkši, vikši. polab.
vãci, vãc. os, vjacy. vjetši. ns. vjecej.
vjetšy. r. vjašče. vjaščšij. *dial.* vjača
wie viel? — mrm. vekje πλέον. *Die namen*
č. vicemil, váceslav, václav, *woraus* p.
wacław, asl. *vęšteslavъ, *will man mit*
vênьcь *zusammenstellen.* č. venca *beruht*
auf Wenzel.

venterĭ: p. więcierz, więcerz, wię-
ciorka *fischreuse.* kaš. viancel *art netz.*
klr. vjater. r. vjaterь, jaterъ, vetylь,
vitilь: venterь, ventelь, venterka *sind p.* —
preuss. wentere. *lit.* ventaris, ventaras,
venteris. *Die slav. wörter stammen wahr-*
scheinlich aus dem lit.

veprĭ: asl. veprь *aper.* s. vepar.
č. vepř. p. wieprz *männliches, besonders*
verchnittenes schwein. polab. vipr. os.
vjapř. ns. japś. klr. veper. vepryna
stachelbeere. wr. veper. r. veprь, *dial.*
veperь. — *lett.* vepris. *lat.* aper. *ags.*
eofur. *ahd.* ëbur.

ver- 1.: asl. vьrêti, vьrją, vьriši *wallen*
(von siedendem wasser), sieden intrans.,
quellen. partic. vьręštь, *daneben* vьrąštь.
vьrątъ *ferox:* vrutъ *azbuk.* vьrątъkъ *fons.*
Vergl. vrъlъ, hrъlъ *vehemens. Durch steig.*
varъ *aestus, calx.* variti *coquere.* varivo.
povarъ *coquus.* povarьnica, povarьnja. izvorъ *fons. Vergl.* vratъ *olla:* *vor-tŭ. *iter.*
virati. virъ *vortex.* nsl. vrêti, vre. vrôč.
vročina. vrêl *siedend.* vrêlec (ver-l-ьcь),
vretina *quelle.* vrl *tüchtig.* vrel *f. eifer*
ung. var *flugsand.* varež *schweisssand:*
droben pêsek, potrêben kovaču, kadar
želêzo vari. razvara. variti. obariti *ab-*
brühen. varilnjak. zvara *geronnene milch.*
iter. -virati. vir, izvir *fons.* vrôčnica, stu-
denčina *quellwasser: vergl. asl.* vrątъkъ.
zviranjak. povrêvati *sieden. Vergl.* vrvrati,

vrvrêti *sprudeln.* vavroka. b. vrja, vrɪ
kochen. vrêl *siedend.* vrъl *tüchtig, streng.*
var *kalk.* varosvam *vb.* varja *kochen.* varivo. otvara *käsequark.* izvarak. povarnica.
varkost *eifer vê.* 1. 496. *izvor. iter.* -viram.
vir *wasserstrudel, quelle.* izvir *quelle.* kr.
vrulja, vrutak *fons.* mliko se svari *gerinnt*
ung. varjača *kochlöffel.* s. vreti, vrim.
vreo, vruć *heiss.* vrelo, vrutak *quelle.* vrъo,
vrli, hrli *tüchtig.* var *gluth.* variti. povariti
glühend machen und schärfen. varak *leicht*
kochbar. obara *gebrühtes gemüse. Vergl.* var-
nica *funke. izvor. iter.* virati. vir *wirbel:*
vergl. viliman. izvir. č. vříti, vru, vřeš.
vraucí, vřelý. vřídlo *sprudel wie s.* vrelo
aus ver-dlo. *Vergl.* nevrlý *mürrisch.* var
sud. pivovár. vary *warmbad.* vařiti. váře
gekochtes. povar. *iter.* -vírati. vír *wirbel.*
slk. vrlý. várecha, ložica. p. wrzeć, wreć,
wrę, wrze, wre. wrząco *heiss asl.* vьręštь.
zawierucha, zawierzucha, zawroch (*za-
vor·hŭ) *ungestüm, staubwind.* war *sud.*
wywar. przywara. uwarzysty, uwierzysty
kochbar. warzyć. warza, jadło gotowane.
warzecha, warzęcha, warzączhew *kochlöffel.*
obarzanek *bretzel.* wárznik, garnec wielki
dial. iter. -wierać. wir *quelle.* wrzać. wrzawa *getöse.* kaš. povarka *für r.* počka
niere. polab. vorit *kochen.* os. vřeć. var.
navara. zvara *abgekochte milch.* varić. ns.
variš. klr. vrity. var *siedendes wasser,*
sonnenhitze. nekvar *schlecht gekochte speise.*
varyty. rozvaryty. kaševar *koch.* varyvo.
nevarka *ungekochte molke.* provar, varka
gebräu. varecha. varńa *küche.* wr. vrêć,
vrêju. var. varnyj. povarka. vir. r. vrê-
jatь. varъ *siedendes wasser, harz.* varitь.
varivo. obvara. varatokъ. povarъ *koch.*
virъ *vyrъ wasserwirbel für* virъ. uvarъ. —
rm. var *kalk.* vęrničer. povarnę. izvor.
magy. abárol *abbrühen,* slk. obarit. *lit.*
virti *kochen.* virtojas *koch.* virtuvê *küche.*
versmê *quelle.* išvora *brei.* varenka. varus
kochbar. virus, vîrius *strudel. lett.* virt.
vira *gekochtes.* atvars *wirbel.* vãrs *suppe.*
vãrît. pavãrs *koch.*

ver- 2.: asl. vьrą, vrêti, zavrêti *clau-*
dere. iter. zavirati. verêja *vectis.* veruga,

veriga *catena*. *Durch steig*. vora *sepimen-*
tum. obora. sъvora *fibula*. zavorъ *vectis*.
ot-voriti. nsl. zavrěti. ovirati. zaverati,
zavarjem *dur* zavirati *iter*. (navrěti *span-*
nen). veruga, veriga. verěja *umfriedung*.
navor *hebebaum, hebel*. obora *thiergarten*.
svor, sora, sovora, sovra, osora, sornik *art*
stange, langwiede. zavor, zavornjak *rad-*
schuh ung. zavoriti, voz zavrěti. zavora,
pri planinskem stanu jama (luknja) v zidu,
skozi katero se ovce poganjajo na molžo:
vergl. strunga. b. veruga, veriga. obor
stall. rastvorja, rastvarěm *öffnen*. kr. zavornjak *radschuh ung*. zvora *langwiede*.
s. veriga. verugati se *sich schlängeln*. obor
einzäunung für schweine. svornica, nešto
kod pluga. č. zavru, zavřiti *schliessen*.
otevru, odevru, -vřiti *öffnen*. sevru, sevřiti
zusammenthun, veřeje *thorflügel*. veřejný
öffentlich. svora *hintere deichsel*. svor *klam-*
mer. svorný. obor *schaar* obůr *flur*. obora
viehstelle. otvor *öffnung*. otvořiti. přivora.
svirati. sviradlo *schliesswerkzeug*. zatvořiti.
Vergl. vor *flösse*. p. przywrę, przywrzeć.
wierzeja, wierzaja. odewrzeć, otwarł, ot-
warty, *daneben* otworzyć. otwierać, przy-
wierać. rozwarty, roztwarty *sperrweit auf-*
gemacht. zawierać, dowora *zutritt*. obora
viehhof. przewora *stallbaum*. swora *hunde-*
koppel. svorzeň *spannnagel* (*vergl. r.* švo-
renь, škvorenь, *wr.* švoren). otwor *öffnung*.
zawor, zawora. zwora *klammer*. zawory,
brama. os. vřeć *öffnen*. zavřeć. svora.
ns. zavřeš *einsperren*. svjernik. zavje-
radlo, zavjeralo *fensterladen*. klr. verej
viegel. vereja *thorflügel*. vore n. zaun,
hürde. obora *hürde, vieh*. obory *schuhbänder*.
oborka, obranka (*vielleicht* *ob-vor-na) be-
satz. rozvor *schlüssel*. otvyraty *öffnen*. svora
koppel. roztvor. zvôr *schlucht*. wr. obora
dünnes band, gehöft. r. vereja. veriga.
verevo *draht*. verenica *zug, strick*. obery,
obory, povory, verevki. zavorъ; zavora,
ovragъ. svora *koppel*. zaveretь, viratь, plestь
lapti. podviratь *dial*. varъ *damm*, perego-
rodka *dial*. — *preuss*. aboros *raufe im vieh-*
stall. lit. verti *öffnen, schliessen*. atviras,
praveras *offen*. pervara *netzleine*. apivaras.

spvarě. obara *hofraum*. suvara *klammer*.
vora *lange reihe*. lett. savāri. magy. zá-
vár, *daraus* zár (*daher klr.* zar *ung.*), *das*
jedoch, wie manche meinen, nicht entlehnt
sein kann, da es verbum und substantiv
sei: schliessen, schloss. ngr. σφρα *bindfaden*.
ὀβρός. alb. obor *zaun*. rm. obor *viehhof*.
verigę *ring*. de pre verigę *rundherum*,
daneben pre avarigę, varligę, anverligę.
sfoarę *bindfaden*. zar *aus dem magy*. otvo-
riti *öffnen ist urspr. wahrscheinlich* otъ-vo-
riti, *worin man* tvoriti *zu erkennen glaubte,*
daher rastvoriti *usw., wenn nicht das deutsche*
aufmachen usw. auf die entstehung dieser
ausdrücke eingewirkt hat. Vergl. tvorъ. *Mit*
ver- *verbinde ich* vervь *und* vorta. *I.* ver-vъ:
asl. vrъvь *strick*. nsl. vrv. vrca *für* vrvca.
vrčica. b. vrъv. s. vrvca. č. vrv. ob-
vrv. obrv, obrev, *gen*. obrvi, *strick*. p.
wirzbca *zona flor. aus* wierzwca. klr. verevka, virovka. r. vervь. verevka. verva:
vergl. vorovina *für* verevka. — *preuss*.
wirbe. lit. virvė. lett. virve. *and.* virr *draht*.
ahd. wiara, wira. *II.* vor-ta: asl. nsl. b.
s. č. vrata *plur. n. porta*. p. wrota. polab.
vorta. os. vrota. klr. r. vorota. — *preuss*.
varto. lit. vartai. lett. vārti. rm. vram-
nicę, vranicę *janitrix*. *Vergl*. s. vratlo:
ulaz luke zovu vratlo *mündung*.

ver- 3.: b. vra, *partic:* vrěl, *einstecken,*
in die enge treiben. virja *aufheben:* *vergl.*
das iter. vъviram, prěviram, proviram,
zaviram. s. verati *verstecken*. savrijeti se
sich verkriechen. navrijeti *mit gewalt durch*
wollen. zavrijeti, zavirati. č. vor *art sack*.
p. wor *sack*. klr. navru, navyraty, na-
płesty. vor, vorok. sprovoryty, uładyty.
r. veratь *einstecken dial*. zaveretь *flicken*.
vorovoj, provorъ, provornyj *flink, behend*.
vorъ *dieb*. — lit. verti *einfädmen*. lett.
vȩrt, veru. rm. vîrî *inserere*. *Hier mag*
angeführt werden vor-n-jǔ, vor-na: nsl. s.
vranj *spund*. b. vrana *fassstöpsel*. s. za-
vranjiti *zuspunden*. (zavornica *aus* zavorъ-
nica). klr. voronka *spundloch*. r. vorona.
voronka *trichter*. — rm. vranę *spundloch*.

ver- 4.: r. vru, vratь *faseln*. vrunъ.
vrulь. vraljja. *iter*. viratь, *daher* virunъ.

Vergl. p. wrzal *schrei. Man füge hinzu*
1) r. vrakatъ *schwätzen.* vrakunъ. vraki
albernheiten. 2) r. vracha *schwätzer.* 3) klr.
verzty *faseln,* plesty. **wr.** verzći. r.
verzti *plaudern.* 4) ns. vavriš *schlechte*
reden führen

ver- 5.: č. vrávorati *schwanken, aus*
vorvorati.

ver- 6.: nsl. svrěti se, skrčiti se *sich*
zusammenziehen: ves se je svrl od starosti.
sverati se *kauern.* svrkniti svrkêvati *krüm-*
men Ukrain:

verba: asl. vrъba *salix.* vrъbьnica
palmsonntag. nsl. s. č. vrba. b. vrъba.
vrъbnica p. wierzba. **polab.** vârba.
os. vjeŕba. ns. vjerba. klr. verba. verb-
nyća. zaverba *art weide:* ma. **wr.** r. verba.
— *lit.* virbas, verba *gerte.* virbīna *gebüsch.*
verbu nedělė. *lett.* virbs. *Man vergleicht*
lat. verbena.

vercabъ: p. warcab *damenspiel.* war-
cabnica. č. vrhcáb. **wr.** varcaby, ar-
caby. — *lit.* varcugas, varčugas. *Daneben*
klr. varcaby *fensterrahmen, fenster.* — *d.*
wurfzabel.

verči: asl. vrъčь *urceus.* vrъčьva *do-*
lium. nsl. vrč. s. vrč. vrčina. orkal-ić
beruht wohl auf urceolus. — *lat.* urceus.
got. aurkeis. *ahd.* urzol.

verdača: nsl. vrdača *grüne pflaume.*
— *it.* verdacchia.

verdъ 1.: asl. vrédъ *laesio, vulnus,*
lepra, damnum. vrêditi. nsl. vrêd *laesio,*
ulcus, leibschaden. vrêditi *laedere.* prevrêditi
se *einen leibschaden bekommen.* vrêden *(auch*
vrdán, urdán) otrok *an einer bestimmten*
krankheit leidend. b. vrêda *schade.* vrê-
dja *vb.* s. vrijedjati *eine wunde aufreis-*
sen. č. vřed *geschwür.* p. wrzod. wrze-
dzić. śpiwrzod. wereda *für niedołęga ist* r.
os. bŕod. ns. ŕod. ŕazyš *beschädigen.*
klr. veredyty *schaden.* Vergl. zaveredovaty,
kaprysovaty. *Entlehnt:* vrednyj
schädlich. vrody chrest. 295. *ist* p. wrzody.
wr. veredzić. r. veredъ, *daneben* vredъ.
vereditъ, *daneben* vreditъ. — *magy.* merégy
pestbeule aus vrédъ. *Vergl. ai.* vardh *ab-*
schneiden. ahd. wartan *beschädigen.*

verdъ 2.: asl. vrêdъ *in* nevrêdu sъtvoriti ἀποδοκιμάζειν *reprobare zogr. bon. usw.*
Andere quellen bieten ne vъ rędъ, rędu sъtvoriti. vrêdьnъ. nsl. za vrêd imêti. vrêden.
b. vrêden *mil.* 255. 324. kr. vridan. s.
vrijedan vrijediti. — *Daher rm.* vrêdnik.
vrêdъ *ist ahd.* wërd *subst. und adj. (unwir-*
djan *parvi pendere, spernere).* vred- *drang*
durch das slov. zu den Kroaten und Serben:
diese theilten es den Bulgaren mit. Panno-
nische und norische Slovenen haben das wort
zuerst aufgenommen. Dagegen ist p. wart
werth subst. und adj., kaš. vart, *eine spä-*
tere entlehnung aus dem niederd. wart: *da-*
her klr. wr. vart. *Deutsch ist auch preuss.*
werts, *lit.* vertas, *lett.* vērts, *finn.* verta.

veremъ: b. verem *phthisis.* — *gr.*
βερέμι. *türk.* vérém.

veresija b. s. *credit.* — *türk.* vérési.

verg- 1.: asl. vrъga, vrêšti *aus* vergti
werfen: selten vrъšti. izvragъ, *in* r. *quellen*
izvorgъ ἔκτρωμα, *aus* izvorgъ *durch steig.,*
daneben izvrъgъ *ohne steig.* nsl. vržem,
vrêči, vrči *inf.* vriecj *venet.* vržaj *wurf.*
vrêčati *impf. werfen, unhistorisch von* vrêči.
(b. hvrъgam *werfen).* s. vrgnem, vrći.
č. vrhu, vrci. vrh *jactus.* p. wierzgnać
hinten ausschlagen. os. vjeŕhać *schleudern.*
ns. vjergaš. klr. verečy zaverečy, zaveŕзy.
verhnuty śa. izverh *auswurf.* r. vergatъ.

verg- 2.: s. vriježa *stengel; lubenice*
i dinje *melonen.* — *Man vergleicht lit.* virk-
štis *ranke, steifes, starkes kraut*

vergija b. s. *steuer.* — *türk.* vérgi.

verch- 1.: asl. vrъha, vrêšti *aus*
verhti *dreschen. Durch steig.* vorhъ: vrahъ
trituratio. nsl. vršiti *getreide mit vieh*
austreten. vršaj *getreidehaufe.* vrъ, nasad
vrši *lex.* b. vrъha, vrъšeja *vb.* vrъšidba.
vrah. s. vršem, vrijeći. vršaj *schicht gar-*
ben. klr. voroch *haufe.* v voroši *zusammen:*
von voroch *in der bedeutung „haufe".* voroš-
nyj, spólnyj *gemeinschaftlich.* r. vorochъ.
rozvorošitъ. verхъ *frumentum.* — *rm.* vrav,
vraf *haufe gedroschenen getreides.*

verch- 2.: nsl. vršeti *brausen.* klr.
wr. voroch *gekrach.* r. vorochatъ *ist an-*
rühren.

verchŭ 1.: asl. vrъhъ *cacumen*. vrъšije: dąbъno vrъšije. vrъhъnь *summus*. sъvrъšiti. sъvrъhovati. nsl. vrh. vrhunec. obr *über aus* obъ vrъhъ. b. vrъh, vrъf. vъr, vrъh *auf:* vъr nebo. *Daneben* vrъs *bei:* vrъs jedin krъst *bei einem kreuze:* vergl. asl. vrъsu *für* vrъhu: vrъsu karmilu proph.-hilf. 418. vrъša *vb.* kr. vrhunac. zvršnato drivje *laubholz ung.* s. vrh. as. obrh. č. vrch. vrchní. vrchol. p. wierzch. wierzchoł. polab. vârch. vârsâk. os. vjeŕch. vjerš. ns. vjerch. klr. verch. r. verchъ, *dial.* verьchъ. verchnij. veršitь. — *lit.* viršus. viršunis: š *aus* s. *lett.* virsus. virsū *oben.* rm. vęrf. sęvęrši, sfęrši *vb.* obęršę *campus e valle sensim assurgens.* ai. varšījās *der höhere.* varšman *gipfel.*

verchŭ 2.: p. warch, warchlak *wildes ferkel.*

verk-: asl. vrъčati, vrъkati *einen laut von sich geben.* vrъkotati. nsl. vrkati *girren.* s. vrčati *murren.* vrka *knurren.* č. vrkati, vrčeti. p. wark, warch. warkać, warczyć. os. varcać. ns. varcaś. klr. vorka. vorkaty. vorkot *murren.* wr. vorčać. r. vorčatь. vorkovatь. vorkunъ. — *lit.* verkti *weinen.* virkuloti. *Vergl.* sverk-.

verkoči: s. vrkoč *stutzer.* kovrčica *haarlocke.* č. vrkoč *zopf.* vrkoč (pletenec) cibule. p. warkocz. r. vorkočъ *crines plexi.*

verl- 1.: s. vrljo *der an einem auge beschädigt ist:* vergl. na vrlje *schief.* wr. verłovokij *für* r. kosogłazyj.

verl- 2.: nsl. vrlina *gartenthor.* b. vrъlina *stange.* s. vrljika *stange zum einzäunen.* *Vergl.* ver- 2.

vermen: asl. vrěmę *tempus.* nsl. vrěme *witterung.* b. vrěme. s. vrijeme. klr. veremja, vereme *schönes wetter:* daneben vremne *aus* vremňa. wr. vereme, ureme; bezveremje: *daneben* vreme; bezvremje. r. vremja. — rm. vrême. *Vergl.* ai. variman *weite, umfang:* vermen *scheint urspr.* „behaglichkeit" *zu bedeuten.* vermen *ziehen andere zu* vert-: vert-men.

verp- 1.: asl. vrъpą *legere, in einer r. quelle* vъrpeši. *Abseits liegen* 1) nsl.

zvrpati *entreissen lex.* 2) p. warpa *der um eine grube aufgeschüttete erdhügel.* 3) klr. verpeć *art schuh.* — *lit.* ist varpa, *lett.* vârpa *spica.*

verp- 2.: s. vrpoljiti se *unruhig stehen oder sitzen.* — *Vergl. lit.* virpulīs *zittern.*

verpa: nsl. vrpa (ljudi) *haufe (leute) belost.*

versa: asl. *vrъsa. r. vorsa *flocke.* wr. vors. klr. vorsa, vołos na sukńi. navorsyty. *Vergl.* zavorsyty śa *mürrisch (etwa widerhaarig) werden.* — *lit.* varsa. *Vergl.* zend. vareça *haa.* *und* volsŭ.

versk-: asl. vrěštati *schreien.* nsl. vrěščati, vriščati, vriskati. vrisk. b. vrěšta *vb.* vrъsъk. s. vrištati. vrisak. č. vřeštěti. vřesk. p. wrzeszczeć. wrzask *für* wrzesk. os. vrěšćeć rěšćeć, vrěskać. klr. vereščaty. veresk. wr. vereščać. verščaka *für und neben* vereščaka. veresk, vresk. r. vereščatь. vereskъ. *Daneben* verezgъ, verezga, verezglivyj, verezžatь. — *lit.* verkšloti. pravirškīti. *Vergl.* verk-. kr. vreskav *ist ruptus.*

versŭ: nsl. vrěs *heidekraut.* s. vrijes, vrijesak. č. vřes. vřesen *september.* p. wrzos. wrzesień. os. vŕos. ns. ŕos. klr. veres. wr. veres. vreseń *ist* p. r. veresъ, vereskъ. asl. vrěsьnь *september.* — *Vergl. lit.* viržis. viržiu měnů *september.* *lett.* virži.

verša: nsl. vrša. s. vrša, vrš *netz.* č. vrše. p. wiersza. os. ns. vjerša. klr. r. verša. — *Vergl. lit.* varžas. rm. vęršę. magy. varsa, verse, vörse, vörzse.

verši: č. vrš *vers.* p. wiersz. — d. vers, *aus dem lat.*

vert- 1.: asl. vrъtěti *drehen, bohren.* vrъtežь *cochlea.* *Durch steig.* vortъ, *daraus* vratъ *collum.* obratъ. vratiti *drehen.* vrěteno *fusus aus* verteno. vrъsta *stadium, aetas aus* vert-ta. sъvrъstь *f. coaetaneus, conjux.* *Vergl.* otъvrъnъ *contrarius aus* otъvertnъ: vъsъtvoriste otvrъnъ ἀντιστρέψαντες πεποιήκατε. nsl. vrtěti. vrnoti, obrnoti. vrtati *bohren.* obrten *industrius habd.* vrat *pflugwende, hals.* kolovrat. vratiti. vratovilo *weberbaum.* vreteno. vrsta *reihe.*

vrstnik *coaetaneus habd.* okolivrč *ringsum:*
vrŭtjŭ.   **b.** vrъtja *drehen.* vrъna *zurück-*
kehren, vergelten. vrъtel *bratspiess.* vrъtež
schraube. uvrъt, uvrat *art flächenmaass,*
wie es scheint, urspr. pflugwende. navrъ-
tam se *wohnen.* svrъtalnica *wohnung:* vergl
lat. versari. vrat *hals.* vratja, vraštam, vrъ-
štam *zurückgeben.* vreteno, vrъteno. vrъsta
lebensalter. vrъsnik. okolovrъs *ringsum für*
okolovrъsť. *Vergl.* vrъckam *drehen.*   **s.**
vrtjeti *drehen, bohren.* vrtati. vrtlog *wasser-*
wirbel. svrtak, svrčak *strähn.* navrt *pfropf-*
reis. vreteno, vrteno. vrat. vratiti. vrsta
reihe, unseres gleichen. vrstati se. vrcati
se *sich hin- und herbewegen.*   **č.** vrtěti.
vrtati *bohren.* vrtký *behend.* rozvrtlý. vrt-
lák, vrtoch. obrtel *kreisel.* vřeteno. *Vergl.*
vřitenice *blindschleich.* souvrať *pflugwende.*
vrátiti. vrátký. vrstva *schicht.*   **p.** wiercieć. wartać. wart *krümmung, ausweg.* obar-
tel *riegel.* wartki *flink.* obertnąć się. obert-
ny, obrotny. uwyrtać się. zwyrtać, wykrę-
cać. przewyrtnąć, przewrocić. wywiortki
herausgebohrte späne. wrzeciono. wrzecie-
nica *blindschleich.* wrot. wrocić. uwróć
pflugwende. warsta, warsztwa *schicht.*   **kaš.**
vernąc sę. varcec *für r.* vertětъ. zavarcec,
p. zawrocić.   **polab.** vårti *dreht.* vårtat
kehren. vübårtal sã. vritenü.   **os.** vjercić.
vjerćel *drehscheibe.* vřećeno *spindel.* vře-
ćenca *blindschleich.* vrot. vrocić. voršta.
ns. vjeršeś. rošiś: *asl.* vratiti. řešeno *spille.*
klr. verťity. verteľ *bohrer, bratspiess.* vertľuh *drehring.* vertoprach, vertyporoch, hony-
vitr *windbeutel.* uchovert *ohrwurm.* zverť
abgrund. verstva *aetas ung.* vereteno. vo-
rotyło. vereťunyčka, miďanka *blindschleich.*
oborôt. vyvorôt. nevortnyj, nepovorotnyj.
vorťuch *reibkeule.* verst *stamm. Vergl.* skoro-
vot *wendung aus* skovorot. **wr.** vozvorot. versta *aequalis.*   **r.** vertětъ. vertelь *bratspiess.*
vertljugъ. vertošejka, vertigolovka *wende-*
hals. vertlo *bohrer.* vereteno. veretenica
anguis fragilis, spindelschnecke. vorotъ. kolovorotъ. pavorotь. izvorotь. vozvorotъ, daneben vozvratъ. vorotitь. oborotenь *der zau-*
berer, der sich in einen wolf verwandelt. vra-
tilo *weberbaum.* versta. — *rm.* vęrti, învęrti,

învęrteči *drehen.* vęrtež *wagenwinde.* vęrtel-
nicę. ręzvręti, ręzvęrti *aufwiegeln.* vęrstę.
povęrni *vb. lit.* vert-: versti *wenden.* išvir-
ščias, išvirkščias *herausgekehrt.* aïvernei
verkehrt. išvartas. vartīti (*asl.* vratiti). var-
stas *pflugwende. lett.* verst. vartīt. varstīt
hin- und herwenden. ai. vart. vartana.
lat. vertere. *got.* vairthan, varth. *caus.*
fravardjan (*asl.* vrati- *aus* vorti-). *mhd.*
wirtel. **s.** vrtača, vrtlog, kolovrat *wasser-*
wirbel: man *vergleicht it.* vortice; *auch*
vrtača *ist von* vert- *abzuleiten.*

vert- 2.: *asl.* vrêtište σάχχος *cilicium.*
b. vrêtište.   **r.** veretišče. *Hieher gehört*
auch asl. vrêšta *sack.* **nsl.** vrêča *f.* vrêčẹ *n.*
s. vreća, *daher* **kr.** vrećišće *mar.* **č.** vřece.
slk. vrece.   **klr.** vereta, vereńa *für r.* rodъ
kovra.   **r.** veretьe. *Beiden bildungen liegt*
vert- *zu grunde.*

vertengjŭ: *p.* wrzeciądz, rzeciądz,
rzecządz *kette.*   **č.** řetěz, řetízek, *dial.*
řetaz.   **os.** řećaz, řećazk.   **ns.** řešaz.   **klr.**
vereťaž *thürkette.* reťaž.   **r.** *alt* retjazь. —
preuss. ratinsis. *lit.* retēžis *hundehalsband.*
rm. rętêz. *magy.* retez. *Die wörter mit*
vr *sind von denen mit* r *nicht verschieden.*
Das suffix tengjъ *könnte slav. sein: vergl.*
robotaž *arbeitsam,* r. robotjagъ, *wenn*
man an rabъ *denkt, obgleich dem worte*
eher rabota *zu grunde liegt. Die zusam-*
menstellung von vertengjŭ *mit as.* rakente
scheitert an der unmöglichkeit einer entleh-
nung aus dem as. und an gjŭ *für* tę.

vertŭ: *asl.* vrъtъ *hortus.* vrъtogradъ:
nur aus diesem ist jenes begreiflich. **nsl.**
vrt. vrtar *habd.*   **kr.** vrt, vrtal.   **s.** vrt.
r. vertogradъ. — *got.* aurtigards, *aurts
kraut. Man nimmt als ältere form des
got. wortes virti- *oder* vertigards *an.* vrъtъ
kann auch auf germ. urt *beruhen: nsl.*
vrban *aus* urbanus. *Als W. gilt* vard-, *ai.*
vardh.

vertŭpŭ: *asl.* vrъtъrъ *hortus, spe-*
lunca: daneben vrъtъpa.   **b.** vrъtъp *di-*
strict. **s.** vertep *krippe (geburt Christi)*
ist r. *Vergl.* p. werteb, werteba *abweg.*
klr. vertep *höhle, schlucht: vergl* hortop
ausgefahrenes loch auf der strasse und ver-

tepyty *sich herumdrehen.* r. vertръ, ver tepъ. — *rm.* vertep, vertop, hertop *palus, höhlung. Das wort ist dunkel.*

verv-: **nsl.** (vrvéti): vrvi ljudstvo *concurrit populus.* b. vrъvja *gehen.* vrъvež *gang.* vojska provrъvêlo *mil.* 78. vrъvolica *schwarm.* kr. ribice vrve. **s.** vrvljeti *wohin strömen.*

vervĭ: r. vervь *district.* — *and.* hverfi *etwa „dorf“ in ON. als zweiter theil von composita:* skóga-hverfi *etwa „walddorf“.*

verz- 1.: **asl.** -vrъza, -vrêsti *aus* verzti, *mit praefixen, binden.* otъvrêsti, razvrêsti *öffnen, eig. losbinden.* uvrêsti *laxare.* povrêslo *strick aus* poverz-tlo. povrazъ *aus* povorzъ. otvraziti *öffnen lam.* 1. 155. *In* obrъžьnica *laqueus stört ž. Vergl.* vrъza *aenigma.* **nsl.** vrznoti *öffnen.* vrzukati *oft auf- und zumachen.* vrzêl *f. zaun, hecke.* vîzêl *f. öffnung im zaune: vergl.* vrlina *in gleicher bedeutung.* povrêslo, porêslo *garbenband.* povraz *strick.* b. vrъža V. 2. vrъzuvam *binden.* vrъzka, vrъzija, vrъzop *bündel. Vergl.* zavrъz *knospe.* **kr.** povrislo *garbenband.* **s.** vrzem se, vrsti se *an einem orte kleben bleiben.* vrzati *lauern.* svrzlati. zavrsti *binden.* povrijeslo, rijeslo, povraz *henkeleisen am kessel.* povrazača. **č.** povříslo, *dial.* probříslo, *strohseil.* provaz, *slk.* povraz. *Vergl.* vrz *das knarren der thür und* vrzati, vrázditi. vrzoukati *aus- und eingehen.* **slk.** povríslo, provríslo, províslo. obríslo: ob-verz-tlo. **p.** powroz *strang.* powrosło *aus* poworz-tło *garbenband.* uwroz *funis flor.* obrož *halsband ist zweifelhaft.* nawierzać *herumtoben liegt abseits.* **polab.** pruväslü *mit anlehnung an* (venz-), enz-. **os.** povŕestło *strohseil:* poverz-tło. **ns.** povroz *strick.* povŕaslo *strohband aus* povŕeslo. **klr.** pavoroz. voroza *schnur. Vergl.* veresło *stengel des kürbisses.* poveresło *band:* daneben perevesło, perevesełcę, perevesno *garbenband.* porovesło *durch analogie an* (venz-), enz- *angeglichen.* razverzem, rostvorim. **wr.** povroz *ist p.* r. otverzti *öffnen.* praverza, proverzina *öffnung im zaune.* pavorozъ *strick: daneben* vereskъ. *Vergl.* verzilo *ein langer, schmächtiger mensch.*

Man beachte **klr.** kaverza *ränke.* koverza *grübelei.* koverznuty *begreifen.* r. kaverza. kaverzitь. kaverzni *art sommerschuhe, die auch* verzni *heissen: dadurch wird der zusammenhang der mit* k *anlautenden wörter mit der W.* verz- *bestätigt.* — *magy.* póráz; póré. *lit.* veržiu, veršti *einengen, schnüren.* viržéti. viržis *strick.* varžiti *einengen (sl.* vorz-). atvarslês *fahrleine.* *and.* virgill *strick.* *ahd.* wurgen *aus* wurgjan. z *ist palat.* gh.

verz- 2.: **asl.** pouvrъza, pouvrêsti *compungere.* pouvrъza κατάνυξις *compunctio, im theologischen sinne.*

verz- 3.: **s.** uvrsti, uvraziti *einfädeln: letzteres aus* vorz-. *Man beachte* **kr.** svrz-: svrsti *adipisci. partic.* svrzla.

ves- 1.: **asl.** veselъ *hilaris.* veselije. **nsl.** vesel. veselje. b. vesel. veselja *vb.* veselba. **s.** veseo. veselje. **č.** veselý. **p.** wesoły. wiesoł *zof.* wiesioł *flor.* wiesiele *flor.* **kaš.** viesele. **os.** vjesoły, vjeseły. **ns.** vjesoly. vjaseľe. **klr.** veselyj. vesełošči. vešile *hochzeit.* **wr.** vešołka *regenbogen.* r. veselyj. — *rm.* vêsel. veselicę. veseli *vb. Entlehnt lit.* vesele *hochzeit.* veselje *heitere gesellschaft. lett.* vesels *gesund.* *ai.* vaç *begehren.* uçant *willig, freudig. Vergl.* ves- 2.

ves- 2.; **asl. č. klr. r.** vesna *frühling.* **p.** wiosna. r. vešnjakъ *frühlingsweg.* — *Vergl. lit.* vasara *sommer.* vasaris, vaseris *januar, februar.* **asl.** prosinьcъ: si- 1. *gr.* ἔαρ. *ai.* vas *hell werden, leuchten. Vergl.* ves- 1.

vesnŭ: **asl.** vesnъ *ibis levit.* 11. 17: *nur einmal nachgewiesen.*

veštĭ: **asl.** veštь *sache,* ὕλη, φύσις.. b. vešt. **č.** věc. **os. ns.** vjec. **klr.** vešč. r. veščь. *Ein schwieriges wort: vergl. lit.* veikti *machen, thun, daher vielleicht* vek-tь. **klr.** r. *folgen der asl. regel.* *ahd.* wiht *ding, wesen, person.* got. vaihts *ding, sache;* ni-vaiht *nichts.*

veti-: **č.** vetiti se, zmáhati se, růsti *augeri opibus:* ten se zvetil, *oppos.* máliti se.

vetla r. *weide, salix pentandra.* **klr.** vetłyna *bundweide.*

vetula p. jednoroczna koza. *Fremd.*

vetŭ 1.: č. vet, veta *vergeltung.* jest s ním veta *mit ihm ist's aus.* p. wet: oddawać wet za wet *wettmachen.* poweť, wetunek *vergeltung.* nawet *zuletzt, zum beschluss.* os. vjeta *wette, vergeltung.* vjecič. klr. navit *sogar.* vet za vet. wr. navet. — d. wett. *lit.* navet *sogar.*

vetŭ 2.: asl. vetъhъ *alt, vetus.* vetъšina *das veraltete.* b. vetъh, vetъk, vet. kr. vetah. vedaš *res obsoleta.* s. vet. č. veteš *alter lappen.* vetech *alter, abnahme.* p. wiotchy *alt, schwach.* klr. vetchyj. vetoš *das alte.* r. vetchij. vetošь. — *lit.* vètušas. *lett.* vecs. *lat.* vetus. *gr.* ἔτος. *ai.* vat: vatsa *jahr.*

vez-: asl. vezą, vesti *vehere. Durch steig.* vozъ *currus, daher* sъnuzъnъ *bigis insidens. iter.* voziti. obozъ *sarcinae.* vozataj *auriga:* *vozati. veslo *ruder:* vez-tlo. nsl. vez-: odvezla se, odveze se *prip.* 24. 251; preveze ga 173. voz *wagen:* voz koroški, voz martinov *der grosse bär.* navoz. vozataj. veslo. veslica *art schaufel,* lopar. b. veza, vozja *vb.* kr. privezli ladiju. s. voz. voziti. vozati se. *alt* vozarъ. veslo. č. vésti, vezu. vůz. voziti. vozíkati. vozataj. veslo. p. wieźć, wiozę. woz. wozić. oboz *feldlager, etwa „wagenburg".* wozatarz *zof.* woźnica. wiosło. polab. vizt *fahren.* vizė *fährt.* prüvizt *überfahren.* vâz *fuder.* vüzit (voziti). véslü *ruder.* os. vjesć, vjezu. voz. vjesło. ns. (vjäsć *fahren, führen*). voz. voziš. vjasło, jasło. klr. vezty, vezu. vôz. uvôz, vyvôz *hohlweg.* oboz *lager,* vozy zastavleny na jarmarku do kupy. vesło. wr. *Vergl.* vozńa *process.* r. vezti, vezu. vozъ. obozъ, obvozъ *suite de chariots chargés, bagage.* navozъ *dünger.* voznja *lärm.* veslo. — rm. oboz *bagage, haufe* vezetŭ. vęslę *ruder.* mrm. avuzi *vb.* alb vozit *rudern.* preuss. abasus, abbas *wagen. lit.* vežu, vešti. važnīčę. užvažas. pervažas ist p. przewoz. ałažas *lager, entlehnt, trotz des* ž. pravoža *tiefes geleise. Daneben* vazma *fuhre. lett.* važūt. *Daneben* vezums *fuhre.* got. wigan. *perf.* gavag. *caus.* gavagjan. ahd. wëgen. wagan. *lat.* veho. *gr.* ὄχος.

(*slav.* vozŭ). *ai.* vah *aus* vagh. *zend.* vaz. *z ist palat.* gh.

vê asl. *dual. der ersten person.* p. wa: wa zrobiwa *dial.* kaš. ma: ma jesma *nos duo sumus.*

vê- 1.: asl. vêjati *wehen.* vêtrъ *wind.* vêtrilo *segel. Hieher gehören einige benennungen von „zweig, ast":* vêja. *coll.* vêije. *demin.* vêjka. vêtvь. nsl. vêjati, vêti. vêhati: vêter vêha. vêja *zweig.* vêvnica *wurfschaufel.* b. vêje *es weht.* razvê *aor.* šol. 117. vêtъr. zavêt *schutz.* vêtrilo *fächer.* vêjka *zweig.* kr. zaviće *zufluchtsort.* s. vijati *worfeln.* ovejci *etwa „spreu".* vjetar. č. vêji: *aus* vêjati, vьjati *wird* váti, víti, *dial.* vêti. vanouti. vání, vini *wehen.* prъvan *luftzug.* vítr. vêtev, netev: *dial.* jetev. *Mit* snêtev *vergl.* snêtŭ. p. wiać. powionąć. wija *schneegestöber.* wiew *wehen.* wiatr. powietrze *luft, epidemie, schlagfluss.* kaš. vietv, vietva, vietła. polab. votr. os. vjeć *wehen.* ns. vjetš *wind.* klr. vijaty. viter. vitryło *segel.* viť *zweig. Vergl.* zavijaty *lähmen.* wr. vêja *sturm.* vêtrêječ *es weht.* povêtka. r. vêjatь. zavьjatъ *dial.* pavêtъ *für saraj.* podpavêtka *für* navêsъ. vêterъ. návêterъ, nemnogo vêtrjano. vêtvь. vêtvina. *Fremd* vêerъ *fächer.* — rm. vetrilę. vîntrê. *magy.* vitorla. *preuss.* wetro. *lit.* vêjas *wind.* vêtra *sturm.* pavêtra *pest. lett.* vêjš. vêtra. vêtīt *getreide windigen. got.* vaian. *ahd.* wājan. *gr.* Fη (ἄϜησι). *ai.* vā, vāti. vātas. vājus. *zend.* vajas. vajus. *Hieher gehört* asl. vijalъ, vijalica *tempestas.* vijalije: otъ vijalija velika tišina ἐκ χειμῶνος *mladên.* b. vijъlica. s. vijavica. r. vêjalica, vьjalica, vьjuga *schneesturm. Aus einem worte wie* vьjuga *entsteht* klr. fuha *und daraus* lit. puga, *lett.* pūga *schneegestöber.*

vê- 2. *sagen:* asl. otvê 3. *sing. aor.* ἀπεκρίθη. otvêšę 3. *plur. aor.* ἀπεκρίθησαν. *assem. sav.-kn.* vêtъ *pactum.* vêtovati *loqui, rationem habere.* vêtij *rhetor.* vêtije *lam.* 1. 103. vêšte *senatus aus* vê-tje; *daher* vêštati *dur. loqui.* izvêtъ *excusatio.* izvêtovati. navêtъ, navêtije *insidiae.* navêtovati. obêvati ὑποχνοῦσϑαι *naz.* 139: *vergl.* obrê

šti: rek-. obêtъ εὐχή *votum.* obĕtovati. obĕ-
štati *polliceri aus* ob-vĕštati. obĕcêlъ *kiev.*
otvêtъ *responsum.* otvĕtovati. otvĕštati. privêtъ *propositum.* sъvêtъ *consilium.* sъvĕ-
štati *pronunciare.* uvêtъ *consolatio.* uvĕ-
štati. zavêtъ *testamentum.* zavĕštati. **nsl.**
scheinen mit vê *zusammenzuhangen* vêča
tributum. vêčeven *stift.. Sicher gehört
hieher* obečati *polliceri perf. neben* obĕtati
iter. obaćal *res.* odvĕtnik *fürsprecher meg.*
prevêčati *überlisten.* svêt *rath.* svêtovati
koga. zavuekati *renunciare fris.* **kr.** obit
promissio. obitovati. večati *berathschlagen*
luč. **s.** vijetati *versprechen aus* obv-. vijeće, vijeća *rath.* obećati. svijet. zavjet
gelübde. zavjetovati se. uvjet *verabredung.*
ð. vĕce *volksversammlung.* veceti *sagen.*
obĕt *das gelobte, opfer.* obĕcati, obĕtovati. *dial.* zuobĕcać, přislubić. povĕt *bezirk.*
přívĕtivý *höflich.* **slk.** odvetiť, odvetovať
antworten. privet. prívetivý. **p.** wiec, wiece,
wieca *adelsgericht.* wietnica *rathhaus.* obiet
sacrificium. obietować *immolare.* obiata,
obieta. obiatować *zof.* obiecie *n. zof.* obie-
cać. powiat *district.* **klr.** viče *volksversammlung.* obit *gelübde.* običaty, *aus dem
p.* odvit *antwort.* odvityty. zavičaty *vorhersagen.* pryvičavšy, pryvytavšy. pryvit
grus.. pryvityty *grüssen.* pryvitłyvyj *freund-
lich.* navit, napast *chrest. 478.* uvitłyvyj,
vvitłyvyj *486.* **wr.** obĕcać. **r.** vêto-
vatь *sprechen.* vêtlyj, privêtlivyj. vitija
redner. vêče *volksversammlung.* vêčatь *beschliessen.* izvêtъ. navêtъ *verleumdung.* obêtъ.
obĕščatъ. otvêčatъ. povêtъ *district.* povêšče-
vatь *anklagen.* perevêtъ *gespräch.* privêtatъ
versprechen. sovêtъ. zavêtъ *gelübde.* zavêtitъ,
zavêtatь, zavêčatь *dial.* — *rm.* sfat *be-
rathung.* sfetnik. *Vergl. preuss.* wayte *be-
sprechung, versammlung.* vaitiât *loqui.*

vêdro *asl. nsl. b.* urna, eimer. **s.**
vijedro, vjedro, vedro *wassereimer.* **č.** vĕ-
dro. **p.** wiadro. **klr. r.** vedro. — *lit.*
vêdras. *magy.* veder, vödör. *rm.* vêdrę,
vadrę. *ngr.* βεδρά, *im Epirus.* *türk.* védré.
Wie dem gr. ὑδρία, *so liegt auch dem slav.*
vêdro *ein „wasser" bedeutendes wort zu
grunde: die bildung ist jedoch unklar.*

vêdŭnĭ: **ð.** vídeň *f.* vídně *Wien.* **p.**
wiedeń *m.* wiednia. — *Die slav. wörter
beruhen auf einer ältern form des deutschen
namens, der in* Wieden *erhalten ist.*

vêga *nsl. schiefe.* vêgati, vêgati se
wanken. vêgast *gebogen.* vêžen *schief.* izvê-
žiti se *sich werfen.*

vêch-: *nsl.* vêhet *(gen.* vêhta) sêna
büschel heu habd. **č.** vích *büschel.* vêcha
kranz aus stroh. vêchet *fegelappen.* **p.**
wiecha. wiecheć, miotełka *strohbesen.* **os.**
vjecha. vjechć. **ns.** vjecha. vjekš. **klr.**
vicha. vichoť. **wr.** vêcha, dorožnyj šestъ.
r. vêcha *branche pour marquer le chemin.*
ar. vêchъtъ. *Vergl. dial.* vichorъ *haarbüschel. Verschieden sind* **nsl.** vêha *spund,*
izvêšiti *ausrauchen (von wein).*

vêko *asl. augenlid.* **nsl.** vêka *deckel,
fallthür.* povêčiti *umstürzen.* **č.** viko *deckel.*
viečce *augenlid.* **p.** wieko *deckel, cartallus
zof.* powieka *augenlid.* **os. ns.** vjeko. **klr.**
viko. **wr.** vêko *augenlid.* **r.** vêko *deckel,
augenlid.* — *lit.* voka *deckel.* vokas *augenlid.* *lett.* vāks *deckel. Vergl. ai.* vjā *bedecken, einhüllen.*

vêkŭ: *asl.* vêkъ *kraft, lebensalter.*
dovêčьnъ *aeternus kiev.* **nsl.** vêk *virtus
meg. lebensalter, kraft:* sol vêk zgubi *trub.;*
vêk dajati *laben:* moč ino vêk kaj storiti
lex.; bô ves vêk iz njega prešel *Ukrain;*
k vêku priprāviti *erquicken meg.* odvêk
dati *reficere trub.* večan *robustus rib.* vêkovêčen. *Vergl.* pokvečiti *verkrüppeln.* **b.**
vêk *jahrhundert.* vêkovêčen *lat.* **kr.** sla-
bovečan *infirmus.* **s.** vijek *lebenszeit.* va-
divek *anstrengende arbeit.* **č.** vêk *menschen-
alter.* **p.** wiek *eine gewisse zeit.* wiekuj,
wiekuisty *ewig.* **os.** vjek. **klr.** vik *alter,
leben.* uviča, bezviče *verstümmelung.* obez-
vičyty *an gesundheit schädigen.* uvičyty.
wr. bezvêčče. nivêčić, bezvêčič *verstümmeln.* **r.** vêkъ *lebensalter.* obezvêknutь
matt werden. bezvêčьc *verstümmelung.* iz-
vêčьe. izvêkovatь. izuvêčitь. izvêčitь sja.
uvêčьe. izuvêčьe. uvêčitь. — *rm.* vêk *in*
vêku l vêku lui. *lit.* vêka *kraft.* vikrus
munter. vîkis *munterkeit, leben.* veikti *be-*

wältigen. **lett.** ěveikt. *Man vergleicht* **got.** ajuk- *aus* aivik-, aivk-.

vêkŭša: **klr.** vekša *eichhörnchen.* **r.** vekša *eichhörnchen;* **ar.** *ein tauschmittel, minußm,* λεπτόν: dvě věkъši. *Vergl.* pjatь folej (věvericь, médnicь) *op.* 2. 3. 24. *dial.* vekša *elster.* — *Man vergleicht* **pers.** vešek *renard rouge et sa fourrure.*

vênikŭ: **asl.** vênikъ *virga.* **nsl.** vênik, vêjnik *reisbündel.* **č.** věník *büschel.* **klr.** vinnyk *laub, zweige, reiser, mitła.* **r.** vênikъ: *bei Nestor* vêniky, *wofür auch* vêtvije. — **magy.** venyike *rebe. Vergl. die W.* vê- 1.

vêno asl. *dos. Mit* vêno *scheint verwandt* vêniti *vendere.* **č.** věno *dos.* **p.** wiano, przywianek, posag *morgengabe.* **klr.** vino *dos,* veno, posah. **r.** vêno *abgabe an den herrn für eine hörige braut.* — *Man vergleicht* **lat.** věnum. **gr.** ὦνος *kaufpreis und* **ai.** vasna. vêno *wird urspr. den für die braut ihrer familie bezahlten preis bedeutet haben, eine mitgift erhielt die braut in alter zeit nicht: vergl.* **magy.** cladó leány *heiratsfähiges (verkäufliches) mädchen.*

vênŭ: **asl.** vênьcь *kranz.* vênьci *zahnfleisch.* vênьčati στεφανοῦν. **nsl.** vênec. **b.** vênec. obeci i vênci *mil.* 391. **s.** vijenac. **č.** věnec. vínek *kopfbinde.* **p.** wieniec. wianek. **os.** vjenk. **klr.** vincć. **wr.** vênec. **r.** vênъ. vênecъ. vênokъ. — *lit.* vainikas *krone. Entlehnt* venčavas *trauung.*

vêra asl. nsl. b. *glaube.* **nsl.** vêrvati, vêrjem *aus* vêrovati, vêrujem. **s.** vjera. **č.** víra *wahrheit.* povêra *aberglaube.* **p.** wiara *glaube.* wierzyč. wiera, zaiste. **os. ns.** vjera. **klr.** vira. virutno *glaublich.* **r.** vêra. vêritь. — **alb.** neverit *ketzer.* *lit.* věra. vьrnas. **lett.** starovers. *got.* vêr- *in* tuz vêrjan *zweifeln.* **ahd.** war. *lat.* věrus. **zend.** varena *glaube.*

vêvera: **asl.** vêverica *eichhörnchen.* hyzinъ (zyhъ) vêverica. *Vergl. tichonr.* 2. 441. **nsl.** vêverica, lêverica. **b.** ververica. **s.** vjeverica, jeverica. **č.** vever. **p.** wiewiorka. **os.** vjevjerca. **ns.** ńevjerica. **klr.** viveryća, vyvirka. **wr.** vabërka. — *rm.* veverice. *ngr.* βερβερίτζα. *preuss.* weware.

lit. vaiveris, vaivaras *iltismännchen.* vovere. overie. **lett.** văvere. văveris. *Man vergleicht* **pers.** varvarah. „*lat.* viverra, *einmal bei Plinius, in den roman. sprachen gar nicht vorkommend, ist ein fremdwort: sache (pelz) und name brachten händler aus dem norden, von den Slaven. Auch* **gäl.** feoragh, **cymr.** gwywer, **bret.** gwiber *führt auf* věver.“

vêz-: **nsl.** povêzniti: povêzniti škledo, tako jo položiti, da je dno k višku obrnjeno *umstülpen, umstürzen.* podvêzniti rake, djati jih pod povêzujeno posôdo, da se razlêzejo. vêzel *umgestürzt.*

vêža asl. *cella penaria.* **nsl.** vêža *vorhaus.* **kr.** veža *vorhaus, küche.* **č.** věže, věž *turris.* **slk.** väža. **p.** wieža. **os.** vježa. **ns.** vjaža, jaža. **klr.** veža *thurm, hütte;* podvyžne šatro polovecke *chrest.* 474. **wr.** vôža *thurm.* **r.** vêža *wartthurm, dial. hütte; zěl:* ugri staša vežami, běša bo chodjašce aky se Polovci. — *lit.* věža *thurm.*

vi- *(wohl* vy-*)* 1.: **asl.** viti, viją *winden.* -vivati. izviti (rąką) ἐξαρτᾶσθαι. izvitije slovesъ *gewundene rede.* vitь *res torta.* pavitь *wohl „vitis“.* vitlъ *machina: vergl. lit.* vitulas. *Durch steig.* povoj *fascia.* **nsl.** viti. vujati *weifen.* ovijanec *rankende fisole.* vivá, gôž (trta), ki veže gredelj in kolca. vitva *gerte.* vitla *handgriff bei der walze.* vitra *flechtreis:* iz viter se pletejo canjc *Ukrain.* vitek *biegsam.* vitel *weberspule.* povitica, potica, povijača *art kuchen.* vitica *ring.* vijoglavka *wendehals.* zavojek, zanjk *umweg.* obojek *fusslappen:* obvojek. **b.** vija *vb.* -vivam *vb.* vitlo *schraube, hahn (am fasse).* vit *schlank:* vita jela *mil.* 47. navoj *fussfetzen.* povoj *wickel.* **s.** viti. vijati. *Vergl.* vivati se *sich putzen.* vinuti *wedeln.* vit, vitak *biegsam.* vita jela *schlanke tanne.* vitica *haarlocke.* vitao *haspel.* vitlati *schwingen.* svici *die sehnen des hausens.* vijugati se *sich schlängeln.* voj *schicht.* obojak. zavoj. **svoj** *wendung.* **č.** viti. vinouti. povidlo *salse.* obinadlo *leinwand zum einwickeln.* obojek *halsband.* podvoj *cardo: vergl.* bi. **p.** wić. witwa *salix viminalis.*

witka *weidenruthe.* powoj. podwoj *cardo.*
Vergl. wicina *art flussboot in Litauen.* **os.**
vić *winden.* vić *winde,* gicht. **ns.** viš *win-*
den. viš *sumpfgras.* svitk *flachsbund.* **klr.**
vyty. ovyjadła *art spulen.* vjunok *bär-*
winde. povytyća, pautyća *windling. Vergl.*
vjun *schlammbeissker.* vôj *zaunschichte.* pa-
vydło, povydła. **wr.** viłovodzić *für r.* vo-
ditъ izvilinami. **r.** vitъ. vitenь *art peitsche.*
izvilina *krümmung.* povitucha *wöchnerin.*
svitokъ. povilica *flachsseide.* vьjunъ *rolle:*
vergl. vьjunъ *schlammbeissker.* vilъ *ritter-*
sporn. povoj *niederkunft.* navoj. vyvichnutь
verrenken. — **magy.** pólya, póla *fascia ist*
nsl. povijalo *ung.* vitla *vimen. preuss.* wi-
two *weidenbaum. lit.* vīti. apvīnīs *hopfen.*
vītinė *art flussboot. lett.* vīt, viju.

vi- 2.: **b.** navija, navijam *siegen:* da me
navijъt; na svêt sme navili; tvoji te rъcê
da navivъt na tvoji te dušmane *bulg.-lab.;*
da navijete dijavolu *ib. 38;* mu navihme
54. nadvija, nadvivam : nadvilo mu kuso
petle *mil. Vergl. lit.* vīti. užvajavoti *be-*
kriegen, nachjagen. lett. vaijāt *verfolgen.*
Man merke **asl.** vъzvitъ, vъzvitije *lucrum.*
izvitije *fructus. Hieher mag gehören* **asl.**
povinąti, povinovati *subjicere.* obinąti sę,
obinovati sę *reformidare.* ne obinuję sę
libere μετὰ παρρησίας. obinovenije licu. —
ai. vī *obtinere.*

vica **b.** *virga mil. 523. 537.* **r.** vica.
— *lit.* vica, vīcas. *ngr.* βίτζα. *zig.* viča.
finn. vitsa.

vice *plur.* **nsl.** *purgatorium.* vicati
foltern. — **ahd.** wīzi *poena, purgatorium.*
nhd. bair. weize, weiz: *dagegen* **č.** čistec,
očistec. **p.** czyściec.

vid-: **asl.** vidêti *videre.* vidati. vidъ.
nsl. viditi. **b.** vidja, viždam *vb.* vidêl,
vidêlina *licht.* **s.** vidjeti, vidjati, vednuti,
eine singuläre bildung. vid. vidjelo *licht.*
Vergl. vidik *anblick.* vidovit *sonntagskind.*
č. vidêti. vidomy **p.** widzieć. widomy.
wid. widok *lichter ort.* niewid. widz *zu-*
schauer. **kaš.** vid *für r.* svêtъ. **polab.**
vaidz *sieh.* vaidal: vidêlъ. **os.** vidžeć.
klr. vyďity. ryd. nočovyd *fledermaus.* **r.**

vidêtь. nevidalъ. — *rm.* vedenie. *lit.*
vīd-: vīsti *gewahr werden.* veidas: vidъ.
veizdmi, veizdêti. *lett.* vêst. *got.* vit.
gr. Fιδ. *lat.* vid. *ai.* vid. *Hier erwähne*
ich noch I. **asl.** nenavidêti *hassen.* nena-
vistъ. **nsl.** nenaviditi. nenavist *fris.* na-
vist. **b.** nenavidja *vb.* **s.** navidjeti *sich*
vertragen. nenavidjeti. nenavidost. **č.** ná-
vidêti *gerne sehen, lieb haben.* (navidati
einsehen). nenávidêti *hassen.* nenávist *hass.*
p. nawidzieć *gerne sehen.* nienawidzieć
hassen. nienawiść. **klr.** navyďity sja *ein-*
ander gerne sehen. **r.** nenavidêtь. nena-
vistъ. — *lit.* nevidonas *bösewicht. II.* **asl.**
zavidêti *neiden.* zavistъ, zavida *neid.* za-
vistivъ, zavistьlivъ, zavidivъ *neidisch.* ne-
zavistъ *ist wohl defectus invidiae, neidlosig-*
keit. **nsl.** zaviditi. zavid. **b.** zavidja
vb. zavidliv. zavist. **s.** zavidjeti. zavid-
ljiv. **č.** závidêti *neiden und erblicken.*
zavisť. **p.** zawidzieć. zawiść. zawistny.
os. zavidžeć *neiden (ein wenig erblicken).*
r. zavidovatь (zavidêtь, izъ dali uvidêtь).
zaviduščij. zavistъ. zavidostъ. — *lit.* pa-
vīdêti. pavīdas *neid. rm.* zavistie. *III.* **asl.**
navêždati *visere.* navêždenije. **b.** naviž-
dam *vb.* **klr.** navyďity. *Wie im ai.* vêd
(vêdmi, *perf.* vêda *scio) und* vid, *gr.* Fοῖδα
und Fιδ, *got.* vait *und* vit, *so besteht im asl.*
vêd *in* vêmь, vêdê, vêdêti *usw. mit der be-*
deutung „scire" neben vid. povêdêti *heisst*
„wissen lassen, verkündigen" vê *scit steht*
für vêstь. vêdati. nesъvêdomъ ἄπειρος. ne-
sъvêda. vêdь *scientia.* zapovêdь *jussum.*
vêždь *peritus.* nevêžda. vêstь *nuntius.* ne-
vêstь *inscitia.* vêstь *notus.* sъvêstь *treue:*
mążije ne hranętъ sъvêsti ženamъ *lam. 1.*
32. očivêstь ὀφθαλμοφανῶς. vêštь *peritus aus*
vêd-tjü. vêštica *maga.* sъvêdokъ *conscius.*
vêglasъ *peritus:* vêd-glasъ: golsū. **nsl.** vêm.
povêdati *perf.,* povêdati *iter. sagen.* na vêd
absichtlich. vêst, zvêst *gewissen.* zvêst *adj.*
treu. zvêst *f.* svêščina *meg. treue.* sovêstiti
se *zur besinnung kommen.* vêšča, vêsna (vê-
stьna) *hexe.* veščec *zauberer; magus habд,*
vêdovin *der alles weiss Ukrain.* vêdomec,
medovec, mora *alp.* svêdok *zeuge.* vên *aus*
vêmь: vên pridem *ich komme ja.* venda·

dennoch: vêmь daže.   b. svêst. svêstja *zur
besinnung bringen.* vêstit *bekannt.* svedoča
bezeugen. vêšt *kundig.* vêština. vêštica *hexe
ung.*   kr. vimdar *ung.* vindar, ja ju vim
hoću ljubiti *ich will sie ja lieben frankop.*
s. svijest. nagovijestiti *erinnern.* vješt *geschickt.* uvjedžbati *aus* -vještbati. vešća *mik.*
vještica *hexe.* svjedok.   č. věděti. vědě *scio.*
vêst *bekannt.* vêst *nachricht.* povêsť. vêští
weissagend, eig. kundig. věštec *wahrsager.*
vŏštiti. svědek. vedě *sane.* vêhlas *f. weisheit.*
vŏhlasný. *Dunkel ist* navštíviti, navščěviti
invisere. slk. vedomec, vedomkyně, veštec,
veštík *zauberer. Vergl.* návštěva *besuch.*
p. wiedzieć. wiedz *aufseher.* wiedza *wissen.*
wieść *sage.* wieszczy *wahrsagend.* wieszcz.
wieszcza, wiedma *wahrsagerin.* świadek.
nawiedzić, nawidzieć, odwiedzić, odwie-
dzać *visitare.* náwiedzka *besuch dial.* wiem,
albowiem *enim.*   kaš. viešč, vieščica *vampir.*   os. vjedžeć. vjesty *sicher.* vješćba
weissagung. svjedk.   ns. vježeś. vjesty.
klr. vidaty. nevisť ščo *für* nêčьto. viďma
hexe (nachtfalter). svidok. višč *seher.* viščyj
ahnend. viščaty *wahrsagen.* viščun. vičłyvyj
artig: vêštь. visen (vêstьnъ) buty *wissend
sein.* neviža *unkunde.* nevihołos, nevihlas
unwissend, toj ščo ne vmije rozumno hovoryty. ôtvidaty *besuchen.*   wr. vêdzma.
r. vêdatь. *dial.* vêsti. vêdьma. vêdьmakъ.
vêstь. vêstitь *verkünden.* sovêstь. nevêža
ungebildet. vêžlivyj. vêščij. vêščunъ. vêš-
čelь. vêščevatь. vêglasъ. vêdь *offenbar.
Vergl.* navêščatь *besuchen und* navêžajte
pravomysljaščaja *tichonr.* 1. 143. — *rm.*
ispovedi *vb.* vêste *nachricht.* vesti *vb.* po-
vêste. *magy.* povedál *reden.   lit.* spa-
vêdě *beichte.* světkus *zeuge.* vêžlîbas, vêž-
lîvas *ehrbar.   lett.* vêsts *nachricht.* vêštît
nachricht geben.   ai. vêda.   *got.* vait, vi-
tum. *Anzuschliessen ist noch* vêdja: asl.
vêžda *palpebra.* nsl. vêjicc *augenwimpern.*
b. vêžda *augenbraue, augenwimper.*   s.
vjedja *augenbraue.*   klr. vizdy *augenlider.*
(viji *pl·.·* *augenwimpern*).   r. vêžda *augenlid. Die bedeutung ist schwankend.*

vida s. *schraube.* — d. *winde. Daraus
auch* r. vintъ.   p. gwint.

vida-: s. vidati *heilen.* — *Vergl. rm.*
vindek.

videmŭ: nsl. videm *ON.* — *ahd.*
vidcmo *einer kirche gehöriges grundstück.*
nhd. bair. videm.

vidla: asl. vilicę *plur. fuscina.*   nsl.
vile *gabel.*   b. vila *gabel.*   s. vile. *Vergl.*
vilica *kinnlade und* viličiti *halftern.*   č.
vidle, vidly.   p. widły.   polab. vaidlâi
mistgabel.   os. vidły.   ns. vidly.   klr.
vyła. *Vergl.* vyłyči *unterkiefer.*   wr. vi-
dełka, *aus dem p.*   r. vily: *dial.* viděłka,
aus dem p. — *magy.* villa.

vigŭnĭ: nsl. vigenj *eisenhammer.* vig-
njec. vižec *eisenhütte.*   s. viganj *amboss,
schmiede.* slk. do vihni, do šmikni. *Vergl.*
os. vuheń,   ns. hugen *rauchfang, esse:* hogeń, vogeń *feuer.* — *zig.* vigna *herd.* vig-
nja *esse, schmiede.   magy.* vihnye, vinnye
schmiede.

vich-: klr. vychaty *bewegen.*   wr.
vichać.   r. vichatь. *Vergl.* vichljatь
schleudern.

vichrŭ: asl. vihrъ *turbo.* nsl. viher,
vihar. *Vergl.* vihta, nevihta *gewitter, ungewitter.*   b. vihъr.   s. vihar, vijor.   č. vicher.
p. wicher.   os. vichor.   ns. vichor, vichar.
klr. vychor.   r. vichorъ, vichrъ. vêtri ne
vichnutъ na jeje *volkslied.* — *magy.* vihar,
viher.   *rm.* vifor, vivor. *Vergl. lit.* vêsulas
wirbelwind.

vika s. *art getreidemass.* — *magy.*
véka. *Vergl. slk.* viecha.

vikija asl. *vas vinarium.*   b. vikija
mil. 415.   kr. vića *ampulla verant.* —
Vergl. ngr. βυκίον *DC.*

vil-: klr. vyłaty *ausflüchte machen.*
wr. vilić *vom geraden wege abweichen.*   r.
viljatь *hin und her laufen.* vilьnutь *ausweichen.*

vila asl. *etwa „nympha":* trêby klado-
myję vilamъ.   nsl. vila *nympha habd.* maga,
bêła žena. vilec *magus.* viličen *superstitiosus.*
konj vilovit, vilovski, vilinski *prip.*   b.
vila proročica, morska vila, vili samovili.
kr. vila *verant.*   s. vila.   r. vila: moljatъ
sja podъ cvinomъ ognevi i vilamъ. *Mit*
vila *mögen folgende wörter zusammenhangen:*

b. vilnêja *toben.* č. vila *narr.* viliti *huren.*
vilný *geil.* p. wiła *bei dem es rappelt:*
prawy wiła, prawdziwy szaleniec. wiło-
wać *verrückte streiche machen.* nawileć *vor*
schrecken rasend werden.

vile *plur.* nsl. *exequiae.* kr. vilija. —
lat. vigiliae.

vina asl. *causa.* *Vergl.* viny оὐν. po-
viɴьɴъ. vinovatъ *reus.* vinovъɴъ. č. vina
schuld. p. wina. dowinić *verschulden.*
polab. vinny. os. ns. vina. klr. vyna.
r. vina. vinitь. — *preuss.* et-winūt *excu-*
sare. *lit.* vaina *fehler, tadel.* pavīnas
schuldig. *lett.* vaina. vainůt *beschuldigen,*
verwunden. rm. vinę. nevinovat.

vinarï: nsl. vinar *wiener pfenning.* —
nhd. wiener.

vino asl. *wein.* vinjaga *uva.* viničije
reben. vinarь. vinogradъ *vinea, vitis.* nsl.
b. vino. s. vino. vinjaga *wilder weinstock.*
vinkot *weinmost enthält wohl it.* cotto. č.
víno. p. wino. polab. vainaića *weinstock.*
os. ns. vino. klr. vyno. vynohrad *weinberg,*
weinrebe, weintraube. wr. vinohrad. r.
vino. — *lit.* vīnas. *lett.* vins. *finn.* viina.
got. vein. *ahd.* wīn. *magy.* vinkó. *Die*
nordeuropäischen namen des weines stammen
aus dem lat.

vira *ar.* *wehrgeld d. i. mannes-, men-*
schengeld, geldbusse für todtschlag. — *Aus*
dem and. vêrr. *In* vira *ist nur der erste*
theil des germanischen wortes vertreten.

virostova-: nsl. virostovati *wachen.*
kr. virost. — *magy.* virrasztani.

vis-: asl. visêti *hangen.* visъ *pendens.*
Durch steig. vêsъ, izvêsi *statera.* vêsiti
hängen. nsl. visêti. obêsiti. b. visja *vb.*
prévês *bulg.-lab.* 52. 57. vêsja, bêsja *vb.:*
obv-. bêsilo *galgen.* kr. obisnuti *suspendi.*
s. visjeti. vješati. zavjes *vorhang.* č. viseti.
vêsiti. *Vergl.* visák *felleisen* mit bisaga.
p. wisicć. nawias *krumme linie.* wisielec.
wiesić. wieszać. kaš. visęga *für r.* po-
vêsa. polab. vübësit *aufhängen.* os.
vjesyć. klr. vyšity. povisyty, višaty. wr.
povisnuć, povisci *inf.* r. visêtь. visêlica
galgen. vislouchyj *der hangende ohren hat.*
vêsъ *gewicht, wage.* vêsitь *wägen.* vésnutь

gewogen werden. *Hieher gehört auch* asl.
povêsmo *panni detriti.* nsl. povêsmo *bund*
flachs, spinnhaar, pensum habd., pasmo.
b. povêsmo, pojasmo. č. povêsmo. wr.
povêsma. r. pavêsmo, pavêsma, pavêsь-
mo *und* pavêslo. navêsъ *dach.* — rm.
zęvês. asl. vêsъ *wage vergleichen andere*
mit lit. vanšas, ₃nšas *haken.* *Hieher ziehe*
ich nsl. visle *heuboden.* svisla *strohboden*
zum aufhängen von kukuruz. svisli *scheune.*
č. svisel *der herabhangende theil des daches.*
os. svisle *giebel.*

visekto asl. *annus intercalaris.* b.
visokos. viskošna godina. r. visokosъ,
visektosъ, visikostь. visokostnyj, visokos-
nyj. — rm. viṣekt. alb. visek. gr. βί-
σεχτος, βίσεξτος. lat. bissextus.

visk-: asl. viskati *wiehern.* povištati.
visnąti *muttire.* visklivъ *wiehernd.* nsl.
viskati *habd.* b. viskam *vb.* kr. viskati,
višćati: pastuh višći *ung.* visk *hinnitus.*
s. viska. visnuti. p. wiskać, wiszczeć
laut pfeifen. klr. vyzhaty *knurren.* r.
viščatь *dial.* vizžatь *jammern.* vizga, vizgъ.
vozviščatь *tichonr.* 2. 151.

visla: p. wisła *weichselfluss.* — *lat.*
vistula. gr. οὐιστούλας, *aus dem slav.:* *vergl.*
gr. σθλοβηνοί. *Dagegen wird das d.* weichsel
auf ein urgerm. vīhslā *zurückgeführt.*

visŭkŭ: r. visokъ *schläfe.* *dial.* viski
haare. klr. vysky *schläfe.*

višnja: asl. višnjavъ *fuscus.* nsl. b.
s. višnja. č. višně. p. wiśnia, wiśń.
polab. vaiśńa. os. viśeń. ns. viśńa.
klr. vyśńa. vyśyne *weichselpflanzung.* r.
viśnja. — *preuss.* visnaytos *plur.* *lit.*
vīśnė. *lett.* visna. *magy.* visnye. *rm.*
viśinę, viśnę. *alb.* viśje. *ngr.* βισηνόν,
βισηνιά. *türk.* viśné. *nhd.* wīhsel.

vištĭ: s. višt *n.* *art säure.* uzvištati
sauer werden.

vita-: asl. vitati, obitati *habitare.* obitêlь, obitêlište, vitalьnica *habitatio.* s. obi-
telj *familia, nicht* s. č. vítati *bewillkomm-*
nen. p. os. witać. ns. vitaś. klr. vytaty,
vitaty *grüssen, sich aufhalten.* obyteľ *haus.*
wr. vitać. r. vitatь, obitatь *wohnen.* obitelь.

— *lit.* vitavoti *bewirthen.* *lett.* vītēt *zu-trinken.*

vitengŭ: *asl.* vitęzь *aus* vitengjŭ (*vergl.* künengŭ) *miles, heros.* **nsl.** vitez *krieger trub. miles habd. held.* **s.** vitez *held.* **č.** vitěz *sieger.* vitěziti *siegen.* **p.** wycięzca, wycięstwo *zof.* zwycięzca, zwy-cięstwo. zwycięžyć. **os.** vićaz *held, bäuer-licher lehensmann.* **klr.** vyťaž. **r.** vitjazь *krieger.* vitjazitь *streifereien machen dial.* — *rm.* vitéz. *magy.* vitéz. *Vergl. lit.* vītis *held.* *preuss.* waiting, weiting, wi-ting *in Samland ansässige stammpreussen, eine art landadel, später ordensdiener und ordensbeamte. Das wort ist d.: man darf an die* Vithungi *denken Zeuss 312.*

vitŭ: *der götze* svantovit (suantevit *deus terrae Rugianorum inter omnia numina Slavorum primatum obtinuit), nur den Ru-giani, Runi, Rani bĕkannt, ist der 836 von Saint-Denis nach Corvey gebrachte hl. Veit. Das wort ist aus dem slav. unerklärbar: man deutet es als „heiliger sieger". Vergl.* rusalija. volosŭ.

viža *nsl. weise, melodie.* — *ahd.* wīsa, *das it.* guisa *lautet.*

vižlinŭ: **s.** vižlin *türkische münze von sechzig para.* — *it.* vislingo, *das in Ra-gusa bekannt gewesen zu sein scheint.* *d.* weissling.

vla-: *asl.* vlajati sę *fluctibus agitari* χειμάζεσθαι. **r.** vlajatь. *Vergl.* vel- 2.

vod-: *asl.* vodą, vosti *in:* da ząbъ ne svodetъ (sъvodetъ) o njemь *nomoc.-bulg. 4.* — *Vergl. lit.* ūdžiu, ūsti. *lett.* ōst, ůst. *lat.* odor. olere. *gr.* ὄδ (ὄδωδα), ὄζω. *Das asl. wort ist zweifelhaft.*

voda *asl. wasser.* povodije πλημμύρα. povodьnь, povonь. **nsl.** voda. povodenj. **b.** voda, uda. vodenica *mühle.* vodici *fest der wasserweihe.* **s.** voda. vodenica. **č.** voda. **p.** woda. powodź. **polab.** våda. **os. ns. klr.** voda. **r.** voda. izvonь. za-vonь. — *rm.* povoj *torrens.* *magy.* vodka, vatka *ungeklärter branntwein.* *lit.* vandŭ, undŭ. vatka *vorlauf.* *lett.* ūdens. *got.* vato *n.* *lat.* unda, udus. *gr.* ὕδωρ. ὑδρία. ὕδρα. *ai.* ud, und. *Vergl.* vêdro.

voděrŭ: *nsl.* vodêr *gefäss des mähers für den wetzstein.* **s.** vodijer. — *magy.* vodér. *it.* fodero *scheide.*

voga *s. alga.* — *Aus dem it.*

voj, voinъ, vojnikъ *asl. bellator.* vo-jevoda *belli dux.* vojna *bellum.* vojsko, vojska *excercitus.* vojevati *bellum gerere.* **nsl.** vojnik. vojvoda, vajvoda. vojska. **b.** vojnik. vojvoda. vojuvam *vb.* vojska. vojna. **s.** vojnik. vojvoda. vojska. **č.** voj *heer.* voják. vojevoda. vojna. vojsko. **p.** wojo-wać. wojewoda. wojarz. wojna. wojsko, wojska. wojski. podwojski *gerichtsdiener.* **os.** vojvoda. vojeŕ *krieger.* vojna. **ns.** vo-jak. vojna. **klr.** voj *krieger.* vajda *an-führer der* koľadnyky. vôjna. vojsko. **r.** voi *heer.* voinъ *soldat.* voevoda. voevatь. vojakъ. vojna. vojsko. — *magy.* vojnikio, *in lat. urkunden.* vajda (*daraus klr.* vajda), *ehedem* vajvoda. *rm.* vojnik. vojevod, vo-dę. *ngr.* βοεβόδας. *lit.* vaina. vaivada. vaiskas. patvajskas *scherge.* *W.* wahr-scheinlich vi: *vergl. ai.* vāja *beute, kampf.*

vojlokŭ: *p.* wojłok *filzdecke unter dem sattel.* **klr.** vôjłok. **r.** vojlokъ *filz.* — *lit.* vailokas *polster.* *tatar.* ojlik *was zur bedeckung dient.*

vojtŭ: *p.* wojt *vogt.* **klr.** vôjt *dorf-schulze.* **wr.** vojt. **r.** vojtъ. — *lit.* vaitas. *mhd.* voget *aus* vocatus *für* advocatus.

vola-: *č.* volati *rufen.* **p.** wołać. **os.** vołać. **ns.** volaš. **wr.** vołać.

volchŭ: *asl.* vlahъ *vlachus, romanus, in manchen quellen pastor, Rumune.* vlahъ (volohъ) kɔtъka (koška) jestъ *tichonr. 2. 447.* **nsl.** lah *Italiener.* **s.** vlah *Rumune.* vlašići *siebengestirn.* **č.** vlach *Wälscher, im osten des sprachgebietes „hirt".* valach *aus dem d.* **slk.** valach. **p.** włoch *Italiener.* włochy *Italien.* wołoch *Rumune.* wołochy. wałach *verschnittener hengst, aus dem d.* **os.** włoch. valach. **ns.** vloska, loska *Wälsch-land.* **klr.** vołoch *Rumune.* vološa *collect. chrest. 389.* vołoščyna. vołoskyj. vałach *verschnittenes pferd, hammel.* **wr.** vałošić *kastriren.* **r.** volochъ. volosskie, greckie orěchi. valošitь *castriren.* — *ngr.* βλάχος: βλάχοι *hirten Anna Comnena.* *magy.* oláh

Rumune. olasz *Italiener.* *lit.* volokas. va-
lakas. volhŭ *aus ahd.* walh, *name der
Deutschen ursprünglich für ihre keltischen,
dann ihre romanischen nachbarn, als diese
die wohnsitze der ersten einnahmen.* walh
wird auf volca (volcae *sind ein keltischer
stamm) zurückgeführt:* volcae *Caesar. Mela
2. 5.* οὐόλκαι *Strabo, Ptolemaeus.*

volje: *č.* vole, *gen.* vole, *kropf, daneben* vole, volete, *daher* volátko. **slk.**
vola. *p.* wole, *daneben* wol. **klr.** vole
wamme. **wr.** vole. *s.* volja.

volk-: *asl.* vlakno *faser.* *b.* vlakno.
s. vlakno *flachs.* *č.* vlákno *garn.* *p.*
włókno *garn, gespinnt.* *os.* vłokno. *ns.*
lokno *flachsfaser.* **klr.** vołokno. *r.* vo-
lokno, *dial. für* kolosъ, cholstъ. — *lit.*
valakna. *Das wort gehört schwerlich zur
sippe* velk-. *Vergl.* volsŭ.

volosŭ: *r.* volosъ, velesъ *der hirten-
gott. Bei der sachlichen verbindung des*
volosъ *mit dem hl.* Βλάσιος *halte ich die
entstehung des* volosъ *aus* Βλάσιος *trotz der
lautlichen schwierigkeiten für wahrscheinlich.
Man vergl. slk.* rusadla *aus* rusalia.

vols-: *asl.* vlasožilišti, vlasoželišti, vla-
sožalicę *plejaden.* vlasoželъskъ. *r.* volo-
sožary *plejaden dial.* **klr.** vołosožar *Orion.
Vergl. s.* vlašići: volchŭ.

volsŭ: *asl.* vlasъ *haar.* *nsl.* vlas
ung. las. *b. s. č.* vlas. *p.* włos. włochaty
faserig. włosień *angelschnur.* włosienica.
polab. vlås. *os.* vłos. *ns.* los. **klr.** vołos.
vołochač. *Daneben* vłašanyća. *r.* volosъ.
volochatyj. — *Man vergleicht zend.* varěça.
arm, warsk. *slav.* versa. velna *wolle. Auf
die vorstellung „bedecken" will man r.* vo-
locha, rubacha *und* volochъ *deckel des topfes
zurückführen. Ist* s *palat* k, *dann können*
volk- *und* vols- *zur gleichen sippe,* verç,
gehören.

voltŭ: *asl.* vlatъ *gigas, in einer r. quelle
aus r.* volotъ. **klr.** velet, veleteń; velyt, ve-
łyteń *chrěst.* 474. (*Vergl. r.* berežno, *dial.*
borozno). *r.* volotъ, veletъ; čjudove, rekъše
volotove. volotъ *für* bogatyrъ *dial. Šafařik
denkt an die Veleter:* Sclavi, qui nostra con-

*suetudine Wilzi, proprie vero, id est suá
locutione, Veletabi dicuntur.*

voltĭ 1.: *r.* volotь *faden, faser.* —
Vergl. lit. valtis *garn, fischernetz.*

voltĭ 2.: *nsl.* vlat, lat *f. m. ähre,
rispe.* latica. latkati *nachlese halten.* *b.*
vlatja *in ähren schiessen.* *s.* vlat *m.* vla-
tati. *č.* lať, lata, latka (u o7sa). *p.* włoć:
prosiana włoć *solidago.* *ns.* loš *kolbe am
getreide.* **klr.** vołoť, vołot. *r.* volotь *dial.
das obere ende einer garbe mit den ähren.*
— *preuss.* wolti *ähre.* *lit.* valtis *rispe.*

volŭ: *asl.* volъ *ochs.* voluj *adj.* voluhъ
bubulcus. *nsl.* vol. vole, *gen.* voleta, *kalb.*
b. vol. volovar *ochsenhirt.* *kr.* zvizda vo-
larica. *s.* vo. *č.* vůl. krava voluje,
běhá se. *p.* woł. **polab.** vål. *os.* voł.
ns. vol. **klr.** vôł. vołovar, vołar. *r.*
volъ. volygľazъ βοῶπις. volokljuj *piqueboeuf
ochsenhacker (vogel).*

volynĭka: *r.* volynka *dudelsack. Von*
volynь, *wohin der dudelsack wahrscheinlich
durch Rumunen gebracht wurde.*

vongarŭ: *p.* węgar *thürpfosten.* *nsl.*
vanger *steinerner thürstock* *vip.* bajngar
thürpfosten Ukrain.

vonšči-: *nsl.* vôščiti *winschen.* věč
erwünscht, angenehm, aus vôščéč. *p. spät
entlehnt* winszować. — *ahd.* wunsken.

vorbŭ 1.: *asl.* vrabij, vrabьсь *sperling,
von* vrabъ. *nsl.* vrabec, vrabelj. *b.* vrabec, rabec. rabče. rabčunka. *kr.* rebac
ung. *s.* vrabac. *č.* vrabec. *p.* wrobel.
polab. vorbli *plur.* *os.* vrobl. *ns.* robeľ.
klr. vorobej, vorobeć, horobeć. **wr.** verebej. *r.* vorobej. verebej. — *magy.* ve-
réb. *rm.* vrabię. *Vergl. lit.* žvirblis. *lett.*
zvirbulis. *W.* verb *aus* zverb, *daher vom
gezwitscher.*

vorbŭ 2.: *r.* vorobъ, voroba *haspel.*
— *Vergl. ahd.* warba *umdrehung.* warf
aufzug des gewebes.

vordova-: *ns.* vordovaś, hordovaś
werden. polab. vårdot. — *Aus dem d.*

vorg-: *asl.* vražiti *zaubern.* *nsl.* vraž
wahrsagerei. *b.* vraža: majka vražila tije
vragoštine *mil.* 434. vražitor *hellseher ung.*
kr. vraž *zauber.* *s.* vražbina *hexerei.* *č.*

vraže *sors, clerus.* p. wrog *böse vorbe-deutung.* wrožyć *voraussagen.* wrožba *wahr-sagerei.* wrožek, wrožbit *wahrsager.* wrožka *wahrsagerin, anzeichen.* klr. vorožyty. vo-rožba. vorožbyt. vorožka. wr. voroža. vorožbit. r. vorogъ. vorožitь. vorožba. vorožbitь *zaubern.* vorožbitъ *zauberer.* — *magy.* varázsol *zaubern. rm.* vražę, vradžę.

vorga s. *schuster mik.* — *magy.* varga.

vorgŭ: asl. vragъ *feind.* vragovati *feind sein.* vražьda *feindschaft.* vražьdьnikъ, vražьdьbьnikъ. sъvražь *feindselig.* nsl. vrag *teufel.* sôvraž. b. vrag *feind, teufel.* vražda. *Vergl.* vraga *geschwür, wunde.* kr. vražji, vrajži, vrajžni *diabolicus.* vrago-metan *malus.* s. vrag *teufel.* vragovati, vragolisati *muthwillen treiben. Alt* vražda *mord.* č. vrah. vražiti *hassen.* vražda *mord.* vraždlný. p. wrog *feind, mörder, teufel.* wrožda, wrožba, wroż *vindicta san-guinis.* klr. voroh *feind.* voroha f. voro-žyj *feindlich.* vorožda *feindschaft: daneben* vrah, vražyj, vražda, vražba. wr. voroh: *daneben* vrah. r. vorogъ. vorogucha *fieber: daneben* vragъ *teufel.* vražko. vražda *feind-schaft.* vražda ili vorogovanie *op. 2. 3. 716.* vražitь. — *rm.* vražbę *zwietracht. Man ver-gleicht and.* vargr *maleficus, lupus. preuss.* vargs *schlecht. lit.* vargti *bedrängt sein.* vargas *noth. lett.* vārgs *elend. Ob* vorgъ *teufel mit* vorg- *zaubern zusammenhängt, ist mir dunkel.*

vorch-: wr. povorochać *bewegen.* r. zavorocha. zavorošnja *beunruhigung. Vergl.* klr. vorušyty *stöbern.*

vornŭ: asl. vranъ *niger, corvus.* vrana *cornix.* nsl. vran *schwarz, rabe,* krokar. vrana *krähe.* vranica *milz (von der dunkleren farbe).* b. vran: vran kon. vranec. vra-nosvam *bronziren.* vrana. kr. gavran. s. vran, gavran. vranac. vrana. č. vraný. p. wrony. wron. wrona. kaš. varna. polab. vorno. rovån. rovuă *krähe.* os. vron. vrona. ns. ron. klr. voronyj. voron. vorona. dževoronok, gzejvoronok, žajvo-ronok, žajvôr *lerche gehören zu* skvornŭ. r. voronoj. voronъ. vorona. voronograj. — *preuss.* warnis. warne. *lit.* varnas. jůd-

varnis. šilvarnis. **varna.** *lett.* vārna. *Man vergleicht ai.* varṇa *farbe. Diesen wörtern wird ein noch unerklärtes wörtchen vorgesetzt, das ga oder ka lautet: ka scheint ursprüng-lich zu sein und mit dem pronomen kŭ zu-sammenzuhangen.* asl. gavranъ *rabe.* nsl. kovran, kavran, karvan, gavran. b. gar-van. kr. garvan *jačke 235.* s. gavran. č. havran. p. gawron *rabenkrähe.* os. havron *saatkrähe.* ns. karvona, karona. klr. hajvoron, hajvor, kavoron. r. gajvo-ronъ, grajvoronъ. — *lett.* kovārns. kô-vārna *dohle.*

vorpa: nsl. vrapa *runzel, ruga meg.* vrapati *corrugare lex.* č. vrápa, vráp. *Das ns.* ropa *aus* vropa *spricht für urspr.* vorpa.

vorpŭ: ar. navrapъ *direptio: daneben* voropъ, navoropъ *einfall: pustiti na* voropъ. navoropitь *für* napastь. — *rm.* navrapi *vb. für* nępędi, nęvęli *stam. 534. überfallen. Man vergleicht and.* varp *teli jactus. Das wort ist nicht slavisch: lautlich empfiehlt sich skand.* varp *wurf, dem jedoch eine entspre-chende bedeutung nicht zukommt.*

vort-: nsl. vratič m. *rainfarn tana-cetum vulgare.* s. vratič, povratič. č. vrátyč, *minder richtig* vrátíč, f. p. wro-tycz f. klr. vorotyč m. — *magy.* varadics.

vorvanĭ: r. vorvanь *fischthran.* — *lit.* varvalis.

voskŭ: asl. voskъ *wachs.* voština. nsl. vosk, vojsk. b. vosъk, osъk. s. vosak. č. vosk. p. wosk. polab. våsk. os. ns. vosk. klr. vôsk. wr. vosk. voščiła. r. voskъ. — *magy.* viaszk, viasz. *rm.* voštine. *lit.* vaškas. *lett.* vasks. *ahd.* wahs. *Man vergleicht auch gr.* ἰξός. *lat.* viscus.

vozgrja asl. *rotz.* nsl. vozger. voz-griv. č. vozher, ozher, vozger, vozker. slk. ožgravka *schnupfen.* p. vozgrza. os. vozhor. *Vergl. ns.* vocheľ. klr. voz-gryvyj, vôskryvyj, vôzhrjak, vôskrjak. r. vozgrja.

vračĭ: asl. vračь *arzt.* vračьstvo. vra-čiti, vračevati *heilen.* vračьba. nsl. vrač *ung.* vračiti. vračilja *die heilt.* vraštvo. b.

vrač: dêdove vračove, babi vrački *zauberer,*
zauberin. vračuvam *zaubern.* **s.** vrač *hexen-*
meister. vračati *hexen.* vračara *f.* **r.** vračъ
arzt. vračba. vračeja. *Gegen die ableitung*
des vračĭ *von* verk- *kann angeführt werden,*
dass **r.** *kein* voročъ *vorkommt: von* verk-
abgeleitet wäre vračĭ *eig. der zauberworte*
murmelnde, sprechende. Vergl. balij: ba-.

vranica b. *art schiff in der Donau.*
s. oranica *kahn.* — *türk.* oraniča, *das, aus*
dem **b.** *aufgenommen, dem* **s.** oranica *zu*
grunde liegt.

vraska asl. nsl. *runzel.* **nsl.** raskav:
vergl. vrêsknoti *rumpi.* **s.** fraskati *crispare*
mik. **č.** vráska, vrásek *runzel, falte.* **r.**
vraska.

vrazi-: nsl. navraziti *leicht verwun-*
den, im osten. Vergl. jedoch razŭ.

vrevъ b. *lärm.* **s.** *gewimmel.* — *rm.*
vrevę. *Vergl.* **č.** vřava. vřaviti. **slk.** vrava
lärm, rede. vraviť. **p.** wrzać. wrzawa
getöse: ver- 1. — *lit.* vervinti *belfern.*

vrĭskŭ: nsl. vrisk: kislo kakor vrisk.

vru-: asl. vrujati *murmurare.*

vušklja s. *pferdeurin.* — *türk.* fęškę
dünger.

vŭblĭ: b. vъbъl *brunnen, plur.* vъbli.
s. ubao, *gen.* ubla, jama kao bunar.

vŭdi-: b. vъdja *einführen (die obst-,*
schaf- usw. zucht), propager: zavъdil kotki.
Verschieden von vodi-. *Vergl.* **r.** vodъ *vieh-*
zucht.

vŭdodŭ: asl. vъdodъ, vъdidъ *upupa.*
nsl. udod, udeb, vdeb, deb *habd.* vdab,
dab *lex. Daneben* hupač, *im osten.* **č.**
dud. **p.** dudek. **klr.** vdod, vudvud,
odud, udod, uduł. **wr.** udod. **r.** udodъ.
os. hupak. **ns.** hupac. — *magy.* dáb, díb.
Alles onomatop.

vŭly: asl. vъly, vly *tarde.* vъlovьnъ
tardus: vъlovьnъ językъ *modestus sup.*
382. 1. Vergl. **nsl.** volno *mürbe lex.* **č.**
povlovný *sachte, sanft, im osten* povolný.
p. powoli *langsam, sachte.* **polab.** vůly *faul.*
Ein dunkles wort: man vergleicht lit. velus
spät; č. levný *mässig, lind gehört nicht hieher.*

vŭnukŭ: asl. vъnukъ *enkel.* **nsl.**
vnuk. **b.** unuk, vnuk, mnuk. **s.** unuk.

č. vnuk. **p.** wnuk, *daneben* wnęk *zof.*
os. vnuk. **klr.** vnuk. **r.** vnukъ. —
magy. unoko, onoka. *lit.* anukas. *Man*
vergleicht ahd. eninchil.

vŭnŭ: asl. vъnъ *hinaus.* izъ vъnu.
vъnê *draussen.* vъnêštьn, vъnêšьn, *aus*
vъnê-tjъ-ьn. vъnêjądu. **nsl.** van, vun.
vunê. ta vne *res.* po vuni *Ukrain.* **b.**
vъn. vъnšen *der draussen ist.* vъnka. vъn-
kašen. **kr.** van. vanka. z vanu. vane *fo-*
ris. **s.** van. vanka. **č.** ven. venek *der*
ort draussen. venkovský. zevna. vnê. **slk.**
von. z vonká, z dnuká. **p.** wen, won.
wnu. **polab.** vâneu, vânâv *hinaus.* **os.**
von. **ns.** ven. vence. venkaš. venkano.
venkovny. **klr.** vńi. vonka. **wr.** zvonku.
r. vonъ. vnê. izvnê. vnêšnij. *Vergl.* ai.
vi-nā *sine.*

vŭnŭradi-: asl. vъnъraditi *spectare.*
Ein dunkles wort: dass es für vъnêdriti
etwa „inculcare“ (von jadro 2.) *stehe, ist*
unwahrscheinlich.

vŭpi-: asl. vъpiti *schreien.* vъzupiti,
vъzъpiti. vъplь *schrei.* **nsl.** vpiti. **s.** vapiti. upiti. upijati. vapaj *aus* vъpi-j-ъ. **č.**
vep. úpěti, úpím, úpěji. úp. **r.** vopitь,
voplju *weinen.* vopêtь. voръ *dial.* vopa.
vopêlo *schreihals.* — *lit.* vapéti *reden,*
schwätzen. got. vopjan. *lapp.* vuoppat.
vъpi *wird als aus dem* got. *entlehnt an-*
gesehen.

vŭšĭ: asl. vъšь *laus.* vъšьka. **nsl.**
veš, vuš. **b.** veška. **kr.** vuš. **s.** vaš,
uš. **č.** veš. **p.** wesz. **polab.** vâs. **os.**
voš. **ns.** veš, voš, *gen.* šy. **klr.** voš. **r.**
vošь, *dial.* uvošь. — *Vergl.* lit. utis. *lett.*
uts. vъšь *mag auf* ut-s-ĭ, ut-ch-I *beruhen.*

vŭtrĭ: asl. vъtrь *faber.* — *preuss.*
vutris *schmied.* autre *schmiede.*

vŭzŭ: asl. vъzъ *praep.* ἀνά. **nsl.** vz:
vzhajati *oriri.* vzvrati *plur.* **f.** *pflugwende.*
b. vъz: otide vъz planina. **s.** uz, nuz *usw.*
polab. vâz. — *Vergl.* lit. už *hinter, für.*
z *ist* palat. gh *oder* palat. g. *Ich denke an*
vъ *und vergleiche* ai. ni *mit asl.* nizъ.

vŭzĭmŭ: nsl. vuzem, uzem, vazem
ostern. **kr.s.** vаzam. *Vielleicht asl.* *vъzьmъ,
eig. das nehmen des fleisches, das nach vierzig-

tägiger faste wieder gegessen wird: vergl.
mȩsopustъ, *eig. das lassen des fleisches.* gr.
ἀπόκρεως. *mlat.* carnisprivium. *magy.* hús-
hagyó.

vy 1. asl. *stamm des pronomens der*
zweiten person im plur. Daher nsl. vikati
ihrzen.

vy 2. *praefix: dieses vielleicht mit* vъnъ
verwandte praefix, jetzt nur dem č. p. os.
ns. klr. wr. *und* r. *bekannt, wurde ehedem*
auch in andern sprachen gebraucht, die jetzt
nur izъ *verwenden.* nsl. uvignan *expul-*
sus fris. vidati. vignati. vičihati *ausniesen,*
im Gailthale. vignati *expellere.* vikopati.
vilêsti (lez-). vipôditi. vipuliti. virêzati.
viriti. vižuliti, *im westen.* vihnat. vibirat.
vibranit *liberare res. Vergl. auch* vigred
m. *frühling für abair.* auswiarts, *kärnt.*
auswart, *gotsch.* auisbard. kr. virišiti *er-*
lösen Glasnik 1860. 2. 44. vignati. *Man*
beachte č. vyndati. p. wypiekun *böser*
vormund. polab. vâi.

vy-: asl. vyti *sonare.* nsl. viti. za-
vijati kakor volče *lex. zu heulen anfangen*
Ukrain. vijanje *habd. Mit* vy- *verbinde*
ich vyk-: zaviknoti *ausrufen.* vika *geschrei*
habd. b. vija *heulen.* vikna, vikam *vb.*
vik: vikom vika. kr. vijati *luč.* s. za-
viti. viknuti, vikati. vika. vijuknuti. č.
výti. *Vergl.* výskati *jauchzen.* p. wyć.
Vergl. wyskać. polab. vâijê *heult.* os.
vuć. ns. huś. klr. vyty. wr. vyć. r.
vytь. voj *geheul. —* alb. vikat.

vyderükŭ: p. wyderek, wyderkaf
wiederkauf. — Aus dem d.

vydra asl. *lutra.* rusinъ vydra. nsl.
b. s. vidra. č. vydra. p. wydra. os.
vudra. ns. hudra. klr. wr. r. vydra.
— *preuss.* odro. *lit.* udra. *lett.* ūdrs.
ahd. ottar. *gr.* ὕδρα *wasserschlange.* ai.
zend. udra. *zig.* vidra. *magy.* vidra. *rm.*
vidrȩ. *asl.* vydra *aus* ūdra. *Vergl.* voda.

vyja asl. *hals.* polab. vâijo.

vyk-: asl. vyknąti, obyknąti *sich ge-*
wöhnen, lernen aus ŭk-. *iter. durch dehn. aus*
ŭk- *und vorschlag des* v: vycati, vyčą. obyčaj
sitte. neobyčъ о: *th.* vykŭ. *Wahre W.* ŭk,
daher durch steig. ukъ *doctrina.* neukъ *un-*

gelehrt. učiti *docere.* nsl. obiknoti *habd.*
uk. nauk. učiti. b. obikna, običam *lieben.*
obič *liebe.* navik *gewohnheit.* uča *lehren.*
kr. učan *solitus.* s. obići, obiknuti. svići
sich darein finden. obicati se *sich gewöhnen.*
vičan *bewandert.* navika. navičaj. običaj.
neuk *unerfahren.* oduka *entwöhnung.* učiti.
č. navyknouti, navykati. zvyk *gewohnheit.*
obyčej. nauka. učiti. obyti se *dial. für*
obvyknouti. p. wyknąc. zwyk. obyczaj.
zwyczaj. neuk. uczyć. nączyć *aus* nauczyć.
kas. veknanc. polab. vâikně *lernt.* veucit
lehren. os. vuknyć *lernen.* vučić. zvučić
gewöhnen vučba *lehre.* ns. huknuś *lernen.*
hucyś, vucyś. hucba *lehre.* klr. pryvyk-
nuty. običaj. nauka. ukyj *bewandert.*
učyty. wr. običaj. navuka. r. obyknutъ,
obykatь. obvyčêtъ *sich gewöhnen.* navykъ.
obyčaj. nauka. učitь. učeba *dial. — rm.*
običei. nȩuk *dumm.* učenik. *lit.* junkti
gewöhnt werden. jaukus *zahm.* jaukinti *ge-*
wöhnen. nujaukiti *entwöhnen.* lett. juku,
jukt *sich gewöhnen.* jaukt, jaucêt *gewöhnen.*
got. bi-uh-ts *gewohnt.* ai. uč, učjati *ge-*
wohnt sein.

vyka: s. vika *vicia sativa mik.* č.
vika. p. wyka. os. voka. ns. vejka,
vojka. klr. r. vyka. — *ahd.* wiccha.
lat. vicia. *preuss.* wickis. *lit.* vikei.

vymen asl. *unnachweisbar.* nsl. b.
s. vime. č. vymě. p. wymię, *dial.* vy-
miej. polab. vâimā. os. vumjo. ns.
humje. klr. vymja. wr. vyme. r. vymja.
vymen *aus* vydmen. — *ai.* ūdh-an, ūdh-ar.
gr. οὖθαρ. *lat.* ūber. *ahd.* ūtar. *lit.* udroti
eutern, sich belaufen. finn. utar.

vypŭ: asl. vypъ, vypica, vyplь *larus.*
r. vypъ, vypь, vypêlica. vypъ γόψ *op.* 2.
3. 745. — *Vergl. schwed.* vipa *kiebitz.*

vyri- *wahrscheinlich „herausstrecken".*
r. vyrezubъ *cyprinus dentex.* klr. vyre-
zub. p. wyrozǎb, wirozǎb, wydrozǎb,
zębak. *Vergl.* s. viriti *gucken.* asl. uviriti
(wohl richtig uvyriti) *oči svoi.*

vyrij wr. *wird durch* mêsta juźnyja
erklärt, klr. vyrej *durch südliche paradie-*
sische gegend. r. *ist* vyrej znacharь *dial.*
Vergl. irej.

vyrŭ: č. výr *uhu*. nsl. vêr. *Vergl.*
wr. vyryj, pereletnaja ptica.

vys-: asl. vysokъ *hoch*. vysoče, vyseče
adv. vyše *comp.* vyšьnь. vysota. vysiti *er-*
höhen. Vergl. vysprь *in die höhe*. nsl. visok.
više. b. visok. više. visočina. s. visok. vis.
visina, višina. višnji. č. vysoký. výše. výš *f.*
p. wysoki. wysza. wyżyna. wyszyć sie.
kaš. vyža. polab. våisük. våis *höher*. os.
ns. vusoki, husoki. klr. vysokyj. vyška
dachboden. r. vysokij. vysь *höhe und*
für čerdakъ. vyšina. — *Man vergleicht*
preuss. unsai, unsei *hinauf*.

vytĭ: r. vytь *antheil, antheil an grund*
und boden, ein bestimmtes ausmass von
grundstücken, das essen usw. — *Vergl. ai.*
ūti *förderung, hilfe, erquickung, lebensmittel.*
av, avati *fördern, erquicken usw. Vergl.*
ovĭsŭ.

vyza, vyz č. *huso*. nsl. viza *jambr.*
p. wyz. os. vyz. klr. vyz. vyzyna. —
magg. viza. *Vergl. ahd.* hūso.

vyžĭlŭ: nsl. vižel. vižla. s. vižao.
vižlc *wachtelhund*. vižliti *umhergaffen*. č.
vyžel. slk. vyžla *spürhund*. p. wyżeł.
klr. vyžeł. vyžła. r. vyžeł. r. vyžlecъ,
vyžlikъ. vyžlica. — *magy.* vizsla, visla:
das wort soll von vizsgál, vizslat *scrutatur*
stammen, und auch desshalb nicht slav. ur-
sprungs sein, dass vyžła *nur* č. *vorkomme.*

vĭdova: asl. vьdova *witwe*. vьdovьcь.
obudovêti, ovъdovêti, obъdovêti *witwe*
werden. nsl. vdova, vdovica. b. udo-
vica, dovica. s. udova. udov. č. vdova.
p. wdowa. os. vudova. ns. hudova.
klr. vdova, udova. r. vdova. — got. wi
duwo. *ahd.* wituwa. *ai.* vidhavā.

vĭsĭ 1.: asl. vьsь *omnis*. vьsьma *adv.*
nsl. ves, vsa, vse. vsaj, saj *doch.* vesoljen
(svêt) *ist* vьsь volьnъ, *nicht asl.* vъseljenaja
ἡ οἰκουμένη, *an das auch beim* s. vasioni
nicht zu denken ist: dieses ist vielmehr vьsь
sĭlьnyj. b. sъ t svêt *totus mundus*. se
immer ist vьse. sъsem *ganz.* sinca *alle:*
vьsêmъ *mit suffix* ca. kr. posve, pohve
penitus karnar. s. sav, sva *aus* vьsь,
vьsa. sasma *sehr aus* sъ vьsьma. č. ves.
vṥu *für* vьsą, vьsją. p. wszy *omnis.*

owszem, owszeją: *asl.* *o vьsjeją. owszejki
tamen, certe: asl. *o vьsej ky. os. všon.
ns. šen. r. vesь. vesьma. 1) nsl. vazdar
immer. b. vъzda. s. vazda. vazdakadnji.
č. vezda, vczdy, vždy, vdy, zavdy. p. wzda,
wezdy, wzdy, wżdy, wżdam, weżdy, zawdy
dial. os. vždy, ždym. klr. zavžde, za-
vždy. zavśihda, zavśihdy (-kъda). 2) asl.
vьsьde, vьsde, vьzde, vьsežde *überall.*
nsl. vsigde (-kъde). s. svagde. č. ve-
zde, vezdě. polab. visdě *überall.* os.
všehdže (-kъde). klr. vśahde (-kъdc).
vśuhdy, vśahdy *überall.* 3) vьsądê,
vьsądu, vьsjądê, vьsjądu. nsl. povsôdi,
povsôdik, *daneben* povsed, povsedik; *im*
westen auch vserod, povserod. b. na-
vsъdê. č. všude, všudy, *daneben* všady,
odevšad. p. wszędzie, wszędy, zewsząd.
os. všudy, všudže. ns. šuder. klr.
vśudy, vśuda, vśudeńka, *daneben* všady
Vergl. vôduśiľ, vôduśiła. wr. vśudych,
daneben otuśuľ. 4) asl. vьsegda (-kъda)
immer. nsl. vsigdar. s. svagda, svagdar.
p. wszegdy. klr. vśihda, vśihdy, vśahdy.
wr. usëhdy. r. vsegda, *daneben* vseldy.
5) asl. vьsakъ, vьsjakъ, vьsakyj *jeder:*
suffix akŭ. vьsakojakъ *varius.* vьsačьskъ.
vьsakojądê. nsl. vsak. vsakši. vsakojak.
vsakojački. vsakôd, vsekôd. b. (vsjaki)
sêki, sêkak, sêkakъv. sêkoga, sêkogi
immer. sêkъdê *überall.* č. všaký. však
aus všako. p. wszaki. wszak, wszako
doch. owszeki *gänzlich ist asl.* *o vьsej-ky.
polab. visoky *allerlei.* os. však *adv.*
ns. šaki. šako, šak *adv.* klr. vsjakyj.
r. vsjakij. 6) nsl. vsele, vselej *allzeit.*
7) asl. vьselicь *varius.* č. všeliký. *Vergl.*
všelijak *adv.* všelico *allerlei.* p. wszeliki,
wszelki, wszelkny. klr. všeľakyj. 8) asl.
vьsêmo *quoquo versus.* 9) č. všecek
beruht auf asl. vsjačьskъ, *woraus zunächst*
všack. p. wszyciek, *daneben* wszyściek,
wszystek, wszytek, wszytcy. os. všit-
kon. ns. šyken. klr. všitok. 10) č.
veškerý *bietet das suffix* erъ, *wie* pęterъ,
pętorъ: *das thema ist wahrscheinlich* vьsja-
čьskъ: *vergl.* všeckeren. p. wściorki,
wciorki *jeglicher.* — *lit.* visas *all.* vis, vi-

sada *stets.* visoks *allerhand.* *lett.* viss. apers. viça. *ai.* viçva. *zend.* viçpa. *Das s des lit. wortes veranlasste die vermuthung, das lit. wort sei aus dem slav. entlehnt.*

visi 2.: **asl.** vьsь *praedium.* **nsl.** ves, vas *dorf.* vesovati *besuchen.* **kr.** vas, *nur mehr in ON.* **č.** ves. **p.** wieś.

wiochna *bäuerin.* **polab.** vås. **os.** vjes. **ns.** vjas, jas. — *preuss.* waisspatin *accus.* *lit.* vёš *in* vёšpats *herr, eig. herr des dorfes, hauses.* vёšёti *zu gaste sein.* **got.** veih-sa *flecken.* **ahd.** wih. **gr.** οἶκος. **lat.** vicus. **ai.** viç-pati. vёça *haus.* **zend.** viç-pati. vьsь *entspricht einem älteren* visi. *s ist palat.* k.

Z.

za 1. **asl.** *praepos. hinter.* zadъ. na zadь. sъ zadi. zadьnъ. zaždь *pars postica:* *vergl.* per-dŭ. poz-dŭ. **nsl.** za. zadnji. zadnjič. *od* zaja *hinten.* zaji *hintergetreide.* **b.** za. zad: toj se skri zad vrata. pa se zadskri *mil.* 402. *usw.* **polab.** zo. **klr.** za. zadnyça *erbschaft chrest.* 476. **wr.** pozaddze *für* r. uchvostьe, *die schlechtesten körner beim worfeln.* **r.** zadnica *erbschaft. Deminuirend:* **wr.** zaupartyj *etwas eigensinnig.* **r.** zaneduga, polubolêznь.

za 2.: **asl.** eza *fragepartikel frag.glag., wohl* č. **b.** zerc *für* s. jer *verk.* 367. **s.** zar: zar ti ne znaš? **č.** za, zaž, zali *alt: vergl.* zda, zdaž, zdali. **p.** za, zaž, zali, zalić. vza? pravo?

zabitinŭ: **b.** zabitin *richter.* **s.** zabit, zabt. zaptčija — *türk.* zabit, zabçt.

zabunŭ: **s.** zabun *verblüfft.* zabuniti *perf.* zabuna. — *türk.* zabun.

zag-: **č.** záhy *frühzeitig.* zážeji *früher.* **os.** zahi *zeitig, früh.*

zagarŭ: **b.** **s.** zagar *art jagdhund.* — *alb.* zagar, zar. *türk.* zagar. *gr.* ζαγάριον, ζαγάνος.

zajenci: **asl.** žaję̆cь *hase.* zaję̆čina. **nsl.** zajec, zavec, zec. zajec, kôs mesa v hrbtu *beruht auf* zaždь: za 1. **b.** zajec, zajek. **s.** zajac, zec. **č.** zajíc. **p.** zaję̆c. **kaš.** zajic, *gen.* zajonca. **polab.** zajãc. **os.** zajac. (vuchac). (**ns.** huchac *langohr*). **klr.** zajać, zajuk. **wr.** zajuk. zajka. **r.** zajacъ. zajka. zaenka. — *lit.* zuikis. *lett.* zakjis. *Stamm za oder* zaj, *suffix* enci: *vergl.* mês-enci.

zajre, zahere **b.** *lebensmittel.* **s.** zahira, zaira. — *türk.* zayire.

zalpŭ: **r.** zalpъ *salve.* — *Aus dem d.* salve, *fz.* salve, *lat.* salve.

zamanŭ: **b. s.** zaman *zeit.* **s. u** zaman *jederzeit. od* zamande. — *türk.* zaman.

zambakŭ: **b.** zambače *lilie.* **s.** zambak. — *türk.* zanbak.

zametŭ: **s.** zamet *ungelegenheit.* **b.** zagmet. — *türk.* zaḥmét.

zamša klr. r. *sämischleder.* **p.** zamesz, zamsz. — *Aus dem d. lit.* žёmščius. žomstines *handschuhe aus sämischleder.*

zanoveti: **s.** zanovjet *f. cytisus.* **ns.** zanoveż. *Vergl.* **p.** zanowiec, janowiec *genista.* **slk.** zánovec *galega officinalis.* **č.** janovec, janofít *genista.* — *magy.* zanót. *Man vergleicht mlat.* janestaria *ager genistis obsitus.*

zararŭ: **b. s.** zarar *schade.* — *türk.* zarar.

zarfŭ: **s.** zarf *kleine schale.* — *türk.* zarf

zarzala b. *art aprikose.* **s.** zerdelija. **klr.** žerdeľa. **r.** žerdele. — *türk.* zérdalŭ.

zarŭ: **b.** zar *zufall.* — *türk.* zar.

zbroja, zbroj **p.** *rüstung.* **r.** zbruja. *Dunkel. Hat mit* broń (bor-) *nichts zu schaffen.*

zdurŭ s. *ausrufer.*

zegerŭ: **ns.** zeger *uhr.* **p.** zegar. **klr.** dzygar: **wr.** zehar. **nsl.** cegar *habd.* jambr. — *magy.* czégér. *lit.* zegorius. **nhd.** seiger, *von* sigen *sinken, urspr. die sand- oder wasseruhr.*

zejtinŭ: s. zejtin *baumöhl.* r. zitinъ.
— *türk.* zéjtun.

zekirŭ: s. zećir *ring. Durch anlehnung
an* zvek zvekir *thürring.* — *türk.* zébkir.

zel-: asl. zelije *olera.* zelenъ *grün.*
zeleničije. sokъ zolijanъ ζωρὸς λαχάνων.
nsl. zel *pflanze.* zelje *kraut.* zelen. zimo-
zelen. zelenec *schimmel; eidechse lex.* b.
zele. zelka *krautkopf.* zelnik *art speise.* zelen.
zelenčuk. s. zelje. zelen. č. zelí. zelina.
zelený. p. zioło. ziele. zielony. **polab.**
zilé *gras, weide.* os. zelo. zele. zeleny.
zelenica. ns. zeľe. zeleny. klr. zeło.
žiľe. zełenyj. wr. zelle. zelejnik *gift-
mischer.* poozelić *bezaubern.* r. zelie, zelье
kräuter, arzenei. Alt zelie *gift op. 2. 3. 578.*
zelenyj. zelva *pflanzenessenz.* zelь *winter-
getreide dial.* — *magy.* zelnicze fa *cerasus
avium Clusius 53.* preuss. soalis *kräuticht.*
saligan *grün.* lit. želti *grünen.* želmŭ
pflanze. žalics *grün,* žolė *gras: beide formen
fehlen dem slav.* lett. zelt, dzelt *grünen.*
zaľš *grün.* zāle *gras.* ahd. grōju. lat.
helus. gr. χλόη. ai. hari *grün, gelb.*
Slav. z *ist palat.* gh. *Auf* zel- *beruht* zelk-,
daraus durch steig. zolkŭ: asl. zlakъ *herba.*
zlačьnъ χλόης. b. zlak. klr. złak. r.
zlakъ. *Ein* zolokъ *fehlt: die erklärung zweifelhaft. Aus* zel-to *durch steig.* zol-to: asl.
zlato *gold.* nsl. zlato. zlatenica *gelbsucht.*
b. s. zlato. č. zlato. zlatohlav *goldgestickter
stoff.* p. os. złoto. ns. zloto. polab. zlåt-
ny. klr. zołoto; złoto *ist* p. złatohłav. wr.
zoloto. zołotyj, złotyj. złoto. złotohłav. vy-
złacić. r. pozolotitъ. zlatnica *chrysalis.*
zlatoželtь. pozlaščatь. — got. gultha-: *urform* ghalta-, *finn.* kulta. ai. hāṭa-ka *aus*
gharta-ka. rm. zlat. magy. izlot. lit.
zalatīti. z *ist palat.* gh: želtŭ, lit. geltas,
beruht auf gel-: želtŭ.

zelčĭ: asl. zlъčь *galle.* nsl. zelč
trub. b. zlъčka. W. zelk- *aus* zel-, *daher
die „grüne". Vergl.* želčĭ *aus* gelk-.

zely: asl. zlъva *glos,* ἡ τοῦ ἀνδρὸς
ἀδελφή, τῇ ἐκείνου γυναικί. nsl. zlva *Ukrain.*
zava, zeva, zavičina, zavična, zvičina,
zvična. zolvičina. b. zъlva. (zolva *mil..
6. 517*). s. zaova, zava. č. zelva.

slk. zolvica. p. zełwa, zełw, **zełwica,**
daraus żołwica. klr. zovyća, zovuchna.
r. zolva, zolovka, zolovica. — gr. γάλοως,
γάλως. lat. glos. *Aus* zely *ist* zelva *und
aus diesem asl.* zlъva *entstanden; s.* zaova
beruht auf zaly, klr. zova *auf* zoly. gr.
α *widerstrebt, während lat.* glos *mit der
slav. form vereinigt werden kann. slav.*
z *ist palat.* g.

zem-: asl. zemья, zemlja *erde.*
zemę *für* zemьję. zemьnъ *von* zemья.
zemlьnъ. nsl. s. zemlja. b. zemja. č.
země, zem *aus* zeḿ. p. ziemia. polab.
ziḿa. zimnik *erdgeist.* os. ns. zemja. klr.
zemľa; zemúa *aus* zemja. r. zemlja. zemь
zenь *dial. aus* zemь, názenь *für* na zemь,
na zemlju: *das häufige* ń *steht statt des
selteneren* iħ. ozemь. — preuss. same. lit.
žemė. žemas *niedrig. Daher* žemaitis, *plur.*
žemaičiai, *Samogitier, eig. Niederländer.*
klr. žomojtskyj. *Damit steht in zusammenhang* p. żmudź. żmujdski. żmudzin. **klr.**
żmudskyj. lett. zeme *erde.* zem *unter.*
ai. jam *f. in* jma, jmas. zend. *stamm*
zem *f. slav.* z *ist* ai. j, *d. i. palat.* g:
dagegen gr. χαμαί. lat. humus.

zemb- 1.: asl. zębą, (zębsti) *dilacerare. Durch steig.* zombŭ: ząbъ *zahn.*
rêdoząbъ. nsl. zôb. zebrna *zahnfleisch.*
b. zъb. zъbat. s. zub. zubiti *die zähne
der säge schärfen, eggen. Vergl.* zublja
assula. č. zub. p. ząb. ząbry, ząbrze *auswuchs an den zähnen der pferde.* os. ns. zub.
klr. zub. *Vergl.* żubrij *hohlzahn (pflanze).*
zabreć *aus* żab- *heilsames kraut für zähne.*
r. zubъ. zubritь. zazubra. zazubrica *zahnlücke. Die mit* zeb-, żab- *anlautenden wörter beruhen auf dem ungesteigerten* zęb-. —
magy. zsébre *art mundkrankheit.* rm. zimbi
lächeln. zîmbre *mundfäule.* zîmbri, zimbri
dentes lupini. lit. žébti. žamba *maul.*
žambas *kante. Vergl.* gembė *pflock.* lett.
zōbs *zahn.* ahd. chamb. gr. γόμφος. γαμφή.
ai. jambh *zermalmen.* jambha *zahn. slav.*
z *ist palat.* g. *Mit* zombŭ *ist zu verbinden*
č. zubadlo *gebiss.* — *magy.* zabola, zabla.
rm. zębalę. lit. žeboti *zäumen.* žeboklė
gebiss: klė *für* tlo.

zemb- 2.: asl. zębą (zębsti) *frigere.*
ozęblostъ *tepor, eig. wohl „geringe kälte“.*
nsl. zebem, zebsti. zabe me.   s. zebsti,
zebem. nazeb, nazeba, nazebao *erkältung.*
č. zábst, zíbst *dial.,* zábnouti, zíbnouti.
p. ziąbnąć, ziębnąć. ziąbić, ziębić.   os.
zebać.   klr. žabnuty. žab, žaba, žabľa
winterbrache.   wr. žabci.   r. zjabnutь,
dial. zjabti. zjabelъ. *Mit* zemb- *hängt
nach einer unbekannten regel zusammen* b.
oznoba *bulg.-lab. 99.* oznobja *erfrieren:* oška
ta mu je oznobila *Vinga.*   klr. znobyty
frieren lassen. oznobyty ša *sich erkälten.*
wr. oznoba.   r. znobъ. oznoba. znobkoj.
Man vergl. nsl. b. zeba *fink fringilla.*   p.
zięba. cs. ns. zyba.   klr. žablyk, ža-
błyća.   r. zjablikъ.

zemb- 3.: asl. zębati *germinare.*   s.
zenuti. — *lit.* žembėti, žembų *keimen.*
Wahrscheinlich ist zemb- *in den bedeutungen „dilacerare, frigere, germinare“ nur
eine W.*

zembĭlŭ: s. zembil *körbchen.*   r.
zimbiľ. — *türk.* zénbil.

zen-: asl. znati, znają (*vorslavisch*
zena, zъna) *kennen.* znamę, znamenije
zeichen. naznamenati. znakъ *zeichen.* zentĭ:
asl. zętь, *gen.* zęti, *schwiegersohn.*   nsl.
znati. zet.   b. znaja, znam *vb.* znajal sъm.
znak. zet.   s. znati. znak. zet.   č. znáti.
znak. zeť, *dial.* žáč.   slk. znachor.   p.
znać. znak. znamię zuamiono. zięć.   polab.
znot. zåt. zåtik.   os. znać.   ns. znaś.   klr.
znaty znak. znamja. znať *die angesehenen.*
znachar, znachor *wahrsager.* znacha, zna-
charka. žať.   wr. znachať. zjać.   r. znatь.
znakъ. znamja. znacharь, znachorъ *op.* 2.
3. 132. znatь *die bekannten.* zjatь. — *preuss.*
ersinnat. *lit.* žinti. žinoti, žinauti. ženklas
zeichen. žentas *schwiegersohn.* žimė *zeichen.*
žimėti. žinis *priester, zauberer.* žinė *hexe.*
žinomas *bekannt. Entlehnt* znokas. *lett.*
zinu, zīt. zinåt. ziňüt *kunde geben.* zīme
zeichen. znōts *schwiegersohn.* pasipaznavoti.
got. kann. *ahd.* chennen: chnåan *aus*
gnē. *lat.* gnō: nosco. *gr.* γνω: γιγνώσκω.
zend. zan, *partic.* zañta. *ai.* jānāti, jñā.
slav. z *ist* palat. g.

zer- 1.: *die W.* zer *glänzen, sehen.
durch schwächung des W.-vocals* zъr-, *erhält
durch die erste steig. die form* zor-, *durch
die zweite die form* zar- *und durch dehn.
des vocals die form* zir- *aus* zēr-: *I.* zer.
II. a) zor. *II. b)* zar. *III.* zir.   asl. *I.*
zъrěti, zъrją, zъriši *glänzen, sehen.* zazъrěti
tadeln: vergl. vid-: zavidėti.   *II. a)* nazorъ *suspicio.* pozorъ *spectaculum.* pozorataj *speculator* prězorъ *superbia.* prězorivъ.
prězorьlivъ. prizorъ *visio.* prozorъ *pro-
spectus* vъzorъ *risus.* zazorъ *reprehensio.*
zorja *splendor beruht wohl auf einem* vъ-
zori-. licezorije προσωπολημψία. nelicezorьnъ.
II. b) ozariti *illustrare·* dьnь ozarjušę sę.
zarjenije. zarja *splendor III.* prozirati
visum recipere. zazirati *reprehendere.* nsl.
I. zrěti, zrem (*nicht* zrim).   *II. a)* zor
glanz: zorja. pozoren, prisojen *sonnseitig.*
II. b) zarja.   *III.* prizěrati *lauern.* ozerati
se, ozerjem se *durat.,* ozirati se *iter.*   b.
I. obzrъna se *sich umsehen beruht vielleicht
auf* obziram se.   *II. a)* zor *blick.* zora
morgenroth: zora mi se je ozorilo *mil. 126.*
zvězda zorna. zazorěva se *illucescere.* prozo-
rec *fenster.* *II. b)* zarja.   *III.* obziram se.
prozirec *fenster.* zěrna *erblicken beruht auf*
zěrati.   s *I.* nazreti, nazrem *undeutlich
sehen.* zazreti, zazdreti *erblicken.* *II. a)* zora.
zazor *tadel. Vergl.* zoriti *roth sein.* *III.* zazirati. obzir.   č. *I.* zříti, zřím *schauen.*
zřejmý *sichtbar.* zázříti, zazirati *beneiden;*
zazřeti *anblicken.* zřjedło *spiegel, dial.*
zdřadło. *slk.* zázrosť *neid.* *II. a)* zořc. ná-
zor *anschauung.* pozor.   *II. b)* záře *glanz:*
dial. řaža, řařa. *III.* -zirati. p. *I.* zrzeć,
zrzę. zrzejomy *augenscheinlich.* rzetelny
für zrzetelny. zrzenica *pupille.* nienazrzeć
hassen. zažrzeć. zazrość, zazdrość *hass.*
zazdrościć.   *II. a)* zorza. pozor. podzor
argwohn. wzor *muster zum nähen.* *II. b)*
zarza. zarza *bei Kochanowski gilt als* č.
III. -zierać. niedozierka.   kaš. *I.* zdrzec.
II. rzorza *für* p. zorza.   polab. *I.* zårat,
zařat *sehen.* püzåri *er besicht.* zåfodlü
spiegel. *II.* zöřa.   os. *I.* zřeć.   *II. a)* zer-
nička *morgenstern.* *III.* vozeras se.   ns.
II. a) zořa *plur. röthe am himmel.* klr.

I. zrity, zrju, zryš. pozdrity *erblicken.* zdrja
blindlings. zdrjačyj *schielend.* zrinyća *pu-*
pille. horizdra *der hoffärtige.* zazdrity *er-*
blicken; zazdrity śa *neidisch blicken.* pryzro,
zazdryj *neidisch.* zazdra, zazrôsť, zazdrôsť
neid. II. a) zôr *sehvermögen.* zoryty *schauen.*
vyzôr *fenster.* vzôr *ansehen.* pozôr *blick;*
pozor *schmach.* zôrkyj *mit scharfem gesicht.*
błyzozôrky *kurzsichtig.* zorja *stern. II. b)*
zarja *röthe am himmel. III.* zazyraty, zazyr-
nuty. **wr.** *I.* zerić, nazerić, pozerić. sze-
rić *für r.* podsmotrêtь. zazdrość, zajzdrość.
III. vzirać. vzirnuć. **r.** *I.* zrêtь, zrju, zrišь.
zeritь, ziritь *schauen.* zrja, zdrja *unbeson-*
nen, eig. auf den blossen blick. zrjačij, zrja-
ščij. zra-: vzdralo solnce *effulsit sol. II. a)*
zoritь *glänzen.* zorkij *scharf sehend.* do-
zorъ *aufsicht.* ozorъ *spion.* prozorъ. uzorъ.
zazorъ *tadel. dial.* zyrkoj *für* zorkoj. *II. b)*
zarja *röthe.* vzaritь *erblicken.* zarevo *wieder-*
schein. zarnica *planet venus.* zaritь śja *neidisch*
blicken. zarko *neidisch. III.* -ziratь. vuzirku
dial. für zrja. — *rm.* zorĭ, ziorĭ. zare *glanz.*
in zare *zeitig.* zęri *schauen.* nęzrêšte *appa-*
ret. lit. I. žerêti *glänzen: daneben* žiurêti
sehen. žiurĭklė *brille. II. a)* žaros *strahlen.*
pažaras. *II. b)* žiora, pažiora *Vergl.* zel-.
Erweitert wird zer- *durch* k: zerk-: **asl.** po-
zrъcati *contemplari.* zrъcalo *speculum.* ozrъčь
aspectus. pozrêcati *spectare. Durch steig.*
zorkŭ: **asl.** zrakъ *visus.* zračiti *spectare.*
prizrakъ *visio.* pozrakъ: sionъ pozrakъ,
pozračište sъkazajetъ sę *mladên.* prozra-
čьnъ εὐοπτος. zazrakъ *reprehensio.* bezračije
ἀορασία. *Hieher gehört vielleicht* zerkъ *cae-*
sius für zrъkъ: *daneben findet sich* zêkrъ,
izêkrъ, *vielleicht für* zrêkъ. **nsl.** zrcalo
spiegel; zrkalo *rib.* zrklo *pupille meg.* zrak
luft. **b.** zrъkoli *augen.* prizrak. **kr.**
zrcati *schauen luč.* zraka *strahl.* zrak *luft.*
s. zrak, žrak, ždrak, zraka, zdraka, ždraka
strahl. ždraknuti. **č.** zrcadlo, zrkadlo.
zrak. přízrak. zračiti *offenbaren.* **p.** zerk!
sieh da! zerkiem *schielend.* żwerciadło,
wierciadło *aus* ziercadło. wzrok, wzdrok.
polab. zárkodlŭ. **klr.** zerkało, dzerkało.
zrok *gesicht.* vzrok. *Vergl.* żirka *schieler*
und żikry *schielende augen.* żikratyj. uzo-

ročje *das sehenswerthe.* zrak *antlitz.* **wr.**
zerki *augen.* vzrok, vzrak *blick.* vzračnêć
besser aussehen. **r.** nazerkomъ. zerkalo.
sozercatь *beobachten.* zorokъ *neben* zrakъ.
zirokъ. zolokъ *für* zarja. zoročekъ *neben*
zračekъ *pupille.* zračnyj. prozoročistyj.
uzoročьe. uzoročitь. blizorukij, *dial.* blizo-
rokij, *kurzsichtig beruht auf* blizozorokij.
Erweiterung durch t *tritt ein im* b. ozrъtam
se *sich umsehen.*

zer- 2. *reifen. Durch steig.* **asl.** sъzorь
indeclin. maturus. sъzoriti *maturare.* **nsl.**
zoriti se *reifen.* — **ai.** jar *morsch werden.*
slav. z *ist palat.* g. *Daneben* zrê-: **asl.** zrêti,
zrêją *maturescere.* zrêlъ *maturus.* **nsl.** zrêti.
zrêl; zdrêl *crell.* **b.** zdrêja *mil. 509.* zrêl,
zdrêl. **s.** zreti, zdreti zrenuti. zreo, zdreo.
č. zráti, zraji, zrám. **p.** źrzeć. skorozrzy,
skoloźrzy *frühreif.* źrały, dojrzały *aus*
źrzały. **os.** zrać. **klr.** zrity, zriju. skoro-
zryj *frühreif.* **r.** zrêtь. zrêlyj. *Vergl.* zerno.

zerno: **asl.** zrъno *granum.* **nsl.** zrno.
b. zrъno. **s. č.** zrno. **p.** ziarno. **polab.**
žárnü. **os.** zorno, zcrno. **ns.** zerno. **klr.**
zerno. **r.** zerno. *dial.* zerenьe. — *preuss.*
zyrne. *lit.* žirnis *erbse. lett.* zirnis. *lat.*
granum. *got.* kaurn. *ahd.* kërno. *ai.*
jar *morsch werden. caus.* aufreiben. **slav.** z
ist palat. g.

zestra **b.** *heiratsgut.* **klr.** żastra. —
rm. zestre.

zeta **s.** *name eines flusses und der*
gegend an demselben. — *Vergl. alb.* zi
schwarz.

zevgarĭ: **as.** zevgarь *jugum.* **b.** zeg-
var. — *gr.* ζευγάριον.

zezŭ: **p.** zez, zes, zys *die mit wür-*
feln geworfene sechs. zezować, zezem patrzeć *schielen.* zezowaty, zezooki *schielend.*
klr. zezovatyj. — *In der ersten bedeutung*
aus dem d.: *wie die zweite bedeutung*
aus der ersten sich entwickelt hat, ist mir
unklar.

zê-: **asl. nsl. b.** zênica *pupilla.* **klr.**
źinyća. źinka *augenlid.* **r.** zênokъ, zêniki.
pozêtь, pozêjatь, zêchatь *schauen.* dozêvatь
sja. zênki *augen, pupillen.* zênka *glas.*
Vergl. **wr.** zijać. **r.** zijatь, sijatь *glänzen.*

p. źrzenica *gehört zu* zer. *Vergl.* nsl. zemci *augenwimpern.*

zêlŭ: asl. zêlъ *vehemens,* zêlo, zêlu *valde.* dzêlo *sin.* wr. do zêla *sehr.* r. zêlьno *sehr viel. Vergl.* nsl. zęlo *nimis lex.* zal *pulcher gehört nicht hieher.*

zi-: asl. zinati. zijati, zêja, zijają *hiare.* prozêvati. zêvnąti. nsl. zinoti. zijati. zêvati. pozoj *drache habd.* zêhati. zêhnoti. zêh *gähnen:* zêh gre po ljudeh. b. zina, zêja *vb.* zêpam, zêpna *gaffen.* kr. zihati. pozoj *drache.* s. zinuti. zijati *gähnen, schreien.* zijevati. zijehati. č. záti, zeju. zivati. zípati *keuchen.* zevel *gaffer.* p. ziać, zieję. ziewać, ziewnąć. zionąć *beruht auf* *zênąti. rozziew. rozziewić, rozdziewić. ziepać. zipnąć. *dial.* ziapać *schreien.* os. zyvać. klr. źajaty. źivaty. źiv, źava *schlund.* źivy *kiemen.* požichaty. wr. zêv *schlund.* r. zinutь, zijatь, zêjatь. zêvatь *schreien.* rotozêj. zêvъ *maul.* zêvaka, razinja *gaffer.* zoj *schrei.* zepatь, zjapatь *schreien dial.* — lit. źioti, źioju. źiovauti. źioplīs *maulaffe.* źiopsoti. lett. źávât. ahd. gî-ēn. gr. χαίνω. lat. hisco. ai. hā. zend. zā. *Slav.* z *ist palat.* gh. *Slav.* i *ist wohl nicht dehnung eines* Y.

zibri-: s. zibriti *wehen:* bura zibri, puše.

ziftŭ: b. s. zift *pech.* — *türk.* zift.

zijafetŭ: b. s. zijafet *gelage.* — *türk.* zejafét.

zijanŭ: s. zijan *schade.* b. zjan. — *türk.* zijan.

zilŭ: b. zile *cymbel.* p. zcle. — *türk.* zil.

zima asl. *hiems.* ozimêti. nazimъ *unius anni* (aгnьcь). nazimę *porcus anniculus.* nsl. zima. ozim *winter-:* ozimo žito. ozime, dvolêtno žrêbe. ozimka, krava, ki črez zimo ostane jalova. ozimec, jare, ki se je rodilo po zimi. b. zima. zimnica *keller.* s. zima. nazime *n.* ozim *f. wintersaat.* ozimi *adj. winter-* ozimče *winterkalb.* nazima *neben* nazeba *erkältung.* č. zima *kälte,* zima *winter dial.* zimozel *immergrün.* zimoléz, zimolaz *rainweide: vergl.* r. žimolostь *lonicera.* p. zima, ozimi *adj.* kaš. zimk, nazimk *frühling.* názemnica

junges schwein. polab. zaima., zaimona *fieber.* os. zyma. nazyma *herbst.* ns. zyma. klr. zyma. nazymok *überwintertes kalb.* buzymok *für* obuzymok. ozymę žyto. wr. ozimina. r. zima. ozimyj. — preuss. semo. lit. žéma. lett. zēma. gr. χειμών. -χιμος *in* δύσχιμος. lat. hiems. -himus *in* bimus. ai. hōman. hima. zend. *stamm* zjām. zima. *slav.* z *ist palat.* gh. *Man beachte* asl. trizъ *trimus,* s. dvize *ovis bima und* lit. dveigīs, treigīs *zweijährig, dreijährig, wobei* lit, g *der zusammenstellung mit* zima, žéma *entgegen zu stehen scheint. Vergl.* and. thrī-vetr.

zindžirŭ: b. zindžir *kette.* s. sindžir. slk. činčiere, okovy. — *türk.* zindžir.

zinzubelĭ: r. zinzubelь *simshobel.* — *Aus dem d.*

zjama: klr. dzjama *suppe ung.* — rm. zêmę. gr. ζέμα.

zmetĭ: nsl. zmet, zmed *f. spiralfeder.*

zmij asl. *drache: daneben* zъmij, zmъj. zmija *schlange.* nsl. zmij: *daneben* zmet, zmijnica *schildkröte.* b. zmej *drache.* zъmija *schlange.* zmeh. s. zmaj. zmija. č. zmek, *gen.* zemka; *daneben* zmak, zmok. p. źmij. źmija. kaš. znija. os. zmij. zmija. ns. zmija. klr. zmyj, dzmyj, zmyjuk. zmyja. wr. zmêj. zmêja. r. zmêj. zmija. zomija *izv.* 680. — rm. zmęŭ.

zmire nsl. *plur. f. schmalzmuss,* tropinje. s. žmire, čvarci *art mehlspeise.*

zmyrŭna: asl. zmỹrъna *myrrha.* zmъrno. ozmureno vino. izmjurъnъ. ozmrъnenъ. — gr. σμύρνα. σμ *wird* zm: zmaragdъ, izmaragdъ. zmilakija.

zni-: asl. znoj *hitze, durch* stęig. *aus* zni-. znoinъ dьnь. znoiti sę. nsl. znoj *schweiss,* znojiti se *sich sonnen vip. schwitzen:* s. znoj. slk. znoj *schweiss.* p. znoj. znojić. ns. znoj. klr. znôj. znojity *schwitzen.* r. znoj. znoitь. znijatь *brennen.* zaznijatь *verkohlen.* znêjatь *für* znoitь sja.

zob-: asl. zobati *edere.* nsl. zobati *körner fressen.* zob *haber habd.* b. zobna, zobja (*zu* zobati) *picken.* zob *körner, nahrung.* zobja (*zu* zobiti) *füttern.* kr. zob

haber. **s.** zobati. zob *haber.* **č.** zobati.
zob. zobák, *dial.* dżubok, *schnabel: vergl.*
dob, dub *schnabel.* vydubati *auspicken.*
p. zobać; *daneben* żobać. zoɓ, zobia *körner-*
futter. dziobać, dziubać. dziob, dziub. **klr.**
zob *kropf.* dżobaty. dżobńa *ranzen.* dżub
schnabel. dżubderevo, dervodżubka *neben*
dołbač *specht.* makodżob *buchfink. Vergl.*
dżubryk *vogelklaue.* **wr.** zob *kropf.* dzo-
bać *gierig ergreifen.* dzevbać *picken.* dzëb,
dzëvb *schnabel.* **r.** zobъ *kropf.* zobatь.
— *magy.* zab *haber. lit.* žebéti, žebju.
ai. jabh *mit dem maule packen. slav.* z
ist palat. g.

zola: **p.** zoła *ausgelaugte asche.* **ns.**
zoła *plur. äscher.* **klr.** zoła. **r.** zola.

zolĭ: **nsl.** zolj *m. larve des speckkäfers.*
zol *eristalis tenax. Vergl.* **s.** zolja *vespe.*

zombrŭ: **asl.** ząbrъ, ząbrъ *bos juba-*
tus. alamaninъ ząbrъ (zebrь). **č.** zubr.
p. zubr, *aus dem* **r.** *Vergl.* zambronis, zam-
bri *bei Linde.* **kaš.** zębrze *ON.* **os.** zubr.
klr. zubr. *(Vergl.* zubir *eber).* **r.** zubrъ,
izjubrъ. — *rm.* zîmbru, zimbru. *preuss.*
wissambris, wissambers. *lit.* žebris; *da-*
neben stumbras; *bizonthem* Lithuani lingua
patria vocant suber. *lett.* zumbrs, zūbrs;
daneben stumbrs. *gr.* ζόμπρος, ζοῦμπρος.

zona č. plevy konopné. zuna *taube*
körner. **nsl.** zona *spreu,* slabo lehko zrnje.
kr. zonljiv *granis inanibus.* **klr.** zana
mutterkorn.

zorŭ: **b. s.** zor *gewalt.* **s.** zoriti se
sich als held stellen zoran *gewaltig.* —
türk. zor.

zova s. *hollunder. Vielleicht aus* bъzo-
va: *vergl.* bъzŭ.

zu-: **s.** zujati *summen.* zujalica, zu-
jača, zuk *brummkreisel.* zuknuti, zučati.
zuka. *Vergl.* **r.** zuëkъ *regenpfeifer.*

zubunŭ: **s.** zubun *jacke.* **b.** za-
bunče. **nsl.** zabunec *leibrock Ukrain.* **kr.**
zobunčac. **r.** zipunъ. — *magy.* zubony.
rm. zębun. *türk.* zębun. *Vergl.* župa 2.

zubĭlĭ: **nsl.** zubelj *flamme. Vergl.* znu-
belj *ofenloch, im osten.* **kr.** zublja *fackel,*
scheit holz, assula. — *Vergl. lit.* žiuburis
licht, fackel.

zud-: **r.** zudêtь *jucken.* zudъ.

zuk-: **s.** prozuknuti *acescere.*

zulumŭ: **b. s.** zulum *gewalt.* — *türk.*
zulm.

zumrudŭ: **b.** zumrud *smaragd.* **r.**
izumrudъ. — *türk.* zümrud.

zura nsl. *molke. Vergl.* **kr.** dzer, dżyr.
— *rm.* zęr.

zven-: **asl.** zvъnêti *klingen. Durch*
steig. zvonъ *schall.* **nsl.** zvenêti. zvon
(zgon). zvoniti. **b.** zvъnec *glocke.* **s.**
zvono. **č.** zvon *schall, glocke.* vznieti *aus*
zvnieti *vit.* **p.** dzwon. zwonek *zof.* **polab.**
zvân *ton.* zvâni *klingt.* **os.** zvon. **ns.**
zńeś *klingen.* zvon. **klr.** dzveńity. zvon,
dzvôn. dzvonyty. **r.** zvenêtь. zvonъ.—
rm. zvon *fama. lit.* zvanas. *lett.* zvans.
zvanīt *läuten. Durch erweiterung* 1) **zvenk-:**
asl. zvęknąti, zvęcati. zvękъ *schall. Durch*
steig. zvonkŭ: **asl.** zvąkъ. **nsl.** zvenčati,
zvečati. zvek, žvenk. zvenketati. brez
zvenkejna *renet.* **b.** dzvekna *vb.* **kr.** zvečati. **s.** zveknuti, zvečati. zvecnuti. zvek.
zvektati. **č.** zvuk *klang.* **p.** zwięk,
dźwięk. **os.** zynk *klang. Vergl.* **ns.** zuk.
klr. zvjak, dzvjak *geklirr.* **wr.** zvjakać.
dzynkać *läuten.* **r.** zvjakatь. zvjaki. zvukъ.
Vergl. zykъ *schall.* zyčatь. 2) **zveng-:**
asl. zvęšti, zvęgą *canere.* **klr.** zvjaha
lärm für **r.** vjakańe. *ar.* zvjagomyja
basni *op.* 2. 3. 795. — *lit.* žvengti *wiehern.*
žvangêti *klingen.* žvêgti *quieken.* 3) **zvent-:**
b. zvъntja *klingen. Slav.* z *ist palat.* g
oder palat. gh

zveno: **os.** zvjeno *radfelge.* **ns.**
zvono. **p.** dzwono. **polab.** zvênŭ, *plur.*
zvênesa. **r.** zveno *ring. dial. ist* zvêno
fensterglas. Vergl. **alk.** zván *soli.*

zverk-: **s.** zvrčati *schnurren.* zvrka.

zvêrĭ: **asl.** zvêrь *m. i-decl. fera.* **nsl.**
zvêr *f.* **b.** zvêr, dzvêr. **s.** zvijer. **č.**
zvêř. zvíře. **p.** źwierz. **os.** zvjeŕo. **ns.**
zvjeŕo. **klr.** zvir, źvir. **r.** zvêrь. —
preuss. zvîrins *plur. acc. lit.* žvêris. *lett.*
zvêrs zvêrъ *scheint auf einem mit palat.*
gh *anlautenden worte zu beruhen: gr.* θήρ.
lat. fera.

zvirŭ: p. żwir, żwer *grober sand.*
wr. žvir. — *Vergl. lit.* žviras *kleine stein-chen.* žvirgždas, žvirždas, žvizdra. *lett.*
zvirgzde *und* s. zvrst *art stein.*

zŭ-: **asl.** zvati, zovą *rufen.* zvatelь,
zvataj *der ruft. iter.* -zyvati. **nsl.** zvati,
zovem. zovčin, pozavčin, pozovič *rufer.* zov-nuti *prip. 250. iter.* prizavati. **b.** zova *vb.:*
daneben zva. **s.** zvati, zovem. zovnuti. uzov
einladung. -zivati. zivnuti. **č.** zváti, zovu,
zvu. **slk.** priezvisko *zunahme.* **p.** zwać,
zowę, zwę, *unhistorisch* zowię. przyzwisko
zunahme. pozew. -zywać. **polab.** zŭvě
ruft **klr.** zov, zazyv *aufruf.* pozov, *gen.*
pozvu, *berufung.* **wr.** zɛzov. **r.** zvatь,
zovu zovъ, zova *und* zva. nazvišče. -zy-vatь. nazyvka. zazyvъ. — **ai.** hu, havatē.
zend. zavaiti. *slav.* z *ist palat.* gh.

zŭlŭ: **asl.** zъlъ *böse.* zъlь, zъloba,
zъlyni *bosheit.* zъlobivъ. zlědь *übel.* **nsl.**
zel *böse.* zlob *wüthend trüb.* razlobiti se
exsaevire lex. zloba *muth.* nazlob *groll.* zlo-čest *böse.* zlodej, zlodi *teufel.* zleg *übel,*
zlegom *trüb.: aus dem gen.* zlega. nazlic
zu fleiss, absichtlich. **b.** zъl. zlo *übel.* **kr.**
zal, zali, zli *ung.* zled *übel. Man bemerke*
zuli *merus.* **s.** zao. zlijediti *eine wunde*
aufreissen. zlić *böses geschwür.* zliće *übel.*
č. zlý. **p.** zły. złość. złodziej. *Daneben*
zgłoba *iniquitas.* zgłobiwy, zgłobliwy. **os.**
zły złoba. **ns.** zły. **klr.** złyj. **wr.**
złodzĕj *dieb.* **r.** złyj. złoba. — **rm.** zglo-biv *muthwillig. lit.* zladĕjus. z *ist palat.*
g *oder palat.* gh.

zŭndanŭ: **b.** zъndan *kerker.* **s.** zin-dan. — *türk.* zęndan.

zyb-: **asl.** zybati *schaukeln.* **nsl.** zi-bati. zibika, zibel *f. wiege.* zibi *plur. moor-land.* **s.** zibati. **kaš.** zebac. **polab.** zăibka,
zăibla, zaiblo *wiege.* **wr.** zybać, zybnŭć.
r. zybatь. zybelь, zybь *die hohle see.* zybelь
dial. wiege.

zychŭ: **asl.** zyhъ *name eines volkes:*
zyhъ foverica (věverica) *tichonr.* 2. 441.
Buchon, Recherches. Paris 1845. Index.
Bei Šafařík hyzinъ.

zĭd-: **asl.** zьdati, zdati *bauen.* zьdatelь.
zьdanije. zьdъ *terra figularis.* zьděnь *ar-gilla.* zьdь *materia.* zьdьcь, zьdьčij *der baut.*
zidati, zizdati *condere.* zidarъ. sъzidovati.
zižditelь, žižditelь. zazidati *vermauern.*
sъzdati, sъzidati. *Vergl.* sъzdade adamъ
tichonr. 2. 442. **nsl.** zidati *mauern:* zidal,
zdal. zid *mauer.* **b.** zidja *mauern.* zid.
sъzьdade *creavit, in einem ältern denkmal.*
s. zidati. zad, zid. **č.** zeď, *gen.* zdi, *mauer.*
p. zdun *töpfer.* **kaš.** kovale i zduni.
klr. zizdaty. **r.** zdatь, zidatь, žiždu. zda-nie. zodъ *haus.* zodčij. — **rm.** zidi *vb.* zid.
alb. zid. *Man vergleicht preuss.* seydis
wand. lit. žědžiu, žěsti *formen, bilden.*
lett. zēst *den ofen mit lehm verschmieren.*
slav. z *ist palat.* g *oder palat.* gh, *wenn*
die zusammenstellung mit lit. žěd- *richtig*
ist: ich dachte ehedem an sъ-dě. *In* sъzdati,
sъzdade *hat vermengung mit* sъ-da *statt-gefunden, die bei* sъ-dě *leichter zugegeben*
werden kann.

Ž.

žaba **asl. nsl. b. s.** *frosch.* **č.** žába.
slk. žabokriek. **p.** žaba *usw.* **polab.** zobo.
Man nimmt ein gêba an. — *Vergl. preuss.*
gabawo *kröte.* **ngr.** ζάρπα.

žabra: **č.** žábra *kieme der fische.* **klr.**
žabra. **wr.** žebry. **r.** žabry, zjabry.
Vergl. **wr.** ščibry; **r.** *dial.* ščebra, ščerba;
ferners **kr. s.** škrga *kiefern und* **os.** žabr
mundschwämmchen. **r.** žabrej *ist eine art*
pflanze. — *lit.* žobrīs *art fisch. Schwerlich*
alles zusammengehörig.

žaga **nsl.** *säge.* **kaš.** žŏga. — **ahd.**
saga, sega.

žagradŭ: **nsl.** žagrad *sakristei.* jagrež
Ukrain. — *Aus einem d. wort für mlat.*
sacristia.

žagŭlĭ: **p.** żagiel *segel.* **kaš.** zedzel.
— **ahd.** sěgal. *lit.* žēglas.

žakŭ: p. žak *fischernetz, plünderung.*
klr. žakuvaty, žechrvaty *plündern.* **wr.**
žak *netz.* r. žakъ. — *ahd* sac. *lat.*
saccus. *gr.* σάκκος. *lit.* žakas *sack.* **nsl.**
žakelj. *Vergl.* sakŭ.

žalarĭ: č. žalář, želář *gefängniss.* —
fz. geôle. *afz.* jaiole, *it.* gabbiuola. *Das
wort mag in das č. eingedrungen sein zur
zeit der verbindung Johanns von Böhmen
mit Philipp von Frankreich (Crecy 1346).*

žalik-: nsl. žalikžene, *den serb.* vi-
len *entsprechend, in Unterkärnten; dagegen*
svete, bêle, čistljive ženc *in Oberkärnten.*
— *ahd.* sālīg: salige frauen.

žalĭ 1.: **asl.** žalь *ripa. Vergl.* **kr.** žalo
glarea. s. žal. — *alb.* zaal *littus.*

žalĭ 2.: **asl.** žalь *sepulcrum. In Litauen
am ufer des Chronus kommen gräber mit
verbrannten leichen vor, die von der be-
völkerung ebenso wie auch die heutigen
gräber „žale" genannt werden. Mittheilun-
gen der anthropologischen gesellschaft in
Wien. 14. 206.*

žalĭ 3.: **asl.** žalь *dolor.* žalostь. zaliti,
žalovati *lugere.* sъžali mi sę. **nsl.** žal: žal
mi je; žal beséda. žalost. **b.** žalen. žalno
mi je. žalovit, žalnovit. žalja, žalêja *vb.*
žalba *trauer.* **kr.** žalna beseda *contume-
liosa vox.* **s.** žao: žao mi je. žaliti. **č.**
žal, žel *leid.* žaloba. žalost. **p.** žal. ža-
łość, žałota, žałoba. **os.** žel. žałosć: *daneben* žaroba *trauer.* **ns.** žal. žarba *sorge.*
klr. žaľ *leid.* žaľity. žałoba. žaľošči. *Vergl.*
załovaty, hrabyty *chrest.* 476. **r.** žalь.
žalêtь. žaloba. žalkij. *compar.* žalče. žalo-
vatь *in der bedeutung „belohnen"*; žalovanьe
„plata za službu" *ist türk.: vergl.* jalynnak
*demüthig bitten: anlautendes j geht nord-
türk. manchmal in ž über.* — *rm.* žale.
žalobę. želui *vb. Vergl. lit.* gailu *leid.* gai-
lêti *leid thun und* gelti *schmerzen.* gela
schmerz. Entlehnt žala *kränkung.* žilavoti
verstorbene beweinen. žilava *subst. lett.*
žêl. želūt *bemitleiden.* želavaine *ist* **r.** žalo-
vanie. *Man beachte* žel-: želêti, *daraus das
iter.* *žala-.

žarŭkŭ: **kaš.** žarek *sarg.* — *Aus
dem d. Vergl.* žergŭ.

žąs-: **asl.** žasiti *schrecken.* žasnąti.
užasьnъ. užastь. č. pгčesiti. žásati. **ûžas**,
úžasť, úžesť *entsetzen.* **p.** przerzasnąć.
richtig przeżasnąć. žachliwy. **kaš.** užasnąv.
zdrzasnąc sę. **polab.** zosền *erschrecken.*
euzascn *erschrocken.* **ns.** žjesyś. **klr.** žas,
žach *schreck.* žasnuty. žachaty śa. nežachły-
vyj. **r.** užasatь, užachatь sja. ožachnutь
sja. užasъ, žachъ. vuža·tь. — *Vergl. got.*
usgeisnan *sich entsetzen.* usgaisjan *erschrecken.* *lit.* gąsti *erschrecken.* išgąstis.
nûgąstis. žas *wird aus* žês, gens; geis *aus*
gins *erklärt.*

žbirŭ: **s.** žbir *explorator.* **p.** zbier.
— *it.* sbirro.

žebra-: **nsl.** žebrati *beten, plaudern.*
č. žebrati *betteln.* žebrák. **slk.** žobrať.
p. žebrać. žebrak. **os.** žebrić. žebrak.
ns. žebriś. **klr.** žebraty. žebrak. **wr.**
žebrak. žebrovać. — *magy.* zsobrák *knauser.*
lit. žebrokas.

žeg- 1.: **asl.** žega, žešti *brennen.* ždega
beruht auf praefixierten verben wie izžeg-.
ožegъ *rutabulum.* žega *ardor solis.* žegъkъ.
žežькъ *adj.* ь *für* e: žьzi, žьžen, žьžah
usw. iter. žêga-, *daraus* -žagati, -žizati, -ži-
gati, *spät* žegati. **nsl.** žgati, žgem. žganica. ožeg *senge.* ujžgec *entzündeter wein.*
nažigati, nažagati. požigati. ožig *senge.*
žaga, izgaga *sodbrennen: das letztere beruht auf* geg-. ožaga *töpferofen.* žgalina
schwüle, im osten. **b.** žega *vb.* žeg. žežьk
adj. **s.** žežem, žeći. ožeg *schürhaken.*
užditi *anzünden beruht auf* -žьgiti, -žžiti.
iter. -žizati. žigati *in der bedeutung „stechen".* žig. žigosati *brandmarken.* žiža *das
brennende.* žagriti *senge.* **č.** žéci, žici,
žhu. ožeh. zažže *aor* zažžen. žáhati, ži-
hati, žéhati. žaha, žháha, **slk.** zháha, záha
sodbrennen. žáhev *zunder.* žahadlo, žihadlo,
žehadlo. žizavý. žehrati *schmähen.* **slk.**
ožibarcn *töpferofen.* **p.** žec, žgę. žegnąć,
žgnąć. žog *hitze.* ožeg, ožog. zažega, za-
žoga. požog, požoga. žglić *brennen lassen.*
žglisko *todtenscheiterhaufen.* nažžony *verbrannt.* ožženie: *ožьženije. ždžec *zof. aus*
žžec. žegać, zgać. žegawka *brennnessel.* ža-
giew *feuerschwamm.* žagwisty *hitzig.* žgać,

džgać, žgnąć *stechen.* kaš. žec. vožeg.
polab. zęzi sã *es brennt.* zâzat *inf.* zézin:
žeženije. oś. žhu. vožhnyć. žahać. žaha
sodbrennen. žahadło *stachel.* žahły *glühend.*
žehlić *glühend machen.* ns. zgaga *sodbrennen.* žagliš. žagajca *kleine nessel.* klr.
žečy, žehčy, žehty, žehn. ožch. zhaha, iz-
žeha *sodbrennen.* vyžha *ausbrennen.* požeža
brand. žaha *gier.* žyhaty. žyhało. žyža
feuer wr. žhać. vžehci. žehanuć *stechen.*
zažoha. žihać. žihučij. žiža *feuer.* r. žeči
žečь, *dial.* žegči, žga. žgučij. izgaga cholera sicca. ožega. požegъ *brand:* sêjatь na
požegachъ. požoga. žagra *zunder, lunten-
stock.* (*Vergl. lit.* žogris *zaunstacket).* ža-
gatь, *daher* žagnutь; *auch stechen.* žagalo
stachel. -žigatь. žigalo *stachel.* ožigъ. žigu-
čij *stechend.* vyžiga, vyžoga. žegatь. žegala
brennnessel. žasknutь sja *calefieri.* — *magy.*
zaha *sodbrennen.* gánicza, gancza *breiknödel:*
nsl. žganec. azsag. *slk.* ganec. *rm.* ožog.
Man vergleicht lit. degu, ai. dah, *mit unrecht:
die W. lautet, wie* izgaga *zeigt, geg-.*

žegna-: nsl. žegnati *segnen.* žegen.
č. žehnati. p. žegnać. os. žohnovać.
ns. žognovaś. klr. žehnaty śa. wr. žeh-
nać. — *preuss.* signāt. *lit.* žegnoti. *finn.*
siunaan. *ahd.* segan, seganon *vom lat.*
signare.

žegŭzulja: č. žežhule, žežhulka *kuckuk.*
p. gžegžołka, zezula. klr. zezuľa, zazuľa,
zozuľa, zehzyca. wr. zozuľka, zjazuľa.
r. žegozulja, zegzica, zogzica, zuzulja, zo-
zulja, zezjulja, ezguľja. — *preuss.* geguse.
lit. gegužé, gegele. *lett.* dzeguze.

žechtarĭ: nsl. žehtar *sechter.* slk.
žochtar. — *ahd.* sehtāri, sehstāri. *magy.*
zsejtár, zsajtár. *lat.* sextarius. *nhd.* bair.
sechteln. *nsl.* žehta *laugenwäsche.*

žel- 1.: asl. žeľěti, želati *cupere, lugere.* želja, žeľětva *moeror.* nsl. žeľěti,
želim. želčen *begierig.* želik *lüstern.* b.
želaja *vb.* č. želeti *trauern.* klr. žełaty
wünschen. žałaty. žeľa *chrest.* 476. r. žełatь.
— *lit.* žělavoti *eifern.* *lett.* žělöt *bedauern.*
Man vergleicht lit. gorůti *lüstern sein.* ai.
har *amare, desiderare.* *Slav.* ž *ist, wie es
scheint, velares* gh.

žel- 2.: asl. želądь *eichel.* nsl. želôd.
b. želъd. s. želud. č. želud; žalud. p.
žoľądź. polab. žélôd. os. žołdž. ns.
žołž. klr. žołuď: *daneben* žoľa *erdeichel.*
wr. žeľudzi, žłudž. r. želudь; žľudi. žo-
ladki *dial.* *Vergl.* vjazožeľdъ *ilex aquifolium.*
— *preuss.* gile. *lit.* gilė. *lett.* zīle. zīlŭt
eicheln tragen. *lat.* glans. žel-ondĭ.

žel- 3.: asl. želądъkъ *magen.* nsl.
želôdec. s. želudac. č. žaludek. p.
žoľądek. klr. žoľudok. r. želudokъ. *Ob
verwandtschaft mit* želądь: žel- 2. *besteht,
ist nicht klar.*

želarĭ: nsl. želar *advena, inwohner.*
žalar *fremdling.* s. žiljer *häusler.* slk.
želiar. — *rm.* želeriŭ. *magy.* zsellér. *Wie
es scheint, ein mhd.* sidelære *voraussetzend.*

želbŭ: asl. žlěbъ *rinne.* nsl. žlêb.
žlêbnik *hohlziegel,* korec. kr. žlib. s. žli-
jeb, ždlijeb, žleb. č. žleb, žlíbek *neben* žlab,
žlábek. úžlabí. p. os. žłob. ns. žlob. *Vergl.
p.* žleb, wgłębienie na boku gory. klr.
žołob. r. žolobъ, žělobъ. *Auf* želbŭ *beruht* asl. nsl. kr. s. č. (žleb) *und* p. žleb;
č. žlab, p. žłob *usw. hingegen auf* žolbŭ.
Vergl. velk-. — *magy.* zselép, zsilip. *rm.*
žilip *aus dem magy.: daneben* žgjab *aus
žlěbъ, žleabъ.* *Man vergleiche d.* kerbe
einschnitt und beachte p. karb žłobkowaty
hohler einschnitt.

želd- 1.: asl. žlědą, žlěsti *zahlen, büssen.*
žlědьba: *daneben* žladą, žlasti. žladьba.
(*Vergl. č.* žleb *neben* žlab). želědь, želědьba
mulcta aus žl-. žlědą *beruht auf* geld-. —
got. gildan *mit den praefixen* fra *und* us
zahlen, gelten; gild, giltstr *steuer, zins.*
žlěda, žladą *usw. findet sich nur asl., während* gild *keiner der germanischen sprachen
fehlt: p.* gielda *und r.* gilьdija *sind junge
entlehnungen: d.* gilde. *Auch die lit. und
lett. formen:* geliúti *und* geldēt *sind deutsch:*
gelten. *Das wort ist in der ersten periode
entlehnt. In* žladą *soll* ž *sein dasein dem*
žlěda *verdanken: dasselbe wird dann wohl
auch beim č.* žlab, žlábek *neben älterem* žleb,
žlibek, *beim p.* žłob *und beim r.* žolobъ *gelten.*

želd- 2.: asl. žlědica. nsl. žlěd
glatteis: daneben požlepica, poledica. p.

žłod, złodž *yefrorener regen: man erwartet* złod: *vergl.* želbŭ. klr. ożełeč, ożełeda *regen mit schnee, eis an bäuızıen ung. —* *Man vergleicht lat.* gelu. *d.* kalt.

želêzo asl. nsl. b. *eisen.* s. željezo. č. železo. p. želazo. polab. zеľozŭ. os. železo. ns. zeľezo. klr. žeľizo, zeľizo, zaľizo. wr. zelêzo. zclêzko. r. želêzo, zelêzo, zelizo, zaléžo, zolêzo. — *preuss.* gelso. *lit.* geležis, gelžis. *lett.* dzelzis, dzelzs. *Einem* žełzο. *woraus* žłêzo *und, durch einschub des e zwischen ž und l,* želêzo, *widerstreitet sowohl die* p. *als auch die* r *form. Man vergleicht* χαλχός. *ž beruht auf velarem g oder velarem gh.*

želk-: asl. žlъčь *galle.* nsl. žolč. žolhek *bitter.* žolhko *meg. aus* žolkъkъ: *daneben* žchek, *žuhkek.* b. žlъč. kr. žuhak. *Vergl.* žugor *amaritudo mar.* s. žuč. č. žluč. slk. nažlklý. p. žołknąč *gelb werden.* žołč. os. žołč. ns. žolc. klr. žolč. wr. požołkci *inf.* r. poželk-nutъ. žolčь.

želna: asl. žlъna *art vogel.* nsl. žolna *galbula; picus meg.* grünspecht. s. žunja crna *schwarzspecht;* zelena *grünspecht.* č. žluna *schwarzspecht, bienenfresser: vergl.* žluva *bienenspecht.* p. žolna *bienenfresser.* os. žołma *schwarzspecht.* ns. žolna *grün-specht.* klr. žolna, džonva, žonva *grün-specht.* wr. žołna. r. želna. — *magy.* zsolna. *Vergl.* želtŭ. *Dunkel ist klr.* žolna, skrofuły: *vergl.* žely 2.

želtŭ: asl. žlъtъ. žlъtênica. žlъtь *galle.* nsl. žolt. žučak *eidotter, im osten.* b. žlъt. žlъtica *goldstück.* žlъturka *goldamsel.* s. žut. žutovoljka *goldammer:* volja *kropf der vögel. Vergl.* žumance, žuvance *dotter.* č. žlutý, *dial.* žltý, žultý, žoltý. žluť, žulř *galle.* p. žolty. žoltawy, žoltasy *gelblich.* žołtaczek. žołč *galle.* os. žolty. ns. žolty. klr. žołtyj. žołtopuz *coluber.* žoł-tohrudka *goldammer.* wr. žołtyj. žołto-puzъ. žołč. r. žéltyj. — *magy.* zsoltina *sdgewurz, s.* žutina. zsomancz *dotter.* *preuss.* gelatynan. *lit.* gelti *gelb werden.* geltas *gelb.* geltonas. *lett.* dzeltans. dzeltēt *gelb werden. ž ist velares g:* gel-tŭ.

želza: asl. nsl. žlêza *glandula.* s. žlijezda. č. žleza, žláza. klr. žeľizak *abscess.* zełež. zełczka *drüse.* wr. zo-łoza. r. žeľcza, *minder genau* želêza, *dial.* zaloza, zalozka, zalozъja: *viel ab-weichendes, dazu kommt* 1) č. hliza, hláza *aus* gelza, golza. 2) p. zolza, os. žałza, ns. zalze *plur.,* klr. žołza, zołza. *Man beachte* č. zhliznatěti *und* p. zgłaznąč, *stać się trędowatym. — Man vergleicht ahd.* chelch *struma. Abseits steht* b. głъka, *rm.* gîlkę *drüse, mandel am hals.*

žely 1., žeľъvь, žeľъka asl. *testudo.* žlъvij *adj.* nsl. želva *habd.* b. žlъva, želka. žeľurъk. č. želv. p. žołw. os. žolvja, žełvja. klr. žełv. r. želvь. — *gr.* χέλϋ; (y *gleich* ū). *ai.* har-mıuta. *ž isı velares* gh.

žely 2. asl. *ulcus.* nsl. želva, žolva *drüse.* b. želka *in* želka ti v grъlo *mil.* 366. klr. žełvak *beule: daneben* žołna *skrofel.* wr. ževłak. r. želvakъ *geschwulst.* *dial.* žëlvь. žolvuj. *Vergl.* č. žlu-na, žlu-va *schlauchgeschwulst.*

žem-: asl. žьmą, žęti *drücken.* žętelь *collare.* nsl. žmem, žeti ožmêti *lex. iter.* -žêmati, -žimati. prežmekniti. žmikati. žmi-tek *topfen.* ožimćek *art küse. Vergl.* žmeteu, žmehek, zmehkek *schwer.* žmeča *schwere.* kr. podžimati. s. žmem, žeti. *iter.* -ži-mati. sažimati *die achseln zucken.* č. žmu, ždíti (žďal): ždmu, ždmouti. žemně *flachs-reiste.* ždímati. slk. žmen *handvoll.* p. žmą, žąč. žymać. os. žimać. ns. žimaš, žjumaš. klr. žmu, žaty. žom *daumen-schraube.* žmin *druck.* žmeńa, žmyt, žmut, žmyn *handvoll.* vyžymok *das ausgepresste.* žymeńa *handvoll.* pryžymočka *druck.* žmy-katy. žminda *knicker.* wr. nažma *für* r. topkoe mêsto. žmeńa *handvoll.* žmut *das gepresste.* žmaki. r. žmu, žatь. žëmъ, žomъ *presse.* žeměra, žimera, žomзry *das ausgepresste.* žmenja, žmina. žmutъ. ži-matь. užimъ. užimka. prižimistyj *geizig.* žmykatъ. žmaki. žmyki. vyžimki. žam-katъ. žemychatь. vyžmychatь. žmychъ. žminda *blitum. — Vergl. gr.* γέμω *voll ge-drückt sein.* γόμος *ladung.*

žemčugŭ: r. žemčugъ *collect. perlen.*
klr. žomčub, žeňčuh. žemčuha. **wr.** zem-
čuh. — *lit.* žemčugas. *Vergl. türk.* indži
durch judži, židži. *Man füge hinzu* s.
djindjuha *und* endže. *magy.* gyöngy.
kr. djundja. **nsl.** džundž.

žen-: **asl.** žęti, žьnją *ernten.* žętva
ernte. žętelь, žьnıcь. *iter.* -žinati. **nsl.** žeti,
ženjem, žanjem. *inf.* žat *res.* žcl, žetev
ernte. ženci. dožinjati. **b.** žena *vb.* žetva.
s. žeti, žnjeti, žaujem. nažanj. **č.** žiti, žnu.
žňa, žeň *ernte.* žatva. žnivo. vyžin. **p.**
žąć, žnię, žnę. žnia. žniwo. ženiec. požynki.
wyžynki. **os.** žeć, žňeć, žnu. žňe. **ns.**
žeś, žeju. **klr.** žaty, žnu. žaľa *schnitterin.*
vyžen. žnyvo. obžynky. **wr.** žneja *schnit-*
terin. žnivo. dožinki. **r.** žatь, žnu. žnica.
žalьja. žnivo. žatva. žatvina, žnitva *ernte-*
zeit. žinatь. — *Vergl. lit.* genu, genéti *be-*
schneiden.

žena asl. *weib.* ženima: ženy i ženimy
tichonr. 1. 220. ženihъ *bräutigam.* ženyrivъ.
nsl. b. s. č. žena. **p. os. ns.** žona. **klr.**
žêna, žona. **r.** žona. — *magy.* zsana *ve-*
tula. *preuss.* genno, ganna. *lit.* ženíti s
entlehnt. *got.* qino. *and.* kona. *ai.* gnā
aus genā. *gr.* γυνή.

žend-, *richtig* gend-: **asl.** žędati,
žęždą, žędaja; žędéti, žeždą *verlangen,*
dürsten. žęžda *durst.* **nsl.** žeden. žeja
durst. **b.** žeden *durstig.* žeduvam, žed-
vam *vb.* **kr.** žaja *durst.* **s.** žedja, žedj.
č. žádati. žediti. žeď *verlangen.* žádosť.
žáducí *desiderabilis.* žicze (žežda), žízeň
durst. žádný *desideratus, desiderans; keiner.*
slk. žiaden. **p.** žądać. žądliwy *gierig.*
žądza *desiderium.* žądny *desiderabilis. alt*
nižądny, žądny *keiner, jetzt* žaden *aus*
dem č. žádný. **kaš.** žodac *verlangen.* žá-
dni, žáni. **os.** žadać. žedžić. žadny *ver-*
langend. žadyn *keiner.* **ns.** požedaš. žeden,
žany *keiner.* **klr.** žadaty. žada, žažda
begierde. žadnyj *begierig, hungrig;* žádnyj,
žoden *jeder.* nyžaden, žaden, žoden, žudnyj
keiner. **wr.** žadnyj *jeder, mit der negation*
keiner. **r.** žadatь. žadoba *unersättlicher*
mensch. žadnyj *gefrässig.* žažda. *dial.* žadnyj *für* milyj *und für* každyj. — *lit.*

žédnas *jeder.* **rm.** žind *begierde.* žindui
vb. Verschieden ist **ns.** žadaš se *ekeln.* **p.**
žadać się, žadzić się *abominari; dunkel*
r. dial. žadatь *neidisch sein.*

ženepírŭ: **klr.** ženepyr *wachholder.*
žerep *zwergkiefer.* — **rm.** juniper, *das in*
der volkssprache wohl mit ž *anlautet.*

ženlo: **asl.** žęlo *stachel: daneben* žalo.
nsl. želo, žel; *daneben* žalec *habd.* žalo.
b. želo. žilja *stechen.* **s.** žalac. **p.** žądło.
kaš. žaglo. **polab.** zödlü. **klr.** žalo.
Vergl. žałyty *stechen, brennen.* žałyva *bren-*
nessel. žałyća *stechfliege.* **wr.** žało. **r.** žalo.
žalitь *stechen.* užalъ. — *lit.* gilti *stechen*
(von der biene). gilis, gelonis *stachel.* **lett.**
dzelt. *Der ableitung von* gen *treiben steht*
die bedeutung entgegen; aus gel (gil) *ist*
der nasal urerklärbar: d im p. usw. may
durch n *hervorgerufen sein. Das wort ist*
dunkel. Der nasal ist vielleicht nicht ur-
sprünglich: man räth auf gél- *aus* gil-.

ženso, *gen.* žensota; žensev, *gen.* žen-
sva **nsl.** *der denselben taufnamen hat.* —
it. ven. zenso.

ženžílí: **asl.** žęžьlь *collare.* **s.** že-
žel *anbindestock für die schafhunde. Vergl.*
b. žegъl *pflock im joche.* **asl.** žegolъ *op.*
2. 3. 596.

žepŭ: **nsl.** žep *tasche.* **b.** džep, džeb.
s. džep. **r.** zepь, žêpь. — *türk.* džéb.

žer- 1.: **asl.** žeravъ *glühend.* žeravije
glühende kohlen. požarъ *brand.* zaratъkъ,
žeratъkъ *favilla.* **nsl.** žerjav, zrjav *glü-*
hend. žar *pruna, aestus.* požar. žariti *glü-*
hend machen. Vergl. žarek *strahl.* **b.**
žar, žêr. požar. žêrada *glut.* **kr.** žar
glut. žeravka. žaran *candens.* žarak (oganj)
ung. **s.** žerava *glühende kohle.* žar *glut.*
žarac *ofenstange.* žariti *glühend machen.*
žarak: žarko sunce. **č.** žeravý. žířeti
glühen. žirný *glühend:* žirné železo *dial.*
žar. požár. žářiti *pregeln.* **p.** žar, žarz,
žarzew, žarzewie, žarzątek *glut.* požar.
žarzliwość *hitze.* žarny *heiss.* žarzyć *glühend*
machen. žarzyzna *brandopfer.* **os.** žarlivy
eifersüchtig. **klr.** žar, žara, žarok. žaryty.
džaryty *rösten.* požar. žarkyj *heiss.* žaryj,
žyryj *feuerrot.* žerjavka *tropaeolum majus.*

wr. žarkota.   **r.** žarъ, žara *hitze. dial.* žarovъ. požarъ. žaratokъ, žaradokъ. žarkij *heiss.* žaritь *braten.* žarъ-ptica. žarava, žeravika *vaccinium oxycoccos.* — *rm.* žar *pruna.* žęrui *vb.* požar. *magy.* zsarát. *alb.* zjarr *hitze. ngr.* ζάρα, ζάρα, *in Thessalien. preuss.* sari *glut. lit.* žerěti *strahlen.* apžíru *voll feuer werden.* žaríjos *pruna.* žoroti *glühen.* žarŭ *wird auf* žêrŭ *zurückgeführt.* ž *slav. und lit. ist mir dunkel: wer von* ger- *ausgeht, gewinnt ein iter.* gêra-, žara-, *daraus* žarŭ *usw.*

žer- 2.: žrěti, žъrą *sacrificare.* žrъtva *sacrificium.* žъrъcь *sacerdos.* žъrica. -žirati. **p.** žertwa, *aus dem* **r.** r. žreti, žru; žertva, *entlehnt.* — *rm.* žertvę. *Vergl. preuss.* girtwei. *loben.* girsnan *sing. acc.* lob. *lit.* girti *loben. lett.* dzirtĕ s *sich rühmen. ai.* gar, giratĕ *rufen, preisen. Die construction von* žrěti *mit dem dat. ist wohl ein graecismus, wenn das wort wirklich „loben" bedeutet.*

žeravĭ: asl. žeravъ, žeravlь *kranich.* **nsl.** žerjav, žerjal. **b.** žerav. **s.** žerav: *daneben* ždral, ždrao, ždralj. **č.** žeráv, jeřáb, řeřáb: *vergl.* rembŭ. **slk.** žerav, sloup u studně. **p.** žoraw. **kaš.** žor. **os.** žerav, žorav. **ns.** žorava. **klr.** žeraǔ *chrest.* 476. žuraveľ. **wr.** žorov, žurov. **r.** žuravlь. *dial.* žuravelь, žiravъ, žoravъ, žurovъ, žurka. žorova *collect.* — *preuss.* gerwe. *lit.* gervė. *lett.* dzĕrve. *ahd.* chranuh. *gr.* γέρανος. *lat.* grus *W.* ger-, *daher vom geschrei.*

žerb-, *richtig* gerb-: **asl.** žrěbę, žrěbьсь *pullus.* **nsl.** žrěbe, žrěbec. **b.** žrěbe, ždrěbe. žrěbi se *vb.* **s.** ždrijebe. **č.** žříbě; *daneben* hříbě, hřebec *aus* gerb-. **slk.** žrebec. **p.** zrebię, *genauer* zrzebię, źrzebiec, źrzobek. **kaš.** zgrzebie, zdrebie, zdrzebie, zrebian, zdrebian, zdrzebio, zgrzebian. **polab.** zribã. **os.** źŕebjo. **ns.** zŕebje. **klr.** žerebeć. **wr.** žerebe. **r.** žerebja, žerebecъ. — *got.* kalbo. *ai.* garbhas. *zend.* garewa.

žerbŭ: asl. žrěbъ, žrěbij, ždrěbij *loos.* **nsl.** ždrib *meg.* **b.** žreba, *zweifelhaft.* **kr.** ždribnica *sortitrix.* **s.** ždrijob. ždrebati. **p.** źrzeb *hufe.* žerebie

art grundstück ist **r.**   **klr.** žereb *loos.* **r.** žrebíj *ist asl.: dial.* žerebočekъ *kleiner theil.* žereby *wird erklärt durch* puli, rublenyj svinecъ; *ähnlich* žerebij. — *Man vergleicht* preuss. gîrbin *sing. acc.* zahl.

žerd-: asl. žrъdь *stange.* **nsl.** žrd *wiesbaum.* **č.** žerď. **p. os.** žerdź. **klr.** ožered, ozered. **wr.** žerdź. **r.** žerdъ, *dial.* žeredь. — *rm.* žoardę. žęrdie. *Entlehnt: preuss.* sardis *zaun. lit.* žardas *stangengerüst. lett.* zārds *gestell. Hieher gehört* **klr.** ožered *schober.* **p.** ozieroda *art leiter, früchte darauf zu trocknen, aus dem klr.* — *rm.* žiredę *trieste.*

žergŭ: nsl. žrg, žrh *sarg.* — *ahd.* sarch, saruh. *Vergl.* žarŭkŭ.

žerny: asl. žrъny *mola.* žrъnъka, *daraus* žrъka. žrъvъna *aus* žrъnъva. **nsl.** žrme. zrmlje *habd.* žrnek. žrniti *mit der handmühle mahlen.* **b.** žerka. **s.** žrvanj. ždrmnji, *gen.* ždrmanja, *aus* žrvnji. **č.** žerna. žernov *mühlstein.* **p.** žarna. žarnowo *zof.* **klr.** žorno. **wr.** žorny. **r.** žernovъ. *dial.* žerny. — *magy.* rezsnycze *aus* žern-. *zig.* rężnica. *preuss.* girnoywis. *lit.* girnos. *lett.* dzirnas, dzirnus. *got.* qairnus. *ahd.* quirn. *Man vergleiche auch* **č.** žernovek *krebsauge.* **klr.** žarnôvky. **r.** žernovki *krebssteine; backenzähne. dial.* žerenki *magen.* žerönnoc vremja *die zeit der krebssteine.*

žerstva: p. žarstwa *grober sand: daneben* dziarstwo, drząstwo. *Vergl.* **klr.** žorstva *lockere sanderde.* **wr.** žerstva *für* **r.** dresva. — *Vergl. lit.* žęzdros, žęgzdros *kies, grobkörniger sand und beachte* zvirŭ.

žertŭ: č. žert *scherz.* **p.** žart. **os. ns.** žort. **klr. wr.** žart. **r.** žartъ. — *lit.* žertas, žartas. *mhd.* schërz, *daher auch* it. scherzo.

žestŭ: asl. žestъ, žestokъ *durus.* žestosrъdъ. ožestiti. **kr.** žest *solidus.* žestok *praeceps.* **s.** žestok *feurig.* **klr.** žestokyj *grausam.* **r.** žestokij, žestkij *hart.* žestknutъ. žestělъ. žestitъ *härten. dial.* žegče *comparat. für* žestče, žošče: ʋɛ *gl.* jedoch žeg-.

žestĭ: r. žestъ *blech.* — *lit.* žiastis. Daneben *klr.* žersť, žorsť.

ževri-: *klr.* ževriti *glühen.* ževryło *glut.*

žežinŭ: *kr.* žežin *faste.* — *lat.* jejunium.

žica *asl. nervus* glag. b. kr. s. žiča *faden.* — *lit.* gijė *faden zum weben. lett.* dzija *garn. Vergl.* žicka *roth türkisch garn. ai.* jjā. *zend.* zja *bogensehne. gr.* βιός. ž *aus velarem* g, *trotz ai.* j. *Vergl.* živ-.

žid-: *asl.* židъkъ *succosus,* ϑαρός. židostь *humiditas.* nsl. židek *flexilis habd. mollis.* kr. židak *liquidus verant.* s. židak *dünnflüssig.* židina. č. židký. os. židki. ns. žydki. wr. židkij *für* gibkij, tonkij. r. židkij. židelъ, židkoe pivo. židětъ. židitь. žiža *trigl.*

žida nsl. *neben* svila *seide.* židan *adj.* os. žida. ns. žyže, žyžo. ar. šida. — *lit.* šīdas *feine leinwand. lett.* zīde. *ahd.* sīda. *nordit.* seda. *it.* seta. *lat.* sēta.

židŭ: *asl.* židinъ, židovinъ *judaeus.* nsl. židov. (*Vergl. b.* žid *riese*). s. žid, *alt* žudij. č. žid. p. žyd. žydowin *angeschener jude.* polab. zaid. os. žid. ns. klr. žyd. klr. žydova *collect.* wr. žid. r. židъ. — *rm.* židov. *magy.* zsidó: *dieses soll nicht aus dem slav., sondern aus „einer türk. sprache“ stammen. lit.* žīdas. *lett.* žīds. žīdens *judenjunge. Aus lat.* judaeus *durch* žudij.

žila *asl. ader.* nsl. žila. žilav *zähe.* b. žila. žilka *faser.* s. žila: *vergl.* žioka *latte.* č. žíla. p. žyła. os. žiła. ns. žyła. klr. žyła. r. žila. — *Vergl. preuss.* gislo. *lit.* ginsla, gīsla. *lett.* dzīsle. *rm. ist* žilav *humidus. Vergl.* žica.

žilĭ 1.. nsl. žilj, kravja veriga. p. žyła *baqueus flor.* — *nhd.* bair. sil *riemen für zugvieh. ahd.* silo *nhd.* siele.

žilĭ 2.: kr. žilj *lilium,* lijer. — *it.* giglio.

žinčica: č. žinčice *käsemilch.* slk. žincica, žintica, žentica. p. žyntyca, žentyca, pożostałość przy wyrobie sera owczego. ženczyca czyli žybura albo mulka. klr. žyntyća. — *magy.* zsinczicza, zsendicze. *rm.* žintice. *nhd. dial.* schentitze *gekochte*

schafmilch. žinčica *ist das durch die* žinka, härener lappen, durchgeseihte: *man vergleiche jedoch auch* žem-. *Das wort, slav. ursprungs, scheint durch rumunische hirten verbreitet worden zu sein.*

žinja nsl. *rosshaar; daneben* žima. žimnica *matratze.* č. žíně *härener lappen, strick.* žinice *cilicium.* žinka *grober lappen.* — *Vergl. magy.* zsineg *bindfaden.*

žirfalkŭ: č. žirfalk. — *Aus dem it.* girfalco, gerfalco. *nhd.* gierfalke, gerfalke.

živ-: *asl.* živą, žiti *vivere.* oživěti *reviviscere.* žitelь, žitelinъ. živъ *vivus.* živina *gangraena.* životъ *vita, animal.* žito *fructus.* žitьnica. prižiti *parere.* prižitije χυοφορία. nežitъ *morbus quidam.* nežitovica *serpens.* žitь *vita.* pažitъ *pratum.* žiznь *vita.* žirъ *pascuum.* žirovati. iždliti *impendere.* sąžitъ *conjux.* nsl. živěti. studenci sô ožili. živ. život *leib.* živež *nahrung.* žival, živaď *thier.* žir *bucheln, eichelmast.* žitek *leben.* nežit *ruta muraria. Vergl.* pašten, planina na hribu, kôder se živina rada pase: pažitьnъ. b. živěja *vb.* živ. život. živak *quecksilber.* živina, životina *thier.* žito *weizen.* živinica *skrofeln. Daneben* žuvěja *usw.* kr. žitak. s. živsti, živjeti. živnuti *aufleben.* žito *getreide, weizen.* žir *eicheln.* žirka *eichel.* živa *quecksilber ist wahrscheinlich pers.-türk.* č. živu, žiji, žíti. živý. žito *getreide.* život. židla *speisekasten.* žižň *leben.* žičiti *gönnen:* žitŭkŭ. požitek *genuss, daraus* půjčiti *aus* požitčiti *leihen;* požčať *dial.;* půjčka. živok, živočich *lebendiges thier.* žir. nežit *geschwür.* neštovice *blatter:* *nežitovice. pažit *rasen, trávník.* p. žywę, žywię *für* žywę, žyję, žyć. žywy. žyto. žyžń *ubertas.* žyczyć *gewogen sein:* požytek *nutzen.* požyczyć *leihen.* nieżyt *schnupfen.* niesztowica *art beule.* žyr, žer. polab. zaivât *leben.* zaivy. zaivâtâk *herz.* zaitŭ *getreide.* os. žić, žiju. živy. život *leib.* žito. požčić *leihen.* ns. žywy. žywiš se *leben.* žyto. žywića *harz.* žycyś *gönnen:* požycyś *leihen.* klr. žyvu, žyju, žyty. žyvyj. žyvot *leben;* žyvôt *bäuch.* žyvyća *harz.* žyto *roggen.* žytło, žytvo *wohnung.* žyte *leben.* žyzń, žysť *leben.* žyzvyj *lebhaft.* žyr *frass, fett,* bucheichel. žyčyty *gönnen, leihen.* požyčka *leihen.* nežyt, nežat *katarrh.* nažyva *gewinn.* pažyt *rasen.* **wr.** živu, žič. žito. požitok. požitkovač *benützen.* žičič *gönnen.* **r.** živu, žitь. živoj. zaživitь, zalěčitь. poživa *gewinn.* živica *harz.* živoděrъ *schinder.* žirъ *fett.* žira *wohlleben.* žiruška *für* žilьc, izba *dial.* nežitъ *elendes leben dial.* žicharъ *hausherr.* — *rm.* žir *eicheln.* žitar *žutar.* žitnicę, žiknicę. živenicę *brand.* živinę, žiganie *thier.* pažište *wiese: vergl.* pažitь. **magy.** pázsit, pázsint, pást *rasen.* pizsitnik *hauben lerche.* *preuss.* giva *vivit.* giwei *vita.* giwato *leben.* gaydis *weizen.* *lit.* gīvas. gīvata. gaivus *munter.* gaivinů *erquicken.* *Entlehnt* žīvīti. žīvatas. žīčiti *leihen.* požitkas *vortheil.* *lett.* dzīvs. dzīvůt *leben.* *got.* qius. *ahd.* quëk. *lat.* vīvus (gvīvůs). *gr.* βίος. *ai.* jīv. jīva. *Slav.* ž *ist velares* g, *das im ai. spät zu* j *geworden ist.* žirъ *kann man geneigt sein unter žer- vorare,* žirati, *zu stellen: dagegen spricht die bedeutung des wortes im r.: vergl. auch ai.* jīra *lebhaft, das von* jīv *nicht getrennt werden kann. Man beachte* gi-. *Vergl.* žica.

žĭvairŭ: **b.** živair *edelsteine.* **s.** djevair *schmuck.* — *türk.* džévahęr.

žižky: **klr.** žyžky *sehnen unter den knieen,* žyły pôd koľinamy.

žjŭ-: **asl.** žьvati, žьvǫ *kauen. iter.* živati *aus* žjuvati. **nsl.** žvala *gebiss am pferdezaum.* preživati *ruminare. Erweitert zu* žve- *in* žvekati *kauen.* žveka. žvečiti. **b.** prěživam *wiederkauen.* **kr.** žvati *mandere.* žvaoca *plur. n. gebiss.* **b.** žvalo *rachen, engpass.* žvale *gebiss.* zvakati, žvatati *kauen.* **č.** žvu, žváti. -žívati, žvávati. žvýkati. žvyk. žváchati. žižlati. **slk.** žúvati. **p.** žuč, žuję; žwač, žwę. žuchač, žuchwa *kinnlade.* polab. zåvat. **os.** žvač, žuju. žvjenkač. **ns.** žuš, žuju. žvatoriś *lallen.* **klr.** žuty, žvaty, žuju. -žuvaty. žvaka. žvykaty, žvjakaty. žujka *wiederkäuen.* **wr.** žujka. žviny. žvjakač, žmjakač. **r.** žеvatь, žuju. ževnutь. *dial.* žavatь. žovka. žvaka. žvačka. — *Vergl. lett.* žods *kinnbacken. ahd.* chiuwan. *Abseits liegt* **nsl.**

dvečiti *trub. lex.;* **b.** dъvka *kauen,* dъvča *vb.;* **p.** dźwiega.

žlok-: **klr.** vyžlokťity *aussaufen. Vergl.* **p.** szłop *schlürfen.*

žlukto: **klr.** žłukto *kufe, zuber.* — *lit.* žliuktas *bückwätsche.* žlugti *nass werden.* žluginti *nass machen.* *lett.* slaukts *art geschirr.*

žmagа-: **nsl.** žmagati *schmähen.* — *ahd.* smāhi *klein, gering.*

žmoli-: **č.** žmoliti (chléb) *in den händen walkern.* žmolka. — *magy.* zsurmóka *neben* morsoka *geriebenes gerstel.* zsurmol.

žmulĭ: **s.** žmulj, žmul, zmuo *becher. Daneben* **nsl.** mužolj.

žoldŭ: **nsl.** žold, žoldovanje *krieg.* žolněr, žolnir *krieger.* **č.** žcld *sold.* žoldnéř *söldner.* **p.** žołd. žołdnierz, žołnierz. **klr.** žołd. žołňir.— **wr.** žołner. — *lit.* zalnicrius. *mhd.* solt. *Seit 1200.* soldenære. *fz.* solde *lohn.* *lat.* solidus.

žonopŭ: **os.** žonop *senf.* — *ahd.* sēnaf. *lat.* sinapis.

žonta *asl.* z vodo nalitě tropinje, v katerih se kisa repa. — *lad.* žonta (jonta), zonta. *it.* giunta.

žrebelĭ: **nsl.** žrebelj, žrebel, žebel, žъbъlj *nagel.* žъbъljnik *bohrer.* **č.** hřeb. — *ahd.* grebil. *Trotz des* ž *vor* r *kann an der richtigkeit der ableitung nicht gezweifelt werden.*

žug-: **asl.** žužel *scarabaeus* **nsl.** žužica *goldküferchen.* žužanka. žuželka, žižec *insekt.* žužek, molj v bobu *lex.* žižek *kornwurm.* **kr.** žužanj *strepitus ung.* **s.** žižak *kornwurm.* **č.** žoužala, žižala, žižela *ungeziefer* **slk.** žužela *collect. mäuse, fledermäuse usw.* **os.** žuželica. **r.** žužeľ *carabus.* žužgъ, žužga. — *magy.* zsuzsok, zsizsik, zsizsék *kornwurm.* *alb.* žužinkę. *Ursp. der summende:* **r.** žužžatь *aus* žuzg- *summen. Vergl.* žuk-.

žuchŭ: **nsl.** žuh *zinsen, wucher trub.* žuhati *wuchern ung.* žoj, žoja *ung.* — *ahd. mhd.* gesuoch *suchen, erwerb, zinsen.*

žuk-: **r.** žukatь *summen.* žukъ *käfer.* **p.** žuk. polab. zeuk *rosskäfer.* **klr.** žuk, džuk. *Vergl.* žug-

žŭků: s. žuk *juncus.* žuka, žukva
spartium junceum, genster. — *it.* giunco.
Vergl. nsl. žukva *salix vitellina.*

žul-: asl. ožuliti *stechen:* osami ožu
ljenъ. s. žuliti *schinden, abrinden; da-*
neben guliti, *das auch nsl. ist.*

žŭlĭ: nsl. žulj *schwiele.* ožuliti se
schwielen bekommen. b. žulja *ritzen, ab-*
häuten. izžulja rani. kr. ožuljiti *rupfen*
(eine gans). s. žulj. — *Man vergleicht*
ahd. swilo *schwiele.*

žuna, džuna, žuka b. *lippe.*

žup- 1.: asl. župelьcь, župelica *scara-*
baeus. župelьča tvarъ. r. župětъ *canere.*
Vergl. klr. žubełyty *summen.* žubełyća
mistkäfer.

žup- 2.: asl. župište *cumulus, sepul-*
crum.

župa 1. asl. χώρα *regio.* županъ *žu-*
panus sup. 442. 443. 444. *beherrscher eines*
bezirkes; vorstand: županъ krъčьmъničьskъ,
kupьčьskъ. nsl. župa *gemeindecongress.*
župan *amtmann, schultheiss* meg. *decano*
somm. župnik *weihnachtskuchen* rib. špan
schaffner aus župan *ist magy.* kr. župa *fa-*
milia luč. *provincia.* župnik *parochus.* s.
župa *regio, paroecia, populus stulli.* ili u
gradê ili u župê *urk.* župa *terra aprica*
beruht wohl auf einem missverständniss.
župnik *pfarrer.* županъ, malъ, velikъ. iš-
pan *schaffner.* č. slk. župan *schaffner.* p.
lat. suppa. suppanarii. župa *salzbergwerk,*
župnik *salzrichter, wobei ohne grund an.*
gr. γύπη *geiernest, höhle gedacht wird.* klr.
župa *comitat ung.* — *Daher magy.* ispán,
mlat. hispanus, *schaffner, gespan (daher ge-*
spanschaft, spanschaft). gr. ζουπάνος. *rm.*
župîn. *preuss.* supūni. *lit.* ziūponė *dame.*
Man vergleicht, wohl ohne grund, got. si-
poneis *schüler, jünger. Manche meinen,*
županů *stamme von dem* jopan *deutscher*
urkunden, das vielmehr selbst, wie das aus
einer urkunde Thassilo's (777) bekannte
sopan, *slavischen ursprungs ist. Endlich*
sei noch ζοαπαν, ζωαπαν *erwähnt, das sich*
in einer dem vierten bis sechsten jahr-
hundert zugeschriebenen inschrift auf einem

goldenen gefässe findet: wenn ζοαπαν *wirk-*
lich mit dem slav. županů *identisch ist,*
dann steht es für ζουπαν, *d. i.* žŭŭpan, *dessen*
ŏŭ dem slav. u *zu grunde liegt.*

župa 2. kr. *art kleid.* nsl. zobun
habd. b. žube, žobe. kr. župa. zobunčac. č. župan *ehrenkleid.* župica *dial.*
p. župica *unterziehrock.* klr. župan *art*
oberkleid. r. županъ; *daneben* zipunъ. —
lit. župonas. *rm.* zębun, žubê. *magy.*
zubbony. *türk.* zębun. *Ein europäisches*
wort: mlat. jupa *usw.: ž aus* j *wie in* židů.
Vergl. zubunů.

župelů: asl. župelъ, župlъ *schwefel.*
žjupelъ *sin.* nsl. žveplo, žeplo, župlo.
as. župělь. klr. župeľ, *gen.* župľa. r. župelъ. — *ahd.* swëval swëbal. *got.* svibls.

žuri- 1.: nsl. žuriti *aushülsen.* grah,
orêhe žuriti; *daneben* ružiti.

žuri- 2. r. žuritь *schelten.* žurьba.
Vergl. klr. žuryty *betrüben.* žurba *sorge.*
wr. žurić śa *für* r. prigorjunitь sja *sich*
grämen. Vergl. s. žuriti se *sich sputen.*
žurba *gedränge.*

žurk-: klr. žurčaty *rieseln.* r. žur-
čatь. *Vergl.* klr. džuřity.

žurů: nsl. žur, žura *molke.* č.
žur, žour *saurer mehlbrei.* p. žur. kaš.
žur *sauermühle* ON. os. žur *sauerteig,*
guhr. klr. žur, džur, džer, čyr *art ge-*
tränk. r. žurъ, ovsjanyj kiselъ. — *ahd.*
sūr *sauer. Vergl.* zura.

žvagů: nsl. žvag *feuerschwamm. Vergl*
asl. svagarь jestъ guba i trъstъ.

žvegla nsl. *pfeife.* žveglja *habd.* —
ahd. suegala, suegila. *nhd.* schwegel.
got. sviglja *pfeifer.*

žver-: kr. žvrljast *non longe videns.*
Vergl. gveroků.

žverkno: s. žvrkno *podicis fissura.*
žvokno. *Vergl.* nsl. žvokno, žъkno, žrêlo
pri peči *feuerloch.*

žĭv-: wr. žvavyj *lustig. Vergl.* živ-.

žĭzlů: asl. žьzlъ, žezlъ *virga.* nsl.
žezel *boh.* b. žezъl. č. žezl, žezlo
sceptrum. r. žezlъ. — *lett.* zizlis *stab.*

Nachträge. Berichtigungen.

Die neuaufgeführten stämme sind mit einem sternchen bezeichnet.

A.

aba: p. haba.

abrotica, *stamm* abrota: *ahd.* ava-ruza *aus älterem* *avaruta, *auf dem das slav. wort fusst.*

agnŭ: *gr.* ἀ(.)νός. *lat.* agnus.

anŭgelŭ: *magy.* angyal *aus* angelъ.

apa* *slk.* vater. *nsl.* japica. — *magy.* apa.

ara* *asl. für* ubo. — *gr.* ἄρα.

aravona: b. aravona.

arenda: *klr. wr. lit.* randa *pacht.*

archimanŭdritŭ: *vergl.* mandra.

asaulŭ*: p. asauł, asauła, asauwuła, jesawuł *reiterofficier der kosaken.* **klr.** asauł *adjutant des hetmans* chrest. 376. — *nordtürk.* jessa(v)ul.

asla: *nhd.* assel.

ašte: **klr.** ašče *ist wohl asl.:* dafür ači chrest. 210. *für* ače. **ač:** *dieses wird wie* p. acz *mit* akъ, *nsl. usw.* ako *zusammenhangen.*

athinganinŭ: *gr.* ἀθί-γγανος, *l.* ἀθίγγανος.

avŭva: — *magy.* apáca *aus* opatica.

azĭno: — *preuss.* wosee *ziege.*

B.

ba- 2.: *slk.* balušit *phantasieren.* **wr.** bał (*nicht* balъ). — *magy.* báj: *dieses soll ugrisch sein und slav.* bajati *aus dem magy. stammen.* *türk.* bajmak *zaubern.* bajędžę *zauberer.* W. bā. *gr.* φημί, φαμέν. *lat.* fari. fama. fabula.

baba: **wr.** baba-jaha. — *lit.* boba.

baburŭ: *man merke* **kr.** boboniti *murmurare.*

baci-: *č.* bacit *dial.* uděřiti.

bači-: — *lit.* prabačik *nimĭn fürlieb.*

bačĭ: — „zunächst“ *rm. oder alb. ursprungs.*

badja*: p. *art mass.* — *nordtürk.* badié, badia.

bachmatŭ*: p. bachmat *tatarisches pferd.* — *tat.* paχп at.

bajta: *slk.* bojtár *soll aus dem magy. stammen und das magy. wort auf einem dial. it.* boitaro *ochsenhüter beruhen: in*

welcher *it. mundart das wort vorkommt, wird nicht angegeben.*

balabanŭ: p. bałaban *fanfaron.*

balamutŭ: *nsl.* balamuta *dummkopf* Ukrain.

balmošĭ*: p. balmosz *maisgrütze.* — *magy.* bálmos.

balta: p. bałta, bełta *hacke.*

balykŭ*: p. chodzić na bałyk, ba-łuk *auf allen vieren gehen.* — *türk.* bałyk *fisch erklärt die bedeutung des p. wortes nicht.*

banova-: p. bano. banować.

bara-: *nsl. auch* „fragen“

barsŭkŭ: — *lit.* barsiukas *wildschwein.* barsuks *gehört zu* porsŭ.

baršunŭ*: *nsl.* baršun *sammt.* — *magy.* bársony.

baryšĭ*: b. barašъk *verabredung.* **p.** barasznik. **klr.** baryš. baryšêvne *müller-*

lohn. **wr.** boryš. **r.** baryšъ *gewinn.* **p.** borysz *leikauf.* — *Vergl.* türk. baręš.

baskakŭ: p. baskak *tatarischer beamter.*

bašmakŭ: p. baczmag *art schuh.*

bašĭ: p. bašłyk *art kopfbedeckung.* **klr.** bašłovka, *dar iz* dobyčy.

batmanŭ: p. *auch* przezmian (przez *für* bez).

batŭ: — *magy.* bot *stab wird mit* čag. but-ak *zweig in verbindung gebracht.*

bažulĭ: nsl. *auch* bežól.

bebrŭ: — *preuss.* bebrus.

bedro: p. bicdra *dial.*

belbŭ: *vergl.* **č.** brblati. — *lit.* burbuloti *plätschern.*

belnŭ: nsl. blên *bilsenkraut.*

bendzvinŭ*: p. będźwin. — *ar.* luban džavi *encens javanais.*

ber-: nsl. pober. bira *collecte.* bêrkati, pabrkovati, paprkovati *nachlese halten.* **klr.** ubyr, ukrašenie *chrest. 404.* **wr.** *auch* beremja — *lit.* zbaras *versammlung.*

berbenica: p. berbenica.

berdja: — *lit.* bergžde *gieste kuh.*

bergŭ: polab. brig.

berka-: kr. brkast *crispus.*

berkovĭcĭ*: r. berkovecъ *gewicht von vierzig pud.* **p.** bierkowiec, bierkowisko. — *lit.* birkavas, birkals, birkova. *lett.* birkava, birkavs. *aschwed.* biærkö.

berkutŭ*: p. berkut, birkut. **r.** berkutъ. — *nordtürk.* birkut.

berkynja, *richtig* berk-: **nsl.** breka *aus* brêka *sorbus.* brekulja. **č.** břekynĕ.

berlo: č. berla, berdla, brla.

bersky: *in* **nsl.** brêskev, **kr.** briska, **č.** břeskev, **p.** brzoskiew *tritt die regel* tert, trêt *ein, im* r. *nicht, daher kein* bereskva, *weil das* r. *auf dem* p. *beruht.*

berštĭ: nsl. bršč *heracleum sphondylium.*

bertĭ: — *lit.* bartis *bienenstock.*

berza: polab. brêza. — *lit.* birželis *juni.*

berzŭ: klr. bordzo, borzdo *chrest. 273. 285.*

bešicha*: klr. bešycha. **s.** bešika *blase.* — *rm.* bešikę *vesica, pustula.*

beštcru: nsl. bešter *munter, wach erinnert an* csl. bъždrъ.

bezŭ*: s. bez *leinwand.* **b. s.** bezisten *markt.* **p.** bezestan, basistan. — *türk.* bézz, béz. bézéstan.

bêlêgŭ: *man führt auch ein* nsl. beležen *f. zeichen an.*

bêlpuchŭ*: č. bĕlpuch *pergament.* — *mhd.* buohfĕl.

bêlŭ: kaš. białka *frau: vergl.* **p.** biała głowa, białogłowa. **polab.** bol, boly. — *lett.* bālu *erbleiche.* *lit.* balti *weisso lies* weiss. **slk.** beleš *art kuchen ist* magy.

bi-: asl. bič, *lies* bičь. **polab.** bait.

bicĭ: nsl. bic *juncus effusus.*

biritjŭ: klr. byryč, voznyj *chrest. 73.*

birka* p. *art schaf.* — *magy.* birka.

birova-: nsl. biruš *possessor.*

birŭ: r. birъ *kopfsteuer dial.*

blagŭ: *magy.* balga *soll aus* balgatag *abgekürzt sein: der satz, das* magy. *habe keine* r. *elemente aufgenommen, ist nur dann richtig, wenn man vom* klr. *absieht.* **wr.** błahij.

blavatŭ: kr. blav, płav *lividus.*

blaznŭ: os. błazn. **ns.** błazan. *os. unterscheidet regelmässig* ł *und* l, *ns., wie es scheint,* l *und* ł, *daher* os. błoto, bluvać, ns. bloto, błuvaš: *darnach wird einiges zu corrigiren sein.* os. ns. *macht mir noch immer schwierigkeiten. Im ns. hätte* l *wohl überall beibehalten werden sollen, wo es im* os. *steht.*

bleja* p. *cyprinus batlerus, bleihe.* — *Vergl.* preuss. blingis.

blend-: nsl. oblôdva, piča svinjam ali kravam. **polab.** zoblôdäl *er gieng irre.* błôda *träumt.* **kaš.** blod: **p.** bład. — *lett.* blenst *schwach sehen.* blanditi *s müssig umherschweifen: entlehnt* bludīt *thorheiten begehen.*

blê-: nsl. blejati. — *nhd.* blöken. *ahd.* blāzan.

blêdŭ: slk. bľadý.

blêkŭ *(richtig* blêk-): — *ahd.* bloih. *ags.* blāc. *schwed.* blckna.

blizna: — *Vergl. lit.* blaka *webefehler.*

blizŭ: č. blížňata, blížňáci *dial. für* dvojčata. polab. blaizäta *zwillinge.* — *Vergl. niederd.* bröderen. *gr.* ἀδελφοί, δίδυμοι.

bljŭ-: polab. bľŭve *speit.*

blŭčŭ*: nsl. bolc *Flitsch ON.* — *it.* plazzo. *lat.* ampletum.

blŭcha: polab. bľŭcha.

blĭsk-: klr. blesk.

bo: *pron.* na: *lies pron.* nŭ.

bobŭ: polab. bŭb. — *preuss.* babo. *lat.* faba.

bod-: nsl. bodicnoti *stechen.* polab. bŭst. — *preuss.* boadis *stich.*

bŭgu b. *stier ist mit* r. bugaj *zu verbinden.*

bogatyrĭ: *lit.* boterus *reich folgt dem wr.*

bogŭ: božje, božjast *frais österr.* č. náboženství *vermögen.* slk. boženník, přísežný. kaš. zboče *gabe gottes.* polab. büg. kr. poboškice *mehercule.* — *ai.* bhaga *zu theilen, ein gott;* bhāga *antheil:* bhaj *zutheilen, geniessen. Damit wird auch gr.* φαγεῖν *in zusammenhang gebracht.*

bogynja*: s. boginje *für* ospice. *Man denkt an d.* pocke.

boja-: *lett.* bijatē s.

bolĕ-, *richtig* bol-: č. bolačka, bolest, nežit *dial. Vergl.* p. bolączka.

boigŭ: nsl. blagor tebi! *heil dir!* blagor *ist* blago žo. p. babka błagalna *für* żebraczka. klr. bołoho *chrest.* 189. 473. *Man vergleiche magy.* boldog *selig mit* blagъ, blaženъ.

bolna 1.: p. błona *fellchen, nachgeburt, fensterscheibe.* r. blona *nachgeburt.*

bolto: — *lit.* balatē *kleiner sumpf, aus dem wr.*

bolz-: nsl. blazina *fleisch unter den fusszehen Ukrain.*

bombŭlĭ: — *lit.* bumbulis *wasserblase.*

bombĭnŭ, *richtig* bomb-: nsl. bobnĕti *dumpf tönen.* polab. bŭbân. — *lit. auch* bugnas.

bor-: slk. *wird* bralo (bradlo) *durch* skalnatý útes *und durch* bradlo, vrch *erklärt.* klr. boroń *chrest.* 473.

borgŭ: p. brožyna *kleiner fehm.*

borvŭ: nsl. bravec, skopljen prasec. č. brovek, kanec vymiškovaný *dial.*

borzda: polab. bordźa. klr. *auch* borozna.

borŭ: nsl. borovnjak. brinovka. — *lit.* baravīks *steinpilz. and.* barr. *schwed.* barr-skog *nadelholz.*

bostanŭ*: b. s. bostan. p. basztan *gemüsegarten.* klr. baštan. — *türk.* bostan.

botljanŭ: *vergl.* kaš. klabocan.

bračĭna, *richtig* brak-: nsl. *auch* brgeše. — *preuss.* broakaj *bruch. ahd.* bruoh.

brajda: nsl. *auch* obrajda.

bratrŭ: nsl. *im westen* brat, mojega bratra, mojemu bratru. — *preuss. auch* brote. bratr *ist in der form* bratrъ *in die* ъ- (a)-*declination übergegangen. Man füge hinzu lit.* brosis, *das mit* č. brach *zu vergleichen ist.*

bred-; slk. břst *waten.* č. brydnúč, broditi se *dial.* polab. brŭdi *watet.* klr. brъdomyj *chrest.* 30. *Man beachte* borody *für* brody 241. — *lett.* brīdu, brīnu. nsl. broditi *blateare usw. sind von* bred *waten zu trennen. lit.* brėdžu. brėdnė *spässe.*

brechŭkŭ: nsl. brhek *aus* brhki *und dieses aus* brdki, brdek (brdak *fant ein schöner bursche*) *wie* glahek *aus* glahki, gladki. berdŭkŭ *ist dunkel.*

brekŭ*: nsl. brek *jagdhund.* — *ahd.* braccho. *nhd.* braeke.

brenĕ-: slk. brnět: včely brňá.

brenije: nsl. brnjav, blaten, umazan.

brenk-: nsl. zabrenknoti, zabreknoti. zabrekel *aufgedunsen.* p. nabrzękły. — *lit.* brinkti *schwellen.* branka *das schwellen.*

bresa: živa bresa *soll eine verunstaltung des it.* giovedì grasso *sein.*

brĕda: brzaď *mit langem* a, *daher* brzod, *frucht ist* kaš., *nicht* p.

brĕzg-: *urspr.* brĕg-.

bridŭkŭ: nsl. brija *bitterkeit.* č. břidký, ohyzdný.

brinŭ*: nsl. brin *wachholder, juniperus.* brina *nadelholz.*

brjuzga: nsl. *das schmelzen des schnees auf der strasse.*

brosky: nsl. broskva *brassica oleracea.*

brudŭ: — lit. brudas *ungeziefer.*

brŭstĭ: slk. brost, puky na buku.

brŭvĭ: polab. brâvai, hrâvâi. — *preuss.* wubri.

brŭzda: — *preuss.* brizgelan *sing. acc.*

bryndza: p. brędza.

buda: *man denke nicht an* bod-, *lat.* fodio.

bucha- 1.: p. buchnąć *stossen.*

buj (bujŭ): kr. buj *pinguis, libidinosus.*

bujur-: p. bujurdun *todesurtheil.*

buky: polab. beuk *buche.* bükvâi *buch, bücher.* bükvaitëny *buchweizen.* — *preuss.* bucus. buky *setzt ein d.* bukŭ *voraus.* ahd. buohha *ist gr.* φηγος, *lat.* fagus.

bulanŭ*: p. bułany *fahl.* r. bulanyj. — *nordtürk.* bulan.

bulava*: p. buława *keule.* — *nordtürk.* bulav(a).

bunĭčukŭ*: p. buńczuk, bończuk *türkische fahne.* — *Man führt ein nordtürk.* mendžuk *goldene kugel auf der fahne an.*

burakŭ*: r. burakъ *büchse, dose.* — *schwed.* burk.

buravŭ: r. *auch* burъ. burytъ, buravitъ *bohren.* — ahd. bora. *and.* borr.

busŭ -3. — *lit.* busêlas *storch.*

buza 2. — *alb. rm.* busę *lippe.*

buženina* r. *geräuchertes schweinefleisch,* okorokъ. — *Man führt das wort auf lit.* budīti *räuchern zurück, von dem*

es nicht entstehen kann: es ist vielmehr ein slav. buditi *im sinne von* vuditi (voɔd-) *anzunehmen: vergl.* vend-.

bŭčĭva: nsl. beč *art gefäss.* bačev *fass.* bačva *ölfass.* klr. bočôvka. bъčełka· *chrest.* 474. — *lit.* bačka.

bŭd-: nsl. badnjek *vigilia nativitatis domini bei den* Bêli Kranjci. — lett. baudīt *versuchen, heimsuchen. Vergl.* č. obouzeti. *Das lett. wie das č. wort sind wohl von* bŭa- *zu trennen. Slav.* budi- *entspricht ai.* bhŏdaja- (bhŏdajanti).

bŭch-: nsl. nabehniti, nabahnem na koga *zufällig treffen.*

bŭk-: nsl. bukati se: prasica se buče *bärt.*

bŭlgar-: kr. bugariti *naeniam dicere.* bugarkinja *naenia.*

bŭrŭ: r. borъ. — *and.* barr *gerste.* ays. bere. *Man füge hinzu lat.* fâr. *Die vergleichung des got. usw. und des lat. wortes ist unsicher.* nordtürk. boraj *spelz, dinkel.*

bŭzika- *und* bŭzykŭ *gehören zusammen. W. wahrscheinlich* bŭz-. — lett. bizêt, bizŭt *biesen.*

by-: wr. byt *wirthschaft. Das praes. von* by *lautete (nach dem imperf.* bêhъ *aus* bvêhъ) bą, beši *aus* bvą, bveši. *Vergl. gr.* φύω. č. bydlo, robatý dobytek. **polab.** bâit *sein.* zobâl sâ: zabylъ. — *lit.* zabovela *belustigung. Slav.* baviti *ist zu* ai. bhâva *werden zu stellen.*

bystrŭ: kr. bizdar *alacer: herabsinken der tonlosen laute zu tönenden.*

C.

ceb-: nsl. cebada *fusstritt, mit it. suffix.*

cembra: p. cębrzyna, ściany studni *dial.*

cerky: kaš. dafür koscoł, *in ON.* cerkjev; *ebenso in* cerkvišče *friedhof.*

cêlŭ: nsl. cêlec, nepregažen snêg *Ukrain.* klr. počił *kuss.*

cêna: kr. cen *wohlfeil.* s. cijene, *compar.* cjenje.

cêsarĭ: — gr. τζαῖσαρ *bei Skylitzes.*

cêtja: kr. ciću *propter.*

cica: p. cyckać *dial.* — magy. csecs *will man aus dem ugrischen erklären.*

cigŭlŭ: slk. tehla, tĕhla.

cimošĭ*: nsl. cimoš *art frauengürtel, im Osten.*

cintovorŭ*: nsl. cintovor *centaurium.*

coklja: nsl. pocoklati *niedertreten.* cokleš, kdor vse pocokla *Ukrain.*

cukŭrŭ. *Die letzte form ist* ai. çarkarâ.

curŭ: p. cyrknąć, troszkę ulać *dial.* ćurkiem *dial.*

č.

čadŭ: kr. čaday *fuliginosus.*

čadŭrŭ: p. *auch* szater, szatr.

čaga*: klr. čaha *sklaun· chrest. 185. Soll arab. sein.*

čam-*: kr. čamast *vaporis plenus.*

čambulŭ*: klr. čambuł *streifzug* chrest. 422. p. czambuł *einfall.* w czambuł *en bloc.* — *nordtürk.* čapul. čapmak *vb.*

čamerŭ*: nsl. čamer *art kopfbedeckung.*

čap-*: slk. čapiti *ohrfeigen.* — *magy.* csap *vb. ist wohl ugrisch.*

čarŭ: s. čaratan *ist it.* ciarlatano. — *Vergl. lit.* keréti, *nach andern* kėrėti.

čavŭka: č. čava, kavka. *Vergl.* kava.

ček-: č. čečetka. wr. čačotka *etwa* „hänfling".

čekmenĭ*: r. čekmenь *art oberkleid.* klr. čekman. p. czekman. — *nordtürk. aus dem pers.*

čeljustĭ: p. čcluście, dwa otwory w piecu chlebowem *dial.*

čelnŭ 1.: nsl. člinek *glied soll ehedem „stamm, geschlecht" bedeutet haben. Neben* čelnŭ *scheint eine urform* čolnŭ *angenommen werden zu sollen.*

čelo: ns. čoło, *lies* colo.

čemerĭ: b. cemer-livki, *lies* čemerlivki. p. ciemiężyca *mit anlehnung an* ciemiężyć (temeng-). p. ciermiernik, r. smertoêdъ.

čendo: klr. ščadok *nachkomme.*

čenstĭ: wr. ščaśće.

čepurŭ: asl. ceporъ, *lies* čeporъ.

čepĭcĭ: p. cepiny (czepiny), akt wiązania chustki na głowie panny młodej *dial.*

čerda 1.: nsl. čeja *für snaga reinlichkeit aus* črêja: asl. (črêžda).

čerda 2. p. czve-reda, *lies* czereda. nsl. črêditi, vrstiti se *Ukrain.* kaš. strzoda. *Die mit k anlautenden formen sind unter* kŭrd- *zu stellen.*

čeren-: č. čeřen, čereň *art netz.* s. čerenac. p. cierzeniec. — *magy.* csereny.

čermĭ: b. črъven *juli.* č. črven *juni;* črvnec *juli, akt.* kaš. čerzvioni *roth.* klr. učrъmъn *röthlich* chrest. 487. — *lit.* kirmins *otter.*

černŭ 3.: klr. čereń *feuerherd.*

černŭ 4.: *vergl. lit.* kraunis.

čerpŭ: nsl. črêpnja, čêpnja, sklêdi podobna posôda. — *preuss.* kerpetis *hirnschädel.* nsl. *wird* krepa *für scherbe, schädel,* črêpinja, *angeführt:* krepa (krêpa) *kann auf* kerpa, skerpa *beruhen.* nsl. cremina *ist nicht sicher beglaubigt. Verwandt scheint* skerbŭ.

čeršta: asl. očrъšta *tentorium.* — *Vergl. lit.* kertė *brautwinkel, ehrenplatz.*

čert-: nsl. črtiti, črtati *roden.* črt *rodeland.* črča, senožet na črtu. — *preuss.* kirti

čertogŭ: č. čarták *dial.* klr. čertak *grenzwachhaus.*

čertŭ 2.: nsl. črtežen *hasserfüllt.*

červjŭ: klr. čerevyj. črvyje *collect.* chrest. 276. 487. čerevyčnyk *schuhmacher.* — *lit.* cievierikaj.

čes-: — *preuss.* coysnis *kamm.*

četyrĭ: — *preuss.* ketwirts. *lit.* ketvergas *donnerstag.*

čĭbarka*: klr. čybarka *trinkschale.*

čĭkŭ: nsl. čik.

čĭma-*: nsl. očimati *den flaumbart bekommen.* — *Man vergleicht it.* cimare *stutzen, tuchwolle schoren.*

čĭngrija* kr. tursko glasbilo *karnarut.*

čĭnŭ: nsl. činiti, prečinjati *sieben.* klr. pôdčynky *ausgesiebte körner.*

čĭr-: r. *auch* čiračka, dikaja utka.

čĭrŭ: *vergl.* nsl. ščirjevec, tvor, ulje.

čĭrĭ*: klr. čyř *zunder* chrest. 497.

čizma*, čižma s. *art beschuhung.* nsl. čižma. klr. čyžmy, slk. čižmy, tižmy. — *rm.* čizmę. *alb.* čismc. *türk.* cizmé.

čobotŭ: — *lit.* čcbatai.

čombrŭ: slk. štúbrik, ščúbrik. wr. *auch* čebrec. — *türk.* čubra, čübré.

čonta* nsl. *knochen.* — *magy.* čsont

ču-: ŭ. čuč, počut *hören dial.*

čudos: *vergl. lit.* skutiti s *sich verwundern.*

čuk-: nsl. čučati *III.* 2.

čukŭ 1. čukŭ* 2.: b. čuk *hammer.* čukan, čokan. s. čekič, čękič. nsl. čekan *hauer der schweine.* p. czekan. č. čagan, obušek. r. čekanъ — *türk.* čuk. čękan. čekič. *magy.* csákány. *Vergl.* čuka-.

čulŭkŭ* 1.: klr. čulok. r. čulokъ *strumpf.* b. čulka. — *nordtürk.* čölkja.

čuma* b. s. r. čuma *pest.* p. klr. džuma. — *türk. magy.* čuma.

čumŭ*: klr. čum, čjum *wasserschlauch,* bokłah.

čutura* nsl. b. s. *hölzerne flasche.* b. čotra. klr. čutora. — *türk.* čotura, čotra. *magy.* csutora. *Das magy. wort soll aus dem it.* ciotola *trinknäpfchen stammen*

und die slav. wörter aus dem magy. entlehnt sein.

čvara: *vergl.* p. oczwernica *aliquid terribile.* p. poczwara. wr. počvara *larve, scheusal.* — *lit.* pačvora *gespenst, ungethüm.* počvara *verräth anlehnung an* č. potvora *usw. missgestalt.*

člbanŭ: *daraus magy.* csobán, csobány *urceus und aus diesem* s. čobanja *wasserfass: daneben* s. džban.

člbrŭ: — *lit.* kibiras *scheint gegen die zusammenstellung des slav. wortes mit ahd.* zubar, zwibar *zu sprechen.*

člmelĭ: wr. ščemeľ *mit anlehnung an* ščrm-: ščemič. člmelĭ *kann mit* d. hummel *verwandt sein. Man führt allerhand finn. wörter an:* finn. kimalainen. votj. čimo *usw. Anderson, studien* 1. 267.

člt-: čismę *aus* člt-smen: *vergl. lit.* ver-smė *quelle aus* ver-. nsl. zločest *böse.* kr. čteti, štet *neben* štat, *praes.* štim, *legere.* štiti *adorare.*

D.

da- 2.: nsl. zdati *die trauung vollziehen* (*vergl.* dê- 1). kr. dač *liberalis karnar.* č. dácný, štědrý *dial.* darebný, daremný *dial.* klr. prydane *mitgift.* — *lett.* dāvāt *schenken.* damъ *ist eine analoge bildung nach* dahъ, dati *usw.*

dara: p. niezdara, niedołęga *dial.*

davê *olim,* davьnъ *antiquus.* — *Vergl.* ai. dhāv *rinnen, wie* d. verflossen.

debelŭ: *genau* deb-. — *preuss.* debikan *dick, feist.*

degŭtĭ: — ai. dah, dahati. njdagha. zend. dagha. *Slav.* g velares gh.

delgŭ 1. — *lit.* valug *gemäss ist* p. według. *Für die* W.-*form wird* dīrgh *aus* dŕgh *gehalten.*

dentela: nsl. denta *neben* dentelj *f. und* detelja.

der-: nsl. drtje, dna *darmgicht.* r. derevnja *dorf ist man geneigt mit der* W. der *in zusammenhang zu bringen* (pelevnja, połovnja), *daher urspr. etwa acker, bebautes*

(*aufgerissenes*) *feld.* klr. derevnja, dom. *Zur* W. *der gehört* r. dorъ, dorišče *für* sênokosъ. *gr.* δορά *wie slav.* dora. nsl. derepec (derępьcь), kokot, ki druge kokoše rad kljuje *Ukrain.* p. *inf.* darč *für* drzeč *in Litauen.* październik *october hängt wohl mit* pazdzior *acheln von flachs und hanf zusammen:* pościernik *beruht auf anlehnung an* w. ster. *Zu der rechne ich auch* zdzierzępać, potargać. *Vergl.* klr. dereza *streitsüchtige person.* — *lit.* derna *brett.*

dera* 2.: p. dera, derhá, derka *pferdedecke.* — *Man führt ein* türk. djérkét *an.*

derg- 1.: asl. drъžati (deržati *ist zu corrigiren*). č. držat *und iter.* zdřžat *dial.* — *lit.* diržas *riemen hängt mit diesem stamme nicht zusammen.*

dersa-: nsl. na vzdrs *bergab.*

derstĭnŭ: č. drsen. *Man vergleicht* lit. draskus *rauh.*

dervi-: nsl. drviti *jagen. Lautfolge unsicher.*

dervo: *daneben* derves, dervos. asl.
nom. drêvo, *gen.* drêva, drêvese. č. drvena
scheit holz dial. drêvo *beruht auf* dervo,
drьvo *auf* ai. dru, *das in die* ŭ- (a)-*declination übergetreten.*

desna: nsl. *auch* dlesna.

desĭnŭ: nsl. desen; *daneben* destno
(oko): *vergl.* asl. kolestьnica *lam. 1. 30.*
und žalesno (stenanije). *Man füge zu de-*
siti *hinzu* wr. (sudosić), sudošać *begegnen.*

dê- 1.: nsl. naditi, jekliti *stählen.* kr.
spridan *turpis:* nsl. prid *commodum.* p.
dziać *nennen.* ńadba, nadźba *hoffnung dial.*
— *preuss.* nadele *sonntag. lit.* samđiti
miethen darf mit nsl. po-sôditi *leihen in*
verbindung gebracht werden. got. dô-ms
urtheil. domjan *urtheilen. lit.* dêti. *Für*
dê *tritt* d *ein in* dežđą, dedję *nach V. 2.,*
während im nsl. prid (pridъ) *commodum*
usw. ê *vor* ъ (ŭ) *ausgefallen ist.*

dê- 2.: *man füge hinzu lat.* fêmina.
fêlare. *Meine ansicht, nach welcher bei*
boja-, doji-, stoja *von* bi-, di-, sti- *aus-*
gegangen wird, stösst auf widerspruch.

dêdŭ: klr. điďko.

dêlŭ 2.: č. dîl *dial.*

dêverĭ: nsl. dever, žeri môžev brat.

dêžă: wr. dziža *für r.* kvašnja.

dirja *spur. Man füge* b. *hinzu.*

dĭv-: kr. div, divlji *ferus, silvester.*

djendjefĭlŭ*: s. djendjefil *ingwer.*
klr. imbyr. r. inbirь. p. imbier. slk.
dumbir. — *magy.* gyömbér. *Hieher mag*
auch č. zázvor *gehören.* gr. ζιγγίβερις. türk.
arab zéndžefil. ai. çrngavêra. *prákr.* sin-
gabêr.

dlŭbokŭ: *vergl.* kr. dumbok, dimbok.

do: asl. da *in* daže. klr. daže *sogar.*
r. daže *in* daže do. — *lit.* da (*slav.* do)
neben do (*slav.* da). ahd. zuo, zô. *altir.*
do. zend. -da. gr. -δε. lat. -do.

doba: *lit.* daba *art, weise.* pasidaboti.
p. podobać się. asl. dobrъ: *vergl.* got.
gadaban *sich geziemen.*

dombŭ: *neben* asl. dąbrava *findet sich*
mehrmals dąbrova.

domŭ: *lat.* domus. gr. δόμος. δέμω.

dongŭ: wr. neduža *für r.* nezdorova.
— *got.* dugan taugen (*nicht „saugen"*).

dorg-: r. dorožka *in der bedeutung*
„*das ausgehöhlte".*

dorgŭ: asl. dragъ, *nicht „drag".*

dorvŭ: *man vergleicht lit.* pri-darus
nützlich. sądarus *passend.* ai. dhrava *fest-*
stehend aus dhar-va.

dremb-: r. drjabnutь *siechen, welken.*
— *lit.* drimbu, dribti *herabhangen.*

drenselŭ: kr. dreseliti se *moerere*
karnarut. dreselje *traurigkeit.*

drêm-, *das nicht auf* derm *beruht.*
Man denkt an derdm, *bei lat.* dormio *an*
dordhmio *wegen gr.* δαρθάνω.

drĭst-: č. dřistäti *und* dřizdati.

drob-: *man vergleicht lit.* truputĭs
brocken. č. drobet.

dročĭ-: *man vergleicht lit.* darkĭti *sich*
ungeberdig benehmen. Die lautfolge ist gegen
diese zusammenstellung.

drongŭ: wr. druk *wie klr.*

drotŭ: *man vergleicht and.* darradhr.
gr. δόρυ, δόρατ-

drozdŭ: — *preuss.* treste.

droždĭję: *thema* drozg *neben* trosk.
Aus jenem nsl. droždžo, *indem* g *nach äl-*
terer regel in dž *übergeht und* z *dem* dž
assimilirt wird, richtig wohl, indem zg *in*
ždž *verwandelt wird.* z *in* drozg *ist ein*
einschub, wie das lit. dragios *zeigt.*

drugŭ: nsl. druhal, *meist* drhal, *f.*
volksmenge kann wohl nicht mit drugŭ *in*
zusammenhang gebracht werden.

drŭga-: klr. drahłyj *zitternd, locker.*

ducha: — *lett* pazuka *busen des*
kleides ist entlehnt.

duke*: s. *ruinen der stadt Doclea,*
Dioclea zwischen der Zeta und der Morača
aus dukla, *daher* dukljan, duklijan *Diocletia.*
as. *gelehrt* dioklitija.

dun-: č. dunêti *dröhnen.* — *lett.*
dunnêt.

dupelŭ: kr. dupal *duplex.*

dur-: nsl. dur *scheu.* durêti, durim
blöde dreinschauen. odurêti *scheu werden.*

dvĭrĭ: asl. dvьrь *scheint auf* dverъ
zu beruhen, daher dvorъ. — *preuss.* dauris.

džĭda: wr. dzidka *für* r. kopьe.

dŭb-: wr. dbać *sich beschäftigen.* — *lit.* n'atbolis *unachtsamer mensch für* p. niedbały.

dŭoh-: nsl. dehtêti, dehtêjem, močno sopsti. nahod *schnupfen ist unter* ched- *zu stellen, wie* našistje *katarrh guts. zeigt:* „was umgeht, epidemisch ist".   kr. nadušljiv *asthmaticus.* — *preuss.* dusi *seele.*

dŭm-: kr. dimati *flare. Slav.* ŭ *steht* ai. a *in* dham *gegenüber.*

dŭno *aus* bŭdno. — ci. budhna. *lat.* fundus. *ahd.* bodam. *Vergl. preuss.* dambo

grund. — *lit.* dugnas *aus* duhnas *und dieses aus* budnas. *Vergl.* bŭd- 2.

dŭšter: *preuss.* poducre.

dŭždĭ: slk. dážď.

dymŭ: *preuss.* dumis.

dynja: kr. dinjav *tumidus.*

dĭbrĭ: *lit.* duburīs *höhle, daher vielleicht* dŭbrĭ, dъbrъ.

dĭl-: kr. dilje *usque.* odiljati *aufschieben.* udilje *subito.* pol, puli *neben.*   klr. popodłi *neben.*

dĭnĭ, *richtig* dĭn, dĭnĭ: asl. dъn, dъnъ. — *preuss.* deynayno *morgenstern.*

E.

enz-: nsl. vôz, povôz *usw.* vôza *auch* band. ʒez *f.* č. uvíznout *dial.* klr. užysko, užyšče *strick.* vjazy skrutyty *den körperbau beschädigen.*   nsl. vezel, *richtig*

wohl vêzel, *umgestürzt gehört zu* vêz-. — *lit.* viža *schuh, eig. flechtwerk.* p. wiąz band, *rüster: lit.* vinkšna *ulme.*

F.

falage, falake, valake *plur. s. block bei der bastonnade.*   p. fałagi. — *türk.* falaka.

falŭ: kr. falo *perperam.*

farižĭ: p. farys *reiter.*

feredže: p. feredže, ferezja *art mantel.*

figlĭ: p. figlarz. — *lit.* piglorius

forga p. *federbusch.* — *magy.* forgó.

fortuna *auch* nsl.

frula: *auch* slk. fujara.

G.

gada-: wr. gadok *für* r. dogadlivъ.

gadĭ-: *vergl.* kr. gatan, ogatan *fastidium creans.*

galka: nsl. galka *gallapfel.*

ganĭ-: wr. dohana *tadel. Vergl.* poganŭ.

gatja: — *Vergl. finn.* kātio.

gatĭ: nsl. gatiti *verstopfen.*

gav-: — *lit.* agus *schal, daher richtig* ogav-.

gavenzŭ: nsl. *auch* gavez.

ged-: nsl. gǫd, pravi čas, za goda *rechtzeitig.* gajati se *geschehen.* wr. hodovać *nähren.* klr. tъ hod, sej čas *chrest.*

156.   nsl. ždič *sorgenstuhl:* klôp skrôg peči ima svoj naslonjač, da tam sedé so sebno stari ljudje, *im westen.*

gejena, geona asl. *gehenna.*

geleta: — *preuss.* galdo *mulde. lit.* gelda.

gen-: nsl. grenem *aus* gnati *und* renem *für* ženem. — *lit.* ganikla *weide.*

ger- 3.: b. nsl. žrlo *flugloch.* — *preuss.* wobsdus *dachs,* lett. āpsis, *liv.* ops, äps *ist von dem von mir hypothetisch unter* ger- *gestellten* lit. opšrus *fern zu halten.* 3) a) *preuss.* gurcle. *Vergl. magy.* bárzsing *speiseröhre mit* č. pažerák, nsl. požirak.

kr. žerati.   s. žderati *beruht auf formen wie* ždr- *oder auf älterem* džer-.

gerd-: slk. opohřdol *partic.*

gergedanŭ*: p. giergiedanowy *vom rhinoceros*. — türk. gérgédan, kérkédan.

gernŭ: — preuss. goro *feuerstand*. *lit.* gansorus *töpfer:* grъnьčarъ.

gert-: klr. pryhoršča, pryhoršč, pryhoršńa *beide hohle hände zusammengehalten*.

gevalŭ*: klr. gevał *gemeiner bauer*.

gevêrĭcĭ: č. gevěrec *art walachische kaube dial*.

gĭ-: kr. gojština *copia:* *gojьskъ. — *lit.* gajus *heilbar*.

glad-: *vergl.* hlaný *glatt (von bäumen)* epitheton stromů, jenž mají kůru hladkou, beze suků. *preuss.* glosto *wetzstein*.

glênŭ: *vergl.* č. głaň, bahno na louce od vody vystoupilé. louka podgłaněná *dial.* slk. hlien. — *Vergl. lit.* gleivėtas *schleimig.* glėmis *schleim*.

glichŭ: polab. likảm *gleich, zugleich*.

gljagŭ: č. glaga.

globa: *vergl.* č. hłobit *schlagen dial*.

globŭ: r. ogloblja *gabeldeichsel*. — *Vergl. lit.* apglebti *umfassen.* globa *umarmung*.

glogŭ: č. gloh *neben* hloh.

glombokŭ: kr. gubok.

glota nsl. plevel *allerlei unkraut*.

glŭt-: nsl. gučaj *sorbitio.* klr. pohłotnuty, pohłonuty.   r. glotъ: goltъ *ist zu corrigiren*.

gmozg-: nsl. meždžec *pertica uvis contundendis.* č. hmožditi. r. možžitъ.

gnedŭ: č. inhed (ihned, hned) *soll aus* inъ hedъ *(dieses für* hodъ*) entstanden sein. Diese erklärung steht im widerspruche mit den unter* hnedŭ *angeführten formen*.

gnêti-: č. zánět střev, černá choroba. *Vergl. auch* p. gmatać, gmatwać *neben* matać. s. gmiljeti *neben* miljeti.

gnusŭ: kr. gnjusan *fastidium creans*.

go: *der suffixlose gen.* jego, jega *hat in dem suffixlosen sing. loc. mehrsilbiger nomina ein pendant gefunden. Neben dem asl.* doži *aus* do že i *besteht* daži *aus* da že i. b. vinъgi *immer ist asl.* vъ iną

go: vednъga, vodnъg. *Vergl.* klr. dejžc *mit* dejko.

gogota-, *richtig* gog-: *lit.* gaigalas *enterich*.

goch-: — *Vergl. lit.* gašiti *schmücken*.

golsŭ: W. *wahrscheinlich* gel, sŭ *suffix*.

golva: *vergl.* s. glavoč, glamoč, glavotok *art fisch, it.* guatto. klr. pryhłavky, *in der mühle*.

golŭ 1.: *mit* č. holec *usw. vergleiche man* č. pachole *usw.: dieses scheint auf jenem zu beruhen, daher* pahole. *Vergl.* klr. gołomša *hordeum nudum, armer mensch*.

golĭ: wr. hołačče *collect. äste*.

gomba 1.: kaš. ozgamba (chleba) *stück. Vergl.* p. ozdobić: doba.

gomba 2.: *lit.* gumbas *geschwulst*.

gomolja asl. maza.

gomonŭ: klr. udhomon, ôdhomon *echo: daneben* ôdhomon ôd ohńu *widerschein*.

gond-: klr. hudeć *musikant*.

gondelĭ, *richtig* gondzelĭ.

gonstŭ: — *lit.* gonstus *dicht*.

gonsĭ: — preuss. sansy (žansi).

gora: nsl. gorno, gornica *weinbergzehent*.

gorazdŭ: wr. horaz *für* r. chorošo.

gordŭ: wr. nadhoroda. r. nagrada. — *preuss.* sardis (žardis) *zaun. lit.* žardine, p. przepłot. apigarda *gegend. Mit* gordŭ *bringt man* žerdĭ *in verbindung*.

gornostaj: klr. hronostaj.

gospodĭ: — *lat.* potis. *got.* faths *in* brüthfaths *bräutigam*.

gostĭ: wr. hosćinec *strasse*.

govendo: asl. govędo.

grabi-: — *lit.* pargrobti *fassen*.

gramada, *richtig* gormada: nsl. *auch* grmada.

greb-: slk. pohrab *begräbniss*.

grem-: asl. grъměti. b. grъmja *vb.* slk. hrmí *es donnert.* — *Man füge hinzu* gr. βρέμω. βρόμος.

grenda: os. kšedžel.

grê-: slk. hriato *gewärmt*.

grêchŭ: — *lit.* garšus *böse ist bei seite zu lassen*.

gribŭ: — *lett.* rības.

griči: nsl. grič *schutthalde*.

grotlo s. *schlund, engpass. Man nimmt ein suffix* tьlo *an. Die bedeutung des wortes deutet auf die W.* ger- *hin*.

groza: — lit. gražoti *drohen*.

gruda: — lit. graudus *spröde*.

grucha-: — lit. grauti *donnern*.

grunĭ: č. grúň, stráň chrastím porostlá. p. groń, wierzchołek. — *Man führt ein* rm. grunĭŭ *an*.

grusti-: kr. grustljiv *languidus*. r. gruzno *für* grus(t)no, *mit anlehnung an* gruzъ *last* (grenz-). — lit. graudžiu, grausti *trauern*. grusti *beruht auf* grúd-.

grŭča: kr. grčav *nodosus*.

grŭmŭ: kr. grmov *querceus. Vergl.* chvorstŭ.

gumbŭ: č. bombiky, kulaté knoflíčky.

guša: — magy. gusa *soll dial. sein und soll desshalb, wie man meint, nicht angeführt werden*.

guz-: klr. pryhuzok *arschbacke*.

gverati nsl. *zurückerstatten;* povrnoti: gverati posojiło. gverilo *das zurückerstatten. Wohl* nhd. gewähren, ahd. kiwëren *halten, leisten*.

gverokŭ: — *Vergl.* lit. žvairoti *schielen*.

gvištĭ*: p. gwiszcz, orzeszek laskowy robaczywy, świstun. č. hvižď *wurmstichige nuss*, nsl. piškav oreh.

gvozdĭj: kr. gvozd *clavus*.

gŭb-: kr. gubast *gibbosus*.

gŭlkŭ: klr. hołka, hałas, mjatež chrest. 475.

gŭmŭz-: kr. gmizati *repere*.

gŭrgečĭ: *die zusammenstellung des* s. *und des* magy. *wortes ist nicht sicher*.

gŭžŭ: — lit. gužéti *wallen, wimmeln*.

gyb-: asl. gybnąti (*nicht* hybnąti).

gyd-: *man merke* slk. hyd *geflügel* (sliepky, husy, kačice) *und vergl.* gadi-.

H.

hajnalŭ: p. już po hajnale *es ist schon aus*.

hakŭ: klr. hakovnyća *hakenbüchse* chrest. 475.

harap-*: p. harapnik, herapnik *hetzpeitsche*. klr. harap. harapnik. r. arap-
nikъ. — lit. rapnįkas. *Vergl.* p herab, harap *der ruf der jäger auf die hunde, wenn sie ihnen das wild abnehmen. Aus dem* d.

hufŭ: klr. huf *haufe* chrest. 475.

CH.

chabi- 2.: klr. ochabyty śa *sich enthalten* chrest. 480.

chadži: s. hadži.

chamŭ 1. chamŭ* 2.: p. cham *bauer* (*verächtlich*). chamski. — *Aus dem hebr*.

chandžarŭ: p. andžar, andziar, handziar, chandziar; *daneben* kindžał, gindžał. r. končărъ, kinžałъ.

charačŭ: p. haracz *tribut*.

charalugŭ: klr. charałuh, kryća, staľ. charałužnyj chrest. 487.

charamija: b. s. haramija.

chardžŭ: klr. charč, strava chrest. 487.

chata: p. chata. *Man führt* pers. kadah *an und meint, chata könne aus der sprache der iranischen Skythen und Sarmaten stammen*.

chazna: p. kaznaczej. klr. r. kaznaćej *schatzmeister*.

ched-: nsl. nahod *erkältung: vergl.* našistje *katarrh. Auch* slk. išlo. klr. pochôdńa *fackel*.

chlama-*: č. chlamati *fressen. Vergl.* chlapa-.

chlembĭ: klr. chłab *schleuse* chrest. 487. *Man füge hinzu* ochłabsty, *daraus* ochłasty, ochłaty. *W. wohl* chlemb-

chlêbŭ: *vergl.* **klr.** pochľibuvaty *schmeicheln.*

ohmelĭ: — *türk. auch* ḱemél, *aus dem slav.*

chnjup-*: **klr.** pochnjupyty *den kopf hangen lassen.*

chobotŭ: **klr.** chobot *chrest.* 487.

chol- 2.: *vergl.* **č.** zhlaň, prohlubeň *v potoku.*

choldŭ: *man merke* **č.** choldún *für* hostec *rheuma, flussfieber dial.*

cholpŭ: **klr.** chłopêň *kräftiger bursche.* — *lit.* klapčius, klapas; *lett.* kalps, *entlehnt.*

chont-: **nsl.** ftêti *aus* htêti. **klr.** ochoč, ochočyj, *nicht* ochoc. **wr.** chutko *hurtig. Zwischen preuss.* quoitê *und* chont- *besteht keine verwandtschaft.*

chopĭ- 1.: **asl.** hopiti.

chopĭ- 2.: pochapaty. pochôp *trieb.*

chora: *vergl.* **kr.** horast *nequam.*

chraka-: **klr.** chorkavyj *sich räuspernd. Die unter* chraka- *zusammengestellten wörter sind onomatop.*

chrebĭtŭ: **klr.** chrebtuch *futtersack an den hals zu hängen.*

chrip-: **kr.** hrepav, hrpodljav *raucus.* **č.** chřipê *neben* os. khřapy *deutet auf eine* W chremp-: chrẹp .

chrita-*: **klr.** pochrytaty śa *spotten.*

chudŭ: *man merke* **kr.** hud *perforatus.*

chusta: — *lit.* skuska *taschentuch.*

chvoja: **nsl.** hojka *pinus silvestris.*

chŭlstŭ: *falsch* hülstŭ.

chy-: **nsl.** pošiniti se *sich senken.* huliti se *sich bücken.* **wr.** pochyłyj *für* r. krivyj.

chyb-: **nsl.** šibek, slab *schwach.*

chyba: **klr.** pochyba *fehltritt.*

chyra: — chvoryj *wird mit lit.* svarus *taumelnd, schwer verglichen.*

chytlanŭ*: **klr.** chytľanyj *ambigue loquens.* hitlênstvo *list, in urkunden aus von Rumunen bewohnten ländern.* **dsl.** hiclanzto. — **rm.** hiklên, viklên. **magy.** hitlen *perfidus.*

I.

i 1.: **klr.** tuj, *daneben* tut, tutka.

i 2.: ili: *vergl.* ljubŭ.

i 3.: **nsl.** *man merke* najdel, najdla *wie im polab. Im osten des* **nsl.** *gebietes spricht man* ijem, iješ *neben* idem, ideš *usw.*

ica: *s.* ica.

ičoglanŭ*: *s.* ičoglanin *page.* ičolan. **p.** iczogłan. — *türk.* iǒ oglanẹ!

igalo *s.ON. Der ort ist am meere gelegen.*

inŭ 1.: **č.** mimochod: kůň jde mimochodem *das pferd geht den zelt.* mimochodník *zelter sind aus* jino- *entstanden.* **b.** vinȣgi: gi *aus* go *wie* ga, g *in* vednȣga, vednȣg. *lit.* vênuok, **p.** jednak.

iska-: — **ai.** iǒčhati *aus* iš.

istŭba: *die ableitung von* izba *aus lit.* žêd: žêsti *ist unmöglich. Man muss von* stŭba, *daraus* istŭba, *ausgehen.* **aschwed.** stova, stuva, stugha. **anord.** stofa.

iva asl. *salix. Die wörter der stammverwandten sprachen bezeichnen damit* taxus, *einen baum, der ursprünglich auch bei den Slaven* iva *hiess.* tisȣ *taxus ist ein fremdwort, wohl aus* taxus.

izŭ: **p.** zdan, wydany. **klr.** isportyty. izvoł *usw.*

ižica. *Man hält das wort für ein deminutivum von* iže.

J.

ja: **klr.** jaducha *engbrüstigkeit.* jaduch *engbrüstig.*

jad- 1.: **nsl.** ješća *kost.* **kr.** jidak *giftig.* ješč *edax.* poješć *non delicatus, eig.*

vorax. In jad *aus* jêd *soll* ê *durch contraction des wurzelhaften* e *mit dem* e *des augments und der reduplication im imperfect, aorist und perfect und durch spätere ausbreitung der wurzelform mit ê im verbal- und nominalsystem entstanden sein. Dagegen ist lêz-, sêd- einzuwenden. ahd. eiz, geschwür wird mit gr.* οἶδος *geschwulst verbunden.*

jaga: klr. baba jahaja.

jaje: — *gr.* ὠόν *aus* ōviom.

jal-: — *lit.* olaus *ledig.*

jalŭ: nsl. jaliti koga *beneiden.*

japundže: klr. *auch* japončyéa *chrest. 488.*

jarŭ 2.: klr. jaroš *grausamer mensch.*

jarŭkŭ: p. jar, jama, od tatarow.

jarĭ*: r. jarъ *grünspan.* — *Man vergleicht schwed.* erg: *dem* jarъ *liegt mgr.* ἰάρϊον, ἰάρϊν, γιάρϊν *zu grunde.*

jas-: — *lit.* josmŭ *gürtel.*

jaskola p. *daneben* jastkoła. jastkolica. jastkolczyn.

jastrembŭ: č. jastřabica *dial.*

jašterŭ: slk. jaštor, jašterica, ješčérka, ščúrka. *Vergl.* ja *und* šturŭ 1.

jedva: wr. led ne led *beinahe.* ledvo. — *lit. auch* ledva.

jelito: — *Vergl. preuss.* laitian *wurst.*

jem-: kr. najaman *contagiosus.* klr. ujma *abgetriebenes vom getreide.* zajma *pfand.* — *lit.* saimas, *p.* sejm *reichstag.*

jendrŭ: p. jędrzyć.

jentro 2.: — *Dazu will man lit.* aitrus *herbe, geil stellen.*

jenza: klr. jaźa *furie.*

jenzykŭ: *vergl.* p. ozor *zunge „cum expressione contemptus“: r. ist* ozorъ, ozornikъ zabijaka, naglecъ.

jergovanŭ: *lies* jergovanŭ.

jes-: istъ: p. na ozaist, na seryo, w istocie. slk. ozaj, naozaj *ernstlich aus* ozaistne.

jugŭ: slk. uživna či užona: *jenes gemacht, dieses magy.*

juhasŭ: p. juhas *schäfer.* — *magy.* juhász.

K.

kabakŭ: r. kabakъ *kneipe.* — *nordtürk.* kabak.

kalita wr. r. *art sack.* p. kaleta.

kalŭ: p. zakał, *nicht* żakał.

kamdžlja: wr. kančuk *für r.* nagajka.

komon, kamen: asl. kamy, kamenь.

kapa: wr. kapturok *für r.* čepecъ.

kapa-: nsl. kanec *tropfen.*

korvana, korvanъ* asl. κορβᾶν, κορβανᾶς. *Daraus* p. karbona *und, mit anlehnung an p.* skarb *und an d.* sparbüchse, skárbona, skarbunka *und* skarbuszka.

karŭ*: slk. kar *todtenmal.* karovnik. pokorovat *nach einem todten trauern:* pokorujú, to jest v smútočnom a chatrnom odeve idú za truhlou mrtvého.

kasa-: — *lit.* kasoti s *aufschürzen.*

kašta*: nsl. kašča *dachboden.* — *nhd.* kasten.

katŭ 1.: wr. katuha.

kečiga: nsl. *auch* čiga *accipenser ruthenus.*

ken-: klr. pokon *anfang.*

kerova-: wr. kerovanьe *richtung.*

kersŭ: kr. krez, kroz, skrozi. *Vergl. lit.* skradžas *durch und durch.*

kerĭlešĭ: s. krlieši *gehört zu koralja.*

kesega* s. *cyprinus alburnus.* — *magy.* keszeg.

ki-: slk. odkojenie (decka) *pflege.*

kibitka: p. woz i buda na niem; namiot okrągły z filcu rozpietego na lekkiem szkelecie drzewianem.

kipŭ: kr. kip *corpus.*

kjel-*: b. kel *grind.* kelév *kahl.* s. ćela *glatze.* ćelav. — *türk.* kél

kjoravŭ (kjor): kr. ćorav *einäugig.* ćoravo *male.*

klad- 2.: nsl. kladem (kladèti) *legen,* polagati, *im westen.*

klenŭ: — *lit.* klevas *scheint eine form* klenvъ *vorauszusetzen.*

klep-: č. klapěti, o klobouku, jehož střecha dolŭ visí. klapák ein solcher hut. slk. sklapnela, se naklonila.

klepa-: p. tok czyli klepisko dreschtenne, ziemia uklepana, na Rusi tok. r. sklěpъ gewölbe bei den öfen dial.

kljača stute: — Man vergleicht preuss. klente kuh.

kljŭ-: r. klevatь, kljuju.

kložnja* nsl. geringer hausrath, im osten.

kmenŭ: — lit. kamenas stammende.

knjastŭ: kr. knjast auch mutilus.

kočuba: wr. kočuba für r. kočerga.

koch·: — lit. raskašis üppigkeit.

kokodaka-*: nsl. kokodakati, kokodajkati, kokodajsati, kokotati gackern. s. kokotati. č. kdákati. slk. kotkodákať usw. — magy. kodácsol. Onomatop.

kolastra: nsl. kolada ist gut beglaubigt.

kolda: — lit. pakloda hölzerne schlittenschiene, entlehnt.

kolêno geschlecht · vergl. čeljadь.

koliba: nsl. goliba, im osten.

kolti-: nsl. klač vagabund: kol tjŭ.

kolŭ: nsl. prakol abgenutzter weingartstock.

komostra: s. komostro plur. f. kette, an der der kessel über dem feuer hängt. — it. camastra, wie man muthmasst, aus der sprache der serb. ansiedler in Süditalien. gr. χρεμάστρα, χρεμάθρα art hüngekorb.

komŭ 1.: — Vergl. čerem. kom cortex. ehstn. kôme' schelfer und magy. hám haut Anderson, Studien 1. 159.

kondŭ: asl. kądrjavъ. In kôžel spinnrocken ist ž mit d nicht in einklang zu bringen. Da im č. kružel neben kužel und im p. dafür krężel besteht, so ist die ableitung von krongŭ mit ausfall von r wahrscheinlich. wr. kužeľ für r. kudeľ, prjaža, polotno.

konopŭ: nsl. konop.

kop- 3.: **kr.** kopniti liquefieri, extabescere desiderio.

kopa 2. I. **nsl.** kopica, nicht kupica, haufe.

koprŭ: r. ukropъ anethum. **kr.** kopriva, pokriva.

korbija: — magy. karaboly ist nsl. krabulja schachtel.

koren: — Man vergleicht lit. keréti wurzel fassen. Das oben unter koren angeführte keréti bedeutet verzaubern.

korkŭ: nsl. krača, spodnji kôs svinjske gnati. p. kroknąć für stąpić dial.

korontŭ: nsl. korošica, koroha, korohnja Kärntnerin, im westen.

korotŭ: — it. corrotto leidwesen. Das klr. und r. wort müssen einen andern ursprung haben.

korsta 1.: **kr.** hrastav crustosus.

korstêlь: nsl. krastir crex pratensis.

korьcь: nsl. korec, žlebasta opeka, art dachziegel, wohl žlêbnik.

kosa: nsl. kosir, kosjak art messer. — lit. kasulas jägerspiess soll mit kosorъ verwandt sein.

kostanь. Hier erwähne ich ein mir räthselhaftes wort: kostanica, das für „lanze, speer“ in Bulgarien vorkommen soll. Mil. 270 bietet kopje kostenovo. Im s. volkslied liest man koplje koštunica, dessen bedeutung Vuk unbekannt war: daneben findet man koplje koštanica, džida koštanica; ausserdem džida kostolovka. türk. ist kostaniča lange lanze, speer; kostaničalę lanzenträger. Man füge hinzu č. kosten (kostьnъ) spiess. Man darf vermuthen, dass lanzen, speere aus kastanienholz verfertigt wurden.

kostь: kocka soll im magy. aus kostьka entstanden und in dieser form in das nsl. s. eingedrungen sein.

košь: wr. košiľ für r. kotomka.

kovьrŭ: wr. kabercy.

kozolŭ: slk. kazub, koš z vazových kŭr na způsob putny. Die zusammenstellung beruht auf der annahme eines thema koz-, kaz-.

kraj: kr. skradnji neben skrajni extremus. iskrnji proximus.

kratŭ: lies kortŭ.

krent-: č. zákrut, místo, kde·cesta jiným směrem se točí. r. kručki ränke. — lett. skrōški.

kresŭ: — Man stellt dazu lit. skritas kreis. č. okršlek scheint zu krišlŭ zu gehören.

krozombŭ: kre *scheint mit* skerbŭ *in verbindung zu stehen, worauf* b. štrьb, kr. škrbav *edentulus beruht.*

kreʑy: *hieher gehört* č. okruži *halskrause und das unter* krongŭ *angeführte* klr. r. kruževo *spitzen.*

krêkŭ: klr. žabokryč.

krĭ-: asl. okroj χειρία *vestis,* okroj *vestis ist zu streichen.*

krĭja-: slk. okrijať.

krinica: p. krynica, y *aus dem* klr.

krĭšlŭ: — *Man vergleicht lit.* skritulīs *kreis.*

krizma: nsl. križevnik *chrisamkemd.*

krontŭ: — *Vergl. lit.* krotas *schiff.*

krupa: kr. krpast *cicatricosus.*

krŭpelĭ 2.: p. karpiel. *Lautfolge der urform unsicher.*

krŭtŭ: č. krtek.

krĭ-: — *air.* crenim *ich kaufe. Das wort ist dunkel.*

krĭstŭ *aus* krestŭ, kristŭ.

kučĭma: slk. kučma.

kudi-: — *Vergl. lit.* skaudīti *schaden, verklagen.*

kumaj: kr. komaj, komać.

kuri-: — *Man vergleicht got.* hauri *kohle.* r. kurenь *stube im bauernhause.*

kurigŭ: — *lit. ist* kourigas *zerrissenes kleid. Keine verwandtschaft mit dem slav. wort.*

kustŭ: — *Man vergleicht lit.* kaukštas.

kusŭ: r. kucyj.

kutĭja, kucija, kučija. — *In Calabrien, wo auch Serben wohnen,* it. cucia, što u Srba koljivo ili panagija ili bolje žito, pšenica, što se gotovi ili kuha u oči krsnog imena. *Vergl.* χουχία, χύαμος *DC.*

kvĭrk- *(richtig wohl* kverk-*): vergl.* skverk-.

kŭ: *Von den mit* ka, kŭ *zusammengesetzten wörtern des* ai. r. *und* os. *hat St. Mikuckij eine grosse anzahl zusammengestellt in der fast ganz unbekannten schrift: Materijaly dlja kornevago i obъjasnitelьnago slovarja russkago jazyka i vsěchъ slavjanskichъ narěčij. Vypuskъ I. 13—18. Vergl. auch A. Matzenauer, Příspěvky unter* ko. nsl. kar *in* nikar, nikarite ga ne tepite *schlaget ihn nicht wird mit* ahd. kur: ni kure, ni karet *zusammengestellt, wogegen* nsl. a *für* ahd. u *eingewandt werden kann.* kr. kradomce *für* s. kradom.

kŭ 2.: wr. dьjemu *ad eum:* asl. kъnjemu.

kŭnengŭ. *Ein arabischer geograph, Ibn Chordadbeh, ein zeitgenosse Ruriks, bemerkt, der herrscher der Slaven (Russen) heisse* knadz (knjadzь): *vergl.* kъnędzь.

kŭnjiga: *wenn* kъniga *auf* ahd. kenning *f.* nota *beruht, so ist der plur.* kъnigy *in der bedeutung „schrift" sowie der nasal im* p. księga *aus* kŭnenga, kъnęga *leicht erklärbar. Bei der allgemeinen verbreitung des wortes im slav. ist vorauszusetzen, dass ein dem* kenning *ähnliches wort auch anderen deutschen stämmen bekannt war.* kenning *beruht auf* and. kanna *erkennen machen, kennen, ist daher mit* zna- *verwandt.*

kŭrd-: slk. krdel, *daher plur. loc.* kŕdloch.

kŭrch-: slk. krcho, kršo *neben* ľavko.

kŭrk-: č. křeč, *gen.* křeče, *neben* slk. krč.

kŭrkŭ: kr. krkiča nosit *in dorso gestare.*

kŭrnŭ: p. kiernoz: *daneben* kiędroz *aus* kienroz.

kŭrp-: — *Das wohl unslavische wort findet sich auch* finn. kurpunen. liv. kurp.

kŭrzno: slk. grzno.

kyta: — *lit.* kuta *quaste, faser.*

L.

la-: nsl. lanoti.

ladŭ: — *lit.* laditi.

lagoda: kr. lagodan *commodus.*

lak-: nsl. lakot *f. hunger.*

lapŭtŭ: — *Vergl. lett.* lapšas.

lata: *dazu wird auch* č. látka *materia gestellt.*

lazŭ: slk. lazy sú u prostried hôr vyklčované pole, lüky, pastvy, zahrády. p. łazy na gajowiskach wypalają, po tem lemieszem wzruszają. — *Vergl. lit.* lažas *frohndienst. Die bedeutung des lit. wortes stammt daher, dass* barščina sostojala vъ vyrubkê lêsa, dêlanii pasêkъ, rosčistej, ljadъ, kuligъ.

lazĭno: kr. lazno *otium.*

log- 1.: kr. odlog *dilatio.*

log- 2.: nsl. lehnêti *leichter werden.* lag: pojdi v lag *gehe langsam.* lagot *f. bequemlichkeit.* vlažen dež *für* pohlêven dež.

legenŭ: — *lit.* lakanka. *r.* lochanka.

lenchŭ. lenchŭ *wird auf* lęda (lend-) *zurückgeführt, wobei man sich auf* č. brach *aus* brat, bratr *usw. stützt.* ar. ljadĭskъ *beruht nach dieser ansicht auf* ljada *heide, während eine form* ljašьskъ *von* ljachъ *abstammen würde.*

lenk-: č. křivolaký *krumm.* — *lit.* lankatis *haspel wird zu asl.* ląkotь *krümmung gestellt.*

lepina, lepinja *s. art broi.* nsl. lepenj *art kuchen.* — *magy.* lepény.

lepta-: — *gr.* λάπτω *lecken.* *lat.* labrum. lambere. *Vergl.* lapa-.

lešterba: *das wort, im osten unbekannt, lautet* lêščerba; *es ist keine verunstaltung von* lukêrna, *sondern das selten vorkommende mhd.* liechtscherben: *„auf einem stadtthor zu Grätz ist beym einzuge der bayrischen braut des Erzherzogs Carl anno 1571 ein liechtscherben gemalt gewest."*

letĭ-: p. zálotnica *buhlerin dial.* wr. v zalety *für* r. svatatь sja.

lez-: wr. dolize *für* r. dopolzetъ.

lêkŭ 2.: — ai. rič: riṇakti, rêčati. *Vergl. gr.* ἔλιπον. λείπω. λοιπός.

lêsto: *wohl* „lê isto". *Vergl.* kaš. le *nur.*

lêvŭ 1.: slk. ľavá ruka.

lêvŭ 2.: nsl. levíti se *sich mausern.* — *Vergl. ai.* lī, lījatē *sich schmiegen, sich ducken, hineinschlüpfen.*

lichŭ: kr. lih *impar.*

lik- 2.: kr. razlikov *varius.*

lin-: nsl. lêniti se, dlako ali kožo mênjati.

liz-: *ob* nsl. prilast *zu* liz *gehört, ist zweifelhaft:* vergl. obleznoti *für* s. laznuti. *W.* lĭg-.

ljub-: nsl. ljubiti *auch versprechen.* kr. zljuban *amabilis.*

ljulĭ: kr. ljuljevan *qui crapulam nondum exhalavit.*

loboda: — *lit.* balanda, *lett.* balande. *Im slav. oder im lit. ist metathese eingetreten.*

lonk- 1.: — *lit.* lančiti *verbinden.*

lopata: — *lit.* lopêta. *lett.* lāpsta.

lopuchŭ: — *lit.* lapukas, *entlehnt.*

loskutŭ: — *Man vergleicht auch lit.* lakatas, *indem man sich auf asl.* plaskati *und* plakati *beruft, allein von diesen wörtern beruht jenes auf* polka-, *dieses auf* plak-.

lotja*: s. loča *hure.* — *magy.* lotyó.

lugŭ: kr. lug. lužiti.

lukno: *vergl.* nsl. lakonca *giessschaff, im osten.*

lula: — *lett.* lulkis.

luna: wr. łuna *für* r. toska, bolêznь.

lunĭ: nsl. lunjež *steinadler.*

lupĭ-: *vergl. gr.* λέπω. λοπός *schale.*

lusk- 1. klr. łusnuty. lusk-* **2.:** kr. lušćiv *non longe videns.* — *it.* lusco.

luska: — nsl. lusek, *gen.* luska, *schote.*

luštarŭ*: kr. luštar *nitidus.* — *it.* lustro.

lŭg-: slk. *wird die form* luhati *angeführt.*

lŭžica, *richtig* lŭga: slk. ložice, lyžice.

lĭst-: nsl. têlu ne dati last. kr. lešto *cito.* leštar *pernix beruhen auf it.* lesto *flink.*

M.

madžarŭ: p. magierka. — *lit.* magerka.

maklenŭ: *vergl.* braklenŭ.

malŭženŭ: kaš. małożenstvo.

mamĭ-: p. mamuna, jakiś duch, ktory człowieka „wodzi" czyli sprowadza na błędną drogę.

mari: *vergl.* nsl. marati *bemerken.*

marĭnŭ: č. marný, člověk slabého těla.

mat-*: klr. matńa *mittelnetzsack.* mat-nyća. — *lit.* motně *sack am fischnetz.* mot-nĭče *wuhne im eise.*

medŭ: — *Vergl. finn.* mesi, *gen.* me-den. *ehstn.* mezi *magy.* méz. ἀντὶ οἴνου ὁ μέδος *Priscus.*

mel- 1. nsl. mlinec, tanko razvaljano těsto. mliniti, razmliniti, razbliniti. mlinci, tanke deščice za škatle. *d.* mahlen *kann in alter zeit entlehnt sein.*

melko: os. mloko. ns. mľoko.

melz-: — *gr.* ἀμέργω *abpflücken ist wohl von* ἀμέλγω *melken zu trennen.* μολγός *in* ἱππημολγοί *rossmelker entspricht dem slav.* mlazŭ *aus* molzŭ.

men- 1. — *lit.* išmanas *verstand:* man-, mon- *ist im slav. nicht vertreten: dafür tritt* mên- *aus dem iter. ein.*

ment-: r. smetána *für* smjatana, *dem jedoch* p̌ śmietana *im wege steht.*

mentĕlĭ: *vergl.* manŭtija.

menz-: z *ist nicht etwa velares* g *oder velares* gh, *wie klr.* mjaznuty *zeigt.*

mer- 1. — *lit.* smertis. *lett.* smerte.

mergol- 2. *ist wahrscheinlich identisch mit č.* meholiti.

met- 1.: — *lett.* mest. *r.* pometъ *mist ist unter* met- 2. *zu stellen.*

met- 2.: — *lit.* metŭ, mesti. *lett.* mêst.

mêchŭ: — *ahd.* meisa *sack.*

mêlŭkŭ, *richtig* mêlŭ: *in den versen des Marko Marulić:* da ka su duboka, učiš razumnijih, | a ka su mioka, neumitelnijih *ist* mioka asl. mêlъska *das seichte, im gegen-satz zu* duboka: *lat.* simplex *und* altior. č. výmel, výmol, zmol (sъmolъ) *vom wasser gemachte vertiefung ist zu* mel 1. *zu stellen, wenn auch p.* miałki *durch* „dobrze zmie-lony" *erklärt wird.*

mêra: nsl. v mêr *ununterbrochen, im osten.*

mêsencĭ, *richtig* mês-: *stamm idg.* mêns: n *zwischen* ê *und auslautendem* s *schwindet.* Słova polskiego „miesiąc" Ka-šebi nie znają: *dafür* ksęžec.

mêsĭ- č. míšeti.

mêta-: slk. prekmitať. klr. kmita.

mêzga: nsl. zmuznoti *ist unsicher beglaubigt.*

mêzĭnĭcĭ, *richtig wohl* mêz-.

mĭ 2.: *dafür ist* mi- 2. *zu setzen.*

mĭrŭ: — *lit.* mëras *friede.*

mĭšpulja: p. nieszpuł, *nicht* nieszpul. ns. hušpuľa, rušpuľa.

mogyla: s. gomila *neben* gromila. mo-gyla *ist wahrscheinlich unter* mog- *zu stellen, daher* mog-yla.

molto: — *lit.* mëlês.

morokvaša u. kola s. *deckel, muni-mentum axis ung.* — *magy.* morokvas: vas *ist magy* vas *eisen. Hinsichtlich des* morok *vergl.* s. moroklinac, klinac, kojim se šina prikiva.

morvŭ: klr. muraška *ameise.*

moslokŭ: — *Das türk. wort ist wegen der differenz der bedeutungen nicht zu ver-gleichen.*

motrĭ-: *lett.* smatrus *revue.*

mucha*: p. pomucha *seuche:* pomucha padła na bydło. *Vergl.* pomuchem uciekać, co tchu *in vollem athem. Verschieden ist* pomuchla. — *lit.* pomukelis *gudus,* cel-lariae.

mus- 2., *richtig* musk-.

mŭd-: *wenn* s. mledan *zu* mŭd *gestellt wird, so nimmt man auf* r. meleda *aus* melda *rücksicht und lässt dieses aus* medlitъ (mъd-lъ) *entstehen. Es wäre daher* meldŭ *für* mlêdŭ *aufzustellen.*

mŭchŭ: r. mochъ.

mŭzdrakŭ: b. mъzrak.

myli-: — *lit.* apsimoiłjau.

myšĭ: klr. *richtig:* myšperchač, per-chač, poperchač. — ai. *richtig:* muš.

mĭnĭ: slk. mik.

N.

na 3.: — *lit.* no *verstärkt den superlativ:* no plačiausias *der breiteste. Mit* na-dъ *kann* ai. a-dhi *obenauf verglichen werden.*

nakara s. crotalum.

ner- 1.: p. wyrynać *nach oben kommen aus* wyrnąć *neben* wyrgnąć *für* wyrynąć *aus* vynyrać, wynyrnąć.

netreskŭ: slk. netresk, hromotresk *sempervivum tectorum.*

ništĭ: *die schwierigkeiten sind beseitigt, wenn man als thema* niz-tjŭ, *nicht* ni-tjŭ *ansetzt.*

O.

oba: *die bedeutung bestimmt mich anzunehmen, dass die unter* oba *gestellten adversativen partikeln unter* opakŭ *gehören, dass demnach* obače *usw. aus* opače *usw. entstanden ist.*

obĭlŭ: — *Vergl. gr.* ἄφ-ενος *reichthum, daher* ob-ilŭ.

okos: okno *stammt nicht von* okos, *sondern von derselben W. wie* okos.

olk-ŭtĭ: — *Verwandt ist* ai. aratni *ellenbogen.* got. aleina. *lat.* ulna. *gr.* ὠλένη.

on: r. nutrecъ. *lit.* ąntris *soll „mit hoden versehen" bedeuten und mit* antra *hode,* ai. *anda, verwandt sein,*

on-: — ai. an *athmen. gr.* ἄνεμος. *lat.* anima. *got.* anan: uz-ana *hauche aus.*

ontlŭ: p. wątlica, wąklica *zerbrochener topf.*

onty: — ai. ātis *art wasservogel.*

onŭ: — *lat.* ollus *aus* onlus.

or-: — *lit.* orė *pflügezeit.*

orizŭ: — *lit.* rīžus *reiskorn.*

orst-: č. leturasl. slk. riasľ *inf.* rastly *partic. neben* zrost. klr. ľitorasľ.

orzŭ: kr. razrukavan *nudis brachiis.* razloglav *capite nudo. Mit* orzŭ *ist vielleicht zu vergleichen lit.* arza *streit, uneinigkeit. Der zusammenstellung von* rozga *zweig mit* ai. rajju *strick widerstreben die bedeutungen. Ob* rozga, raždije *mit* orzŭ *zusammenhängt, ist allerdings zweifelhaft. — lit.* rązgrešimas *ist p.* rozgrzeszenie *entsündigung.*

os-: ai. akšas. *gr.* ἄξων. *lat.* axis. *ahd.* ahsa: *in* osĭ *ist* k *vor* s *ausgefallen.* č. ostrévka, rozsochatá tyč. — *lit.* padaškas *blech auf der wagenachse entspricht wr.* podoska.

osêka: s. osjeka: *vergl.* senk- *und* oseka *ebbe stulli.*

ovŭ: — ai. ava.

P.

palačĭ*: r. palačъ *henker.*

patynŭka: p. patynka *pantoffel. — lit.* patinka.

pažĭ: *eine erklärung des r.* pazъ *fuge kann, wie es scheint, in* pāk, pāg *befestigen, d. fügen aus* *fōgjan, *nicht gefunden werden.*

pek-: — *Vergl. gr.* πόπανον *gebäck.* πέσσειν.

pel- 1.: r. polomja *neben* plamja, plamenь, plamenêtь.

pelkŭ: — *lett.* pulks.

pelnŭ: — ai. par: piparti. piprtām.

pen-: opona *aulaeum stellt man zu* pannus, *got.* fana *stück zeug.*

penta: kr. spet *iterum.*

pentro: *vergl.* ns. pščč *der obere boden eines hauses: vergl.* p. przętr.

per- 5.: ns. pŕeś. — *rm.* zapor *rubeolae ist unter* per- 7. *zu stellen.*

perkŭ 2. kas. perk, peŕek *fort gehört wie p₁ precz zu prokŭ.*

pê-: pê-tlъ (s. pijetao, gen. pijetla) *ist wie* bratrъ *zu beurtheilen.*

pês-: *in* nsl. pêzda, *wofür auch* pêsto, *ist, wie so oft,* zd *für* st *eingetreten.*

pĭ-: — *ai.* pā, pī. *nsl.* pitʄ., *nicht* pitъ.

pilĭka: — *nhd. bair.* pil *spundloch.* verpeilen, *alt* verpīlen. *lat.* oppilare *verstopfen.*

plaj. — *Vergl. ngr.* πλάγι, *trotz der verschiedenen bedeutungen.*

płazŭ: klr. płazom, bokom *mit der flachen seite.* płazom *kriechend.* p. płaza, płaz, płoz *die flache seite.* płazem, płozem: bić płazem. *Vergl.* pelz- *und* ploskŭ.

pliska *auch* nsl. pliska.

plochŭ 1. kr. sploh *universe.* splošan *non delicatus.*

ploskŭ: — *Vergl. akd.* flah, *daher in* ploskŭ *parasitisches* s.

plŭ-: p. połć *holzflösse, richtig* płeć, *gen.* płci.

po: slk. paholok, *nicht* pacholok. *Daneben* wr. pachołok, pachołatko.

pogostŭ: — *lett.* pagasne.

polnŭ: klr. połonyna.

polvŭ: — *Über* pahlavī *vergl. Darmesteter 1. 97.*

pontĭ: — *gr.* πόντος. *lat.* pons (*plur. gen.* pontium).

por-; *vergl.* nsl. sporčetina *fehlgeburt dalm.*

pornjala: klr. purńaty *die schafherde im sommer nachts weiden.*

prêmŭ. *Das wort beruht zwar nicht auf* per, *wohl aber möglicherweise auf dem davon stammenden* prê.

prêsmen: — *Auch im* ai. s-ti *plur. hauswesen ist das verbum as nur durch* s *vertreten.*

pro: slav. pra *und* lit. pro *sind zu* ai. prā *in* prātar *frith morgens, gr.* πρωΐ *zu stellen.* nsl. pravoč *für* govorica. *Man füge hinzu* türk. pravdža, pravdže *wahrheit aus* pravica, *nicht aus* p. prawdzie. *Slav.* ica *wird* türk. idźa, dža: *das dem* türk. *fehlende* c *wird durch* dž *oder* č *ersetzt.*

pucŭ: nsl. pucka *quacksalberin.*

pŭtŭ: — a *im* ai. pat *scheint in* ŭ *übergegangen zu sein: es wird jedoch* pet *als* W. *angesetzt. Wenn dies richtig, so wird* pĭt *zu schreiben sein: zu* pet *würden* klr. poťa, r potka *stimmen.*

R.

ra-: — *ai.* rā *bellen. Vergl.* la-.

radĭ: radi *wird von andern mit* rodŭ: rad-: neroditi, neraditi *non curare verglichen.*

raj: — *Man vergleiche ai.* rāi *reichthum.*

rek-: uŕknouti *ist* č.

remeg-: klr. *auch* rymyhaty, rumyhaty. *Für* remegaty *ist* remehaty *zu lesen.*

reš-, reh-: č. ŕašeto.

rĭ-: p. zdrój, *richtig* zdruj, *ist aus* struj *entstanden:* str *ist* zdr *geworden.*

ronk-: asl. porąkъ *durus.* on *nicht ganz sicher. Mit* porokъ *tadel besteht kein zusammenhang.*

rŭ-: os. ruć.

rucho: klr. ruchło.

rŭ-: b: rovъk, *nicht* rovek.

rŭžĭ: slk. rêž, *gen.* rži *zweisilbig.*

rytŭ: č. ryt, rýt *isatis tinctoria waid. Vergl.* urctŭ. vejtŭ.

S.

saka-: — *Man vergleiche auch* got. sōkjan *suchen: besteht zusammengehörigkeit, dann ist* saka *entlehnt.*

samŭ: — *Vergl. zend.* hāma *derselbe, gleich, dessen* ā *dem slav.* a *entspricht.* nsl. samojača, ofrava *inwohnerin, im osten.*

se: *auch im asl. scheint se verstärkende
bedeutung zu haben*: jako se. jakože se.
Es gehört zu sjŭ.

selmen: *lit.* šalmo, *nicht* šalma.

skorŭ: *lit.* šarnus *schnell: man vergl.
slav.* skok- *mit lit.* šokti *springen.* skarei
plötzlich ist entlehnt.

skrelja: s. krelje *plur. fischohren. —
Vergl. lit.* sparnas *flügel eines vogels, flossfeder eines fisches. Vergl.* čerljuštĭ.

skyp*-: *nsl.* skipek *knopper, gallapfel am jungen kelche der eichel (in der
gärberei verwendet), im osten; sonst auch*
vuk, *eig. lupus. Vergl.* kyp-.

slêga: *asl.* pŭtičica prêslêživa *ist
dunkel.*

slop-*: *nsl.* poslopje *gebäude, palast.
Vergl. ar.* oslopъ *prügel.* oslopie, žerdi,
dubьe, paločьe; oslopy.

slovêninŭ. *Man merke türk.* isklavun
Slave neben it. schiavone, *fz.* esclavon;
ferners saklab, sęklab *Slave,* sakalibet
Slavenvolk.

sluga: *das g. soll zur wurzel gehören,
ein suffix ga gebe es nicht. Man beruft
sich auf lit.* paslauginti *einem eine arbeit
abnehmen, ihn ersetzen: dieses wird jedoch
wohl slav. ursprungs sein.*

smŭk-: *nsl.* smuka *das dahingleiten.*

spłata (*man erwartet* spljata) *ist nur
aus einem it.* spiatta *für* piatta, *fz.* plate,
nhd. platte, plätte *wasserfahrzeug mit plattem
boden erklärbar: s in* spiatta *ist ein auch
sonst auftretender vorschub. Auf s.* spłata
beruht türk. isplata, ispiłata.

steg-: *nsl.* stoglja, *wahrscheinlich*
*sъtęgva, stogljaj *sind wie klr.* nastah *unter*
teng- *zu stellen. Dasselbe gilt wohl auch
von b.* stegna, stêgam.

stĭza: *zu diesem worte stellt man r.* zgi
in dlja togo slêpoj plačetъ, čto i zgi ne
viditъ. *Daher* stĭga.

suka: *man füge hinzu lit.* šuva *hund.*

sŭp-: *nsl.* sęp *schlag im weingarten,
eig. damm.*

sĭk-: *kr.* sicati *ist nicht sicher beglaubigt.*

Š.

štĭrŭ 3. kr. šćir. — *türk.* ištir.

U.

uretŭ: rytŭ *n. ist zu streichen.*

V.

velenca: — *türk.* vélénčé, vélénsé
flanelldecke. ngr. βέλεντζα, βέλενσα.

ver- 2.: *klr.* oborka, obranka *gehören zu* ber-.

vez-: *got.* vigan, *nicht* wigan.

vitŭ: *andere leiten* svantovit *von* sventŭ
(svętъ) *ab:* svantovit *verhalte sich zu* svętъ
wie s. mladovit *zu* mlad; svantovit *be-
deute etwa „heilinc“*

Index.

Buchstabenfolge.

a ą ā b c č ć d đ e ę ê ě f g h ch i j k ł l m n ń ň
o ô ō p r ř ŕ s š ś t ł u ü v w z ž ź ъ y ь

A.

Ą.

B.

baba-jaha *wr.* baba
babici *b.* baba
babičêsuvam *b.* baba
babinec *č.* babà
babłać *p.* babra-
babzno *wr.* baba
baca *p.* bačĭ
bacati *s.* bod-
baczyć *p.* bači-
bač *s.* bačĭ 1
bačilo *b.* bačĭ 1
bačio *as.* bačilĭ
bačyty *klr.* bači-
bačva *kr.* bŭčĭva
bać *os.* ba-
bać się *p.* boja-
baćenik *nsl.* bašta
baćon *os.* botijanŭ
badanj *kr.* bŭdŭnĭ
badar *s.* bŭd- 1
badnjak *s.* bŭd- 1
badnji dan *s.* bŭd- 1
bagorъ *r.* bagŭrŭ
bagriti *asl.* bagrŭ
bagunъ *r.* bagno
bah *s.* bŭchŭ 1 bŭchŭ 2
baha *klr.* bag-
bahat *s.* bŭchŭtŭ
bahati *nsl.* ba-
bahča *s. b.* bakča
bahno *č, os.* bagno
bahnouti *č.* bag-
bahnuti *s.* bŭch-
bahor *klr.* bagrŭ. bagŭrŭ
bahoriti *nsl.* ba-
bahtati *s.* bŭchŭtŭ
bacharъ *r.* ba-
bachiły *wr.* bašmakŭ
bachmači *wr.* bašmakŭ
bachořiti *č.* ba-
bàchorka *č.* ba-
bachroma *r.* machrama
bachtaś se *ns.* ba-
baj *klr.* ba-

baja *č.* ba-
bajačka *b.* ba-
bajalica *s.* ba-
bajati *asl.* ba-
bajilka *b.* ba-
bajilo *nsl.* ba-
bajiti *s.* baji-
bajukatь *r.* ba-
bajvoł *klr.* byvolŭ
bakat *s.* bŭchŭtŭ
bakier *p.* bakŭrŭ
bakša *r.* bakča
bakvica *s.* bŭčĭva
bał *wr.* ba-
bałabołka *klr.* bolbolĭ
bałakaty *klr.* ba-
bałamucić *p.* balamutŭ
bałazê *wr.* bolgŭ
bałoh *klr.* balega
balabola *r.* bolboli-
balatin *s.* bolto
bale *s.* bala
balij *asl.* ba-
bałtija *b.* balta
balusati *nsl.* ba-
bamaha *klr.* pamukŭ
bambak *wr.* pamukŭ
bamž *os.* papežĭ
bana *klr.* banova-
bandižati *kr.* bantiža-
bánĕ *č.* banja
bantiti *kr.* bantiža-
bar *s.* bŭrŭ
bar *b.* bare
barakan *klr.* barchatŭ
baraś *ns.* bor-
barba *os.* barva
barczyć *p.* berkŭ
barć *p.* bertĭ
bardo *p.* berdo
bardzo *p.* berzŭ
bardysz *p.* berdyšĭ
bargiel *p.* bergŭlĭ
bari *s.* bare

baril *nsl.* barilo
baritь *r.* by-
barjak *s.* bajrakŭ
bark *p.* berkŭ
barkan *klr.* parkanŭ
barki *klr.* berkŭ
barłog *p.* berlogŭ
barma *os.* barvena
barsukъ *r.* barsŭkŭ
barszcz *p.* berštĭ
baršč *wr.* berštĭ
barta *p.* bordy
bartnik *p.* bertĭ
barwena *p.* barvena
barwinek *p.* barvinŭkŭ
barz *klr.* berzŭ
barzy *p.* berzŭ
barzyj *wr.* berzŭ
baryła *p.* barilo
baryn *klr.* boljarinŭ
bařina *č.* bara
basitь *r.* ba-
basma *s.* ba-
basnь *asl.* ba-
bastramy *p.* pastrŭma
bastrja *wr.* bajstrukŭ
baš *s.* bŭchŭ 2
bašča *s. b.* bakča
baština *nsl.* bašta
batčina *wr.* bašta
báti *č.* ba-
báti se *č.* boja-
batja *r.* bašta
batoh *č.* batogŭ
batriti *kr. s.* bogatyrĭ
batvo *kr.* by-
bаłko *klr.* bašta
baven *b.* by-
bavidło *wr.* by-
bawiła *wr.* by-
baviti *asl.* by-
bavja *b.* by-
bavłma *os.* bavlŭna
bavołna *klr. wr.* bavlŭna

bavuna *kr.* bavlŭna

bavyty *klr.* by-

bawełna *p.* bavlŭna

bawić *p.* by-

bawoł *p.* byvolŭ

baz *s.* bŭzŭ

bazag *s.* bŭzŭ

bázeň *č.* boja-

bazdjeti *s.* přzd-

bazylik *p.* bosilĭkŭ

bažać *wr.* bag-

bažan *os.* bažantŭ

baždar *b.* bačĭ 2

bažilek *nsl.* bažulĭ

bąbel *p.* bombŭlĭ

bąbьnъ *asl.* bombĭnŭ

bączyć *p.* bonka-

bądą *asl.* by-

bąk *p.* bonka-

bąkać *p.* bonka-

bâz *polab.* bŭzŭ

bčela *b.* bŭčela

bdenj *nsl.* bŭdŭnĭ

bdêtь *r.* bŭd- 1

bdíti *č.* bŭd- 1

bdžola *klr.* bŭčela

beber *nsl.* bebrŭ

beczwa *p.* bŭčĭva

bečeti *č.* beka-

bečka *s. č.* bŭčĭva

bečva *č.* bŭčĭva

bećar *s.* bekjarŭ

bedenj *nsl.* bŭdŭnĭ

bedlivý *č.* bŭd-, 1

bednář *č.* bŭdŭnĭ

bejny *ns.* buj

beketati *nsl.* beka-

bekrenь *r.* bakŭrŭ

bełena *klr.* belnŭ

belega *klr.* balega

belena *r.* belnŭ

belenzuka *s.* bilezikŭ

belha *kr.* blŭcha

benátky *č.* benetki

bendiba *nsl.* bendima

ber *nsl.* bŭrŭ

bér *č.* bŭrŭ

berač *s.* ber-

berak *s.* berŭkŭ

beran· *č.* baranŭ

berba *s.* ber-

berci *wr.* ber-

berdeš *klr.* berdyšĭ

berečy *klr.* berg-

berečь *r.* berg-

beregъ *r.* bergŭ

bereh *klr.* bergŭ

bereką *klr.* berkynja

beremja *r.* ber-

beremo *wr.* ber-

beresbrekъ *r.* berskletŭ

beresceń *wr.* berstŭ

beresdrenь *r.* berskletŭ

beresklet *klr.* berskletŭ

berest *klr.* berstŭ

bereza *klr. wr. r.* berza

bereža *klr.* berdja

berežatyj *r.* berg-

berežь *r.* berg-

berglezъ *r.* bergŭlĭ

berłoha *klr.* berlogŭ

berloga *r.* berlogŭ

bernê *č.* ber-

bernie *r.* brenije

berno *wr.* brevĭno

berva *klr.* brevĭno

berveno *klr.* brevĭno

bervinok *klr.* barvinŭkŭ

bervno *r.* brevĭno

besaga *nsl.* bisaga

beseda *č. r.* besêda

besek *nsl.* besŭkŭ

besjeda *s.* besêda

beskid *p.* beskydy

bestiluk *s.* bestvi-

bestwić *p.* bestvi

beszkid *p.* beskydy

bešika *s.* bešikŭ

beśćiad *p.* beskydy

bešida *klr.* besêda

beteha *klr.* betegŭ

betvo *nsl.* by-

bez *nsl. ns.* bŭzŭ

beza *wr.* bŭzŭ

bezdobь *asl.* doba

bezerman *p.* musulĭmaninŭ

bezg *nsl.* bŭzŭ

bezgati *nsl.* bŭzykŭ

bezjan *nsl.* bažantŭ

bezmênъ *r.* batmanŭ

bezmian *p.* batmanŭ

bezmin *klr.* batmanŭ

bezpeka *klr.* pek-

bezrot *klr.* rŭtŭ

bezviče *klr.* vêkŭ

bęben *p.* bombĭnŭ

będę *p.* by-

bêda *asl. b.* bidê-

bêdja *b.* bidê-

bêdьba *as.* bidê

bêgač *b.* bêgŭ

bêglyj *r.* bêgŭ

bêgunъ *asl.* bêgŭ

bêlъ *asl.* by-

bêje *asl.* by-

bêłohłova *wr.* bêlŭ

bêla *r.* bêlŭ

bêlasý *č.* bêlŭ

bêlesovatyj *r.* bêlŭ

bêlêst *b.* bêlŭ

bêlka *r.* bêlŭ

bêlman *nsl.* bêlŭ

bêlmo *č.* bêlŭ

bêlobrysyj *r.* brŭvĭ

bêloplekij *r.* pletje

bêltъk *b.* bêlŭ

bêluga *r.* bêlŭ

bêluzlivь *asl.* bêlŭ

bêlъčugъ *asl.* bilezikŭ

bêlь *r.* bêlŭ

bêlьeь *asl.* bêlŭ

bêlьčij *asl* bêlŭ

bêljano *asl. r.* bêlŭ

bês *nsl.* bêsŭ

bêsilo *b.* vis

bêstvo *asl.* bêgŭ

bêžati *asl.* bêgŭ

bhaty *klr.* gŭb

biada *p.* bidê-

bíbie *slk.* bibicĭ

bibor *os.* bebrŭ

bičalje *s.* bi-

bičje *nsl.* bicĭ

bičovje *nsl.* bicĭ

bičva *kr.* bêčïva

bičy *klr.* bêgŭ

bičь *asl.* bi-

biće *s.* by-

bida *klr.* bidê-

bida *č.* bidê-

bidlo *č.* bi-

bidmo *os.* bi-

biec *p.* bêgŭ

bieda *p.* bidê-

bielun *p.* belnŭ

bierać *p.* ber-

biernia *p.* ber-

bierwiono *p.* brevïno

bierzmo *p.* brevïno

bierzmować *p.* bêrma-

bierzwiono *p.* brevïno

bies *p.* bêsŭ

biesaga *p.* bisaga

biesiada *p.* besêda

bihanka *klr.* bêgŭ

bihavka *klr.* bêgŭ

bihłyj *klr.* bêgŭ

bijať *ns.* bi-

bijeda *s.* bidê-

bijel *s.* bêlŭ

bijes *s.* bêsŭ

bijest *s.* bêsŭ

biłodupeć *klr.* dup-

bistranga *nsl.* pïs-

bisurman *p.* musuľmaninŭ

bišterna *kr.* čatŭrnja

bjebr *os.* bebrŭ

bječva *s.* bêčïva

bjedro *os.* bedro

bjeły *os.* bêlŭ

bjelasati *s.* bêlŭ

bjeližŭ *ns.* bêlŭ

bjerc *os.* biritjŭ

bjeric *ns.* biritjŭ

bjermovać *os.* bêrma-

bjeřna *os.* ber-

bjetnať *os.* bŭdŭnï

bjez *os.* bezŭ

bik *nsl. b. s.* bykŭ

biłka *klr.* bêlŭ

biłun *klr.* belnŭ

bile *b.* by-

bilig *kr.* bêlêgŭ

biljarin *b.* by-

biljeg *s.* bêlêgŭ

biljka *s.* by-

bilo *asl. nsl. b.* bi-

bílý *č.* bêlŭ

biľ *klr.* bêlŭ

biľmo *klr.* bêlŭ

bioču̇g *s.* bilezikŭ

biodro *p.* bedro

bir *nsl. s. klr.* birŭ

birač *b.* ber-

birati *asl.* ber-

birčij *r.* birŭ

birič *nsl.* biritjŭ

birija *b.* birŭ

biriště *asl.* biritjŭ

birka *r.* ber-

biršag *nsl.* birŭ

biruvaty *klr.* birova-

birъčij *asl.* birŭ

biřic *č.* biritjŭ

biřmovati *č.* bêrma-

bis *klr.* bêsŭ

biser *nsl. b. s. ač.* biserŭ

bisjurki *wr.* biserŭ

biskati *nsl.* iska-

biskop *os.* biskupŭ

bisro *asl.* biserŭ

bisrъ *asl.* biserŭ

bistar *s.* bystrŭ

bister *nsl.* bystrŭ

bisterьna *asl.* bisterïna

bisъrênъ *asl.* biserŭ

biškup *ns.* biskupŭ

bitec *č.* bi-

bitisati *s.* bitisa-

bitka *s.* bi-

bituňk *č.* bitova-

bitva *nsl.* bi-

bitva *s.* pesa

bitvo *nsl.* by-

bivo *s.* byvolŭ

bivol *nsl. b.* byvolŭ

bivъlivъ *asl.* bi-

bizgavka *nsl.* bezgavka

bjechať *os.* pecharŭ

błagać *p.* bolgŭ

błahaty *klr.* bolgŭ

błahij *wr.* blagŭ

błahość *p.* blagŭ

błahovać *os.* bolgŭ

błahyj *klr.* bolgŭ

błakitnyj *wr.* blankytŭ

błakyt *klr.* blankytŭ

błana *klr.* bolna 1

błanar *klr.* bolna 1

błazen *p.* blaznŭ

błazn *os.* blaznŭ

błąd *p.* blend-

błąkać *p.* blonka-

błejaty *klr.* blê-

błeknuty *klr.* blêkŭ

błękit *p.* blankytŭ

błocko *os.* delb-

błodko *ns.* delb-

błogi *p.* bolgŭ

błocha *klr. r.* blŭcha

błon *wr.* bolna 1

błona *p.* bolna 1

błonie *p.* bolna 2

błoňa *klr.* bolna 2

błoňk *os.* bolna 2

błoščyća *klr.* bloska. ploskŭ

błoto *p. os.* bolto

błud *os.* blend-

błukać *sja wr.* blonka-

błysk *p. os.* blïsk-

błyska *klr.* pliska

błyszczeć *p.* blïsk-

błyščaty *klr.* blïsk-

błytva *klr.* bitva

błyzna *klr.* blizna

błyzńa *klr.* blizŭ

błyź *klr.* blizŭ

blabolja *b.* bolboli-

blady *p.* blêdŭ

błag dьn *s.* bolgŭ

blagoj *r.* blagŭ

blagoviť *kr.* bolgŭ

blaguvam *b.* bolgŭ

blagъ *asl.* bolgŭ

blagynja *asl.* bolgŭ

blach *p.* blechŭčij

blacha *p.* blechŭčij

blak *p.* blêkŭ

blana *nsl.* bolna 1
blana *b.* bolna 2
blancovati *nsl.* belnŭ
blanja *nsl.* bolna 1
blask *p.* blĭsk-
blato *asl.* bolto
blatьno *asl.* bolto
blavatka *r.* blavatŭ
blazan *ns.* blaznŭ
blazen *nsl.* blaznŭ
blázeň *č.* blaznŭ
blazina *nsl.* bolz-
blazinja *s.* bolz-
blazniti *asl. nsl.* blaznŭ
blaznja *b.* blaznŭ
blaznъ *asl.* blaznŭ
blaznь *asl. r.* blaznŭ
błałь *r.* blagŭ
blądìti *asl.* blend-
blądivъ *asl.* blend-
blądъ *asl.* blend-
blb *č.* belbŭ
blblati *č.* belbŭ
blebetati *s.* belbŭ
blebetati *s.* berbota-
bleč *os.* bljŭ-
bledem *nsl.* blend-
bledu *č.* blend-
bledy *os.* blêdŭ
bledý *č.* blêdŭ
blecha *č.* blŭcha
blecha *č.* blechŭčij
blejati *s.* blê-
blek *os.* belnŭ
blek *s.* blê-
blekać *os.* blê-
blekati *asl.* blê-
bleknuti *s.* blê-
blëknutь *r.* blêkŭ
blekotati *asl.* blê-
blen *kr.* belnŭ
blén *č,* belnŭ
bleptati *č.* belbŭ
blesk *č.* blĭsk-
bleskъ *r.* blĭsk-
blestêtь *r.* blĭsk-
blêstka *r.* blĭsk-
bleša *os.* ploskva

blevatь *r.* bljŭ-
blędą *asl.* blend-
blędь *asl.* blend-
blêd *nsl.* blêdŭ
blêdoj *r.* blêdŭ
blên *b.* belnŭ
blêska *b.* blĭsk-
blêskъ *asl.* blĭsk-
blêsъk *b.* blĭsk-
blêšti *b.* blĭsk-
blêto *b.* delb-
blcha *č.* blŭcha
blicъ *r.* blicŭ
blido *os.* bljudo
blijati *s.* bli-
blijed *s.* blêdŭ
blijeska *s.* blĭsk-
blin *os.* belnŭ
blinъ *asl.* mel- 1
bliscati *asl.* blĭsk-
bliskać *wr.* blĭsk-
bliskati *asl.* blĭsk-
blistati *s.* blĭsk-
blĭti *č.* bljŭ-
blitkav *b.* bljutŭkavŭ
blitva *nsl. s.* bitva
blitva *s.* pesa
blíza *č.* blizŭ
blizić *wr.* blizŭ
blízký *č.* blizŭ
bliznak *b.* blizŭ
blizne *s.* blizŭ
bliznja *b.* blizŭ
bliznьсь *asl.* blizŭ
blizorukij *r.* zer- 1
blizu *s. p.* blizŭ
blizъ *asl.* blizŭ
blizъ *asl.* blizna
blizъkъ *asl.* blizŭ
blizь *asl.* blizŭ
bliž *p.* blizŭ
bližati *nsl.* blizŭ
bliž:ka *asl.* blizŭ
bližьnь *asl.* blizŭ
bližniak *p.* blizŭ
bljadь *r.* blend-
bljacha *r.* blechŭčij
bljevati *nsl.* bljŭ-

bljudą *asl.* bljud-
bljudъ *asl.* bljudo
bljusti *r.* bljud-
bljuść *wr.* bljud-
bljušč *klr.* bljustjŭ
bljuščъ *r.* blŭstjŭ
bljušt *s.* bljustjŭ
bljutav *s.* bljutŭkavŭ
bljuvati *asl.* bljŭ-
bljuvotina *asl.* bljŭ-
bljuznyća *klr.* bljuzni-
bloch *p.* blokŭ
blona *r.* bolna 1
blonьe *r.* bolna 2
blor *s.* blavorŭ
bloruša *s.* blavorŭ
blsket *č.* blĭsk-
blštěti *č.* blĭsk-
bluć *p.* bljŭ-
blud *nsl. č.* blend-
bluda *p.* bljudo
bluditi *nsl.* blend-
bludni *s.* blend-
bludnost *b.* blend-
bludъ *r.* blend-
bluszcz *p.* bljustjŭ
bluvaš *ns.* bljŭ-
bluźnić *p.* bluzni-
blvati *č.* bljŭ-
blwać *p.* bljŭ-
blъbolja *b.* bolboli-
blъgarinъ *asl.* bŭlgarinŭ
blъha *asl.* blŭcha
blъhorka *b.* blŭcha
blъnuvam *b.* belnŭ
blъska se *b.* blĭsk-
blъsnąti *asl.* blĭsk-
blъstêti *asl.* blĭsk-
blъšica *asl.* blŭcha
blъtaja *b.* belbŭ
blъvam *b.* bljŭ-
blъvoč *b.* bljŭ-
blýštěti *č.* blĭsk-
blъvati *asl.* bljŭ-
bľadyj *wr.* blêdŭ
bľaknuć *wr.* blêkŭ
bľidyj *klr.* blêdŭ
bľuvaty *klr.* bljŭ-

bľuzúa *ns.* blizna
bobar *s.* bebrŭ
bobona *klr.* babunŭ
bobrъ *asl.* bebrŭ
bobuk *s.* bombŭľı
bocanъ *r.* botijanŭ
bocian *p.* botijanŭ
bocnuti *s.* bod-
bocvinka *wr.* botva
boč *nsl.* bŭčıva
bočan *č.* botijanŭ
bočarъ *r.* bŭčıva
bočka *klr.* bŭčıva
boćwina *p.* botva
bod *s.* bod-
bodak *p.* bod-
bodalj *s.* bod-
bodą *asl.* bod-
bodem *nsl.* bod-
bodёrъ *r.* bŭd- 1
bodež *b.* bod-
bodę *p.* bod-
bodil *b.* bod-
bodlakъ *r.* bod-
bodnar *klr.* bŭdŭnı
bodńa *klr.* budŭnı
bodritъ *r.* bŭd- 1
bodryj *klr.* bŭd- 1
bodu *č.* bod-
bodva *s.* bod-
bodzer *wr.* bŭd- 1
bodziak *p.* bod-
bogajme *nsl.* bogŭ
bogalj *s.* bogŭ
bogatъ *asl.* bogŭ
bogi *ns.* bogŭ
bogynja *asl.* bogŭ
boh *nsl.* bochŭ
bohatý *č.* bogŭ
bohatyr *klr. p.* bogatyrı
bochen *p.* bochŭnŭ
bochon *klr.* bochŭnŭ
boj *asl.* bi-
bojadisam *b.* boja
bojar *p.* boljarinŭ
bojarinъ *r.* boljarinŭ
bojarzyn *p.* ooljarinŭ
bojaryn *klr.* boljarinŭ

bojaryšnikъ *r.* boljarinŭ
bojaśt *klr.* boja-
bojati sę *asl.* boja-
bojaznь *asl. r.* boja-
bojewisko *p.* bi-
bojisko *p. klr.* bi-
bojišče *klr.* bi-
bojkij *r.* bi-
bojlija *b.* bojŭ
bojtár *slk.* bajta
bokán *slk.* botijanŭ
bokar *s.* bokaľı
bokъ *asl.* bokŭ
bołbotać *p.* belbŭ
bołoban *wr.* balabanŭ
bołona *klr. wr.* bolna 1
bołona *wr.* bolna 2
bołone *klr.* bolna 2
bołonkar *klr.* bolna 1
bołoń *klr.* bolna 1
bołyhołov *klr.* bolě-
bolest *b.* bolě-
bolež *b.* bolě-
bolědovati *asl.* bolě-
bolěhav *nsl.* bolě-
bolěrin *b.* boljarinŭ
bolěsam *b.* ambolês-
bolěva *b.* bolě-
bolěznь *asl.* bolě-
bolěždь *asl.* bolě-
bolgarinъ *r.* bŭlgarinŭ
bolha *nsl.* blŭcha
bolja *s.* bolě-
boljačka *r.* bolě-
boljinak *s.* bolij
bolnav *b.* bolě-
bólogo *r.* bolgŭ
bolona *r.* bolna 1
bolonka *r.* bolna 1
bolonь *r.* bolna 2
bolonьe *r.* bolna 2
boloto *klr.* bolto
boltatь *r.* bolta-
boltunъ *r.* bolta-
bolvan *nsl.* balŭvanŭ
bolъvanъ *asl.* balŭvanŭ
bolь *asl.* bolě-
bolьma *asl.* bolij

bolьstvo *asl.* bolij
bolьšina *r.* bolij
bolьšucha *r.* bolij
bombar *klr.* brembŭrŭ
bombeľ *klr.* bombŭľı
bondar *klr.* bŭdŭnı
bondyrь *r.* bŭdŭnı
bor *os.* bŭrŭ
bora *s.* ber-
bora *ns.* para 2
borák *č.* boraža
boran *os.* baranŭ
boraviti *s.* by-
boravja *b.* by-
borba *nsl.* bor-
bordunъ *r.* berdunŭ
borika *b.* borŭ
borina *b.* borŭ
borište *asl.* bor-
bork *klr.* berkŭ
bork *ns.* omborŭ
borki *klr.* berkŭ
borło *os.* berlogŭ
bormotatъ *r.* belbŭ
bormotatь *r.* berbota
boroda *klr. r.* borda
borodavka *klr. r.* borda
borona *klr.* bor-
boronovolokъ *r.* bor-
boronyty *klr.* bor-
boronь *r.* bor-
borošno *klr.* boršıno
boroty *klr.* bor-
borotь *r.* bor-
borovec *nsl.* borŭ
borovikъ *r.* borŭ
borovnica *nsl.* borŭ
borovъ *r.* borvŭ
borowiec *p.* borŭ
borowka *p.* borŭ
borozda *klr. r.* borzda
borozna *wr.* borzda
borsaty *klr.* bor-
borsuk *p. klr.* barsŭkŭ
boršč *klr. wr.* berštı
bortenь *r.* bertı
bortь *r.* bertı
bort *klr.* bertı

borůvka *č.* **borŭ**	bradel *nsl.* **bordy**	bre *b. s.* more
borzo *wr.* **berzŭ**	bradlja *nsl.* **bordy**	breber *nsl.* **bebrŭ**
borzy *os.* **berzŭ**	bradva *b.* **bordy**	brečati *s.* **brenka**
borzyj *r.* **berzu**	brady *asl.* **bordy**	breda *r.* **bred-**
borъ *r.* **ber-**	bradýř *č.* **borda**	bredem *nsl.* **bred**
borъ *asl.* **bor-**	brageše *kr.* **bračina**	bredja *s.* **berdja**
bory *klr.* **ber-**	brah *č.* **borgŭ**	brednia *p.* **bred-**
borykaty ś *klr.* **bor-**	bráha *p.* **braga**	bredzeń *wr.* **bred-**
borъba *asl. r.* **bor-**	brach *os. ns.* **brakŭ**	bredzić *p. wr.* **bred-**
borъcъ *asl.* **bor-**	braja *p.* **braga**	bredъ *r.* **bred-**
bosilek *b.* **bosilĭkŭ**	brak *slk.* **berkynja**	bregeše *nsl.* **bračina**
bosiljak *s.* **bosilĭkŭ**	braki *r.* **bračina**	bregunica *s.* **bergŭ**
boska *b.* **boza-**	braklen *klr.* **braklenŭ**	breguše *nsl.* **bračina**
bošon *ns.* **botijanŭ**	brakować *p.* **brakŭ**	brekinja *s.* **berkynja**
bota *s.* **bolta**	brama *p.* **bor-**	brektati *s.* **brecha**
botaly *r.* **botŭ**	brama *os.* **pramŭ**	brekyńa *slk.* **berkynja**
bote *nsl.* **botŭ**	brana *nsl. s. p.* **bor-**	breme *s.* **ber-**
boter *nsl.* **kŭmotrŭ**	brána *č.* **bor-**	bremja *klr.* **ber-**
botovь *r.* **botva**	branč *č.* **bor-**	brenčatь *r.* **brenka-**
botuš *b.* **botŭ**	bránice *č.* **bolna 1**	breńkaty *klr.* **brenka-**
botvyna *klr.* **botva**	branič *wr.* **bor-**	breptati *č.* **belbŭ**
botwicc *p.* **botvê-**	braniti *asl. s.* **bor-**	breskev *nsl.* **bersky**
botwina *p.* **botva**	branovlaki *kr.* **bor-**	breskva *nsl.* **brosky**
botъ *r.* **batŭ**	branь *r.* **ber-**	breskyńa *klr.* **bersky**
bořity *klr.* **botê-**	branь *r.* **bor-**	brest *kr.* **berstŭ**
boubel *č.* **bombŭlĭ**	braň *č.* **bor-**	bretьjanikъ *ar.* **brotŭ**
bouda *č.* **buda**	braň *klr.* **bor-**	brew *p.* **brŭvĭ**
boule *č.* **bulja**	brašančevo *s.* **boršĭno**	brez *nsl.* **bezŭ**
bouřiti *č.* **buri-**	brášno *asl.* **boršĭno**	breza *nsl. s.* **berza**
bouřivý *č.* **buri-**	brati *asl.* **bor-**	brezdêti *nsl.* **brêzg- 1**
boz *os.* **bŭzŭ**	brati *asl.* **ber-**	brezêti *nsl.* **brêzg- 1**
bozaja *b.* **boza-**	bratučędъ *asl.* **čendo**	brezgatь *r.* **brezga-**
bozъ *r.* **bŭzŭ**	bratъ *asl.* **bratrŭ**	brezgъ *r.* **brêzg- 1**
božba *klr. r.* **bogŭ**	brav *nsl.* **borvŭ**	brezgoje *polab.* **brêzg- 1**
božič *nsl.* **bogŭ**	bravъ *asl.* **borvŭ**	brezhaty *klr.* **brezga-**
božiljka *nsl.* **bosilĭkŭ**	brazda *asl.* **borzda**	brezžatь *r.* **brezga**
božitь *r.* **bogŭ**	bražnikъ *r.* **braga**	brezžitь *r.* **brêzg- 1**
božjak *b.* **bogŭ**	brblati *č.* **belbŭ**	brežatyj *r.* **berg-**
bôben *nsl.* **bombĭnŭ**	brbljati *s.* **berbota-**	bręknąti *asl.* **brenka-**
bôbr *klr.* **bebrŭ**	brboljiti *s.* **berbota-**	bręzdati *asl.* **brenka-**
bôdem *nsl.* **by-**	brbotati *nsl.* **berbota-**	brêdńa *klr.* **bred-**
bôhmaty śa *klr.* **bogu**	brbrati *č.* **belbŭ**	brêdovka *r.* **brêdokъa**
bôj *klr.* **boja-**	brcnoti *nsl.* **berc-**	brêg *nsl.* **bergŭ**
bôk *klr.* **bokŭ**	brčje pero *s.* **berkŭ**	brêga *asl.* **berg-**
brac sę *kaš.* **bor-**	brdit *nsl.* **berdi-**	brêgъ *asl.* **bergŭ**
bračinь *asl.* **bračina**	brditi *nsl.* **berdi-**	brêja *nsl.* **berdja**
brada *asl.* **borda**	brdnúť *slk.* **bred-**	brêkinja *b.* **berkynja**
bradavica *b.* **borda**	brdo *nsl.* **berdo**	brême *nsl. b.* **ber-**

brême *asl.* ber-
brestalʌk *b.* berstŭ
brêstiti *nsl.* ners-
brêstъ *asl.* berstŭ
brêz *b.* berza
brêza *asl.* berza
brêzgъ *asl.* brêzg- 1
brêzokъ *asl.* berza
brêžda *asl.* berdja
brglez *nsl.* bergŭlʏ
brgo *s.* berzŭ
brh *č.* borgŭ
brhek *nsl.* brechŭkŭ
brhel *č.* bergŭlʏ
briča *b.* bri-
bričač *b.* bri-
bričь *asl.* bri-
brid *wr.* bridŭ
brida *wr.* bridŭ
bridek *nsl.* bridŭkŭ
bridjeti *s.* bridŭkŭ
bridost *asl.* bridŭkŭ
brig *kr.* bergŭ
briga *s.* brig-
brijati *s.* bri-
brijeg *s.* bergŭ
brijest *s.* berstŭ
brina se *b.* brig-
brincati *nsl.* brenka-
brinkać *wr.* brenka-
brinuti se *s.* brig-
briska *kr.* bersky
britej *os.* bri-
britof *nsl.* greb-
britva *asl.* bri-
britvej *ns.* bri-
brizgati *s.* bryzga-
brižiti *asl.* brig-
brižoven *s.* brig-
brjačatь *r.* brenka-
brjakatь *r.* brenka-
brjaknuć *wr.* brenka-
brjakynja *klr.* berkynja
brjančatь *r.* brenka-
brjask *klr.* brêzg- 1
brjazkać *wr.* brenka
brjuhati *nsl.* brjuchŭ
brjuch *os. ns.* brjuchŭ

brjucho *r.* brjuchŭ
brjuki *r.* bračina
brjukva *r.* bruky
brjuzžatь *r.* brjuzga
brk *s. č.* berkŭ
brkati *č.* berkŭ
brlez *nsl.* berli-
brlêti *nsl.* berli-
brljak *s.* berli-
brljav *s.* berli-
brlog *nsl.* berlogŭ
brloh *č.* berlogŭ
brlok *p.* berli-
brlooký *č.* berli-
brn *nsl.* brenije
brnąć *p.* bred-
brnčeti *č.* brenka-
brndati *nsl.* brenka-
brnêti *nsl.* brenć-
brnistra *s.* bernestra
brnkati *nsl.* brenka-
brň *č.* brŭnja
brocz *p.* brotjŭ
brôč *klr.* brotjŭ
broć *s.* brotjŭ
brŏd *os.* verdŭ 1.
broda *p.* borda
brodacica *os.* bordy
brŏdajca *ns.* borda
brodavka *p.* borda
broditi *asl.* bred-
brodjaga *r.* bred-
brodzić *p.* bred-
brodъ *asl.* bred-
brođaha *klr.* bred-
brog *p.* borgŭ
broj *nsl.* broj
brojnici *b.* broj
broma *p.* bor-
bron *nsl.* bronza
brona *p. os. ns.* bor-
bronc *p.* bronza
bronec *nsl.* bronza
bronić *p. wr.* bor-
bronja *klr.* bor-
bronja *klr. r.* brŭnja
bronь *r.* brŭnja
broń *p. wr.* bor-

broska *klr.* brŭstʏ
broskev *č.* bersky
broskiew *p.* bersky
broskva *klr* bersky
broskva *s. kr.* brosky
brost *slk.* brŭstʏ
brostъ *klr.* brŭstʏ
brosyty *klr.* brosi-
brošma *os. ns.* boršʏno
brošt *b.* brotjŭ
broštь *asl.* brotjŭ
brot *polab.* bratrŭ
brotan *č.* abrotica
brotijanica *ar.* brotŭ
brouk *č.* brŭkŭ
brousiti *č.* brŭs-
brova *klr.* brŭvʏ
brovek *č.* borvŭ
brovъ *r.* brŭvʏ
brozda *nsl.* brŭzda
brozda *p. os. ns* borzda
brozenъ *asl.* bronza
brožeń *os.* borgŭ
brožňa *ns.* borgŭ
brôd *klr.* bred-
brãci *polab.* brenka-
brslen *č.* breśljanŭ
brslen *č.* berskletŭ
brst *nsl* brŭstʏ
brstiti *s.* brŭstʏ
brślan *nsl.* breśljanŭ
brślen *č.* breśljanŭ
brêlên *nsl.* breśljanŭ
brśljan *s.* breśljanŭ
brśtan *s.* breśljanŭ
brśtran *s.* breśljanŭ
brśť *č.* berśtʏ
brtiti *č.* bertʏ
brť *č.* bertʏ
bručka *wr.* bruky
bruć się *p.* bor-
brud *p. os. klr.* brudŭ
bruhati *nsl.* brjuchŭ
brukiew *p.* bruky
brukva *klr.* bruky
brulja *b.* bruli-
bruma *os. ns.* brumʏnŭ
brumen *nsl.* brumʏnŭ

brûna č. brunŭ

brunak p. brunŭ

brunatьnъ asl. brunŭ

brunčati kr brenka-

brunec n bronza

bruno nsl. brevїno

bruny os. r. brunŭ

brus nsl. b. s. p. os. ns. brŭs-

hrusić p. brŭs-

brusklenъ r. berskletŭ

bruskovyj r. brotjŭ

bruskvina r. bersky

bruskъ r. brotjŭ

brusłyna klr. berskletŭ

brusliña č. brusina

brusnica r. brusina

brusznica p. brusina

brusъ r. brŭs-

bruštyn wr. burštynŭ

bruvař ns. brovarŭ

brûda polab. borda

brv nsl. brevїno

brv s. brŭvї

brva č. brŭvї

brvina s. brevїno

brvno nsl. brevїno

brz č. berzŭ

brzadza p. kaš. breda

brzana p. moruna

brzask p. brêzg- 1

brzask p. brêzg- 2

brzazg p. brêzg- 2

brzda nsl. brŭzda

brzdąkać p. brenka-

brzdica s. berzŭ

brzeg p. bergŭ

brzechać p. brecha-

brzelj s. bergŭlї

brzemię p. ber-

brzestan p. brešljanŭ

brzeszczyć się p. brêzg- 1

brzęk p. brenka-

brzękać p. brenka-

brzica s. berzŭ

brzký č. berzŭ

brzmieć p. bremê-

brznieć p. brenê-

brzod p. kaš. brêda

brzoskiew p. bersky

brzoskiew p. brosky

brzost p. berstŭ

brzoza p. berza

brzuch p. brjuchŭ

brzyd p. bridŭ

brzytwa p. bri

brъborja b. belbŭ

brъčka b. berka-

brъčьhъ asl. berka-

brъčtkъ asl. berka-

brъdo asl. berdo

brъdokva asl. bredokva

brъdunъ r. berdunŭ

brъgo b berzŭ

brъkam b. berka-

brъlogъ asl. berlogŭ

brъmbъr b. brembŭrŭ

brъmča b. brenka-

brъnča b. brenka-

brъnestra asl bernestra

brъnije asl. brenije

brъnja asl. brŭnja

brъnka b. burma

brъselъ asl. brŭselŭ

brъsnać b. brŭs-

brъsnąti asl. brŭs-

brъsnja b. brŭs-

brъša b. brŭs-

brъšljanъ asl. brešljanŭ

brъveno asl. brŭvї

brъvi b. brŭvї

brъvь asl. brŭvї

brъvьno asl. brevїno

brъz b. berzŭ

brъzati asl. berzŭ

brъzda asl. brŭzda

brъzêja asl. berzŭ

brъzij b berzŭ

brъzina b. berzŭ

brъzъ asl. berzŭ

brъžaj asl. berzŭ

bryd klr. bridŭ

bryłavy č. berlї-

bryľ klr. brilї

bryndźa klr. bryndza

brynza č. bryndza

brysati asl. brus-

bryska wr. bryzga-

bryskaty klr. bryzga-

bryłkyj klr. bridŭkŭ

břečtan č. brošljanŭ

břed č. bred

bředu č. bred-

břeh č. bergŭ

břek č. berkynja

břémě č. ber-

břesk č. brêzg- 1

břesk č. brêzg- 2

břeskev č. bersky

břevno č. brevїno

březí č. berdja

břežditi č. brêzg- 1

břid č. bridŭ

břidký č. bridŭ

břich č. brjuchŭ

břinčeti č. brenka-

břitký č. bridŭkŭ

břitva č. bri-

bříza č. berza

břemje ns. ber-

břemjo os. ber-

břaza ns. berza

břeska os. bersky

březa os. berza

břog ns. bergŭ

břoh os. bergŭ

bubanj s. bombїnŭ

bubati nsl. bombїnŭ

buben č. bombїnŭ

bubenъ r. bombїnŭ

bublina č. bombŭlї

bubnič wr. bombїnŭ

bubon os. ns. bombїnŭ

bubrek b. s. bubrêgŭ

bubreki nsl. bubrêgŭ

bubrig kr. bubrêgŭ

bucić się p. buti-

bučati asl. buka

bučenъ r. buka

bučeti č. buka

bučina č. buky

bućan wr. botijanŭ

budac s. budїcї

budden klr. by-

budija s. budїcї

buditi *asl.* bŭd- 1	bunt *p.* buntŭ	bzďity *klr.* pĭzd-
budja *b.* bŭd- 1	buntovnik *s.* buntŭ	bzikati *č.* bŭzika-
budka *r.* buda	buntuvam *b.* buntŭ	bzíti *č.* bŭzika-
budu *č.* by-	bura *b. s.* burja	bzový *č.* bŭzŭ
buduražić *wr.* bŭd- 1	buravlь *r.* buravŭ	bzykъ *r.* bŭzykŭ
budynek *p.* buda	burčaty *klr.* burka	bzyna *klr.* bŭzŭ
budzić *p.* bŭd- 1	burên *b.* burijanŭ	bžuk *klr.* bŭzika-
bugaj *r.* boga	burian *slk.* burijanŭ	bъbati *asl.* bŭba-
bugarin *s.* bŭlgarinŭ	burić *wr.* buri-	bъblja *b.* berbota-
bugorъ *r.* gora	burjan *klr.* burijanŭ	bъbrêg *b.* bubrêgŭ
bugъ *asl.* bugŭ	burusklenъ *r.* berskletŭ	bъbъr *b.* bebrŭ
buha *s.* blŭcha	burza *p.* burja	bъča *b.* bonka-
buhaj *klr. p.* bugaj	burzan *p.* burijanŭ	bъčela *asl.* bŭčela
buhal *b.* bucha- 2	burzyć *p.* buri-	bъčva *b.* bŭčiva
bucheň *č.* bochŭnŭ	buryty *klr.* buri-	bъčьva *asl.* bŭčiva
bujać *p.* buj	buřič *č.* buri-	bъda *b.* by-
bujakъ *asl.* buj	buselъ *r.* busŭ 3	bъdêti *asl.* bŭd- 1
bujati *asl.* buj	buselь *r.* busŭ 3	bъdnêja *b.* bŭd- 1
bujen *b.* buj	busen *s.* busŭ 2	bъdnik *b.* bŭd- 1
bujhołova *klr.* buj	buskati se *nsl.* blĭsk-	bъdrъ *asl.* bŭd- 1
bujica *nsl.* buj	busloman *kr.* musulĭmaninŭ	bъdvit *b.* by-
bujło *klr.* byvolŭ	busovje *kr.* busŭ 1	bъh *b.* bŭchŭ 1
bujnyj *klr. r.* buj	busovir *klr.* musulĭmaninŭ	bъhъ *asl.* bŭchŭ 2
bujurdĭsam *b.* bujur-	busromaninь *as.* musulĭma- ninŭ	bъhъma *asl.* bŭchŭ 2
bujvolъ *r.* byvolŭ	busurmanъ *r.* musulĭmaninŭ	bъhъmь *asl.* bŭchŭ 2
bujwoł *p.* byvolŭ	bušiti *č.* bucha- 1	bъhъtъ *asl.* bŭchŭtŭ
buk *s.* buka	buškej *os.* pušĭka	bъkel *b.* bŭčiva
buk *b.* buky	bušnica *b.* bucha- 1	bъkъ *asl.* bŭkŭ
bukavac *s.* buka	bušok *klr.* busŭ 3	bъrъ *asl.* bŭrŭ
bukev *nsl.* buky	butam *b.* buti-	bъšь *asl.* bŭchŭ 2
bukiew *p.* buky	butara *nsl.* butora	bъtarь *asl.* bŭtarï
buklerz *p.* buklerï	butêtь *r.* botê-	bъz *b.* bŭzŭ
buknuti *s.* buka	butorъ *r.* butora	bъždrъ *asl.* bŭd- 1
bukva *asl. klr.* buky	buvoł *os.* byvolŭ	byč *klr.* bi-
bukvarь *asl.* buky	buzdohan *s.* bozduganŭ	bydati *asl.* bŭd- 1
bukvica *s.* buky	buzina *r.* bŭzŭ	bydlica *ns.* by-
bukvice *č.* buky	buzovir *klr.* musulĭmaninŭ	bydlić *p.* by-
buła *p.* bulja	buživok *klr.* boza-	bydliš *ns.* by-
bułdyr *wr.* boldyrï	bužok *klr.* busŭ 3	bydło *p. os. wr.* by-
bułka *klr.* bulja	bükvâi *polab.* buky	bydlo *č.* by-
bumaha *klr.* pamukŭ	büťan *polab.* botijanŭ	bydžkavka *klr.* bŭzykŭ
bumbar *s.* brembŭrŭ	bzdêtь *r.* pĭzd-	bydžóvka *klr.* bŭzykŭ
bumbrek *nsl.* bubrêgŭ	bzdura *p.* pĭzd-	byk *p. os. ns. klr.* bykŭ
bun *s.* belnŭ	bzdzo *klr.* pĭzd-	býk *č.* bykŭ
buna *s.* buntŭ	bzed *č.* pĭzd-	było *klr.* bi-
buncati *s.* belnŭ	bzdíti *č.* pĭzd-	byłynka *klr.* by-
bunčatь *r.* buka	bzdrąg *p.* pĭz-	býl *č.* by-
buniti *s.* buntŭ		

byle *p.* by-

bylica *p.* by-

bylina *r.* by-

bỳlь *asl. r.* by-

bylь *asl.* boljarinŭ

byr *klr.* birŭ

byrčyj *klr.* birŭ

byrva *klr.* brŭvɪ

byryč *klr.* biritjŭ

byser *klr.* biserŭ

bystrína *asl.* bystrŭ

byšę *asl.* by-

byt *č. klr.* by-

bytelný *č.* by-

bytšy *ns.* bystrŭ

bytь *r.* by-

byvati *asl.* by-

byzy *r.* bŭzykŭ

bъbrъ *asl.* bebrŭ

C.

caditь *r.* cêdi-

cadzić *p.* cêdi-

cagelьnja *r.* cigŭlŭ

caist *polab.* čistŭ

cakara *s.* cukŭrŭ

cakaś *ns.* čaka-

całkom *wr.* cêlŭ

całować *p.* cêlŭ

cały *p.* cêlŭ

calda *č.* calta

calec *p.* cêlŭ

cáp *č.* capŭ

caplja *r.* čaplja

capľa *klr.* čaplja

capun *s.* capa 3

car *b. s.* cêsarɪ

cara *klr.* carina

carevica *b.* cêsarɪ

carhrad *č.* cêsarɪ

carigrad *s.* cêsarɪ

carny *ns.* čermŭ 1

carohrad *č.* cêsarɪ

carśtina *b.* cêsarɪ

cart *ns.* čertŭ

caruvam *b.* cêsarɪ

caryna *klr.* carina

carь *r.* cêsarɪ

cas *ns.* časŭ

casarь *b.* cêsarɪ

caza *ns.* čadŭ

cąbr *p.* čombrŭ

cąbr *p.* cimerŭ

cążki *p.* congy

cárküv *polab.* cerky

cárveny *polab.* čermɪ

cátê *polab.* čɪt-

ccbarь *r.* čɪbrŭ

ceber *klr.* čɪbrŭ

cebnoti *nsl.* ceb-

cebrъ *ar.* čɪbrŭ

cebula *p.* cebulja

cec *č.* cica

cecati *nsl.* sŭs-

cecki *nsl.* cica

cediti *č.* cêdi-

cedla *os.* cedulja

cedulo *č.* cedulja

cedulka *r.* cedulja

cedzić *p.* cêdi-

cegła *p.* cigŭlŭ

cehła *klr. wr.* cigŭlŭ

cech *ns.* cechŭ

cejžiš *ns.* cêdi-

cekać *wr.* tek-

ceket *nsl.* cɪk-

ceknouti *č.* cɪk-

cektati *č.* skŭk-

cel *p.* cilɪ

céla *polab.* bŭcela

celc *p.* cêlŭ

cele *wr.* telent

celina *č.* cêlŭ

celiv *s.* cêlŭ

celować *p.* cilɪ

celovati *č.* cêlŭ

cely *ns.* cêlŭ

celý *č.* cêlŭ

céľeust *polab.* čeljustɪ

cembry *p.* cembra

cemenžić *wr.* temeng-

cempêr *nsl.* cempêrŭ

cena *č. p.* cêna

cep *ć.* skep-

cepeliš *nsl.* cipela

cepin *nsl.* capa 3

cępłyj *wr.* tep 2

cer *nsl. b. s. č.* cerŭ

cerci *wr.* ter-

cerebić *wr.* terbŭ 1

cerekiew *p.* cerky

ceriti *s.* sker-

cerkev *kaš.* cerky

cerki *kaš.* cerky

cerkiew *p.* cerky

cerkov *klr.* cerky

cerkovь *r.* cerky

cerkvjej *ns.* cerky

cërło *wr.* ter-

cerv́ *ns.* čermɪ

cerъ *asl.* cerŭ

ceřiti *č.* sker-

cesar *kr.* cêsarɪ

cesarz *p.* cêsarɪ

cesaś *ns.* čes-

cesč *ns.* čɪt-

ceslina *ns.* čes-

cesty *ns.* čenstŭ

cet *klr.* čɪt-

ceta *č.* centa

cetno *p.* čɪt-

cetvar *klr.* cetvarŭ

cetyna *p.* četina

cev *č.* cêvɪ

ceva *ns.* cêvɪ

cew *p.* cêvɪ

cębra *p.* cembra

cęgi *p.* congy

cęta *asl.* centa

cętka *p.* centa

cé *asl.* kŭ 1

cêditi *asl.* cêdi-

cêditъ r. cêdi-
cêdja b. cêdi-
cêglъ asl. scêg-
cêja nsl. cêdi-
cêl nsl. cêlŭ
cêlina b. cêlŭ
cêliti asl. cêlŭ
cêlizna asl. r. cêlŭ
cêlovati asl. cêlŭ
cêlovatъ r. cêlŭ
cêlovъ asl. cêlŭ
cêluna b. cêlŭ
cêluvam b. cêlŭ
cêluvka b. cêlu
cêlъ asl. cêlŭ
cêlyj r. cêlŭ
cêlyvati asl. cêlŭ
cêlyvъ asl. cêlŭ
cêlь r. cilі
cêlьba asl. cêlŭ
cêmić wr. têm-
côp nsl. skep-
cêpenêtъ r. skep-
cêpênъ asl. skep-
cêpiti asl. skep-
cêpitъ r. skep-
cêpja b. skep-
cêriti nsl. sker-
cêrkev nsl. cerky
cêsar nsl. cêsarі
cêsariti asl. cêsarі
cêsarь asl. cêsarі
cêstiti asl. čistŭ
cêsta asl. cêtja
cêv nsl. cêvі
cêva b. cêvі
cêvka r. cêvі
cêvь asl. cêvі
cêžъ r. cêdi-
ciało p. têlos
ciasto p. têsto
ciąć p. ten-
ciąg p. teng-
ciągły p. teng-
ciągnąć p. teng-
ciąża p. teng-
ciba nsl. cip-
cíbr č. čombrŭ

cibule č. cebulja
cic ns. cica
cicam b. cica
cicati č. süs-
cičati nsl. cik- 1
cieciorka p. kichra
ciek p. tek- 1
cieko p. tek- 1
cielę p. telent
ciemierzyca p. čemerі
ciemię p. têmen
ciemiężyć p. temeng-
cień p. stênі
cieńki p. ten- 2
ciepły p. tep- 2
cierlica p. ter-
cierń p. ternŭ
cierpieć p. terp- 2
cierpnieć p. terp- 1
cierzeniec p. čerén-
ciesać p. tes-
cieszyć p. tichŭ
cieść p. tіstі
cietrzew p. tetervі
cięciwa p. tentiva
cięga p. teng-
ciężki p. teng-
cigan nsl. ciganinŭ
cigán č. ciganinŭ
ciganisati s. ciganinŭ
ciganiti s. ciganinŭ
cigel nsl. cigŭlŭ
cigelъ r. cigŭlŭ
cigla s. cigŭlŭ
cigli s. scêg-
cignanc kaš. teng-
cigular b. cigulka
cihla č. cigŭlŭ
cichmeń wr. tichŭ
cichy p. tichŭ
ciječ s. cêtja
cijediti s. cêdi-
cijel s. cêlŭ
cijena s. cêna
cijeniti s. cênu
cijep s. skep-
cijepati s. skep-
cijev s. cêvі

cik s. cik- 1
cikán č. ciganinŭ
cikati nsl. cik- 2
cikua b. cik- 1
ciknoti nsl. cik- 2
cіknuti s. cik- 1
cіknuti s. cik- 1
cil kr. cêlŭ
cíl č. cilі
cilina kr. cêlŭ
cilj nsl. s. cilі
cimer nsl. s. cimerŭ
cimêti nsl. cima
cimiter kr. kumitira
cin nsl. cinŭ
cinać wr. ten-
cintor nsl. kumitira
ciotka p. teta
cipalira kr. skep-
cipalj kr. cipela
cipeliš nsl. cipela
ciriti kr. sker-
cirkev nsl. cerky
církev č. cerky
cirkovъ asl. cerky
cis p. tisŭ
cisař č. cêsarі
cisiąc p. tysonšta
ciskać p. tisk-
cítiti č. tjut-
citvar b. cetvarŭ
ciurknąć p. curŭ
cizati nsl. süs-
cizí č. tjudjŭ
cizrna č. kichra
cižba p. tisk-
cjepanica s. skep-
cka s. dŭska
ckáti č. cіk-
ckliwy p. tŭsk-
cklo s. stіklo
ckny p. tŭsk-
ckvrna kr. skverna
cło p. os. ns. wr. clo
clávak polab. človêkŭ
clić p. cêlŭ
clojek ns. človêkŭ
clona č. sloni-

clonk *ns.* čelnŭ 1	crъča *b.* cerk-	cvrča *nsl.* skver-
clota *č.* slota	crъka *b.* cerk-	cvrčak *s.* skverk-
clovjek *ns.* človêkŭ	crъkam *b.* cerk-	cvrčak *s.* čverka-
cmentarz *p.* kumitira	crъkъtênije *asl.* cerk-	cvrčati *s.* čverka-, kvĭrk-
cmrkati *nsl.* smerk 2	crъkÿ *asl.* cerky	cvrčeti *č.* skverk-
cmúd *č.* svend-	crъn *b.* černŭ 1	cvrêti *nsl.* skver-
cnêti *č.* tŭsk-	cŕej *ns.* čeŕvjŭ	cvrk *č.* skverk-
cnota *č.* čĭt-	cŕonak *ns.* čern- 1	cvrka *s.* skverk-
cny *p.* čĭt-	cŕonki *ns.* černŭ 4	cvrkati *č.* čverku-, sverk-
codit *polab.* čadŭ	cŕop *ns.* čerpŭ	cvrknoti *nsl.* skverk-
cofać *p.* cofa-	cŕoslo *ns.* čert-	cvrknuti *č.* čverka-
cokla *s.* coklja	cŕovo *ns.* červo	cvrlêti *nsl.* skverl-
cokor *os.* cukŭrŭ	ctíti *č.* čĭt-	cvrlikati *č.* skverl-
cokula *kr.* coklja	ctnoba *č.* čĭt-	cvrtje *nsl.* skver-
cokule *s.* coklja	ctný *č.* čĭt-	cvrzati *nsl.* skver-
cola *ns.* bŭčela	cubuk *klr.* ćibukŭ	cvrъča *b.* skverk-
coln *ns.* čelnŭ 2	cucek *nsl.* kučĭka	cvykła *klr.* sveklŭ
colo *ns.* čelo	cucić *p.* tjut-	cvyrkać *wr.* skverk-
cop *ns.* čepŭ	cud *č.* tjudĭ	cvъtą *asl.* kvĭt-
copać *p.* cofa-	cudo *p.* čudos. tjudo	cwał *p.* cvalŭ
cosi *p.* svŭ	cudzić *p.* tjud-	czad *p.* čadŭ
cotav *s.* čot-	cudzy *p.* tjudjŭ	czaić *p.* ča-
couditi *č.* tjud-	cukar *s.* cukŭrŭ	czajka *p.* čajka
coufati *č.* cofa-	cuker *nsl. wr.* cukŭrŭ	czakać *p.* čaka-
côper *nsl.* copŭrŭ	cukier *p.* cukŭrŭ	czamara *p.* čamara
cpáti *č.* cŕpa-	cukor *ns.* cukŭrŭ	czapka *p.* kapa. šapka
crćeti *č.* cerk-	cukr *č.* cukŭrŭ	czapla *p. os.* čaplja
creva *s.* červjŭ	cukur *klr.* cukŭrŭ	czaprak *p.* čaprakŭ
crevlja *s.* červjŭ	curêti *nsl.* curŭ	czara *p.* čara 1
crêvŭ *polab.* červo	curiti *kr.* curŭ	czarny *p.* černŭ 1
crêti *nsl.* skver-	cuš *ns.* ču	czarować *p.* čarŭ
crijep *s.* čerpŭ	cuzati *nsl.* cica	czart *p.* čertŭ 2
crijevo *s.* červo	cuzek *nsl.* cica	czary *p.* čarŭ
crikva *kr.* cerky	cval *č.* cvalŭ	czas *p.* časŭ
crip *kr.* čerpŭ	cvek *nsl.* cvekŭ	czasza *p.* čaša
criv *polab.* červjŭ	cvekla *nsl.* sveklŭ	cząbr *p.* čombrŭ
crivo *kr.* červo	cvêtь *asl.* kvĭt-	czcić *p.* čĭt-
crkati *nsl. č.* cerk-	cvič *nsl.* cik- 2	czcionka *p.* čĭt-
crknoti *nsl.* cerk-	cvičati *nsl.* kvik-	czczy *p.* tŭsk-
crknuti *s.* cerk-	cvičić *wr.* cviči-	czeczotka *p.* ček-
crkva *s.* cerky	cvičiti *č.* cviči-	czechać *p.* čes-
crn *s.* černŭ 1	cvik *slk.* cvekŭ	czechel *p.* čechlŭ
crpъti *s.* čerp-	cvilêti *asl.* kvil-	czechło *p.* čechlŭ
crtalo *s.* čert-	cviriti *nsl.* skver-	czechrać *p.* čes
crtarnuti *s.* čert-	cvjak *klr.* cvekŭ	czekać *p.* čaka-
crv *s.* čermĭ	cvok *č.* cvekŭ	czeladź *p.* čeljadĭ
crva *s.* čermĭ	cvol *b.* stvolŭ	czeluść *p.* čeljustĭ
crven *s.* čermĭ	cvolŭ *asl.* stvolŭ	czemierzyca *p.* čemerĭ

czep *p.* čepĭcĭ

czepiec *p.* cepĭcĭ. kapa

czereda *p.* čerda 2

czerep *p.* čerpŭ

czerp *p.* čerp-

czerpać *p.* čerp-

czerstwy *p.* čerstvŭ

czerwony *p.* čermĭ

czerwotocz *p.* čermĭ

czerẃ *p.* čermĭ

czeryn *p.* černŭ 3

czesać *p.* čes-

czestować *p.* čĭt-

cześć *p.* čĭt-

cześnik *p.* čaša

część *p.* čenstĭ

częsty *p.* čenstŭ

czlek *p.* člověkŭ

człou *p.* čelnŭ 1

człowiek *p.* člověkŭ

czmiel *p.* čĭmelĭ

czołgać *p.* čolga-

czołn *p.* čelnŭ 2

czoło *p.* čelo

czop *p.* čepŭ

czosnek *p.* čes-

czrzewa *p.* červo

czrzoda *p.* čerda 2

czstny *ap.* čĭt-

czta *p.* čĭt-

cztę *p.* čĭt-

czub *p.* čup-

czuba *p.* čuba

czuć *p.* ču-

czuch *p.* ču-

czupryna *p.* čup-

czuwać *p.* ču-

czwał *p.* cvalŭ

czwarzyć się *p.* čvara

czychać *p.* čuga

czyn *p.* činŭ

czynić *p.* činŭ

czyranka *p.* čir-

czyrek *p.* čirŭ

czysło *p.* čĭt-

czysty *p.* čistŭ

czyszczec *p.* čistĭ

czytać *p.* čĭt-

czyż *p.* čižĭ

cъftja *b.* kvĭt-

cъklo *b.* stĭklo

cъrkva *b.* cerky

cybla *os.* cebulja

cybuch *p.* čibukŭ

cybula *p.* cebulja

cyc *p. os.* cica

cyca *wr.* cica

cycek *p.* sъs- 1

cycka *klr.* cica

cydzić *os.* cъdi-

cygel *ns.* cigŭlŭ

cyhel *os.* cigŭlŭ

cyhła *klr.* cigŭlŭ

cygan *p. os. ns.* ciganinŭ

cyganъ *r.* ciganinŭ

cyhan *klr. wr.* ciganinŭ

cyhančuk *klr.* ciganinŭ

cyły *os.* cělŭ

cymbał *p.* cimbalŭ

cymbały *klr.* cimbalŭ

cymbora *klr.* sjabrŭ

cymbryny *klr.* cembra

cymer *klr.* cimerŭ

cyn *os. ns.* cinŭ

cyna *p.* cinŭ

cyniś *ns.* činŭ

cynowod *p.* si- 1

cypka *r.* cip-

cyplokъ *r.* cip-

cypła *klr.* cip-

cyrkej *os.* cerky

cyrułyk *klr.* cirulikŭ

cyrulik *p.* cirulikŭ

cyść *ns.* čistĭcĭ

cysty *ns.* čistŭ

cytvarъ *r.* cetvarŭ

cytwar *p.* cetvarŭ

cyva *os.* cěvĭ

cyž *ns.* čižĭ

cъsarъ *as.* ar. cěsarĭ

Č.

ča *kr.* kŭ 1

čabar *s.* čĭbrŭ

čaberъ *r.* čombrŭ

čabor *wr.* čombrŭ

čábr *č.* čombrŭ

čabryk *klr.* čombrŭ

čad *nsl. č. klr.* čadŭ

čada *nsl.* čadŭ

čadin *nsl.* čadŭ

čaditi *s.* čadŭ

čadj *s.* čădŭ

čadja *s.* čadŭ

čado *klr.* čendo

čador *s.* čadŭrŭ

čadro *r.* čadŭrŭ

čadský *č.* čerda 1

čadъ *asl.* čadŭ

čadъr *b.* čadŭrŭ

čaď *klr.* čadŭ

čachnuć *wr.* čach-

čachnutь *r.* čach-

čachotka *r.* čach-

čaj *r.* ča-

čajati *asl.* ča-

čajaznь *asl.* ča-

čajba *nsl.* kajba

čáka *č.* čakn-

čakam *b.* čaka-

čakšire *s.* čikčiry

čałovaty *klr.* čalerŭ

čalaren *nsl.* čalerŭ

čaloun *č.* calonŭ

čalovati *s.* čalerŭ

čalun *kr.* calonŭ

čáp *č.* čaplja

čapci *s.* capĭcĭ

čapěti *č.* čep-

čapła *klr.* čaplja

čaporci *s.* čĭparogŭ

čaprag *nsl.* čaprakŭ

čara *asl.* čarŭ

čára *č.* čara 2

čarati *s.* čarŭ	čečetъ *r.* ček-	čeľusť *klr.* čeljustĭ
čárati *č.* čara 2	čečka *slk.* ček-	čemer *nsl.* čemerĭ
čardak *s.* čertogŭ	čeda *nsl.* čerda 1	čemeren *nsl.* čemerĭ
čaročka *klr.* čara 1	čeden *nsl.* čerda 1	čemerica *asl. r.* čemerĭ
čarodêicъ *asl.* čarŭ	čediti *nsl.* čerda 1	čemerika *nsl.* čemerĭ
čaroďêj *r.* čarŭ	čednost *nsl.* čerda 1	čemeritъ *asl.* čemerĭ
čarodějník *č.* čarŭ	čedo *nsl.* čendo	čemerъ *r.* čemerĭ
čarovati *asl.* čarŭ	čeh *nsl.* čechŭ	čemerь *asl.* čemerĭ
čarove *asl.* čarŭ	čehlarin *b.* čechlŭ	čemeřice *č.* čemerĭ
čarzyc *kaš.* čarŭ	čehlъ *asl.* čechlŭ	čemeŕ *klr.* čemerĭ
čary *klr. wr.* čarŭ	čehъl *b.* čechlŭ	čemjerica *os.* čemerĭ
čáry *č.* čarŭ	čechcl *č.* čechlŭ	čensto *dsl.* čenstŭ
čas *nsl.* časŭ	čechlikъ *r.* čechlŭ	čep *nsl. b. s. č.* čepŭ
časć *os. wr.* čenstĭ	čecholъ *r.* čechlŭ	čep *wr.* čepĭ
časitъ *r.* časŭ	čechrati *č.* čes-	čepa *nsl.* čepĭcĭ
časni *s.* čĭt-	čejka *č.* čajka	čepac *s.* čepĭcĭ
čast *nsl.* čĭt-	čekati *asl.* čaka-	čepec *č.* čepĭcĭ
částka *č.* čenstĭ	čekaty *klr.* čaka-	čepesъ *r.* čepĭcĭ
častyj *klr. r.* čenstŭ	čela *nsl.* bŭčela	čepeć *klr.* čepĭcĭ
častъ *r.* čenstĭ	čelbinka *b.* čelo	čepesti rogove *b.* čepurŭ
časť *klr.* čenstĭ	čeleď *č.* čeljadĭ	čepêti *nsl.* čep-
čata *nsl.* četa	čelesen *č.* čeljustĭ	čepor *b.* čepurŭ
čatiti *s.* čĭt-	čelesnik *nsl.* skel- 1	čeprъ *asl.* čeprĭ
čator *s.* čadŭrŭ	čelesnikъ *r.* čelo	čepur *s.* čepurŭ
čatrnja *s.* čatŭrnja	čelesno *os.* čeljustĭ	čepuratъ *asl.* čepurŭ
čatyna *klr.* četina	čelesten *č.* čeljustĭ	čepurić *ša wr.* čeprĭ
čava *s.* čavŭka	čelesлъ *asl.* čelo	čepurije *asl.* čepurŭ
čavao *s.* čavŭlŭ	čelêk *b.* člověkŭ	čepuritъ *sja r.* čeprĭ
čavel *nsl.* čavŭlŭ	čelêkъ *r.* člověkŭ	čepurnyj *wr.* čoprĭ
čavka *s.* čavŭka	čelêsnik *nsl.* čelo	čepuryty *klr.* čeprĭ
čavъka *asl.* kava	čelêšnjek *nsl.* čelo	čepyžitъ *sja r.* čeprĭ
čazbina *s.* čĭs-	čelistník *č.* čeljustĭ	čepь *r.* čepĭ
čąbrъ *asl.* čombrŭ	čelist *č.* čeljustĭ	čepьcъ *asl.* čepĭcĭ
čbán *č.* čĭbanŭ	čeliti *č.* čelo	čeṕ *wr.* čepurŭ
čbanъ *asl.* čĭbanŭ	ćeljad *b. s.* čeljadĭ	čerdakъ *r.* čertogŭ
čber *č.* čĭbrŭ	čeljadinъ *asl.* čeljadĭ	čereda *klr. r.* čerda 2
čbula *nsl.* cebulja	čeljadzin *wr.* čeljadĭ	čeredž *wr.* čerda 2
če *nsl.* ašte	čeljadь *asl. r.* čeljadĭ	čeremcha *klr.* čermŭcha 1
čebela *nsl.* bŭčela	čeljaž *ns.* čeljadĭ	čeremica *r.* čermŭcha 2
čeber *nsl.* čĭbrŭ	čeljupine *kr.* čeljustĭ	čeremša *r.* čermŭcha 2
čebotъ *r.* čobotŭ	čeljust *b. s.* čeljustĭ	čeremucha *r.* čermŭcha 1
čebul *nsl.* cebulja	čeljustъ *asl. r.* čeljustĭ	čeren *klr.* černŭ 4
čebula *nsl.* cebulja	čelnъ *r.* čelnŭ 2	čerenac *s.* čerên-
čebreć *klr.* čombrŭ	čelovêkъ *r.* člověkŭ	čerennyj *klr.* čern- 1
čebrja *klr.* čerpŭ	čelьnikъ *asl.* čelo	čerenokъ *r.* čern- 2
čebryk *klr.* čombrŭ	čeľaď *klr.* čeljadĭ	čerenъ *r.* černŭ 3
čečatka *č.* ček-	čeľiď *klr.* čeljadĭ	čerenъ *r.* černŭ 4
čečetka *č.* ček-	čeľustnik *slk.* čeljustĭ	čerep *klr.* čerpŭ

čerepać wr. čerp·	čertežъ r. čert·	čet č. četa
čerepucha klr. čerpü	čertitь r. čert·	čet b. čіt·
čerepъ r. čerpü	čertoh klr. čertogü	četa b. čіt·
čeres klr. čersü	čertъ r. čertü 2	četati asl. četa
čeresło klr. čersü	čerty klr. čerp·	četedžija s. četa
čeresło klr. čert	červ č. klr. čermі	četka b. štet·
čereslo slk. čert·	červa r. čermі	čětki r. čіt·
čeresъ r. čersü	červec č. wr. čermі	četvergъ r. četyri
čerešča ar. čeršta	červecъ r. čermі	četvertь r. četyri
čerešnja nsl. klr. r. čersja	červený č. čermі	četvrêgubъ asl. četyri
čerešňa slk. čersja	červij b. čermі	četvrъgъ asl. četyri
čeretъ r. čertü 1	červь r. čermі	čёtъ r. čіt·
čerety klr. čerp·	čerъp b. čerpü	čevrljuga s. skvorl·
čerevi r. červjü	čeřen č. čerên·	čevrъst b. čerstvü
čerevik wr. červjü	čeříslo č. čert·	čezna b. čez·
čerevikъ r. červjü	čeřъ os. čermі	čeznąti asl. čez·
čerevo klr. wr. r. červo	česać s. čes·	čeznuć wr. čez·
čerevyk klr. červjü	česati asl. čes·	čeznuti s. čez·
čerez klr. kersü	česaty klr. čes·	čeznutь r. čez·
čerezčurъ r. čurü	česatь r. čes·	čędo asl. čendo
čerên b. černü 4	čescić wr. čіt·	čędь asl. čendo
čeresło b. čert·	česć os. wr. čіt·	čęstъ asl. čenstü
čerêša b. čersja	česen nsl. čes·	čęstь asl. čenstі
čerêz nsl. kersü	česle č. čes·	čęšta asl. čenstü
čerha klr. wr. čerga 2	česlo· nsl. čes·	čêda nsl. čerda 2
čerjen s. čerênü	česlъ asl. čes·	čêpc os. čepicі
čerkatь r. čerk· 1	česnek nsl. čes·	čêpъ r. skep·
čermnyj klr. r. čermі	česnok klr. čes·	čêšnja nsl čersja
čermucha č. čermücha 1	česnъkъ asl. čes·	čêvelj nsl. červjü
černobyľ klr. černü 1	česrati kr. čes·	čêvo nsl. červo
černotalь r. černü 1	čest b. čenstі	čchnuty klr. küch 1
černyj klr. černü 1	čestit b čenstі	či č. kü· 1
čerot wr. čertü 1	čestitati b. censti	čičerka nsl. kichra
čerpati č. čerp·	čestitja b. censti	čiga s. kečiga
čerpatь r. čerp·	često nsl. čenstü	čihati č. čuga·
čerpčij r. čerp·	čestь r. čіt·	čich č. ču·
čerpychnutь r. čerp·	česť č. čenstі	čichatь r. küch· 1
čersaty klr. čes·	česť č. čіt·	čij asl. kü 1
čerstadlo ns. čert·	česvina s. cesmina	čikov s. čikü
čerstalo ns. čert·	čёsъ r. čes·	čikuta s. kukuta
čerstvy os. čerstvü	čёsъn b. čes·	čil s. ki·
čerstvý č. čerstvü	češa b. čes·	čilikatь r. čirika·
čerstvyj klr. r. čerstvü	češjati kr. čes·	čilý č. ču
čert č. os. klr. čertü 2	češljuga s. čes·	čilykъ r. človêkü
čerta r. čert·	češmigovec nsl. česmina	čimavica s. kimakü
čertadlo č. čert·	češmika nsl. česmina	čimin nsl. kjuminü
čertati č. čert·	češplja nsl češpa	čin s. činü
	češuja asl. klr. r. čes·	činiti nsl. činü

činitь *r.* činŭ

činja *b.* činŭ

činž *nsl.* kinŭsŭ

činъ *asl. r.* činŭ

čipica *b.* cipela

čiprem *nsl.* prêmŭ

čipula *s.* cebulja

čipy *klr.* čepɪ

čir *s.* čirŭ

čiraj *nsl.* čirŭ

čirej *b. r.* čirŭ

čirek *č.* čir-

čirič *nsl.* šturŭ

čirikatь *r.* čirika-

čirjak *nsl.* čirŭ

čirjaslo *r.* čert-

čirka *wr.* čir-

čirkatь *r.* čir-

čirokъ *r.* čir-

čirstvyj *wr.* čerstvŭ

čirь *asl.* čirŭ

čirý *č.* štirŭ

čislati *nsl.* čɪt-

čislo *asl.* čɪt-

číslo *č.* čɪt-

čismę *asl.* čɪt-

čist *nsl.* čistŭ

čistac *s.* čistɪcɪ

čistec *č.* čistɪcɪ

čistilište *asl.* čistŭ

čistiti *nsl.* čistŭ

čistja *b.* čistŭ

čistъ *asl.* čistŭ

čisty *os.* čistŭ

čistý *č.* čistŭ

čistyj *r.* čistŭ

čistь *asl.* čɪt-

čistьсь *asl.* čistŭ

číše *č.* čaša

čitać *os.* čɪt-

čitati *asl. s.* čɪt-

čítati *č.* čɪt-

čitav *b. s.* čɪt-

čiti *s.* čɪt-

číti *č.* ču-

čitovat *kr.* čɪt-

čitula *s.* cedulja

čivyj *r.* tŭsk-

číž *č.* čižɪ

čižba *č.* čuga-

čižek *nsl.* čižɪ

čižik *os.* čižɪ

čižž *r.* čižɪ

čkakljati *s.* skŭk-

čkáť se *slk.* skjŭk-

čknutь *r.* štɪp-

čkvrlj *s.* skverl-

člen *klr.* čelnŭ '1

člonk *os.* čelnŭ 1

člonki *wr.* čelnŭ 1

človjek *os.* človêkŭ

član *s. č.* čelnŭ 1

članek *nsl.* čelnŭ 1

člańъ *asl.* čelnŭ 1

člen *s.* černŭ 4

člen *č.* čelnŭ 1

členъ *r.* čelnŭ 1

člên *nsl.* čelnŭ 1

člênek *nsl.* čelnŭ 1

člênovьnъ *asl.* čern- 1

člênъ *asl.* čelnŭ 1

čln *slk.* čelnŭ 2

človek *nsl.* človêkŭ

člun *č.* čelnŭ 2

člъnъ *asl.* čelnŭ 1

člъnъ *asl.* čelnŭ 2

čmela *nsl.* bŭčela

čmelj *nsl.* čɪmelɪ

čmelь *r.* čɪmelɪ

čmêti *nsl.* čɪmê-

čmiľ *klr.* čɪmelɪ

čmjeła *os.* čɪmelɪ

čmrlj *nsl.* čɪmelɪ

čmrljak *nsl.* čermɪ

čmúd *č.* svend-

čoba *nsl.* čuba

čobanyk *klr.* pas-

čobot *p.* čobotŭ

čobôt *klr.* čobotŭ

čochła *klr.* čechlŭ

čołen *klr. wr.* čelnŭ 2

čołm *os.* čelnŭ 2

čołno *klr.* čelnŭ 2

čołó *os.* čelo

čołovik *klr.* človêkŭ

čoln *nsl.* čelnŭ 2

čomber *b.* čombrŭ

čop *os.* čepŭ

čoplja *b.* čopli-

čopornyj *r.* čeprɪ

čornobryvyj *klr.* brŭvɪ

čornokłen *klr.* braklenŭ

čornokłyn *klr.* černŭ 1

čorny *os.* černŭ 1

čornyj *klr.* černŭ 1

čort *klr.* čertŭ 2

čortъ *r.* čertŭ 2

čotast *nsl.* čot-

čotky *klr.* čɪt-

čovjek *s.* človêkŭ

čovka *klr.* čavŭka

čôp *klr.* čepŭ

čpag *s.* čɪpagŭ

čpár *č.* čɪparogŭ

črčati *nsl.* čerk- 2

črček *nsl.* čerk- 2

čreda *kr.* čerda 2

čremož *nsl.* čermŭcha 2

čren *slk.* černŭ 2

črenka *č.* černŭ 4

črenъ *r.* černŭ 3

črevíc *slk.* červjŭ

črevík *slk.* červjŭ

črevo *slk. r.* červo

črêda *asl. nsl.* čerda 2

črêditi *nsl.* čerda 1

črêditi *asl. nsl.* čerda 2

črêdъ *asl.* čerdŭ

črêdьnikъ *asl.* čerda 2

črêljuštьnъ *asl.* čerljuštɪ

črêmiga *asl.* čermiga

črêmъ *asl.* čermŭ

črênovьnъ *asl.* čern- 1

črênsa *nsl.* čermŭcha i

črênъ *asl.* černŭ 4

črêp *nsl.* čerpŭ

črêpati *nsl.* čerp-

črêpъ *asl.* čerpŭ

črêsla *asl.* čerslo

črêsliti *asl.* čersli-

črêsmina *asl.* česmina

črêsti *asl.* čert-

črêsъ *asl.* kersŭ

črêšnja *nsl.* čersja

29

črêšta *asl.* čeršta
črêšьnja *asl.* čersja
črêt *nsl.* čertŭ 1
črêvelj *nsl.* červjŭ
črêvij *asl.* červjŭ
črêvo *asl.* červo
črêzъ *asl.* kersŭ
črid *kr.* čerda 2
čriditi *nsl.* čerda 1
črieda *slk.* čerda 2
črij *os.* červjŭ
črišnja *kr.* čersja
črmljak *nsl.* čermĭ
črn *nsl.* černŭ 1
črné *nsl.* černŭ 4
čronovc *os.* čern- 1
črony *os.* černŭ 4
črosło *os.* čert-
črpati *nsl.* čerp-
črstev *nsl.* čerstvŭ
črtalo *nsl.* čert-
črtati *nsl.* čert-
črv *nsl.* čermĭ
črъča *b.* čerk- 2
črъda *b.* čerda 2
črъkva *b.* cerky
črъtьпъ *asl.* čermĭ
črъпъ *asl.* černŭ 1
črъpą *asl.* čerp-
črъpja *b.* čerp-
črъpьčij *asl.* čerp-
črъstvъ *asl.* čerstvŭ
črъtalo *b.* čert-
črъtati *asl.* čert-
črъtogъ *asl.* čertogŭ
črъvavьnъ *asl.* čermĭ
črъvenъ *asl.* čermĭ
črъvij *b.* čermĭ
črъvja *b.* čermĭ
črъvo *b.* červo
črъvь *asl.* čermĭ
črъvьпъ *asl.* čermĭ
čŕeć *os.* čerp-
čŕevo *os.* červo
čŕeda *os.* čerda 2
čŕop *os.* čerpŭ

čtitь *r.* čĭt-
čtu *č. r.* čĭt-
čub *č.* čup-
čuban *wr.* čup-
čubar *s.* čombrŭ
čubatyj *klr.* čup-
čubka *wr.* čup-
čubr *č.* čombrŭ
čubrъ *r.* čombrŭ
čubukъ *r.* čĭbukŭ
čubъ *r.* čup-
čuc *kaš.* ču-
čučati *s.* čuk-
čučeti *nsl.* čuk-
čuć *os. wr.* ču-
čud *nsl.* tjudĭ
čudakъ *r.* čudos
čudež *nsl.* čudos
čudo *asl.* čudos
čuchać *os.* ču-
čuchatь *r.* ču-
čuja *b.* ču-
čujati *s.* ču-
čujatь *r.* ču-
čukam *b.* čuka-
čukotatь *r.* skŭk-
čukundjed *s.* čukunŭ
čułyj *wr.* ču-
čumnata *nsl.* kamnata
čun *s.* čelnŭ 2
čupati *s.* čup-
čupav *s.* čup-
čuperak *s.* čup-
čupja *b.* čupi-
čuprunъ *r.* čup-
čupryna *č. klr.* čup-
čupryndij *klr.* čup-
čurilko *r.* čurilo
čuti *asl.* ču-
čutiti *nsl.* tjut-
čuty *klr.* ču-
čutь *r.* ču-
čuvadaŕ *s.* ču-
čuvar *s.* ču-
čuvati *s.* ču-
čuvik *slk.* kvik-

čuvьnъ *asl.* ču-
čužd *b.* tjudjŭ
čuždь *asl.* tjudjŭ
čužyj *klr.* tjudjŭ
čvaneč *klr.* čĭbanŭ
čvanitь *r.* čvanŭ
čvan *asl.* čĭbanŭ
čvanъčij *asl.* čĭbanŭ
čvariti *s.* skver-
čvarnyj *klr.* čvara
čvirk *klr.* skver-
čvjeŕeп *os.* čĭbrŭ
čvodo *os.* čudos
čvor *os.* čĭbrŭ
čvorak *s.* skvor-
čvrčak *s.* čverka-
čvrčati *nsl.* čverka
čvrst *s.* čerstvŭ
čvrъstъ *asl.* čerstvŭ
čъbrъ *b.* čĭbrŭ
čъrdak *b.* čertogŭ
čъrupka *b.* čerpŭ
čъstit *b.* čĭt-
čъhaty *klr.* čuga-
čъchraty *klr.* čes-
čъk *klr.* čikŭ
čъnyṭy *klr.* činŭ
čъrjak *klr.* čirŭ
čъsło *klr.* čĭt-
čъstryty *klr.* čes-
čъstyj *klr.* čistŭ
čъtaty *klr.* čĭt-
čъtavyj *klr.* čĭt-
čъž *klr.* čižĭ
čьbanъ *r.* čĭbanŭ
čьbrъ *asl.* čĭbrŭ
čьną *asl.* ken-
čьparogъ *asl.* čĭparogŭ
čьstiti *asl.* čĭt-
čьstivъ *asl.* čĭt-
čьtą *asl.* čĭt-
čьtij *asl.* čĭt-
čьtivъ *asl.* čĭt-
čьto *asl.* kŭ 1
čьtьсь *asl.* čĭt-
čьvanъ *asl.* čĭbanŭ

C.

ćahińa *wr.* teng-
ćahnyć *os.* teng-
ćamić *wr.* têm-
ćatka *klr.* centa
ćárny *polab.* černŭ 1
ćaza *os.* teng-
ćebe *s.* kjebe
ćec *os.* tek- 1
ćeča *s.* keča
ćeć *os.* ten 1
ćela *s.* kelŭ
ćelija *s.* kelija
ćemane *s.* kjemane
ćemer *s.* kemerŭ 1
ćemer *s.* kemerŭ 2
ćepić *os.* tep 3
ćer *s.* dŭšter
ćerpič *s.* kerpičĭ
ćeŕ *os.* ter-

ćesar *s.* cêsarĭ
ćežki *os.* teng-
ćidyty *klr.* cêdi-
ćiłovaty *klr.* cêlŭ
ćiłyj *klr.* cêlŭ
ćilit *s.* kjilitŭ
ćip *klr.* skep-
ćipok *klr.* skep-
ćisaŕ *klr.* cêsarĭ
ćivka *klr.* cêvĭ
ćiwun *p.* tijunŭ
ćma *p.* tema
ćmiel *p.* čĭmelĭ
ćopły *os.* tep- 2
ćor *s.* kjoravŭ
ćorda *s.* korŭda
ćosa *s.* kjosc
ćoše *s.* kjoše
ćuba *s.* čup-

ćubast *s.* čup-
ćud *s.* tjudĭ
ćufteta *s.* kjufteta
ćuk *s.* čukŭ
ćuprija *s.* kjuprija
ćura *s.* korkoj
ćurak *s.* kurka
ćuskija *s.* kjuskija
ćuška *s.* tjuška
ćutiti *s.* tjut-
ćwiczyć *p.* cviči-
ćwiek *p.* cvekŭ
ćwierć *p.* četyri
ćwierdza *p.* tverdŭ
ćwierkac *p.* sverk-
ćwierknąć *p.* kvírk-. skverk-
ćwierzyć *p.* četyri
ćwikła *p.* sveklŭ
ćvirkaty *klr.* skverk-

D.

dabar *s.* bebrŭ
dácný *č.* dada-
dača *nsl. r.* da-
daća *s.* da-
dadilja *s.* dada
dados *klr.* dadosŭ
dagma *s.* damga
daidža *s.* dajica
dajić *os.* davi-
dak, dake *s.* dakle
daklem, daklen *s.* dakle
dakto *klr.* da
dál *č.* dal-
dalekъ *asl.* dal-
dalь *r.* dal-
dańga *s.* damga
danie *klr.* da-
danь *asl.* da-
dăra *polab.* der-
darba *b.* da-
dardu *nsl.* do

darežljiv *nsl.* da-
darmo *nsl.* da-
darnąć *p.* der-
darnuti *s.* der-
darń *p.* dernŭ 1
darunok *klr.* da-
darzki *p.* derzŭ
darъ *asl.* da-
datel *č.* dentlŭ
dåug *polab.* delgŭ 2
dåuǵy *polab.* delgŭ 1
davêča *r.* davê
davi *nsl.* davê
davida *klr.* davê
dawić *p.* davi-
dažba *b.* da-
dažda *asl.* da-
daždьbogъ *r.* da-
dąbъ *asl.* dombŭ
dąbrava *asl.* dombŭ
dąbrowa *p.* dombŭ

dąga *asl.* donga
dażyé *p.* donži-
dbáti *č.* dŭb-
dc *klr.* dê- 1
deb *nsl.* vŭdodŭ
ded *nsl.* dêdŭ
dede *s.* dê- 1
deglica *b.* denglica
deglin *nsl.* daga
degotь *r.* degŭtĭ
dehct *č.* degŭtĭ
dehoť *klr.* degŭtĭ
dech *č.* dŭch-
decheć *klr.* degŭtĭ
dejić *os.* dê- 2
déka *č.* daga
dela *ns.* dila
delbem *kr.* delb-
deli *s.* delija
delto *b.* delb-
delva *b.* dely

29*

delъvъ *asl.* dely	dęga *p.* donga	djak *slk.* denkŭ
denar *nsl.* dinarĭ	dętlъ *asl.* dentlŭ	djaka *klr.* denkŭ
denьgi *r.* damga	dêdic *č.* dêdŭ	djakło *klr.* dê- 1
deplo *nsl.* dup-	děk *č.* denkŭ	djakłyk *klr.* dentlŭ
deptati *č.* tŭp-	dêkan *č.* dekaŋŭ	djatelь *r.* dentlŭ
derą *asl.* der-	dêlь *as.* dêlŭ 2	djatlina *r.* dentela
derba *r.* der-	dêlьmi *asl.* dêlja	djaval *kr.* dijavolŭ
deren *klr.* dernŭ 2	dêna *b.* dê- 1	djavo *s.* dijavolŭ
dereń *p.* dernŭ 2	dêra *asl. nsl.* der-	djeca *s.* dê- 2
derety *klr.* der-	dêrjati *nsl.* dirjati	djedjerno *kr.* jendrŭ
derevnja *klr.* dervo	dětel *č.* dentela	djeisija *s.* gjeisija
dereva *klr. r.* dervo	dêtę *asl.* dê- 2	djem *s.* gjemŭ
dereze *nsl.* drêze	dêtь *asl.* dê- 1	djemija *s.* gjemija
dergota *r.* derg- 1	dêtъ *asl.* dê- 2	djesti *s.* dê- 1
derhaty *klr.* derg- 2	dêva *asl.* dê- 2	djetao *s.* dentlŭ
deriť *ns.* der-	dibla *nsl.* dipla	djidija *s.* gidija
derjuga *r.* der-	dibok *kr.* dlŭbokŭ	djoga *s.* gjoga
dermo *r.* der-	dijel *s.* dêlŭ 1	djon *s.* gjonŭ
dernek *s.* dernekŭ	dijete *s.* dê- 2	djule *s.* gjule
dernutь *r.* derg- 1	díka *č.* denkŭ	djumruk *s.* gumrukŭ
dernyća *klr.* der-	dikij *r.* div-	djuvegija *s.* gjuvegija
dert *s.* dertŭ	díl *č.* dêlŭ 1	djužij *r.* dongŭ
dertica *r.* der-	dilj *kr.* dêlja	dłabić *p.* dlabi-
derty *klr.* der-	dílo *č.* dêlo	dłažyć *p.* dlaga
derť *klr.* der-	diľ *slk.* dila	dłoń *p. os. ns.* dolnĭ
deru *r.* der-	dinja *nsl. b. s.* dynja	dłoto *p.* delb-
dervodźubka *klr.* dervo	dir *kr.* dê- 1	dłožić *os.* dlaga
derzkyj *klr.* derzŭ	dira *s.* dirja	dłubać *p.* delb-
deržaty *klr.* derg-	dira *r.* der-	dług *p.* delgŭ 2
deгeъ *r.* der-	díra *č.* der-	długi *p.* delgŭ 1
deŕe *os.* dere-	dirati *s.* der-	dłym *ns.* dlŭbokŭ
desętь *asl.* desen	dirnik *b.* dirja	dłymoki *ns.* dlŭbokŭ
desiti *asl.* desĭnŭ	dítě *č.* dê- 2	dláha *č.* dlaga
desni *s.* desna	diti *nsl.* du-	dlanь *asl.* dolnĭ
desьnъ *asl.* desĭnŭ	ditja *r.* dê- 2	dlasek *č.* dlaskŭ
deševyj *klr. r.* deševŭ	ditka *r.* dêdŭ	dlask *č.* dleskŭ
dešter *nsl.* bešterŭ	divala *r.* div-	dlasna *nsl.* desna
dětã *polab.* dê- 2	divaniti *s.* ber-	dlato *asl.* delb-
detel *nsl.* dentlŭ	dívati se *č.* divŭ 1	dlažba *č.* dlaga
detela *nsl.* dentela	diver *nsl.* dêverĭ	dlbsť *slk.* delb-
děva *polab.* dê- 2	divij *asl.* div-	dłežen *nsl.* gleznŭ
deverь *r.* dêverĭ	divizna *č.* div-	dlên *nsl.* glênŭ
devesilъ *r.* deven	divji *nsl.* div-	dlêto *nsl. b.* delb-
devętъ *asl.* deven	diža *kr.* dêža	dlhý *č. dial.* delgŭ 1
devjanosto *klr.* deven	dľže *č.* dêža	dli *wr.* dĭl-
deždž *nsl.* duždĭ	djadja *r.* dêdŭ	dlijeto *s.* delb-
dežela *nsl.* derg- 1	djаhуľ *klr.* denglica	dlist *kr.* delb-
dežma *nsl.* dižma	djak *s.* dijakonŭ	dliti *č.* dĭl-

dloubati *č.* delb-	domácí *č.* domŭ	dożdž *klr.* dŭždı
dlouhý *č.* delgŭ 1	domaći *s.* domŭ	dože *asl.* do
dlubna *č.* delb-	domadar *s.* domŭ	doži *asl* do
dluh *č.* delgŭ 2	domak *s.* mŭk-	dô *s.* dolŭ
dlъba *b.* delb-	domakin *b.* domŭ	dôb *nsl.* dombŭ
dlъbą *asl.* delb-	domaštьnь *asl.* domŭ	dôbrava *nsl.* dombŭ
dlъbokъ *asl.* dlŭbokŭ	domator *p.* domŭ	dôb *polab.* dombŭ
dlъga *b.* dlŭga	domatur *wr.* domŭ	drab *p.* drabantŭ
dlъgъ *asl.* delgŭ 1	domaz *klr.* domŭ	drabka *kaš.* drabı
dlъgъ *asl.* delgŭ 2	domazłuk *s.* domŭ	draь *p.* drabı
dlъmno *as.* delmno	domčati se *s.* mŭk-	drač *č.* der-
dmuch *p.* dŭm-	domeknutь sja *r.* mek-	drača *s.* deı
dna *nsl.* dŭna	donьdeže *asl.* ju	dračь *asl.* der-
dnuka *klr.* dŭno 1	doňa *klr.* dŭšter	draga *asl.* dorga
dob *s.* doba	doňudž *č.* ju	dragnie *p.* draga
dobitъk *b.* by-	dopiero *p.* pervŭ	dragъ *asl.* dorgŭ
doblь *asl.* doba	dopusti *kr.* pelz-	draha *č.* draga
dobrъ *asl.* doba	dor *wr.* der-	drahłyj *klr.* drŭga-
dobuš *klr.* doboši	dorde *b.* do	drahný *č.* draga
dobyč *klr.* by-	dorhać *wr.* derg- 1	drahý *č.* dorgŭ
doъ *p.* doba	dori *asl.* do-	drachva *r.* droplja
doga *nsl.* donga	dorno *b.* nŭ	drak *nsl.* drakunŭ
dogovéždam se *b.* go	dorob *wr.* dorbŭ	draka *nsl. b. p.* der-
dohoť *klr.* degŭtı	dorobajło *klr.* dorbŭ	drała *klr.* der-
dohъtorъ *asl.* dochŭtorŭ	doroga *r* dorga	dralı *klr.* dralı
doiti *asl.* dê- 2	dorogij *r.* dorgŭ	dramiti *nsl.* drami-
dojąd *p.* ju	doroha *klr. wr.* dorga	dranь *r.* der-
dojiti *asl.* dê- 2	dorohyj *klr.* dorgŭ	drapać *p.* drapa-
doklam *nsl.* mŭ	doromba *klr.* drumboj	drapati *nsl. s.* drapa-
dokorc *nsl.* ora 1	dorožka *p.* droga	drapižnyk *klr.* drapa-
dokučiti *s.* kuči-	dorъ *r.* der-	drásati *č.* drasa-
dokuka *p.* kuka 1	dosaditi *asl.* sed-	draska, *nsl.* drask-
dołać *p.* dolê-	dosal *kr.* sjŭ	drasna *b.* drask-
dołbaty *klr.* delb-	dosić *wr.* sytŭ	drasta *os.* drecha
dołęka *p.* dolê-	doslije *s.* sjŭ	drastiti *nsl.* drag-
dołh *klr. wr.* delgŭ 2	dosti *nsl.* sytŭ	drastva *ns.* drecha
dołh *os.* delgŭ 2	dosugъ *r.* sug-	draščiti *nsl.* drag-
dołhi *os.* delgŭ 1	dosuži *r.* sug-	drašta *b.* drask-
dołhyj *klr* delgŭ 1	dosy *klr.* sjŭ	dratev *č.* dretva
dola *asl.* dêlŭ 1	dosyć *p.* sytŭ	draty *klr.* der-
dolbem *nsl.* delb-	dość *p.* sytŭ	dratь *r.* der-
dolg *nsl.* delgŭ 1	dotepa *klr* tep- 1	dravý *č.* der-
dolg *nsl.* delgŭ 2	dotlem *s.* mŭ	draznitь *r.* drag-
dolomanъ *r.* dolama	doubrava *č.* dombŭ	draznja *b.* drag-
dolonь *r.* dolnı	doufati *č.* pŭva-	drážditi *č.* drag-
doloto *r.* delb	dovolŭ *asl.* vel- 1	dražďžiti *nsl.* drag-
dolъ *asl.* dolŭ	dowcip *p.* tep- 1	draždzany *os.* drenzga
doľa *klr.* dêlŭ 1	dozvôlle *klr.* vel- 1	drážďany *č.* drenzga

dražiti *asl. nsl. s.* drag-	drên *nsl.* dernŭ 2	dročiti sę *asl.* droči-
drážiti *č.* dorg-	drênka *b.* dernŭ 2	dročitь *r.* droči-
dražnić *wr.* drag-	drêti *asl.* der-	drofa *klr.* droplja
drážniti *č.* drag-	drêvi *nsl.* drev-	droga *p.* dorga
dražnić *p.* drag-	drêvo *asl. nsl.* dervo	drogi *p.* dorgŭ
drącziti *asl.* dronči-	drgać *p.* drŭga-	drogi *r.* droga
drągarь *asl.* drongarĭ	drgetati *nsl.* drŭga-	drognutь *r.* drŭga-
drągъ *asl.* drongŭ	drgljati *nsl.* derg- 2	droha *os.* dorga
drążyć *p.* dorg-	drgoč *nsl.* drugŭ	drohi *os.* dorgŭ
drbati *č.* derba-	drhat *s.* drŭga-	drohkij *wr.* drŭga-
drbi *č.* derbi-	drhati *č.* derg- 2	drochva *klr.* droplja
drdres *nsl.* rŭdes-	drhati *č.* drŭga-	drombulja *s.* drumboj
dreben *b.* drob-	drhlen *č.* derg- 2	dromelj *asl.* drob-
drebezgъ *r.* drob-	drhřity *klr.* drŭga-	drop *č.* droplja
drečati *s.* drek-	drhtati *nsl.* drŭga-	drop *s.* dropŭ
dredza *kaš.* rŭd-	dričavnica *nsl.* dersa-	drop *p.* droplja
dregati *nsl.* drongŭ	drićkati *s.* drist-	drosam *b.* drusa-
drehot *klr.* drŭga-	drijakva *r.* dryjakŭvĭ	drost *os.* rŭdes-
dreka *s.* drek-	drijen *s.* dernŭ 2	droszcz *p.* drŭga-
drematъ *r.* drêm-	driješiti *s.* rêch-	drošče *nsl.* droždije
drenčić *wr.* dronči-	drijevo *s.* dervo	droštija *asl.* droždije
dreselen *nsl.* drenselŭ	drijezga *s.* derzga	drotъ *r.* dretva
dresen *nsl.* rŭdes-	drimaty *klr.* drêm-	drouh *č.* drongu
drest *nsl.* ners-	dripav *b.* dripa	drova *klr.* dervo
drest *ns.* rŭdes-	dripel *b.* dripa	drozak *s.* drozdŭ
dresva *r.* ders-	driskam *b.* drist-	drozen *b.* drozdŭ
dresz *p.* drŭga-	drisnyć *os.* drist-	drozg *s.* drozdŭ
dreszcz *p.* drŭga-	drista *nsl.* drist-	drozgati *nsl.* druzga-
dreść *p.* drŭga-	drisъk *b.* drist-	drožaty *klr.* drŭga-
dreta *nsl.* dretva	drjahiľ *wr.* drjagylĭ	drožd *s.* droždije
dreuǵy *polab.* drŭgŭ	drjahovyna *klr.* drenzga	droždi *r.* droždije
drevije *asl.* drev-	drjachłyj *klr.* drenselŭ	droždža *p.* droždije
drevocêp *nsl.* skep-	drkolí *č.* derkolĭ	drože *nsl.* droždije
drevolaz *r.* lez-	drljančiti *s.* derl-	drožki *r.* droga
drevінь *asl.* drev-	drljati *s.* der-	drožyć *p.* dorg-
drewnja *p.* dervo	drmnuti *s.* drami-	drožь *r.* drŭga-
drewno *p.* dervo	drn *nsl.* dernŭ 1	drôg *nsl.* drongŭ
drewutnia *p.* dervo	drnkati *nsl.* dernka-	drpnuti *s.* derpa
dreze *nsl.* drêze	drnuti *s.* der-	drsati se *s.* dersa-
dreždati *s.* drezg-	drob *nsl.* drob-	drsen *č.* derstĭnŭ
dręczyć *p.* dronči-	drobet *č.* drob-	drsnatý *č.* derstĭnŭ. ders-
dręhlъ *asl.* drenselŭ	drobiazg *p.* drob-	drsten *nsl.* ders-
dręselъ *asl.* drenselŭ	drobjaz *os.* drob-	drstev *nsl.* ders-
drętwić *p.* drontvi-	drobnik *b.* drob-	drstiti *nsl.* dersti-
dręzga *asl.* drenzga	drobtinja *nsl.* drob	dršč *nsl.* drozdŭ
dręždьnъ *asl.* drenzga	droby *p.* drob-	lršćem *s.* drŭga-
drêčen *nsl.* drêkŭ	drobьnъ *asl.* drob-	drtje *nsl.* der-
drêmati *asl.* drôm-	drocz *p.* drŭga-	drf *č.* der-

drůbež č. drob-	dřeň č. serdo	dupin s. kr. delpinŭ
druhal klr. drongŭ	dřevní č. drev-	dupke s. dombŭ
druk klr. drongŭ	dřevo č. dervo	dupljatica ar. dupelŭ
drumla p. drumboj	dřík č. drêkŭ	duri nsl. dvĭrĭ
drungarĭ asl. drongarĭ	dřímati č. drêm-	durman klr. dur-
drusalka b. drusa-	dřín č. dernŭ 2	dušek s. djušekŭ
druskam b. drusa-	dřipa č. dripa	dŭvtip č. tep- 1
druzd klr. drozdŭ	dřístati č. drist-	duž wr. dongŭ
druždьnъ asl. drenzga	dřiti č. der-	duży p. dongŭ
družьba asl. drugŭ	dřive č. drev-	dŭji polab. dê- 2
drva nsl. č. dervo	dřizga č. drist-	dcdêjati asl. dê- 1
drwalnia p. dervo	dřizha č. trêsk- 1	dvogubъ asl. gŭb-
drwić p. drŭvi-	dŕasen klr. rŭdes-	dvorъ asl. dvĭrĭ
drz nsl. derzŭ	dřebić os. drob-	dvostruk s. stronka
drząstwo p. ders-	dřeć os. der-	dza ns. slŭzɛ
drzeń p. serdo	dřemać os. drêm-	dzarna kaš. dernŭ 1
drzewie p. drev-	dřen os. dernŭ 2	dzban p. čĭbanŭ
drzewno p. dervo	dŕost wr. drist-	dzecoł kaš. dentlŭ
drzymać p. drêm-	dŕovo ns. dervo	dzerć wr. der-
drzyst p. drist-	dska r. dŭska	dzerhač wr. derkačĭ
država s. derg- 1	dub s. dombŭ	dzerhanuć wr. derg- 1
držeč p. drŭga-	dubak s. dombŭ	dzeruha wr. der-
drъg b. drongŭ	dubiti s. dombŭ	dzever wr. dêverĭ
drъgna se b. derg- 2	dubki r. dombŭ	dzêd wr. dêdŭ
drъkolь asl. derkolĭ	dublijer s. dupelŭ	dzêjka wr. dê- 1
drъlênije asl. derl-	dubrava s. dombŭ	dzêtva wr. dê- 2
drъnkam b. dernka-	dubrovnik s. dombŭ	dzêva wr. dê- 2
drъnъ asl. dernŭ 1	dubsti s. delb-	dziać p. dê- 1
drъpam b. derpa-	dud č. vŭdodŭ	dziad p. dêdŭ
drъstja b. dersti-	duduk s. duda	dziak p. dijakonŭ
drъstrъ asl. derstrŭ	dufać p. pŭva-	dziakła p. dê- 1
drъšta b. dersti-	dug s. delgŭ 1	dział p. dêlŭ 1
drъva asl. dervo	dug s. delgŭ 2	dziarski p. derzŭ
drъzъ asl. derzŭ	duga nsl. donga	dziarstwo p. ders-
drъžati asl. derg- 1	dŭga, dúga s. donga	dziarstwo p. žerstwa
drъžava asl. derg- 1	dŭgovanje nsl. delgŭ 2.	dziąsła p. desna
drygać p. drŭga-	duh č. dongŭ	dziecię p. dê- 2
dryhaty klr. drŭga-	duha č. donga	dziedziniec wr. dêdŭ
dryhi wr. drŭga-	duhъ asl. dŭch-	dziegieć p. degŭtĭ
dryhli klr. drŭga-	dŭl č. dolŭ	dziekan p. dekanŭ
dryhota klr. drŭga-	dulber b. dilberŭ	dzier p. der-
drymba klr. drumboj	dulj s. dĭl-	dzierg p. derg- 1
drysłyvći klr. drist-	dŭra č. domŭ	dzierżawa p. derg- 1
drystaty klr. drist-	dumen s. djumenŭ	dzierżeć p. derg- 1
dryzdać p. drist-	dumno s. delmno	dziewica p. dê- 2
dryž klr. drŭga-	dunąti asl. du-	dziewierz p. dêverĭ
dryžaty klr. drŭga-	dundjerin s. djulgerinŭ	dziewięcsił p. deven
dryžyfôst klr. drŭga-	dunja b. gdunije	dzieža p. dêža

dzięcièlina *p.* 'dentela
dzięcioł *p.* dentlŭ
dzięgiel *p.* denglica
dzięgiel *p.* dentlŭ
dzięgną *p.* dengna
dzięk *p.* denkŭ
dziki *p.* div-
dziob *p.* zob-
dzior *p.* der-
dziryt *p.* džilitŭ
dzisia *p.* mŭ
dziś *p.* sjŭ
dziub *p.* zob-
dziuḃ *p.* čŭp-
dziv *wr.* divŭ 1
dzivosy *wr.* divŭ 1
dziwi *p.* div-
dzjaki *wr.* denkŭ
dzobáć *wr.* zob-
dzvekna *b.* zven-
dzveńity *klr.* zven-
dzwon *p.* zven-

džak *os.* denkŭ
džaвna *os.* desna
džaś *ns.* drŭga-
džban *s.* čŭbanŭ
džber *č.* čŭbrŭ
džećelc *os.* dentela
džećo *os.* dê- 2
džeda *os.* da
džehel *os.* denglica
džerhà *klr.* čerga 1
džeržeć *os.* derg- 1
džiky *os.* div-
živ *os.* divŭ 1
džmil *klr.* čŭmelĭ
džoja *klr.* soja
džovka *os.* dê- 2
džundžovyj *klr.* djoldjŭ
dźahiĭ *wr.* denglica
dźbło *p.* steblĭ
dźubderevo *klr.* dervo
dźura *wr.* der-
dźwierze *p.* dvĭrĭ

dźwięk *p.* zven-
dźwignąć *p.* dvig-
dъb *b.* dombŭ
dъga *b.* donga
dъmą *asl.* dŭmd-
dъvka *b.* dveka
dyasek *p.* dijavolŭ
dybati *asl.* dŭb-
dybky *klr.* dombŭ
dykyj *klr.* div-
dyl *p.* dila
dyra *r.* der-
dyrbjeć *os.* derbi-
dyrić *os.* der-
dyrva *klr.* dervo
dytja *klr.* dê- 2
dyvderevo *klr.* div-
dyvesa *klr.* divŭ 1
dyvosył *klr.* deven
dyvyj *klr.* div-
dyžma' *klr.* dižma
dъrati *asl.* der-

D.'

ďábel *č.* dijavolĭ
ďura *klr.* der-
ďaв *č.* dijavolŭ
ďickyj *klr.* denkŭ
ďiĺa *klr.* dêlja

ďira *klr.* der-
ďiver *klr.* dêverĭ
ďivka *klr.* dê- 2
ďivoвnub *klr.* dê- 2
ďiźa *klr.* dêža

ďob *č.* zob-
ďolü *polab.* dêlo
ďub *č.* zob-
ďura *klr.* der-

E.

ečemik *b.* jenk- 1
ednostałok *klr.* sta- 2
efimokъ *ı.* jefimokŭ
egede *s.* hegede
ela *b.* gel
elej *r.* jelêj
emь *r.* jem-

endova *r.* jandova
эnjati *nsl.* necha-
erenda *s.* renďe
eršъ *r.* jeršĭ
eto *nsl.* e
etъ *r.* jeb-
evir *klr.* ajgŭrŭ

ëvna *wr.* ovinŭ
evo *r.* e
eza *asl.* za 2
eževika *r.* ježĭ
ežъ *r.* jezĭ

É.

édu *r.* jad- 2

êchatъ *r.* jad- 2

F.

faćuk *nsl.* fotivŭ
faklja *s.* baklja
faɫda *os.* balda
fal chvala
fanna *p.* pany
farba *nsl.* barva
fasol *č.* bažulĭ
fasul *b.* bažulĭ
fat *b.* ᴖhŭt-
fazol *č.* bažulĭ
fažolj *nsl.* bažulĭ
fenek *s.* pênengŭ

ferecina *p.* paportĭ
finža *klr.* fildžanŭ
fɫojara *klr.* frula
flak *p.* bleki
flasza *p.* ploskva
fljaga *r.* ploskva
fɫacha *klr.* ploskva
fɫaky *klr.* bleki
folga *p.* bolga-
folgować *p.* boga-
folkovati *č.* boga-
folь *ar.* pulŭ

folga *klr.* boga-
fonarь *r.* farŭ 2
forta *p.* porŭta
frača *nsl.* porkŭ
fraska *nsl.* praska
frągъ *asl.* frongŭ
fromny *os.* brumĭnŭ
fujara *p.* frula
funat *kr.* pudŭ
furma *b.* churma
futor *p.* chutorŭ

G.

gabara *r.* kubara
gaber *nsl.* grabŭ
gabez *nsl.* gavenzŭ
gad *s.* gadi-
gadъ *asl.* gadi-
gagrica' *s.* gŭgra
gakati *s.* gaja-
galija *nsl.* golija 1
galunъ *r.* alunŭ
gamazeja *r.* magaza
gamziti *s.* gŭmŭz-
ganati *asl.* gada-
ganić *p.* poganŭ
ganoti *nsl.* gŭb-
gao *s.* galŭ
gar *s.* galŭ
garb *p.* gerbŭ
garbuz *p.* karpuzŭ
garcovatь *r.* harĭcĭ
gardɫo *p.* ger-
gardzić *p.* gerdŭ
gardziel *p.* ger-
ɡardy *klr.* gerdanŭ
garga *b.* karga
garija *b.* angarija
garnąć *p.* gert-
garniec *p.* gɛ.nŭ
garść *p.* gert-

garusъ *r.* aravica
gasnąti *asl.* ges-
gastrzyca *p.* guz-
gašti *asl.* gatja
gatam *b.* gada-
gavran *s.* kŭ 1
gavranъ *asl.* vornŭ
gawron *p.* vornŭ
gaža *nsl.* gazŭ
gaždam *b.* gudi-
gąba *asl.* gomba 2
gądą *asl.* gond-
gądziel *p.* gondelĭ
gagnati *asl.* gong-
gąsênica *asl.* onsŭ
gąsɫь *asl.* gond-
gąstъ *asl.* gonstŭ
gąsь *asl.* gonsĭ
gažvica *asl.* cnz-
gbur *p.* burĭ
gedz *klr.* gŭz
gęba *p.* gombᴀ 1
gędę *p.* gond-
gęgać *p.* gong-
gęsty *p.* gonstŭ
geś *asl.* gonsĭ
ɡiąć *p.* gŭb-
gib *s.* gŭb-

gibati *nsl.* gŭb-
gibatь *r.* gŭb-
gibec *nsl.* bibicĭ
gibnąć *p.* gyb-
gidkij *r.* gyd-
giełda *p.* gildija
giełk *p.* gŭlkŭ
giercha *p.* ircha
giez *p.* gŭz
gieczłko *p.* čechlŭ
gil *p.* gelŭ
gindzura *klr.* džindžura
ginoti *nsl.* gyb-
girica *kr.* gyrica
gizda *nsl.* gyzda
giža *p.* gyža 1
gižɫa *ns.* gyža 1
głąb *p.* glombŭ
głęboki *p.* glombokŭ
głod *p.* geld-
głowa *p.* golva
głownia *p.* golvĭnja
gladъ *asl.* geld-
głagolъ *asl.* golgolŭ
glan *p.* glênŭ
glask *slk.* dleskŭ
glasъ *asl.* golsŭ
glava *asl.* golva

glavatar *b.* golva
glavьnja *asl.* golvĭnja
głąbokъ *asl.* glombokŭ
glądać *p.* glend-
gleta *s.* glečь
glevъ *r.* glênŭ
glezditь *r.* skliz-
glêzkoj *r.* skliz-
gleznutь *r.* skliz-
ględêti *asl.* glend-
glêto *b.* delb-
glêtva *nsl.* delb-
glijeto *s.* delb-
gljadêtь *r.* glend-
gljakъ *r.* gljagŭ
glon *p.* glênŭ
glôž *nsl.* ong-
glubokij *r.* glombokŭ
gluzditь *r.* skliz-
glъkъ *asl.* gŭlkŭ
glъnąti *asl.* glŭt-
głag *klr.* gljagŭ
gnati *asl.* gen-
gnąbić *p.* gnonbi-
gnoj *asl.* gni-
gnutь *r.* gŭb-
godež *b.* ged-
goditi *asl.* ged-
godło *p.* gaslo
godъ *asl.* ged-
goilo *asl.* gi-
goj *s.* gi-
gojić *p.* gi-
gojzditi *nsl.* gvozdij
goląbь *asl.* golombĭ
golbati *nsl.* golb- 1
golčati *nsl.* gŭlkŭ
golica *kr.* golŭ 1
golida *nsl.* geleta
golnoti *nsl.* glŭt-
golodъ *r.* geld-
golomysyj *r.* mysŭ
golosъ *r.* golsŭ
golova *r.* golva
golovnja *r.* golvĭnja
golt *nsl.* glŭt-
golzti *r.* skliz-
golьja *r.* golĭ

gomila *asl.* mogyla
gomzêti *nsl.* gŭmŭz-
gonetati *s.* gada-
goniti *asl.* gen-
gonoziti *asl.* gonez-
gorbъ *r.* gerbŭ
gordъ *r.* gŭrdŭ
gordyj *r.* gerdŭ
gorêlka *r.* gor-
gorjuha *asl.* gor-
gorjup *nsl.* gor-
gornъ *r.* gernŭ
gorodъ *r.* gordŭ
gorochъ *r.* gorchŭ
gorstь *r.* gert-
gorьkъ *asl.* gor-
gošiti *asl.* goch-
govędo *asl.* govendo
gozba *b.* gostĭ
gozd *nsl.* gvozdĭ
gozdij *b.* gvozdij
gozec *nsl.* guz-
gožij *r.* ged-
gôbec *nsl.* gomba 1
gôsenca *nsl.* onsŭ
gôstosêvci *nsl.* sê- 1
gôž *nsl.* enz-. ong-
gra *p.* igra
grabant *nsl.* drabantŭ
grabia *p.* grabja
gradъ *asl.* gordŭ
grahъ *asl.* gorchŭ
grakati *asl.* graja-
granêti *asl.* grê-
granica *b.* gornica
granica *asl. nsl. s. r.* granĭ
graniv *b.* gor-
gražda *asl.* gradŭ
grąbъ *asl.* grombŭ
grądь *asl.* grondĭ
grągъ *asl.* grongŭ
grąstokъ *asl.* gronstokŭ
grąžić *p.* grenz-
grč *s.* kŭrk- 1
grča *nsl.* grŭča
grdać *p.* grŭda-
grebą sę *asl.* greb-
grebulka *b.* grabi-

grečnyj *klr.* rek-
greczyn *p.* grekŭ
gredel *nsl.* grenda
gremêtь *r.* grem-
gresti *r.* greb-
greš *s.* agresta
greti se *nsl.* grê-
grezitь *r.* grêza 1
gręda *p.* grend-
gręda *asl.* grenda
grędą *asl.* grend-
grędzi *p.* grondĭ
gręznąti *asl.* grenz-
grgeč *s.* gŭrgeĭ
grib *b. s.* gripŭ
grivna *b.* griva
grjada *r.* grenda
grjanutь *r.* grem-
grjaznutь *r.* grenz-
grk *s.* gor-
grk *nsl.* grekŭ
grobъ *asl.* greb-
grod *p.* gordŭ
grohotъ *asl.* groch-
groch *p.* gorchŭ
grola *nsl.* koralja
gromada *p.* gramada
gromula *s.* grem-
gromъ *asl.* grem-
grono *p.* grozdŭ
gronostaj *p.* gornostaj
gropyń *ns.* droplja
grozdober *b.* ber-
grst *s.* gert-
grub *nsl.* grombŭ
grumen *s.* gruda
grzać *p.* grê-
grządziel *p.* grenda
grzbiet *p.* chrebĭtŭ
grzeczny *p.* rek-
grzech *p.* grêchŭ
grzeznąć *p.* grenz-
grzmieć *p.* grem-
grzyb *p.* gribŭ
grzyt *p.* skreg-
grzytać *p.* skreg-
grzywa *p.* griva
grzywna *p.* griva

grъbъ *asl.* gerbŭ
grъdъ *asl.* gerdŭ
grъkati *asl.* gŭrka
grъklan *b.* ger-
grъkъ *asl.* grekŭ
grъlica *asl.* ger-
grъlo *asl.* ger-
grъmêti *asl.* grem-
grъmъ *asl.* grŭmŭ
grъnъ *asl.* gernŭ
grъstь *asl.* gert-
grъtanь *asl.* ger-
gryka *p.* grekŭ
gryndžoła *klr.* grindžola
gryzu *č.* gryz-
gryža *asl.* gryz-
guba *nsl.* gŭb-
gubeɪ *b.* guba
guber *b.* kovĭrŭ
gubiti *asl.* gyb-

gudz *klr.* guz-
gugnivyj *r.* gong-
guguta *s.* kukutъ
gunja *s.* gdunije
gurati se *nsl.* igra
gurgułyća *klr.* gŭgra
gurguvica *b.* gŭrka-
gurtъ *r.* hurtŭ
gurъba *r.* hurmŭ
gusa *asl.* kursarĭ
gusarь *asl.* kursarɪ
gusenica *r.* ŏnsŭ
gusjenica *s.* onsŭ
gusle *s.* gond-
gusli *r.* gond-
gusturna *kr.* čatŭrnja
gusь *r.* gonsɪ
gutati *s* glŭt-
gvarditi *s.* var-
gvirati *s.* gverokŭ

gvorъ *asl.* govorŭ
gvoždje *s.* gvozdij
gwar *p.* govŏrŭ
gwiazda *p.* gvêzda
gwiszcz *p.* svist-
gzło *p.* čechlŭ
gъdel *b.* gŭd-
gъdulka *b.* gond-
gъduvam *b.* gond-
gъlabi *b.* golombĭ
gъnąti *asl.* gŭb-
gъnka *b.* gŭb-
gъsênica *b.* onsŭ
gъst *b.* gonstŭ
gъz *b.* guz-
gybati *asl.* gŭb-
gybaɪi *asl.* gyb-
gylzatь *r.* skliz-

H.

ha *ns.* ga
habat *nsl.* apta
hace *č.* gatja
had *os.* gadi-
hahać *wr.* gaga-
háj *č.* gaj
hajstra *p.* aistŭ
hajvoronok *klr.* skvornŭ
hałun *klr.* alunŭ
haląga *asl.* chalonga
hálka *č.* galka
haluga *nsl.* chalonga
hamazej *klr.* magaza
hamazeja *wr.* magaza
hambar *nsl.* ambarŭ
hamera *klr.* madžarŭ
haniti *č.* gani-
haniti *č.* poganŭ
hanobiti *č.* gonoba
hantvela *nsl.* antvila
har *klr.* gor-
haras *č.* arasu
harbuz *p.* karpuzŭ
hari *klr.* halerĭ

harmata *klr.* armadъ
barus *p. klr.* aravica
hasiti *č.* ges-
hasło *p.* ged-
hasped *klr.* aspida
havran *č.* vornŭ
hbat *nsl.* apta
hči *nsl.* dŭšter
hebd *p.* apta
hedváb *č.* godovablĭ
hełm *p.* šelmŭ
hemzeti *č.* gŭmŭz-
hen *č.* e
heɪjati *nsl.* necha-
herc *klr.* harĭcɪ
heslo *č.* gaslo
hetman *klr.* atamanŭ
hezký *č.* ged-
hiljak *s.* chyl-
hiljav *s.* chyl-. škił-
himba *nsl.* chyni-
hirati *nsl.* chyra-
hiša *nsl.* chyzŭ
hiž *wr.* guz

hiža *nsl.* chyzŭ
hłabći *klr.* golb- 2
bładyty *klr.* glad-
hłek *klr.* glekŭ
hłoba *č.* globa
hłota *klr.* glota
hłuboki *os.* glombokŭ
hłum *klr.* glumŭ
hłupyj *klr.* glupŭ
hłuzd *klr.* gluzdŭ
hłyba *klr.* glcba
hłypaty *klr.* glipa-
hlad *č.* geld-
hladiti *č.* glad-
hlahol *č.* golgolŭ
hlas *č.* golsŭ
hlava *č.* golva
blavně *č.* golvĭnja
hláza *č.* želza
hlądъ *asl.* chlondŭ
błąpati *asl.* chlompa-
błedĕti *č.* glend-
hlechnouti *č.* glŭch-
hlemýžď *č.* glemyždĭ

hlen č. glênŭ	hogot ns. ogarŭ 2	hrana č. granı
blezen č. gleznŭ	hohoľ klr. gogota-	hranok klr. grana 1
hlębь asl. chlembı	hoj č. gi-	hranostaj č. gornostaj
hlępati asl. chlompa	hoja nsl. chvoja	hrape s. chorp-
hlína č. glina	hoko ns. okos	hrastêlъ asl. korstêlı
hlísta č. glista	hoľka klr. igla	hráti č. igra
hliva č. gliva	hoľobľa klr. golb- 2	hrąštъ asl. chronštı
hlíza č. želza	hoľoľedy klr. golŭ 1	hrb č. gerbŭ
hlobiti č. globŭ	hole č. golŭ 1	hrčak s. chraka
hlodati č. gloda-	holemý č. golêmŭ	hrdlo č. ger-
hloh č. glogŭ	holeň č. golênı	hrdý č. gerdŭ
hlomoz č. glomozŭ	holub č. golombı	hrebło klr. skreb-
hloub č. glombŭ	holý č. golŭ 1	hrema b. ruma
hloupý č. glupŭ	hoľva klr. goľıva	hremity klr. grem-
hltati č. glŭt-	homolka č. gomolja	hrędъ asl. chrendŭ
hluk č. gŭlkŭ	homon č. gomonŭ	hręstъkъ asl. chrenst-
hlъmъ asl. chŭlmŭ	homóta č. gomota	hribъtъ asl. chrebıtŭ
hľaba klr. hyjaba	homzyty klr. gŭmŭz-	hrisma asl. krizma
hľaďity klr. glend-	hopor ns. oferŭ	hrja kr. rŭd-
hman nsl. manŭ 1	hora č. gora	hrkati č. gŭrka-
hmatati č. gmata-	horazditi č. gorazdŭ	hrkati nsl. chraka-
hmoždíř č. možarı	horągy asl. chorongy	hrnec č. gernŭ
hmožditi č. gmozg-	hordov nsl. ardovŭ	hrnouti č. gert-
hmúrat slk. mıg-	hordyj klr. gerdŭ	hrob č. greb-
hnać os. gen-	horъgva b. chorongy	hromada č. gramada
hnát č. gujatŭ	hořký č. gor-	hropsti nsl. chrep-
hued č. gnedŭ	hospodin č. gospodı	hrot č. grotŭ 2
hnetu č. gnet-	host č. gostı	hrouziti č. grenz-
hnědý č. gnêdŭ	hotěti asl. chont-	hrozen č. grozdŭ
hněv č. gnêvŭ	hotiv nsl. chont-	hrozno klr. grozdŭ
hnida č. gnida	hotový č. gotovŭ	hrôšč nsl. chronštı
hníti č. gni-	houba č. gomba 2	hrtán č. ger-
hnízdo č. gnézdo	houně č. gunı	hruca ur gruca
hnoui os. gŭb-	hovado č. govendo	hruda č. gruda
hnuć os. gŭb-	hověti č. govê-	hruď č. grondı
hnus č. gnusŭ	hovno č. govıno	hruň klr. grunı
hňev os. gnêvŭ	hožy p. ged-	hrustavec nsl. chrenst-
hňityty klr. gnêti-	hra č. igra	hrustí klr. grŭsti-
hňiv klr. gnêvŭ	hrabati č. grabi-	hruša asl. gruša
hobezný č. gobızŭ	hrabě č. grabja	hruška č. gruša
hobr os. obrŭ	hrabrъ asl. chorbrŭ	hrůza č. groza
hobryca ns. renk-	hrad č. gordŭ	hrvati nsl. rŭ- 2
hodati asl. ched-	hrád č. gradŭ	hrzati nsl. rŭza-
hoditi č. ged-	hrách č. gorchŭ	hrž nsl. rŭžı
hodnik nsl. ched-	hramota klr. gramata	hržulja kr. rŭžı
hodulje b. ched-	hramъ asl. chormŭ	hrъbol b. skerbŭ
hodъ asl. ched-	hrana asl. chorna	hrъbъtъ asl. chrebıtŭ
hodôvľa klr. ged-	hrana č. graja-	hrъstъ asl. krıstŭ 1

hrъtъ *asl.* chъrtŭ

brъvatinъ *asl.* chrŭvat-

hrydnia *p.* gridɪ

hřada *č.* grenda

hřáti *č.* grê-

hřeb *č.* žrebelɪ

hřebu *č.* greb-

hřek *č.* grekŭ

hřeznouti *č.* grenz-

hřib *č.* gribŭ

hříbě *č.* žerb-

hřídel *č.* grenda

hřích *č.* grêchŭ

hříva *č.* griva

hřivna *č.* griva

hřměti *č.* grem-

huba *č.* gomba 1

hudra *ns.* vydra

hudu *č.* gond-

hugor *ns.* ong-

huhňati *č.* gong-

huklady *ns.* klad- 2

huknąć *p.* guka-

hůl *č.* golɪ

hula *nsl.* chy-

hulać *p.* gulja-

hum *s.* chŭlmŭ

humenk *ns.* jem-

humno *č.* gumɪno

hupuš *ns.* pach- 2

hurka *b.* furka

hurmem *p.* hurmŭ

hurtem *p.* hurtŭ

hus *č.* gonsɪ

husańca *os.* onsŭ

husar *č.* kursarɪ

huɛarь *asl.* kursarɪ

huseń *klr.* onsŭ

husevki *ns.* si- 3

húsěnicě *č.* onsŭ

husła *os* gond-

husman *č.* manŭ 2

husnuś *ns.* sŭp- 1

hustý *č.* gonstŭ

huzki *polab.* enz-

huzyća *klr.* guz-

buž *klr.* enz-

huž *os.* ong-

hvatiti *asl.* chŭt-

hvězda *č.* gvêzda

hvízdati *č.* gvizda-

hvižď *č.* svist-

hvozd *č.* gvozdɪ

hvozd *č.* ozd-

hvožděj *č.* gvozdij

hvôzd *klr.* gvozdij

hvrastъ *asl.* chvorstŭ

hýbati *č.* gŭb-

hybnuty *klr.* gyb-

hyd *p.* gyd-

hykas *ns.* ik-

hykaty *klr.* gyka

hynouti *č.* gyb-

hyr *klr.* hirŭ

hýřiti *č.* gyri-

hytiti *asl.* chŭt-

hytrъ *asl.* chŭt-

hyzditi *č.* gyd-

hyže *č.* gyža 1

CH.

chabzda *slk.* apta

chachmęt *p.* ment-

chaj *b.* necha-

chart *p.* chŭrtŭ

chata *p.* jata

chebdí *č.* apta

chebz *č.* apta

chech *p.* choch-

chełbać *p.* chŭlb-

chełpa *p.* chluba

chilêtъ *r.* chy-

chilić *wr.* chy-

chiža *r.* chyzŭ

chłosta *p.* chlest-

chłamъ *r.* glomozŭ

chleptati *č.* chlapa-

chlipać *p.* chlapa-

chlizko *r.* skliz-

chljabь *r.* chlemb-

chlopať *slk.* chlapa-

chłopьe *r.* chłŭp-

chlouba *č.* chluba

chloud *č.* chlondŭ

chlouditi *č.* chlend-

chlum *č.* chŭlmŭ

chlup *č.* chlŭp-

chlystъ *r.* chlest-

chľaky *klr.* bleki

chmara *p.* smurŭ

chmoura *č.* smurŭ

chmuryj *klr.* smurŭ

chmyra *wr.* smurŭ

chod *č.* ched-

chodza *p.* ched-

choja *p.* chvoja

chojna *ns.* chvoja

chołzkyj *klr.* skliz-

cholewa *p.* chaleva

cholja *r.* ocholŭ

cholmъ *r.* chŭlmŭ

chorobryj *klr.* chorbrŭ

chorochoritъ sja *r.* chorch-

chorom *klr.* chormŭ

choronitь *r.* chorna

chortъ *r.* chъrtŭ

chorugvь *r.* chorongy

chorunžij *r.* chorongy

chorutane *ar.* korontŭ

chory *p.* chyra

chosen *klr.* hasɪnɪ

choť *č.* chont-

chôr *klr.* dŭch-

chôť *klr.* chont-

chrapieć *p.* chrep-. chrip-

chrast *č.* chvorstŭ

chrebetъ *r.* chrebɪtŭ

chrest *klr.* krɪstŭ

chrjastêtъ *r.* chronětɪ

chrjaščъ *r.* chrenst-

chrobry *p.* chorbrŭ

chromina *p.* chormŭ

chronić *p.* chorna

chropawy *p.* chorpchrost *p.* chvorstŭ

chrościel *p.* korstêlĭ

chrovate *r.* chrŭvat-

chrusť *č.* chreust-

chrušč *klr.* hronštĭ

chrząstka *p.* chrenst-

chřząszcz *p.* chronštĭ

chrzen *p.* chrênŭ

chrzęstać *p.* chronštĭ

chrzybiet *p.* chrebĭtŭ

chrzypieć *p.* chrip-

chrzyžmo *p.* chrizma

chřadnouti *č.* chrend-

chřastel *č.* korstêlĭ

chřbet *č.* chrebĭtŭ

chřen *č.* chrênŭ

chtoś *klr.* svŭ

chuchot *p.* choch-

chůze *č.* čhed-

chvadnouti *č.* svend-

chvarba *wr.* barva

chvístati *č.* svist-

chvišču *r.* svist-

chvorostъ *r.* chvorstŭ

chvorý *č.* chyra

chvôrtka *klr.* porŭta

chvŭj *č.* chvoja

chvyśkaty *klr.* svist-

chwast *p.* chvostŭ

chwist *p.* svist-

chyłyty *klr.* chy-

chynąć *p.* chy-

chyryj *klr.* chyra

chyše *č.* chyzŭ

chyta *klr.* chont-

chyžyj *klr.* chŭt-

I.

ibo *asl.* bo

ibono *asl.* nŭ

icati *s.* ik-

ide *asl.* jŭ

iga *asl.* jŭ

igo *asl.* igos

igotь *r.* igodija

igovina *nsl.* iva

iha *wr.* jagá

ikra *klr.* kra

ilm *p.* ilĭmŭ

imbryk *p.* cbrikŭ

imčatь *r.* mŭk-

imeno *klr.* imen

imja *r.* imen

imje *nsl.* inij

imo *p.* mi-

imošči *klr.* jem

imot *b.* jem-

imovina *klr.* jem-

imovitъ *asl.* jem-

imša *wr.* mĭša

imšavitь *r.* mŭchŭ

inkjar *b.* bŭchŭ

inočędъ *asl.* čendo

inogъ *asl.* inŭ 1

inoplošь *asl.* inŭ 1

inoplošь *asl.* plochŭ 1

inošta *asl.* inŭ 2

inšyj *wr.* inŭ 2

inька *r.* inŭ 2

irta *r.* rŭta

irvać *wr.* rŭ 2

irvaki *wr.* rŭ 2

irža *wr.* rŭd-

iržaty *klr.* rŭza-

iržišče *wr.* rŭžĭ

iserga *r.* userengŭ

isker *nsl.* kraj

iskon *s.* ken-

iskoni *asl.* ken-

iskrь *asl.* kraj

isno *r.* jes-

ispêrati *nsl.* per- 2

ispliti *kr.* plŭ-

ispodьnь *asl.* podŭ 1

ispolinъ *asl.* spolinŭ

ispolъ *asl.* pol- 1

isprьgnąti *asl.* perg-

isprьtъkъ *asl.* por-

isprь *asl.* per- 8

ispъrьm *b.* pervŭ

ispyti *asl.* spyti

isterna *asl.* čatŭrnja

istęsknąti *asl.* tensk-

istina *b.* styd- 1

istjati *r.* ten- 1

istok *nsl.* tek- 1

istokъ *r.* tek- 1

istopka *klr.* istŭba

istorъ *asl.* ter-

istrcati *s.* ter-

istrub *wr.* rombŭ

istrubъ *r.* rombŭ

istukanъ *asl.* tŭk- 2

istъ *asl.* jes-

istygnutь *r.* styd 1

istyk *klr.* tŭk- 2

istytь *r.* styd- 1

istьniti *asl.* ten- 2

išao *s.* ched-

iščezvam *b.* čez-

iščikъ *r.* iska-

išpilja *s.* spilja

ištazati *asl.* čez-

ištędije *asl.* čendo

iti *asl.* i- 3

iverenь *r.* iverŭ

ivje *nsl.* inij

izba *asl.* istŭba

izbaviti *asl.* by-

izbudžaty *klr.* bŭd- 1

izdanka *b.* dŭno 1

izder *s.* der-

izdirka *r.* der-

izdupъčalъ *asl.* dup-

izęštьnъ *asl.* jem-

izgaga *r.* žeg-

izgoj *asl.* gi-

izgojstvo *r.* gi-

izlag *kr.* delgŭ 1

izlêgam *h* lez-

izmalati se *s.* mol-

izmama *b.* mami-

izmeljati *s.* melja-

izmičaty *klr.* mêta-

izmilati *s.* mol-
izmolêti *asl.* mol-
izmrъmьrati *asl.* mermera-
izmъdêti *asl.* mŭd-
izmъždalъ *asl.* mŭzg-
iznebyti *asl.* by-

iznoduga *r.* dongŭ
izvoziti *asl.* nez-
iznuriti *klr.* ner- 2
izroj *asl.* ri-
izvêtъ *asl.* vê- 2
izvilije *asl.* obilŭ

izvir *nsl.* ver- 1
izvorъ *asl.* ver- 1
izvragъ *asl.* verg-
ižljeći *s.* lez-

J.

jabeda *r.* jabedĭnikŭ
jablo *č.* abolko
jabloko *r.* abolko
jabloň *č.* abolko
jablъko *asl.* abolko
jabrêdije *asl.* brêda
jačaty *klr.* jenk- 2
jačiti *kr.* dijakonŭ
jačmenь *r.* jenk- 1
jadę *p.* jad- 2
jadikovati *s.* jad- 1
jadka *b.* jendro
jadrêtъ *r.* jendrŭ
jadro *r.* jendro
jádro *č.* jendro
jaducha *klr.* ja
jadъ *asl.* jad- 1
jagla *nsl.* jagoda
jagned *s.* agnendŭ
jagnędъ *asl.* agnendŭ
jagrež *nsl.* žagradŭ
jahati *nsl.* jad- 2
jahen *č.* dijakonŭ
jahor *s.* javorŭ
jahyj *klr.* jaga
jachać *p.* jad- 2
jakorić *wr.* ja
jakorъ *r.* anŭkjura
jakъ *asl.* jŭ
jałmužna *p.* almužьno
jałyća *klr.* jalovĭcĭ
jal *nsl.* alŭ
jalaja *r.* jal-
jalak *s.* jarŭkŭ
jalovъ *asl.* jal
jalva *kr.* jedla
jamo *asl.* jŭ
janež *nsl.* anasonŭ

janjulja *s.* ong-
janžeľ *ns.* anŭgelŭ
jara *s.* jarŭ 2
jarac *kr. s.* jarŭ 1
jarbolo *nsl.* arburŭ
jarbuo *s.* arburŭ
jarembica *b.* rembŭ
jarębь *asl.* rembŭ
jarik *nsl.* jarŭ 1
jarina *nsl.* jarŭ 1
jarkij *r.* jarŭ 2
jarłyk *p.* jarŭ 1
jarog *nsl.* ra-
jaršъ *r.* jeršŭ
jaruga *nsl.* jarŭkŭ
jarup *klr.* jarŭ 2
jarzъb *p.* rembŭ
jaryč *klr.* jaričĭ
jařmo *č.* jarĭmŭ
jaŕ *klr.* jarŭ 1
jaskołka *p.* jaskola
jaskorka *wr.* iskra
jasli *asl.* jad- 1
jasny *klr.* desna
jasokor *wr.* jasika
jasped *klr.* aspida
jaspra *kr.* aspra
jastran *nsl.* jastrembŭ
jastre *kaš.* jutry
jastrebъ *asl.* jastrembŭ
jastrik *s.* astrychŭ
jastrych *p.* astrychŭ
jastva *asl.* jad- 1
jaszcz *p.* askŭ
jaszcz *p.* jazg-
jaszczur *p.* jašterŭ
jaščerica *nsl.* jašterŭ
jaščikъ *r.* askŭ

jaščurъ *r.* jašturŭ
jaščyk *klr.* jaskŭ
jašterъ *asl.* gušterŭ
jatka *p.* jatŭhulĭnica
játra *č.* jentro 1
jatrocel *č.* jentro 2
jatrovъ *r.* jentry
jatšy *ns.* jutry
jatvjagъ *r.* jatvengŭ
jatvo *r.* jem-
jatь *r.* jem-
jazavac *s.* jazvŭ
jazba *nsl.* jazva
jazdъ *asl.* jad- 2
jazvьcь *asl.* jazvŭ
jazykъ *r.* jenzykŭ
jaža *s.* jazŭ
jaždž *p.* jazg-
jąbagъ *asl.* on 1
jądro *p.* jendro
jądu *asl.* jŭ
jątrew *p.* jentry
jątrzyć *p.* jentro 2
jążwica *p.* jonzva
ječa *nsl.* jem-
ječati *nsl.* jenk- 2
ječeti *č.* jenk- 2
ječmen *nsl.* jenk- 1
jede *b.* jedinŭ
jedinočędъ *asl.* čendo
jedovit *s.* jad- 1
jedro *s.* jadro 1
jedro *nsl.* jendro
jedu *č.* jad- 2
jedvam *b.* mŭ
jedwab *p.* godovablĭ
jegda *asl.* jŭ
jegulja *s.* ong-

jehla *č.* igla	jestrub *klr.* jastrembŭ	jêsće *os.* isteje
jehlák *č.* ježĭ	jestřáb *č.* jastrembŭ	jêz *nsl.* jazŭ
jehněda *č.* agnendŭ	jeszutność *p.* ašutĭ	jêzditi *nsl.* jad- 2
jek *b.* jenk- 2	ješč *nsl.* jad- 1	jho *č.* igos
jeklo *nsl.* ocêlĭ	ješće *nsl.* ješte	jid *klr.* jad- 1
jełkij *wr.* jelŭkŭ	ješit *č.* ašutĭ	jidro *kr.* jadro 1
jełoč *wr.* jelŭkŭ	ještěr *č.* jašterŭ	jih *č.* jugŭ
jela *asl.* jedla	ještěr *č.* gušterŭ	jícha *č.* jucha
jelašje *s.* jelĭcha	ješuti *asl.* ašutĭ	jichaty *klr.* jad- 2
jelenec *wr.* jalovĭcĭ	jetel *č.* dentela	jíkati *č.* ik-
jelô *asl.* jŭ	jeteľ *klr.* dentlŭ	jikra *č.* ikra
jelêživъ *asl.* lê-	jeterъ *asl.* jŭ	jil *č.* ilŭ
jelikъ *asl.* jŭ	jetev *č.* vê-	jilce *č.* helce
jelša *nsl.* jelĭcha	jetrva *nsl.* jentry	jíní *č.* inij
jelto *os.* jelito	jeza *nsl.* jenza	jircha *č.* ircha
jemča se *b.* jem-	jezd *slk.* jad- 2	jistebka *č.* istŭba
jemela *č.* imela	jezvec *č.* jazvŭ	jistý *č.* jes-
jemioła *p.* imela	ježica *nsl.* ježĭ	jiva *os.* iva
jenjati *s.* necha-	ježyna *p.* ježĭ	jiz *klr.* jazŭ
jepiskopъ *asl.* biskupŭ	jęcy *p.* jem-	jizba *č.* istŭba
jer *s.* jŭ	jęczmień *p.* jenk- 1	jízva *č.* jazva
jereb *nsl.* rembŭ	jęčati *asl.* jenk- 2	jmě *č.* imen
jerebika *nsl.* rembŭ	jęčъmy *asl.* jenk- 1	jmu *č.* jem-
jerebina *ns.* rembŭ	jędê *asl.* jendê	jodła *p.* jedla
jerel *ns.* orĭlŭ	jędor *p.* inŭdikŭ	jolha *nsl.* jelĭcha
jergen *b.* ergenŭ	jędro *asl.* jendro	jolša *slk.* jelĭcha
jerh *nsl.* ircha	jędrъ *asl.* jendrŭ	jomuža *s.* melz-
jerjab *os.* rembŭ	jędza *p.* jenza	jonák *č.* junŭ 1
jermen *nsl.* romanŭ	jędyk *p.* inŭdikŭ	jorš *klr.* jeršŭ
jeřáb *č.* rembŭ	jęknąć *p.* jenk- 2	jošte *s.* ješte
jeřáb *č.* žeravĭ	jętca *p.* jem-	jôk *nsl.* jenk- 2
jeřábek *č.* rembŭ	jętověrьnъ *asl.* jem-	juchta *č.* juftĭ
jes *č.* jazĭ	jętra *asl.* on 1	jurjuš *b.* jurŭ
jese *asl.* e	jętro *asl.* jentro 1	jurodъ *r.* rodŭ 1
jesep *č.* sŭp- 2	jętry *asl.* jentry	jurzyć się *p.* jurŭ
jesih *nsl.* ocĭtŭ	jętva *asl.* jem-	juž *č.* u 2
jesion *p.* jasenŭ	jęza *asl.* jenza	jъgulja *b.* ong-
jesiory *p.* os-	język *p.* jenzykŭ	
jestiva *s.* jad- 1	językъ *asl.* jenzykŭ	

K.

ka *b.* kŭ 1	kačelь *r.* kota-	kagrъličištь *nsl.* kŭ 1
kabao *s.* kŭblŭ	kačer *č.* kačĭka	kachna *č.* kačĭka
kabłąk *p.* kŭ 1	kadeř *č.* kondrĭ	kajaznь *asl.* ka-
kabza *klr.* kapsa	kadłub *č.* kadelbŭ	kajdan *p.* kandali
kacam *b.* kači-	kadołb *klr.* kadelbŭ	kakti *nsl.* mŭ

kakъ *asl.* kü 1	kary *p.* kara 3	kelih *nsl.* kaleži
kaŀavur *klr.* karavulü	kasati sę *asl.* kos-	keljo *nsl.* kŀôj
kal *nsl.* kül- 1	kasiterъ *asl.* kositerü	kentopory *p.* kantoro
kalac *s.* kül- 1	kasno *s.* küsinü	kenž *ns.* nü
kalanka *nsl.* kol-	kastanъ *asl.* kostanı	kep *č.* küpü
kaldyka *r.* kŀltja	kastoĺ *asl.* kostelü	kerečun *klr.* korčunü
kalhota *č.* kaliga	kaštel *e.* kostelü	kerekority *klr.* korkora
kalich *č.* kaležı	kaštrun *nsl.* koštrunü	kerez *klr.* kersü
kaljac *s.* kül- 2	kašъlь *asl.* kaš-	kerka *b.* düster
kalpak *b. s.* klobukü	kataliti *nsl.* kota-	kerkatь *r.* krik-
kalup *b.* kalüpü	kati *č.* ka-	kermeń *klr.* čermı 1
kaluža *s.* kü 1	katitь *r.* kota-	kerveĺ *klr.* krebulıcı
kamo *asl.* kü 1	katrъga *ab.* katerga	keř *č.* küřı
kamikati *s.* kamon	kaulokъ *r.* kü 1	kesarь *s.* cêsarı
kančuch *č.* kamdžija	kava *s.* kachva	kesizub *s.* kesi-
kaniuk *p.* kauja	kavad *s.* kabatü	kesno *nsl.* küsinü
kanta *nsl. s.* konüvı	kaverzy *r.* kü 1	kesten *b.* kostanı
kanura *r.* kü 1	kavoron *klr.* kü 1	kębłać *p.* kombla-
kanura *r.* ner- 1	kaznьсь *asl.* kazi-	kędzior *p.* kondrı
kapčug *b.* kapa-	každý *č.* ged-	kępa *p.* kompa
kapište *asl.* kapı	každý *č.* kü 1	kibita *os.* čibisü
kapłon *p.* kopunü	kažemiak *p.* koža	kiča *b.* kyta
kapon *b.* kopunü	kažub *p.* kozolü	kičitь *r.* kyči-
kaporka *s.* kapa	kądelь *asl.* kondrı	kičma *s.* kyčıma
kapr *č.* korpü	kądê *asl.* kü 1	kidati *nsl.* kyd-
kaprad *č.* paportı	kądrjavъ *asl.* kondrı	kiecza *p.* keča
kaprawy *p.* kapa-	kądziel *p.* kondrı	kieł *p.* kül- 1
kaptour *č.* kapa	kąkol *p.* konkolı	kieł *p.* kül- 2
kapula *s.* cebulja	kąkolь *asl.* konkolı	kiełb *p.* külb-
karavlah *s.* morovlachü	kąp *p.* kompı	kiełbasa *p.* külbasa
karbacz *p.* korbačı	kąpać *p.* kompa-	kiełzać *p.* külz-
karcić *p.* kürt- 1	kąpati *asl.* kompa-	kiełzać *p.* skliz-
karcz *p.* kürč-	kąpina *asl.* kompina	kiep *p.* küpü
karczma *p.* kürk- 2	kąpona *asl.* kompona	kiernes *p.* kürnü
kardun *s.* gardunü	kąsać *p.* kons-	kierować *p.* kerova-
kareta *p. r.* kara 2	kąsati *asl.* kons-	kierpce *p.* kürp-
karij *r.* kara 3	kąsъ *asl.* konsü	kierz *p.* küřı
kark *p.* kürkü	kąšta *asl.* konšta	kihati *nsl.* küch- 1
karkatъ *r.* krik-	kąt *p.* kontü	kij *r.* kyj
karle *č.* karılü	kątъ *asl.* kontü	kijak *s.* kyj
karm *p.* kürmü	kbel *č.* küblü	kikatь *r.* kyka-
karp *nsl.* korpü	kdor *nsl.* kü 1	kikimora *r.* mora
karpać *wr.* krüpa	kebel *nsl.* küblü	kiła *p.* kyla
karpetka *r.* skarpeta	keča *nsl.* kečiga	kila *nsl.* kyla
karpiel *p.* krüpelı 2	kečka *nsl.* kükü	kimati *nsl.* kü- 2
karślak *p.* kürs-	kełp *kaš.* külp-	kipêti *nsl.* kypê-
karuk *č.* karlukü	kel *č.* kül- 1	kirka *r.* cerky
karzeł *p.* karılü	kel *č.* kül- 2	kiska *b.* kyta

kisnąć *p.* kŭs-

kisnoti *nsl.* kŭs-

kistь *r.* kyta

kiša *s.* kŭs-

kišêtь *r.* kyšê-

kiška *p. r.* kyšĭka

kita *nsl.* kyta

kiwać *p.* kŭ- 2

kłaki *p.* klŭkŭ

kłąb *p.* klombo

kłąb *p.* klumba

kłebanyja *klr.* plebanŭ

kłečanc *klr.* klečĭka

kłeveć *klr.* kljŭ-

kłocić *p.* kolti-

kłoć *p.* kol-

kłoda *p. os.* kolda

kłonica *p. os.* kolnica

kłopot *wr.* klepa-

kłopouchyj *klr.* klep·

kłos *p. os.* kolsŭ

kłotnia *p.* kol-

kłtać *p.* klŭta-

kłyk *klr.* krik-

klabositi *č.* kolbosi-

klacza *p.* kljača

klada *asl.* kolda

kladbišče *r.* klad- 2

kladencc *b.* koldenzĭ

kladenecъ *r.* klad- 1

kladęzь *asl.* koldenzĭ

klaja *nsl.* klad- 2

klakołъ *asl.* kolkolŭ

klanice *č.* kolnica

klapéti *nsl.* klep·

klapouh *nsl.* klep·

klaskać *p.* klêska-

klasъ *asl.* kolsŭ

klášter *č.* klošterŭ

klati *asl.* kol-

klatiti *asl.* kolti-

klatka *p.* klêtĭ

klaža *r.* klad- 2

kląbo *asl.* klombo

kląć *p.* klen-

kląpь *asl.* klompĭ

klb *slk.* globŭ

kleč *č.* klečĭka

klečati *nsl.* klenk-

klečьtati *asl.* klek-

klećі *s.* klenk-

klegъtati *asl.* klekŭta-

klejmo *r.* klêj

kleka *s.* klečĭka

klektati *č.* klekŭta·

klěkъ *r.* krêkŭ

klepet *s.* klepa-

klepka *b.* klepa-

klepouchý *č.* klep-

klepьca *asl.* klepa-

klesk *p.* dlasku

klesk *p.* dleskŭ

klcveta *asl.* klepa-

klevrêtъ *asl.* klevertŭ

klęčati *asl.* klenk-

klęknąć *p.* klenk-

klęknąti *asl.* klenk-

klękъ *p.* klenkŭ

klęsnąć *p.* klensa-

klęti *asl.* klen-

klęzъ *asl.* sklengŭ

klêkav *b.* kljakavŭ

klêšče *nsl.* klêšta

klêto *b.* delb-

klič *č.* kljuk-

kliditi *č.* kljudi-

klijen *s.* klênŭ

klijen *s.* kljakavŭ

kliještc *s.* klêšta

kliktati *s.* klekŭta-

klikъ *asl.* krik-

klisc *č.* kljusent

kliti *nsl.* kŭl- 1

klizati sc *s.* skliz-

ključь *asl.* kljuk-

kljuj *s.* kljŭ-

kljuju *r.* kljŭ-

kljuka *s.* kljuk-

kljunъ *asl.* kljŭ-

kljusę *asl.* kljusent

klokati *nsl.* kvoka-

klon *p.* klenŭ

klopotъ *asl.* klepa·

klošč *nsl.* klêšta

klouzati *č.* skliz-

kluć *p.* kljŭ-

kluk *č.* klŭkŭ

klvati *č.* kljŭ-

klzký *č.* skliz-

klъbasa *asl.* kŭlbasa

klъbo *b.* klombo

klъcam *b.* klŭk- 2

klъcati *asl.* klŭk- 3

klъčetъ *asl.* klek-

klъka *asl.* kŭlka

klъkъ *asl.* klŭkŭ

klъvun *b.* kljŭ-

kły *r.* kŭl- 2

klьvati *asl.* kljŭ-

kĺakać *wr.* klenk-

kĺuľ *slk.* klêj

kmin *nsl.* kjuminŭ

kmín *č.* kjuminŭ

kmit *klr. r.* mêta-

kmituvaty *klr.* mêta-

kmotr *č.* kŭmotrŭ

knadž *os.* sternadŭ

knez *nsl.* kŭnengŭ

kníže *č.* kŭnengŭ

knjazь *r.* kŭnengŭ

kńaź *klr.* kŭnengŭ

kobača *nsl.* gajba

kobelъ *r.* kŭblŭ

kobiel *p.* kabelja

kobierzec *p.* kovĭrŭ

kobiti *s.* kobĭ

kobnoti *nsl.* kobĭ

kocanki *p.* kocénŭ

kociec *p.* kotŭ 1

kociel *p.* kotĭlŭ

kocka *nsl.* kostĭ

kocour *č.* kotŭ 2

koćenь *r.* kocénŭ

kočetъ *r.* kokotŭ

kočina *s.* kotŭ 1

kofija *p.* skuvija

kofta *p.* kochta

kogotъ *r.* kokŭtĭ

kogut *p.* kokotŭ

kohoľ *klr.* kokŭtĭ

kohout *č.* kokotŭ

kohut *klr.* kokotŭ

kojiti *nsl.* ki-

kokica *s.* kok-

kokošь *asl.* kokotŭ

kol *klr.* kül- 2

kołdun *klr.* kold-

kołoda *klr. wr.* kolda

kołodziej *p.* dê- 1

kołoty *klr.* kol-

kołṕ *os.* külp-

kołtun *p.* kültunŭ

kołzać *wr.* skliz-

kołznuty *klr.* külz-

kołymah *klr.* kolimogŭ

kołysaty *klr.* kolêb-

kolačь *asl.* koles

kolba *r.* külb-

kolbasa *r.* külbasa

kolbjagъ *r.* kolb-

kolcati se *nsl.* klŭk- 1

kolce *p.* koles

kolča *r.* kültja

koleda *nsl.* kolenda

koleducha *r.* kŭ 1

kolelo *b.* koles

kolęda *asl.* kolenda

koli *asl.* kŭ 1

kolibka *kr.* kolêb-

kolikъ *asl.* kŭ 1

koljada *klr.* kolenda

kolka *p.* kol-

kolo *asl.* koles·

kolobar *nsl.* koles

kolodjazь *r.* koldenzĭ

kolokołъ *r.* kolkolŭ

kolomaz *nsl.* maza- 1

kolomêr *nsl.* mêra

kolomutitь *r.* ment-

kolosъ *r.* kolsŭ

kolotitь *r.* kolti-

kolotъ *r.* kol-

kolovorotъ *r.* vert-

kolovoz *s.* koles

kolovrat *nsl.* koles

kolovrat *nsl.* vert-

kołpakъ *r.* klobukŭ

koludrica *s.* kalugerŭ

kolut *s.* koles

kolьmi *asl.* kŭ 1

kombost *s.* kapusta

komen *nsl.* kamina

komêt *klr.* met- 1

komięga *p.* komenga

kominъ *r.* kamina

komiti *s.* komŭ 1

komiziš *ns.* mŭd-

komjaga *klr. wr. r.* komenga

komka *b.* komŭka-

komnata *č.* kamnata

komolý *č.* gomolŭ

komoržija *s.* komara

komorogъ *asl.* komorgŭ

komuda *os.* mŭd-

komъka *asl.* komŭka-

kon *wr.* ken-

konatica *asl.* konŭvĭ

kondisam *b.* kon-

kondrava *č.* ner- 1

konědra *č.* der-

konica *nsl.* ken-

konjčimar *nsl.* mari

konýšiti *č.* nych-

kopet *č.* kop- 2

kopić *p.* kopa 2

kopije *asl.* kop- 1

kopisť *č.* kop- 1

kópiti *nsl.* skopĭcĭ

kopotь *r.* kop- 2

koprina *asl. b.* koprŭ

kopriva *asl.* koprŭ

kopъ *r.* kop- 2

kopyty *klr.* kopa 2

kopьno *asl.* kop- 3

kora *nsl.* kra

kora *asl.* skora

korabja *ns.* rebro

korav *b.* kora

korba *č.* korbija

korba *s.* kori-

korbača *nsl.* korbija

korczak *p.* kürk- 2

korč *klr.* kürč-

korčma *r.* kürk- 2

korčь *r.* kürk- 1

korda *r.* korŭda

korenitьсь *asl.* koren

korêč *wr.* kora

korch *klr.* kürchŭ 2

koristь *asl.* kori-

korljazi *r.* korljŭ

korma *klr.* kürma

korman *nsl.* kürma

kornać *wr.* kürnŭ

kornaz *klr.* kürnŭ

kornjača *s.* kora

korob *klr.* korbija

korobitъ *r.* korbi-

koročunъ *r.* korčunŭ

korok *wr.* korkŭ

korokatica *r.* korkŭ

korokuľa *klr.* kork-

koroľ *klr.* korljŭ

koromoły *klr.* kormola

koromysło *klr.* kormyslo

koromyśl *p.* kormyslo

korop *klr.* korpŭ

koropavyj *klr.* korpavŭ

korosńa *klr.* kors-

korosta *r.* korsta 1

korostь *wr.* karašĭ

korostľ *klr.* korstélĭ

korošec *nsl.* korontŭ

korot *s.* kari-

korotkij *r.* kortŭ

koróva *r.* korva

korovaj *klr.* korvaj

kortno *klr.* kürtê

kortyški *r.* kürt- 2

koruhev *č.* chorongy

korušk *os.* koren

korzno *r.* kürzno

korъ *asl.* korĭcĭ

korъda *asl.* korŭda

koryść *p.* kori-

kořalka *č.* gor-

kořebło *os.* kŭ 1

kořebło *os.* rebro

kosatikъ *r.* kosa 2

kosierka *p.* kosŭ 1

kosijer *s.* kosa 2

kosmatka *č.* kosa 1

kosmъ *asl.* kosa 1

kosnyj *r.* küsĭnŭ

kosohor *klr.* kosŭ 1

koscrogъ *r.* kosŭ 1

kosorъ *asl.* kosa 2

kosterъ *r.* kostŭrŭ

kosterь r. kostïrü	kožan klr. koža	kraviti s. korv-
kostra r. kostïrü	koždy os. kü 1	kravja b. krija-
kostrba č. kostrubü	koželj nsl. kondrï	krawiec p. kri-
kostrêba nsl. kostïrü	kožuhъ asl. koža	krąčina asl. krončina
kostrika s. kostïrü	kožodryst klr. drist-	krąg p. krongü
kostrzewa p. kostïrü	kôder nsl. kondrï	krągъ asl. krongü
kosvenъ asl. kosü 1	kôpati nsl. kompa-	krapъ asl. krompü
košara asl. koši 1	kôs nsl. kons-	krb č. korbija
koščij klr. kostï	kôštrav nsl. kondrï	krbulja s. korbija
koščij klr. koštéj	kôt nsl. kontü	krcati s. kürca-
koščun klr. koštuna	kôą p. konsü	krč č. kürč-
košeř klr. koši 1	krabice č. korbija	krčag s. kürk- 2
košile č. košulja	krabij asl. korbija	krčah č. kürk- 2
koška r. kotü 2	krabija r. korbija	krčiti nsl. kürč-
koštunj s. kostï	krabulja nsl. korbija	krčma nsl. kürk- 2
koštь asl. kostï	kraczaj p. korkü	krčuľa slk. krüčulja
kościoł p. kostelü	kračun b. korčunü	krd s. kürd-
košla p. kosü 1	kraguj asl. s. r. korguj	krdêlo nsl. kürd-
kotač nsl. kota-	kragulj nsl. korguj	kreček klr. krik-
kotelь asl. kotü 2	krahuj č. korguj	krečetъ asl. krik-
koteryj asl. kü 1	krachmalъ r. krochmalï	krelje s. čerljuštï
kotouč č. kota-	kraja nsl. krad-	kreljušt nsl. skorlupa
koturati nsl. kota-	krak dsl. korkü	krcati s. skreg-
koturь asl. kotü 2	krak nsl. krêkü	krelina asl. skridlo
kotva asl. kotü 2	krakati asl. krik-	kreljut nsl. skridlo
kotъcь asl. kotü 1	krákorati č. korkorá-	krelo kr. skridlo
koumati č. kuma-	krakva r. krik-	kreme slk. kroma
kousz p. kovï	krali r. koralja	kremelj nsl. kormola
kouzlo č. kuzlo	kraliješ s. koralja	kremъľ b. skremen
kov asl. kü- 1	králík č. korljü	kremy asl. skremen
kovalь asl. kü- 1	kralь asl. korljü	krestъ r. krïstü 1
kovaɪъnъ asl. kü- 1	kraľa wr. koralja	kret č. krütü
kovaty klr. kü- 3	kramola asl. kormola	krev č. krüvï
kovą asl. kü- 1	kranj nsl. kornï	krevet b. s. krovatı
kovorot klr. kü 1	kranj ns. skornija	krew p. krüvï
kovrčica s. kü 1	kraosica s. süs- 1	krez nsl. kersü
kovred nsl. rendü	krap nsl. korpü	krezub s. krezombü
kovъkalъ asl. kovücegü	krapavica nsl. korpavü	krezub b. skerbü
kozder nsl. po	krápě č. kropi-	kręgi p. kreng-
koznь r. kü- 1	kraple č. kürp-	kręgiel p. krengelï
kozoder nsl. der-	krasta asl. korsta 1	kręnąti asl. krent-
kozoder s. koza	krastêlь asl. korstêlï	krępak p. krapakü
kozodoj nsl. dê, 2	krata s. grata	krępy p. krompü
kozodoj p. koza	kratъkъ asl. kortü	kręt p. krent-
kozol nsl. kozïïcı	krava asl. korva	kręžel p. kreng-
kozoprsk nsl. koza	kravaj asl. korvaj	krêhъk b. krêgükü
kozoprsk nsl. persk-	kravajec nsl. korvaj	krêsiti asl. kres-
kozub klr. kozolü	kravatъ r. krovatï	krêsъ asl. kres-

kréštja b. kréska	kropelka nsl. krepélo	krzno nsl. kŭrzno
krévati as. krija-	kropiva nsl. koprɪ	krzosać p. kresa-
krŕka nsl. skrobŭ	kropkij r. krŭpŭkŭ	krzydło p. skridlo
krga s. krŭga	kropotъ r. klepa-	krzynia p. skrinija
krch č. kŭrchŭ 1	krosna b. krošnja	krzynow p. krinŭ 1
kri' nsl. krŭvɪ	krosta p. korsta 1	krzyżmo p. krizma
krijaty klr. krija-	krot klr. krŭtŭ	krža s. krŭž-
krijes s. kres-	krotki p. kortŭ	krъcam b. skreg-
krilo asl. skridlo	krotoryja r. ry-	krъčagъ asl. kŭrk- 2
krilutь asl. skridlo	kroupa č. krupa	krъčiti asl. kŭrk- 1
krimice s. krŭ-	krovь r. krŭvɪ	krъčь asl. krŭčɪ
krisło klr. krêslc	krowa p. korva	krъčьma asl. kŭrk- 2
kriv nsl. krŭ-	krozê asl. kersŭ	krъha asl. krŭch-
krizma nsl. chrizma	krôg nsl. krongŭ	krъhъkъ asl. krŭch-
križati s. skrižalɪ	krôp klr. koprŭ	krъknąti asl. krik-
krjak klr. krik-	krpa nsl. krŭpa	krъkъ asl. kŭrkŭ
krjak klr. kŭrɪ	krpelj nsl. krŭpelɪ 1	krъkyga asl. kŭrkyga
krjakatь r. krik-	krpeta s. kŭrpeta	krъma asl. kŭrma
krjakъ r. krêkŭ	krpélj nsl. kripevɪcɪ	krъmъ asl. kŭrmŭ
krjepa os. kropi-	krplje nsl. kŭrp-	krъnъ asl. kŭrnŭ
krk č. kŭrkŭ	krsati č. kŭrs-	krъpa asl. krŭpa
krklama s. kŭrklama	krszyć p. krŭch-	krъsmati asl. krŭsma-
krleš č. kerɪlešɪ	krš s. krŭšɪ	krъsnąti asl. kres-
krlêtka nsl. klêtɪ	krščanin s. krɪstijanŭ	krъstijanъ asl. krɪstijanŭ
krljušt s. čerljuštɪ	kršelj nsl. krŭšelɪ	krъstъ asl. krɪstŭ 1
krljušt nsl. skorlupa	kršňák č. krŭch-	krъša b. krŭch-
krma nsl. kŭrmŭ	ķrt s. kŭrtŭ	krъtênije asl. kъrt- 1
krmelj nsl. grŭmêždɪ	krto s. kŭrtolŭ	krъtь asl. krŭtŭ
krmeželj nsl. grŭmêždɪ	krtača nsl. gardŭnŭ	krъvь asl. krŭvɪ
krnica nsl. krinica	krtań p. ger-	krъzno asl. kŭrzno
krniš nsl. kŭrnišɪ	krtola s. kartoplja	krъždevati asl. krêgŭkŭ
krnja nsl. kŭrnŭ	kručina r. kronèina	kryga r. kra
krnja s. krŭnja	krug s. krongŭ	kryłos klr. klirosŭ
krobia p. korbija	kruh č. krongŭ	krylo r. skridlo
kročiti s. korkŭ	kruhъ asl. krŭch-	kryti asl. krŭ-
kroć p. os. wr. kortŭ	kruchyj klr. krŭch-	kryza klr. krozy
krogulec p. korguj	krukъ asl. krik-	kŕák č. kŭrɪ
krocha r. krŭch-	kruna asl. koruna	kŕástal č. korstɪɪ
krochmal p. skrobŭ	krupý č. krompŭ	kŕáti č. krija-
krochot klr. krŭch-	krušьka asl. gruša	kŕeč č. kŭrk- 1
krok č. p. korkŭ	krut s. krent-	kŕekati č. skrêkŭ
krokati nsl. krik-	kruž p. krugla	kŕepel č. perpera
krol p. korljŭ	kruževo klr. krongŭ	kŕesło č. krésło
krolik p. korljŭ	krvolok nsl. loka-	kŕest č. krɪstŭ 1
kroměštьnь asl. kroma	krząść się p. krent-	kŕidlo č. skridlo
kromsatь r. krems-	krzek p. krêkŭ	kŕisiti č. kres-
krona nsl. korъna	krzęcinka p. krentina	kŕižmo č. krizma
krondir b. kondêrŭ	krzlaraga s. kŭzŭ	kŕem os. skremen

křidło *os.* skridlo
křina *os.* skrinija
křipać *os.* skrip-
ksebni *nsl.* svŭ
ksenec *č.* kŭnjiga
ksiądz *p.* kŭnengŭ
ksiąžę *p.* kŭnengŭ
księžyc *p.* kŭnengŭ
kstati *r.* sta- 2
kšud *os.* krjudŭ
kśelnica *ns.* ter-
kubek *p.* kupa
kubeł *p.* kŭblŭ
kublati *č.* kombla-
kuca *nsl.* cuca
kucija *asl.* kutija 1
kuczeć *p.* čuk-
kučera *č.* kondrĭ
kučija *asl.* kutija 1
kučitь sja *r.* kuka 1
kuća *s.* konšta
kudla *č.* kondrĭ
kudъ *r.* kudesŭ
kukolь *r.* konkolĭ
kukonosъ *asl.* kuka 2
kulhati *č.* kulĭga-
kulsza *p.* kulĭša
kumara *nsl.* kukumarŭ
kumila *nsl.* kamila
kumъ *asl.* kŭmotrŭ
kun *s.* klenŭ
kundrav *nsl.* kondrĭ
kuńem *s.* klen-
kupaty *klr.* kompa-
kurastra *klr.* kolastra
kurcz *p.* kŭrk- 1
kurevo *r.* kuri-

kurêlъkъ *asl.* kurilŭ
kurguzyj *r.* kŭrnŭ
kurkoj *rm.* korkoj
kurnosyj *klr.* kŭrnŭ
kurnota *č.* kornuta
kurolesъ *r.* kerĭlešĭ
kuropatwa *p.* kurŭ
kuroptva *č.* kurŭ
kuropъtina *asl.* kurŭ
kuroslêpъ *r.* slêpŭ
kurpy *r.* kŭrp-
kurtyj *klr.* kurta
kuruza *nsl.* kukuruzŭ
kurz *p.* kuri-
kusztrzyca *p.* guz-
kusъ *r.* kons-
kusý *č.* konsŭ
kuščar *nsl.* gušterŭ
kušnêr *klr.* kŭrzno
kuštra *č. klr.* kondrĭ
kutja *r.* kučĭka
kuveo *s.* kŭ 1
kuvik *slk.* kvik-
kuvьcь *asl.* kŭ- 1
kuzlo *č.* čechlŭ
kuznečikъ *r.* kŭ- 1
kuzneč *klr.* kŭ- 1
kuznь *asl.* kŭ- 1
kuzovъ *r.* kozolŭ
kuźnia *p.* kŭ- 1
kvasъ *asl.* kŭs-
kvati *asl.* kŭ- 2
kvažnja *asl.* skvoz-
kvêsti *r.* kvĭt-
kviřala *č.* kvik-
kvrknuti *s.* kvĭrk-
kwękać *p.* kvonka-

kwielić *p.* kvil-
kzlo *č.* čechlŭ
kъblъ *asl.* kŭblŭ
kъde *asl.* kŭ 1
kъdmanъ *ar.* kŭdmanŭ
kъgda *asl.* kŭ 1
kъhnąti *asl.* kŭch- 1
kъj *asl.* kŭ 1
kъkъ *asl.* kŭkŭ
kъkъnь *asl.* kŭkŭnĭ
kъmotrъ *asl.* kŭmotrŭ
kъnęgъ *asl.* kŭnengŭ
kъnezь *asl.* kŭnengŭ
kъniga *asl.* kŭnjiga
kъpina *b.* kompina
kъpja *b.* kompa-
kъponi *b.* kompona
kъrmъz *b.* kŭrmezŭ
kъrь *asl.* kŭrĭ
kъs *b.* kons-
kъsati se *nsl.* grêva-
kъsmet *b.* kŭsmetŭ
kъsnętinъ *asl.* kŭsnentinŭ
kъsnъ *asl.* kŭsĭnŭ
kъšta *b.* konšta
kъt *b.* kontŭ
kъtam *b.* konta-
kъznь *asl.* kŭ- 1
kyhati *asl.* kŭch- 1
kyka *č.* kŭkŭ
kyptar *klr.* keptarŭ
kyrď *klr.* kŭrd-
kyrłyh *klr.* kŭrlygŭ
kyselъ *asl.* kŭs-
kysnąti *asl.* kŭs-
kyti *asl.* kŭ- 2

Ł.

łaba *p.* olbije
łabędź *p.* lebedĭ
łacuy *p.* lat-
ładka *wr.* oldija
ładovaty *klr.* lad-
łagiew *p.* lagvica
łachnyj *klr.* lasŭ

łaknąć *p.* alka-
łakoć *p.* lak-
łakomy *p.* alka-. lak-
łapie *p.* lap-
łastowka *p.* lastovica
łatwy *p.* lat-
ławuty *klr.* lauta

łazęka *p.* lez-
łazyty *klr.* lez-
łazyvo *klr.* lez-
łaźbić *p.* lez-
łącz *p.* lonk- 2
łączyć *p.* lonk- 1
łąg *p.* longŭ

łagiew *p.* longŭvĭ
łąka *p.* lonka
łątka *p.* lontka
łehoťity *klr.* leg- 4
łechtać *p.* laskota-
łen *klr.* lĭnŭ
łesť *klr.* lĭstĭ
łešč *klr.* leštĭ
łev *klr.* lĭvŭ
łęczyć *p.* lonči-
łęk *p.* lenk- 1-
łęt *p.* lontŭ
łobjo *os.* olbije
łodzia *p.* .oldija
łodźman *p.* oldija

łoď *klr.* ołdija
łohć *os.* olkŭtĭ
łokieć *p.* olkŭtĭ
łokoť *klr.* olkŭtĭ
łoni *p.* olni
łoskobina *os.* skoma- 2
łoša *klr.* lošent
łotava *klr.* otava
łožnyk *klr.* leg- 1
łučaj *klr.* luk- 3
łuk *klr.* lenk- 1
łukavyj *klr.* lenk- 1
łunčak *klr.* olni
łusnuty *klr.* lusk-
łut *klr.* lontŭ

łuzaty *klr.* luska
luzha *wr.* luska
łza *p.* slŭza
łycar *klr.* ryterŭ
łychuj *klr.* lichŭ
łychyj *klr.* lichu
łyk *klr.* lik 2
łynuty *klr.* let-
łypa *klr.* lĭp-
łyska *klr.* pliska
łysknąć *p.* lĭsk-
łysman *os.* manŭ 2
łyščaty *klr.* lĭsk-
łyše *klr.* lichŭ
łytkup *klr.* likofŭ

L.

labe *č.* olbije
labod *nsl.* lebedĭ
láce *č.* lat-
lačьnъ *asl.* lak-
laćuni *kr.* latjunŭ
lada *č.* lend-
ladaco *p.* leda
ladati *nsl.* veld-
ladija *asl.* oldija
ladonь *r.* dolnĭ
lagev *nsl.* lagvica
lahnuti *s.* leg- 2
lach *p.* lenchŭ
lacha *p.* li-
lakati *asl.* alka-
laknoti *nsl.* alka-
lakom *nsl.* alka-
lakomъ *asl.* lak-
lakrdija *s.* lakŭrdija
laku *os.* lenk- 1
lakъtь *asl.* lakŭtĭ
lakъtь *asl.* olkŭtĭ
lalki *r.* lalŭkŭ
laloka *nsl.* lalŭkŭ
lalъkъ *asl.* lalŭkŭ
lanća *nsl.* lonšta
lanec *nsl.* lanĭcĭ
laně *č.* alnĭ
lani *asl. nsl. b. s.* olni

lanija *asl.* alnĭ
lanь *r.* alnĭ
lanьcugъ *asl.* lanĭcĭ
lanьšakъ *r.* olnĭ
lapat *kr. s.* lapŭtŭ
lapat *b.* lopuchŭ
lapati *č.* lapi-
lapotь *r.* lapŭtŭ
las *nsl.* volsŭ
lasan *s.* lĭst-
lasica *asl.* lasa 2
laskomina *č.* skoma- 2
laskovina *č.* skoma- 2
last *nsl.* veld-
lastati *s.* lastarĭ
lastisati *s.* láska-
lastuna *asl.* lastovica
lašć *kr.* veld-
lašćati se *kr.* lĭsk-
lat *č.* latŭ
lat *nsl.* voltĭ 2
latopierz *p.* netopyrĭ
latorośl *p.* orst-
latosi *p.* sjŭ
latva *nsl.* latŭ
lať *č.* voltĭ 2
lav *s.* lĭvŭ
laziti *asl.* lez-
lazъ *asl.* lez-

lačije *asl.* lonk- 2
lačiti *asl.* lonk- 1
lačiti sę *asl.* luk- 3
lągъ *asl.* longŭ
ląka *asl.* lenk- 1
ląka *asl.* lonka
ląkъ *asl.* lenk- 1
ląšta *asl.* lonšta
le *nsl.* glend-
lebeda *nsl.* loboda
lecz *p.* le
leča *nsl.* lenšta
leća *s.* lenšta
ledaščij *r.* leda
ledina *nsl.* lend-
ledovje *nsl.* lendvĭ
ledva *r.* jedva
ledwo *p.* jedva
lech *č.* lenchŭ
lek *č.* lenk- 1
leknuti se *nsl.* lenk- 1
lelêm *b.* ljulja-
lemiez *ač.* lemenzĭ
len *nsl. b.* lĭnŭ
lenger *s.* jakorĭ
lepak *p.* le
lesen *b.* lĭst-
lesk *nsl.* lĭsk-
lest *č.* lĭstĭ

lsstъ r. lĭstī	věmennyj r. lik- 2	ločika s. loktjuka
ieszcz p. lěštī	lidé č. ljud-	lodí č. oldija
leszczotka p. lesk-	ligać p. ljaga-	lodъja r. oldija
loščadь r. lĭsk-	lih nsl. glichŭ	logěina wr. leg- 1
leščati se nsl. lĭsk-	lih nsl. lichŭ	loj asl. li-
lešta b. lenšta	lĭha č. lez-	loket č. olkъtī
leść p. lĭstī	lihota asl. lichŭ	lokotь r. olkъtī
letopir nsl. netopyrī	licha č. lêcha	lomiti nsl. lem
letopyř č. netopyrī	lichoman r. lichŭ	lomъ asl. lem-
letorosl č. orst·	lij nsl. li-	loni č. olni
lev nsl. lĭvŭ	lijek s. lékŭ 1	lonisъ r. olni
lewar p. hevarŭ	lijemati s. lem-	loskъ r. lĭsk-
leziwo p. lez-	lijenka s. lênъka	lošadь r. lošent
ležuch p. leg· 1	lijep s. lĭp-	loštika asl. loktjuka
lędina asl. lend-	lijevča s. lêvča	loubí č. londža
lędvъ asl. leudvī	lijevi s. lévŭ 1	louč č. luča
lędźwie p. lendvī	liki nsl. lik- 2	loukoť č. lenk- 1
lękać p. lenk- 1	liksija s. lužija	loutka č. lontka
lęką asl. lenk- 1	lilek č. ljulъ	lovь r. olovo
lęšta asl. lenšta	lim nsl. ihmŭ	loža s. leg- 1
lêkъ r. likŭ 2	limar wr. remen	ložbina r. leg- 1
lêkъ asl. likŭ 1	lipa asl. lĭp-	lože asl. leg- 1
lêky asl. lik- 2	lir s. lilija	ložesno asl. leg- 1
lêpecha r. lĭp-	listom s. mŭ	lôčiti nsl. louk- 1
lêpъ asl. lĭp-	lišan s. nišanъ	lôg nsl. longŭ
lêstvica asl. lez-	lišiti asl. lichъ	lôk nsl. lenk- 1
lêšij r. lêsŭ	liško wr. lichŭ	lôka nsl. lonka
lêzą asl. lez-	liška č. lisŭ 2	lsknąć się p. lĭsk-
lêzivъ asl. lê-	litovać wr. lutŭ	lsknouti č. lĭsk-
lgi p. leg- 2	litovati č. ljutŭ	lubszczyk p. ljubъtikŭ
lgnąć p. lĭp-	lity p. ljutu	luč nsl. luća
lhota č. leg- 2	lĭtý č. ljutŭ	lučij asl. luk- 1
li asl. ljub-	ljada r. lend-	luh č. longŭ
libeček č. ljubъtikŭ	ljadveja r. leudvī	luk s. lenk- 1
libi b. ljub-	ljadъ r. leda	lukav s. lenk- 1
libiti č. ljub-	ljagonrь r. leg- 1	lunąć p. li-
libo nsl. ljub-	ljagva r. ljaga 1	lunjav asl. lunī
lice asl. lik- 2	ljaknutь sja r. lenk- 1	lŭno č. lono
licedėj r. lik- 2	ljeljen s. jelenī	luspa asl. luska
licedėj asl. mêrŭ 1	ljeromiš s. myšī	luštek nsl. ljubъtikŭ
licemêrъ asl. lik- 2	ljęstve s. lez-	lužiti nsl. lugŭ
licemêr asl. mêrŭ 1	ljupiue s. lupi-	lze č. leg- 2
liczman p. likŭ 2	ljuska s. luska	lžyć p. leg- 2
ličba b. lik- 1	ljuspa b. luska	lъk b. lenk- 1
ličba č. likŭ 2	ljuzgati nsl. luska	lъrъtъ asl. rŭpъtŭ
ličiti asl. lik- 1	lnouti č. lĭp-	lъskam se b. lĭsk-
ličiti s. lik- 2	locika č. loktjnka	lъst b. lĭstī
ličkaj nsl. leda	ločika nsl. loktjнka	lъśćeč nsl. lĭsk-

lypaś *ns.* .lupi-
łъgn *r.* leg- 2
łънąti *asl.* łьp-
łъnutь *r.* łьp-

łьпъ *asl.* łьnū
łьpêti *asl.* łьp-
łьstь *asl.* łьstĭ
łьstьnъ *asl.* łьst-

łъštati sę *asl.* łьsk-
łьvъ *asl.* łĭvū
łъza *asl.* leg- 2

Ľ.

ľahma *klr.* leg- 1
ľahovy *klr.* leg- 1
ľach *klr.* lenchū
ľakaty *klr.* lenk- 1
ľebda *ns.* jedva
ľha *wr.* leg- 2

ľhota *klr.* leg- 2
ľйdvy *klr.* lendvĭ
ľik *klr.* lêkū 1
ľik *klr.* likū 2
ľip *klr.* łьp-
ľisa *klr.* lêsa

ľitepłyj *klr.* lê-
ľit *klr.* lêtĭ 2
ľitiś *klr.* sjū
ľnuty *klr.* łьp-

M.

maca *s.* mačka
macecha *č.* mater
macel *nsl.* macūlū
macêsen *nsl.* ma
macêsen *nsl.* mecêsĭnū
macierz *p.* mater
macocha *p.* mater
mač *s.* mĭčĭ
mačiha *nsl.* mater
mačocha *klr.* mater
mačta *r.* maštū
mačuh *nsl.* mūk-
mačurana *s.* majorana
mać *p.* mater
maćeha *s.* mater
madal *nsl.* mūd-
madjerija *s.* magerū
madjije *s.* magija
madvjež *ns.* medū
madžurana *s.* majorana
magari *kr.* makarū
magaryčъ *r.* mogoryšĭ
magerka *r.* madžarū
magiel *p.* mangūlĭ
magierka *p.* madžarū
magjosuvan *b.* magija
magl *č.* mangūlĭ
magla *s.* mĭgla
magnoti *nsl.* mĭg-
mah *s.* mūchū

mahana *s.* maana
mahel *klr.* mangūlĭ
mahli *wr.* mangūlĭ
mahunica *nsl.* mūchū
mahyrka *klr.* madžarū
majaczyć *p.* manovĭcĭ
majata *r.* ma-
majati *asl.* ma-
majatnikъ *r.* ma-
majdan *p. klr.* megdanū
majdanos *b.* magdanosū
majeran *p.* majorana
majetek *č.* jem-
majhen *nsl.* malū 1
majka *b.* mater
majkut *klr.* manka-
majno *klr.* mêjno
majoran *nsl.* majorana
majže *klr.* maj 2
makalj *s.* mūk-
makati *asl.* mok-
makati *č.* mace-
makitra *wr.* makū
maklen *nsl.* ma
maknoti *nsl.* mūk-
maknuti *s.* mūk-
makoćor *wr.* makū
makodžoba *klr.* makū
makolagwa *p.* makū
makoteré *wr.* makū

makotra *p.* ter-
makovice *č.* makū
makutra *p.* makū
małž *p.* melčovū
małżonek *p.* malūženū
mal *nsl.* maljeva-
mal *nsl.* malū 3
malacya *p.* malakija
maldřík *č.* maldrū
maldžija *b.* malū 2
malc *b.* mater
malen *nsl.* mel- 1
malevatь *r.* maljeva-
maležъ *r.* madežĭ
malica *nsl.* malū 1
malik *nsl. kr.* maljeva-
malik *nsl.* malū 3
malikovec *nsl.* maljeva-
malin *kr.* mel- 1
mališ *s.* malū 1
malj *asl.* malĭ
maljahan *kr.* malū 1
maljav *s.* maljen
malje *s.* maljen
malomoštь *asl.* malū 1
malomoštь *asl.* mog-
malowaé *p.* maljeva-
małženstvo *r.* malūženū
małъk *b.* malū 1
małъmi *asl.* malū 1

malъžena *asl.* malŭženŭ

mełьchanъ *r.* mechlemŭ

malьša *r.* malŭ 1

malъže *asl.* malŭženŭ

maľuvaty *klr.* maljeva-

mama *nsl.* mami-

mamona *slk.* mami-

mamuran *s.* machmurĭnŭ

mamuz *b.* machmuzŭ

mamysь *r.* mama

manastyrь *asl.* monastyrĭ

manatky *klr.* manŭtija

manati *asl.* ma-

mandala *nsl.* migdalŭ

mandrija *nsl* mandra

mandry *kaš.* mondrŭ

mandžel *os.* malŭženŭ

mandák *č.* manka-

manem *nsl.* men- 2

manč *č.* manŭ 1

mangovati *nsl.* manŭ 1

mangura *s.* mangŭrŭ

manhir *klr.* mangŭrŭ

mani *kr.* manŭ

manigod *s.* malgotŭ

manisty *r.* monisto

maniti *asl.* mani-

manj *nsl.* manŭ 1

manj *s.* mьnij

manjak *s.* manka-

manjkati *nsl.* manka-

manjukivati *nsl.* manŭ 1

manka *dsl.* monka 1

manowiec *p.* manovĭcĭ

manta *p.* manŭtija

manten *nsl.* manŭtija

manž *dsl.* monžĭ

manžel *č.* malŭženŭ

manžonek *p.* malŭženŭ

mań *wr.* mani-

mańka *p.* manka-

mar *nsl.* mari

mara *asl.* mari-

mara *p.* mora

marač *s.* marŭtŭ

maraś *ns.* mara-

marati *nsl.* mari

marča *kr.* mari

mardać *p.* merda-

maren *nsl.* mari

maron *nsl.* marĭnŭ

maréna *r.* maréna 1

marenj *nsl.* marĭnĭ

marevo *klr.* mari-

margarana *nsl.* malogranĭ

marha *nsl.* mercha

marcha *p.* mer- 1

marcha *p.* mercha

marchvej *ns.* merky

marinje *nsl.* marĭnĭ

marinjovati *nsl.* marĭnĭ

mariti *nsl.* mari

maritь *r.* maranja

markaj *nsl.* mari

markaś *ns.* merka- 1

markij *wr.* mara-

markot *p.* merka- 2

markotać *p.* mruka-

marljiv *nsl.* mari

marmor *os.* marmorŭ

marmotać *p.* mermra-

marmur *p.* marmorŭ

marnjati *nsl.* marĭnĭ

marnój *r.* marĭnŭ

marný *č.* marĭnŭ

maroga *nsl.* mara-

marov *nsl.* majurŭ

marsk *p.* merskŭ 1

marsk *p.* merskŭ 2

martahuz *p.* martolosŭ

martalous *č.* martolosŭ

martinec *nsl.* marta

martopľas *klr.* plens-

martýska *r.* marta

maruška *r.* mara-

marva *b.* mercha

marzana *p.* maréna 2

marzec *p.* marŭtŭ

marznąć *p.* merz- 2

marznuś *ns.* merz- 2

marzyca *p.* marica

marzyó *p.* mari-

marъ *r.* maranja

marъtь *asl.* marŭtŭ

mary *p. os. klr. wr. r.* para 2

maryty *klr.* mari-

mařena *č.* maréna 2

mařiti *č.* marĭnŭ

masać *os.* maca-

maslina *asl.* maza- 1

maslo *asl* maza- 1

maso *č.* menso

masopust *č.* menso

mast *kr. s.* mŭstŭ

masterъ *r.* majstorŭ

masti *č.* ment-

mastika *s.* mŭstŭ

masturni *klr.* měsi-

mastъ *asl.* maza- 1

maszt *p.* maštŭ

maša *nsl.* mьša

maščati se *nsl.* mьstĭ

maščevati *nsl.* mьstĭ

maščina *nsl.* mŭstŭ

mašlak *č.* maslokŭ

maštanija *s.* mŭčĭta

mašteha *asl.* mater

maś *ns.* mater

maślcz *p.* ma. slêzŭ

máta *č.* menta

matati *č.* maca-

materyj *r.* matorŭ

matežъ *r.* madežĭ

mati *asl.* mater

mátoha *č.* ment-

matopir *nsl.* netopyrĭ

mátu *č.* ment-

matuzica *s.* mota-

mávati *č.* ma-

maz *b.* maza- 1

maza *b.* magaza

mazati *s. č.* maza- 1

mázdra *č.* menso

mazepa *wr.* maza- 1

mazg *nsl.* mĭzgŭ

mazga *s.* mĭzgŭ

mazgov *s.* mĭzgŭ

mazha *klr.* mozgŭ

mazinec *nsl.* mêzinĭcĭ

mázliti *č.* mazi-

mazný *slk.* mazi-

mazь *asl.* maza- 1

mąditi *asl.* mŭd-

mądo *asl.* mondo .

mądrъ *asl.* mondrŭ

mądry *p.* mondrŭ

mąka *asl.* monka 1

mąka *asl.* monka ˅2

mąka *p.* monka 2

mątew *p.* ment-

mątiti *asl.* ment-

mątъ *asl.* ment-

mąž *p.* monžɪ

mąžь *asl.* monžɪ

mãc *polab.* menkŭ

mãsŭ *polab.* menso

mdły *p.* mŭd-

mdlý *č.* mŭd-

mecati *nsl. s.* menkŭ

mecêsen *nsl.* ma

meč *nsl.* menkŭ

meča *nsl.* menkŭ

mečaty *klr.* meka-

mečet *s.* medžitŭ

mečka *s.* menkŭ

mečkar *b.* miška

mečta *r.* mŭčɪta

meča *s.* ment-

mećava *s.* ment-

med *nsl.* medja

medel *nsl.* mŭd-

medernja *nsl.* mandra

medêlo *nsl.* ment-

medju *s.* medja

medo *nsl.* mêdɪ

medvêdь *asl. r.* medŭ

medža *klr.* medja

medžimurje *nsl.* medja

medžy *klr.* medja

megetati *nsl.* mɪg-

megla *nsl.* mɪgla

megnoti *nsl.* mɪg-

meh *nsl.* mŭchŭ

mehek *nsl.* menkŭ

meholiti *ć.* mɪgla

mehur *nsl.* mêchŭ

mech *č. p. ns.* mŭchŭ

meja *nsl.* medja

mejnk *kaš.* mɪnɪ

meju *nsl.* medja

mejusobina *kr.* svŭ

mek *s.* menkŭ

mek *b.* menkŭ

mekak *nsl.* menkŭ

mekati *s.* meka-

meket *nsl.* meka-

mekina *nsl.* menkŭ

mekinje *s.* menkŭ

meklen *nsl.* ma

mekna *b.* menkŭ

meknąti *asl.* mok-

meknoti *nsl.* mŭk-

mekoput *s.* menkŭ

mełcie *p.* mel- 1

mełka *p.* myli- 1

mela *nsl.* mel- 1

melějov *b.* melčovŭ. smolžɪ.

meleda *r.* mŭd-

melenъ *r.* mel- 1

melevo *r.* mel- 1

melivo *wr.* mel- 1

melizna *r.* mêlŭkŭ

melja *nsl.* mel- 1

meljaj *nsl.* mel- 1

melo *kr.* mêlŭ

meločь *r.* melŭkŭ

melьkomъ *r.* melɪka-

melьžitь *r.* melz-

melžy *klr.* melz-

mena *b.* men- 2

mencati *nsl.* menkŭ

menča *nsl.* men- 1

mendiba *nsl.* bendima

mene *klr.* imen

menek *nsl.* mɪnɪ

méně *č.* mɪnij

menêe *r.* mɪnij

mengeme *b.* mendjele

menih *nsl.* mŭnichŭ

menje *nsl.* mɪnij

menjkati *nsl.* manka

mentus *klr.* mɪnɪ

mentuz *wr.* mɪnɪ

menь *wr.* mɪnɪ

méň *č.* mɪnɪ

merati *s.* maranja

merci *wr.* mer- 1

merčin *nsl.* mêra

merčyt *klr.* merk-

mereskletъ *r.* berskletŭ

mereščitь sja *r.* merk-

mereta *r.* neretŭ

meréty *klr.* mer- 1

meretь *r.* mer- 1

merêža *r.* merža

merêsec *nsl.* ners-

merbovati *č.* merga- 2

merchnuty *klr.* merk-

merkasitь *r.* morsŭ

merknutь *r.* merk-

merłoha *wr.* berlogŭ

merlogъ *r.* berlogŭ

merov *s.* mêra

merša *klr.* mer- 1

meršnik *ns.* mɪša

mertek *nsl.* mêra

merty *klr.* mer- 1

merťuch *slk.* mêra

mesec *nsl.* mêsencɪ

mesk *klr.* mɪzgŭ

meslo *č.* met- 2

mespil *p.* mišpulja

mest *č.* mŭstŭ

mesti *nsl.* ment-

mestiti *nsl.* mɪstɪ

mestь *r.* mɪstɪ

mesť *klr.* mɪstɪ

meszty *p.* mestva

meša *nsl.* mɪša

meščati *nsl.* menkŭ

mešter *nsl.* majstorŭ

met *č.* mŭtŭ

meta *nsl.* menta

metalьka *asl.* met 1

metelice *č.* met- 1

metėn *nsl.* manŭtija

metev *nsl.* met- 1

metež *nsl.* ment-

meti *nsl.* men- 2

metilj *s.* metulɪ

metla *nsl.* met- 2

metlika *nsl.* met- 2

metljaji *nsl.* metulɪ

metuda *nsl.* ment

metva *s.* menta

mezda *nsl.* mɪzda

mezdro *nsl.* menso

meze *č.* medja

mezeg *nsl.* mъzgŭ	mgła *p.* mъgla	miętkiew *p.* menta
mezenec *č.* mêzinъcʏ	mgnąć *p.* mъg-	miętosić *p.* men- 2
mezh *č.* mъzgŭ	mgnatь *r.* mъg-	migać *p.* mъg-
mezi *č.* medja	mhła *os.* mъgla	migam *b.* mъg-
mezine *nsl.* mъz-	mhla *č.* mъgla	migati *nsl.* mъg-
mezka *wr.* mêzga	mbouřiti *č.* mъg-	migatь *r.* mъg-
meža *r.* medja	miałki *p.* mêlŭkŭ	migoć *p.* mъgla
mežda *asl.* medja	miały *p.* mêlŭkŭ	migъ *r.* mъg-
meždu *asl.* medja	miana *p.* mêna	mih *kr.* mêchŭ
mežďzec *nsl.* mozg- 3	miano *p.* imen	mih *č.* mъg-
mežďžiti *nsl.* mozg- 3	miara *p.* mêra	mihati *č.* mъg-
mežen *nsl.* mêzga	miarkować *p.* merkova	mihen *nsl.* malŭ 1
meževen *nsl.* mêzga	miasto *p.* mêsto	miholić *os.* mъgla
meži *r.* medja	miauknąć *p.* mauka-	mich *ns.* mŭnichŭ
mežy *klr.* medja	miazdra *p.* menso	mich *klr.* mêchŭ
mežь *r.* medja	miąć *p.* men- 2	mijesiti *s.* mêsi-
mę *asl.* men	miąž *p.* menz-	mijež *s.* mъz-
męcbyrz *p.* mêchŭ	miąžki *p.* menz-	mijolika *nsl.* majolika
męka *p.* monka 1	mъcati *nsl.* mŭk-	mikar *nsl.* mŭk-
mękъkъ *asl.* monkŭ	micen *nsl.* micʏnŭ	mъkati *nsl.* mŭk-
męso *asl.* menso	mič *č.* menkŭ	mil *nsl.* mêlŭ
męsopustъ *asl.* menso	mići *kr.* micʏnŭ	milati *č.* mel- 1
męt *p.* ment-	mido *kr.* mêdʏ	mъle *č.* milija
męta *asl.* menta	miecelica *p.* met- 1	miljeti *s.* gmil-
mętą *asl.* ment-	miecz *p.* mъčʏ	milknąć *p.* melk-
mętežь *asl.* ment-	miêdliti *č.* men- 2	milojka *s.* majolika
męti *asl.* men- 2	miedza *p.* medja	milosrъdъ *asl.* milŭ
mętlić *p.* ment-	miedzy *p.* medja	miľ *klr.* mêlŭkŭ
mętopyrz *p.* netopyrʏ	miejsce *p.* mêsto	mimo *asl.* mi-
męzdra *asl.* menso	miela *p.* mêlŭkŭ	mina *klr.* mêna
mêd *klr.* medŭ	mientus *p.* mъnʏ	minatь *r.* men- 2
mêhyrъ *asl.* mêchŭ	mierędzać *p.* merendja	minęti *asl.* mi-
mêchatъ *r.* mêsi-	mierzchnąć *p.* merk-	minca *p.* menica
mêkatъ *r.* mêta-	mierzieć *p.* merz- 1	mindal *b.* migdalŭ
mêkký *č.* menkŭ	mierzk *p.* merk-	minji *kr.* mъnij
mêlnica *b.* men- 2	mierzwa *p.* merva	minoga *r.* ninogŭ
mêniti *asl.* men- 1	miesiąc *p.* mêsencʏ	mintan *b.* manŭtija
mêsęcь *asl.* mêsencʏ	mieszkać *p.* meška-	miod *p.* medŭ
mêsik *wr.* mêsencʏ	mietelnik *p.* met- 1	miotła *p.* met- 2
mêsjacъ *r.* mêsencʏ	miezdrzyć *p.* menso	mir *nsl.* murŭ
mêsati *asl.* mêsi-	międlić *p.* men- 2	mira *č.* mêra
mêšina *b.* mêchŭ	między *p.* medja	mirać *wr.* mer- 1
mêta *r.* meta	miękiny *p.* menkŭ	miren *nsl.* merky
mêtam *b.* met- 1	miękki *p.* monkŭ	mirhać *wr.* merga- 2
mêtitъ *r.* mêta-	mięknąć *p.* menkŭ	miris *s.* miro
mêtkij *r.* mêta-	mięsić *p.* mêsi-	mirišče *nsl.* murŭ
mêt *klr.* met- 1	mięso *p.* menso	miroderъ *r.* mirŭ
mga *r.* mъgla	mięta *p.* menta	mironъ *r.* moruша

mirosi *b.* miro

mirvolitь *r.* mirŭ

misa *asl. b.* mьša

miеao *s.* myslĭ

misel *nsl.* myslĭ

misiti se *nsl.* mysa-

mĭsiti *č.* mêsi-

miska *klr.* menso

misto *č.* mêsto

mistrz *p.* majstorŭ

miszkarz *p.* mečĭkŭ

miszkować *p.* miška

misyty *klr.* mêsi-

miščuk *klr.* mêchŭ

mišenь *r.* nišanŭ

mišetar *nsl.* mešetŭ

miška *nsl.* myšĭ

miškář *č.* mečĭkŭ

miškovati *č.* miška

mišnica *b.* myšĭ

mišulitь sja *r.* mĭchelŭ

mišać *klr.* mêsencĭ

mita *klr.* mêta-

mitar *nsl.* mysa-

miti *nsl.* my- 1

mitil *b.* metulĭ

mito *nsl.* myto

mĭto *č.* mêti-

mitręga *r.* mitrenga

mitusь *asl.* mitě

mitušati *asl.* mitě

miza *nsl.* misa

miza *č.* mêzga

mizati *asl.* mĭg-

mizdrak *s.* mŭzdrakŭ

mízha *č.* mêzga

mizinka *b.* mêzinĭcĭ

mizinny *p.* mêzinĭcĭ

mižati *nsl.* mĭg-

mižati *s.* mĭz-

mížditi *č.* mêzga

mižkut *nsl.* mĭg-

mižurja *b.* mĭg-

mižurkati *nsl.* mĭg-

mjač *klr.* menkŭ

mjačkatь *r.* maćka-

mjačь *r.* menkŭ

mjagkij *r.* menkŭ

mjahkyj *klr.* menkŭ

mjaknutь *r.* menkŭ

mjakyna *klr.* menkŭ

mjało *klr.* men- 2

mjalka *r.* men- 2

mjalo *wr.* men- 2

mjasec *ns.* mêsencĭ

mjaskyj *klr.* mêzga

mjaso *klr. r.* menso

mjasć *os.* ment-

mjasti *r.* ment-

mjaščyty śa *klr.* mêzga

mjata *klr.* menta

mjatej *os.* menta

njatelь *r.* ment-

mjateľe *klr.* mentelĭ

mjateż *klr.* ment-

mjatlikъ *r.* metulĭ

mjaty *klr.* men- 2

mjatь *r.* men- 2

mjaz *ns.* medja

mjaz *klr.* menz-

mjaz *klr.* mêzga

mjazdra *klr. r.* menso

mjazga *r.* mêzga

mjazkyj *klr.* menz-

mjaznuty *klr.* menz-

mjecki *os.* nŭštvy

mjeki *ns.* menkŭ

mjeknyć *os.* menkŭ

mjelcaś *ns.* melk-

mjelknyć *os.* melk-

mjeňk *os.* mlnĭ

mjcra *os.* mêra

mjerznyć *os.* merz- 2

mjeŕva *os.* merva

mjesec *s.* mêsencĭ

mjesnik *ns.* mosengjŭ

mjesyć *os.* mêsi-

mješnik *os.* mьša

mjetać *os.* mêti-

mjetel *os.* metulĭ

mjetło *os.* met- 2

mjez *os.* medja

mjeza *os.* medja

mjezha *os.* mêzga

mjuzeviriu *b.* muzaverŭ

mkły *p.* mŭk-

mknąć *p.* mŭk-

mknouti *č.* mŭk-

mławyj *klr.* mlavi-

młoba *klr.* mŭd-

młody *p.* moldŭ

młojnyj *klr.* mlahavŭ

młokicina *p.* mlaka

młokos *p.* melko

młost *p.* molstŭ

młość *wr.* mŭd-

młot *p.* moltŭ

młoto *p.* molto

młyj *klr.* mŭd-

mla *ns.* mĭgla

mlaćve *s.* nŭštvy

mladъ *asl.* moldŭ

mlaj *nsl.* moldŭ

mlaka *polab.* melko

mlamol *nsl.* molmolŭ

mlato *nsl.* molto

mlatъ *asl.* moltŭ

mlaz *s.* melz-

mleć *p.* mel- 1

mledan *s.* mlôdŭ. mŭd-

mledzivo *slk.* melz-

mleko *p.* melko

mletak *s.* benetki

mlevo *s.* mel- 1

mlezgati *kr.* mlaska-

mlezivo *č.* melz-

mlêč *ns.* melko

mlêko *asl.* melko

mlêskati *nsl.* mlaska-

mlêsti *asl.* melz-

mlêti *asl.* mel- 1

mlêtь *r.* mŭd-

mlêz *nsl.* melz-

mlêzivo *nsl.* melz-

mlêzva *nsl.* melz-

mlha *č.* mĭgla

mlijeko *s.* melko

mliko *kr.* melko

mlinec *nsl.* mel- 1

mlinъ *asl.* mel- 1

mlivo *s. č. wr.* mel- 1

mljak *kr.* mlakŭ

mljaskati *nsl.* mlaska-

mljaś *ns.* mel- 1

mljeć *os.* mel- 1
mljet *s.* meltŭ
mljeti *s.* mel- 1
mljezinac *s.* mêzinŕcŕ
mlklý *č.* melklŭ
mlkvý *slk.* melklŭ
mlogišt *dsl.* mŭnogŭ
mlohav *kr.* mlahavŭ
mlonъ *p.* mel- 1
mlsati *č.* mels-
mluva *č.* melva
mlzati *č.* mels-
mlъčati *asl.* melk-
mlъhъ *asl.* mechlŭ
mlъkom *b.* melk-
mlъkomъ *asl.* melk-
mlъnija *asl.* melnija
mlъva *asl.* melva
mlъvi se *b.* melva
mlъzą *asl.* melz-
mlynъ *asl.* mel- 1
mľa *klr.* mel- 2
mľavyj *wr.* mlahavŭ
mľity *klr.* mel- 2
mľity *klr.* mŭd-
mľoko *os.* melko
mľacaš *ns.* mlaska-
mncci *as.* benetki
mncć *klr.* men- 2
mniej *p.* mĭnij
mnihъ *asl.* mŭnichŭ
mnogъ *asl.* mŭnogŭ
mnouti *č.* men- 2
mnu *č.* men- 2
mńuch *klr.* mĭnŕ
mcc *č.* mog-
moczara *p.* mok-
mocydło *ns.* mok-
močar *s.* mok-
močerad *nsl.* mok-
močêr *nsl.* mok-
močka *r.* mŭčĭka
močvêr *nsl.* mok-
močъ *asl.* mok-
mcć *s.* mog-
moći *s.* mog-
modriš *nsl.* modrŭ
modrzeń *p.* modrênŭ

modŕin *č.* modrênŭ
modzel *p.* mozolĭ
mogoritь sja *r.* mog-
mogranj *s.* malograní
mohoryč *klr.* mogoryšŕ
mohyła *klr.* mogyla
mohyra *klr.* mogyla
moch *klr.* mŭchŭ
mocha *r.* mŭcha
mochna *r.* mŭchŭrŭ
mochorъ *r.* mŭchŭrŭ
mochъ *r.* mŭchŭ
mojster *nsl.* majstorŭ
mojškra *nsl.* majstorŭ
moko *kaš.* melko
mokrъ *asl.* mok-
mołčaty *klr.* melk-
mołńa *klr.* melnija
mołoko *klr.* melko
mołot *klr.* molto
mołot *klr.* moltŭ
mołoty *klr.* mel- 1
mołozyvo *klr.* melz-
mołwić *os.* melva
molčati *nsl.* melk-
molčatь *r.* melk-
molić *os.* myli- 1
moliti *nsl.* modli-
molnija *r.* melnija
molodyj *klr.* moldŭ
molosnikъ *r.* molstŭ
molotь *r.* mel- 1
molotьc *r.* mel- 1
molozivo *r.* melz-
moložitь *r.* morzga
molsatь *r.* mels-
molsti *nsl.* melz-
molъ *r.* melva
molь *asl.* mel- 1
momot *p.* mŭma-
monten *nsl.* mentelĭ
montwa *p.* mondo
mor *b. s.* morŭ
mora *os.* maroga
morač *kr.* komoračĭ
morás *č.* mora
moraš *ns.* mara-
morati *nsl.* mog-

morava *ns.* mora
morąg *p.* maroga
morem *nsl.* mog-
moreša *s.* murinŭ
morgatь *r.* merga- 2
morgatь *r.* morzga
morhaty *klr.* merga- 2
morchew *p.* merky
morchъ *r.* mŭchŭrŭ
morič *nsl.* morŭ
morkotać *os.* merda-
morkovь *r.* merky
morkva *klr.* merky
morochъ *r.* morsŭ
morochъ *r.* merch-
morok *klr.* merk-
morokva *klr.* mlaka
morokvъ *r.* morkva
morokъ *r.* merk-
moromorjanъ *r.* marmorŭ
morositь *r.* morsŭ
morositь *r.* morzga
moroška *r.* morch-
morous *č.* maroga
moroz *klr.* merz- 2
morozga *r.* morsŭ
morozga *r.* morzga
morôh *klr.* morogŭ
morskać *os.* merskŭ 2
morskъ *r.* merskŭ 1
moruše *č.* morva
morvi *polab.* morvŭ
morvy *os.* mer- 1
morze *p.* morje
morzgi *ns.* mozgŭ
morъ *asl.* mer- 1
mosaz *os.* mosengjŭ
mosenz *wr.* mosengjŭ
mosiądz *p.* mosengjŭ
mosor *č.* mosorŭ
mostovž *nsl.* mostovžĭ
moszcz *p.* mŭstŭ
moszna *p.* mošĭna
mošennyk *klr.* mošĭna
mošeń *os.* mošĭna
mošija *klr.* moša
moška *klr.* mŭcha
mošna *č.* mošĭna

mošnja *nsl. kr.* mošina

mošnjc *s.* mošina

mošt *nsl.* müstü

mošti *asl.* mog-

moštь *asl.* mog-

mošul *klr.* moša

mošyna *ns.* mošina

mošьna *asl.* mošina

mošaž *klr.* mosengjü

motadło *os.* mota-

motar *s.* motürü

motič *nsl.* ment-

motika *nsl. b. s.* motyka

motloch *p.* motlochü

motluch *p.* motlochü

motolice *č.* metuli

motorja *r.* mota-

motorný *č.* mota-

motouzъ *r.* mota-

motovidlo *č.* mota-

motovjaz *klr.* mota-

motovila *b.* mota-

motovjaznyk *klr.* mota-

motowąz *p.* mota-

motrika *s.* motürü

motuz *wr.* mota-

motúz *č.* mota-

motuznyk *klr.* mota-

motvôz *nsl.* mota-

motъ *r.* mota-

motyja *ns.* motyka

motýl *č.* metuli

motylo *asl.* metuli

motyrь *r.* mota-

moud *č.* mondo

moudrý *č.* mondrü

moudřík *č.* maldrü

moucha *č.* mücha

mouka *č.* monka 2

mouřeníu *č.* murinü

moutev *č.* ment-

movnja *r.* my- 1

moů *klr.* my- 1

mowa *p.* melva

mozak *s.* mozgü

mozelj *nsl.* mozoli

mozg *p.* mozgü

mozgnutъ *r.* müzg-

mozgoľъ *r.* mozoli

mozgъ *r.* müzg-

mozl *os.* mozoli

moznik *nsl.* mozg- 1

mozok *wr.* mozgü

mozoł *p.* mozoli

mozol *č.* mozoli

mozolь *asl.* mozoli

mozóľ *klr.* mozoli

mozžatь *r.* müzg-

mozъgъ *asl.* mozgü

mozъkъ *asl.* mozgü

možar *klr.* možari

moždani *s.* mozgü

moždanik *s.* mozg- 1

moždanъ *asl.* mozgü

moždíř *č.* možari

možditi *s.* mozg- 3

možditi *č.* müzg-

moždžeń *p.* mozg- 1

moždžer *wr.* možari

možžerъ *r.* možari

možževelьnikъ *r.* mozg- 2

možžitь *r.* müzg-

možžucha *r.* mozg- 2

możdzierz *p.* možari

môde *nsl.* mondo

môder *nsl.* mondrü

môka *nsl.* monka 1

môka *nsl.* monka 2

mót *nsl.* ment-

môtiti *nsl.* ment-

môž *nsl.* monži

mra *klr.* mer- 2

mraka *s.* marka

mramorъ *asl.* marmorü

mraštiti *č.* merskü 1

mrata *s.* marta

mrav *nsl.* morvü

mrav *č.* norvü

mravec *nsl.* morvü

mravenec *č.* morvü

mravija *asl.* morvü

mravka *b.* morvü

mravlja *nsl.* morvü

mraziti *asl.* merz- 1

mrazъ *r.* merz- 1

mrazъ *asl.* merz- 2

mrąg *p.* maroga

mrcina *nsl. s.* mer- 1

mrcvariti *nsl.* mer- 1

mrča *s.* mertva

mrčati *nsl.* merka- 2

mrdati *nsl.* merda-

mreč *klr.* mer- 2

mreč *klr.* merk-

mrela *nsl.* omrela

mrena *nsl.* moruna

mrevo *klr.* mari-

mrêju *os.* mer- 1

mrêst *nsl.* ners-

mrêstiti se *nsl.* ners-

mrêti *asl.* mer- 1

mrêža *asl.* merža

mrginj *s.* margini

mrgolêti *nsl.* mergol- 1

mrha *nsl.* mer- 1

mrha *nsl.* mercha

mrhati *č.* merga- 1

mrcha *č.* mer- 1

mrijest *nsl.* ners-

mrity *klr.* mer- 2

mrjava *klr.* mari-

mrjava *klr.* mer- 2

mrk *s.* merk-

mrkati se *nsl.* merka- 2

mrkatunja *s.* gdunije

mrkev *nsl.* merky

mrknoti *nsl.* merk-

mrkovica *nsl.* merkovica

mrkvola *s.* merky

mrl *č.* merli

mrledina *s.* mer- 1

mrlêti *nsl.* merl-

mrlič *nsl.* mer- 1

mrljati *s.* merlja-

mrmrati *nsl.* mermra-

mroja *ns.* morvü

mrok *p. ns.* merk-

mroka *os. ns.* morka 2

mroszka *p.* morch-

mrovja *os.* morvü

mrowiec *p.* morvü

mrowka *p.* morvü

mroz *p.* merz- 2

mrs *s.* mersi-

mrsiti *nsl.* mersi-	mřiže *č.* merža	mulo *kr.* mulü 1
mrsk *č.* merskü 1	msta *č.* mïstï	mumrati *č.* mermra-
mrsk *č.* merskü 2	mstiti *č.* mïstï	muna *nsl.* mačka
mrska *s.* merskü 1	msto *r.* müstü	muniti *nsl.* melnija
mrskať *slk.* merska-	msza *p.* mïša	munja *nsl.* melnija
mrša *s.* mer- 1	mszyca *p.* mücha	munjen *kr.* melnija
mršav *nsl.* mer- 1	mszyć *p.* müchü	munuti *s.* melnija
mršêti *nsl.* merch-	mša *os.* mïša	muňka *č.* munïka
mrštati *s.* mersk- 1	mše *č.* mïša	muo *s.* mulü 3
mrt *č.* mer- 1	mšeď *klr.* müchü	mur *nsl. os.* murinü
mrtvud *nsl.* mer- 1	mšelь *r.* mïchelü	müra *č.* mora
mruczeć *p.* mruka-	mšitь *r.* müchü	murandeľ *klr.* morvü
mrugać *p.* merga- 2	mścić *p.* mïstï	murašь *r.* morvü
mrużyć *p.* mruga-	muca *nsl.* mačka	murava *os.* mora
mrva *nsl.* merva	mucav *s.* melk-	muravej *r.* morvü
mrzák *č* merz- 1	mucyk *klr.* mucü	muraveľ *klr.* morvü
mrzane *p.* moruna	mučati *s.* melk-	muravlь *r.* morvü
mrzeža *kaš.* merža	mučeti *č.* myk-	murčatь *r.* merka- 2
mrziti *nsl.* merz- 1	mučke *s.* melk-	murčatь *r.* mruka-
mrznoti *nsl.* merz- 2	mućak *s.* ment-	murče *nsl.* murinü
mrzonka *p.* mïg-	mućić *os.* ment-	murček *nsl.* murinü
mrzost *p.* ners-	muda *nsl.* mondo	murek *nsl.* ogurükü
mrzyk *p.* mïg-	muditi *asl.* müd-	murena *nsl. r.* moruna
mrъcina *asl.* mer- 1	mudo *s.* mondo	murga *s.* morva
mrъdati *asl.* merda-	mudry *os. ns.* mondrü	murga *s.* murgo
mrъkati *asl.* merka- 2	mudzer *wr.* mondrü	murgaša *č.* murgo
mrъknąti *asl.* merk-	muha *asl.* mücha	murgatь *r.* merg.- 2
mrъkne *b.* merk-	muhlati *nsl.* müd-	murhyj *klr.* murgo
mrъlet se *b.* merli-	muhlêsam *b.* muchülü	murlykatь *r.* mruka-
mrъmlja *b.* mermra-	muhte *nsl.* mušte	muro *asl.* miro
wrъmrati *asl.* mermra-	muchortyj *r.* rätü	murugij *r.* murgo
mrъsen *b.* mersi-	muka *č.* monka 1	muruhyj *klr.* murgo
mrъsiti se *asl.* mersi-	múka *klr. r.* monka 1	muruna *b.* moruna
mrъskъ *asl.* merskü 2	múka *s.* monka 2	murva *kr.* morva
mrъša *b.* mer- 1	müka *s.* monka 1	murzyn *p.* murinü
mrъti *asl.* mer- 1	muká *klr. r.* monka 2	muryj *r.* smurü
mrъtva *as.* mertva	mukal *kr.* melk-	muryn *klr.* murinü
mrъtvъ *asl.* mer- 1	mukao *s.* melk-	musa *s.* mels-
mrъvica *asl.* merva	mukati *nsl.* myk-	museti *č.* mus- 1
mrъzêti *asl.* merz- 1	mukljiv *s.* muk-	musieć *p.* mus- 1
mrъzi *b.* merz- 1	mukom *kr.* melk-	muskać *p.* mus- 2
mrъzna *b.* merz- 2	mukte *s.* mufte	muskusъ *r.* miskü
mrъznąti *asi.* merz- 2	muł *p. klr.* mulü 1	musromaninь *asl,* musulïma-ninü
mrъzъkъ *asi.* merz- 1	mulec *nsl.* mulïcï	must *s.* müstü
mryj *klr.* mer- 2	mulić *wr.* mulïcï	mušmula *s.* mišpulja
mryty *klr.* mer- 2	mulitь *r.* mulü 2	muštuluk *č.* muźde
mřena *č.* moruna	mulj *s.* mulü 2	muštyr *klr.* možarï
mřnek *č.* moruna	muljati *s.* mulïcï	

musity *klr.* musι	mžiti *č.* mɪg-	mykъ *r.* myk-
mut *wr.* ment-	mžity *klr.* mɪg-	myło *klr.* my- 1
mutej *os.* ment-	mžitь *r.* mɪg-	myńok *klr.* mɪnɪ
muten *nsl.* ment-	mžyk *p.* mɪg-	mys *wr.* mysъ
mutiti *s.* ment-	mъčati *asl.* mŭk-	mysa *klr.* misa
mutljati *s.* ment-	mъčьta *asl.* mŭčɪtъ	myšepiskъ *asl.* pisk-
mutov *klr.* ment-	mъdlъ *asl.* mŭd-	myšica *asl.* mŭcha
mutva *klr.* ment-	mъdo *b.* mondo	myšperchač *klr.* myšɪ
mutь *r.* ment-	mъdъr *b.* mondrŭ	myšperchač *klr.* perch
muviti *nsl.* melva	mъgla *b.* mɪgla	myšyca *klr.* myšɪ
muza *s.* melz-	mъh *b.* mŭchŭ	myšьka *asl.* myšɪ
muzem *s.* melz-	mъhъ *asl.* mŭchŭ	myteja *r.* my- 1
muzêti *nsl.* mɪz-	mъka *b.* monka 1	mytitь *r.* myto
muzg *č.* mozgŭ	mъknąti sę *asl.* mŭk	mýto *č.* myto
muzga *s.* melz-	mъmati *asl.* mŭma-	mytuš *klr.* mitê
muž *s.* monžɪ	mъna *b.* men- 2	mytьba *r.* my- 1
muža *nsl. s.* melz-	mъnasь *asl.* mŭnasɪ	myt *klr.* my- 1
muža *nsl.* mɪz-	mъnek *nsl.* mɪnɪ	myt *klr.* mysa-
mъžen *nsl.* mêzga	mъnъn *b.* mɪnij	mytma *klr.* mitê
mužgati *nsl.* mozg- 3	mъstъ *asl.* mŭstŭ	myza *klr.* mizgŭ
mužikъ *r.* monžɪ	mъšica *asl.* mŭcha	myzaty *klr.* mizgŭ
mužva *klr.* monžɪ	mъtja *b.* ment⁚	mьgla *asl.* mɪgla
mŭst *polab.* mostŭ	mъzda *b.* mɪzda	mьną *asl.* men- 2
mütüvaidlü *polab.* mota-	mъzrak *b.* mŭzdrakŭ	mьnê *asl.* men
mzda *č.* mɪzda	mъž *b.* monžɪ	mιnij *asl.* mιnij
mzêti *nsl.* mɪz-	mъžditi *asl.* mŭzg-	mьniti *asl.* mɪnij
mzga *r.* mêzga	mycati *asl.* mŭk-	mьnją *asl.* men- 1
mzga *r.* mŭzg-	mycatь *r.* myk-	mьnoją *asl.* men
mzgnutь *r.* mŭzg-	myć *os.* my- 1	mьska *asl.* mɪzgŭ
mža *klr. r.* mɪg-	mýdlo *č.* my- 1	mьstь *asl.* mɪstɪ
mžati *nsl.* mɪg-	myhaty *klr.* mɪg-	mьša *asl.* mɪša
mžeć *p.* mɪg-	myhavka *klr.* mɪg-	mьšelъ *asl.* mɪchelŭ
mžen *nsl.* mêzga	myhkyj *klr.* mɪg-	mьtь *as.* mŭtŭ
mžeti *č.* mɪz-	myhlica *wr.* mɪgla	mьzda *asl.* mɪzda
mži *p.* mɪz-	myhoťity *klr.* mɪg-	mьzgъ *asl.* mɪzgŭ
mžić *wr.* mɪg-	mykaty *klr.* mŭk-	mьžati *asl.* mɪg-
mžikati *č.* mɪg-	myknuš *ns.* mŭk-	

N.

naąsъ *asl.* onsŭ	nabor *v.* ber-	nabrjaknutь *r.* brenk-
nabahnuti *s.* bŭch-	nábožný *č.* bogŭ	nabrzękły *p.* brenk-
nabedrahy *klr.* bedro	nabôr *klr.* ber-	nabrzmieć *p.* brenk-
nabehniti *nsl.* bŭch-	nabrezhłyj *klr.* brêzg- 2	nabъbnuvam *b.* bъmbŭlї
nabêditь *r.* bidê-	nabrezhnuty *klr.* brêzg- 2	nacinać *p.* ten-
nabirka *r.* ber-	nabrjasknuty *klr.* brêzg- 2	naczelnik *p.* čelo

načelnik *nsl.* čelo
načęłьnikъ *asl.* čelo
načinno *wr.* činŭ
načĭrati *č.* čerp-
načke *nsl.* nŭštvy
načvanyty *klr.* čvanŭ
nač *p. os.* natĭ
načve *s.* nŭštvy
nada *nsl.* dê- 1
nadam *s.* dŭm-
nadążać *p.* dongŭ
nadev *s.* dê- 1
nadezen *nsl.* dê- 1
nadežba *b.* dê- 1
nadežda *asl. r.* dê- 1
nadêjati sę *asl.* dê- 1
nádêje *č.* dê- 1
nádhera *č.* gera
nadcha *klr.* dŭch-
naditi *nsl.* dê- 1
nadíti *č.* dê- 1
nadjužatь *r.* dongŭ
nadloga *nsl.* dolê-
nado *nsl.* dê- 1
nádoba *č.* doba
nadobêtь *r.* doba
nadodadba *s.* da-
nadołuha *klr.* dolê-
nadolja *b.* dolê-
nadopir *s.* netopyrĭ
nádor *č.* der-
nadra *klr.* der-
nadro *p.* jadro 2
nádrž *č.* derg- 1
naducha *wr.* dŭch-
nadzieja *p.* dê- 1
nadymy *klr.* dymja
nadyraty *klr.* der-
nadysь *r.* onŭ
nadyty *klr.* dê- 1
nafora *asl.* anafora
nagaba *p.* gaba-
nagajiv *nsl.* ged-
nagajka *r.* hajka
nagalъ *r.* golgolŭ
nagdasъ *r.* onŭ
nagovijestiti *s.* vid-
nagraditi *kr.* gordŭ

nahaj *p. klr.* nagaj
nahod *nsl.* dŭch-
nahoroda *wr.* gordŭ
náhrada *č.* gordŭ
nahumoriti se *s.* smurŭ
nachalъ *r.* chal-
nachať *slk.* necha-
nachmylič *wr.* smurŭ
naj *asl.* na 3
najco *kr.* noštĭ
najam *s.* jem-
naklo *nsl.* kŭ- 1
naknada *s.* kŭ 1
naknada *s.* nakŭ
nakomítati *č.* kŭ 1
nakomítnouti *č.* met- 1
nakostriješiti *s.* kŭ 1
nakravja se *b.* korv
nalijen *s.* nalênŭ
naljezč *s.* lez-
nalogij *asl.* analogŭ
namana *klr.* manovĭcĭ
namedni *r.* onŭ
namednisь *r.* sjŭ
namekъ *r.* mck-
námel *č.* mel- 1
namensati *nsl.* men- 2
namêt *wr.* met- 1
namežurati se *kr.* mĭg-
namêrja *b* mêra
namêtka *klr.* met- 1
namič *nsl.* mĭnij
namiguša *kr.* mĭg-
namjera *s.* mêra
namjeraš se *ns.* mêrŭ
namôh *klr.* mog
namôl *klr.* mel- 1
namreč *nsl.* imen
namrъštam *b.* merskŭ 1
namrъždi se *b.* merždi-
namuł *p.* mulŭ 2
namył *klr.* mel- 1
namysto *klr.* monisto
naniz *b.* nez-
nanjč *nsl.* mĭnij
nanoziti sę *asl.* nez-
nańka *p.* nanŭ
napačen *nsl.* opakŭ

naparstek *p.* perstŭ
naparstok *wr.* perstŭ
napeńha *klr.* pen-
naperušaty *nsl.* per- 2
napiriti *s.* pir-
napitek *nsl.* pi-
naplata *b.* plat- 2
naplava *s.* plŭ
naplekij *r.* pletje
naporъ *r.* per- 3
naprasьnъ *asl.* prasŭ 3
napruha *ns.* preng-
naprъsnik *b.* perstŭ
naptati *s.* pyta-
napuh *klr.* pŭch-
napъk *nsl.* opakŭ
napyrskłyvyj *klr.* persk-
napyštiti sę *asl.* pysk- 2
nar *nsl.* na 3
naramja *b.* ramen
náramný *č.* ramênŭ
narav *nsl.* norvŭ
naraziti *nsl.* razŭ
narąkvica *asl.* renk-
nardica *nsl.* nartŭ
naremny *p.* ramênŭ
narêkam *b.* rek-
narikača *s.* rek-
naroj *asl.* ri-
narow *p.* norvŭ
naruditi *s.* rondŭ
naruža *r.* ružĭ
narva *klr.* rŭ- 2
narъčnica *b.* renk-
narycaty *klr.* rek-
nasad *s. klr.* sed-
nasap *s.* sŭp- 2
nasatice *s.* masatŭ
naseljenaja *asl.* sed-
nasep *p.* sŭp- 2
nasierszały *p.* serch- 1
nasip *nsl.* sŭp- 2
naskrzeć *p.* skver-
naskwierać *p.* skver-
nasovenь *r.* su- 2
naspa *klr.* sŭp- 2
naspъ *r.* sŭp- 2
nastačila *nsl.* sta- 2

nastegny *asl.* stĭgno
nastelj *nsl.* stel-
nastor *kr.* ster-
nastoren *nsl.* ster-
nastork *os.* sterk- 2
nastorovati *kr.* ster-
nastorožêtь *r.* serg-
nastrikati *kr.* strek- 2
nastrk *nsl.* netreskŭ
nastrъvja se *b.* serv-
nastah *klr.* steg-
nasuł *wr.* suli-
nasupa *r.* sompŭ
nasyp *č.* sŭp- 2
našatyr *klr.* nišadorŭ
náślík *č.* nešelŭ
naš *ns.* natĭ
naściebać *p.* stêba-
našine *klr.* sê- 1
natakaty *klr.* tek- 2
nategljaj *s.* teng-
natema *b.* anatema
natezati *s.* teng-
natcha *wr.* dŭch-
natołp *klr.* telpa
naton *nsl.* ten- 1
nátoň *č.* ten- 1
natoń *p.* ten- 1
natra *s.* ter-
natraviti *asl.* trŭ- 1
natrôsek *nsl.* netreskŭ
natrud *klr.* trondŭ 1
natruti *asl.* trŭ- 1
natuga *r.* teng-
natuha *klr. wr.* teng-
nauk *nsl.* vyk-
naumĕkъ *r.* mek-
navada *asl.* vada 1
navalica *b.* vel- 2
navalice *s.* chvala
navao *s.* navlo
navêtъ *asl.* vê- 2
návidĕti *č.* vid-
navija *b.* vi- 2
naviti *č.* ny-
naviť *klr.* vetŭ
navmany *klr.* manŭ 1
navod *ns.* nevodŭ

navoj *b.* vi- 1
navor *nsl.* ver 2
navora *s.* anafora
navoropъ *r.* vorpŭ
navozъ *r.* vez-
navpik *nsl.* pikŭ
navrapъ *ar.* vorpŭ
navraziti *nsl.* razŭ
navrijeti *s.* ver- 3
navrt *s.* vert-
navśkyj *klr.* navĭ
navznicъ *r.* nakŭ
navьe *r.* navĭ
nawet *p.* vetŭ
nawias *p.* vis-
nazbyt *p. wr.* by-
nazdati se *č.* dê- 1
nazimъ *asl.* zima
nazlic *nsl.* zŭlŭ
nazlob *nsl.* zŭlŭ
naznak *kr.* nakŭ
naznoko *kr.* okos
nazorъ *asl.* zer- 1
nazrit *nsl.* ritĭ
nažanj *s.* žen-
ną *p.* nŭ
nąžda *asl.* nudi-
nebogъ *asl.* bogŭ
nebonъ *asl.* bo. mŭ. ne 1
neborak *wr.* bogŭ
nebore *nsl.* bogŭ
nebožtík *č.* bogŭ
nebrežъ *r.* berg-
nebrêšti *asl.* berg-
nebyłyća *klr.* by-
necky *č.* nŭštvy
necoj *nsl.* noštĭ
nečediti *nsl.* čerda 1
nečpurnyj *klr.* čeprĭ
nečetъ *r.* čĭt-
nečędъskъ *asl.* čerda 1
nečistikъ *r.* čistŭ
nećak *s.* netij
nedągъ *asl.* dongŭ
nedôlec *nsl.* dê- 1
nedělja *asl.* dêlo
nedołuba *klr.* dolê-
nedoluha *č.* dolê-

nedoła *klr. wr.* dolê-
nedopyr *klr.* netopyrĭ
nedoskudica *s.* skend-
nedotyka *r.* tŭk- 2
nedôžje *nsl.* dongŭ
neduha *nsl.* dŭch-
neduha *klr.* dongŭ
nedužij *wr.* dongŭ
nedvĕd *č.* medŭ
nefelen *b.* fela- 2
nego *nsl.* ne 2
nego *s.* go
negъli *asl.* ne 2
nehati *nsl.* necha-
nehet *č.* nogŭtĭ
nehłup *klr.* ne 2
nejasytь *r.* sytŭ
nejęvêrъ *asl.* jem-
nejnok *č.* ninogŭ
neka *b. s.* necha-
nekłen *klr.* klenŭ
neklenъ *r.* ma
nekъli *asl.* ne 2
nekъt *b.* nogŭtĭ
nełha *klr.* leg- 2
nemarliv *b.* mari
nemarljiv *s.* mari
nemovła *klr.* melva
nemudoma *nsl.* mŭd-
nena *kaš.* nanŭ
nenacki *wr.* dê- 1
nenastьe *r.* nastĭ
neplody *asl.* plodŭ
nepodoba *nsl.* doba
nepotyr *klr.* netopyrĭ
neprajný *slk.* pri-
neprijaznь *asl.* pri-
nepuča *s.* netij
nepъtъka *asl.* pŭtŭ
nepьtyrь *asl.* netopyrĭ
ner *kr.* go
neraditi *asl.* rodŭ 1
neradiv *b.* rodŭ 1
neranča *b.* narandža
neresec *nsl.* ners-
nerestъ *r* ners-
neresť *klr.* ners-
nerêzь *r.* ners-

nerist *kr.* ners-

nerjacha *r.* rendŭ

neroden *nsl.* rodŭ 1

neroditi *asl.* rodŭ 1

nerodъ *asl.* rodŭ 1

neropьhь *asl.* meropŭhŭ

nerša *r.* neretŭ

nerty *klr.* ner- 1

neřest *č.* rendŭ

nesmetnyj *klr.* mêta-

nestadak *s.* sta- 2

nestera *asl.* netij

nesytь *r.* sytŭ

nešplja *nsl.* mišpulja

neštovice *č.* živ-

netina *r.* natı

neura *nsl.* ora 1

neustoren *nsl.* ster-

nevarka *klr.* ver- 1

nevesilj *s.* deven

nevêža *r.* vid-

nevolja *asl.* vel- 1

nevoľnyk *klr.* vel- 1

nezaarъnъ *asl.* pŭya-

nezaberežka *klr.* berg-

nezmasa *nsl.* masa

neže *asl.* ne 2

nežitъ *asl.* živ-

nędza *p.* nudi-

nękać *p.* nuka-

nęt *p.* nont-

nêdra *nsl.* jadro 2

nêkъto *asl.* nê

nêmar pustiti: v - *nsl.* mari

nêmovêr *b.* jcm-

nêtiti *nsl.* gnêti-

nicati *s.* nik- 1

nicь *asl.* nik- 2

ničati *asl.* nik- 2

ničke *nsl.* nŭštvy

niće *s.* nitjc

nieboszczyk *p.* bogŭ

niecki *p.* nŭštvy

nieć *p.* netij

niedaktory *p.* da

niedołęga *p.* dolê-

niedoperz *p.* netopyrı

niedźwiedź *p.* medŭ

niemowiątko *p.* melva

nienadzka: z - *p.* dê- 1

niepec *p.* pek-

niesplik *p.* mišpulja

niestota *p.* jes-

niezdara *p.* dara

nieżyt *p.* živ-

nihati *nsl.* nych-

nijem *s.* nêmŭ

nijemac *s.* nêmıcı

nikati *nsl.* nik- 2

nikoga *asl.* kŭ 1

nikъgda *asl.* kŭ 1

nimo *r.* mi-

ninê *b.* nynê

ninic *p.* nynê

nirati *asl.* ner- 1

nišati *kr.* nych -

nišč *b.* nitı

ništa *asl.* nitı

ništar *nsl.* go. kŭ 1

níštěj *č.* isteje

nit *s.* nitı

ıititi *č.* gnêti-

niuch *p.* on-

niz *s.* nez-

nizać *wr.* nez-

nizati *asl.* nez-

nizgati *nsl.* nez-

nizъkъ *asl.* nizŭ

nížiti *č.* nizŭ

njisnuti *s.* nisk-

njiva *nsl.* niva

njuhati *nsl.* on-

njukati *asl.* nuka-

njušiti *s.* on-

nocleg *p.* noštı

nocoj *nsl.* noštı

nočvy *klr.* nŭštvy

nogtoêda *r.* nogŭtı

noj *r.* ny-

nonê *r.* nynê

nora *p.* ner- 1

norka *r.* norica 2

norostь *r.* ners-

norosъ *r.* ners-

norota *r.* neretŭ

norovъ *r.* norvŭ

norow *p.* norvŭ

norъ *asl.* ner- 1

noseča *nsl.* ber-

nositi *asl.* nes-

nostvıca *s.* nosŭ

notopyrь *asl.* netopyrı

nouze *č.* nudi-

nozdri *asl.* nosŭ

nozdrva *nsl.* nosŭ

nozdrza *p.* nosŭ

nozitь *r.* nez-

nožnia *p.* nožı

nožь *asl.* nožı. nez-

nôter *nsl.* on

nrav *asl.* norvŭ

nu *s.* nuka-

nuder *s.* nuka-

nudir *kr.* dê- 1

nudьma *asl.* nudi-

nugao *s.* onglŭ

nugel *ns.* onglı

nuhł *os.* onglŭ

nuchać *os.* on-

nuja *nsl.* nudi-

nura *asl.* ner- 1

nura *wr.* ner- 2

nuriś *ns.* ner- 1

nurzyć *p.* ner- 1

nuryty *klr.* ner- 1

nutiti *č.* nont-

nutka *wr.* nuka-

nutrak *s.* on

nutreka *kr.* on

nutrъ *r.* on

nutś *ns.* on

nuza *os. ns.* nudi-

nuža *klr.* nudi-

nužda *asl.* nudi-

nuže *p.* nuka-

nъ *asl.* nŭ

nъrav *b.* norvŭ

nъške *nsl.* nŭštvy

nyčenýći *klr.* nitı

nyďity *klr.* ny-

nyknuty *klr.* nik- 2

nyra *r.* ner- 2

nyrecъ *r.* ner- 1

nyrêti *asl.* ner- !

nyrivъ *asl.* ner- 2
nyrjatь *r.* ner- 1
nyrь *asl.* ner- 1

nyspla *os.* mišpulja
nyšpule *č.* mišpulja
nyty *klr.* nitĭ

nyzaty *klr.* nez
nьzêti *asl.* nez-
nьzą *asl.* nez-

N.

ńać *wr.* jem-
ńádra *č.* jadro 2
ňaňo *slk.* nanŭ
ńeboz *os.* nabozŭ
ńedara *ns.* dara

ńeplek *ns.* flêtĭnŭ
ńerk *os.* ners-
ńerod- *ns.* rodŭ 1
ńeŕad *os.* rendŭ
ńeŕech *ns.* rendŭ

ńczabki *os.* pŭva
ńidro *klr.* jadro 2
ńihovaty *klr.* nêgɑ
ńimyj *klr.* nêmŭ
ńuch *klr.* on-

O.

obačenъ *asl.* mŭ
obaditi *asl.* vada 3
obak *č.* oba
obakъ *asl.* oba
obariti *nsl.* ver- 1
obava *klr.* boja-
obavati *asl.* ba-
obávati se *č.* boja-
obcęgi *p.* congy
obcy *p.* obĭ
občersti *klr.* čert-
občerty *klr.* čert-
občinki *nsl.* činŭ
občji *nsl.* obĭ
obći *s.* obĭ
obdartus *p.* der-
obdëra *r.* der-
obdira *r.* der-
obdlouhý *č.* obĭ
obdyrstvo *klr.* der-
obec *č.* obĭ
obedec *b.* ved-
obelga *p.* leg- 2
obelha *č.* leg- 2
oben *nsl.* jedinŭ
obenuti *klr.* vend-
ober *b.* ber-
ober *s.* choberŭ
ohervo *klr.* brŭvĭ
oberznąć *p.* rêz-
obezvěknutь *r.* vêkŭ
obêdъ *asl.* jad- 1

obět *č.* vê- 2
obětъ *asl.* vê- 2
obêvati *asl.* vê- 2
obfity *p.* plŭ-
obiata *p.* vê- 2
obič *b.* vyk-
obići *s.* vyk-
obida *asl.* bidê-
obidêti *asl.* bidê-
obiecy *p.* jad- 1
obijest *s.* bêsŭ
obimo *asl.* obĭ
obist *nsl.* istos
obistije *asl.* istos
obitêlь *asl.* vita-
obižda *r.* bidê-
obiždać *wr.* bidê-
obkore *nsl.* ora 1
obłak *klr.* velk-
obłok *p.* velk-
obłona *wr.* bolna 2
obłôh *klr.* leg- 1
obłôn *klr.* oblokŭ
obłyč *klr.* lik- 2
oblako *r.* velk-
oblakъ *asl.* velk-
oblana *č.* bolna 1
oblask *p.* blĭsk-
oblast *s.* veld-
obląkъ *asl.* lenk- 1
oblen *kr.* obĭ
obleznoti *nsl.* liz-

oblêklo *b.* velk-
oblêskъ *asl.* blĭsk-
oblicze *p.* lik- 2
obličje *nsl.* lik- 2
obličьe *r.* lik- 2
oblik *s.* lik- 2
oblin *nsl.* oblŭ
oblišь *asl.* lichŭ
obman *klr.* mani-
obmanščikъ *r.* mani-
obmanutь *r.* mani-
obmešelitь sja *r.* mĭchelŭ
obmichnutь sja *r.* mĭchelŭ
obmył *klr.* myli- 1
obmyljatь sja *r.* myli- 2
obnaditi *č.* dê- 1
obnemoči *nsl.* mog-
oboč *klr.* bokŭ
obod *s. klr.* ved-
obojak *s.* vi- 1
obojakъ *asl.* oba
obojôd *nsl.* oba
obok *klr.* bokŭ
obołona *klr.* bolna 1
obołone *klr.* bolna 2
obołoń *klr.* bolna 2
oboloko *r.* velk-
obolonka *r.* bolna 1
obor *b.* ber-
obor *b.* ver- 2
oboroh *wr.* borgŭ
oborona *klr.* bor-

oborotenь *r.* vert-	obryd *klr.* bridŭ	očeret *klr.* čertŭ 1
oborôh *klr.* borgŭ	obrydati sę *asl.* rŭd-	očih *nsl.* otŭ 2
oborva *r.* rŭ- 2	obsapaty *klr.* capa 3	očila *b.* okos
oboryšъ *r.* ber-	obsêvati *nsl.* si- 1	očim *nsl.* otŭ 2
obotava *nsl.* boti-	obsore *nsl.* ora 1	očiman *nsl.* otŭ 2
obouzeti *č.* bŭd- 1	obstary *p.* obɤ	očistec *č.* čistŭ
obozъ *asl.* vez-	obstrêt *nsl.* ster-	očuh *nsl.* otŭ 2
obrandovaty *éa klr.* rend-	obščyj *r.* obɤ	očutyty *klr.* tjut-
obrazъ *asl.* razŭ	obširni *nsl.* obɤ	očyraty *klr.* sker-
obrǫčiti *asl.* renk-	obtovyj *r.* opt-	oćas *kr.* očesŭ
obrǫčь *asl.* renk-	obuča *asl.* u- 5	oćwiara *p.* čvara
obrediti *nsl.* rendŭ	obuća *s.* u- 5	odaja *s.* da-
obreklo *b.* rek-	oburvati *s.* rŭ- 2	odajačiti *s.* dajakŭ
obrezgnutь *r.* brêzg- 2	obuti *asl.* u- 5	odalačiti *s.* dajakŭ
obręcz *p.* renk-	obuvь *r.* u- 5	odalati *asl.* dolê-
obrêda *asl.* brêda	obuẃ *p.* u- 5	odartki *p.* der-
obrêst *nsl.* rêt-	obuza *č.* bŭd- 1	odelêti *asl.* dolê-
obrêsti *asl.* rêt-	obъêdki *r.* jad- 1	odervina *č.* rŭ- 2
obrêzgnǫti *asl.* brêzg- 2	obъjętriti *asl.* jentro 2	odêrъ *r.* der-
obrêžditi *asl.* berdja	obyčaj *asl.* vyk-	odevê *b.* davê
obrida *wr.* bridŭ	obyda *klr.* bidê-	odewrzeć *p.* otŭ 1
obridnutь *r.* bridŭkŭ	obyknǫti *asl.* vyk-	odewrzeć *p.* ver- 2
obrinok *klr.* rênŭ	obьdo *asl.* obɤ	odёža *r.* dê- 1
obrinъ *ar.* avarinŭ	obьstъ *asl.* obɤ	odežda *asl.* dê- 1
obrislo *slk.* verz- 1	ocas *č.* očesŭ	odêtel *nsl.* dê- 1
obrjad *klr.* rendŭ	oce *klr.* sjŭ	odêtev *nsl.* dê- 1
obroč *wr.* rŭtŭ	ocebni *nsl.* svŭ	oděv *č.* dê- 1
obrokъ *asl.* ręk-	ocêp *nsl.* skep-	odinecъ *r.* jedinŭ
obronek *nsl.* roni-	ocêpъ *r.* skep-	odjab *klr.* dê- 1
obrot *klr.* rŭtŭ	ociec *p.* otŭ 2	odjahaty *klr.* dê- 1
obrov *kr.* ry-	ociepka *p.* têp- 3	odjeća *s.* dê- 1
obrôč *nsl.* renk-	ocił *klr.* ocêlɤ	odlag *s.* delgŭ 1
obrsača *nsl.* brŭs-	ocil *s.* ocêlɤ	odlahnoti *nsl.* leg- 2
obrsnoti *nsl.* brŭs-	ocknąć *p.* tjut-	odleže *s.* leg- 3
obrub *s.* rombŭ	ocvirati *nsl.* skver-	odnož *č.* noga
obrus *s.* brŭs-	ocvirek *nsl.* skver-	odnud *nsl.* onŭ
obrusnǫti *asl.* brŭs-	oczas *p.* očesŭ	odol *č.* dolê-
obrusъ *asl. r.* brŭs-	oczepka *p.* skep-	odolati *nsl.* dolê-
obrva *nsl. s.* brŭvɤ	oczrzedź *p.* čerda 2	odolêti *asl.* dolê-
obrzad *p. kaš.* brêda	očadêlъ *asl.* čadŭ	odolišče *r.* idolŭ
obrzask *p.* brêzg- 2	očaditi *asl.* čadŭ	odoliti *klr.* dolê-
obrzasknąć *p.* brêzg- 1	očadlý *č.* čadŭ	odor *s.* der-
obrzazg *p.* brêzg- 2	očadnouti *č.* čadŭ	odora *s.* der-
obrząd *p.* rendŭ	očak *nsl.* otŭ 2	odorobło *klr.* dorbŭ
obrъsnǫti *asl.* brŭs-	očali *nsl.* okos	odra *č. p.* der-
obrъtiti *asl.* rŭtŭ	očelokъ *klr.* čelo	odranь *r.* der-
obrъvь *asl.* brŭvɤ	očenuti *s.* čes-	odrôb *klr.* drob-
obrъzgnąti *asl.* brêzg- 2	očereď *klr.* čerda 2	odúmrt *č.* mer- 1

oduriti se *nsl.* dur-	okręt *p.* krontŭ. okrontŭ	omče *s.* mŭk-
odvêk *nsl.* vêkŭ	okrêmati *nsl.* krija-	omediti se *s.* med-
odvit *klr.* vê- 2	okrijati *as.* krija-	omedlo *nsl.* met- 2
odvo *nsl.* jedva	okrijek *s.* krêkŭ	omej *nsl.* omengŭ
odważyć *p.* vaga	okrilъ *asl.* krilŭ	omela *nsl.* imela
odziedza *p.* dê- 1	okrilь *asl.* skridlo	omelo *nsl.* met- 2
odyn *klr.* jedinŭ	okrišlъ *asl.* krišlŭ	omersnuty śa *klr.* mersi-
odъmêti sę *asl.* dъmê-	okroj *asl.* kri-	ometa *asl.* met- 1
oďity *klr.* dê- 1	okrom *s.* kroma	ometih *nsl.* met- 2
ofer *nsl.* hoferŭ	okrop *p.* kropŭ 2	omevati *nsl.* men- 2
ogarêk *b.* gor-	okrôp *klr.* koprŭ	omięg *p.* omengŭ
ogavije *asl.* gav-	okrutnyj *klr. r.* krent-	omih *č.* omengŭ
oger *klr.* ajgŭrŭ	okrъstъ *asl.* krъstŭ 2	omilavica *nsl.* mŭd-
ogier *p.* ajgŭrŭ	okryda *klr* akrida	omizina *r.* mizgŭ
oglav *b* golva	okuj *č.* kŭ- 1	omlatъ *asl.* moltŭ
oglъhnąti *asl.* glŭch-	okuka *s.* kuka 2	omlaz *č.* moldŭ
ognipioro *č* per- 7	okunj *nsl.* okos-	omôt *nsl.* ment-
ogoł *p.* golŭ 2	okúňať sa *slk.* kunja- 2	omôta *nsl.* ment-
ogresta *s.* agrestŭ	okurka *č.* ugorŭkŭ	omôtica *nsl.* ment-
ogromъ *r.* grem-	ołbrzym *p.* obrŭ	omrakъ *r.* merk-
ohaba *asl.* chabi-	oleń *klr.* jeleni	omraza *b.* merz- 1
ohař *č.* ogarŭ 2	oladьja *r.* aladija	omša *slk.* mъša
ohava *č.* gav-	olaj *s.* jelêj	omućine *s.* ment-
ohłup *klr.* obi	oleleča *b.* ole	omut *klr.* ment-
ohlędanje *asl.* chlend-	olêj *asl.* jelêj	omyłka *p.* myli- 1
ohnipara *č.* per- 7	olcha *p.* jelicha	omyl *č.* myli- 1
oholony *klr.* golni	oljadь *ar.* goljadi	omyz *klr.* mizgŭ
ohtik *b.* jetika	olje *nsl.* jelêj	onada *klr.* nadŭ
ohtja *b.* och-	ołko *b.* ovŭ	onawa *r.* navi
ohułom *klr.* golŭ 2	olmaryja *p.* armara	onegav *nsl.* onŭ
ohurok *klr.* ugorŭkŭ	olše *č.* jelicha	onieczyścić *p.* čistŭ
ohyda *p.* gyd-	ołśnąć *p.* slêpŭ	onomedni *r.* onŭ
ochełznąć *p.* chŭlz-	olup *nsl.* lupi-	onuce *č.* u- 5
ocholodь *r.* obi	olьcha *r.* jelicha	onuča *nsl.* u- 5
ojczyzna *p.* otŭ 2	omacmie *p.* maca-	onušta *asl.* u- 5
okačnyj *klr.* kota	omad *s.* om-	opah *s.* pъch-
oklop *nsl.* klepa-	omagati *nsl.* obi	opała *p.* pel- 1
okno *asl.* okos	omah *nsl.* mach-	opalica *nsl.* pol- 2
okolivrъs *b.* vert-	omaja *s.* ma-	opanek *nsl.* pen-
okolivrč *nsl.* vert-	omak *s.* om-	opany *asl.* pany
okomigъ *asl.* mig-	omam *s. p.* mami-	oparen *nsl.* per- 5
okorati *č.* skora	omama *klr.* mami-	opasaty śa *klr.* pas-
okorokъ *r.* korkŭ	omamica *nsl.* mami-	opasilo *nsl.* pas-
okošt *s.* kosti	omana *klr.* mani-	opasti *s.* pas-
okrak *nsl.* korkŭ	omara *nsl.* armara	opasti sę *asl.* pas-
okrak *nsl.* krêkŭ	omara *s.* maranja	opaška *b.* pach- 2
okrągłъ *asl.* krongŭ	omariti *asl.* mari-	opašь *asl.* pach- 2
okremnyj *klr.* kroma	omątъ *asl.* ment-	opat *nsl. č. p.* avъvą

opatrunek *p.* patri-
opaz *s.* pazi-
opeka *nsl.* pek-
opełki *p.* pel- 2
opelinok *klr.* pelena
operezaty *klr.* perza-
operiti *asl.* per- 8
opesnoti *nsl.* pusn
opet *nsl.* penta
opetь *asl.* penta
opêka *klr.* pek-
opêšati *nsl.* pêchŭ
opêšitь *r.* pêchŭ
opět *č.* penta
opětva *č.* pen
opica *ar.* op-
opieka *p.* pek-
opinam *b.* pen-
opinka *r.* pen-
opjať *klr.* penta
opłwity *p.* plŭ-
oplasnuti *kr* polka-
oplat vręči: v - *nsl.* platŭ 2
oplatiti *nsl.* plat- 2
oplaz *č.* pelz-
oplaza *s.* pelz-
oplazivъ *r.* pelz-
oplêskan *b.* plêsk-
oplêtati *nsl.* plet-
oplotъ *asl.* plet-
oplzlý *č.* pelz-
opna *s.* pen-
opoka *asl.* pek-
opona *asl.* pen-
opontać *wr.* pen-
opończa *p.* japundže
opor *kr.* per- 5
opora *klr.* per- 5
oporaviti se *s.* pora
oporit *b.* per- 5
opoštiti *s.* dĭt-
opôr *klr.* per- 5
opresti *nsl.* prend- 2
oprez *s.* prenza-
oprętati *asl.* prenta
opręzati *asl.* prenza-
oprêmek *nsl.* prêmŭ
oprêsnik *nsl.* prêsĭnŭ

oprêsĭnъ *asl.* prêsĭnŭ
oprha *s.* perch-
oprič *wr.* prokŭ
opričniki *r.* prokŭ
oprišč *nsl.* pryskjŭ
oprišenyj *r.* prokŭ
opriš *r.* prokŭ
oprocz *p.* prokŭ
oproč *wr.* prokŭ
oproče *r.* prokŭ
oprzasnek *p.* prêsĭnŭ
oprъlja *b.* perli-
opryšok *klr.* prokŭ
opudało *klr.* pondŭ
opuchlyj *r.* pŭch-
opujća *wr.* pi-
opusnêti *asl.* pusn-
opušč *klr.* obĭ
opynka *klr.* pen-
orah *s.* rêchŭ
oranica *s.* vranica
orądije *asl.* orondije
orażije *asl.* rong-
ordań *klr.* jerŭdanŭ
ordôv *klr.* ardovŭ
orędzie *p.* orondije
oręž *p.* rong-
orêhъ *asl.* rêchŭ
orich *klr.* rêchŭ
oriti *asl.* or- 2
oriti se *s.* ora 2
orjaba *klr.* rembŭ
orjabka *klr.* rembŭ
orjabyna *klr.* rembŭ
orkljič *nsl.* orkljištĭ
ormagan *s.* armaganŭ
orman *s.* armara
ormar *kr.* armara
orobity *klr.* orbŭ
orobka *klr.* rembŭ
orobyna *klr.* rembŭ
orodovati *č.* orondije
orôd *nsl.* orondije
orôžje *nsl.* rong-
orsag *as.* rusagŭ
oruda *klr.* orondije
orudje *nsl.* orondije
oruže *klr.* rong-

oružje *s.* rong-
oružĕe *r.* rong-
orzech *p.* rêchŭ
orzeł *p.* orĭlŭ
orъže *b.* rong-
ořech *č.* rêchŭ
oṣa *p.* jasika
osada *p.* sed-
osebenek *nsl.* svŭ
osebno *nsl.* svŭ
osebujan *kr.* svŭ
oṣelokъ *r.* os-
oseľa *klr.* sed-
osem *s.* svŭ
osemred *nsl.* rendŭ
osentrdo *nsl.* rendŭ
osenь *r.* jesenĭ
oses *č.* sŭs- 1
osesek *p.* sŭs- 1
osetr *klr.* jesetrŭ
osêdlo *r.* sed-
osêkъ *asl.* sek- 2
osêvek *nsl.* obĭ
osidlo *č.* si- 2
osieć *p.* sê- 2
osika *č.* jasika
osilo *asl.* si- 2
osilъ *r.* si- 2
osinąti *asl.* sip-
osipa *nsl.* sŭp- 2
osipka *wr.* sip-
osiv *nsl.* obĭ
oskalokъ *r.* skel- 1
oskarb *klr.* oskŭrdŭ
oskard *p.* oskŭrdŭ
oskądziti *asl.* skend-
oskêpok *wr.* skep-
oskoma *p.* skoma- 2
oskomina *asl.* skoma- 2
oskordъ *r.* oskŭrdŭ
oskrebą *asl.* skreb-
oskrobki *p.* skreb-
oskrv *nsl.* oskŭrdŭ
oskrъdъ *asl.* oskŭrdŭ
oskudan *s.* skend-
oskudica *s.* skend-
oskužaty *klr.* skend-
osla *asl.* os-

oslnouti č. slêpŭ	ostrovъ asl. srü-	otara klr. ter
osluha asl. slŭch-	ostrôga nsl. ostrơnga	otaviti se nsl. tŭ- 2
osluhi nsl. slŭch-	ostrôh klr. serg	otbor b. ber
oslušati sę asl. obı	ostruga kr. os-	otčina r. otŭ 2
oslъnati asl. slŭ- 2	ostruga s. ostronga	otej klr. otŭ 2
oslьnati asl. slêpŭ	ostruiti asl. stru-	otcpy klr. tep- 3
osmaditi asl. svend-	ostruži nsl. strŭg-	oterezvyty klr. terzvŭ
osmъ asl. ost-	ostružje nsl. strŭg-	otevřiti č. ver- 2
osnova asl. snŭ-	ostrv nsl. os-	otěž č. teng-
osoba nsl. svŭ	ostrъ asl. os-	otika nsl. tŭk- 2
osobê asl. svŭ	ostříž č. ostriží	otirati s. ter-
osoh slk. sogŭ	ostuda č. styd- 1	otivam b. i- 3
osoije asl. si- 1	ostuhva klr. teng-	otkorovêtъ r. korv-
osojen nsl. si- 1	ostve nsl. os-	otmelь r. mêlŭkŭ
osoka s. r. sokŭ 2	ostýchati č. styd- 2	otok b. tek- 1
osoka r. sokŭ 1	ostyvaty klr. styd- 2	otora wr. ter-
osoka r. sokŭ 2	ostьnъ asl. os-	otoropъ r. terp- 1
osoka r. sek- 1	osudje s. sjŭ	otôhniti se nsl. tonch- 2
osoka wr. sek- 2	osuch klr. sŭch-	otperć śa wr. per- 1
osokor klr. sok-	osupnoti nsl. sompŭ	otperetь sja r. per- 1
osora nsl. ver- 2	osva č. os-	otrada r. radŭ 1
osorej nsl. sjŭ	osvem s. svŭ	otrap č. terp- 2
osoren nsl. sor-	osveta s. sventŭ	otraslі asl. orst-
osota r. os-	osvênь asl. svŭ	otravъ asl. trŭ- 1
osovńa klr. si- 1	osviritь r. sviri- 1	otrabi asl. otrombı
osovětiv s. si- 1	oszczep p. skep-	otre nsl. ter-
ospa s. p. sŭp- 2	osъmotrъ asl. motri-	otrepki r. trep- 2
osterbnuty klr. sterb- 1	osъpa asl. sŭp- 2	otręby p. otrombı
ostežь asl. steg-	osъtъ asl. os-	otrivka b. rŭ- 2
ostěra č. ster-	osyp klr. sŭp- 2	otrokъ asl. rek-
ostohyďity klr. mŭ	osypłyj klr. sip-	otrovъ asl. trŭ- 1
ostolopъ r. stelpŭ	ošajati asl. ša-	otrôbi nsl. otrombı
ostorobyty śa klr. sterb- 2	ščadať se č. skend-	otrpnoti nsl. terp- 1
ostoroha klr. serg-	ošćep klr. skep	otrŭby č. otrombı
ostoropyty śa klr. sterb- 2	ošćera r. sker-	otruta klr. trŭ-
ostrag s. tragŭ	ošćerja r. sker-	otrъva b. rŭ- 2
ostraha r. serg-	ošibatь sja r. chyba	otsotky klr. sŭto
ostrastka r. stras-	oška b. ovoštı	otuh č. teng-
ostrev č. os-	oškrabky č. skreb	otvara b. ver- 1
ostrega p. ostrơnga	oškrd č. oskŭrdŭ	otverzti r. verz- 1
ostrica nsl. ostrej	ošťép č. skep-	otvêtъ asl. vê- 2
ostriga b. ostrej	oštriga nsl. ostrej	otvoŕiti asl. ver- 2
ostriž nsl. ostriží	ošutь asl. ašutı	otvrêsti asl. verz- 1
ostrog p. serg-	ošva nsl. ši-	otvrъnъ asl. vert-
ostroga nsl. os-	ośłada p. slêdŭ	otvъd b. ovŭ
ostrogъ asl. ser-	otac s. otŭ 2	otwierać p. otŭ 1
ostroha s. os-	otaman klr. atamanŭ	otwierać p. ver- 2
ostrova klr. os	otar s. olŭtarı	otъčajati asl. ča-

otъlêkŭ *asl.* lêkŭ 2

otъrada *asl.* radŭ 1

otъradьnъ *asl.* radŭ 1

otъraždati *asl.* radŭ 1

otьcь *asl.* otŭ 2

otьnь *asl.* otŭ 2

otik *klr.* tək- 1

oubyt *č.* by-

oučasť *č.* čenstī

oučel *č.* čelo

oučet *č.* čīt-

oučińek *č.* činŭ

oufati *č.* pŭva-

ouloh *č.* leg- 1

ouloh *č.* u- 4

ourok *č.* rek-

ovači *nsl.* ovŭ

ovadъ *asl.* obadŭ

ovčjuch *klr.* ovī

ovdeka *kr.* kŭ 1

ovejci *s.* vê- 1

ovel *kr.* obī

ovijadła *klr.* vi- 1

ovoc *č.* ovoštī

ovoč *klr.* ovoštī

ovtorok *wr.* ontorŭ

ovyn *klr.* ovinŭ

ovьca *asl.* ovī

ovьnъ *asl.* ovī

owad *p.* obadŭ

owszejki *p.* vīsī 1

ozda *r.* ozd-

ozdoba *č.* doba

ozdoba *p.* go

ozero *r.* jɛzero 1

ozim *nsl.* zima

ozmer *nsl.* mêri-

oznoba *b.* zemb- 2

oznyća *klr.* ozd-

oždnica *p.* ozd-

oždygan *klr.* bozduganŭ

oželed *klr.* želd-

ožered *klr.* žerd-

ožinъ *r.* ježī

ožrêlije *asl.* ger-

Ô.

ôdica *nsl.* onda

ôgled *nsl.* on

ôgor *nsl.* ong-

ôzek *nsl.* enz-

P.

pa *nsl.* opakŭ

paąkъ *asl.* paonkŭ

paberek *nsl.* ber-

pabirъkъ *asl.* ber-

pablon *nsl.* poplunŭ

pacierz *p.* paterŭ

pacześ *p.* čes-

paczyć się *p.* opakŭ

pać *nsl.* opakŭ

pače *asl.* opakŭ

pačes *č.* čes-

pačisati *č.* po

pačiti *nsl.* opakŭ

pačka *kr.* opakŭ

pačosy *os. kr.* čes-

paćel *s.* počolatŭ

paćeŕ *os.* paterŭ

paćuk *klr. wr.* pacovŭ

padaniten *nsl.* pad

padara *r.* der-

padčeŕ *wr.* dŭšter

padera *r.* po

paděra *č.* der-. po

padlo *č.* pad-

pádlo *č.* pen-

padoł *p.* dolŭ

padouch *č.* pad-

padrť *č.* der-

pagadur *nsl.* bogatyrī

pah *nsl.* pīch-

paharъnikъ *asl.* pecharŭ

pahnoti *nsl.* pŭch-

pahnoti *nsl.* pīch-

pahnôsť *klr.* nogŭtī

pahnôzď *klr.* nogŭtī

pacha *klr.* pachŭ

pachołek *č.* po

pachva *r.* pachŭ

pachvi *r.* pochva

pachvina *wr.* pachŭ

paiž *p.* paveza

pajatь *r.* poj-

pająk *p.* paonkŭ

pajeď *č.* jad- 1. po

pajk *nsl.* paonkŭ

pajtaš *s.* pajdašŭ

pajъk *b.* paonkŭ

pajъžina *b.* paonkŭ

pak *nsl.* opakŭ

páka *č.* opakŭ

pakal *kr.* pīklŭ

pakao *s.* pīklŭ

paklenъ *r.* ma

paklepy *p.* klepa-

paklina *s.* pīklŭ

pako *s.* pīklŭ

pakosć *ns.* opakŭ

pakostь *asl.* opakŭ

pakošči *klr.* opakŭ

pakša *r.* opakŭ

paky *asl.* opakŭ

pałac *p.* polata

pałać *p.* pol- 1

pałamar *klr.* paramonarī

pałasz *p.* pala

pałaty *klr.* pol- 1

pałka *p.* pol- 2

palacka *s.* ploskva

palati *asl.* pel- 1

pálati *č.* pol- 1

pali *nsl.* opakü

palica *asl.* pol- 2

paličnice *nsl.* pol- 2

palinka *nsl.* pel- 1

paliti *asl.* pel- 1

palj *kr.* pol- 1

palomnikъ *ar.* palümĭnikü

paloš *s. č.* pala

paluch *p.* pal-

palъ *r.* pel- 1

palanyća *klr.* pel- 1

pametiva *nsl.* men- 1

pamętь *asl.* men- 1

pamorka *r.* merk-

pamrak *s.* ner- 1

pamža *r.* mĭg-

panamonarь *asl.* paramonarĭ

pancer *nsl.* panüsyrü

pancyrь *r.* panüsyrü

panderek *nsl.* ner- 1

pandrak *klr.* ner- 1

pandrоw *p.* ner- 1

panev *nsl.* pany

paničuha *wr.* panü

panj *nsl.* pĭnĭ

panoga *nsl.* noga

panoht *os.* nogütĭ

panos *s.* farü 2

panosza *p.* panü

panoše *č.* panü

panščizna *wr.* panü

paor *s.* burĭ

papar *kr.* pĭprü

paperć *wr.* papertĭ

papiga *nsl.* papugü

paplan *klr.* poplunü

paplon *slk.* poplunü

paporoť *klr.* paportĭ

papradí *č.* paportĭ

paprat *s.* paportĭ

paprica *s.* perprica

paprika *s.* pĭprü

paproć *p.* paportĭ

paproš *os.* paportĭ

paprsek *č.* pers- 2

paprъtь *asl.* papertĭ

parac *s.* per- 1

parać *p.* por-

parakuvar *s.* para 4

paralaža *s.* para 4

parasnik *s.* prostü

parati *nsl.* por-

párati *č.* por-

parcie *p.* per- 5

parcieć *p.* perti-

parduc *nsl.* parüdosü

pardus *č.* parüdosü

parenyna *klr.* para 1

pareń *klr.* orbü

parepa *p.* paripü

parêzъ *asl.* rêz-

parch *p.* perch-

parchi *wr.* perch-

parchъ *r.* perch-

pariti *asl.* per- 8

parja *r.* orbü

parkacz *p.* perkü 1

parla *os.* perla 2

parlog *s.* leg- 1

parna *nsl.* parma

parnag *nsl.* nagü

parnja *kr.* per- 1

parnoht *os.* nogütĭ

parnochta *ns.* nogütĭ

parobek *p.* orbü

parobok *č.* orbü

parodokъ *r.* rodü

parôh *klr.* rogü

paroj *nsl.* ri-

parom *slk.* perunü

parskać *p.* persk-

parskaš *ns.* persk-

paršivyj *r.* perch-

part *p.* pertü

parta *nsl.* bordy

parza *p.* para 1

parznić *p.* perzni-

parъ *r.* para 1

pas *nsl.* jas-

pas *nsl.* pĭsü

paseka *č.* sek- 2

paserb *klr. wr.* serb- 1

pasierb *p.* serb- 1

pasita *nsl.* sytü ·

paskonny *os.* poskonĭ

paskuda *p.* po

paskuď *klr.* skend-

pasle *ns.* pad-

pasmina *b.* pasmo

pasmuha *klr.* smük-

pasorzyt *p.* ritĭ

pasovati se *slk.* pach- 1

past *nsl.* pad-

pastba *r.* pas-

pastênь *r.* stênĭ

pastirinka *nsl.* pas-

pastorьka *asl.* düšter

pastrnák *č.* pastinakü

pastrva *s.* pĭs-

pastuhъ *asl.* pas-

pastva *asl.* pas-

pastyrь *asl.* pas

pasť *klr.* pad-

pasulj *s.* bažulĭ

pasulja *klr.* bažulĭ

pasza *p.* pas-

paszcza *p.* pad-

pasynъkъ *asl.* synü 1

paša *asl.* pas-

paša *wr.* pacha-

paščiti se *nsl.* tüsk-

paška *b.* pach- 2

paškovronc *os.* skvornü. po

pašnja *r.* pacha-

pašeŕe *ns.* paterü

pat *klr.* patosü

pata *č.* penta

paterica *b.* paterü

pateryća *klr.* paterü

patisati *s.* pati-

patoka *nsl. p.* tek- 1

patoka *s.* po

patołoč *klr.* telk- 1

patro *č.* pentro

patrovatь *r.* patra-

pátý *č.* penk-

pauk *klr.* paonkü

paunъ *asl.* pavü

pautina *r.* paonkü

pavêtъ *r.* vê- 1

pavitina *s.* po

pavitь *asl.* vi- 1

pavok *nsl.* paonkü

pavoła *nsl* bavlŭna
pavołoka *wr.* velk-
pavorotъ *r.* vert-
pavorozъ *r.* verz- 1
pavouk *č.* paonkŭ
pawłoka *p.* velk-
paz *nsl.* pažї
pazar *b.* bazarŭ
pazderъ *asl.* der-
pazdêr *nsl.* der-
pazduba *asl.* go
pazdur *p.* pazurŭ
pazitor *b.* pazi-
pazjak *s.* pazijᴀ
paznogieć *p.* nogŭtї
paznogъtь *asl.* po.
pazuha *asl.* ducha
paža *r.* pad-
paža *ns.* pag-
paže *č.* ducha
pažî *č.* pag-
pažitъ *asl.* živ-
pažnoht *nsl.* nogŭtї
październik *p.* der-
paździor *p.* der-
pączek *p.* ponkŭ
pąčina *asl.* ponk- 1
pąć *p.* pontї
pąd *p.* pondŭ
pądarь *asl.* pondŭ
pąditi *asl.* pondŭ
pągy *asl.* pongy
pąchać *p.* poncha-
pęk *p.* ponkŭ
pąknąti *asl.* ponk- 2
pąpъ *asl.* pompŭ
pąto *asl.* pen-
pątь *asl.* pontї
pczoła *p.* bŭčela
pčela *s.* bŭčela
pčoła *klr.* bŭčela
pec *č.* pek-
pecka *č. p.* pŭstka
peč *nsl.* pek-
peča *nsl.* pek-
pečaľь *asl.* pek-
pečati *kr.* pača-
péče *č.* pek-

peček *nsl.* pŭstka
pečenka *č.* pek-
pečera *klr.* peštera
pečevo *b.* pek-
pečkur *wr.* pek-
pečurka *nsl.* pek-
peć *s.* pek-
ped *nsl.* pendї
pehnoti *nsl.* pїch-
pêchnutь *r.* pїch-
pechŭr *slk* pêchŭ
peik *s.* pajokŭ
pek *nsl.* pek-
pékÅi *polab.* pїklŭ
pekel *nsl.* pїklŭ
pekło *klr. wr.* pїklŭ
peklo *č.* pїklŭ
pekota *klr.* pek-
pełć *p.* plŭ
pełechatyj *klr.* pelsŭ
pełevńa *klr.* pelva 2
pełgnąć *p.* pel- 1
pełk *p.* pelkŭ
pełny *p.* pelnŭ
pełznąć *p.* pelz-
pela *r.* pelva 2
pelesovać *wr.* pelsŭ
pelesъ *asl.* pelsŭ
peleš *č.* pelechŭ
pelêva *r.* pelva 2
pelh *kr.* pelchŭ
pelhek *nsl.* plig-
pelin *nsl. b. s.* pelynŭ
pelisnoti *nsl.* pelesk-
pelna *nsl.* pelena
peníz *č.* pênengŭ
penj *nsl.* pїnї
penkava *slk.* pênica
penь *r.* pїnї
peń *klr.* pїnї
pepelъ *asl.* pel- 1
peperuga *b.* perpera
per *ns.* pїprŭ
pêrača *nsl.* per- 2
peračka *b.* per- 2
perašin *slk.* petruželї
perčyty *śa klr.* perkŭ 1
perčyty *klr.* pїprŭ

perć *p.* pertї
pere *klr.* per-
pereć *klr.* pїprŭ
pered *klr.* perdŭ
peredže *klr.* perdŭ
peredъ *r.* perdŭ
perek *wr.* perkŭ
perem *nsl.* pramŭ
peremirie *r.* mirŭ
perepeła *klr.* perpera
perepelesyj *r.* pelsŭ
perepelъ *r.* perpera
pereperъ *r.* perpera
perepłavьe *wr.* polŭ 1
pereslêga *r.* slêga
peresmjagnutь *r.* smeng-
perespa *klr.* sŭp- 2
perestrivaty *klr.* rêt-
peretь *r.* per- 1
peretь *r.* per- 3
peretь *r.* per- 5
perezać *wr.* perza-
perezъ *r.* perzŭ
perež *wr.* perdŭ
perežъ *r.* perdŭ
perêti *nsl.* per- 7
perha *klr.* perga
perchač *klr.* myšї. perch-
perchatь *r.* perch-
perilo *nsl.* per- 2
perina *asl.* per- 8
perna *č.* parma
pernahti *nsl.* prinahti
pernica *wr.* pїprŭ
pernik *wr.* pїprŭ
pero *asl.* per- 8
perôt *nsl.* per- 8
perpera *as.* perŭpera
persikъ *r.* bersky
perst *klr.* perstŭ
persť *klr.* perstї
perščatka *r.* perstŭ
peršyj *klr.* pervŭ
perta *nsl.* perchtra
perty *klr.* per- 3
pêrut *nsl.* per- 8
perutac *s.* per- 7
pervesinka *r.* pervŭ

pervospy *klr.* süp

perz *p.* perga

perz *p.* pyr- 2

perz *p.* pyro

perzynka *č.* per- 7

peryna *klr.* pyr- 2

pěřiti *č.* per 8

pes *nsl.* pïsŭ

pesa *nsl.* bitva

pesika *nsl.* pesa

pesma *nsl.* pê-

pesokъ⁻*r.* pês- 2

pester *nsl.* pïs-

pestiti *nsl.* pês- 1

pestka *p.* püstka

pestovati *nsl.* pêstunü

pestrucha *r.* pïs-

pestryj *klr.* pïs-

pestь *r.* pês- 1

peška *nsl.* pečka

peškur *nsl.* piskorï

peštь *asl.* pek-

pet *nsl.* penk-

peta *nsl. b. kr. s.* penta

petelin *nsl.* pê-

petelja *asl.* petlja

petlica *b.* petlja

petred *nsl.* rendŭ

petržel *č.* petruželï

pevný *č.* pŭva

pewny *p.* pŭva-

pezder *nsl.* po

pezdêr *nsl.* der-

pezděti *nsl.* pïzd-

pędzić *p.* pondŭ

pędь *asl.* pendï

pęgwica *kaš.* pongy

pęcherz *p.* ponchyrï .

pęk *p.* ponkü

pękać *p.* ponk- 2

pęp *p.* pompŭ

pęstь *asl.* penstï

pęta *asl.* penta

pęti *asl.* pen-

pętla *p.* petlja

pęto *p.* pen-

pętro *asl.* pentro

pętъ *asl.* penk-

pętь *asl.* penk-

pętьno *asl.* penta

pêč *klr.* pek-

pêgačъ *r.* pêgŭ

pêh *nsl.* pêchŭ

pěchovati *č.* pês- 1

pêchturъ *r.* pêchŭ

pěchý *č.* pêchŭ

pêjka *b.* pê-

pŏkný *č.* penkn-

pênez *nsl. b.* pênengŭ

pênęgъ *asl.* pênengŭ

pênęzь *asl.* pênengŭ

pênja *r.* pena

pênka *r.* pênica

pěnkava *č.* pênica

pêsta *nsl.* pês- 1

pěsta *č.* pês- 1

pěstiti *č.* pêstunŭ

pěsť *č.* penstï

pêsъkъ *asl.* pês- 2

pêšij *r.* pêchŭ

pêšь *asl.* pêchŭ

pêšьcь *asl.* pêchŭ

pêtehь *asl.* pê-

pêtuchъ *r.* pê-

pêtunъ *r.* pê-

pěť *č.* penk-

pêvenь *r.* pê-

pêvka *b.* pê-

pêvunъ *r.* pê-

pêzda *nsl.* pês-

phati *nsl.* pïch-

pcha *os.* blücha

pcháti *č.* pïch-

pchła *p.* blücha

pchnąć *p.* pïch-

piać *s.* pê-

piard *p.* perd-

piach *p.* pês- 2

piana *p.* pêna

piasek *p.* pês- 2

piasta *p.* pês- 1

piastun *p.* pêstunŭ

piąć *p.* pen-

piądź *p.* pendï

piąnka *p.* pênica

piąty *p.* penk-

pica *p.* pik- 2

pica *p. os. ns.* pit-

pica *s.* püstka

pice *č.* pit-

piczka *p.* pik- 2

pič *b.* pik- 2

piča *nsl.* pit-

piček *nsl.* püstka

pičel *nsl.* pik- 1

pičica *nsl.* pik- 1

pička *nsl.* pik- 2

pičołka *asl.* pučelü

pića *s.* pit-

pićan *kr.* pit-

pić *č.* pendï

piec *p.* pek-

piecza *p.* pek-

pieczary *p.* peštera

pieczęć *p.* pečatï

piega *p.* pêgŭ

piechota *p.* pêchŭ

piekło *p.* pïklŭ

pielać *p.* pel- 2

pielesz *p.* pelechŭ

pielęgować *p.* peleng-

pielgrzym *p.* pilgrïmŭ

pielucha *p.* pelena

pieniądz *p.* pênengŭ

pienka *p.* pênïka

pień *p.* pïnï

pieprz *p.* pïprŭ

pierca *p.* per- 1

pierdzieć *p.* perd-

pierga *r.* perga

piernik *p.* pïprŭ

pierszeń *p.* perch-

pierś *p.* persï

pierść *p.* perstŭ

pierść *p.* perstï

pierwy *p.* pervŭ

pierzga *p.* perga

pierzgnąć *p.* perg-

pierzch *p.* porch-

pierzchnąć *p.* perch-

pierzyna *p.* per- 8

pierzywo *p.* per- 2

pierćhać *os.* perch-

pies *p.* pïsŭ

pieszczota *p.* pêstunŭ	piljuh *nsl.* pilŭ	piskъčij *asl.* pisk-
pieszy *p.* pêchŭ	piljukъ *asl.* pilŭ	pisnutь *r.* pisk-
pieścić *p.* pêstunŭ	pilo *os.* pilŭ	pisok *klr.* pês- 2
pietruszka *p.* petruželı	pilść *p.* pelstı	pistrula *slk.* pıs-
pietuch *p.* pê-	pilun *nsl.* fiinŭ	piszczel *p.* pisk-
pięć *p.* penk-	pilь *r.* pil-	pisъk *b.* pisk-
pięgża *p.* pengža	pilma *wr.* pil-	piš *s.* piš-
piękny *p.* penkn-	pinati *asl.* pen-	piš *nsl.* püch-
pięść *p.* penstı	pinjača *kr.* pêna	pišati *s.* piš-
pięta *p.* penta	pinka *slk.* pênica	pišča *nsl.* pisk-
piętno *p.* pentıno	pińaź *klr.* pênengŭ	pišče *nsl.* pisk-
piętro *p.* pentro	piołyn *p.* pelynŭ	pišeć *klr.* pêchŭ
pigalica *r.* pengža	pioro *p.* per- 8	pišiv *nsl.* pysk- 1
pigučav *nsl.* pêgŭ	piorun *p.* perunŭ	piška *nsl.* pysk- 1
pigwa *p.* gdunije	pípati *č.* pipa	piškav *nsl.* pysk- 1
pih *nsl.* püch-	pipela *asl.* pipa	piškor *nsl.* piskorı
piha *os.* pêgŭ	piper *b.* pıprŭ	pišta *asl.* pit-
piha *č.* pêgŭ'	pipiš *slk.* pipa	pištalь *asl.* pisk-
pihati *nsl.* püch	piplič *nsl.* pipa	pištati *asl.* pisk-
pihva *č.* pigva	pipun *s.* pepunŭ	pištą *asl.* pisk-
pích *č.* pĭch-	pir *nsl.* pi-	píśťal *č.* pisk-
pichać *wr.* pĭch-	pir *s.* pyro	pišťba *č.* pisk-
píchati *č.* pĭch-	pira *nsl.* pyro	piśmo *wr.* pıs-
pichna *p.* pik- 2	pirac *s.* pyrıcı	pit *nsl.* pi-
pijaka *wr.* pi-	pirčac *s.* pyrıcı	pitati *nsl.* pyta-
pijan *asl.* pi-	pirch *nsl.* pyr- 2	píti *č.* pen-
pijanca *os.* pi-	pirej *b.* pyro	pitij *asl.* pi-
pijatyka *p.* pi-	pirhati *nsl.* pyr- 2	pitna posôda *nsl.* pi-
pijavica *asl.* pi-	pirhpogača *nsl.* perch-	pitomъ *asl.* pit-
pijawka *p.* pi-	pirih *nsl.* pyro	pitva *asl.* pi-
pijena *s.* pêna	pirihast *kr.* pyr- 2	pity *klr.* pê-
pijesak *s.* pês- 2	pirika *nsl.* pyro	pivnica *nsl.* pi-
pijetao *s.* pê-	pirjan *s.* pyr- 2	pivo *asl.* pi-
pikec *nsl.* pik- 1	pirjevica *nsl.* pyro	pivola *nsl.* pi-
piker *nsl.* pik- 1	pirožlek *nsl.* pyrıcı	pivъkъ *asl.* pi-
pikoč *b.* pik- 2	pirpogača *nsl.* pogača	pizda *nsl.* piz-
pilad *s.* pilŭ	pirpogačica *nsl.* pyrıcı	piždra *s.* piz-
pilati *č.* pel- 2	pirť *č.* pertı	pjacka *ns.* püstka
pile *b.* pilŭ	pirъ *asl.* pi-	pjać *wr.* pen-
pile *č.* pil-	pisaka *r.* pıs-	pjádliti se *č.* pen-
piłęja *b.* pylı	pisan *nsl.* pıs-	pjadь *r.* pendı
piłęk *b.* pilŭ	pisati *asl.* pıs-	pjała *klr.* pen-
pilch *p.* pełchŭ	písek *č.* pês- 2	pjalo *r.* pen-
pili *p.* pil-	piska *s.* pisk-	pjastь *r.* penstı
pilič *nsl.* pilŭ	pisklę *p.* pisk-	pjata *os.* penta
pilični *s.* pilŭ	piskun *b.* pisk-	pjaterь *r.* pentro
piliš *kr.* pi-	piskupъ *asl.* biskupŭ	pjatitь *r.* penta
piljug *s.* pilŭ	piskutati *nsl.* pisk-	pjatno *r.* pentıno

pjatro *klr.* pentro
pjaty *os.* penk-
pjatь *r.* pen-
pjeć *os.* pen-
pjeć *os.* penk-
pjedź *os.* pendɪ
pjelnić *os.* pelnŭ 1
pjelść *os.* pelstɪ
pjelzki *os.* pelz-
pjepeŕ *ns.* pɪprŭ
pjeś *ns.* pen-
pjeta *ns.* penta
płaca *p.* plat- 1
płać *os.* pel- 1
płame *klr.* pel- l
płanka *klr.* polnŭ
płaski *p.* ploskŭ
płastr *p.* plastŭ
płastr' *p.* plastyrɪ
płaszczyca *p.* ploskŭ
płatwa *p.* plü-
płaťanka *klr.* poltŭ
pław *p.* plü-
pławić *p.* plü-
płaz *p.* pelz-
płązom *klr.* pelz-
płeć *p.* plütɪ
płeskaty *klr.* plesk-
płesna *klr.* plesna
płeso *klr.* pleso
płeszka *p.* blücha
płet *p.* plü-
płezna *klr.* plesna
płoć *os.* pol- 1
ploć *p.* platica
płoć *wr.* plütɪ
płoćica *os.* platica
płodyst *klr.* plodŭ
płochy *p.* polchŭ
płokać *p.* polka-
płomień *p.* pel- 1
płomjo *os.* pel- 1
płonąć *p.* pel- 1
płonina *p.* polnŭ
płonka *p.* polnŭ
płony *os.* planŭ
płony *p.* polnŭ
płoń *p.* polnɪ

płoskani *wr.* poskonɪ
płoskoń *p.* poskonɪ
płoskuny *p.* polka-
płoskurnica *p.* ploskŭ
płostać *os.* polka-
płoszczyca *p.* ploskŭ
płot *p.* plet-
płotno *p.* poltŭ
płowy *p.* polvŭ
płoz *p.* pelz-
płozy *p.* pelz-
płôtka *klr.* platica
płuco *p. os.* plutje
pług *p.* plugŭ
płuh *klr.* plugŭ
płunky *č.* polnŭ
płuvać *os.* plü-
płyhaty *klr.* prongŭ 2
płynąć *p.* plü-
płysć *wr.* plü-
płyska *klr.* pliska
płyt *p.* plytŭkŭ
płyta *klr.* plinŭta
płytwa *p.* plü-
płyty *klr.* plü-
pláce *č.* plat- 1
plačь *asl.* plak-
pladanj *klr.* pladŭnɪ
pladnja *b.* polŭ 1
pladьne *asl.* polŭ 1 ·
pladьnica *asl.* polŭ 1
plaga *p.* pljaga
plahati se *nsl.* pol- 1
plahir *s.* polchŭ
plahitati *nsl.* pol- 1
plahъ *asl.* polchŭ
plakati *asl.* polka-
plalnice *nsl.* pol- 1
plama *p.* plêma
plamtja *b.* pel- 1
plamy *asl.* pel- 1
planąti sę *asl.* pel- 1
plandovati *s.* polŭ 1
planica *nsl.* polnŭ
planina *nsl.* polnŭ
planja *nsl.* planŭ
planka *nsl.* palanka
planoštь *asl.* polŭ 1

planšar *nsl.* polnŭ
planý *č.* polnŭ
pláň *č.* polnŭ
plápol *č.* pel- 1
plasa *asl.* polsa
plasati *nsl.* pel- 1
plaskać *p.* pljaska-
plaskati *asl.* polka-
plaskolicь *asl.* ploskŭ
plaskur *p.* prosfora
plaský *č.* ploskŭ
plaščat *nsl.* ploskŭ
plaščinja *r.* plastŭ
plaštь *asl.* plaskjŭ
plat *nsl.* pol- 2
plátati *č.* plat- 1
pláti *č.* pel- 1
platitь *r.* plat- 1
platь *asl.* pol- 2
platьno *asl.* poltŭ
plavam *b.* plü-
plavij *asl.* plü-
plaviti *nsl.* plü-
plavut *nsl.* plü-
plavъ *asl.* polvŭ
plavь *asl.* plü-
plaz *nsl.* pelz-
pląziti *s.* pelz-
plazivъ *asl.* pelz-
pląsać *p.* plens-
plątać *p.* plenta-
plec *p.* pletje
plece *č.* pletje
pleco *os.* pletje
pleče *nsl.* pletje
plečo *r.* pletje
pleć *p.* pel- 2
pleć *p.* plet-
pleć *os.* pljü-
plechanъ *r.* plêchŭ
plechatý *č.* plêchŭ
plekać *p.* peleng-
plen *č.* pelnŭ 2
plena *r.* pelva 1
plena *č.* plenŭ 1
pléna *č.* pelena
pleni *p.* plênŭ 2
plenka *wr.* plenŭ 1

plepelica *nsl.* perpera	plískati *č.* pljuskŭ	plozić się *p.* pelz-
plesati *nsl.* plens-	plišť *č.* pljuskŭ	plsť *č.* pelstĭ
plésati *č.* plens-	plit *kr.* plytŭkŭ	plť *č.* plŭ-
plesń *os.* plêsnĭ	plita *asl.* plinŭta	plť *č.* plŭtĭ
plestev *č.* plet-	plitav *kr.* plytŭkŭ	pluć *p.* pel- 2
plesz *p.* plêchŭ	plitek *nsl.* plytŭkŭ	pluć *p.* pljŭ-
pleště *asl.* pletje	pliti *s.* plŭ-	pluća *kr.* plutje
pleterka *nsl.* plet-	plíti *č.* pljŭ-	pluk *č.* pelkŭ
pléti *č.* pel- 2	plivam *b.* plŭ-	pluka *nsl.* plutje
pleva *wr.* pelva 1	pliwa *p.* pelva 1	pluna *p.* pljŭ-
pléva *č.* pelva 2	plizgavica *r.* pliska	pluskwa *p.* bloska
plévati *č.* pel- 2	plíž *č.* pelz-	plušta *asl.* plutje
plevatь *r.* pljŭ-	pljačka *s.* pljak-	plut *s.* plŭ-
plevel *nsl.* pelvelŭ	pljasatь *r.* plens-	puta *č.* plŭ-
pleviti *s.* pel- 2	pljeva *s.* pelva 2	pluti *asl.* plŭ-
plevy *wr.* pelva 2	pljuča *nsl.* plutje	plutva *nsl.* plŭ-
plewa *p.* pelva 2	pljušče *r.* plutje	plutь *r.* plŭ-
plezovt *nsl.* pelz-	pljuščitь *r.* ploskŭ	pluva *os.* pelva 2
plęsati *asl.* plens-	pljuščь *r.* blustjŭ	pluzgam se *b.* skliz-
plêčka *b.* pljak-	pljušta *asl.* plutje	plvati *slk.* plŭ-
plêč *os.* pel- 2	pljuti *asl.* pljŭ-	plznuť *slk.* pelz-
plêna *asl.* pelena	plný *č.* pelnŭ 1	plž *č.* pelz-
plêna *b.* plênŭ 1	plojski *nsl.* pelz-	plъhъ *asl.* pelchŭ
plêniv *nsl.* plênŭ 1	ploka *s.* ploča	plъkъ *asl.* pelkŭ
plênjav *nsl.* plênŭ 2	plon *p.* pelnŭ 2	plъnъ *asl.* pelnŭ 1
plênъ *asl.* pelnŭ 2	plon *kaš.* plenŭ	plъstь *asl.* pelstĭ
plêpelica *asl.* perpera	ploskuša *r.* ploskŭ	plъzati *asl.* pelz-
plêsti *asl.* pelz-	ploso *p.* pleso	plъzą *asl.* pelz-
plêšast *nsl.* plêchŭ	plošatь *r.* plochŭ 2	plъzgam *b.* pelz-
plêšivъ *asl.* plêchŭ	plošča *nsl.* ploskŭ	plъzica *b.* pelz-
plêšь *asl.* plêchŭ	ploščadь *r.* ploskŭ	plъznuvam *b.* pelz-
plêti *asl.* pel- 2	ploščica *r.* ploskŭ	plъzъkъ *asl.* pelz-
plêva *asl.* pelva 2	plošnoj *r.* plochŭ 1	plъžev *b.* pelz-
plêva *b.* pel- 2	ploštimice *s.* ploskŭ	plъžži *asl.* pelz-
plêvelъ *asl.* pelvelŭ	plošь *r.* plochŭ 2	plynouti *č.* plŭ-
plêzati *asl.* pelz-	plotica *r.* platica	plýtva *č.* plŭ-
plhek *nsl.* plig-	plotnikъ *r.* plet-	plýtvati *č.* plŭ-
plch *č.* pelchŭ	plotva *r.* platica	płytь *r.* plŭ-
plchý *č.* plêchŭ	ploťъ *asl.* plet-	plývati *č.* plŭ-
plíce *č.* plutje	plotъ *r.* plŭ-	płacha *wr.* ploskva
plíhati *č.* pljug-	plotь *r.* plŭtĭ	płasń *ns.* plêsnĭ
płihý *č.* plig-	ploutev *č.* plŭ	płaška *klr.* ploskva
plija *b.* pljŭ-	plouti *č.* plŭ-	płaš *ns.* pel- 2
plina *č.* pljŭ-	plovati *č.* plŭ-	płeš *ns.* plŭ-
płinąti *asl.* pljŭ-	plovec *nsl.* plŭ-	płeš *ns.* plŭtĭ
plisan *kr.* plêsnĭ	ploviti *s.* plŭ-	płinka *klr.* plenŭ 1
plíseň *č.* plêsnʏ	plovu *č.* plŭ-	płinyća *wr.* plenica
pliskam *b.* pljuskŭ	plovъ *r.* plŭ-	płontro *klr.* pentro

pľúca *slk.* plutje

pľuty *klr.* pljŭ-

pľuvaś *ns.* pljŭ-

pnĕti *č.* pen-

pobarjati *asl.* bor-

pobereže *p.* bergŭ

pobêda *r.* bidê-

pobêditi *asl.* bidê-

pobierki *p.* ber-

pobitecъ *r.* bi-

pobłażać *p.* bolgŭ

pobłoga *p.* bolgŭ

pobor *č.* ber-

poboriti *asl.* bor-

poborъnikъ *asl.* bor-

pobranka *r.* bor-

pobrêzgъ *asl.* brêzg- 1

pobugъčij *asl.* bugŭ

pobytь *asl.* by-

pocestny *p.* cêsta

pocêpati *nsl.* skep-

pocêpja se *b.* skep-

pociąg *p.* teng-

pociot *p.* tĭstĭ

pocisk *p.* tisk-

pocny *ns.* čĭt-

pocŕeś *ns.* čerp-

pocta *č.* čĭt-

począć *p.* ken-

poczeladnik *p.* čeljadĭ

poczet *p.* čĭt-

poczta *r.* čĭt-

poczta *p.* pošta

poczwara *p.* čvaŕa

počediti *nsl.* čerda 1

počepnoti *nsl.* čep-

počest *b.* čĭt-

počestь *r* čĭt-

počet *b.* čĭt-

početi *s.* ken-

počist *nsl.* čistĭcĭ

počiti *asl.* ki-

počka *r.* pek-

počka *os.* pŭstka

počky *klr.* pek-

počrêpati *asl.* čerp-

počripati *asl.* čerp-

počrъpati *asl.* čerp-

počuo *s.* pučĭ

počuť *č. dial.* ču-

počьtъ *asl.* čĭt-

podara *r.* der-

podbêl *nsl.* bêlŭ

podbiał *p.* bêlŭ

podboj *nsl.* bi-

podbradnik *b.* borda

podir *b.* dirja

podirki *nsl.* der-

podišiar *slk.* podŭ 2

podług *p.* delgŭ 1

podlesk *nsl.* dleskŭ

podlje *asl.* dĭl-

podloubí *č.* pulapŭ

podłъg *asl.* delgŭ 1

podlyj *r.* podŭ 1

podmaniti *č.* manŭ 2

podmišnica *b.* myšĭ

podmol *nsl. b. č.* mel- 1

podmurljiv *nsl.* smurŭ

podmycić *p.* myto

podnica *b.* ponica

podnota *b.* nont-

podoba *asl.* doba

podolek *č.* dolŭ

podolъkъ *asl.* dolŭ

podpaha *os.* pag-

podpach *os.* pag-

podpach *os.* pachŭ

podplat *ncl.* platŭ 1

podpodica *nsl.* perpera

podprda *nsl.* perpera

podragъ *asl.* derg- 1

podrohi *os.* derg- 1

podrugъ *asl.* drugŭ

podskal *nsl.* skel- 1

podskytiti *asl.* skyti-

podsylъ *r.* sŭl- 1

podvoj *nsl.* bi-

podъpêga *asl.* potĭpêga

podъporъ *asl.* per- 5

poganica *s. r.* poganŭ

poganitь *r.* poganŭ

poganka *p.* poganŭ

pogostь *r.* gostĭ

pogum *nsl.* gumŭ

pohan *č.* poganŭ

pohanić *wr.* poganŭ

pohanka *č.* poganŭ

pohar *klr.* pecharŭ

pohylъ *asl.* chy-

pochmyra *r.* smurŭ

pochodně *č.* ched-

pochva *č.* chva

poiti *asl.* pi-

pojas *asl.* jas-

pojati *s.* pê-

poją *asl.* pê-

pokál *č.* bokalĭ

pokaznь *asl.* ka-

pokida *r. da.* mŭ

poklem *s.* mŭ

pokmityty *klr.* kŭ 1

pokoj *asl.* ki-

pokolení *č.* kolêno

pokon *č.* ken-

pokora *nsl.* kori-

pokorъ *asl.* kori-

pokosen *klr.* kos-

pokračilo *asl.* korkŭ

pokrątki *p.* krontŭky

pokręta *p.* krent-

pokromь *asl.* kroma

pokrovъ *asl.* krŭ-

pokruta *č.* krent-

pokruta *r.* kruta

pokřiva *č.* koprŭ

pokuta *č. p.* konta-

połap *p.* pulapŭ

połć *wr.* pol- 2

połeć *p.* pol- 2

połetek *p.* pol- 2

połk *p.* pelkŭ

połka *p* pola 1

połoć *wr.* pcl- 2

połodńo *os.* polŭ 1

połoch *klr.* polchŭ

połokaty *klr.* polka-

połołnyk *klr.* pel- 2

połome *wr.* pel- 1

połomêň *klr.* pel- 1

połon *wr.* pelnŭ 2

połon *os.* pelynŭ

połonka *klr.* polnĭ

połonyk *klr.* pol- 1

połonyna *klr.* polnŭ	pomagier *p.* mog-	ponor *s.* ner- 1
połosa *klr.* polsa	pomachъ *r.* mach-	ponorovъ *r.* ner- 1
połotno *klr. wr.* poltŭ	pomama *b.* mami-	ponrav *č.* ner- 1
połoty *klr.* pel- 2	pomče *č.* mŭk-	ponuda *s.* nadŭ
połotba *klr.* pol- 2	pomek *p.* mŭk-	ponur *klr.* ner- 1
połova *klr.* pelva 2	pomeło *klr.* met- 2	ponura *p.* ner- 1
połovyj *klr.* polvŭ	pcmelecъ *r* mel- 1	ponuryj *r.* ner- 1
połowień *p.* polŭ 1	pomerete *klr.* mer- 1	pończocha *p.* punčocha
poloz *p.* pelz-	pomet *b.* met- 2	popadija *asl. b* popŭ
połst *klr.* pelstĭ	pomęnąti *asl.* men- 1	popar *kr.* pĭprŭ
połudeń *klr.* polŭ 1	pomêkatъ *r.* mek-	popar *wr.* para 1
południa *p.* polŭ 1	pomên *nsl.* men- 1	popara *b.* para 1
połzaty *klr.* pelz-	pomênek *nsl.* men- 1	poparec *nsl.* para 1
połzć *wr.* pelz-	pomênъ *asl.* men- 1	popelъ *asl.* pel- 1
połyn *klr.* pelynŭ	pomêta *r.* mêta-	poperć *wr.* per- 5
polaščina *kr.* leg- 2	pomiera *p.* mer- 1	poperek *klr.* perkŭ 2
polatь *r.* pol- 1	pomicha *klr.* mêsi-	poperchač *klr.* perch-
polbełič *nsl.* bêlŭ	pomije *nsl.* my- 1	popioł *p.* pel- 1
polecić *p.* leti-	pomłoski *p.* mels-	popjeł *os.* pĭprŭ
poleg *nsl.* delgŭ 1	pomłêst *nsl.* melz-	poplat *nsl.* platŭ 1
polet *č.* pol- 2	pomuiti *nsl.* men- 1	poplinъ *r.* poplunŭ
polevatь *r.* polije	pomnja *nsl.* men- 1	poplon *kr.* poplunŭ
polêgat *b.* leg- 1	pomoč *nsl.* mog-	popol *slk.* pel- 1
polêti *asl.* pel- 1	pomoi *r.* my- 1	poprąg *p.* preng-
polh *nsl.* pelchŭ	pomol *s.* mol-	poprjamuvaty *klr.* prêmŭ
polica *asl.* pola 1	pomorije *asl.* morje	poprug *nsl.* preng-
poliska *nsl.* paliska	pomostъ *r.* mostŭ	poprzeć *p.* per- 3
poljana *asl. nsl. s.* polije	pomoždati *asl.* mŭzg-	popry *r.* poprište
połje *asl.* polije	pomôst *klr.* mostŭ	popuriti *s.* pyr- 2
poln *nsl.* pelnŭ 1	pomrtkať *slk.* merda-	porajity *klr.* rada
polog *nsl.* leg- 1	pomsta *č.* mĭstĭ	porato *r.* pora
polohý *č.* leg- 1	pomžatь *r.* mĭg-	poraziti *nsl.* razŭ
polonъ *r.* pelnŭ 2	pomžiti *č.* mĭg-	porąkъ *asl.* renk-
poloskatь *r.* polka-	pomyję *asl.* my- 1	porča *klr.* perti-
polotь *r.* pel- 2	pomyło *klr.* mêlŭkŭ	poreklo *asl.* rek-
polotь *r.* pol- 2	pomъžariti *asl.* mĭg-	porez *s.* rêz-
polozъ *r.* pelz-	ponada *b.* nadŭ	porchatь *r.* perch-
polstь *r.* pelstĭ	pondrêti *nsl.* ner- 1	porchava *os.* perch-
polt *nsl.* plŭtĭ	pondrica *nsl.* ner- 1	porchkyj *klr.* perch-
poltina *r.* pol- 2	pondriti *kr.* ner- 1	porikaty *klr.* rek-
polznoti *nsl.* pelz-	ponev *nsl.* pany	poriti *s.* por-
polzti *r.* pelz-	ponęta *p.* nont-	porluk *nsl.* porŭ
połž *nsl.* pelz-	ponglica *nsl.* pongy	poroć *wr.* por-
połzgъ *asl.* delgŭ 1	ponik *p.* nik- 2	porogъ *r.* porgŭ
polyj *r.* polŭ 3	ponikva *nsl.* nik- 2	poroch *klr.* perch-
polьza *asl.* leg- 2	ponjeva *as.* va	porochkyj *klr* perch-
poŕino *klr.* polêno	ponjušati *nsl.* on	porok *nsl.* renk-
połuch *klr.* pelena	ponoj *os.* pany	porok *klr.* rek-

porokъ *ar.* porkŭ

poroky *klr.* porkŭ

porom *klr.* pormŭ

poroméń *klr.* pormen

poron *klr.* roni-

porończe *p.* roni-

poroporъ *r.* porporŭ

porosja *r.* porsŭ

poroska *klr.* porsk- 2

porosnyk *klr.* pors- 1

porosъ *r.* porsŭ

poroša *r.* perch-

poroša *klr.* pors- 2

poroščaty *klr.* porsk- 1

poroščity *klr.* porsk- 3

porośa *klr.* porsŭ

porota *s.* rota

poroty *klr.* por-

porozъ *r.* porzŭ

porožnyj *klr.* porzdŭ

porób *nsl.* rombŭ

poróh *klr.* porgŭ

porskać *os.* persk-

porskatь *r.* persk-

porskyj *klr.* porsk- 3

porst *os.* perstŭ

porši *wr.* perch-

porśuk *wr.* porsŭ

port *klr.* pertŭ

portik *nsl.* parta

portitь *r.* perti-

portki *p.* pertŭ

portno *r.* pertŭ

portomoja *r.* pertŭ

porub *klr.* rombŭ

porubъ *r.* rombŭ

poruč *klr.* renk-

poruch *klr.* rŭch-

porznyj *klr.* perzni-

pory *klr.* porŭ

porynaty *klr.* ner- 1

pořád *č.* rendŭ

pořekadlo *č.* rek-

posad *č.* sjŭ

posadъ *r.* sed-

posag *p.* sag-

posagъ *asl. r.* sag-

posah *č.* sag-

posaľ *klr.* sjŭ

pasąg *p.* songŭ

posćełać *os.* sŭl- 1

posćiłyty *klr.* skel- 1

posek *č.* sьk-

posel *nsl.* sŭl- 1

posêtъ *asl.* sêtŭ

posêvki *nsl.* si- 3

posikać *p.* sьk-

posiłek *p.* si- 2

poskołznuty śa *klr.* skliz-

poskuda *wr.* skend-

poskundzić *p.* skend-

poskura *s.* prosfora

poskwirna *p.* skverna

poslê *asl.* sjŭ

posluhъ *asl.* slŭch-

posľa *wr.* sjŭ

posoba *kr.* svŭ

posobь *asl. r.* svŭ

posobьnikъ *asl.* svŭ

pósoda *nsl.* sond-

posochъ *r.* socha

posoka *p.* sokŭ 2

posoka *b.* sokŭ 1

posol *ns.* sŭl- 1

posôda *nsl.* sondŭ 3

posôditi *nsl.* sond-

pospity *klr.* spê-

posploh *kr.* plochŭ

pospołu *p.* polŭ 1

pospolitý *č.* polŭ 1

posporyty *klr.* per- 6

pospryjaty *klr.* pri-

posrodok *wr.* serdo

postal *nsl.* sta- 2

postal *b.* sta- 2

postaľ *klr.* sta- 2

postatь *asl.* sta- 2

postať *klr.* sta- 3

postav *b. č.* sta- 2

postavъ *asl.* sta- 2

postaw *p.* sta- 2

postełyty *klr.* stel-

postelь *r.* stel-

posteľ *klr.* stel-

postilka *b.* stel-

posto *s.* postalŭ

postojałka *wr.* sta- 2

postojka *nsl.* pustŭ

postojna *nsl.* pustŭ

postoły *klr.* stel-

postolka *nsl.* pustŭ

postoloprty *č.* porŭta

postoľa *ns.* stel-

postoronь *r.* ster-

postra *nsl.* pьs-

postrada *r.* strad-

postranek *č.* ster-

postrnak *s.* sternь

postrobić *p.* sterb- 1

postroma *klr.* pastrŭma

postromka *r.* ster-

postronek *p.* ster-

postruga *nsl.* pьs-

postruh *č.* strŭg-

postrva *nsl.* pьs-

postrybaty *klr.* strib-

posťibaty *klr.* steb- 2

posud *č.* sjŭ

posuditi *s.* sond-

posulъ *r.* suli-

posulь *r.* sjŭ

pošast *nsl.* ched-

pošesć *wr.* ched-

pošesť *klr.* ched-

pošibêlъ *r.* chyba

pošova *r.* ched-

poštenije *asl.* čьt-

pošva *č.* chva

pošva *č.* pochva

pošva *č.* ši-

pošityty *klr.* sêtŭ

pośmiat *p.* met- 2

pośratać *p.* rét-

pośrześć *p.* rét-

potáč *č.* tek- 1

potąhnąti *asl.* tonch- 1

potčevatь *r.* čьt-

poterća *klr.* terk- 3

potęga *p.* teng-

potępa *p.* tompŭ

potěr *č.* ter-

potica *nsl.* vi- 1

potirki *nsl.* ter-

potjehen *nsl.* porčechmŭ

potka *r.* pŭtŭ

potka *p.* tŭk- 2

potkán *č.* podgana

potkati *č.* tŭk- 2

potlam *nsl.* mŭ

potokъ *asl.* tek- 1

potołok *wr.* telk- 1

potorkać *wr.* ter-

potorochťity *klr.* torch- 1

potoropity *klr.* terp- 1

potrava *asl.* trŭ-

potrêba *asl.* terbŭ 2

potroch *p.* ter-

potugi *r.* teng-

potuha *klr. č.* teng-

potucha *p.* tuch-

potvora *č.* tvorŭ

potvora *č.* čvara

potwarz *p.* tvorŭ

potwora *p.* čvara

potyda *r.* da

potyrać *p.* ter-

potьpêga *asl.* potïpêga

pota *klr.* pŭtŭ

potuch *klr.* pŭtŭ

pouhlý *č.* pugŭ

pouhý *č.* pugŭ

poušť *č.* pustŭ

pout *č.* pontï

pouto *č.* pen-

pouvrъza *asl.* verz- 2

pouzdro *č.* puzyrï

povarnica *b.* ver- 1

povarъ *asl.* ver- 1

povoresło *klr.* verz-

povêsmo *asl.* vis-

povět *č.* vê- 2

povêzniti *asl.* vêz-

povidlo *č.* vi- 1

povinąti *asl.* vi- 2

povitica *nsl.* vi- 1

povitucha *r.* vi- 1

povlak *č.* velk-

povlovný *č.* vŭly

povodьnь *asl.* voda

povoj *asl.* vi- 1

povoroz *klr.* verz- 1

povrazъ *asl.* verz- 1

povrêslo *asl.* verz- 1

povříslo *č.* verz- 1

povsôdi *nsl.* vïsï 1

povyperć *wr.* per- 3

powiat *p.* vê- 2

powieka *p.* vêko

powrosło *r.* verz- 1

powroz *p.* verz- 1

pozderъ *asl.* der-. po

pozdъ *asl.* po

pozêtь *r.* zê-

pozoj *nsl.* zi-

pozorataj *asl.* zer- 1

pozrêcati *asl.* zer- 1

požarъ *asl.* žer-

požog *p.* žeg-

požyczyć *p.* živ-

pôč *nsl.* ponk- 2

pôditi *nsl.* pondŭ

pôdľa *klr.* dïl-

pôdsak *klr.* podŭ 1

pôjati *nsl.* pondŭ

pôknoti *nsl.* ponk- 2

pôp *klr.* popŭ

pôp *polab.* pompŭ

pôpek *nsl.* pompŭ

pôpje *nsl.* pompŭ

pôt *nsl.* pontï

pôta *nsl.* pen-

práce *č.* prati-

prača *nsl.* porkŭ

prać *p.* per- 2

praća *s.* porkŭ

praća *klr.* prati-

pradło *klr.* per- 2

praglec *p.* preg- 2

pragъ *asl.* porgŭ

práh *č.* porgŭ

prahъ *asl.* perch-

prach *klr.* perch-

prak *č.* porkŭ

prało *klr.* per- 2

pralja *nsl.* per- 2

praťa *klr.* per- 2

pram *b. s.* pormŭ

pram *kr.* prêmŭ

pramenь *asl.* pormen

pramez *nsl.* pramŭ

praporъ *asl.* porporŭ

praprat *nsl.* paportï

praprata *asl.* papertï

praprąda *asl.* prapronda 2

prapruda *r.* prapronda 2

prasę *asl.* porsŭ

prask *nsl.* praska-

praskati *asl.* porsk- 2

praskati *nsl* praska-

praskva *asl b. kr. s.* bersky

prasnoti *nsl.* praska-

prasoł *klr.* solï

paszczur *p.* šturŭ

prašati *asl.* prosi-

prašča *klr.* porkŭ

prašta *asl.* porkŭ

praštam *b.* prostŭ

praštva *b.* porkŭ

praś *ns.* per- 2

pratež *nsl.* per- 2

prati *asl.* per- 4

prati *asl.* por-

práti *č.* per- 2

pratiti *nsl.* prati-

praty *klr.* per- 2

praverza *r.* verz- 1

pravesnyk *klr.* pro

praviti *asl.* pro

pravobôč *klr.* bokŭ

pravša *r.* pro

pravъ *asl.* pro

pravьda *asl.* pro

prazden *nsl.* porzdŭ

prazen *nsl.* porzdŭ

prázdný *č.* porzdŭ

prazdnyj *r.* porzdŭ

prazdъ *asl.* porzdŭ

prazъ *asl.* porzŭ

prazъ *asl.* prasŭ 1

pražec *p.* preg- 2

pražiti *asl.* preg- 1

pražmo *č.* pieg- 1

pražyć *p.* preg- 1

pražyty *klr.* preg- 1

pražmo *asl.* preg- 1

prąd *p.* prend- 2

prąd *p.* prondŭ

prądъ *asl.* prondŭ

praglo *asl.* preng-	preś *ns.* per- 5	prêpiram *b.* per- 6
prągъ *asl.* prongŭ 2	preti se *s.* per- 1	prêpoj *asl.* pi-
prątъ *asl.* prontŭ	pretitь *r.* prêtŭ	prêsąčiti *asl.* senk-
pražiti *asl.* preng-	prevêčati *nsl.* vê- 2	prêsnec *b.* prêsınŭ
prąžka *p.* preng-	prez *klr.* perzŭ	prêsol *b.* solı
prcati se *s.* perkŭ 1	prezati se *nsl.* preg- 2	prêspa *b.* sŭp 2
prč *nsl.* perkŭ 1	prezljaj *nsl.* preg- 2	prêstol *b.* stel-
prćija *s.* prikija	prezorъ *asl.* zer- 1	prêšlên *b.* prend- 1
prdêti *nsl.* perd-	prežati *nsl.* preža-	prêti *asl.* per- 5
pre *nsl.* pro	prežati *kr.* prenza-	prêtь *r.* per- 7
preblazniti se *nsl.* blaznŭ	prežda *b.* prend- 1	prêzъ *asl.* go
preci *nsl.* svŭ	prežde *r.* perdŭ	prêzъ *asl.* perzŭ
preci *wr.* proti	preživati *nsl.* žjŭ-	prêždo *asl.* perdŭ
precz *p.* prokŭ	prežmo *wr.* preg- 1	prga *nsl.* perga
prečaga *s.* perkŭ 2	prędanie *p.* prondi-	prgiščo *nsl.* gert-
pred *b.* perdŭ	prędati *asl.* prend- 2	prhaj *nsl.* perch-
predati *kr.* prend- 2	prędą *asl.* prend- 1	prhati *nsl.* perch-
predižnica *nsl.* predga	pręga *p.* preng-	prhati *nsl.* prycha-
predljiv *kr.* prend- 2	pręgą *asl.* preng-	prhčati *nsl.* perch-
predor *asl.* der-	pręgierz *p.* prongerı	prhek *nsl.* perch-
pregalj *s.* preng-	pręslica *asl.* prend- 1	prhlif *slk.* preg- 1
pregelj *nsl.* preng-	pręslo *asl.* prenslo	prhtra *nsl.* perchtra
prehu *wr.* preg- 1	pręt *p.* prontŭ	prhuf *s.* perch-
preja *nsl.* prend- 1	pręžda *asl.* prend- 1	prhuti *nsl.* perch-
prek *wr.* perkŭ 2	pręžec *p.* preg- 2	prch *č.* perch-
prekacati *nsl.* kaca-	prê *asl.* per	priadza *slk.* prend- 1
prekij *r.* perkŭ 2	prêbêgъ *asl.* bêgŭ	približa *b.* blizŭ
prelca *b.* prend- 1	prêbytъkъ *asl.* by-	pribrsnuti *kr.* brŭs-
prelja *nsl.* prend- 1	prêča *b.* perkŭ 2	priča *nsl.* tŭk- 2
prem *kr.* prêmŭ	prêčen *nsl.* perkŭ 2	pričasć *wr.* čenstı
prem *nsl.* pramŭ	prêdel *nsl.* dêlŭ 1	pričastitь *r.* čenstı
prem *klr.* prêmŭ	prêdolêti *asl.* dolê-	pričeštiti se *nsl.* čenstı
prema *s.* prêmŭ	prêdъ *asl.* perdŭ	pričesteno *b.* čenstı
premda *nsl.* prêmŭ	prêje *nsl.* perdŭ	pričęstije *asl.* čenstı
prenuti *s.* prend- 2	prêk *nsl.* perkŭ 2	pričęstiti *asl.* čenstı
prepelica *nsl.* perpera	prêkla *nsl.* perkŭ	pričьtъ *asl.* čıt-
preperuga *b.* perpera	prêkor *b.* kori-	prid *nsl. b.* dê- 1
prepir *nsl.* pêr- 1	prêkъ *asl.* perkŭ 2	pridêvek *nsl.* dê- 1
preprata *s.* papertı	prêkъšiti *asl.* kŭch- 2	pridigati *nsl.* predga
prerok *nsl.* rek-	prêljuby *asl.* ljub-	priditi *nsl.* dê- 1
presêka *nsl.* sek- 2	prêlukovati *asl.* luk- 2	priestor *slk.* ster-
preslen *nsl.* prend- 1	prêlь *asl.* per- 7	prigati *s.* friga-
preslêgast *nsl.* slêga	prêma *nsl* prêmŭ	priham *b.* prycha-
preslo *s.* prenslo	prêmek *nsl.* prêmŭ	prijać *wr.* pri-
prestieral *slk.* ster-	prêmog *nsl.* mogŭ	prijatelь *asl.* pri-
prestor *nsl.* ster-	prêmrl *nsl.* mer- 1	prijati *asl.* pri-
prešôipek *nsl.* skep-	prêpelica *asl.* perpera	prijaznь *asl.* pri-
prešustvo *nsl.* ched-	prêperica *b.* perpera	prijeko. *s.* perkŭ 2

prijesan *s.* presĭnŭ
priklet *nsl.* klêtĭ
prikruta *r.* kruta
prilast *nsl.* liz-
priluka *r.* lenk- 1
prima *kr.* prêmŭ
primalitje *kr.* prêmŭ
primêka *wr.* mêta-
primka *b.* mŭk-
primorati *nsl.* mog-
primraka *r.* merk-
primъka *asl.* mŭk-
prinada *wr.* dê- 1. nadŭ
pripetiti se *nsl. kr.* pen-
priporъ *r.* per- 5
prirok *kr.* rek-
prisan *kr.* prêsĭnŭ
prisęga *asl.* seng-
prisęšti *asl.* seng-
prisłop *klr.* slopĭcĭ
prisleći *s.* slek-
prisluga *r.* sluga-
prisojen *nsl.* si- 1
prispa *r.* sŭp- 2
pristanъ *asl.* sta- 2
pristavъ *asl.* sta- 2
pristen *nsl.* jes-
pristrêtъ *r.* strê-
prisvęnąti *asl.* svend-
prisьnъ *asl.* jes-
priša *kr.* preša
prišč *nsl.* pryskjŭ
priščemitь *r.* čĭmê-
prišt *s.* pryskjŭ
prišti *b.* prysk-
prištij *b.* pryskjŭ
prišьlьсь *asl.* ched-
pritęžati *asl.* teng-
prititi *nsl.* prêtŭ
pritka *r.* tŭk- 2
pritranъ *asl.* tornŭ
pritvorъ *asl.* tvorŭ
pritъča *asl.* tŭk- 2
privada *r* vada 1
privêtъ *asl.* vê- 2
prja *nsl.* per- 1
prjačь *r.* preng-
prjadatь *r.* prend- 2

prjadu *r.* prend- 1
prjagu *r.* preng-
prjagu *r.* preg- 1
prjagva *r.* preg- 1
prjacha *r.* prend- 1
prjamitь *r.* prêmŭ
prjamizь *r.* prêmŭ
prjamъ *r.* prêmŭ
prjanikъ *r.* pĭprŭ
prjanošči *klr.* pĭprŭ
prjanyj *r.* pĭprŭ
prjaslo *r.* prenslo
prjaśkyj *klr.* prêsĭnŭ
prjatać *wr.* prenta-
prjatatь *r.* prenta-
prjaža *r.* prend- 1
prjažmo *r.* preg- 1
prk *č.* perkŭ 1
prkno *č.* perkno
prla *nsl.* perla 1
prliti *č.* perli-
prljiti *s.* perli-
prnja *nsl.* per- 1
prnjavor *s.* pronija
probitak *s.* probi-
probrêzgnąti *asl.* brêzg- 1
probrêzgъ *asl.* brêzg- 1
probušiti *s.* bucha- 1
proca *p.* porkŭ
proca *os. ns.* prati-
procêr *nsl.* skep-
procimu *kaš.* proti
pročanin *klr.* prokŭ
pročij *r.* prokŭ
pročitь *r.* prokŭ
pročь *asl.* prokŭ
proć *p.* por-
prodrążiti *asl.* drongŭ
prog *p.* porgŭ
progalina *asl.* gal-
proh *ọs.* porgŭ
proch *p.* perch-
prochaty *klr.* prosi-
projiś *ns.* por-
prok *os.* porkŭ
prokadło *ns.* porkŭ
prokaza *asl.* kazi-
proki *p.* porkŭ

proklêti *asl.* kŭl- 1
prokní *č.* prokŭ
prokobêvam *b.* kobĭ
prokola *s.* kol-
prokuda *asl.* kudi-
proloj *r.* li-
prom *kr.* prêmŭ
prom *p.* pormŭ
promaha *s.* mach-
promień *p.* pormen
promititi *s.* mite
promutitь *r.* myto
promyslъ *asl.* myslĭ
pronorъ *asl.* ner- 2
propaščuj *wr.* pađ-
propelo *kr.* pen-
propoj *wr.* pi-
proporzec *p.* porporŭ
prorêchъ *r.* rêd-
prorokъ *asl.* rek-
prorucha *klr.* rŭch-
prosakъ *r.* sakŭ
prosatar *klr.* prosi-
prosator *b.* prosi-
prosfira *asl.* prosfora
prosfura *ạsl.* prosfora
proshora *asl.* prosfora
prosid *kr.* sêdŭ
prosię *p.* porsŭ
prosinьсь *asl.* si- 1
proskurьсь *asl.* skup-
proskura *asl.* prosfora
proso *os.* porsŭ
prosoije *asl.* si- 1
prosop *klr.* sŭp- 2
prosova *r.* su- 2
prospura *asl.* prosfora
prostertь *r.* ster-
prostirač *s.* ster-
prostirati *nsl.* ster-
prostoren *b.* ster-
prostornyj *r.* ster-
prostoroń *klr.* ster-
prostorъ *asl.* ster-
prostoryj *r.* ster-
prostôr *klr.* ster-
prostra *b.* ster-
prostran *nsl.* ster-

prostranъ *asl.* ster-
prostrêti *asl.* ster-
prostrijeti *s.* ster-
prostříti *č.* ster-
prostyra *klr.* ster-
prosyp *r.* sŭp- 1
proška *b.* prostŭ
protoritь *r.* ter-
protorъ *asl.* ter-
protulitje *kr.* proti-
protyka *os.* pratika
proud *č.* prondŭ
proud *č.* prend- 2
prouha *č.* preng-
provaz *č.* verz- 1
proviram *b.* ver- 3
prožny *p.* porzdŭ
prôd *nsl.* prondŭ
prôga *nsl.* preng-
prôgla *nsl.* preng-
prôt *nsl.* prontŭ
prôžiti *nsl.* preng-
prôt *polab.* prontŭ
prpa *s.* perpa
prper *nsl.* pịprŭ
prpor *s.* perporŭ
prsi *nsl.* persī
prskati *nsl.* prysk-
prskati *s. č.* persk-
prst *nsl.* perstŭ
prst *nsl.* perstī
prsura *kr.* prosora
pršljen *s.* prend- 1
prštati *s.* persk-
pršut *s.* peršutŭ
prt *nsl.* pertŭ
prt *s.* pertī
prták *č.* pertŭ
prud *kr.* prudŭ
prud *s.* prondŭ
prudak *kr.* prend- 2
pruditi *kr.* prudŭ
pruditi *č.* prondi-
pruditь *r.* prondŭ
prudký *č.* prend- 2
prudło *os.* preng-
prug *kr.* prongŭ 2

pruga *s.* preng-
pruglo *nsl. kr.* preng-
pruh *wr.* preng-
pruha *os.* preng-
pruhlo *č.* preng-
pruho *wr.* preng-
prusura *b.* prosora
prut *kr. s.* prontŭ
prŭvan *č.* vê-
pružina *č.* prongŭ 1
pružina *os. r.* preng-
pružiti *s.* preng-
pružitь *r.* preng-
prvad *kr.* prevadŭ
prvi *nsl.* pervŭ
prvlje *nsl.* pervŭ
prza *p.* per- 1
przasny *p.* prêsīnŭ
prząść *p.* prend- 1
prze *p.* per
przeciw *p.* proti
przeć *p.* per- 1
przeć *p.* per- 5
przeć *p.* per- 7
przedzej *p.* perdŭ
przeko *p.* perkŭ 2
przekor *p.* kori-
przelisz *p.* lichŭ
przepiora *p* perpera
przerębla *p.* rombŭ
przestroga *p.* serg-
przestroń *p.* ster-
przestrzeń *p.* ster-
przestwor *p.* ster-
przetak *p.* tek- 1
przez *p.* perzŭ
przędę *p.* prend- 1
przędza *p.* prend- 1
przędziwo *p.* prend- 1
przęsło *p.* prenslo
przniti *s.* perzni-
przod *p.* perdŭ
przyczepić *p.* čepī. skep-
przykry *p.* prikrŭ
przyłap *p.* pulapŭ
przymierze *p.* mirŭ
przymizg *p.* mizgŭ

przypsnąć *p.* pusn-
przysięga *p.* seng-
przy'ęchnąć *p.* tonch- 1
przywrzeć *p.* ver- 2
przyzwoity *p.* svŭ
pržiti *s.* preg- 1
pržun *kr.* prežunŭ
prъč *b.* perkŭ 1
prъčka *b.* perkŭ 2
prъdja *b.* perd-
prъg *b.* preng-
prъgav *b.* preng-
prъbna *b.* perch-
prъklabъ *asl.* porkolabŭ
prъprica *asl.* paprica
prъprica *asl.* perprica
prъsi *asl.* persī
prъskam *b.* persk-
prъsna *b.* pers- 1
prъsna *b.* persk-
prъstъ *asl.* perstŭ
prъstь *asl.* perstī
prъt *b.* prontŭ
prъtina *b.* pertī
prъtiti *asl.* perti-
prъtъ *asl.* pertŭ
prъvni *b.* pervŭ
prъvъ *asl.* pervŭ
prъzalêm se *b.* perzalja-
prъža *b.* preg- 1
prъžar *b.* preg- 1
prъženica *b.* preg- 1
prъžina *asl.* perga
prъžina *b.* prongŭ 1
prъžiti *asl.* preg- 1
pry *p.* pro
prý *č.* pro
pryhaty *klr.* pryga-
prymań *klr.* mani-
prymityty *klr.* mêta-
pryskać *p.* prysk-
prýskati *č.* prysk-
pryskatь *r.* bryzga-
pryskýř *č.* pryskjŭ
pryskyřice *č.* prysk-
prysłineć *klr.* sloni-
prysnąti *asl.* prysk-
prystiń *wr.* perstŭ

pryszcz *p.* pryskjŭ

pryštь *asl.* pryskjŭ

pryśaha *klr.* seng-

pryśahnuty *klr.* seng-

prytkij *r.* prytı̆

pryžekъ *r.* prongŭ 2

prъvarь *as.* pervarı̆

přádlí *č.* prend- 1

přáslo *č.* prenslo

přástev *č.* prend- 1

přáti *č.* pri

pře *č.* per- 1

předu *č.* prend- 1

přepel *č.* perpera

přes *č.* persŭ

přeslechnouti *č.* slŭch-

přeslo *č.* prend- 1

přesný *č.* prêsı̆nŭ

přestěžiti *č.* stêg-

přestrjeć *os.* ster-

převor *č.* prevorŭ

přežka *č.* preng-

příbuzný *č.* enz-

přĭč *č.* perkŭ 2

přĭčiti *č.* perkŭ 2

přĭčka *č.* perkŭ 2

příký *č.* perkŭ 2

přĭměří *č.* mirŭ

přimřič *č.* mer- 2. mı̆g-

přísný *č.* prêsı̆nŭ

přísti *č.* prend- 1

příškvar *č.* skver-

příští *č.* ched-

přítel *č.* pri-

přĭtěž *č.* teng-

příti *č.* per- 1

příti *č.* per- 3

příti *č.* per- 5

přĭvora *č.* ver- 2-

přĭze *č.* perdŭ

přĭze *č.* prend- 1

přĭzeň *č.* pri-

přadu *os.* prend- 1

přatr *os.* pentro

přeć *os.* per- 1

přeć *os.* per- 5

přeć *os.* pri-

přeni *os.* perdŭ

pŕeś *ns.* per- 1

pŕeś *ns.* per- 7

pŕez *os.* perzŭ

psáti *č.* pı̆s-

psina *č.* pı̆sŭ

psnuty *klr.* pu-..

psost *nsl.* pı̆sŭ

psovati *nsl.* pı̆sŭ

pstrąg *p.* pı̆s-

pstroch *kaš.* pı̆s-

pstrokaty *p.* pı̆s-. sv rk

pstros *č.* strusŭ

pstrosz *p.* pı̆s-

pstruh *klr.* pı̆s-

pstruʰa *os.* pı̆s-

pstrý *č.* pı̆s-

psuć *p.* pı̆sŭ

pszczoła *p.* bŭčela

pszenica *p.* pı̆ch-

pszono *p.* pı̆ch-

psyki *ns.* sŭp- 1

pšah *os.* preng-

pšedu *ns.* prend- 1

pšeg *ns.* preng-

pšenica *nsl.* pı̆ch-

pšeno *nsl.* pı̆ch-

pšeśiś *ns.* prêtŭ

pšez *ns.* perzŭ

pšuga *ns.* preng-

pšuglo *ns.* preng-

pšut *ns.* prontŭ

pšyca *ns.* mŭcha

ptach *klr.* pŭtŭ

pták *č.* pŭtŭ

ptaszek *p.* pŭtŭ

ptáti *č.* pyta

ptenec *č.* pŭtŭ

ptič *nsl.* pŭtŭ

ptjacha *r.* pŭtŭ

ptucha *r.* pŭtŭ

pučeglazyj *r.* puk- 1

pučina *r.* ponk- 1

pučitь *r.* puk- 1

pučka *klr.* pušı̆ka

puć *os. wr.* pontı̆

puči *s.* ponk 2

půda *č.* podŭ 2

pudar *nsl.* pondŭ

puditi *s.* pondŭ

pugačъ *r.* puga-

pugovica *r.* pongy

puh *nsl.* pŭch-

puh *kr.* pelchŭ

puhak *klr.* puga-

puhar *p.* pecharŭ

puhati *asl.* pŭch-

puhek *nsl.* pŭch-

puhel *nsl.* pŭch-

puhkam *b.* pŭch-

puhljak *nsl.* pŭch-

puhlъ *asl.* pŭch-

puhor *nsl.* ponch-

puhtêti *nsl.* pŭch-

puch *č.* pŭch-

puchati *č.* pŭch-

puchłyj *klr.* pŭch-

puchlina *p.* pŭch-

puchlý *č.* pŭch-

puchnąć *p.* pŭch-

puchota *ns.* pŭch-

puchovyk *klr.* pŭch-

puchъ *r.* pŭch-

puchýř *č.* ponch-

pujak *b.* pul-

půjčiti *č.* živ-

puk *nsl.* pelkŭ

puk *slk.* ponkŭ

pukao *s.* ponk- 1

puki *kr. s.* pugŭ. ponk- 1

puklina *s.* ponk- 2

pukna *b.* ponk- 2

puknąć *p.* ponk- 2

puknutь *r.* ponk- 2

pukša *kr.* pušı̆ka

půldne *č.* polŭ 1

pule *b.* pul-

puli *s.* pulŭ

puljak *b.* pul-

pulove *b.* pulŭ

puľa *klr.* pul-

puľares *klr.* pugilaresŭ

puľka *klr.* pul-

pun *nsl.* pelnŭ 1

punica *nsl.* puca

punjal *kr.* puginalŭ

punt *ns.* pudŭ

punt *nsl.* buntŭ	puzo *klr.* puzyrĭ	pyr *klr.* pi-
puntar *nsl.* buntŭ	puzro *r.* puzyrĭ	pýr *č.* pyr- 2
pup *s.* pompŭ	puzyť *wr.* pyzyrĭ	pyrej *r.* pyro
pupen *č.* pompŭ	pužalo *r.* puga-	pyrchać *wr.* perch-
puporêzíca *wr.* pompŭ	pužaty *klr.* pondŭ	pyrić *os.* pyr- 2
pupyrь' *r.* pompŭ	pwa *p.* pŭva-	pyrina *slk.* pyr- 2
purchawka *p.* perch	pъč *nsl.* pŭčĭ	pyrokъ *r.* pyr- 1
purli *s.* pulŭ	pъdar *b.* pondŭ	pyrôh *klr.* pirogŭ
purman *s.* manŭ 2	pъdja *b.* pondŭ	pyrsnuty *klr.* persk-
purmań *nsl.* pura	pъham *b.* pĭch-	pyrzyna *p.* pyr- 2
puryšь *r.* pura	pъhkam *b.* pŭch-	pyryj *klr.* pyro
puskać *wr.* pustŭ	pъhta *b.* pŭch-	pyř *č.* pyro
pŭsob *č.* svŭ	pъkna *b.* ponk- 2	pyť *ns.* pyro
pust *nsl.* pustŭ	pъkъl *b.* pĭklŭ	pysaty *klr.* pĭs-
pustelьga *r.* pustŭ	pъlimar *b.* palamarŭ	pysk *r.* pysk- 2
pusteľha *klr.* pustŭ	pъn *b.* pĭnĭ	pyskła *klr.* pisk-
pustołka *p.* pustŭ	pъp *b.* pompŭ	pyskôr *klr.* piskorĭ
puszyć *p.* pŭch-	pъpeš *b.* pepunŭ	pysok *klr.* pysk- 2
puša *b.* pŭch-	pъprica *b.* paprica	pyšaty śa *klr.* pŭch-
puščavnik *nsl.* pustŭ	pъprica *b.* perprica	pyšatь *r.* pŭch-
pušče *klr.* pustŭ	pъs *b.* pĭsŭ	pyščij *r.* pysk- 1
puščij *r.* pustŭ	pъstrъva *b.* pĭs-	pyščitь *r.* pysk- 2
pušitь *r.* pŭch-	pъt *b.* pontĭ	pytaty *klr.* pit-
puštati *asl.* pustŭ	pъta *asl.* pŭtŭ	pytomyj *klr.* pit-
puštiti *s.* pustŭ	pъtênьcь *asl.* pŭtŭ	pyžikъ *r.* pyžĭ
puš *ns.* pontĭ	pъţištъ *asl.* pŭtŭ	pyžmo *klr.* pižmo
pušcić *p.* pustŭ	pъvati *asl.* pŭva-	pyžъ *r.* pysk- 1
puti *nsl.* pol- 1	pъzder *b.* der-	pьcelъ *asl.* pĭklŭ
putir *s.* potirĭ	pyhati *asl.* pŭch-	pьhati *asl.* pĭch-
putlo *r.* pen-	pych *č.* pŭch-	pьklъ *asl.* pĭklŭ
putna *č.* putina	pýcha *č.* pŭch-	pьlь *asl.* pĭnĭ
putnia *p.* putina	pychać *wr.* pŭch-	pьprъ *asl.* pĭprŭ
puto *s. r.* pen-	pýchati *č.* pŭch-	pьrati *asl.* per- 2
putonog *kr.* pen	pychťity *klr.* pŭch-	pьrati *asl.* per- 8
putra *p.* putina	pył *p.* pylĭ	pьrêti *asl.* per- 1
putunja *s.* putina	pyła *klr.* pila 1	pьrja *asl.* per- 1
putyra *č.* putina	pyłhrym *klr.* pilgrimŭ	pьsati *asl.* pĭs-
puť *klr.* pontĭ	pyłovaty *klr.* pil-	pьstrota *asl.* pĭs-
puzan *p.* pozunŭ	pyłkij *r.* pylŭ	pьstrъ *asl.* pĭs-
puzanъ *r.* puzyrĭ	pyłha *klr.* pil-	pьsъ *asl.* pĭsŭ
puzdra *s.* pŭzyrĭ	pynkało *klr.* pênica	pьšenica *asl.* pĭch-
puzdro *p.* puzyrĭ	pyntüvka *klr.* pênica	pьšeno *asl.* pĭch-
puzdro *r.* puzyrĭ	pypec *p.* pipka	
puznuti *nsl.* pelz-	pypło *wr.* pipka	

R.

rabież *p.* rab-

raboš *s.* rovašĭ

rabovati *č.* rab-

rabownik *p.* rab-

rabunok *wr.* rab-

rabuše *č.* rovašĭ

rabъ *asl.* orbŭ

racica *p.* rat- 2

racman *s.* manŭ 2

racman *nsl.* raca

raczyć *p.* rak-

račba *kaš.* rak-

račiti *asl.* rak-

rad *s.* radŭ 1

radêtь *r.* rodŭ 1

radi *asl.* radĭ

radlc *ns.* or- 1

radlice · *č.* or- 1

radlo *č.* or- 1

radonica *wr.* radŭ 2

radoštę *asl.* radŭ 2

raduha *klr.* radŭ 2

radunica *r.* radŭ 2

radunьcь *r.* radŭ 2

radušie *r.* radŭ 2

radvanec *č.* rydvanŭ

radzić *p.* rada

radyč *klr.* rada

radьma *asl.* radĭ

raglja *nsl.* rakla

rah *nsl.* rachŭ

rahal *kr.* rachŭ

rahel *nsl.* rachŭ

ráhno *č.* ragno

rachować *p.* rach-

rachuba *p.* rach-

rachunok *klr.* rach-

raja *klr.* rada

rajati *nsl.* raj 2

rajati *nsl.* rodŭ 2

rajaь *r.* ra-

rajić *p.* rada

rajni *nsl.* raj 1

rajnica *nsl.* raj 1

rajnik *nsl.* raj 1

rajta *kr.* reta

rakev *č.* raka 1

rakita *nsl.* orkyta

rakla *b.* raka 1

rakno *asl.* raklŭ

rákoš *č.* rokošĭ

ral *nsl.* or- 1

ralica *b.* or- 1

ralija *asl.* or- 1

ralle *wr.* or- 1

ralo *asl.* or- 1

rám *č.* rama

raman *s.* romanŭ

rámec *č.* rama

rameno *nsl.* ramênŭ

ramę *asl.* ramen

rámě *č.* ramen

ramêninъ *asl.* armêninŭ

ramjano *ar.* ramênŭ

ramo *asl.* ramen

ramon *wr.* romanŭ

ramonok *klr.* romanŭ

ranta *nsl.* rat- 1

raný *č.* ranŭ

rańtuch *p.* rantaha

raonik *s.* or- 1

rapavka *klr.* ropucha

rapavý *slk.* ropucha

rapúch *slk.* ropucha

rapucha *wr.* ropucha

rarog *nsl.* ra-

raroh *č.* ra-

rarov *kr.* ra-

rarôh *klr.* ra-

rarъ *asl.* ra-

rasap *s.* sŭp- 2

rasêsti sę *asl.* sed-

raschorošij *r.* orzŭ

rasipnik *nsl.* sŭp- 2

raskošь *asl.* koch-

raskumekatь *r.* kuma-

raskvrêti *asl.* skver-

raslь *r.* orst-

rasoha *asl.* socha

rasol *nsl.* solĭ

rasperduša *b.* per- 8

raspirati *s.* por-

raspochłyj *wr.* pŭch-

raspona *asl.* pen-

rasporek *nsl.* por-

raspra *b.* per- 5

raspruditi *nsl.* prudŭ

raspьrja *asl.* per- 1

rastą *asl.* ´orst-

rastit: *nsl.* ´ners-

rastrviti *s.* stervo

rasza *p.* arasŭ

rašiti *nsl.* rachŭ

rataj *asl.* or- 1

ratar *s.* or- 1

raten *nsl.* ratŭ

ratica *slk.* rat- 2

ratište *asl.* rat- 1

ratolest *č.* lêto. orst-

ratunok *klr.* rat- 3

ratva *asl.* or- 1

ravlyk *klr.* ry-

ravna *s.* aravona

ravnyj *r.* orv-

ravьnъ *asl.* orv-

razare *nsl.* or- 1

razboj *asl.* bi-

razbor *b.* ber-

razbrjuchnutь *r.* brjuchŭ

razbucêč *wr.* botê-

razcvirati *nsl.* skver-

razdêrati *nsl.* der-

razdolêtь *r.* dolê-

razdor *s.* der-

razemьnica *asl.* jem-

razgovijetan *s.* go

razlat *b.* orzŭ

razlichij *r.* orzŭ

razma *s.* orzŭ

razmariti *s.* maranja

razmêsъ *asl.* mêsi-

razmir *b.* mirŭ

razmyslъ *asl.* myslï

raznebytiti *asl.* by-

razneduga *r.* dongŭ

razneduga *r.* orzŭ

razor *s.* or- 2

razorva *wr.* rŭ- 2

razryvъ *r.* rŭ- 2

razskepъ *r.* skep-

razvara *nsl.* ver- 1

razvê *r.* orzŭ

razvьnъ *asl.* orzvïnŭ

razžmuravitь *r.* mïg-

razъ *asl.* orzŭ

raž *s.* rŭžï

ražati *nsl.* razŭ

raždati *asl.* rodŭ 2

ražьnъ *asl.* oržïnŭ

rąb *p.* rombŭ

rąbać *p.* rombŭ

rąbъ *asl.* rombŭ

rączy *p.* renk-

rągъ *asl.* reng-

rąka *asl.* renk-

rąkavъ *asl.* renk-

rąkojętь *asl.* jem-

rąkojętь *asl.* renk-

rątiti *asl.* rjut-

rbina *s.* skerbŭ

rdakva *s.* rŭdŭky

rdar *kr.* rŭd-

rdesen *nsl.* rŭdes-

rdest *nsl.* rŭdes-

rděti *č.* rŭd-

rděti se *nsl.* rŭd-

rdja *s.* rŭd-

rdousiti *č.* dŭch-

rdza *p.* rŭd-

rdzeľ *wr.* rŭd-

rdzeń *p.* serdo

rebenok *r.* orbŭ

rebika *nsl.* rembŭ

reca *nsl.* raca

recica *p.* reťa

rećin *kr.* rekinŭ

red *nsl.* rendŭ

redikať *slk.* radik-

rědryj *r.* rŭd-

redyk *p.* radik-

reďka *klr.* rŭdŭky

rega *nsl.* reng-

regnoti *nsl.* reng-

regnuti *s.* reng-

reha *s.* rêd-

rehotać *wr.* rŭza-

rehôt *klr.* reg-

rej *r.* riga 1

rej *p.* raj 2

reja *p.* ragno

reja *os. ns.* raj 2

reja *nsl.* redŭ 1

reja *wr.* riga 1

rejt *č.* rotŭ 2

rekło *klr.* rek-

reľ *klr.* relŭ

rema *s.* ruma

réma *č.* ruma

remeslo *klr.* rem-

remevьstvo *r.* rem-

remež *klr.* remišï

remьstvo *asl.* rem-

rendeluvati *nsl.* rendŭ

rendeľovaty *klr.* rendŭ

renem *nsl.* gen-

renska *klr.* ryndza

rep *nsl.* rempï 2

repa *s.* rêpa

repej *r.* rêpij

repjach *klr.* rêpij

repkati *nsl.* rempï 2

reptać *p.* rŭpŭtŭ

reptati *č.* rŭpŭtŭ

repyća *klr.* rempï 2

resa *nsl.* rensa

resci *wr.* orst-

resi *b.* rensa

resnanc *kaš.* orst-

respar *nsl.* parŭ

rešeto *asl. nsl. s.* reš-

ret *č.* rŭtŭ

reta *nsl.* rotŭ 2

reta *klr.* rota

retkev *nsl.* rŭdŭky

retovać *wr.* rat- 3

retovatь sja *r.* retï

rev *b.* rjŭ-

rěva *r.* rjŭ-

revati *s.* rjŭ-

revą *asl.* rjŭ-

revći *wr.* rjŭ-

reved *s.* revenï

revem *nsl* rjŭ-

revêtь *r.* rjŭ-

revne se *b.* rïv-

revty *klr.* rjŭ-

rež *č.* rŭžï

reža *nsl.* reng-

režati *nsl.* reng-

rędzina *p.* rondina

rędъ *asl.* rendŭ

ręgnąti *asl.* reng-

ręka *p.* renk-

rękojmia *p.* renk-

ręsa *asl.* rensa

ręžnica *kaš.* rong-

rêčь *asl.* rek-

rêdeseja *nsl.* rêd-

rêdkij *r.* rêd-

rêdъkъ *asl.* rêd-

rêdy *asl.* rêd-

rêdьka *r.* rŭdŭky

rêjatь *r.* ri-

rêpar *nsl.* rêpa

rêpina *asl.* rêp- 3

rês *nsl.* rês-

rêska *b.* rêz-

rêsьnъ *asl.* rês-

rêšeto *r.* reš-

rêšiti *asl.* rêch-

rêzań *klr.* rêz-

rêzkij *r.* rêz-

rêzvyj *r.* rêz-

rfjan *nsl.* rufijanŭ

ricaś *ns.* ryk-

rict *polab.* rek-

rić *os.* ritï

ridj *s.* rŭd-

ridkyj *klr.* rêd-

ridži *nsl.* rŭd-

rigati *asl.* ryg-

rihać *os.* ryg-

rija *b.* ry-

rijati *r.* ri-

riječ *s.* rek-

rijedak *s.* rêd-

rijek *s.* rek·
rijeka *s.* rêka
rijeslo *s.* verz- 1
riji *kr.* rŭdr·
rika *klr.* rêka
rikac *kaš.* rek·
rikati *asl.* ryk·
rilo *s.* ry·
rimnuvam *b.* rĭv·
rin *klr.* rênŭ
rinąti *asl.* ri-
rinyšče *klr.* rênŭ
rioce *kr.* ry·
ripa *klr.* rêpa
ripity *klr.* rêp· 1
ripľak *klr.* rêpij
ris *nsl.* rysɪ
risali *nsl.* rusalija
risev *nsl.* rysɪ
riskanije *asl.* rista·
riskyj *klr.* rêz·
risulja *s.* rŭd·
risŭ *r.* orizŭ
rišćan *kr.* rizikŭ
riškaša *nsl.* orizŭ
rišyty *klr.* rêch·
riš *ns.* ritɪ
riti *nsl.* ry·
riti se *kr.* rŭ- 2
ritman *os.* manŭ 2
ritnoti *nsl.* ritɪ
řivač *nsl.* ry·
řivec *nsl* ry·
rĭzaty *klr.* rêz·
rizavica *nsl.* ryg·
rižd *b.* rŭd·
rja *nsl.* rŭd·
rjabeć *klr.* rembŭ
rjabyj *klr.* rembŭ
rjabyna *klr* rembŭ
rjad *klr.* rendŭ
rjadaty *klr* rendŭ
rjapucha *klr.* ropucha
rjasa *r.* rasa
rjasy *r.* rensa
rjovêti *nsl.* rjŭ·
rjuha *nsl.* rucho
rjuinъ *asl.* rjŭ·

rjuma *ar.* ruma
rjuti *asl.* rjŭ·
rman *nsl.* romanŭ
rmen *č.* romanŭ
rmut *č.* ment·
rob *nsl.* rab·
robača *nsl.* rombŭ
robenok *r.* orbŭ
robêtъ *r.* orbŭ
robja *r.* orbŭ
robota *č.* orbŭ
robъ *asl.* orbŭ
rodakva *s.* rŭdŭky
rodinecъ *r.* rodŭ 2
róditi *nsl.* rodŭ 1
rodjaj *s.* rodŭ 2
rodjak *nsl.* rodŭ 2
rodzaj *p.* rodŭ 2
rodzic *p.* rodŭ 2
rodžić *os.* rodŭ 1
rodyn *klr.* rodŭ 2
rodьstvo *asl.* gejena
rogacina *p.* rogŭ
rogatka *p.* rogŭ
rogelj *nsl.* rogŭ
roglь *asl.* rogŭ
rohacina *wr.* rogŭ
rohatka *č.* rogŭ
rohatyna *klr.* rogŭ
rohoz *č.* rogozŭ
rohoža *klr.* rogozu
rochľuddze *wr.* rŭch·
rochmany *p.* rachmanŭ
roj *asl.* ri-
roj *nsl.* ruj
rojak *nsl.* rodŭ 2
roje *nsl.* ri-
rojenica *nsl.* rodŭ 2
rojevina *nsl.* ruj
rokot *os.* orkyta
rokъ *asl.* rek·
rokyta *č.* orkyta
rol *nsl.* rorŭ
rola *p.* or- 1
role *č.* or- 1
romenъ *r.* romanŭ
romni *kaš.* orv·
rop *nsl.* rab·

ropot *nsl.* rŭpŭtŭ
ropotъ *r.* rŭpŭtŭ
ropouch *č.* ropuchŭ
roptatь *r.* rŭpŭtŭ
rosa glava *nsl.* rusŭ 1
rosada *s.* rosa
rosol *č.* solɪ
rospač *klr.* opakŭ
rostavaty *klr.* ta- 2
rostitь sja *r.* ners·
rosty *klr.* orst·
roszt *p.* roštŭ
roš *nsl.* roštŭ
rošča *klr.* orst·
roščje *klr.* orzŭ
rošt *č.* roštŭ
roštelj *nsl.* roštŭ
rość *p.* orst·
rot *os. wr.* rŭtŭ
rota *as. č. p.* rotŭ 1
rotkva *nsl.* rŭdŭky
rotъ *r.* rŭtŭ
roub *č.* rombŭ
roubiti *č.* rombŭ
roučí *č.* renk·
roucha *č.* rucho
roucho *č.* rucho
rouno *č.* rŭ- 2
rous *č.* rusŭ 2
routi *č.* rŭ- 2
routiti *č.* rjut·
rov *nsl.* ry·
rovek *b.* rŭ- 2
rovesník *č.* orv·
rovja *b.* ry·
rovný *č.* orv·
rovńadż *wr.* orv·
róvta *klr.* rotŭ 1
rovte *nsl.* rotŭ 2
rovъ *asl.* ry·
roz *č. p. os. ns. klr. wr.* orzŭ
roza *r.* roža
rozboj *klr.* bi·
rozbroj *č.* broji·
rozčechnuty *klr.* čes·
rozdora *ns.* der·
rozepře *slk.* per- 1
rozê *r.* orzŭ

rozga *asl.* orzŭ

rozkoš *č.* koch-

rozkwirać *p.* skver-

rozooki *p.* orzŭ

rozpak *č.* opakŭ

rozpor *č.* per- 1

rozpor *p.* por-

rozpuk *p.* ponk- 2

rozpusta *p.* pustŭ

rozruj *klr.* ru-

rozsapati *č.* capa 1

roztodivný *č.* divŭ 1. mŭ

roztomilý *č.* orzŭ. mŭ

roztoropnyj *klr.* torp- 1

roztropny *p.* torp- 1

rozwarty *p.* ver- 2

rozъ *asl.* orzŭ

rož *os.* rŭžĭ

roža *r.* ružĭ

rožaj *r.* ružĭ

rožakъ *r.* rodŭ 2

rožanica *r.* rodŭ 2

rožaniec *p.* roža

rožanikъ *asl.* rogŭ

rožba *b.* rodŭ 2

roždakъ *asl.* rodŭ 2

roždьstvo *asl.* rodŭ 2

rožen *č.* oržĭnŭ

roženь *r.* oržĭnŭ

rožeš *ns.* rodŭ 1

rožmarin *nsl.* rusmarinŭ

rožtvo *wr.* rodŭ 2

rožь *r.* rŭžĭ

rožьcь *asl.* rogŭ

rôb *nsl.* rombŭ

rôbec *nsl.* rombŭ

rôcelj *nsl.* renk-

rôd *nsl.* rondŭ

rôh *klr.* rogŭ

rôj *klr.* ri-

rôk *klr.* rek-

rôka *nsl.* renk-

rôkovat *nsl.* renk-

rôlľa *klr.* or- 1

rôzdvo *klr.* rodŭ 2

rôžje *nsl.* rong-

rs *nsl.* rusŭ 1

rt *nsl.* rŭtŭ

rta *r.* rŭta

rtęć *p.* rŭtutĭ

rtlina *b.* rŭtŭ

rtutь *r.* rŭtutĭ

rub *nsl.* rombŭ

rubáč *č.* rombŭ

rubać *os.* rombŭ

rubacha *r.* rombŭ

rubeć *klr.* rombŭ

rubel *p.* rombŭ

rubež *klr.* rombŭ

rubežník *nsl.* rab-

rubežъ *r.* rab-

rubežъ *r.* rombŭ

rubież *p.* rombŭ

rubiti *nsl.* rab-

rublь *r.* rombŭ

rubъ *r.* rombŭ

ručaj *wr.* ruk-

ručati *kr.* ryk-

ručeć *os.* ryk-

ručej *č.* ruk-

ručij *wr.* renk-

ručo *klr.* renk-

ruć *os.* rjŭ-

ruć *os.* rŭ- 2

rud *s.* rondŭ

rud *klr.* rudo

rud *s.* rŭd-

ruda *s.* rondŭ

ruda *s.* rudo

ruda *asl.* rŭd-

rudawy *p.* rŭd-

rudel *p.* rudlo

rudetine *kr.* rondŭ

rudjeti *s.* rŭd-

rudofostyk *klr.* rŭd-

rudonja *r.* rŭd-

rudý *č.* rŭd-

rufja *b.* rofeja

rug *s.* reng-

rugati se *nsl.* reng-

rugaty *klr.* ryg-

rugъ *r.* reng-

ruh *č.* reng-

ruhal *kr.* rŭch-

ruhaty *klr.* reng-

ruch *p.* rŭch-

rucha *p.* rŭch-

ruchło *klr.* rŭch-

ruchłyj *klr.* rŭch-

ruchljadь *r.* rŭch-

ruchlo *klr.* rucho

ruchnuć *wr.* rŭch-

ruchnutь *r.* rŭch-

rujan *s.* rjŭ-

ruk *nsl.* ryk-

ruka *s.* renk-

ruka *s.* ryk-

rukiew *p.* ruka

rukojatka *r.* renk-

rukopaš *klr.* pach- 1

rukotёrь *p.* ter-

ruliti se *nsl.* rjŭ-

rumendža *s.* romênĭča

rumenek *č.* romanŭ

rumenok *klr.* rŭd-

rumênъ *asl.* rŭd-

rumieú *p.* romanŭ

ruminъ *asl.* rimŭ

rumný *č.* rŭd-

runąć *p.* ru-

runo *asl.* rŭ- 2

runtav *b.* rŭ- 2

runy *klr.* orv-

rupák *č.* ry-

rusadla *slk.* rusalija

rusalka *r.* rusalija

rusinъ *r.* rusĭ

rusnak *klr.* rusĭ

rŭsti *č.* orst-

rušiti *asl.* rŭch-

ruśavyj *klr.* rusŭ 1

ruta *nsl.* rŭ- 2

rutan *kr.* rŭ- 2

rutav *kr.* rŭ- 2

rute *s.* rŭ- 2

ruti *nsl.* rotŭ 2

rutiti *asl.* rjut-

ruža *b.* roža

ruže *b.* *klr.* rong-

rŭže *č.* roža

ružžo *wr.* rong-

ružьe *r.* rong-

rŭzâc *polab.* rogŭ

rvalo *nsl.* rŭ- 2

rvanka *nsl.* rŭ- 2	rža *r.* růžĭ	ryj *p.* ry-
rvanь *r.* rŭ- 2	ržatь *r.* rŭza	ryk *p.* ryk-
rvati *nsl.* rŭ- 2	ržáti *č.* rŭza-	rykaty *klr.* ryk-
rvaty *klr.* rŭ- 2	ržeć *p.* rŭza-	rykunija *klr.* rik-
rvatь *r.* rŭ- 2	ržeć *os.* drŭga-	ryło *klr.* ry-
rvišče *r.* rý-	rъb *b.* rombŭ	rýl *č.* ry-
rvota *r.* rŭ- 2	rъboš *b.* rovašĭ	rylec *p.* ry-
rwać *p.* rŭ- 2	rъděti sę *asl.* rŭd-	rylo *r.* ry-
rza *č.* rŭd-	rъdrъ *asl.* rŭd-	rylъ *asl.* ry-
rzą *p.* rŭd-	rъdъky *asl.* rŭdŭky	rýma *č.* ruma
rzadki *p.* rêd-	rъka *b.* renk-	rynk *č.* rynŭkŭ
rzaz *p.* rêz-	rъnža *b.* reng-	rypać *os.* ry-
rząd *p.* rendŭ	rъrъtъ *asl.* rŭpŭtŭ	rys *p.* risa-
rząp *p.* rempĭ 1	rъšin *b.* aršinŭ	ryskatь *r.* rista-
rząp *p.* rempĭ 2	rъtъ *asl.* rŭtŭ	rysŕ *klr.* rista-
rzec *p.* rek-	rъvanь *asl.* rŭ- 2	rysunok *klr.* risa-
rzeciądz *p.* vertengjŭ	rъvati *asl.* rŭ- 2	rysý *č.* rŭd-
rzecz *p.* rek-	rъvenikъ *asl.* ry-	rysyj *klr.* rŭd-
rzeka *p.* rêka	rъzati *asl.* rŭza-	rysь *r.* rista-
rzemień *p.* remen	rъž *b.* růžĭ	ryś *ns.* ry-
rzemiesło *p.* rem-	rъžda *asl.* rŭd-	ryść *p.* rista-
rzep *p.* rêpij	rъždêsam *b.* rŭd-	ryti *asl.* ry-
rzepa *p.* rêpa	rъže *b.* rong-	rýti *č.* ry-
rzeszoto *p.* reš-	rъžь *asl.* růžĭ	rytíř *č.* ryterŭ
rzešec *kaš.* rêch-	rycer. *klr.* ryterŭ	ryty *p.* ry-
rześcia *p.* rista	rycina *p.* ry-	ryty *klr.* ry-
rzewnić *p.* rĭv-	rycyna *ns.* ry-	ryvatь *r.* ry-
rzeźwy *p.* rêz-	ryczałt *p.* ryk-	ryzák *č.* rud-
rzęsa *p.* rensa	ryč *os.* ry-	ryzí *č.* rŭd-
rznąć *p.* rêz-	rýč *č.* ry-	ryzy *os.* rŭd-
rzodkiew *p.* rŭdŭky	ryčatь *r.* ryk-	ryzy *klr.* riza
rzuć *p.* rjŭ-	ryčeti *č.* ruk-	ryž *p. klr.* orizŭ
rzut *p.* rjut-	ryčka *klr.* rik-	ryž *č.* růžĭ
rzyć *p.* ritĭ	ryć *os.* ry-	ryždь *asl.* rŭd-
rzygać *p.* ryg-	rydel *p.* ry-	ryžyj *klr.* rŭd-
rzym *p.* rimŭ	rydz *p.* rŭd-	rъglъ *ar.* rĭglŭ
rž *nsl.* růžĭ	rýf *slk.* refŭ	rъvьnъ *asl.* rĭv-
rža *r.* rŭd-	ryh *klr.* ryg-	
rža *p.* rŭza-	rychlý *č.* rŭch-	

Ř.

řad *č.* rendŭ	ředkev *č.* rŭdŭky	řepa *č.* rêpa
řap *č.* rempĭ 2	řeka *č.* rêka	řepík *č.* rêpij
řápek *č.* rempĭ 1	řékati *č.* rek-	řeřábek *č.* rembŭ
řása *č.* rensa	řemen *č.* remen	řešato *č.* reš-
řebř *č.* rebrĭ	řemeslo *č.* rem-	řetěz *č.* vertengjŭ

řevniti *č.* rĭv-
řezati *č.* rêz-
řičeti *č.* rjŭ-
řičeti *č.* ryk-
řiditi *č.* rendŭ
řídký *č.* rêd-
řihati *č.* ryg-

řijen *č.* rjŭ-
řím *č.* rimŭ
řimsa *č.* rimsa
řinouti *č.* ri-
říše *č.* riša
řit *č.* ritɪ
říti *č.* rjŭ-

řítiti *č.* rjut-
řiza *č.* riza
řúje *č.* rjŭ-
řúti *č.* rjŭ-
řváti *č.* rjŭ-

Ŕ.

ŕabeŕ *ns.* rebrɪ
ŕac *ns.* rek-
ŕad *os.* rendŭ
ŕap *os.* rempɪ 2
ŕasa *os.* rensa
ŕebło *os.* rebro
ŕebl *os.* rebrɪ
ŕec *os.* rek-

ŕed *ns.* rendŭ
ŕedki *os. ns.* rêd-
ŕehotać *os.* rŭza-
ŕech *ns.* rendŭ
ŕeka *ns.* rêka
ŕemesło *os.* rem-
ŕemjeń *os. ns.* remen
ŕepa *os. ns.* rêpa

ŕesa *ns.* rensa
ŕešo *os.* reš-
ŕetkej *os.* rŭdŭky
ŕevnić *os.* rĭv-
ŕez *ns.* rêz-
ŕezać *os.* rêz-
ŕobro *ns.* rebro

S.

sablazan *s.* blaznŭ
sabol *nsl.* sabovŭ
sabor *s.* bers-
saborisati *s.* bers-
sácet *slk.* sot- 1
sač *kr.* sĭk-
sačeliti se *s.* čelo
sać *os.* si- 3
sada *nsl.* sjŭ
sádat *polab.* dê- 1
sadjeti *s.* dê- 1
sadovyty *kr.* sed-
sádra *č.* sendra
sadu *č.* sed-
sądze *p.* sed-
sądzić *p.* sed-
sadъ *asl.* sed-
safjan *p.* safijanŭ
sagajdakъ *r.* sajdakŭ
sáh *č.* seng-
sahać *os.* seng-
sahajdak *klr.* sajdakŭ
sahan *s.* saganŭ
sahnoti *nsl.* sŭch-
sáhnouti *č.* seng-

sacharъ *r.* cukŭrŭ
saja *nsl.* sed-
sakam *b.* saka-
sakatatь *r.* saka-
sáknouti *č.* senk-
sakulъ *asl.* sakŭ
sakwy *p.* sakŭ
salandar *s.* sarandarŭ
salo *asl.* sadlo
samburъ *ar.* sumporŭ
samnuti *s.* svĭt-
samo *asl.* sjŭ
samoč *nsl.* sjŭ
samojstra *nsl.* samŭ
samonica *nsl.* nik- 1
samopah *nsl.* pɪch-
samoteg *s.* teng-
samotihy *č.* samŭ
samotrek *nsl.* samŭ
samotaž *klr.* teng-
samovila *b.* samŭ
samžeriš *ns.* mĭg-
samъčij *asl.* čanŭ
sân *s.* saganŭ
sanc *os.* samŭ

saoni *s.* sani
sap *p.* sop-
sapa *nsl.* sop-
sapa *klr.* capa 3
sápě *č.* capa 3
sapiti *nsl.* sop-
sapon *s.* pen-
sarbać *p.* serb- 3
sarh *kr.* sirŭkŭ
sarkać *p.* serb- 3
sarna *p. ns.* serna
sarp *b.* sverp-
sarpnąć *p.* serp-
sarše *č.* sarža
sas *kr.* sŭs-
sasina *p.* sazŭ
sasina *s.* vĭsɪ 1
sasnuti *kr.* sŭs- 1
sasuti *s.* sŭp- 2
saś *ns.* si- 3
sat *s.* sanitŭ
sat *nsl.* sŭtŭ
sati *s.* sŭs- 1
savnuti *s.* svĭt-
sáze *č.* sed-

sazy *os.* sed-
saž *klr.* sed-
saža *r.* sed-
sažda *asl.* sed-
saženь *r.* seng-
sǫ *asl.* son
sǫbota *asl.* sombota
sǫczyć *p.* senk-
sǫčilo *asl.* senk-
sǫd *p.* sondŭ 2
sǫd *p.* sondŭ 3
sǫdъ *asl.* dê- 1
sǫdъ *asl.* sondŭ 2
sǫkъ *asi.* sonkŭ
sǫmrakъ *asl.* merk-
sǫmьnêti se *asl.* men- 1
sǫpierz *p.* per- 1
sǫpostatъ *asl.* sta- 2
sǫpragъ *asl.* preng-
sǫprotivь *asl.* proti
sǫpъ *asl.* sompŭ
sǫpьrь *asl.* per- 1
sǫsêdъ *asl.* son
sǫsêkъ *asi.* sek- 2
sǫsiad *p.* sed-
sǫsiek *p.* sek- 2
sǫsъ *asl.* son
sǫvražь *asl.* vorgŭ
sǫžeń *p.* seng-
sǫžitъ *asl.* živ-
sǫžyca *p.* rüžî. son
sbirka *č.* hor-
scaka *r.* sĭk-
scalina *nsl.* sĭk-
scati *nsl.* sĭk-
scebło *wr.* steblî
scerenu *wr.* serg-
scerva *wr.* stervo
scestný *č.* cêsta
scênь *wr.* stênî
scêpiti *asl.* skep-
scêpja *b.* skep-
scigaš *ns.* strig-
scijena *s.* cêna
scijeniti *s.* cêna
sciniti *nsl.* cina
scipati se *s.* skep-
scipati *č.* skep-

sciplina *č.* skep-
scirz *kaš.* stervo
scjažor *ns.* stogŭ
scjehno *os.* stĭgno
scjena *os.* stêna
scjepati *s.* skep-
scježor *os.* stogŭ
scjogno *ns.* stĭgno
sculi *wr.* sĭk-
sčastie *r.* čenstî
sčelčk *os.* strek- 2
sčetъ *r.* čĭt-
sćah *wr.* stêgŭ
sćakly *ns.* tek- 1
sćeliš *ns.* strêla
sćen *os.* stênî
sćenje *os.* čĭt-
sćerb *os. ns.* stervo
sćež *os. ns.* strizî
sćežan *ns.* seng-
sćina *os.* trŭstî
sdoba *r.* doba
seber *r.* sjabrŭ
séci *č.* sek- 2
seč *nsl.* sĭk-
seči *nsl.* seng-
seći *kr.* seng-
sed *kr.* sêdŭ
sedlák *č.* sed-
sedlo *asl.* sed-
sedmъ *asl.* sebd-
sedra *s.* sendra
sega *b.* sjŭ
segda *asl.* sjŭ
segi *b.* sjŭ
segna *b.* seng-
segoda *r.* sjŭ
segutra *kr.* sjŭ
sehljad *nsl.* sŭch-
sehnoti *nsl.* sŭch-
sejci *asl.* kŭ 1
sckati *s.* seka
seklja *nsl.* sĭk-
sekratъ *asl.* sjŭ
sekyra *asl.* sek-
sełedka *klr.* seldî
sełemene *klr.* selmen
sełczeń *klr.* selz- 2

seło *klr.* sed-
sel *nsl.* sŭl- 1
selava *r.* sel-
selechъ *r.* selz- 2
selezenь *r.* selz- 2
selê *asl.* sjŭ
selikъ *asl.* sjŭ
selo *asl.* sed-
selstvo *nsl.* sŭl- 1
selьdь *r.* seldî
sem *č.* sjŭ
semer *b.* samarŭ
semja *klr.* sêmî
semje *ns.* sê- 1
semrjaha *klr.* sermenga
semь *r.* sebd-
semьja *r.* sêmî
sen *nsl.* sŭp- 1
sency *wr.* stênî
senja *nsl.* sŭp- 1
senjem *nsl.* jem-
seno *č.* sêno
seń *os.* stênî
sep *č.* sŭp- 2
seṗ *os.* sŭp- 2
ser *p.* syrŭ 2
serbać *wr.* serb- 3
serce *p.* serdo
serebro *r.* sĭrebro
serebszczyzna *p.* serpŭ
sereda *klr. r.* serdo
seren *klr.* sernŭ
serenъ *r.* sernŭ
serja *nsl.* ser-
sermjaha *wr.* sermenga
serp *klr.* serpŭ
servatka *slk.* syrŭ 2
sery *ns.* syrŭ 1
serьga *r.* serĭga
serьga *r.* userengŭ
ses *nsl.* sŭs- 1
sesati *č.* sŭs- 1
sestra *asl.* svŭ
sesь *r.* sjŭ
seś *ns.* si- 2
set *nsl.* sŭtŭ
séto *č.* si- 2
setьnъ *asl.* set-

severъ *c.* sêverŭ
sêža *ns.* teng-
seženj *nsl.* seng-
sę *asl.* senti
sędą *asl.* sed-
sędra *asl.* sendra
sędziak *p.* sandžakŭ
sędzioł *p.* sêdŭ
sęgnąti *asl.* seng-
sęk *p.* sonkŭ
sęknąti *asl.* senk-
sęp *p.* sompŭ
sęštь *asl.* sentjŭ
sęti *asl.* senti
sętъ *asl.* sentĭ
sęžьnь *asl.* seng-
sêbr *wr.* sjabrŭ
sêča *asl.* sek- 2
sêčьnъ *asl.* sek- 2
sêdêti *asl.* sed-
sêdlo *r.* sed-
sêjati *asl.* si- 3
sêką *asl.* sek- 2
sêl *nsl.* sê- 1
sêlo *r.* sed-
sêmę *asl.* sê- 1
sêmja *r.* sê- 1
sêmo *asl.* sjŭ
sênca *nsl.* stênĭ
sêni *r.* stênĭ
sênosêk *nsl.* sek- 2
sênь *asl.* stênĭ
sêra *r.* sêrŭ 1
sêren *wr.* sernŭ
sêrka *nsl.* sirŭkŭ
sêroplëkij *r.* pletje
sêsti *asl.* sed-
sêstь *r.* sed-
sêtovati *asl.* sêta
sêtь *asl.* si- 2
shara *csl.* skara 2
schab *p.* skaba
schnąć *p.* sŭch-
schnouti *č.* sŭch-
schýnati *č.* sŭch-
siacie *p.* sê- 1
siać *p.* sê- 1
siano *p.* sêno

siara *p.* sêrŭ 1
siarka *p.* sêrŭ 1
siądę *p.* sed-
siąg *p.* seng
siągnąć *p.* seng-
siąknąć *p.* senk-
sicati *kr.* syk- 1
sicati *kr.* sĭk-
sice *nsl.* sjŭ
sicь *asl.* sjŭ
sidło *p.* si- 2
siecz *p.* sek- 1
sieć *p.* si- 2
siedlić *p.* sed-
siedzieć *p.* sed-
siekę *p.* sek- 2
siemię *p.* sê- 1
sień *p.* stênĭ
siepać *p.* sêpa-
sierak *p.* sêrakŭ
sierce *p.* serdo
sierdzić *p.* serdo
siermięga *p.* sermenga
sierota *p.* sirŭ
sierp *p.* serpŭ
sierpanka *p.* serpanka
sierść *p.* serstĭ
sierszeń *p.* serch 2
siewier *p.* sêverŭ
sijati *s.* sê- 1
sijati *s.* si- 3
sijed *s.* sêdŭ
sijeno *s.* sêno
sijerak *s.* sirŭkŭ
sijeri *s.* sêrŭ 1
sijevati *s.* si- 1
sikati *nsl.* syk- 1
sikavica *r.* syk- 1
sikawka *p.* syk- 1
sikora *p.* syk- 1
sikъ *asl.* sjŭ
sila *asl.* si- 2
silo *asl.* si- 2
silokъ *r.* si- 2
símě *č.* sê- 1
sina *kr.* stênĭ
sinąti *asl.* si- 1
sinca *b.* vĭsĭ 1

sinčec *b.* si- 1
sinecъ *r.* si- 1
sinedь *r.* si- 1
sineva *r.* si- 1
sinica *asl.* si- 1
sinj *kr.* stênĭ
sinkav *b.* si- 1
sinogardlica *p.* si- 1
sinь *asl.* si- 1
sinьсь *asl.* si- 1
siń *č.* stênĭ
siodło *p.* sed-
sioło *p.* sed-
siostra *p.* svŭ
sip *nsl.* sip-
sipam *b.* sŭp- 2
sipati *nsl.* sŭp- 2
sipka *b.* sip-
sipkość *p.* sip-
siplyj *r.* sip-
siposz *p.* sip-
siptěti *č.* sip-
sir *nsl.* syrŭ 2
sira *č.* sêrŭ 1
sirakъ *asl.* sirŭ
siromahъ *asl.* sirŭ
sirota *asl. nsl.* sirŭ
sirotka *nsl.* syrŭ 2
siroty *slk.* sirŭ
sirov *s.* syrŭ 1
sisati *nsl.* sŭs- 1
sisьka *r.* sŭs- 1
sit *nsl.* sytŭ
siten *b.* si- 3
siti *č.* sê- 1
sito *asl. nsl. b.* si- 3
sitьce *asl.* si- 2
sił *č.* si- 2
sjadu *r.* sed-
sjagnutь *r.* seng-
sjak *asl.* sjŭ
sjaknutь *r.* senk-
sjamъ *r.* sjŭ
sjati *s.* si- 1
sjądê *asl.* sjŭ
sječivo *s.* sek- 2
sjeći *s.* sek- 2
sjem *s.* svŭ

33

sjeme *s.* sê- 1
sjemo *r.* sju
sjen *s.* stênĭ
sjenica *s.* si- 1
sjenica *s.* stênĭ
sjenit *s.* stênĭ
sjenjaj *s.* stênĭ
sjer *s.* sêrŭ 1
sjera *s.* sêrŭ 1
sjever *s.* sêverŭ
sjuľ *wr.* sju
skačatur *s.* skokŭ
skačêm *b.* skokŭ
skačьkъ *asl.* skokŭ
skakalec *b.* skokŭ
skakati *asl.* skokŭ
skakavac *s.* skokŭ
skakavka *klr.* skokŭ
skakunъ *r.* skokŭ
skałka *p.* skel- 1
skałuba *p.* skel- 1
skalubka *klr.* skel- 1
skałubyna *klr.* skel- 1
skałyty *klr.* skel- 1
skala *asl.* skel- 1
skalić się *p.* skel- 1
skalić śa *wr.* skel- 1
skalina *r.* skel- 1
skalitь *r.* skel- 1
skalka *ar.* skolĭka
skalozubъ *r.* skel- 1
skalva *asl.* skala 1
skampa *dsl.* skompŭ
skandьlъ *asl.* skondêlŭ
skanь *r.* sŭk-
skarbona *p.* skarbŭ
skarędъ *asl.* skarendŭ
skarha *wr.* skarga
skarłupa *p.* skorlupa
skarnia *kaš.* skornija
skaterka *klr.* ter-
skatertь *r.* dŭska
skatertь *r.* ter-
skati *r.* sŭk-
skądêlъ *asl.* skondêlŭ
skądь *asl.* skend-
skąpъ *asl.* skompŭ
skąpy *p.* skompŭ

skekati *nsl.* skeka-
skela *b. s.* skala 2
skela *b.* skelija
skele *nsl.* skelija
skeľa *klr.* skel- 1
skepać *wr.* skep-
skepatь *r.* skep-
skepina *wr.* skep-
skerb *nsl.* skarbŭ
skhnyć *os.* sŭch-
skiba *p. os. ns. wr.* skyva
skipa *klr.* skep-
skipa *r.* skyva
skipeć *klr.* skep-
skipyty *klr.* skep-
skirić *wr.* sker-
skitati se *s.* skyta-
sklabiti sę *asl.* skolb-
sklezkij *r.* skliz-
sklęzь *asl.* sklengŭ
sklêda *nsl.* skondêlŭ
sklênka *nsl.* stĭklo
sklêti *nsl.* skel- 2
sklêz *nsl.* slêzŭ
sklibiti *s.* skolb-
sklić *wr.* stĭklo
sklizać śa *wr.* skliz-
skliž *wr.* sluzŭ
sklo *s. r.* stĭklo
sklop *č.* klepa
skлučen *kr.* slonkŭ
sklut *p.* skljutŭ
sknuś *ns.* sŭch-
skobel *p.* skoba
skoblь *asl.* skob-
skobronk *kaš.* skvornŭ
skoczek *p.* skokŭ
skočiti *asl.* skokŭ
skodêla *nsl.* skondêlŭ
skodla *nsl.* skondêlŭ
skodlučiti *č.* kŭ 1
skofija *p.* skuvija
skojka *b.* skolĭka
skoktatь *r.* skŭk-
skolьzitь *r.* skliz-
skomda *ns.* mŭd-
skomina *asl.* skoma- 2
skomitь *r.* čĭmê-

skomoroch *p.* skomorchŭ
skomrahъ *asl.* skomorchŭ
skomuda *os.* mŭd-
skomьkъ *asl.* skamija
skop *os. ns.* skopĭcĭ
skopec *nsl.* skopĭcĭ
skopesъ *r.* skopa
skopić *p.* skopĭcĭ
skopiec *p.* skopŭ
skopiti *asl.* skopĭcĭ
skopja *b.* skopĭcĭ
skopьcь *asl.* skopĭcĭ
skorak *s.* skorŭkŭ
skorbitь *r.* skrobŭ
skorbnut *r.* korbi-
skorbь *r.* skŭrbĭ
skorc *kaš.* skvor-
skorek *p.* skorŭkŭ
skorivam *b.* skor-
skorja *nsl.* skora
skorna *b.* skor-
skorně *č.* skorĭnĭ
skornja *nsl.* skorĭnĭ
skorńa *ns.* skorĭnĭ
skorocel *slk.* jentro 2
skoroda *r.* skorda
skoroma *klr.* skormŭ
skoromnyj *r.* skormŭ
skoromь *r.* skormŭ
skorozdři *č.* skorŭ
skoroźrzy *p.* skorŭ. zer- 2
skorpina *os.* skorlupa
skorš *nsl.* oskoruša
skorup *s.* skorlupa
skorupa *p.* čerpŭ
skorupa *p. wr.* skorlupa
skoruša *b.* oskoruša
skorzeń *p.* skorĭnĭ
skorzeń *p.* skvor-
skorznic *kaš.* skorĭnĭ
skoržić *os.* skarga
skosê *asl.* skvoz-
skoták *č.* skotŭ 1
skotnoti *nsl.* skotŭ 1
skoula *č.* skula 2
skoumati *č.* skuma-
skoupý *č.* skompŭ
skovik *nsl.* skvik-

skoviryty *śa klr.* kŭ 1
skovoroda *klr. r.* skvorda
skovrada *asl.* skvorda
skovranьcь *asl.* skvornŭ
skowroda *p.* skvorda
skowronek *p.* skvornŭ
skôp *nsl.* skompŭ
skra *p.* iskra
skrada *asl.* skvorda
skradin *kr.* skardonŭ
skradnji *kr.* kraj
skraljup *nsl.* skorlupa
skraloup *č.* skorlupa
skralub *nsl.* skorlupa
skralupa *asl.* skorlupa
skralušta *asl.* skorlupa
skrama *s.* skormŭ
skramъ *asl.* skormŭ
skraně *č.* skornija
skranija *asl.* skornija
skrapij *asl.* skorpij
skrb *nsl.* skŭrbĭ
skrebło *klr.* skreb-
skrebu *r.* skreb-
skregotać *wr.* skreg-
skrež *b.* srêg-
skrežet *nsl.* skreg-
skrežetatь *r.* skreg-
skrigać *wr.* skreg-
skrina *asl.* skrinija
skrinъ *r.* skrinija
skripun *b.* skrip-
skrižiti *asl.* skreg-
skrlo *nsl.* skrylĭ
skrlup *nsl.* skorlupa
skrobać *p.* skreb-
skrobaty *klr.* skreb-
skrobut *s.* skrobotŭ
skrodlić *p.* skorda
skrom *p. wr.* skormŭ
skromny *p.* skrom-
skromut *s.* skrobotŭ
skronie *p.* skornija
skroń *os. wr.* skornija
skrovný *č.* skrom-
skrowity *p.* skrom-
skroz *kr.* kersŭ
skrozê *asl.* skvoz-

skrôż *klr.* kersŭ
skrun *nsl.* skverna
skrzawy *p.* jaskrŭ
skrzek *p.* skrêkŭ
skrzele *p.* skrelja. čerljuštĭ
skrzot *p.* skratŭ
skrzybać *p.* skreb-
skrzydło *p.* skridlo
skrzynia *p.* skrinija
skrzyp *p.* skrip-
skrzypek *p.* skrip-
skrzypki *p.* skrip-
skrъb *b.* skŭrbĭ
skrъbь *asl.* skŭrbĭ
skrъčam *b.* skreg-
skrъgati *asl.* skreg-
skrъlato *asl.* skerlato
skrъžitъ *asl.* skreg-
skrъžьtъ *asl.* skreg-
skrydło *wr.* skridlo
skrygaś *ns.* ryg-
skryńa *klr.* skrinija
skrypky *klr.* skrip-
skřehot *č.* skreg-
skřek *č.* skrêkŭ
skřekati *č.* skrêkŭ
skřele *č.* čerljuštĭ
skřemen *č.* skremen
skřet *č.* skratŭ
skřidla *č.* skrylĭ
skříně *č.* skrinija
skřip *č.* skrip-
skřivan *č.* skvornŭ
skuda *r.* skend-
skudla *s.* skondêlŭ
skufa *b.* skuvija
skułity *klr.* skoli-
skunia *kaš.* skedenĭ
skup *s.* skompŭ
skupyj *klr.* skompŭ
skura *č.* skora
skurłat *p.* skora
skutiti se *nsl.* skyta-
skuza *nsl.* slŭza
skuzek *nsl.* skliz-
skvara *r.* skver-
skvarъ *asl.* skverna
skvarъ *asl.* skver-

skvařenina *č.* skver-
skvažnja *asl.* skvoz-
skverći *sja wr.* skver-
skvereta *wr.* skver-
skverńa *wr.* skverna
skvirac *kaš.* skver-
skvířiti *č.* skver-
skvorьcь *asl.* skvor-
skvožnja *asl.* skvoz-
skvrada *asl.* skvorda
skvrčeti *č.* skverk-
skvříti *č.* skver-
skvrna *nsl.* skverna
skvrъna *asl.* skverna
skwar *p.* skver-
skwarczeć *p.* skverk-
skwarzyć *p.* skver-
skwierk *p.* skver-
skъkъtati *asl.* skŭk-
skъlęzъ *nsl.* sklengŭ
skъp *b.* skompŭ
skyčati *asl.* skyk-
słać *p. os. wr.* stel-
słaty *klr.* sŭl- 1
słąka *p.* slonka
słąp *p.* slopĭcĭ
słech *kaš.* slŭch-
słeza *p. klr.* slŭza
słod *p.* soldŭ
słodki *p.* soldŭ
słodzona *p.* selz- 1
słokva *klr.* slonka
słoma *p. os.* solma
słonka *p.* slonka
słony *p.* solĭ
słoń *p. os. klr.* slonŭ
słońce *p.* sŭl- 2
słopeć *klr.* slopĭcĭ
słota *p.* sloia
słovince *kaš.* slovêninŭ
słowik *p.* solvij
słoz *os.* slêzŭ
słozyna *os.* selz- 1
słuch *p. klr.* slŭch-
słukva *klr.* slonka
słup *p.* stelpŭ
słusz *p.* slŭch-
słych *p. os. wr.* slŭch-

słymak *klr.* slimakŭ	slink *os.* slimakŭ	slutiti *s.* slutŭ
słyna *klr.* slina	slip *kr.* slêpŭ	slutvo *nsl.* slŭ- 1
słynąć *p.* slŭ- 1	slipać *os.* chlipa-	služiti *asl.* sluga
słyszeć *p.* slŭch-	sliz *nsl.* slêzŭ	slza *č.* slŭza
słyvka *klr.* sliva	sliz' *č.* sluzŭ	slzena *nsl.* slêzŭ
słyzńak *klr.* sluzŭ	slizek *nsl.* skliz-	slzký *č.* skliz-
słyž *klr.* sliži	slizenь *r.* sluzŭ	slznouti *č.* skliz-
słyźak *klr.* skliz-	slizgatь sja *r.* skliz-	slъba *b.* stelba
sla *nsl.* slŭ- 2	slizhać śa *wr.* skliz-	slъnьce *asl.* sŭl- 2
slačiti *č.* slakŭ	slizký *č.* skliz-	slъpati *asl.* slêpa-
slad *nsl.* soldŭ	slizna *b.* skliz-	slъza *asl. b.* slŭza
sladъkъ *asl.* soldŭ	sliznuć *ns.* skliz-	słyńco *ns.* sŭl- 2
slaja *nsl.* soldŭ	sliznutь *r.* skliz-	slyšati *asl.* slŭch-
slak *s.* velk-	slizъkъ *asl.* skliz-	slytь *r.* slŭ- 1
slama *asl.* solma	slizь *r.* sluzŭ	sľa *ns.* slja
slana *asl.* solna	sljeromiš *s.* myšĭ	sľed *ns.* slêdŭ
slanecъ *r.* stel-	sljuna *r.* slina	sľepy *ns.* slêpŭ
slanina *nsl.* solĭ	sljuz *b.* sluzŭ	sľina *ns.* slina
slanka *r.* stel-	sljuzь *asl.* slêzŭ	sľipyj *klr.* slêpŭ
slanutъkъ *asl.* solĭ	sloboda *nsl.* svŭ	sľiz *klr.* slêzŭ
slanъ *asl.* solĭ	slobost *nsl.* svŭ	sľoza *klr.* slŭza-
slanь *r.* stel-	slod *ns.* soldŭ	smadnouti *č.* sveud-
slap *nsl.* selp-	slojski *nsl.* pelz-	smaha *č.* smag- 1
slapъ *asl.* slêpa-	slon *b.* sloni-	smahlý *č.* smag- 1
slastь *asl.* soldŭ	slouha *č.* sluga	smahnouti *č.* smag- 1
slaštь *asl.* soldŭ	sloup *č.* stelpŭ	smahty *klr.* smag- 1
slati *s.* sŭl- 1	slouti *č.* slŭ- 1	smajen *nsl.* smag- 1
slatina *asl.* solĭ	sloves *nsl.* slŭ- 1	smak *s.* mŭk-
slava *asl.* slŭ- 1	slovo *asl.* slŭ- 1	smard *p.* smerd
slavij *asl.* solvij	sloza *nsl.* slŭza	smard *p.* smerdŭ
sląkъ *asl.* slonkŭ	slôk *nsl.* lenk- 1. slonkŭ	smardz *p.* smerk- 1
slebro *os.* srebro	slp *slk.* stelpŭ	smark *p.* smerk- 2
sled *č.* slêdŭ	slučaj *b.* lŭk- 3	smasaś *ns.* maca-
sleka *s.* slek-	slug *nsl.* sluzŭ	smáti sę *č.* smi-
slepice *č.* slêpŭ	slugar *b.* sluga	smažyć *p.* smag- 1
slopý *č.* slêpŭ	slugatar *b.* sluga	smąd *p.* svend-
sleza *r.* slŭza	sluh *b.* slŭch-	smečka *č.* smŭk-
slezák *č.* slengŭ	sluhi *nsl.* slŭch-	smek *nsl.* smŭk-
sleze *č.* slengŭ	sluho *asl.* slŭch-	smel *č.* čĭmelĭ
slezina *s. č.* selz- 1	sluch *č.* slŭch-	smeľ *wr.* čĭmelĭ
slêherni *nsl.* slêdŭ	slŭj *č.* sloj	smerčie *r.* smerkŭ
slêmę *asl.* selmen	sluka *nsl.* slonka	smerd *klr.* smerdŭ
slêzena *asl.* selz- 1	slukav *nsl.* slonkŭ	smerdź *wr.* smerd-
slъökerni *nsl.* slêdŭ	slunce *č.* sŭl- 2	smerëduška *r.* mer- 1
slijeđ *s.* slêdŭ	slup *č.* slopĭcĭ	smerek *klr.* smerkŭ
slijep *s.* slêpŭ	slup *ns.* stelpŭ	smerk *klr.* merk-
slijez *s.* slêzŭ	slušati *asl. s.* slŭch-	smeršč *r.* smerk- 2
slina *č.* plĭŭ-	sluti *asl.* slŭ- 1	smet *nsl.* met- 2

smetana *b. r.* ment-

smetena *nsl.* ment-

smetisko *č.* met- 2

smetki *nsl.* ment-

smetloha *nsl.* met- 2

smetьe *r.* met- 2

smęcić *p.* ment-

smêhъ *asl.* smi-

smêja se *b.* smi-

smêlь *asl.* smilo

smês *b.* mêsi-

smêtam *b.* mêta-

smêtitь *r.* mêta-

smêža *b.* mɪg-

smicati se *nsl.* smŭk-

smijeh *s.* smi-

smirjatь *r.* mêri-

smit *nsl.* smê-

smíti *č.* smê-

smíti se *č.* smi-

smjaś se *ns.* smi-

smjeran *s.* mêri-

smjerd *os.* smerd-

smjerk *os.* merk-

smokva *nsl.* smoky

smokvina *asl.* smoky

smoloвtь *r.* melz-

smolьčugъ *r.* smola

smorč *klr.* smerk- 2

smorčokъ *r.* smerk- 1

smordъ *r.* smerd-

smorkač *os.* smerk- 2

smorkatь *r.* smerk- 2

smorodъ *r.* smerd-

smoržyś *ns.* mozg- 3

smorža *os.* smerk- 1

smotrъ *r.* motri-

smôd *nsl.* svend-

smôditi *nsl.* svend-

smradъ *asl.* smerd-

smraka *kr.* smerkŭ

smrčak *s.* smerk- 1

smrći se *s.* merk-

smrdêti *nsl.* smerd-

smrek *p.* smerkŭ

smrêčь *asl.* smerkŭ

smrêka *nsl.* smerkŭ

smrha *č.* smerk- 1

smrk *č.* smerkŭ

smrkati *nsl.* smerk- 2

smrknouti *č.* merk-

smrod *p. os. ns.* smerd-

smrže *č.* smerk- 1

smrъčь *asl.* smerk- 2

smrъčь *asl.* smerkŭ

smrъdêti *asl.* smerd-

smrъdъ *asl.* smerdŭ

smrъk *b.* smerk- 2

smrъkati *asl.* smerk- 2

smucić *p.* ment-

smučati *asl.* smŭk-

smuči *nsl.* smŭk-

smud *s.* svend-

smuha *os.* smuga

smuhłyj *klr.* smuglŭ

smuk *nsl.* smŭk-

smukać *p.* smŭk-

smukati *nsl.* smŭk-

smura *kaš.* smurŭ

smuta *s.* ment-

smutoloka *r.* ment-

smъgna *b.* mɪg-

smycati *asl.* smŭk-

smycz *p.* smŭk-

smyczek *p.* smŭk-

smyčec *č.* smŭk-

smyčьkъ *asl.* smŭk-

smyk *č. p. os.* smŭk-

smýkati *č.* smŭk-

smykly *ns.* smŭk-

smytana *klr.* ment-

snabděti *č.* bŭd- 1

snać *p.* snad-

snadź *p.* snad-

snaha *č.* snaga

snaruži *r.* ružɪ

snaś *ns.* snad-

snaśc *p.* snad-

snáze *č.* snad-

snažen *nsl.* snaga

sneba *nsl.* snŭha

snědý *č.* smêdŭ

sničavъ *asl.* snik-

snić *p.* snêtɪ 1

snigirь *r.* snêgŭ

snih *č.* snêgŭ

snijeg *s.* snêgŭ

snijet *s.* snêtɪ 1

snipor *nsl.* sêno

snocha *r.* snŭha

snok *polab.* smokŭ 1

snoubiti *č.* snubi-

snouti *č.* snŭ-

snovą *asl.* snŭ-

snuć *p.* snŭ-

snukaj *nsl.* noštɪ

snutek *nsl.* snŭ-

snuti *asl.* snŭ-

snъha *asl.* snŭha

snihyr *klr.* snêgŭ

sobica *asl.* svŭ

sobitь *r.* svŭ

soblaznъ *r.* blaznŭ

sobota *nsl.* sombota

sobotka *č. slk. p. os.* sombota

sobь *r.* svŭ

sobьstvo *asl.* svŭ

soczek *p.* sokŭ 2

soczewica *p.* sokŭ 2

soča *b.* sokŭ 1

sočiti *asl.* sokŭ 1

sočivo *asl.* sokŭ 2

sočovice *č.* sokŭ 2

soć *as.* sokɪ

soda *nsl.* sondŭ 1

sodl *nsl.* dê- 1

sodlo *ns.* sed-

sodo *nsl.* sondŭ 1

sochor *č.* socha

sojenice *nsl.* sondŭ 2

soka *wr.* sek- 2

sokačь *asl.* sokŭ 2

sokalь *asl.* sokŭ 2

sokalьnica *r.* sokŭ 2

sokodyniec *p.* sokŭ 1

sokora *p.* sok-

sokyra *klr.* sek- 2

sokyrvyća *klr.* son

sołodkyj *klr.* soldŭ

sołoma *klr.* soima

sołota *klr.* slota

sołovij *klr.* solvij

sołukva *klr.* slonka

sol *nsl.* sŭl- 1

solnce *nsl. r.* sŭl- 2	soud *č.* sondŭ 2	spem *nsl.* sŭp- 2
solnopekъ *r.* sŭl- 2. pek-	soudruh *č.* son	spenák *č.* spanakŭ
solnosjadъ *r.* sŭl- 2	soukati *č.* sŭk-	spenъza *asl.* spenŭza
solonyj *r.* solĭ	soum *č.* samarŭ	spenь *r.* sŭp- 1
solotina *r.* solĭ	soumar *č.* samarŭ	sperći *wr.* per- 3
solovoj *r.* solvij	soumrak *č.* merk-	spet *nsl.* penta
soložъ *r.* soldŭ	soupeř *č.* per- 1	spetiti se *nsl.* penta
solza *nsl.* slŭza	souprasi *č.* porsŭ. son	spetnica *nsl.* pen-
solъ *r.* sŭl- 1	souržice *č.* rŭžĭ	spêhati se *nsl.* spê-
somsiek *p.* son	sousek *č.* sek- 2	spêhъ *asl.* spê-
somžić *wr.* mĭg-	sousok *č.* sokŭ 1	spêti *asl.* spê-
sonce *klr.* sŭl- 2	souš *č.* sŭch-	spieka *p.* pek-
sonъ *r.* sŭp- 1	souti *č.* sŭp- 2	spiknouti se *č.* pik- 4
sopašъka *asl.* sop	souvrať *nsl.* vert-	spile *č.* spilja
sopą *asl.* sop-	sovam *b.* su- 2	spinak *p.* spanakŭ
sopći *wr.* sop-	sovati *asl.* su- 2	spinka *č.* pen-
sopeľ *wr.* sopolŭ	sovêti *č.* sova	spinkati *nsl.* pen-
sopêlь *asl.* sop-	sovred *nsl.* rendŭ	spíra *č.* per- 5
sopêtь *r.* sop-	sowity *p.* su- 1	spíše *č.* spê-
sopiłka *klr.* sop-	sowiŕzal *p.* sova	spiž *wr.* spenŭza
soplь *asl.* sop-	sôča *nsl.* sonča	spja *b.* sŭp- 1
sopľak *klr.* sopolŭ	sôd *nsl.* sondŭ 2. 3	spjech *os.* spê-
sopotъ *asl.* sop-	sôd *nsl.* sjŭ	spjelco *os.* steblĭ
sopouch *č.* sop-	sôda *nsl.* dê- 1	spłuć *os.* plŭ-
sopti *r.* sop-	sôdrga *nsl.* derg- 2	splahati *s.* pljak-
soptiti *č.* sop-	sôdrug *nsl.* drugŭ	splahnoti se *nsl.* polka-
sopun *nsl.* sapunŭ	sôk *nsl.* sonkŭ-	spłahnuti *kr.* polka-
sopъ *r.* sŭp- 2	sôpar *nsl.* para 1	splav *ns.* plŭ-
soročina *r.* sorokŭ	sôper *nsl.* per- 1. son	splet *s.* plet-
soroga *r.* serg-	sôržica *nsl.* rŭžĭ. son	spliska *ns.* pliska
soroga *r* sorga 1	sôsed *nsl.* son	spljet *s.* speltŭ
sorochъ *r.* serch- 1	spaczyć *p.* opakŭ	spljoštiti *s.* ploskŭ
soroka *klr.* sveřk-	spaček *nsl.* opakŭ	splo *ns.* steblĭ
soroka *r.* sorka	spačić *os.* opakŭ	sploh *nsl.* plochŭ 1
sorokoustъ *r.* sorokŭ	spajatь *r.* poj	splošь *r.* plochŭ 1
sorom *klr.* sormŭ	spak *nsl. č.* opakŭ	spluva se *b.* plu-
sosatь *r.* sŭs- 1	spamrt *nsl.* mer- 1	spodobaś se *ns.* doba
sosecъ *r.* sŭs- 1	spar *p.* para 1	spodrsnoti se *nsl.* dersa-
sosêdъ *r.* sed-	spár *č.* spara	spojiti *s.* poj
sosêska *nsl.* sed-	sparizń *ns.* para 1	spol *nsl.* polŭ 1
sosud *klr.* sondŭ 3	spasene *b.* pas-	spolza se *nsl.* pelz-
sosudъ *r.* sondŭ 3	spaś *klr.* pas-	spolzek *nsl.* pelz-
sotêska *nsl.* tisk-	spatenьki *r.* kŭ 1	spomin *nsl.* men- 1
sotnja *r.* sŭto	spati *nsl.* sŭp- 1	spomlad *nsl.* moldŭ
sotný *č.* sot- 2	spaty *klr.* sŭp- 1	spona *nsl. č.* pen-
sotra *os.* svŭ	spavati *s.* sŭp- 1	sporiš *nsl.* sporyšĭ
sotva *č.* sot- 2	spądъ *asl.* spondŭ	sporokъ *r.* por-
sotь *nsl.* sŭtŭ	speh *wr.* spega-	sporъ *r.* per- 1

sporydatъ *r.* rŭd-	sraš *ns.* ser-	srok *s.* rek-
spořĭš *č.* sporyšĭ	srati *nsl.* ser-	sroka *p.* sverk-
sposobъ *r.* svŭ	srava *os.* ser-	sroka *asl.* strek- 2
spot *ns.* postŭ	srb *s.* serb- 2	srokoš *os.* sverk-
spoud *č.* spondŭ	srbati *nsl.* serb 3	srom *p.* sormŭ
spôr *klr.* per- 1	srboritka *nsl.* ritĭ	srp *nsl.* serpŭ
sprama *s.* prêmŭ	srč *s.* serčĭ	srp *nsl.* sverp-
spratati *slk.* prenta-	srč *s.* serdo	srst *nsl.* serstĭ
spratek *č.* por-	srčen *kr.* sirŭkŭ	sršati *nsl.* serch- 1
spreći *s.* preng-	srd *nsl.* serdo	sršen *nsl.* serch- 2
sprema *s.* prêmŭ	srdce *nsl.* serdo	srubъ *r.* rombŭ
spreša *s.* preša	srdica *nsl.* serdo	srž *s.* serdo
sprevod *nsl.* ved-	srdobolja *s.* serdo	sržet *nsl.* sirŭkŭ
sprêmiti *nsl.* prêmŭ	srdžba *s.* serdo	srъbati *asl.* serb- 3
spričkati se *nsl.* perkŭ 2	sreber *nsl.* sebrŭ	srъbi *b.* sverb-
sprikrêlyj *wr.* prikrŭ	srebot *nsl.* skrobotŭ	srъčba *b.* serdo
sprjahty *klr.* preg- 1	srebro *nsl.* sĭrebro	srъdce *b.* serdo
sprostny *p.* prostŭ	sreča *nsl.* rêt-	srъditi sę *asl.* serdo
sprostrêti *nsl.* ster-	srečati *nsl.* rêt-	srъdja *b.* serdo
sproti *b.* proti	sreća *s.* rêt-	srъdobolja *asl.* serdo
sprta *kr.* spertva	sremša *nsl.* čermŭcha 1	srъdobolьstvo *asl.* bolé-
sprtva *s.* spertva	sremza *s.* čermŭcha 1	srъdьce *asl.* serdo
spruha *č.* preng-	sresti *s.* rêt-	srъkati *asl.* serb- 3
sprząt *p.* prenta-	srešta *b.* rêt-	srъna *asl. b.* serna
sprzątać *p.* prenta-	srêbati *nsl.* serb- 3	srъp *b.* serpŭ
sprzeka *p.* perkŭ 2	srêda *asl.* serdo	srъpъ *asl.* serpŭ
sprzęg *p.* preng-	srêmъ *asl.* sermŭ	srъstь *asl.* serstĭ
sprzyjać *p.* pri-	srên *nsl.* sernŭ	srъša *asl.* serch- 2
sprytnyj *wr.* prytĭ	srênja *nsl.* serdo	srъšati *asl.* serch- 1
spřáhnouti *č.* preng-	srênutь *r.* rêt-	srъšenь *asl.* serch- 2
spud *kr.* spondŭ	srênъ *asl.* sernŭ	sřín *č.* sernŭ
spudza *klr.* spuza	srêp *nsl.* sverp-	sředa *os.* serdo
spuž *s.* pelz-	srêtja *b.* rêt-	sřež *os.* srêg-
spъnka *b.* pen-	srêž *nsl.* srêg-	ssać *p.* sŭs- 1
spysa *klr.* spisa	srch *č.* serch- 2	ssaty *wr.* sŭs- 1
spyža *klr.* spenŭza	sribło *klr.* sĭrebro	ssatь *r.* sŭs- 1
srab *nsl.* sverb-	srijeda *s.* serdo	ssele *č.* sŭs- 1
srabot *nsl.* skrobotŭ	srijem *s.* sermŭ	ssuditь *r.* sond-
sracininъ *asl.* sorcininŭ	srijemuša *s.* čermŭcha 2	stabar *s.* steblъ
srać *p.* ser-	sriješ *s.* srêšĭ	stablo *kr.* steblĭ
sraga *nsl.* sorga 2	srijetati *s.* rêt-	staciwy *p.* sta- 2
sragъ *asl.* serg-	srina *b.* ri-	stačiti *č.* sta- 2
srajca *nsl.* sorka	srinka *b.* stryj	staći *s.* stŭk-
sraka *asl.* sorka	sriš *kr.* srêšĭ	stad *s.* sta- 2
sraka *nsl.* sverk-	srkati *nsl.* serb- 3	stadło *p.* sta- 2
srakoper *nsl.* per- 8	srna *nsl.* serna	stádlo *č.* sta- 2
sraky *asl.* sorka	srobot *nsl.* skrobotŭ	stado *asl.* sta- 2
sramъ *asl.* sormŭ	srogi *p.* serg-	stagalj *s.* stodolja

stagna *kr.* stỹgna
staj *č.* sta- 2
staj *asl.* sta- 2
staja *asl.* sta- 2
stajaći *s.* sta- 2
stajati *s.* sta- 2
stajnia *p.* sta- 2
stajńa *wr.* sta- 2
staklo *s.* stỹklo
staknuti *s.* stŭk-
stalež *s.* sta- 2
stališ *kr.* sta- 2
stamachъ *r.* sta- 2
stamen *s.* sta- 2
stanar *s.* sta- 2
stanъ *asl.* sta- 2
starbać się *p.* sterb- 2
starczyć *p.* sta- 2
starczyć *p.* sterk- 1
stark *p.* sterk- 2
starkaś *ns.* sterk- 2
starna *polab* ster-
starunek *p.* starŭ 1
stasati *s.* stasa-
stasь *asl.* sta- 2
staśidla *ns.* sta- 2
statek *č.* sta- 2
stativa *s.* sta- 2
statva *nsl.* sta- 2
statь *r.* sta- 2
stava *asl.* sta- 2
stavunek *č.* sta- 2
stavъ *asl.* sta- 2
stawka *p.* sta- 2
staza. *s.* stỹdza
stągiew *p.* stondy
stąpa *asl.* stompa
stąpa *asl.* stompŭ
stąpić *p.* stompŭ
stąpiti *asl.* stompŭ
stąpor *p.* stompa
stãǵai *polab.* teng-
steber *nsl.* stoborŭ
stebło *kaš.* steblỹ
stega *r.* strỹdza
stegna *nsl.* strỹgna
stegno *nsl.* strỹgno
stehlik *č.* stegolỹ

stehno *č.* stỹgno
steječ *os.* sta- 2
stek *p.* tek- 1
steklo *nsl.* stỹklo
stekъ *r.* tek- 1
stelivo *č.* stel-
stelьka *r.* stel-
stenica *nsl.* stêna
stenkać *wr.* sten-
ster *p.* sternŭ
steregu *r.* serg-
sterehu *klr.* serg-
stereń *klr.* sternỹ
sterchъ *r.* sterkŭ
sterica *b.* stera
sterk *p.* sterk- 2
stermo *klr.* stremŭ
sternal *p.* sternadŭ
sternь *r.* sternỹ
sterńa *wr.* sternỹ
stesknouti *č.* tŭsk-
steza *nsl.* strỹdza
steze *č.* strỹdza
stezja *r.* strỹdza
stež *klr.* stogŭ
stežaj *nsl.* stogŭ
stežar *klr.* stogŭ
stežeje *č.* stogŭ
stežerъ *asl.* stogŭ
stežeń *klr.* stogŭ
stežêr *klr.* stogŭ
stękać *p.* sten-
stępa *p.* stompa
stéhlý *č.* scêg-
stěhovati *č.* stêg-
stênь *r.* stênỹ
stěň *č.* stênỹ
stěžen *č.* stogŭ
stići *s.* stig-
stid *kr.* styd- 2
stidjeti se *s.* styd- 2
stig *kr.* stêgŭ
stignutь *r.* stig-
stihnouti *č.* stig-
stijena *s.* stêna
stijenje *s.* stênỹ
stik *nsl.* tŭk- 2
stilъščikъ *r.* stel-

stín *č.* stênỹ
stinjati se *s.* stênỹ
stinuti se *s.* styd- 1
stíň *č.* stênỹ
stirp *nsl.* stera
stizati *asl.* stig-
stiž *s.* stig-
stjagъ *r.* stêgŭ
stklo *nsl.* stỹklo
stkvíti *č.* stkvê-
stkvostný *č.* stkvê-
stlatь *r.* stel-
stlъba *asl. b.* stelba
stlъp *b.* stelpŭ
stlъръ *asl.* stelpŭ
stnadź *os.* sternadŭ
sto *nsl.* sŭto
stoborь *asl.* stoborŭ
stogla *nsl.* steg-
stoh *č.* stogŭ
stohnaty *klr.* sten-
stoj *č.* sta- 2
stojak *s.* sta- 2
stojan *č.* sta- 2
stojati *asl.* sta- 2
stojilo *asl.* sta- 2
stok *č.* tek- 1
stoka *b.* tek- 1
stoklas *nsl.* kolsŭ. sŭto
stoł *p.* stel-
stołb *wr.* stelba
stołba *klr.* stelba
stołem *kaš.* stolemŭ
stołp *os. klr.* stelpŭ
stolba *nsl.* stelba
stolim *p.* stolemŭ
stolp *nsl.* stelpŭ
stolpъ *r.* stelpŭ
stolъ *asl.* stel-
stomna *b.* stamỹnŭ
ston *č.* ten- 1
stonać *os.* sten-
stonati *č.* sten-
stonaty *klr.* sten-
stonožka *č.* sŭto
stonъ *r.* sten-
stopa *asl.* stepenỹ
stopa *nsl.* stompa

stoper *kr.* pervŭ
stopień *p.* stepenĭ
stoprv *nsl.* pervŭ
stor *b.* tvorŭ
storczyć *p.* sterk- 1
storč *klr.* sterk- 1
storčič *os.* sterk- 2
storčь *r.* sterk- 1
storona *klr.* ster-
storoža *klr.* serg-
stoudev *č.* stondy
stouha *č.* teng-
stoupa *č.* stompa
stoupiti *č.* stompŭ
stožaj *s.* stogŭ
stožanje *nsl.* stogŭ
stožar *b.* stogŭ
stožarь *r.* stogŭ
stožer *nsl.* stogŭ
stožje *nsl.* stogŭ
stôgla *nsl.* teng-
stôk *nsl.* sten-
stôkati *nsl.* sten-
stôpiti *nsl.* stompŭ
strabiti *asl.* sterb- 1
strad *nsl.* strad-
strada *č.* strad-
stradza *p.* strad-
strahъ *asl.* stras-
strach *p.* stras-
straka *nsl.* sverk-
stram *b.* sormŭ
stramor *nsl.* orijašĭ
stramъ *r.* sormŭ
stran *nsl.* ster-
strana *asl.* ster-
strančica *nsl.* ster-
strannyj *klr.* ster-
stráň *č.* ster-
strasć *wr.* strad-
strastь *r.* stras-
strastь *asl.* strad-
strasć *klr.* stras-
strázeň *č.* strad-
straža *asl.* serg-
stráže *č.* serg-
stražnik *wr.* serg-
strąga *p.* stronga

strąk *p.* stronkŭ
strcati *s.* streka-
strčati *nsl.* sterk- 1
strčeti *č.* sterk- 1
strčka *b.* streka-
strebro *b.* sĭrebro
stred *č.* strŭdŭ
stredz *p.* strŭdŭ
streha *nsl.* strêcha
strękatyj *wr.* sverk-
strekoza *r.* strek- 2
strekъ *r.* strek- 2
stremitь *r.* stremŭ
stremja *r.* stremen
streža *r.* srêg-
strežič *nsl.* strižĭ
strežъ *r.* srêg-
stręczyć *p.* stronk-
strętwa *p.* drontvi-
strêčać *wr.* rêt-
strêć *wr.* rêt-
strêgą *asl.* serg-
strêkalo *asl.* strek- 2
strêkati *asl.* strek- 2
strêkava *r.* strek- 2
strêkъ *asl.* strek- 2
strêti *asl.* ster-
strêtitь *r.* rêt-
strêtь *r.* rêt-
strêžem *nsl.* serg-
strgati *nsl.* strŭg-
strhel *nsl.* serch- 1
stric *nsl.* stryj
striči *nsl.* strig-
strići *s.* strig-
strigón *slk.* striga
stricha *klr.* strêcha
strijeka *s.* strek- 2
strijela *s.* strêla
strika *b.* stryj
strinadki *wr.* sternadŭ
strinič *nsl.* stryj
striš *s.* strižĭ
strižeň *wr.* sterg-
strk *č.* sterk- 2
strknoti *nsl.* sterk- 2
strm *nsl.* stremŭ
strmelj *s.* čĭmelĭ

strmen *s.* stremen
strmke *s* stremŭ
strmor *s.* stremŭ
strn *nsl.* sternĭ
strnаď *nsl. č.* sternadŭ
strní *č.* sternĭ
strnište *s.* sternĭ
strnouti *č.* stremŭ
strog *nsl.* strŭg-
stroga *r.* serg-
strogatь *r.* strŭg-
strogij *wr. r.* serg-
stroka *asl.* strek- 2
strolist *č.* os-
stromoljam se *b.* stremŭ
strona *p.* ster-
stropić się *p.* torp- 2
stropota *r.* strŭp-
strouha *č.* srŭ-
strova *slk.* strava
strovaliti *s.* strovo
strovašiti *kr.* strovo
strovy *os. ns.* dorvŭ
stroža *p.* serg-
strôk *nsl.* stronkŭ
strple *kr.* terp- 1
stršiti *s.* serch- 1
struga *asl.* srŭ-
struga *s.* stronga
strugać *p.* strŭg-
strugъ *asl.* strŭg-
struh *č.* strŭg-
struh *klr.* srŭ-
struhaty *klr.* strŭg-
struja *asl.* srŭ-
struk *s.* stronkŭ
struka *s.* stronka
strumen *č.* srŭ-
strumenak *kr.* stremen
strunga *slk.* stronga
struska *nsl.* drist-
strv *s.* ter-
strv *s.* stervo
strzała *p.* strêla
strzegę *p.* serg-
strzecha *p.* strêcha
strzemię *p.* stremen
strzępek *p.* stremp-

strzoda *p.* serdo	střevo *č.* červo	stydъkъ *asl.* styd- 2
strzodza *p.* serg-	střez *č.* strězu	stygnąć *p.* styd- 1
strzoka *p.* strok- 2	střez *č.* sterg-	styh *klr.* stigu
strzyc *p.* strig-	stříbro *č.* sĭrebro	styhci *wr.* styd- 1
strzyga *p.* striga	střic *č.* rêt-	styk *p.* tŭk- 2
strzykać *p.* streka-	střici *č.* strig-	stynąti *asl.* styd- 1
strzynadl *p.* sternadŭ	střida *č.* serdo	styr *klr.* sternŭ
strzyž *p.* striži	střida *č.* čĕrda 2	styrno *klr.* stirĭno
strž *s.* sterg-	stříkati *č.* streka-	styrta *klr.* skirdŭ
stržen *nsl.* sterg-	střín *č.* sernŭ	stьdza *asl.* stĭdza
strъblъ *asl.* sterb- 1	střiskati *č.* drist-	stьgna *asl.* stĭgna
strъčiopaška *b.* sterk- 1	stříž *č.* striži	stьgno *asl.* stĭgno
strъdъ *asl.* strŭdŭ	stříž *č.* srêg-	stьklo *asl.* stĭklo
strъgati *asl.* strŭg-	střmen *č.* stremen	stьlati *asl.* stel-
strъk *b.* sterkŭ	střež *ns.* srêg-	stьljazь *ar.* sklengŭ
strъk *b.* stronkŭ	stub *nsl.* stelba	stьplь *asl.* stĭplĭ
strъknąti *asl.* strek- 2	stuba *s.* stelba	stьza *asl.* stĭdza
strъkъ *asl.* sterkŭ	studa *r.* styd- 2	sťah *klr.* stêgŭ
strъkъ *asl.* strek- 2	studiti *nsl.* styd- 2	sťahaty *klr.* teng-
strъmenь *asl.* stremen	studnia *p.* styd- 1	sťina *klr.* stêna
strъmъ *asl.* stremŭ	studъ *asl.* styd- 1	sťôjło *klr.* sta- 2
strъn *b.* sternĭ	studъ *asl.* styd- 2	su *kr.* sanitŭ
strъna *b.* ster-	stugivati *kr.* teng-	subota *s.* sombota
strъnъ *asl.* sternŭ	stuhać *s.* stuchija	subožny *os.* bogŭ
strъnь *asl.* sternĭ	stukaš *ns.* sten-	suča *b.* suka-
strъpъtъ *asl.* strŭp-	stůl *č.* stel-	suča *b.* sŭk-
strъvo *asl.* stervo	stunj *nsl.* tunĭ	sučeliti se *s.* čelo
stržža *b.* strŭg-	stunuś *ns.* styd- 1	suć *p.* sŭp- 2
stržženь *asl.* sterg-	stup *s.* steipŭ	sud *s. č.* sondŭ 3
strýc *č.* stryj	stup *os.* stompŭ	sud *s.* sondŭ 2
stryga *slk.* striga	stupa *s.* stompa	suda *r.* sondŭ 3
strysz *p.* srêg-	stupeň *č.* stompŭ	sudeja *r.* dê- 1
stryžeń *klr.* sterg-	stupeń *wr.* stompŭ	sudija *s.* sondŭ 2
střapec *č.* stremp-	stupěje *č.* stompŭ	sudlice *č.* sudla
střebati *č.* serb- 3	stupiti *s.* stompŭ	sudoroga *r.* derg- 1. son
střečekъ *č.* strek- 2	stupitь *r.* stompŭ	sudý *č.* sondŭ 1
střehu *č.* serg-	stužiti *č.* teng-	sugubь *asl.* son
střecha *č.* strêcha	stvar *nsl.* tvorŭ	suhva *asl.* sŭch
střela *č.* strêla	stvieti se *č.* svĭt-	suhъ *asl.* sŭch-
střemcha *č.* čermŭcha 1	stvorty *ns.* četyri	suchmeń *wr.* sŭch-
střen *č.* cernŭ 4	stwolin *p.* stelmŭ	sujma *s.* suj
střen *č.* serdo	stъblo *b.* steblĭ	suk *č.* sonkŭ
střep *č.* čerpŭ	stъklo *b.* stĭklo	sukać *os.* sŭk-
střepěti *č.* strjap-	stъpen *b.* stompŭ	sukati *asl.* sŭk-
střešně *č.* čersja	stъpja *b.* stompŭ	sukno *asl.* sŭk-
střetnouti *č.* rêt-	styczeń *p.* styd- 1	sukrovica *r.* son
střevi *č.* červjŭ	stydnąć *p.* styd- 1	sukrwica *p.* son
střevic *č.* červjŭ	stydnouti *č.* styd- 1	sulica *asl. p.* sudla

sum *nsl.* men- 1	sutjaga *r.* teng-	svíce *č.* svīt-
sum *č.* samarŭ	suto *wr.* su- 1	svići *s.* vyk-
sumanjkati *s.* manka-	sutočь *r.* tŭk- 2	svid *b.* sviba
sumatocha *r.* ment-	suty *p.* sŭp- 2	svida *s.* sviba
sumerekъ *r.* merk-	sutý *č.* sŭp- 2	svídęr *č.* sverd-
sumit *s.* mitê	suťaha *klr.* son	svijeća *s.* svīt-
sumjatica *r.* ment-	suvati *asl.* su- 2	svijetao *s.* svīt-
sumniti se *nsl.* men- 1	suvica *s.* sŭch-	svíradlo *č.* ver- 2
sumodar *kr.* son	suvjerica *s.* son	svirala *s.* sviri- 2
sumoran *s.* smurŭ	suwałka *p.* su- 2	svirba *b.* sviri- 2
sumrak *s.* merk-	suza *s.* slŭza	svirêlь *asl.* sviri- 2
sunąti *asl.* su- 2	svacyna *ns.* sventŭ	svirêpyj *r.* sverp-
sunce *s.* sŭl- 2	svačina *č.* sventŭ	sviripyj *klr.* sverp-
sundjer *s.* sjungerŭ	svada *nsl.* vada 4	sviristelь *asl.* sviri- 2
sundukъ *r.* sandukŭ	svadba *asl.* svŭ	svisla *nsl.* vis-
sunuć *wr.* su- 2	svaha *asl.* svŭ	svisčъ *r.* svist-
sunuti *s.* su- 2	svak *nsl.* svŭ	svišť *č.* svist-
sunъ *asl.* synŭ 2	svanuti *s.* svīt-	svitati *asl.* svīt-
sup *s.* sŭp- 2	svast *asl.* svŭ	svitokъ *r.* vi- 1
sup *č.* sompŭ	svaščina *nsl.* svŭ	svižyj *klr.* svêžī
suparnik *s.* per- 1	svatъ *asl.* svŭ	svjaty *os.* sventŭ
supesь *r.* pês- 2	svatý *č.* sventŭ	svjeca *os.* svīt-
supokôj *klr.* ki-	svečen *nsl.* svīt-	svlak *s.* velk-
supona *r.* pen-	sveder *nsl.* sverd-	svobodь *asl.* svŭ
supor *wr.* per- 1	svekrъ *asl.* svŭ	svod *b.* ved-
suproć *s.* proti	sverčatь *r.* skverk-	svoitь *asl.* svŭ
suprugъ *r.* preng-	sverdlo *r.* sverd-	svoj *nsl.* svŭ
supšen *nsl.* pīch-	sverêръ *asl.* sverp-	svojakŭ *asl.* svŭ
supъ *r.* sompŭ	sverlo *r.* sverd-	svojat *s.* svŭ
sur *wr.* ser-	sveršč *wr.* sverk-	svojet *slk.* svŭ
suravki *b.* survaka	sverščъ *r.* skverk-	svojta *s.* svŭ
surla *kr.* surna	sveřepý *č.* sverp-	svokr *slk.* svŭ
surma *č.* surna	svestь *r.* svŭ	svorobъ *r.* sverb-
surocy *wr.* rek-	svet *nsl.* sventŭ	svrabъ *asl.* sverb-
surovatka *b.* syrŭ 2	svętъ *asl.* sventŭ	svraka *asl. b.* sverk-
surovъ *asl.* syrŭ 1	svêča *nsl.* svīt-	svrbjeti *s.* sverb-
suržica *s.* rŭžī. son	svêdřík *č.* sverd-	svrček *nsl.* skverk-
suržyća *klr.* rŭžī	svênь *asl.* svŭ	svrček *č.* sverk-
susac *kaš.* sŭs- 1	svêšta *asl.* svīt-	svrčina *slk.* smerkŭ
suspica *p.* son	svêštilo *asl.* fitilŭ	svrdlo *s.* sverd-
susreća *s.* rêt-	svêtatь *r.* svīt-	svrêdcl *b.* sverd-
susret *s.* son	svêtkam *b.* svīt-	svrêti se *nsl.* ver- 6
sustrêča *wr.* rêt-	svêtlъ *asl.* svīt-	svrg *nsl.* serdo
sustuga *r.* teng-	světlý *č.* svīt-	svrž *nsl.* sveržī
sušmenь *r.* sŭch-	svêtočъ *r.* svīt-	svrьbêti *asl.* sverb-
sušti *s.* jes-	svêtъ *asl.* svīt-	svrьčati *asl.* sverk-
sut *kr.* sanitŭ	světý *č.* sventŭ	svrьčькъ *asl.* skverk-
suti *asl.* sŭp- 2	svěžý *č.* svêžī	svrъdlъ *asl.* sverd-

svгъръ *asl.* sverp-
svгъštъ *asl.* sverk-
svud *s.* svend-
svydyj *klr.* svid-
svyneć *klr.* sviníсí
svyrił *klr.* sviri- 2
svystun *p.* svist-
svyta *klr.* svita
svьstъ *asl.* svü
svьtěti *asl.* svіt-
swach *p.* svü
swąd *p.* svend-
swędra *p.* svendra
swojak *p.* svü
szadawy *p.* sêdü
szafa *p.* skopü
szałasz *p.* salaší
szarańcza *p.* sarana
szary *p.* sêrü 1
szatan *p.* sotona
szatra *p.* čadürü
szczać *p.* sík-
szczapa *p.* skep-
szczaw *p.* štavu
szczął *p.* ken-
szczebel *p.* steblí
szczebiotać *p.* štíb-
szczegoł *p.* scêg-
szczelina *p.* skel- 1
szczenię *p.* šten-
szczep *p.* skep-
szczepać *p.* skep-
szczepić *p.* skep-
szczepły *p.* skep-
szczerb *p.* skerbü
szczerzyć *p.* sker-
szczęk *p.* stukü
szczękać *p.* štonk-
szczęście *p.* čenstí
szczkać *p.* skjük-
szczkło *p.* stíklo
szczodry *p.* skend-
szczotka *p.* štet-
szczuć *p.* stü-
szczudło *p.* študlo
szczupły *p.* štuplü
szczur *p.* šturü
szczwał *p.* cvalü

szczygieł *p.* štegolí
szczypać *p.* štíp-
szczyry *p.* štirü
szczyt *p.* štitü
szedziwy *p* sêdü
szeląg *p.* sklengü
szelka *p.* slja
szepnąć *p.* šíp-
szerszeń *p.* serch- 2
szewc *p.* ši-
szędzić *p.* sêdü
szkło *p.* stíklo
szklić *p.* stíklo
szla *p.* slja
szleja *p.* slja
szlija *p.* slja
sznica *p.* snica
szołtys *p.* šolta
szorstki *p.* serch- 1
szpada *p.* spata
szpeciąg *p.* špata
szpona *p.* pen-
szron *p.* sernü
szturkać *p.* sterk- 2
szwaczka *p.* ši-
szydzić *p.* šud-
szynąć *p.* chy-
szyposz *p.* sip-
sъ *asl.* son
sъbarêm *b.* or- 2
sъborъ *asl,* ber-
sъbota *b.* sombota
sъbrysati *asl.* brüs-
sъčivo *b.* sek- 2
sъd *b.* sondü·2. 3
sъdê *b.* sjü
sъdravъ *asl.* dorvü
sъdrъgnati *asl.* derg- 1
sъdrъgnąti sę *asl.* drüga-
sъhlъ *asl.* süch-
sъhnąti *asl.* süch-
sъk *b.* sonkü
sъkątati *asl.* konta-
sъlati *asl.* sül- 1
sъlъ *asl.* sül- 1
sъmątъ *asl.* ment-
sъmetь *asl.* met- 2
sъmêriti *asl.* mêri-

sъmêti *asl.* smê-
sъmêžiti *asl.* míg-
sъmnne *b.* svіt-
sъmotrьlivьсь *asl.* motri-
sъmrъskanъ *asl.* merskü 1
sъmrъtъ *asl.* mer- 1
sъmьžariti *asl.* míg-
sъn *b.* süp- 1
sъndъk *b.* sandukü
sъnuvam *b.* süp- 1
sъnъ *asl.* süp- 1
sъpasti *asl.* pas-
sъpati *asl.* süp- 1
sъpą *asl.* süp- 2
sъporъ *asl.* per- 1
sъpъ *asl.* süp- 2
sъręšta *asl.* rêt-
sъrêsti *asl.* rêt-
sъsati *asl.* süs- 1
sъsądъ *asl.* sondü 3
sъsel *b.* süs- 2
sъsêd *b.* sed-
sъskam *b.* süska-
sъtążiti *asl.* teng-
sъto *asl.* süto
sъtъ *asl.* sütü
sъvada *asl.* vada 4
sъvêtъ *asl.* vê- 2
sъvne *b.* svіt-
sъvora *asl.* ver- 2
sъzorь *asl.* zer- 2
syc *os.* sek- 2
syć *č.* sytjü
syczeć *p.* syk- 1
syčь *r.* sytjü
syć *os.* si- 2
syćina *os.* sitü
sydło *os.* sed-
sydr *os.* sidrü
syhati *asl.* süch-
syk *klr.* sigü
sykać *os.* syk- 1
syła *klr.* si- 2
syłobik *os.* solvij
sylati *asl.* sül- 1
sylza *os.* slüza
syno *os.* sêno
synyća *klr.* si- 1

synovod *klr.* si- 1

sypać *p.* sŭp- 2

sypati *asl. č.* sŭp- 2

sypiać *p.* sŭp- 1

sypь *r.* sŭp- 2

syrište *asl.* syrŭ 2

syroêga *r.* syrŭ 1

syrochman *klr.* sirŭ

syromjatь *r.* men- 2. syrŭ 1

syromolotъ *r.* mel- 1. syrŭ 1

syropustъ *r.* syrŭ 2

syrota *klr.* sirŭ

syrovátka *č.* syrŭ 2

syrovodka *wr.* syrŭ 2

sysak *p.* sŭs- 1

sysati *asl.* sŭs- 1

sytnyk *klr.* sitŭ

syto *klr.* si- 3

syvnutь *r.* su- 2

syvorotka *r.* syrŭ 2

syvyj *klr.* sivŭ

sьcati *asl.* sĭk

sьde *asl.* sjŭ

sьga *asl.* sjŭ

sьgy *asl.* sjŭ

sьrebro *asl.* sĭrebro

Š.

šabla *klr. wr.* sablja

šabrъ *r.* sjabrŭ

šafa *klr. wr.* skopŭ

šafeľ *klr.* skopŭ

šahljiv *kr.* skŭk-

šaja *nsl.* saja

šalaš *s.* salašĭ

šanuti *s.* šĭp-

šapa *nsl.* capa 3

šapat *s.* šĭp-

šapel *nsl.* kapa. šapka

šapka *r.* kapa

šarodny *kaš.* skarendŭ

šatan *klr. wr.* sotona`

šátati *č.* šent-

šatörъ *r.* čadŭrŭ

šatopierz *kas.* per- 8

šator *b. s. klr.* čadŭrŭ

šatr *č.* čadŭrŭ

šatra *b.* čadŭrŭ

šatъr *b.* čadŭrŭ

šatъrъ *asl.* čadŭrŭ

šav *s.* ši-

šavle *č.* sablja

šavolj *s.* skopŭ

šątopierz *kaš.* per- 8

ščabryk *klr.* čombrŭ

ščaditь *r.* skend-

ščadnyj *r.* skend-

ščadyty *klr.* skend-

ščaki *wr.* sĭk-

ščap *nsl.* stapŭ 1

ščasce *wr.* čenstĭ

ščastiе *r.* čenstĭ

ščastje *klr.* čenstĭ

ščebrecъ *r.* čombrŭ

ščeć *os.* sĭk-

ščedí *č.* čendo

ščedryj *klr. r.* skend-

ščedušnyj *klr.* tŭsk-

ščegetati *nsl.* skŭk-

ščegolъ *r.* štegŭlŭ

ščegolь *r.* sčêg-

ščehołaty *klr.* sčêg-

ščelić *wr.* skel- 1

ščelitь *r.* skel- 1

ščelupina *r.* skel- 1

ščelь *r.* skel- 1

ščemelь *r.* čĭmelĭ

ščemeľ *wr.* čĭmelĭ

ščene *nsl.* šten-

ščenja *klr.* šten-

ščep *nsl.* skep-

ščepa *r.* skep-

ščepati *s.* skep-

ščepić *wr.* skep-

ščepiš *ns.* skep-

ščepitъ *r.* skep-

ščepuritь sja *r.* čeprĭ

ščepyna *klr.* skep-

ščepyty *klr.* skep-

ščerba *r.* čorba

ščerba *wr.* skerbŭ

ščerbina *r.* skerbŭ

ščerić *wr.* sker-

ščeritь sja *r.* sker-

ščeřba *os.* skerbŭ

ščet *nsl.* štet-

ščety *klr.* čĭt-

ščeť *klr.* štet-

ščevoronokъ *r.* skvornŭ

ščeznuťy *klr.* čez-

ščibry *wr.* žabra

ščipati *r.* šĭp-

ščit *nsl.* štitŭ

ščmêti *nsl.* štĭm-

ščodry *ns.* skend-

ščodryj *wr.* skend-

ščoka *klr.* šteka

ščokati *č.* skjŭk-

ščrba *nsl.* skerbŭ

ščrléti *nsl.* skverl-

ščudo *r.* čudos

ščudъ *r.* tjudŭ

ščuk *klr.* štonk-

ščuka *nsl.* štuka

ščuriak *slk.* stera

ščuti *nsl.* štŭš-

ščypaty *klr.* štĭp-

ščyryj *klr.* stirŭ

ščap *kr.* stapŭ 1

ščedry *os.* skend-

ščela *s.* skelija

ščemija *s.* skamija

ščep *os.* skep-

ščepić *os.* skep-

ščerić *os.* sker-

ščernisko *ns.* sternĭ

ščerńe *os.* sternĭ

še *nsl.* ješte

šećer *s.* cukŭrŭ

šedý *č.* sêdŭ

šega *b.* šenga

šegetati *nsl.* skŭk-

šel *nsl.* ched-

šeleh *wr.* sklengŭ
šeljuh *klr.* sklengŭ
šělomъ *r.* šelmŭ
šelyga *asl.* solyga
šeľah *klr.* sklengŭ
šen *ns.* nŭ
šen *nsl.* pŭch-
šent *nsl.* sanitŭ
šepetati *nsl.* šĭp-
šeplavý *č.* svib-
šept *č.* šĭp-
šerad *č.* skarendŭ
šerak *wr.* sêrakŭ
šereg *nsl.* šerenga
šerechatyj *klr.* šerch- 1
šeren ·*klr.* sernŭ
šerešъ *r.* srêg-
šerchać *wr.* serch- 1
šerstъ *r.* serstï
šeršavyj *r.* serch- 1
šeršeň *os. ns. klr.* serch- 2
šery *ns.* sêrŭ 1
šerý *č.* sêrŭ 1
šeryj *wr.* sêrŭ 1
šestja *klr.* čenstï
šetati se *nsl.* šent-
šev *nsl.* ši-
šęga *asl.* šenga
šętati sę *asl.* šent-
šiba *wr.* skyva
šibal *č.* chyba
šibenice *č.* šiba
šiditi *č.* šud-
šilhati *č.* škil-. chyl-
šiljati *s.* sŭl- 1
šilo *asl.* ši-
šimla *s.* šindra
šindel *č.* šindra
šírá se *č.* sêrŭ 1
škadanj *kr.* skedenï
škaf *nsl.* skopŭ
škala *kr.* skala 2
škale *kr.* skelija
škandêla *nsl.* skondêlŭ
škanjac *s.* kanja
škap *wr.* skopŭ
škara *nsl.* sker-
škarba *os.* sker-

škaredý *č.* skarendŭ
škarje *nsl.* skara 1
škarpetka *wr.* skarpeta
škařupa *č.* skorlupa
škedenj *nsl..* skedenï
škeli *wr.* skel- 1
škelič *wr.* skel- 1
škelъ *r.* skel- 1
škerjeda *os.* skarendï
škeřiti *č.* sker-
škilec *nsl.* chyl-
škiryty *klr.* sker-
škirjak *klr.* sker-
škło *wr.* stïklo
šklbať *slk.* skub-
škleb *č.* skolb-
šklubati *č.* skub-
škoba *klr.* skoba
škobronk *ns.* skvornŭ
škobrunek *č.* skvornŭ
škocjan *nsl.* sanitŭ
škodêla *nsl.* skondêlŭ
škoť *nsl.* biskupŭ
škofija *p.* skuvija
škopac *s.* skopïï
škora *ns.* skora
škorc *os. ns.* skvor-
škorec *nsl.* skvor-
škorenj *nsl.* skorïnï
škorłupa *wr.* skorlupa
škorodej *os.* skorda. skvorda
škorupina *nsl.* skorlupa
škot *klr.* skotu 2
škrabati *nsl.* skreb-
škrablja *nsl.* korbija
škraljušt *nsl.* skorlupa
škralúp *slk.* skorlupa
škramast *kr.* skormŭ
škranja *nsl.* skormŭ
škrat *nsl.* skratŭ
škrátek *č.* skratŭ
škrba *nsl.* skerbŭ
škrbav *s.* skerbŭ
škrgala *nsl.* skreg-
škrgut *s.* skreg-
škrgutati *nsl.* skreg-
škrhati *č.* skreg-
škrilj *kr.* skrylï

škrinja *nsl.* skrinija
škripati *nsl.* skrip-
škripotaš *ns.* skrip-
škrl *nsl.* skrylï
škrlet *s.* skerlato
škrlúp *nsl.* skorlupa
škrob *č.* skrobŭ
škrobánek *č.* skvornŭ
škrobotati *nsl.* skrobotŭ
škrok *s.* korkŭ
škrono *ns.* skornija
škropiti *nsl* kropi-
škrpijun *kr.* skorpij
škrtati *č.* skreg-
škrupinka *č.* skorlupa
škŕeć *os.* skver-
škŕeš *ns.* skver-
škubati *č.* skub-
škula *č.* skula 2
škulj *nsl.* skula 2
škulja *kr.* skula 2
škura *klr. r.* skora
škvar *č.* skver-
škvariť *r.* skver-
škvark *ns.* skver-
škvarokъ *r.* skver-. skvor-
škvařiti *č.* skver-
škvorec *nsl.* skvor-
škvorka *r.* skver-
škvrna *č.* skverna
škyryty *klr.* sker-
škytati *č.* skjŭk-
šłyjka *klr.* slja
šlak *č.* slakŭ
šle *č.* slja
šlez *os.* slêzŭ
šlemъ *asl.* šelmŭ
šljeme *s.* selmen
šliž *č.* sližï
šljiva *s.* sliva
šljuka *s.* slonka
šljuzъ *r.* sljuzŭ
šľijka *klr.* slja
šľub *klr.* ljub-
šmak *č.* smakŭ
šmelъ *r.* čïmelï
šmerkous *č.* smigurstŭ
šmouriti *č.* smurŭ

šmrk *s.* smerk- 2
šmrkelj *nsl.* smęrk- 2
šmŕek *os.* smerkŭ
šmŕok *ns.* smerkŭ
šnarľ *ns.* sternadŭ
šoba *nsl.* čuba
šoja *nsl.* soja
šołk *klr.* šelkŭ
šolomъ *r.* šelmŭ
šorošъ *r.* srêg-
šoter *nsl.* čadŭrŭ
šovъ *r.* ši-
špag *s.* čŭpagŭ
špaga *r.* spata
špaha *klr.* spata
špar *č.* čŭparogŭ
špegati *nsl.* spega-
špeh *č.* spega-
špica *nsl.* spica
špijati *nsl.* spega-
špijun *s.* spega-
špila *nsl.* spila
špiža *nsl.* spenŭza
špjeńc *ns.* pen-
špug *s.* pelz-
špyća *klr.* spica
špyľ *klr.* spilja
štapъ *asl.* stapŭ 1
štedjeti *s.* skend-
štedrъ *asl.* skend-
šteta *b.* tŭsk-
štędêti *asl.* skend-
štędije *asl.* čendo
štěbati *č.* štĭb-
štědrý *č.* skend-

štěp *č.* skep-
štěpiti *č.* skep-
štěrb *č.* skerbŭ
štěřiti *č.* sker-
štěstí *č.* čenstĭ
štět *č.* štet-
štêti *nsl.* čĭt-
štika *č.* štuka
štipati *asl.* štĭp-
štíply *č.* štuplŭ
štir *nsl.* šturŭ
štír *č.* šturŭ
štíra *slk.* stera
štirkinja *s.* stera
štít *č.* štitŭ
štiti *s.* čĭt-
štljag *ar.* sklengŭ
štmel *č.* čĭmelĭ
štora *r.* stora
štorja *nsl.* stora
štorklja *nsl.* sterkŭ
štrbina *slk.* skerbŭ
štrcaljka *s.* streka-
štric *nsl.* rêt-
štrija *nsl.* striga
štrk *nsl.* sterkŭ
štrkati *nsl.* strek- 2
štroh *nsl.* sterkŭ
štrojiti *s.* stroj
štrъb *b.* skerbŭ
štrъbъ *asl.* skerbŭ
štrъk *b.* sterkŭ
štrъknъl *b.* sterk- 1
študo *asl.* tjudo
študъ *asl.* tjudŭ

študь *asl.* tjudĭ
štukati se *s.* skjŭk-
štukъ *asl.* stukŭ
štutiti *asl.* tjut-
študžь *asl.* tjudjŭ
štváti *č.* štŭ-
štvorty *os.* četyri
štyr *ns.* sternŭ
štьбьtati *asl.* štĭb-
štьlęgъ *asl.* sklengŭ
štьnạti sę *asl.* štĭp-
šťastný *č.* čenstĭ
šťáva *č.* štavŭ
šťkáti *č.* skjŭk-
šťukati *č.* skjŭk-
šuba *č.* čuba
šułьga *r.* šuj
šurček *slk.* sverk-
šuvak *s.* šuj
švajka *klr.* ši-
švalja *s.* ši-
švanjiti se *s.* svŭ
švarok *klr.* skver-
švec *č.* ši-
šverč *ns.* skverk-
šverkati *č.* sverk-
švestka *č.* češpa
švrk *č.* smerkŭ
šъl *b.* ched-
šъv *b.* ši-
šybka *klr.* skyva
šьdъ *asl.* ched-
šьvьcь *asl.* ši-

Ś.

śabruk *wr.* sjabrŭ
śac *ns.* tek- 1
ściana *p.* stêna
ściegno *p.* stĭgno
ścielę *p.* stel-
ścierka *p.* ter-
ścierń *p.* sternĭ
ścierw *p.* stervo
ścież *p.* stogŭ

ścieža *p.* stogŭ
ścieżaj *p.* stogŭ
ścieżka *p.* stĭdza
ścięgno *p.* stĭgno
ścignać *p.* stig-
śćmiel *p.* čĭmelĭ
śegnuś *ns.* teng-
śič *klr.* sêčĭ
śidło *klr.* sed-

śidyj *klr.* sêdŭ
śijaty *klr.* sê- 1
śiku *klr.* sek- 2
śino *klr.* sêno
śira *klr.* sêrŭ 1
śisty *klr.* sed-
śituja *klr.* sêta
śkło *p.* stĭklo
śklanka *p.* stĭklo

śla *p.* slja	śmierzk *p.* merk-	śvit *klr.* svɪt·
ślad *p.* slêdŭ	śmierzyć *p.* mêri-	świat *p.* svɪt·
ślak *p.* slakŭ	śmietana *p.* ment·	światło *p.* svɪt·
ślaz *p.* slêzŭ	śmigły *p.* smig-	świdwa *p.* sviba
śląknąć *p.* lenk- 2	śmilstwo *p.* smil-	świeboda *p.* svŭ
ślązak *p.* slengŭ	śniady *p.* smêdŭ	świeca *p.* svɪt·
ślązk *p.* slengŭ	śniedź *p.* smêdŭ	świecić *p.* svɪt·
ślebodny *p.* svŭ	śnieg *p.* snêgŭ	świekier *p.* svŭ
śledziona *p.* selz- 1	śoply *ns.* tep- 2	świepet *p.* svepetŭ
śledź *p.* seldɪ	śpa *ns.* istŭba	świergotać *p.* sverk-
ślemię *p.* selmen	śpiać *p.* spê-	świerk *p.* smerkŭ
ślepy *p.* slêpŭ	śpica *p.* spica	świerk *p.* sverk-
ślęczeć *p.* slonkŭ	śpieg *p.* spega-	świerszcz *p.* sverk-
ślina *p.* slina	śpiech *p.* spê-	świerzbieć *p.* sverb-
śliwa *p.* sliva	śpień *p.* pen-	świerzepa *p.* sverp·
ślizki *p.* skliz-	śpik *p.* spikŭ	świeść *p.* svŭ
śliż *p.* sližŭ	śpik *p.* sŭp- 1	świeży *p.* svêžɪ
ślub *p.* ljub-	śpila *p.* spilja	święty *p.* sventŭ
ślusarz *p.* sljusarɪ	śpiża *p.* spenŭza	świnkarz *p.* svinija
ślid *klr.* slêdŭ	śrzeż *p.* srêg-	świokier *p.* svŭ
śma *ns.* tema	śrzeżoga *p.* srêg-	świren *p.* svirŭnŭ
śmiać *p.* smi-	śrzeż *p.* srêg-	świst *p.* svist·
śmieć *p.* smê-	śrzoda *p.* serdo	świstun *p.* svist·
śmiech *p.* smi-	śrzon *p.* sernŭ	świt *p.* svɪt·
śmierdzieć *p.* smerd-	śuda *klr.* sjŭ	śzreń *p.* sernŭ

T.

tač *b.* tači-	taliti se *nsl.* ta- 2	tardlić *p.* ter-
tačatь *r.* tek- 1	talov *č.* talogŭ	tarelka *r.* talêrŭ
táčeti *č.* tek- 1	talur *b.* talêrŭ	targ *p.* tergŭ
tačka *s.* tŭk- 2	talъ *asl.* ta- 2	targać *p.* terg-
táčka *č.* tek- 1	talyj *r.* ta- 2	tarica *nsl.* ter-
tah *č.* teng-	tama *s.* tema	tarka *p.* ter-
táhnouti *č.* teng-	tamga *ar.* damga	tarkot *p.* ter-
taiti *asl.* ta- 1	tamjan *s.* tɪmijanŭ	tarło *p.* ter-
taj *č.* ta- 1	tamo *asl.* tŭ 1	arliś *ns.* ter-
tajati *asl.* ta- 2	tamoku *wr.* kŭ 1	tarn *p.* ternŭ
tajstra *p. wr. r.* kajstra	tamožnja *r.* damga	tarnąć *p.* terp- 1
tak *p.* tek- 1	tanak *s.* ten- 2	tarnuti *s.* ter-
takati *asl.* tek- 1	tanjir *kr.* talêrŭ	tarpoš *s.* serpanka
takmen *kr* tŭk- 3	tanur *s.* talêrŭ	tast *nsl.* tɪstɪ
taknuti *s.* tŭk- 2	tanystra *č.* kajstra	tašt *s.* tŭsk-
takъ *asl.* tŭ 1	taporь *r.* pora	tatvina *nsl.* ta- 1
talac *s.* talɪ	tar *s.* ter-	tatь *asl.* ta- 1
tálec *č.* ta- 1	tara *s.* ter-	taviš *ns.* ta- 1
taliga *b.* telêga	tarcica *p.* ter-	tázati *č.* teng-

tažiti *nsl.* tel-	teper *klr.* pervŭ	tęgota *asl.* teng-
tǫča *asl.* tonča	teperь *r.* pervŭ. tŭ 1	tęgъ *asl.* teng-
tądê *asl.* tŭ 1	tepić *os.* top-	tęgъčiti *asl.* teng-
tąga *asl.* teng-	teplъ *asl.* tep- 2	tęchnąć *p.* tonch- 2
tągъ *asl.* teng-	teprv *č.* pervŭ. tŭ 1	tępy *p.* tompŭ
tąpanъ *asl.* tompanŭ	tepřiva *č.* pervŭ	tęskny *p.* tŭsk-
tąpъ *asl.* tompŭ	teptati *nsl.* tŭp-	tęten *p.* tont-
tąšiti *asl.* tonch- 1	tepъčija *asl.* tep- 3	tęti *asl.* ten- 1
tątьnъ *asl.* tont-	terač *nsl.* ter-	tętiva *asl.* tentiva
tążiti *asl.* teng-	teram *b.* têrja-	tęzati *asl.* teng-
tążyć *p.* teng-	terba *s.* ter-	tęža *asl.* teng-
tčec *kaš.* čьt-	terč *č.* tarča	tężakъ *asl.* teng-
tecivo *s.* tek- 1	terebitъ *r.* terbŭ 1	tężati *nsl.* teng-
teča *r.* tek- 1	terebuła *klr.* krebulĭcĭ	tężьkъ *asl.* teng-
tečaj *nsl.* tek- 1	terebyty *klr.* terbŭ 1	tĕhař *č.* teng-
tečati *nsl.* tŭk- 2	terem *s.* mŭ	têkati *asl.* tek- 1
tečen *nsl.* tek- 3	teremъ *r.* termŭ	tĕkavý *č.* tek- 1
tečevina *s.* tek- 1	terety *klr.* ter-	tênja *nsl.* stĕnĭ
tedaj *nsl.* tŭ 1	terezvyj *r.* terzvŭ	tênь *r.* stĕnĭ
tedym *os.* mŭ-	tergaš *ns.* terg-	tĕrcha *č.* terchŭ
teg *nsl.* teng-	terhać *os.* terg-	têskъ *asl.* tisk-
teginja *nsl.* teng-	terilja *nsl.* ter-	têskъnъ *asl.* tisk-
teglja *b.* teng-	teritva *nsl.* ter-	tĕšiti *asl.* tichŭ
teglo *b.* teng-	terka *r.* ter-	tĕšiti *č.* tichŭ
tegna *b.* teng-	terpugъ *r.* ter-	têštiti *asl.* tisk-
tegoba *s.* teng-	tesko *klr.* tŭ 1	tĕtiva *č.* tentiva
tehta *nsl.* teng-	tesьma *r.* tasma	tĕž *č.* teng-
tehtnica *nsl.* teng-	tešč *nsl.* tŭsk-	tĕžký *č.* teng-
tejko *b.* tati	teškati se *s.* teng-	thor *nsl.* dŭch-
tek *nsl.* tek- 3	tešť *č.* tŭsk-	tchlić *wr.* tonch-
teką *asl.* tek- 1	teterevъ *r.* tetervĭ	ticati *asl.* tek- 1
teklь *asl.* tek- 1	teti *asl.* tep- 3	ticati *s.* tŭk- 2
tekmati *nsl.* tŭk- 3	tetrêvъ *asl.* tetorvĭ	tič *b.* tek- 1
tekna *b.* tek- 2	tetřev *č.* tetervĭ	tič *s.* pŭtŭ
teknoti *nsl.* tek- 3	teza *nsl.* teng-	tĭh *č.* tong-
tekun *kr.* tek- 1	teza *r.* tŭ 1	tihla *č.* cigŭlŭ
tekunica *s.* tek- 1	tezmati *s.* teng-	tihota *č.* teng-
tekutý *č.* tek- 1	teža *nsl.* teng-	tijam *nsl.* mŭ
tekъ *asl.* tek- 1	težati *nsl.* teng-	tijesan *s.* tisk-
telaja *r.* telent	težčati se *nsl.* teng-	tik *nsl.* tŭk- 2
telę *asl.* telent	težek *nsl.* teng-	tĭkev *nsl.* tyky
telica *b.* telent	tęcza *p.* tonča	tin *č.* stĕnĭ
teliha *klr.* telêga	tędy *p.* tŭ 1	tina *b.* nŭ
temblak *p.* temljakŭ	tęga *p.* teng-	tinati *asl.* ten- 1
temriva *s.* tema	tęga *p.* tonga	tinja *nsl.* stĕnĭ
tenek *nsl.* ten- 2	tęgi *p.* teng-	tĭpec *č.* pipka
teniti *nsl.* ten- 2	tęgnąti *asl.* teng-	tipsa *s.* stĭpsa
tepać *p.* tŭp-	tęgos *asl.* teng-	tipunъ *r.* pipka

34

tir *nsl.* ter-

tirati *asl.* ter-

tirka *r.* ter-

tisíc *č.* tysonšta

tisoča *nsl.* tysonšta

tištati *asl.* tisk-

titi *kr.* tŭ 2

títi *č.* ten- 1

titьka *r.* cica

tíž *č.* teng-

tjagatь *r.* teng-

tjaglo *r.* teng-

tjagota *r.* teng-

tjamitь *r.* têm-

tjanutь *r.* teng-

tjativa *r.* tentiva

tjaža *r.* teng-

tjaželyj *r.* teng-

tjažь *r.* teng-

tjeden *nsl.* tŭ 1

tještiti *s.* tisk-

tkati *nsl.* tŭk- 1

tkeja *r.* tŭk- 1

tknąć *p.* tŭk- 2

tknouti *č.* tŭk- 2

tknutь *r.* tŭk- 2

tkunja *kr.* gdunije

tkwić *p.* tŭk- 2

tłok *p.* telk- 1

tłoka *p.* telk- 2

tłuk *p.* telk- 1

tłukę *p.* telk- 1

tłum *p.* telmŭ

tłusty *p.* telstŭ

tlačiti *asl.* telk- 1

tlak *nsl.* telk-

tlaka *nsl.* telk- 2

tleć *p.* tьl-

tlêti *nsl.* tьl-

tlíti *č.* tьl-

tlja *r.* tьl-

tlo *nsl.* tьlo

tłoukati *č.* telk- 1

tloušť *č.* telstŭ

tluku *č.* telk- 1

tlumač *č.* tŭlmačь

tlumok *č.* telmŭ

tlustý *č.* telstŭ

tłъcati *asl.* telk- 1

tłъka *b.* telk- 2

tłъką *asl.* telk- 1

tłъkъ *asl.* tŭlkŭ

tłъmačь *asl.* tъlmači

tłъpa *asl.* telpa

tłъstъ *asl.* telstŭ

tłъšta *asl.* telstŭ

tmuščij *wr.* tema

tnało *nsl.* ten- 1

tnem *nsl.* ten- 1

tnu *č.* ten- 1

tnuć *wr.* ten- 1

tocilj *s.* tek- 1

toča *nsl.* tonča

toča *r.* tŭk- 1

točac *s.* tek- 1

točilo *b.* tek- 1

točiti *asl.* tek- 1

točka *r.* tŭk- 2

točka *b.* tek- 1

točь *r.* tŭk- 3

togava *b.* mŭ

togota *nsl.* teng-

tojci *asl.* tŭ 1

tokar *klr.* tek- 1

tokarz *p.* tek- 1

tokilo *r.* tek- 1

tokma *klr.* tŭk- 3

tokъ *asl.* tek- 1

tołku *klr.* telk- 1

tołkuvaty *klr.* tŭlkŭ

tołoka *klr.* telk- 2

tołokno *p.* telk- 1

tołstyj *klr.* telstŭ

tolažiti *nsl.* tel-

tolčem *nsl.* telk-

tolige *nsl.* telêga

tolikъ *asl.* tŭ 1

toliti *asl.* tel-

tolitь *r.* tel-

tolkъ *r.* tŭlkŭ

tolmač *nsl.* tŭlmačь

toločaj *r.* telk- 1

toločь *r.* telk- 1

tolokno *r.* telk- 1

tolokъ *r.* telk- 1

tolpa *r.* telpa

tolst *nsl.* telstŭ

tolypatь sja *r.* telpa

ton *nsl.* nŭ

ton *ns.* ten- 1

tonąć *p.* top-

tonąti *asl.* top-

tonia *p.* top-

tonitь *r.* ten- 2

tonkij *klr.* ten- 2

tonoto *asl.* teneto

topir *nsl.* netopyrь

topiti *nsl.* top-

toplъ *asl.* tep- 2

toprv *s.* tŭ 1

tor *b.* ter-

toranj *s.* torьnь

torčatь *r.* sterk- 1

torčmja *r.* sterk- 1

torej *nsl.* i 1

torêtь *r.* ter-

torgatь *r.* terg-

torgъ *r.* tergŭ

torišče *nsl.* terg-

torklja *nsl.* ontorŭ

torochnutь *r.* torch- 2

toroka *klr.* torkŭ

toropôt *klr.* torp- 2

toropъ *r.* torp- 3

torotoritь *r.* tortor-

toska *r.* tŭsk-

toščatь *r.* tŭsk-

toščyj *klr.* tŭsk-

touha *č.* teng-

touliti *č.* tuli-

tov *s.* tŭ 2

tôdi *nsl.* tŭ 1

tôg *nsl.* teng-

tôga *nsl.* teng-

tôp *nsl.* tompŭ

tôžiti *nsl.* teng-

tracz *p.* ter-

tradać *os.* strad-

trafta *p.* tratva

trach *os.* stras-

trakъ *asl.* torkŭ

trapić *p.* terp- 2

trapiti *nsl.* terp- 2

trapĺa *wr.* trefitrátoriti *č.* tortor-

trava *asl.* trŭ- 1

traviti *asl.* trŭ- 1

travitь *r.* trŭ- 2

travja *b.* trŭ- 1

trąba *asl.* tromba

trącić *p.* trontŭ 1

trąd *p.* trondŭ 1

trąd *p.* trontŭ 2

trądъ *asl.* trondŭ 1

trądъ *asl.* trondŭ 2

trąsŭ *asl.* trens-

trątъ *asl.* trontŭ 2

trbuh *s.* trĭbucha

trbulja *s.* krebulĭcĭ

trčati *nsl.* terk 1

trčeti *č.* sterk- 1

trd *nsl.* tverdŭ

trdlo *č.* ter-

trebê *nsl.* terbŭ 2

trebovatь *r.* terbŭ 2

trebuchъ *r.* trĭbucha

trenoti *nsl.* trep- 1

trepna *b.* trep- 1

tresem *nsl.* trens-

treskt *č.* trŭskŭtŭ

tresť *č.* trŭstĭ

trešnja *s.* čersja

treść *p.* strŭdŭ

treść *p.* trŭstĭ

tręsą *asl.* trens-

trętwa *p.* drontvi-

trętwić *p.* drontvi-

trêba *r.* terbŭ 2

trêbiti *asl.* terbŭ 1

trêbъ *asl.* terbŭ 1. 2

trêbьnikъ *asl.* terbŭ 2

trêmъ *asl.* termŭ

trêti *asl.* ter-

trêzvъ *asl.* terzvŭ

trg *nsl.* tergŭ

trgati *nsl.* terg-

trh *č.* terg-

trh *č.* tergŭ

trh *nsl.* terchŭ

trhati *č.* terg-

tricę *asl.* ter-

trijem *s.* termŭ

trijesla *kr.* čersja

trijezan *s.* terzvŭ

trina *s.* ter-

trinog *nsl.* noga

tripavica *kr.* trep- 1

triska *klr.* trêsk- 1

tristrьk *b.* stronka

trizъ *nsl.* zima

trjaki *nsl.* turŭ

trjasty *klr.* trens-

trk *s.* terk- 1

trkati *nsl.* sterk- 2

trkati *nsl.* terk- 2

trlica *nsl.* ter-

trlja *nsl.* trelja·

trljati *s.* ter-

trlo *s.* ter-

trn *nsl.* ternŭ

trnac *nsl.* tornacŭ

trnoti *nsl.* trep- 3

trnuti *s.* terp- 1

trobe *nsl.* trêbjes

trojić *os.* stroj

trojity *klr.* trŭ- 1

troki *p.* torkŭ

tronutь *r.* trog-

trop *s.* dropŭ

trop *nsl.* trep- 2

tropine *s.* dropŭ

tropol *s.* pola 2

tropot *b.* trep- 2

troska *nsl.* droždiję

troskev *nsl.* droždiję

trostruk *s.* stronka

trosť *klr.* trŭstĭ

trouba *č.* tromba

troud *č.* trondŭ 2

trout *č.* trontŭ 2

troutiti *č.* trontŭ 1

trov *s.* trŭ- 1

trovyty *klr.* trŭ- 1

trôba *nsl.* tromba

trôd *nsl.* trondŭ 1

trôsiti *nsl.* trens-

trôt *nsl.* trondŭ 2

trôt *nsl.* trontŭ 2

trpati *s.* trŭp-

trpeza *s.* trapeza

trpêti *nsl.* terp- 2

trpôtec *nsl.* pontĭ

trs *nsl.* tersŭ

trsiti se *nsl.* ters-

trst *nsl.* trŭstĭ

trš *s.* teršĭ

trta *nsl.* terta

trti *s.* ter-

truba *s.* tromba

trucina *p.* trŭ- 1

truć *p.* trŭ- 1

trud *č.* trondŭ 1

trud *s.* trondŭ 2

truha *os.* srŭ-

truhač *os.* strŭg-

truchnuti *s.* troch-

truić *wr.* trŭ- 1

truk *os.* stronkŭ

trumjeń *os.* srŭ-

truna *os.* struna

trus *č.* trens-

trušje *nsl.* truch- 3

trut *s.* trondŭ 1

trut *s.* trontŭ 2

trutenь *r.* trontŭ 2

trŭti *asl.* trŭ- 1

trutъ *r.* trondŭ 2

trutyty *klr.* trontŭ 1

trvati *č.* tra-

trvenik *s.* ter-

trwoga *p.* trĭvoga

trzcina *p.* trŭstĭ

trzebić *p.* terbŭ

trzeć *p.* ter-

trzem *p.* termŭ

trzemcha *p.* čermŭcha 1.

trzemucha *p.* čermŭcha 2

trześnia *p.* čersja

trzewik *p.* červjŭ

trzewo *p.* červo

trzezwy *p.* terzvŭ

trzęsę *p.* trens-

trzmić *p.* stremŭ

trzmiel *p.* čĭmelĭ

trznadl *p.* sternadŭ

trznąć *p.* drist-

trzoda *p.* čerda 2

trzon *p.* čern- 1

34*

trzon *p.* černŭ 3	třeła *os.* strêla	ʌust *s.* telstŭ
trzon *p.* černŭ 4	třic *os.* strig-	tušiti *č.* tuch-
trzop *p.* čerpŭ	třoba *nsl.* terbŭ 2	tušitь *r.* tonch- 1
trzos *p.* čersŭ	tsjecha *os.* strêcha	tutanj *s.* tont-
trzosła *p.* čerslo	tskný *č.* tŭsk-	tutъ *r.* dudŭ 1
trzosło *p.* čert-	tszczy *p.* tŭsk-	tuža *ns.* teng-
trzowo *p.* červo	tšadaš *ns.* strad-	tužba *č.* teng-
trzpiot *p.* trep- 1	tšach *ns.* stras-	tuždь *asl.* tjudjŭ
trztaczka *p.* drist-	tščeta *r.* tŭsk-	tvarь *asl.* tvorŭ
trzuskać *p.* drist-	tščij *wr.* tŭsk-	tverezyj *klr.* tverzŭ
trъba *b.* tromba	tšecha *ns.* strêcha	tvjela *os.* antvila
trъbuha *asl.* trĭbucha	tješńa *os.* čersja	tvrdý *č.* tverdŭ
trъgati *asl.* terg-	tšmjeń *os. ns.* stremen	tvrъdъ *asl.* tverdŭ
trъgna *b.* terg-	tšnarľ *ns.* sternadŭ	twardý *p.* tverdŭ
trъgъ *asl.* tergŭ	tšojiš *ns.* stroj	tъčiją *asl.* tŭk- 3
trъhъtъ *asl.* trŭchŭtĭ	tšuga *ns.* srŭ-	tъčka *asl.* tŭk- 2
trъkalo *b.* terkolo	tšugaš *ns.* strŭg-	tъčьnъ *asl.* tŭk- 3
trъlo *b.* ter-	tšuk *ns.* stronkŭ	tъga *b.* teng-
trъnъ *asl.* ternŭ	tšuna *ns.* struna	tъgda *asl.* tŭ 1
trъpêti *asl.* terp- 2	tšmjel *ns.* čĭmelĭ	tъhorь *asl.* dŭch
trъpъkъ *asl.* terp- 2	tšmjeń *ns.* čĭmelĭ	tъka *b.* tŭk- 1
trъs *b.* trens-	tu *asl.* tŭ 1	tъkalo *asl.* tŭk- 2
trъstь *asl.* trŭstĭ	tucati *s.* telk- 1	tъkati *asl.* tŭk- 1
trъtorъ *asl.* tertorŭ	tuča *s.* tonča	tъkna *b.* tŭk- 2
trъtrati *asl.* ter-	tučem *s.* telk- 1	tъkътъ *asl.* tŭk- 3
tryna *p.* ter-	tuder *ns.* rŭ 1	tъma *b.* tema
tryti *asl.* ter-	tudj *s.* tjudjŭ	tъnъk *b.* ten- 2
tryvaty *klr.* tra-	tuflja *r.* pantofŭ	tър *b.* tompŭ
třásně *č.* strensnja	tuga *s.* teng-	tъpan *b.* tompanŭ
třeba *č.* terbŭ 2	tugij *r.* teng-	tъpati *asl.* tŭp-
tředa *č.* čerda 2	tuha *klr.* teng-	tъsknati *asl.* tŭsk-
třenka *č.* černŭ 4	tuhnouti *č.* teng-	tъštefa *asl.* tŭsk-
třenov *č.* čern- 1	tuhý *č.* teng-	tъštь *asl.* tŭsk-
třenovec *č.* čern- 1	tuhyj *wr.* teng-	tъža *b.* teng-
třep *č.* čerpŭ	tuchnouti *č.* tonch- 2	tyć *p.* tŭ- 2
třesu *č.* trens-	tuchnuć *wr.* tonch- 1	týden *č.* tŭ 1
třešně *č.* čersja	tuchnutь *r.* tonoh- 2	tydzień *p.* tŭ 1
třeštěti *č.* trêsk- 1	tuchnyć *os.* tonch- 2	tychyj *klr.* tichŭ
třeví *č.* červjŭ	tuj *nsl.* tjudjŭ	tyk *p.* tŭk- 2
třevíc *č.* červjŭ	tukaj *nsl.* kŭ 1	tyka *č.* tŭk- 2
třevo *č.* červo	tukъ *asl.* tŭ- 2	tykati *nsl.* tŭk- 2
třez *č.* strêzŭ	tułup *p.* tulovĭ	tymjo *os.* timêno
třída *č.* čerda 2	tulić *p.* tuli-	tyrch *klr.* terchŭ
tříska *č.* drist-	tulikaj *nsl.* dje	tyrlo *r.* ter-
třiska *č.* trêsk- 1	tuná *slk.* mŭ	tysašta *asl.* tysonšta
třislo *č.* čerslo	tunja *nsl.* gdunije	tysiąc *p.* tysonšta
tříti *č.* ter-	tup *s.* tompŭ	tysjača *r.* tysonšta
třmen *č.* stremen	tuporylyj *r.* ry-	tyśač *klr.* tysonšta

tyti *asl.* tŭ- 2
tyvun *klr.* tijunŭ
tьliti *asl.* tĭl-
tьlja *asl.* tĭl-

tьlo *asl.* tĭlo
tьma *asl.* tema
tьпъкъ *asl.* ten- 2
tьstь *asl.* tïstĭ

tьšta *asl.* tïstĭ
tьzь *asl.* tŭ 1

T̕.

ťahnuty *klr.* teng-
ťahota *klr.* teng-
ťaknuty *klr.* tek- 3
ťamka *klr.* têm-
ťamyty *klr.* têm-

ťaty *klr.* ten- 1
ťava *č.* deva
ťažba *klr.* teng-
ťilo *klr.* têlos
ťimenyća *klr.* timênо

ťimja *klr.* têmen
ťisto *klr.* têsto
ťitka *klr.* teta

U.

uberega *r.* berg-
ubior *p.* ber-
ublížiti *č.* blizna
ubljudokъ *r.* blend-
ubogъ *asl.* bogŭ. u 4
uboj *asl.* bi-
úbor *č.* omborŭ
uborak *kr.* omborŭ
uborok *klr.* omborŭ
uborъ *r.* ber-
uborъkъ *ar.* omborŭ
ubrdać *p.* bred-
ubrisati *s.* brŭs-
ubrus *b.* brŭs-
ubrusъ *asl.* brŭs-
ubytъkъ *asl.* by-
úcta *č.* čĭt-
uczastek *p.* čenstĭ
uczęstwo *p.* čenstĭ
uczta *p.* čĭt-
učaďity *klr.* čadŭ
učastь *r.* čenstĭ
uččivo *wr.* čĭt-
učiti *asl.* vyk-
učknutь *r.* štĭp-
učta *wr.* čĭt-
učěki *wr.* tek- 1
uda *klr.* onda
udaja *nsl.* da-

udaliti *asl.* dal-
udariti *asl.* der-
udarъ *r.* der-
uderac *kr.* der-
udeřiti *č.* der-
udica *s.* onda
udilo *r.* onda
uditi *č.* vend-
udobelêti *asl.* debelŭ
udobь *asl.* doba
udodъ *r.* vŭdodŭ
údol *č.* on
udolêti *asl.* dolê-
udolny *p.* dolê-
udorac *kr.* der-
udorobь *r.* dorbŭ. on
udova *s.* vïdova
udrihati *nsl.* der-
udriti *kr.* der-
udrja *b.* der-
udyritь *r.* der-
ufać *p.* pŭva-
ufam se *b.* pŭva-
ufnosť *klr.* pŭva-
ugal *s.* onglŭ
ugalj *s.* onglĭ
ugar *s.* ongrŭ 1
ugar *nsl.* gor-
uglêbljevati *asl.* glĭb-

ugljen *kr.* onglĭ
uglnąć *p.* glĭb-
ugolъ *r.* onglŭ
ugolь *r.* onglĭ
ugonobiti *nsl.* gonoba
ugor *s.* ong-
ugorъ *r.* ong-
ugorь *r.* ongrŭ 2
ugrin *b.* ongrŭ 1
ugrk *s.* ongrŭ 2
úhel *č.* onglŭ
uher *č.* ongrŭ 1
uher *č.* ongrŭ 2
uhoł *klr.* onglŭ
uhoľ *klr.* onglĭ
uhor *klr.* ong-
úhoř *č.* ong-
ucha *r.* jucha
uchovert *klr.* vert-
ukljužij *r.* kljudi-
ukorъ *asl.* kori-
ukropъ *asl.* kropŭ 1
ukrot *nsl.* ochrovtŭ
ukrutný *č.* krent-
uksusъ *r.* ocĭtŭ
ukъ *asl.* vyk-
ułogawy *p.* leg- 1
ul *nsl.* oles
ulga *p.* leg- 2

uljika *s.* olika	upyŕ *klr.* vampirü	ustřice *č.* ostrej
ulka *r.* ulica	ura *nsl.* ora 1	usugljady *r.* son
ulogarka *b.* leg- i	urągać się *p.* reng-	uszczknąć *p.* štïp-
ulozi *s.* leg- 1	urečy *klr.* rek-	usъ *r.* onsü
uľha *wr.* leg- 2	ured *s.* rendü	usъnąti *asl.* süp- 1
umak *s.* mok-	uren *nsl.* ora 1	usypati *asl.* süp- 1
uman *nsl.* manü 1	ures *kr.* rensa	usypitь *r.* süp- 1
umatati *kr.* mota-	uresica *b.* orisica	uš *s.* vüšï
umertъ *r.* mer- 1	urma *s.* churma	uščenoti *nsl.* štïp-
umiarty *kaš.* mer- 1	uročêsam *b.* rek-	uščerbъ *r.* skerbü
umilja se *b.* milü	úroda *č.* rodü 2	ušen *nsl.* püch-
umlъknąti *asl.* melk-	uroda *klr.* rodü 2	úškleba *č.* skolb-
úmor *č.* mer- 1	urodъ *r.* rodü 1	ušnuti se *s.* štïp-
umouliti *č.* mulü 2	uroja *kr.* rodü 2	uštap *s.* štïp-
umrće *s.* mer- 1	urokъ *asl. r.* rek-	uštknouti *č.* štïp-
umrela *b.* omrela	úrožaj *klr.* rodü 2	ušьdъ *asl.* ched-
umrêl *b.* mer- 1	uroždaj *r.* rodü 2	uście *p.* ched-
umužiti *nsl.* mêzga	urudovatь *r.* orondije	utal *kr.* ontlü
umъdnąti *asl.* müd-	uruha *wr.* reng-	utega *s.* teng-
umyčnikъ *r.* mük-	urvina *s.* rü- 2	utegnoti *nsl.* teng-
unada *klr.* nadü	urwa *p.* rü- 2	útek *č.* on 1
unaviti *č.* navï	uryv *wr.* rü- 2	úterý *č.* ontorü
unebytiti *asl.* by-	urъknutь *r.* rek-	utęgnąti *asl.* teng-
únor *č.* ner- 1	useknoti *nsl.* senk-	utka *r.* onty
unuk *s.* vünukü	usenyća *klr.* onsü	utłyj *klr.* ontlü
unutar *s.* on 1	useręgü *asl.* useręgü	útlý *č.* ontlü
up *nsl.* püva-	usêvokü *r.* sê- 1	utokъ *r.* tük- 1
upał *p.* pel- 1	usihati *nsl.* süch-	utoliti *s.* tel-
upartować *wr.* per- 5	usisati *s.* süch-	utor *nsl.* on. ter-
upartyj *klr.* per- 5	usjao *s.* si- 1	utornik *s.* ontorü
upati *nsl.* püva-	uskirekъ *r.* sker-	utovь *asl.* onty
úpěti *č.* vüpi-	uskok *nsl.* skokü	utrapъ *asl.* terp- 1
upłaz *p.* pelz-	uskos *s.* kosü 2	utrъnąti *asl.* terp- 1
upodołž *klr.* delgü 1	usobica *r.* svü	utva *b.* onty
upolъ *r.* pol- 1	usodobitь *r.* doba	utvarï *asl.* tvorü
upor *p.* per 5	usoj *s.* si- 1	uća *klr.* onty
úpor *č.* per- 5	usojnica *b.* si- 1	úval *č.* vel- 2
upora *s.* per- 5	usolonьe *r.* sül- 2	uvędati *asl.* vend-
upornyj *r.* per- 5	usov *s.* su- 2	uvêčьe *r.* vêkü
uporъ *r.* per- 5	usrhel *nsl.* serch- 1	uvičyty *klr.* vêkü
upovaty *klr.* püva-	usrъdije *asl.* serdo	uvôz *klr.* vez-
upovatь *r.* püva-	ustraba *asl.* sterb- 1	uvraziti *s.* verz- 3
uprižan *nsl.* priž-	ustrica *r.* ostrej	uvrъt *b.* vert-
úprugij *r.* preng-	ustrk *č.* sterk- 2	uz *s.* vüzü
upruh *wr.* preng-	ustroba *p.* sterb- 1	uzbuna *s.* buntü
upruhýj *klr.* preng-	ustrže *kr.* serg-	uzdobitь *r.* doba
uprzejmy *p.* prêmü	ustrъbnąti *asl.* sterb- 1	uzenina *č.* vend-
upъvati *asl.* püva-	ustryća *klr.* ostrej	uzgъ *r.* onglü

uzkrs *s.* kres-
uzmak *s.* mŭk-
uzrese *s.* rensa
uzrok *nsl.* rek-

už *klr.* ong-
užditi *s.* žeg-
uže *nsl.* u 2
ıžina *klr.* ježı

užina *b. s.* jugŭ
užъ *r.* ong-

V.

vaboljak *s.* oblŭ
vadle *nsl.* dĭl-
vadnouti *č.* vend-
vadzeń *wr.* obadŭ
vajda *klr.* vejtŭ
vajda *klr.* voj
vakъv *b.* ovŭ
vałyk *klr.* vel- 2
valiti *s.* fali-
valiti *asl.* vel- 2
válka *č.* val-
valunъ *r.* vel-
valъ *asl.* vel- 2
van *nsl.* vŭnŭ
vandima *nsl.* bendima
vanger *nsl.* vongarŭ
vánuce *č.* vanoštı
vanouti *č.* vê- 1
vansevnica *kaš.* onsŭ
vantilica *nsl.* antvila
vapiti *s.* vŭpi-
vapъ *asl.* vapsa-
varak *s.* ver- 1
varati *nsl.* var-
varatokъ *r.* ver- 1
varda *b.* var-
vardêti *nsl.* var-
varivo *asl.* ver- 1
varjagъ *r.* varengŭ
varńa *klr.* ver- 1
varovati *asl.* var-
varžet nsl. aržetŭ
varъ *asl.* ver- 1
varъ *r.* ver- 2
varyty *klr.* ver- 1
váře *č.* ver- 1
vasilekъ *r.* bosilĭkŭ
vaskrs *s.* kres-
vasyłok *klr.* bosilĭkŭ
vášeň *č.* vasnı

vataman *klr.* atamanŭ
vazam *s.* vŭzŭmŭ
vázati *č.* enz-
vazda *s.* vısı 1
vážný *č.* vaga
vbylь *r.* by-
včela *nsl.* bŭčela
vdeb *nsl.* vŭdodŭ
vdova *nsl.* vĭdova
veceti *č.* vê- 2
več *nsl.* vent-
veče *s.* vent-
vedmêdь *r.* medŭ
vedmêd *klr.* medŭ
vedno *nsl.* inŭ 1. jedinŭ
vednъšt *b.* jedinŭ
vejce *č.* jaje
vekati *nsl.* venka-
vełet *klr.* voltŭ
velbloud *č.* velьbondŭ
vele *s.* vel- 3
velebný *č.* vel- 3
velij *asl.* vel- 3
velikъ *asl.* vel- 3
veliznyj *wr.* vel- 3
velьmoža *asl.* mog-
ven *č.* vŭnŭ
vendar *nsl.* vid-
vengerecъ *r.* ongrŭ 1
veno *nsl.* inŭ 1. jedinŭ
venomêr *nsl.* jedinŭ
venoti *nsl.* vend-
venuti *s.* vend-
venznouti *č.* nez-
veratь *r.* ver- 3
verbljudъ *r.* velьbondŭ
verečy *klr.* verg-
veredъ *r.* verdŭ 1
veredyty *klr.* verdŭ 1
verej *klr.* ver- 2

veremja *klr.* vermen
veres *klr.* versŭ
veresło *klr.* verz- 1
vcreščaty *klr.* versk-
vereta *klr.* vert- 2
vereteno *klr.* vert- 1
veretišče *r.* vert- 2
vereťaž *klr.* vertengjŭ
verezgъ *r.* versk-
verêja *asl.* ver- 2
vergatь *r.* verg-
veriga *asl.* ver- 2
vermjanyj *klr.* rŭd-
versŧ *klr.* vert- 1
verteľ *klr.* vert- 1
vertlo *r.* vert- 1
vertľuh *klr.* vert- 1
verzty *klr.* ver- 4
ves *nsl.* vısı 2
veselъ *asl.* ves-
veslo *asl.* vez-
vet *s.* vetŭchŭ
vezda *nsl.* ve
vezda *č.* vısı 1
vęnęti *asl.* vend-
vęslo *asl.* enz-
vęštij *asl.* vent-
vęzati *asl.* enz-
věc *č.* veštı
věce *č.* vê- 2
věča *nsl.* vê- 2
věče *r.* vê- 2
vědnouti *č.* vend-
vêdьma *r.* vid-
vêglasъ *asl.* vid-
vêhati *nsl.* vê- 1
vêhet *nsl.* vêch-
vêhlas *č.* vid-
vêhna *b.* vend-
vêcha *č.* vêch-

vêja *asl.* vê- 1
vêmь *asl.* vid-
vêsiti *asl.* vis-
vêstь *asl.* vid-
vêsъ *asl.* vis-
vêštati *asl.* vê- 2
vêšte *asl.* vê- 2
vêštь *asl.* vid-
vêtij *asl.* vê- 2
vêtovats *r.* vê- 2
vêtrilo *asl.* vê- 1
vêtrъ *asl.* vê- 1
vêtvь *asl.* vê- 1
vêtъ *asl.* vê- 2
vêžda *asl.* vid-
vêždь *asl.* vid-
více *č.* vent-
viče *klr.* vê- 2
vičihati *nsl.* küch- 1
vídeň *č.* bečї
vídeň *č.* vêdůnї
viganj *s.* vigůnї
vijeće *s.* vê- 2
vijetati *s.* vê- 2
vik *klr.* vêkŭ
vika *nsl.* vy-
víko *č.* vêko
vilahen *nsl.* lilahenŭ
vile *nsl.* vidla
viljatь *r.* vil-
viľžêć *wr.* velg-
vinagi *b.* inŭ 1
vinbar *klr.* ambarŭ
vinoberma *b.* ber-
vinъgi *b.* jedinŭ
viochna *p.* vїsї 2
virunъ *r.* ver- 4
virutno *klr.* jem-
virъ *asl.* ver- 1
viskam *b.* visk-
visklivъ *asl.* visk-
visokъ *r.* visŭkŭ
vistijarija *asl.* bisterїna
višč *klr.* vid-
viščatь *r.* vїsk-
vit *b.* vi- 1
vitek *nsl.* v⁚ 1
vítěz *č.* vitengŭ

viti *asl.* vi- 1
vїti *nsl.* vy-
vitica *nsl.* vi- 1
vitlǫ̈ti *s.* vi- 1
vitlъ *asl.* vi- 1
vitrą *nsl.* vi- 1
viť *klr.* vê- 1
viva *nsl.* vi- 1
vizgъ *r.* visk-
vjadnyć *os.* vend-
vjachirъ *r.* vend-
vjakaṭ *r.* venka-
vjalyj *r.* vend-
vjanuty *klr.* vend-
vjaščе *r.* vent-
vjatčina *r.* vend-
vjater *klr.* venterї
vjedno *kaš.* jedinŭ
vjerabc *os.* rembŭ
vjunok *klr.* vi- 1
vjurok *klr.* jurŭkŭ
vkaniti *kr.* kani-
vkus *nsl.* kusi-
vładać *wr.* veld-
vładaty *klr.* veld-
vłaba *klr.* velg-
vłok *klr.* velk-
vłoka *os.* velk-
vłačiti *asl.* velk-
vłačitь *r.* velk-
vłačuga *nsl.* velk-
vładą *asl.* veld-
vladêtъ *r.* veld-
vladimêrъ *asl.* mêrŭ 2
vładyka *asl.* veld-
vłaga *asl.* velg-
vláha *č.* velg-
vlahъ *asl.* volchŭ
vlajati sę *csl.* vla-
vlak *nsl.* velk-
vlakno *asl.* volkno
vlaskunъ *asl.* ploskva
vlaožilišti *asl.* vols-
vlastovice *č.* lastovica
vlastь *asl.* veld-
vlasъ *asl.* volsŭ
vlašići *s.* volchŭ
vlaštь *asl.* veld-

vlatŭ *asl.* voltŭ
vlat *nsl.* voltї 2
vlêk *nsl.* velk-
vlêką *asl.* velk-
vlha *č.* vełga
vlhký *č.* velg-
vlk *č.* velkŭ
vlua *č.* velna
vlna *č.* vel- 2
vlъfa *b.* vels-
vlъga *asl.* velga
vlъgъkъ *asl.* velg-
vlъhvъ *asl.* vels-
vlъkodlakъ *asl.* velkŭ
vlъkъ *asl.* velkŭ
vlъna *asl.* vclna
vlъna *asl.* vel- 2
vlъsnąti *asl.* vels-
vlъšьba *asl.* vels-
vłac *ns.* velk-
vman *nsl.* manŭ 1
vnad *č.* nadŭ
vnavê *r.* javê
vnęk *p.* vŭnukŭ
vnitř *č.* on
vnuk *nsl.* vŭnukŭ
vnutř *os.* on
vňutř *č.* on
vobroć *os.* bor-
voće *s.* ovoštї
vodą *asl.* vod-
vodima *asl.* ved-
vodj *s.* ved-
vodłuh *wr.* delgŭ 1
vodoljanъ *r.* odolênŭ
vodopolь *r.* polŭ 3
vodr *č.* odrŭ
voglen *nsl.* onglї
vohkyj *klr.* velg-
voinъ *r.* voj
voják *č.* voj
voje *klr.* ojes
vojevoda *asl.* ved-. voj
vojisko *os.* ojes
vójsko *asl.* voj
vojo *ns.* ojes
vojterk *ns.* ontorŭ
voko *os.* okos

voľna *klr.* vel- 2	vorcl *os.* ocêľ	voznja *r.* vez-
voľoba *klr.* velg-	vorčatь *r.* verk-	vozъ *asl.* vez-
voľoch klr. voľchŭ	vordov *b.* ardovŭ	vožka *wr.* ved-
voľok *klr.* velk-	vorkočъ *r.* verkočĭ	vôbłyj *klr.* oblŭ
voľokno *klr.* volkno	vorobej *klr. r.* vorbŭ 1	vôditi *nsl.* vend-
voľokita *wr.* velk-	vorobъ *r.* vorbŭ 2	vôdmił *klr.* mêlŭkŭ
voľokyta *klr.* velk-	vorogъ *r.* vorg-	vôdsy *klr.* sjŭ
voľosť *klr.* veld-	vorogъ *r.* vorgŭ	vôdśił *klr.* sjŭ
voľoť *klr.* voltĭ 2	voroh *klr.* vorgŭ	vôdnoha *klr.* noga
voľovo *wr.* olovo	voroch *klr.* verch- 1	vôdrada *klr.* radŭ 1
vol *nsl.* olŭ	vorona *r.* ver- 3	vôgel *nsl.* onglŭ
volga *nsl.* velga	voronka *klr.* ver- 3	vôgel *nsl.* onglĭ
volgnutъ *r.* velg-	voronyj *klr.* vornŭ	vôger *nsl.* ongrŭ 1
volbek *nsl.* velg-	vorota *klr.* ver- 2	vôgrc *nsl.* ongrŭ 2
volhvica *nsl.* vels-	vorotitъ *r.* vert- 1	vôh *nsl.* on-
volchitъ *r.* vels-	vorotyč *klr.* vort-	vôj *klr.* vi- 1
volja *asl.* vel- 1	voroza *klr.* verz- 1	vôr *klr.* iverŭ
volk *nsl.* velkŭ	vorožda *klr.* vorgŭ	vôs *nsl.* onsŭ
volkodlak *nsl.* velkŭ	vorožyty *klr.* vorg-	vôsenca *nsl.* onsŭ
volkŭ *r.* velkŭ	vorsa *r.* versa	vôščiti *nsl.* vonšči-
volna *nsl.* velna	vorušytý *klr.* vorch-	vôtek *nsl.* on
voločitъ *r.* velk-	voř *klr.* ajgŭrŭ	vôtel *nsl.* ontlŭ
voločy *klr.* velk-	vořech *os. ns.* rêchŭ	vôtroba *nsl.* on
voločь *r.* velk-	vosa *os.* jasika	vôvća *klr.* ovĭ
voloder *nsl.* der-	voska *os.* os-	vôvśuch *klr.* ovĭsŭ
volodity *klr.* veld-	voskovina *č.* skoma- 2	vôž *nsl.* ong-
vologa *r.* velg-	vosoba *os.* svŭ	võsat *polab.* on-
volosožary *r.* vols-	vosoł *os.* osĭlŭ	vpiti *nsl.* vŭpi-
volostъ *r.* veld-	vospice *ns.* sŭp- 2	vpṛehci *wr.* prẹng-
volosъ *r.* volsŭ	vostorgъ *r.* terg-	vprežč *wr.* prẹng-
volotъ *r.* voltŭ	voščije *r.* ovoštĭ	vpychaty *klr.* pĭch-
volotь *r.* voltĭ 1	vošte *asl.* ovoštĭ	vra *b.* ver- 3
volotь *r.* voltĭ 2	vošь *r.* vŭšĭ	vrabij *asl.* vorbŭ 1
volyj *ns.* olovo	voś *wr.* os-	vragъ *asl.* vorgŭ
voľha *klr.* velga	votava *os. ns.* otava	vrahъ *asl.* verch- 1
vomalo *r.* on	votc *os.* otŭ 2	vrachmane *r.* rachmanŭ
vomara *os.* mari-	votknuty *klr.* tŭk- 2	vrakatъ *r.* ver- 4
vomp *klr.* tep- 1	votra *r.* ter-	vrana *asl.* vornŭ
vonja *asl.* on-	votroha *os.* os-	vranj *nsl.* ver- 2
vonoźeś *ns.* oňŭ	votrubi *wr.* otrombĭ	vranъ *asl.* vornŭ
vonъ *r.* vŭnŭ	votry *os.* os	vrapa *nsl.* vorpa
vopitъ *r.* vŭpi-	votšog *ns.* os-	vraska *asl.* merskŭ 1
vopol *kaš.* pel- 1	votšy *ns.* os-	vrata *asl.* ver- 2
vopor *os.* oferŭ	vous *č.* onsŭ	vratič *nsl.* vort-
vopyš *ns.* pach- 2	vozataj *asl.* vez-	vratilo *r.* vert- 1
vora *asl.* ver- 2	vozd *č.* ozd-	vratja *b.* vert- 1
voraden *ns.* on	vozdebič *os.* doba	vratъ *asl.* vert- 1
vorbyna *klr.* rembŭ	vozdoba *os.* doba	vratь *r.* ver- 4

vrávorati *č.* ver- 5	vrtlák *č.* vert- 1	vstriča *klr.* rêt-
vraz *klr.* razŭ	vrtlog *s.* vert- 1	vsíibaty *klr.* stěba-
vraž *nsl.* vorg-	vruč *s.* ver- 1	všady *č.* vĭsĭ 1
vražda *r.* vorgŭ	vruhъ *r.* brukŭ	vščeknoti *nsl.* štĭp-
vražiti *asl.* vorg-	vrunъ *r.* ver- 4	všeno *nsl.* pŭch-
vrba *nsl.* verba	vrutak *s.* ver- 1	všetečny *č.* tŭk- 2
vrč *nsl.* verčĭ	vrvi *nsl.* verv-	všude *č.* vĭsĭ 1
vrdača *nsl.* verdača	vrvrati *nsl.* ver- 1	všaknuty *klr.* senk-
vre *nsl.* u 2	vrzem se *s.* verz- 1	vśudy *klr.* vĭsĭ 1
vreća *s.* vert- 2	vrzêl *nsl.* verz- 1	vtič *nsl.* pŭtŭ
vred *nsl. kr.* rendŭ	vrznoti *nsl.* verz- 1	vtip *č.* tep- 1
vrej *nsl.* rendŭ	vržaj *nsl.* verg-	vtlъpêvam *b.* telpa
vrekъ *wr.* rek-	vržem *nsl.* verg-	vtora *r.* ter-
vremja *r.* vermen	vrъba *asl.* verba	vtorek *nsl.* ontorŭ
vrêča *nsl.* vert- 2	vrъčь *asl.* verčĭ	vtori *b.* ontorŭ
vrêden *nsl.* verdŭ 1. 2	vrъgą *asl.* verg-	vtornikъ *r.* ontorŭ
vrêdъ *asl.* verdŭ 1. 2	vrъhą *asl.* verch-	vtory *klr.* ter-
vréjatъ *r.* ver- 1	vrъhъ *asl.* verchŭ 1	vtoryj *klr.* ontorŭ
vrêlec *nsl.* ver- 1	vrъkati *asl.* verk-	vtragati *nsl.* trag-
vrême *asl.* vermen	vrъkolak *b.* velkŭ	vučem *s.* velk-
vrês *nsl.* versŭ	vrъl *b.* ver- 1	vudra *os.* vydra
vrêštati *asl.* versk-	vrъlina *b.* verlina	vudvud *klr.* vŭdodŭ
vrêteno *asl.* vert- 1	vrъpą *asl.* verp-	vudyło *klr.* onda
vrêti *asl.* ver- 2	vrъsta *asl.* vert- 1	vudyr *os.* der-
vrêtište *asl.* vert- 2	vrъtel *b.* vert- 1	vudyty *klr.* vend-
vrh *nsl.* verchŭ 1	vrъtêti *asl.* vert- 1	vuga *s.* velga
vrhcáb *č.* vercabŭ	vrъtъ *asl.* vertŭ	vuheř *os.* ongrŭ 1
vrhu *č.* verg-	vrъtъrъ *asl.* vertŭpŭ	vuhl *os.* onglĭ
vrijeme *s.* vermen	vrъvь *asl.* ver- 2	vuhor *klr.* ongrŭ 2
vrijes *s.* versŭ	vrъzą *asl.* verz- 1	vuhoř *os.* ong-
vrisk *nsl.* versk-	vrъzop *b.* verz- 1	vůje *č.* ojes
vrity *klr.* ver- 1	vrъža *b.* verz- 1	vuk *s.* velkŭ
vrjadъ *r.* rendŭ	vřece *č.* vert- 2	vuna *s.* velna
vrkati *nsl.* verk-	vřed *č.* verdŭ 1	vůně *č.* on-
vrkoč *s.* verkočĭ	vřepiti *č.* rêp- 2	vurčiti *nsl.* rek-
vrl *nsl.* ver- 1	vřes *č.* versŭ	vus *klr.* onsŭ
vrljo *s.* verl-	vřídlo *č.* ver- 1	vuseń *klr.* onsŭ
vrôč *nsl.* ver- 1	vřítenice *č.* vert- 1	vuše *ns.* onty
vrpa *nsl.* verpa	vříti *č.* ver- 1	vutora *os.* on
vrsta *nsl.* vert- 1	vsćaž *wr.* teng-	vutora *s.* ontorŭ
vrša *nsl.* verša	vsklezъ *r.* skliz-	vuzem *nsl* vŭzŭmŭ
vršaj *nsl.* verch- 1	vspjatъ *r.* penta	vuž *wr.* ong-
vršem *s.* verch- 1	vspolochъ *r.* polchŭ	vza *p.* za 2
vršêti *nsl.* verch- 2	vstągy *asl.* teng-	vzdragivatъ *r.* drŭga-
vršiti *nsl.* verch- 1	vstečì *nsl.* tek- 1	vzdytъ *r.* dê- 1
vrt *nsl.* vertŭ	vstekcl *nsl.* tek- 1	vzglezъ *r.* skliz-
vrtati *č.* vert- 1	vstekłyj *klr.* tek- 1	vzmlamolati *č.* molmola-
vrtêti *nsl.* vert- 1	vstrêča *r.* rêt-	vznak *nsl.* nakŭ

vъznakъ *asl.* nakŭ

vъznyšiti sę *asl.* nych-

vzrêch *wr.* rêd-

vъryd *klr.* ryda-

vztek *č.* tek- 1

vždy *č.* vĭsĭ 1

vъbъl *b.* vŭblŭ

vъdica *b.* onda

vъdja *b.* vŭdi-

vъdodъ *asl.* vŭdodŭ

vъglen *b.* onglĭ

vъinьnъ *asl.* inŭ 1

vъs *b.* onsŭ

vъsênica *b.* onsŭ

vъspętь *asl.* penta

vъsrašiti *asl.* serch- 1

vъtorъ *asl.* ontorŭ

vъtrê *b.* on

vъtьk *b.* on

vъzbogo *b.* bogŭ

vъzbučati *asl.* bŭk-

vъzbъnąti *asl.* bŭd- 1

vъzgrêziti *asl.* grêza 2

vъzvitь *asl.* vi- 2

vybłak *klr.* oblŭ

vycudzić *wr.* cêdi-

vyčachnuty *klr.* čach-

vyčekołznuty *klr.* skliz-

vyčubyty *klr.* čup-

vyčurity *klr.* curŭ

vyčvaty *klr.* štŭ-

výdlab *č.* delb-

vyła *klr.* vidla

vyměl *č.* mêlŭkŭ

výmol *č.* mel- 1

vynřieti *č.* ner- 1

vynze *r.* nez-

výpar *č.* para 1

vypeleskać *wr.* polka-

vyporok *wr.* por-

vyporotokъ *r.* por-

vyportok *klr.* por-

vyprity *klr.* per- 7

vyradikovať sa *č.* radik·

vyrej *klr.* irej. vyrij

vyskep *klr.* skep-

vyskepaty *klr.* skep-

vyskoryty *klr.* sker-

vysky *klr.* visŭkŭ

vysołopyty *klr.* solp-

vysprь *asl.* vys-

vysyłyty *klr.* sili-

vyščerb *klr.* skerbŭ

vytyrka *klr.* ter-

vyzhaty *klr.* visk-

vyžha *klr.* žeg-

vyžin *č.* žen-

vьčera *asl.* večerŭ

vьjukъ *r.* jukŭ

vьjunъ *r.* vi- 1

vьrątъkъ *asl.* ver- 1

vьrêti *asl.* ver- 1

W.

wadlo *nsl.* vend-

wahać *p.* vaga

wachla *p.* baklja

wałek *p.* vel- 2

wałęsać *p.* valonsa-

warkać *p.* verk-

warkocz *p.* verkočĭ

warpa *p.* verp-

warsta *p.* vert- 1

wart *p.* verdŭ 2

wartki *p.* vert- 1

warza *p.* ver- 1

waśń *p.* vasnĭ

wądoł *p.* on

wąs *p.* onsŭ

wąsienica *p.* onsŭ

wątły *p.* ontlŭ

wątor *p.* on

wątpić *p.* tep- 1

wąż *p.* ong-

według *p.* delgŭ 1

wełna *p.* velna

wen *p.* vŭnŭ

weszczła *p.* chĕd-

wezdrga *p.* drŭga·

wezdryganie się *p.* drŭga-

wębor *p.* omborŭ

węda *p.* onda

wędzidlo *p.* onda

wędzić *p.* vend-

węgar *p.* vongarŭ

węgieł *p.* onglŭ

węgiel *p.* onglĭ

węgierka *p.* vegerja

węgorz *p.* ong-

węgrzyn *p.* ongrŭ 1

węgry *p.* ongrŭ 2

węch *p.* on-

wiać *p.* vê- 1

wiadro *p.* vêdro

wianek *p.* vênŭ

wiano. *p.* vêno

wiara *p.* vêra

wiciężca *p.* ѵitengŭ

widok *p.* vid-

wiece *p.* vê- 2

wiedeń *p.* bečĭ

wiedeń *p.* vêdŭnĭ

wiedz *p.* vid-

wiecha *p.* vêch-

wielbłąd *p.* velĭbondŭ

wielki *p.* vel- 3

wieprz *p.* veprĭ

wiercieć *p.* vert- 1

wiersza *p.* verša

wierzba *p.* verba

wierzgnąć *p.* verg-

wierzch *p.* verchŭ 1

wieszczy *p.* vid-

więcej *p.* vent-

więcerz *p.* venterĭ

więdnąć *p.* vend-

wija *p.* vê- 1

wilga *p.* velga

wilgnąć *p.* velg-

wilk *p.* velkŭ

wilkołak *p.* velkŭ

wior *p.* iverŭ

wiosło *p.* vez-

wiosna *p.* vesna	wrobel *p.* vorbŭ 1	wzrok *p.* zer- 1
wiotchy *p.* vetŭchŭ	wrog *p.* vorg-	wždym *p.* mŭ
wir *p.* ver- 1	wrog *p.* vorgŭ	wybryk *p.* bryk-
witwa *p.* vi- 1	wron *p.* vornŭ	wybuj *p.* buj
włacuchy *p.* velk-	wrot *p.* vert- 1	wyclić się *p.* cêlŭ
władać *p.* veld-	wrota *p.* ver- 2	wyczubić *p.* čup-
właść *p.* veld-	wrotycz *p.* vort-	wydartek *p.* der-
włoczka *p.* velk-	wrožba *p.* vorg-	wydranina *p.* der-
włocznia *p.* velk-	wrožda *p.* vorgŭ	wycharzeć *p.* char-
włoć *p.* voltŭ 2	wrzeciądz *p.* vertengjŭ	wyjsce *wr.* ched-
włcdać *p.* veld-	wrzeciono *p.* vert- 1	wymiełek *p.* mel- 1
włogaty *p.* leg- 1	wrzeć *p.* ver- 1	vymolъ *r.* mel- 1
włoch *p.* volchŭ	wrzeszczeć *p.* versk-	wymusić *p.* mus- 1
włochaty *p.* volsŭ	wrzod *p.* verdŭ 1	wypior *p.* per- 8
włok *p.* velk-	wrzos *p.* versŭ	wyplenić *p.* plenŭ
włokno *p.* volkno	wspak *p.* opakŭ	wyporek *p.* por-
włos *p.* volsŭ	wspar *p.* per- 5	wyprotek *p.* por-
włość *p.* veld-	wstęga *p.* teng-	wypuczyć *p.* puk- 1
włec *p.* velk-	wstręt *p.* trontŭ 1	wyrwa *p.* rŭ- 2
wlokę *p.* velk-	wstyd *p.* styd- 2	wyrzegotać *p.* rŭza-
wnątrz *p.* on	wszy *p.* vĭšĭ 1	wyrynąć *p.* ner- 1
wnętr *p.* on	wściebić *p.* stěba-	wyspa *p.* sŭp- 2
wodz *p.* ved-	wściekły *p.* tek- 1	wysprz *p.* per- 8
wor *p.* ver- 3	wtory *p.* ontorŭ	wytarać *p.* ter-
wôzg *p.* onglŭ	wzdragać się *p.* draga-	wyżyna *p.* vys-
wpoić *p.* poj-	wzdroj *č.* ri-	wyżynki *p.* žen-

Z.

zaapêti *asl.* pŭva-	zaboraviti *s.* by-	zacny *p.* čĭt-
zabaryty *klr.* by-	zaboroło *klr.* bor-	zaćpać *p.* cĭpa-
ząbašiti *s.* bŭchŭ 1	zaborъ *r.* bor-	zad *s.* zĭd-
zabašuriti *s.* bŭchŭ 1	zabota *r. klr.* boti-	zadar *p.* da-
zabava *nsl.* by-	zabotitь *r.* boti-	zadavek *nsl.* da-
zabawa *p.* by-	zabradka *b.* borda	zaderěžka *r.* derg- 1
zabednoti *nsl.* bŭd- 2	zábradlo *č.* bor-	zadežitь *r.* dê- 1
zabel *nsl.* bêlŭ	zabralo *asl.* bor-	zadobene *kr.* by-
zabetehaty *klr.* betegŭ	zabrana *b.* bor-	zador *klr.* der-
zabida *r.* bidê-	zabresti *nsl.* bred-	zadora *os.* der-
zabiľ *klr.* bêlŭ	zabrъkati *asl.* berka-	zadorъ *r.* der-
zabłud *klr.* blend-	zabřesknouti *č.* brêzg- 1	zadra *p.* der-
zabłyśćić *os.* blĭsk-	zabřežďenie *č.* brêzg- 1	zadrga *nsl.* derg- 1
zablehnuti se *s.* blesastŭ	zábřežek *č.* brêzg- 1	zádrhel *č.* derg- 1
zabiešiti se *s.* blesastŭ	zábst *č.* zemb- 2	zadzera *wr.* der-
zablôja *nsl.* blend-	zabъžiti *asl.* bŭchŭ 1	zadzier *p.* der-
zaboboni *asl.* babunŭ	zabylý *č.* by-	zadzierzg *p.* derg- 1
zabcłoń *klr.* bolna 1	zabytъ *asl.* by-	zadъ *asl.* za 1

zagło *kaš.* čechlŭ	zamutek *č.* ment-	zarudak *s.* rŭdz-
zagovêden *nsl.* ne 2	zamžuritь *r.* mĭg-	zarudzić *p.* rŭd-
zahar *b.* cukŭrŭ	zamъknati *asl.* mŭk-	zarva *klr.* rŭ- 2
zahara *s.* cukŭrŭ	zamykać *p.* mŭk-	zarz *ns.* rŭd-
zahlupka *b.* chłop-	zaneta *p.* nadĭ	zarza *p.* zer- 1
zahuty *klr.* hu-	zanirati *nsl.* ner- 1	zarъča *b.* renk-
záhy *č.* zag-	zanizki *r.* nez-	zarydzić *p.* rŭd-
źajac *s.* zajencĭ	zanjka *nsl.* mŭk-	záře *č.* zer- 1
zajapiti sę *asl.* pŭva-	zank *os.* mŭk-	záŕuj *č.* rjŭ-
zajęcĭ *asl.* zajencĭ	zanôz *klr.* nez-	zasipiti *nsl.* sŭp- 1
zaji *nsl.* za 1	zao *s.* zŭlŭ	zaskopije *asl.* skop-
zajka *r.* zajencĭ	zaova *s.* zely	zaskowerać *p.* skver-
zajuk *klr.* zajencĭ	zapa *klr.* pŭva-	zaslon *nsl.* sloni-
zakał *p.* kalŭ	zapah *nsl.* pĭch-	záslona *č.* sloni-
zákal *č.* kalŭ	zaparajity *klr.* per- 3	zasnět *č.* snětĭ 2
zaklopъ *asl.* klepa-	zapartek *p.* perti-	zasob *p.* svŭ
zakomdžić *os.* kŭ 1	zapas *wr.* pas-	zasova *nsl.* su- 2
zakonъ *asl.* ken-	zapas *p.* jas-	zasovъ *r.* su- 2
zakorubłyj *klr.* koruba-	zapasti se *nsl.* pas-	zaspa *klr.* sŭp- 2
zakromъ *r.* kroma	zapevryj *wr.* pŭva-	zaspa *wr.* sŭp- 1
zakumžitь *r.* kŭ 1	zapiriti se *nsl.* pyr- 2	zastava *nsl.* sta- 2
zalew *p.* li-	zaplągnąć się *p.* pleng-	zastegna *b.* steg-
zaličavam *b.* leke	zaplenić *p.* plěnŭ 2	zastegolьnica *r.* steg-
zalih *s.* lichŭ	zapłunuty śa *klr.* pljŭ-	zasterjem *nsl.* ster-
zalogaj *nsl.* leg- 1	zapor *nsl.* per- 5	zástěra *č.* ster-
zamaknjen *nsl.* mŭk-	zaportok *klr.* perti-	zástin *č.* stěnĭ
zamama *s.* mami-	zapôr *klr.* per- 5	zastitь *r.* stěnĭ
zaman *nsl. kr. s.* manŭ 1	zaprači *s.* preg- 1	zastonj *nsl.* tunĭ
zamarnieć *p.* marĭnŭ	zapreka *s.* perkŭ 2	zastor *nsl.* ster-
zamarьnъ *asl.* marĭnŭ	zaprezati *s.* perza-	zastorak *s.* ster-
zamatorêti *asl.* matorŭ	zaprjataty *klr.* prenta-	zastôł *klr.* stel-
zámek *č.* mŭk-	zaprtak *s.* perti-	zastrêč *wr.* střê-
zamet *nsl.* met- 1	zaprtek *nsl.* perti-	zastyhać *wr.* styd- 1
zametak *s.* met- 1	záprtek *č.* perti-	zašklábať sa *slk.* skolb-
zamęt *p.* ment-	zapruda *r.* prondŭ	zaś *p.* svŭ
zamêcha *wr.* mêsi-	zaprъtъkъ *asl.* perti-	zaśik *klr.* sek- 2
zamêriti se *nsl.* mêra	zapъ *asl.* pŭva-	zaśniat *p.* snětĭ 2
zamês *b.* mêsi-	zar *s.* za 2	zatêjatь *r.* tê-
zamignoti *nsl.* mĭg-	zaradi *b.* radĭ	záti *č.* zi-
zamijetiti *s.* mêta-	zarevo *r.* zer- 1	zatinъ *r.* stěnĭ
zamityty *klr.* mêta-	zarevъ *r.* rjŭ-	zaton *nsl.* tema
zamka *s.* mŭk-	zarja *b. klr.* zer- 1	zatona *klr.* top-
zamlaz *s.* melz-	zarko *r.* zer- 1	zator *nsl.* ter-
zamokъ *r.* mŭk-	zarmutyty *klr.* ment-	zatulja *b.* tuli-
zamolkel *nsl.* melk-	zaročenie *klr.* rek-	zatiń *klr.* stěnĭ
zamotuljati *s.* mota-	zaroke *nsl.* renk-	zativy *klr.* tê-
zamra *klr.* mer- 2	zaroki *nsl.* rek-	zaufać *p.* pŭva-
zamuda *nsl.* mŭd-	zaroviti *s.* ry-	zauman *nsl.* manŭ 1

zava *nsl.* zely

zavada *klr.* vada 2

zavec *nsl.* zajencĭ

zaviće *kr.* vê- 1

zavidêti *asl.* vid-

zavman *nsl.* manŭ 1

zavorocha *r.* vorch-

zavorъ *asl.* ver- 2

zavrъz *b.* verz- 1

zavřiti *č.* ver- 2

zawor *p.* ver- 2

zazdrij *klr.* zer-

zazdrity *klr.* zer-

zazdrość *p.* zer- 1

zaznuti *kr.* sŭs- 1

zázrosť *č.* zer- 1

zaždь *asl.* za 1

zažmuritь *r.* mĭg-

ząbrъ *asl.* zombrŭ

ząbry *p.* zemb- 1

ząbъ *asl.* zemb- 1

zban *p.* čĭbanŭ

zbarać *p.* bor-

zbawić *p.* izŭ

zbedný *č.* by-

zbędny *p.* by-

zbilja *s.* by-

zbior *p.* ber-

zblo *č.* steblĭ

zbog *nsl.* bogŭ

zbogati *nsl.* bogŭ

zbor *b.* ber-

zborja *b.* ber-

zbože *os. klr. wr.* bogŭ

zboží *č.* bogŭ

zbožny *ns.* bogŭ

zbradlo *č.* bor-

zbrignoti *nsl.* brig-

zbroj *wr.* broji-

zbroji *nsl.* broji-

zbruja *r.* zbroja

zbrzazgnąć *p.* brêzg- 2

zbuntati se *nsl.* buntŭ

zburkati *nsl.* berka-

zbъdne se *b.* by-

zbyt *č.* izŭ

zbyt *č.* by-

zda *č.* za 2

zda *os.* mĭzda

zdaj *nsl.* sjŭ

zdałać *p.* dolê-

zdenec *nsl.* styd- 1

zderzyć *p.* der-

zdê *r.* sjŭ

zdêla *nsl.* skondêlŭ

zdêlo *nsl.* dê- 1

zdêsь *r.* sjŭ. mŭ

zdila *kr.* skondêlŭ

zdíti *č.* dê- 1

zdjela *s.* skondêlŭ

zdoba *p. klr.* doba

zdołać *p.* dolê-

zdolê *nsl.* dolŭ

zdoliti *č.* dolê-

zdorovъ *r.* dorvŭ

zdorovyj *klr.* dorvŭ

zdrada *p.* rada

zdrav *nsl.* dorvŭ

zdráv *č.* dorvŭ

zdravisam *b.* dorvŭ

zdresljiv *nsl.* drenselŭ

zdrgnoti *nsl.* derg- 2

zdrohnuty śa *klr.* drŭga-

zdroj *p.* srŭ

zdrow *p.* dorvŭ

zdrozgati *s.* druzga-

zdrzeń *p.* serdo

zdun *p.* zĭd-

zdužaty *nsl.* dongŭ

zdzerca *wr.* der-

zdziarstwo *p.* ders-

zeba *nsl.* zemb- 2

zebrna *nsl.* zemb- 1

zebsti *nsl.* zemb- 2

zec *nsl.* zajencĭ

zehzyća *klr.* žegŭzulja

zeipa *ns.* sapunŭ

zełwa *p.* zely

zel *nsl.* zйlŭ

zelenъ *asl.* zel-

zelva *č.* zely

zenuti *s.* zemb- 3

zerić *wr.* zer- 1

zerkalo *r.* zer- 1

zerki *wr.* zer- 1

zervina *kaš.* rŭd-

zerzav *os.* rŭd-

zerzavý *č.* rŭd-

zeva *nsl.* zely

zezati *nsl.* sŭs- 1

zezovatyj *klr.* zezŭ

zezulja *p.* žegŭzulja

zębati *asl.* zemb- 3

zębą *asl.* zemb- 1. 2

zędra *p.* sendra

zętь *asl.* zen-

zêh *nsl.* zi-

zêją *asl.* zi-

zêkrъ *asl.* zer- 1

zênica *asl.* zê-

zênokъ *r.* zê-

zêpam *b.* zi-

zêrna *b.* zer- 1

zêv *wr.* zi-

zêvati *nsl.* zi-

zgaga *ns.* žeg-

zgełko *ns.* čechlŭ

zgło *p. ns.* čechlŭ

zgłoba *p.* zŭlŭ

zglob *kr.* globŭ

zgorljup *nsl.* skorlupa

zgraja *p.* graja

zgrzebło *p.* skreb-

zgrzyt *p.* skreg-

zhoja *klr.* soja

zi *b. kr. s.* go

ziać *p.* zi-

ziarno *p.* zerno

ziąbnąć *p.* zemb- 2

zibel *nsl.* zyb-

zibrati *kr.* son

zid *nsl.* zĭd-

zidati *asl.* zĭd-

ziewać *p.* zi-

zięba *p.* zemb- 2

zięć *p.* zen-

zimozel *č.* zima

zioło *p.* zel-

zionąć *p.* zi-

zípati *č.* zi-

zister *nsl.* jes-

zjablikъ *r.* zemb- 2

zjabnutь *r.* zemb- 2.

zjatь *r.* zen-

zjiď *klr.* jad- 2
złato *p.* zel-
złyznuty *klr.* skliz-
zlak *nsl.* velk-
zlaščati se *nsl.* leg- 2
zlato *asl.* zel-
zlêdь *asl.* zŭlŭ
zlob *nsl.* zŭlŭ
zločes *s.* čenstĭ
zločest *nsl.* zŭlŭ
zločestija *b.* čenstĭ
zloděj *r.* dê- 1
zlopak *s.* opakŭ
zlopatiti *s.* pati-
zlva *nsl.* zely
zlъčь *asl.* zelčĭ
zlъva *asl.* zely
zmak *č.* zmij
zmama *nsl.* mami-
zmasen *nsl.* masa
zmet *nsl.* zmij
změrjati *nsl.* mêri-
změt *č.* ment-
zmięk *p.* menkŭ
zmora *p.* mora
zmorča *nsl.* morka 1
zmorsk *os.* merskŭ 1
zmožditi *nsl.* mŭzg-
zmôta *nsl.* ment-
zmrôk *klr.* merk-
zmružek *p.* mĭg-
zmuda *p.* mŭd-
zmudić *č.* mŭd-
znak *nsl.* nakŭ
znakъ *asl.* zen-
znamę *asl.* zen-
znati *asl.* zen-
znerediti *nsl.* rendŭ
zneřáditi *č.* rendŭ
znobъ *r.* zemb- 2
zńeś *nsl.* zven-
zodъ *r.* zĭd-
zoj *r.* zi-
zołoza *wr.* želza
zołza *p.* želza
zoloto *r.* zel-
zolva *r.* zely

zoper *nsl.* per- 1
zopytać *p.* pyta-
zor *nsl.* zer- 1
zoriti se *nsl.* zer- 2
zorja *asl.* zer- 1
zorokъ *r.* zer- 1
zorza *p.* zer- 1
zoře *č.* zer- 1
zoŕa *ns.* zer- 1
zoufalý *č.* pŭva-
zoufati *č.* pŭva-
zouti *č.* izŭ
zov *klr.* zŭ-
zova *s.* bŭzŭ
zovą *asl.* zŭ-
zovyća *klr.* zely
zowąd *p.* ovŭ
zôb *nsl.* zemb- 1
zôr *klr.* zer- 1
zôrkyj *klr.* zer- 1
zpátek *č.* penta
zpoura *č.* per- 5
zpřejný *č.* pri-
způsob *č.* svŭ
zra *r.* iskra
zraz *klr.* razŭ
zraka *s.* zer- 1
zrakъ *asl.* zer- 1
zráti *č.* zer- 2
zrcadlo *č.* zer- 1
zrcalo *nsl.* zer- 1
zrêlъ *asl.* zer- 2
zrês *nsl.* rês-
zrêti *nsl.* zer- 1
zrêti *nsl.* zer- 2
zrêtь *r.* zer- 1
zrinyća *klr.* zer- 1
zrity *klr.* zer- 1
zrity *klr.* zer- 2
zrkadlo *č.* zer- 1
zrno *nsl.* zerno
zrok *nsl.* rek-
zroż *wr.* orzŭ
zrza *č.* rŭd-
zrzezać *p.* rêz-
zrъcalo *asl.* zer- 1
zrъno *asl.* zerno

zřejmý *č.* zer- 1
zřiedlo *č.* zer- 1
zříti *č.* zer- 1
zŕeč *os.* zer- 1
zŕo *os.* serdo
zub *s.* zemb- 1
zubadlo *č.* zemb- 1
zuboskałka *klr.* skel- 1
zubr *č.* zombrŭ
zubritь *r.* zemb- 1
zufały *p.* pŭva-
zuch *p.* pŭva-
zuchwały *p.* pŭva-
zupełny *p.* pełnŭ 1
zurvalec *slk.* pŭva-
zustrityty *klr.* rêt-
zvara *nsl.* ver- 1
zvataj *asl.* zŭ-
zvati *asl.* zŭ-
zvąkъ *asl.* zven-
zvek *nsl.* zven-
zvęgą *asl.* zven-
zvękъ *asl.* zven-
zvêst *nsl.* vid-
zvêzda *asl.* gvêzda
zvizdati *asl.* gvizda-
zvjaha *klr.* zven-
zvjak *klr.* zven-
zvjakatь *r.* zven-
zvonъ *asl.* zven-
zvrka *s.* zverk-
zvuk *č.* zven-
zvъntja *b.* zven-
zvyk *č.* vyk-
zvъnêti *asl.* zven-
zwyciężca *p.* vitengŭ
zъb *b.* zemb- 1
zъlva *b.* zely
zъlъ *asl.* zŭlŭ
zъmij *asl.* zmij
zyvać *os.* zi-
zyvati *asl.* zŭ-
zyzhaty *klr.* gvizda-
zъdati *asl.* zĭd-
zъdь *asl.* zĭd-
zъdьсь *asl.* zĭd-
zъrêti *asl.* zer- 1

Ž.

žabokrek *s.* krêkŭ
žádati *č.* žend-
žadoba *r.* žend-
žagra *r.* žeg-
žagriti *s.* žeg-
žaha *č.* žeg-
žahev *č.* žeg-
žaja *kr.* žend-
žajfa *nsl.* sapunŭ
žak *p.* dijakonŭ
žakan *kr.* dijakonŭ
žałza *os.* želza
žałyva *klr.* ženlo
žalm *č.* psalŭtyrĭ
žalo *asl.* ženlo
žała *klr.* žen-
žar *nsl.* žer-
žarak *s.* žer-
žarkyj *klr.* žer-
žarna *p.* žerny
žarnôvky *klr.* žerny
žarny *kaš.* rŭžĭ
žarstwa *p.* žerstva
žart *p.* žertŭ
žatva *č.* žen-
žaty *klr.* zen-
žatь *r.* žen-
žavoronok *klr.* skvornŭ
žažda *klr.* žend-
žąć *p.* žen-
žądač *p.* žend-
žądło *p.* ženlo
žądza *p.* žend-
žban *s. klr. wr.* čĭbanŭ
žbanьcь *asl.* čĭbanŭ
žbela *nsl.* bŭčela
žber *č.* čĭbrŭ
žbica *kr.* spica
žbul *nsl.* čebulja
ždáti *č.* ged-
žde *asl.* dje
ždral *s.* žeravĭ
ždrib *nsl.* žerbŭ
ždrijeb *s.* žerbŭ

ždrijebe *s.* žerb-
ždrijelo *s.* ger-
ždrijeti *s.* ger-
ždrmnji *s.* žerny
ždžgło *kaš.* čechlŭ
že *asl.* go
žebro *č.* rebro
žebř *č.* rebrĭ
žedja *s.* žend-
žeď *č.* žend-
žegъl *b.* ženžĭlĭ
žehrati *č.* žeg-
žehtati *nsl.* skŭk-
žeja *nsl.* žend-
želo *nsl.* ženlo
želva *nsl.* žely 1. 2
želvak *klr.* žely 2
želъvь *asl.* žely 1
želĭzak *klr.* želza
žem *ns.* mŭ
ženą *asl.* gen-
žerava *s.* žer-
žeravъ *asl.* žer-
žerdź *p.* žerd-
žereb *klr.* žerbŭ
žerebeć *klr.* žerb-
žerebja *r.* žerb-
žereło *klr.* ger-
žerety *klr.* ger-
žerlo *r.* ger-
žerna *č.* žerny
žernovek *č.* žerny
žeřavý *č.* žer-
ževatь *r.* žjŭ-
žezlo *č.* žĭzlŭ
žeželj *nsl.* ženžĭlĭ
žežhule *č.* žegŭzulja
žędati *nsl.* žend-
žęło *asl.* ženlo
žęti *asl.* žen-
žętva *asl.* žen-
žęžda *asl.* žend-
žčžьlь *asl.* ženžĭlĭ
žganica *nsl.* žeg-

žgetati *nsl.* skŭk-
žgło *kaš.* čechlŭ
žglisko *p.* žeg-
žičiti *č.* živ-
žídlo *č.* živ-
žicharь *r.* živ-
žichelina *ns.* dentela
žinatь *r.* žen-
žir *nsl.* živ-
žirný *č.* žer-
žito *asl.* živ-
žizdorъ *r.* der-
žízeň *č.* žend-
žiznь *asl.* živ-
žížala *č.* žug-
žižavý *č.* žeg-
žižek *nsl.* žug-
žjek *ns.* denkŭ
žjera *ns.* der-
žłob *p.* želbŭ
žłod *p.* želd- 2
žlab *č.* želbŭ
žláza *č.* želza
žleza *č.* želza
žlêbъ *asl.* želbŭ
žlêd *nsl.* želd- 2
žlêdą *asl.* želd- 1
žlêdica *asl.* želd- 2
žlêza *asl. nsl.* želza
žlijezda *s.* želza
žluč *č.* želk-
žluna *č.* želna
žlutý *č.* želtŭ
žluva *č.* želna
žlъčь *asl.* želk-
žlъdêti *asl.* geld- 1
žlъdь *asl.* geld-
žlъna *asl.* želna
žlъtъ *asl.* želtŭ
žmah *nsl.* smakŭ
žmati *nsl.* mĭg-
žmeča *nsl.* žem-
žmeńa *klr.* žem-
žmę *p.* žem-

žmêriti *nsl.* mĭg-
žmikati *nsl.* žem-
žmiľ *klr.* čĭmelĭ
žminda *klr.* žem-
žmiriti *kr.* mĭg-
žmu *č.* žem-
žmuriti *kr.* mĭg-
žmuritь *r.* mĭg-
žmuryty *klr.* mĭg-
žmuřiti *č.* mĭg-
žmut *wr.* žem-
žmychъ *r.* žem-
žnitva *r.* žen-
žnu *č.* žen-
žnyvo *klr.* žen-
žog *p.* žeg-
žoga *nsl.* soja
žołč *klr.* želk-
žołć *p.* želtŭ-
žołna *p.* želna
žołtarz *p.* psalŭtyrĭ
žołtopuz *klr.* puzyrĭ
žołty *p.* želtŭ
žołw *p.* žely
žołza *klr.* želza
žolč *nsl.* želk-
žolobъ *r.* želbŭ
žolt *nsl.* želtŭ
žomery *r.* žem-

žomъ *klr.* žem-
žoraẃ *p.* žeravĭ
žorno *klr.* žerny
žorvanok *klr.* skvornŭ
žrd *nsl.* žerd-
žrebię *p.* žerb-
žrêbę *asl.* žerb-
žrêbъ *asl.* žerbŭ
žrêlo *asl.* ger-
žrêti *asl.* ger-
žrêti *asl.* žer- 2
žrg *nsl.* žergŭ
žříbě *č.* žerb-
žříti *č.* ger-
žrme *nsl.* žerny
žrvanj *s.* žerny
žrzeć *p.* ger-
žrъdь *asl.* žerd-
žrъlo *asl.* ger-
žrъnъka *asl.* žerny
žrъny *asl.* žerny
žrъtva *asl.* žer-
žuć *p.* žjŭ-
žudjeti *s.* geld-
žugor *kr.* želk-
žuhak *kr.* želk-
žuchać *p.* žjŭ-
žumance *s.* želtŭ
žunja *s.* želna

župelьсь *asl.* žup- 1
žuraveľ *klr.* žeravĭ
žurčaty *klr.* žurk-
žut *s.* želtŭ
žuty *klr.* žjŭ-
žuželĭ *asl.* žug-
žužgъ *r.* žug-
žužica *nsl.* žug-
žvać *os.* žjŭ-
žvala *nsl.* žjŭ-
žvatati *s.* žjŭ-
žváti *č.* žjŭ-
žvekati *nsl.* žjŭ-
žvižgati *nsl.* gvizda-
žvjakać *wr.* žjŭ-
žvrkno *s.* žverkno
žyr *klr.* živ-
žytło *klr.* živ-
žyvyća *klr.* živ-
žьdati *asl.* ged-
žьde *asl.* ged-
žьdo *asl.* ged-
žьmą *asl.* žem-
žьnją *asl.* žen-
žьrą *asl.* žer- 2
žьrьсь *asl.* žer- 2
žьvati *asl.* žjŭ-
žьvą *asl.* žjŭ-
žьzlъ *asl.* žĭzlŭ

Ź.

źabnuty *klr.* zemb- 2
źaržaś *ns.* derg- 1
źaś *ns.* dê- 1
źať *klr.* zen-
źbło *p.* steblĭ
ździer *p.* der-
ździerca *p.* der-
ździobło *p.* steblĭ
źdźbło *p.* steblĭ
źdźgło *p.* čechlŭ
źed *ns.* dêdŭ

źel *ns.* dêlŭ 1
źelo *ns.* dêlo
źesno *ns.* desna
źeśe *ns.* dê- 2
źeśelc *ns.* dentlŭ
źinsa *ns.* mŭ
źinyća *klr.* zê-
źiv *ns.* divŭ 1
źiv *klr.* zi-
źivy *ns.* div-
źovka *ns.* dê- 2

źrały *p.* zer- 2
źrzebię *p.* žerb-
źrzeb *p.* žerbŭ
źrzec *p.* rek-
źrzeć *p.* zer- 1. 2
źrzenica *p.* zer- 1
źrześć *p.* rêt-
źurja *ns.* dvĭrĭ
źwierciadło *p.* zer- 1

Abkürzungen.

Genauere nachweisungen bietet das Lexicon palaeoslovenico-graeco-latinum V—XXI. und Vergleichende Grammatik IV. 881—896. Daselbst sind die hier fehlenden abkürzungen zu suchen.

ab. altbulgarisch.

ahd. althochdeutsch.

ai. altindisch.

alb. albanisch.

and. altnordisch.

anec._p._ Anecdota palaeopolonica. Archiv 3.

ar. altrussisch

as. altserbisch.

asl. altslovenisch.

b. bulgarisch.

bair. bairisch.

belost. _nsl._ Bellosztenecz, Gazophylacium.

budin. _kr._ Budinić, Pokorni psalmi.

bulg.-lab. _b._ Vitae sanctorum, saec. XVII.

č. čechisch.

čol. _b._ Bъlgarskyj narodenъ sbornikъ. I. Bolgrad. 1872.

d. deutsch.

dsl. dacoslovenisch.

ehstn. ehstnisch.

flor. _p._ aus dem Psalterium florianense, einem denkmal des XIV. jahrhunderts.

fris. _nsl._ aus den Monumenta frisingensia, einem denkmal des X. jahrhunderts.

furl. furlanisch.

chrest. _klr._ Chrestomatija staroruska. Vydavъ O. Ohonovskij. U Lъvovê. 1881.

ir. irisch.

karnarut. _kr._ Karnarutić.

kaš. kašubisch.

kat. _č._ Život sv. Kateřiny.

klr. kleinrussisch.

kr. kroatisch.

lam. _asl._ Lamanskij, O nêkotorychъ rukopisjachъ.

lat. _b._ aus für bulgarische Katholiken bestimmten büchern der Propaganda.

lett. lettisch.

lex. _nsl._ Neuslovenisch-lateinisches lexicon aus dem XVIII. jahrhundert.

lit. litauisch.

luč. _kr._ Lučić, Skladanja.

meg. _nsl._ Megiser, Dictionarium.

mhd. mittelhochdeutsch.

mil. _b._ Miladinovci, Bъlgarski narodni pêsni.

mladên. _asl._ Psalterium.

mrm. macedorumunisch.

naz. _asl._ Gregorius Nazianzenus.

nhd. neuhochdeutsch.

nos. _wr._ Nosovičъ, Slovarъ bêlorusskago narêčija.

ns. niedersorbisch.

nsl. neuslovenisch.

nordtürk. nordtürkisch.

on. ortsname.

os. obersorbisch.

op. _asl._ Opisanie slavjanskichъ rukopisej.

p. polnisch.

pat.-mih. _asl._ Patericum.

pisk. _klr._ Słovnyća ukrainskoj movy.

pn. personenname.

polab. polabisch.

preuss. Preussisch, meist altpreussisch genannt.

prol.-rad. _asl._ Prologus.

r. russisch.

ravn. _nsl._ Ravnikar, Zgodbe svetiga pisma.

res. _nsl._ aus Resia.

rês. _nsl._ Christianske resnice.

rm. rumunisch.

s. serbisch.

sin. _asl._ aus dem Euchologium und Psalterium sinaiticum.

slk. slovakisch.

stulli. *s.* Rjecsosloxje.

sup. *asl.* Monumenta linguae palaeoslovenicae e codice suprasliensi.

szyr. *lit.* Szyrwid.

tichonr. *asl.* Pamjatniki otrečennoj russkoj literatury. Sanktpeterburgъ. 1863.

ukrain. *nsl.* von D. Nemanić aus Unterkrain geliefertes material.

venet. Slovenisches aus Venetien.

verant. *kr.* Verantius, Dictionarium.

verk. *b.* Verkovič, Narodne pesme makedonski Bugara.

vê. *b.* Wörter aus dem apokryphen „veda".

vinga. *b.* aus Vinga in Ungern.

vip. *nsl.* Wörter aus der gegend von Wippach.

vit. *č.* Žaltář Wittenberský.

wr. weissrussisch.

zof. *p.* Biblia krolowej Zofii.

zogr. *asl.* Evangelium zographense.

živ. *s.* Život gospodina Jezusa Hrista.

———————

Inhalt.

Druck von ADOLF HOLZHAUSEN in Wien,
k. k. Hof- und Universitäts-Buchdrucker.